U1008207

陈侠 1915年生，江苏扬州人。1933年毕业于江苏省立扬州中学高中师范科，同年起先后任江苏省立南通中学附属实验小学教员、江苏省立界首乡村师范学校教员兼附属小学主任（相当于校长）、江苏省立扬州实验小学低级部主任、江苏省立大港乡村教育实验区《乡村教育》杂志编辑。1937年全面抗战爆发后，进入内迁到西北的国立北平师范大学（后更名为西北师范学院）教育学系学习；1942年毕业，留校任西北师范学院教育研究所助教，并师从著名教育家李建勋读研究生。1947年起晋升讲师。翌年研究生毕业，获硕士学位。曾兼任该校附小校长，历任该校教育研究所研究员及甘肃《地方教育辅导丛刊》编辑等职。新中国成立后，于1950年调中央人民政府出版总署编审局任编辑。1950年12月1日人民教育出版社成立后，历任教育室编辑、副主任、主任、编审，《教育译报》副主编。“文革”期间，“下放”到安徽凤阳教育部干校劳动。在“四人帮”被粉碎后，他又回到人教社工作。1979年，参与发起成立全国教育学研究会（中国教育学会教育学分会前身），任首届常务理事兼秘书长。1980年参与创立人民教育出版社课程教材研究室（课程教材研究所的前身），任研究员。1981年，参与创办《课程·教材·教法》杂志，任副主编，并主持日常编务工作。1983年6月10日，教育部党组批准成立课程教材研究所，与人教社合署办公，陈侠任学术委员会常务委员。兼任《中国大百科全书·教育卷》教育学分支学科副主编，河北大学、西北师大等7所高校兼职教授，《教育大辞典》编纂委员会委员兼《课程和各科教学》分卷主编，民盟人教支部负责人、民盟北京市委委员兼教育委员会副主任、民盟中央教育委员会副主任等职。1992年病逝。著有《近代中国小学课程演变史》、《国民学校教学实际问题》、《国民学校教学之改进》、《论教育规律及其他》、《师范教育和教育科学》、《课程论》等。

国家重点图书出版规划项目

中国当代教育学家文库

中国教育学会教育学分会　组编

理 事 长：郭　戈

副理事长（以下按姓名汉语拼音排序）：

班　华　蔡　春　冯增俊　郭元祥　扈中平

靳玉乐　李夏彬　刘立德　陆有铨　王本陆

王铁军　吴永军　张廷凯

秘 书 长：刘立德（兼）

学术秘书：韩华球　刘　捷

人教版教育学家文集系列

包括《中国当代教育论丛》(20卷,已出齐)
和《中国当代教育学家文库》(正在陆续出版)

超越与创新	鲁　洁
教育论集	王策三
现代教育论集	成有信
教育改革与学术争鸣	萧宗六
教育问题的理论求索	孙喜亭
教育：传统与变革	顾明远
历史经验与教育改革	黄　济
高等教育：历史、现实与未来	潘懋元
优教与忧思	王逢贤
教育学的探究	瞿葆奎
教育理念的沉思与言说	胡德海
教育的困惑与诠释	李　放
教育：求真留痕	金一鸣
教学的理论与艺术	董远骞
教育：让历史启示未来	吴式颖
寻找把教育学托上天空的彩云	王炳照
教育事业·教育科学·教育艺术	吕型伟
教育学与心理学的和谐变奏	燕国材
现代教学论生成发展之思	裴娣娜
基础教育政策与课程教学改革	文　喆
在世界范围内寻觅现代教育智慧	单中惠
教育的哲思与审视	陆有铨
我的教育觉悟	谢维和
调适与转型：传统教育变革的重构与想象	田正平
课程论重建与教育科学研究	陈　侠
东西方教育的覃思	任钟印

(按出版时间排序)

中国当代教育学家文库

课程论重建与教育科学研究

（上册）

陈　侠　著

吕　达　刘立德　主编

人民教育出版社

·北京·

本书封四贴有含人民教育出版社注册商标 ◎ 的标识，
无此标识者视为盗版图书。

图书在版编目(CIP)数据

课程论重建与教育科学研究/陈侠著. —北京：人民教育出版社，2017.1

（中国当代教育学家文库/吕达，刘立德主编）

ISBN 978-7-107-30785-0

Ⅰ.①课… Ⅱ.①陈… Ⅲ.①课程—教学理论—中小学 ②中小学—教育科学—研究 Ⅳ.①G632

中国版本图书馆 CIP 数据核字(2016)第 154246 号

人民教育出版社 出版发行

网址：http://www.pep.com.cn

北京天宇星印刷厂印装 全国新华书店经销

2017 年 1 月第 1 版 2017 年 1 月第 1 次印刷

开本：787 毫米×1 092 毫米 1/16 印张：64.25 插页：1

字数：1051 千字 印数：0 001～2 000 册

定价：161.20 元

著作权所有·请勿擅用本书制作各类出版物·违者必究

如发现印、装质量问题，影响阅读，请与本社出版部联系调换。

联系地址：北京市海淀区中关村南大街 17 号院 1 号楼 邮编：100081

电话：010-58759215 电子邮箱：yzzlfk@pep.com.cn

《中国当代教育学家文库》出版说明

新中国成立以来，特别是改革开放以来，随着教育改革和发展的深入进行，我国教育科学研究取得了丰硕的成果。教育理论界不少学者在理论研究与学术实践中进行了艰辛的思考与探索。他们学风正派，治学严谨，几十年如一日追求真理，坚持真理，坚持科学精神，坚持理论与实践相结合。他们的精辟见解大都集中反映在凝聚着他们心血的一部部鸿篇巨制和大量学术论文之中。

系统、科学地总结新中国成立以来，特别是改革开放以来教育理论的研究成果，对于廓清教育理论研究的发展过程，从过去的经验中吸取精华、揭示规律，为今后的教育研究提供参考与借鉴，促进我国教育科学的发展具有重要的意义。为此，中国教育学会教育学分会组织编选了20卷本中国当代教育学家自选集《中国当代教育论丛》(简称《论丛》)，由人民教育出版社正式出版。《论丛》经国家新闻出版总署批准，列为国家重点图书出版规划项目。在新中国成立65周年及中国教育学会教育学分会成立35周年之际，我们决定组织编选新时期教育学家自选集，定名为《中国当代教育学家文库》(简称《文库》)。《文库》是《论丛》的继续，与《论丛》相得益彰、互为补充。《论丛》已收录的，《文库》不再收录。

这套《文库》各卷的作者大多数是中国当代教育学及其分支学科研究领域的专家。在长期的教育科学研究中，他们坚持以马克思主义为指导，学术思想开放，工于学理分析，努力揭示教育的客观规律，促进教育学的科学化。特别是改革开放以来，他们始终关注着现实的重大教育问题，或系统阐述，或直书议论，或发表评论，或提出商榷，撰写了一批对我国教育理论建设及教育改革与发展有重要影响的学术专著及论文。这些专著和论文荟萃了我国教育理论研究的精华，折射出我国新时期教育学家对教育科学和教育改革的艰辛探索与奉献。有的论文提出了不同的学术观点，甚至尖锐对立的学术观点，我们相信，实践会做出检验，时间会做出评判，读者会做出思辨。

这套《文库》主要采取论文选辑的形式，每人一卷；收入的选文精选自著者发表过的有关论文，分别标明出处，必要时加题解说明；各卷的选文主题相对集中；出于种种考虑，我们对每卷篇幅有所限制，对有些内容不得不忍痛割爱，这是需要向作者和读者特别说明的。

这套《文库》的编选、出版，是我们系统总结新中国教育理论学术成果的重要举措。教育学术界学者及社会各界有识之士给予了热情关注，并提出了宝贵意见。各卷作者付出了辛勤劳动。人民教育出版社一贯以教育事业为重，以学术为重，给予了大力支持和资助。对此，我们深表谢意！限于水平，这套《文库》的编选、出版工作可能存在不妥和不足，敬请读者不吝指教为感。

中国教育学会教育学分会

2014年10月

目录

第二编 教材研究

第三编 教学研究

第四编 师范教育研究

代序

陈侠先生：我国课程论重建的先驱者和奠基人

吕　达　刘立德

陈侠先生（1915—1992），曾任人民教育出版社编审、教育部课程教材研究所研究员，系我国现代著名课程学家、教育学家和编辑出版家。这位课程论一代宗师，不仅在人教社主持编辑出版了大批有重要影响的师范教材和教育图书，并执编教育期刊，而且孜孜不倦地致力于教育科学研究，撰写了一批有分量的学术论文和著作。陈先生不愧是研究型、专家型编辑的典范。叶圣陶先生称他为“认真研究教育的有心人”。他的教育学术成果，极大地充实、丰富了中国教育科学宝库。缅怀他为我国教育科学研究、为教育出版事业、为教育改革和发展做出的杰出贡献，特别是他为重建我国课程论体系和推动课程改革所做出的业绩，对于进一步深化教育改革，有着十分重要的意义。

一

陈侠，1915 年 2 月 6 日生于江苏省扬州市。1933 年毕业于江苏省立扬州中学高中师范科，同年起先后任江苏省立南通中学附属实验小学教员、江苏省立界首乡村师范学校教员兼附属小学主任（相当于校长）、江苏省立扬州实验小学低级部主任、江苏省立大港乡村教育实验区《乡村教育》杂志编辑。同时，参加初等教育研究社，参与编撰《初等教育研究集》。陈侠从做小学教师开始，一直坚持写心得，坚持教学与科研互动，这对他最终成为成就卓著的教育学家所起到的作用非同小可。1937 年全面抗战爆发后，陈侠进入内迁到西北的国立北平师范大学（后更名为国立西北师范学院）教育学系学习；1942 年毕业，留校任西北师范学院教育研究所助教，并师从著名教育家李建勋读研究生。1947年起晋升讲师。翌年研究生毕业，获硕士学位。曾兼任该校附小校长，历任该校教育研究所研究员及甘肃《地方教育辅导丛刊》编辑等职。

新中国成立后，陈侠于1950年调中央人民政府出版总署编审局任编辑。同年12月1日人教社成立后转本社工作，历任教育编辑室（原名编审部教育组）编辑、副主任、主任、编审，《教育译报》副主编。“文革”期间，人教社被解散，全体人员“下放”到安徽凤阳。“四人帮”被粉碎后，在十一届三中全会精神鼓舞下，陈侠虽已年过花甲，却以高昂的热情投入编辑出版和教育科研工作。1979年，他参与发起全国教育学研究会（中国教育学会教育学分会前身），任常务理事兼秘书长。1980年4月，参与创立人教社课程教材研究室（课程教材研究所的前身），任研究员。同年6月19日，人教社成立《课程·教材·教法》杂志编委会，戴伯韬任主任，叶立群、陈侠等任副主任，由陈侠主持日常工作。1981年，《课程·教材·教法》正式创刊，陈侠任副主编，并主持日常工作（当时没有单独编辑部）。1983年6月10日，教育部党组批准成立课程教材研究所，7月20日邓小平题写所名。这是第一家国家级面向基础教育的课程教材研究机构，陈侠任学术委员会常务委员。课程教材研究所成立后，课程教材研究室改建为课程研究室，以研究课程理论为主，由陈侠负责；教材研究任务则由各学科编辑室承担。鉴于陈侠在教育学术上的造诣，他还被聘为《中国大百科全书·教育卷》教育学分支学科副主编，西北师大等7所高校兼职教授，《教育大辞典》编纂委员会委员兼《课程和各科教学》分卷主编，并当选民盟人教支部负责人、民盟北京市委委员兼教育委员会副主任、民盟中央教育委员会副主任等职。1986年虽办理退休手续，但他退而不休，仍一如既往地积极主动承担许多编辑出版工作和研究任务，直至病逝。

陈侠毕生在教育战线辛勤耕耘，几十年如一日，一方面投身教育教学的实际工作，并从事师范教材和教育书刊编辑出版工作，另一方面执着地潜心于教育科学研究。他著述颇丰，主要有《建国的儿童训练法》（1941年版）、《近代中国小学课程演变史》（1944年版）、《国民学校教学实际问题》（1946年版）、《国民学校教学之改进》（1948年版）、《论教育规律及其他》（1983年版）、《师范教育和教育科学》（1985年版）等。他还有大量教育译著行世，并主持选编了《李建勋教育论著选》和《傅葆琛教育论著选》等。而最为著称于世、影响深远的传世之作无疑是《课程论》（人民教育出版社1989年版）。

二

在上世纪20—40年代的中国，课程论这门学科也曾昙花一现，既有翻译引进的外国课程论著，也有包括陈侠在内的中国学者自己撰写的课程史和课程论著述。新中国成立后，主要由于政治原因，我国的教育学和苏联的教育学一样，从宏观结构看，没有关于课程的专门篇章，只有“教学内容”的章节。

我国进入改革开放新时期后，就课程教材改革而言，单有国家课程和一套教材已远不能适应各地各校要求，地方课程、校本课程研发呼之欲出，“一纲多本”教材也势在必行。关注学校课程的人越来越多，课程教材研发人员，教育领导和管理干部，尤其是广大教师，都需要课程理论知识。不懂得课程，就不可能自觉地、准确地执行课程计划（教学计划）和课程标准（教学大纲），更不可能主动地、创造性地开发课程，也不可能恰如其分、恰到好处地选择和使用适合自身情况的教材，以提高教学质量。

陈侠正是较早地认识到社会的转型，从而较早地把视线聚焦到学校的核心问题——课程。当教育结构（即各级各类教育的比例及相互关系）问题基本解决后，教育改革必须也必然深化到学校课程领域。课程是学校培养未来人才的蓝图，是学生通往社会的桥梁。在课程（论）与教学（论）的关系上，显然，以往以教学（论）等同或代替或涵盖课程（论）的理论已站不住脚，在实践中也行不通。课程、教材、教学三者既密切相关，又不能完全等同。

上世纪80年代中期，我国教育开始了重要转折：1985年，改革开放后第一次全教会召开，《中共中央关于教育体制改革的决定》颁布；1986年，我国决定实施九年义务教育。在此背景下，1986年全国中小学教材审定委员会成立。这标志着我国中小学教材由编审合一走向编审分开，由国定制走向审定制，由“一纲一本”走向“一纲多本”，即在国家统一的基本要求的前提下实行多样化。这是我国中小学教材“制度”的重大变革（此前我国中小学教材也曾有过多样化，而且人教版教材也有过多样化，既有面向大部分地区的教材，也有各具特色、异彩纷呈的实验教材，但国家教材基本制度尚未改变）。教材制度的变革，既与课程教学改革密切相关，又直接影响课程教学改革。

值得注意的是，以下几个事件，均早于1986年。其一，1983年我国首家课程教材研究所成立。而在此前的1980年，人教社即已设立了课程教材研究室，由陈侠具体负责。其二，1980 年，人教社开始筹备《课程·教材·教法》，陈侠是主要负责人之一。该刊创刊伊始，就发表了叶圣陶、戴伯韬、叶立群和陈侠等老一辈教育家有关课程改革的一系列论文。这些先驱者们以该刊为阵地，最早吹响了我国新时期课程改革的号角。其三，陈侠从 1984 年起为多所高校研究生系统讲授课程论。后来，课程论这门学科正式进入我国高校课程教学计划之中，乃至许多高校陆续设置课程学系或课程与教学系，课程与教学论成为越来越多硕士生、博士生攻读的学科和研究方向，应当说，陈侠开讲课程论具有开先河的意义。

毫无疑问，上述三个事件并非孤立，亦绝非偶然。最根本原因是社会发展和时代变革为我国新时期课程论的重建提出了急迫要求，呼唤课程论在教育学体系中占有应有地位。同时，在这个大背景下，各地中小学课程改革丰富的实践探索，为课程论的重建提供了源源不断的鲜活营养。当时先后任人教社主要领导的戴伯韬、叶立群等高瞻远瞩，洞察时局，甘当伯乐，知人善任，把编写我国第一本课程论的重担交给了陈侠。党的高级领导干部有这样的眼光和胸怀，从事业出发，尊重知识和人才，与党外高级知识分子肝胆相照，推心置腹，是非常值得称道和发扬光大的。陈侠不负重托，除了不折不扣做好一系列师范教材和教育书刊编审工作，全心全意履行全国教育学研究会秘书长职责外，经过 9 年的不懈努力和辛勤耕耘，出色地完成了《课程论》撰著任务。

陈侠《课程论》1989 年 3 月由人教社出版，而该书的主要学术成果在此前几年中已陆续发表于专业期刊或高校讲坛。这部《课程论》既是新中国成立后第一部系统完整的课程论学术专著，又是新中国第一部课程论学科的大学通用教材。它的特点主要有：其一，作者明确把“中国特色”作为目标，紧密结合中国实际情况进行论述，形成了独具一格的结构体系和话语体系，深入浅出，通俗易懂，这是该书最鲜明的特点。这也是作者致力于构建中国特色的教育学学科体系的重要尝试。其二，该书不是空谈理论，也不是从理论到理论，而是有的放矢，把学校课程编订与教育目标挂钩，分别阐述学校课程在培养全面发展的人和实施全面发展的教育中的地位和作用，以及教育目标和课程的性质、任务、类型、编订、实施和评价的关系。其三，该书内容丰富全面，深入论述了课程论各方面的问题，包括课程研究的对象、目的和方法，中国和外国学校课程的演变，国外课程理论流派，制约学校课程的各种因素，学校课程的编订和实施，学校课程的评价，学校课程编订的发展趋势等。其四，特别具有重要价值的是，该书全面地总结了我国几十年来学校课程编订和实施方面的经验教训，并使这些可贵经验理论化、系统化，这对我国今后课程改革无疑具有重大理论引领和实践指导意义。该书把我国几十年来在课程编订和实施中遇到并争论过的一些难以解决的问题总结概括为应如何正确处理的十大关系：理论与实践的关系，个人全面发展与社会现实需要的关系，传授知识与发展智能的关系，文与道的关系，巩固“双基”与吸收新知的关系，统一要求与适应差异的关系，文科与理科的关系，逻辑系统与心理系统的关系，直线前进与螺旋上升的关系，课内与课外的关系。

综上所述，该书运用辩证唯物主义和历史唯物主义观点对学校课程进行了研究，突出了社会政治经济背景对课程理论和实践的影响，初步确立和奠定了中国课程论学科体系、框架和范式，成为当时和后来课程论的学术研究、教材编写和教学改革的领跑者。该书反映了当时历史条件下我国课程论教学和研究水平，它对新中国课程论的重建和发展立下的筚路蓝缕的开拓奠基之功是彪炳史册的。同期和此后我国又有一些课程论专著应运而生。课程论研究在我国教育学界渐成热点，甚至一度发展为“显学”。在我国，课程论作为教育科学分支学科的地位终于得以重建，形成了独立的研究领域。随后又催生了全国性的课程研究学术组织——课程专业委员会（后改名课程学术委员会，隶属于中国教育学会教育学分会）。饮水思源，我们应当铭记陈侠先生对课程论研究的开拓引领之功。

《课程论》是陈侠一生学术研究的最高成就和主要代表作之一，也是他留给我们的一份最宝贵的学术遗产。该书由于具有突出的学术价值，甫一出版，两年内即连续两次获得殊荣：出版当年即荣获全国首届优秀教育理论著作奖，1991年又荣获《光明日报》光明杯全国哲学社会科学优秀著作二等奖。该书至今仍被一些高校列为教育学科博士、硕士研究生入学考试的参考书和教学必读书。

在撰著《课程论》的同时，陈侠还主编了《课程研究丛书》及《教育大辞典·课程和各科教学》。这些工作在当时对我国课程论重建的奠基也起到了添砖加瓦的作用。陈侠主编的《课程研究丛书》从1985年开始由人教社陆续出版，选题中既有翻译引进的发达国家的课程专著，又有我国学者自己的课程专著。译著主要包括：英国丹尼斯·劳顿等人的《课程研究的理论与实践》，美国比彻姆的《课程理论》，日本伊藤信隆的《学校理科课程论》，苏联克拉耶夫斯基等人的《普通中等教育内容的理论基础》。《教育大辞典·课程和各科教学》的编纂工作，正好同人教社各科教材编辑和研究工作密切相关，陈侠组织各编辑室人员参与其事，实际上成为人教社一项重要的科研活动，既出了成果，又锻炼了队伍。

还应当指出，我国课程论重建的奠基工作与《课程·教材·教法》杂志的编辑出版工作也是相辅相成、相得益彰的。陈侠一方面在这本杂志上发表了一系列课程论文章，以自己的研究成果与广大读者作者交流，以文会友；另一方面广泛联系、吸引、凝聚作者读者的力量，营造课程改革势在必行的社会舆论，为课程改革提供了思想理论基础。该杂志定位明确，特色鲜明，越办越大，越做越强，被誉为“教师的挚友，教研的助手，教改的参谋”，多次荣获国家级大奖。

概而言之，陈侠对我国课程论重建的先驱性、奠基性贡献，可以归纳为五个“第一”。一是撰著了我国第一部课程论专著，发表了一批有分量的课程论学术论文，既提出了课程论的总体架构、学科体系，又探索了课程论的重点问题、发展方向。二是在新中国第一部《教育大辞典》中主编了《课程和各科教学》分卷，第一次界定或规范了课程和各科教学的有关内容。三是担任河北大学、辽宁师大、哈尔滨师大、西北师大、华南师大、广西师大、杭州大学等高校兼职教授，是在全国高校系统讲授“课程论”这门课程的第一人，课程论在教育科学中的学科地位开始确立。四是主持执编国内第一本课程专业期刊《课程·教材·教法》，为课程论的重建提供了理论基础和舆论准备。五是主编新中国第一套课程学术丛书《课程研究丛书》，为中国特色课程理论体系的创建和完善提供了学术支撑。

三

课程论的重建不是孤立的，没有相关领域的丰富知识、学养、经验和成就，课程论的重建就只能像空中楼阁。陈侠之所以能在课程论重建上卓有建树和突破，不可或缺的重要条件是，他在相关领域都进行了持之以恒的研究，具有广博深厚的学识根基、开阔的学术视野，取得了丰硕的成果，从而为课程论重建打下了坚实牢固的基石。

（一）课程史——昨天、今天与明天：让历史照亮现实、告诉未来

以史为鉴，可以知兴衰。历史往往有惊人的“相似”之处。前事不忘，后事之师。没有昨天和前天，就不会有今天。昨日之史，是今日之论必不可少的借镜。不了解历史，既可能把老祖宗早已知悉的道理、行之有效的举措，当作自己的新发现、新发明来炫耀，也可能重蹈覆辙，穿新鞋走老路，或者走弯路甚至走错路，而茫然不知。

陈侠早在七十年前的1944年就撰著出版了我国第一部小学课程史专著《近代中国小学课程演变史》。这部专著共六章，对近代中国各个历史时期的教育宗旨及目标、课程演变及特色、课程实施及成效进行了认真总结、概括和分析，并进行了点评。该书出版六十多年后，由李臣之重校，入选由瞿葆奎领衔主编的《20世纪中国教育名著丛编》（2007年版）。这套丛书《出版说明》指出：“辑入这套《丛编》的，皆历经了50年以上时间检验的、水平较高、影响较大、领学科风骚的著作。”应该说，陈侠这本课程史著作，为他四十多年后的课程论研究铺垫了道路。无独有偶，也是四十多年后，作为陈先生团队的后学者，笔者（吕）的博士论文选择了中学课程为切入口。一个小学，一个中学，看似巧合，实属必然。

史论结合，据史立论，论从史出。前天和昨天是今天和明天的必由之路。让历史照亮现实、告诉未来，这就是课程史对课程论必不可少的作用。

（二）教学论——与课程论相辅相成：谁也离不开谁

课程（论）与教学（论）的相互关系有四种说法：一是二元论，二是同心圆论，三是交叉论，四是互动论。无论哪种说法，都有一个共同点，即课程（论）与教学（论），谁也离不开谁，二者相互依存，相互影响，相辅相成。显然，研究课程论，必须也必然关注教学论，这是题中应有之义。陈侠虽以课程论专家著称，但他的目光须臾未离开过教学论。这里仅举他对几个重要概念的辨正。

上世纪50年代初，无论是凯洛夫《教育学》最初的中译本，还是我国的教育学著作和教材，把俄语中三个相关的词译为“教育”、“教养”、“教学”。由于含义不清，难以正确界定和区分，给教育理论研究和教育实际工作，特别是给师范院校师生带来许多麻烦。经研究，陈侠认为三个词含义相近，都可统译为广义的“教育”；我们的教育学不必把“教养”这个概念同“教育”和“教学”混在一起，通常只要提“教育”和“教学”两个概念就行了。陈侠在

《人民教育》1953年第3期发表论文，对这个问题专门做了辨析。在一次讨论师范学校教育学教学大纲的会议上，陈侠提出了上述建议，得到在场的教育部党组书记、副部长钱俊瑞的肯定，并在会上确定下来。此后，我国教育界不必再为弄清“教育”、“教养”、“教学”这三个含义不清的概念而困扰和浪费时间了。

“全面发展”是马克思主义教育学说的一个根本观点，也是我国教育方针的基本内容。但在上世纪50年代初，人们对全面发展含义的理解却是混乱的。凯洛夫《教育学》1948年版中译本（1951—1952年出版）把“全面发展”译成“个性的全面发展”。陈侠认为这样翻译不准确，违反了马克思主义关于人的全面发展学说的原意，给我国教育界造成了许多混乱。他查阅了马克思主义经典著作、教育学著作和辞典等，经过分析研究，写成《全面发展是指“人”的全面发展》一文（载《人民教育》1956年第12期），指出：全面发展是指“人”的全面发展，而不是“个性”的全面发展。“人”的全面发展，就是人的智力和体力的全面发展；“个性”的全面发展，则是个人兴趣、爱好、性格、气质、特长的发展，而这样就很难说是全面发展了，尽管人的全面发展包括了发展个性中的积极因素，但不能仅限于这些方面。在当时，由于译文不确切，许多人写文章讨论“‘个性’的全面发展”时争论不休，得不出正确的结论，师范院校师生在教育学、心理学教学中也遇到同样难题。陈侠经过考辨，厘清了“全面发展”这个术语的正确译法，随后，1957年，陈侠牵头翻译了1956年版凯洛夫《教育学》。

（三）心系师范教育——紧紧围绕整个教育的工作“母机”

陈侠早年毕业于高中师范科，后在师范大学接受本科和研究生教育，又当过小学教师和校长，还长期从事师范教材编辑出版工作。他毕生与师范教育结下了不解之缘，对师范教育一往情深。

基础教育课程与师范教育密不可分。陈侠认为，研究课程论（这里主要是指基础教育阶段），毫无疑问，必须也必然同师范教育同呼吸共命运。正是基于这种认识，他一生为师范教育大声疾呼，鸣锣开道。其执编《课程·教材·教法》一直坚持设置“师范教育”专栏就是一个例证。这同早期人教社“一体两翼”方针（以中小学教材为主体，以师范教材和教育图书为两翼）也是完全吻合的。

陈侠曾担任人教社教育编辑室主任多年，其间主要任务就是负责师范教材研究开发工作。1952年秋，教育部向人教社提出了编写中师《教育学》和《心理学》教材的要求。陈侠作为教育编辑室负责人，既是这两部教材编写的组织者之一，又是《教育学》的主要编写者之一。这两部教材在我国曾长期使用。

1985年7月，陈侠根据刚刚颁布的《中共中央关于教育体制改革的决定》，不失时机地策划了《师范教育丛书》。该丛书定位是：为在职中小学教师、师范院校教师及教育行政干部提供比较系统的教育学科进修用书，并为各级师范学校学生提供教育学科课外读物。这套丛书共十卷十一册，计有：《教育概论》、《中国教育史纲》（两册）、《外国教育史略》、《教育心理学》、《教学理论和方法》、《学校德育》、《学校体育》、《学校管理》、《中小学的劳动技术教育》、《人民教师的道德修养》。该丛书是改革开放后第一套师范教育丛书，对十年动乱后师范院校广大师生来说，无异于雪中送炭。

（四）洋为中用——他山之石，可以攻玉

一门学科的建立（或重建）和发展，既要继承发扬本国优秀的传统文化和历史遗产，又要借鉴吸取国外先进的学术成果和智慧营养。没有继承就难以发展，没有借鉴就难以创新。

新中国成立初期，陈侠担任人教社教育编辑室主任，当时恰逢学习苏联的高潮时期。他主持或参与主持翻译出版了一系列苏联师范教材和教育理论图书。

凯洛夫总主编的俄文版《教育学》有1939年、1948年和1956年三个版本。因为该书由当时苏联俄罗斯联邦教育部部长凯洛夫任总主编，因此我国学者俗称“凯洛夫教育学”。1950年12月，人教社翻译出版了该书1948年版的上册，翌年10月，翻译出版了1948年版的下册。1951年3月和1951年12月人教社出版了该书上下册的第一次修订版，1951年12月和1952年12月人教社又出版了该书上下册的第二次修订版。第一次修订版改正了译文的个别词句，第二次修订版对译文做了若干原则性的修订。全国各地的师范院校、各类教师进修学校、教育部门、干部培训部门统一把凯洛夫的《教育学》作为指定教材。《人民教育》杂志1953年第3期发表了陈侠的专文《凯洛夫〈教育学〉中译本第二次修订述要》。

1956年，凯洛夫访华。人教社社长叶圣陶专门会见了凯洛夫。在华期间，凯洛夫向中方透露了俄文新版（1956年版）《教育学》刚刚修订完毕的信息。

1956年版出版后，苏联专家于10月将该书寄到北京，陈侠等紧锣密鼓地组织翻译。1957年即出版了该书1956年版中译本（凯洛夫总主编，冈查洛夫、叶希波夫、赞科夫主编，陈侠、朱智贤、邵鹤亭、于卓、李沂、熊承涤、郭如琴、张渭城、李子卓、陈友松译）。该书分总论、教学论、教育理论、学校行政和领导，共四大块。我国后来相当长时期编写的大部分《教育学》教材都没有超出这个四大块的体系。

凯洛夫《教育学》在中国流行达数十年之久。它对中国教育理论的影响有正负两面。正如瞿葆奎在《中国教育学百年》中所说："从教育学建设的角度看，原苏联的教育学帮助国人完成了教育学理论模式的格式塔转化，填补了当年社会主义教育理论的空白。当然原苏联的教育学本身有许多不足，如操作性较强，理论性较差；教条性较强，辩论性较差；等等。"应当说，这一评价是切中肯綮的。

据统计，至1957年11月，我国翻译出版苏联教育书籍共360多种，仅人教社一家翻译出版的苏联教育书籍就达303种之多。所有这些工作，陈侠都不同程度地担当了重要角色，为马列主义教育思想在中国的传播做出了不容低估的贡献。

进入改革开放的新时期，陈侠虽然重点工作已经转到课程论研究，但对外国教育仍一如既往地关注和投入。这与课程论研究工作非但不矛盾、不冲突，相反更开阔了视野，提供了借镜，活跃了思想。改革开放后，人们急需了解世界上其他国家教育的现状、改革的经验教训和发展的动态趋势，为我国社会主义教育事业提供参考，急需找到十年动乱后我国与先进国家的差距。正是基于这种认识，陈侠领衔组织翻译外国教育和比较教育论文，选编出版了改革开放后第一套《外国教育丛书》。这套丛书共出了34本，陈侠投入了大量时间、精力和心血。

这套丛书涉及的内容是全方位、多角度的，按专题分门别类，切合了我国实际需要，极具针对性，因此广受欢迎，并荣获表彰。新华社的报道说，这是最早反映我国对外开放的重要窗口之一。应该说，这种评价是恰如其分的。这套丛书在当时外国教育研究领域是独树一帜的。与此同时，如前所述，陈侠主编的《课程研究丛书》重视收录外国课程著作，他执编的《课程·教材·教法》还开辟了研究资料专栏（后改名"研究与借鉴"）。由此滥觞，人教社陆续推出了《外国教育名著丛书》等，均享有盛誉。

总之，陈侠在课程史、教学论、师范教育、外国教育（比较教育）等领域的辛勤耕耘及其成就，相互关联，相互交融，成为他致力于重建我国课程论奠基工程中的重要基石。

四

如果说课程论重建是陈侠毕生最重要的贡献，那么，参与发起全国教育学研究会和热心传播教育科学理论，犹如两个轮子，助推着陈侠重建课程论的先驱性、奠基性工作。1978 年 10 月，人教社在开封主办全国教育学教材研讨会，陈侠参与主持会议，并做了学术报告。其间，陈侠起草《筹备组织教育学研究会倡议书》，和与会代表共同倡议成立全国教育学研究会。教育学研究会筹备组设在人教社，陈侠是核心成员，参与起草章程等工作。1979 年 3 月 23 日至 4 月 13 日，陈侠在北京参加了第一届全国教育科学规划会议。在会议结束时的 4 月 13 日，全国教育学研究会召开成立大会。戴伯韬当选为理事长，陈元晖等当选为副理事长，陈侠为秘书长。陈侠担任秘书长的一个重要贡献是同人教社密切互动，编辑出版了《论教育的本质和职能》等“教育学研究专题论文集”12 卷，为教育理论拨乱反正、正本清源立下了汗马功劳。

众所周知，学会的生命在于活动。如上所述，作为全国教育学研究会首任秘书长，以及民盟中央教育委员会副主任，陈侠足迹几乎遍及全国各地，接触了各级各类的学校和师生。所到之处，他对当地教育状况必做深入实际的考察，取得大量丰富的第一手资料。生活之树常青，充满活力的教育实践活动，正是教育科学理论研究获得累累硕果的不竭源泉。另一方面，这些亲临教育教学第一线的活动，也为陈侠将教育科学理论通俗化、大众化、普及化提供了广阔天地。为了总结教育规律、传播教育科学，建立中国特色社会主义教育理论体系，陈侠不遗余力地奔走呼号，付出了极大辛劳，也取得了显著成绩。他的大量教育著述就是他这些辛劳和成绩的记录，其中的学术建树，则是留给我们的宝贵财产。

陈侠先生留给我们的除了他的学术思想和学术贡献，更为重要的是他的道德、作风和精神；这些好像看不到摸不着，却实实在在地存在着并发挥着作用，这种无形的力量无时不有、无处不在地影响我们，指引我们如何做人、如何治学。陈侠先生的思想作风和工作作风，给我们印象和感受最深的，主要体现在四个方面：一是以诚待人，与人为善，提携后进，大家风范；二是敢于直言，坦诚相见，坚持真理，文如其人；三是善于学习，勤于耕耘，抓住机遇，敢为人先；四是志向高远，脚踏实地，大处着眼，小处着手。陈侠先生把毕生精力都献给了祖国的教育事业和出版事业。“善歌者使人继其声，善教者使人继其志。”今天，我们纪念陈侠先生诞辰100周年，就是要铭记、缅怀他的杰出贡献，不断学习研究、继承发扬他的学术思想和优良作风，继往开来，改革创新，为进一步促进我国教育事业的繁荣发展而不懈奋斗！

（本文系纪念陈侠先生诞辰100周年长文的节录，
全文见人民教育出版社出版的《中国教育科学》2015年第1辑）

第一编

课 程 研 究

《近代中国小学课程演变史》绪论

一、课程的意义及地位

(一) 课程的意义

“课程”一词，英文名为“curriculum”，系由“race course”一词而来。“race course”本义应为跑马道，今用以喻儿童由未成熟时期过渡到成熟时期所必经的道路，是即“课程”原来的意义。不过如此解释，只能说明“课程”一词的词源，并未能表白它整个的概念，还有进一步加以申述的必要。

过去所谓课程，是指那集合固定不变的知识以作训练心智之用的材料而言；此种观点，在今日已属陈旧。现在，课程的含义是扩大了。就较为广泛的观点来看，“课程为儿童全部的生活经验，不论其有无指导，均有关于个人能力之发展”，美国课程论者博比特（F. Bobbitt）即曾对“课程”一词做如此广义的解释①；或者说，“课程与经验相同，它是一个活的整体，包含学习者全部真实的经验”，这是塔巴（H. Taba）对“课程”一词的概念②。就较为实际的观点来看，博比特曾解释“课程为一套有组织、有选择的生活经验，是学校特别编制起来，用以补充及完成个人之发展的”③。西尔斯（J. B. Sears）说得较为明显，他说：“课程是用以训练儿童体、群、德、智、美各方面发展所组成的知识及材料。”④ 因此我们可以说，课程就是儿童在教师有计划、有组织的指导下所从事的一切活动。此外，鲁格（H. Rugg）更具体地指明了课程的双重性质：其一为“活动”（activities），包括学校一切真实的生活，如各种社团的活动，各种集会、级会与校会的组织，报纸、杂志、年刊的管理，运动和

---

① ③ 见 F. Bobbitt，*The Curriculum*. 张师竹译：《课程》。

② 见 Hilda Taba，*The Dynamics of Education*，pp. 243-244.

④ 见 J. B. Sears，*The School Survey*，p. 216.

游戏，以及研究、游览、阅读、讨论、表演、艺术的欣赏和创造的发表，等等，故凡师生所从事的一切活动均为课程。其二为“材料”（materials），凡活动进行时所需的事物，如书籍、表演用的舞台与布景、图画、雕刻、建筑、演讲、音乐，以及实验室、工作场、技术室和讲演厅的一切物质设备等，均属于课程的范围。① 把材料包括在课程的含义之内，是比较新颖的概念。

就“教育即生活”的立场来说，对于课程自应做广泛的认识。不过目前吾人讨论课程问题，还以从实际的方面来看，较为方便，尤以本书系对我国小学课程之史的检讨，更不得不以有形的学校课程为对象，而且也只能限于“活动”的方面，无法兼及“材料”。不过通常所谓学校课程还有泛指的与确定的分别，泛指的课程仅限于科目表（program of studies），确定的课程则包括各科真正的内容。本书的讨论，当兼顾这两方面，然因限于材料及时间，对于前者的讨论虽求其详尽，对于后者有时不免稍形简略了。

（二）课程的地位

课程在教育上的地位，可于课程的功用来观察。课程的功用，就学理方面来看，可以分为三点：（1）直接经验的补充与改正；（2）间接经验的扩大与证明；（3）科学态度与科学方法之培养与训练。如果我们承认教育为经验的改造，则课程正为改造经验的媒介，因此课程乃成为一切教育设施的核心，其地位如何，不言可喻。再就事实方面来看，课程一方面是学习者由不成熟到成熟所必经的途径，一方面乃国家实现其教育理想的手段，完成其教育政策的工具。要使国民都能达到国家教育宗旨及学校教育目标所期望的境地，胥有赖课程为过渡的桥梁。所以课程在教育上的地位，实在非常重要。欲谋教育的改造，唯有从事课程的革新，才是根本办法。同时，要明了以往教育改革的情形，亦唯有检讨昔日课程的演变，才能把握要点。本文研究近代中国小学课程的演变，其原因即在承认课程在教育上地位的重要，其目的即在探寻我国兴办新教育以来小学教育改革的轨迹，借以明了其趋势得失，并将现行小学课程加以检讨。

---

① 见 Harold Rugg，*American Life and the School Curriculum*，pp. 18-19.

二、课程演变的动力

各级学校课程的演变，均有促成其演变的动力。我们研究近代中国小学课程的演变，首当明了此种动力何在，然后对于其演变的原因、经过与结果，方能做深刻的透视。促成课程演变的动力，分析言之，约有下列五种。

（一）社会需要的变迁

此为促成课程变迁的第一种力量。课程既为改造人类生活经验的媒介，人类生活经验改造的方向，又以社会的需要为转移，因此学校课程应即随各时代社会需要的变迁而演变。例如，在君主专制时代，国家需要于国民者为忠君、尊王的思想；一旦推翻专制，建立共和政府，于是国家对国民乃有自治能力和平等精神的要求。又如在手工业的社会，国民所需要的生活知能，极为简单，而在工商业的社会，国民所需要的生活知能，却颇复杂；所以从手工业的社会，演进为工商业的社会，学校课程便应有彻底的变更。总之，凡是一个社会的政治体制或经济生活有了改变，则学校课程必因之而有一度革新。

（二）时代思潮的迁嬗

此为促进课程变迁的第二种力量。各时代的社会生活不同，于是反映社会生活的时代思潮，便也随时改变。同时，有了某种时代思潮，方能产生某种教育，所以教育的内容——课程——更不得不随着时代思潮的迁嬗而演变。例如，我国清末兴办新教育，本是受内乱外患交相逼迫的结果，当时的时代思潮是“富国强兵”，所办的教育只有“方言”和“军备”两种。后来外患日深，国势日危，认识了自己政治的弱点，才有了“变法图强”的思潮，所办的教育，便注意到各种治术人才的培养。支配此两种思潮的是“中学为体，西学为用”的原则，其课程内容，自然不脱此原则的范围。又如军国民主义教育思潮之重视“卫”的教育，实用主义教育思潮之重视“养”的教育，均与以前只重视“管”的教育不同。自民国十八年（1929 年）以来，三民主义的教育思潮，才代替了以前的各种教育思想，于是学校课程在理论上便有了一个确定的中心。

（三）教育学术的演进

此为促成课程演变的第三种动力。课程的编制，自然要受教育学术的支配。先就教育哲学方面来看，在主知主义（intellectualism）的支配之下，教育只重知识的传授，课程自亦不离知识的范围。在泛知主义（pansophism）的理想之下，教育要使人无所不知，课程便不得不无所不包。到斯宾塞（H. Spencer）倡教育为生活准备之说，教育要使人准备未来圆满的生活，课程便不得不以成人生活的需要为转移。迨杜威（John Dewey）创“教育即生活”之说，于是儿童本位的教育产生，儿童中心的课程于以出现。这是课程受教育哲学思想左右的实例。再从心理学方面来看，因为儿童心理学的进步、教育心理学的发展，课程的内容、组织及其排列，均一再有所变更。还有教育社会学的产生，使课程的编制，往日之取决于少数人的私见者，今日则采用较为科学的分析方法为依据。余如教育实际问题之实验研究的盛行，对于课程的演变，自然也有其一部分的推动力量。

（四）教育宗旨的变更

此为促进课程变迁的第四种动力，也是比较直接的动力。教育宗旨的产生，自有其社会的背景。社会如有了重大的变革，便可以影响到教育宗旨的变更。课程本为实现教育宗旨的媒介，当教育宗旨变更时，课程自然也就随之改变。其理由至为明显，似毋庸举例说明。不过国家教育宗旨较有永久性，是不能时常变更的；各级学校的教育目标，每因社会的需要不同，而随时有所修订，同时，学校课程当然也就随之有所更动了。

（五）学校制度的改革

此为促进课程变迁的第五种动力，而且是更直接的动力。本来课程可以列为学制的一方面，学校制度改革，课程没有不随之变更的。不过，如果把学校制度的范围缩小来看，则所谓学制，不妨仅视为修业年限、学校类型等一类的规定。当修业年限变更时，课程自然要随之改变；学校类型单一与否，课程当然也有差异。例如，民国以来，在施行“新学制”以前，我国小学分初等小学与高等小学两级，前者修业年限四年，后者修业年限三年。到施行“新学制”以后，小学虽仍有初、高级之分，但将高级的年限缩短一年。纵使其他方面无促进课程变迁的因素，仅仅此种变更，亦足以促进课程的改造。又如为迅速普及教育而举办的短期小学，修业年限只有一年或二年，其课程内容自然也不会和普通小学的相同。

三、课程演变的分期

近代中国的小学教育，不过只有四十余年的历史。最早的公立小学，是清光绪二十三年（1897年）盛宣怀在上海所办的南洋公学外院。该校计分师范院、外院、中院、上院四院，外院相当于今日的师范学校附属小学。此时尚有私人设立的小学，多名为三等学堂。翌年戊戌变政，清帝于五月二十二日令各省、州、县、府开设中西学堂，将原有之大小书院，一律改为兼习中学西学之学校，并规定“学校等级自应以省会之大书院为高等学，郡城之书院为中等学，州县之书院为小学”，“所有中学、小学应读之书……由官设书局编译中外西书，颁发遵行”云云。① 这是学制课程见诸政府明令的开始。不过因为旧党的阻挠，新政的推行，不免如昙花一现，学校的开办，自然也不能例外。等到庚子（1900年）乱后，订了屈辱的城下之盟《辛丑条约》（1901年），这才又重行注意到新政的推行，中国的国家教育系统，才随着光绪二十八年（1902年）七月张百熙拟呈的《钦定学堂章程》而产生。我们检讨近代中国小学课程的演变，拟即从此时开始，并酌分下列数期来讨论和说明：

（一）草创时期（1902—1911）

自《钦定学堂章程》颁布起至宣统三年（1911年）清廷覆亡止。此期虽仅十年，而小学学制及课程变更四五次之多。良以草创伊始，起初所定制度及课程，不无窒碍难行之处，不得不随时改革也。

（二）因袭时期（1912—1921）

自民国成立至施行“新学制”的前夕。此十年中，虽因国体变更，学制也有所修订，而小学课程的变动却并不大，多半仍因袭着以往的轮廓，所以称为因袭时期并不太过。可是在这一期中，同时也酝酿着新的改造，不过改革事项的实现，则是下一期的事了。

（三）改造时期（1922—1928）

自民国十一年（1922年）施行“新学制”起，到民国十七年（1928年）国民政府统一全国止。此期小学课程进步颇大，因袭时期所酝酿的各项改造，在此期内已经初步完成。无论在形式方面或内容方面，较前两期均显然有了一

① 见舒新城编：《近代中国教育史料》第一册，第75页。

番跃进。

（四）革新时期（1928—1941）

自民国十七年（1928年）国民政府统一全国，大学院颁布《小学暂行条例》，十八年（1929年）教育部颁行《中小学课程暂行标准》，中经一度的试行，两度的修正，至现行小学课程标准公布以前为止，可称革新时期。此期除保留前期的优点外，并有很多的进步，而其最重要之点，则为教育目的与政治目的之趋于一致，课程的内容有了中心思想。以后有所演变，似应为技术的修正，而毋庸做精神的转移了。

本书将依上列四个时期，分章说明我国小学课程演变的经过，并检讨现行小学课程的得失。

载《近代中国小学课程演变史》，
重庆商务印书馆1944年版。

《课程·教材·教法》发刊词*

新中国成立以来，中央和地方虽然出版过不少教育刊物，但是以研究普通学校课程、教材和教法为重点的刊物，这还是第一种。我们为什么要编辑出版这样一种刊物呢？

第一，普通学校要为高等学校输送合格的新生，又要为各行各业培养合格的后备劳动力。我国目前的普通学校多数还未能做到这一点。主要原因之一是在极左思潮的干扰下，课程的设计、教材的编写和教法的选择，很少经过科学的研究。为了提高教学质量，必须分析研究教育目标，按照教育目标的要求，提出课程设计的方案，制定各科课程标准，同时研究各年龄阶段学生身心发展的规律，才能够编出既有高度科学水平又适合学生学习的教材。本刊要为推动这项研究出力，为发表这方面的研究成果提供园地。

第二，近二十年来，世界科学技术的发展突飞猛进，知识更新的周期大大缩短。我们普通学校的课程和教材，必须适应这种形势，一方面把旧有知识体系中基础的东西保存下来，并淘汰那些过时的无用的东西；另一方面要按照中小学学生的接受能力，选择新知识中属于基础的而又必要的知识列入教材。这绝不是一件轻而易举的事情，必须进行缜密的研究，需要由教育科学研究工作者、各科教材编辑人员、各门科学专家和有经验的中小学教师共同讨论，互相协作，才能取得良好的成果。本刊要在这方面起桥梁作用，为研究改革课程、教材和教法的同志们交流研究成果创造有利的条件。

第三，十年浩劫以后，教学秩序虽已恢复正常，由于师资水平不高，教学方法不当，教学质量还有待提高。为了保证教学质量，提高师资水平，应当研究教学理论，总结先进经验，改进教学方法。本刊正是为探讨教学理论、阐述教学规律以及交流和推广行之有效的教学经验服务的。

---

* 本文由陈侠执笔，写于 1980 年 10 月，发表时署名“本刊编委会”。——编者

第四，多年来，我国不重视教育科学研究和师范教育，没有在发展普通教育的同时注意培养师资，以致师范教育和普通教育的发展比例严重失调，结果多数教师缺乏教育专业训练。本刊也准备为研究各级师范学校教育学科的教学内容和方法服务，借以提高未来教师的专业训练水平；同时要总结和交流编辑教材、使用教材和改进教法的经验，以帮助在职教师进修，提高他们的业务能力。

本刊提倡在教育科学研究的基础上，讨论同课程、教材和教法有关的现实问题，准备发表教育调查报告和教育实验报告，力求使研究的问题和提出的论点有事实根据。同时，研究中外历史上有关课程、教材和教法的理论和经验；研究当代外国教学改革的经验教训。我们既要善于批判地继承和借鉴，又要勇于有科学根据地大胆创新。

我们深深知道，要把这样一种刊物办好是很不容易的。但是，我们在党的十一届三中全会倡导的解放思想、实事求是的精神鼓舞下，坚持四项基本原则，坚持实践是检验真理的唯一标准，努力贯彻百花齐放、百家争鸣的方针，开展不同学术观点的讨论，有信心把这个刊物办好。

载《课程·教材·教法》1981年第1期。

课程研究引论

课程问题是学校教育的核心问题，也是教育科学研究的核心问题。① 因为课程的设计是否合理，教材的编写是否妥善，教法的选择是否适当，都关系到教育质量的高低，关系到教育目标能否顺利实现。这篇短文打算先谈谈有关课程研究的几个基本问题，向全国教育学界的同志们请教。

一

什么是课程（curriculum，курс）？它同教程或学程（course of study，курс обучения）、功课或课（lessons，урок）等习惯用语有什么异同？它同教学计划（учебный план）和教学大纲（учебная программа）意义是否相同？有无区别？——这是我想说的第一点。

我们既然承认教育学是一门科学，科学中的每一个概念都必须有明确的含义，否则就会引起误解。如物理学上什么叫重量？什么叫质量？这些基本概念都必须讲明白。我们研究课程也应当如此。而“课程”又是一个用得最普遍的教育术语，也是一个定义最差的教育术语。② 如当代英美教育书籍中，对“课程”一词的解释，众说纷纭，莫衷一是。③ 比较公认的说法把课程看作“学习者在学校环境中获得的全部经验”④，或者说，课程是“学习者在学校指导下获得的全部经验”⑤。这样解释课程是把受教育者在学校范围内所引起的文明

① Robert M. W. Travers, *An Introduction to Educational Research*, 4th edition, p. 105.

② ④ Richard, D. Von Scotter and Others, *Foundations of Education—Social Perspectives*, p. 272.

③ Daniel Tanner and Laurel Tanner, *Curriculum Development*, pp. 4-29.

⑤ *Encyclopedia of Educational Research*, p. 358.

行为的养成、思想品德的提高、知识技能的增长、身体素质的改善等都包括在课程的概念之内，而且不限于课内活动，也包括课外活动。但是把他们在家庭和社会所受的影响排除在外。这还是对课程的一种比较广义的理解。在学校实际工作中，往往把规定在日课表里的各项教学活动才列入课程的范围之内。最狭义的理解甚至认为只有为了从学校毕业取得学分而修习的学程，才算作课程。① 因此，我们有必要不避从概念出发的嫌疑，首先把我们所要研究的“课程”一词的含义说明白。何况，教育科学还是很年轻的科学，三十年来，我国教育科学研究又经历了一条艰难曲折的道路，目前国内外报刊上出现的教育学术名词，有时还不免概念不清，含义不明，解释不一，使用不当。因此更不得不首先“正名”。

“课程”一词是我国所固有。在未有“课程”一词以前，我国古籍中就有关于教育内容及其进程的记载。如《礼记·内则》篇有：“六年，教之数与方名”，“九年，教之数日。十年，出就外傅，居宿于外，学书计”，“十有三年，学乐，诵诗，舞《勺》，成童，舞《象》，学射御。二十而冠，始学礼”。又如《礼记·王制》篇有：“乐正崇四术，立四教，顺先王《诗》、《书》、《礼》、《乐》以造士。春秋教以《礼》、《乐》，冬夏教以《诗》、《书》。”唐代孔颖达在《五经正义》里注疏《诗经·小雅》时用过“课程”这个词。② 他用这个词的含义同我们的概念是否相同，还有待研究。宋代朱熹使用“课程”一词的地方较多，如说：“宽着期限，紧着课程”；又说：“小立课程，大做工夫”。③ 他说的课程，既包括礼、乐、射、御、书、数六艺，又包括孝、悌、忠、信等封建伦理道德，类似我们今天对课程的广义理解。从我国古籍的记载来看，“课程”一词的含义，既包括教学科目（学科），又包括这些科目的教学顺序和时间。后来我国就把各级学校的教学科目及其教学顺序、教学时数等的规定，叫作某级学校的课程，如小学课程、中学课程等。所以课程可以理解为为了实现各级学校的教育目标而规定的教学科目及其目的、内容、范围、分量和进程的总和。教育学上讲的“课程”，严密地说是“学校课程”④，不过通常我们都把

① Stephen A. Romine，*Building the High School Curriculum*，p. 14.

② 《诗经·小雅》“奕奕寝庙，君子作之”《疏》中有“教护课程，必君子监之，乃得依法制”之句。

③ 《朱子全书·论学》。

④ 《不列颠百科全书》第十四版有 school and curriculum 条，没有 curriculum 条。

“学校”一词省略了。

课程同教程或学程含义相近，习惯上经常互用。但教程或学程多指某一门学科（如《联共（布）历史简明教程》或说某人正在选修日语学程），指全部学科总和的时候少（如说某人已经修毕了电视大学的学程）。而课程有时候也被用来指某一门学科，如说数学课程、生物课程等。这正是教育学术名词不够严密的表现。

课程同教学科目（学科）含义有广狭之分，前者应指教学科目的总和，后者应指课程的一个组成部分。我们希望今后能约定俗成，这样来区分这两个概念，特别是教育学术论文要正确使用概念。

课程同功课（或课）本来是两个不同的概念，不应当混为一谈。有些词典的编者区分得不太清楚，也容易造成混乱。功课应指日常学习的具体课业，它只是一门学科里的一小部分。希望今后我们能把教育科学用语和日常习惯用语逐步一致起来，不要随意互用，以免概念不清，造成误解。

近代科学进步，生产发展，教育事业日趋发达。怎样使教学科目的安排，随着儿童年龄的增长、社会生产的发展和生活的实际需要而确定其多寡、繁简、深浅和进度，既是教育科学研究的重大课题，也是国家教育行政领导部门必须解决的重大任务。凡是实行中央集权管理教育的国家，都要由政府规定各级学校各门学科的课程标准（日本称为“学习指导要领”）；其中分别规定某级学校各门学科的教学目的和任务，教学内容的要点和范围，教学时间的分配，教材教具的选择，教学方法的运用，等等。我国过去把规定这些的文件称作课程标准。有各级学校的课程标准，其中包含着各学科的课程标准，如小学课程标准中，包含有小学语文课程标准，等等。

新中国成立以后，因为学习苏联，把各级学校课程改称各级学校教学计划，把各科课程标准改称各科教学大纲。名称虽异，其实相同。这是两国语言习惯不一，并不影响事物的本质（俄语中 курс 一词是外来语，相当于英语 course）。① 按照马克思主义语言学的观点，语言的词汇和语法结构并无阶级性。因此，我们把本民族固有的词汇弃置不用，完全没有必要。况且，“教学计划”一词，我国过去是指教师在学期开始拟定的教学进度，有时也指一节课的教案，容易引起误解；“教学大纲”一词也不含有规定的标准的意思。看来，

① 《Педагогический словарь》只有 курс обучения 条，没有 курс 条。

当初更改名称，除了可以令人一新耳目以外，并无多大的实际意义。不过，现在既已改了三十年之久，我并不主张再改回来。只是谈到“课程”一词的概念，不得不说明一下罢了。

二

为什么要研究课程？谁应当担负研究课程的任务？——这是我要说的第二点。

无论把课程理解为各级各类学校教学科目的总和，还是把它理解为某一门学科，课程的研究都是教育科学研究的重点项目之一。这是由于以下原因。

（一）课程是实现教育目标的重要手段

学校教育应以教学为中心，这是教育工作的规律；课程是教学的主要内容，教育目标能否实现，要看课程是否规定得合适。例如，我们要培养学生爱祖国的思想情感，课程中就必须有祖国语言文学、祖国历史地理等方面知识的教学，使学生知道我国是世界上最文明的古国之一，有悠久的历史，有灿烂的文化，有辽阔的领土，有丰富的资源，有勇敢勤劳的人民；近代虽曾遭受帝国主义、封建主义、官僚资本主义“三座大山”的压迫达一百多年之久，但在中国共产党的领导下，全国各族人民团结起来英勇奋斗，终于建立了没有剥削、没有压迫的社会主义国家。因此，我们的学校课程中，从小学起就应当设置社会常识或历史、地理等科。如果我们不研究教育目标，光想着精简课程，那就会使教学科目的安排，不利于实现教育目标。只有认真分析教育目标，研究有哪些学科有利于它的实现，才能把课程设计得合理。况且普通学校的课程标准，各国间有个大致相近的水平。我们的课程标准如何达到国际上同级学校的一般水平，也需要进行研究。

这里还要特别说明的是各级学校修业年限的长短，要由学生成熟的程度和完成课程标准的需要来决定，而不能颠倒过来，由修业年限的长短来决定课程的标准，否则就难以保证教育的质量，无从实现教育的目标。我们近二十多年的经验证明，片面强调缩短学制，精简课程，使学制、课程变动频繁，是教育质量不能真正提高的原因之一。今后要提高教育质量，除了改善师资、设备等条件外，学制的改革，课程的更新，都要先经过研究试验，再逐步全面推广，并力求相对稳定，切忌朝令夕改。这样才能保证教育质量，保证实现教育目标。

（二）课程是发展儿童智力的重要途径

教学不仅要使学生获得丰富的知识，尤其要使他们在获得知识的同时，发展观察力、注意力、记忆力、思考力、想象力、创造力和实际操作能力。这样，他们才能够在离开学校以后，继续学习新知识；才能够在遇到新情况、新问题的时候，有独立分析和解决的能力。况且，现在科学技术的发展突飞猛进，人类积累的知识总量成倍增长，知识更新的周期越来越短，单纯传授知识而不帮助学生获得自己探索新知识的能力，是不能完成教学任务的。我们设计的课程，怎样才能培养学生自己探索新知识的能力呢？这就需要一方面研究儿童的学习心理，探寻学习迁移的规律和儿童智力发展的规律；一方面研究各门学科的体系，力求找出最基本的规律性的知识，并巧妙地安排教材，使儿童学习起来能够举一反三，触类旁通。这样的课程才能适应儿童智力发展的水平，并且能促进他们智力的发展。若不进行研究必定是做不到的。

例如，日本小学理科课本在讲种子萌发的自然常识时，并不是直接把什么是双子叶植物、什么是单子叶植物告诉儿童，而是让他们比较瓜类、豆类作物的种子和谷类作物的种子；也不把种子萌发需要的条件直接告诉学生，而是安排了许多实验让他们动手去做，去观察、去比较、去记录、去总结，最后自己得出种子萌发所需要的各项条件（温度、湿度、空气、阳光等）的知识。这样去获得知识，不仅学得生动活泼，而且记得牢固；更重要的是能使儿童学会自己去求知，也就是发展了儿童的智力。因此，在研究课程、教材的时候，借鉴国外对我们有益的经验也是很必要的。

（三）课程的设计要有正确的指导思想

我们研究课程，总的指导思想当然是马克思列宁主义、毛泽东思想，是辩证唯物主义和历史唯物主义。我们的教材必须用辩证唯物主义的观点来说明自然界的一切事物和现象，必须用历史唯物主义的观点来解释人类社会的一切活动和过程，不能有丝毫唯心主义和形而上学的错误。为了做到这一点，就必须分析研究课程、教材中的全部内容，肃清其中非马克思主义的和反马克思主义的一切观点。这在自然学科中要力求避免任何不可知论的因素。因为自然界中有许多事物和现象（如地震等自然灾害的原因及其预测，癌症的成因及其预防等），还没有可靠的研究结果可以解释。遇到这种情况和问题，应当向学生说明世界上尚有未被人们认识的事物，而没有不可认识的事物，要鼓励他们立志在前人研究成果的基础上继续探索宇宙间的一切奥秘。这在社会学科中要克服英雄史观的种种表现。因为我国封建社会的时间很长，英雄造时势的思想很深，往往夸大了英雄人物（包括革命领袖）的个人作用。十年浩劫期间，林彪、康生、江青一伙更把革命领袖加以神化，危害至深，流毒极大。这种唯心史观必须花大力气来肃清。要做到这些，的确是极其繁重的研究任务。

那些直接影响课程设计的一些学说，我们应当对它们有恰当的评价。例如18世纪在欧洲流行一种官能心理学，认为人的心智活动可以分为若干官能，这些官能可以彼此分离，单独训练。人们把这种思想应用到教育上，认为记忆力是一种官能，可以用希腊文、拉丁文来训练；思考力又是一种官能，可以用数学难题来训练；等等。教育史上把这种学说称为“形式主义”（formalism）或叫“形式训练说”（theory of formal discipline）。实践证明，它是没有事实根据的，因而是不正确的。我们虽然重视发展学生智力，但是不能按照这种学说来设计课程。

随着资本主义生产的发展，欧洲19世纪又产生一种同“形式训练说”相对立的主张，教育史上称为“实质主义”（materialism）或“实质教育论”（theory of material education）。这种学说认为古典语文和数学难题没有实际用处，应当排除在课程之外；必须教给学生实际有用的知识。学生在获得这种知识的同时就受到了能力的训练。这种主张也有片面性，事实上只重视知识的传授而忽视了能力的培养。我们虽然也主张要教给学生有用的知识，但是不能按照这种学说来设计课程。

我们应当把传授有用的知识和发展学生智力看作统一的过程。在教学中既重视传授科学基本知识，又重视发展学生的能力。课程的设计要做到这一点，自然是需要认真研究的。

（四）设计课程要适应儿童的身心发展

20世纪以来，对于学校课程的设计，就有“学科中心”和“儿童中心”两种主张相对立。主张“学科中心”的学者被称作传统派，主张“儿童中心”的学者自称为进步派。学科中心论者不考虑儿童的兴趣、需要和接受能力，只管把成人认为必须学习的知识教给儿童。儿童中心论者走向另一极端，主张完全按照儿童的兴趣和需要来确定教学的内容，而不考虑它的科学性和系统性。我们既不赞成前者，也不赞成后者。

现在还有一种“社会中心”论①，主张课程的设计应当服从社会的需要。并且认为英国现代中学（modern secondary school）的课程，就属于这一类型。英国现代中学是以准备学生升入职业学校为主要任务的普及义务教育的学校，它的课程偏重社会职业准备的实际需要，理论基础比较薄弱。

我们主张在设计课程时应以实现教育目标为中心，各学科的具体安排则要考虑到适应儿童身心的发展。我们主张兼采传统派与进步派二者之长，而去二者之短。至于适应社会需要也不能陷于实用主义，应当强调打好理论基础。因此，什么样的课程有助于实现教育目标？什么样年龄的儿童适合学习什么样的学科和什么样的教材？这些都是课程研究者必须妥善解决的问题。

关于教材的排列，三百多年来就有直线式和圆周式②（或称螺旋式）两种方法。直线式的排列是一门学科在普通教育阶段只教一次，如1978年1月我国政府公布的《全日制十年制中小学暂行教学计划》，规定本国历史只在初中阶段学习一次，小学和高中都不教本国历史。这就是直线式的排列。圆周式的排列是在普通教育阶段，一门学科不止学习一次。如50年代我国小学教过本国历史，初中再教一遍，高中还要教。只是每教一遍，教材内容就扩大和加深一次。有人认为“圆周式”一词不足以说明这种不断扩大和加深的情况，所以改称为“螺旋式”的排列。我认为，人的知识的增长不是一次就可以完成的，需要多次的反复，逐步地扩大和加深，所以“螺旋式”的排列是符合人的认识发展规律的。在普通学校分为小学、初中、高中三段的情况下，特别是目前我国只普及五年小学教育的时候，“螺旋式”的教材排列法是必须采用的。以历史科为例，一个中国公民在只受五年小学教育的时候，也不能没有历史知识，所以小学应教历史。但是，按照小学生的理解程度，我们不可能把一个受到比较完备的普通教育的公民应有的历史知识，都教给他们，而只能限制在他们所能理解的范围之内。这样，到初中、高中就有必要把扩大和加深了的历史知识继续教给他们。所以，怎样分段来安排教材，使它既有连贯性又不致过于重复，当然有赖于仔细研究。那种认为圆周式的教材排列是少慢差费，因而一概排斥的观点是错误的。

---

① Denis Lawton and Others, *Theory and Practice of Curriculum Studies*, p. 2-3.

② 圆周式的教材排列是捷克教育家夸美纽斯（1592—1670）在所著《大教学论》中首先提出来的。《大教学论》出版于1657年，距今已有三百多年了。

由此可见，要使课程设计科学化和现代化，不下功夫研究是不行的。研究课程设计应当是教育科学工作者的任务，不单是制订各级学校教学计划的教育行政领导干部的任务，也不只是各科教学大纲和教科书编辑者的任务。所有这些工作，都应当在科学研究的基础上进行，都应当按照教育科学规律办事。所有教学大纲和教科书的编辑干部，都应当是教育科学研究工作者。亲身使用课本进行教学的各级学校各科教师，也都负有研究课程和教材的任务。没有教育理论工作者和教育实际工作者的结合，就不可能设计出为建设社会主义现代化强国培养合格人才的课程来，也不可能编写出适合这样要求的课本来。

三

怎样研究学校课程？在目前条件下，我们研究学校课程可能采取什么途径和方法？——这是我要说的第三点。

上文在说明研究课程的必要性的时候，已经讲到课程研究的若干项目，如分析教育目标，研究用哪些课程来实现这些目标；研究儿童的学习心理，探寻学习迁移的规律和儿童智力发展的规律；研究各门学科的体系，力求找出最基本的规律性的知识和技能；研究如何在传授这些知识的同时发展儿童的能力；研究如何在最适当的时机教给儿童最适当的知能，以及如何使我国学校的课程标准达到国际上同级学校的一般水平；等等。这里只想简单提一下研究课程的几个途径和方法。

先说课程研究的途径。

（一）整理我国古代教育遗产

我国是伟大的文明古国。优秀的中华儿女曾经长期建立了世界上文明、昌盛、繁荣、富强的国家。我国古代的教育遗产极其丰富，我们研究课程教材，应当发掘教育遗产中这方面优秀的东西，以便批判地继承。这是一项极其艰巨的工作，不仅因为卷帙浩繁，而且因为要用辩证唯物主义和历史唯物主义的观点加以分析，并做出适当的评价。但这也是一件极有意义的工作。例如我们如果搜集古代启蒙读物，并且分析它的特点，就可能发现古汉语的一些教学规律。

（二）吸收近代教育研究成果

我国实行近代学制，已有七八十年的历史。新中国成立以前，一些有关课程的研究，虽然在观点上是错误的，但是也保存了不少可供参考的资料，不应弃置不顾。在老解放区，在新中国，更有许多讨论、研究和总结有关课程教材问题的文章，应当加以搜集、整理并系统化，从中吸取有益的东西。

（三）借鉴外国课程研究资料

发达国家重视课程研究由来已久，近二十年来更加成为教育科学研究的中心。因为随着生产的不断发展和科学技术水平的提高，农业、工业、商业和军备竞争的剧烈，各国学校课程也在不断改革的过程中。我们应当了解各国课程研究的趋势，各国课程改革的动态。但是不应盲目照搬外国的经验，要考虑到我国社会生产发展的水平，我国教育的基本情况，批判地吸取对我国课程设计有益的经验。为了更好地借鉴国外的经验，适当地派遣课程教材研究人员出国考察也是必要的。

再说课程研究的几个方法。

（一）文献分析法

如分析现行教育法令中有关教育目标的规定，并结合实际，将它具体化；研究马克思主义经典作家有关培养全面发展的人的论述；分析古今中外著名教育家有关课程、教材和教法的论述；分析研究各个国家各个时期有关学校课程和课程标准的规定；分析研究当代各国学校各科课本；分析学生的书面作业；等等。

（二）调查观察法

如调查先进教师使用某种教材和某种教法的成功经验，连续观察并总结这些经验，使之上升为理论，并推广这些经验，检验这些经验，使它更加完善；观察学生的学习态度和学习方法，通过谈话或问卷调查了解学生对教材爱好、理解和掌握的程度等。

（三）实验法

这是根据事实来判断某种课程设计、某项教材选择和排列的优劣的一种科学方法。进行实验，需要比较；为了比较有数据，需要编制各门学科各种程度的学业成绩标准测验，对学生在学习某门学科的某项教材前后进行测验，以比较不同的课程设计或不同的教材产生的不同效果。课程、教材、教法的优劣需要经过比较长期的使用才能得出结论，所以实验也需要长期进行，不能半途而废。一套新课程或一本新教材编成以后，最好先经过试用再推广使用。这种试用的过程，如采用科学的方法，由水平大致相同的教师教给程度大致相同的学生，同旧教材进行比较，分辨其孰优孰劣，也可以说是一种实验。

在研究一个问题的时候，这些方法往往需要结合使用，得出的结果才比较全面。

最后说一点希望：我们对普通学校课程、教材的研究工作刚刚开始，还拿不出任何具体的成果来向全国教育学者汇报。我这篇短文只是抛砖引玉，希望教育学界的同志们有更多的人来参加课程教材的研究，因为它是教育科学研究的核心。

1980年9月—1981年3月

载《课程·教材·教法》1981年第3辑。

美国中小学课程的情况和问题

最近我查阅了美国出版的几种大百科全书，了解到美国中小学课程的情况和问题。现在把它综合整理出来，供关心这方面问题的同志参考。

一、课程的含义

美国教育界对“课程”（curriculum）一词的理解，有广狭二义。广义的课程是指学校给学生提供的全部经验；狭义的课程是指学生为了逐年升级、取得毕业证书必须学习的各学科教材。

按照狭义的理解，过去在美国，“课程”一词跟“学程”（course of study）一词可以互用。如说中学课程就是指中学所教的所有学科，如说一个学生修毕了中学学程，也是指他学完了中学所教的所有学科。另一方面，“课程”一词也跟“学科”（subject）一词混用，如说英语课程，实际上是指英语这门学科；更狭义的用法如说英国文学课程，就是指英国文学这门科目中文学作品、范文、作者生平等教材的内容了。“课程”一词的这些不同的用法，反映了教育术语在资本主义世界号称教育科学发达的美国，也是不够精确的。

把课程理解为学程、学科或科目都是传统教育学派的观点。自“进步教育”运动本世纪20年代在美国流行以后，课程的含义扩大了。因为传统教育着重给学生以知识教育，把课程只看作发展智力的手段。“进步教育”着重给学生以生活经验，除了发展智力，还要发展体力，培养社会生活习惯，陶冶道德情操，养成审美观念，获得职业技能，等等，课程就不仅限于各科知识的教学，而包括一切课内课外的活动在内了。因此，现在美国教育书籍中，一般都对课程做广义的理解。即使如此，它也只能包括在教师指导下学生获得的全部经验。至于学生在家庭、在社会获得的经验，虽然也是学生的生活经验，却不包括在课程的含义之内。

二、课程设置的沿革

美国在殖民地时期，学校几乎照搬英国的课程，连教科书都是在英国印刷的。美国独立以后，才开始印刷自己的教科书，但是课程的内容并没有实质上的改变。

1890 年以后，美国学校课程中设置的教学科目逐步发展，中学设置的学科数目发展更快。现在按照科目设置的顺序，列举如下。

（一）小学教学科目的发展

1890 年：图画、公民、历史、语文、阅读、拼法、书法、算术、自然、地理、音乐和体操。

1900 年：卫生、文学、缝纫和手工。

1925 年：器乐、保健和安全教育。

1950 年：社会、美术、技巧和理科。

（二）中学教学科目的发展

20 世纪初，中学向联邦政府教育局备案的有 18 门学科。到 20 世纪中叶，文化学科的名目增加很快。职业选修学科的名目就更多了。现在把新学科出现的顺序列举如下。

1890 年：拉丁文、希腊文、法文、德文、代数、几何、物理学、化学、历史（美国史、古代史、中古史、近代史）。

1895 年：三角学、天文学、自然地理、地学、生理学、修辞学、英国文学、公民。

1922 年：西班牙语、动物学、植物学、农业、家政、普通生物学、工业训练、绘画、声乐、簿记、打字、速记、文牍、社会、商业、卫生、理科、经济学、体育。

1934 年：世界史、民主问题、联邦政府、军事训练、美术欣赏、管弦乐队。

1950 年：音乐欣赏、普通商业、木工、印刷、金工、电工、自动机械、航空学、普通数学、普通商业教育、消费经济学、零售、家庭管理。

美国没有全国统一的教学计划和教学大纲，不但各州之间学校的课程设置彼此不同，一州内各校之间的课程设置也不相同。

美国中学课程的特点是必修学科较少，选修学科很多。在选修学科中，各种职业的选修学科门类繁多。因为美国中学是综合中学，不另设中等专业学校和职业学校。

美国中小学课程的设置，一是由分科过细到有关学科的融合，即减少学科门类，使每一门学科领域较广；二是由教给知识本身到重视知识的应用，所谓各科知识的功能化，即注重把知识应用于生活；三是不受高等学校入学要求的学分所左右，有些中学设置的必修学科比高等学校要求的还要多。但在20世纪60年代开始的教学改革，重新着重提高学术性科目知识教学的质量。

三、课程的制订

美国的中央政府——联邦政府——没有制订学校课程的责任。过去不设教育部的时候如此，现在设了教育部还是如此。从理论上说，美国公立中小学的课程，是由州一级政府和州以下的地方政府联合制订的。私立学校的课程可以按照州政府的标准，自行制订。

美国人声称要让人民掌握管理学校教育的职权，所以每个学区对它辖区内的儿童教育都有相当大的发言权。州的立法机关要制定学校法，规定学校的教学方案、学习时数、知识范围。课程是在这些基础上编订的。

参加制订课程的一般有两种人：一是正式选举或任命的地方学区教育委员，一是专业的教育工作者。后者在制订课程的具体工作中负主要责任。此外，各门科学的专家，对制订学校课程，也起很大的作用。

从本世纪后半期起，美国逐渐注意到学校课程不仅要反映州和地方的利益，而且必须反映国家的宗旨和目标。这样，美国学校课程虽然由地方各自制订，造成形式上的分歧，但总还要有一些法律以外的力量，使它在实质上大体趋于一致。这些力量来自下列七个方面。

（一）联邦政府的教育拨款——联邦政府对中学课程的影响开始于1917年的《斯密—胡斯法案》（*Smith-Hughes Act*）。这个法案规定公立中学必须支持职业教育计划，联邦政府有权规定在中学课程中设置职业学科。1958年的《国防教育法》和1965年的《初等和中等教育法》对中小学课程的影响更加显著。联邦对《国防教育法》有关领域的补助，对处境不利和缺陷儿童教育费用的补助，使得学校课程不得不遵循联邦政府指导路线。

（二）最高法院的裁决——美国联邦最高法院通过它对具有宪法性质的州立法和教育委员会规程的裁决，对学校教育起着重大的作用。如法院有关强迫入学、公立学校的宗教教学和学生种族隔离等的决定，对课程都有显著的影响。

（三）全国性的课程设计——1957年苏联发射了第一颗人造地球卫星，美国全国上下感到自己失去了科学技术的领先地位。对科学技术专长的探讨，引起了对学校教育的重新评价。为了改进中学数学、物理、生物等科课程，成立了一些全国性的课程设计机构，如学校数学研究小组（SMSG）、自然科学研究委员会（PSSC）和生物学课程研究会（BSCS）等。有关课程改革的设计接着就扩大到其他学科，如外国语、英语、社会研究和艺术等。到1965年止，估计有上百个这样的课程设计小组曾经进行工作，编订了新的课程标准和教材。他们编的教材曾在全国采用，并且影响到国外。

（四）教科书和其他教材——本世纪60年代，美国教育学会（National Education Association）有一个关于课程的研究报告指出，教科书对某些学校的课程是最有影响的唯一要素。美国教科书是由互相竞争的出版商出版的，他们有尝试用新的指导思想来编辑教科书的自由。但是，基本学科用书如语文、历史等倾向于按照一个规定的标准来编写。全国性的课程设计促进了教科书的改编，也对学校有某些压力，要求学校采用新教科书。这些新教科书是根据经过广泛讨论公布的课程标准编辑的。除教科书外还有各种新的教学媒体，如教学机器、语言演习室及其他各种电化教学手段，在改变教学技术的同时，也影响着教学内容。

（五）全国性的成绩测验——美国虽然从本世纪20年代就开始采用智力测验和成绩测验，但成绩测验对全国中小学课程发生影响还在本世纪中期以后。如高等学校入学考试委员会编制的测验、奖学金评给委员会编制的测验等，都影响着中学课程。60年代末，美国开展了一个定期测验学校基本学科教学成绩的全国性的评定运动。学校为了取得良好的成绩，课程就要同测验的要求相一致。

（六）立案学校联合会——美国私立学校分区组成立案学校联合会。这个联合会为它的成员学校规定最低的课程标准。许多高等学校要求凡申请入学的私立学校毕业生必须取得立案中学的学分。立案学校联合会一度对中学课程有很大的影响。但是到本世纪60年代，州教育当局制订的课程标准产生了较大的影响。私立学校为了立案，就要符合州的标准了。

（七）教育专业组织——美国的教育学术团体，对课程的研究和改进，起着指导作用。如美国教育学会设有大多数学科的研究会，他们曾分别草拟过各科课程设计。全国英语教师联合会也发表过许多影响英语教学内容的研究报告。国际儿童教育联合会还提出过许多有关课程的建议。这些全国性的学术团体在州和地方都设有分支机构。

四、课程的类型

美国中小学课程有不同的类型，每种类型都受一定的教育思想的影响。过去，在“形式训练说”的影响下，学校课程就重视古典语文和数学，认为这些学科有训练人的心智的作用。后来在“实质教育论”的影响下，学校课程就重视传授有实用价值的知识。但是，这些都已经是历史上的分歧了。美国学校现有的不同类型，是随着“进步教育”运动产生的。过去，无论是“形式训练说”还是“实质教育论”，并没有反对分科教学。但是“进步教育”的倡导者开始对学科课程提出了挑战，于是产生了活动课程。由于学科课程和活动课程都各有缺点，课程研究者们又提出了一些折中方案。归纳起来，现在美国学校课程，大体上可分为四种类型。

（一）学科课程——或称分科课程。这种课程至今还是美国学校广泛采用的。课程的范围由教学科目一览表规定出来；教学时间在各学科之间的分配，既要根据各门学科在学校教育中的重要性，又要考虑各门学科的教材性质和学生的年龄特征。这样才能规定最适宜的时间。学科及其教材内容是按照各级学校的教育目标规定的。因此，它是教学组织的中心，学科课程就被称作教材本位的课程或学科中心的课程。

在中小学，不可能把一门科学的所有内容都要学生学习，这就要由各科教材专家，按照各级学校的目标和本门学科的性质，确定本学科在实现学校目标中应承担的任务，来选择适合各年龄儿童学习的教材。各学科设置的顺序主要是由教材的内在联系和学习者的接受程度决定的。

这种课程是由教育者为学习者预先规定的。它要求教师经常要讲解、叙述、演示和释疑。学生的任务是静听、观看、理解和记忆。教学的基本媒介是教科书、作业簿。这些都是由教材专家预先编好的。对学习成绩的评定主要通过书面测验，检查学生是否记住了教材的要点，有时也检查学生是否会运用某种技巧进行作业。

（二）活动课程——前面提到的“进步教育”运动，是本世纪初在美国掀起的。这个运动的倡导者约翰·杜威（1859—1952）以实用主义哲学思想为指导，反对传统的教育，首先反对传统的学校课程。他认为教育不是为未来的社会生活做准备，主张“教育就是生活，学校就是社会”。他认为教育就是经验的不断改造和增加。他称学科课程是教材本位的，要求采用儿童本位的课程。他反对教学以学科为中心，而主张以儿童为中心。结果形成了一系列关于设计学校经验的思想，在这种思想指导下设计的课程，叫作活动课程（有时也叫经验课程、设计课程或随机课程）。

活动课程的基本出发点是儿童的兴趣和动机。它试图用儿童的某些基本动机作为教学组织的中心，以代替学科作为课程的基础。这些基本动机公认的有四种：

1. 社会动机——跟其他儿童一起活动的欲望；
2. 建设动机——建造东西和加工原料的欲望；
3. 探索动机——好奇的倾向以及实验的愿望；
4. 表演动机——欣赏和创作各种文艺的倾向。

活动课程的范围和教材的选择，都是同学习者表现出来的兴趣和关心有直接关系的。活动课程主要是帮助学习者解决他们认为重要的问题，并且增广和加深他们已有的兴趣。现成的教材只是他们解决问题、克服疑难或满足兴趣和需要的参考资料。人类的文化遗产，只有在学习者为实现自己的目的时，才去学习和应用。

活动课程具有偶发的性质，它不可能由学校或教师预先规定。倘若规定了，一旦发现同学习者的兴趣和需要不符，就要随时改变。教师的作用只是指导个别学生或一组学生解决问题。教科书只是参考资料，而且内容庞杂。读、写、算的学习和练习，只有当学生为了完成某种活动而感到需要时才进行。对学习成绩的考查，除书面测验外，还要采取不同的方法来检查学生适应社会的能力、情绪成熟的程度和身体健康的状况等。

（三）综合课程——有些教育者赞成学科课程，但要克服它分科太细、不利于学习的缺点，主张把几种内容相关的学科，组成一个范围较广的学习领域，以减少分科，使学习的内容比较易于联系实际。如把历史、地理和公民合为社会，把阅读、说话、写字、作文、拼法合为语文等。

这种课程目前在美国各级学校广泛采用。它除了对教科书的编者提出新的要求外，课程仍然是由教育者预先规定的。在教学过程中，教师的作用和师生的关系同学科课程相比，并无重大的改变。成绩考查的办法也同学科课程大同小异。

（四）核心课程——有些教育者既不赞成学科课程，也不赞成综合课程，认为活动课程虽然可取，但是它完全以儿童的兴趣和需要为选择教材的依据，也不能适应当前社会的需要，不能承担学校对社会应负的责任。于是他们主张以人类基本活动为核心来组织课程。他们列举的人类基本活动大致有：保卫人类和物质资源，生产、分配和消费，运输、交通和教育，娱乐、组织和管理，审美和精神生活，创造新的工具和技术，等等。按照核心课程支持者的观点，以这些方面为核心来组织课程，既可以避免学科课程距离现实生活太远，又可以避免以儿童兴趣和动机为教学组织中心的概念模糊和捉摸不定。他们认为以人类基本活动为教学组织的中心，可以把学校课程和社会生活联系起来。

核心课程对教材的安排是由近及远，逐步扩展。如小学低年级儿童时间观念和空间观念还不成熟，就学习那些接近他们生活情境的人类基本活动，如家庭、学校、邻里和乡土社会环境及乡土自然环境等。随着儿童年龄的增长，年级越高，学习的范围越广，依次扩展到地区、本州、大区各州、全联邦和全世界。

核心课程的编订要求各个学校系统制定全面的课程纲要。如在一个时期以地方社会的交通运输为核心而组织教材，另一个时期以学习州一级的政府组织机构为核心，或者以学习全联邦的铁路建设为核心。有关这些核心的教材，都围绕着一个工作单元而组成，兼顾历史和现状的学习。

核心课程同活动课程一致的地方是师生共同研究学习什么，必须做什么；预先规定的教材是基本的教学资料。随着工作单元的进展，还要补充若干教材，使用各种教具。学习成绩的评定采用综合的办法，考察各方面的进步情况。

五、小学课程概况

很清楚，不管课程如何编订，采取什么类型，它必须既适合学生学习，又便于教师教学，当然首先要能实现教育目标。现在先看看美国小学课程的情况。

倘若把美国现在的小学课程同30年前的相比，共同之处显然是很少的。一度流行的用机器教学读、写、算的办法很少看到了。教科书仍然是多种多样的，年级的划分和升级制度仍然存在，学科教材的界限仍然保留下来。改变了的是小学课程的范围扩大了，包括先前的学校没有提供的内容。

小学课程变化较大的有六门学科：算术、阅读、英语或语言、社会研究、自然科学、音乐和美术。从一年级到六年级，每门学科的内容逐步扩大和加深。

（一）算术——数目的计算同每天的实际应用有紧密的联系，如找零、简单测量、编预算、记账和计算百分比。算术教材的特点是删减了60年代旧课本中的某些内容，进一步采用从社会调查得来的资料。

据G. M. 威尔逊的研究发现，算术的知识和技能在日常生活中应用多寡的顺序如下：

1. 乘法；
2. 加法；
3. 减法；
4. 除法；
5. 分数；
6. 记账；
7. 百分比。

平方根、立方根和测量，用到的次数较少。

（二）阅读——阅读教学要达到四项目标：扩大词汇，矫正阅读习惯，保持正确理解条件下的速度和理解课文。许多学校很注意矫正眼球运动和禁止默读出声。此外，越来越重视补充读物、讲述故事以及教会儿童利用图书馆，养成爱好读书、以读书为娱乐的习惯。

（三）英语——包括拼法、书法和语法。关于拼法，有一个权威性的研究，认为读完小学六年能正确拼写1 000个词是合理的目标。结合拼法教学还教儿童学会查字典。过去举行口头拼字比赛会的做法已经改为从书面文字中学习拼法了。

小学前三年着重用铅笔写字，后三年用自来水笔，六年级用蘸墨水的钢笔。写字教学强调教儿童认识字的组成，同时注意字母的大写、小写和字母的顺序。这有助于学会使用字典。一、二年级教印刷体，三年级开始教书写体。

语法教学减少到最低限度，其中许多是在口语中教的。比较重视教学句子的结构。作文教学通常限于应用文，如写信、记日记和笔记等。如果学生小学毕业不升学，他可以通过写信来学会语法和作文。

（四）社会——包括先前分设的历史和地理。有些教育工作者认为必须重视地理，而省略某些历史细节。但是，历史的事实材料是许多小学社会科的主要学习内容。

视觉教具的运用使地理科的教学生动活泼。使用电化直观教具以生动的方式教旅行的知识、食物供应的来源、初级农业和园艺、天气和气候、部落生活、手工艺、地理词汇、工矿企业、乡土地理、风俗和美术。用画片和动画可以帮助学生日益理解人民生活和地区风貌。彩色地图、铁路图和公路图、画报、博物馆和话剧可做课本和其他书籍的补充。许多学校所教的地理课给学生提供广泛的经验，远比旧日教得多。

对那些同社会和文化发展有关的历史年代，如科学发明、社会改革、著名的音乐和美术作品创作的年代，比较注意。历史同文学有关，取材于传记可编演历史剧。参观博物馆以培养儿童正确理解和评价本州史和地方史的能力。许多社会课的教学还以指导学生更好地了解当今世界的事件为目的，并且指导学生讨论国际问题。

在多民族杂居的地区，少数民族人民的思想和生活同土生土长的美国公民不一样。对此应教学生有正确的认识，要培养学生容忍精神和睦邻关系。

公民科主要跟公民修养有密切关系，许多学校很少采用课本，而让学生直接参加学生会，通过学生会可以达到有限的目的，如养成公民生活习惯和获得政府机关工作的初步知识等。

（五）自然——包括健康教育、安全教育和自然环境的研究。只要有可能，对地方动植物的研究就要通过野外远足，为学校博物馆采集标本，观察季节变化，以及园艺栽培来学习。还要学习家庭用电、电话、电报、无线电、汽车以及同健康和饮食有关的家用化学等。还有，自然课经常同手的训练有联系，如制作飞机模型、修理摩托车和安装照明电线等。现代儿童比他们的长辈更加了解科学的应用。

（六）艺术——主要目的在于欣赏而非作业。可是，在美国的许多小学里，学生的绘画技能、雕塑技能和在学校管弦乐队演奏的技能也发展起来。有些学校，学生们执行学校安排的美术设计。通过学校的安排，有些教师教学生个别演奏乐器。儿童工艺品展览显示了他们显著的天赋和技能。小学逐渐注意发现和指导儿童的艺术天赋。

小学课程的主要倾向是要使学习内容比较丰富。但是学习究竟应当深入还是应当广博，仍然是美国教学理论上争论不决的问题。

下面列举的日课表，表明在传统的小学课程和现代的小学课程之间的某些差异。

小学五年级传统的日课表

时间	学科
9：00—9：05	检查手、头发、牙齿等
9：05—9：20	公民训练
9：20—9：35	拼法
9：35—9：45	写字
9：45—10：00	口述或作文或阅读
10：00—10：10	休息
10：10—10：40	算术
10：40—11：00	体育，包括运动比赛
11：00—11：10	休息
11：10—11：40	阅读
11：40—12：00	语言或作文
1：00—1：05	布置家庭作业
1：05—1：35	美育：音乐和图画
1：35—2：00	地理和自然
2：00—2：15	休息和指导下的游戏
2：15—2：50	阅读
2：50—3：15	历史或公民

这种日课表有许多不同的例子。乡村小学儿童在校的时间较短。学科的次序没有特别的意义，有些学校把算术放在第一节。日课表可以每天不同。可是，一般说来，这张日课表代表采用固定课程的一类美国小学。

下面这张日课表同上面那张完全不同，它表明现代美国小学日课表如何提供较长的时间单位而且每天不同。

现代小学五年级灵活的日课表

<table>
<tr><th>时间</th><th>星期一</th><th>星期二</th><th>星期三</th><th>星期四</th><th>星期五</th></tr>
<tr><td>9：00
|
10：00</td><td>9：00—9：15
法语
9：30—10：00
音乐或美术</td><td>各种单元的工作时间</td><td>9：05—9：45
课堂活动
音乐或美术</td><td>法语作业时间
图书馆指导</td><td>俱乐部活动
创作活动</td></tr>
<tr><td>10：00
|
12：00</td><td>同某个单元有关的个别作业或集体作业时间
体育</td><td colspan="3">10：00—10：30 阅读指导
10：30—10：45 体育
10：45—11：45 跟教学大纲有关的单元和学习中需要加强指导的工作时间</td><td>单元活动
体育</td></tr>
<tr><td>12：00
|
1：00</td><td colspan="5">午餐和休息</td></tr>
<tr><td>1：00
|
2：00</td><td colspan="5">美术、创造性的写作、实验室作业</td></tr>
<tr><td>2：00
|
3：00</td><td colspan="5">课堂活动、创作、讨论、图书馆阅览参考书、家务活动等</td></tr>
</table>

这种日课表允许每节课有较长的时间，使学习单元可以完成，还可以按照需要灵活变动。虽然专门的学科没有详细列入表内，但是在较长的一节课的时间里，一个单元需要的技能可以通过应用而得到发展。还有，没有两个这样的时间表是雷同的。

六、中学课程概况

美国中学是传统教育同现代教育两种观点论争的主要领域。中学重视传统，拒绝接受“进步教育”理论的影响。同时因为美国多数中学的学生少于250人，设在地区的中学经费不能满足新型课程的开支，并且从社会方面说来它们也比较保守。如果它们设在大城市，大的政治、经济、文化中心，那里新的需要和新的思想传入以后，很快就会发展到为各种不同居民服务的学校里去。一所设在大城市的有几千名学生的大规模中学的课程问题，远比设在小城镇的中学的课程问题复杂得多。

中等教育比初等教育历史较久。美国的中等教育已有 300 年的历史了。它的前身是教古典教材的拉丁文法学校和学园（academy），后者实行男女同学，并引进了较多的文理学科。大多数美国中学效法英国的古典中学，把准备生活作为教育的主要目标。有一些促成课程改变的重要的影响，如“卡拉马佐案例”（Kalamazoo Case），这是 1874 年密歇根州最高法院的一项裁决，它规定中学是公立教育的组成部分，可以由公款维持；又如 1891 年的十人委员会（the Committee of Ten）加强了准备升学的课程；1895 年的高等学校入学条件委员会制定了学分制；等等。后来，影响中学课程的还有这些方面：要求适应个别差异，包括测验方案的教育科学运动，全国“常模”（即使用标准测验应当达到的标准分数），委婉地称作“视导”的督学制度，政府和学术团体制订的课程标准，必修学科的规定（如每人必修一年美国史），大量推广的教科书出版，以及两次世界大战扩大了的对职业教育的需求。

由于上述的种种影响，美国中学课程的编制处在矛盾与困惑之中也就不足为奇了。父母要求中学继续为他们的子女升学设置各种必修科。中学校长面对着几乎是不可能完成的任务：既要经常使课程适应检定机关的标准，又要使它满足地方公民和家长的需要。显然，大规模的中学适应这些需要比较容易。小规模的学校只能把它的课程限制在较少的可能达到的目标上。

美国中学行政人员虽然非常喜欢在管理课程上较前有更多的自由，但是大多数中学还是摆脱不了准备升学这个占统治地位的影响。在教师和学生当中，有重视高等学校批准的学术科目的倾向。选修这些学科的学生又得到好成绩的，就被看作好学生。如数学得了甲等的学生，远比工业美术或商业学科得甲等的学生名誉好。理论学科远比实用学科社会地位高。

美国中学在努力适合传统、标准、理论和地方需求当中，有些课程类型曾经在整个中学流行。这里使用的“课程”一词是指为了达到特殊目的而选出的一组学科。按这些目的出现的次数多少为序，它们是：升学、商业、普通基础、实用美术、家政、农业、师范和艺术。升学、商业和普通基础的学科通常是：英语、美国史和公民、初等代数和平面几何、物理学和生物学、拉丁文和法语。商业课程外加必修科：速记、簿记、打字和商业算术。这些学科构成了典型的小规模中学的课程，也是大规模中学的主要学科。可是后者要设置广泛的选修学科。此外，体育、保健和安全教育是必修的。

同小学课程一样，中学课程也是按照流行的课程编制原则形成的。它也是从单个学科课程向综合学科课程发展。从一定的意义来说，这种发展趋势在某种程度上影响到所有的中学。这就是虽然采用学科课程，但也照顾到学生当前的需要和兴趣；只要当时可能，就要从事远足、设计、观察直观教具和进行课外活动等。

采用新型的中学课程是由于分析了现代生活而这样做的。美国人自己承认，在资本主义社会，个人受到社会支配力量的包围，以致他们的首创精神和聪明才智必然受到经济条件强加的限制。毫无疑问，在美国当代生活中，个人受到社会团体的影响远比他的先人所处的时代为大。

在美国，严峻的现实是学校必须妥善解决如何准备青年人获得生存的问题。这是大多数美国人都同意的。美国社会的许多病态根源于资本主义制度，其表现之一是青年人的行为失常。美国人认为，这种行为失常同青年的金钱收入有密切的关系。青年人在生活早期有一个确定的收入，直接影响到婚姻，影响到建立健全的家庭生活。那些持获得生存观点的人认为，美国教育不应当无视当前全世界的无产阶级和被压迫民族的革命浪潮和造成两次世界大战的基本原因。但是，他们从资产阶级的立场出发，认为只要能使美国的青年学生觉悟到合意的职业影响着性格和人格，而失业或无出路的职业是腐蚀剂并导致他们犯罪。因此，他们主张中学课程的重点必须放在效用和安全的目标上。

许多教育心理学的研究证明，仅仅对形式训练抱怀疑态度，对某些学科有训练心智的优越性抱怀疑态度，作为课程编制的指导原则是不够的。美国资产阶级教育家认为：学生要在学校并通过学校进行直接的学习；学校所用的教育手段必须把每个人作为一个整体，而不能把他们当作同社会紧迫问题无关的学究；对普通的美国青年人来说，生活在和平共处的人群中的技能和态度，对于巩固资本主义制度有极其重要的意义；资本主义民主制度要靠安于现状的有才能的选民来保卫。

美国中学课程的总目标是培养青年人早期就业的才能，鼓励他们关心维持和增进资本主义的社会秩序。要使学生相信，这种秩序将保证他们按照自己的才能“自由”成长，并使他们追求自己生活的改善。中学课程还要激起学习的志愿，培养兴趣和理想，这将保证个人作为垄断资本统治下的“自由公民”活一辈子。

传统的中学日课表同小学的传统日课表基本相同。可是新型的中学日课表却截然不同。举例如下：

中学十年级机动日课表

节次	教育经验
1	每天选择认为合适的不同的活动：集会或听讲，俱乐部会议，家庭作业，学生自治会，户外活动。
2—4	核心课程 2.5—3 小时。这里有范围广泛的学习，包括英语、数学、社会科学、自然科学、职业训练、音乐、美术。可以在教室、专门小组、图书馆、实验室、车间和工作室进行。
5	午餐和休息。
6	体育，包括保健和安全。
7	各种选习的经验，包括创作设计、外国语、职业领域等。
	关于如何学习的教育指导。

这类日课表是为适应个别差异而安排的，通过做来学，通过社会活动（野外远足是核心课程的一部分）来学。每节课大致一小时，但按照需要而每日不同。它提供师生讨论会、辅导以及足够的时间来完成一项重要的“学习经验”。

七、当前争论的问题

最近二十年来，美国关于中小学课程如何改进，展开了一系列的讨论。意见分歧有待解决的有下面这些问题。

（一）学校应当关心各个学生的全面发展，还是只要集中注意于智力的发展？许多对课程的批评，责备学校过分注意培养学生适应社会的能力。许多教师也抱怨课外活动干扰了教学活动。

（二）地方支配课程的制度是否应当继续下去？要不要努力来确立国家的目标和类型？某些地区和学校教育的缺点是由于地方支配课程造成的，有些教育家和美国公民主张必须由国家来制订课程。另有一些人认为由地方支配课程是美国资产阶级民主制度的特点，如果有国家制订的课程，地方可以自愿采用，不能强制执行。

（三）对于能力和兴趣不同的学生，是否应当设立特殊的学校或班级？还是只在正常的学校或班级里适应个别差异？有人批评综合中学不能培养具有学术天赋的学生，主张美国也要像欧洲那样专门办些选择性的中学。另一方面，哈佛大学前校长康南特在一份有影响的报告《今日美国中学》（1959）里，称赞综合中学是美国有特色的教育机关，它能够为所有的学生提供适当的教育。对于中小学怎样编班，意见还有很大的分歧；即从能力和其他因素来考虑，究竟采用异质编班好，还是采用同质编班好，至今尚无定论。

（四）某些学科在课程中是否还应处于优越地位，受到重视？还是其他的学科应当受到较大的注意？数学、理科和外语是否应比其他学科占有重要地位？仍然是个争论的问题，特别是因为注重这些学科而减少了体育、家政、美术、音乐和驾驶员教育等的必修学分。许多人怀疑英语教学时数是否有必要这样多。

（五）记分、升级和毕业是否仍按最低的成绩标准？或者依据别的标准？在美国教育工作者和公众之间对记分和升级的实际状况是有争论的。有一种观点认为记分应按各个学生的能力考虑他的成绩，另一种观点认为每个学生都应跟最低成绩标准比较记分。"集体升级"受到严格的批评，主张发给两种证书：一种是超过标准成绩的，一种是没有超过的。

（六）在学生对课程的选择上可否有若干灵活性？或者必须强制规定一致的高标准？这个问题是联系着两个特殊的争论问题引起的。第一是有些人实际上不同意教师指定家庭作业。有些社会人士和教育工作者虽然主张必须给小学儿童指定正规的家庭作业，另一些人却相信，指定统一的家庭作业会使学生养成不良的学习习惯，并且干扰了有效的学习。第二是虽然人们一般同意学校要有日益增加的指导性的服务，但是对这种服务的应用有矛盾的看法。有些人认为它只对规定的学习和活动提出意见，另一些人把指导性的服务看作对学生和家长的一种纯粹的劝告。跟这种争论有关的是不同意中学必修科和选修科之间应有适当的平衡。

（七）教学是继续以 30 个左右的学生为一班，还是可以采取另外的组织形式？在中小学实验电视教学时采用了较大的班级，并且建议给每个学生提供较大的听讲班、较小的讨论班和个别活动的机会。许多教育家反对用电视教学来代替传统的师生关系，也反对用大教室上课，纵然是教师亲自上课。

（八）谁应当编订课程？除了由地方或由国家来制订课程的争议之外，还有关于由学校教学人员或由社会人士或由这二者结合起来编订课程的争论。有些评论主张课程必须由教育委员会及其参事们来决定，另外的人认为社会人士来干预课程的事情应该对课程中当前存在的问题负责。

从这些争论的问题中，我们可以对前面介绍的美国中小学课程的状况，有进一步的了解。

参考资料

1. *Encyclopedia of Educational Research*，3rd edition，pp. 358-363.
2. *Encyclopedia Britannica*，vol. XX，pp. 89-95.
3. *Encyclopedia Americana*，vol. Ⅷ，pp. 340-345.
4. *Encyclopedia International*，vol. Ⅴ，pp. 369-374.
5. *Collier's Encyclopedia*，vol. Ⅶ. pp. 569-585.

载《教学与课程》，

人民教育出版社 1982 年版。

学习马克思恩格斯的教育思想　改革学校课程和教学

马克思和恩格斯直接论述学校课程和教学的著作不多，但是，从他们关于教育地位和作用的论述中，从他们对教育组成部分的理解中，从他们对近代科学发展的研究中，从恩格斯对杜林哲学的批判中，以及从他们对资产阶级教育状况的描述中，我们可以吸取若干编订学校课程和改进学校教学的指导思想。

一

课程是教育内容的集中体现，教育的作用必须通过课程和教学才能发挥出来。根据马克思的论述，教育是改变一般的人的本性、培养发达的和专门的劳动力必不可少的手段；教育同生产劳动相结合，是培养全面发展的人的唯一途径。同时，人不仅是个自然实体，还是社会关系的总和。就是说，人是社会的人，人的形成离不开他的社会条件。——这些都是大家所熟知的马克思的教育思想。从这些论述中，我们可以得到哪些关于学校课程的编订的教益呢？

（一）既然教育要改变一般的人的本性，而人又是社会的人，我们学校的课程首先就要教学生认识我们的社会，了解人类社会的过去、现在和未来，热爱我们这个消灭了剥削和正在消灭贫困的社会主义社会，并且要为实现共产主义的伟大理想而奋斗。所有这些都不是仅仅依靠口头说教所能奏效的，必须给学生以丰富的社会历史知识，其中既包括人类精神文明发展的历史，也包括人类物质文明发展的历史。因此，历史科学在学校课程中应当占有极其重要的位置。

（二）既然教育要培养发达的和专门的劳动力，我们的学校课程就要给学生以从事物质生产和精神生产所必须掌握的知识技能，首先是从事物质生产的知识技能。我国传统的学校课程对此特别忽视。封建社会的学校课程，虽然离不开“文、行、忠、信”那一套，但是“礼、乐、射、御、书、数”六艺当中，也还有射猎、驾车的实用技艺。后来实行科举取士，以儒家经书为教材，教育长期脱离了生产劳动。甚至我国举办近代教育已有八十年的历史，但是由于封建主义教育的传统深入人心，至今在普通学校学习自然科学知识仍然不过是为升入上一级学校做准备，而不是为了从事物质生产活动，也没有同生产劳动结合起来学习。我们都知道，物质生产活动是人类的基本活动，没有这种活动，人类就不能生存。但是在一般人的心目中，并没有重视从学校课程中学会从事物质生产活动。今后，我们的学校课程，包括普通中学的课程，都应当为学生从事物质生产活动做好准备。目前，从初级中学起（特别是农村初中），都要设置职（农）业选修科，让学生在学好普通文化科学知识的基础上，学得一技之长。高级中等教育阶段更要以举办各行各业的职业技术教育为主，即使普通中学也要兼顾双重任务，既为高等学校输送合格的新生，又要为社会生产培养后备劳动力。因此，也得设置职业选修科。

（三）既然我们的教育要以培养全面发展的人为目标，而教育和生产劳动相结合又是培养全面发展的人的唯一途径，我们学校课程的设置就应当把生产劳动放在重要的位置上。这种生产劳动的课程，既要能培养学生劳动观点，养成学生的劳动习惯，又要能教学生学会生产劳动的技能。十年动乱中，破坏了学校的教学秩序，以所谓“学工、学农、学军”代替了文化科学知识的教学，自然是错误的；近年来，许多学校又只抓文化科学知识的教学，完全不让学生参加生产劳动，当然也是错误的。今后要把劳动技术课开好，以免培养出“四体不勤、五谷不分”的废物来。另一方面，已经参加生产劳动的就业青年还要继续受教育。这不仅因为这些青年在十年动乱中耽误了学业，而且是现代科学技术迅猛发展的需要。所以，我们必须大力发展各种形式的业余学校，设置多种学科的函授、面授、广播、电视等课程，供在职青年学习。

二

马克思曾经把教育理解为智育、体育和技术教育三件事。其实，这只是他对资产阶级提出的教育要求，我们不能因此怀疑马克思不重视德育和美育。资产阶级的德育是宗教教育的同义语，无产阶级当然不能要求他们对自己的儿童和少年进行宗教教育，这是不难理解的。美育同德育有密切的联系，宗教教育往往要借助于美育的手段来进行。无产阶级的审美观点同资产阶级的不同，当然也不可能向资产阶级提出美育的要求。马克思和恩格斯在他们的论著中，都曾提到过德育和美育。这就可以证明，他们对教育的理解，绝不限于上述三者。我们从马克思对教育的理解中，应当取得哪些教益呢?

（一）智育在学校教育中应占主要的位置。因为德育、体育、美育和技术教育，不限于在学校里进行，还要在家庭里和社会里进行。唯有智育（特别是系统的文化科学知识的教学）是主要依靠学校来进行的。学校的课程设置，智育占的分量也最重。智育要以各科教学为手段来进行，但是智育并不等于各科教学。文化科学知识的教学是为智育打基础的，但是智育任务的完成还有赖于课程设置的完备和教学方法的得当。例如，我国目前普通学校课程设置中的重理轻文倾向，以及学校中把历史、地理等科看作副科而不予重视的做法，都不利于智育。我们通常说，教育要德、智、体等方面全面发展，这是必要的；同时，每一方面本身也要注意全面发展，如智育既要重视语文、外语、数学、物理、化学等学科的教学，又要重视历史、地理、生物等学科的教学。把学校课程分为主科、副科的说法是有害的。只知跟着高等学校招生考试的指挥棒转，不去完成教学计划和教学大纲规定教学任务的做法更是错误的。智育不能限于知识教学，要通过知识教学来发展学生的智力（包括观察力、思考力、实际操作能力等），培养学生的能力。目前多数学校流行的注入式教法，连知识教学的任务也很难完成得好，更不必说发展智力、培养能力了。必须启发学生自觉地学习，养成学习兴趣，学会自己求知；否则，智育就是一句空话。

（二）德育在学校教育中的重要性是不言而喻的，可是在实际工作中，特别在片面追求升学率的学校中却是被人忽视的。现在小学课程中已设有思想品德课，制定了小学生思想品德教育大纲。儿童可以从幼年起就系统地受思想品德教育。但是，德育任务不是只靠每周一节的思想品德课就能完成的。学校的全部生活和各科教学，都必须进行道德教育。不能因为设了思想品德课，就认为只有在上这门课的时候才进行道德教育。中学也是一样。目前中学还没有设置思想品德课，没有制定全国统一的思想品德教育大纲。为了有系统地循序渐进地对中学生进行思想品德教育，也应当制定这样的大纲，使学校有所依据，师生有所遵循，光有学生守则是远远不够的。重要的是不能把德育当作一门课来教，而要在各科教学、团队活动以及课内外和校内外的各种有组织的活动中来实施。更重要的是学校所有教职员工都要以身作则，为学生做出榜样，形成良好的校风。

（三）体育同德育有类似的情况，不能把体育只当作一门课来教（当然体育教学是必不可少的），要使学生具有保健卫生的知识技能，养成锻炼身体的习惯。体育本身也有个全面发展的问题。学校体育不是要培养运动员，不能光注意发展学生某一方面的运动技能，如学生爱好某一项球类运动或田径运动，就光发展他这一方面的技能，而忽视整个身体的锻炼和体质的增强。我国目前学校体育没有国防体育的教材，不重视军事操练，我认为是一大缺点。马克思曾经主张把军事操练列为体育的内容，恩格斯也曾主张让转业军人到学校去担任军事操练课的教学。我觉得这些意见是值得重视的。

（四）马克思和恩格斯虽然没有直接论述过学校美育的任务，但是，他们对艺术在人的全面发展中的作用和在人类精神文明发展中的地位，向来都是重视的。他们认为艺术才能集中表现在个别人身上是分工的结果，到消灭了分工的共产主义社会便不会再有职业的画家和音乐家，等等。但是人不可能天生成为画家和音乐家，只有学习过绘画和音乐的人才有可能擅长绘画和音乐。学校教育特别是普通学校在培养学生艺术才能中负有重要的责任。当然，美育的任务并不限于培养学生艺术才能，更重要的是陶冶学生的审美情感和高尚的情操。在普通学校课程中，语文、美术、音乐、体育等科，对于进行美育都是必不可少的。建国以后，有相当长的时间，我们的学校忽视了美育，甚至有人认为美育是资产阶级的东西。那是完全错误的。现在提倡“五讲四美”，从某种意义上来说，是对过去教育工作中的这一失误进行补课。我建议，在整个普通教育阶段，都要加强美育的实施。除了设置有关美育的课程外（这些课程应当在各级学校中从始至终开设），还要在校舍、设备、环境布置、校园绿化和美化等方面多多注意。只有让学生在优美的环境中学习和生活，才能逐步形成他们爱美的观念和审美的情操。

（五）技术教育在马克思对教育的理解中是指综合技术教育，而非单一技术教育。因为通过这种教育，并不要求学生掌握从事某一项职业的知识技能，而是要求他们“了解生产各个过程的基本原理”和“获得运用各种生产的最简单的工具的技能”①。其目的在于弥补分工对人的身心发展所造成的缺陷。50年代，我们曾经把综合技术教育称为“基本生产技术教育”，就是要求教学这种生产各个过程的基本原理和培养运用各种生产的最简单的工具的技能。可惜

① 《马克思恩格斯全集》第16卷，第218页。

中途受到不应该有的干扰。拨乱反正以后，现在把劳动教育和技术教育两者合并起来，称为劳动技术教育。这也许可以反映一点中国教育的特色吧。不过，劳动教育应当属于德育的范畴，而技术教育最好是综合的而不要是单一的，使普通学校学生在毕业后就业时可以有更大的适应能力。当然，从为社会输送后备劳动力来说，培养一些职业技术知识和技能也有必要。目前，我国普通学校对此非常忽视。由于办学思想不够端正，几乎把普通中学办成了升学预备班，双重任务变成了一项任务，而这一项任务也因课程设置不尽合理，教学方法不够妥当，完成得很不理想。何况能够升学的学生也只占高中毕业生的百分之几。今后，我们一定要以马克思主义为指导，以党的教育方针为准绳，按教育规律办学。只有这样才能从根本上提高教育质量。

三

我们知道，马克思主义的三个组成部分都是建立在马克思和恩格斯所处的时代的最先进的科学基础之上的。近一百年来科学上的发现和发明，只是更加证明马克思主义的精髓——辩证唯物主义和历史唯物主义——是无比正确的。马克思和恩格斯对科学发展史的研究，恩格斯对科学上三大发现的论述和他对科学分类的论述，对于我们编订学校课程，都具有指导意义。

（一）马克思主义因为有最先进的科学为基础，所以具有无限的生命力。过去不少科学家，如果他是个唯物主义者，往往只是个机械唯物主义者，是形而上学的信徒，不懂得辩证法。现在由于科学研究的不断前进，许多科学家已经不自觉地走上辩证唯物主义的道路。马克思主义之所以是正确的，正是因为它反映了客观世界的规律。凡是服膺客观真理的人都会信仰马克思主义。我们学校的课程要为学生树立辩证唯物主义观点打下坚实的基础，必须让学生学习现代科学知识，同时还应当让他们学会马克思主义的思想方法：坚持实事求是、理论联系实际、一切从实际出发的科学态度。

（二）所谓课程的思想方向，就是说在学生学习了规定的课程以后，将要把他们引导到何处去，是引导他们走向唯心主义和形而上学的道路，还是引导他们走向唯物主义和辩证法的道路？比如美国有的州的学校课程，至今不许讲达尔文的进化论，更不许讲“从猿到人”，而要讲神造说或特创论，即讲“上帝造人”，这样自然就会把学生引导到唯心主义的道路上去；又如我们要是把革命领袖神化，大搞个人迷信，不讲人民是创造世界历史的动力，而把领袖的作用夸大到不适当的地步，这样自然就会把学生引导到历史唯心主义的道路上去，而不能形成学生历史唯物主义的观点。这些问题都是我们在编辑教材和进行教学的时候必须慎重考虑的。

（三）我们应该在普及义务教育阶段就用符合客观真理的科学知识教导学生，使他们对自然界和人类社会的现象，从一开始就正确认识它们发生和发展的规律，然后再逐步增广和加深。绝对不允许在学校中散布封建迷信思想，更不允许在学校中宣扬宗教迷信。目前由于教育不普及和教育质量低，许多青年人没有树立正确的世界观和人生观，以致求神拜佛、求签问卦这些久已绝迹的事又有死灰复燃之势。我们不能熟视无睹。

（四）学校课程中科学知识的教学，无非是要学生对自然界、人类社会和人类思维的规律有正确的理解。用马克思主义指导课程的编订和教材的编写，就是要按照事物本来的面目，把真实的而不是歪曲的、精选的而不是捏造的科学知识教给学生。这应当是没有困难的事情。但是由于在剥削阶级统治的社会里，许多事实特别是人类社会的历史事实经过了歪曲和捏造，而我们自己也曾因为有过个人迷信的错误而改变过某些历史的真相，所以要真正做到这一点也并不是轻而易举的。我们不能以感情代替科学，要真正把客观真理教给下一代。

四

恩格斯在对德国哲学家欧根·杜林（1833—1921）的批判中曾经直接涉及学校的课程问题。杜林有许多荒谬的教育主张，恩格斯都予以驳斥。我们从恩格斯对杜林的批判中，可以学习到以下一些有关学校课程问题的见解。

（一）杜林提出在学校里教授“综合数学的要素”，恩格斯虽然没有明确表示反对，实际上是主张在学校中系统地教学数学，从简单的四则运算直到微分积分，以便为学习天文学、力学、物理学打好基础。我国普通学校现行的数学课程，大体上是符合恩格斯的这个主张的。

（二）恩格斯讽刺了杜林认为古典诗歌不能进行美育的极左言词，言外之意认为历史上著名的文学创作仍然可供进行审美教育之用。过去我们在极左思潮影响下，也曾对优秀的古典文学作品能否用作教材，百般挑剔，其实是没有必要的。

（三）杜林要废除学校中古典语文的教学和现代语文的教学。恩格斯认为“他还想消灭在目前的世界上至少有可能使人超越狭隘的民族观点的两种杠杆”①，因为古典语文的知识“给各民族中受过古典教育的人展现了一个共同的广阔的视野”，而现代语文（包括外国语文）“可以使各国人民相互了解，并且熟悉本国以外所发生的事情”②。——这就是说，在学校中教学古典语文和现代语文是必要的，应当重视的。当然，恩格斯是针对欧洲的情况说的，欧洲的古典语文是希腊文和拉丁文；这同我们所说的古文是古汉语不一样。但是我们应当承认，由于我国古代文化的发达和长期居于世界领先的地位，古汉语的书籍中有极其丰富的知识宝藏有待我们去发掘。因此，培养阅读古汉语的能力是十分必要的。如我国古代的医学书籍就是研究中医药学的人必须钻研的，没有古汉语的知识就难以着手。又如英国李约瑟博士研究中国科学技术发展史，写成了多卷巨著。这件事本来应当是我国学者自己做的。现在我们应当培养古汉语的人才，来整理和继承祖国丰富的文化遗产。普通中学应当有计划地给那些有志研究古汉语的学生创造条件。目前重理轻文的倾向应当及早克服，至少应当文理并重，至于外国语文的教学，目前效果仍然不佳，还是教出许多“聋子”和“哑巴”，即听、说能力不过关的人。这种状况应当改进。学过外国语的人应当能同外国人直接互相通话，交流思想。这在学术交流中更是非常需要的。

（四）杜林不懂得体育的重要，而主张用技术教育或者说用劳动去代替体育。恩格斯也驳斥了杜林的观点。无独有偶，抗日战争以前，我国教育界也曾有人提倡过用劳动代替体育的错误主张。技术教育必须对于生产本身发挥重要的作用，必须具有一切实际的效用，而不只是一种形式。生产劳动和智育、体育的结合，不仅要有助于增加社会生产，也要能促进人的全面发展。这是马克思早就指出过的。我们对此要有正确的理解和正确的做法。

（五）此外，恩格斯在批评法国实证主义哲学家奥古斯特·孔德（1798—1857）的全科教育思想时，称这种思想是愚蠢的。因为所谓全科教育是“不到每一门科学完全教完之后不教另一门科学”。这种安排教材和教学顺序的方法

①② 《马克思恩格斯全集》第20卷，第346页。

在理论上是没有根据的，在实践上是行不通的，所以恩格斯认为这是“胡说八道”①。

五

马克思和恩格斯在研究资本主义教育制度的时候，发表过许多有关教学问题的见解。其中许多是对我们有教益的。这里略举数例。

（一）马克思在《资本论》中肯定了半工半读的教学制度。他根据英国当时工厂法规定雇用童工劳动必须以让他们受部分时间的教育为条件的情况，肯定教育同体力劳动相结合是可能的；他还根据工厂视察员的报告，承认工厂儿童受半日教育，同全日制学校儿童学得的东西一样多，而且往往更多。当时同生产劳动相结合的是十四岁以下儿童的教育。我们现在仍然应当实行教育同生产劳动相结合的方针，在各级各类学校中，教育同生产劳动相结合的形式可以多种多样，方式方法可以因地制宜、因校制宜，甚至可以因人而异，那种只读书不劳动的现象再也不能继续下去了。近年有些学校片面追求升学率，用书面作业、题海战术把学生压得喘不过气来，结果教育出许多“四体不勤、五谷不分”的废料，完全违背了党的教育方针和学校培养目标。这种现象已经到了非彻底改革不可的时候了。

（二）恩格斯在《英国工人阶级状况》中，马克思在《资本论》中，都曾揭露英国工人学校教师水平低，以致义务教育有名无实；揭露工人学校以宗教为最主要的课程，忽视了学生智力的、精神的和道德的发展；揭露厂主雇用童工劳动，劳动条件很差，损害了儿童健康，根本谈不到任何教育；如此等等。目前，我们普通教育的质量不高、有名无实（“有文凭，没水平”）的情况严重，同教师水平低、教师待遇低有直接的关系，不能不在改革的过程中列为一项重点。我认为不根本改变普通教育经费太少、师资待遇太低的状况，这种情况很难彻底改变过来。其次，在办学思想以升学为唯一追求目标的条件下，许多学校也忽视了学生智力的、精神的、道德的发展。片面追求升学率的危害几乎同宗教教学相似了。这也不能不引起我们的重视而力求改革。再次，目前我国大多数农村办学条件很差，不仅不利于学生智力的发展，而且也不利于学生

① 《马克思恩格斯全集》第20卷，第593页。

体质的增强。城市部分学校学生书面作业负担过重，损害了学生的健康，影响了他们智力和体力的发展。这些也都要求我们努力改革。

（三）恩格斯在《乌培河谷来信》中，揭露爱北斐特理科中学“流行着一种非常可怕的背书制度，这种制度半年的时间就会使一个学生变成傻瓜”①。背书，有时是必要的，特别在语文、外语这两门学科。但是这里说的是“非常可怕的背书制度”，想必是一切学科、一切课文都要背了，这当然是“非常可怕的”。听说我们有的学校里连数学都要学生背，这就属于“非常可怕的”一类了。目前，我们的学校里大部分用的还是注入式教法，这是不利于学生学会自己求知的，也是不利于学生智力发展的。这种教法培养出来的人不能说都是傻瓜，但很可能是照章办事的官吏，不善于独立思考，没有创造才能。这不是我们社会主义国家所需要的人才，因此应当及早改革。

以上是我学习马克思恩格斯教育思想的时候，联系到学校课程和教学问题，特别是联系到我国教育实际的几点粗浅体会。为了节约篇幅，文中很少引用马克思恩格斯的语录。好在许多都是教育学界的同行们熟知的。我认为纪念马克思逝世一百周年最好的办法，就是用他的具有普遍真理意义的思想，来检查我们的具体工作，改进我们的具体工作。在有关学校课程和教学问题上也应当如此。这就是我写这篇纪念文章的宗旨。文中体会不当或错误之处，欢迎读者批评指正。

1983 年 2 月 16 日于成都

载《学习马克思的教育思想》，
人民教育出版社 1983 年版。

① 《马克思恩格斯全集》第 1 卷，第 510 页。

毛泽东论课程和教材

毛泽东同志历来关心学校课程的设置和教材的建设。他关于学校课程和教材的许多论述，主要是符合马克思列宁主义的，是经得起实践检验的，仍然是我们设计课程和编辑教材应当依据的原则。有些谈话和批示不符合实事求是的精神，违背了学校教育规律，经不起实践检验，过去我们照搬吃了苦头，今后自然不该重犯错误。现在根据我学习的体会，把毛泽东同志有关学校课程和教材的主要论述，归纳成几条具有普遍意义的原则，并略加说明。谬误之处，请读者指正！

第一，课程教材必须有坚定正确的思想政治方向。

列宁早于1909年就曾在给喀普里党校学员的信里说过："在任何学校里，最重要的是课程的思想政治方向。"① 这是因为课程教材是实现教育目标的手段，而教育目标总是由举办教育的一定社会阶级的经济和政治的要求决定的。毛泽东同志在土地革命时期为红色区域（革命根据地）制定的文化教育总方针，就包含了学校课程教材必须有坚定正确的思想政治方向的要求，如说要"以共产主义的精神来教育广大的劳苦民众"，要使"教育为革命战争和阶级斗争服务"②，等等，这就规定了课程教材的思想政治方向。

课程教材必须有坚定正确的政治方向，自然是由教育必须为经济和政治服务的规律决定的。如在抗日战争时期，教育必须为争取抗日战争的需要服务，课程教材就应该满足抗日战争的需要。毛泽东同志1937年8月在《为动员一切力量争取抗战胜利而斗争》一文中提出的救国纲领中，关于抗日的教育政策是："改变教育的旧制度、旧课程，实行以抗日救国为目标的新制度、新课

① 《列宁全集》第15卷，第438页。

② 《毛泽东同志论教育工作》，人民教育出版社1958年版，第15页。

程。”① 1938 年 11 月在《论新阶段》一书中又提出：“废除不急需与不必要的课程”，“教授战争所必需之课程”。② 1940 年 12 月在《论政策》一文中说：“关于文化教育政策。应以提高和普及人民大众的抗日的知识技能和民族自尊心为中心。”③所有这些要求，都说明课程教材必须有坚定正确的思想政治方向，才能适合社会经济和政治的需要，才能实现教育的目标，培养出社会所需要的人才。

但是，我们对此也应当实事求是地理解。即使在战争时期，普通学校的课程也不能完全不讲与战争无关的科学基本知识和基本技能。因为没有这些做基础，战争所需要的知识技能就学不进去；基础打得不牢或者不深，战争所需要的知识技能的学习也会受到限制。总之，我们设计课程和选择教材，既要看到当前的需要，又要看到长远的需要。过去，特别是“文化大革命”时期，曾经犯过只重当前需要的片面性，今后必须力求避免，以免陷入狭隘实用主义的泥潭。

当前，我国最大的政治任务是全面开创社会主义现代化建设的新局面，教育事业已被提到国民经济建设的战略重点的高度。这是按经济规律来建设国民经济的必要措施，不随人的意志为转移的。今后我们的课程教材必须适合这一政治要求，努力培养出能够建设高度的社会主义物质文明和高度的社会主义精神文明的新一代。

第二，课程教材必须联系实际。

列宁 1920 年在《青年团的任务》中说过：“资本主义旧社会留给我们的最大祸害之一，就是书本与生活实践完全脱节。”④ 毛泽东同志也非常反对那种“书本与生活实践完全脱节”的现象。早在第一次国内革命战争时期，他在《湖南农民运动考察报告》中就曾指出：“乡村小学校的教材，完全说些城里的东西，不合农村的需要。”⑤这就是要求学校的教学内容，必须联系实际。当然，这并不是说，乡村小学的教材，城里的东西一点都不能讲。这样理解就不对了。这句话批评的是“完全说些城里的东西”，应该注意“完全”二字。在城乡差别没有消灭以前，城里学校的教材，要讲些乡村的东西；乡村学校的教

①③⑤ 《毛泽东选集》新版横排一卷本，第 328、728、40 页（以后都用这个版本）。
② 《毛泽东同志论教育工作》，第 33 页。
④ 《列宁选集》第 4 卷，第 345 页。

材，也要讲些城里的东西，这是毫无疑问的。但是不应当脱离生活实践，完全不联系实际。

新中国成立后，毛泽东同志1957年3月对七省（市）教育厅（局）长的谈话中，曾经讲到教材要有地方性，应当增加一些乡土教材。这当然也是为了贯彻教材必须联系实际的原则，同时还可以为进行爱国主义教育和革命传统教育打基础。因为培养爱国主义者首先要培养他们爱乡土的观念、爱“父母之邦”的观念。为了爱家乡，就要了解家乡。家乡的自然景色、山川原野、名胜古迹、历史文物、产品交通以及建国以来的建设成就，特别是历史上家乡人民为保卫家乡、建设家乡而做的斗争，等等，都应当通过乡土教材的教学，使学生了解。目前我们见到有些省（如四川等）已经编辑了乡土历史补充教材，给学生学习。这是一个好的开端。希望有更多的省、自治区和直辖市这样做。

1965年，毛泽东同志批评教育脱离实际的时候，曾十分强调其危害性，他说：“从小学到大学，一共十六七年，二十多年看不见稻、粱、菽、麦、黍、稷，看不见工人怎样做工，看不见农民怎样种田，看不见商品是怎样交换的，身体也搞坏了，真是害死人。”这样完全脱离实际生活、脱离生产劳动的教育，当然不能培养出有社会主义觉悟的有文化的身体健康的劳动者。目前，我们有些学校由于社会的压力，片面追求升学率，也让学生脱离实际，死读书本，以致近视眼增多，体质下降。这是同教育（包括课程教材）必须联系实际这个原则背道而驰的，也是完全违反党的教育方针的，因此建议必须迅速彻底认真纠正。

第三，课程教材必须给学生打好文化科学知识的基础。

列宁说过：“在一个文盲的国家内是不能建成共产主义社会的。”① 毛泽东同志1945年在《论联合政府》中就曾提出：“从百分之八十的人口中扣除文盲，是新中国的一项重要工作。”② 1955年，他在《中国农村的社会主义高潮》一书的按语中也曾引用过列宁的这句话③，说明组织群众学文化的重要。群众要学文化，干部当然更要学文化。

早在1936年，毛泽东同志在审查红军大学工农干部班教育计划的时候，

① 《列宁选集》第4卷，第357页。

② 《毛泽东选集》，第946页。

③ 《毛泽东选集》第5卷，第255页。

就认为培养工农干部识字、作文、读书报等能力，应当“是整个教育计划中最重要、最根本的部分之一”。他还认为文化工具就是“实际”的一部分，这个见解是非常重要的。因为学员掌握了文化工具，才能够学习革命理论，把工作做好。

1942 年 1 月，在他写的《〈文化课本〉序》里，把这个意思说得更加具体明白：“一个革命干部，必须能看能写，又有丰富的社会常识与自然常识，成为从事工作的基础和学习理论的基础，工作才有做好的希望，理论也才有学好的希望。”① 同年 2 月，他在《整顿党的作风》一文中又指出：“我们的工农干部要学理论，必须首先学文化。没有文化，马克思列宁主义就学不进去。学好了文化，随时都可以学习马克思列宁主义。”② 他甚至以自己为例，说幼年学习的是封建社会的教材（如《论语》），虽然内容陈旧，但是还可以从中学会识字，借以证明打好文化基础、掌握文化工具的重要。

毛泽东同志的这些思想，是对干部教育、成人教育提出的要求。普通教育的任务本来就是给青少年儿童打好文化科学知识的基础，毫无疑问，应当让他们掌握好文化工具。可是，现在有不少普通中小学，由于种种原因，并未能给青少年儿童打好文化科学知识的基础。不少小学、初中甚至高中毕业生，并未能掌握好按他们的学历来说应该掌握好的文化工具。这些学校输送给上一级学校的往往是些不合格的新生，走上工作岗位的往往是些不合格的后备劳动力。因此，怎样大面积地提高教育质量，这是当前我国教育理论工作者和教育实际工作者应该认真研究，分析原因，制定措施，切实解决的一个重要问题。

第四，课程教材必须古为今用，外为中用。

列宁说过：“只有用人类创造的全部知识财富来丰富自己的头脑，才能成为共产主义者。”③ 我们要培养有共产主义理想的新一代，必然要动用“人类创造的全部知识财富”，这就必然要涉及古今中外的知识。因此，我们在设计课程和选择教材的时候，必须对古代的和外域的知识有个正确的态度，才能确定合理的取舍标准。

毛泽东同志 1940 年在《新民主主义论》中、1945 年在《论联合政府》中

① 《毛泽东同志论教育工作》，第 200 页。

② 《毛泽东选集》，第 776 页。

③ 《列宁选集》第 4 卷，第 348 页。

提出的对待古代文化和外国文化应有的正确态度，是我们研究课程教材必须遵循的。他要求对待古代文化和外国文化应当“排泄其糟粕，吸收其精华”①，也就是“剔除其封建性的糟粕，吸收其民主性的精华”②，或者说，对待外国文化和古代文化，“既不是一概排斥，又不是盲目搬用，而是批判地接收它”③。这个方针完全是实事求是的，所以说是应当遵循的。

以后，这个对待外国文化和古代文化的方针又有了发展。1956 年，毛泽东同志在《同音乐工作者的谈话》里，既反对“全盘西化”论者的民族虚无主义的态度（这在《新民主主义论》里早就批判过）④，又反对“中学为体，西学为用”的带有半封建半殖民地色彩的错误方针，而主张“外为中用，古为今用”。同年，在《论十大关系》里也曾强调正确地向外国学习的方针。⑤ 所有这些，对我们编订学校课程和选择各科教材，都有重要的指导意义。

第五，课程教材必须力求精简。

列宁在反对旧学校采用“死记硬背”的方法，“用数不胜数的、九分无用一分歪曲了的知识来充塞青年的头脑”的同时，主张“我们需要用基本事实的知识来发展和增进每个学习者的思考力”，使他们能“具备现代有学识的人所必须具备的一切实际知识”⑥，认为这是培养共产主义者所不可缺少的；要求青年都“必须善于吸收人类的全部知识，使你们学到的共产主义不是生吞活剥的东西，而是经过你们深思熟虑的东西，是从现代教育观点上看来必然的结论”⑦。这些应当是我们决定课程教材繁简标准的指导思想。

毛泽东同志对学校课程的一贯的思想，就是课程必须精简。1921 年，他在《湖南自修大学创立宣言》里，就曾把“课程过繁”列为新式学校的一大弊端。认为课程门类多了，学习者终日埋头上课，就没有充分的时间自学，“不能用他们的心思为自动自发的研究”了。一直到他晚年，还是认为课程太多，对学生压力太大，影响学生健康，不利于德、智、体全面发展。他主张“课程设置要精简，教材要彻底改革，有的首先删繁就简”，以免学生负担过重。不过，学生负担重，原因是多方面的，主要是过去对师范教育重视不够，没有随着教育事业的发展，有计划按比例地培养合格教师；教师水平低，教学方法不

①②③④ 《毛泽东选集》，第 667、668、984、667 页。

⑤ 《毛泽东选集》第 5 卷，第 285 页。

⑥⑦ 《列宁选集》第 4 卷，第 348、349 页。

当；学生程度差，没有打好基础；至于课程多、教材繁恐怕不是唯一原因，也不是根本原因。目前，实际上更加严重的问题是负担过重的只有一小部分学生，即所谓重点校、重点班的学生，大部分学生非但负担不重，而且没有负担。不解决师资培养问题，不从根本即小学一年级抓起，大面积提高教育质量的目的是难以达到的，学生负担过重的问题也是不易解决的。

但是，我们仍然应当正确领会课程教材必须精简的精神。这是因为人类知识浩如烟海，学生在校修业时间有限，我们只能把少量精粹的知识教给他们，使他们掌握了这少量精粹的知识以后，能够取得打开知识宝库的钥匙，自己学会去求知。这少量精粹的知识就是所谓科学基础知识，就是通常所说的“双基”（基本知识和基本技能），也应该是列宁所说的“一切实际知识”，是普通学校必须教给学生的。究竟哪些东西属于“双基”，不能主观臆断，而是需要仔细研究的。随着社会生产的发展，科学技术的进步，人类文化水平的提高，“双基”的内容也是不断发展的。教育是实现社会主义现代化建设的基础，我们编订学校课程和教材的时候，也要从现代化建设的要求出发，既要力求精简，又不降低应有的水平。

关于课程和教材必须精简的问题，毛泽东同志也讲过一些过头的话。如说“课程可以砍掉一半”，又说“建议从一切活动总量中砍掉三分之一”。前者是即兴发言，后者是见诸文件的批示。倘若照着执行，必将影响教育质量。如砍去了历史、地理，影响了对学生进行爱国主义教育；砍去了音乐、美术、手工劳动，影响了对学生进行审美教育和劳动教育。这样做的结果对社会主义精神文明的建设非常不利。目前，为了兼顾普及和提高的需要，只有编辑两三套程度不同的教材，才能既不降低教材应有的水平，又能使大多数学生学有所得。至于从根本上解决问题，从教育部门来说，还得抓师资培养，抓基础教育。光从课程教材开刀是解决不了问题的。

总之，我们对毛泽东同志关于学校课程和教材的论述，应当采取马克思主义实事求是的态度，既不盲目照搬，又不轻率否定。这也是毛泽东同志历来倡导的学风。

以上只是个人学习的几点体会，供大家参考。

载《教育论丛》1983 年第 1 期。

课程编订：概念和原则

学校课程是按照党和国家的教育方针、各级各类学校的培养目标、学生的身心特点以及科学发展的新水平，规定学生必须掌握的知识、技能、思想、观点、行为、习惯的总和。它是贯彻执行教育方针和实现学校培养目标的重要手段。

现代国家大都把课程研究作为教育科学研究的中心任务。要建设具有中国特色的现代化的社会主义国家，必须有具备中国特色的现代化的教育。课程是最能反映一个国家的教育特色的。因此，我们必须加强课程的研究，使课程的编订具有社会主义新中国的特色，使我们的学校课程能真正培养出在道德、智力和体质等方面都全面发展的人，能培养出有理想、有道德、有文化、守纪律的新一代。

课程的编订不是一件简单的行政事务，而是一项繁重的学术工作，必须把它建立在科学研究的基础上。例如，苏联的学校课程是由教育科学院负责编订的。该院的教育理论专家和各科教材教法专家，在进行教育实验和调查研究的基础上，从事课程的编订。又如美国参加课程编订的有教育行政领导干部、校长、教师、各门科学专家以及教育科学研究人员和大学教育系的教授等。如果单由各门科学专家来编订学校课程，往往只考虑科学本身的体系，而不善于考虑怎样把科学变成学科，以适合不同水平的学生学习；单由教育实际工作者来编订课程，又容易偏于只考虑如何适合教学，而不善于吸取最新的科学成果。必须把两者结合起来协同工作，并在通晓教育方针和培养目标的教育行政干部的领导下，在教育科学工作者的指导下，才能研究编订出既符合科学新水平又适合学生学习的课程来。

这篇文章主要讲学校课程编订的几条原则。但是，由于我国教育界对课程的研究工作还没有广泛展开，对“课程编订”一词的使用也不够普遍，我不得不先把这个词的意义说明白，并且把它同另外一些有关词汇的含义做些比较和区分。这样做是很有必要的。因为不仅在国内，而且在国外，目前“属于课程领域的概念和构思没有明确的区分，结果在课程研究领域要遇到一些定义性的问题”①。

按照一般的理解，“课程”一词指的是学校教学内容。从字面来看，“课程编订”的结果，势必要产生一些文件。这些文件就是我们现在说的教学计划、教学大纲和教科书。这些文件的产生要经过实验、研究、编辑和审订。课程编订就是指实验、研究、编辑和审订学校教学内容的全过程。

“课程设置”是我们经常使用的词。但是它一般只是指各级各类学校开设的教学科目和各科的教学时数。一般说，研究课程设置的结果，只能产生“教学计划”，不能产生教学大纲和教科书。所以它比“课程编订”一词的含义要狭窄。

“课程编制”是我国教育界在本世纪20年代到40年代常用的词。它来源于英美书刊中的curriculum making一语。这里“编制”的“制”，是“制作”的“制”，不是“制度”的“制”。它的含义大体上包括对人生活动的分析，对教育目标的分析，对儿童身心发育状况的研究，对教学科目的安排和各科教学时数的分配，对教材教具的选择和评价，等等，同我们现在用的“课程编订”一词比较接近。

50年代以来，在英美出版的教育书刊中，curriculum making一词比较少用了，代替它的是curriculum development一词。② 不少人照字面把这个词译为“课程发展”，这是不了解这个词的来龙去脉。因为它的含义同“课程编制”一词大体相同，所以许多人主张照旧译为“课程编制”。但是从当前各国开展课程的教育科学研究的情况来看，课程编订的过程就是课程研究的过程，所以把它译为“课程研究”反而更加适合些。

同“课程编制”一词并用的还有“课程建设”（curriculum building）一词。二者含义没有实质上的差别。我国习惯于用“教材建设”一词，含义相近而所指范围比较具体，也比较狭窄。“教材建设”一般是指课程设置问题解决以后，即教学计划确定以后，对各科教学大纲、教科书和教学参考书等的编订；而“课程建设”要包括“课程设置”和“教材建设”两项工作在内。

---

① George A. Beauchamp，*Curriculum Theory*，p. 6.

② *Encyclopedia Britannica*，14th edition，Vol. XX，p. 92.

“课程规划”（curriculum planning）。这是从教育行政部门的角度来考虑某一级学校或某一类学校课程的范围，参加编订课程的人员及其组织领导，使用的技术（如实验技术及仪器设置等）和工具（如调查表等），需要提供的条件（如试用新教材的实验学校等）以及产生的文件等。

“课程设计”（curriculum design）。这是从各门科学专家、教育科学专家或课程研究人员的角度来研究课程的类型（如采用学科课程还是活动课程，综合课程还是核心课程），研究编订有关课程文件的具体内容，如某一学科的教学目的和任务，教材选择的范围（深度和广度）及其排列的顺序，各部分教材的分量和教学时间的分配，实验仪器和各项教具的使用等。

“课程工程”（curriculum engineering）也可译为“课程管理”，大部分有关课程研究的书刊中指的是课程的规划、研究和改进，所以课程工程的产品就是课程标准和教材。近来有一部分课程研究的书刊中把课程标准的贯彻执行（即通过教学落实到教室里去）和对课程的评价，称为课程工程。

“课程体制”（curriculum system）这个词的含义比较广泛，包括课程规划、课程落实和课程评价的全过程。它既指课程的编订，又指课程在学校教育中的实施。一般认为课程体制有三项基本的作用，一是产生有关课程的文件，二是把课程落实到教学中去，三是评价课程的效果。这些工作都要由懂得教育科学的专家来做，这些专家就是课程体制中的工程师。所以“课程工程”一词包含课程体制及其内在动力，即包含使课程体制在学校中起作用的所有必要的过程。

教育科学还不是一门精确的科学，学校课程的研究在各国的历史有长有短，各国编订课程的具体程序也各有不同，因此，有关课程的用语还比较混乱。我以上介绍的几个概念，它们的含义也很难严格区分。为了跟研究课程的同志们共同探讨我国学校课程的问题，便于了解国外有关课程研究的动态，所以把国外课程研究领域中有关名词的概念做一些简要的说明。错误和不妥之处，欢迎批评指正。

现在谈谈我国学校课程编订应当遵循的几项原则。

第一，要以辩证唯物主义和历史唯物主义为课程编订的指导思想。

我们社会主义国家的学校课程首先应当具有高度的科学性和高度的思想性。我们教给学生的一切东西，都必须是客观真理，都要能联系实际，都要经得起实践的检验。因此，我们编订课程的指导思想必须是马克思主义的普遍真理，即辩证唯物主义和历史唯物主义。例如我们应当同信仰宗教的中国各族人民和宗教界人士建立爱国统一战线，加强全国各族人民的大团结，但是不允许在学校里进行宗教教学，禁止在学校里讲授神学。我们应当在学校讲授现代科学知识，进行无神论的宣传，为学生形成辩证唯物主义观点打好基础。又如，我们应当让学生深刻理解人民群众是创造世界历史的动力，正确认识群众、阶级、政党和领袖的相互关系以及政党和领袖在群众阶级斗争中的作用。我们可以用老一辈无产阶级革命家的英雄业绩和光辉形象来教育子孙后代，但是绝不能过分宣扬个人的作用，以免妨碍学生形成历史唯物主义的观点。资本主义国家却不然。如美国尽管科学技术很发达，可是有的州至今还不许讲进化论，不许讲从猿到人；有的州规定要讲进化论必须同时讲神造说或特创论。英国、西德的学校至今还把宗教定为必修科目。这些都是同现代科学的进步格格不入的。当然，我们以马克思主义普遍真理为指导思想，并不是要到处贴标签、喊口号，而是要把它渗透在学科的设置和教材的内容当中，到处都要体现出我们的理论是坚定的，我们的观点是鲜明的，从而使学生在无数事实材料当中，得出符合社会发展规律和自然发展规律的正确结论来。

第二，要以实现教育方针和学校培养目标为课程编订的最终目的。

我国当前最大的政治任务是建设具有高度社会主义文明和高度社会主义民主的现代化强国，我国教育要为这项伟大的任务服务，课程的编订就要能对此做出贡献。不能认为只有专业教育的课程才能为现代化建设培养合格的人才；普通教育的课程既是建设精神文明的重要手段，又是培养建设人才的重要的基本环节，应当有足够的重视。教育方针中规定的德、智、体等方面的全面发展，都要靠学校课程有合理的安排才能实现。例如德育的任务不能光靠上政治课来完成，也不能光靠班主任工作和组织少先队、共青团、学生会等各种活动来完成，各学科的教学都有德育的任务，都是德育不可缺少的途径。智育不是单纯传授知识、技能，也不仅要发展智力、培养能力，同时要培养观点、信念。健全的体魄和高尚的情操都是全面发展的人必须具备的，体育和美育的学科都应该重视。教育同生产劳动相结合是我国教育的根本方针，课程中必须安排二者的结合，才能培养出全面发展的人。这是从总的要求来说的。各级各类学校各有具体的培养目标，课程的编订当然要照顾到学校的具体目标。如目前我国农村还只普及五年小学教育，小学课程的编订就要把一个中国公民起码应具备的思想品德、知识技能比较完整地教给儿童。如果初中的学生毕业以后一部分要就业，初中课程就可设职业选修科。高中阶段不仅学校结构应当多样化，即使普通高中的课程也应当分化，随着国民经济的发展和人民生活需要的增长，高中除必修科学文化基础学科外，还要因地制宜，设置各种职业选修科，否则就不可能体现普通中学的双重任务。又如师范院校是以培养师资为目标的，除了设置科学文化学科，必须设置教育专业学科，加强教育实习，给学生以就业前的职业准备，才能实现培养合格教师的目标。

第三，课程的编订要适合学习者身心发展各阶段的要求。

现在有些父母让一两岁的孩子学识字，让三四岁的孩子背古诗。有的幼儿园给大班的孩子教小学一年级的教材。这些做法是不足取的。我们应当研究哪些课程适合什么年龄的儿童学习，学习到什么程度。对儿童的学习能力，既不要估计过低，以免延缓了儿童的发展，也不要估计过高，以免儿童接受不了，徒然造成一种虚假的现象。所以要进行科学实验，搜集事实材料，来确定课程的广度和深度。这个问题不仅涉及课程的编订，而且涉及教师的水平和设备条件。教师的水平高些，设备条件好些，对同样的学生可以教得广些、深些。同时，儿童的接受能力也是千差万别的。我们只能以中等水平的师资设备条件和中等水平的儿童接受能力为依据，来确定教材的广度和深度。实践证明，要求高了，并不像俗话说的“取法乎上，仅得乎中”。我们“取法乎中”是照顾了大多数，适应上下两端的少数就比较省力而有效。这样才能使全体学生都能学有所得。

第四，课程的编订要适合人类认识发展的规律，循序渐进。

人的认识不可能一次完成，而是逐步深化的。课程的编订要适应这种特点，循序渐进。例如不能要求学生在普通教育阶段某一门学科只学习一遍，应当有适当的循环。这种循环不是简单的重复，而是范围逐渐扩大、程度逐渐加深的。课程的编订或说教材的排列有一种是所谓直线式的。如在普通教育阶段，本国历史只在初中学一遍。这种直线式的排列看起来仿佛节省教学时间，其实限制了教学内容的广度和深度。因为初中学生的理解能力有限，他们只能学习一些历史事件和历史人物的活动。对于一些规律性的东西，如历史事件的因果关系、历史发展的动力等，他们不一定能够理解，而这些本来是一个受了完备的普通教育的公民必须明了的。只因到了高中没有学习的机会，他的历史知识就只能停留在狭窄而肤浅的状态。如果采取教材的圆周式（或叫循环式、螺旋式）排列，就可使教学内容逐步扩大和加深。况且目前我国普通教育分三段，每段自应给学生以比较完整的教育，教材圆周式的排列是不可少的。循序渐进的另一个重要含义是要求课程的设置和教材的编辑必须逻辑严谨，前后衔接，后一步的学习都要以前一步的学习为基础，不能省略中间环节而跳跃前进。

第五，课程的编订既要有统一的标准，又要能因地制宜。

所谓统一，包括指导思想、教育方针、培养目标和教学内容几方面。前三者的统一应当是坚定不移的，后者即教学内容的统一却是不可以“一刀切”的。教学内容必须统一是因为它要实现统一的目标，但实现同一目标的手段可以有所不同。我国幅员辽阔，民族众多，各地区经济文化的发展也不平衡，学校课程应当在实现统一标准的前提下允许有适当的差异。例如在工业区、农业区、林业区、牧业区、渔业区，学校课程应当适应各地区的需要，不应要求整齐划一。适应的办法如目前我国在中学就可以设置职业选修科。又，我国是历史悠久的文明古国，各地方都有值得向学生介绍的历史人物、历史事件、名山大川、风俗人情、物产交通、名胜古迹、出土文物、科学发明等等。这些都应当由地方教育当局编成乡土教材教给学生，以培养学生爱乡观念，为爱国主义教育打下坚实的基础。

第六，各级各类学校的课程要适当注意衔接和沟通。

我们提倡办多种类型的学校，但是没有一种学校是“死胡同”。各级各类学校的课程都应当彼此衔接，互相沟通。这是因为我们社会主义国家的人民，应当按照社会的需要和个人的才能，有平等的机会受教育。所谓衔接是指各级学校说的。如小学课程要同初中课程衔接，初中课程要同高中课程衔接，既不重叠，又不缺漏。如小学学过算术，初中就不再学，以免重叠；初中不教植物学和动物学，高中就教生物学，这就是缺漏。此外，有些幼儿园把小学一年级的教材提前教了，这也违反了衔接的原则。所谓沟通是指各类学校说的。如普通高中和职业高中的学生应当能互相转学。这就要求课程的设置能够适当沟通。

第七，学科门类和教学时间要适当安排，使学生的学习生活既丰富多彩，又从容不迫。

我们采用学科课程，各年级同时学习的学科门类设置多少，应当随年级的高低而不同：年级愈低，学科愈少，分科愈粗；年级越高，学科适当增加，分科可以较细。分科粗细，各有利弊：分科粗，比较容易接近实际生活，儿童学习头绪较少，学习兴趣较高；分科细，教的知识比较完整有系统。其实，学科多了并不一定就增加学习的负担。如体育、音乐、美术、劳动等科，每天都有一点，不但不会增加学习负担，反而可以调剂儿童身心。究竟各年级儿童学习多少学科比较适当？每天每周上几节课才算合适？每节课的时间应当多长？这些问题都应通过实验来解决。原则上是低年级儿童注意不能持久，每节课的时间宜短些，也可以在一节课内变换作业来维持儿童的注意。现在通行的是每节课 45 分钟，课间休息 10 分钟。每周上课（包括集体自习和有指导的课外活动）30～42 节：小学平均每天 5 节，初中平均每天 6 节，高中平均每天 7 节。各年级安排的同时学习的学科一般小学不超过 8 科，中学不超过 10 科，都包括体育、音乐、美术、劳动在内。

载《课程·教材·教法》1983 年第 5 期。

西方学校课程的源与流

教育在原始社会就已经产生了，但学校是奴隶社会的产物。因此，我们研究学校课程的起源，只能从奴隶社会讲起。

一、西方奴隶社会学校的课程

（一）西方最早的学校，据说产生于公元前 2 500 年埃及“古王国”时代。这种学校的课程已无从查考。在讲到个别学科起源的时候，往往追溯到古代埃及。马克思说：“计算尼罗河水涨落期的需要，产生了埃及的天文学。”① 因为尼罗河的泛滥给埃及的农业生产既带来利益，也引起麻烦。为了预测河流泛滥的时间，就产生了天文学。河流泛滥冲破了堤防，冲毁了田地的界限；水退以后要恢复起来，便产生了算术和几何学，来测量和计算土地面积。

传说在埃及“中王国”时代，数学方面已能计算三角形、四边形、圆形的面积，知道圆周率等于 3.14，会求棱锥体的体积等。在天文学方面，他们还学会了预测日食和月食。埃及最早出现的文字是象形文字。如果没有文字，数学的计算是无从着手的。

埃及“新王国”时代产生了一种高级的科学教育机关，名叫 ramesseum，培养牧师、医师和建筑师等。

（二）一般讲西方奴隶社会学校的课程，还是要以古希腊为代表。特别是古希腊雅典城邦的教育，对西方以后的影响极其深远。这可能就是西方学者们“言必称希腊”的原因之一。因为在西方世界经常起作用的文明，是许多世纪通过课程传递下来的希腊文化。希腊人不仅创造了我们现行的主要教学科目，而且创造了一套比例平衡的功能性课程。这套课程包括智、德、体、美诸方面

① 《马克思恩格斯全集》第 23 卷，第 562 页。

的生活，协调的程度在以后的教育史上也是很少能够见到的。

1. 在智育方面：希腊人奠定了至今在学校课程中占重要地位的“七艺”（seven liberal arts）的基础。这“七艺”当时又分为包括语法、修辞、逻辑（或辩证法）的“三艺”（trivium）和包括算术、几何、天文学、音乐的“四艺”（quadrivium）。

“三艺”起源于雅典人日常的公民生活。因为雅典人在奴隶主、自由民内部有讲民主的倾向，要通过讨论来管理城邦事务。为了在公众集会上讲话有效率，就不得不讲究语法、修辞和逻辑（或辩证法）。对建立语法学科贡献最大的是诡辩学者普罗塔哥拉（Sophist Protagoras，公元前481—前411）。他教人们区分词类，予以命名，确定它们的运用规则来使自己的语言精确。对建立辩证法有贡献的是柏拉图（Plato，公元前427—前347），特别是他的学生亚里士多德（Aristotle，公元前384—前322）。

“三艺”作为教学科目，不仅因为政治生活的需要；希腊人认为它们也是教师按照儿童本身结构的内在规律，用来塑造他们灵魂或智慧的工具。例如，柏拉图把辩证法作为课程的基础，并非要想在辩论中得出结论或者阐明某种真理，而是因为它是正确理解各种真理的基础。因此，以后许多世纪人们都持这样的见解：“三艺”说明了人的思维本身的规律，因而也是思维训练的最好工具。这是把它们长期列入学校课程的最佳理由。

“四艺”是早期智力课程的另一类，其中包括数学的两个分支。这首先因为它们在生产劳动中和家庭经济中都具有实用价值，其次也是因为它们能使人的思维敏锐。因为数学的运算要脱离具体的实物而做抽象的理解，柏拉图认为它能增进人的一般智慧。

天文学在观测时间和季节方面虽然有功用价值，但在古希腊人的教育思想中并不特别重视。此外，几何学中毕达哥拉斯定理的创造者毕达哥拉斯（Pythagoras，公元前580—前500）曾经希望把有关地理学、物理学和医学的知识列入课程，也未受到重视。这些科学的知识尽管很粗糙，却都是研究具体实在事物的。当时的人认为具体的实在是瞬息万变的，研究它们不能掌握抽象真理中的不变因素。这种轻视自然科学知识的教学而重视思维训练的思想，统治了学校课程设置的理论两千年，直到16、17世纪近代科学兴起以前，科学在课程中一直只占次要地位。重“三艺”轻“四艺”，重语文的学习轻科学的学习是古希腊的传统。柏拉图的老师苏格拉底（Socrates，公元前469—前399）就是这样主张的。

2. 在体育方面：古希腊人很重视体育。不仅斯巴达人重视军事体育，雅典人也非常重视体育。斯巴达人重视体育是少数奴隶主镇压多数奴隶的需要。雅典人为少年和青年设立的学校，如 palestra 和 gymnasium，由于重视体育，我们常译作体操学校和体育学校。在雅典人那里，占优势的主要运动项目有跑、跳、角力、拳击、掷标枪、掷铁饼等。这些运动起初都以军事目的为主，后来增加了道德的和审美的目的。实际上，品格的陶冶成了体育的主要目的。古希腊人认为体育可以增强决心和意志力，甚至相信，身体美是道德美的标志。

亚里士多德认为体育活动过分紧张和过分不足，对儿童、少年和青年的身心发展都是不利的，所以他主张运动适度；他还注意在各种运动项目之间寻求适当的比例，从而能注重身体的全面锻炼，使人体得到平衡的发展。——这种认识至今看来仍然是正确的。

3. 在美育方面：四艺中的音乐是主要学科，但进行美育不限于音乐。体育和智育的许多学科都可以进行美育。音乐是古希腊学校中起调节作用的学科。它可以协调体育和智育，给二者以韵律上的对称与和谐。雅典人还专门设有以教音乐为主的弦琴学校（kifarist）。音乐主要是教节奏和韵律，如在演奏琵琶和竖琴时学习旋律和曲调；同时在舞蹈和文学特别是诗歌的教学中也要学习到音乐的抒情歌曲。

古希腊人虽然认识到人人必须学会欣赏音乐而不必人人学会演奏乐器，但是他们也赞成让儿童拿起乐器来。当然不必花费过多的时间去练习演奏，也不主张让许多儿童都获得演奏乐器的职业能力，否则就降低了教育的博雅性质(liberal quality of education)。柏拉图认为音乐对形成人的美德是很重要的。

4. 在德育方面：诡辩派曾把道德作为单独的学科来教，并考虑到道德对整个人生活动的影响。德育是贯彻在任何学科中的，它特别同音乐、体育是合为一体的，不可分割的。

5. 古希腊学校课程中缺乏职业训练，这是不难理解的。当时的各行各业都由奴隶去从事劳动，不用说奴隶主不需要参加，自由民也避免参加的。因此，职业教育课程在古希腊的学校里是没有地位的。这里顺便说说，希腊语的“学校”一词原意是“闲暇”，只有不须靠劳动谋生的人才能进学校。进学校也只是为了锻炼身体和参加公民的政治生活。对奴隶的职业训练是在劳动生活中进行的。

（三）古罗马人沿袭了古希腊的学校课程，他们不得不增加的唯一学科是希腊语。这是为了阅读古希腊的文献，打开知识的宝藏。古罗马的儿童不仅要学习母语，而且要学习第二种语言。这就开创了学校中教学两种语言的先例。学校外国语教学的起源，当追溯到古罗马时代。

（四）西方奴隶社会学校课程的特色。

1. 课程具有功能性的起源（functional genesis），就是说，课程，无论正式的或非正式的，都起源于人民的日常活动。每个下一代为了有能力承担成人的任务，必须经受专门的课程训练。这本来是正常的现象。但是，有些学科虽然产生于生产劳动的需要，由于学校为奴隶主阶级所垄断，即使把这些学科列入课程，也丧失了为生产服务的作用。

2. 古希腊的“七艺”，开了博雅教育（liberal education）的先河。“七艺”虽然起源于人民日常活动的需要，在学校里教学的目的，却不是为了谋生，而是为了增进个人的文化修养。

3. 古希腊雅典的教育已经注意到智育、体育、美育和德育的平衡发展，这同我国古代的“礼、乐、射、御、书、数”六艺也包括了德育、美育、体育和智育，有异曲同工之妙。

4. 课程中缺乏职业训练学科是教育脱离生产劳动的结果。这在中外奴隶社会和封建社会中基本上都是一样的。

5. 古罗马开始了第二种语言的教学，这当是外国语教学最早的起源。

二、西方封建社会学校的课程

欧洲封建社会，历史学家称为中世纪，大约从公元 5 世纪（476 年）西罗马帝国灭亡，到 17 世纪（1640 年）英国资产阶级革命，延续了一千多年。因为日耳曼民族是以野蛮落后的民族征服了西罗马帝国的，古希腊、古罗马的文化遭到了毁灭，所以中世纪的前期，直到文艺复兴（14—16 世纪）以前，欧洲被称为黑暗世纪。恩格斯在《德国农民战争》一书中说：“中世纪是从粗野的原始状态发展而来的。它把古代文明、古代哲学、政治和法律一扫而光，以便一切都从头做起。它从没落了的古代世界承受下来的唯一事物就是基督教和一切残破不全而且失掉文明的城市。其结果正如一切原始发展阶段中的情况一样，僧侣们获得了知识教育的垄断地位，因而教育本身也渗透了神学的性质。"① 这种神学性质的教育在课程中体现出来。

（一）基督教对学校课程的垄断。在中世纪，统治西方社会的最强有力的因素是天主教会。随之而来的是宗教和道德教材在学校课程中占了优势。这些教材主要是教义问答（catechism）、赞美诗（psalmody）和早期教父的著作。由于基督教徒对世界末日和基督再临的期待极其专心致志，基督教学校的课程也都集中于宗教和道德的学习，而忽视并且明确排除了世俗的课程。

例如，在古代教育中受到高度重视的体育，现在地位一落千丈了。因为按照基督教教义，身体既然是低级欲望的"寄主"，而且具有物质的特性，它不可避免地将要死亡，所以没有必要像修养非物质性的灵魂那样来锻炼它。中世纪的教育要人抑制身体天生的爱好，而不是发展它们。

又如，在虔诚而又无知的宗教领袖的制止下，语法、逻辑和修辞的学习也都停止了。直到中世纪末期，教会人士才认识到，加强"三艺"的学习可以为宗教哲学找到一个助手。随后，他们逐渐在课程中给语法特别是逻辑让出一点空间。尽管如此，基督教学校的课程仍然属于狭隘的宗教的和道德的课程。当时设置的非宗教课程，不仅限于逻辑，而且局限于亚里士多德的逻辑，不足以改变课程的狭隘性。

（二）世俗封建主的武士七艺。欧洲中世纪的世俗封建主本无教育可言。只是到了 11 世纪末十字军东征时期，才逐渐形成了武士教育，又称骑士教育。当时骑士教育有七艺，即骑马、游泳、投枪、击剑、打猎、下棋、诵诗。其中七分之六属于体育。骑士教育要求骑士在敌人面前要像猛虎，在他保卫的世俗封建主和他所崇敬的女人面前要像绵羊。七艺中的"诵诗"就是用诗的形式来歌颂男女封建主。诗歌是口耳相传的。当时很多骑士都是文盲，是不会阅读的。

（三）文艺复兴对学校课程的影响。在中世纪，大规模的工商业和内政管理都停滞不前了，全面而和谐的课程理想也被置之度外了。一直到欧洲的政治和经济条件逐渐恢复到近似于古希腊和后来罗马帝国全盛时期，即具备了曾经支持过上述课程理想的那些条件，这个课程理想才被人们回忆起来。那些条件首先是在意大利北部城市出现的，那里工商业的复兴使安定的政治生活有了可

① 《马克思恩格斯全集》第 7 卷，第 400 页。

能，而且产生了富裕而有闲的阶级。中世纪狭隘的课程对他们的孩子不再具有功用价值。年轻人越来越多地注意世俗的事务，而越来越少地去想那些超凡脱俗的事情。他们按照这种重新确定的世俗方向，寻求新的教育标准，使生活过得更有价值。这种教育标准终于由意大利学者、人文主义的代表人物彼特拉克（Petrarch，1304—1374）在不知被什么人保留下来的古代希腊、罗马文献中重新发现了。他们发现古希腊、古罗马的文化是多么优越，以至争相效法希腊人、罗马人的所思所行。为了重视这些思想和行动，他们就不得不学习拉丁文和希腊文。当时，学习拉丁文和希腊文就成为文明生活、优雅生活的先决条件。顺便说说，在西方学校中，特别在学术性的普通学校中，拉丁文、希腊文一直到20世纪初期，还在课程中占有牢固的地位。

这里要说一下"人文学科"（the humanities）一词的含义。拉丁文、希腊文以及通过学习它们来学习语法、修辞和逻辑，这些学科的总称便是"人文学科"，其中古典文学占了中心位置。当时有一种理论，认为据亚里士多德说，动心思考是人类独有的优越性，古典语文在形成人的心思中有特殊价值，所以称为"人文学科"。因为"它所追求的、它的活动是适合于人类的"。——这是文艺复兴时期一位教育家巴铁斯塔·古阿里诺（Battista Guarino，1434—1513）的解释。

人文主义的课程虽然偏重人文学科，把古典语文的教学放在中心位置，但是未曾排除其他方面。语文学科的教学也强调学生自觉的理解和自动的创造，反对当时盛行的机械背诵。

例如在智育方面，"三艺"当然占有重要地位。在文艺复兴时期，语法受到更大的重视。意大利教育家威格力士（Vergerius，1370—1445）早就说过，语法是任何一门学科的基础。古阿里诺认为，除非彻底学通了语法，否则知识大厦是建立在不坚实的土地上的。"四艺"在当时虽然也教，但未受到重视。此外，有些学校还增设了代数、绘画、测量等。

从德育和美育的角度来检阅人文主义的课程，可以发现在阿尔卑斯山以南，它的审美的潜力受到较大的注意。那里把人文学科看作享受美满生活的手段，把古代诗人和散文作家的风格当作学习的对象，用这些作家为榜样来改善自己的口语和书面语。在阿尔卑斯山以北，人文主义的课程起了推动宗教改革和社会改革的作用。在那里，人们并不追求古典文学风格的优美，而有意识地训练自己的识别能力。德意志人于是成了新教徒宗教改革的先锋。批判的思维对宗教的和社会的弊端难以忍受，要求改革它们。参加这种延续几世纪之久的从宗教改革推广到政治和经济改革的人，需要接受各方面的课程训练，以丰富自己的理解能力、分析能力和判断能力。

在体育方面，文艺复兴时期培养“朝廷大臣”的教育理想注意身体的锻炼，要求给予青年击剑、游泳、角力、骑马、射箭等的操练。这是同骑士教育有继承关系的。游戏也是当时儿童的体育教材。

总之，文艺复兴打破了宗教在学校课程中的垄断，增设了新学科，破除了禁欲主义思想，重视了身体的锻炼，从黑暗时代转向了光明。

（四）西方封建社会学校课程的特色。

1. 西方封建社会在文艺复兴以前，学校课程为基督教教会所垄断，以宗教教条为主要教材，长期下去，不仅麻醉和愚弄了人民，同样愚弄和麻醉了僧侣阶级自己。直到中世纪末期，教会人士才逐渐认识到在他们本阶级内部学习一点逻辑学是必要的。少数这样的学校，也有教“三艺”和“四艺”的。

2. 世俗封建主长期无教育可言，当然也就无所谓课程。迟至11世纪末十字军东征时期，才有了武士教育，教武士七艺。课程的片面性是很突出的。

3. 文艺复兴以后，人文学科兴起，古典语文（希腊文、拉丁文）在学校课程中占有重要位置。人文主义的课程追求的目的是发展智慧和审美道德，所以它并未陷于偏重古典文学的片面性。事实上，对“四艺”的教学，特别是对数学和自然科学的教学，远不如对文科教学重视。在人文主义思想的支配下，学校课程是把人文学科作为学习文化的唯一手段。人文学科在当时极大多数学校课程中确实居于中心地位。

三、西方资本主义社会学校的课程

西方进入资本主义社会以后，随着生产的发展，科学的进步，资产阶级民族国家的建立，心理和教育科学研究的发达，学校课程较前丰富多了，接近于社会生活了，也比较适于儿童学习了。至于课程内容的阶级局限是不言而喻的。现在仍旧从学校课程的起源和演变方面来继续观察。

（一）自然科学进入学校课程。古希腊的“七艺”中，只有天文学一门可以算作自然科学。到文艺复兴时期，增加了力学。提出“知识就是力量”这个著名口号的英国唯物主义思想家弗兰西斯·培根（Francis Bacon，1561—

1626)，早就主张学校里应当讲授自然科学。随着自然科学的发展及其在生产和生活中的应用，到了 17—18 世纪，学校课程中增设了物理学、化学、植物学、动物学等。在过去，西方同中国一样，学校课程中历来是重文轻理的。他们认为通过文科的学习不仅能发展智力，而且能培养审美观念和道德情操。但是，随着社会生产的发展，自然科学研究的进步，发现在古典文科教材中关于自然界的种种推测是错误的，不符合真实情况，所以古典文科教材的威信就日益降低了。自然科学首先是在实科学校课程中占有重要地位，以后才终于战胜排斥自然科学课程的那些古典文科课程的拥护者，而在所有学校课程中得到应有的位置。

（二）数学在学校课程中占有重要地位。科学和工业的发展，提高了数学的地位。在文艺复兴时期人文主义思潮的影响下，数学是被忽略了。在以前的黑暗世纪就更不用说了。但是，即使在古希腊，数学也只是作为一门抽象的智力学科来教学的。它可以不必牵连到自然界过多的偶然现象。例如柏拉图曾说，数学在使人能够推测自然界的纯粹事物中是最优的学科。然而，随着近代科学的兴起，数学的价值不在于它的哲学上的推断作用，而在于它在科学计算中的用途。例如天文学家开普勒（Johannes Kepler，1571—1630）在提出天体运动是按椭圆形的轨道运行的假设的时候，做了大量的数学计算。牛顿（Sir Isaac Newton，1643—1727）在形成他的万有引力定律的时候，也是如此。随着科学的奥秘成为产业革命的刺激，数学的教学就有了更大的需要。结果，在 19 世纪和 20 世纪，数学在所有学校课程中都取得了最受尊重的地位。

（三）新人文学科的增设。由于民族国家的形成和资产阶级民主政治的需要，学校课程中增设了一些新的人文学科。

1. 现代本族语。起初，它被用作教学用语，作为教室中解释和说明的传播思想感情的工具；以后，本族语的文学作品才作为教材。推行本族语有利于增进本国人民之间思想感情的交流和相互了解，也有利于民族国家的巩固。

2. 现代外国语。它在 19 世纪以前还没有列入学校课程。当时还企图用拉丁语作为欧洲人的普通话（这是在过去天主教会和神圣罗马帝国时期曾经有过的）。从 19 世纪起，民族国家已经成为社会结合的中心，为了便于各国人民之间的了解和交流，课程中就列入了现代外国语。

3. 历史。19 世纪以前，历史在西方学校课程中实际上没有独立的地位。它是通过古典文学或本族文学来学习的。到 19 世纪后半期，历史学终于同文学分开，并且在课程中取得独立地位。美国人把教学美国史看作巩固他们的社会制度所必需的。所以在美国中学里，美国史和英语、公民、体育一起都是必修科。

4. 公民。这是形成公民资格的课程。公民资格的形成在古代就注意到了。如古罗马的儿童要学习他们的基本法——十二铜表法；殖民地时期美洲著名的马萨诸塞法（1642 年），责成行政官吏保证儿童学好殖民地的基本法。法国大革命时，法国少年必须学习“共和国公民的伦理和道德”。美国学校里，在 19 世纪和 20 世纪早期，公民科的设置已很普遍。教学内容起初只限于政府机构的分析。第一次世界大战以后，才开始涉及公民资格的根本问题，如宗教问题、奴隶制问题、种族歧视问题等。

5. 地理。从航海发现以来，就有必要在学校课程中包括地理。但是，早期的地理不过是一门地方志和确定边界的学科。到 19 世纪，这方面有所改进。地理已接触到民族问题和工业化问题。它后来成为研究人文地理的学科，研究人同自然环境的关系。

（四）体育在学校课程中的地位。为了反对封建社会和基督教会轻视身体锻炼的积弊，17 世纪英国的思想家洛克（John Locke，1632—1704）在他的讨论绅士教育的《教育漫话》一书里，开宗明义地说：“有健康的身体才有健全的精神。”① 他还提出了保持身体健康和进行身体锻炼的若干意见。18 世纪法国思想家卢梭（J. J. Rousseau，1712—1778）继承了洛克，竭力主张给儿童以极大的自由，让他们尽情地玩耍、跳跃和攀登，使他们具有健康的身体，能适应严寒和酷暑各种条件。

卢梭的体育思想在德国教育家巴泽多（J. B. Basedow，1724—1790）设于德绍的泛爱学校里得到初次试验。后来又有一位被称为“德国体操的祖父”、著有《青年体操》一书的古茨穆茨（J. C. F. GutsMuths，1759—1839），设计了一套身体操练的动作，称为“体操”（gymnastics）；他还为巴泽多从卢梭那里继承来的跑、跳、爬等活动设计了器械。他寻求建立体操的理论与实际之间的关系，生理学理论和医学之间的关系。他还把手工劳动、园艺活动、远足旅行和球类运动都包括在体育教材之内。

被称为“德国体操之父”的是 F. L. 扬（F. L. Jahn，1778—1852），他很

① ［英］约翰·洛克著，傅任敢译：《教育漫话》，人民教育出版社 1957 年版，第 4 页。

注重体育的爱国主义目标。他主张培养能从压迫者手中夺回自由的健康的人。F. L. 扬的体育活动都是课外活动。他认为身体健康是民族强盛的基础，健康同爱自由的精神是一致的。他主张人人都要受到体操的锻炼，而不能仅限于少数廷臣或绅士。

把体育正式列入学校课程的是阿道夫·施皮斯（Adolf Spiess，1810—1858）。他把体操按不同的能力、年龄和性别分为若干等级；他主张有行军的操练，把体育和军事训练结合起来。

为体育开设比较精确的解剖学和生理学课是在瑞典而不是在德国。瑞典的P. H. 林（Per Henrik Ling，1776—1839）直接依据自己对这两门人体科学的研究，建立了瑞典体操学派。它的特点是兼顾身体强的学生和身体弱的学生。他主张体操要个别教学，重视体操的医疗价值，也重视体操的爱国主义教育价值。

美国是柔软操的发祥地。D. 刘易斯（Diocletain Lewis，1823—1886）把从德国和瑞典输入美国的体操加以改造，取消了重的器械。D. 刘易斯主张让四肢和躯干自由运动，用柔软操来发展有机体的活力和优美的姿势。他认为无论竞技运动还是军事训练都不能代替柔软操，只有柔软操才能给身体的各部分以系统的平衡的练习。

但是美国人爱好的还是竞技运动和球类运动，这些在20世纪的体育课程中都是占优势的。

生理学、生理卫生学、心理卫生学、营养学等健康教育的学科，也相继进入了学校课程的领域。

（五）劳动在学校课程中的地位。由于长期的奴隶制和农奴制的统治，西方和中国一样，劳动在传统的学校课程中，几乎没有或者很少能占有一席地位。

作为新兴资产阶级的代表人物洛克，在他论绅士教育的书里，认为绅士也得学会园艺和细木工。他是把体力劳动当作消遣的。

卢梭是一位小资产阶级教育家，他主张培养能够自食其力的劳动者。他认为学生从手工劳动中学习一小时，比整天从事书本学习所得到的还要多。他主张与其让孩子整天读书，不如送他去车间劳动；孩子的手从事劳动会促进心智的发展。卢梭让孩子学习手工劳动还有克服轻视体力劳动偏见的作用。

被尊称为“贫儿之父”的瑞士教育家裴斯泰洛齐（J. H. Pestalozzi，1746—

1827）很重视儿童的劳动教育。他主张在让儿童劳动的过程中可以同时教他们读、写、算。他认为儿童应当首先学习劳动，然后再学习读书。

重视游戏的教育价值的幼儿教育家福禄培尔（W. A. Froebel，1782—1852）也重视劳动的教育价值。他说，认为人的劳动、生产、创造仅仅是为了谋生的错误观念，贬低了上述活动的价值。他主张正在成长着的少年必须及早受体力劳动的训练，从事创造性和生产性的活动。

在19世纪的最后20年，劳动在美国学校课程中是作为文化课而非职业课来实施的。阿德勒（Felix Adler，1851—1933）的劳动者学校就体现了这种思想。实用主义教育家杜威（John Dewey，1859—1952）进一步发展了这种思想。他把家庭中和工业中的作业如烹调、缝纫、编织、木工等列入课程。他认为，劳动必须是学校的主要课程。但是，劳动必须作为一种文明而享受这种声望，而不是作为纯粹的职业学习。学校中原有的学术性的学习必须同劳动结合起来。历史、地理、数学这类学科可以扩大对劳动的理解，反转来劳动又对这些学习的意义提供具体的应用。

资产阶级所以重视劳动教育，归根结底还是由产业革命引起的，即由社会生产力的发展、科学技术的发展引起的。产业革命的到来把生产从家庭移到工厂，从手工劳动变为动力机械操作，生产方法的这种根本改变要求教育能适应这种需要。因此，职业教育不再被看作无足轻重的小事，而是关系到生产成败和竞争效能的大事，所以要把劳动列入学校的正式课程。普通学校学生虽然不以学习专门的职业知能为目标，但是也必须养成一般的劳动能力和习惯。这样，劳动训练的学科自然必须列入学校课程了。

（六）美术在学校课程中的地位。“美术”（fine arts）一词泛指文学（特别是诗歌）、音乐、绘画、雕塑、建筑等。这里谈普通学校课程，着重讲音乐和绘画。

音乐早在古代的“七艺”中就有了立足点。中世纪的音乐是在教会办的唱诗班里教的。

17世纪的捷克教育家夸美纽斯（J. A. Comenius，1592—1670）在设计的国语学校（即小学）课程里，包含了音乐，要求教儿童唱著名的曲调，还要对有音乐特长的学生教音乐的基础知识。在他设计的拉丁语学校课程里，还要求为学生成为音乐家打好理论的和实际的基础。① 夸美纽斯还认为图画可以作为发展儿童感觉的手段之一。

洛克认为图画是训练运用手的能力的有用学科。但是他并不重视音乐。他认为音乐在一切成就中是最末的一位，不赞成青年人耗费很多的时间去学习演奏乐器。

卢梭和裴斯泰洛齐都把音乐和绘画作为训练感官敏锐性的工具，仿佛很少阐述它们本身的教育价值。

古代和中世纪都把博雅教育同工艺教育分开，学校中不重视美术是由于有闲阶级不重视工艺美术（绘画）。所以在西方学校课程中，19 世纪以前很少设有美术。到 19 世纪，由于生产的需要，学校要为工业资本家培养出能为产品设计打好基础的人，因此，美术（绘画）就逐渐列入学校课程。但是在普通学校里，资产阶级为艺术而艺术的动机代替了为商业而艺术的动机。到 20 世纪，重视创造性的艺术，艺术的欣赏和艺术的创作都成了课程的重要方面。

19 世纪的音乐以唱歌为主要形式。20 世纪，唱歌又和舞蹈以及器乐演奏结合起来。学校的管乐队和管弦乐队成了学校课程中的重要活动。随着留声机、无线电收音机、录音机的发明和用于学校，给音乐课的欣赏教学带来便利。资产阶级为艺术而艺术的精神在韵律艺术和视觉艺术中都占了统治地位。

（七）课外活动在学校课程中的地位。课外活动中有些项目如运动会和辩论会，从古希腊、古罗马时期就开始了。当时这些并非课外活动而是正式课程。中世纪的僧侣们也以辩论为课程，就像骑士以体育为课程一样。文艺复兴时期，培养宫廷大臣的课程中既要重视说话的修辞，也要重视身体的灵活。

但是在资产阶级学校里，这些课程在相当长的时间里没有取得正式的地位。只是到了 19 世纪特别是进入 20 世纪，学校课程的理论有了重大的发展，才把非正式的学生活动和正式的学习活动在课程中并列起来。这些活动除上述的体育运动和辩论会外，还有校刊（墙报）编辑、戏剧、歌咏、乐队、摄影、无线电收音等等。

一般说来，课外活动的兴起是对正式课程狭隘性的一种抗议。它在当时总是学生为了满足自己对某种训练的需要，而这种需要他们是无法从正规课程中

① ［捷］夸美纽斯著，傅任敢译：《大教学论》，人民教育出版社 1957 年版，第 225、230 页。

获得的。同时，这也是学生为自己的创造性活动找出路的需要。学校应当支持学生的这些活动。

开始，课外活动一般同正规的课业没有什么正式的联系。这往往导致学生时间和精力分配上的一些困难。所以学校当局对课外活动并不采取积极支持的态度。直到20世纪对课程理论的理解有了很大的进步，学校当局才对课外活动采取了比较有建设性的措施。现在大多数教育权威认识到必须不再把课外活动看作正规课程竞争的对手，而应当看作正规课程不断扩展的边界。通过课外活动可以预见到正规课程的分枝，这些分枝上面结的果实可以反转来丰富正规的课程，至少可以弥补正规课程的不足。

（八）西方资本主义社会学校课程的特色。

1. 开始走出博雅教育的象牙之塔，注重为个人生活需要和社会现实需要做好准备，打好基础。古希腊的“七艺”有人照字面直译为“七种自由艺术”，似欠妥当。最好称为“七艺”，与我国的“六艺”相对。因为它们虽然起源于生活的需要，但实施的结果都是脱离实际的。有人把博雅教育称作“自由教育”，固然可以反映古希腊只有自由民才能受到这种教育，但时过境迁，这种称呼的含义就不太确切了。在高等教育领域，博雅教育可以称作“通才教育”，就是强调培养治术人才、管理人才而不强调培养专精一艺的技术人才、专门人才的教育。这反映了资产阶级对统治人才的需要。因为专业教育培养出来的人容易眼光狭隘，不能统观全局。我们认为应当在普通教育（general education）的基础上，使受教育者进一步深造时，既获得专业之长，又具有全面观点。普通教育的含义应当比博雅教育的含义广阔得多，足以为受教育者眼界宽广、全面认识世界打好基础。这一方面是由于社会生产力的发展和科学技术的进步，另一方面从弗兰西斯·培根、夸美纽斯、洛克到卢梭、裴斯泰洛齐等这些先进思想家或教育家的提倡，也是有贡献的。

2. 扩大了认识活动的领域。学校课程从只注重认识和研究人类思维的规律，到强调认识自然界和人类社会。文艺复兴以后，学校的传统课程一直是重视古典语文和“三艺”，对于“四艺”只注重它训练思维方面的作用。随着时间的推移，这种做法已经不能适应社会的需要。因此，研究自然现象和自然规律的知识首先进入学校课程。加上古希腊所谓科学家的著述，只是对自然界做某些推测，经过观察和实验的检验，这些推测很多是不正确的。需要将正确的科学知识教给下一代，于是物理学、化学、生物学等学科在学校课程中占有重要位置，而作为研究这些学科的工具的数学学科，也受到应有的重视。这是从认识自然界来说，课程的领域扩大了。再从认识人类社会来说，随着民族国家的兴起和资产阶级专政的建立，各国之间经济政治的交往日趋频繁，所以一些新的社会科学也进入了学校课程，其中有起巩固国家政权作用的本国语、历史和公民，有促进彼此交流和相互了解的外国语和地理等，都在学校课程中取得了不可动摇的地位。

3. 重视人体的锻炼和保健。新兴资产阶级的代表人物洛克，反对封建社会禁欲主义者忽视体育的谬论，提出了重视体育的主张，在反对中世纪迷信思想方面是有贡献的。但是，西方学校把体操列入课程，也经过了18—19世纪将近两百年的努力。19世纪，体操是同军事训练结合的。1866年，马克思讲到他所理解的教育的三件事，认为"体育，即体育学校和军事训练所教授的那种东西"①。所以体育同国防是有密切关系的。此外，体育还有培养秩序、纪律、公平竞胜等道德品质的作用，还有陶冶审美情操的作用。

4. 重视设置劳动教育和职业教育的课程，使教育同生产劳动结合起来。过去曾有人以为教育与生产劳动结合与否，是社会主义教育同资本主义教育的分水岭。这是一种误解。事实上，教育同生产劳动结合是大机器工业生产提出的要求，而且随着科学技术的不断进步，随着科学技术越来越多地应用于现代生产，生产劳动同教育的结合越来越紧密。可以说，没有教育，现代生产就无法进行。所以资本主义社会已经把教育看作竞争的手段。许多资产阶级政治家都看到，现代各国间的经济竞争是科学技术的竞争，而科学技术的竞争归根结底是教育的竞争。其实，不仅经济竞争靠教育，政治竞争何尝能离开教育呢？在苏联第一颗人造地球卫星1957年上天以后，1958年美国就通过了《国防教育法》，来改革中学理科课程，以便与苏联争霸，就是一个极好的证明。

5. 资产阶级学校中，至今如英国、联邦德国等还在课程中设有宗教学科，认为宗教课就是道德课，把宗教教育和道德教育混为一谈。我们知道，宗教是麻醉人民的鸦片烟，不能依靠宗教来维护社会秩序，宗教也维护不了人剥削人的社会制度。有些资本主义国家设公民一类学科，也是为了维护它们的社会制度的。

---

① 《马克思恩格斯全集》第16卷，第218页。

主要参考书

1. John S. Brubacher，*A History of the Problems of Education*，1996.

2. ［苏］米定斯基著，叶文雄译：《世界教育史》，三联书店 1950 年版。

3. ［苏］康斯坦丁诺夫主编，邵鹤亭等译：《世界教育史纲》，人民教育出版社 1954 年版。

4. 雷通群著：《西洋教育通史》，商务印书馆 1934 年版。

载《课程·教材·教法》1985 年第 1 期、第 3 期。

缘起·方针·历程

——《课程·教材·教法》创刊以来*

一

人民教育出版社承担着编写中小学教材的任务。编写教材既不同于编写科学著作，也不同于文艺创作：教材是贯彻国家教育方针、实现学校培养目标的重要手段，教材的编者必须按照教育方针和培养目标的要求来适当选择教材；教材的读者是儿童、少年和青年，是正在成长发育着的新一代，教材的编者必须从读者的实际出发按照各年龄阶段读者身心发展的特点，特别是思维发展的特点，来适当安排教材；教材是按年级、分学科编写的图书，教材的编者必须注意各年级教材的衔接和各学科教材的联系；在我们社会主义国家，教材应当是学生正确地认识世界的工具，也是激励学生立志改造世界的武器，教材的编者在用知识、技能、技巧武装学生的同时，还要有意识地提高学生的社会主义觉悟，逐步形成学生共产主义的思想、观点和信念；如此等等。所以编写教材必须进行科学研究。教材编写工作就是一项教育科学研究工作。编得成功的教材应当是一项教育科学研究的成果。

三十五年来，这种认识是逐渐形成的。建国初期编写教材注意肃清封建的、买办的、法西斯主义的思想和进行“五爱”国民公德的教育；引进的苏联教材还来不及消化、吸收和创新。以后在编写教材的实践过程中，逐步体会到要编写出具有中国特色的社会主义新教材，非进行教育科学研究不可。因此，从 50 年代后期到 60 年代前期，教材的编者已经进行了一些研究，主要是对编写教材的历史经验做了一些探讨和总结。

---

* 本文原署由人民教育出版社课程研究室《课程·教材·教法》编辑部供稿，陈侠执笔。——编者

十年浩劫过后，党和政府要求“教材要反映现代科学文化的先进水平”，以适应社会主义现代化建设的需要。这就不仅要研究历史经验，还要研究国外的经验。因此，教材编写工作中的研究任务就更加突出了。

这时，人民教育出版社的主要负责人戴伯韬同志一方面建议成立课程教材研究所，以人民教育出版社的编辑干部为这个研究所的研究人员，使教材编写工作中的研究工作得到组织上的保证，也有利于教材编辑队伍的巩固和提高。另一方面，积极筹备编辑出版有关课程教材的研究刊物，以便于发表和交流有关的研究成果。

在成立课程教材研究所的建议未得到上级批准以前，1980 年，戴伯韬同志先在人民教育出版社设立了课程教材研究室，并自兼室主任。同时筹备编辑出版《课程·教材·教法》丛刊，亲自担任编辑委员会的主任委员，主持编辑和审稿（副主任委员有章炼烽、叶立群和陈侠。委员多数是各科教材编辑室主任或副总编辑）。当时，伯韬同志正带病坚持工作。他对教育事业的忠诚、积极的进取心和严肃的责任感，鼓励着我们在人力不足的条件下“仓促”上马。创刊号的稿子都经过他亲自审阅。使我们感到遗憾的是创刊号尚未出版，他就不幸逝世了！

二

在编辑出版《课程·教材·教法》这个刊物的过程中，讨论得最多的是它的编辑方针。起初，这个刊物本拟取名为“课程教材研究”，后来觉得这个名称过于偏重理论，学术气味太重，而且范围比较狭窄，不能针对广大教师的需要来组织稿件，所以采用今名。这样，既可以研究课程教材问题，又可以研究教学方法问题，力求做到“雅俗共赏”，即学术性与实践性并重。其实，教材和教法本是密切联系的，结合起来研究更加容易使理论与实际一致。

“理论与实际一致”是我们这个刊物的编辑方针之一。教育科学在某种意义上说是应用科学，它来自教育实践，经过总结提高，上升为理论。这种理论还要经得起实践的检验，证明具有普遍意义，才能加以推广，成为可以指导实践的理论。从创刊的缘起来看，我们这个刊物是具有学术研究性质的，或者说是偏重理论探讨的。但是，我们认为这种理论是建立在实践的基础上的，是有普遍意义的。脱离实际的理论是空洞的理论，不能用来指导实践，不是我们所说的理论。同样，对刊物的学术性也要正确理解。我们说的学术性不是“为学术而学术”，也不是“坐而论道”。教育科学的学术价值在于它能指导实践，解决实践中的难题，提高教育质量。在课程教材研究所成立以后，这个刊物就成为我们研究所的学术性机关刊物，这也是顺理成章的。

既然是学术性刊物，那么“百花齐放，百家争鸣”自然也是我们刊物的编辑方针之一。当然，我们发表的文章必须符合《中华人民共和国宪法》(1982)的精神，必须坚持四项基本原则，必须宣传和贯彻执行党和政府的教育方针，这是毫无疑问的。但是，在一些具体问题上，我们不存门户之见。凡符合教育科学规律的，有助于教育改革、提高教育质量的，持之有故、言之成理的文章，我们都乐意采用。我们还认为，坚持“双百”方针绝不应当理解为观测风向，随风摇摆。因为教育工作是有规律可循的，我们应当遵循教育规律办事。如当社会上只强调在教学中要发展智力、培养能力的时候，我们同时强调在各科教学中要加强思想品德教育；如有些师范院校不重视教育专业训练、轻视教育学科的教学，我们就发表文章来纠正这种不合理的现象；如学校不重视劳动技术教育，我们就发表有关实施劳动技术教育的经验；学校不重视美育，我们就发表讨论美育学科教材教学问题的文章。虽然这些文章不多，我们总希望能引起读者注意，以利于培养出全面发展的人来。

我们刊物还有一个编辑方针是“古为今用，洋为中用”。要编出具有中国特色的社会主义的教材，必须研究祖国教育遗产，特别是中国古代编写教材和进行教学的经验。除了研究中国古代官方规定的教材以外，还应当发掘民间使用的教材，尤其是涉及科学技术方面的教材。因为中国古代在科学技术上曾经处于世界领先的地位，当时科学技术是如何传授、继承和发展的，必然有值得研究和效法的地方。古今中外教育家有关课程、教材和教法的论述，必有可供我们借鉴的地方，尤其是当代新技术革命在各国引起的学校课程、教材、教法方面的改革，我们应当了解，应当介绍，以便吸取其中对我们有益的经验。

根据上述方针，我们对《课程·教材·教法》的任务和选材范围做了如下规定：

第一，推动对中小学课程、教材和教法的理论研究，包括对古今中外有关课程、教材和教法的理论和经验的研究，发表这方面的研究成果。

第二，总结和交流改革中小学课程以及各学科教材教法的经验，包括编辑教材、使用教材的经验。

第三，探讨教学理论、教学规律，交流和推广行之有效的教学方法。

第四，研究各级师范学校课程设置、教材建设特别是教育学科的教学内容和方法。

三

《课程·教材·教法》出版了将近四年的时候，才正式建立了编辑部，调配了人力；编辑部主任是张定远同志。现在的主编是叶立群同志，副主编是陈侠同志。叶立群同志虽然工作很忙，对各期选题的重点、每期文章的编排和每篇文稿的内容，都亲自关心，一一过目，继承了戴伯韬同志严肃负责的精神。

现在这份杂志已经出版到第五年了。这五年可以分两个阶段：前两年每年出版四辑，属季刊性质；后三年每年出版六期，属双月刊性质，但只有到第四年才使用期刊的名称，并交邮局发行。本刊从第六年（1986）起将改为月刊，每年出版十二期。

到笔者写这篇文章的时候为止，本刊已经出版了23期（辑）。现在把这23期（辑）发表的文章，按栏目列表统计如下：

编号	栏目	篇数	百分比	名次
1	课程教材研究	24	3.4	9
2	教学理论和方法	92	12.9	2
3	中小学各科教材和教学法	196	27.5	1
4	师范院校课程和教学	33	4.6	8
5	教学改革问题	49	6.9	7
6	教材介绍	67	9.4	4
7	教材评议	14	1.9	11
8	国内动态*	61	8.5	6
9	国外信息*	82	11.5	3
10	研究资料	64	9.0	5
11	考察报告（包括调查报告、实验报告）	21	2.9	10
12	其他（批评与建议、书刊评介等）	11	1.5	12
总计		714	100.0	

*1984年新增栏目。

从上表的统计数字来看，本刊发表的文章，属于“中小学各科教材和教学法”的占第一位，讨论一般“教学理论和方法”的占第二位，合起来占文章篇数的40%强，这是符合大多数读者需要的，也是符合本刊的编辑方针和任务的。已发表的有关“课程教材研究”的文章偏少（占第九位），倘若同“教学改革问题”栏合并计算，可占第五位（10.3%），因为教学改革也是对课程教材的一种探索。“教材介绍”占第四位，这是由本刊的性质决定的，这类文章各地读者很欢迎，地方教育刊物常有转载。“教材评议”栏的文章太少，今后希望能增加这方面的篇幅，以利于推动教材的研究和改革。遗憾的是有关教育调查报告和教育实验报告的文章很少（占第十位），这方面的文稿来源不多，反映了对课程、教材和教学方法的科学研究工作还有待进一步展开。

办好一份刊物，重要的是要有丰富的稿源。本刊在前两年因为发行面不广，还不为广大读者所知，外稿来源较少。前两年发表的文章，内稿占了40%以上。第三、四年采用的外稿逐年增加。如下表的统计：

时间	发表文稿篇数	其中内稿篇数	内稿所占比例（%）
1981年	105	49	46.7
1982年	127	52	40.9
1983年	134	53	39.5
1984年	224	61	27.2
1985年上半年	124	58	46.8
共计	714	273	38.2

表中第五年上半年的数字，说明采用的内稿数回升到创刊时的高度。原因之一是课程教材研究所成立后，大大鼓舞了教材编辑干部探讨教材编辑问题的积极性，内稿的来源剧增；其次是本刊编辑部在推动各科教材编辑同志的研究和写作方面下了一番功夫，如拟定选题计划、确定各期选题的重点等。总起来看，今后以30%左右的篇幅发表课程教材研究所的科研成果，以70%左右的篇幅发表全国各地的来稿是比较适宜的。

为了扩大稿源，我们从1985年起还聘请了国内有关学者专家为本刊特约撰稿人和通讯员。他们已经在写稿和组稿方面发挥了积极作用。

如前所述，《课程·教材·教法》是有明确目标的专业性杂志，它的内容比较广泛。许多文章不仅在发表的当时有用，而且在今后一段时间内，对改革课程、教材和教法，提高教学质量仍有参考价值。可是，有关各学科各专题的文章分散在各期，对研究某一学科或某一专题的读者查阅、参考十分不便。为此，我们又编辑了《课程教材教法丛书》，把杂志上发表过的和限于篇幅未能发表的好文章，按不同学科和不同专题编辑成书，以适应读者的不同需要。丛书第一集计十五册，将在《课程·教材·教法》创刊五周年的时候陆续出版。

本刊创刊以来，由于得到广大读者和作者的支持，逐步从不定期刊成为期刊，从季刊成为双月刊，受到各方面的重视。今后将改为月刊，更加需要作者和读者的关心、爱护和支持。我们希望，本刊既然是课程教材研究所的学术性机关刊物，应当发表有关课程教材的研究成果，不断提高学术水平；同时要面向广大的实际教育工作者，通过发表的文章，普及教育规律性的知识，为开阔读者的眼界，推动课程、教材和教法沿着面向现代化、面向世界、面向未来的方向不断前进，提高教育质量，贡献一分力量。

载《继承·开拓·前进》(人民教育出版社建社35周年纪念册)，1985年编印。

中华人民共和国普通学校课程概述*

一、课程设置的指导思想

中华人民共和国普通学校课程的设置，以下列文献的规定为指导思想。

（一）《中华人民共和国宪法》第四十六条的规定："国家培养青年、少年、儿童在品德、智力、体质等方面全面发展。"

我国宪法的这一规定，可以说是我国教育的总目标。我们要培养的是在品德、智力、体质等方面全面发展的人，学校课程的设置就要考虑到这些方面。

（二）我国中小学教育工作条例对中小学培养目标做了如下规定：要求小学生好好学习，天天向上，养成宪法规定的爱祖国、爱人民、爱劳动、爱科学、爱社会主义的公德，具有初步的阅读、写作和计算的能力，具有初步的自然常识和社会常识，养成良好的学习习惯；要求中学生进一步具有爱国主义和国际主义精神，具有共产主义道德品质，立志为社会主义服务，为人民服务，初步树立辩证唯物主义和历史唯物主义的观点，进一步掌握语文、数学、外国语等学科的基础知识和基本技能，逐步具有自学能力和分析问题、解决问题的能力，具有一定的自然科学知识和社会科学知识，养成爱科学、学科学、用科学的优良风尚；还要求中小学生在身心方面都能得到正常的发展，具有健康的体质和高尚的审美情操，养成良好的生活习惯和劳动习惯。

这些培养目标包括德育、智育、体育、美育和劳动技术教育几方面，不仅为学校课程的设置勾画出鲜明的轮廓，而且为教学内容的选择指出了明确的方向。

---

* 这是陈侠代友人应国外某课程研究机构之约起草的文稿。

二、学科课程的设置

中华人民共和国的学校课程基本上还是学科课程（subject curriculum），而非精确意义上的核心课程（core curriculum）。

小学课程的设置有综合课程（integrated curriculum）的倾向，仍属于广域课程（broad-fields curriculum）的性质。如小学一、二年级的语文课不仅是说话、阅读、写字、作文等科目的综合，而且包括社会常识和自然常识；小学自然课包括物理、化学、生物、天文、地学等常识。这只是把学科的领域扩大，把学科的门类减少，而没有改变分科课程的实质。

中学课程的设置完全属于分科课程的类型。但对跨学科的基础知识和基本技能的教学，有时采用核心课程的组织。

现在先按前面所述的教育目标，把中小学设置的课程分列如下。

（一）为了实现德育的目标，小学设“思想品德”课，中学设“思想政治”课等。

（二）为了实现智育的目标，小学设语文、数学、自然、社会等课，中学设语文、数学、外国语、历史、地理、物理、化学、生物等课。

（三）为了实现体育的目标，小学设体育课，中学设体育和生理卫生等课。

（四）为了实现美育的目标，中小学都设音乐、美术课。

（五）为了实现劳动技术教育的目标，中小学都设劳动技术课。

当然，这是从各学科的主要任务来分类的。事实上，各学科的任务不止一项。如各门学科都有德育的任务，语文、体育等科也有美育的任务等。

此外，还有各种科学技术、文化娱乐和体育锻炼等活动，由学生自由选择参加。

为了进行人口教育、法制教育和环境保护教育，除了把这些教育的内容渗透到有关学科进行教学外，有时还分别组织人口教育调查和专题讲座、法制教育调查和专题讲座、环境保护教育调查和专题讲座等。这样以专题为中心进行的社会调查和讲座，就同核心课程的组织相类似。

三、教材内容的选择

中华人民共和国的学校课程，强调基础知识和基本技能的教学。普通学校教材是社会全体成员都必须掌握的。

教材内容的选择，大致有以下几个标准。

（一）有助于发扬中国各族人民的文化传统的。在普通学校里汉族人民要学习汉族语文，其他各族人民分别学习蒙古族语文、藏族语文、维吾尔族语文，等等。但同时按照宪法的规定，在全国各族人民中推广全国通用的普通话（汉语）。语文课在中小学特别是小学的课程中，占有很大的比例（40%左右）。

中国各族人民是勤劳、智慧、勇敢的人民，有悠久的文明历史，特别是汉民族有文字记载的绵延不绝的历史达四千年之久。因此本国历史知识和地理知识是教育下一代继承民族文化传统，树立民族自尊心、自信心，培养爱国主义思想的重要教学内容。

（二）有助于认识自然界和人类社会的。为了帮助学生初步树立科学的世界观，必须使他们对自己所处的自然界和人类社会有科学的、正确的认识。这方面的基础知识和基本技能的范围很广，但都要从儿童日常生活中所接触到的自然现象和社会现象入手，逐步扩大认识的领域。例如从自然现象来说，宇宙间日月星辰、风雨雷电的变化，都是儿童能够感觉到的，应当使他们得到正确的理解；生水中、蝇爪上、痰液里带有病菌，借助于显微镜来观察，可以给儿童留下深刻的印象，教学以后，不仅增加了儿童对自然界的认识，而且对于儿童养成文明卫生习惯很有帮助。

又如，从社会现象来说，儿童从家庭进入学校，再接触到社会，可以学会许多集体生活的行为准则：人与人之间应如何相处，如何交际，如何传递信息，如何交流思想。还可从当代社会生活，追溯到过去，使学生了解促进人类社会的发展的根本动力是社会生产力的发展，是取得生活资料的手段和方法的发展。生产经验的积累、科学技术的进步，才使人类从主要依靠采摘、渔猎、畜牧、农耕、手工业为生，逐步发展到主要从事机器工农业的生产，才使人类从蒸汽时代、电气时代、核能时代进入电子时代。

（三）有助于满足个人生活和社会生活需要的。人类不仅要认识世界，还要在认识世界的同时，不断按照自己的需要改造世界。为了培养学生能通过利用自然和改造自然，通过适应社会和改造社会，使自己和他人生活得更美满、更幸福，我们必须教学生学习生理卫生知识，参加体育运动，从事音乐、美术活动，使他们学会保持自己身体和精神的健康发展。还要让学生认识到必须依靠自己的双手来从事生产劳动，建设自己的国家，才能同时满足自己的物质生活和精神生活的需要。属于这方面的基础知识和基本技能，范围也很广。要学会生产原理和生产技术，必须懂得自然科学知识；要学会自然科学知识，又必须学好数学基础知识。为了扩大学生的眼界，让他们不仅了解本国的政治、经济、文化生活的状况，而且了解其他国家的政治、经济、文化生活的状况，我们的学校里还设置外国历史、外国地理和外国语等学科。外国语中比较普遍的是英语、俄语和日语。为了使学生在普通学校毕业后，能为接受就业训练准备条件，我们还主张在普通学校实施综合技术教育，而不是专门的单一的技术教育。

（四）有助于树立共产主义理想和培养共产主义道德的。共产主义是最先进的科学，它是为解放全人类服务的。它不仅要求人们从受他人奴役、压迫和剥削下解放出来，还要求人们从自己所受的封建主义的、资本主义的思想禁锢下解放出来。中华人民共和国目前的儿童、少年和青年，虽然都是在新中国成立后出世的，但是旧社会的习惯势力，旧社会的风俗人情，旧社会的污泥浊水，时刻都在影响着他们，侵蚀着他们。概括地说，旧的思想，旧的习惯，一切都是“为自我”的，而新的思想、新的习惯却一切都是“为他人”的。所以我们的学校要以为人民服务，为社会主义服务的思想来教育学生，使他们成为有理想、有道德的人。

（五）有助于为学生升学或就业（接受职业训练）打好基础的。普通学校有双重任务，一是为高一级学校输送合格的新生，一是为社会工农业生产培养后备劳动力。

我国人口多，底子薄，加上前一段时期工作上的失误，不少地方至今在农村还只普及小学教育，在大城市才普及初中教育。因此农村小学的课程，除了为毕业生升学打好基础外，也要为毕业生参加生产劳动打好基础。农村初级中学的课程就要设置一些职业学科，即适合当地条件的各种生产劳动知识和技能，如家禽、家畜饲养，林木果树栽培等。城市初中也应设置有关工业、商业、医药卫生等实用技艺学科。高级中等教育开始分化，除职业技术学校、中等专业学校外，普通高级中学也有双重任务。我国中等教育应有的特点是准备就业的学生也要受到完全的普通教育，准备升学的学生也要受一些职业准备训练。可惜目前在这方面还做得不够，普通中学只注意指导学生升学，而忽视进行一些可能而必要的职业准备训练，这是需要研究改革的。

（六）有助于使我国普通教育达到国际先进水平的。我国本是世界文明古国之一，文化科学技术在世界历史上长期居于领先的地位，可是在新中国成立以前的近两百年来，本国封建统治的昏庸腐朽和外国殖民主义、帝国主义的入侵，造成我国在科学技术上落后的局面。目前的现代化建设运动，在某种意义上说，也是要赶上世界发达国家水平的运动。要使我国科学技术现代化，首先要有教育的现代化。这就要求我们的教育要达到世界先进水平。在普通教育方面，首先是课程的设置和教材的选择要达到国际先进水平。

近年来，我国在专司编辑和出版中小学教科书的出版社——人民教育出版社——的基础上，成立了课程教材研究所，这个研究所的任务之一就是调查研究各国制定的课程标准和编辑的各科教材，了解各国课程研究的状况，熟悉各国课程编制的原理，以便借鉴其中对我们有益的经验。

当然，吸取别国的经验即使是成功的经验，也不能脱离本国的实际。目前我国广大地区教师水平不高，教学设备不足，这不能不使我国普通教育水平现代化的进程受到一定的限制。

以上所述的六点，既是我们选择教材的标准，也是我们评价课程的依据。

1985 年 3 月 20 日

据作者手稿排印。

课程改革的辩证法

——正确处理学校课程改革中的各种关系

我国现在正处在改革时期，教育改革势在必行。在教育改革当中，学校课程的改革是重点项目之一。因为课程是实现教育目标的重要手段，是决定教育质量的重要环节。我们经常说，教育改革要按照教育科学规律办事，不能盲目从事。课程改革当然也要符合教育科学规律，不能随意乱来。

在这篇文章里，我想从马克思主义实事求是的原则出发，谈谈我国学校课程改革中应正确认识和处理的种种关系。这些关系有：一、理论与实践的关系；二、个人全面发展与社会现实需要的关系；三、传授知识与发展智能的关系；四、文与道的关系；五、巩固“双基”与吸收新知的关系；六、统一要求与适应差异的关系；七、文科与理科的关系；八、逻辑系统与心理系统的关系；九、直线前进与螺旋上升的关系；十、课内与课外的关系。现在分述如下。

一、理论与实践的关系

理论与实际结合是马克思主义的一个基本原则。在课程改革中，我们也要遵循这个原则。

所谓理论，是从实践中来又经过实践检验的东西，既不是人脑中所固有的，也不是从天上掉下来的。所以理论不是人的主观意志的反映，而是客观世界的规律的反映。说课程的改革要遵循教育规律，这就是说要在经过实践检验认为正确可靠的理论指导下改革课程，才能取得良好的效果。

如果我们按照个人的意志来改革课程，如果个人的意志是从实践中来而又经过实践检验证明正确可靠的，那么，这个个人意志反映了教育规律，我们按个人意志办事，也就是按科学规律办事了。如果个人意志只是他的主观愿望，不符合实际情况，经不起实践的检验，那么我们就应当及早发现，及早更正。因为违反了教育规律，将会带来不良的后果。

例如实用主义者主张课程应以儿童为中心，教材要完全按照儿童的兴趣和动机来选择，事事都要让儿童直接经验，从做的当中去学习。这种意见把儿童在教学过程中的主体作用推向极端，取消了至少忽视了教师在教学过程中的主导作用，是经不起实践检验的。因为课程、教材都是实现教育目标的手段，教育目标是按社会的需要制定的，完全按儿童的兴趣选择教材，是不可能符合社会的要求的，也不可能实现教育的目标。还有，人类的知识固然来源于直接经验，但是如果每一代人事事都要直接经验，那么人类的文化就会停滞不前，不能发展。正因为人类能传递间接经验，人类文化才能有今天的繁荣。现代学校课程教材中都是人类几千年来积累的间接经验，如果都要学生去直接经验一番，那是任何人一生也办不到的。因此，我们不同意实用主义者的课程论。

有些人出于好心要减轻学生的学习负担，就提出精简课程的理论。课程应当精简而不应当烦琐，这个意见是对的，但是不能走向极端。因为我们最终要考虑的是要把学生培养成什么样的人，即要使课程教材的繁简由实现教育目标的需要来决定。不能不顾能否实现教育目标，一味精简课程。如把历史和地理的教材减少过多，不能实现对学生进行爱国主义教育的任务，岂非得不偿失？如把有关美育的学科减少过多，以致现在要开展“五讲四美”活动来补课，等等。这些都是在不正确的理论指导下改革课程造成的不良后果。

那么，怎样才能识别指导课程改革的理论是否正确呢？难道都要经过实践检验才能判定吗？

不是的，教育是有规律可循的。课程改革只要按照教育规律办事，是可以少走弯路或者不走弯路的。

第一，要考虑办学的指导思想。当前我国正处在全面开创社会主义现代化建设新局面的时期，城乡经济体制都在改革，要把一切不利于发展社会生产力，不利于实现现代化的东西废除掉，把能促进社会生产力发展，能促进现代化前进的东西建立起来。教育改革也是如此。“教育要面向现代化，面向世界，面向未来。”课程的改革就要以这个思想为指导，就不会发生方向性的错误。因为这是符合我国社会主义建设规律的。

第二，要考虑到教育方针和培养目标。课程改革的理论一定要有利于实现培养全面发展的人这个教育方针和目标，不能妨碍教育方针和目标的实现。我们要时刻不忘课程教材是实现教育方针和目标的手段。要依据教育目标来设置课程和选择教材。

第三，要考虑到儿童身心发展的程度。课程教材要适合学习者学习，必须能促进他们身心的发展，而不能延缓他们身心的发展，也不能超越他们身心的发展。课程的改革只有适合儿童身心发展的阶段，才能见效。“欲速则不达”，把儿童当成人教是不对的。政治课的设置是不是有成人化的倾向呢？政治教师要求学生死记硬背中央领导同志的报告也是不对的，需要改革的。把小学五年的教材分成六年来教的做法也是没有科学根据的。

第四，要考虑到有利于推广启发式的教学方法。以往教材的编辑是把现成的知识编入教材，教师照本宣科，学生被动接受，很不利于培养学生的自学能力。今后课程的改革，要引导学生学会自己求知。

以上都是教育实践对教育理论提出的要求，在课程改革中处理好理论与实践的关系是应当注意的。至于教师、教学设备应当具有一定的条件，一定的标准，不能作为改革课程考虑的因素。如果不具备应有的条件和标准应当设法改进，而不应降低课程的标准和水平。

从教材内容来说，也有个理论与实践结合或脱节的问题。我们不仅在课程编订的理论上要强调结合实际，而且在所有课程的内容上都要强调理论与实际一致。例如教材的选择，就有一个观点和材料的统一问题。我们必须善于用材料来反映观点，还必须善于用观点来统率材料。在中小学教材中，只能用大量的事实材料来反映观点，而不能直截了当地把观点教给学生。如果我们要培养学生爱国主义情感，一切教材可以从正面反映祖国的可爱、祖国必须爱、祖国如何爱，也可以从反面反映叛国的可耻、亡国的悲惨、祖国敌人的可恨，使学生从无数事实材料中得出爱祖国的结论。又如我们要培养学生辩证唯物主义观点，就要帮助学生认识世界，使他们从万事万物中懂得世界是物质的，物质是运动的，等等。只要我们使用的材料是符合客观真理的，经得起实践检验的，这样由各科教材中一点一滴地积累，学生就能逐步形成我们希望他们形成的观点。

二、个人全面发展与社会现实需要的关系

一般说，教育的作用就是把一个生物的人、自然的人培养成社会的人、社

会的生产力。我们都知道，人是社会生产力中最活跃、最重要的因素，一个社会生产力的强弱，决定于这个社会给人的教育程度的深浅和教育质量的高低。

马克思在《资本论》里说过："要改变一般的人的本性，使他获得一定劳动部门的技能和技巧，成为发达的和专门的劳动力，就要有一定的教育或训练。"① 马克思是把教育看作培养劳动力的必要手段的。在《资本论》的另一个地方，马克思还说过："生产劳动同智育和体育相结合，它不仅是提高社会生产的一种方法，而且是造就全面发展的人的唯一方法。"②

我们曾据此把全面发展的人简单地理解为既能从事体力劳动又能从事脑力劳动的人，这种说法固然不能算错，但是很不完全。因为在现代资本主义社会里，已经由于社会生产的需要，培养出既能从事体力劳动又能从事脑力劳动的人。这是因为现代科学技术的发展，使生产需要这样的劳动力。但是在资本主义社会里，这样的人能不能就算是全面发展的人呢？我看还不能算。

为什么不能算呢？因为这种人还受着资产阶级世界观的束缚。他们或许还信仰宗教，是个虔诚的基督教徒；他们或者是个极端个人主义者，精神上极为空虚；他们还可能唯利是图，贪得无厌，不知道剥削他人为可耻；如此等等。试问，这种人即使学会了体力劳动，又能从事脑力劳动，难道能算作全面发展的人吗？当然是不能的。

其实，恩格斯早在 1845 年写的《共产主义原理》一书中，就把人的全面发展看作消灭了私有制以后的最终成果。他说："由社会全体成员组成的共同联合体来共同而有计划地利用生产力；把生产发展到能够满足全体成员需要的规模；消灭牺牲一些人的利益来满足另一些人的需要的情况；彻底消灭阶级和阶级对立；通过消除旧的分工，进行生产教育、变换工种，共同享受大家创造出来的福利，以及城乡的融合，使社会全体成员的才能得到全面的发展；——这一切都将是废除私有制的最主要的结果。"③

由此可见，在存在着私有制的社会里，即存在着人剥削人的现象的社会里，人的全面发展还只是一种理想，不可能普遍实现的。

只有在消灭了私有制、消灭了剥削制度的社会里，人的全面发展才可能普遍实现，才有可能把培养全面发展的人定为教育的目标。

---

①② 《马克思恩格斯全集》第 23 卷，第 195、530 页。

③ 《马克思恩格斯全集》第 4 卷，第 371 页。

既然我们社会主义社会的教育，是以培养全面发展的人为目标的，我们的学校课程就应当力求实现这个目标。所谓个人全面发展，它的具体含义是什么呢？简单地说，就是有社会主义觉悟、共产主义理想和道德；有现代文化科学技术知识，既懂得现代生产的基本原理，又会使用现代生产的工具；有健康的体魄，能为保卫祖国和建设祖国打好体力的基础；有高尚的审美情操，善于辨别是非、真伪、善恶和美丑。

为了实现上述的目标，所以教育学里讲到要对学生实施德育、智育、综合技术教育、体育和美育。从教育学的观点来看，从培养全面发展的人的要求来看，这几方面缺一不可，任何畸轻畸重的做法都是不对的。因此我们在改革课程的时候，对于这些方面必须同等重视。

但是，同等重视并不等于要分量相等。在学校教育中智育占的分量多些是必然现象，而且正确实施的智育也有助于其他各方面的发展；只是千万不要把智育当作学校教育的唯一任务，而忽视了其他。不仅如此，在智育范围内也要求各学科的全面发展，不能跟着高考指挥棒转。我们是在办教育，不是办升学预备班。在各学科之间畸轻畸重的做法也是不对的。否则，我们就难以实现教育的目标，不能促进个人的全面发展。

为了培养全面发展的人，列宁曾经反对过早的专业化，他主张在 17 岁以前，不宜对儿童、少年和青年实施专业技术教育。这是完全正确的。但是，他也曾根据俄国当时的情况，做出一些让步。例如他在《论教育人民委员部的工作》（1921 年 2 月 7 日）中说："既然我们不得不暂时把从普通综合技术教育过渡到职业综合技术教育的学龄从 17 岁降低到 15 岁，那么'党应当认为'这样降低学龄标准'完全'是由'我国的贫困和破产'所引起的一种实际需要，一种暂时措施。"①

这就是说，当个人全面发展的教育目标在同社会现实需要发生矛盾的时候，我们课程的设置，不能不处理好这二者的关系，不能不力求二者的统一。坚持一点不顾其他的做法是不对的。因为我们的教育总是在一定的社会现实条件下进行的，我国虽然已经消灭了私有制，消灭了剥削制度，但是由于生产发展的不平衡，我们还需要有各种各样的劳动力。例如，目前我们只普及初等义务教育，并将逐步推行九年制的义务教育。现在，小学毕业生中有大量不升学

① 《列宁论国民教育》，人民教育出版社 1959 年版，第 423 页。

的学生要走向生活，我们在小学阶段也可以适当安排带有职业性的科目，使他们能学会一技之长。这些课程的安排，完全要因地制宜，如蚕桑地区可以教养蚕，刺绣出色的地区可以教刺绣，产竹的地方可以教竹编，畜牧地区可以教畜牧常识等。初中毕业生不升学的当然也很多，对于他们也应因地制宜，适当进行职业训练，使毕业生不升学的可以有一技之长。50 年代的日本，初中虽然已经是普及义务教育了，但当时还需要有初中文化水平的人就业，他们的初中也曾设有职业选科。至于高级中等教育阶段，在最近 50 年内恐怕都要以中等专业学校和职业技术学校为主，这些学校，既要学习普通高中的文化科学知识，又要受到各种专科的职业训练。即使普通中学，也有一个双重任务问题，不能以为让学生多学了一点职业知能，就会影响他们升学。这样的看法是不对的。学一点职业知能（如汽车修理和驾驶），正可以帮助学生加深对科学知识的理解。

总之，从个人全面发展的需要来看，虽然普通文化科学知识的教学最好达到高级中学毕业水平，但从社会现实需要来看，目前人人都要等到受完普通教育再接受职业教育是脱离实际的。所以要求二者的统一，即在普通学校课程中兼顾文化科学知识的学习和职业技能的训练。这应当是普通学校课程改革的一个方向。

三、传授知识与发展智能的关系

在教育史上，人文主义的课程论者为了维护古典语文在课程中的地位，曾经提出过形式训练说，主张不顾课程内容的实用价值，而重视它的训练心智的功能。其实，这种思想由来已久，在希腊古代就有人持这种见解。从课程的起源看，本来都是有实用价值的。由于教育脱离生产劳动，于是课程也就成为博雅教育的手段，直到 19 世纪，功利主义课程论者才又强调课程的实用价值。现在人们理所当然地重视课程的实用价值，我们强调的学与用结合，理论联系实际，都可以证明这一点。

近年来，由于科学技术的发展迅速，知识更新的周期缩短，在教学理论当中出现了重视发展学生智力和培养学生能力的倾向。这是一种进步的倾向，是值得欢迎的。我们的课程不能光注意传授知识，还要同时让学生学会求知的方法，养成提出问题、观察问题、分析问题和解决问题的能力。这样，学生就不仅获得教科书上现成的知识，而且自己可以去获得更多的知识了。这个思想也是由来已久的。至少二百多年前卢梭（1712—1778）就说过：不要教给学生科学，而要让他们发现科学。所以现在美国布鲁纳提出的发现法，并不是新鲜的东西。尽管如此，这种思想对于我们改革课程，还是一种推动力量。

我们现行的课程，还是倾向于传授知识，传授的方法是把知识原原本本地告诉学生。这种课本的编法，不能帮助学生获得求知的本领，不利于发展学生的智力和能力。学生获得的知识，仍然类似“口耳之学”，而不能促进学生整个身心的发展。

我曾见到日本小学的自然课本，其中讲种子的萌发一课，要像我们过去编课本，无非在课文中把种子有单子叶植物的种子和双子叶植物的种子，种子发芽需要有适当的阳光、水分、温度和养料，等等，直接写下来，让孩子读。但是他们的课本却不同，只是让学生去做各种各样的试验，比较豆类种子和谷类种子萌发后的差别，比较在什么样的条件下，种子可以萌发，在什么样的条件下，种子不能萌发等，然后让学生自己得出结论。这种经过学生亲自动手获得的知识，是不用背诵也忘记不了的。所以我们要求教师改进教学方法，首先我们要把课本的编辑方法加以改进，使教师无法注入，学生无法背诵。学生必须动手去做，动眼观察，动脑思考，然后才能获得知识。这样，他们在获得知识的同时就发展了智能，学会自己求知的方法。我想，我们课程改革应当注意及此。

四、文与道的关系

这里借用我国北宋理学家周敦颐的一句话：“文所以载道也。”他的意思是说文章必须阐明道理，否则即使写得很好，辞藻华丽而没有说明道理，是无用的。他说的道理无非是儒家思想。我们现在借用来是概括地说明课程教材必须既有科学性，又有思想性。我们用“文”来指文化科学知识，而不是说的文章；我们用“道”来指马克思主义即辩证唯物主义和历史唯物主义。因为“文以载道”这四个字很概括，只要我们赋予它新的含义，就能继续为我所用。

但是，我们不能把这个含义理解得过于狭隘。在我们选择语文教材的时候，如果对这个含义片面理解，就很难选出可以称为范文的读物。请问，在马克思主义诞生以前，哪里会有宣传马克思主义的文章呢？即使在马克思主义诞生以后，也未必所有的好文章都是宣传马克思主义的。因此，我们要把文章放在时代的背景下来衡量，凡是同情被压迫者的、关怀劳动人民的、歌颂民族英雄的、发扬民族正气的、反映历史真实的、描写祖国壮丽河山的固然可以入选；即使只是描写一事一地一物，抒发个人感情的，倾诉个人哀怨的，只要文辞优美动人，也未尝不可以入选。有人曾把文章根据思想性分为三类：有益的，无益也无害的，有害的。认为即使有害的反动的文章，在中学高年级也未尝不可以选教，以增进学生的辨别力、判断力和免疫力。因为学生步入社会，走向生活，是不可能不接触到有害的读物的。这个主张有一定的道理。

我们要加强爱国主义思想教育，不仅历史、地理、语文要负起这项任务，一切学科都有这个任务。这个任务不是外加的，而是教材本身所固有的。不要脱离教材去另搞一套。其他方面的思想教育都是如此。要把“道”融化在“文”中，浑然一体，所以有人把“文以载道”改称“文道统一”。这是很正确的。否则就叫作贴标签或者叫穿靴戴帽，效果不好，甚至产生反作用。我们说思想教育要潜移默化，就是这个道理。

我们要培养学生唯物主义思想，做一个无神论者。这也要靠传递正确的自然科学知识，而不能空口说教。学生只要掌握了自然科学知识，懂得了证据确凿的真理，自然就会不迷信鬼神了。在课程设计者和教材编辑者的心目中，虽然随时都要想到这个目的，但是在施教过程中却不需正面说教，而要让学生掌握知识，认识真理，让学生自己逐步树立唯物主义世界观。

科学性也是同思想性不可分割的，在思想上是唯心的东西，在科学上是不可能得到证明的。因此我们认为，科学上正确的东西，反映客观世界真理的东西，必然具有思想性。既然如此，说二者存在于一个统一体中也不算过分。

这个问题，过去议论得很多，现在人们强调发展智能，往往会忽视。然而它是具有永恒意义的。尽管不同的时代，不同的国家，对“道”的理解不同，但是都要讲“文道”的关系，都要以“文”来载“道”的。我们在课程改革中，不能只注意科学技术而忽视思想教育，理由是很明显的。

五、巩固“双基”与吸收新知的关系

“双基”指的是基础知识和基本技能。普通学校的课程主要属于“双基”的范围。

最初步的“双基”可以用读、写、算为代表，即所谓3Rs（reading，writing，arithmetic）。现在扫除文盲，就是要求学会3Rs，当然，3Rs也有程度的高低。至今我们在普及初等教育当中还办简易小学，那简易小学的课程，也就只是以3Rs为限的。这同培养全面发展的人的目标相距还是很远的。

“双基”是相对来说的。小学课程对于初中课程来说，应是初中课程的基础；初中课程对高级中等学校的课程来说，应是普通高中、职业高中和中等专业学校课程的基础；高中课程对于高等学校来说，又是大学和专科学校课程的基础。目前我国的普通学校分三级，每一级都要为上级学校打好基础。

这种情况也不是固定不变的。当我们只是普及初等教育即小学教育的时候，小学的课程应当有一个相对完整的体系，使小学毕业不再升学的人能够得到做一个中国公民起码应具备的知识、技能、技巧、思想、观点、信念、言语、行为、习惯。如果将来普及初中教育了，那么，小学和初中的课程就可以统一安排，适当提高这些公民修养的标准。当然，分别保持这两级学校课程的相对完整性也是适宜的。但是要注意到前后的衔接。过去小学学过算术，到初一还要再学一遍的做法是没有必要的。所以说适宜，是因为考虑到儿童和少年生理和心理发展的情况不同，分别保持小学、初中课程的相对独立性，如小学课程分科少些，综合性强些，初中课程分科比较多些，来适应不同年龄发展阶段的学生学习，也是必要的。

在经济发达、文化水平较高的大城市和开放城市，普及高级中等教育已经不是很遥远的事情了。这种情况对初中课程来说，不仅要考虑到公民修养的标准，还要考虑到为高级中等学校打好基础的问题，这两种任务并不矛盾，是可以同时完成的。许多国家把初中教育阶段看作定向阶段，要让学生决定今后走升学的道路还是就业的道路，升学是升文科学校还是理科学校，就业是就工业、农业还是商业、医药等，仿佛都要在这个时期就初步确定下来。事实上，许多孩子到高中学习的时候都未能定向，在初中就要求定向为时未免太早。所以初中课程的安排，还要为学生打好基础，打好接受完全普通教育的基础。真正把基础打好了，无论升学还是就业都不能算是浪费的。

现代化建设要求每个公民都能受到完全的普通教育，所以高级中等教育阶段虽然需要开始分化，即分为普通高中、职业高中或中等专业学校，但是应当争取在所有这些学校中，既要为完成普通教育打好基础，又要兼施一定的职业训练，即使普通高中也不例外。否则，双重任务如何完成呢？

以上是从各级学校课程设置来谈坚持“双基”教学的问题。下面再举例说明如何确定“双基”的内容问题。这是课程改革中更加复杂的问题。

怎样确定各门学科的“双基”内容呢？这应当是课程研究中的重点课题。例如小学语文识字量的研究，要研究常用字汇，这只是确定“双基”的一个方面。此外，还要调查研究小学生需要能读、会写哪些体裁的文章，要掌握写作哪些应用文的技能，等等。又如小学数学，究竟需要掌握哪些运算技能，整数、小数、分数的四则运算，要学到什么程度？度、量、衡、面积、地积、体积的计算，要学到什么程度？这些也都需要做一番调查研究。社会常识和自然常识，一个公民起码应具备哪些？对于保持自己的健康和讲究公共卫生，一个公民起码应具备哪些知识技能？对于闲暇的时间如何合理利用？对音乐、绘画、书法、雕塑、木工、金工、电工、园艺等等，有哪些爱好，有哪些特长？这些也需要因地制宜，做一些调查研究。最后，也是最重要的，一个公民至少应具备哪些思想品德修养？——所有这些都是分量很重的研究课题，是课程研究者应当致力的。要使我们对“双基”内容的确定，不仅继承传统，而且有科学依据，对学校培养目标做一些分析，对人们的社会生活、家庭生活、职业生活做一些调查研究，对各种年龄儿童身心发展情况多做一些了解，是很有必要的。

从为升学打基础来说，确定“双基”的内容还有必要注意同上一级学校和下一级学校的衔接问题。如初中课程既要同小学课程衔接，又要同高中课程衔接，重复不好，造成浪费；脱节也不好，造成学习上的跳跃前进，而不是循序前进，会增加教学的困难。

在课程改革当中，还要考虑在传统的“双基”内容中有没有过时无用的材料应当删去？有没有新知识新技能应当增加？这是一项很重要的工作。新陈代谢是世界上一切事物发展的规律。中小学课程中的“双基”当然也要新陈代谢，而不能数十年如一日，以不变应万变的。虽然作为基础知识和基本技能来说，它们比较具有稳定性，但是，随着科学技术日新月异的发展，及时注意课程的更新完全是必要的。例如早年在生物学界，对遗传的物质基础是细胞核内的基因的作用，还只是一种学说，但是分子生物学的发展，遗传工程的研究，已经把这个学说应用于农业和医学了。我们的生物教材不能不对此做出反映。

现在进一步说说随着生活的需要，普通学校课程中要吸收新知识的问题，如人口教育问题、环境教育问题、法制教育问题等等。没有人否认，在普通学校增加这些新知识是完全必要的。但是，每吸收一项新知识就要增设一门学科的做法，恐怕是不可取的。强调吸收这些新知识重要的人，往往希望增设新学科，来专门讲授。如“人口教育”就已设了新课，编了课本。但是，从课程设置的整体来考虑，这样增设起来，课程门类繁多，对学生的学习会造成困难。因此，我主张应尽量在原有学科内，适当加强吸收新知识，如人口教育可以在地理、生物和历史等学科中涉及，甚至语文教材中也可以选择有关的文章进行人口问题的教育，数学教材中也可结合人口教育出适当的例题和习题。其他如环境教育和法制教育都是如此。小学自然，中学化学、物理，中小学地理等学科，都可以讲到环境污染的危害，都可以进行环境教育。甚至语文教材中也可选择有关环境教育的文艺作品，以加深学生的印象，培养学生的感情。至于法制教育在政治、语文、历史等科里都可以进行。将来随着形势的发展，需要吸收的新知识越来越多，如果都要增列专门的科目来教学，不但没有必要，而且效果未必都好。如果原有学科中都渗透了新知识的材料，渗透了新知识教育的精神，效果也许会更好。

此外，课外活动应当是课程的组成部分。在适当的条件下，组织学生进行人口教育、环境教育、法制教育的调查，要比增设一门课给学生的教育深刻而广泛得多。我们应当经常考虑到新知识是在一定社会条件下产生了需要，才要吸收到课程内容中来的。如果直接去做些社会调查，让学生从现实生活中接受生动活泼的教育，教育的效果会更好。这当然需要有仔细的规划和适当的安排。

为了迎接新技术革命的挑战，电子计算机的教学已经提上了议事日程。据报道，有的地方试验，小学生也可以学会运用电子计算机甚至能编程序。所以，在有条件的地方和学校（所谓条件一是人的条件，有指导教师；二是物的条件，有电子计算机设备），不妨先作为一项课外小组活动。在少年宫、在青少年科技活动中心里，也可以组织这样的活动小组，先培养出一批能操纵电子计算机、能编程序的小能人来。

六、统一要求与适应差异的关系

任何国家的课程都有统一的要求，因为任何国家的教育都有个统一的目标，对课程没有统一的要求就不可能实现统一的教育目标。但是，实现课程统一要求的方法却是各不相同的。

有些国家特别强调统一性，用公布统一的课程标准、编印统一的教科书的办法来实现统一的教育目标。苏联是这样，我国全国解放以后到1958年以前，也是这样。由国家规定采用统一课本的教科书制度，称为“国定制”。

有些国家也强调统一性，也公布统一的课程标准，但是教科书可以多种多样，经中央教育行政部门审定后，各地方可以根据自己的需要选用。这样的教科书制度称为“审定制”。如我国解放以前就是这样，日本现在也是这样。

有些国家并不公开强调统一性，没有统一的课程标准，也不编辑统一的教科书，甚至英国每一位校长和教师都有权决定教学内容。但是，它们国家要用考试的办法来统一要求。英国用考试的办法来授予普通教育证书。有普通水平的和高级水平的两种。前者在学生受完普及义务教育以后的16岁时进行，后者在受完文法中学第六学级的课程以后进行。这种考试实行单科计分，每科都必须及格，而不平均各科考试成绩。美国也用标准测验来统一学生的学业程度。

由此可见，各国实现统一要求的办法虽然各不相同，课程总得有大致统一的要求却是各国共同的。

但是，各国在实现统一要求的同时也不得不考虑适应个别差异。

个别差异有两种含义：一种是地区的差异，一种是学习者个人的差异。课程要适应地区性差异是个方针问题，而课程适应个人差异是教学方法和技术问题。我们这里先谈如何适应地区性差异的问题。

在幅员辽阔的国家如我国，各地区自然条件不同，社会条件（即经济、文化发展水平）也不一样，要在全国采用统一的课本，的确不易适应地区的需要。所以1958年中共中央和国务院在《关于教育工作的指示》中提出了统一性和多样性相结合的方针，是完全正确的。课程要有统一性，才能实现教育目标；课程要有多样性，才能适应不同的需要。所以除了由国家统一编订课程标准，规定各级学校应达到的最低程度，还要由地方编辑乡土教材作为学习的补充。目前编辑乡土教材的地区还不多，应当提倡。

为了给地方学习乡土教材留有足够的时间，全国统编教材的分量可以酌量减少。乡土教材可以有两种类型：一种是文化型的，讲本省（自治区、直辖市）、本市、本县甚至本乡、本镇的历史、地理、政治、经济、文化、教育等方面的内容；一种是职业型的，针对本地区的特点讲农、工、商或林、牧、渔等方面生产的情况，为学生毕业后就业做一些初步的思想准备。乡土教材还是进行爱国主义教育，鼓励学生继承革命传统的工具。各地方可以把编辑乡土教材列为一项重要的教育科研任务，并对编得好的乡土教材给予奖励。

课程要适应学生的个别差异问题，现在我们也重视不够。要解决这个问题，我们可以从几个方面入手。

一是在课程设置上要留有余地，不要安排得过满，要设置选修科目，让学生选修。在目前情况下，我国从初级中学起都可以设置选科，有供准备初中毕业后不升学的学生选修的学科，如农村中学可设作物果树栽培、家禽家畜饲养、手工编织等职业性的选修科；也可设文、史、地、数、理、化、音、体、美等方面的选修科，来发展学生的爱好和特长。

一是开展多种多样的课外活动。课外活动和课内活动都属于课程的范围。我们目前重课内教学轻课外活动的倾向，不利于发展学生的才能，不利于培养人才。应当从小学起就开展各种课外活动。不要以为只有念书才是学习，只有做书面作业才是学习，在课外活动中，学生同样可以学习到很多知识技能，并且比课内学习更能增长才干。当然课外活动要有组织、有指导地进行。

一是在各学科内适应个别差异。现在实行的班级教学制度，一班四五十人，我们总是假设他们的学习基础大致相同，学习能力大致相若，学习进度基本一致，才好进行集体教学。其实不完全是这样，有学习快的，有学习慢的。这就要在班级教学当中适当照顾，让学习快的多学一点，或多读点课外读物，或多做点习题及其他作业；给学习慢的进行个别辅导，帮助他们跟上一般水平的同学。也有实行分组教学的，但不宜固定分组，因为在小组内学生学习情况仍然会分化。这是技术问题，这里就不多说了。

七、文科与理科的关系

在普通中学高中的课程设置问题上，几十年来一直存在着一个文理分科还是不分科的问题。

过去有些国家，不仅实行文理分科，而且实行文理分校。最早的文科中学是1538年德国斯特姆（J. Sturm，1507—1589）开办的。这种学校因注重古典语文（拉丁文、希腊文）的教学而得名。最早的实科中学是1708年德国策姆勒（C. Zemmler）创办的，他的学校名为“数学、机械学、经济学实科中学”。

这种学校因偏重自然科学的教学而得名。文科中学和实科中学都是普通中学，毕业生都有机会升入高等学校学习。但贵族资产阶级子女一般都入文科中学。

现在即使还保留着文科中学、实科中学的名称，实际上课程设置已经同过去大不相同了。主要是文科中学减轻了古典语文的教学，增加了自然科学的教学。大多数学校都不按文实分科来命名了。在一所学校里分文理科的也不多见。如法国的国立中学分四组，A组偏重哲学和文学，B组偏重经济和社会，C组偏重数学和物理，D组偏重数学和自然科学。这种分组也不是固定不变的，也在改革过程中。

完全不分科的是苏联。但苏联从70年代起在中学高年级也设置了选修科。

关于高中文理分科问题，我在1979年写的《学制改革问题的探讨》① 一文中曾经提出自己的看法，我是不赞成高中文理分科的。因为普通高中给予受教育者以完备的普通教育，它既为受教育者升学打好基础，又为受教育者就业打好基础。苏联教育经济学的研究认为，受过完全普通教育的工人，劳动生产率要比未受过完全普通教育的人高25%，而且学习新技术花的时间也少10%。况且现在高等学校也出现文理科互相渗透的现象。美国麻省理工学院的学生要选人文学科和社会学科72学分8门课，约占总学分的1/4。因此在高中课程设置上就实行文理分科是不相宜的。

当然，我并非主张“一刀切”。应当规定高中学生必须学习的最低课程标准，不仅包括文科、理科，而且包括德育、智育、体育、美育、劳动技术教育的所有学科。在这个基础上，开设若干选科，有满足学生文科爱好的，有满足学生理科爱好的。当然也应有各种适合当地需要的职业选科。应当防止学生过早偏科的现象。

课程改革应当把握住一个中心思想：我们办教育是为了培养人，培养劳动者，培养社会生产力。即使向高一级学校输送新生，也仍然是培养劳动者，不过是准备将来从事比较复杂的劳动的劳动者。我们社会主义国家的劳动者要是全面发展的劳动者。我们要把学生从死读书本的环境中解放出来，更要从只读升学考试所考的课本中解放出来，扩大学生的眼界。

课程改革更应当面向现代化，面向世界，面向未来。如果我们只让学生死

① 请看《论教育规律及其他》，湖南教育出版社1983年版，第161—162页。

读几门升学考试的学科，而不教给学生自己求得知识的方法，特别是如不注意培养学生渴求知识的欲望，养成渴求知识的习惯，我们就不能完成教育的任务。主张文理分科的同志有些是从学生应付升学考试的需要出发的。但是课程改革却不应违反教育规律而倒退的。

八、逻辑系统与心理系统的关系

逻辑系统就是科学本身的系统，心理系统就是适合学生学习的系统或者叫作学科系统。学校课程的设置有一个处理好逻辑系统与心理系统的关系问题，一门学科教材的安排也有一个处理好逻辑系统与心理系统的关系问题。一般来说，科学与学科（science and subject）的分别，就在于前者是按照逻辑系统编排的，而后者是按照心理系统编排的。

在心理学特别是儿童心理学和学习心理学的研究取得成果以前，课程和教材基本上都是按照逻辑系统编排的。科学与学科最多在程度的深浅上和分量的轻重上有些区别，在体系上都是一样的，都是从概念出发，讲到原理、原则、公式，再来求证。科学的可贵之处恰恰在于它的概括和抽象。但是在学校教学中，学生的感性认识还不够丰富，抽象思维能力尚未形成或正在形成，对这种从概念出发而不是从事实出发排列的教材，学习起来一定会感到困难，从而学习的效果不好。因此，从每一门学科来说，需要按照学习心理的要求，将这门科学的材料，重新组织成为适合学生学习的教材。教材所包含的知识都符合科学的原理原则，即保证了它的科学性；教材排列的顺序，却是合乎学生学习的，即保证了它的可教性或便利性。这种心理系统对于较低年级的学生来说更加必要。

教材的心理系统的要求应当符合马克思主义认识论。认识论要求从感性认识上升到理性认识，要求实践、认识、再实践、再认识，不断提高。因此，强调心理系统，强调从实际出发编辑教材，不能只停留在感性认识上，而是要帮助学生从感性认识上升到理性认识。因此，学科教材的排列虽然是心理体系，这是为了便于学习，而学习的结果应当逐步接近逻辑体系，即科学本身的体系。因为我们教学的任务就是要使学生掌握科学基础知识，这也是发展学生逻辑思维的途径。凡是学生有了足够的感性认识，也有一定的理性认识做基础，那么就可以逐步让学生接受逻辑系统较强而心理系统较弱的教材，以培养学生接受间接经验的能力。

由前人积累的教学经验总结出来的一些教学规则，我们也应当正确理解，不能把它看作绝对的东西。这些教学规则有：由易到难，由简到繁，由近到远，由浅到深，由具体到抽象，等等。我们应当知道这些规则里说的难易、繁简、远近、深浅都是相对的，而且互相制约的。例如内地幼儿园的儿童甚至能对我国东北鄂伦春族人的生活感兴趣，仿佛不符合由近及远的规则。但是鄂伦春人过的冰天雪地的渔猎生活又切近生活，比较具体，容易理解，因此虽远却近。特别是现代化的教学手段如电视、电影、录音、录像、幻灯等普及以后，打破了时间、空间的限制，缩短了宏观、微观的距离，小至细胞分裂和原子核的裂变，大至宇宙空间的日月星辰，都可以呈现在学生面前，为学习难的、繁的、远的、深的、抽象的东西提供了便利条件。我们在课程改革当中要考虑到这些条件，更好地把教材的心理体系和逻辑体系结合起来。

以上讲的是一门学科。各门学科之间是不是也有一个逻辑系统与心理系统的关系问题呢？也是有的。大致说来，对于小学儿童，学科的设置不宜多，教材的内容不宜过于分化。例如，在中学设置的历史、地理等学科，在小学合并为一门社会常识就可以了；在中学设置的物理、化学、生物等科，在小学合并为一门自然常识就可以了。甚至在小学一、二年级，为了集中完成识字教学的任务，及早培养儿童阅读能力，社会常识和自然常识也可不单独设科，而合并在语文课中进行。这也可以说是在课程设置上的心理系统吧？

我国古代的教育专著《学记》里就提出教学“当其可之谓时”、“不陵节而施之谓孙（顺）”。这比西方夸美纽斯（1592—1670）提出教学的适应自然原则要早一千六七百年。这就是说，我国早就提出了教学的循序渐进原则。现在看来，这个序有两方面的含义，一是科学知识的序或者说学科教材的序，一是学习心理的序。这些序也不是固定不变的，随着教育工艺学（educational technology）的发展，今后这两个序都会有新的发展。但无论如何，在课程改革中，考虑这两个序、这两个系统，考虑二者的结合，二者的协调，都是非常必要的。

九、直线前进与螺旋上升的关系

在课程设置和教材编辑工作中，存在着直线前进和螺旋上升的问题。这个问题是随着讲究课程编订工作的心理系统产生的。在只强调逻辑系统的时候，就是说只考虑教学内容本身或者说教学以学科为中心、以教材为中心的时候，也不大会产生直线前进还是螺旋上升的问题。换句话说，当时除直线前进外，是不曾考虑还可以采取螺旋上升这种课程设置和教材编辑的方式的。

只有在考虑到教学不光是把教材传授给学生，还要考虑到学生能不能接受，怎样才能接受，这时，才产生了课程编订工作中的新问题。夸美纽斯在提出适应自然原则的时候，就开始考虑到教学内容可以随着儿童身心的发展而逐步扩大和加深的问题。对于同一个课题的教学，不是“毕其功于一役”，而是可以随着学生年龄的增长和理解程度的加深，逐步扩大教材的广度，增加教材的深度。这种安排教材的方法，过去称为圆周式的排列，也有人称为循环式的排列。因为圆周式、循环式都不能反映教材扩大和加深的含义，所以我们采用“螺旋式”这个名称。

例如小学算术教材中的四则运算的教材，可以有整数四则运算、小数四则运算和分数四则运算。我们不可能把整数、小数、分数四则运算同时教学，只有在教完整数四则以后，教小数四则，教完小数四则以后，教分数四则。从四则运算来说，这就是螺旋上升了。再就整数四则来说，还可分 20 以内、100 以内、10 000 以内和多位数等四则逐步上升，而不是按加、减、乘、除那样直线前进。这是在一门学科之内实行螺旋上升。

又如历史科，小学历史可以按年代先后，讲重要历史事件和历史人物的故事；初中中国历史可以讲各个社会发展阶段人民的生产和生活，并按年代先后，讲各个朝代的兴衰和更替；讲中国长期封建社会中农民起义推动历史前进；讲中国人民创造的灿烂文化；等等。高中中国历史可以增加社会发展规律的知识，并讲有关经济史、政治史、文化史、科技史、军事史方面的知识。这是从一门学科的课程设置上，实行了螺旋上升的原则。

过去曾有一个时期，有些同志认为直线前进是多快好省的办法，而螺旋上升是少慢差费的办法。这种看法是不正确的。直线前进看起来是节省了时间，但是从完成教学任务来说，从实现教育目标来说，都可能造成浪费。仍以历史为例，如果按照现行教学计划，初中只讲本国史，高中只讲外国史，那么初中毕业生如果不升学，就不可能得到外国史的知识，他的知识不完全，有缺陷，不符合面向世界的要求。况且初中学生的理解能力有限，关于社会发展规律的知识，他们还不一定能懂，对中国人民创造的灿烂文化在世界历史中的地位，也无从领会（因为初中不讲外国史，无法比较）。所以看起来节省了时间，实际上降低了质量，是得不偿失的。当然，没有必要的过多的重复是应当避免的，如小学算术四则运算循环过多，看不到儿童有举一反三的能力，推迟了教学进度，延缓了儿童的发展，那是应当改正的。

采用螺旋上升的办法设计课程，是符合学生认识能力发展规律的。因为人的认识能力是逐步发展的，不可能一次完成。人的认识要经过实践、认识、再实践、再认识的过程，这种过程是循环往复的，是没有止境的。为什么我们对于中小学的学生却要求他们的认识能够“毕其功于一役”呢？

除了适应认识能力的发展，还有一个需要螺旋上升的理由是我们的中小学是分段设立的。目前，我国大多数地方还只普及小学教育，小学生毕业后应当取得公民资格。他应当具备比较完全的自然常识和社会常识，所以小学课程中要设置这样的学科。初中又是一段，初中毕业生不升学的很多，所以初中学生也应当具备一定的比较完全的知识，现在初中学生就缺少外国史知识、三角学知识等，这是课程设计的直线前进带来的缺陷。

语文教材的排列也不能采用直线前进。假如从体裁来说，学生每学期学习的范文中，应当包含记叙文、说明文、议论文、应用文、诗歌等，而不能讲完了记叙文再讲说明文、讲完了说明文再讲议论文等等。体育教材也是如此，各年级都要有体操、田径、球类、游戏等各类教材，要逐步扩大和加深，不能直线前进。

直线前进在某些学科还是可以采用的，如生物学科，初中学习植物学、动物学、生理卫生学，到高中学习生物学。这可以说是直线前进。同时生物学也可以说是初中学习生物科目的扩大和加深。

总之，直线前进和螺旋上升的关系要妥善处理，不能偏废。

十、课内与课外的关系

“课程”一词的概念，并不限于日课表上排列的学科，也包括课程标准以外的种种学习活动。“课程”一词的概念，也不仅指用课堂教学（班级教学）形式所进行的各种课业，还包括在课堂以外小组活动甚至个人活动中所从事的各种学业。因此，我们研究课程改革不能把眼光只限制在现行教学计划所规定的学科范围以内，甚至只集中注意语文、数学、物理、化学、外语等科，而应当通盘规划，从培养目标来研究学科的设置和教材的选择，从儿童的发展来研究学科的深度和广度、教材的体系和排列。还应当看到课程和教材总有一定程度的稳定性，而当代社会是不断发展的，科学技术是不断进步的，单靠课内的教学是不足以适应形势发展的要求的。所以必须组织各种各样的课外活动，作为课内教学的补充。

课外活动之所以必要，还因为课内教育是集体进行的，是整齐划一的，很难适应每一个学生的兴趣、爱好和特长。为了发展学生多方面的兴趣，使每个学生的特长有所发挥，应当组织各种各样的课外活动，来满足学生发展的需要。

现在有一句话："课内教学打基础，课外活动出人才。"这话有一定的道理。由于过去谈课程改革，不大重视课外活动的开展，今后从培养人才出发，应当重视课外活动了。

有些学生长于组织才能，在班会、少先队、共青团的活动中可以让他们充分发挥出来。教师在辅导这些活动的时候，不要发号施令，而要让学生自己做主，自己出主意想办法，负责这类活动的学生干部不应只由少数人担任，应当尽量有较多的学生轮流参加。最好不由教师指定，而由学生选举，以培养民主作风。

学生的课外阅读活动、科技小组活动、社会调查、编辑墙报、绘制挂图、采集并制作标本、制作模型等等同课内教学关系比较密切的活动，实际上可以是课内学习的延伸，各学科教师应当分别承担辅导的任务，并同学生一起活动。我们的教师要从备课、上课、改作业的小天地里走出来，率领学生走到自然界和社会的广阔天地里去。

学生体育活动更是体育课的补充。现在体育课并不是每天都有，但是锻炼身体是每天应当风雨无阻地进行的。除了每天的课间操外，必须让学生根据自己的爱好，参加一两种球类运动或田径运动。目前，体育受物质条件和师资的限制，发展很不平衡，在课程改革中应当注意为此创造条件。当然，其他各科也有师资、设备的问题需要在教育改革的过程中妥善解决。

学生参加各种文娱活动是发挥天才的场所。音乐、绘画、雕塑、戏剧、朗诵、摄影、舞蹈等等，应当组织多种多样的活动小组，吸引学生参加。我国过去用"弦歌之声，不绝于耳"，说明教育发达的状况。现在学校里音乐活动未能开展，连"弦歌之声"也很少听到了。我们应当把学校办成学生的乐园，让学生把学校看成是自己最可爱的家。一定要开展各种各样的课外活动，来活跃学生的生活。一定要矫正因片面追求升学率而把学校办得死气沉沉的不良现象。

* * *

在课程改革当中正确处理好上述各种关系，是比较复杂而且繁重的工作，需要有专门的研究。现在许多国家把课程教材的研究看作教育科学研究的核心，原因大概就在这里。我相信，只要我们在课程改革当中遵循教育科学规律，我国学校的课程教材必将会愈来愈完善，必将为培养一代又一代有理想、有道德、有文化、有纪律的社会主义新人，做出越来越大的贡献。

1984 年 11 月初稿

1985 年 5 月修订

载《课程·教材·教法》1985 年第 5、6 期。

课程论的学科位置和它同教学论的关系*

一

课程论在我国大学教育系的课程中是一门新课，也可以说不是一门新课。

说它是一门新课，因为三十多年来我们绝大多数大学的教育系没有开设这门课。中华人民共和国成立以后，我们都学习苏联的教育科学。当时的学习是亦步亦趋地学：苏联的师范院校只讲普通心理学，不讲教育心理学，我们就照抄照搬；苏联师范院校只讲教育学，用一门教育学包括了“教育概论”（或“教育的基本原理”）、“普通教学法”（相当于“教学论”）、“中等教育”（或“教育论”，二者内容不完全相同）和“教育行政”（相当于“学校管理”，但范围有广有狭）等四门课，我们也照抄照搬。在苏联教育学里，有关课程论的教材只在教学论部分用“教学内容”或“教学和教育的内容”一章来介绍政府颁布的有关课程的文件：“教学计划”、“教学大纲”和“教科书”。向师范生介绍这些是为了让他们毕业后遵照执行，至于编订这些文件的理论和方法却语焉不详。因为苏联的学校课程（即他们所说的“教学内容”），是由国家统一规定的，具有法律的性质；学校和教师只能遵照执行，不能随意变更。这可能是在一个相当长的时间里，苏联没有把课程论作为教育学的一门分支学科来研究的原因之一。

说它不是一门新课，因为旧中国在培养教育研究生的单位，开设过这门课。四十多年以前，我当教育研究生的时候，听过一位得到美国哥伦比亚大学哲学博士学位的教授讲课程论。他向我们介绍了美国课程论这类书籍的早期作者和他们著作的主要内容：如博比特（F. Bobbitt）的《课程》（1918）和《怎样编制课程》（1924），卡特斯（W. W. Charters）的《课程结构》（1923），庞

* 本文是作者所著《课程论》的前言。——编者

锡尔（F. C. Bonser）的《小学课程》（1923）等。这些作者，在美国50年代以后出版的课程论著作中已经不常提到了。我国过去给攻读教育科学的研究生开设课程论这门课，也是抄袭美国的，目的是不大明确的。因为中国并不像美国那样，学校课程和教材可以由各州教育当局、各学区教育当局聘请许多教育专业工作者来研究、编订。美国人声称要使纳税人都有管理教育的发言权，其中当然包括对学校课程的发言权。在英国，每一所学校的校长和教师都有权决定采用什么课程和教材。因此，在英美，研究课程问题就不只是少数专门家的事，而是所有教育工作者甚至学生家长都关心的问题了。这就是课程论著作在英美出版得比较多的原因。英国的开放大学还没有课程论这门学科。

二

说苏联没有把课程论作为一门分支学科来研究，并不等于说苏联不研究课程问题。相反，苏联出版的教育学著作的教学论部分或者教学论专著中，都有论教学内容的章节。现在就我手边有的几种苏联教育学和教学论著作来看，这一章讨论的范围和它在教学论中所占的分量，大致如下：

1948年（俄文版，下同）出版的凯洛夫主编的（注意：是凯洛夫主编，不是他个人的著作；1953年出版的中译本署名“凯洛夫著”是搞错了）《教育学》第二编教学理论中有一章讲教学内容，下分教学计划、教学大纲和教科书三节。教学计划一节讲了“选择教学科目的原则”、“为各门学科选择教材的原则”、“各门学科的教育意义”、“按照学年分配学科”、“上课时间的计算”等题目，教学大纲一节讲了“编订大纲的原则”和“大纲的结构”两个题目，教科书一节讲了“对教科书的基本要求”。——这本书是培养中学师资的高师或大学的教材，其中教学论的篇幅（包括教学过程、教学内容、课堂教学、教学法、成绩考查等五章）共168页（中译本，下同），教学内容这一章的篇幅35页，约占20.8%。

1950年出版的斯米尔诺夫著的《教育学初级读本》第五编教学论共有五章，分别讲教学原则、教学内容、教学方法、课堂教学和家庭作业。教学内容介绍了小学的教学计划、教学大纲和教科书。教学大纲一节分科介绍了小学各科（俄语、算术、历史、自然常识、地理、写字、图画、唱歌和音乐）的教学大纲。——这本书是给幼儿园教师、小学教师和家长读的，内容简明通俗，理论讲得不多。其中，教学论的篇幅共 60 页，教学内容这一章有 10 页，约占 16.7%。

1950 年出版的叶希波夫和冈查洛夫合著的《教育学》，第六章讲小学教育的内容，分教学计划、教学大纲、各种教学科目的教育意义、形成儿童的初步世界观和教科书共五节。——这本书是培养小学教师的师范学校课本，它把各门学科的教育意义和形成儿童初步的科学世界观这两个属于学科性质和教育目标的问题，从教学计划（如 1948 年版凯洛夫主编的《教育学》）或教学大纲（如 1956 年版凯洛夫主编的《教育学》）中分离出来，突出地讲述明白，有利于师范生学习。这本书属于教学论的有教学原理、教学内容、教学组织形式、教学方法、教师备课和复式教学共六章，153 页，教学内容有 26 页，约占 17%。

1950 年出版的奥哥洛德尼柯夫和申比廖夫合著的《教育学》是培养初中教师的师范专科学校课本，其中教学论有关于教学过程的学说、教学原则、教学内容、课堂教学和教学方法五章。教学内容这一章分教学计划、教学大纲、教科书和七年制学校所设各学科的教育意义四节。这本书的教学论部分共有 150 页，教学内容有 28 页，约占 18.7%。

1954 年出版的申比廖夫和奥哥洛德尼柯夫合著的《教育学》是前书的修订本。教学论所含各章基本未变，教学内容这一章的分节也同前书一样，只是把“七年制学校”改为“普通学校”。这本书教学论部分的篇幅共 155 页，教学内容有 27 页，约占 17%。

1956 年出版的由凯洛夫任总主编，会同冈查洛夫、叶希波夫、赞科夫主编的《教育学》，是 1948 年版的改写本，仍是高师和大学的教材。这本书没有分编，属于教学论的有教学内容、教学过程、教学方法、教学组织形式等四章。教学内容这章分三节：第一节讲“教学内容理论的几个基本问题”，包括“资产阶级教育学里几种主要的教学内容理论”、“革命前俄国先进的代表人物论教学内容”、“苏维埃学校教学内容的方向性和对它的要求”；第二节讲教学计划，包括“学科的选择和学科的门类”、“按照学年排列学科的次序”、“苏维埃学校的教学计划”；第三节讲教学大纲和教科书，包括“教学大纲的结构”、“为学科选择科学材料”、“一至四年级教育的基本内容”、“五至十年级教育的基本内容”、“教科书的作用和对它的基本要求”。这本书专门列有一节谈课程的基本理论，这是一种发展，但内容比较单薄，占了不到 10 页的篇幅。教育内容这一章有34页，占教学论这四章共127页的26.7%。这是教学论部分分章最少而教学内容一章分量最多的一本教育学。但它也只占了教学论部分的1/4强。

1976年出版的，由巴拉诺夫、沃利科娃、斯拉斯捷宁等编的《教育学》，仍在教学论部分设专章讲教学内容，分五节依次讲“学校教学内容的一般评述”、“教学科目”、“教学大纲”、“教学计划”、“小学教科书和对教科书的要求”。“一般评述”强调了教学内容要注意学生的全面发展，要发展学生的认识能力和智力才能。“教学科目”讲了学科和科学的关系。接着先讲教学大纲，再讲教学计划和教科书。这本书是为培养小学教师的高师小学教育系的学生编写的。前两节类似课程理论的论述只有6页，教学内容这一章共有16页，占教学论部分（包括过程、原则、内容、组织、方法）五章102页的15.7%。

1976年出版的孔德拉狄克著的《教育学》是培养中等专业学校教师用的。这本书的教学论部分，除了讲教学内容、教学过程、教学原则、教学方法、教学组织形式外，还讲了程序教学及其实行手段、生产教学、中专的业余和函授教育等。教学内容这一章分四节，讲教学内容的概念和类别，选择教材的要求，对教材性质的一般说明，中专的教学计划、教学大纲和教科书。这一章只有18页，占教学论部分184页的10%弱。这是教学论部分分章最多而教学内容一章分量最少的一本教育学，教学内容只占了教学论部分的10%弱。

1977年出版的休金娜著的《中小学教育学》，教学论部分包括六章，分别讲教学内容、教学过程、教学原则、教学方法、教学组织形式和学业成绩考查。教学内容这一章分三节，分别讲“教学内容对社会生活条件的依存性”、“普通教育、综合技术教育和职业教育的统一”、“普通学校的教学计划、教学大纲和教科书”。这一章共计只有18页，占教学论部分154页的11.7%。

1980年出版的哈尔拉莫夫著的《教育学教程》也是苏联高师和大学的教材。第二编讲教学的理论原理和方法原理，计分八讲：教学是人的全面发展的因素，教学内容，教学过程和原则，教学方法，教学组织形式，课堂教学，游览参观，家庭作业。教学内容这一讲谈了六个题目：教学内容的概念和教学的基本形式、特点和相互关系；教育的方法论和阶级性对研究决定教学内容的理论基础的影响；资产阶级教育理论和对它的批判；苏联教育学就如何对学校教学内容提出科学要求的研究；苏联学校教学内容的改进；决定学校教学内容的文件：教学计划、教学大纲、教科书、教学参考书。——这本书同前述各种教育学比较，对课程文件的介绍比较简略，只讲了 2 页，其他五个题目讲了约 16 页。作者的意图似乎想多讲一点课程的理论，但给人的印象犹如蜻蜓点水，讲得不深不透。这本书的教学论部分共有 156 页，讲教学内容的不过 19 页，约占 12%。看来，在教学论部分讲课程论，是不容易讲清楚的。

从以上十种苏联教育学著作来看，都有讲教学论的篇章，其中都有专章讲教学内容，即关于课程的理论；但教学内容这一章占教学论篇幅的比例，最多的是 1956 年和 1948 年两版凯洛夫主编的《教育学》，分别为 26.7%和 20.8%，最少的是 1976 年的中专《教育学》、1977 年的《中小学教育学》和 1980 年的《教育学教程》，分别为 10%、11.7%和 12%。这些说明，在苏联教育学著作中，关于课程的理论是放在教学论里讲的，它所占教学论的篇幅分量不多，平均只有 16.7%，即只有 1/6。对于初学教育学的读者，这样安排未尝不可；但是，对于教育专业工作者来说，仅有这一点有关课程理论的知识，就显得很不足了。

在苏联，教学论已经作为教育学的一门分支学科，取得了独立的地位。现在以我国已经翻译出版的两本教学论专著为例，来看看其中讲教学内容的范围和分量。

苏联 1957 年（俄文版）出版的叶希波夫和达尼洛夫编著的《教学论》，共有十一章，依次论述教学论的研究对象和方法，教学内容和任务，教学过程，教学原则，启发学生积极学习，教学生感知和理解教材，巩固和提高知识、技能、技巧，检查知识、技能、技巧，课堂教学，劳动教学，家庭作业。其中，把教学方法展开为七章来详细论述。但对教学内容仍只有一章的篇幅，分七节依次谈教育的历史性，形式教育说和实质教育说及其批判，苏联学校教学内容的特点，制定教学计划的原则，各学科、各教育阶段教材的安排，各学科之间的联系，教学大纲的运用。全书正文 574 页（中译本），教学内容这一章有 76 页，只占 13.24%。

1982 年出版的斯卡特金主编的《中学教学论》，共有九章，依次论述教学论是教育和教学的理论、教学原理、普通教育和综合技术教育的任务和内容、教学过程及规律、教学方法、教学组织形式、教学手段、适应个别差异的教学方法、教学是教师的创造性劳动。这本书仍然只用一章的篇幅来谈教学内容，包括教学任务和内容的历史性、资产阶级教育学中教学内容的理论、苏联学校普通教育内容的基本理论观点、制定教学计划的原则、学科、选择教学内容的依据和标准等。全书正文 376 页（中译本），教学内容这一章有 46 页，只占 12.23%。

从这两部教学论专著来看，对教学问题的论述展开了，比在教育学里谈教学问题篇幅成倍增加了。但是对课程问题的论述，仍然没有展开，而且相对来说，比在教育学里谈课程问题，篇幅所占的比例反而减少了，即低于前面列举十本教育学中课程问题占教学论部分的平均百分比。我认为，从教学论这门学科的体系来说，这是无可厚非的，理应如此的。因为教学论要探讨的问题很多，包括教学过程、教学内容、教学原则、教学组织、教学手段、教学方法诸方面，不可能把教学内容展开来谈，更不可能把课程论作为教学论的一部分来谈，否则就不成体系了，也有点不伦不类了。

三

在苏联教育学著作中，把教学内容从教学理论中分离出来，分章论述，也不是没有先例的。如我看到过的一本苏联 1947 年出版的冈查洛夫著的《教育学原理》，就有教学内容和教学论两章，两章篇幅大致相等（各有 70 页左右）。这可以说是一种把课程论和教学论并列起来的教育学体系。这本书虽然在苏联 40 年代末 50 年代初受到过批评，但并非批评著者把课程论和教学论分章论述，也不是批评他对课程问题和教学问题给予同等的重视。

可喜的是随着教育科学研究的发展，苏联现在也出版了相当于我们所说的课程论著作，但由于语言的习惯不同，都是用教育内容做书名的。我的见闻有限，只知道这类著作有两本，一本是 70 年代末出版的 B.C. 列德涅夫著的《普通中等教育内容的结构问题》，一本是 1983 年出版的 B.B. 克拉也夫斯基和 И·Я·列尔涅尔主编的《普通中等教育内容的理论基础》。前书已翻译出版，后书的章目大致如下（为简明起见，用我们的语言意译）：

（一）教育学中普通学校课程形成的理论的现状；

（二）中学课程理论建立的方法论基础及其基本问题；

（三）普通教育的目的是学校课程形成的基础和主导原则；

（四）中学课程形成的因素；

（五）理论概念水平上的课程成分和结构；

（六）人的全面发展和苏联学校的原则是决定课程成分的因素；

（七）课程成分和教学计划；

（八）课程建立的基础；

（九）制定教学大纲的教学论标准及其在课程中的反映；

（十）编辑教科书的教学论标准及其在课程中的反映。

这两本书都可以看作苏联已经把课程论当作教育学的一个分支学科来研究的例证，表明苏联对课程论的研究已经有了新的进展。可以认为：把研究课程问题的理论和方法，从教育学和教学论里分离出来，成为一门独立的学科，是教育科学研究发展的趋势。

1981 年出版的美国课程论学者比彻姆（G. A. Beauchamp）著的《课程理论》一书第四版，明确提出“课程理论是教育学的下位理论”，并且列举了行政管理理论、评定理论、课程理论、教学理论、评价理论作为教育学理论的下位理论。他是把课程理论和教学理论并列的，可见二者有各自的研究领域，没有必要把课程论包括在教学论之中，使它成为教学论的组成部分。

说到这里，回想起过去讲教育哲学，也是把课程论和教学论并列的。教育哲学要讲本质论、目的论、课程论、方法论等等。方法论就是教学论。这也可以证明，课程论有它单独的研究对象和任务，如果放在教学论里讲，会受到一定的限制，会束缚这门科学的发展。

对于我们来说，把课程论作为一门独立的学科，还需要创造一定的条件：这就是要对有关课程的各种事实、现象、概念和原理，做一定程度的系统的研究。多年以来，人们对教学原理和方法的研究比较多，所以教学论容易从教育学中分离出来，成为一门独立的学科，但是对课程原理和方法的研究比较少，只有把它放在教学论里，用“教学内容”的标题，专列一章来讲。这是沿用苏联教育学或教学论的体系，对于初学教育学的人，这样处理是恰当的。但无论在教育学的教学论部分讲，还是在教学论专著里讲，最好都用“教学内容”这个标题来概括所讲的知识，不宜用课程论做标题，以免使人误认为课程论只是教学论的一部分，以为课程论是教学论的下位理论，而引起不必要的误解。至于给没有学习过教育学的读者编写教学论一类书籍，最好还是用“教学内容”为题，介绍一些有关课程的知识，这样可以同其他章节协调，不必一开始就给他们讲课程论的。

当然，课程和教学的关系是很密切的。课程的实施有赖于教学，讲课程论的时候必然会接触到教学问题；教学的内容就是课程，离开课程而空谈教学，往往会不切实际。但这并不妨碍课程论和教学论这两门学科都从教育学中分化出来。我认为，随着我国教育科学研究特别是课程理论研究的发展，一门具有中国特色的课程理论是可以建立起来的。

为什么要建立课程论这门学科呢？有什么必要呢？简单地说，研究课程理论之所以必要，是因为课程是实现教育目标的手段，课程编订得好坏，决定着教育质量的高低，决定着教育目标能否完满地实现。因此，现在许多国家都把课程的研究作为教育科学研究的中心课题。重视课程的研制是当今各国教育科学研究的共同趋势。

我国教育的实施倘若要建立在教育科学研究的基础上，我国课程的编订倘若要有科学根据，那么，我国的教育工作者，特别是教育专业干部，都要研究课程编订的理论，知道课程演变的历史，了解制约课程的因素，懂得按照课程编订的指导思想来研制课程和改革课程，善于依据客观的评价标准来评价课程，并根据评价的结果正确解决我国学校课程中当前存在的问题。因此，在大学教育系和教育研究生班开设课程论这门学科是很有必要的。我建议：大学教育系的研究生要以课程论为必修科，不仅以教学论为专业研究方向的要以课程论为必修科，以教育基本理论、教育心理学和教育史为专业研究方向的也应学习这门课。至于教育系的本科生到高年级选修一门课程论，可以作为教学论的提高课；就好像把教育哲学作为教育概论的提高课一样。如果给高等师范其他各系也开设课程论选修科，并不是没有必要的。这是因为课程的落实要靠教师。教师有了课程理论的知识，他们可以更加自觉地为实现培养全面发展的人这个教育目标，而运用课程和教材这个教育手段。这样，我国的教育当能更好地为社会主义建设服务。

载《课程·教材·教法》1987 年第 4 期。

把课程研究和教材建设同社会主义精神文明建设的任务结合起来*

1986 年 9 月 28 日，中国共产党第十二届中央委员会第六次全体会议，通过了《中共中央关于社会主义精神文明建设指导方针的决定》。这是一个重要的文件，也是一个同教育关系密切的文件，当然也是应该在我们学校课程和教材中贯彻、落实的文件。

文件阐述了社会主义精神文明的战略地位，指出："在社会主义时期，物质文明为精神文明的发展提供物质条件和实践经验，精神文明又为物质文明的发展提供精神动力和智力支持，为它的正确发展方向提供有力的思想保证。"从这里可以看到教育的作用：要为物质文明建设提供精神动力、智力支持，离不开教育；要保证物质文明建设有正确的发展思想方向，仍然离不开教育。所以在 1985 年 5 月公布的《中共中央关于教育体制改革的决定》中曾经说过："教育必须为社会主义建设服务，社会主义建设必须依靠教育。"这个思想在新的《决定》里得到了进一步的印证和发挥。

文件说明："社会主义精神文明建设的根本任务，是适应社会主义现代化建设的需要，培养有理想、有道德、有文化、有纪律的社会主义公民，提高整个中华民族的思想道德素质和科学文化素质。"这个根本任务同《关于教育体制改革的决定》里讲的"教育体制改革的根本目的是提高民族素质，多出人才，出好人才"中的论述，又极其一致："所有这些人才，都应该有理想、有道德、有文化、有纪律，热爱社会主义祖国和社会主义事业，具有为国家富强和人民富裕而艰苦奋斗的献身精神，都应该不断追求新知，具有实事求是、独立思考、勇于创造的科学精神。"这里除了"四有"是共同的，献身精神就可

* 本文原有副标题"学习《中共中央关于社会主义精神文明建设指导方针的决定》的笔记"。——编者

以看作“思想道德素质”，科学精神就可以看作“科学文化素质”。因此，我们可以说，要实现社会主义精神文明建设的根本任务，必须依靠教育来培养人；教育不普及，教育质量低，都妨碍社会主义精神文明建设根本任务的完成；只有教育普及了，教育质量提高了，社会主义精神文明建设的根本任务才能顺利实现。

文件在说明“用共同理想动员和团结全国各族人民”的时候，谈到当前的共同理想是“把我国建设成为高度文明、高度民主的社会主义现代化国家”，最高理想是“建立各尽所能、按需分配的共产主义社会”。建设社会主义现代化国家，需要有社会主义觉悟的劳动者，包括体力劳动者和脑力劳动者；建立共产主义社会，更需要有共产主义理想的先进分子和广大群众。无论是社会主义觉悟还是共产主义理想，都不可能自发地产生，而是需要教育来培养的。因为我们所说的社会主义（共产主义）是科学的社会主义，不是空想的社会主义，不是乌托邦的社会主义。这种社会主义（共产主义）是建立在先进科学的基础之上的。从马克思主义的三个来源（德国古典哲学、英国政治经济学和法国社会主义）来看，它是批判地继承了人类所创造的优秀文化成果的。所以列宁说：“只有用人类创造的全部知识财富来丰富自己的头脑，才能成为共产主义者。”① 由此可见，没有一定的文化程度，不受必要的基础教育，这种共同理想（无论当前的还是长远的）都是不可能培养起来的。要用共同理想来动员和团结人民，又必须依靠教育的力量。

文件在谈到“树立和发扬社会主义的道德风尚”的时候，分层次提出了要求：第一，“社会主义道德建设的基本要求，是爱祖国、爱人民、爱劳动、爱科学、爱社会主义”。这个基本要求正是我们从幼儿教育、小学教育起就在注意实施的“五爱”国民公德教育。第二，“全国范围的道德建设。……鼓励人们发扬国家利益、集体利益、个人利益相结合的社会主义集体主义精神，发扬顾全大局、诚实守信、互相友爱和扶贫济困的精神”。这个全民范围的道德建设也是我们在学校教育中，从儿童、少年时期起就应该注意实施的。第三，“我们社会的先进分子，为了人民的利益和幸福，为了共产主义理想，站在时代潮流前面，奋力开拓，公而忘私，勇于献身，必要时不惜牺牲自己的生命，这种崇高的共产主义道德，应当在全社会认真提倡”。我们学校里所有的课程

① 《列宁选集》第4卷，人民出版社1972年版，第348页。

和教材都应具有思想品德教育作用；我们学校里的少年先锋队、共产主义青年团就已经开始培养少年儿童当共产主义事业接班人的思想意识，培养青年当共产党的助手的愿望和能力，所以要树立和发扬社会主义的道德风尚，离开了教育也是寸步难行的。

文件在谈到“加强社会主义民主、法制、纪律的教育”的时候，指出：“加强社会主义民主和法制的建设，根本问题是教育人。要从小学开始，在进行理想、道德、文明礼貌教育的同时，进行民主、法制和纪律的教育。”这里虽然重点谈的是民主、法制和纪律教育，但是也指出理想、道德、文明礼貌教育也是要从小学开始的，这同我们以上所述的是完全一致的。

文件在谈到“普及和提高教育科学文化”的时候，反复指出：“教育科学文化既是物质文明建设的重要条件，也是提高人民群众思想道德觉悟水平的重要条件。”“教育科学文化工作者在精神文明建设中担负着光荣艰巨的使命，应当认识时代和人民的要求，努力提高自己的思想道德素质和业务素质。”从教育方面来说，教育工作本身就是精神文明建设，因为思想道德建设离不开教育，科学文化建设也离不开教育。所以教育工作者就是精神文明建设者，就是精神文明建设的工程师。过去说，教师是人类灵魂的工程师。这个比喻是不错的。

精神文明建设各项任务的实现同教育有密切的关系，而课程、教材既然都是实现教育目标的手段，也就是实现社会主义精神文明建设各项任务的手段。因此，我们的课程研究和教材建设，都应当同社会主义精神文明建设的任务密切结合起来。因为完成了社会主义精神文明建设的任务，也就实现了教育目标。当然，教育目标是要求德、智、体、美、劳等方面全面发展的，精神文明建设的任务有它的侧重点。但是事实上，二者可以说是非常一致的。从文件中谈到的“普及教育科学文化”一节中，我们可以充分认识这一点。

为了使我们学校课程的研究和教材的建设都能有助于社会主义精神文明的建设，有助于全面发展的教育目标的实现，应当大力改革和发展我国的教育事业，提高教育为社会主义精神文明建设服务的自觉性，使我国教育既能为社会主义建设事业服务好，又能为社会主义建设事业所依靠。为此，学校课程的研究和教材的建设都要同社会主义精神文明建设的任务密切结合起来。

1986 年 10 月 20 日

据作者手稿排印。

为黄明皖译《课程理论》写序

人民教育出版社主编的《课程研究丛书》包括本国著作和外国著作的译本。其中译本已经出版了两种（[英] 丹尼斯·劳顿等著的《课程研究的理论与实践》和 [日] 伊藤信隆著的《学校理科课程论》），这是第三种。

这本书篇幅不多，但内容丰富，概念精审，论据确凿，层次分明，叙述清楚。在美国出版的课程理论著作中，它是继 1950 年泰勒（R. W. Tyler）发表的《课程和教学的基本原理》以后的一本比较有影响的著作，自 1961 年初版以来，已经出了四版。这是根据第四版译出的。

我在 80 年代初开始研究课程论和准备写课程论讲稿的时候，曾经囫囵吞枣地读过这本书的原著，现在又读到黄明皖教授的译稿。我觉得这本书值得我们借鉴的至少有以下几点。

第一点，著者确定课程理论同教学理论、评价理论、行政管理理论一样，都是教育学的下位理论。他认为教育学主要是一门应用科学，应用科学的理论都要受一系列下位理论的支持。这里著者把课程论同教学论并列，都作为教育学的分支学科；因为课程论有它自己的研究对象，不是在教学论里讨论教学内容所能包括得了的。这一点应当对我们研究教学论的同志有所启发，在教学论里可以讨论教学内容，但不必把这一部分称为课程论，因为教学内容和课程论二者的内涵和外延并不完全相同。

第二点，著者提出了理论工作者应当遵循的三条准则：一是要学会使用专门术语，这就必须弄清楚它所表达的准确含义，并能始终一贯地使用它；二是要善于按照逻辑顺序来安排所论述的事实、概念、原理和主张，以便深入到研究主题的整个领域里去；三是要能够阐明理论说明的各部分之间的关系，并解释这些关系的特点。——这些准则不仅对课程研究有用，对教育科学研究或者社会科学研究都是有用的。

第三点，著者把课程的编订看作一项系统工程，即课程工程。他认为课程工程包含三项工作：一是课程规划，二是课程实施，三是课程评价。著者认为课程规划的结果应当产生书面文件，其中包括对学校教学目标的概要说明，以及为实现这些目标而选取的文化内容。这个文件是课程实施的依据，也是课程评价的依据。课程的实施要通过教学系统的活动。课程的评价要考虑学校和教师是否认真实施所规划的课程，课程文件中所规定的目标是否在学生身上实现了，等等。著者列举了不少分歧的意见，并提出了自己的主张。

第四点，著者因为课程论著作中许多术语定义不清，含义不明，所以在最后一章，把所用的术语择重要的做了简明的界说，称为“定义性的意见”；还对课程的基本见解，提出了描述性的或规范性的意见。这对建设课程理论是一项基础工程。著者虽然把这部分列为最后一章，读者阅读时不妨先把这一章看看。这样可能对理解以前各章的内容有所帮助。当然，读完以前各章再把这一章读读，领会可能要更加深刻些。

这是一本美国教授针对美国课程研究的历史和现状写的书，其中有一些观点，特别是哲学观点，当然是我们不能同意的。但著者对理论和实践的关系，做了符合唯物辩证法的说明（见第三章倒数第五段），却是难能可贵的。又著者引用了不少未曾出版的博士论文，这对一位知名的教授来说，能做到虚心倾听实践的呼声（因为许多博士论文都是调查研究实际情况以后写出来的），也是不容易的。

我同译者黄明皖同志相识不过十年。我们这十年的交往都是文字之交、学术之交。我发现他是一位具有学不厌、诲不倦、勤奋治学、勇敢治事的中年教育学者。他为广西师范学院（今称大学）新建了教育系，组建了教育科学研究所，招收了硕士研究生，为在广西发展教育科学事业奠定了初步的基础。他兼任广西教育学会副会长、广西教育学研究会理事长、全国教育学研究会理事，经常不辞辛劳应邀到各地、市、县讲学，得到教育界同行的好评，甚至为自己的学校添置外文书籍，南去广州，北到首都，亲自选购。总之，凡有利于繁荣和发展教育科学的事情，他都积极去做。他曾译过《课程研究的理论与实践》中的五章，先期在《课程·教材·教法》发表。他曾同徐锡龄教授合作译过《日本的教育》一书（《外国教育丛书》的一种，人民教育出版社出版）。这些都是他在工作繁忙与紧张的情况下完成的。现在这本书得以译完，也是他勤奋努力的成果。

明皖同志曾嘱我为他的这本译稿校订，我认为作为出版社的一名编辑人员，无论对译稿编辑加工还是审读把关，都是应有的职责，没有必要署名校订。这是我们从50年代初期以来一直这样做的。后来他又要我给这本书写序，我虽然同意过，但因时间关系又请他免了。对此我一直觉得很抱歉。

现在，突然噩耗传来，说“黄明皖教授于8月2日去世”了。他今年才59岁，正是在学术上进入成熟阶段可以更好地为教育科学培养人才的时期；他还有许多工作要做，还有许多问题准备钻研。遽尔溘逝，不能不说是教育学界的一个损失，实在令人痛惜、心酸！因此，我在悲戚之余，只得振作精神，为他这本译稿补写一序，以偿宿诺，并志悼念之忱。

1987年8月14日于北京

载黄明皖译《课程理论》，

人民教育出版社1987年版。

对义务教育课程规划的几点建议

随着《中华人民共和国义务教育法》的施行，国家教委于1986年10月公布了《义务教育全日制小学初级中学教学计划（初稿）》（以下称“课程规划”）。

这个课程规划是在调查研究的基础上制定的，曾经多方面征求意见，比原有的小学和初中的课程规划有许多改进，如提出了制定课程规划的指导思想，规定了小学和初中的培养目标，列举了课程规划的制定原则，重申了教育同生产劳动相结合的方针，要求培养全面发展的社会主义公民，等等。这些说法都是同社会主义两个文明建设的要求相适应的。

但是，如果仔细分析就可以发现，还存在着的一些重要问题足以使以上的说法落空，或者不能完全实现。这些问题归纳起来说就是这个课程规划还是一个以准备学生升学为主要任务的规划，不是一个以准备学生走向生活参加社会主义建设为主要任务的规划。

我国是在小学教育尚未完全普及的情况下，提出分期分批普及九年义务教育的要求的。小学毕业生（特别在农村）还有许多人不能升学，初中毕业生中不能升学的人就更多了。义务教育既然是人人必受的基础教育，就应当以培养学生走向生活参加社会主义建设为主要任务，不能以培养学生升学为主要任务，由于多年来习惯势力的影响，这次新公布的课程规划，还没有跳出以准备升学为主的窠臼，没有突破学科中心课程的框架。

学校课程是实现培养目标的手段，学科中心课程的主要优点是有利于传授系统的科学知识，主要缺点是不利于结合生活实际需要。义务教育的主要任务是培养有社会主义觉悟的有文化的身体健康的劳动者，或者说要培养德、智、体、美全面发展的社会主义公民，过分强调学科的系统性是不利于完成这个任务的。

因此，我的第一个建议就是适当采用综合课程的设计，减少学科门数，使教材内容更易于接近生活实际。具体说，可以把初中的生物、化学、物理三科合并为自然科，同小学的自然科衔接起来，扩大加深学生对一般自然规律的认识，对人与自然界的相互关系有进一步的理解，激发学生利用自然、控制自然、改造自然的志趣。还可以把初中的思想政治、历史、地理三科合并为社会科，同小学的社会科衔接起来，帮助学生从事实材料中初步认识社会发展规律，理解个人与社会的相互关系，了解公民的权利与义务，树立学生建设社会主义祖国和保卫社会主义祖国的理想。无论自然科还是社会科，采用综合课程以后，要打破学科界限，围绕社会主义建设（包括生产和生活）中的问题来选择教材和组织教材，而不再把各学科的知识分门别类来讲授。这样，法制教育、人口教育、生态教育、环境保护教育等都可以很方便地作为社会科和自然科的教学内容，而不必考虑增设科目，初中自然和社会两科的综合教材应作为教育科学研究的课题，认真研究编订。

我的第二个建议是改革初中思想政治课的设置，可以设每周一学时的思想品德课同小学的思想品德课衔接。现在设置的"社会发展简史"课在初中二年级开设，对历史知识尚少的十四岁左右的儿童讲抽象的社会发展规律，他们显然是很难理解的。不如增加历史（综合课程社会科中的有关历史知识）教学的时间。只要我们的历史知识是按历史唯物主义观点来讲的，让学生理解社会发展规律是不难的。与其让学生囫囵吞枣地死记硬背一些政治经济学和哲学的名词术语，不如让他们从大量的社会历史事实中得出自己的结论。

我的第三个建议是加强劳动技术课的课程设置和学科教学。这个课程规划从小学三年级起开设劳动技术课，直到初中毕业。这是一大改进。但有两处又说可以集中安排，却是不合适的。为了使儿童从小就养成动手劳动的习惯，建议从小学一年级起就设置劳动技术课。培养动手操作能力，有助于智力的发展，这是许多教育家公认的。不仅如此，劳动技术课还具有职业定向或职业指导的作用，使学生认识工、矿、农、林、牧、渔、建筑等各行各业生产劳动的情况，获得从事多种生产劳动的初步的简单的经验。劳动技术课还应当具有综合技术教育的作用，同自然科的学习结合起来，使学生认识各行各业现代生产劳动的最基本的原理，学会使用各种现代化生产的简单工具。劳动技术课教材的研究编订，也应列为一项教育科研项目。

我的第四个建议也是与培养学生走向生活有关的，是初中设置职业选修科的问题。既然我们的教育要为社会主义建设服务，修毕九年义务教育的学生又有很多人不再升学，我们的学校就应为他们获得一技之长能参加社会主义建设做好准备，打好基础。农村初中要根据当地需要开设农业生产方面的选修科，也可以根据乡镇企业的需要开设工业生产方面的选修科。城镇初中要根据社会需要开设商业、服务行业的选修科。大城市的初中学生升学的比例大，但只要有人不升学，就应为他们开设适当的职业选修科。当然，初中毕业生升学多的学校，也可以开设文化课的选修科，如文言文、外国语等。现在规定的四年制初中选修科时数很少，三年制初中甚至没有具体数字，这样，设置职业选修科的规定可能会落空。此外，农村小学也可以给学生一些农业生产知识，但不宜把自然课改教农业常识（如这个课程规划的说明所说）。因为小学自然常识的教材范围很广，包括使学生认识上至天文，下至地质，从生物到非生物，从有机界到无机界的种种事物和现象，如果不教这些只教农业生产知识，会使未来的农民眼界狭隘，对自然界缺乏必要的常识，这是不合适的。

我的第五个建议是对少数民族的义务教育课程规划要另行安排。因为有本民族文字的少数民族需要实行双语教学。即同时学本民族语文和全国通用的汉族语文。在学制和课程方面都要另行设计。这里不多说了。

以上只是就课程规划如何脱离以培养学生升学为主的轨道，转入以培养学生成为社会主义公民准备参加社会主义建设的轨道而提出的几点建议。愚者之虑，未必合辙。谨献刍荛，聊供采择。

载《课程·教材·教法》1988 年第 1 期。

学校课程编订的基本原理

做任何事情都要遵循它的规律办事，不能盲目从事。课程编订工作也是一样。所谓课程编订的基本原理，就是课程编订工作中应当遵循的一些规律。规律是不以人的意志为转移的，照它办就能成功，就能事半功倍；反之就会失败，或者事倍功半。

一、哲学原理

我们是马克思主义者，我们做一切事情所应依据的是马克思主义哲学，而不应该是什么非马克思主义的或反马克思主义的哲学，如理想主义哲学、存在主义哲学、实证主义哲学或实用主义哲学。那些哲学只能使人越学越糊涂，而不能使人越学越聪明。我是过来人，有切身的体会。

什么是马克思主义哲学呢？简言之就是关于物质第一性和意识第二性的学说，关于自然界、人类社会和思维的最一般的发展规律的学说；它是科学地认识世界的方法和工具，也是革命改造的实践活动的方法和工具。它就是辩证唯物主义和历史唯物主义。

我们在课程编订工作中，怎样才能坚持唯物论，反对唯心论，坚持辩证法，反对形而上学呢？这个问题不是三言两语所能讲清楚的。但是有一点是很明白的，就是我们自己首先要形成辩证唯物主义和历史唯物主义观点，树立马克思主义世界观。我们在课程编订工作中必须强调理论联系实际，一切从实际出发，实事求是；必须强调实践是检验真理的唯一标准。我们教给学生的一切都应当是真理，都要能经得起实践的检验。我们的真理观，也就是我们的价值观。凡经得起实践检验的是真理，就有价值；凡经不起实践检验的不是真理，也就没有价值。我们要按这样的价值标准来编订课程和选择教材。

例如，在我们的课程中绝不应该设有宗教课，即使在少数民族信仰宗教的地区，所有的学校里都不允许开设宗教课，这同宗教信仰自由的宗教政策或民族政策并不违背。我们可以同宗教徒建立爱国统一战线，但学校是国家的事业，我们的学校有宣传无神论的责任和自由，但没有传教的自由。这同高等学校研究宗教思想史是两回事。

又如，在我们的历史课中应当讲历史的真实，还历史以本来面目。过去在中苏友好时期，连沙皇俄国对中国侵略的历史也不讲了，我看没有必要；后来中苏关系恶化了，就大讲特讲沙俄侵华史，仿佛要人们提防苏联还会像沙俄那样来侵略中国。历史要为爱国主义教育服务，讲沙俄侵略中国的历史事实是完全必要的。但也要讲到列宁十月革命后主动取消对华的不平等条约的历史事实，使学生懂得什么是无产阶级国际主义精神。

歪曲历史、嘲弄历史的人必然要被钉在历史的耻辱柱上。“文化大革命”中，林彪、江青反革命集团歪曲历史事实，把1928年4月朱德、陈毅同毛泽东在井冈山会师，胡说是林彪同毛泽东会师，结果搬起石头砸了自己的脚。这是唯心主义历史观在作怪，就像胡适说的，历史是一个可以任人打扮的百依百顺的女孩。如果我们照他的话做，就会受到历史的惩罚。

每个人都在写自己的历史。历史上的伟大人物也不例外。秦皇、汉武、唐宗、宋祖，都用他们的行动写下他们的历史，后人可以根据史实来评论他们。中国人民永远怀念的好总理周恩来，用他毕生为人民、为革命事业献身、鞠躬尽瘁、死而后已的精神，写下他一生光辉的历史。这是中国人民的骄傲，是子孙后代的楷模。我们中小学各科教材，都要选用他的许多感人至深的事迹作为教材，因为我们需要有更多的周恩来！——我写这篇讲稿的时候，正值周恩来诞辰九十周年，可惜他已逝世十二年了。

以上这些可以说是我们编订课程和选择教材的价值标准。——关于哲学原理就谈这些。

二、社会学原理

社会学是研究人与人、人与社会、社会与社会相互关系的。在崇尚个人主义与崇尚集体主义的两种不同的社会里，社会学的研究有不同的宗旨。我们是崇尚集体主义的社会，我们研究社会学的宗旨是要使我们的社会，成为“这样一个联合体，在那里，每个人的自由发展是一切人的自由发展的条件”①。

有人以为强调集体主义就不注重个人的发展了，这完全是一种误解。只有消灭了剥削和压迫的社会主义社会，才能是人人真正平等的社会，只有在社会主义社会每个人才能得到自由发展的机会（初级阶段还办不到，但要逐步向这方面努力）；每个人都能自由发展了，然后一切人才能得到自由发展。

在社会主义社会里，人与人之间是真正平等的，只有分工的不同，没有高低贵贱之分。但在我们这个封建主义传统根深蒂固的国家，要消除人们头脑中的等级观念很不容易，何况新的等级观念还在不断形成呢?！我们教育工作者要有清醒的头脑，非但自己不去计较等级的高低、“宦海的浮沉”，即要求自己能上能下，而且要千方百计去消除儿童、少年、青年的等级观念，树立人人平等的人生观。

在社会主义社会里，个人与社会的关系是“我为人人，人人为我”，即个人为社会服务，社会给个人以福利。我们正在建设社会主义，因此我们要教育每个人树立全心全意为社会主义建设服务的决心，学会为社会主义建设服务的本领。1985 年 5 月《中共中央关于教育体制改革的决定》，说了两个必须，即“教育必须为社会主义建设服务，社会主义建设必须依靠教育”。什么样的教育才能为社会主义建设服务呢？什么样的教育才能为社会主义建设所依靠呢？只有同生产劳动相结合的教育才能服务好，才能被依靠。我们的教育要能培养社会主义建设所需要的多层次、多规格的劳动者，包括以体力劳动为主的劳动者和以脑力劳动为主的劳动者，只有同生产劳动相结合的教育，才能培养出这样的人来。目前这种以升学为主要目的甚至为唯一目的的办学方针，是不能培养出这样的人来的。

在社会主义社会里，集体和集体的关系应当是互助合作的关系，而不应当是彼此对立的关系。集体之间应当互相学习，取长补短，共同提高，而不应当互相封锁，彼此攻讦，幸灾乐祸。我们也提倡社会主义竞赛，但都应当是公平竞胜即所谓 fair play，不应当采取不正派的手段，弄虚作假，以权谋私。

我们的教育应当面向现代化，面向世界，面向未来。这本是一个多世纪以来，打破闭关锁国的局面后早就应当如此的，不料新中国成立后又有过一段由被动到主动的闭关锁国时期。现在改革开放的形势要求我们的教育“三个面

① 《马克思恩格斯选集》第 1 卷，第 273 页。

向”，这是适应整个国际社会的需要和新技术革命的挑战做出的英明决策。

以上这些，对我们课程编订和教材编辑工作，都有指导意义。

三、心理学原理

心理学是研究人的心理过程（包括认知、情感、意志等过程）的规律和个人心理品质形成规律的科学。它是教育学理论的基础，也是课程编订工作的依据。心理学的分支学科儿童心理学（又称发展心理学）和教育心理学，对于教育学理论的研究和课程的研制关系更加直接，更加密切。

封建社会的教育不考虑受教育者的条件，无论中外都是如此。后来有些教育家提倡教育要适应儿童生长发育的条件，但当时儿童生理学和儿童心理学的研究还没有展开，以致他们的设想不免有些主观，不完全符合客观实际。到了儿童生理学和儿童心理学的研究取得了成果，教育的实施要适合儿童身心发展阶段便成为一条具有普遍意义的规律。从瑞典教育家艾伦凯说“20世纪是儿童的世纪”这句话来看，要求按这条规律办事的时间还不过百年。把这条规律用到课程编订和教材编辑工作中来，就大有文章可做了。但我们这里只能简单提几点。

如关于课程的设置，在幼儿园只能有游戏和各种活动，不能采取正规的分科上课的方式。就是为了适合幼儿身心发展阶段来施教。在小学低年级还应该有一个过渡期，让儿童逐步从游戏和活动的形式过渡到分科上课的形式。

我们现在实行分科教学，小学生一入学就要学习语文、数学、社会、自然、体育、音乐、劳动、美术等学科。按这样编订的课程叫分科课程或学科课程。这样编订课程的优点是能够比较有系统地传递人类文化遗产，便于把儿童长大成人以后需要掌握的知识、技能、技巧、思想、观点、信念、言语、行为、习惯教给他们，缺点是不容易适合儿童的兴趣和需要，不容易引起学生学习的动机，也就不容易产生良好的学习效果。

主张适应儿童兴趣、需要和动机来编订课程，有一定的道理，但是如果走向极端，要求学校课程不能由教育者预先规定，必须由受教育者自己来决定，要让儿童完全在活动中去学习，为了活动而学习，通过活动而学习，这样的课程不分学科，只有活动，叫作活动课程。这种课程的优点是能够适应儿童当前的兴趣和需要，但不可能促进他们进一步发展，难以实现教育目标，不能培养出社会所需要的人来，所以活动课程一般只能在幼儿园和小学低年级采用。

我们主张吸收两者的优点而避免两者的缺点。教育是有目的、有计划、有组织的活动，当然不能完全按照儿童的兴趣和需要来办事。**为了实现教育的目的，我们当然要把社会需要下一代掌握的东西教给他们，但教的内容和形式、方法和步骤，既要适合儿童身心发展的阶段，又要能促进他们身心的不断发展**。这就给我们教育工作者尤其是课程工作者提出一项任务、一个难题：怎样把社会文化教给未成熟的年轻一代，而又能为他们所乐于接受、善于接受呢？

为了解决这个难题，历代的教育家们提出了不少的办法，如课程教材用圆周式的（或螺旋式的）排列，而不用直线式的排列。例如我国 1978 年中小学课程规划，把中国历史只在初中讲一次，外国历史只在高中讲一次。这就叫直线式的排列。这样做的效果很不好。小学生毕业了，连一点历史知识都没有，剥夺了小学生通过学习历史来接受爱国主义教育的权利；初中生毕业了，没有一点世界史的知识，没有对比也就不可能产生对祖国悠久文明的热爱。中小学生缺乏历史知识就难以为树立历史唯物主义观点打好基础。如果让学生在小学、初中和高中对古今中外的历史人物和历史事件，都有一些适合他们理解能力的了解，并逐步扩大和加深，那么，这就叫螺旋式的排列。看起来，教学的时间多用了一点，但事实上，教学的效果要大为提高。

从 19 世纪以来，科学日益分化，学校设置的教学科目（学科）也有显著的增加，但后者（学科）不能与前者（科学）同步，即不可能随科学的分化而增设学科。20 世纪以来，科学在分化的同时又有综合的趋势，因此产生了许多交叉学科、边缘学科、跨学科的学科等等。学校课程的设置，为了便于传递系统的科学知识，可以采用学科课程，但要看儿童、少年、青年的接受能力，适当地分合。如在低年级要适当减少学科，部分采用综合课程，像小学低年级社会和自然两科可以合并为常识，甚至连常识也可合并到语文中去，音乐、体育可合为“唱游”，美术、劳动可合为“美工”。减少分科可以更加接近儿童生活的实际，因为生活是一个整体，分科过细就人为地将生活割裂了。

又如初中的政治、历史、地理，也可以综合为社会，初中的生物、化学、物理，也可以综合为自然（或理科）。因为初中是人人必受的义务教育，义务教育是培养社会主义公民的，即培养有社会主义觉悟的、有文化的、身体健康的劳动者的，分科过细，教材不容易同生活相联系，各科都讲究自己的体系，有些必要的教材，如人口教育、环境教育、法制教育等往往涉及许多分科，反而不好容纳。设立综合课程，可以免去这个弊端。

这里要说说“学科”同“科学”的异同。大家都知道，科学是有关自然界和人类社会以及人的思维的规律性的知识。每门科学成为一门独立的学问的时候，都形成了它自己的体系，包含一套概念、原理和法则。因为它是按逻辑方法分析、综合、归纳、演绎、抽象、概括而成的，所以称为逻辑体系。这种体系不适合中小学的学生学习，于是课程工作者的任务就是要把科学的这种逻辑的体系改造成适合于中小学学生学习的心理体系。这样，把科学按心理体系加以编排，就使它成为适合学生学习的学科了。学科的内容是符合科学真实的，要保证它的科学性；学科编排的方式是适合学生学习的，要保证它的可接受性。这就是学科同科学的联系与区别。至于怎样把科学变成学科要遵循人类认识的规律，即从感性认识到理性认识，从生动的直观到抽象的思维，再从理性认识到实践。

我们课程编订和教材的编辑，就要了解学生学习的心理，使它既便于学生学习，又有利于提高科学水平。

四、教育学原理

教育学的研究也需要有哲学、社会学、心理学等原理的依据，同时它也是课程编订所应依据的原理之一。课程的研究本是教育研究的一部分，课程理论同教学理论、学校管理理论、教育评价理论等一样，都应当是教育学理论的下位理论。一方面教育学理论是课程理论研究的依据；另一方面，课程理论又可丰富教育学理论，支持教育学理论。二者的关系是直接的，密不可分的。

教育学是一门应用科学，它的理论来源于实践。人类千百年来在教育实践中总结的成功经验，如果具有普遍意义，上升为理论，就能用来指导实践。这些理论当中，首先应当了解的有教育起源和发展、教育本质和职能、教育地位和作用、教育目的和任务的理论，特别是课程教材使用学校的培养目标，课程编订工作者必须心中有数，念念不忘。

其次，对课程编订工作有密切关系的还有教学理论。如关于教学过程的理论。按照马克思主义认识论，教学可以分为感知、理解、记忆和应用几个过程。我们教材的编辑就应当考虑到怎样让学生在感知的基础上理解，就是要丰富他们的感性认识；在理解的基础上记忆，而不要求他们死记硬背。如此等等。

再如关于教学原则的理论，要求启发诱导，反对注入灌输，这不仅是个教学方法问题，也是个教材编辑问题。过去的课本只把现成的知识原原本本地写出来让学生读，这就容易使教师照本宣科。倘若课本里不写这些，而让学生去做、去试验、去观察、去比较等，然后自己得出结论写在书上，那么教师无法注入，必然就会采取启发的方法。这只是一个例子。理论与实际结合、科学性与思想性结合、统一要求与因材施教结合、传授知识与发展智力结合，这些原则以及直观原则、系统原则、巩固原则、可接受原则等等，都同教材的编辑有关。可以说，它们不仅是教学应当遵循的原则，也是教材编写应当依据的原理。我们教材编辑工作者都应当研究如何使教材符合这些原理。

又如关于教学方法的理论，对教材编写也有指导作用。因此教材的编者自己最好要有教学实践经验。譬如说，倘若我们懂得教学不仅是传授知识、技能、技巧，还要形成学生一定的思想、观点和信念，我们的教材编写就必然会注意到科学性和思想性的结合，或者叫作“文道统一”。倘若我们懂得教学不仅要学生“学会”，而且要他们“会学”，即学会自学的方法，养成求知的欲望，懂得探索真理的途径，那么我们教材的编写就不能只以叙述已有的结论为满足，而要把问题的发生、提出的假设、假设的验证及问题的解决等整个过程使学生知道，使他们学会自己解决疑难。

还有关于教学评价的理论，对于教材的编辑也是应当了解的。我们的课程教材编订出来，经过实施以后，究竟能否实现预定的教育目标，收到预期的教育效果，需要经过评价。课程评价以后，才好依据评价的结果加以修订。评价需要有客观的标准。教学的评价一般采用学习成绩测验，目前我国还缺乏标准测验，学校考试和升学考试的办法，都还缺乏客观标准，所以科学性不足。这是个有待研究解决的问题。所谓择优录取，优秀的标准是什么？是否能把优秀的学生挑选出来？都还经不起推敲。这是我国教育科研的薄弱环节。教学评价对我们课程编订来说，是修订课程的依据。由于缺乏科学的评价标准、工具和方法，我们课程的修订往往也缺少科学的依据。

我国教育学理论建设还未臻完善，建立有中国特色的教育学还是一项有待完成的艰巨任务。但目前公认的一些教育规律如能在教材编辑中贯彻下去，对于提高教材质量显然是会有很大帮助的。

关于课程编订的原理，有的同志还举出有科学学原理、未来学原理等。但作为基本原理来说，上面四项是必须遵循的。所以只谈这些，作为抛砖引玉。希望有更多的同志来研究学校课程问题，以提高我国的教育质量。

载《课程·教材·教法》1989 年第 1 期。

学校课程编订的一般问题

上、课程编订的机构和人员

课程编订的机构，有编辑机构和审定机构。凡是中央集权管理教育的国家，一般都设有这样的机构。

实行中央集权管理教育的国家，对教科书也有实行国定制和审定制之分。凡采取国定教科书制度的国家，大都专门设有教科书编辑机构。如我国清末曾在京师大学堂设有教科书编审处。国民党政府的国立编译馆，也曾兼负有教科书编审机构的责任。

中华人民共和国成立以前，华北人民政府教育部设立了教科书编审委员会，是一个常设的课程编订机构。新中国成立后，这个编审委员会就并入中央人民政府出版总署编审局，负责课程教材的编辑和审定。1950 年 12 月 1 日人民教育出版社成立，编审局中负责编订课程的机构就成为它的编审部，后改称编辑部。它在中央教育行政部门的直接领导下，参与中小学课程规划的制定和讨论，并多次代替中央教育行政部门起草中小学各科课程标准，主持编辑中小学各科课本和教学参考书。

经过多年的实践，人民教育出版社的编辑干部，越来越感到学校课程的编订不是一般行政事务，也不仅是可以依靠学识和经验就能做好的一般教育业务，而是一项科学研究课题。因此，从 80 年代起，经中央教育行政部门同意，以人民教育出版社原有编辑干部为基础，成立了课程教材研究所，目前，凡是人民教育出版社的编辑干部（包括助理编辑、编辑、副编审、编审）都是这个研究所的研究人员。希望把课程编订工作、教材编辑工作都建立在教育科学研究的基础上。可惜，由于教材编辑的任务很重，对课程、教材的研究工作还未能充分展开。今后希望增加课程教材研究所的专职研究人员，并赋予培养研究生的任务。这样，既可充实教材编辑干部的队伍，又有利于课程研究工作的展开。

苏联是采取教科书国定制的国家，苏联中小学教科书大都是由苏联教育科学院的研究人员编辑的。编得好的教科书可以得到科研成果奖。

日本是采用教科书审定制的国家，它由中央教育行政部门制定统一的课程标准，但教科书可以由各个教科书出版商请专家编写，但必须将原稿递请中央教育行政部门反复审定修改，经文部大臣批准后，才能作为教科书出版，供各地学校选用。日本中央教育行政部门设有专职的教科书审查官数十人之多，此外还聘请了人数众多的兼职审查官员。这些人不仅有各门科学的学者、专家，而且有教育科学理论和实践方面的行家。

最近，我国也采取了教科书审定制度。因为除了人民教育出版社可以继续编辑教科书外，各地方、各单位、各个人都有权编辑中小学教科书，只要经过中小学教科书审定委员会审定通过，都可以供各地学校使用。地方编，有利于使教材适合各地的需要，特别可以弥补统编教材不利于进行乡土教育的缺点。但要认真实行审查制度，严格把好质量关。这并不是一件容易办到的事，光靠兼职的审查人员是很难做好的。单位编，可以发挥各单位科研人员的特长，如数学研究所可编数学教材，历史研究所可编历史教材，物理研究所可编物理教材。这些专家编辑教材容易把新的科研成果编入教材，但也容易忽视教材的可接受性，所以审查时要考虑它是否适合教学的问题。个人编，可以吸收对某门学科既有专长又有教学经验的同志来编辑教材，他们往往可以编出很有特色的教材来，但往往只能是单科的，不能配套。

现在谈谈课程编订应由哪些人员负责的问题。

首先是中央教育部门的首长。

凡采用中央集权管理教育的国家，不管对教科书采用国定制还是采用审定制，中央教育行政部门的首长都要对包括课程规划、课程标准和课本的全部课程负责。这些课程，不管是谁起草的、谁编辑的、谁审定的，最后总是由首长签字批准公布施行或交付印刷发行使用的。因此首长要负责，他是责无旁贷的。

其次是中央教育行政部门聘请的审定委员。

审定委员受中央教育行政部门的委托，负责审定他所熟悉的课程标准和教材，他应当对亿万学生负责，使经过他审定的课程、教材，都具有科学的准确性、观点的鲜明性和教育的适用性。他只要能真正对亿万读者负责，也就是对委托者负责了。

再次是具体执行起草任务的专家学者。

课程规划和课程标准都要有人动笔起草。这些文件都要经过有关的各门科学专家、教育科研人员特别是课程研究人员、教育行政干部和教育实际工作者（校长、教师）研究讨论，才能写出初稿。他们虽然在集体中工作，但都要本着对国家教育事业负责，对亿万学生负责的精神，竭尽全力，破除成见，通力协作，拟出最佳的方案来。

最后是教科书的编者。

前面说过教科书的编者要把一门科学变成一门学科，这就要求他不仅是本门科学的专家，而且是兼通其他有关科学的行家；他对学生已有的知识了如指掌，对学生同时学习的其他各科知识也胸中有数；他不仅要是一位科学家，而且要是一位教育家，懂得教育学、心理学、课程论和教学论的基本原理，懂得如何结合本门学科的教材对学生进行思想品德教育；他不仅要是科学家和教育家，最好还要是一位著作家或编辑家，他要能善于用深入浅出的文笔，在理论结合实际的原则下，有条有理地、循序渐进地、按部就班地、生动活泼地把一门学科中的基本事实、基本概念、基本原理、基本规律讲得头头是道、清清楚楚、明明白白，从而起一种循循善诱的作用，能吸引学生进一步钻研这门学科，甚至立志终身从事这门学科的研究。此外，他不仅要对本门学科过去的教材很熟悉，了解它们的优点和缺点，而且要对主要发达国家同等学校同类教科书的内容有所了解，善于借鉴。

应当承认，符合上述要求的教科书编者不是天生的，而是需要大力培养的。除了我们课程教材研究所要抓紧培养青年编辑外，师范大学研究生院要设置“课程和教学”专业，招收师范大学本科毕业生并有教师工作经验的有志之士，专门培养为教科书编辑干部。教材编辑工作和教师工作一样，需要有一支稳定的队伍长期从事，才能做好。

同志们！我今天要讲的话就要结束了。最后谈的这个对教科书编者的要求，看起来比较高了一些，但我们应当向着高标准努力。因为教科书的质量如何，关系到我们祖国下一代的健康成长。现在国家把编写教科书的重担交给我们，我们一定要尽心竭力，殚精竭虑，认真做好教科书的编辑工作，为培养一代一代共产主义事业的接班人做出应有的贡献！

1988 年 3 月 9 日写完

下、学校课程编订的过程和步骤

从理论方面说，课程编订或研制的过程，有四个：

（一）课程分析（analysis）

这是课程研制的第一步。分析的范围有教育目标、人生活动、职业活动、受教育者身心发育状况、现实及未来的需要和古今中外的课程等。

分析的目的在于确定教育内容选择的方针，衡量教材的价值，为课程设计提供依据。

分析的方法有观察、调查、访问、搜集数据、研究文件等。

分析的结果可以产生各种明细的一览表，根据它们可以初步列出各科课程纲要。

（二）课程设计（design）

这是课程研制过程中最具有创造性的活动。这种活动从各门科学专家、教育科学专家和课程研究人员的角度，研究课程实施的对象、不同层次的教育目标、课程应当采用的类型（学科课程还是活动课程，综合课程还是核心课程），编订有关课程文件的具体内容。文件中包括某一学科的教学目的和任务、教材选择的广度和深度、教材排列的顺序、本学科同其他学科的联系、各部分教材的分量和教学时间的分配、实验仪器和各项教具的使用等。

课程设计的结果产生的文件是课程标准（教学大纲）。

（三）课程实施（implementation）

这是通过教学活动把编订的课程落实到教室里去。

按照教育目标编订的课程，是否有助于它的实现？针对学习者身心发展阶段编订的课程，能否为他们接受而收到预期的效果？都需要把它落实到教学活动中去，才能得到答案。因此，教学也是课程研制过程之一，教师也可以说是课程研制人员。

课程和教学有密切的关系：课程的实施要靠教学，教学的内容便是课程。二者有互相依存的关系。

只有通过教学才能对课程做出评价。

（四）课程评价（evaluation）

为了检查课程的实施结果，能否实现教育目标，实现的程度如何，需要对课程评价，以便做出改进课程的决策。

课程评价是一个客观的过程，需要采取科学的工具即教育测验，以便得到数据，对课程做出量的分析，这是量的评价。

倘若观察学生行为表现，做出质的分析、说明和鉴定，称为质的评价。

课程评价的结果可以作为课程改进的依据。

由此可见，课程编订或研制，是一个周而复始的过程。在改进课程的时候，是要经过分析、设计、实施和评价。如小学为五年制，这个过程最好五年一次，即新编订的课程最好使用一轮以后再着手修订。

从实际方面说，学校课程的编订，首先要有一些先决条件。这个先决条件之一就是要了解国家的教育宗旨或者说党和政府的教育总方针。1982 年《中华人民共和国宪法》第四十六条的一句话：“国家培养青年、少年、儿童在品德、智力、体质等方面全面发展”，可以看作具有最高法律依据的国家教育总方针。将来港、澳、台回归祖国，尽管实行一国两制，这个总方针应当可以被全国所遵守。先决条件之二就是要了解我国学制，如我国中小学的修业年限究竟各若干年，如何分段。小学是五年制还是六年制，初中是四年制还是三年制，高中是三年制还是二年制，等等。学制要根据儿童、少年、青年身心发展阶段和各级学校实现教育目标需要学完的课程来确定年限的长短和分段的适当，过长没有必要，过短也不行。所以，学制同课程有互相制约的关系。

学校课程的编订是一个科学研究过程，而不是单纯的行政事务。无论是确定课程设置，制定课程标准，还是编辑师生用书，都应当把它们看作科学研究工作，精心设计，精心施工，设计和施工的结果必然产生有关课程的文件。现在按照课程文件产生的先后，简单说明课程编订的程序。

<u>确定课程设置</u>　产生课程文件之一：“课程规划”（现称“教学计划”）——编订课程规划是给某一级或某一类学校编订课程的第一道工序，一般应做好以下各项准备工作：

1. 分析学校教育目标；
2. 了解学生身心发展；
3. 了解学生已有程度（要查阅低一级学校的课程文件）；
4. 调查社会生活需要（要着眼于当地，也要着眼于未来）；
5. 调查个人生活需要（要着眼于未来）；
6. 确定采用的课程类型（一般的学科课程为主）；

7. 研究原有的课程规划（教学计划）。

做好以上各项工作以后，就可以产生新的课程规划，其中包括设置哪些学科，这些学科设置的起止年级或学期；各门学科各年级每周教学时数，每门学科教学的总时数；每年级同时开设几门学科，这些学科每周教学时数若干；适当平衡各年级同时并开学科数和每周教学时数；规定学生集体活动（班、团、队的组织生活）、课外运动（早操、课间操、体育锻炼、运动队等）、课外活动、公益劳动等的时间。

制定课程标准　产生课程文件之二：各科课程标准（现称“教学大纲”）。——这道工序同前一道工序是密切相关的，因为在确定各门学科教学时数的时候，就已经要考虑到各门学科课程标准对教学时数的要求。这些要求是由各门学科的目的、任务和内容决定的，如小学语文、数学占的学时数多，总是第一位和第二位，就是因为要儿童掌握读、写、算（所谓 Three Rs）的基本知识技能。同时编订各科课程标准的编者，也要有全面观点、全局概念，不能片面强调本门学科的重要而要求占用过多的时间，一般都得按照课程规划的规定行事。各科课程标准的产生还要经过这样几个步骤：

（1）分析本学科的目的要求；

（2）考虑本学科的教材纲要；

（3）拟定各部分教材的教学时间；

（4）设计本学科参观、访问、调查、研究、实验、实习等实践活动的项目；

（5）结合教材的进度给上列实践活动安排适当的时间；

（6）考虑本学科的前后衔接（纵向联系）和本学科同其他有关学科的联系（横向联系）；

（7）研究如何寓思想品德教育于本学科的教材之中。

各学科课程标准要首先把本学科的目的要求讲清楚，列举教材纲要的同时就规定各部分教材所占的教学时间，各项实践活动要同各部分教材有机地联系在一起，要规定施教时的注意事项，要列出必须使用的最低限度的教学设备清单，要开列教师教学和进修用的参考书目等。

编辑学生用书　产生课程文件之三：教科书（又称“课本”）。——教科书是学生用书。编辑教科书应当是一项科学研究工作，编得好的教科书应当是科研成果，应当受到国家的奖励。因此，不能把它看作轻而易举的事，看作剪刀糨糊的事，应该把它看作一项创造性的劳动。

在采用学科课程的时候，教科书的编者要把一门科学变成一门学科，以便学生学习。因此对编者的要求相当高。现在先谈编辑教科书应采取的步骤：

(1) 研究有关的课程规划和课程标准；

(2) 研究古今中外有关学科的教科书；

(3) 了解教科书适用年级儿童已有的准备程度；

(4) 按照课程标准中的教材纲要选择适当的教材；

(5) 在编写教材过程中，不要只考虑把现成的知识告诉学生，而要随时考虑到启发学生的求知欲，培养他们的学习兴趣，锻炼他们的自学能力，发展他们的观察力、思考力和实际操作的能力，同时形成他们科学的思想、观点和信念；

(6) 考虑采用或绘制适当的插图，安排实验或实习作业，提供进一步思考的线索；

(7) 将教科书稿送审，试用，修改定稿。

<u>编辑教师用书</u>　产生课程文件之四：教学指导书或教学参考书。——在教科书编好以后，还要考虑到教师教学的需要，编辑教学指导书或教学参考书。这要根据教师的条件来编辑，如对合格而称职的教师，需要多介绍一些本学科最新的科研成果及其在生活和生产中的应用；对基本合格的新教师要偏重阐述教学目的的要求，指出教材重点、难点和关键以及教学方法的指导；对那些勉强任职的教师又需要着重帮助他们掌握教材本身。因此，同一种教科书不能只有一套一样，教学指导书也不能每种课本只有一套。

一般来说，教学指导书应包括以下内容：

(1) 说明本门学科总的教学目的和要求，本册教材在本门学科中的位置，学生已有的知识基础等；

(2) 按课、按章节说明本课、本章节教材的具体教学目的要求；

(3) 把教材同这些目的要求挂上钩，使每一部分教材的教学在教师心目中都有明确的目的；

(4) 帮助教师掌握教材的重点、难点和关键，为了照顾大多数教师的需要，这部分宁可讲得详细一点；为了考虑大多数学校设备简陋、参考资料不足的现状，甚至要对教材中的名词、术语做必要的注释；

(5) 帮助教师备课：准备实验仪器，课前先试做将要演示的实验，先画

（写）好小黑板，准备好录音机、录像机和相应的磁带，绘制好幻灯片，写好片基等等；

（6）对课本中的习题或作业，做出标准答案以及可能从不同角度、不同思路、用不同方法解答的方案等；

（7）列出对优等生的补充作业，对差生的辅导材料等；

（8）列举有关本课（章节）教材的参考资料，包括教材、教法或教具的参考资料；

（9）列出考查本课（章节）教材教学效果的测验题标准答案；

（10）其他。

教学指导书要成为教师进行教学的帮手，要鼓励教师针对具体情况发挥教学中的创造性，而不要束缚教师的手脚；教师也不要过分依赖教学指导书而不努力备课和搜集最新的参考资料。教学指导书的编者应当现身说法，说明当教师要认识自己的不足，随时随地勤奋学习，进修提高；不能抱残守缺，不求进取，贻误学生。

（五）设计和制作教具

教具也是广义的教材，是课程内容的一部分。学校课程的编订不能忘记这部分工作。

教具的种类很多，最常用的有图表、模型、标本、实物、幻灯机（片）、电影机（片）、录音机（带）、录像机（带）、闭路电视等。

现代化教具（电化直观教具）的使用，可以节省教学时间，增进教学效率，减轻师生负担，提高教学质量，应当争取有越来越多的学校装备起来。

不仅目前教育经费短缺，大多数学校教具设备简陋，需要教师开动脑筋自制教具，即使学校教学设备充实了，教师和学生一起，少不了还要自制教具。因为自制教具的过程也是深入学习的过程，不仅教师可以在自制教具过程中充实自己，而且可以同小学高年级以上的学生一同自制教具。

小学生可以为幼儿园儿童制作教具，初中生可以为小学生和幼儿制作教具，高中生可以为初中生和小学生制作教具。这些教具制作活动都可以作为劳动课和劳动技术课的教学内容。制作教具的收益，可以用来充实那些非买不可的教具。

实行分科教学，应有专科教室。理科的专科教室要同本科的实验室、教具室毗邻。现代化的教学手段不像轻便的教具便于携带，所以要有专科教室的设置。文科如外语教学要有语音演习室，史地教学也要有专科教室，陈列模型、放映电影，等等。

我国普通教育本来底子就薄，过去光追求发展的速度而不注意质量，加上“文化大革命”的彻底破坏，至今还是社会主义建设中的极其薄弱的环节。不少学校有名无实，连“一无两有”尚未解决。若再不认真作为战略重点来从师资、经费、设备等方面，大力充实、加强和提高，教育将会拖现代化建设的后腿。这是我们教育工作者应当关心的一个大问题。

（六）编制各科教育测验

这是课程编订的最后一道工序，如果不把进一步修订课程计算在内的话。

编制教育测验的目的，第一是看学生的学习效果，这是从测验题的答案中就可以直接看出来的。第二是看教师的教学效果，这也可以从学生的答案中反映出来。学生对测验题答对了，证明他们能够理解了，记住了，甚至能够应用了；反之就可以发现他们对哪些教材还未能正确理解和掌握，可以进一步分析造成的原因，先从教师的教上找原因，再从学生的学上找原因，研究改进教和学的方法。第三是评价课程、教材本身的得失。所以各科教育测验是评价课程的重要工具。

为了使教育测验能作为评价课程的工具，在编制测验的时候，首先要考查教育目标是否通过课程和教学得以实现了，各部分教材的教学目的和要求是否完满地达到了。其次要考查学生对教材中重点、难点和关键的掌握情况。最后还要考查学生通过教材的学习，是否不仅增长了知识、技能、技巧，而且形成了思想、观点、信念，即是否实现了思想品德教育的任务。

测验题要求客观，既能客观地反映学生对教材掌握的情况，又便于教师（或测验者）客观地评定测验的结果。

通常用的测验题有以下几种形式。

1. 是非题或正误题。写出一句话，让学生判断它是对的还是错的，对的画加号（＋），错的画减号（－）。出这种题目时，对错的数目应当大致相等。这种题目的缺点是学生猜对的机会有一半。

2. 选择题。是非题也可以说是一种选择题，不过选择的范围只有两个，不是对就是错。选择题至少要有四个不同的答案让学生选择，不同的答案越多，学生猜对的机会越小。正确答案的次序要分配均匀，不要固定。

3. 填充题。写出一句话，但空出其中关键的词语，让学生填；或画出一幅图，让学生注出图中各部位的名称。这种题不容易猜对，也不仅要求学生回忆事实的知识，而且要求学生能够再现已学的知识，所以有一定的难度。

4. 问答题。这种题不仅能测验学生对知识的记忆，而且能测验他们对知识的理解和运用，还能考查学生思维能力发展的情况。出题时要充分发挥这种题目的特点，不出只要求记忆的题目。它的缺点是评分难有客观标准。

5. 作业题。要求学生做实验，或完成一项作业（如测量学校操场面积，并制出平面图；统计某次考试成绩，并绘制成绩分配图）。这是考查学生对知识的理解和应用，特别是运用知识解决问题的能力。

测验题要具有效度（validity），即能真正测出所要考查的事项；还要具有信度（reliability），即测验的结果是可靠的，重复同一测验可得相同的结果。

教育测验和心理测验也是一门学问，本世纪 20 年代已经从国外引进过来，可惜我们已有多年不讲了。近十年来，教育科学研究恢复了，作为教育科研客观手段的教育测验和心理测验，已逐步受到重视，最近我社出版了华南师大的同志翻译的《心理与教育的测量和评价》一书，可供参考。

1988 年 5 月 12 日

据作者手稿排印。

再谈课程原理

一

我在本刊 1989 年 1 月号发表了《学校课程编订的基本原理》一文，英文目录把题目译为 *Basic Principles of Making School Curriculum*。照汉语的题目直译虽没有错，但同英语有关课程理论书籍中的习惯用法大不相同，这就使我感到很不安了。从我讲的内容来说，译为 *Foundations for Curriculum Making* 比较合适，因为那篇文章讲的是课程编订所应依据的几门学科的基本原理，而没有涉及课程系统（指课程编订、实施和评价的全过程）本身的各项规律。习惯上讲课程系统本身规律的才被称为 basic principles 或 fundamentals。因此，我不得不再谈一次课程原理问题。

英、美出版的课程论著作可谓汗牛充栋，我的见闻很有限，据我所知，用 Basic Principles 一词来谈课程原理的著名人物是美国学者拉尔夫 · W. 泰勒（Ralph W. Tyler）。他在 1949 年出版了一本 *Basic Principles of Curriculum and Instruction*（《课程和教学的基本原理》）。他提出的基本原理后来被称为“泰勒原理”（Tyler's Rationale），对课程研究影响很大。

1978 年我在编辑《外国教育丛书 · 中小学教学改革的理论和实际》时，曾经摘译泰勒的一篇文章，题为《课程编制的两个新着重点》。在这篇文章的开头，他就说：“二十五年前，我曾提出编制中小学课程必须解决的根本问题有四个：1. 课程的教育目标必须是什么？2. 为了实现教育目标必须规定哪些教学内容？3. 应当怎样组织教学内容来提高它们的效果？4. 课程的效果应当怎样评价？”① 他提的新着重点是对上述根本问题的补充：一是强调要考虑“学生”这个因素对编制课程的意义，二是强调要对学生的校外学习做广泛的

① 《中小学教学改革的理论和实际》，人民教育出版社 1979 年版，第 99 页。

调查。我当时因为尚未开始对学校课程问题做比较系统的研究，对此并未予以足够的重视。甚至在我开始研究课程问题以后，相当长的时间我还不知道自己介绍过的这些就是著名的泰勒原理。这正如毛泽东所说："感觉到了的东西，我们不能立刻理解它，只有理解了的东西才更深刻地感觉它。"① 这也说明研究学问要做到融会贯通是多么不易。

下面谈谈课程系统本身的各项规律，即从另一个角度说的课程原理，希望收到抛砖引玉之效。

二

课程系统本身的各项规律，可以分为两大类：一类是课程的制约因素，一类是课程的工程管理。前者我在本刊 1985 年第 3—4 期发表的《制约学校课程的各种因素》（以下简称《因素》）中已经涉及，但没有把它们当作课程原理明确提出来。现在就先从制约课程的诸因素来谈课程原理。为了简明起见，似可归纳为如下各条。

（一）经济制约原理或说生产制约原理——一定社会的生产力发展水平，影响着学校课程的内容和结构。从根本上说，教育是为生产服务的。物质资料的生产是人类赖以生存的基础。生产经验的传递离不开教育。越是现代化的生产，对教育的这种职能需要越大、越迫切。这不仅为发达国家的实践所证明，而且已经成了当代负有治国兴邦责任者的常识。这里没有必要多谈。既然教育要为生产服务，学校课程，如有的学者所说，是教育事业的心脏②，当然要受生产的制约。关于这一点，请看《因素》中谈"社会生产的需要"一节，这里不赘述了。

（二）政治制约原理或说目标制约原理——一定社会一个国家的教育宗旨、教育方针、培养目标决定着学校课程的内容和结构。因为教育的宗旨、方针和目标，都反映了当时当地政治的需要，所以说，教育目标决定课程，实际上也是政治要求决定课程。请看《因素》中"教育宗旨的规定"、"培养目标的要求"两节。

---

① 《毛泽东选集》，人民出版社 1966 年新版横排一卷本，第 263 页。

② Taylor and Richards，*Introduction to Curriculum Studies*，1985，p. 2.

（三）文化制约原理或说知识制约原理——一定社会一定时代的文化、科学、技术状况，或者说知识财富积累的程度，决定着学校课程的内容和结构。这一条含义广泛，《因素》中提到的“科学技术的进步”、“哲学思想的影响”、“社会文化的传统”以及“学校类型和制度”都与此有关。这里前三者都与人类文化遗产的积累有关，人类文化遗产亦即人类的知识财富，学校课程负有传递人类文化遗产的任务，学生有接受人类知识财富的义务。因此，文化制约也可以说是知识制约。这样跟课程编订更可以直接挂钩。需要指出的是，我在《因素》中只提到哲学思想的影响而没有提到教育思想的影响，只提学校制度的因素，而没有提到教育思想的因素，是一大缺陷。这个缺陷在我于本刊1986年9—11期发表的《国外学校课程理论的各种流派》一文中可以弥补。因为它比较概括地说明了近几百年来教育思想对学校课程的影响。

（四）学生制约原理或说儿童制约原理——一定教育阶段、一定年龄阶段儿童身心发育的状况，决定着学校课程的内容和结构，特别是它的广度和深度。《因素》中“儿童身心的发展”一节，谈的就是这个原理。

为了强调学校课程的编订必须考虑“儿童身心的发展”，《因素》末段曾经把它称为个人因素，而把其他因素归结为社会因素，说课程编订要兼顾个人因素和社会因素。这种说法虽然不错，但不完全。因为课程编订还要考虑到一个实体，即人类千百年来所积累的知识财富。把这个实体笼统地包括到社会因素中去是不妥当的，自然更不能包括到个人因素中去，应当如本文第三原理所说，单独考虑。

三

现在进一步从课程工程管理的角度来谈课程原理。课程工程即课程的系统工程。按系统论的观点，把课程从设计（编订）到实施再到评价的全过程，称为课程的系统工程，简称课程工程或课程系统。①

（五）最高价值原理——课程的编订和实施对于实现教育目标要具有最高价值。我们的教育目标是要培养全面发展的劳动者，培养社会主义公民，培养社会主义建设者和保卫者。课程是教育者培养人的规格或蓝图，也是受教育者

① G. A. Beauchamp, *Curriculum Theory*, Chap. Ⅴ, Ⅶ, 1981.

认识世界的媒体。课程编订得完善与否，关系到育人工作的成败。因此，课程必须具有最高价值。什么是我们的最高价值呢？我在《学校课程编订的基本原理》那篇文章里曾经提到，我们的真理观，也就是我们的价值观。现在有人提出衡量真理的标准要加上一个生产力标准，认为凡有利于发展社会生产力的就是有价值的，反之则否。我认为是否有利于发展社会生产力，也要由实践来检验、来证明，所以“实践是检验真理的唯一标准”这个“唯一标准”的提法，仍然是有效的，不能改变的。

从课程内容来说，有些最基础的知识技能如读、写、算等，是人们生产、生活以及进一步学习所必需的，当然具有最高的价值；换言之，凡普及义务教育阶段的学校课程内容，都应该是人生必须掌握的，都应该具有最高价值。这就给课程编订者提出了一项任务：确定课程内容是否为人生所必需。为此，要从事广泛的调查研究，分析综合，从搜集到的大量事实材料中，根据出现的频率，确定价值的高低。当然，有些课程内容，特别是德育课程的内容，是无法用量的多少来决定价值的高低的。像《小学德育纲要》、《中学德育纲要》所规定的某些要求，如勇敢顽强、不怕困难等，尽管可能在生活中出现的频率不高，但在保卫祖国、建设祖国中有很高的价值。又如对传统的课程内容，也要重新衡量，凡为今后人生活动需要的就保留，反之则否，如同手摇计算机已为电子计算器和电子计算机所代替一样。只是从基础知识和基本技能来说，要淘汰的东西并非很多，而且必须慎重处理。如删去算术应用题难题的教学而提前教以列代数方程式解数学应用题的方法等。这样才能不断更新教学内容，保持课程的最高价值。这一条不仅是选择课程内容应当遵循的规律，也是评价课程要依据的原理。

（六）优化组合原理——课程的编订和实施必须选择最精华最典型的人类文化遗产和最先进最稳定的当代知识财富，并按照知识的内在联系和学习者身心发展的特点，通盘筹划，适当安排，使教学内容结构合理，使师生花费最少的精力获得最大的教学效益。

在我们主要采用学科课程的条件下，要使各学科的排列组合，既不割裂知识的有机联系，也不发生重复、颠倒、错乱的流弊，必须注意各科教材自身的前后衔接和各科教材之间的彼此联系。

义务教育阶段的课程要适当采用综合课程的编制，酌量减少科目，使所教的知识更加完整，使教育更加切近生活。在这方面，各门学科专家同教育学者之间经常产生不同的意见。前者一般主张分科独立设置课程，如生物学家主张在初中分别设立植物学、动物学、生理卫生学等科目，而不大乐意将生物、化学、物理等合为一门综合理科。但教育学者多半认为在义务教育阶段，没有必要把理科知识分门别类去教，如果让学生把这些知识围绕着一些实际问题来学习，效果会更好。因此，采取综合课程的设计，是课程优化组合的一条道路。当然，这要涉及教师和教材编辑人员的培养问题。课程的综合不是混合，不能名为理科，实际上还是分门别类讲各科知识，而是要把理科知识融合在解决实际问题当中。例如，“人们衣、食、住、行的生活资料是从哪里来的?”这样的问题就包括了生物、化学、物理等各方面的知识。社会学科的情况也是如此。例如，政治、历史、地理等科可以合并为一门社会，以解决实际生活问题来组织教材。像“人们是怎样管理一县（或一省、一国）的公共事务的?”这个题目，不仅涉及政治、历史、地理三科的内容，而且涉及法律、人口、环境保护等方面的知识。

课程的优化组合不仅同学科的设置有关，还涉及学科先后排列的顺序、同时并进的条件、教学时间的分配、实践作业的安排等问题。要注意课程内容和学习时间的综合平衡，勿使学习负担有时轻时重之弊。

（七）全面发展原理——**课程的编订和实施要促进受教育者身心的全面发展，因此应当有统一的要求；同时又要全面考虑学习者的具体条件和不同需要，影响他们的全部生活，使所有学习者都能得到适合他们条件的最佳的、和谐的发展。**

一般考虑课程编订，往往都属于正式课程的范围，在这个有形的、显在的课程范围内，要考虑到最高价值、优化组合以及全面发展等等。如课程要适应对学生进行德、智、体、美等各育的需要，妥善安排各种科目；为了贯彻教育同生产劳动相结合的方针，中小学师范院校课程中都必须有实施生产劳动教育、综合技术教育的学科，从小学一年级起就要培养学生用手的能力，养成手脑并用的习惯。又如教学重在培养学生自学的能力和习惯，不以传授知识为满足。课程的编订和实施都要体现这种精神，使学习者获得知识的同时，养成自学的能力和习惯。自学要有强烈的探究动机，所以要培养学生的好奇心和求知欲。这比单纯灌输知识重要得多。——这是一般意义上的全面发展，是在正式课程范围内讲的全面发展。

除了正式课程以外，还有非正式的课程。我这里说的全面发展，还指在非正式课程方面要充分考虑到对受教育者施加影响的问题。非正式课程不是指课外活动，有计划、有目的、有组织的课外活动，现在已经包括在课程概念之内了。这里说的是指无形的、潜在的、隐蔽的课程，这就是家庭生活、学校生活、社会生活中的一切影响。西方学者说的潜在课程，仍属于学校范围之内的事，如校风、班风、学校的规章制度、师生在校内的言谈举止等等。这些可以由学校和教师来控制，以收潜移默化之效。但是，对学生发生影响的除了学校生活以外，还有家庭生活和社会生活，这些虽从严格的意义上说，不属学校课程的范围，但是既然能影响学生的生活，也应当在学校和教师的考虑之列。父母是子女的第一任老师，应当严格要求自己。现在国家教委制定了中小学学生的行为规范，不仅在校学生要按照行为规范去做，社会上的成年人，首先是教师和做了父母的人，都要按这些行为规范去做。学校和教师不能满足于学生在学校里有礼貌、讲卫生、爱劳动、守纪律，还要调查研究他们在家庭里和社会上是否也能做到。如果我们把潜在课程的概念扩大到学校以外，这些就都是题中应有之义了。

（八）人员参与原理——课程的编订、实施和评价，要有专业工作者参加，要由内行来领导，分工合作，协同一致，兢兢业业，毕生从事。

所谓内行主要是教育科学的行家里手。这些人不仅要有编订课程的经验，而且要有教学工作的经验。光研究教育科学理论而未曾接触过普通学校教学实际的人，还不能算作真正的行家里手。

课程编订者主要是各门科学的专家，也要有教育学者（包括课程研究者）和各科教师参加。假如只有各门科学的专家主持其事，容易过分考虑各门科学本身的体系，而不大考虑到为了适合学生的学习，把科学体系改变为学科体系。

课程实施者即教师，他们是把设计出来的、编订出来的课程落实到教室中、学生中去的人。从系统工程的观念来看，课程实施是课程研制工作的必要一环，教师同课程编订者、课程评价者一样，也是课程工程中的工程师。要提高教师的地位，尊重教师的职责，广泛听取教师的意见，作为编订、评价和改进课程的参考。

课程评价可分内部评价和外部评价，主要是以评价人员曾否参与课程编订和实施为划分的依据。如果教育管理人员未曾参与课程编订和实施，他的评价就是外部评价，课程编订者和实施者的评价就是内部评价。

评价要有标准。这种标准在课程编订时就应当具体规定好。课程是为实现教育目标而编订的，所以检验课程实施后教育目标实现的程度，是课程评价的主要任务。这就要求将教育目标加以分析，使它具体到易于测知实现与否为止。课程评价要有客观的测量工具，测量工具的编辑和制作，要有课程编订者、实施者、评价者三方面的人士参加。

对课程实施结果的评价，教师应当持客观的态度，不能因为评价学生的学习成绩，同时也反映了自己的教学成绩，就对学习中的缺点、弱点视而不见或有意回避。教师应当是一位教育家（我是主张要像尊重教育家那样尊重每一位教师的，这样才能促使教师自尊自重），在评价课程时要把个人得失置之度外。课程编订者也应如此：在评价过程中要敏锐地发现课程编订中存在的问题和不足，从而吸取经验教训，并着手改进。美国学者布鲁纳（J. S. Bruner）的态度就是一位教育家的态度、一位科学家的态度。在按照他的理想编订出来的课程难以为大多数学生（85%）接受而基本上失败以后，他就做了自我批评。这种态度值得我们学习。

课程管理人员也要有科学家的态度，切忌有官僚主义的恶习，必须尊重课程编订者、实施者、评价者的劳动，充分信任他们，给他们发言权，使他们有足够的信心从事自己的专业。遇有不同意见，也要发扬民主，平等协商，不能以“长官意志”代替科学规律。所谓“长官意志”主要指外行的领导者不经过周密的调查研究，偏听偏信就发号施令。如果他的意见切合实际，符合教育科学规律，那就不叫“长官意志”了。

关于从课程工程管理的角度来看课程原理，我就说到这里。我在本刊1985年第5—6期发表的《课程改革的辩证法》一文，说的是课程编订和实施中应处理好的各种关系，其中有许多意见也属于课程原理的范围。这里就不多说了。

四

无论从课程的制约因素还是从课程的工程管理的角度来谈课程原理，它们都是课程系统本身的各项规律，因为说的是一件事情，所以各条原理之间彼此交叉，互相联系，难以截然分开，必须同时起作用。这些仅仅是初步的总结，还有待于进一步完善和提高。

课程研究在我国正式开展还为时不久，看到不少教育专业的博士研究生、硕士研究生都在研究课程问题，我很高兴。“青出于蓝而胜于蓝”是事物发展的规律，也是科学发展的规律。我开始说的抛砖引玉是真心诚意希望有青年同志来研究这个“教育事业的心脏”，产生出大大超过我这样一个老头子的科研成果，使我国教育事业能更好地为社会主义建设服务。

载《课程·教材·教法》1989 年第 5 期。

关于初中理科采用综合课程的设想

一、从学校课程的几种类型谈起

20世纪以来，学校课程出现了多种类型。但归纳起来，不外下列四种。

（一）学科课程，又叫分科课程。它是最古老的一种课程，有悠久的历史。如中国古代的“六艺”：礼、乐、射、御、书、数，可以说是六门学科；古希腊的“七艺”：语法、修辞、逻辑、算术、几何、天文、音乐，也是七门学科。近代的学科课程是捷克教育家夸美纽斯（1592—1670）根据他“把一切知识教给一切人”的思想提出来的。他主张6—12岁的儿童入国语学校，学习读法、书法、算术及初等几何、自然、地理、手工和唱歌等科；12—18岁的青少年入拉丁语学校，学习语法、修辞、逻辑、数学、天文、物理、历史、地理、伦理、神学等科。所谓百科全书式的课程，就是从他开始的。以后经过赫尔巴特（1776—1841）和斯宾塞（1820—1903）的补充和发展，形成了近代学校课程的基本框架。我国在本世纪初兴办学校时引进的课程，就是这种学科课程。目前我国和世界各国普遍采用的，主要也是这种类型的课程。

这种课程的思想基础是把教育看作对人的未来生活的准备，目的在于使人人能够学会保持健康，获得职业，履行公民的权利和义务，善于抚育子女，绵延种族，能够利用闲暇时间从事高尚的娱乐活动，即能过完善而美满的生活。它的优点是能够系统地传递人类文化遗产，保证学生获得组织好了的知识和技能，为升学或就业打下基础。它的缺点是分科过细，脱离实际，不易引起学习者的兴趣和需要；教材既有重复，又有脱漏，教学不当，容易枯燥乏味，效果不好。为了纠正这些缺点，于是在本世纪初叶产生了另一类型的课程。

（二）活动课程，又叫生活课程、经验课程、设计课程或随机课程。它同学科课程完全对立，主张教育就是现实生活，而非为未来生活做准备，认为教育是经验的不断改造，主张课程完全可以打破学科的划分，以儿童活动为中心，按照儿童的兴趣和需要来选择和组织教材。因此，教材不能预先由教育者规定，只能按受教育者当前的动机随机采用，并按照设计活动的过程（动机→目的→计划→执行→检查）来进行教学。大家都知道，这是美国实用主义哲学家、教育家杜威（1859—1952）及其弟子们对学校课程提出的一项革命性的变革。他认为传统的课程是以学科、教材、书本为中心的，主张课程应以儿童、生活、活动为中心。他要求由做而学，在做中学，反对只由读书而学习。

这种课程的优点是充分尊重受教育者的权利，按照他们的动机、兴趣和当前需要来施教，教材容易结合儿童生活实际，学习过程生动活泼，有利于发展智力、培养能力。但是它也有无法克服的缺点，就是难以实现社会规定的教育目标，不能保证受教育者掌握基础知识和基本技能，不利于传递文化遗产，不能为学生升学或就业做好一定的准备。

（三）核心课程，又叫轮形课程。这是赞成杜威的教育思想而企图克服他完全以儿童为中心的缺点，设计出来的一种以社会为中心的课程。它同活动课程不同的地方是学习的内容根据社会生活的需要来选择，教育者可以预先规定学习的中心课题，然后围绕着这些中心课题让学生展开参观、实习、调查、研究和阅读等活动，获得有关这个课题各方面的知识。所以它同活动课程一样，依然取消了学科，只是按既定的课题来选择教材。课题范围由近及远，由小到大，如研究交通运输问题，从陆路、水路到航空，从本地、本省、本国到全世界，研究政府职能就从基层政府、地方政府到中央政府，螺旋式地前进。

核心课程的倡导者主张小学还可以采用活动课程，中学以上可以采用核心课程。核心课程同活动课程不一样的地方是提出以社会生活需要为课程编制的中心，而不是以儿童当前生活需要为中心；教材内容可以由教育者预先决定，而非由受教育者来决定。它虽然克服了活动课程的一部分缺点，但没有解决全部课程问题，也难以实现教育目标。它比较有利于教学“社会研究”课，而不大便于教学“自然研究”课，因为它的着眼点本是以社会问题为中心的。

（四）综合课程。主张保留学科课程的优点而设法克服它缺点的教育学者，受到活动课程的挑战以后，主张采用综合课程以减少分科过细、脱离实际的缺点，加强知识的有机联系，避免重复和脱漏，加强知识同实际需要的联系，增进学习者的兴趣和动机。这种课程，从它综合程度的深浅，可以有以下几种。

1. 相关课程，仍保留学科界限，只是强调科际联系。这是综合程度最浅的一种。如加强化学与生物的联系、物理与数学的联系等。苏联学校实行学科课程，但近年公布的各科教学大纲，强调科际联系，向相关课程接近，就是为了避免学科彼此孤立、知识割裂的缺点。

2. 融合课程。把相邻学科的知识融合在一起教学，如将动物、植物、人体生理融合为一门生命科学，把化学和物理融合为一门物理科学，体育与卫生保健融合为一门健康科学等。

3. 广域课程。同融合课程相似，扩大学科领域的范围，使一门学科包括的知识面更广。如人口科学包括生物、数学、地理、思想政治等几门学科的知识，环境科学包括地理、化学、生物、物理等几门学科的知识，小学的唱游包括音乐、体育方面的知识，小学美工包括美术、劳动等方面的作业等。

有人把核心课程和活动课程也包括在综合课程之内，认为它们打破了传统的学科界限，是更高层次的综合。这种说法忽视了不同的指导思想，把它们混为一谈是不合适的。因为综合课程的出发点是为了更好地传递人类文化遗产，更好地实现教育目标，还适当保留一部分学科，只是减少分科过细所带来的缺陷。

本世纪 60 年代以来，由于自然科学的发展出现互相交叉、互相渗透的趋势，产生了边缘学科、交叉学科等，促进了综合课程在自然科学教育方面的发展。这种综合课程是从高等教育方面提出的要求。我们以上说的几种课程类型是在中小学教育方面采用的。最近看到有些研究生研究中学理科综合课程，在论文中从高等教育方面的要求谈起，以为综合课程起源于 60 年代。其实在中小学教育中，综合课程在本世纪 20 年代就出现了。我国 1923 年公布的《新学制课程标准纲要》，规定初中设自然科，高中设科学概论，都是综合理科课程，是从美国学来的，可以证明。

二、初中采用综合理科课程的理由

我认为我国初中自然科学教育，需要改变目前分科课程设计，而采用综合课程设计。理由如下。

（一）从教育目标来看。学校课程是实现教育目标的工具。所以有的课程研究者说它处在教育事业心脏的位置①，其重要性可以想见。过去我们把各级普通学校都办成了升学预备班，教小学生是为了使他能升入初中学习，教初中

① Taylor and Richards，*Introduction to Curriculum Studies*，1985，p. 2.

生是为了使他能升入高中学习，办高中更是只为高等学校输送合格新生。说这种办学方针是我国过去持续 1 300 年之久的科举制度的遗风，恐怕不算过分。为了培养学生升学，于是课程的安排就沿着学术的轨道前进，对初中学生分别讲动物学、植物学、生理卫生学、物理学和化学就是这种课程的具体表现。现在，我们要彻底转变办学思想，明确认识教育是培养对社会有用的劳动者的。普通学校不能以培养学生升学为目的，要以培养社会主义社会合格的公民为目的。这种公民不能只会读书不会劳动，只有书本知识没有实践技能。特别是初中已经是义务教育的一个阶段，今后人人都要受这种教育，初中的课程应当改弦更张，使学生学了有用，才能适应培养目标的要求。因此，从学术性的分科课程转变为实用性的综合课程很有必要。

（二）从社会需要来看。目前我国教育尚未普及，文盲众多，在许多农村地区，初中毕业生就是当地的小知识分子了。可惜由于过去办学方向不对，许多初中和高中毕业的回乡知识青年，读了 9～12 年书，却没有一技之长：既无农、林、牧、副、渔的生产知识，也没有到乡镇企业去劳动的技能。这也是产生新的“读书无用论”的原因之一。教育要为生产服务是古今中外办学的一条规律，即使培养学生升学，也是为了他们将来能从事更复杂的生产劳动，而不是脱离生产劳动。过去我们把教育仅仅看作阶级斗争的工具，是违反教育规律的。教育起源于劳动，从教育这种社会现象出现的时候起，它就是传授生产经验的工具。随着科学的进步，生产经验越来越丰富，国民经济对教育的依靠就越来越密切。在生产逐步走向现代化的过程中，仅仅小学毕业生的一点文化科学知识，不足以应付生产劳动的需要，于是许多发达国家早就延长了义务教育的年限到初中阶段，有些已达到高中阶段。许多国家不惜大量投资普及教育，就是因为发展生产的需要。因为没有一定程度文化科学知识的人，就不能参加现代化的生产劳动。我国正在现代化建设的过程中，把义务教育年限延长到初中阶段是必要的。但是如果不转变办学思想，不从以培养学生升学为主转变到以培养学生走向生活为主，那么毕业生再多也不能形成新的生产力，无助于现代化建设。所以必须将初中学术性的分科课程改为实用性的综合课程，才能适应经济和社会发展的需要。

（三）从学生特点来看。初中学生正处在少年期。虽然少年的神经系统在结构和机能方面日渐完善，可以进行某种程度的逻辑思维，但还处在由形象思维向逻辑思维的过渡时期。因此，他们能学习一些比较系统的科学知识，但过于抽象、过于概括的知识则无论在理解上还是记忆上，都还有些力所不及。现在许多初中学生感到学习困难，除了其他条件如师资、设备不足外，未尝不是初中课程的设置分科过多，又强调系统的文化科学知识，而很少考虑学生身心发展的特点所致。我们教育上的重要缺点之一，就是成人化的倾向。这是近代以前教育的通病。即把少年儿童当成人来教，以为成人能懂的道理少年儿童也能懂得。目前最突出的例子就是在初中二年级开设“社会发展简史”课，在学生还没有多少历史知识的时候，给他们讲高度抽象、高度概括的社会发展规律。教师越讲得简单，学生越难以明白。在自然科学教育方面是否也有成人化的倾向呢？我看分科太多太细、过于强调知识的系统性，就难以避免这种缺点。按照学生身心发展的特点来施教，是近代（不光是现代）教育家们努力了三百多年的事情。现在有些教育学者更认为是否这样做是尊重或不尊重儿童少年权利的问题。本世纪50年代末和60年代初美国理科课程改革失败的原因，就在于片面考虑提高教学内容的程度，而很少考虑适应教育对象的特点。比起分科课程来，综合理科课程是更适合初中学生身心发展特点的，是更尊重受教育者的权利的。

（四）从科学发展来看。本世纪中叶以来，科学在继续分化的同时，出现了综合研究的趋势。世界本来是一个整体，我们所以要把它分成生物、非生物，有机界、无机界，上至天文，下至地质，分门别类来研究，无非是为了可以比较深入地认识它，从而利用它、改造它。分科研究的结果，发现各门学科研究的对象之间存在着空隙和隔膜，同时也有彼此交叉、互相渗透的现象，所以产生了边缘学科、交叉学科，使科学从分化走向综合。其主要表现是科学知识本身反映客观世界的规律有共同性，同时研究科学的过程和手段也有共同性。这样，过去学科与学科之间的界限就打破了，各学科之间的鸿沟也填平了。既然自然科学的发展出现了综合的趋势，我们教学生学它的时候，就没有分门别类去教的必要。特别是对初学者，可以让他们按世界的本来面目去认识它，即从整体上去认识它，而不必一部分一部分孤立地去认识它。这也是初中理科课程应当综合化的一个理由。

有人认为初中是基础教育，应当为学生进一步学习打好基础。这种意见是对的。初中理科课程实行综合编制，正是为了给他们打好坚实的基础。因为综合课程更加结合生产和生活的实际，学生学习起来更容易掌握，更有兴趣，因而可以学得更加牢固。采取综合理科课程，不但要让学生学会许多有用的知识，还要让他们学会许多有用的技能，比学习分科课程要全面而扎实得多。这是进可以攻（进一步攻读）退可以守（守一技之长）的办法，何乐而不为呢？

三、关于初中综合理科课程的设想

我国现行义务教育课程规划还有缺点，主要是“这个课程规划还是一个以准备学生升学为主要任务的规划，不是一个以准备学生走向生活参加社会主义建设为主要任务的规划”。这一点我在《课程·教材·教法》1988 年第 1 期发表的《对义务教育课程规划的几点建议》① 中曾经说过。在那个建议里，我曾提出“适当采用综合课程的设计，减少学科门数，使教材内容更易于接近生活实际”。我主张初中设综合理科，“把初中的生物、化学、物理三科合并为自然科，同小学的自然科衔接起来，扩大加深学生对一般自然规律的认识，对人与自然界的相互关系有进一步的理解，激发学生利用自然、控制自然、改造自然、保护自然的志趣”。——那个建议只提出了要求，没有把它具体化。现在这个建议我想提得具体一点，但仍然只是一些初步的轮廓。

我设想，初中改用综合理科课程，首先要确定几条原则。

（一）取消原来的学科划分，打破原有的学科体系，不停留在相关课程的水平上，要使科学知识围绕着中心课题融合起来。

（二）结合生产和生活的需要选择综合理科教学课题，这些课题既要具有普遍性，又要具有本乡本土的特色，以激发学生为家乡经济和社会发展服务的愿望。

（三）以选出的理科教学课题为中心，重新安排教学内容：把每个课题涉及的理科知识逐一详尽地列举出来，力求按照学生学习心理兼顾教材的逻辑顺序，排列课题教学的先后。

（四）尽量遵循理论联系实际、由近及远、由易及难、由浅入深、由简至繁、由感性到理性、由具体到抽象的教学规则，组织理科教材。

（五）包含现有初中理科教材的全部主要内容，关键性的知识绝不能缺漏，也不降低程度。

原则确定以后，下一步就应当通过调查研究，拟定出初中综合理科教学的

① 此文已编入本书。——编者

课题。调查研究的范围以生产和生活所需要的自然科学技术知识为主，兼及国内外初中综合理科的教材。我这里闭门造车，结合物质资料生产和人们社会生活需要，举几个初中综合理科课题的例子。

例一：人们的生活资料是怎么取得的？

这是一个大题目，下面还可分为许多小题目，如人们的食物是怎么取得的，人们的衣服是怎么取得的，等等。小题目下面还可以再细分。以这样的课题为中心来组织教材，讲衣、食、住、行、用等生活资料的来源及其生产，就可以涉及植物、动物、化学、物理许多方面的知识。

例二：人们的生产资料是怎么取得的？

这也是一个大题目，下面还可以分为许多小题目，如农业生产资料有哪些，各自的来源和制作；工业生产资料有哪些，各自的来源和制造；等等。这些小题目还太大，还可以继续细分，使它具体化。以这样的课题为中心来组织教材，讲各行各业生产资料的来源及其生产，就可以涉及种子、化肥、农药、能源、交通、矿冶、机械等多方面的知识。

例三：怎样预防疾病？怎样预防传染病？

例四：为什么要节约用水？

例五：为什么要节约能源？

例六：为什么要把计划生育定为基本国策？

例七：为什么植树造林是公民的义务？

例八：为什么要保护益鸟益兽和珍稀动物、植物？

例九：为什么要防治环境污染？怎样防治？

例十：什么叫生态平衡？怎样保持生态平衡？

这些题目比较具体，就不一一说明了。

围绕着这些课题来学习理科知识，学生学了有用，学习兴趣较高，效果必然较好。但现在有的课本为了照顾知识的系统性，反而把结合生产和生活的知识用小字排印，教师可教可不教，学生可学可不学，岂非本末倒置？

究竟怎样安排初中综合理科课程比较合适？怎样编辑初中综合理科教材比较妥当？这是一个需要认真研究的问题。有的学校实验初中综合理科教学，不是从结合生产和生活实际出发，而是把几门学科的内容抽象和概括起来，讲“自然科学概论”，这是不合适的。大学文科可以开设这门课，那是为了扩大文科学生的眼界，在他们已有高中程度的理科知识的基础上，进一步认识自然科学的全貌和发展趋势。在初中，学生还缺少自然科学的基础知识，怎能脱离实际去教抽象的理论呢？应当了解初中的教育目标，了解当地社会的需要，了解初中学生的身心发展状况，了解他们毕业后的去向，然后才能编制出比较适当的初中综合理科教材来。

根本的问题在于教师。现在初中教师能真正胜任一门理科（生物、化学、物理中的一科）教学的恐怕也不算多，要教综合理科，准备更加不足。因此师资训练机关（包括高等师范学校和教育学院）要及早为培养教初中综合理科的师资做好准备。过去培养初中师资的师范专科学校设理化专修科，是准备毕业生到小规模的初中去能教两门课。这种设想是好的。现在要培养能教综合理科的师资，比一位教师能教两门课的要求高得多。首先是理论联系实际的要求高了，知识面的要求广了。其次是对师范院校师资的要求也高了，不能只专一门，而要有广博的素养。从国外的经验看，可以实行协同教学，原来分别教生物、化学、物理的教师，现在联合起来教一门综合理科，大家互相协作，取长补短，这个困难是可以克服的。

还有一个问题是教材。综合理科的教材也需要各门学科的专家合作编写。但不能各自为政，各搞一块，而要按照课题的要求，把科学知识真正综合成为整体，还知识以本来面目。只要我们认识到综合理科教学的优越性，势在必行，一定能克服困难，编写出完善的初中综合理科教材，为千百万少年造福。

1989 年 4 月 12 日

载《浙江教育科学》1989 年 6 月号。

关于小学、初中社会科学课程改革的设想

一、现行的规定和存在的问题

1986年12月，国家教育委员会公布《义务教育全日制小学初级中学教学计划（初稿）》，规定了小学和初中实施社会科学教育的学科：小学设思想品德课和社会课，初中设思想政治课、历史课和地理课，并说明各科设置的目的。

“思想品德课　进行以爱祖国、爱人民、爱劳动、爱科学、爱社会主义为中心的社会公德教育和社会常识教育，从小培养良好的思想品德和行为习惯。”

“社会课　使学生初步认识常见的社会事物和现象，获得初步的历史、地理等社会生活常识，受到爱国主义教育。”

“思想政治课　进行道德、民主和法制、纪律教育，进行社会生活和社会发展规律以及社会主义建设常识教育，培养爱国主义思想和社会主义人道主义的道德品质，以及高尚的审美情趣。初步树立社会主义民主、社会主义法制和纪律的观念，对我国社会主义社会的实际情况和发展方向有一个初步的认识，培养学生对社会的责任感。”

“历史课　学习中国历史的基础知识，使学生了解中国历史的重大事件、主要人物和历史发展过程，学习一些世界历史的知识。城乡和民族地区还要学习一些本地、本乡、本民族的历史知识，进行初步的历史唯物主义和爱国主义、国际主义教育。”

“地理课　学习中国地理（包括乡土地理）和世界地理的基础知识以及地球、地图的初步知识，了解一些人与地球环境的关系，初步具有阅读并运用地图和地理图表的能力，进行爱国主义和国际主义教育。”

在教学计划表中分别规定“五四”制小学一至五年级每周设思想品德课各1节，三至五年级每周设社会课各2节。“五四”制初中一、二年级每周设思想政治课各1节，三、四年级各2节；历史：一、四年级每周各2节，二年级

3节；地理：一年级每周3节，二年级每周2节。“六三”制小学一至六年级每周设思想品德课各1节，四至六年级每周设社会课各2节。“六三”制初中一至三年级每周设思想政治课各2节；历史：一至三年级每周各2节；地理：一年级每周上学期2节，下学期3节，二年级2节。

这样的规定可能存在下列问题。

（一）小学思想品德课每周只有1节，时间间隔过长，许多需要小学儿童养成的文明行为习惯，缺少反复实践的机会，不易收到品德教育的实效。

（二）小学社会课从三或四年级才开始，不能及早帮助儿童认识社会生活，并受到社会常识教育。

（三）初中思想政治课分设公民、社会发展简史、中国社会主义建设常识三门科目，分别在各年级教学。看起来很重视，实际上难以收到预期的效果。特别是在学生还没有多少中外历史知识的时候，讲社会发展简史，想让学生理解抽象的社会发展规律，这不仅破坏了从具体到抽象的认识规律，而且不适合少年学生心理发展的特点。中国社会主义建设常识也容易同现代史地知识重复。

（四）四年制初中三年级不设历史课，大约是因为避免同政治课中的社会发展简史同时教学，但是历史课的连续性却被打断了。

（五）地理包括中外地理的基本知识，安排的学时不多。

二、改革小学社会科学课程的设想

这个教学计划是“初稿”，与之配套的各学科教学大纲是“初审稿”，还在征求意见，准备修订。我想趁此时机提几点改革的设想，供修订者参考。

（一）改每周1节的品德课为每周多次品德教育时间。对小学儿童进行思想品德教育，不能一曝十寒，而要“天天讲”，反复实践。建议停开每周1节的思想品德课，改为每周设6次晨会、夕会（或称早会、晚会）。晨会于每日上课前举行，每次10～15分钟，夕会于每日下午放学前举行，每次5～10分钟，均由班主任主持，分班在教室活动，作为思想品德教育时间。晨会的内容除了检查出勤状况和卫生健康状况外，主要是德育中心谈话，报告重要时事等。德育中心谈话是根据《小学德育纲要》，把《小学生守则》、《小学生日常行为规范》和思想品德课的要求，每周以一项为中心，以讲故事、介绍典型事例、介绍模范人物等方式做简明扼要而又生动具体的谈话，是晨会的主要内容。夕会主要表扬一天中的好人好事，也指出缺点与不足。这样的品德教育活动，比较及时与经常，似乎比每周 1 节品德课收效更加显著。①

思想品德教育要贯彻在学校的整个活动中，特别是各科教学中，重在潜移默化。每周 1 节的品德课，最多只能起一种灌输道德知识的作用，或者说起一种“晓之以理”的作用，但“动之以情”（培养道德情感）还要靠更多的教育活动来提供机会，至于“导之以行”（指导道德实践）就更应该结合具体事例来进行。所以，即使有了每天早晚 2 次的品德教育时间，也还需要有其他活动（不仅各科教学）的配合。60 年代末，西方课程论学者提出潜在课程或隐蔽课程（latent or hidden curriculum）的概念，就是重视学校环境（包括学校传统、规章制度、信念、价值观等校风）对学生潜移默化的影响，这种意见是可取的。我们的学校绝对不能由于“创收”、“自我改善”而把学生引向“一切向钱看”的唯利是图的泥潭和深渊；相反，应当用艰苦奋斗、勤俭节约、积极进取、奋发向上、追求崇高的共产主义理想的精神来不断教育下一代。

（二）把小学社会课的开设时间改为从一年级起到毕业止。1988 年 11 月国家教育委员会颁发的《九年制义务教育全日制小学社会教育大纲（初审稿）》规定的教学内容，有三部分：1. 认识周围社会；2. 认识祖国；3. 认识世界。第一部分的内容，完全可以在小学一、二年级教学。特别是其中认识家庭、邻里、学校和本乡本土的内容，不能迟到学生入学两三年以后再教。认识祖国的范围也可以由近及远，由小到大，即由县到地区到省再到全国，应是三至四年级或三至五年级的主要社会教材。认识世界要在认识祖国的基础上，从祖国的邻邦讲起，再扩大到亚洲和其他各洲与我国交往较多的国家，主要在毕业班级进行。

举例来说，小学生入学后，他的生活范围从家庭、幼儿园扩大到学校，他的活动领域也逐渐扩大到他所处的社会。他从入学开始就要往返于家庭、学校之间，理应从一年级起就让他们知道遵守交通规则（如过马路要走人行横道），注意交通安全（如不在马路上玩耍），遵守公共秩序（如排队上车）。这些都要从小训练起。学生上课进教室，下课出教室，不能争先恐后，要训练他们排队。这些事，光口头讲是不行的，还必须反复训练，养成习惯。现在我们社会公共秩序不佳，不守纪律的现象随处可见，许多人不懂得尊重老人、妇女和儿

① 作者曾写过一篇《开好晨会夕会》，在《师范教育》1988 年第 5 期发表，可以参考。

童，这固然与“文化大革命”时期反对培养人的文明行为有关，但未尝不可以说是我们近年来放松思想政治教育的后果。

又如我曾见到一本美国小学英语课本，二年级就介绍了世界文化名人中国的孔夫子。相反，我国的小学生不到小学高年级就不知道孔子为何许人也。孔子对中国文化的发展做出了不可磨灭的贡献，在世界文化史上有崇高的地位。我们当然不能像《河殇》的作者那样对祖国光辉灿烂的文化采取民族虚无主义的态度。像孔子这样的人物，对中小学学生不是只讲一次，而是可以随着他们理解能力的提高介绍多次的。

小学社会从一年级开设，还可以有充分的时间来帮助儿童认识社会。按《大纲》规定，认识周围社会用两个学期，认识祖国用三个学期，认识世界用一个学期。现在增加了四个学期的时间（六年制小学增加六个学期），可以把认识周围社会的范围扩大到乡土史地的学习，可以包括县、市的乡土教育内容（用四个学期）；认识祖国可以用四个学期到五个学期，认识世界可以用两个学期或一个学期。六年制小学还多两个学期可以分用于认识祖国和认识世界（各增一学期）。

总之，小学社会课是一门重要的学科，负有培养学生爱国主义情感和树立民族自尊心、自信心和自豪感的责任，应当重视、研究和加强。师范学校和教师进修学校要积极为小学社会科培训师资。有条件编写教材的地方，首先要为编好本地区使用的小学社会教材而努力。

三、改革初中社会科学课程的设想

初中社会科学教育的改革是一个复杂的问题。特别要涉及政治课的变更，困难就更大。但是，我们从义务教育的要求出发，从实际效果着想，从教育规律考虑，从他山之石借鉴，似乎可以做这样一些改革的尝试。

现在初中自然科学教育和社会科学教育分别采取综合课程，都在实验当中。我赞成采用综合课程。我在《关于初中理科采用综合课程的设想》① 一文中曾经列举过几点理由，虽然着重谈的是自然学科采用综合课程的理由，对社会学科基本上也是适用的。综合的初中社会科学课程，其学科名称可以叫作

① 载《浙江教育科学》1989 年 6 月号，现已编入本书。——编者

“社会”，这样既简单又明了。不必叫作“社会科学概论”，那是高等学校理工科为扩大学生眼界开设的一门课，要建立在学生已有高中社会学科知识的基础上。初中是义务教育阶段，是小学教育的继续，同小学一样开设社会课就行了。

问题在于教学内容。怎样把三门政治课和中外史地知识综合起来，选择适当的教材来教学，既能实现教育目标，又能适合少年身心发展的特点，以满足社会对一个合格公民的需要，的确是应该认真研究的重大课题。这需要课程研究工作者和教材编辑工作者在有了共同认识的基础上的通力合作。有了共识(承认采用综合社会课的必要)，一切困难就会迎刃而解，否则事情就很难办。

最大的思想障碍是这样一种观点：只有单独设立政治课，才算加强了思想政治教育；不设政治课，就是不重视思想政治教育。其实不然。四十年来，我们的中学政治课从科目设置到教材编写，变动频繁（有人计算，平均每年一次)，但收效不大。在高等学校招生考试中，政治课得分优秀的，并不能表示他思想进步，觉悟高，只能表示他记忆能力强，应对能力高。在考卷和考分中是不能测试出考生的真实思想情况和政治觉悟的。高中政治课的效果不理想，初中政治课的效果也可以想见。应当确信，只有各科教学同时进行思想政治教育，才是真正加强了思想政治教育。《课程・教材・教法》1982 年第 3 辑和第 4 辑曾重点介绍过这方面的经验，编者还写了导言①，可供参看。

我设想在初中各年级开设社会课，四年制初中每周 5 节，三年制初中每周 6 节，同时停开政治、历史和地理，把公民、社会发展简史、中国社会主义建设常识和历史、地理的内容融合起来教学，是可以办到的。这门课是小学社会课的扩大和加深。它打破原有学科界限，避免重复和缺漏，针对培养社会主义国家合格公民的需要，不妨以专题为中心来组织教材。

应当说，由五门课变成一门课，难度相当大。它不仅要把历史教学大纲②由古及今、由中及外的教材体系打乱，而且要把地理教学大纲③由整体到部分、由外及中的教材体系打破，何况还要把公民知识、社会发展规律知识和中国社会主义建设常识融合进来呢！就历史、地理教学大纲来看，无论是由中及外还是由外及中，都自成体系，这是学术性的分科课程的特色，适合于准备学

① 载 1982 年第 3 辑第 1 页。当时用的是“思想品德教育”一词。

②③ 均指九年制义务教育全日制初级中学的该科教学大纲，下同。

生升学之用。义务教育以培养合格公民为任务，可以改用实用性的综合课程。只要我们不受分科教材体系的束缚，组织成一门综合社会教材的办法还是有的。

事实上，历史教学大纲是把教学内容分为基础知识、思想教育和能力培养三部分的，要求教师全面发挥历史教育的功能。一部分公民知识和社会主义建设常识，全部社会发展史的知识，都可以同历史教材融合起来。地理教学大纲除列举知识教学内容的要点外，也注意列出基本技能训练和思想政治教育的要求，还结合改革开放的形势，讲中国社会主义建设的现状和前景。这样，中国社会主义建设常识同地理也可以融合起来。当然，原来因为另外设有政治课，为避免重复而在史地教材中有意识地从略的部分，在设立综合社会课以后需要统一考虑，适当加强。

根据本文开始引述的初中思想政治课的设置说明，这门课还要进行道德教育、民主和法制教育、纪律教育、社会生活教育等，这些不能完全融合在原有史地两科教材里，要另立专题来教学。至于说明中要求的“培养爱国主义思想和社会主义人道主义道德品质，以及高尚的审美情趣”等，在综合社会课及文学艺术等科教学中都是可以实现的。

初中综合社会课教学专题的确定，还要依据宪法和各项法律以及《中学德育大纲》、《中学生守则》、《中学生日常行为规范》等。这里不再赘述。

四、一个颇不成熟也不全面的方案

国外有些国家的中小学为实施社会科学教育而设置的综合课程，名为“社会研究”。他们讲的内容虽然同我国国情不合，但是如何组织教材，我们可以从中得到一点启发。

现在，我想借鉴国外经验，结合我国实际，对初中综合社会课提几点具体的设想。

（一）初中社会课教学的总目的可以概括为：初步认识人类社会关系，对祖国的过去、现在和未来有一个大致的了解，发展社会主义公民的责任感。

（二）初中社会课教学的着重点可以归纳如下。

1. 初步认识人与环境之间和人与人之间的相互作用，了解一些国家、民族之间的交往和活动，景仰中国古代光辉灿烂的文化，理解中国近代落后的根本原因。

2. 初步认识人与地球、国家、政府、政党、机关、团体、学校、企业……之间的相互关系，了解今日中国社会的社会主义性质和社会主义制度的优越性，了解走社会主义道路是中国人民经历几十年革命斗争后的正确选择，了解中国公民的权利和义务，正确理解民主和法制的关系。

3. 初步认识人类活动的时间（历史）和空间（地理）及其文化的多样性，了解社会发展的动力及其规律，正确认识家乡和祖国的前途和命运，立志献身家乡和祖国的社会主义建设。

4. 初步学会一些认识社会的方法。

通过上述重点的教学，要求学生在品德、智力、情感等方面，获得最理想的，即最适合我国社会主义建设需要的发展。

（三）初中社会课教学的内容，或者说应达到的具体目标，可以包括知识的学习、技能的训练、情感和态度的培养以及社会活动的参与几方面。这里仅以知识的学习为例，列举几条，可做设计综合社会课一部分教学专题的框架。

1. 人们满足基本生活需要的手段和方法。人们在家庭、邻里、社会、国家或世界上相互依存、相互对抗（主要讲阶级斗争）或相互争衡的情况。

2. 本县（市）、本省（自治区、直辖市）、本国的历史（如中国远古的人类活动、悠久连绵不断的历史、光辉灿烂的文化、优秀的历史人物、汉唐明清的封建盛世、重大的农民起义和历代的民族战争等）、地理（如中国的城市、物产、气候、交通、名胜古迹等）和政府机构。

3. 本县（市）、本省（自治区、直辖市）、本国的政治、经济和法律制度。

4. 本县（市）、本省（自治区、直辖市）、本国的教育、科学、文化组织及其活动。

5. 某些发达国家或发展中国家的地理位置、中心城市、文化传统、对人类文明的贡献，它与其他国家的关系。人类经验的共同性和多样性。

6. 社会关系领域的问题：民族和种族平等，男女平等，教育机会平等，就业机会平等，在法律面前人人平等。人们为争取这些平等的斗争。保卫世界和平，反对侵略战争。

7. 本地和外地、本国和外国的各种社会机构及其功能：运输、交通、生产、分配、消费、储存、资源的保护和利用等。

8. 宗教信仰和道德信念的多样性对人们生活方式的影响。

9. 人们同自然环境和文化环境相互作用的方式方法：人口问题及其对策，能源问题及其对策，生态平衡问题及其对策，环境污染问题及其对策等。

10. 近代中国受殖民主义、帝国主义、封建主义和官僚资本主义的侵略、奴役、剥削、压迫的惨痛事实及中国人民的反抗斗争。

11. 中国人民在中国共产党领导下团结奋斗，推翻“三座大山”得到解放，并建成初步繁荣昌盛的社会主义国家的成功经验及失误的教训。

12. 其他。

（四）初中社会课的教学应走出教室，引导学生从事社会调查，亲自认识社会。调查的项目很广泛，举例如下。

乡土历史，乡土地理，乡土资源，本地人口，本地民族，本地政府，政党，选举制度，居民委员会，村民委员会，人民代表大会，政治协商会议，公安局，检察院，法院，监狱，人民武装部和民兵组织，农业、乡镇企业、建筑业和工矿企业的生产，商业设施，金融机构，消费及分配，物资供销和储存，居住状况，居民职业，教育设施（包括幼儿园、各级各类学校和工读学校、成人学校等），文化设施（包括图书馆、博物馆、美术馆、天文馆、展览馆、影剧院、音乐厅等），大众传播媒体（包括报社、广播电台、电视台等），交通运输，公用事业，环境卫生设备，体育运动设施，公共娱乐设施，健康服务，社会服务，生态环境，城市（乡镇）建设规划，其他。

这些项目范围很广，但因各地情况不同，仍可能挂一漏万。如在有森林资源需要保护的地方，就可以调查《森林法》执行情况；如在草原牧场需要退耕还牧的地方，就可以调查牧场改为农田后沙漠化的情况；如在干部违法占用良田造私房的地方，也可以调查他们给当地人民造成的经济损失和造成的不良政治影响等。总之，社会调查是学习社会、认识社会的好办法，要结合专题的学习，有目的、有计划、有步骤地进行。

最后还要说说师资问题。初中实行综合社会课以后，在没有能胜任这门课教学的师资以前，可以由原任历史、地理和政治课的教师组成这门课的教学小组，实行协同教学。这在国外也有先例可援，我们不妨一试。

1989 年 9 月 19 日

据作者手稿排印。

再谈课程理论的流派

我在本刊1986年第9—11期，发表过《国外课程理论的各种流派》一文。该文即拙著《课程论》一书的第四讲，是从课程发展史的角度，讲欧洲文艺复兴以来影响近代学校课程发展的各种理论流派。因为现实是与历史有联系的，研究任何问题都不能割断历史。要知道学校课程的现实，不能不了解它形成的历史；要了解它形成的历史，不能只摆事实而不谈道理。从历史的角度来探讨课程理论的各种流派，就是为了弄清现实课程的来龙去脉，重在了解它的源和流。这是一种纵的研究。

如果从学校课程类型的差异来看，还可以对影响学校课程的理论做一番横的研究。因为不同的课程类型，反映了不同的课程理论。这些理论又反映了它们各自对制约学校课程各种因素的侧重点。我在《课程论》里具体分析了制约学校课程的因素，但是没有很好地加以概括。如果概括起来，应该说除了社会的因素、个人（即受教育者）的因素以外，还有一个重要因素是知识，也可以说是人类千百年积累下来的文化遗产，也就是列宁在《青年团的任务》中说的，“只有用人类创造的全部知识财富来丰富自己的头脑，才能成为共产主义者”① 的“知识财富”。我在那一讲的结束语中没有提到，是一个很大的疏忽。这个缺陷，我在《课程·教材·教法》1989年第4期发表的《再谈课程原理》一文中已经做了弥补。

今天我讲课程理论的流派，就是从横的方面，从各派对制约学校课程诸因素的侧重点不同来讲的。这样我们可以讲三大流派，即知识中心论、儿童中心论和社会中心论。这三大流派同历史上的理论流派有复杂的纵横交错的关系。如下图。图中的实线表示直接的关系，虚线表示间接的关系。

现在分别来谈谈这三大流派。

① 《列宁选集》第4卷，人民出版社1972年版，第348页。

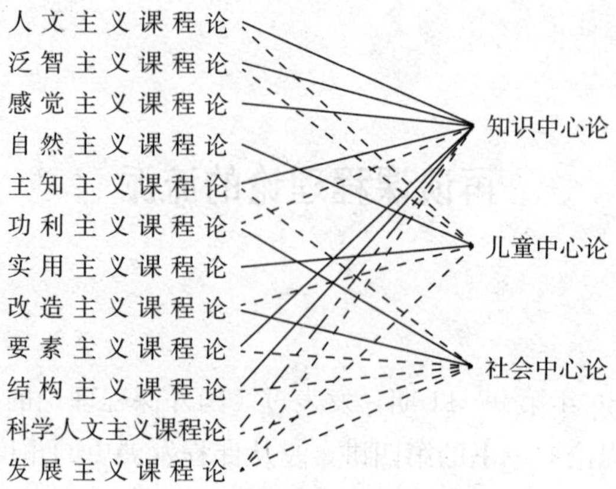

一、知识中心论

自古以来，教育就是传递人类知识（包括生产劳动经验、阶级斗争经验、科学实验经验）的工具，学校就是传授这些知识的场所，学校课程就是由这些知识经过选择和组织而成的知识体系。中国古代的“六艺”（礼、乐、射、御、书、数），希腊古代的“三艺”（语法、修辞、逻辑学或辩证法）和“四艺”（算学、几何、天文学、音乐），都是年长一代要传递给年轻一代的各种知识。这里的“知识”一词应作广义的理解，它含有知识、技能、技巧、思想、观点、信念、言语、行为、习惯等内容。

学校课程的编订，从来就是以知识为中心的。“知识中心论”（或者说学科中心论、科目中心论、教材中心论等）一词，原来是不存在的。这个词的出现是因为有了“儿童中心论”，于是相对而言，不以儿童为中心来考虑课程编订的，就被称作教材中心论，或学科（科目）中心论，亦即知识中心论。——这如同识字教学中，未有“集中识字法”以前，并无“分散识字法”一词，有了“集中识字法”，才将不实行集中识字的教学方法称为“分散识字法”一样。

知识中心论有很强的生命力。这不仅因为它有悠久的传统，而且因为它最利于实现教育目标。我们知道，学校课程是实现教育目标的手段。按照教育目标的要求来编订课程、选择教材，是最简便易行的办法。翻开教育史，历代的学校课程都可以说是以知识为中心的，虽然古代并没什么课程理论可言。近代百科全书式的学校课程始于夸美纽斯，他在《大教学论》中就设计了国语学校和拉丁语学校的教学科目。他反对封建社会的愚民政策，主张“把一切知识教给一切的人”。这不仅在现代“知识爆炸”的情况下不容易办到，即使古代早有人有“吾生也有涯，而知也无涯”① 之叹了。但是这种主张仍不失为一个极其进步的思想。这种百科全书式的课程，经过洛克、赫尔巴特和斯宾塞等人的补充而不断完善，足以满足资本主义上升时期生产和生活的需要。我国在 19 世纪末和 20 世纪初实行近代学制时引进的学校课程，就是这种课程。

美国学者巴格莱为反对杜威的儿童中心论而提出的要素主义课程论，布鲁纳为了美国与苏联争霸加强理科教育而提出的结构主义课程论，都是知识中心论。巴格莱强调的是要把人类文化遗产中的精华教给下一代，布鲁纳强调要让学生理解学科的基本结构即基本原理和概念。按照这些理论来编订课程，都是以知识为中心的。

知识中心论还有一些不同的名称，如“学科中心论”或“科目中心论”，意指这种课程理论是以教学科目为中心的，它主要考虑的是课程中应包含哪些学科，各学科中包含哪些科目，为什么要包含这些学科和科目，这些学科和科目怎样适当安排，前后的次序和组织怎样才适宜，各需占用多少教学时间，如此等等。这里要说一说“学科”和“科目”两词的区别和联系。学科是个比较大的概念，它代表科学的一个分支，如社会科学中的历史学科、自然科学中的生物学科等。科目是个比较小的概念，如历史学科中的中国史、世界史，生物学科中的植物学、动物学。概念的大小是相对的，学科同科学相比，它就是个小概念。学校中设的社会研究和自然研究，从科学的角度看，它们是科学的两大部类，但在学校课程中，它们只是两门学科。在中学社会研究中可以包含历史、地理、政治、经济等科目；自然研究或理科中可以包含生物、化学、天文、物理等科目；而在小学里社会和自然只是两门科目。所以这两个词实际使用时无法将它们严格区分。现在我国教育界在术语的使用上本来就不大讲究，再加上这些词本来就不易区分，所以使用混乱的情况是很多的。但是最好需将“课程”、“学科”、“科目”这三个词尽量使用得精确些。如将“课程”作为学校全部学科的总和，“学科”是课程的一部分，“科目”又是学科的一部分。最好不要把一门学科或一门科目也叫作课程。

知识中心论也称教材中心论，这是因为在课程实施中这些知识是以教材的形式出现的。

---

① 《庄子·养生主》。

1948年苏联出版的由凯洛夫教授主编的《教育学》，把有关课程的理论概括为形式教育论和实质教育论两派。[①] 前者重视知识在训练思维上的难度，后者重视知识的实用价值，所以都可以说它们是知识中心论。

课程的编订以知识为中心有几个优点。

（一）便于按照教育目标的要求来确定课程内容。如，我们的教育目标要求培养品德、智力、体质等方面全面发展的人，我们的课程便要针对这样的目标来选择适当的知识，组织成适当的学科，编辑成适用的教材。美国布卢姆（B. S. Bloom）教授提倡的教育目标分类学，就是把教育目标分析成具体的各项要求。在编订课程时可以按照这些要求来设置学科或科目，并选择教材，而不致漫无边际。

（二）便于让学生掌握“双基”，即基础知识和基本技能。在基础教育阶段，学生应当学会读、写、算的基础知识技能，了解自然界和人类社会的事物和现象，初步了解它们的基本规律，以便能进一步学习专业知识或为接受职业训练打好基础。知识中心的课程容易完成此项任务。

（三）便于让学生掌握人类文化遗产的精华。传递人类文化遗产是教育从产生的时候起就具有的职能，学校课程是实现这项教育职能的工具。知识中心课程在便于实现教育目标和便于学生掌握“双基”的同时，也就容易让学生掌握人类文化遗产的精华，并进一步使它发扬光大。

（四）便于传授系统的文化科学知识。以知识为中心编订的课程，往往都是学术性的课程，这种课程的特点是逻辑性强，结构严谨，理论周密，利于学生掌握各门科学的原理和规律。凡以准备学生升学为目的的学校，都乐意采用此种课程。

同知识中心课程相近的还有一种学术中心课程，这种课程编订的理论基础是科学人文主义。这是一种兼顾科学教育和人文教育的课程理论。它产生的背景是美国在20世纪50—60年代，受苏联第一颗人造地球卫星发射成功的冲击，自感科学教育落后，于是要在科学技术教育方面急起直追；同时受侵越战争旷日持久、节节失利的冲击，自感道德教育薄弱，加上伴随工业的发展，环境污染严重，重视人性的呼声强烈，于是重视人文教育。两者结合起来就形成了科学人文主义教育思潮。这种教育主张不仅要教人学习科学技术知识，培养

---

① 见该书第54页，人民教育出版社1953年版。

科学技术人才，而且要重视社会、政治、道德问题，尊重人的地位和作用，要培养出能按人类的目的来指明科技发展方向的新一代。科学人文主义课程论既防止科学万能主义的片面性，又防止古典人文主义的片面性。但是要二者兼顾并非易事。在科学人文主义影响下，现在有一种“科学·技术·社会”（STS）课程，也有一种“社会中的科学”（SIS）课程，还有一种“科学为大众”的课程，都是要把科学技术同人类社会问题结合起来学习的课程，要使科学技术为人类利益服务，而不要给人类生活带来灾难。这些课程已从知识中心论向社会中心论转化。这种安排课程的意图当然是好的，但在资本主义社会要真正做到，还只能是一种愿望。

知识中心课程也有它的缺点，主要是：

（一）忽视儿童的学习兴趣和需要；

（二）不容易适合学习者的年龄特征；

（三）理论脱离实际，不能学以致用。

这样，就产生了另一种课程理论，即儿童中心论。

二、儿童中心论

这种课程理论虽然是19世纪末20世纪初由美国实用主义教育家约翰·杜威提出来的，但这种思想的萌芽是很早的。如人文主义的课程论在反对封建主义的斗争中就提出过重视儿童、重视学习者、重视发展儿童个性的主张。夸美纽斯提出的适应自然的原则、卢梭的自然教育论，都反映了课程要适应儿童身心发展这条教育规律。但是，儿童中心论却把这条规律的要求推向极端，主张课程、教材和教学都要以儿童为中心，要围绕着儿童来运转。这种课程理论就是我在《课程论》中介绍过的实用主义课程论。

过去的课程以知识为中心，不考虑儿童的兴趣和需要，不考虑儿童身心发展的条件，也不考虑知识是否有实用价值，当然不好。现在一切以儿童当前的兴趣和需要来确定课程的内容，仍然有很大的片面性。尽管随着进步主义教育运动的宣传，按这种理论编订的课程有过许多实验，但始终未能普遍推广。30年代就遇到过要素主义课程论的反对。到50年代，特别是苏联第一颗人造地球卫星上天，震惊了与苏联争霸的美国朝野以后，按照儿童中心论编订的活动课程、经验课程、生活课程、随机课程或设计课程，除了个别实验学校以外，几乎都被按知识中心论编订的学科课程所代替了。

为什么儿童中心论的课程未能站稳脚跟，在课程理论的流派中未能经受时间的考验和实践的检验呢？我想大概有下列这些原因。

（一）课程应是实现教育目标的手段。儿童中心课程不利于实现教育目标，甚至也不利于儿童掌握“双基”，所以它没有生命力。

（二）儿童中心课程不能传递系统的文化科学知识，只能使学生获得一些零星的、支离破碎的、眼前需要的知识，而且适用的范围也很狭窄，没有迁移的效果。

（三）儿童中心课程受时间和空间的限制很大，不利于传递人类文化遗产，只能养成一些急功近利、鼠目寸光的实用主义者。

（四）儿童中心课程没有固定的课程标准和教科书，对教师的要求很高，一般师资训练机关很难培养出能实施儿童中心课程的教师来。

儿童中心课程虽然难以普遍实行，但是它在课程理论历史上的价值是不可一笔抹煞的。如果从“矫枉必须过正”的观点来说，它促使课程编订要正视学习者的条件这一点是很重要的。美国60年代的课程改革未能成功，未尝不是吃了不正视学习者的条件这个苦头。

有些拥护进步主义运动的美国教育家，为了克服儿童中心课程论的片面性，提出了改造主义课程论。改造主义是哲学用语，它要改造的是实用主义教育哲学。改造主义的目的是要通过教育手段来求得“社会一致”，企图把阶级分裂的社会统一起来。简单地说，改造主义教育哲学，一要把重视个人经验的教育，改造为重视集体经验的教育；二要把重视当前的教育，改造为重视未来的教育；三要把重视个人智能发展的教育，改造为重视集体意志统一的教育。学校课程也从以儿童为中心改造为以社会为中心，于是有社会中心论。

三、社会中心论

教育本来就是把“自然人”塑造成“社会人”的工具，学校课程既然是实现教育目标的手段，它可以说是工具的工具。现在有人怕谈工具论，否认教育是工具，我看那样会堕入“为教育而教育”的泥潭，因为他不实事求是，自然会落入唯心主义的圈套里去。不讳言工具论，才是实事求是的，才是马克思主义的。

社会对教育的要求，体现在不同时代、不同社会、不同国家或地区的教育目标上。我们说，课程要受社会制约，社会是制约课程的三大因素之一，就是指它不能离开教育目标的要求。知识中心课程，许多都是从教育目标出发编订的。远的不说，要素主义课程论就是为了维护资本主义制度，要求传递人类文化遗产中的精华这个教育目标提出来的；结构主义课程论也是适应美苏争霸的需要，为加强普通学校的自然科学教育这个教育目标提出来的。因此，从制约学校课程的因素来分析，社会中心论同知识中心论有密切不可分的关系。

改造主义的社会中心论，是为了克服儿童中心论的片面性提出来的。但考虑课程的社会功能，并不是从改造主义者开始的。功利主义课程论分析人类社会生活，作为确定课程设置的依据，未尝不可以说它是社会中心论。只是因为那时还没有出现过儿童中心论，所以也就没有相对地提出社会中心论。试看在改造主义社会中心论指导下编订的课程，就可以看出它同功利主义课程有若干联系，因为他们都是要分析人类社会生活的需要来考虑教学内容的。我在《课程论》里讲到课程类型中的核心课程时，曾经把二者的关系简单地说过，这里从略。

社会中心课程的编订一般采用以问题为核心的办法，所以叫作核心课程，又叫问题中心课程。它在实施时往往采用活动课程的一套方法，如师生共同研究学习的方案，从事实验、制作、调查、研究等活动，只是学习的问题不是由学习者当前的兴趣和需要来决定，而是由课程工作者或者教师预先确定的。问题中心课程的实施，需要采取问题解决的过程：(1) 发现问题；(2) 分析问题；(3) 提出假设；(4) 检验假设；(5) 得出结论。假如问题中心课程的学习问题着眼于学习者当前的兴趣和需要，并且由儿童提出来，那就同儿童中心课程或生活中心课程没有什么区别了。

近来还有的学者（英国的丹尼斯·劳顿）提出一种情境中心论。这是以培养儿童适应未来情境为中心来编订课程的理论。尽管这种理论认为它吸收了知识中心论、儿童中心论、社会中心论三者的优点，并标了一个情境中心论的名字，若从制约课程的三大因素来观察，它还是侧重于社会因素的，所以我把它并入社会中心论来谈。

情境中心论主张教育要发展儿童自主能力，使他们学会适应将来步入社会后面临的各种情境。因此学校课程要针对学生毕业离校后世界将要发生的情况，培养学生适应未来社会的能力；既要求他们获得各种必要的知识，也重视他们自身获得某种经验的价值，使他们不会完全受环境支配，而且能对环境施加某些影响。按这种主张编订的是综合课程，它在保证学生获得丰富、广博知识的同时，了解国际政治经济的形势（如帝国主义国家对社会主义国家和平演变的阴谋，霸权主义者的扩军备战，第三世界国家的债务负担及其贫困化等），自然科学和社会科学发展的趋势，认识当前世界存在的问题（如人口膨胀、失业增加、能源短缺、环境污染、卖淫嫖娼、贩毒吸毒、恐怖活动、土地沙漠化等）及其合理解决的途径。

教育本来是一种未来的事业，是为未来社会培养合格成员的。但马克思主义者与非马克思主义者、工人阶级与资产阶级对未来世界的看法不同，因此，为适应未来世界的情境而编订的课程在思想方向上必然会有本质的差异。当然，这也不排斥在具体内容上的共同点。

当前课程理论的流派很多，因为每一派哲学家都有它的教育思想，也就有它的课程理论。过去没有马克思主义观点的教授们只知向学生罗列各个哲学派别的教育理论，弄得学生只知道众说纷纭，莫衷一是。“以其昏昏，使人昭昭”，当然是办不到的。我们应当用马克思主义的立场、观点和方法来观察、分析和研究课程理论，对于那些唯心主义的、对教育实践影响很小的所谓课程理论流派，就不必浪费时间去钻研。

有些学者研究课程理论，并不局限于一隅，而致力于探寻课程编订的共同规律。如美国的泰勒（R. W. Tyler）教授、比彻姆（G. A. Beauchamp）教授等就是这样的。泰勒在 1949 年出版的《课程和教学的基本原理》一书中，提出的基本原理，后来被称作“泰勒原理”，就因为这是课程编订的共同规律。这个原理认为，学校课程编订必须解决的根本问题有四个：

（一）课程的教育目标必须是什么？

（二）为了实现教育目标必须规定哪些教育内容？

（三）应当怎样组织教学内容来提高它们的效果？

（四）课程的效果应当怎样评价？

25 年以后，他又提出两个新的着重点，对上列根本问题做了补充：

（五）学习者这个因素对课程编订有什么意义？

（六）对学习者在校外的学习生活是否有充分的了解？

事实上，在确定教育目标，选择和组织教学内容时，本来都应当考虑学习者（即儿童）这个因素的，也许鉴于美国 60 年代理科课程改革忽略了考虑这个因素，从而招致失败的后果，所以泰勒把它特别提出来加以强调。至于要充分了解儿童的校外学习活动必须对此做广泛的调查，这是希望把他们在学校、家庭和社会的学习，构成一个完整的教育体系，学校课程要帮助学生同社会环境接触，并发挥社会对学生的积极教育影响，克服社会的消极作用。这可能同潜在课程（或称隐蔽课程）理论的提出有关，但这种理论只限于学校中的潜移默化的影响，泰勒把它扩大到学习者的整个社会环境。

比彻姆的《课程理论》一书已有黄明皖教授的译本，读者可以去看。他把课程规划、课程实施和课程评价看作一项系统工程，即课程工程。他认为课程规划的结果应产生规定课程标准和教学内容的文件。这些文件是课程实施和评价的依据。他主张教育学是一门应用科学，应用科学的理论要受一系列下位理论的支持。他主张课程理论和教学理论，都应当是教育学的下位理论，课程论和教学论都应当是教育学的分支学科。这些主张都是值得重视的。

我觉得，探寻课程编订的共同规律，比坚持一派的理论更有意义、更有价值。我们研究课程论，虽然对各派理论应当有所了解，但应当用我们自己的观点来统率那些纷纭烦杂的材料，否则就会坠入五里雾中，理不出头绪来。

当然，我的研究也很粗浅，所有见解不免欠妥之处，希望得到读者的批评指教！

载《课程·教材·教法》1990 年第 5 期。

坚持教育同生产劳动相结合的方针 改革我国普通高中课程的设想*

一、我国普通高中课程需要改革，是因为我国高中教育存在着严重的缺点。据许多高等学校教师反映，近年入学新生中不少人思想觉悟不高，自学能力较差，懒于动手动脑，可造之才不多。又据许多接受高中毕业生的用人单位反映，不少高中毕业生参加生产劳动时不仅缺乏劳动知识技能，而且怕苦怕累，拈轻怕重，纪律观念薄弱。这就是说，高中教育为高一级学校输送合格新生的任务未能很好地完成，为社会培养后备劳动力的任务完成得更加不好。

二、高中教育是基础教育的最后阶段，也应是普通教育的完成阶段。它不仅应为升入高等学校学习的人打好基础，更要为步入社会各行各业从事生产劳动、服务性劳动的人打好基础，因为后者的人数占总数的 3/4 到 4/5。据苏联教育经济学家统计，受过完全中等教育的工人劳动生产率要比未受过完全中等教育的工人高 25%，学习新技术所需时间要节省 10%。① 这证明高中教育对于参加生产劳动是有社会效益和经济效益的。普通教育应在高中阶段完成，这是欧洲许多国家如英、德、法、苏等国的惯例；美国因为中学教育实行自由选课制，许多升入高等学校学习的人没有受到完全的普通教育，所以在大学一、二年级还开设许多普通教育的学科，以资补习。这种措施，不足为法。

三、从理论上看，义务教育是国民基础教育，最好能给全体国民以完全的普通教育。所以列宁主张在 17 岁以前最好不要实施职业教育。② 但是这要有

* 本文是作者向国家教委基础教育司召开的普通高中课程理论研讨会提交的书面发言稿。

① 参看［苏］达依诺夫斯基著，徐长瑞译：《高等教育经济学》，人民教育出版社 1983 年版。

② 《论教育人民委员部的工作》，《列宁全集》第 32 卷，人民出版社 1958 年版，第 113 页。

很高的社会生产力的发展水平才能办到。苏联至今虽然实施十一年制的义务教育，但最后两学年开始分化为三：一是完全中学的十、十一年级，二是中等专业学校，三是职业技术学校。可见苏联的义务教育的后两年是在三种不同的学校里实施的，只有完全中学继续实施普通教育，后两种学校已开始实施职业教育了。所以义务教育阶段包含职业教育是可行的，不仅苏联如此，联邦德国也如此。同时，根据苏联 1984 年的法律①，即使完全中学的最后两年，并非单纯实施普通教育，也渗透了职业教育的因素。所以他们称之为劳动综合技术普通教育。

四、我国的高中教育目前不属于义务教育，应当给学生以完全的普通教育，这是没有疑问的。但是这种普通教育不应当只是“博雅”教育，而应当是同生产劳动相结合的劳动综合技术普通教育。马克思把教育同生产劳动相结合看作提高社会生产的一种方法，造就全面发展的人的唯一方法。② 教育同生产劳动相结合，应当如列宁的理解③，是现代化的生产劳动同教育相结合，而不是笨重的体力劳动同教育相结合。我认为，认真而正确地实行教育同生产劳动相结合，是我国各级各类教育改革的必由之路，特别是改革我国高中教育的必由之路。从积极方面说，非如此不足以落实“教育必须为社会主义建设服务，社会主义建设必须依靠教育”的方针；从消极方面说，非如此不足以根除片面追求升学率的积弊。

五、《中华人民共和国宪法》（1982）第四十六条规定：“国家培养青年、少年、儿童在品德、智力、体质等方面全面发展。”这是我们制定教育目标的最高法律依据。1957 年毛泽东提出的教育方针，使受教育者在德、智、体几方面都得到发展，成为有社会主义觉悟的有文化的劳动者，还是值得重视的。因为在我们社会主义国家，凡有劳动能力的人都应当是劳动者，不是以体力劳动为主的劳动者，就是以脑力劳动为主的劳动者。近年来由于对这个方针执行不力，甚至完全没有执行，以致许多高中毕业生缺乏劳动观点，没有养成爱劳动的国民公德，这往往是高中教育为人诟病的原因之一。因此，我设想，改革

① 《苏联普通学校和职业学校改革的基本方针》，载《发达国家教育改革的动向和趋势》，人民教育出版社 1987 年版，第 90—113 页。

② 《资本论》，《马克思恩格斯全集》第 23 卷，人民出版社 1972 年版，第 530 页。

③ 见《民粹主义空想计划的典型》，《列宁全集》第 2 卷，人民出版社 1959 年版，第 402—431 页。

我国高中课程的指导思想应当是认真执行教育同生产劳动相结合的方针，培养能为社会主义建设服务的劳动者。这种劳动者应当有社会主义觉悟，共产主义理想和道德；有现代文化科学技术知识，既懂得现代生产的基本原理，又会使用现代生产的简单工具；有健康的体魄，为保卫祖国和建设祖国奠定体力的基础；有高尚的审美情操，善于辨别是非、真伪、善恶和美丑。这也可以说是完全的普通教育应达到的目标。

六、根据上述的指导思想和培养目标，高中课程可以分为五类。

（一）德育课程　从高一到高三，三年都设公民课，内容除对义务教育阶段进行的“五爱”国民公德教育、学生守则和行为规范教育、国情教育继续加深外，着重进行工人阶级的阶级观点、群众观点和集体观点、劳动观点、辩证唯物主义观点的教育，四项基本原则的教育，公民权利与义务的教育，法制教育，人口教育，生态教育和环境保护教育等。

（二）智育课程　从高一到高三，三年都开设语文、外语、数学、理科、社会几门课，义务教育阶段应当要求现代汉语基本过关，具有听、说、读、写能力，高中应在此基础上提高听讲记笔记的能力、写读书笔记的能力、写发言稿的能力、写各种应用文的能力，养成写日记的习惯；并通过系统地学习中国古典文学的代表作或其片段，了解中国古代文化（包括经、史、子、集）的博大精深，产生学习、整理、研究和批判继承的愿望以及爱国主义情感。

外语要求能有一种外国语达到听、说、读、写初步四会，不管是高中起始学外语的，还是有初中学外语基础的，在高中毕业时都要能做日常生活的简单会话，能读懂浅近书报，能写简单的信件。

数学要求在初中数学的基础上进一步学习代数、几何、三角等知识和计算技能，微分积分的初步知识，概率论的初步知识，统计学的初步知识，计算机的初步知识，为接受职业训练和升入高等学校学习打好基础。

理科从高一到高三各设生物学、物理学和化学一学年。另外设选科两学年，可选生物和化学各一学年，或选物理和化学各一学年，分别为准备从事或学习农科、医科的和准备从事或学习理科、工科的学生打好基础。

社会科高一、高二要设两门历史必修课，分别讲中国近现代史和外国近现代史。高三设一年历史选修科，讲中外文化简史。高中地理设必修课和选修课各一年，着重讲人文地理。

（三）体育课程　从高一到高三，都设体育课，着重体育知识、技能的教学和操练；课间体育活动在课间休息时进行，防止学生长时间从事书面作业，造成近视眼或其他疾病。体育锻炼按《国家体育锻炼标准》规定的项目经常锻炼，力求达标和超标，除非身有残疾，不达标的不得毕业。

（四）美育课程　在初中美育课的基础上，高中应组织若干美术、音乐等的课外活动，如书法组、朗诵组、写生组、摄影组、国画组、西画组、歌剧队、话剧队、歌咏队、西乐演奏队、民乐演奏队等等，学生从入学开始就应自由参加一种，直至毕业。中途兴趣变更可以在升级时调换。最多可允许参加两种活动。

（五）劳动技术教育课程　我们把劳动技术教育理解为马克思、列宁提倡的综合技术教育，即多种工艺教育，而非单一技术教育，即职业教育。但结合我国实际，它应具有职业技术教育的因素。目前高中教育脱离生产劳动的现象、劳动技术教育形同虚设的现象必须彻底改变。马克思曾经强调："在合理的社会制度下，每个儿童从 9 岁起都应当像每个有劳动能力的成人那样成为生产工作者，应当服从普遍的自然规律，这个规律就是：为了吃饭，他必须劳动，不仅用脑劳动，而且用双手劳动。"① 他还规定 9—12 岁的儿童每天劳动 2 小时，13—15 岁每天 4 小时，16—17 岁每天 6 小时。这是他规定的儿童、少年劳动时间的最高限额，是保护儿童少年的措施，因为在资本主义制度下童工的劳动时间太长。马克思主张儿童少年应当参加生产劳动，他认为这是自然规律；但又必须对劳动时间加以限制，并使劳动和教育结合起来。

目前我国高中阶段的学生是 15—18 岁的青年，应当使他们懂得服从这条简单明了的自然规律。我建议我们首先要把现在加在学制、课程上的"全日制"三个字去掉。"全日制"是跟"部分时间制"、"半工半读制"相对而言的。我觉得，要彻底改革高中教育，非破除这个全日制的观念不可。因为有人借口全日制学校而不让学生参加生产劳动。

半工半读制，不一定是一半对一半（4 小时上课，4 小时劳动），也可以是 6 小时上课，2 小时劳动，还可以 5 小时上课，3 小时劳动。从高中学生的年龄来看，让他们每天参加生产劳动的好处多，整天学习的害处大。只要认识统一了，师资、设备、组织、调度上的一切困难都是可以克服的。现在列举一些

① 《临时中央委员会就若干问题给代表的指示》，《马克思恩格斯全集》第 16 卷，人民出版社 1964 年版，第 216—217 页。

适合高中学生从事的劳动项目如下。

1. 修缮校舍；2. 修理校具教具；3. 绿化美化校园；4. 修路（校内、校外）；5. 绿化道路和原野；6. 烹饪；7. 缝纫及服装设计；8. 整理修订学校图书仪器；9. 制作教具；10. 制作玩具；11. 修理和驾驶汽车；12. 修理和使用各种农机具；13. 修理家用电器；14. 设计和安装照明电路或农田喷灌设备；15. 经营种植业；16. 经营养殖业；17. 经营来料加工业；18. 经营室内装修美化业务；19. 生产各种市场需要的小商品；20. 其他。

高中学生从事生产劳动，虽然以求得教育效益为主，但同时可以取得经济效益。在目前教育经费不足的情况下，可以用来购置学校各种设备，可以补助教师生活费（教师指导并同学生一起参加劳动，理应得到报酬），还可以本着按劳付酬原则补助学生集体和个人的学习费用（包括课外活动所需的经费），等等。

七、以上五类课程中，我对劳动技术类讲得比较多，是希望通过实施劳动技术教育，使我国高中教育能很好地同生产劳动结合起来。其实各类课程彼此都应当是相互联系的整体，不是各自孤立的。如德育的实施仅靠一门课是远远不够的，应当如列宁所说："应该使培养、教育和训练现代青年的全部事业，成为培养青年的共产主义道德的事业。"① 因此，我们学校里的一切教育活动和教学活动，都应当是实施德育的途径。换言之，我们在实施智育、体育、美育和劳动技术教育的过程中，都应当同时进行德育。

再如，智育的实施也不是孤立的，除了在各科教学中必须适当进行思想品德教育、思想政治教育这个大家所熟知的原则外，在德育、体育、美育、劳动技术教育实施的过程中，往往都包含着智育的因素。

美育与德育的关系也很密切，我国近代著名教育家蔡元培曾经主张依靠美育来完成德育②，是很有道理的。只有伴随着美育实施德育，才能为道德情感的培养、道德意志的锻炼和道德行为的养成，打下牢固的基础。

体育也离不开美育，体操、舞蹈、游泳等都讲究身体造型的美，动作和谐的美，连军事体育也要讲究整齐划一的美。至于健康的身体是学习和劳动的必

① 《青年团的任务》，《列宁选集》第 4 卷，人民出版社 1972 年版，第 351 页。

② 参见《对于教育方针之意见》，载高平叔编：《蔡元培教育文选》，人民教育出版社 1980 年版，第 1—7 页。

要条件，那就更不用说了。

值得强调的是劳动技术教育。马克思把教育同生产劳动相结合提到培养全面发展的人唯一方法的高度，我们如果要培养全面发展的人，就应当研究如何恰当地把二者很好地结合起来。既不能只顾劳动不要教育，也不能只顾教育不要劳动。总之，我们要设计出整体优化的课程就不能没有生产劳动，就不能没有同智育、体育放在对等位置的生产劳动。（马克思把教育理解为智育、体育和综合技术教育三件事，这是在资本主义社会向资产阶级提出的对工人阶级的教育要求，不可能想象向资产阶级提出让他们对工人阶级进行道德教育的要求。）我们现在应将生产劳动放在同德育、智育、体育、美育对等的位置。假如说生产劳动是一条腿，德、智、体、美四育是另一条腿。只有两条腿走路，才能使我们目前的普通高中教育走出困境。

八、这里还要讲讲活动总量问题。活动总量中动脑和动手的可以互相调剂，或者说脑力劳动可以同体力劳动互相调剂，互为休息。如果有这样的认识，我设想各类课程可以这样安排：

（一）语文教学活动（包括预习、听讲、课外阅读、写作练习等）平均每天一个单位时间（或一节课，一小时，下同）；

（二）外语教学活动（包括预习、听课、会话、阅读、写作等）平均每天一个单位时间；

（三）数学教学活动（包括预习、听课、练习等）平均每天一个单位时间；

（四）社会（公民、历史、地理）教学活动（包括参观、访问、调查、听课等）平均每天一个单位时间；

（五）理科（生物、物理、化学）教学活动（包括预习、听课、参观、实验等）平均每天一个单位时间；

（六）体育教学活动（包括上课、课外锻炼等）平均每天一个单位时间；

（七）美育教学活动（包括课内外的美育活动）平均每天半个单位时间；

（八）生产劳动（包括服务性劳动）平均每天不少于两个单位时间。

这样，活动总量虽然比课程表（教学计划表）上的规定要多些，但若把课外作业时间加起来，恐怕只少不多，不会增加学生学习负担，而且不仅各类活动彼此可以调剂，每类活动中也是可以有不同的作业互相调剂的。这样可以学得主动、活泼，不致整天忙于读写，不必应付“题海战术”。

九、新的高中课程准备从 1996 年开始实施。从现在到 1996 年还有整整五年时间，在此期间可以为所有高中建立劳动基地，城市学校能自己建设工厂、车间的可以及时建设，不能建设的设法与附近工厂挂钩，和建筑工程队挂钩。农村学校可以自己建立种植园、养殖场的可以因地制宜自行建设，也可同乡镇企业、村办企业挂钩。要保证所有高中学生都能参加劳动，并且掌握一技之长，取得合格证书，方能毕业。

建设劳动基地可以从无到有，从小到大，以生产收益投入再生产，逐步扩大生产规模。要根据当地资源、学校劳动基地现有设备及市场销路，适当确定产品的种类。最好能选择同数学、物理、化学、生物等学科教材有联系的劳动项目，以便所学的生产基本原理知识有实地应用的机会。选择劳动产品，必须既考虑教育效益，又考虑社会效益；经济效益虽然也要考虑，但要放在次要地位。千万不可只顾赚钱而选择有碍学生身心健康发展的劳动项目或产品。

十、在这五年里还要有计划地为普通高中实行教育同生产劳动相结合加紧培养师资。这类师资的培养目前的高等师范学校还不一定能完全胜任，要在工科院校、农科院校等专科高等学校里开办师资培训系，既要培养本科生，也要培养大专生，还要根据本地需要，举办一些短期培训班。劳动技术课的师资问题解决了，基地设备问题解决了，按教育同生产劳动相结合的方针来改革我国高中教育的设想才有落实的希望。

十一、说到这里还只是就事论事，关起普通高中的大门来谈改革它的课程，还没谈到影响目前我国高中办学模式和办学方向的高考指挥棒问题。如果不谈这个问题，不处理好悬在高中师生头上的这根指挥棒，一切改革的设想都将成为空话。因此，谈改革普通高中课程必须兼谈改革高等学校的招生考试制度。既然现行高考制度未能做到真正择优录取，改革当然是必要的。但这是个很复杂的问题，改革起来并非易事。现在只谈几点原则性的意见，使高校招生制度能对高中课程改革起促进作用。

（一）要使高等学校录取的新生，都是在品德、智力、体质等方面全面发展的学生，不能只考几门课，而要对德、智、体、美、劳诸方面详加考核，重视平日的行为表现。可以将本文第五点所述教育目标按五育加以分析，列出许多具体项目，以便逐项考核。学生可以自我评定，同学间可以互相评议，家长和教师应当认真评定。评定时都要以具体的行为表现为依据，还要看长期的一贯的表现，就是说把教育目标实现与否的评价过程，贯彻到教育过程的始终。

（二）实行推荐与考试相结合的办法，各省、自治区、直辖市都有一批名牌高中，可以有领导、有计划地授权他们按照学生各项成绩和本人志愿，推荐他们升入适当的学校。品学兼优、五育并进的可以推荐到全国重点高校。高等学校对推荐来的学生逐个审查，认为有必要考试的可以考试，如果考试结果与推荐书不符，可以拒绝录取。

（三）非名牌高中办得好的也可以授予推荐权，要使具备推荐条件的学校越来越多。一般高中也可能培养出优秀的学生来，要根据平日全面考核的情况，使他们受到推荐的待遇。如果学校推荐的学生有1/5以上因名不副实被高等学校拒绝接受，学校的推荐权将被取消。

（四）高中毕业生中没有被推荐而得到教育合格证书（包括操行合格、学业合格、体育达标）和劳动合格证书的，可以按自己的志愿报考本地高等学校，毕业后回本县本乡服务，改变目前高校毕业生极少回县回乡服务的状况。

（五）高校招生数大于推荐数时，可自行命题考试，补足学额。对报考学生要求有教育合格证书和劳动合格证书。考试科目要全面，考文科的也要考数、理、化、生，投考理科的也要考历史、地理。改变目前过早偏科的现象。

（六）学生毕业后愿意就业的，凡有两种合格证书的，学校都可以向用人单位推荐，并鼓励学生到基层服务，到农村服务。

1990年6月15日

载《课程·教材·教法》1990年第8期。

为吕达著《中国近代课程史论》写序*

吕达同志一面工作，一面研究，写出这本课程研究专著，实属难能可贵。这可证明，他的写作态度是严肃认真的。

从本书的写作可以看到，作者对研究的领域，掌握了丰富而广泛的资料，对中国近代教育史有比较深厚的基础，对当代课程理论比较熟悉，对我国课程问题比较了解。因此，作者在行文时提纲挈领，要言不烦，左右逢源，如数家珍。本书不仅可以给人以系统的科学的知识，而且可以触发人们思考现实的问题。

一般研究中国近代教育，往往都从清末正式兴学开始，对以前的教育很少涉及。作者却不殚繁难，把采用近代学制以前纷繁复杂、不成体系的学校课程，理出了一个头绪，对我国近代中学课程的形成，做了一项很有意义的探本求源工作。对各个重大历史时期几位思想家、教育家的课程理论，同时做了专门的阐述。这些都是具有创造性的尝试。

本书作者运用历史唯物主义观点观察问题、分析问题、说明问题。如，对教会学校，不因它有帝国主义文化侵略的性质而完全否定它在引进近代课程上的进步意义；对洋务运动，也不因它有维护清王朝统治的性质而抹煞它办学的积极作用；对学校课程的发展和演变，都从适应当时社会经济发展的需要而做出有根有据的说明等。这种实事求是的科学态度，在书中随处可见。

作者对中国近代中学课程沿革的论述，并未停留在表面上，而是深入到实质中。如，对1922年“新学制”中学课程改革的背景，从经济、政治、文化几方面的分析，都提出了一些新见解。

本书的结论是全书的重点，约占篇幅五分之一。其中论述中学课程完整

* 本文原是陈侠先生为吕达1988年博士论文写的评语。该论文1994年始获出版。这是三篇序之一。——编者

性、基础性和多样性，运用当代课程理论，结合我国实际，提出了改革我国中学课程的建议，具有说服力。

书中还列出图表多幅，多为作者自制，可以使文字说明一目了然，更加明确其中的相互关系。

载《中国近代课程史论》，
人民教育出版社1994年版。

第二编

教材研究

童话和寓言在小学语文教材中的作用

解放以前的小学语文教材里，有许多神话、童话和寓言，现在的小学语文教材里也有神话、童话和寓言；课文内容虽然不完全相同，但是文章的体裁都是一样的。这些教材会不会使学生养成迷信思想呢？我们不是要培养学生建立科学的、辩证唯物主义世界观的基础吗？这些教材会不会反而使学生养成迷信神仙的，听天由命的思想呢？——这是许多教师经常提出的问题。

这个问题涉及的范围很广，不是短短几句话所能解答的。现在只能很简单地说明一下。

迷信是一种违反客观真理的思想，是一种消极的、有害的偏见。例如，说人的富贵贫贱是受命运支配的，而命运是操在上帝或诸神手里的。地主和资本家的命运好，所以生来就应当享受富贵和尊荣；农民和工人的命运坏，所以生来就应当遭受贫贱和奴役。这种思想是反动统治阶级捏造出来麻醉被剥削的大众的头脑，企图巩固他们自己的统治地位的。由这种迷信思想还产生了一系列的迷信行为，如以问卦算命来预测吉凶祸福，用求神拜佛来祈祷来世富贵，等等，这些迷信的思想和行为都是应当坚决反对的。

人类在生产力水平很低的时代，不可能支配自然界，对自然现象还不可能有正确的认识，于是臆造出许多解释，说日月星辰、风云雷雨、山河湖海都有“神”主宰。富于想象力的人们还创造出许多离奇怪诞的故事，历代相传下来就是现代所谓神话，如“嫦娥奔月”、“愚公移山”、“牛郎织女”、“白蛇传”等等。我国的文学名著《西游记》就是一部富于创造性的想象的、集神话之大成的作品。这些民间流传的神话虽然没有人信以为真，但是人们都爱听、爱读，这是因为神话本身不但富有想象力、艺术美，而且还包含着积极的教育意义。

童话是适合儿童接受能力的假设的故事，也是富有想象力和艺术美的，其中往往把生物和无生物“人格化”，让它们像人一样地说话、行动、想心思。这类故事中明显地寓有道德教育意味的就叫“寓言”。

由此可见，神话、童话、寓言和迷信不同。迷信是故意歪曲现实，故意违反科学的，神话、童话、寓言却不然。神话里虽然有许多不合科学道理的成分，但是稍有常识的人是不会信以为真的。现在小学语文课本里选有童话和寓言，这些教材除了“人格化”一点跟科学的真实性好像矛盾以外，不合科学道理的成分是没有的。

为什么小学语文课本要选童话和寓言这类教材呢？主要有两个理由。

第一，好的文学作品不仅艺术性高，而且思想性强。选作小学教材的作品还要适合儿童的年龄特征，然后儿童才能够欣赏它的艺术性，领会它的思想性。童话和寓言正是适合儿童欣赏和领会的作品。这类作品给予儿童道德教育、知识教育的影响很大，往往能在儿童的头脑里深深地扎根。例如“愚公移山”的故事教人做事要有毅力，知道人力可以胜过自然，知道天下没有办不了的事，等等，这就是深刻的道德教育的意义。

现行①小学语文课本第一册第二十一课《羊和狗》教儿童团结抗敌；第三十课《大萝卜》教儿童认识集体的力量大；第三十八课《听妈妈的话》教儿童听父母和教师的话；第二册第六课《乌鸦喝水》教儿童从事劳动，想办法解决困难；第十三课《小蝌蚪的生长》教儿童应付强敌要有机智；第二十七课《一个性急的人》教儿童做事不应犯急性病，不应违反自然发展规律；第四十课《两只羊》教儿童知道自私自利互不相让的害处；第四十二课《动物的争论》教儿童知道各人的爱好不一样，不能勉强别人同自己一样。

由此可见，所有童话、寓言都有道德教育或知识教育的积极意义，并且这种教材的艺术形式是儿童易于接受的，思想内容是儿童易于领会的。

第二，丰富的想象力是从事创造性劳动的必要条件，给儿童阅读他们所能领会的文艺作品，是发展儿童想象力的重要方法之一。在幼儿的想象当中，不仅人类能思想、能说话，一切东西都能思想、能说话，不仅人类有欲望和情感，一切东西都有欲望和情感。因此，这类教材，儿童读起来最容易觉得亲切有味。儿童从这类教材当中，可以学会仔细观察事物，认真体验生活，因而促进了创造性的想象能力的发展。

如现行小学语文课本第二册第四十七课《三只熊》，第三册第五课《猴子

① 这里所说“现行”课本是指1953年用的课本。这些课本现在虽然经过修订，但这类课文多半还是保留的。

捞月亮》，第二十四课《狐狸和乌鸦》，第二十五课《狐狸和白鹤》，第二十六课《狗找同伴》等，都有这样的作用。

最后要附带说明一点：儿童（尤其是超龄儿童）在阅读童话这类教材的时候，往往会对它的真实性发生怀疑。这是很自然的。一个懂得儿童心理的教师不但必须善于使儿童领会艺术性文章的富于思想性的内容，并发展他们的创造性的想象力，而且必须善于在儿童表示怀疑的时候，肯定地答复他们这些故事是不真实的，但是有些是可能实现的，有些是符合事物的性质或规律的，所以从另一方面看，这些故事是有真实性的。这样，教儿童阅读童话这类文章，不但不会妨碍儿童对于科学真实性的理解，而且还可以加强儿童对科学知识的爱好。

载《教育问题漫谈》，

北京出版社 1957 年版。

中小学教材建设的回顾和建议

中国共产党和人民政府历来是重视教材建设的。早在抗日战争时期，陕甘宁边区人民政府教育厅就设有教材编审科，主持中小学和干部学校的教材编审工作。华北解放不久，华北人民政府教育部就设了教科书编审委员会，中华人民共和国成立以后，这个教科书编审委员会并入中央人民政府出版总署编审局。为了使新解放区的学校教学不致中断，党和政府在接管旧学校以后，仅仅取消了国民党“党义课”和“公民训练课”，其余学科允许暂用原课本或老解放区的课本进行教学。1950 年 7 月，教育部和出版总署第一次联合公布了中小学秋季教科用书表。其中所列书目，一部分是老解放区的课本，一部分是经审查允许采用的旧课本。有些是经过改编的。

为了加强教材建设，1950 年 12 月 1 日，人民教育出版社正式成立；出版总署编审局的一部分改组为这个出版社的编审部。人民教育出版社是教育部的直属单位，由教育部直接领导，主管全国中小学和师范学校教科书的编辑出版工作。回顾一下三十年来教材建设工作，对于我们今后搞好教材建设，为祖国的“四化”培养合格人才，可能是有益的。

一

1951 年，教育部先后召开了第一次全国中等教育会议和第一次全国初等教育及师范教育会议。两次会上分别通过了《中学暂行规程》和《小学暂行规程》，规定了中学和小学的课程设置，从此，编辑新的课程标准（即教学大纲）和教科书有了一个依据，并在两三年内编成了新中国成立以后的第一套中小学教科书。

当时，编辑这套教科书的指导思想是向苏联学习。这固然有它的客观原因，但是学习的时候不少地方犯了生搬硬套的错误；不过，我们总算有了一套新编的中小学教材，纵有缺点错误，以后修改也有了依据，所以成绩还是应当肯定的。

1957年，毛泽东同志提出："我们的教育方针，应该使受教育者在德育、智育、体育几方面都得到发展，成为有社会主义觉悟的有文化的劳动者。"1958年，党中央和国务院发布了《关于教育工作的指示》，确定了"教育为无产阶级政治服务，教育与生产劳动相结合"的教育工作方针。——所有这些，都对修订教材提出了任务。新编的教材，确实也在不断的修订之中，力求适合新的经济形势和政治形势，适合教育方针的要求。但是，没有料到1958年的"教育大革命"冲击到全国采用统一的课程标准和通用教材。从1958年到1960年，各地响应"教育大革命"的号召，缩短学制，精简课程，自编教材。原来中小学的修业年限共十二年，有的地方甚至缩短为七年，仿佛修业年限缩得越短就越显得革命。经过一段混乱以后，党中央及时纠正了偏差，重新肯定中小学修业年限为十二年，允许少数实验学校试行十年一贯制。

从1961年起，人民教育出版社调查研究了中小学教学的实际，编出了两套教材，一套供十二年制的学校采用，一套供试行十年制的学校采用。这两套教材也是在总结50年代编写教材经验的基础上，根据党的教育方针编写的。据使用十二年制教材的多数学校反映，这套教材的教学效果良好。当然，也有说它分量重、程度深，加重了学生负担的。谁知到了1966年，这套教材竟又成了"革命"的对象。

我国普通中学有双重任务，一是为高等学校输送合格的新生，二是为各行各业培养合格的后备劳动力。我们认为，要完成这两项任务，特别是完成前一项任务，必须有一个标准，也就是要求学生达到什么程度，才可以接受高等教育。这在国际上大体有个一致的要求。如果不管能不能达到这个要求，片面强调缩短学制，精简课程，势必要影响到国家建设人才的培养。随着社会生产和科学技术的发展，社会生活的进步，越来越多的知识，原来在大学里教的，现在已经下放到中学里教；原来在中学里教的，现在也有可能下放到小学去教了。不考虑这些因素，光从缩短学制、精简教材和减轻学生负担出发，是不能妥善解决课程教材问题的。

至于学生负担的轻重，固然同教材的深浅繁简有关，但首先取决于教师水平的高低。这个水平，不仅指教师的专业知识水平，而且指他的教学工作水平。指责教材编得不好，当然无可非议，因为教材本身的确还有许多应当改进的地方。但如不切实提高师资的质量，特别是不重视教育科学的研究，光从教材来开刀，是不公正的。实践证明，有了好的教师，即使教材编得不那么好，他教出来的学生程度也可能是好的；教师水平不高，即使有好的教材，他也很难教出程度好的学生来。

二

1966 年到 1976 年的十年浩劫，我国教育事业遭到极其惨重的破坏和摧残。人民教育出版社编辑通用教材的工作，停顿了十一年之久。到 1978 年 8 月，在党中央的亲切关怀下，经过两三年的努力，新编的一套全日制十年制中小学各科试用教材得以逐步出齐。

这套教材，是依据 1978 年 1 月教育部公布的全日制十年制中小学暂行教学计划编辑的。在十年浩劫之后，这个暂行教学计划在恢复教学秩序、统一修业年限等方面具有积极意义。但它还存在不少缺点，主要还是在片面强调缩短学制、精简课程和学工、学农、学军，这是极左思潮流毒的反映。如小学不教社会常识（史地知识），只开设政治课。中小学分为三段（小学五年，初中三年，高中二年），而课程设置采取直进式，小学毕业生对祖国历史、地理茫然无知，初中毕业生也没有一点世界历史的知识。忽视美育学科，初中二年级起就不学音乐、美术等课。这些缺点都是显而易见的。

现在这套十年制中小学教材刚刚编好，社会上和教育界又感到中小学学制有恢复为十二年的必要，至少高中要恢复为三年。看来形势逼人，新编一套十二年制或十一年制的新教材的任务已经提上了议事日程。

三

回顾三十年中小学教材建设的历程，我们有几点感想和希望。

第一，全国应采用统一的课程标准和统一的教材，以利实现全国统一的教育目标，使全国同一级学校的教学有个统一的标准，并便于学生的转学和升学。我国少数民族地区的学校用本民族语文进行教学，有必要把通用教材译为民族语文作为课本，力求做到社会主义内容和民族形式的统一。由于我国幅员辽阔，各地情况不同，为了适应地方不同的需要，各地可以在省（自治区、直辖市）教育行政部门领导下，编辑乡土教材，作为对通用教材的补充，或代替通用教材的一部分内容。

第二，要编出相对稳定的教材。1958 年以来，学制课程变动频繁，教材不能稳定，质量难以提高。学制每变一次，课程的设置和教学的时数都要跟着改变，课程标准和各科教材也就要重编。这样的改变如果确有实验的根据，科学的理由，当然是不可避免的。但是，过去往往是在缺乏教育科学实验依据的情况下，听凭“长官意志”，对教材改来改去。这是应该吸取的教训。

第三，教材建设要以教育科学研究为基础，遵循教育工作规律。编者既要有专业知识，又要懂得教育理论和方法。那种认为编辑教材可以只凭剪刀糨糊办事的观点是荒谬的。例如，教材是实现教育目标的重要手段，为了使教材的选择确实有助于实现教育目标，首先就要对教育目标进行分析研究，然后才能按照教育目标的要求，选编适当的教材。教材必须既容易为儿童所理解和接受，又能促进他们身心的发展。为此必须对各年龄阶段儿童的生理特点和心理特点有确切的了解，这就要对儿童进行观察研究，特别要研究他们的学习心理。没有科学研究是不能编好教材的。因此，教材编写机构要参加教育实验，使用教科书的教师要研究教材，并把这两股力量结合起来。

第四，教材建设要把科学变成学科，也要进行研究。从知识的海洋中选出最基本的要素，并用这些科学基本知识教学生，才能为他们打好进一步深造的基础。但是这些知识要素应当怎样组织起来，以学生容易接受的方式教给他们，各级学校同学科之间前后如何衔接，各门学科之间彼此如何联系，这些都是细致的研究课题。

第五，我们的教材要用辩证唯物主义和历史唯物主义的观点来统率事实材料，以利培养儿童科学的世界观。三十年来，我们在这方面虽然取得了一些经验，但还需要进一步研究，特别要避免贴标签、简单化等形式主义的做法，使学生学了教材能够潜移默化，经过自己的深思熟虑而得出应有的科学结论。

第六，要编出详细的教师用书。教学质量的高低，教材只是条件之一，教师才是决定的因素，为了补救目前师资质量不高的情况，除了抓紧开展教师在职进修工作提高教师水平外，每册教材都应当编辑详细的教师用书，辅导教师教学。这项工作最好动员全国各地的优秀教师同教材编者合作，以求提高教学参考书的质量。

第七，为了搞好教材建设工作，应当培养一支又红又专的教材编辑队伍。

当前，首先要充分发挥老年和中年编辑干部的作用，但也要及早培养一支年轻的编辑队伍。他们要有较高的马克思主义理论修养，要熟悉本专业的最新科学成就，还要有一定的教育实践经验和教学理论知识；除了解本国教材编辑的经验，还要了解国外中小学校同一学科的教学内容，以利吸取外国编辑教材的经验，不断提高我国中小学教材的水平；特别要有献身教材建设的决心，真正能够全心全意地、任劳任怨地长期坚持做好这项艰苦细致的工作。

载《南京师大学报（社会科学版）》1981年第7期。

学校课程教材不能“一刀切”

为了保证教育事业能对建设高度文明、高度民主的社会主义国家发挥应有的作用，在教育理论和实践方面有许多问题需要研究解决。学校课程和教材就是亟待研究解决的重要课题之一。

学校课程和教材是实现教育目标的重要手段。为了保证教育目标的实现，现在许多国家都把课程的研究和教材的建设，当作教育科学研究的中心任务。我国长期以来对教育科学研究不够重视，又把制定课程和编辑教材当作一项行政事务，因此，课程的制定科学根据不足，设置的学科时分时合，教材的内容时增时减。特别是在极左思潮的影响下，把进行德育、美育和劳动技术教育极关重要的学科，如历史、地理、音乐、美术和手工劳动等大量削减。造成的不良后果已经是有目共睹了。

况且，我国幅员广，人口众，民族多，各地方的经济文化发展极不平衡，生产的种类繁多，教育的程度悬殊，对学校课程和教材的需要，理应有所不同。所以我们的课程和教材，在保持思想政治方向统一和各级学校课程标准的前提下，应有多种多样的安排，才能适应全国各地的需要。但是，现在学校的课程和教材，还是“一刀切”，过于整齐划一，缺乏必要的灵活性和适应性。

学制和课程有密切的关系，学制的单一造成了课程的单一，学制的长短决定着课程的繁简。由于教育的周期长，课程的设置需要相对稳定。要有相对稳定的课程必先有相对稳定的学制。过去若干年里，学制变动频繁，课程的设置不能稳定，教材的编写不断更新，教育的效果未见提高，实在是一大憾事！我们知道，学制的长短不仅决定于一个国家生产发展的水平，也受现代科学文化发展程度（或者说当代文化建设的要求）的制约，还要按照青少年儿童身心发展的状况来适当分段，并非可以随意决定的。若要开展课程研究，最好先经过缜密的调查研究，把学制基本上确定下来。只有学制确定以后，课程才好安排，教材才好编订。课程标准应由中央统一制定，教材可以由中央和地方分别编写。

小学是普及教育。小学课程需要有全国统一的最低限度的标准。小学既要有全国通用教材，又要有地方乡土教材。通用教材也不能只有一套，最好有分别适应城市和农村采用的两套。这两套教材取材内容可以分别适合城乡需要，但是，程度深浅应大致相当，并且都应给教学乡土教材和补充教材留有余地。随着工农业生产的发展，随着小学教育的认真普及，应当力求缩小城乡差别，特别是缩小教育文化水平的差别。所以小学教材的统一性要大于多样性，程度不宜过分悬殊，都要能够达到最低限度的课程标准，以便能为受过小学教育的所有国民，打好文化科学知识的初步基础。

初级中学将首先在城市和经济发达的农村逐步普及。照我国目前生产发展的情况来看，初中课程除设共同必修科外，最好酌情设置职业选修科。特别是农村初中都要根据当地需要，增设农业、林业、牧业、渔业、商业或工业等选修学科。共同必修科的教材也要不止一套，既要有全国通用的统编教材，也要有适应各地方经济文化需要的地方教材；至于职业选修科的教材，完全要由各地结合实际需要自行组织人力编辑，经省、自治区、直辖市一级教育行政部门审定后采用。这样，初中毕业生如不再升学，也可以学得为人民服务的一技之长。

高级中等教育的结构本来就应该是多种多样的。单一的结构是不合理的。普通高中学生的人数在全部高级中等学校学生中应占少数（四分之一到三分之一）。普通高中也要有的偏重普及，有的偏重提高；有的侧重文科，有的侧重理科，不要整齐划一。现在形式上的整齐划一造成了程度相差极其悬殊的后果。这种现象再也不能继续下去了。普通高中本来也有双重任务，既要为高等学校输送合格的新生，又要为各行各业培养合格的后备劳动力。为了加强就业前的训练，普通高中也有必要适当地设置职业选修科。至于中等专业学校、职业学校、技工学校等，除了强调专业训练做好就业准备以外，也要教给高级中等教育程度的文化科学基础知识，使他们今后可以适应现代化的要求继续深造。高级中等学校的教材，更应当改变“一刀切”的状况，既要有不同程度的、不同侧重点的普通文化学科的教材，又要有培养各行各业中等专门技术人才的各种职业学科的教材。普通文化学科和中等师范学校的教材由中央和省一级地方的教育行政部门负责编审；各行各业专门学科的教材，要由中央各专业部的教育行政单位负责编审。

总之，我国教育要能适应社会主义现代化建设的需要，首先必须力求适合广大人民生活和物质生产的需要。人民生活和物质生产的需要是多种多样的，因此，在学校课程和教材的建设上，必须大力改变“一刀切”的现象。希望全国教育科学研究单位积极开展课程教材的研究工作，并在取得研究成果的基础上，组织力量，针对城乡各地经济文化发展的需要，编订出多种多样的有助于发展生产和提高文化的课程和教材，争取在三五年内使学校课程教材出现新的面貌。

1983 年 2 月

载《师范教育和教育科学》，
人民教育出版社 1985 年版。

教材编辑工作中的教育学*

课程教材研究所正式成立了。课程教材研究所的研究人员也是人民教育出版社的编辑干部。人民教育出版社的编辑干部的主要任务是编辑中小学和师范学校的教材。为了做好这项工作，编辑干部除了必须掌握本专业的知识以外，还应当了解一些教育科学知识。所以课程教材研究所成立后，要举办教育科学讲座，帮助新参加教材编辑工作的同志了解一些必须了解的教育科学知识。教育科学的范围很广，包括教育学、心理学、教育史、教学法等等，今天我只谈谈做教材编辑工作必须了解的教育学知识。

我虽然搞了五十年的教育工作，其中三十多年是搞教育科学书籍的编辑工作，但是对这个问题并没有仔细研究过。过去我们常说，好的教材要具有三性，即科学性、思想性和教育性。但是怎样才能做到这一点，也没有做过系统的研究。现在人民教育出版社的领导同志非常重视在研究的基础上编好教材，这是我们的事业必将兴旺发达、更上一层楼的标志。现在让我来谈“教材编辑工作中的教育学”这个问题，我感到义不容辞，尽管没有研究，也得前来献丑。好在我们都是一条战线上的战友，讲得不对的大家可以批评指正，以达到互相学习、共同提高的目的。

这个问题我想分三部分来谈。

一、教材编辑工作是什么性质的工作?

二、教材编辑干部应具备什么基本条件?

三、教材编辑工作需要掌握哪些教育学知识?

前两部分只是简单的提一提，重点放在后一部分。

---

* 这是作者1983年9—10月为课程教材研究所举办的学术讲座准备的讲演稿。1985年5月9日讲过其中的第一、二部分和第三部分的第四节。

一、教材编辑工作是什么性质的工作?

首先要说编辑工作的性质。社会上对于编辑工作不大重视；对于当编辑的人不大瞧得起，不像听到工程师、医师那样肃然起敬。这也许是从旧社会遗留下来的一种错误观念。前几年有人宣扬“人才学”，竟然在《人民教育》杂志上，公开诋毁教师和编辑，说他们尽管知识渊博，终身没有自己的发明创造，只能教书、编书，不曾成名，不算人才云云（见1979年10月号第11页），就是那种错误观念的表现。有些人认为编辑工作仿佛只不过是剪刀糨糊的工作，只要把现成的文章剪剪贴贴就可以编成一本书。其实，即使如此，也得有一定的鉴别能力，一定的取舍标准，并不是可以随意做好的。有人瞧不起编辑，说“千古文章一大抄”，认为当编辑不过是个“文抄公”，搞的是文字搬家的游戏。社会上“文抄公”并非没有，但编辑绝不是“文抄公”。相反，当编辑要有敏锐的眼光，识破“文抄公”，揭露“文抄公”，使这类文坛败类不敢投机取巧。也有人把编辑工作看作雕虫小技，认为编辑只要熟悉语法修辞，熟悉汉字简化字表，熟悉标点符号使用法等就行了，没有什么大学问。这种看法太片面了。这同当一名医师要会测脉搏，会量体温，会使用听诊器一样，只不过是要掌握的起码的本领。正确的看法应当是：一般书籍的编者是作者同读者之间的桥梁，把原稿变成书，编者要付出辛勤的劳动。有人说编辑应当是作家的老师，这话有一定的道理。因为任何一本书稿，如果不经过编辑加工，就拿去同读者见面，必然会有大大小小的错误。例如有的作者把马克思（1818—1883）说成是亚当·斯密（1723—1790）、李嘉图（1772—1823）的同时代人；有的作者把欧洲资本主义萌芽期提前到12、13世纪（应为14、15世纪）。编辑的任务就是要消灭这些错误。所以有人说编辑是无名英雄，这话也是有道理的。我们当了编辑就要甘当无名英雄。同志们，没有千百万无名英雄，就不会有今天的新中国。所以天安门广场上树立了人民英雄纪念碑，那些人民英雄不都是无名英雄吗？顺便说说，当无名英雄绝不能搞个人英雄主义，绝不能处处以作者或译者的老师自居，绝不能不懂装懂，把作者或译者正确的稿子改错了。这一点，特别值得我们初当编辑的同志们引以为戒！

总之，一般书籍的编辑工作，要把好三关：政治关，科学关，语文关。所以当好编辑，必须具有政治的敏感、科学的智慧和语文的修养。只有这样，才能做一名称职的编辑，做好宣传工作的喉舌。

现在说说教材编辑工作的性质。我们人民教育出版社中小学和师范学校各科教材的编辑是教材编辑，实际上是作家兼编辑，一身而二任焉。仅从这一点说，任务是艰巨的，工作是繁重的。有人认为，教材编辑工作就是科学普及工作；科学知识比较艰深，学生难懂，仿佛我们只要把这些艰深的知识通俗化，以学生容易了解的形式表达出来，就可以完成教材编辑的任务了。这样的理解是不全面的。科学普及工作的对象除了儿童还有成人，主要是成人。成人的感性知识比较丰富，他们吸收科学知识又各有不同的目的。而教材主要是以儿童、少年和青年为对象的，它要实现一定的教育目的，它要适合不同年龄的儿童学习，它要遵循“教”和“学”的规律，因此，教材的体系是学科的体系，而不是科学的体系。怎样把科学的体系变成学科的体系？哪些是学生必须学会的科学基础知识？这些知识要按什么顺序安排？这些问题都不是可以随意决定的，而是要进行教育科学研究的。

所以说，教材编辑工作是教育科学研究工作。现在各国的教育科学研究都以课程教材的研究为中心，这是因为科学技术的发展突飞猛进，在普通教育阶段怎样把科学基础知识教给学生，使他们适应科技迅猛发展的新时代，的确是个值得认真研究的课题。此外，课程教材是实现教育目标的手段，怎样通过教材培养出在品德、智力和体质等方面全面发展的人，培养出有理想、有道德、有文化、有纪律的新一代，不经过缜密的科学研究，探寻出规律性的知识，来指导课程的编辑和教材的选择，是不行的。

教材的编辑工作是一项专业，建议师范大学研究生院要设置教材编辑专业的硕士研究生，招收大学本科毕业的文理科学士，专门从事普通学校教材编辑工作的研究，为我们培养新生力量和后备军。对已具有硕士学位或有经验的年轻的编辑干部，继续从中培养博士研究生。我们课程教材研究所有条件时应自己培养。这样才能从组织上加强教材编辑的科学性、教育性和思想性，提高教材编辑的质量。

二、教材编辑干部应具备什么基本条件？

我想，根据教材应具有思想性、科学性和教育性这三个主要要求，提出我们教材的生产者应具备的六个条件。

第一个条件是我们必须坚持四项基本原则，以马克思列宁主义、毛泽东思想为选材、立论的指导思想。在四项基本原则中，党的领导是核心，指导思想是基础。党的领导所以伟大、光荣、正确，来源于马克思列宁主义、毛泽东思想。离开了这个指导思想，党的领导就要发生偏差。十年动乱已有深刻的教训，不必多说。走社会主义道路需要有社会主义觉悟，不懂得马克思列宁主义、毛泽东思想的基本原理，就不可能有社会主义觉悟。现在为什么有些人搞不正之风，腐化变质，大搞资产阶级损公肥私、损人利己的一套，挖社会主义的墙角，说到底，就是因为他们头脑里没有马列主义毛泽东思想，或者是把马列主义、毛泽东思想当装饰品，对人是马列主义（就像《人到中年》里的秦波），对己是利己主义。至于坚持人民民主专政，要求在人民内部讲民主，对人民的敌人要专政。没有马列主义、毛泽东思想，分不清什么是人民，什么是敌人，不保护人民，反而包庇纵容敌人，这怎么能坚持人民民主专政？所以毛泽东同志说："领导我们事业的核心力量是中国共产党，指导我们思想的理论基础是马克思列宁主义。"教材编辑工作是搞意识形态工作、宣传教育工作的，更加离不开这个指导思想。马克思主义的精髓是辩证唯物主义和历史唯物主义。我们在教材的选择和编写工作中，必须时时想到是否符合这个科学的观点。我认为，坚持四项基本原则，以马克思列宁主义、毛泽东思想为选材立论的指导思想，不仅是教材的思想性所需要的，而且是教材的科学性和教育性所不可缺少的。这是因为马克思主义是科学，违反了马克思主义的基本原理，也就不成其为科学了。马克思主义最讲究实事求是。教材适合儿童学习，是教材的教育性所要求的。所以教材的科学性和教育性都离不开马克思主义的指导。

第二个条件是我们必须具有"五爱"公德和共产主义理想，并注意在教材中把"五爱"的思想和共产主义理想贯彻始终。老一辈无产阶级革命家已经为我们开创了走向共产主义的康庄大道，我们的任务就是要培养一代又一代共产主义事业的接班人。我们的目标是要培养在品德、智力、体质等方面全面发展的人，培养有理想、有道德、有文化、有纪律的新一代。但是共产主义理想不是能够凭空产生的，我们不能好高骛远，光喊口号，只背教条，要踏踏实实地从爱国主义教育做起。爱国主义教育是共产主义教育的起点。共产主义理想是要解放全人类的，首先得从爱人民做起。譬如说看到广大人民处于文盲状态，我们就不能不忧心忡忡，因为在"一个文盲的国家里是不能建成共产主义社会的"（列宁语）。现代化建设要靠科学，科学技术知识的传递要靠教育。我们如果爱科学就要爱我们的教育事业，爱我们的教材编辑工作。因为这是科学领域里的启蒙工作啊！社会主义社会是按劳分配，不劳动者不得食的社会，社会主义社会的成员（除了丧失劳动能力的以外）都应当是劳动者；不是偏重于体力劳动的劳动者，就是偏重于脑力劳动的劳动者。我们要教育学生爱劳动，自己首先就要爱劳动。社会主义是我国当前的社会制度。只有消灭了私有制，即消灭了剥削制度赖以存在的生产资料私人所有制，才是名副其实的社会主义。只有消灭了剥削，才能进一步消灭贫困。我国进入社会主义的历史还不长，中间又受了极左思潮的干扰和工作中的失误，社会主义制度的优越性还没有充分发挥出来，但是同三十几年以前相比，已经取得了前所未有的成就。“只有社会主义能够救中国。”这是颠扑不破的真理。我们必须坚信这些，实践“五爱”公德，然后才能很自然地以此来影响教科书的小读者。

第三个条件是教科书的编者要有渊博的学识。学识和知识不同，学识是经过消化吸收化为自己血肉的知识。这是我想赋予它的含义。我们教科书的编者不是一名编书匠，就像教师不应当是一名教书匠一样。我们应当成为本门学科的专家，不但对自己专攻的学科的知识掌握得深湛，要“渊”，而且对非自己专攻的学科的知识掌握得广泛，要“博”。19 世纪，科学分门别类越分越细；20 世纪，科学除了继续分化外，又有互相综合的趋向。新兴的跨学科的科学日渐增多，文科、理科也都互相渗透。我们如果只看到自己专攻的一门学科而看不到这种各门学科相互综合和彼此渗透的趋势，眼界就未免狭隘了。美国麻省理工学院，顾名思义是一所理工科大学，但是在学生必修的学科中，要有四分之一的人文学科或社会学科。日本东京工业大学的课程设置也有类似的情况。学理工科的人要有文科的知识，学文科的人也要有理科的知识。这是当今的一个趋势。因此，教材的编者应有广博的文理科知识，该是不言而喻的。我们出版社的第一任社长叶圣陶先生说编辑要成为杂家，当然不是要求我们像先秦的杂家那样“兼儒墨，合名法”，兼容并包各家各派的学说，而是要求我们要有广博的多学科的知识。杂家之说不过是个比喻罢了。

第四个条件是教科书编者要了解本门学科的前后衔接与各门学科之间的彼此联系。举个最浅近的例子，如果小学数学教材的编者不了解小学语文教学的进度，在低年级小学生还识字不多的情况下就让他们去解用文字说明的应用题，那就将造成学生很大的困难。又如，初中学生还没有学过解一元一次方程式，就让他们学习解化学方程式的习题，这都是未能照顾到各学科之间的联系。一篇语文教材，往往有时放在小学高年级教，有时放在初中教，如《曹刿论战》有时放在初中教，有时放在高中教，都缺乏科学根据。还有高中生物学要有初中植物学、动物学、生理卫生学等的基础知识，如果初中不教这些科目，到高中教生物学势必发生困难。这类问题，我们教材编辑都应当了解。

第五个条件要忠于人民教育事业，了解党的教育方针、各级各类学校的培养目标、教育科学的一般规律以及教学过程的特点和规律。光口头上说忠于人民教育事业是不够的，教育事业要按照教育规律办事，就像经济事业要按经济规律办事一样，所以真正忠于人民教育事业就要按教育规律办事。规律是客观存在的，不依人的意志为转移的。按规律办事就要从实际出发，理论联系实际，实事求是，而不能盲目地不加思考地随波逐流。

第六个条件要热爱教材编辑工作，愿意献身于这项工作。这样才能立志以毕生的精力来研究它，做好它，为祖国下一代提供最好的精神食粮，为社会主义精神文明建设贡献全部力量。但是，只有安心教材编辑工作，才能热爱这项工作。只有热爱，才能刻苦钻研，精益求精。我想对热爱教材编辑工作提出三点要求：一是要能够“乐事”，即乐于从事自己的事业；二是要能够“乐育”，即乐于培育人才，我们编教科书虽不同学生见面，但学生读了我们编的书成了国家有用的人才，我们应当感到欣慰；三是要“乐成”，即乐于看到书籍的出版，共同享受成功的愉快，这样才能在加工他人书稿的时候，也能殚思竭虑，提高书稿的质量。

三、教材编辑工作需要掌握哪些教育学知识？

题外的话讲得很多，也许同志们已经听得不耐烦了。现在讲到正题，却又有“一部二十四史，不知从何说起”之感。说真的，理论来源于实践，要把教材编辑工作同教育学知识联系起来，必须在编辑教材的实践中，自觉地运用教育学的研究成果，并且总结经验来丰富教育学的理论。这并不是一件容易的事情。我一向孤陋寡闻，还没见到有人这样系统地做过。因此，要想把这个问题讲得简明扼要，说在点子上，对教材编辑工作中所要求的三性（思想性、科学性、教育性）有所增强，使教材的编者在工作中多一些运用教育学知识的自觉性，还需要进行一番创造性的劳动。

我自己虽然是学习教育学的，又从事教育书籍的编辑工作多年，但是真正自觉地运用教育学知识来指导自己的编辑工作还是近几年的事。以前虽然也知道要用马克思列宁主义、毛泽东思想来指导编辑工作，但是实际上是“唯上，唯书，而不唯实”。经过十年动乱以后，头脑清醒一点了；经过“实践是检验真理的唯一标准”的讨论，思想解放一点了；党的十一届三中全会以来正确的路线、方针、政策，使一向被人瞧不起的教育学，逐渐被人认识到它是需要的，开始能够发挥作用了。只是在这样的条件下，我才能够比较自觉地这样做。有些不重视教育学的人，不分析三十多年来我国教育学的处境，却要求我们搞这一行的马上拿出成果来，拿出具有中国特色的社会主义的教育学来，未免强人所难。科学知识需要一点一滴地积累，哪能一蹴而就呢？提出这样要求的人，事实上不是否定教育学的存在，就是对教育学工作者将一军。真正爱护教育学，就要像园丁保护幼苗那样，给它松土、施肥、浇水、剪枝，才能有助于它的茁壮成长。轻视、嘲弄、打击、排斥都是要不得的！

我反复考虑，在一两次讲演里要谈一点教育学知识，只能讲这样几个问题：（一）教育的本质；（二）教育的目的；（三）教育的内容；（四）教育的方法。——我讲的多半是一些普通常识，没有多么大的学术价值。但是其中有我个人的一些见解。

第一，讲教育的本质，就是要回答“什么是教育”这个问题。古今中外回答这个问题的人很多，这里无法介绍。我国最早使用“教育”一词的是孟轲：“……得天下英才而教育之，三乐也。”（《孟子·尽心上》）五十多年前，我初学教育学，课本里引了许慎《说文解字》里的注释：“教，上所施下所效也；育，养子使作善也。”意思是很明显的。英语 education 一词是从动词 educate 变化而成的，educate 有“引出”的意思。我们今天来理解教育，大可不必这样咬文嚼字。按照传统的说法，学校教育是有目的、有计划、有组织、有步骤地培养人的一种人类特有的社会活动。

党的十二大把教育作为国民经济建设的战略重点之一，这是非常正确的，也是非常必要的。过去若干年，我们只把教育看作阶级斗争的工具，没有看到教育是促进社会生产力发展的不可缺少的手段；认为只有在国民经济发展的基础上才能发展教育事业，没有看到教育是国民经济高度发展的必要前提；因此把教育片面地看作消费事业，而没有看到教育投资是一种生产投资。即使有人看到教育是培养国家建设人才的手段，也只重视发展高等教育事业，却没有看到教育首先是提高人民科学文化水平的手段，只有全国人民的科学文化水平提高了，才能发展整个社会的生产力，提高劳动生产率，也只有如此，高等教育的质量才有保证。

因此对于“什么是教育”这个问题，我们可以用今天的话来回答说，教育是物质文明建设的基础，是精神文明建设本身。

为什么说教育是物质文明建设的基础呢？我国的社会主义物质文明的建设包括工业的现代化、农业的现代化、国防的现代化和科学技术的现代化，简称“四化”。这“四化”当中，科学技术是关键。没有现代化的科学技术，其他一切都谈不上现代化。而科学技术要靠教育来传授。所以邓小平同志早在1975年就说过教育落后会拖住“四化”的后腿。1978年在全国科学大会上又重申教育是“四化”的基础。这里说的“四化”主要是物质文明建设。所以说教育是物质文明建设的基础。

从教育的起源和发展来看，它是同人类的物质资料的生产分不开的。人是劳动创造的。一切动物只能顺应自然，唯有人能劳动，因而能改变自然，以取得生活资料。因此说人类最基本的实践活动是生产活动，因为生产活动是取得生活资料的手段。在生产劳动中，人类年长的一代把自己的经验传授给年轻的一代，这种活动就是最初的教育活动。所以说教育起源于传授生产劳动经验的需要。简单地说就是教育起源于劳动。如果没有这种教育活动，人类生产经验就不能积累，不能提高，生产活动也将停滞不前。这是无论从古代原始的落后的生产方式来看，或者从现代先进的生产方式来看，都是一样的。越是现代化的先进的生产，所需要的教育基础就越深越广，劳动者所需要具有的教育程度就越来越高。换句话说，我们要建设高度的社会主义物质文明，必然需要有具备湛深科学技术知识的工程技术人员和高度熟练技术的工人和农民。教育正是培养和造就这样的人才的不可缺少的条件。

在目前世界上，所有发达的国家，或者说现代化的国家，不管是社会主义国家还是资本主义国家，不仅高等教育水平高，而且普及义务教育的年限长，一般都已普及了十年左右的义务教育。我们如果要真想实现现代化而不是假想实现现代化，就必须在教育方面急起直追，改变教育领域里重高等教育轻普通教育的现象，对发展高等教育和普及初等义务教育、扫除文盲，至少予以同样的重视。头重脚轻是站不稳的啊！

为什么说教育就是精神文明建设本身呢？精神文明建设大体上包括思想建设和文化建设。教育所从事的首先就是这两项工作。我们要培养品德、智力、体质等方面全面发展的人，没有教育办不到；或者说要培养有理想、有道德、有文化、有纪律的新一代，没有教育也办不到。我们知道，共产主义理想是精神文明的核心。培养共产主义理想不是光凭口头说教就能济事的。共产主义是科学，没有科学知识，包括自然科学、社会科学知识，人们是不可能真正具有共产主义理想的。我们说的社会主义觉悟，也不是喊几句口号唱几首歌就能养成的，没有社会发展规律的知识，没有历史唯物主义观点，没有消灭私有制的信念，社会主义觉悟也是不可能有的。目前之所以还有不良的社会风气，贪污盗窃、投机倒把、偷税漏税、走私贩私等丑恶的资本主义现象之所以不断出现，正是人们缺乏共产主义理想、缺乏社会主义觉悟的一种表现。我们在绳之以法而且用严刑峻法来制裁这些阶级敌人的同时，应当反省反省我们是不是忽略了教育这个力量？是不是教育在十年动乱中被严重破坏因而更加容易出现这些不良现象了？这是值得深思的。再举一例，杭州的灵隐寺，我 30 年代初期第一次去游览的时候，见到烧香拜佛的只是一些年老的小脚女人。50 年代中期第二次去，几乎看不到有人烧香拜佛。80 年代初却看到有不少年轻人也在那儿虔诚地求神拜佛，这使我感到很痛心。回想我们自己为什么不信鬼神，无非因为从小就受到一点自然常识的教育，现在教育不普及，师资质量低，教育有名无实，以致封建迷信思想反而有所抬头，这同精神文明建设的要求差距不是太大了吗？这还是我们汉民族地区，情况尚且如此。在少数民族地区，教育同宗教的矛盾更加尖锐，宗教同我们争夺下一代的斗争更加激烈。

要搞好精神文明建设必须扎扎实实地办好教育事业；特别是初等教育，必须保质保量地普及，然后逐步提高。“文明礼貌月”活动、“五讲四美”活动也要搞。那只是如同扫除文盲一样，不过是补课性质，不能以为光靠运动就行的。教育比再教育容易，补课有点类似再教育，往往事倍功半的。

总之，说教育是物质文明建设的基础和精神文明建设本身，可以对党的十二大把教育定为国民经济的战略重点有正确的理解。从教育的发生和发展来看，教育作为生产斗争工具的职能是绝对的、经常的，而教育作为阶级斗争工具的职能是相对的、有限的。“文化大革命”期间《红旗》杂志上发表了上海大批判写作组的文章，批判苏联教育学，说人们是为了阶级斗争的需要才办教育的。这不仅违背了历史，而且到将来共产主义社会消灭了阶级和阶级斗争，难道就不需要办教育了吗？这显然是一种奇谈怪论，胡说八道，是不值一驳的。

前面已经说过，从教育的起源来看，人类是为了传授生产劳动的经验才需要教育的；从教育的发展来看，到了阶级社会，人们是为了巩固阶级的统治，为统治者培养所谓治术人才才需要教育的。但是，即使在阶级社会，人类仍然不能没有生产活动，教育传授生产经验的职能永远是存在的。

在中国的奴隶社会和封建社会里，统治阶级办教育的目的主要教人“明人伦”，就是要人不“犯上作乱”，不造反；要处理好人与人之间的关系和彼此应遵守的行为准则，就是所谓“父子有亲，君臣有义，夫妇有别，长幼有序，朋友有信”。从汉代起，教育的内容主要是儒家经典：“五经”、“四书”。这种教育是脱离生产劳动的。

在欧洲，中世纪教会统治一切，教育权掌握在教会手中，他们是为了传播宗教教义和培养神职人员才办教育的。当时世俗封建主要靠武士来保卫，他们的教育是武士教育。这些都是脱离生产劳动的。到了近代，工农业生产发达了，大机器工业发展了。没有文化就不能从事生产活动，教育又逐步明显地同生产劳动结合起来。教育要培养“发达的和专门的劳动力”了。马克思在《资本论》里说：“要改变一般的人的本性，使它获得一定劳动部门的技能和技巧，成为发达的和专门的劳动力，就要有一定的教育或训练，而这就得花费或多或少的商品等价物。劳动力的教育费随着劳动力性质的复杂程度而不同。”不仅在资本主义社会里有这种需要，社会主义社会更加有这种需要。因为社会主义社会解放了生产力，随着生产的发展，推动着科学技术的发展；科学技术的发展，又促进生产力的发展和劳动生产率的提高。教育在这个循环往复或者螺旋式上升的过程中，起着必不可少的作用。所以说教育的本质是培养人，教育的职能首先是为生产劳动培养人，其次才是为管理或统治来培养人。就是说教育首先是生产斗争的工具，促进社会生产力发展的工具；其次才是阶级斗争的工具，在我国就是巩固人民民主专政的工具。

关于教育是什么这个问题，近年还有过是上层建筑还是生产力之争。因为各执一词都无法自圆其说，已经不了了之了。我想这里没有必要介绍。我认为，我们作为教材的编者，能够了解教育同社会主义现代化建设的关系，了解教育既是物质文明建设的基础，又是精神文明建设本身，不仅可以重视教育事业，重视教材编辑工作，而且懂得了教育的起源、发展、本质和职能，对于研究课程的编订和教材的选择，就可以统观全局，有一点远见卓识，有广阔的视野，不囿于本门学科的范围，不限于传授知识、技能、技巧（虽然我们在这方面还需要加强），而且要兼顾到培养观点、信念和行为习惯。这也是教材同科普读物应有的区别，虽然后者也不排除兼顾这两方面。

第二，讲教育的目的，就是要回答“我们的教育要培养什么样的人”这个问题。这就是通常说的教育方针和培养目标问题。

三十多年来，我们关于教育方针的提法有过不少，从建国初期当时教育部党组书记、副部长钱俊瑞同志根据党中央和毛泽东思想提出的“教育为生产服务，教育向工农开门”，到社会主义三大改造基本完成以后毛泽东同志提出的“我们的教育方针，要使受教育者在德、智、体几方面都得到发展，成为有社会主义觉悟的有文化的劳动者”和“教育必须为无产阶级政治服务，必须同生产劳动相结合”，直到十一届六中全会通过的《关于建国以来党的若干历史问题的决议》里的“要加强和改善思想政治工作，用马克思主义世界观和共产主义道德教育人民和青年，坚持德智体全面发展，又红又专，知识分子与工人农民相结合、脑力劳动与体力劳动相结合的教育方针”。有人统计过，不下十种不同的提法。教育界往往感到众说纷纭，莫衷一是。所以1982年在讨论《宪法》修改草案的时候，我曾建议在《宪法》里写上一条教育方针，以后就以此为准。现在《宪法》公布了，其中第十九条、第二十四条、第四十六条都是同教育直接有关的。具有方针性的条文是第四十六条的“国家培养青年、少年、儿童在品德、智力、体质等方面全面发展”。这可以说是各级各类学校共同的培养目标，也就是说我们办的教育要能够培养出这样的人来。

为了充分理解提出的问题，我想把《宪法》的这几个教育条款做一点分析说明。

《宪法》总纲第十九条：“国家发展社会主义的教育事业，提高全国人民的科学文化水平。

“国家举办各种学校，普及初等义务教育，发展中等教育、职业教育和高等教育，并且发展学前教育。

“国家发展各种教育设施，扫除文盲，对工人、农民、国家工作人员和其他劳动者进行政治、文化、科学、技术、业务的教育，鼓励自学成才。

“国家鼓励集体经济组织、国家企事业组织和其他社会力量依照法律规定举办各种教育事业。

“国家推广全国通用的普通话。”

我国是社会主义国家，毫无疑问，我国的教育事业应当是社会主义的教育事业。什么是社会主义呢？按照列宁的说法，社会主义就是消灭阶级，使所有的人都成为劳动者。所以社会主义教育应当是真正平等的教育，人人都有机会享受的教育，不应有城乡的差别、民族的差别、男女的差别。我们的教育应当有助于缩小这些差别，而不能相反，扩大这些差别。否则怎么能叫作社会主义的教育呢？其次，社会主义教育所要培养的是劳动者，包括体力劳动者和脑力劳动者。在现代化的生产劳动中，体力劳动和脑力劳动的区分已经不太明显，已经逐步接近了。所以我们可以换一种说法，即培养以体力劳动为主的劳动者和以脑力劳动为主的劳动者。总之，我们的教育绝不能培养出“四体不勤、五谷不分”的废物来。这一条还说要提高全国人民的科学文化水平，所以我们的教育必须普及，而普及教育是一项“极其繁重而艰巨的工作”（列宁语）。现在《宪法》已经写上“普及初等义务教育”。义务教育的含义有三：一是学龄儿童本身有受教育的义务，二是家长有保证子女在学龄期受教育的义务，三是国家有设学校、请教师、置设备、订课程、编教材来供应儿童受教育的义务。义务教育总是同免费教育相联系的。国际的经验是没有免费教育就没有义务教育，没有义务教育就没有普及教育。在这方面，我们还得下大决心努力来抓。中共中央和国务院 1980 年曾经发布文件，要求 1990 年在全国基本上普及小学教育。现在时间已经过去四年，照目前情况来看，如果再不大力来抓，这个要求很有落空的危险。教育不普及，主要是农村教育不普及，八亿农民的科学文化水平就难以提高。现行的小学生缴纳学费的制度不利于教育的普及，应当及早废除为好！

《宪法》的规定，好多同我们的教材编辑工作有关。如普及小学教育，必须采取多种形式，小学课本就不能只编一套。简易小学语文还要包括社会常识和自然常识。要扫除文盲需要有识字课本，同时也需要有脱盲后的各种业余学校的教材。要推广普通话，中小学和师范学校负有更多的责任。发展教育事业，首先要发展师范教育，培养合格师资。《宪法》里虽然没有提师范教育，但因这是办教育的规律，对于我们来说这是不言而喻的事情。但不提总未免美中不足。集体和国营企事业等都可办学，但教师（特别是集体办学的师资），必须由国家培养和任用，民办教师制度应尽快取消，以保证教育的方向和质量。

《宪法》第二十四条是讲的精神文明建设，也就是教育建设。条文是：“国家通过普及理想教育、道德教育、文化教育、纪律和法制教育，通过在城乡不同范围的群众中制定和执行各种守则、公约，加强社会主义精神文明的建设。

“国家提倡爱祖国、爱人民、爱劳动、爱科学、爱社会主义的公德，在人民中进行爱国主义、集体主义和国际主义、共产主义的教育，进行辩证唯物主义和历史唯物主义的教育，反对资本主义的、封建主义的和其他的腐朽思想。”

这条里列举的各种各样的教育，都是教育的内容，在我们的教材里都应当渗透这些有关社会主义精神文明建设的内容，培养学生“五爱”公德，为学生形成科学的世界观打好基础。当前要特别注意培养学生抵制腐朽思想的能力。在思想教育战线上，社会主义思想不去占领阵地，资产阶级思想和其他腐朽思想就会乘虚而入。这可以说是一条规律。我们搞精神文明建设就是要在一切领域用马克思列宁主义、毛泽东思想来占领阵地。在学校里进行这些思想品德教育，绝不仅是小学思想品德课和中学政治课的任务，也绝不仅是班主任的工作，我们所有教育工作者都有义务进行这些教育。我们在教材中都要有意识地但是很自然地贯彻这些方面的教育，渗透这些方面的教育，但不是穿靴戴帽、贴标签。这就要求我们教材的编者，自己首先要有这些方面的思想品德修养，然后才能得心应手，左右逢源地在教材中渗透这些方面的教育。怎样使教材编得既符合本学科的教学要求，又具有适当而又丰富的教育性，是一个值得很好研究的问题。

现在回到第四十六条提出的“国家培养青年、少年、儿童在品德、智力、体质等方面全面发展”这个总目标。在这里我们需要弄清楚两个概念：一是全面发展的人，二是全面发展的教育。

恩格斯在1847年写的《共产主义原理》里提出过人的才能能得到全面发展这个思想。他说：“由社会全体成员组成的共同联合体来共同而有计划地尽量利用生产力；把生产发展到能够满足全体成员需要的规模；消灭牺牲一些人的利益来满足另一些人的需要的情况；彻底消灭阶级和阶级对立；通过消除旧的分工，进行生产教育、变换工种、共同享受大家创造出来的福利，以及城乡的融合，使社会全体成员的才能能得到全面的发展；——这一切都将是废除私有制的最主要的结果。”这里说的是社会全体成员的才能能得到全面的发展。这种人就是全面发展的人，恩格斯在这里提出了培养全面发展的人的前提。

马克思在1867年发表的《资本论》第一卷里说：“未来教育对所有已满一定年龄的儿童来说，就是生产劳动同智育和体育相结合，它不仅是提高社会生产的一种方法，而且是造就全面发展的人的唯一方法。”马克思在这里提出了培养全面发展的人的途径。

所以全面发展是指人的全面发展，不能说是个性的全面发展。50年代初，我对马克思主义学习得很少，经我手编辑加工的《教育学》的译文中出现过“个性全面发展”的不恰当的译法。1956年11月我曾写了一篇文章，题目是《全面发展是指人的全面发展》在《人民教育》发表，纠正过这个错误。

人的全面发展是针对资本主义社会里人的片面发展而提出来的。人的片面发展在大工业生产中加剧了。为使工人能适应“劳动的变换、职能的更动和工人的全面流动性”这一大工业的本性所决定的现象，马克思提出“用那种把不同社会职能当作互相交替的活动方式的全面发展的个人，来代替只是承担一种社会局部职能的局部个人”这个著名的要求。所以马克思是从大工业生产的本性出发，提出需要培养全面发展的人。培养这种全面发展的人需要工艺教育（即综合技术教育）和职业教育，教给工人及其子女以有关工艺和各种生产工具的实际操作技能，尤其应当进行理论的和实际的工艺教育，即不仅使他们从事实际操作，而且要使他们懂得工艺的原理。——这样的人才能适应工种的变换。所以马克思讲的全面发展的人，同我们现在实施的全面发展的教育不是完全同一的概念。当然二者有密切的联系。

全面发展的教育，特别是只讲德、智、体，这是古已有之的。我国古代的“六艺”，礼、乐、射、御、书、数，就包含了德育、美育、体育和智育的内容。古希腊亚里士多德就讲到体育、德育和智育作为发展人的身心的手段。我们到日本参观，看到日本学校里也把发展儿童的智、体、德作为教育的目标。如果我们只限于讲德、智、体，来克服学校重智轻德、体的错误，这种有限的全面发展的教育，并不能培养出马克思所设想的全面发展的人，只有加强了综合技术教育，使学生了解现代生产的基本原理，学会使用现代生产最简单的工具，才有可能培养出马克思所设想的能够适应工种变换的全面发展的人来。

过去若干年，我们只谈德、智、体，甚至连德、智、体也没有兼顾到。我们的教育当然不能算作全面发展的教育，更不能培养出全面发展的人来。1981年修改的中小学教学计划，提到了劳动技术教育，是一个进步。但是学校片面追求升学率，对此没有执行，结果还是有名无实。在片面追求升学率的不良风气影响下，各级学校都办成上一级学校的升学预备班，而不是培养劳动者。封建社会科举制的余毒仍未肃清，这是很令人担心的一件大事。

我们的教材除了要有意识地渗透社会主义精神文明建设的内容外，还要贯彻培养劳动者（包括脑力劳动者）的思想教育，而千万不能培养精神贵族。在教材中特别要培养动手做的实践活动，不要让学生只是做书面作业（必要的书面作业当然要有），应当加重实践活动、动手劳动这类作业的分量。这不仅有助于知识的巩固，也有助于技能和技巧的形成，还可以培养劳动习惯，应当是一举数得的。以后高等学校招生考试也要改变只考书面作业的旧传统，而要兼考实践活动的能力。最近苏联改革教育，要从小学一年级起就让儿童干点力所能及的活儿，这是做得很对的，值得我们借鉴的。

第三，讲教育的内容，就是要回答“用什么手段来培养我们所需要的人”这个问题。这个问题就是课程、教材问题，同我们关系非常密切，有直接的关系，所以要多讲一点。

最近三十年，“课程”一词在我们的教育学和教学论这类书籍里很少见到。其实这个词是我国古已有之的词。我在《课程·教材·教法》1981年第3辑发表的《课程研究引论》里已经说过，这里就不细说了。还有“课程标准”一词也是我国固有的词语，就是我们现在说的“教学计划”和“教学大纲”。后面这两个词是学习苏联时照搬过来的，因为语义不明，有的同志自己编了多年的教学大纲，甚至不知道这就是课程标准，还说希望重新制定课程标准。所以我在谈到教学内容的时候，特别说明一下：我们现在说的各级各类学校的教学计划，就相当于过去各级各类学校的课程标准总纲；我们现在说的某科教学大纲，就相当于过去某科课程标准。我们使用的“课程”一词，就概括地指教学计划和教学大纲。

课程是个总称，它指学校传授给学生的知识、技能、技巧、思想、观点、信念、言语、行为、习惯的总和。课程包括所有的学科，学科下面还可分为科目。如，说中学课程就指中学教学计划中列举的所有学科，其中数学学科又可分为代数、几何、三角等科目。现在我们在使用上比较混乱，不大注意区别概念的内涵和外延，往往把一门学科甚至一个科目，也称为课程。这是中外皆然，目前无法严格要求的。当然，在教育科学书籍和文章里最好能正确使用。

学科是随着科学的分化而日益增多的。中国古代封建社会重儒家经典而忽视科学技术。清初编《四库全书》只分经、史、子、集四类。现在我们图书馆的分类、编目，复杂多了，成了一种专门的学问。但是学科不能同科学同步分化，特别是普通学校课程的设置，只能包括最基础的科学知识和技能，设置的学科是有限的，不可能包罗万象。但要为学生毕业后升学或就业打好坚实的基础。

学科的内容也不等于科学的内容。科学的内容有它自己的逻辑体系。从概念到定理到公式，然后再来验证。但学科不能这样从理论到理论，从理性到理性，学科的体系是心理体系，要根据各年龄儿童的身心发展的水平和学习心理，来确定它的体系。一般不能从抽象的定义出发，而要从具体的事例出发，要符合人的认识过程，要从感性到理性，从实际到理论。例如，同是一本物理学，作为中学课本用的，就跟作为学术专著（或者大学普通物理学）的，需要有不同的体系，以不同的面貌同读者见面。

因此，教材的编辑工作，既是学术要求很强的工作，需要反映最新的科研成果，又是教育要求很高的工作，需要适合学生的接受能力。既然如此，教材的编辑就不能光依靠各门科学专家。美国50年代末开始的课程改革就是光依靠各门科学专家，教材要求太高，理论讲得太多，不适合大多数学生学习，所以到70年代又产生了回到基础的运动。但是，教材的编辑也不能光靠教育实际工作者来做，因为教育实际工作者容易过多地考虑如何适合学生学习，而不容易反映科学上最新的研究成果。所以编辑教材，有时比写本科学著作还难得多，需要有各门科学专家和教育实际工作者结合起来，才能搞好。

在教育科学研究发达的国家，编订课程和编辑教材都是教育科学研究工作，除了要求有各门科学专家和教育实践家参加外，还要有教育心理学家和教育理论专家参加，这样才能保证教材的科学性和教育性。

教育行政领导干部，应当由精通教育科学理论和深刻理解教育方针和各级学校培养目标的人担任。课程的编订和教材的编辑，如果能在这样的干部领导下工作，不仅可以保证教材的科学性和教育性，而且可以保证教材的思想性。当然，他的领导也要有教育科学研究做基础。

任何国家学校教学内容的确定或者说课程的编订，大都要受到许多条件的左右。这些条件，归纳起来大致有经济、政治、文化、教育、科学等方面，这些方面也可以叫作课程教材编订的依据。为了便于说明，我打算分社会生产的需要、科学技术的水平、教育方针的规定、培养目标的要求、哲学思想的流派、社会文化的传统、学校类型和制度、儿童身心的发展等几点简单地谈一谈。

（一）社会生产的需要——教育的首要职能是传授生产劳动的经验，否则社会的生产就不能发展，人类的生活就无法改善。当社会生产还处在农业手工业发展阶段的时候，也就是奴隶社会和封建社会，当时这些生产依靠的科学技术知识还不很多，生产者可以把生产经验父子相传或师徒授受，学校的课程是同生产脱节的。随着生产的发展，科学技术知识在生产中的应用逐渐增多，也就是社会生产进入大机器工业发展阶段，人类进入资本主义社会的时候，生产者要有读、写、算的能力，才能应付劳动的需要。这一方面推动了教育的普及，一方面也提高了劳动者的文化水平。劳动者文化水平的提高进一步改善了社会生产力的质量，推动着生产的发展和科学技术的进步。学校课程也为了适应社会生产的需要，增加了数学、物理、化学、生物、地理等科的分量。社会生产力在不断发展。人类社会的生产，也从蒸汽时代进入电力时代，又从电力时代进入核能时代，再进入电子时代。电子计算机的广泛使用，使人类社会生产进入新技术革命时期，使人类逐渐从工业社会进入所谓信息社会。在采用蒸汽为动力的时候，假如说生产者有小学的文化程度就能从事生产劳动的话，现在已经远远不够了。工业发达国家不断延长普及义务教育的年限，改革学校课程和教材，就是因为从事现代生产的劳动者如果没有中等教育程度，早已难以胜任。到了新技术革命到来的时候，恐怕生产者有中等教育程度也不足以应付生产的需要，而需要有高等教育的程度了。总之，越是现代化的生产，需要的科学技术知识越高，对教育的要求也越迫切，同时教育投资的经济效益也越来越显著。据美国前任副总统蒙代尔说，“教育是有经济效益的，美国在教育上每花费一美元，就会使国民生产总值增加六美元。国家为使学生完成中等教育的学业，每花费四美元，就使联邦、州和地方政府增加七美元的收入。”我看，美国所以至今还在称霸世界，跟它的社会生产力仍在不断发展有密切的关系。而社会生产力发展的原因就是由于科学技术的不断进步，科学技术的进步正是美国社会重视知识、重视教育的结果。当然，也要看办的是什么样的教育。如果美国教育的内容像欧洲中世纪那样，教的是基督教《圣经》和教义，当然不可能产生上述的效果。为了适应社会生产发展的需要，课程的编订必须包括最新的科学技术成果，而且在普通教育阶段就要为学生从事专业的学习或就业，打好理论的和实践的基础。因此，应当从小学一年级起就开设手工劳动课或叫劳动技术课，让学生学会动手从事力所能及的劳动。不仅劳动技术课要教学生掌握生产劳动的技术，而且一切有关的学科，如数学、物理、化学、生物等科，都要加强基本生产技术教育（或综合技术教育，不是单一技术教育）的因素。既要教给学生现代生产的一般原理，又要教给学生学会使用现代生产的最简单的工具的技能。这一点我国学校目前特别忽视，这对现代化建设是非常不利的。我们在编辑教材时应当考虑包含综合技术教育的因素，这是马克思和列宁一再强调过的。

（二）科学技术的水平——同前一个条件相联系，我们研究课程的编订，必须考虑科学技术的发展水平。把自然科学纳入学校课程，历史并不很长。如日本是明治维新以后1872年实行近代学制才开始的。我国实行近代学制比日本晚三十年。到1904年才开始。八十年来，走了许多弯路。现在日本在世界上已经成为第一流的经济大国，我国的现代化还刚刚起步。当然，近三十几年来，我国在尖端科学方面，如原子弹、氢弹的爆炸，人造地球卫星的发射和回收等方面，已经走在世界的前列。在人工合成结晶牛胰岛素和生命的物质基础核糖核酸方面，甚至取得最先进的成果。但是普遍看来，科学文化还很落后，文盲占全国人口五分之一到四分之一，初等教育尚未普及，仍处于“三、六、九”状态。这同现代化的要求是背道而驰的。教育的落后形成了科学技术的落后，整个社会生产力的水平也就难以提高。因为人是社会生产力中最重要的因素，不提高全国各族人民的科学文化水平，社会生产力就不能提高，落后的帽子就摘不掉。这是从整个教育状况来说的。从学校教材的编辑来看，现在科学技术已发展到电子时代，如果我们只拿蒸汽时代的科技来教给学生，将不能满足现代科学发展对教育的要求。当然，普通学校教的是科学基础知识，有关蒸汽时代的知识也要教；何况这些在当前我国还大量存在。但是有关电子计算机的初步知识，在我国普通中学里也不能不讲，否则，我们的课程就将落后于现代科学发展的水平。

（三）教育方针的规定——上面两个条件是社会经济条件。因为经济是基础，所以我先讲。现在讲到政治条件了。政治是经济的集中表现，当然也要反映经济的要求。毛泽东同志1958年提出的教育工作方针，后来称为教育根本方针的，我认为是符合教育发展规律的。尽管现在从某种原因来考虑，不讲它了，但是我认为从学术观点来说，仍然应当是指导我们教育工作的准绳。历代的各社会发展阶段的统治阶级办教育，总是要用教育来为它那个阶级的统治服务的，我们无产阶级办的教育难道不要为无产阶级的政治服务？共产主义者从不隐瞒自己的观点。既然要求坚持四项基本原则，那么这四项基本原则的要求难道不是代表全国人民利益的无产阶级的政治要求？我们的教育难道能不为坚持四项基本原则服务？我们的课程编订、教材编辑都必须坚持四项基本原则，其实，这就是在为无产阶级的政治服务，而无产阶级的政治利益是同全体劳动人民的利益一致的。不能把政治理解得很狭隘，理解为搞政治运动，搞阶级斗争。政治是随形势而变化的。革命胜利以前的政治就是要推翻反动的统治阶级，把帝国主义侵略者赶出国门之外；革命胜利以后，特别是社会主义改造胜利以后的政治就是要搞大规模的有计划的经济建设，“向地球开战”。当前在全面开创社会主义现代化建设新局面的时候，教育就要为建设具有高度文明和高度民主的社会主义强国服务，这是毫无疑问的。

至于教育必须同生产劳动相结合，现在全世界都在走这条路。有人说，教育历来都是同生产劳动相结合的，这句话从广义的教育来说虽有一定的理由，但在奴隶社会、封建社会，统治阶级掌握了教育权，当时占统治地位的教育是脱离生产劳动的。我们不能否认这个事实。否则我们为什么还要把教育必须同生产劳动相结合当作方针提出来呢？有人说，教育同生产劳动相结合是社会主义教育同资本主义教育的分水岭，这也是不对的。在资本主义社会上升时期，由于大生产的要求，教育已经开始同生产劳动相结合了。起初资本家的眼光狭隘，看不到这种要求，需要国家用立法（如英国的《工厂法》）来保证；劳动者也迫于生计，无力受教育，需要国家用立法来强迫。但是，现在在发达的资本主义国家，早已把教育投资看作生产投资，大力发展教育事业，不仅培养国家高级建设人才，而且培养各行各业的熟练工人（包括农业工人）。而学历在许多国家成了改善个人物质生活和提高个人社会地位必不可少的条件。工厂法的教育条款，强迫教育的立法，一般已经完成了历史使命，退出历史舞台了。但是在中国，这还是非常需要的。因为中国的教育尚未普及，新文盲不断产生，还需要有各种立法来普及初等义务教育，使生产劳动同教育相结合。党的十一届六中全会决议里写的方针，同上述方针的精神是一致的。有了统一的教育方针，我们教材的编辑就有了明确的方向：为现代化建设服务，既为精神文明建设服务、为物质文明建设服务，还要为社会主义民主和法制建设服务。

（四）培养目标的要求——教育方针是个总的要求，它适用于各级各类学校，指导着一切教育事业。所以它是个总的方向。具体到某一级、某一类学校，某一种教育设施，还有不同的培养目标。有没有适用于各级各类学校各种教育设施的总的培养目标呢？我看也有。如毛泽东同志讲的使受教育者在德、智、体几方面都得到发展，成为有社会主义觉悟的有文化的劳动者。这可以说就是总目标。现在《宪法》里规定的“国家培养青年、少年、儿童在品德、智力、体质等方面全面发展”，也是个总目标；如果加上毛泽东同志说的培养有社会主义觉悟的有文化的劳动者，就更加具体了。关于劳动者的含义，不管原意如何，我认为在社会主义制度确立以后，提出培养劳动者的教育目标是完全正确的。因为劳动者当然既包括体力劳动者，又包括脑力劳动者。而社会主义社会成员，除了丧失劳动能力者外，人人都应当是劳动者，所以我不赞成在它后面再加半句“和又红又专的建设人才”。在教材编辑工作中，当然要考虑到这个总的培养目标。

我国目前的普通教育分三段：小学、初中、高中。目前普及义务教育还只限于小学阶段，这在苏联十月革命以后十七年就办到了。既然小学是每个国民必受的教育，而且可能在相当一段时间内只普及小学教育，我们小学教材的编辑，就应当考虑给小学儿童以生活必需的知识、技能，起码应有的思想、观点，公民应有的行为、习惯。如读完小学的学生，应当能掌握读、写、算等生活必需的知识、技能；有自然科学常识，至少不会迷信鬼神；有社会科学常识，热爱自己祖国的光辉历史，热爱社会主义制度和大好河山；养成文明、礼貌、卫生和守纪律的行为习惯；等等。将来我们普及初中教育了，那么这些知识、技能、思想、观点、行为习惯的范围再逐步扩大，程度再逐步加深。并且特别重要的是不要忘记我们的教育是培养劳动者的，而不是培养“四体不勤、五谷不分”的废物的。究竟一个中国公民起码应当掌握什么广度和深度的知识，这是一个科学研究的课题。例如小学语文要让孩子能读会写多少字？并不是凭空决定的，而是要经过调查研究的。这是一项很繁重的工作。譬如说小学毕业生应能读《人民日报》，我们就要统计《人民日报》上用些什么字，一个一个登记下来，这些字出现的频率，也要一个个加以登记，这样至少抽样登记30天，大致可以看出最常用的是哪些字，次常用的是哪些字，总共用到多少字。当然，我国文字是由单音词和多音词组构成的，光识单字，有时还不能解决问题，遇到两个单字都认识而组成了一个词组，意义就不同了。所以光统计单字还不行，还得研究常用的词组。我这里只是举例说明，编辑教材必须进行科学研究。从确定小学语文应教学生识哪些字词、识多少字词这个最单纯的问题来看，尚且如此繁重，其他各科内容要有科学根据来确定它的广度和深度，就更非易事了。如普通高中的数学，它既要为将来升入文科大学的学生做准备，又要为升入理工科大学的学生做准备，还要考虑到为大多数就业的学生接受职业训练做准备。这就不是一套教材所能办到的。要考虑到多种情况，特别是文科在科学管理上也要用到数学甚至高等数学了，不能按传统观念把准备学文科的数学教材水平降得过低。究竟怎样才合适，这要进行高等学校有关课程的分析，要进行职业训练学程的分析。职业有多种，当然只能选有代表性的来取样调查。因此，编辑教材是一项极其繁重的科学研究任务。当然，这是说要使我们的教材能真正成为实现教育目标的手段。假如不管能不能实现我们的教育目标，照抄照搬，必然造成不良后果，这是我们已有教训的。据说在新疆少数民族中，曾一度用过苏联编的哈萨克文、乌兹别克文的课本，打开这些民族语文课本的第一课，赫然在目的是“祖国。我们的祖国是苏联。”“首都。我们的首都在莫斯科。”——这不过是我国课本不能照抄照搬外国课本的极端典型的例子。讲一讲可以使我们头脑清醒，认识到研究编写我们自己的、实现我国培养目标的教材多么重要。

（五）哲学思想的流派——古今中外哲学思想不计其数，真是众说纷纭，莫衷一是。马克思主义帮助我们把古往今来迷离惝恍、错综复杂的哲学思想，理出了一个头绪。这就是哲学史上历来分为唯心论和唯物论两大阵营：在解决思维与存在的关系问题时，主张思维第一性物质第二性的是唯心论；主张物质第一性思维第二性的是唯物论。这就好办多了。我们当然毫无疑问地站在唯物论一边。

马克思主义的唯物论有一个特点，就是它是辩证唯物论，而不是机械唯物论。这就要求我们不仅要把世界看作物质的，而且要把世界看作发展、变化的。机械唯物论的思想方法是形而上学的，不能反映客观世界的真实面貌。所以我们理所当然地要坚持辩证唯物论。

马克思主义的最大贡献之一是唯物史观，即用辩证唯物主义的思想方法来观察历史、分析历史、解释历史，形成了历史唯物主义，揭示了人类社会历史发展的真相，即社会生产力的发展是推动社会发展的根本动力。在阶级社会里，由于生产关系束缚了生产力的发展，为了打破旧的生产关系，必须进行阶级斗争，进行革命。革命是为了解放生产力而采用的一种手段。

我们说的坚持四项基本原则中的坚持马列主义、毛泽东思想，就是要坚持辩证唯物主义和历史唯物主义。

现在简单说说不同的哲学思想对课程教材的影响。先说唯心论。哲学上的唯心论认为知识是从上帝那儿来的，有所谓“天启的知识”，即在上帝启示之下得来的知识；宗教的各种经典，等等，就是知识的唯一来源。在欧洲中世纪，只有一种学问，就是神学，其他科学都不过是神学的奴婢。当时的课程总离不开宗教教义。科学如果违背了宗教教义便被看作异端，要受宗教法庭的制裁。至今联邦德国、英国等国学校还开设宗教课，应当说是唯心主义哲学思想的反映。我为什么提到这个问题？一是因为在辛亥革命以前，儒家经典也列为我国学校课程，当时叫作“读经讲经”。这种儒家经典也和宗教教义一样，禁锢了人们的头脑；二是因为在有些地区，目前宗教势力同教育的矛盾还很尖锐。这不能不引起我们的注意。

唯心论除了是宗教教义、僧侣主义、信仰主义、有神论者的世界观以外，还主张生而知之。这是孔子说的。德国康德（1724—1804）的唯心论就叫先验的唯心论，即主张人的知识是先天就有的，是先于经验而存在的。在这种思想影响下，学校课程主要的任务是训练人的心智，而不是给人以实质性的知识。在教育史上有所谓形式训练说，就是主张学校课程的设置是为了磨炼人固有的记忆力和思考力。所以特别重视古典语文（希腊文、拉丁文）的教学和数学难题的教学，而不管这些语文和难题在实际生活中有用还是无用。

唯心论者还主张不可知论，即认为世界是不可认识的。如，康德虽然承认有“自在之物”即客观事物存在，但认为这些是人不可能认识的；另一个英国唯心论者休谟（1711—1776）甚至连客观事物是否存在也抱怀疑态度，认为是不可知的。他们的这种主张也叫怀疑论。科学（包括研究自然界的自然科学和研究社会的社会科学）都是研究“自在之物”的学问，既然“自在之物”是不可能认识的，或者说有无这些“自在之物”还不知道，那么研究这些科学，并把科学研究的成果教给儿童，还有什么意义呢？

所以，哲学上的唯心主义思潮限制了近代学校课程的发展。我国在长期的封建社会中，除了唐代、宋代曾设有医学、算学等专科学校外，所有的学校课程都不外“五经”、“四书”、诗词歌赋。虽然在历史上我国劳动人民有许多创造发明，但被贬为奇技淫巧，不登大雅之堂。这除了其他原因外，也是受到唯心论的祸害。

唯物论同唯心论是对立的。他们反对神学，尊重科学，不仅承认客观世界的存在，而且认为自然界是有规律可循的，是可知的。认为只有尚未被人认识之物，并无人不可知之物。所以唯物论者在各个社会发展阶段，都是先进社会生产力的代表，他们代表进步，而唯心论者往往代表反动。

被马克思称为“英国唯物主义和整个现代‘实验科学’的始祖”的弗兰西斯·培根（1561—1625）是一位杰出的唯物主义思想家。他认为感觉是一切知识的泉源，自然界、物质是研究的对象。培根哲学思想的继承者洛克（1632—1704）也认为事物是客观地存在着的，并认为观念和表象是这些事物作用于我们感官的结果。洛克在《教育漫话》一书中开宗明义主张“有健康的身体才有健全的精神”，重视对儿童施行体育。在智育方面，他强调教语文、数学、地理、历史、逻辑学等。在美育方面，他主张教图画、音乐、舞蹈。在劳动技术教育方面，他主张教园艺和木工等。他还用了大量篇幅讲培养一个绅士的品德。

我国唯物主义教育家颜元（1635—1704），同洛克是同时代的人。他批评宋儒朱熹只知教人读书，认为几百年来，读书人只在故纸堆中耗尽心力，成了废物。他主张除教学生礼、乐、射、御、书、数外，还要研究兵、农、水、火诸学，要求人人习武，主张垦荒、兴水利，等等。他在三百多年前提出这些主张是难能可贵的。这也可以证明唯物主义思想家是社会进步力量的代表。

在教育史上还可以见到一些矛盾的现象：哲学思想和教育思想不一致。如捷克教育家夸美纽斯（1592—1670），他是基督徒、神学家，但是在教育上有进步的思想，如在《大教学论》中，他主张“人人都应当受教育”，把一切知识教给一切的人等。又如，英国唯心主义者斯宾塞（1820—1903），虽然是个不可知论者，但他在《什么知识最有价值?》一文中却主张教人以最有用的知识，他把人生活动分为保健活动、职业活动、家庭活动、公民活动、休闲活动五个方面，认为教育即学校课程就要为人类完满的生活做准备。他的这种主张对学校课程的编订，产生过不小的影响。

马克思主义以前的唯物论是不彻底的。第一是机械的，不符合客观世界发展变化的规律；第二是只限于解释自然界，没有用来说明人类社会。马克思的辩证唯物主义和历史唯物主义是彻底的唯物主义。它不仅要解释世界，还要改造世界，所以是革命的思想武器。我们在编辑教材的工作中，都要以马克思主义为指导思想，即以辩证唯物主义和历史唯物主义为指导思想。我们教给学生的一切知识都要是客观真理，都要经得起实践的检验。至少要持之有故，言之成理，为学术界所公认，符合辩证唯物主义和历史唯物主义的基本原理。例如，我们主张宗教信仰自由，但绝不允许在学校里宣讲教义。相反，我们应当进行无神论的宣传，为培养学生唯物主义世界观打好基础。我们讲社会主义革命和建设的成就，一定要把功劳归于党和人民群众，绝不能仅仅归功于个人。

否则会造成英雄史观、个人迷信，违反历史唯物主义的原理。当然，对革命领袖们的功绩也不能抹煞。总之要实事求是。这是马克思主义哲学思想的精髓。

（六）社会文化的传统——许多国家学校的教学内容，要受到本国社会文化传统的左右。学校课程本来也属于观念形态的文化，它是一定社会的经济和政治的反映，反转来也要影响和作用于一定社会的经济和政治。这是马克思主义的基本观点。毛泽东同志早就讲过的。这里是说，学校课程除了由经济和政治的需要决定外，还要受到文化的影响。

上面说的哲学思想对课程的影响就是文化影响的一方面。社会的文化传统是另一方面。不同的社会阶级或阶层对社会文化传统有不同的取舍和抉择的标准。这是由居于统治地位的阶级决定的。

拿我国来说，从汉武帝刘彻接受董仲舒的建议“罢黜百家，独尊儒术”以后，两千多年中儒家的思想占了统治地位。儒家思想的糟粕必须抛弃，早在五四运动时期就在“打倒孔家店”的口号下大破了一次，主要是破束缚人们思想的旧礼教，如男尊女卑、重男轻女，轻视体力劳动和体力劳动者，父权思想和夫权思想，等等。这些东西同资产阶级的民主精神不相容，同社会主义的要求更是风马牛不相及了。但是，由于封建社会在我国延续时期过久，加之教育不普及、质量低，这些糟粕至今还有待肃清。所以肃清封建主义的腐朽思想，在我们的中小学课程中还不能忽视。当然，儒家思想中也有一些精华，如“富贵不能淫，贫贱不能移，威武不能屈”，“先天下之忧而忧，后天下之乐而乐”，这样一些思想。对于那些“见利忘义”的人来说，或者对那些“有奶便是娘”的盲目崇外的人来说，是不是具有针砭作用呢？所以我觉得我国文化传统中的精华是应当批判地继承，甚至要发扬光大的。

东邻日本对于在封建社会时期从中国吸收去的文化传统，至今还是珍视的。如，他们的国语课程标准里规定各年级要识多少汉字，虽然日文已经是拼音文字了，但并未把汉字废除。我们看到他们初中三年级国语课里教唐诗，一节课就教四首。小学高年级书法课教学生用毛笔写汉字，比汉字故乡的中国孩子们写得一点也不差。日本对它社会文化中的不良传统也在清除，他们有一种教育活动叫作“同和教育”，据了解是消除旧日封建等级制特别是歧视“贱民”出身的人的教育。“同和教育”不仅在学校里进行，也在社会上举行讲座来进行。这些社会文化传统都影响着学校教学内容。

美国主要是由欧洲移民组成的国家，有盎格鲁-撒克逊民族、法兰西民族、日耳曼民族、西班牙民族等等。美国独立以后，要使这些来自不同国家、不同民族的人民统统成为美国人，就要求所有的人不管来自何方，都要学习英语，学习美国史，学习公民，通过这些学科来使全国人都美国化。至今美国公立学校英语、公民、美国史、体育都是必修科，而其他许多学科包括数学、物理学、化学、生物学都可以是选修科。这也是由社会文化传统决定的。

英国航海业发达，早年殖民主义盛极一时，曾有“日不落帝国”之称，因为英国殖民地遍布全球，英国国旗 24 小时都有太阳照着，所以英国学校课程中地理课占的比例较大。英国资产阶级宣扬什么“费厄泼赖”（fairplay，公平竞胜）精神，说是要在体育比赛中培养这种精神，学校课程也重视体育。这也反映了英国的文化传统。

（七）儿童身心的发展——已往的课程教材都是由教育者片面决定的，很少考虑到受教育者方面，如欧洲中世纪的教材就是如此。直到 17 世纪，夸美纽斯才编出比较适合儿童学习的图文并茂的教材《世界图解》等教科书。

我国最早从南朝梁代起就有人开始编辑蒙学课本，以适合受教育者的接受能力，唐宋以后流行《三字经》、《百家姓》、《千字文》、《千家诗》等儿童的启蒙读物。这些课本的特点是句子短、押韵，儿童诵读容易上口，但同口语还有很大的差距。有些也印有插图。这些课本的产生比西方要早一千年或几百年。

真正考虑到要按儿童的身心发展来编订课程教材是在儿童心理学的研究取得成果以后。有一位瑞典女教育家爱伦凯（1849—1926）曾提出“20 世纪是儿童世纪”的口号，说明在教育上真正重视儿童的地位，历史并不很长。虽然早在 18 世纪，欧洲启蒙思想家卢梭已经开始提倡教育要顺应儿童身心发展了。卢梭的这个思想被美国的杜威（1859—1952）继承下来，推向极端，提出了“儿童中心主义”的口号。这曾使课程教材的编订，在教育思想上起过一次根本性的变化。因为他把过去由教育者编订课程教材来传授给受教育者，改为由受教育者按照自己的动机和兴趣来决定学习什么课程和教材。这对传统的教育是一个极端性的变革，由教材中心变成儿童中心，由教师为主变为学生为主，在教育思想上影响是很大的。

但是，教育是有目的、有计划的活动。教育中的主要矛盾就是教育目标同受教育者之间的矛盾。受教育者好像是一块璞，璞要经琢磨才能成为玉器，受教育者也要经过教育才能成为教育目标所希望的人才。完全让儿童自发地生长是不能实现教育目标的。所以，我们可以接受卢梭关于教育要适应儿童身心发展的思想，但不能走向极端，不能接受杜威的儿童中心主义。

教育要适应儿童身心发展的思想要求课程教材受儿童身心发展阶段的制约，即年龄特征的制约。我国教育上说的“循序渐进”的“序”，不仅是教材本身的序，而且有儿童学习的序。在我们谈到教育内容的开始，曾经说过科学体系同学科体系的区别。这个体系就是序。我们要做到循序渐进，就要既考虑科学本身的逻辑顺序，更要考虑到学科或教材的适合儿童学习的心理顺序。我国古代《学记》里就说过：“当其可之谓时”，“不陵节而施之谓孙”，就是说教育内容的选择要正当其时，能为受教育者最好地接受。如果不按部就班地“陵节而施”，就破坏了顺序，受教育者就不能最好地接受了。怎样才能确定各门学科各种教材的“序”，发现那个“时”，找到那个“节”，正是教育科学研究的重大课题，特别是我们课程教材研究所的一项中心任务。现在各国教育科学研究以课程研究为核心，不是没有原因的。因为“序”和“时”的发现是要经过大量调查、实验和研究的。所谓“教学过程的最优化”，探寻儿童“最近的发展区”等这些思想，用在课程教材的研究上就是要找出最适合儿童身心发展的教材来，既不超越儿童接受的可能，又不延缓儿童的发展。我们各门学科教材的研究在这方面是大有英雄用武之地的。

（八）学校类型和制度——学校类型可以分别为二：一是普通学校，二是专业学校。学校的类型决定着课程的性质：为普通学校编订的是实施普通教育的课程，为专业学校编订的是实施专业教育的课程。由此可见，学校的任务不同，课程的性质各异。但是，这样的区分是不全面的。因为在普通学校里也有必要设置职业选科，这种职业选科就属于专业课程的性质；在专业学校也有必要设置公共必修的文化课和理论基础课，这些课程就不属于专业性质了。所以，我们不能把问题简单化、绝对化。

目前，我国教育事业还比较落后，小学毕业生中还有很多人不能升学。这些人大部分在农村。我们是否可以考虑在农村小学里也设置一些职业学科，教一点家禽家畜饲养、果树林木栽培、草编柳编技术等家庭手工业和家庭副业的知识技能呢？初中毕业生不能升学的也有许多人，这些人不仅在农村，而且在城市，所以初中课程中也应因地制宜设置职业选科，如烹调、缝纫、理发、修理收音机和幻灯机、修理钟表、打字、会计、簿记、绘图等等，使初中毕业的学生人人都有一技之长，即使不能升学，也具有初步为人民服务的本领。至于高级中等教育，应设置中等专业学校、职业技术学校等属于专业性质的学校；

而普通高中历来是有双重任务的，即既要为高等学校输送合格的新生，又要为社会输送后备劳动力，所以普通高中设置职业选科更是理所当然的。可是多年来，对普通高中只抓升学率，只注意一个任务，以致大量毕业生没有一技之长，甚至高中毕业生连初中的文化水平也没有，就业后还要补习初中的课程。这种现象不能不使我们这些关心我国教育事业的人感到忧虑。

学校制度又称学校系统，简称学制。这是说的学校的级别。现代学校一般分三级：初等学校（小学）、中等学校（中学、中专等）和高等学校（大学、学院、专科学校）。我国从1951年公布学制以来，至今没有正式公布过学制。而且从1958年以后学制变动频繁，学制一变，课程的设置势必随之改变。课程设置一变，教材就要跟着重编。所以三十多年来教材的编辑工作由于要适应这些变动，简直疲于奔命。今后，我们学制的变、课程的变都必须经过认真的科学研究，要有实验的依据，这样，才能提高教材的质量，教材才能相对稳定。

现在总算成立了课程教材研究所，承认编订课程、编辑教材是需要进行科学研究的。但是学制如果不能稳定下来，对课程教材的研究和编订还是有一定困难的。

各级学校修业年限的长短，也同一个国家社会生产的需要、科学技术的水平、培养目标的要求、社会文化的传统以及儿童身心的发展有密切的关系。我国现在实行小学七岁入学，小学修业五年可以完成小学培养的目标，改为六年没有必要，特别是城市，师资设备比农村好一些，改为六年更无必要。将来初等教育基本普及了，改为六岁入学，小学可以修业六年。在小学教育尚未普及以前，不应延长小学修业年限。现在将要推行九年义务教育，如果小学修业五年，初中可以修业四年。如果小学修业六年，初中可以修业三年。高级中等教育要为升入高等学校学习打好基础，一是要培养具有高中文化水平的中等专业人员，修业年限不得少于三年。这样，中小学一共十二年，可以达到大多数发达国家高等学校的入学要求。值得注意的是美国的公立中学水平比较低，美国许多大学一、二年级读的是普通中学的课程。英国的文法学校、法国的国立中学、德国的完全中学、苏联的十年制学校、日本的高级中学程度都比美国高级中学的程度高。但是美国高级中学的职业选科非常多，学生毕业后不升学也有一技之长。我国的高中教材程度虽然比较高，但只有15％～20％的学生能够接受，所以必须根据大多数学校师资和学生的程度，另编一套甚至两套适合最低标准的教材。"一刀切"的办法是脱离实际的。

目前我国师资不合格、不称职的多，现在开始重视师范教育了，但还处在造舆论的阶段，必须行动跟上去。为了保质保量地普及初等义务教育，必须有计划按比例地培养小学教师。无论哪一级教育，倘若没有合格而又称职的师资，必然办不好的。总之，没有好教师，再好的教材也是无用的；有了好教师，教材即使有缺点，他也可以弥补的。所以教材建设固然重要，发展师范教育，提高师资水平是更加需要优先考虑的事情。

*第四，讲教育的方法，就是要回答"用什么方法来培养我们所需要的人"*这个问题。同我们教材编辑工作关系密切的是教学方法，我想着重谈教学方法。

（一）教学思想的演变——在本世纪20年代初期以前，相当于现在我们每册课本的"教学参考书"的教师用书，名叫"教授书"。我们现在一般说的"教学法"，当时叫作"教授法"。"教授法"这个词是完全从教师的活动来说的，指教师把自己所掌握的知识、技能传授给学生的活动。在这个过程中，学生只是被动地接受。1918年，陶行知先生从美国留学回来，在南京高等师范学校任教务主任时，认为教学是师生双边的活动，"教授法"一词只表现了教师一方的活动，没有表现出学生一方的活动，提议改称"教学法"。但当时未被校方接受。直到第二年才改过来。此后全国教育界逐渐就把"教授法"改称"教学法"了。在教学过程中，名义上是师生双边的活动都同样重视了，实际上，多年来还是以教师的活动为主，学生仍然处在被动的地位。所以现在有些教育学者，主张把"教学"改称"学习指导"，"教学法"就是"学习指导法"。这是为了体现学生在教学过程中是学习的主体。因为没有学生的积极参加，一切教学都是没有效果的。

我国在两千多年以前写成的《学记》里，对教和学的辩证关系，说得非常好："学然后知不足，教然后知困。知不足然后能自反也，知困然后能自强也。故曰：教学相长也。《兑命》曰：'学学半'，其此之谓乎。"——我们现在常说的"教学相长"一语，就是从这里来的。特别是这里引用的"学学半"即"教和学是一件事的两个方面"的思想，不能不令人佩服古人思虑之精当。我们现在把"教学相长"理解为"教和学是互相促进的"。这对教者来说，更加有必要虚心向学生学习，要了解自己所教的学生是如何学习的，然后才能有的放矢地进行指导，这一点对于我们教材的编者也是极有教益的。我们教材的编者，越是较低年级教材的编者，越需要懂得儿童是怎样学习的，才能选材得当，用语得当，利于儿童学习。例如我们必须知道，一切理性的知识都要有感性知识做基础，儿童的思维是由形象思维逐步向抽象思维过渡，抽象思维都需要有形象思维的支持。这样，才能把我们的教材编得生动、具体、形象。不仅使儿童容易学习，而且可以激发他们求知的兴趣，学而不厌。这也可以说是我们教材编辑工作中的群众观点吧。

（二）教学过程的本质——我们应当了解教学过程的本质，才能使编辑的教材符合教学的需要，足以成为实现教育目标的手段。什么是教学过程呢？为什么说学校教育工作应以教学为主呢？或者说教学为主是学校教育工作的规律呢？要回答这些问题，我们就要了解教学过程的本质。

教学过程是学生在教师指导下掌握人类已知知识的特殊的认识过程。教学过程也是认识过程。但不是人类一般的认识过程。一般的认识过程是发现新知识的过程，教学过程是学习已有知识的过程；一般的认识过程必须从感性认识开始，教学过程可以在已有的感性认识基础上从理性认识开始；一般的认识过程没有教师的指导，教学过程有教师的指导；一般的认识过程获得的是直接的经验，教学过程学生获得的可以是书本上的间接知识。所以说它是一种特殊的认识过程。

教学过程又是学生在掌握知识技能和技巧的基础上发展智力、培养能力的过程。教学过程又是发展过程。掌握知识、技能和发展智力、能力，是在一个统一的教学过程中实现的，就是说，学生在掌握知识技能的同时，他的智力和能力可以得到发展，但不是必然得到发展，必须有教材编者和教师有意识地引导。由于教学的时间是有限的，而知识技能是无穷的，我们不可能让学生在有限的时间内学习一切知识。我们要使儿童的智力和能力（包括观察力、思考力、实际操作能力等）在教学过程中得到发展，从而使他们学会自己去求知。如果把教学过程仅仅理解为传授知识的过程，是不能完成教学任务的。因此，我们编的教材，不仅要考虑教给学生什么知识，而且要考虑到通过哪些知识，来启发学生哪些方面的思考，通过哪些作业来培养学生的哪些能力。两千五百年前的孔子就说过："学而不思则罔，思而不学则殆。"三百年前的王夫之也说过："学非有碍于思，而学愈博则思愈远；思正有功于学，而思之困则学必勤。"可见，学与思要结合，才能产生良好的学习效果，这是我们每个人都有体会的。我们的教材不仅要供给学生学，而且要引导学生思。用这样的教材来教学，才能使教学过程不仅是认识过程，而且是个发展过程。

教学过程还是个教育过程。如果把教学过程归结为智育的过程，是很不全面的。教学过程不仅是实施智育的过程，也是实施德育、体育、美育和劳动技术教育的过程。教学是德育最主要的过程，从爱国主义思想的培养到共产主义世界观基础的形成，离开了各科教学就是一句空话。我国教育从来重视潜移默化。思想品德教育只有在潜移默化当中才能见效，绝不是靠口头说教所能生效的。所谓潜移默化，是受教育者在学习各科教材，获得知识、技能、技巧的同时，形成的思想、观点和信念，这些思想、观点和信念不是外加的，而是包含在教材当中的。这就要求我们教育者（包括我们教材的编者），有意识地帮助受教育者在掌握知识的同时形成我们所要求的思想，受到我们所希望的道德品质教育、审美情操教育、劳动观点教育、辩证唯物主义观点的教育等等。

总之，我们了解到教学过程是个认识过程、发展过程和教育过程，对于我们在教材中实现教育目标是有帮助的。

（三）教学原则与教材——在《教育学》课本里，列有好多条教学原则和德育原则。既然教学过程也是教育过程，德育原则未尝不可以看作教学原则。其实教育是一个整体，受教育的人也是一个整体。把教育分为德育、智育、体育、美育、劳动技术教育等部分，不过是为了施教方便。对于受教育者来说，他在同一个学习时间里要受到多方面的教育，而不仅受一个方面的教育。当然有主要与次要之分，各有侧重。这里我想列举用我国固有的教育词汇来说明的教学或教育原则，提一下为了贯彻这些原则，我们的教材编辑工作中应注意之点。

教学相长　前面已经说过，要贯彻教学相长这条原则，教育者应当了解受教育者是怎样学习的。这就要如毛泽东同志所说，向自己的教育对象学习。我们教材的编者要了解学生的年龄特征和已有的知识基础，才能编好教材。教材编好以后，还要试教自己所编的教材，这就是向教育对象学习的一项有效的办法。国外有些国家规定推广一种教材之前，都要经过一个试用阶段。教材试用以后再经过修改才能定稿。这可以说就是在教材编写工作中体现教学相长的原则吧。

因材施教　我们现在实行的是班级教学制。这个制度是假设儿童年龄相同，学习能力也相同。事实上并非如此。现在全班使用同一教材，有统一的标准。但是也要注意满足那些学习能力强的学生的需要，给他们以适当的补充教材，使他们学得深一些；同时对那些学习能力差的，也要适当降低一些要求，使他们达到最低限度的标准。教师为了贯彻因材施教的原则，必须这样做。我们教材的编者应当在教材中给教师这样做以方便。如将补充教材用不同的字体印在书中，在习题和作业的数量和质量上做出适当的区分，等等。

循序渐进　前面说过，学科的体系不同于科学的体系。这个学科体系就是教材的序。在教育学里或者课程论里要讲到“教材的排列”这个问题，有所谓直线式的排列、圆周式（或叫螺旋式）的排列。直线式的排列可以说是按逻辑的体系来安排教材，一个学科或科目或课题在普通教育阶段，只讲一遍。如1978年公布的十年制学校教学计划规定，中国历史只在初中学一次。圆周式的排列可以说是按心理的体系来安排教材，一个学科或科目或课题可以讲两遍到三遍，每次的范围和程度都不同，是逐步扩大和加深的。如现行中小学教学计划里的地理，小学、初中、高中都要学，但是内容并不完全重复。在同一级学校的同一个科目里，如小学数学里学习整数四则，也不是学了加法再学减法，而是按儿童数观念的发展水平，学了不进位不退位的加减法，再学进位退位的加减法，学了20以内的加减法，再学100以内、10 000以内的加减法，等等。这也是循序渐进。现在好多城市小学把五年的课程拖长到六年来学，我看有些学生吃不饱，显然延缓了儿童的发展。由于学生的个别差异，在循序渐进这个问题上，只能按大多数学生的接受能力来安排教材。我们不是抓两头带中间，而是抓住中间，照顾两头。这是一个需要认真研究的课题。因为同样的教材有的学校和教师认为正适合，而有的学校和教师就认为深、难、重。因此编两套以上的教材是势在必行的。

启发诱导　当前我国大多数教师用的还是注入式的教学法。这种方法的危害很大，不仅不能培养学生的学习兴趣和自学能力，而且容易造成学生不用思考，迷信权威的懒惰学风。孔子主张教学生“不愤不启，不悱不发”，照朱熹的注释是说在学生“心求通而未得”时予以开导，在学生“口欲言而未能”时使达其辞。一句话，就是要在学生有了学习要求、学习动机的时候，再进行引导；或者说在学生有了疑难的时候，再帮助解决。俗话说，“师傅引进门，修行在个人”。教师的作用重在引导，学习靠学生本人努力。叶圣陶先生提出“教是为了不复需教”，并以母亲帮助婴儿学步为例，说明最后总是要让儿童能够独立行走的。这也是说明启发诱导的重要。为了贯彻这个原则，教材的编写要能引起学生的疑难，有意思的是我国古代的教育家，不管是唯心主义者朱熹，还是唯物主义者张载，都主张学习要有疑难。可见这是一条教育规律。换

句话说，我们要使学生感到学习的需要，要使学生有强烈的学习动机，要激发学生学习的兴趣，还要处处注意指导学生自己求知的方法。如教会学生使用字典、辞书，教会学生善于观察、试验，教会学生勤于思考、释疑，教会学生实际操作技术，等等。教科书不要完全编成学生获得知识的来源，而要编成帮助学生求得知识的指南。这样，才算是贯彻了启发诱导的原则。

实事求是　这里指的是理论与实际一致的原则，从实际出发的原则。教材的内容应当具有科学性，应当经得起实践的检验，这在前面已经说过。教材的广度和深度还要容易为儿童接受，要从受教育者的实际（也包括教师的实际）出发。这是这条原则的另一个含义。所谓容易接受并非一味迁就儿童已有的程度，而是要有一定的难度，使学生经过努力可以掌握。这里也只能以中等程度的学生为标准，因为中等程度的学生占大多数。由于我国发展普通教育事业没有相应地发展师范教育，不重视培养合格教师，把许多培养小学教师的师范学校毕业生分配到中学任教。这样做既害了小学，使小学教育水平太低，教育的基础不牢；又害了中学，使中学的教学质量有名无实。现在是彻底纠正这种做法的时候了！我们编辑教材不能迁就这个现实，但也不能完全不顾这个现实，我们不能降低普通教育应有的水平，只有编辑程度不同的教材来满足目前的需要，因为这是大多数。

潜移默化　前面也提到过。这就是要求教材具有思想性，使受教育者在学习科学、技术、文学、艺术的同时，形成自己的思想、观点；这种思想、观点应当是从科学、技术、文学、艺术中派生出来的，是经过间接的感染的，而不是通过直接的说教。这样来培养学生的“五爱”公德，培养学生的共产主义理想和道德。间接感染要比直接说教的力量大得多，它不仅是通过理智使人接受某种思想，而且是通过感情使人形成某种观点，养成某种信念。因此，文学艺术作品的选材固然要考虑它的教育性，科学技术教材的选择同样要考虑它的教育性。教材的编者不仅要考虑到教材的科学性，同样要考虑到教材的教育性，两者必须紧密结合起来。

学而时习或温故知新　学生在学习了新教材以后，要有反复练习的机会，他们才能够巩固地掌握所学的知识，把技能化为技巧。我们编写的教材要有一定数量的习题，帮助学生掌握知识技能，还要隔一段时间复习一次，帮助学生巩固知识。教材中的习题不要只限于笔头作业，要多要求学生从事动手实验、用眼观察、动脑思考等项作业，包括参观见习、调查访问、采集制作等等。这不仅有利于知识的巩固，而且有利于知识的应用。

以上是从教学原则的要求来谈我们教材的编写。我这里列举的教学原则使用了我们祖国的语言，摆脱了翻译语言的腔调，学过教育学的同志也许听了反而不习惯吧？我国固有的这些教育术语是完全可以赋予它们新的含义的。

（四）教学规律与教材——教学原则是人制定的，制定教学原则的依据就是教学的规律。教学中有一些规律性的东西是客观存在的，是不以人的意志为转移的。这些教学规律，也有它们的科学上的根据和哲学上的根据。科学的根据就是心理学，哲学的根据就是认识论。当然，我们所说的心理学和认识论，又要建立在马克思主义的基础上，即辩证唯物主义和历史唯物主义的基础上。

越是规律性的东西，越是老生常谈，越是一般常识。但是我们不能忽视它，轻视它。因为总要照它办事，才能事半功倍，容易见效。我们要把教材编得易教易学，就不能不考虑到这些基本规律。

教材同科学著作的区别，不仅在于程度的深浅、范围的广狭，而且在于它要符合教学的规律。

由近及远　这是要求教材要取之于儿童能够接触到的事物。教学要把儿童接触不到的事物，化为儿童的感觉器官能够接触到的事物。如小学自然常识就是从日常生活中的自然界事物讲起，帮助儿童认识自然界，充实他们的感性认识。小学社会常识也是如此，要从家庭、邻里、学校到社会公用设施，帮助儿童认识社会环境。这样儿童容易理解，容易接受，因为符合了从感性入手的认识规律。但是，对这个规律的理解也不能绝对化。如，我国大部分地处温带，儿童接触到的大都是温带的自然界。但是为了扩大儿童的眼界，有必要使他们知道寒带的、热带的自然界和人类的生活，这些是他们在了解了自己周围生活环境以后能够理解的。所以介绍我国寒带民族鄂伦春人的生活环境和风俗、介绍我国海南岛的风光和黎族人民生活，也是低年级教材中可以采用的。此外，如平原地区、山区、林区、农区、渔区、牧区等地的教材，介绍儿童各自所处的环境以外的事物，当然是必要的，但要在他们对自己周围的生活熟悉了以后。因此，远和近不是绝对的，运用得法远是可以转化为近的。

由易及难　难易的标准很不好定。记得古人彭端淑论为学，说："天下事有难易乎？为之，则难者亦易矣；不为，则易者亦难矣。"这句话说得很好。它说明难易不是绝对的，而是相对的。我们教材的编写，要考虑到易教易学，但不排除一定的难度。教材没有难度，或教材有一定的难度而教师嚼碎了喂给学生，不让学生动手动脑来求知，也是要不得的。前些时介绍苏联教育心理学家赞科夫提出的高难度教学原则，不能片面理解，不能不考虑到他提出这个原则的背景和针对性，特别不能盲目照搬在“高”字上下功夫。要注意到起点和终点，起点易，逐步前进，即使终点难，也能达到。如果起点就难，是不对的。“登山必自卑，行远必自迩。”“欲速则不达。”这些格言，我们编教材的，当教师的，都应当了解。

由简及繁　繁和简也是相对的。从难易来说，有时简的要比繁的难，因为繁的形象、具体、切近；所以教材不能编得干巴巴，看起来文字的叙述简了，但实际上学生读起来反而难了。总之，教材一定要编得条理清楚，脉络分明。这样才能以简驭繁，化难为易。如历史教材不能编成社会发展史，因为社会发展史是根据历史事实抽象出来的社会发展规律。学习社会发展史的时候，应当有丰富的历史知识做基础。历史教学要把因果关系、历史事实讲得详细些、形象些、生动些，看起来繁了，实际上易了。

由具体到抽象　这个道理很明显，不需多说。就拿刚才讲的历史课来举例。历史教材要提供具体的知识，有了这些具体的知识，学生才能理解社会发展的规律。如果学生没有丰富的历史知识，就让他们去学社会发展史，必然是事倍功半的。相反，如果用历史唯物主义的观点来组织历史教材，学生不学社会发展史，也能逐步了解社会发展的规律的。我个人是主张初中不设政治课的，要加强社会学科的教学，要相信各科教学的教育作用，即思想政治教育的作用。从效果来看，抽象的说教，不如具体的潜移默化。当然，要形成观点、信念就要有个抽象的过程，这个过程也是从感性到理性的过程，没有感性知识做基础，是不可能得到理性认识的。

由已知到未知　一切新知识都要建立在旧有知识的基础上。人的知识是要一点一滴积累起来的。没有学会识字，就不可能读书；没有学会算术四则运算，不可能去学代数。这是普通常识。但是我们常常忘记了这个最普通也是最根本的一条教学规律。我们往往从自己已有的知识出发，对学生讲一些他们暂时还不能理解的东西。说他们暂时不能理解，是因为他们还缺乏准备，缺乏已有的知识做基础。所以我们编教材的时候，必须从学生已经掌握的知识出发，以之为基础，才能逐步增广、加深他们的知识，否则必将“欲速则不达”的。

这些教学的规律是互相为用的。如果学生是有已知的知识做基础，远的、难的、繁的、抽象的也都变成近的、易的、简的、具体的了。其他情况也一样。总之，了解学生已有的准备是教师和教材编者必须注意的。

（五）教学方法与教材——现在被称为传统的或现代的教学方法不下二三十种之多，许多人喜欢给自己提倡的教学方法起个新的名称。于是研究教学论的人和学习教学论的人就疲于奔命，为了弄清楚这些方法与另一些方法的异同，不知道要花费多少时间。我这个人生平最反对赶风头，随风倒。因此我不给大家介绍这个法那个法，也不去评论它们的短长。但是我要给同志们谈谈分析认识各种教学方法的评价标准。

一条标准是这种方法是以学生为学习的主体，还是把学生当作被动的接受器？前者是我们应当提倡的方法，后者是我们应当反对的方法。有人以为师生在课堂有问有答，就是采用了启发式教学法，我看不能这样简单地看，要看问的是否正是学生有疑难的地方。不能光看学生有无表面的活动。学生必须内部发生思维活动，才算进入学习的过程。

一条标准是这种方法是能帮助学生获得自学的能力，学会求知的方法，还是总要依靠教师导演？前者是我们应当提倡的方法，后者是我们认为不足取的方法。在教学过程中，教师的指点当然是需要的。但是不能让学生感到离开了教师，自己就手足无措了。应当从小就激发学生求知的兴趣，培养学生自学的能力，指导学生自学的方法，帮助学生掌握自学的工具。我们应当懂得学生在校学习的时间是短暂的，而知识的海洋是无边的。教师所能教给学生的知识是有限的，学生今后生活中要用的新知识是无穷的。学生掌握了自学的方法就能终身受用。

一条标准是这种方法能让学生在理解的基础上记忆，还是只能让学生机械地记忆？现在学生书面作业过多，教师以为只有机械地让学生反复练习十遍、二十遍、三十遍、五十遍，才能巩固记忆。结果适得其反。学习负担重，好多是由这些无效劳动造成的。机械的记忆有时也不可少，如历史的年代、人物，数学的公式、定理，等等，但都要让学生理解以后，如，知道了事件的前因后果，了解了公式推导的来源，等等，使机械的记忆有理解的因素。所以我们应当提倡前者，避免采用后者。

一条标准是这种方法能否让学生既能用眼看，动脑想，又能动手做，有多种器官的直接参加，还是只能让学生用耳听、用手写的单调作业？在学习过程中，耳听手写虽然也不可少，但绝不能只限于此。要引起学生观察事物的兴趣，让他们多用眼睛去看；要激发学生的思维活动，让他们多动脑筋去想；要动员学生的身体活动，让他们多动双手去做。凡是能培养学生观察力、思考力和实际操作能力的教学方法，就是我们应当提倡的方法。

既然我们在教学方法中提倡什么，反对什么已经明白了，我们在教材编辑工作中就要使教材适合我们提倡的标准。例如，教材的编写，有时也可以不把所学知识的结论写在书本上，而让学生自己经过观察、实践、阅读、调查、研究，自己得出结论。教材的编写，在关键的地方还要引起学生的疑难，使他们自己设法去解决这些疑难，而不要直截了当，开门见山地一五一十地告诉他们。教材的编写，要能逼着教师放弃注入式的教学而采用启发式的教法，不但要让学生参加到教学过程中来，而且要以学生为学习的主体。教师的任务，不仅是当讲解员，而且是个辅导员，他必须不但懂得这节课所教的内容，而且要随时准备学生提出各种各样的问题，善于引导学生求得正确的答案。教材的编写，要能动员学生观察、思考、动手、动脑，不能只限于布置笔头的书面的作业，而要多布置观察、实验、调查、阅读、记录、计算、制作等种种不同的作业。要改变教师只是教书，学生只是读书的旧办法，形成学生生动活泼地主动学习的新局面。

* * *

同志们，我讲的“教材编辑工作中的教育学”就要结束了。

结合教材的编辑工作来谈教育学问题，是我不自量力给自己出的一个难题。因为要谈教育学而不结合我们教材编辑工作的实际需要，就会使理论成为空谈。但是，要把这个问题讲好，又谈何容易。首先，教育学还是一门年轻的科学，它的发展还远远不适应当前教育实践的需要。其次，要有在教材编辑工作中自觉运用教育学理论的实践，然后才能很好地总结出经验来。

今天，我算只是开了一个头。将来我们课程教材研究所还要组织多次这样既有学术性又有科普性的讲演，希望以后能听到各科教材编辑研究室的同志分科介绍在某科教材编辑中运用教育学理论的经验。这样不仅能使我们教材编辑工作的质量大大提高，而且有助于丰富教育学的内容。这并不要求完整、有系统，只要有一点一滴成功的经验，都是很宝贵的，因为是从实践中来的。科学总要从一点一滴的成就中积累起来，才能不断丰富，不断更新，具有生命力的。

1983 年 10 月 28 日晨写完

载《师范教育和教育科学》，
人民教育出版社 1985 年版。

历程·怀念·希望

——记我在人民教育出版社的35年

人民教育出版社成立35年了，我在社里服务也满35年了。人生不可能有几个35年。记得我初到人民教育出版社的前身（中央人民政府出版总署编审局）工作的时候，还只有35岁，现在已满70岁，到了“去日苦多”的时候了。35年来，我在党的培养教育下，从一名教师成为一名编辑。虽然为教育图书的编辑出版做了一点工作，但是同人民的要求和党的期望相比，实在是微不足道的！

我在青年时期受了“教育救国”论的影响，立志献身教育事业，所以初从教师岗位调到编辑岗位还不大安心。后来先后经过金灿然、蒋仲仁、辛安亭等同志的帮助，认识到参加革命工作必须服从组织分配，认识到在教育出版社编辑教育书籍，是从教育前线的战斗员调任教育战线的后勤兵，仍然可以为教育事业贡献绵薄之力，这才按照党的安排，走过了这既漫长而又短促的道路。——从人生的旅途来说，35年是漫长的；从贡献的微薄来说，却又感到是短促的。

回顾35年的历程，首先使我想起的是机构的变更、人员的流动和那紧张战斗的日日夜夜，不免要怀念起同窗共事的战友，珍惜那辛勤劳动的战果。现在随着时间先后，略记数事，以表纪念。

教育组时期（1950—1951）：我到教育组就投入了编辑《教育资料丛刊》的工作。当时组长是朱智贤同志，组内干部有杨敏、王忠祥、熊承涤、梁建兴、蔡爱璧和我。《丛刊》的内容主要是介绍本国（特别是老解放区）的教育经验和苏联及东欧各国的教育理论和经验。为了配合教育部召开第一次全国工农教育会议，我们曾赶编了四本有关工农教育的资料丛刊，并曾第一次去印刷厂校对。当年情景记忆犹新，而共事的战友有些已经作古了。人民教育出版社成立后，朱智贤同志任副总编辑，仍主管教育组的工作，直到他调到北京师范大学任教。

教育编辑室时期（1952—1954）：因为人员流动，起初只有王忠祥、梁建兴和我三人，由我负责，陆续有张莘、陈明西、谢隆英等同志先后参加工作。这个时期，我曾按照教育部中等师范教育司的要求，组织人力并参加编写了师范学校教育学、心理学两套课本，从1953年起开始供应，解决了从无到有的问题。同时为了响应中央关于学习苏联的号召，开始有计划地组织人力并参加翻译出版了苏联各级师范学校教育学、心理学、教育史、教学论等科的课本、教学参考书以及其他教育科学读物。主管教育室的副总编辑先后有辛安亭同志和戴伯韬同志。

教育编辑室和教育书籍编辑室并存时期（1954—1956）：前者主管教育学科自编课本的调查、研究和修订，由王铁同志负责，有曹孚、许椿生、王忠祥、陶蔚扬、陈远晖、陈明西等同志参加工作。后者主管自编课本以外的教育科学读物的编译加工，并主编《教育译报》（1956—1960），由陈元晖同志和我负责，有熊承涤、张渭城、李沂、朱典馨、谢隆英、郭如琴、刘直奉、王常茂、陆苹芳、赵谌、章决初、张嗣玺、肖云瑞、叶杜等同志先后参加工作。主管两室的是副总编辑戴伯韬同志。

教育编辑室恢复原建制时期（1957—1966）：1957年中央教育科学研究所筹备处成立，许多同志被调走，教育室又恢复原建制，负责人的重担又落在我一个人身上。这个时期自始至终参加工作的有熊承涤、张渭城、郭如琴、刘直奉、章决初、张嗣玺、张世臣等同志，参加了一段时间工作的有李沂、肖云瑞、王秀珍、王周强和朱法良等同志。主管副总编辑先后有戴伯韬、辛安亭、吴伯箫、刘松涛等同志。戴伯韬同志任总编辑后还一直关怀教育室的工作。

从1952年到1966年，教育室在社党委的领导下，在全室同志的团结合作、辛勤劳动中，做了这样一些工作：

一、编辑出版了师范学校教育学、心理学课本（1953—1958）和高等学校文科教材（教育类）数种。

二、编译出版了马克思主义经典作家的教育论著，计有《列宁教育文选》、《马克思恩格斯论教育》、《列宁论国民教育》、《马克思主义经典作家论教育》和《毛泽东同志论教育工作》等。

三、翻译出版苏联教育科学论著和各级各类师范学校教育学科教材，其中有《马卡连柯全集》、《克鲁普斯卡雅教育文选》、《加里宁论教育和教学》以及《教育学》、《教育史》、《心理学》、《教学论》等书多种。

四、编辑出版整理祖国教育遗产的书籍，如《学记今译》、《中国古代教育史资料》、《中国近代教育史资料》、杨贤江遗著《新教育大纲》等。

五、编辑出版总结本国教育建设经验的书籍，特别是总结十年教育建设成就的书籍多种。

六、翻译出版西方资产阶级教育名著，如夸美纽斯《大教学论》、洛克《教育漫话》、《裴斯泰洛齐教育文选》、斯宾塞《教育论》等。

七、选译了《苏联大百科全书》中的教育条目。编成《教育学和教育史》三辑，编译了《教育学名词》（俄汉对照试用本）。

八、编译出版了《教育译报》双月刊27期。

从50年代到60年代前期，同志们的革命干劲真是值得怀念。当时许多同志为了适应工作需要，在业余时间自费上夜校，学俄语。有些同志坚持学习马克思主义经典作家的教育论著，特别是系统地通读《毛泽东选集》四卷。他们对工作大都兢兢业业，一丝不苟。有些书稿需要核对古籍，责任编辑查找最可靠的版本；有些书稿需要核对引文，责任编辑也查找最新的标准本。有时任务紧急，冒雨到工厂通宵校对。真是殚精竭虑，任劳任怨。对于编辑工作者来说，这种对读者负责的作风是十分可贵的。

遗憾的是1958年以后，禁区很多，确定选题难，组织稿件难，组织本国著作稿更难。甚至师范学校教育学科教材停止使用后又不许重编，介绍外国教育理论和经验的工作也变成搜集可供批判的资料。这样做，对普及教育科学知识、提高教师专业修养显然都是不利的。归根结底，还是教育科学不被重视，教育科学研究受到阻碍。由此可见，教育编辑出版业务的兴旺发达，有赖于教育科学研究工作的蓬勃展开。

十年浩劫过后，教育科学的春天逐步到来。这时，我早已年过花甲，不再肩负教育科学读物编辑的重担了。但是，仍以教育战线普通一兵的心情，留意我国教育学术研究和教育书刊出版的动态；并且仍以教育战线后勤兵的身份，做了以下几件事情。

一、为了拨乱反正，把我国教育科学建立在马克思列宁主义、毛泽东思想的基础上，1978—1979年，我参加倡议并积极筹备成立全国教育学研究会。每届学术年会的论文，我都按照澄清教育理论、教育思想上是非的需要选编成论文集。共编了十多种，由人民教育出版社在1979—1982年陆续出版。这项工作先后得到戴伯韬、章炼烽等同志的支持。

二、为了开阔眼界，介绍外国教育理论和经验，我曾在 1978—1979 年同熊承涤、于卓、刘直奉同志一起，参加编辑过《外国教育丛书》。现在这套丛书已出版了 30 多种。

三、为了推动课程教材的研究，提高教材质量，改进教学方法，从 1980 年起，人民教育出版社设立了课程教材研究室，我在这个室工作，并负责编辑《课程·教材·教法》杂志。课程教材研究所成立后，研究室改称课程研究室，这份杂志也成了研究所的学术性机关刊物。现在课程研究室由吕达同志负责，同事还有熊承涤、刘直奉、万大林等同志。

四、为了普及教育科学知识，提高教师专业水平，我在社长兼总编辑叶立群同志支持下，拟定了编辑出版《师范教育丛书》的选题计划，并分别约稿。这套丛书计有十种，包括教育学、心理学、教育史、教学法等方面的基本理论和方法，适合教师自学，也可作教师进修院校的教材。

最后再谈一点感想和希望。

人民教育出版社不仅仅是教科书出版社，而且是中央一级出版社中负责出版教育科学读物的出版社。过去，戴伯韬同志根据出版社的专业分工，明确规定出版教育科学读物是我们出版社的任务之一，他还让我们参加《1956—1967 十二年教育科学规划》的起草和讨论，又主张为发展教育科学而大量出版世界教育名著，整理祖国教育遗产。现在，叶立群同志竭力主张编辑出版《中国教育论著丛书》，为建立有中国特色的社会主义教育学奠定基础；还主张编辑出版《外国教育名著丛书》，为研究和借鉴外国教育理论提供完整的资料。近年，教育书刊的出版大量亏本，但是，他从繁荣教育科学、提高教育质量的目的出发，虽然亏本，照样出书。我想，教育出版者如果都能有这样的眼光和气魄，对于教育科学的繁荣和发展，对于教育质量的提高，一定是非常有利的。

鉴于我国教育科学研究 35 年来走过一条曲折坎坷的道路，至今基础还比较薄弱，队伍还不够壮大，研究成果也不甚多，尤其需要教育编辑出版部门的扶持，才能促进教育科学的繁荣和发展，才有利于教育科学的普及和提高。我希望教育编辑出版部门的领导者都能把出版教育科学读物看作人民教育出版社的一项重要任务。这样，必将对社会主义两个文明的建设做出重大的贡献，产生深远的影响。

载《继承·开拓·前进》(人教社建社 35 周年纪念册)，1985 年编印。

谈谈我国中小学教科书制度

新中国成立以来，除了“教育大革命”（1958—1959）和“文化大革命”（1966—1976）时期外，我国中小学教科书基本上都采用“国定制”。所谓“国定制”就是由中央教育行政部门编订统一的“课程标准”（即“教学计划”和“教学大纲”），编辑统一的教科书（即“全国通用教材”或“统编教材”）供全国使用。苏联从1932年起到现在都实行这种制度。我国50年代初在党中央和政务院的决策下，也确定采用这种制度。1953年，毛泽东主席提议从全国优秀教师中调集300人，来充实中央教材编辑出版机构的编辑干部队伍，编辑全国通用教材。“文革”以后，邓小平同志也十分关怀全国通用教材的编写工作，做过多次指示①，还破格批准从各地调干部来京参与此事。

同“国定制”不同的是“审定制”。实行这种制度仍须由中央教育行政部门编订统一的课程标准，但教科书可以有多种多样。各个出版单位可以分别请人按照中央编订的课程标准，编出各不相同的课本来，经中央教育行政部门审定合格批准，全国各地可以选用。

“国定制”的优点是可以保证教育内容的统一，特别是政治思想方向的一致，避免教育程度的参差，有利于实现全国统一。教材选用影响到高等学校入学新生的程度，影响到培养国家建设人才的质量。这是一件大事。在不少国家，这种制度要经过全国最高立法机构讨论通过才能实行。

实行教科书审定制，中央教育行政部门首先要编订出课程标准，使教科书的编者有所依据。在编订中小学的课程标准以前，要先确定中小学的学制。目前我国基础教育阶段的改革还在试验阶段，有“五四三”制和“六三三”制两种意见。如果兼采这两种学制，就应有两套课程标准。否则教材的编审就没有依据。

《全国中小学教材审定委员会工作条例》规定，审定委员会的第一项任务，

① 见《邓小平文选》第52、66、101、105页等。

就是审定全国中小学通用的各门学科的课程标准。但审定以前必先有机构或人员来起草。过去是由中央教材编辑出版机构代教育部起草，经教育部审定批准公布的。现在这项起草的工作看来也要分头去做了。是否凡有权编写教材的单位和个人都有权编订课程标准呢？教科书可以大家编，但课程标准全国应当统一。这样才能保证统一性和多样性相结合。这是在变革教科书制度时要弄清楚的。

另一个要弄清楚的问题是教科书采用审定制的目的，不仅仅是为了教科书由“独家经营”变为“分散经营”，主要目的应当如前所述是为了满足各地区不同的需要。如果采用审定制，仍旧只批准一种教科书全国通用，恐怕很难达到这个目的。

教育部在颁布上述《工作条例》的通知里说：“今后中小学教材建设，把编写和审查分开，人民教育出版社负责编，省、自治区、直辖市教育部门可以编，有关学校、教师和专家也可以编，教育部成立全国中小学教材审定委员会负责审。”对此，我想提出以下看法和建议：

把编写和审查分开，这是重要的变革之一。建议要规定各地方、单位或个人，针对地方需要编写乡土教材和职业技术教材。这不仅是提高教材质量的需要，而且是进行爱国主义教育的需要，也是实现中学教育双重任务的需要。

《工作条例》第三条规定审定教材的范围包括“3. 教育部委托有关单位或个人编写的教科书”和“5. 教育部中小学教材办公室推荐的教科书”。这两项都是同教育部直接有关的。这样的教科书底稿，在送交审定委员会审查时，如果说明是由教育部委托编写的或教育部所属机构推荐的，必然会给审定委员一种暗示，而难以做出公正的评价。有些采用教科书审定制的国家，凡送审书稿一律采用“弥封”的办法，不向审定委员透露编者是谁，更不透露是谁委托或推荐的，以防引起弊端。即使在我国党风和社会风气根本好转以后，这种经验仍有借鉴的必要。

总之，为了改变中小学教材“一刀切”的毛病，全国采用一种通用教材的办法是应当改变的。教材的多样性是必然趋势。但是，在我们社会主义国家，更重要的要保证统一性。这就要有个全国统一的课程标准，作为编写教材、审查教材和实施教学的依据。在课程标准中应明确规定乡土教材的纲目。各地教育部门要致力于编辑乡土教材，供本地使用。还有，无论编辑教材多年的中央教材编辑出版机构，还是准备编辑教材的地方、单位和个人，都要把编辑教材看作一项教育科学研究工作。课程教材研究所还要为培养教材编辑干部，担负起一定的责任来。

1985年2月6日

据作者手稿排印。

要立志做编辑家　不要满足于做编辑匠*

一

我从1933年高中师范科毕业开始做小学教师，到现在已经有55年了；若从1943年大学教育系毕业，到现在也有45年了。以编辑为专业，虽然只有38年，但是我从做小学教师起，就开始写文编书；读大学期间，也靠写稿维持生活。所以笔耕的经历比当专业编辑的时间要长，有半个世纪以上了。

现在有人把笔耕称作爬格子，因为稿纸是一格一格的，每格写一个字，爬格子是写文章的形象化的说法，也形容它的艰难。笔耕是比较陈旧的说法，含有赖文字为生的意思；不光指写文章，帮人抄写什么取得报酬也可以说是笔耕。不过，今天我用它是专指编辑工作，当然也包括自己写文章或翻译外国人的文章。我用“笔耕琐谈”作题目，就是想谈谈半个多世纪以来，我从事编辑、写作和翻译工作的一些酸、甜、苦、辣。

副标题“要做编辑家，不做编辑匠”不大准确。我的意思是说“要立志做编辑家，不要满足于做编辑匠”。因为“匠”这个词本来并无贬义。如我们说人创作的事物“独具匠心”，称赞艺术大师为“艺术巨匠”。所以要成为“编辑匠”也并不容易。但是在教育界习惯于说“要做教育家，不要当教书匠”。这样就使“匠”字含有贬义了。因为教师的任务不仅是教书，还要育人，如果只管教书，不管育人，只管教，不管导，当然不算好教师。现在我把它套用到编辑工作这一行来，是不够贴切的。应当说，首先要成为编辑匠，进一步再成为编辑家。果真我们能够成为具有创造精神的、善于构思精巧的编辑匠，那么，进一步成为编辑家也就不难了。

---

* 本文系作者的“笔耕琐谈”之一，是为人民教育出版社系列讲座准备的讲稿。现标题是编者根据原副标题修改的。原稿似未完成。——编者

我还听过有这么一种说法："不想当元帅的士兵不算好士兵。"这句话，如果从积极方面来理解，就是说在人民军队里，每一个战士都要懂得战争的性质，是正义的还是非正义的；要懂得战略意图；要了解战役的胜负的关键；要对自己坚守的阵地或进攻的任务在战术上的重要性非常明了；如此等等。这样才能算得一个好战士。董存瑞、黄继光、邱少云这些英雄烈士，都是这样的好战士。不仅因为他们在关键时刻能英勇献身，视死如归，而且因为他们具有全局观念、战略眼光，能配合指挥员完成战术任务，取得战役的胜利。

假如拿编辑家比作元帅，编辑匠比作战士的话，虽然有点不伦不类，但是，要求也有相似之处。编辑家有什么条件是一位优秀的编辑工作者应当具备的呢？我看可以有这些条件：

第一是要掌握编辑工作的本领，自己善于写文章，写书稿，自己能够翻译本专业的书稿，善于编辑加工他人的书稿，上面十多位同志可能讲过不少这方面的理论和经验，是值得我们学习的。

第二是要懂得编辑工作的意义，它在人类文化遗产的传播、继承和发展方面的作用，从而重视这行专业，愿意为它贡献毕生的精力。

第三是要熟悉本专业理论研究和实际的现状，善于针对实际需要，拟出有理论指导意义的选题，促进本门科学水平的提高，推广研究的好成果。

第四是要熟悉本专业的学者、专家和他们造诣的深浅，能够请最适当的人来编写或审定有关的书稿。

第五是要尊重作者的劳动，善于奖掖后进，帮助不成熟的作者提高业务能力和写作水平，为繁荣和发展本门学科培养后继人才。

今天我就想谈谈二、三、四、五这几个条件。

以上算是题解或开场白。

二

编辑而称家，过去好像很少见。今年我国一位著名的编辑家叶圣陶先生逝世，讣告和传略上都只说他是教育家、作家、出版家、社会活动家，而没有说他是编辑家，大概是用出版家来包括编辑家了。

1986 年中共中央宣传部出版局，编辑出版了一本《编辑家列传》，承认了编辑学是一门学问，同时也肯定了编辑可以成家。这是对编辑工作重要意义的肯定，也是对编辑工作者的一大鼓励。

为了说明编辑工作的重要意义，我想回顾一下中国的历史，特别是文化史。看看编辑工作者在我国文化发展史上起过什么作用，也要结合我们教材编辑工作的实际，谈谈古代近代有些什么著名的教材编辑家。

我国最早的编辑家是谁呢？我看应当说是 2 500 多年以前的孔子。孔子是中国儒家的始祖，儒家的六经都出自孔子之手。相传孔子“删《诗经》，定《礼》、《乐》，演《周易》，作《春秋》”。这里“删”、“定”、“演”、“作”都离不开编辑工作。司马迁在《史记·孔子世家》里说：“孔子之时，周室微而礼乐废，《诗》、《书》缺。追迹三代之礼，序《书传》，上纪唐虞之际，下至秦缪，编次其事。……故《书传》、《礼记》自孔氏。”——这是说《书经》、《礼记》出自孔子之手，孔子做了大量的编辑工作。

又说：“古者诗三千余篇，及至孔子，去其重，取可施于礼义，上采契、后稷，中述殷周之盛，至幽、厉之缺，始于衽席，故曰《关雎》之乱以为《风》始，《鹿鸣》为《小雅》始，《文王》为《大雅》始，《清庙》为《颂》始。”“三百五篇孔子皆弦歌之，以求合《韶》、《武》、《雅》、《颂》之音。”

又说：“孔子晚而喜《易》，序《彖》、《系》、《象》、《说卦》、《文言》。”

又说：“乃因史记作《春秋》，上至隐公，下讫哀公十四年，十二公。”“至于为《春秋》，笔则笔，削则削，子夏之徒不能赞一辞。”

由此可见，说孔子是中国最早的、最伟大的编辑家是不错的。

有些编辑家是无名英雄，如《论语》，记孔子言论行动的一部经书，《孟子》，记孟子言行的又一部经书，都是没有编者署名的。这两部书传播儒家思想，南宋以后成为基本教材，影响深远。但编者都是孔、孟的弟子，没有署名。

司马迁通常人们只称他是史学家、文学家，其实他也是一位名副其实的编辑家。他创造的纪传体的通史体例为后人沿用。范文澜在《中国通史》中说《史记》130 篇“上起黄帝，下讫汉武帝，凡当时存在着的史料，全部综合在《史记》里面。”《史记》由 12 本纪、10 表、8 书、30 世家、70 列传组成。“本纪仿《春秋》经 12 公，按年月标举大事，为全书总纲。表仿周史官旧谱的体制，创世表、年表、月表三种，记事最为省便。书仿《尚书·禹贡》篇及《礼记》、《乐经》的体制，总述古来文化的成就，特别是《天官书》、《历书》、《河渠书》、《平准书》，总结了天文、历数学、地理学、经济学的知识，意义更为重大。自此以后，史家相继述作，二千年来有关制度、经济、文化发展的史料得以大量保存，司马迁创始的功绩是极其巨大的。”

西汉后期刘向、刘歆父子编著的《七略》，也对古代文化有重大贡献。《七略》包括《辑略》（诸书总论和分论）、《六艺略》（儒家经传包括小学共九种）、《诸子略》（儒、道、阴阳、法、名、墨、纵横、杂、农、小说共十家）、《诗赋略》（诗一种、赋四种）、《兵书略》（权谋、形势、阴阳、技巧四种）、《数术略》（天文、历谱、五行、蓍龟、杂占、形法六种）、《方技略》（医经、经方、房中、神仙四种）。范文澜说：“《七略》综合了西周以来主要是战国的文化遗产，把不值得保存的都废弃了。……它经过选择、校勘、分类、编目、写成定本等程序，并做出学术性的总论和分论，是一部完整的巨著。它不只是目录学、校勘学的开端，更重要的还在于它是一部极可珍贵的古代文化史。可惜此书已亡佚，班固《汉书》据《七略》作《艺文志》，共有书六略、三十八种、五百九十六家、一万三千二百六十九卷。可从中看到《七略》对保存和整理古代文化典籍的作用之大。”

司马迁、刘向、刘歆都可以说是我国古代的编辑家。

近来我国出现一股辞书热，编辑各种工具书的很多。据说教育词典出版和将要出版的就有六七种。这应当说是一种好现象。毛泽东说：“随着经济建设的高潮的到来，不可避免地将要出现一个文化建设的高潮。”可惜他在世的时候，没有出现这种景象。现在可以说有了出现这种景象的苗头了。

我国古代对于工具书的编辑也是很重视的，当时称为“类书”。按《辞海》的解释，类书就是“辑录各门类或某一门类的资料，按照一定的方法编排，便于寻检、征引的一部工具书。”编辑类书是极其繁重的任务，许多编辑家为它贡献了毕生的精力。

1988 年 5 月 19 日

据作者手稿排印。

行知诗歌和儿童教材

1985年，《陶行知全集》在湖南教育出版社出版。这部巨著的编委兼责任编辑曹先捷同志在赠我全集的同时，提出了两项要求：一是写文介绍全集，一是将行知诗歌选作儿童教材。关于前一项，我已经写了两篇：一篇以《知识分子的光辉典范——介绍〈陶行知全集〉兼论陶先生毕生奋斗的道路》为题，在《群言》杂志1986年5月号发表；一篇以《伟大人民教育家的丰碑——介绍〈陶行知全集〉兼论陶先生的贡献》为题，在《光明日报》1986年8月8日的《教育科学》专刊190期发表。但是将行知诗歌选作儿童教材的事，至今尚未着手。因为我自己不编儿童教材，只能向有关同志推荐。要推荐首先自己得用一番功夫研究，看哪些可作为儿童教材，它有什么现实意义。否则，就难以得到采纳。我手边的工作尚多，一时未能如愿。但三四年来我对此事并未忘怀。

大家都知道，陶先生是伟大的人民教育家，其实他同时是伟大的人民诗人。我国现代的伟大作家、伟大诗人郭沫若说："校读了陶先生的诗，委实使我心悦诚服。他不仅是开创时代的哲人，而且是一位伟大的人民诗人。"① 据方与严在《记行知诗稿》中说，陶先生对自己的诗稿很珍视，曾多次设法复写珍藏，直到逝世前一天还将诗稿重新整理编辑，以便付印和珍藏。②这也难怪，中国古书说："诗言志，歌咏言。"③ 诗是表达自己意愿的，诗歌的语言精练，是句短而整齐的韵文，便于吟诵，可以流传久远。况且陶先生的诗都是通俗易懂的，虽不必说是字字珠玑，却是人人爱读，难以释卷的。也就是因为这个缘故，我每次捧读起来，就把从中挑选儿童教材的事忘了，而沉湎于陶诗的意境之中。

---

①② 《陶行知全集》第4卷（诗歌卷附录《陶诗评选》），湖南教育出版社1985年版，第820、828页。

③ 《尚书·舜典》。

现在在德琼的帮助下，从陶诗中选出有助于对儿童进行全面发展教育的几例，以期引起教材编者的重视。陶诗收入全集的有669首之多（以创作的为限，译诗未计），这里举例的不过百分之一二，而且未必都是最佳的作品；又为了节省篇幅，长篇的诗歌未曾列举。有志选用陶诗为教材的同志，还请到诗集中去挑选，请勿以我举例的为限。

第一部分——有助于进行德育的

例一：《自勉并勉同志》（1924年3月作）

人生天地间，各自有秉赋。
为一大事来，做一大事去。
多少白发翁，蹉跎悔歧路。
寄语少年人，莫将少年误。①

记得孙中山先生也曾勉励青年“要立志做大事，不要立志做大官”。我们可以把大事理解为有益于人民的事，有益于解放全人类的事。不管是脑力劳动还是体力劳动，不管职位的高低、责任的大小，凡是人民、社会、国家需要的，就都是大事。各人先天的秉赋不同，后天获得的教养不同，但只要各尽所能，为人民服务，就都值得自豪，值得受人尊敬。重要的是要把自己天赋的才能，在后天的努力学习下充分发挥出来，而且要及时努力，不虚度年华。

我看这首诗可以选作小学高年级语文课本或品德课本的教材；初中毕业班即将分流时也可用作思想政治课的教材，甚至高中一年级“革命人生观”这门课也可以选作教材。

例二：《努力》（1924年3月作）

努力，努力，
努力向前进，
努力向上进，
先把脚步儿站稳，
再把方向儿认定。
一步，一步地走，
一步，一步地近。
千万不要回过头来，

① 载《陶行知全集》第4卷，第27页。以下只在文中注页码。

别人的闲话也不要听。
战胜困难全要靠自信。
努力，努力，
创造个好命运，
自己的力量要尽。（第 28—29 页）

我们要培养劳动者，不是培养寄生虫。鼓励儿童、少年、青年认真努力，“好好学习”、“天天向上”完全是必要的。诗中鼓励读者努力时要站稳脚跟，就是要脚踏实地地干，而不是摆花架子，更不是弄虚作假，自欺欺人；诗中还鼓励读者努力时要认定方向，从现在来说，就是为建设富强、民主、文明、幸福的社会主义祖国而奋斗，而不是为个人的升官发财而争斗。

我看这首诗同前一首可以互为补充，有同样的用途。

例三：《自立立人歌》（1925 年、1935 年作）

（一）滴自己的汗，
吃自己的饭，
自己的事自己干。
靠人，靠天，靠祖上，
不算是好汉。

（二）滴自己的汗，
吃自己的饭，
别人的事我帮忙干。
不救苦来不救难，
可算是好汉？

（三）滴大众的汗，
吃大众的饭，
大众的事不肯干。
架子摆成老爷样，
可算是好汉？

（四）大众滴了汗，
大众得吃饭，
大众的事大众干。
若想一个人包办，

不算是好汉。（第 266—267 页）

这里四首歌中的第一首作于 1925 年，题为《自立歌》，赵元任还给它谱了曲。后来到 1935 年，陶先生补写 3 首，题为《自立立人歌》。从个人自立发展到自立立人，反映了陶先生思想的飞跃。

这四首诗的现实意义在于：(1) 鼓励人做一个自食其力的劳动者，不当寄生虫；(2) 不仅要自立还要帮助人，要有救苦救难的博大胸怀；(3) 社会哺育了个人，个人要为社会服务，即为人民大众服务，不能骑在人民头上作威作福；(4) 人民群众建设的国家，不仅要满足人民物质生活和精神生活的需要，还要保证人民有当家做主的权利。

这四首诗歌，可以作为小学音乐教材，因为有赵元任谱的曲子可以歌唱。但有的歌词寓意较深，小学儿童未必能够领会。所以也可以用作初中音乐教材。

例四：《一文钱》（1927 年作）

公家一文钱；
百姓一身汗。
将汗来比钱；
化（花）钱容易流汗难。（第 67 页）

这首诗我在五十多年以前就背熟了，它对我一生影响很大：在用自己的钱时“大方”，在用公家的钱时“小气”。这首诗的现实意义是十分明显的。现在提倡“为政清廉”。如果各级领导都能用这首诗来限制一下自己花公款时大手大脚，甚至用扶贫款买豪华轿车，用扶贫款大吃大喝的恶劣作风，那还可以算得上是个有良心的、有群众观点的干部。

为了使儿童从幼年起就养成勤俭节约的习惯，就养成公私分明的观念，就懂得“尔俸尔禄，民脂民膏”的道理，应当把这首诗作为小学生必读的教材，语文课本、品德课本，都可选用，音乐课也可以谱曲教唱。

第二部分——有助于进行智育的

例一：《每事问》（1924 年作）

发明千千万，起点是一问。
禽兽不如人，过在不会问。
智者问的巧，愚者问的笨。
人力胜天工，只在每事问。（第 22 页）

《论语》记载："子入太庙，每事问。"① 说明像孔子那样的大学问家还勤学好问。本来，学问、学问，学是从问中得来的。如果不懂装懂，耻于下问，这个人一定不会有成就的。陶先生这首诗，阐发了任何创造发明都从多疑善问而得来的道理，寓意深刻，值得深思。

这首诗可以选作语文教材，也可以选作自然教材。

例二：《手脑相长歌》（1931 年作）

人生两个宝，双手与大脑。
用脑不用手，快要被打倒。
用手不用脑，饭也吃不饱。
手脑都会用，才算是开天辟地的大好佬。（第 173 页）

这首诗曾由贺绿汀谱曲，作为育才学校的校歌。它教人既用手又用脑，既要学会体力劳动，又要学会脑力劳动。关于体力劳动能促进脑力劳动的思想，或者说，用手能力有助于发展智慧的思想，早在 18 世纪，法国启蒙思想家卢梭就曾表述过。可是近十年来我国教育界出现了片面追求升学率的不良风气，教学生光读书不劳动，光用脑不用手。培养出不少"四体不勤、五谷不分"的新废料，说起来实在可悲。这首诗不但要用作儿童教材，也可以用作成人教材。

这首诗里"快要被打倒"和"饭也吃不饱"两句，是针对旧社会的情况说的。现在情况变了，若选作教材，似可将前一句改为"快要成废料"，将后一句改为"巧干做不到"。总之，提倡手脑并用的教育，是任何时候都必要的，这两句不改也是可以用作教材的。

第三部分——有助于进行体育的

例：《随地吐痰》（1940 年作）

生痨病，真难过，
痨病虫儿小又多，
一根针杪上，能站五百个。
干了飞进肺里去，
肺里处处都戳破，

① 《论语·八佾》。

今天一命呜呼，

全是随地吐痰的罪过。（第 518 页）

随地吐痰的恶习，国人至今未能改掉。记得 20 年代初，我受小学教育时，老师就教我们养成不随地吐痰等习惯。可是时至今日，六十多年过去了，这种恶习仍然普遍存在。“我们将以一个具有高度文化的民族出现于世界”① 的话也已说过四十年了，可是我们的民族文化水平之低，从随地吐痰这件事上就充分暴露出来了。

根除这项恶习既是体育（包括健康教育）的任务，也是德育的任务。我这里把它作为体育的教材，还有这样一个意思：我们要把体育的概念从狭隘的竞技体育的框框里解放出来，注意全民族的健康教育，提高全民族的健康水平。

第四部分——有助于进行美育的

例一：《北固乡道上》（1918 年作）

无限春光好，

行行北固乡。

村童惊客众，

一路数车忙。（第 1—2 页）

例二：《攀松山》（1918 年作）

迷径入松山，

登山如上滩。

不见水流急，

唯觉涛声寒。（第 2 页）

这些诗类似五言绝句，文字都很浅易，但意境深远而优美，可以作为小学语文教材。

第五部分——有助于进行劳动技术教育的

例一：《小朋友》（1931 年作）

小朋友！

小朋友！

① 毛泽东：《中国人民站起来了》，《毛泽东选集》第 5 卷，人民出版社 1977 年版，第 6 页。

我看看你的手，
可拿得动扫帚？

小朋友！
小朋友！
哪一个长进？
哪一个丢丑？（第 133 页）

例二：《儿童工歌》（1931 年作）

小盘古
我是小盘古，我不怕吃苦。
我要开辟新天地，看我手中双斧。

小孙文
我是小孙文，我有革命精神。
我要打倒帝国主义，像个球儿打滚。

小牛顿
我是小牛顿，让人说我笨。
我要用我的头脑，向大自然追问。

小农人
我是小农人，靠种田生存。
为何劳而不获？谁是我的仇人？

小工人
我是小工人，我有双手万能。
我要造“富的社会”，不造“富的个人”。（第 110—111 页）

陶先生是一贯反对只读书不劳动的，他主张“在劳力上劳心”。他关于教人劳动、歌颂劳动的诗歌很多。他主张教人用劳动的双手创造新世界，他在《儿童工歌》中表达了这种思想。劳动不是盲目劳动，要动脑筋思考。诗中反对剥削、反对压迫的思想表达得也很明显。

最后还要重复一遍：我这篇文章只是想引起儿童教材的编辑者们的重视，从陶诗中选用适当的教材；举的例子既受了篇幅长短的限制（我只选用短篇的），又受了思想内容的限制（我自己硬要把某一首诗归入某一育的范围，未免画地为牢，束缚了自己），以致所举的例子中，有些并非陶诗中最精彩的作品。希望有志选用陶诗为教材的同志，直接到《陶行知全集》第4卷中去选择，必然会发现许多可用作教材的诗歌，大有如入宝山、美不胜收之感的。

可惜的是《全集》印数太少，读者可能不容易找到。1981年，三联书店出版有《行知诗歌集》，读者可能比较容易找到。只是不如《全集》有题解和注释可供参考。希望《全集》能早日再版，以满足广大读者的需要。

1989年6月12日

载《课程·教材·教法》1989年第8期。

边做学生　边做先生

——教育笔耕四十年（之二）

我当编辑不久，在一次会上听出版总署胡愈之署长讲，苏联有人称编辑为“作家的老师”。他要求我们这些当编辑的人要重视编辑工作，同时要提高自己的政治、业务和语文等方面的水平，做个称职的编辑。

我从青少年时期就爱好舞文弄墨。在以编辑为职业以前，我已经写过三本书在商务印书馆出版，两本书在上海新亚书店出版，还在上海大东书局、开华书局和重庆正中书局各出版过一本书。① 在报刊上发表的文章（包括译文）也有几十篇，又曾在江苏大港乡村教育实验区编过《乡村教育》月刊。我写的那些东西尽管学术水平不高，但至少对编书写文总算有一点经验。况且我当研究生时，在教育研究法这门课上，还专门学习过写作学术论文应遵循的要求。所以对担任编辑工作不能说毫无准备。但是，如果提高到“作家的老师”这个标准来说，就差得很远了。

首先碰到的是处理俄文译稿的问题，自己不懂俄文就不能对译自俄文的文稿进行编辑加工。在当时的条件下，不学习俄文就难以胜任编辑工作。

其次，领导同志一再讲，编辑工作是党的宣传工作的一部分，编辑要能做党的喉舌，宣传党的教育方针政策。为此，必须学习有关教育方针政策的文件，并能懂得这些方针政策同马克思主义基本原理的关系。

再次，在教育理论上有没有属于普遍规律的东西，对资产阶级有用，对无产阶级也有用的？为了回答这个问题，本来需要学习运用马克思主义的立场、观点和方法对自己已经知道的教育理论进行分析，后来苏联《教育学》翻译出

① 在商务出版的是《小学级务处理法》（1948）、《近代中国小学课程演变史》（1944）、《国民学校教学之改进》（1948）；在新亚出版的是《小学读书教材及教法》（1937）、《小学各科成绩考查法》（1938）；其余为《实际的小学算术教学法》（1936，开华）、《建国的儿童训练法》（1941，正中）和《国民学校教学实际问题》（1947，大东）。

版了，就暂时以这本教育学为衡量的依据。

复次，老一辈编辑家叶圣陶要求编辑工作者成为杂家。他所谓杂家并非要求我们像《汉书·艺文志》说的“兼儒墨，合名法”，而是要求我们见多识广、知识渊博，在书稿中不要出现科学性的错误。

加上还有一些与出版工作有关的知识（如设计、校对、版式等）是编辑应当了解的，所以当时确实感到需要重新学习。绝不能以为当了编辑就可以自然而然地成为“作家的老师”了，而要冷静地思考一下自己够不够格。如果条件不够（我想，学无止境，随着科学文化的不断发展，要完全够格是很难的），就必须虚心学习，先做学生，后做先生；一边做学生，一边做先生。我这四十年的教育编辑生涯，可以说就是这样度过的。

这次只谈有关学习语文，掌握编辑工作的工具问题。

就在我转业编辑的时候，《人民日报》发表了《为祖国语文的健康和纯洁而斗争》的社论，同时连载语言学家吕叔湘、朱德熙写的《语法修辞讲话》。这时党和政府提高了对编辑工作中文字水平的要求，也为编辑工作者进修语法修辞创造了条件。我虽然有一些写作经验，但是从未学习过语法修辞知识。因此自己写的文字未必完全符合规范，看别人的文章也不敏感，不容易发现语法修辞上的问题。为了做好工作，学习汉语文的知识仍然很有必要。

当时我们有一个有利条件，就是出版总署副署长兼编审局局长、老一辈编辑家叶圣陶审查我们编发的稿件时，非常认真仔细，遇到不合语法的地方，不仅改正过来，而且加签条说明理由。此外，还不时印发一篇报刊上病句多、篇章结构差的文章公开讲评。这对有意提高自己语文水平的编辑们是很好的学习机会。

对于我来说，学习汉语文的知识虽然有必要，但是不如学习俄文的需要迫切。为了介绍苏联教育理论和经验，我曾搜集苏联出版的英文教育书刊，还曾译过一本《苏联公共教育》，1951 年在新北京出版社出版。但这类书籍是介绍苏联教育一般情况的，只能供人了解苏联教育的轮廓，不能提供可资借鉴的材料。或者说，苏联出版的英文教育书籍是一种宣传品，帮助外国人了解苏联用的，不是苏联的教育学术著作。为了介绍苏联的教育理论和经验，必须学习俄文。为了介绍马克思列宁主义经典作家的教育论著，更非学习俄文不可。

1950 年下半年，我和同事熊承涤同志，自费、业余到一位苏联侨民家里办的俄文班学俄文，每周三个晚间学习，大约坚持了一年多。时间比速成班花得多，效果同速成班不相上下。以后便对着译本看专业书，有许多教育专业的词汇俄文同英文相似，有英文的基础再学俄文可以发生正迁移的作用。加上我原有教育学专业知识的基础，虽然学习俄文的时间不长，在汉俄对照学习时还能发现译文中的误译之处，如，我曾在《人民教育》1952 年 1 月号上发表过《对凯洛夫教育学第一章译文的几点意见》（署名“大众”），就是这时的一篇习作。当时坊间出版物有粗制滥造现象，我曾指出其中的误译之处，写成《评高晶斋译〈教育学〉》一文，在该刊同年 4 月号发表。

凯洛夫主编的《教育学》译本（1950 年新华书店版）的译者对教育专业不熟悉，所以译文中有些字句，懂得教育学的人看不明白，不懂得教育学的人更难看清楚。为此，我在用此书俄汉对照学习的同时，就本着译文应当“信而达”的原则，对译文加以修订，经过原校译者同意和社领导人的审查后，重新排印出版。同时写了《凯洛夫〈教育学〉第二次修订述要》一文，在《人民教育》1953 年 3 月号发表，以便同读者商榷。

编辑审读译稿，自己要有翻译能力，所以我不但自己边学边译，也鼓励一道工作的同志们边学边译，互相校译。遇有疑难的地方，共同研究，能者为师。这样的成品出版的主要有《教育学初级读本》（1953 年人民教育出版社版）、《教育学和教育史》（苏联大百科全书选译）第一、二、三辑（人民教育出版社 1956—1958 年版）等。

1955 年筹备创刊《教育译报》。当时中共中央马克思恩格斯列宁斯大林著作编译局还没有把《列宁全集》全部译出，我们就计划把列宁有关教育的论著先译出来发表，1956—1957 年的《教育译报》双月刊上，每期都载有 1—2 篇列宁有关教育的论著。1957 年我们又编译出版了《列宁教育文选》，选入的文章都是苏联规定投考副博士的研究生必须学习的篇目。

从 1952 年起的十年间，我们教育编辑室的干部最少时仅三五人，最多时十余人，先后只有二人是以俄语为专业的，其余大都以教育为专业，但大部分同志能对俄文译稿编辑加工。此时我们组织外力翻译出版了马克思列宁主义经典作家的教育论著，苏联三大教育学家的全集和选集，苏联各级师范学校用的教育学、教育史、教学法、学校管理、学校卫生、心理学，以及苏联学校和教师的教育经验等书，基本上满足了我国师范院校教学和普通学校教师参考的需要。

语文不仅是编辑工作者的工具，它本身是科学知识的载体，编辑工作者使用语文，要能把正确的科学知识传达给读者，才算完成任务。如果经过我们编辑加工的书稿，给读者造成疑难，或者以讹传讹，歪曲了事实真相，都不算尽到了自己的责任。因此，编辑要以负责的态度、研究的精神从事工作，即使书已出版了，对其中的问题仍应继续钻研，不应人云亦云，得过且过，要能以追求真理的精神，求得问题的答案，提出自己的见解。如果已出版的书中有错，更应当以有错必纠的态度予以更正。

举几个例子来说明。

苏联凯洛夫主编的《教育学》1948年俄文版，是集体写作而成的，参加写作的有八人，审阅提过意见的有四人，凯洛夫只是作者之一，兼任全书主编，因此，译本在版权页、扉页和封面上写“凯洛夫著”是不对的。在读者当中流行着“凯洛夫教育学”的说法也是不准确的。因为把人名同学科名连称往往代表一个学派，如“达尔文进化论”、“孟德尔遗传学”等。所以在形成文字时，必须写“凯洛夫主编的《教育学》”，至少《教育学》三个字应加上书名号。这个问题看起来不大，但我国已经有人把凯洛夫看作一个学派的代表，同孔子和杜威相提并论，显然是误会了。因为苏联出版的其他教授编写的《教育学》，在体系与内容上与此书大同小异，可见这不是个人的著作，而是集体研究的成果。有人把这本书中的教学原则称为“凯洛夫的教学原则”①，也欠妥当。有人说苏联赞科夫教授70年代提出的实验教学新体系是向50年代的凯洛夫挑战了；其实1956年版以凯洛夫为总主编的《教育学》，赞科夫也是主编人之一，只能说赞科夫经过二十年的实验，提出了同50年代不同的新见解，发展了50年代的教育学。作为一个负责任的编辑工作者，见到类似这样的说法就应予以改正，不管作者是谁。因为得罪了作者事小，在读者中造成不良影响事大。

俄语中“教育”有两个词，一个是воспитание，另一个是образование。当初翻译时，先将第一词译为“教养”，第二词译为“教育”，但俄语中“共产主义教育”、“道德教育”等词中的“教育”是用的第一词，译成“共产主义教养”、“道德教养”不合中国习惯。后来有人建议颠倒过来，把第一词译为“教育”，第二词译为“教养”，但俄语中“初等教育、中等教育、高等教育”中的

① 如吉林教育出版社1986年出版的《教学论》等。

"教育"都是用的第二词，译成"初等教养、中等教养、高等教养"都不合适。我在1953年写的那篇《修订述要》里就提出，俄语这两个词都可译为"教育"。这样做既便于读者理解，又未变更原意。可惜的是有些翻译工作者过分强调尊重原文，仍主张分别译出。这样做不免有胶柱鼓瑟之嫌，既未能"信"，又未能"达"。大约对原著总还缺少一点融会贯通的功夫，以致如此的吧？

"个性全面发展"或"全面发展个性"也是译得欠妥的词。50年代初我对马克思主义关于人的全面发展的学说尚未学懂，所以1953年第二次修订版未曾修改。但这种说法难以令人理解。经过对马克思、恩格斯的著作认真学习以后，知道全面发展是针对人的片面发展提出来的，因此应当译为"人的全面发展"或"全面发展个人"。俄语中 личность 一词本来既可译为"人"、"个人"、"人格"，也可译为"个性"。这里应该译为"人"或"个人"。为了补救译文的缺点，我曾写了一篇《全面发展是指"人"的全面发展》在《人民教育》1956年12月号发表。三十年后出版的译自苏联的《教育学》中，仍用"个性全面发展"的译法，我曾在1986年10月举行的北京市教育学研究会第二届年会上，以《教育学中有些模糊观念需要澄清》① 为题，谈过这类问题，得到极大多数与会者的同意。

在凯洛夫主编的《教育学》的译本1953年第二次修订出版时，我们就在译文后面编了《俄华名词对照表》，以帮助读者阅读俄文教育书刊，也帮助译者统一教育译名。经过几年的工作，熊承涤同志又积累了许多教育学名词译名卡片，我们就商量仿照中国科学院统一译名的办法，编成《教育学名词（俄汉对照试用本）》，收词3 000多个，经广泛征求意见并邀请专家座谈审定后，于1957年出版。

以上举的这几个例子说明，我们不能仅仅满足于编书，还要对专业范围内的学术问题，结合编辑工作，提出一定的见解。有的虽然在一定的时间内未必为大家接受，但如果我们提出的意见是正确的，具有客观真理性，那么真理的光辉是不会磨灭的。

总之，编辑工作的过程是个不断学习的过程，也是探索真理的过程。我们要坚持真理，修正错误，既要为作者服务好，更要为读者服务好。读者是大多数，考虑读者的利益更加重要。这样，只要他们也都具有马克思主义的

---

① 讲稿后来发表在《北京教育》1987年第1—2期。

立场和观点，并以研究科学、服膺真理为职志，那么，我们必将得到作者的尊重和信任。倘能如此，编辑工作者的辛苦就可以转为乐趣，从而感到欣慰了。

1990 年 10 月 10 日

据作者手稿排印。

当好党和人民的喉舌
——教育编辑经验谈

编辑出版工作是党和政府宣传教育工作的一部分，新中国的每一位编辑工作者都应当自觉地做好这项宣传教育工作。形象地说就是要当好党和人民的喉舌。

有的同志也许会问：编辑工作者中有党和非党之别，是不是都要对他们提出同样的要求呢？我的看法是无论从可能性和必要性来说，都可以提出同样的要求。从可能性来说，因为中国共产党是代表全中国各族人民的最高利益的，它的所作所为都应是全心全意为人民服务的，都应是大公无私的，为党的路线、方针、政策鼓与呼，也就是为人民的利益鼓与呼，这是不分彼此，所有编辑工作者都可能做到的。从必要性来说，党的事业就是人民的事业，每个编辑工作者所参与的都是这种事业的一部分。在革命时期要争取战争的胜利，在建设时期要争取事业的成功，不分党内外，大家都有责任。既然从事的是共同的事业，就应当提出统一的要求。尽管有可能性和必要性，但是要能做到，还需要一定的条件，这个条件就是大家都要学习。首先是学习马列主义、毛泽东思想，用马克思主义的立场、观点和方法武装起来。这样，无论党与非党的编辑干部，就都可以有共同的语言。其次，要学习党的方针政策，党内同志在这方面有许多便利条件，应当帮助非党同志学习时事政治，学习报刊上公开发表的文件。再次，要学习业务知识，这一点非党同志有时也许会占优势，应当互相尊重，互相帮助，取长补短，共同提高。

我参加革命很晚，34岁才开始学习到马列主义、毛泽东思想。第二年就担任编辑工作，深感自己马列主义水平低，需要抓紧学习。我认为知识分子极大多数是服膺真理的，只要站在人民的立场，对马列主义、毛泽东思想是可以学进去的。我同一起共事的党员，只看他们的长处，很少看他们的短处；我绝不用自己的长处去同别人的短处相比，反之，我经常想到的是自己的不足以及如何才能补上这个不足。我采取的办法之一就是认真学习毛泽东著作和马列著作。《新民主主义论》、《论联合政府》、《论人民民主专政》可以说是我参加革命后的启蒙读物。《共产党史原理》、《共产党宣言》、《〈政治经济学批判〉序言》、《哥达纲领批判》、《反杜林论》、《社会主义从空想到科学的发展》、《路德维希·费尔巴哈和德国古典哲学的终结》、《国家与革命》、《青年团的任务》、《苏联社会主义经济问题》、《实践论》、《矛盾论》、《在延安文艺座谈会上的讲话》等等，对于我改造旧思想，学会坚持马克思主义的立场、观点和方法都是反复攻读的必修课。其中有些还是马克思主义教育基本原理的好教材。我在 70 岁的时候回忆往事，曾说“愚人后觉，敏以求知”，就是指参加编辑工作以后边工作边学习以弥补自己不足的情况的。因为我认识到：没有一定的准备，即编辑工作者自己若不用马克思主义武装起来，就很难自觉地当好党和人民的喉舌。

检查四十年来落实的情况，举例来说大致有下面这些。

第一，宣传教育建设方针——在我参加编辑工作以前，出版总署编审局的教育组已经用“教育资料丛刊社”的名义，编辑出版了《当前教育建设的方针》一书。这本书是以当时教育部党组书记、副部长钱俊瑞写的同名长文为主编成的。文章提出“为工农服务”、“为生产建设服务”的方针，对于纠正那时教育界流行的糊涂观念，指明旧教育改造的道路，起了积极的作用。1958 年到 1960 年我们还先后编辑了《认真执行教育方针》、《我国教育工作方针》和《当前教育革命指针》三本书。这些书对那时的教育改革起了推动作用，虽然现在看来，有些说法和做法未必妥当，但对我国探寻教育改革的历程，留下了一份记录。

第二，配合工农教育会议——我刚到编辑岗位，就参加了教育资料丛刊社编辑介绍工农教育经验书籍的工作，当时丛刊社的同志已编好《关于职工业余教育的一般问题》、《怎样办好工人业余教育》、《怎样办好干部业余教育》和《在成长中的工农速成中学》四本书，以配合全国工农教育会议的召开。为了加快出版速度，我第一次和同志们一起到印刷厂去校对。后来我还作为代表出席了这次会议。

第三，声援抗美援朝运动——抗美援朝运动中，我曾写了《法西斯化的美国教育》一文，于 1951 年初在《人民日报》发表。接着又汇集有关材料，编成同名的一本书，作为资料丛刊之一出版。

第四，提供学习苏联的资料——50 年代初，从《三岁前儿童的集体教养》

到《苏联的高等教育》，包括苏联各级各类学校和保育院、幼儿园的办学经验，都介绍了不少，但当时缺乏计划性，显得杂乱无章。1952 年中央号召学习苏联以后，我们就根据人民教育出版社的专业分工，有计划地翻译出版苏联各级各类师范学校教育学科的教材，包括心理学、教育学、教育史、教学法、教育管理等方面，为我国教育界提供学习苏联的资料。

第五，加强思想政治教育——50 年代初，除将已出版的《苏联学生的思想政治教育》等书列入教育资料丛刊广为传播外，还编辑出版过《小学的思想政治教育》、《学校中的爱国主义教育》等书。1954 年，配合教育部召开全国中等教育会议和政务院发布《关于改进和发展中等教育的指示》，编译了《为加强爱国主义而斗争》、《为加强自觉纪律而斗争》、《为加强集体主义教育而斗争》和《为加强劳动教育而斗争》等书，对于推动这些方面的教育有积极意义。

第六，批判资产阶级教育思想——50 年代中期，我国学术界展开了对以实用主义为代表的唯心主义思想的批判。配合这项批判，我们出版了朱智贤教授写的《批判实用主义者杜威在心理学方面的反动观点》和陈元晖教授写的《实用主义教育学批判》两书，还将报刊上发表的批判文章，编成《资产阶级教育思想批判》三集，用文化教育出版社的名义出版。

第七，迎接社会主义教育建设高潮——1958 年的“大跃进”和“教育大革命”虽然是极左路线的产物，但在当时轰轰烈烈的形势下，可以看到群众运动中积极的一面。如，对农村中扫除文盲和普及初等教育不能说毫无作用，尽管群众把扫盲班称作红专大学是不足取的。我们当时把各地群众办学的经验编成《社会主义教育建设高潮》三辑出版。书名是模仿中共中央办公厅编的《中国农村的社会主义高潮》而起的，对研究当代中国教育史的人留下了一份资料。

第八，宣传十年教育建设成就——1958 年下半年，人民教育出版社拟订了十年教育建设丛书征稿办法，请教育部通知全国各地各级各类学校总结十年办学经验，写成书稿，交我们汇编出版。我们在 50 年代末和 60 年代初，陆续编成这类书籍约二十种先后出版，其中有《教育十年》、《师范学校的教育实习》、《工厂办学的初步经验》、《农民业余教育工作经验》等。

第九，介绍半工半读、半农半读教育经验——1965 年 3 月和 10 月，教育部先后召开了全国农村半农半读教育会议和全国城市半工半读教育会议。人民教育出版社配合这两次会议，将会上交流的、并经出席者大多数肯定的教育经验，经过核实，汇编出版。半工半读会议开得较晚，有些书未及发行就被“文化大革命”扼杀了。

第十，编辑《外国教育丛书》——“文化大革命”闭关锁国十多年，1977年以后为了打破樊篱，放眼世界，全国上下急需了解国外情况，我们曾编辑《外国教育简报》，供领导部门参考。后又将资料汇集成书，并有计划地约了一些稿件，编成《外国教育丛书》十种，介绍发达国家的各级各类教育情况。这些书在70年代末出版，为教育领域的改革开放，发挥了一定的效益。

出版了这些书，并不能肯定已经当好了喉舌，只能说在大方向上是同党和政府的要求一致的，而不是格格不入的，更不是背道而驰的。我体会，编辑工作者要当好党和人民的喉舌，除了要认真学习以外，还要注意几点。

首先，要积极主动，发挥主人翁的责任感。自己既然主管一份工作，不能事事都等领导交办，而要体察形势，结合专业需要，提出适当的选题计划。上述各项中大部分是由编辑室提出经出版社领导同意列入选题的。因为领导同志要考虑的问题很多，对局部的问题不可能想得很细致很周到。我们千万不能抱着“不求有功，但求无过”的心理，用“多一事，不如少一事”的消极态度来对待工作。

其次，要头脑冷静，用教育科学规律来衡量是非。这一点不容易做到，我是有教训的。如，在总结十年教育建设成就时，有的稿件谈让小学生去大炼钢铁，作为小学教育同生产劳动相结合的经验，这种做法虽然有结合的根据，却违反儿童年龄特征，是不足为法的。这样的经验就不值得推广。在“文化大革命”后期，有人在所谓“评法批儒”活动中，全盘否定儒家的教育思想，把明明是儒家一个派别的荀子说成法家，等等，我们就没有随声附和了。

最后，要掌握方向，关心祖国教育建设的前景。这里说的教育建设，包括教育学术和教育事业两个方面。从教育学术方面说，过去从“教育大革命”到“文化大革命”（1958—1976）的二十年间，都强调教育是阶级斗争的工具，而不讲教育首先是生产斗争的工具。对教育是发展生产力的主要手段这一点，在进入高科技社会的今天，在发展社会主义现代化建设的我国不能不讲。为此，我曾就全国教育学研究会的论文中编成《教育与国民经济的发展》一书。又如，在教育理论研究中有人宣传人本主义思想，企图把教育变成培养极端个人主义者的温床；有人打着否认教育工具论的旗号，反对教育为社会主义建设服务。作为一个信仰马克思主义的教育工作者，不能不提出自己的意见。我在《中国高等教育》1989年第12期和1990年第4期上发表的略谈和再谈教育理论研究中的资产阶级自由化倾向两文就是为此而写的。再从教育事业方面来说，在改革开放以后，教育界只讨论如何发展学生智力、培养学生能力的时候，青少年的思想品德教育亟待加强，我们不仅在《课程·教材·教法》上开辟专栏，强调各科教学中的思想品德教育，还将全国教育学研究会中的有关论文，编成《加强青少年的思想品德教育》一书出版。在社会上轻视师范教育，忽视教育科学的时候，又将有关论文编辑成《办好师范教育　发展教育科学》一书出版。我也把自己的论文和讲稿编成《师范教育和教育科学》一书出版。我认为这也是为党、为人民、为祖国的长远利益鼓与呼。

最后还要强调一点：个人的力量是渺小的、微不足道的。在回忆过去工作的时候，我非常怀念四十年来先后共事的近三十位同志们，没有他们的指导、帮助、砥砺和切磋，尤其是没有党的正确的、马克思主义的领导，光靠个人的努力，必将一事无成。

1990年11月10日

据作者手稿排印。

中小学教材建设的若干问题*

新中国成立以前，在老解放区如陕甘宁边区和苏皖边区，新解放区如东北解放区和华北解放区，就很重视中小学教材建设，设立了教材编辑机构，配备了教材编辑干部，出版了中小学课本。新中国最早的教材编辑机构是中央人民政府出版总署编审局的第一处。这个处的前身是华北人民政府教育部教科书编审委员会。1950 年 12 月 1 日人民教育出版社成立，出版社的编审部就是由出版总署编审局第一处的原班人马组成的。人民教育出版社既是教材编辑机构，又是教材出版机构，还是教育科学著作的编辑出版机构。为了搞好中小学教材建设，国家设立这样的机构很有必要，它直接受教育部（今国家教委，下同）领导，是教育部的直属单位之一。当然在出版业务方面，也要受出版总署（国家出版事业管理局，今国家新闻出版署）的领导。

教材建设是学校教育的三大基本建设之一，同校舍设备建设、师资队伍建设并列，它的重要性是不可低估的。不仅因为没有教材，学校教育就无法实施，而且因为教材决定着教育方针的执行和教育目标的实现。

四十年来，人民教育出版社不仅承担中小学教材建设的任务，而且承担幼儿教育、师范教育、成人教育等项教材建设的任务，为了繁荣教育科学，还出版马克思主义教育基本理论、教育学、教育史、教学法、教育管理和心理学等专著以及教育经验总结等书。各方面的经验教训可以总结的很多。我这里只从教育学或者说课程论的角度，根据四十年来个人的所见、所闻、所思、所行，谈谈中小学教材建设应当考虑的若干问题。

第一，教材建设要把统一性和多样性紧密结合起来。

* 1990 年 4 月作者曾应邀先后在南京师范大学和杭州大学对教育系的研究生以及浙江省教育科学研究所和浙江省教研室的部分同志讲过这个问题。现在发表的是经作者修改过的讲稿，也是作者在人民教育出版社工作四十年的经验总结之一。

中国是统一的多民族社会主义国家。中小学教育（特别是小学和初中阶段的义务教育）是全国人民必受的教育。为了维护祖国政治、经济和文化等方面的统一，求得多民族社会主义国家的巩固和发展，中小学教材必须具有统一性。所谓统一性主要是指立场、观点和方法的统一，要用马克思主义的立场、观点和方法来统率教材的编写工作，如，坚持四项基本原则，坚持教育同生产劳动相结合，坚持德、智、体、美、劳全面发展等；其次要求基础教育阶段各级学校，在文化科学知识的广度和深度上，应达到最低限度的统一标准。过去认为只有采用同一种教材、同一种课本才能保持统一性。但是，中国幅员广大，各地方经济、文化发展很不平衡，为了适应各地方的特点，使教育能更好地为当地的社会发展和经济繁荣服务，中小学教材又必须具有多样性。因此如何把统一性和多样性结合起来，是中小学教材建设首先应当考虑的问题。

四十年来，对这个问题也有过几次反复。新中国成立之初，教材采用国定制，即由中央政府统一规定各级学校各年级各学科使用的教材，全国学校必须采用。少数民族地区，也把中央政府规定的教材，翻译成少数民族语文，供少数民族学校使用。50 年代初，新疆维吾尔族、哈萨克族的学校，因翻译的全国通用教材供应不及时，曾经借用过苏联出版的这两种民族文字的课本。谁知这种课本的开始两课的课文是："祖国。我们的祖国是苏联。""首都。我们的首都是莫斯科。"这显然是不合用的。有了这个教训，我们就应当知道教材统一性的重要。但是全国使用统一的课本，难以适应各地方的情况和需要。1958 年 9 月 19 日，中共中央、国务院在《关于教育工作的指示》中提出了统一性与多样性相结合的原则，同时允许各地方自编教材。但由于准备不足，效果欠佳，很快就恢复了仍由中央编辑通用教材。

"文化大革命"的十年间，教育事业遭到严重破坏，教材建设也不例外。在当时一片混乱的情况下，对原有教材，只准批判，不准再用。到"复课闹革命"时，各地方不得不按照自己的学制，花费大量人力、物力、财力自编教材。这些教材只有多样性，没有统一性。所以拨乱反正以后，又恢复由中央统编中小学教材。

80 年代中期，为了克服全国统一采用同一种课本的缺点，又提出各地方、各单位、各个人可以编辑教材，只要经过中央政府的教材审查机构审查通过，就可以作教材使用。于是便从国定制改为审定制，同时提出"一纲多本"原则。"一纲"（指各科教学大纲，即课程标准）是为了保持统一性，"多本"（课本可以有多种）是为了实现多样性。这次的改革，不像“教育大革命”和“文化大革命”中从一个极端（统一性）走向另一个极端（多样性），而是力求兼顾两个方面。我个人认为，在我们社会主义国家，保证教材的统一性非常必要，要在保证统一性的前提下使它具有多样性，否则会蹈前两次“大革命”的覆辙。还有，编辑教材不是一件简单易行的事。在人力不足的情况下，不必每个地方都自编教材。这也是应当强调的。

无论采用国定制还是实行审定制，政府都必须设有教材编审机构。但前者的重点是编，后者的重点是审，编审都要依据一定的标准。

第二，教材建设必须制定课程标准（包括现在说的“教学计划”和“教学大纲”）。

制定中小学课程标准在我们国家是中央政府的任务。联邦制的国家多半由各邦、各州分别制定。没有统一的课程标准就难以实现统一的教育目标。这在我们社会主义国家是不可想象的事。

课程标准包括两部分：一是课程设置，要按照总的教育目标规定设置的教学科目，各科教学的起止年级，各学科每周教学的时数以及课外活动等的时间安排。二是各科课程标准，要按照设置这门学科的要求，规定它的教学目标、教材纲要、时间分配、实验实习作业以及教学注意事项等。

制定课程标准不仅要有各门学科的专家参加，还要有教育学家（包括课程研究人员）和有经验的教师参加，同时要由精通教育科学、明了教育方针、真正熟悉国情的教育行政干部领导。这样制定的课程标准，才能兼顾制约学校课程的知识、儿童、社会三大要素，而不致有片面性。

第三，教材建设必须培养教材编辑干部。

任何工作都不可能不学而能，教材编辑工作尤其如此。过去的教材编辑干部都是在工作中培养起来的，一面工作（编辑教材）一面学习（学习编写教材的理论和方法）。这是一种手工业艺徒制的方式，中间免不了有许多尝试错误，有许多盲目性，走许多弯路，常常要返工，在时间精力上有许多浪费。

今后要抓紧对教材编辑干部的培养。现在教育部设立了课程教材研究所，建议也赋予它培养教材编辑干部的任务。招收师范大学本科毕业生中有志于献身教材编辑工作的青年，经硕士研究生考试合格，研究三年，各科考试及格，毕业论文答辩通过，可以授予硕士学位。

研究生修习的学科，可暂定如下：马克思主义哲学、教育目标分类学、教育史、教育心理学、学科心理学、课程论、教学论、普通编辑学、教材编辑学、中国普通学校课程及教材研究、外国普通学校课程及教材研究等。

可从具有师范大学本科毕业学历、现任教育出版社的助理编辑中招收在职研究生。

研究生须有较强的汉语写作能力及一种外文的翻译能力。

教材编辑干部还可以由师范大学研究生院设置相应的专业来培养。

第四，教材建设要重视教育科研的作用，打好教育科研的基础，并对编出的教材认真审定，严格把关。各地方要经过调查研究首先编好乡土教材。

我在拙著《课程论》里，曾提到我国中央政府教材编辑机构的负责同志，积三十年之经验，认为教材编辑工作，是一项具有教育科学研究性质的工作，必须在科学研究的基础上才能做好。在该书的最后一章讲《学校课程编订的趋势》的时候，又强调课程的编订和实施都要建立在教育科学研究的基础上，并列举了课程研究的若干课题。这些课题虽然只是举例，却都与教材建设有关。凡参加编辑教材的同志，都应当设法利用已有的研究成果，如果国内没有研究成果可以利用的，要向国外借鉴；或者觉得已有的研究不合国情，就要自己去调查研究或实验研究。有了科研成果做依据，再制订教材编辑方案，认真编写教材。千万不要抄抄写写、剪剪贴贴，把原有的课本改头换面，当成自己的东西。这样不仅破坏了写作道德，还触犯了法律。

我这里还想强调一点，现在教材建设虽然放权给各地方，各单位甚至各个人，即地方、单位和个人都可以编辑教材，只要通过审定，就可当教材使用。为了保证教材的统一性和一定的质量，审定工作必须认真做好，否则后患无穷。因为教材是“皇帝的女儿不愁嫁”，只要教育行政部门同意做课本用，是有利可图的事。千万不能只图经济效益而忽视了社会效益即教育效益。这是关系到子孙后代的大事，万万放松不得的。

还有一点顺便说说，既然各地方编教材是为了结合地方实际，所以各地方首先应当编辑的是乡土教材。过去通用教材在这方面照顾不到，是一大缺陷。今后通用教材都要给教学乡土教材留有余地。因此，地方有责任先将乡土教材编出来，应当先集中力量研究编好各年级各学科的乡土教材和适合地方需要的劳动技术教材、职业选科教材等。

第五，教材建设要充分考虑学习者的条件，避免成人化的倾向。

我在《课程论》第五讲“制约学校课程的各种因素”中，把“儿童身心的发展”列为重要因素之一，要求教材建设要适合学生学习，必须考虑到各年龄阶段儿童生理和心理发展的特征（第177—180页）。第十讲谈到学校课程编订和实施应当正确认识和处理好各种关系的时候，曾经说过教材建设在考虑统一要求的同时，要适应个别差异，包括地区差异和学习者个人的差异（第317页）。第八讲谈到教材的选择和组织的时候，也曾具体说到“选用的教材学生是否有接受的可能”、“教材的组织是否符合循序渐进的原则”、“是否符合学生的学习心理规律”等等（第271—273页）。其他还有许多论述都跟这个要求有关，可以说，这个思想是在全书中都注意贯彻的。

关于这个问题我这里还想说以下几点。

一是中小学教材建设要注意反对成人化的倾向。这是个老问题，但并不是很容易解决的。目前我们政治课的安排就有这种倾向，如，让历史知识不多的孩子去学社会发展简史就是一例。1978年曾规定在小学四、五年级开设政治课，更是对教育科学忽视的表现。现在规定小学一、二年级不开手工劳动课也是对这门课做了成人化理解的结果。幼儿园的孩子还可学美工，为什么小学生反而不能学了?

二是教材建设要注意创造学习者易于学习的条件。有些教材在没有现代化教学设备的时候，教师难讲，学生难懂。但有了现代化的教学设备，教学双方就容易多了。既然我们不能自甘落后，需要迎接世界科学技术日新月异的发展，我们学校的课程和教材就要适当吸收最新的科学技术知识。为了使这些新知识易于学习，不能不考虑充实学校的现代化教学手段。

三是教材建设要同时注意培训合格而又称职的教师。教师的素养如何同教学质量关系密切。同样的教材，由素养较好的教师来教，学习者便能接受，由素养较差的教师来教，学习者便不能接受。因此，在发现教师说教材“深、难、重”的时候，除了认真考虑教材是否超出学习者所能接受的条件外，也要认真考虑一下教师是否称职的问题。对不称职的教师要抓紧培养提高。进一步说，随着科学技术的发展，教师的进修提高应当是一项经常性的任务，不要等感到落伍以后才进行培训。

第六，教材建设要有利于采用启发教学而不利于照本宣科。

在教学中废止注入式，提倡启发式，也是一个老问题，但是至今未能很好地解决。谈到启发式的老祖宗，还要数到我国的孔夫子。他说过“不愤不启，不悱不发”①，这就是“启发”名称的由来。他还提出“学而不思则罔，思而不学则殆”② 这句名言，也可以说是一条教学规律（“学思结合”）。后来的教育学家多有发挥，如，北宋的张载和南宋的朱熹都提出学习必须有疑难需要解决，有疑难就要动脑筋思考，然后才能学得进去。清初的王夫之更将学与思相互促进的作用说得很精辟：“学非有碍于思，而学愈博则思愈远；思正有功于学，而思之困则学必勤。”③

因此教材的编写要从引起学生的疑难入手，或者从观察、操作等入手，而不要一开始就把现成的结论教给他们，不但自然科学方面的教材必须如此，社会科学方面的教材也应当如此。

过去，我们只要求教师不要采用注入式，不要照本宣科，现在从教材的编辑入手，使教师无法采用注入式，可以说是釜底抽薪的办法。这样，就要求教师对教材确能融会贯通，有“给学生一杯水，自己有一桶水”的本钱。因为引起学生的疑难以后，他们会“海阔凭鱼跃，天高任鸟飞”，想象的翅膀可以任意翱翔。做教师的没有足够的准备就难以应付裕如了。这也是一般教师习惯于注入而不喜欢启发的重要原因。如果教材编得非要他启发不可，还要对教师进行适当的帮助。

具体的帮助就是把教师教学用书编得更加能适应启发教学的需要，不仅帮助教师掌握与教材有关的多方面的知识，而且辅导他们采用启发教学的步骤和方法。当然主要是教材本身要首先不利于注入，否则，强大的惰性仍难改变过来。

第七，教材建设要重视实践环节，调动学习者的积极性。

我在《课程论》第九讲谈过课程的编订和实施要符合马克思主义认识论的要求。教材建设要重视实践环节，就是这个要求的具体化。

马克思主义者强调理论要结合实际，理论是行动的指南，理论要经得起实践的检验，实践是检验真理的唯一标准。这些对我们编写教材有重大的指导意义。

学习是学习者自己的事情，只有把它们的积极性充分调动起来，才能学得

---

① 《论语·述而》。

② 《论语·为政》。

③ 见《中国古代教育史资料》，人民教育出版社 1980 年版，第 394 页。

进去，学习才有效果。现在有些教材的编者或者教师，都喜欢发挥自己的主导作用，夸夸其谈，讲得很多；如果学习者虽然身在课堂，却“一心以为有鸿鹄将至”，思想开小差，注意力不集中，那么讲的效果必然不会好。所以要千方百计，调动学习者的积极性，以尊重他们的主体地位，这样才能产生良好的效果。

在教材中重视引导学习者实践，是调动他们积极性的最好办法。

如果这课教材，估计学生的感性认识不足，可以首先从增加学生的感性认识入手。让学生先参观、调查、观察、实验，从这些实践活动中，得到我们希望他们得到的知识。

有些教材可以一面指导学生去做，一面帮助他们从中获得应有的知识。如种植、饲养、制作、绘画等，需要进行较长时间的观察、操作。从边学边做中获得的知识是终生难忘的。

有些教材可以让学生阅读多种图书，搜集丰富的参考资料，比较、对照、归纳、演绎、检验教科书中的结论。

有些教材可以让学生参观、游览、调查、研究，扩大自己的视野，加深对书本知识的理解，补充甚至修正书本中的结论。

因此，新的课本、新的教材就不限于给予学习者现成的知识，而包括学习者经过实践自己获得的知识。这些知识经过教师的帮助，应当由学习者用简练的、准确的语言，自己写到课本里去。

第八，教材建设要把好科学关、思想关和文字关，并力求适合于教和学。

我们编辑教材必须以辩证唯物主义和历史唯物主义为指导思想。我们所说的教材要具有科学性，就是要具有真理性。我们所要求的真理，是经得起实践检验的，是以实践为检验的唯一标准的。现在有些人喜欢讲价值，我看，我们的真理观也就是我们的价值观。

本来，教材要具有科学性似乎是不成问题的事情，但是有许多违反科学性的事例，使我们不能不对此加以强调。如，日本侵略中国，假如从1894年的甲午战争算起，到1945年日本战败投降，整整五十年之久。尤其是1931年“九一八”事变以后到1937年发动大规模的侵华战争，是全世界人民有目共睹的实足的武装侵略。但是前几年日本的历史教科书中还不承认侵略中国这个铁的事实。它的教材就违反了科学性原则。如果不承认过去侵略中国的历史，要谈中日两国人民世世代代友好相处，就是一句空话。

我们自己处理历史也应有科学态度。如，沙皇俄国侵略中国，并且割去我国东北、西北大片领土，尽管我们现在并不要求苏联把这些领土还给我们，但这些历史事实在教科书里不能不讲，不能不让子孙后代知道清朝政府的腐败无能，也不能不让他们知道侵略者的贪婪残暴。

当然，适合儿童欣赏水平的神话、童话、寓言等，只要有一定的教育意义，仍然可以用作教材。不能因为这些故事的内容是不真实的而拒绝采用。

根据教学的教育性原理，各科教学在教给学生知识、技能、技巧的同时，都在形成他们的思想、观点和信念。这些思想、观点和信念，在教材编者和教师来说，应当是有意识地要他们形成的，但在学习者来说，却是无意中获得的。我们强调应在各科教学中进行思想政治教育，强调学校中的一切活动都是德育的途径，就是因为这样自然而然形成的思想品德比起直接的道德说教来，可以产生根深蒂固的效果，因而可以枝繁叶茂。教材的编者应当在选择教材时有计划地采用能进行思想品德教育或思想政治教育的材料，当然不要穿靴戴帽，硬贴标签，而是要使教材具有感染力，能使学习者自然形成我们希望的某种情感和态度。我在《课程论》第十讲谈到“文与道的关系”时（第310—312页），就是说教材建设要兼具科学性与思想性，这里不再详述。

关于教材的文字必须规范化，这是不言而喻的。学生学语文，不仅从语文学科中学，也从其他学科中学。我国古代文史不分，历史书也可以当文学书来读。如，司马迁的《史记》，从内容来说是一部历史，从文字来说又是极好的文学。我们现在语文课占的时间偏多，而历史课占的时间偏少。其实我们如果能把各科教材都用优美的文字写出来，未尝不可以让学生更多地从各科教材中去学习语文，效果也许还会更好。

因此，教材的文字不仅要明白晓畅，条理清楚，而且要词句优美，文情并茂，富有感染力。这样不仅可以让学生从中学到各门科学知识，而且能学到各种各样的语文表达方式，学到活的语文。课本编得好，还能使学生产生对这门学科的兴趣，吸引学生从事这门科学的深造。高中课本尤其具有这样的作用。

教材的编者心目中时刻要记住自己编的教材是给哪一年级、什么年龄的学生学的，不能见物（教学内容）不见人（教师和学生，主要是学生）。语文、数学这两门工具课的教材应当是衡量各科课本文字深浅、内容难易的标尺。在小学尤其如此。各科课本的文字最好要比同年级的语文教材略浅，以便学生能够自学，而不致发生文字上的障碍。在需要用到数学知识的地方，最好是学生已经学过的，如最好在学生已学过代数方程式以后，再教化学方程式。这涉及各科教材的纵横、交叉、联系、衔接等问题，需要认真仔细研究，使所编教材既便于教，又便于学。

第九，教材建设要力求配套成龙，逐步做到现代化。

在印刷术发明以前，教材要靠抄写。手抄本容易出错，就把当时的教材“五经”刻在石碑上，名曰石经，作为标准教材。我国东汉时的《熹平石经》是最早的一部标准教材。

有了印刷的书籍以后，教材就是书本。随着科学技术的进步和教育事业的发展，这个观念渐渐打破了。教材不限于书本，还有其他一些东西；书本也不仅限于学习者使用的，还有教育者使用的，等等。

现在的教材，不仅有供学习者读的，还有供他们看的、听的、既看又听的、写的、画的、做的等等。这样的教材才能使学习者“五官并用，四肢齐动”，充分调动他们的积极性，增强教学效果。

很久以来，我们的教材还停留在一本学生用的课本和一本教师用的参考书上，有的学科有些挂图、地图册等。近年来，增加了录音磁带、计算器、学习机等。今后为了使我们的教材现代化，中央政府的教材编辑机构准备力求使教材配套成龙，即不仅有学习者用的教科书、练习册、地图册、识字卡等，还有教师的教学用书，其中把教科书照样印在上面，除教学参考资料外，还留有教师写备课笔记的地方。此外，还有幻灯片、录音带、录像带等，力争在 90 年代中期就逐步做到现代化。

因此，为了便于采用现代化的教材，中小学设置专科教室已经提到议事日程上来了。现在只有少数中学设有语言演习室（或译“语言实验室”），这是语言教学的专用教室，其他各科都有设专科教室的必要，否则放映幻灯、教学电影、闭路电视、录像带等等都不方便。有了钢琴设备就得有专用的音乐教室，有了写生设备就要有专用的图画教室。更不用说自然科需要各科实验室，社会科需要各科图片资料室，这些都应当同专科教室结合起来。

只有教材现代化了，教育才能现代化；只有教育现代化了，我们才能在培养社会主义现代化建设人才方面，取得事半功倍的效果。

1990 年 3 月 20 日初稿，1990 年 8 月 5 日修改。

载《课程·教材·教法》1990 年第 11 期。

遵循圣陶先生教诲　认真做好编辑工作

叶圣陶先生逝世的噩耗传来，令人有顿失良师之痛。

圣陶先生（当时以绍钧名于世）是我从青年时代起就仰慕的人。我读过他写的长篇小说《倪焕之》，这部小说塑造了一位追求进步的小学教师的形象，感人至深。我教过他编著的《开明小学国语课本》，这部课本从内容到形式、从文字到插图、从印刷到装帧，都独具特色，学生爱读，教师爱教；记得我用其中一篇议论文让学生背熟了参加演说比赛，曾得了奖。——这些五十多年前的往事，至今尚未忘怀。

抗日战争时期，我间接了解到圣陶先生是从任小学教师开始他的教育生涯的。不管任教师，还是任编辑，他都坚持不懈地从事学术和文艺的研究，因此著述和创作都很丰富。后来终于登上了大学教授的讲坛。——这种从做小学教师开始，经过学习和科研，成长为大学教授的道路，正是我当时所向往的。因此，我虽然没有见过他，却一直很尊敬他，可以说是他的私淑弟子。

1949 年春季，我在兰州见到《和平日报》上载有圣陶先生（还有我熟识的朱智贤先生）到达解放区的消息，给我以很大的鼓舞，坚定了我脱离旧社会、追求新生活的决心。我终于在是年 7 月，来到解放了的北平。

到北平以后，才知道圣陶先生和智贤先生都是华北人民政府教科书编审委员会委员，圣陶先生任主任委员。我有幸第一次见到了仰慕已久的圣陶先生。他给我的印象是一位有学者风度的谦逊有礼的长者。

新中国成立，圣陶先生任中央人民政府出版总署副署长兼编审局局长。1950 年 8 月，经朱智贤先生介绍，我被调到编审局第一处（主管中小学、师范学校教材）任编辑，从此就经常跟其他同志一道得到圣陶先生的教诲。不久人民教育出版社成立，出版总署编审局的第一处改组为人民教育出版社的编审部（后改称编辑部），圣陶先生一直是我们出版社的社长兼教育部副部长，直到“文化大革命”。

圣陶先生有崇高的事业心和强烈的责任感。他对新中国的教材建设做出了卓越的贡献。他认为人民教育出版社是世界上最大的出版社，因为中国人口世界第一，中国学生人数应当是世界第一，所以中小学课本的印数必然也是世界第一。他鼓励我们把教科书编好、印好，要达到世界一流的水平。我们50年代出版的教科书，如果有错字，必定要在报刊上登载勘误表。圣陶先生认为教科书是给学生读的，如果有错不改，便会误人子弟，因此严格要求避免一切错误。可惜他的这个要求，今后仍须加倍努力才能实现。

圣陶先生深知事业是要有人来做的，人的业务能力和责任心是需要培养的，因此他不顾工作繁忙，经常讲解编辑人员必要的业务修养和职业道德。1950年《人民日报》发表了《为祖国语言的健康和纯洁而斗争》的社论，接着连载吕叔湘、朱德熙两先生写的《语法修辞讲话》，圣陶先生便督促大家学习。他在《标点符号使用法》公布以后，专门针对大家使用标点符号的错误，做了一次学术报告。有一年“五一”节新华社发的新闻稿语法上的问题较多，他曾以这篇新闻稿为例，从取材、立意、语法、修辞等方面，逐字逐句讲解应如何修改。他强调编辑人员对语言错误应当敏感，因为文字上的错误往往是由语言习惯不良而来，所以首先说话要正确，要合乎语法。

圣陶先生要求编辑干部树立对自己所编出版物的责任感。他让大家体会到：“与其检查成品发现书中的错误，那时白纸黑字，无法更改，有如芒刺在背，寝食难安，何如在编写审校过程中慎重仔细从事呢?”在圣陶先生耳提面命之下，当时许多编辑同志都养成了这种思想作风。

圣陶先生非常尊重设计、排字和校对人员的劳动，再三叮嘱编辑人员要把文稿写清楚，以便下边许多道工序能顺利进行。他特别反对在校样上修改原稿。为了避免这样做，在发稿前应反复推敲定稿，不要存心在看校样时再修改。——对自己的产品有责任感，尊重各道工序的劳动，这些恐怕是编辑人员起码的职业道德吧。

圣陶先生尽管任了许多官职，他从来没有一点官架子，总是令人感到他是一位可敬的学者，可亲的老师。他任社长兼总编辑期间，凡是经他审阅的书稿，他都要提出许多精辟的见解供编者参考。他改动的地方都加签说明理由，真比语文教师批改学生的作文还要细致耐心。在他这样以身作则、循循善诱的帮助下，一批批熟练的编辑干部逐步成长起来，为教材编辑工作奠定了牢固的基础。

圣陶先生实事求是，待人诚恳，也很值得称道。1982年，我曾请他给我的一本文集写序。当时他的视力已经减退，仍然应允了，他在一篇两千多字的序中讲了许多肝胆照人的肺腑之言，我从中得到很多教益。我还请他为《课程·教材·教法》小学思想品德教育专辑撰稿，他慨然允诺，按期交稿。同另一位约稿对象让秘书拒人于门外的官气十足的表现，适成鲜明的对照。

圣陶先生逝世是我国教育界尤其是教材建设工作的一大损失。教育是永恒的事业，教材建设也是永恒的事业，我们不仅要把圣陶先生开创的新中国教材建设事业继承下去，而且更要按照他的严格要求和谆谆教诲，把教材编辑工作认真做好，这才是对圣陶先生最好的悼念。

载《课程·教材·教法》1988年第4期。

怀念三位出版工作领导人——金灿然、辛安亭、戴伯韬*

我从事教育专业书刊的编辑工作，不觉已满四十年了。四十年在人类历史上只不过一瞬间，但在人生旅途中就是大半辈子甚至一辈子的事了。

四十年中当然有许多值得回忆的往事，应当总结的经验和必须吸取的教训，这些都可以写出来给新近参加编辑工作的同志参考。在我回忆往事的时候，首先想到的是我为什么能坚持编辑工作四十年之久？这就不禁使我怀念已故的三位出版工作领导人——金灿然同志、辛安亭同志和戴伯韬同志①。我在他们领导下工作的时间虽然有长有短，但是他们对我的影响很深，永远不会忘怀。

因为能坚持编辑工作四十年，是同他们三位的领导作风、领导水平、领导艺术分不开的。

一、善于团结非党编辑干部

我是个双料师范生，研究教育学。参加革命前，已经做过十多年教师，本来准备毕业从事教育工作。1950 年被调到中央人民政府出版总署编审局任编辑，人民教育出版社成立后就转到出版社。从当教师到当编辑有点不习惯、不安心，加上不断有学校约我去任教，从个人志趣来说，是很愿意回到教学第一线去的。但在金灿然同志的说服下，我不得不打消了归队的念头，退回了学校寄来的聘书。他的话其实很简单，但讲的是革命的大道理，令人不得不心悦诚服。归纳起来就是一句话："革命干部要服从组织分配。现在出版社需要你工

* 本文原题为《怀念三位出版工作领导人——教育笔耕四十年之一》，目前的标题是编者改的。

① 以作者同他们接触的先后顺序。他们的传略均载边春光主编的《中国出版人名词典》（中国书籍出版社 1989 年版），依次见第 242、673、85 页。

作，而且你的学识才能又适合做这项工作，更应当服从组织分配。”我是一个从旧社会过来的知识分子，那时参加革命工作还没有几年，他就用要求革命干部的标准要求我，提高了我的自尊心和自信心，因此更加严格要求自己，以后再有人（包括我的老师）来约我去任教，我都请他们向本单位联系，并说，只要单位同意，我是乐于去任教的。

记得1951年中秋节，金灿然同志曾约我到他家去共进晚餐，因为我当时单身一人在京工作，而且是在他不同意我去任教以后。饭后新闻联播节目开始，他就打开收音机听广播，并建议我按时收听广播，学习时事政策。后来我有了收音机也确实照他的话做到了。

1954年，辛安亭同志知道一些干部有进步的要求，想申请入党。他勉励大家说，作为革命干部，无论入党与否，都要以党员的标准要求自己，即使做个“党外布尔什维克”，同样可以为人民服务。三十多年来，他的话温暖着许多党外知识分子的心。

抗日战争时期，我曾在重庆商务印书馆出版过一本《近代中国小学课程演变史》（1944年），因为其中有些观点不正确，参加革命以后，我一直没有把它看作一项研究成果。但是戴伯韬同志看过这本书。一次偶然谈起，我说其中有许多错误观点，他却说有观点错误是历史条件造成的，现在至少还有资料价值。这种实事求是的评价对我是极大的安慰和鼓励。

1957年前后，出版社编审曹孚同志曾在《新建设》杂志上发表过一篇切中时弊的文章《教育学研究中的若干问题》，因为其中有些观点同当时的极左思潮有抵触，要不是伯韬同志多方设法予以保护，很可能被打成右派。

1972年我刚满57岁，教育部五七干校的军代表就让我提前退休。戴伯韬同志虽然不以为然，但也无能为力。粉碎“四人帮”以后，特别是党的十一届三中全会以后，尽管我们不少人已达到并超过退休年龄，戴伯韬同志还三番五次请教育部同意我们复职。直到1980年，这件事才办成功。如果办不成，这最近十年我一定又到学校任教了。

他们三位团结党外知识分子的事例很多（如国庆节、劳动节让去天安门观礼等），这里只举几个例子，可以证明他们是能够真正做到尊重知识、尊重人才的。

二、关怀干部理论学习，做出学用结合的榜样

编辑干部是搞意识形态工作的，自己必须有马克思主义的立场、观点和方法，然后才能胜任承担的工作。所以无论党内党外，一切编辑干部都应当系统地学习马列著作和毛泽东著作，改造思想，提高理论水平。

他们三位对此抓得很紧。记得金灿然同志曾亲自给干部讲中国革命史，那时《毛泽东选集》还没有正式出版，有关中国新民主主义革命史的书籍出版得也很少，他就根据自己的研究心得来讲，也请出版总署对此有研究的同志来讲。他的讲演对于旧知识分子破除盲目的正统观念，站稳革命人民的立场，起了很好的作用。

辛安亭同志抓干部政治理论学习的特点是结合编辑业务。他很强调理论学习必须联系实际，联系编辑工作。他经常根据自己在陕甘宁边区编辑教材的经验，讲述教材编辑依据的原则。他要求大家把马克思主义哲学的精髓——实事求是、实践是检验真理的唯一标准、人民群众是创造世界历史的动力等，用作编辑教材的指导思想。

戴伯韬同志自己很重视学习马、列、毛的著作，也要求同志们认真学习。他刚到出版社，就对教育编辑室每天上班第一小时坚持自学《辩证唯物主义》和《历史唯物主义》两书的做法表示赞赏。尽管60年代，社里编辑任务很多，他还要求办干部脱产学习班，每人用一个月的时间轮流脱产学习毛泽东哲学著作、列宁的著作和马克思恩格斯的著作。记得在“文化大革命”前，社里还举办过“政治理论学习心得展览会”，展出干部平日学习马、列、毛著作写的笔记和心得体会，供大家互相观摩。

伯韬同志还善于运用马克思主义观点来处理编辑出版工作，给同志们做出了榜样。如1954年我们约人翻译出版苏联《世界教育史纲》一书，近百万字，版已排好，即将付印。忽然传来消息，说苏联专家回国休假，了解此书在苏联已停止发行，希望我们不要翻译出版。如果这样，我们翻译、校订、编辑加工、排版、校对所费的劳动都将付之东流。伯韬同志问明不再发行的原因，不过是其中有涉及贝利亚①的地方。这与整部书的关系不啻九牛一毛。但为了尊

① 贝利亚是1953年12月被赫鲁晓夫处决了的苏联部长会议第一副主席和内务部长。

重苏联专家的意见，决定内部发行，以满足我国教育史教学和科研的需要。

1962年，我们编写的《社会主义国家的教育制度》一书也面临着能否出版的命运。因为当时中苏两党展开了意识形态领域的大辩论，苏联和东欧的一些社会主义国家都已被看作修正主义国家。伯韬同志认为当时并无正式文件说苏联等国家不是社会主义国家，仍主张这本书可以出版，满足了广大读者的需要，发挥了社会效益。

从这些事情可以看到，作为一个出版工作的领导，需要有一定的胆识，不能胆小怕事，从保自己的乌纱帽出发考虑问题。胆识来源于马克思主义“具体情况具体分析”、“一切从实际出发”的教导。所以，领导干部学好马克思主义、用好马克思主义是非常必要的。

三、信任干部，发挥所长，并使编辑工作具有创造性

我初到出版总署编审局，就在教育组工作，当时组长朱智贤同志已经领导本组干部编辑了四册师范学校教育学科的代用课本，正在领导大家编辑教育资料丛刊。我报到以后，首先就投入丛刊的编辑工作。丛刊的任务包括宣传教育方针政策、交流教育工作经验、发表教育研究报告、介绍苏联教育建设、批判错误教育思想等。看起来剪刀糨糊的工作居多，实际上选题、取材、编辑加工、审核发稿，都需要有一定的政策水平和业务水平。原来这些有朱智贤同志把关，我做起来觉得比较轻松，后来智贤同志病了，不久又调往北京师范大学任教，让我来负责，就开始感到担子沉重了。但由于先后有金灿然同志、辛安亭同志和戴伯韬同志的信任、关怀和指点，丛刊的编辑工作一直继续进行，在当时发挥了一定的社会效益。

1952年秋，教育部中等师范教育司要求人民教育出版社编辑中师教育学和心理学课本。当时教育编辑室的干部不多，能胜任编写教材的人更少。社里本可能暂不接受这项任务。但我考虑到这是师范学校两门体现师范性的重要学科，不能长期没有教材，所以主张采取内外结合的办法，组织一部分社外力量合作编写。这个意见得到辛安亭同志的同意和支持，其中包含着他对干部的充分信任。后来这项任务按时完成，解决了从无到有的问题。这两套课本使用了五年。如果没有辛安亭同志的信任和支持，情况就会大不相同了。

值得一提的是1953年秋，金灿然同志看到教育学课本第一册《出版者的

话》，还曾专门打电话给我，指出其中一句话有错误，他说：早在30年代中国就有人用马克思主义观点论述教育了，不应说这本书是“初次尝试”。这体现他对干部的关心和严格要求；特别是那时他已不在人教社工作了，能这样做十分难得。

1952年以后，为响应中央学习苏联的号召，我们着手翻译苏联各级师范学校教育学科的教材，当时教育部有人主张只要翻译一种教育基本理论著作就够了。我不以为然，因为各级各类学校的对象不同，教育目标不同，如，幼儿园教育、中小学教育各有一套专门的教育理论和方法，不能只以一种为限。戴伯韬同志来社以后，支持我这种看法。我们的工作得以顺利进行。

我在戴伯韬同志领导下工作达二十七年之久（1954—1981），他不仅放手让干部工作，也严格要求干部把工作做好。每年教育编辑室的选题计划、约稿对象、编辑分工等，他都要逐项审查。重要的稿件发稿前他都要审阅，特别注意审阅我们写的编者的话或出版者的话。记得1954年中央人民政府政务院发布了《关于改进和发展中学教育的指示》，我们为了配合这个指示的执行，编辑了《为加强爱国主义教育而斗争》、《为加强自觉纪律教育而斗争》、《为加强集体主义教育而斗争》三本书，主要翻译、辑译苏联报刊发表的有关文章，供教师参考。每册书前面我都写了一篇题目与书名相同的短文作为代序。他审阅后比较满意。这也许就是我更得到他信任的开端。

1955—1956年，伯韬同志兼负筹备成立中央教育科学研究所新的任务，研究所的最初成员是从出版社教育编辑室部分干部转过去的，我曾表示愿到研究所工作。他未同意，并说教育编辑室的工作未有合适的人接替以前，还要由我负责。但从此他注意把教育编辑工作和教育研究工作适当结合起来，使编辑工作更具有创造性。如，让我们参加1956—1967年十二年教育科学发展规划的讨论，并为实现这个规划中应出版的外国教育名著约稿；先后筹备编辑《教育译报》双月刊和创刊《课程·教材·教法》等杂志；征求各级各类教育总结十年建设经验的书稿并编辑出版；参加高等师范教育学科教材的讨论和编审；核实反映半工半读办学经验的文稿；支持筹备组织全国教育学研究会；成立课程教材研究室并从事中小学课程理论的研究；参加中国中小学教材考察团赴日本考察等。

人们常说，编辑工作是“为他人作嫁衣裳”，仿佛感到很委屈。如果我们树立了为读者服务、对读者和作者负责和为繁荣教育科学尽力的思想，就不会感到有什么委屈了。事实上，编辑人员往往是一本新书的第一读者，他在提高书稿质量的同时，自己也可以从中学习一些东西，从而在业务上得到提高。

这些都体现了一位重视教育出版事业和教育科研事业的领导者任用干部的原则：信任干部，使他发挥所长，尽可能使教育编辑工作和教育科研工作结合起来，使劳动更具有创造性，共同为繁荣教育科学出版事业贡献力量。我发现伯韬同志衡量干部的才能，都要根据他工作的成果，而不是仅看他口头的或书面的汇报。

伯韬同志还规定，参加学术会必须提交论文，没有论文不得出席。这就杜绝了一些借口参加学术会议而游山玩水的不良风气。近十年来，我参加学术会议，都是这样做的。有时不能出席还写了书面的意见寄去。

我这篇对往事的回忆，写的都是已故的党员领导同志，健在的不写，已故的非党领导同志也没有写。所写都有事实根据，但因为联系自己的多些，不免会有片面性。但或许可以从一个侧面反映当好出版工作领导人应有的修养吧！

1990 年 8 月 5 日于北京

据作者手稿排印。

积极进取、质朴无华的编辑家辛安亭同志*

我国著名教育家、教材编辑专家辛安亭，1904 年生于山西省离石县沙会村一个农民家庭里。

他早年就读于北京大学历史系。在学习期间，阅读进步书刊，接受了革命思想。毕业后先后在运城师范、太原师范等处任教七年，教过几门学科，积累了丰富的教学经验。

抗日战争爆发，他于 1938 年春西渡黄河，奔赴延安。在陕北公学学习三个月。同年 7 月 1 日，到陕甘宁边区教育厅负责编写教材。他在住窑洞、吃小米、冬季一盆炭火、夜间一灯如豆的条件下，每天工作十一二个小时，历经十余寒暑，直到全国解放。

辛安亭在延安亲手编写了中小学各科课本、农民识字课本、干部文化课本和教师读物、儿童读物共计四十余册。他编写教材是怀着为人民服务的深厚感情的。他说："边区人民养活自己已达十年之久，自己是从事文化教育工作的，对农村广大干部这一问题（指处于文盲半文盲状态——笔者）不能解决，总觉得于心不安。"于是他就在计划工作之外，挤时间编出《干部识字课本》和《干部文化课本》，满足了农村干部学文化的需要。

他对教材编辑工作勤勤恳恳，忠于职守，勇于负责。他不仅善于运用马克思主义的立场、观点和方法来处理教材编写工作，而且能运用教育学、心理学知识，调查研究边区人民生产和生活的实际，按照党中央和边区政府的政策，使编写的教材具有高度的思想性和教育性，也保证了一定的科学质量。他总结的教材编写工作经验，丰富了教育学的内容，具有重要的学术价值。

例如，他在《谈编写教材的原则》一文里，提出了精简集中、综合连贯、深入浅出、启发心智四条原则。从他对这些原则的阐述中，可以看到他时时处

* 原题为《积极进取、质朴无华的辛安亭》。

处都用辩证唯物主义和历史唯物主义的观点来指导教材编写工作，看到他按照教育规律来处理科学知识，把科学体系转化为适合学生学习的学科体系。他说："一种教材如果综合连贯得好，不仅可以提高学习效率，而且可以从小培养儿童逻辑思维能力，使其思路清晰，有利于掌握比较高深的知识。"又说："教材教法能够启发心智，就会使学生在学习过程中，犹如登高望远，时时有新奇的景物出现在眼前，感到有'欲穷千里目，更上一层楼'的学习愿望；当克服了前进道路上的困难时，又会发生'山重水复疑无路，柳暗花明又一村'的喜悦之情。有了这种愿望和心情，学习的兴趣就会源源不绝，学习的积极性就会愈来愈高。"由此可见，早在40年代，他就把教育科学规律融会贯通于教材编辑工作当中，不仅着眼于传授知识，而且强调发展智力和培养能力了。

中华人民共和国成立之后，他先后在甘肃省文教厅、人民教育出版社、甘肃教育学院和兰州大学担任领导工作。他在人民教育出版社工作十一年(1951—1962)，负责审定一部分全国中小学通用课本，同时研究中小学的教学问题，写了许多有创见的文章，对新中国中小学教材建设做出了重要贡献。从他1954年到1957年这四年间写的文章里，可以看到他对教材编写工作的领导是多么细致而深入！例如，有人认为教材要编得言简意赅，他认为这样未必适合教学，主张教材中事实和总结的比例要适当，要适合于思维发展规律，适合于儿童年龄特征。又如，教学由已知到未知的规律，一般人只注意到已知的积极方面，他提醒人们注意已知的消极方面，认为不仅要看到已有正确知识的桥梁作用，还要估计到已有错误知识的障壁作用。他在向外国教育代表团介绍我国教材编写工作的经验教训时，特别提到"重大的改革要和充分的准备相结合"。可惜他的这个主张，在以后若干年里没有受到应有的重视，以致许多仓促的改革未能奏效。

辛安亭对中小学语文教学有精湛的研究，著有《论语文教学》一书。他对语文教学有独到的见解，如，有些人对小学语文教学虽然都主张在低年级大量识字，但对采用集中识字或分散识字却争论不休，他在全国教育学研究会第一届年会上指出，这个问题可以求同存异。只要达到在低年级大量识字的目的，集中也好，分散也好，可以多做试验，不必争论短长。这个意见是极其中肯的。

近年退居二线以后，他还应约为青少年写了《中国历史人物》一书，借以增加他们的历史知识，丰富他们的精神生活，培养爱国主义情操。他用四句诗来概括写这本书的宗旨："深入浅出苦用功，雅俗共赏最称神。阳春要学黄花曲，定要千人做赏音。"他写这本书的确是"苦用功"的。他要求自己在材料取舍上下大功夫，做到由博返约；有事实，有情节，但要重点突出，文字浅显易懂。1984 年，他写好《中国现代人物》一书，交甘肃人民出版社。1985 年又写了《外国历史人物》。

辛安亭是高级知识分子，但是他生活朴素，平易近人，一直保持老干部朴实无华的本色，是知识分子与工农结合的典范。他在延安时曾被评为模范共产党员。1954 年当选为第一届全国人民代表大会代表。1979 年中国教育学会成立时被选为副会长，甘肃省教育学会成立时被选为会长。

中共中央宣传部出版局编：《编辑家列传》(二)，

中国展望出版社 1988 年版。

一位值得敬仰的人
——深切怀念辛安亭同志

我国著名教育家、教材编辑专家辛安亭同志逝世转瞬间快两年了。两年来，他那坚持真理、积极进取的精神，质朴诚恳、任人不疑的品质，以及他数十年如一日献身教育的业绩，依然激励着我发挥余热，尽己所能，为人民教育事业服务。

关于辛安亭同志的生平事略，1984 年我曾作过介绍，文章现收入《编辑家列传》第二卷（中共中央宣传部出版局编、中国展望出版社 1988 年 11 月出版）。我于 1951—1962 年的十一年间，曾经和他共事，以后仍不断有学术上的联系。1988 年 8 月，他从兰州来北京开会，听说我病了，还赶到病榻前来探望过我。不料，一别竟成永诀！

我在挽联中表达了对他的尊敬和仰慕之情。我尊敬他是一位优秀的教育领导干部，因为我从被领导者的地位，感觉到他没有丝毫官僚习气。他精通业务，总是以科学态度来领导业务工作，这样的领导干部是很难得的。我仰慕他是一位教材编辑大师。他在陕甘宁边区的十一年间，亲手为中小学学生、干部、群众编辑了理论与实际结合、科学性和思想性统一的课本四十余册。在人民教育出版社审定中小学教材期间，他根据自己多年实践积累的丰富经验，总结出许多编辑教材的原则和方法，具有指导意义。1983 年湖南教育出版社编辑出版的《辛安亭论教育》一书，其中就有十多篇这样的文章。

最令人难以忘怀的，还是他对同志的真诚、坦率、信任和热情。

1952 年秋，原教育部中等师范教育司要求人民教育出版社编辑中师教育学、心理学课本。当时出版社内编辑教育学科教材的人员很少，力量不足，困难较大。面对这种情况，我建议：除内部人员参加编辑外，我可组织一部分社会力量共同来完成这项任务。他表示同意。他说，从社里现有的人力来看，本可以暂不接受这项任务，如果你认为有办法完成，我们可以接受。他自己有积极进取的精神，对同志敢于承担任务也予以支持，其中包含了多少对干部的信任啊！后来这项任务按时完成，使这两门学科的课本得以“从无到有”，使用了五年之久。

1954 年，当他知道有些干部要求入党的时候，便勉励大家说，作为革命干部，无论入党与否，都要以党员的标准要求自己，即使做个“党外布尔什维克”，一样可以为人民服务。三十多年来，他的话温暖着许多人的心。

1957 年“反右”期间，他对于按百分比划分右派的做法表示怀疑，对于硬将某些人划为右派，也表示了不同的意见。他敢于坚持真理，表现出一个共产党员的高尚品质。但在二十多年以后给错划右派的同志平反时，他从未提到过自己的识见，又表现了他虚怀若谷的胸怀。

安亭同志一贯敢于讲真话，三年自然灾害时期，他回故乡山西离石县农村探亲，了解到浮夸风给农村人民带来的灾难。他在组织生活会上真实地反映了这些情况，在当时极左思潮的强烈冲击下，险些被戴上右倾机会主义分子的帽子。

安亭同志自己是教材编辑专家，对业务的领导非常深入、细致而具体。他先后写了《课本中的数字使用问题》、《课本编辑工作中的群众路线问题》、《课本内的图画问题》和《从〈反对党八股〉想到课本编写方面的一些问题》等文，这些文章都是他在给编辑干部讲过以后写成的。他还多次总结了编写教材的经验教训，归纳出编写教材的原则。这些都是有血有肉的文章，情理交融的佳作，读了不仅令人增长智慧和才干，而且可以得到思想情感上的熏陶，激励人为编好教科书而终生奋斗。

1979 年，全国教育学研究会在兰州召开第一届年会，他以中国教育学会副会长及甘肃省教育学会会长的身份，给我们举办这次学术年会以热情的支持和帮助。他对学术上的论争主张求同存异的讲话，给与会者留下了深刻的印象。

1984 年，安亭同志在兰州大学党委副书记任内离休。在此前后，他仍不断从事写作，如主编了《文言文读本》，撰写了《中国历史人物》、《世界历史人物》等书，对提高读者阅读中国古典文学的能力，继承祖国优秀文化遗产，发扬爱国主义精神，都有很大的帮助。1986 年我应邀到西北师范学院讲学，曾到兰州大学去看他，那时他已 82 岁高龄，还患过食道癌，但仍孜孜不倦，忙于著述。

辛安亭同志正直的、勤奋的一生虽然画了句号，但是他给后人留下的精神财富，将永放光辉。希望教材编辑队伍中有更多的同志，从安亭同志的遗著中吸取智慧和力量，以提高所编教材的质量，为祖国培育优秀人才做出贡献。

载《人民教育》1990年第8期。

第三编

教学研究

怎样钻研教学大纲

前几年，由于没有教学大纲，给小学教学带来一定程度的困难，这样必然影响到教学质量的提高。现在，小学各科教学大纲草案陆续公布了，上述困难应当不存在了。但是，单凭教学大纲本身是不能提高教学质量的，教师必须认真钻研教学大纲，把大纲的精神贯彻到教学中去，才能有助于教学质量的提高。

教师应当把钻研教学大纲看作完成国家交付的使命的一种义务。教师钻研了教学大纲，教学的思想性才会加强，教学的目的性才能明确，才能掌握教材的重点，适当地支配教学时间、选择教具和指定作业。只有钻研教学大纲，才能教好每一节课，并使它成为互相衔接的若干节课的有机环节。只有钻研教学大纲，才能注意到各学年、各阶段教学的前后联系，妥善安排巩固和复习的工作。总之，教师必须钻研教学大纲，才能保证完成教学任务。

那么，怎样来钻研教学大纲呢？钻研教学大纲，第一要弄清楚这门学科的目的和任务。我们不仅要知道小学教育的总目的，还应当知道怎样通过各种各样的教学和教育工作来实现这个总目的。各科教学就是实现教育总目的的主要手段。但各个学科在实现教育总目的方面所负的任务不完全相同。各科教学大纲在篇首的说明里，对本学科的目的任务都有具体的说明，我们就应当在钻研教学大纲的时候，首先研究各科的教学目的和任务，看它们在实现小学教育总目的方面分担了什么责任。例如，我们钻研《小学语文科的教学大纲草案》，知道小学语文科的基本任务是发展儿童语言，提高儿童理解和运用语言的能力，那就应当看到语文教学是儿童吸收知识、接受文化的基础。它在全面发展的教育中主要是负担智育的任务，但同时在教学大纲里也规定着语文科的教育任务，我们从这些任务中，可以知道语文科在全面发展的教育中还有德育、美育等方面的作用。如果忽视了语文科在智育方面的作用，固然不能完成语文科的教学任务；但忽视了语文科在德育、美育方面的作用，同样也不能完成语文教学的任务。

第二，在弄清楚一门学科的教学目的和任务以后，还要进一步研究将在本学科的教学过程中，通过哪些手段来实现。再拿小学语文科举例，发展儿童语言的任务包括两方面，一方面要提高儿童理解语言的能力，另一方面要提高儿童运用语言的能力。前者主要通过阅读课、汉语课来实现，后者主要通过作文课来实现，当然这不能机械地划分，阅读课、汉语课也有助于提高运用语言的能力，作文课也有助于提高理解语言的能力，这是不言而喻的。

第三，要认识这门科目在各年级里应当教些什么，教学大纲里规定的教材都是有助于完成本科的目的和任务的，但是这些教材的范围、分量和顺序必须按照儿童年龄特征来规定。我们在钻研教学大纲的时候，不仅应当注意这门学科要教些什么，还要仔细研究这些教材在各年级里是怎样排列的，各年级教材的范围怎样，各部分教材的分量怎样，它们怎样前后衔接起来；再研究为什么这样规定，它的根据是什么，等等。进一步还要结合教科书，研究本学年、本学期自己任教班级的教材，并注意它跟上学年、上学期以及下学年、下学期的联系。例如，在钻研《小学算术教学大纲修正草案》的时候，在弄清楚小学算术教学的目的任务以后，在了解了达到这些目的的作业有口算、笔算和珠算的作业以后，就要仔细看一看小学算术教材有哪些，它跟初中算术教材有什么不同，哪些算术教材是初中教而小学不教的，哪些算术教材是小学教而初中不教的，哪些算术教材是小学教了到初中还要扩大加深的；小学算术教材在排列上有什么特点，为什么要这样排列。再看各年级教材有些什么特点，各学年、各学期的教材是怎样联系的。在这样钻研大纲的时候，就不仅以自己任教学校的这门科目的大纲为限，还要注意到相衔接的学校同一科目的大纲。此外还要参考各科教学法的书籍和介绍教师先进教学经验的文章。

第四，有些教学大纲的说明里如果有教学法指示，我们在钻研大纲规定的教材的同时，还应当结合这些指示，钻研这些教材应当怎样教学。当然，大纲里不可能对教学法做详细的说明，只能指出一个方向，我们就可以本着这个方向来规划教学的进程。例如，在教学的时候怎样使理论结合实际，怎样照顾到儿童的年龄特征和个性特征，怎样把课内教学跟课外作业做适当的安排，怎样帮助儿童形成正确的观念和概念，怎样启发儿童的自觉努力和积极思维，怎样巩固儿童的知识、技能和技巧等。这些问题在规划一学期或一个课题的教学进程的时候，要本着教学大纲的精神加以考虑，在拟定每一节课的教案的时候更要加以具体的考虑。

第五，在钻研某一学科的教学大纲的时候，还要注意到各学科教材的联系。如，小学语文在初级阶段要选读有关自然、地理和历史的学科知识的文章，在小学高年级担任自然、地理和历史的教师，必须了解儿童在初小已经学习过哪些有关的知识，然后可以用儿童已有的知识做基础来进行各科的教学，就可提高教学效果。这不仅是各科之间的联系，也是一种前后的衔接。又如，钻研小学手工劳动教学大纲的时候，要考虑到在手工劳动规定作业的范围里，选择跟各科有联系的教材。我们也要考虑到其他各科之间也都有或多或少、直接间接的联系。但是，各科之间的联系是在保持各科教学的系统性的原则上进行的，而不是把各科教材的系统破坏了，来生拉硬扯地联系。

载《教育问题漫谈》，
北京出版社 1957 年版。

略谈教学过程的基本环节和课堂教学的结构

教学过程是实现教育目的的主要过程，包括课堂教学（课）、课外作业以及小组活动的整个过程在内。教学过程的基本环节就是指教师使学生获得知识、技能和技巧的必经的各个阶段。因为各个阶段间并没有显著的界限，它们是一个跟着一个连接着的，好似一根链，所以每阶段称为环节。

教学过程的基本环节或教师使学生获得知识、技能和技巧的必经阶段是根据什么来决定的呢？这是根据马克思主义的认识论来决定的。马克思主义的认识论认为人的认识过程是“由生动的直观到抽象的思维，并从抽象的思维到实践”① 的过程，或“认识从实践始，经过实践得到了理论的认识，还须再回到实践去”② 的过程。教学过程基本上也是从感性认识到理性认识的过程。具体说来就是首先让学生的感官感知客观外界的事物，以认识事物的现象；再经教师的讲述或教科书的阅读，来认识事物的本质；最后应用已得的知识来解决实际问题。当然，教学过程并不完全等于认识过程，教学过程还包括有计划地巩固知识和养成技能和技巧的工作，这是一般的科学认识过程里所没有的。

凯洛夫主编的《教育学》中译本第三版第 61 页所列举的教学过程的基本环节，包括认识过程的必经阶段。他列举的第一个环节（使学生知觉具体的东西，形成学生的表象），约相当于认识过程的第一步，“开始接触外界事情，属于感觉阶段”；他所列举的第二、三两个环节（使学生认清事物的异同、主次、因果和相互联系，形成学生的概念），约相当于认识过程的第二步，“经过思考作用”，“综合感觉的材料加以整理和改造，属于概念、判断和推理的阶段”；第四、五两个环节（使学生牢固地掌握事物和概念，养成和巩固技能和技巧），就是教学过程所特有的巩固知识和养成技能和技巧的阶段；第六个环节（用实

① 列宁：《哲学笔记》，人民出版社 1956 年版，第 155 页。

② 毛泽东：《实践论》，《毛泽东选集》第一卷，人民出版社 1952 年第 2 版，第 281 页。

践来检验知识）是应用知识于实践的阶段，也可以说是“整个认识过程的继续”①。由此可见，谈到教学过程的各个基本环节，必须跟认识过程的各阶段配合起来理解，才能比较深入地领会它的精神实质。

什么叫作课堂教学（课）的结构呢？课堂教学（课）的结构是指教师在某一节课里对学生进行教学工作所采取的步骤。

教学过程的基本任务主要是通过许许多多次的课堂教学（课）来完成的，因此，教学过程的基本环节必须在课堂教学的结构中具体表现出来。如，凯洛夫《教育学》第五章第四节（第 138 页）末尾列举的六项（一、作业开始的组织；二、检查家庭作业；三、讲解课题和目的并使新旧教材取得联系；四、讲述教材；五、巩固教材；六、指定家庭作业），其中除第一项属组织工作外，第三、四两项体现着教学过程的从直观到思维的阶段，第五项体现着教学过程的巩固知识的阶段，第六、二两项（这里的第二项应理解为下一节课的第二项）体现着教学过程的从思维到实践的阶段。

但是，由于教学内容、教学目的或教学对象等的不同，并非每一节课都要包括教学过程的所有环节，因此课堂教学（课）的结构有时偏重于教学过程的这一个阶段，包括相应的某些环节，有时偏重于教学过程的另一个阶段，也包括相应的某些环节。这样一来就产生了课堂教学的各种类型。不过，包括教学过程所有环节的混合课是比较常用的一种类型。

课堂教学的结构既然是根据教学过程的基本环节来决定的，那么，凯洛夫《教育学》第五章第三节讲确定课堂教学结构的根据时所说的教学过程的环节，显然不是指课堂教学的结构。有些教师，把课堂教学的结构也叫作环节，有些教师根据过去的习惯，把教学过程误解为课堂教学（课）的结构。由于概念的含混，大大妨碍了对苏联先进教育科学的学习，所以把教学过程的环节和课堂教学（课）的结构这两个概念搞清楚，是十分必要的（凯洛夫《教育学》中译本第三次修订版对此译得较为明确，请读者参看）。

综合以上所述，可以得出下面的结论：（一）教学过程与课堂教学（课）的关系，是整体与部分的关系；（二）教学过程的基本环节是由认识过程的阶段来决定的，而课堂教学（课）的结构是根据教学过程的基本环节来决定的；

① 本段引文均见毛泽东：《实践论》，《毛泽东选集》第一卷，人民出版社 1952 年第 2 版，第 279—281 页。

（三）课堂教学（课）既是教学过程的组成部分，所以每次课堂教学（课）的结构，不一定包括教学过程的全部基本环节。

现在，凯洛夫主编的《教育学》新版本已经翻译出版了。在新版本的第八章第一节里仔细分析了教学过程，第十章第一节里还详细讲述了各类课的结构，比旧版本清楚得多，透彻得多，请读者用心钻研吧！

载《人民教育》1954 年 3 月号。

必须教育学生自觉遵守纪律

自觉遵守纪律是共产主义道德品质之一。什么样的纪律才算是自觉纪律呢？这个问题在我们进行共产主义道德教育的时候必须认识清楚。

首先，我们应当了解，不是随便什么纪律都能叫作自觉纪律的。自觉纪律是有它的阶级的和历史的根源的。列宁在《伟大的创举》那篇论文里说过："农奴制的社会劳动组织是靠棍棒纪律来维持的……资本主义的社会劳动组织是靠饥饿纪律来维持的……共产主义（其初步为社会主义）的社会劳动组织是靠那些既推翻了地主压迫，又推翻了资本家压迫的劳动群众本身的自由自觉纪律来维持的。"① 这几句话生动地揭示了纪律的阶级性和历史性。在剥削阶级居统治地位的社会里，靠棍棒和饥饿来维持的纪律不是自觉的纪律，而是强迫的纪律。旧社会的学校用体罚学生的办法来维持纪律，就是旧社会制度本身的罪恶的一种反映。

自觉纪律是随着大工业的生产和无产阶级的出现而产生的。因此，只有工人阶级才具备自觉纪律的道德品质，也只有在工人阶级掌握国家领导权的新社会，才能用自觉纪律来教育人民，因为工人阶级是以建成没有阶级、没有剥削的无限幸福的共产主义社会为目标的。在工人阶级领导的新社会里，剥削制度逐渐消灭，人民的利益同整个社会、整个国家的利益完全一致，个人利益和集体利益也完全一致。这时，劳动是为了满足劳动者本身和全体人民及整个国家的需要，不是为了供资本家或其他剥削阶级的掠夺。于是人们对劳动的观点也改变了，劳动不再是可耻而繁重的负担，而成了光荣、豪迈和英勇的事情，所以劳动纪律也就成为自觉的纪律了。

自觉纪律，顾名思义，是一种出自内心要求的纪律，而不是纯靠外力强制的纪律。纯靠外力强制的纪律，虽然能够暂时取得表面的盲目服从，但是外力

① 《列宁文选》两卷集，第二卷，人民出版社 1954 年版，第 590—591 页。

一旦消失，纪律也就随之松弛了。出自内心要求的纪律与此相反，它不需要外力的强制，具有主动、积极的性质。一个自觉遵守纪律的人，无论在什么时候，在什么地方，都知道应当怎样行动和为什么要这样去行动，因此，只有自觉的纪律才是巩固的纪律。

我国过渡时期的教育目的是培养社会主义社会全面发展的成员。共产主义道德教育是全面发展的教育的重要组成部分，而自觉遵守纪律又是一种重要的共产主义道德品质。列宁曾经说过："对共产主义者说来，全部道德都包括在这种坚固团结的纪律和反对剥削者的自觉群众斗争中。"① 因此，在社会主义社会和人民民主国家里，一个不能自觉遵守纪律的人，就是一个不道德的人。今天在学校里学习的学生，明天就是社会里的公民。学校必须负起培养能够自觉地遵守纪律的未来公民的责任，使学生毕业以后都能够自觉而积极地参加建设和保卫社会主义事业的斗争。因此，教育学生自觉遵守纪律，是每所学校、每位教师的责任，而自觉遵守纪律，也是每个学生的义务。

由于上述原因，国家对于中小学校学生的自觉纪律教育十分重视。1953年12月11日中央人民政府政务院发布的《关于整顿和改进小学教育的指示》中就曾指出："对小学生的教导管理，应该依靠耐心的说服教育，既要禁止采用体罚和斗争等粗暴方式，又要反对放任不管。应加强纪律教育，使学生养成自觉地遵守纪律的习惯。"② 1954年6月5日中央人民政府政务院发布的《关于改进和发展中学教育的指示》中，更把自觉纪律教育同爱国主义教育和劳动教育一起列为目前应特别着重加强的政治思想教育的内容，并且指出：自觉纪律教育"是要培养学生学习的自觉性与积极性，自觉地遵守学校规则，尊敬教师，爱护学校财物，维护学校秩序，尊重集体利益，并培养遵守社会秩序和国家法律的思想"③。因此，对学生进行自觉纪律教育是我国中小学教师当前的重要任务之一。

目前我国中小学教师对完成自觉纪律教育这个任务多半已很重视，但还有一部分人对它抱有不正确的看法，因而采取的方法也就不尽合理。现在针对我国实际情况，根据先进的教育学理论和中苏两国教师的先进经验，提出几点来

① 《列宁文选》两卷集，第二卷，人民出版社1954年版，第810—811页。

② 见《小学教师》1953年12月号。

③ 见《人民教育》1954年7月号。

谈谈。

第一，实施自觉纪律教育，绝不单纯是给顺利进行教学和教育工作创造条件，自觉纪律教育的目的就是在培养共产主义道德品质。同时，自觉纪律也是保证各项教育工作顺利进行的条件。我们对学生进行自觉纪律教育，目的在于培养主动的、积极的、具有独立和创造精神的青年一代来建设社会主义和共产主义社会。我们要培养的是朝气蓬勃、生龙活虎般的人才而不是机械呆板、俯首听命的奴才。过去有些资产阶级“学者”把学校纪律看作维持教学秩序的手段，这是从资产阶级学校纪律的性质出发的。自觉纪律既然跟资产阶级学校的纪律根本不同，所以这种看法对于我们来说是完全不适当的。但是这种看法在我国教师当中还可能有一定的影响，所以首先必须指出它的狭隘性和片面性，才能防止在纪律教育当中满足于学生表面的听话和盲目服从，而忽视培养学生自觉、积极而主动地遵守纪律的习惯。

第二，自觉纪律教育不是孤立地进行的，而是全面地进行的。有的教师认为只要学生在上课时守纪律就行了，下课后是不是守纪律就不管了；有的教师只要求学生在学校守纪律，学生离开学校是否还守纪律他就不闻不问了；有的教师认为纪律教育是班主任和教导主任的事，与自己无关；有的学校把学生纪律不好的责任推在家长身上；有的教师认为学生的纪律应当由共产主义青年团或少年先锋队负责……这些看法显然都是错误的，特别是从旧社会带来的那种“教书不教人”、“管教不管导”的错误思想，必须彻底纠正。事实上，自觉纪律教育的效果决定于对学生进行的全盘教育措施的一致行动，必须学校与家庭、教师和班主任、少年先锋队和青年团组织以及其他校外教育设施在学生的家庭生活、学校生活和其他场所的种种活动中无不贯彻自觉纪律教育的要求，才能把学生培养成自觉遵守纪律的人。在这全盘的教育措施当中，树立严格的上课纪律，精确地遵守作息时间应占首要的地位。学生守则应当是自觉纪律教育的主要内容。

第三，自觉纪律的形成不单要依靠教师和各方面的力量，而且必须依靠学生集体本身的力量。因为我们要培养的是集体主义者，不是个人主义者，一个集体主义者必须关心集体的利益和集体的荣誉，同时也要关心集体中的每个人，看他的一切行为是不是同集体的利益和集体的荣誉一致。真正的集体主义者对于集体中的落后分子不是采取消极的态度，而是积极地引导他前进。所以教师特别是班主任必须善于组织班的集体，善于用集体本身的力量来教育学生。这样，学生的自觉纪律才容易形成和巩固。有许多教师不善于组织学生集体，不知道发挥学生集体的力量，全靠自己单干，结果费力多而收效少，这样是很难真正完成共产主义道德教育的任务的。

第四，进行自觉纪律教育必须遵循卓越的苏维埃教育家马卡连柯的一个著名原则："要尽量严格地要求一个人，也要尽可能地尊重一个人。"换句话说，就是要把对学生的严格要求同尊重学生的人格结合起来。有些教师旧习惯较深，听到加强纪律教育的号召，便只顾对学生做严格的要求，往往态度失之粗暴，这就违反了尊重学生人格的原则。有些教师曾经受过资产阶级教育思想特别是杜威教育思想的影响，相信什么教育要以儿童为本位的谬论，抛弃了教师的主导作用，往往对学生放任自流，要让学生自己去管理自己；甚至借口自觉的纪律要诉诸学生的自觉，学生既没有自觉，只有等他自觉，不知道学生的自觉是教师启发和教育的结果，这样又违反了严格要求的原则。这两种纪律教育的看法和做法都是片面的和错误的，因此都是必须纠正的。

第五，自觉纪律教育的方法应当以说服教育为主，但不能因此而忽视强制的作用，自觉纪律的效果应当是知与行的统一。可是有些教师往往只强调说服而不考查说服以后的效果，对个别显然故意违反学生守则的学生，也不再过问，或继续跟他做冗长的谈话，依然不能见效。这时如果采用一些强制办法，如批评、警告、限期完成作业或针对他的过失行为命令他设法补救等，都是必要的。当然，教师如果忽视说服教育而一味采用强制的办法是绝对错误的，因为这样最多只能使学生表面上守纪律和盲目地服从，而不能形成自觉纪律。

载《教育问题漫谈》，
北京出版社 1957 年版。

综合技术教育思想的由来及其实施条件

在马克思主义产生以前，没有综合技术教育这个思想。综合技术教育思想是马克思主义教育思想体系的一部分。马克思在 1866 年首次提出智育、体育和综合技术教育是教育的三个组成部分，并特别说明综合技术教育的任务，在使儿童和少年熟悉所有生产过程的基本原理，并使他们养成使用各种简单的生产工具的技巧。

马克思为什么主张对新生一代除了进行智育和体育以外，还要进行综合技术教育呢？简单地说，这是由于要消灭脑力劳动和体力劳动之间的界限，培养建设社会主义、共产主义社会的全面发展的新人。

原来人类社会自从有了阶级的区分以后，就出现了脑力劳动和体力劳动的对立，社会上的被压迫、被剥削阶级固然因为被迫从事体力劳动，智力没有发展的机会，成了片面发展的人；就是那些压迫人、剥削人的阶级也因为不从事生产劳动，弄得“四体不勤、五谷不分”，同样也是片面发展的人。因此，不管是奴隶主、封建主、资本家也罢，或者是奴隶、农民和工人也罢，在阶级社会里都不能得到全面发展，特别是劳动者阶级，处在受压迫、受剥削的地位，没有受教育的权利，更有许许多多的才能不能得到发展。这对个人和社会都是很不利的。

在资本主义社会里，由于劳动分工一天比一天精密，工人被束缚在生产过程中一个极其狭小的部门里，除了他所专精的这一部门的技艺以外，对于整个的生产过程什么也不知道，简直成了机器的奴隶。此外，农民被束缚在自己一小块的土地上，也简直成了土地的奴隶；资本家也成了自己追求利润的欲望的奴隶；甚至游手好闲的人也成了他自己什么也不做的那种惰性的奴隶。因此，人的发展的片面性，在这个社会里达到了极点。

同时，资本主义社会是建立在现代大规模的机器生产的基础上的。这种生产发展很快，生产工具不断改进，劳动组织不断革新，因此，也就引起了工人职能的改变。换句话说，随着新的机器不断发明，新的操作方法不断出现，必须有能够迅速适应这种变化、很快学会操纵新机器的工人。这种工人再不能是先前被束缚成机器的奴隶的那种工人了，他们必须是熟悉整个生产过程的基本原理的人，必须是善于运用生产工具的人，也就是能够手脑并用的、全面发展的人。

马克思就是在这种情况下产生了实施综合技术教育的思想的。不过，这个思想虽然是在近代社会的大生产的条件下产生的，可是，在资本主义社会里，这个思想是不可能实现的。这就是说，尽管实施综合技术教育是一种历史的必然性，但是在社会的生产不是为了满足人们的需要而是为了谋求最高利润的资本主义社会，还是没有具备实施这种教育的可能性的。

既然在资本主义社会里已经有了实施综合技术教育、培养全面发展的人的需要，为什么不可能实现呢？这个道理很简单。因为资本家不愿意这么办，说得精确些，是因为资本主义基本经济规律不允许这样办。这也可以说是资本主义社会里的矛盾之一。

资本主义生产是为了谋求最大限度的利润，资产阶级办教育也是一种投资，这种投资要能一本万利，资本家才感兴趣。这一点，美国的资产阶级是直言不讳的。

恩格斯对于资产阶级办教育的意图早就说过一句一针见血的话："假如资产阶级让他们活着，只是为了资产阶级的需要，那么，资产阶级教育他们也只是为了资产阶级的利益，这便不足为奇了。"① 列宁也说过："……资产阶级自己就把资产阶级政治放在学校事业的第一位，竭力把学校用来专门替资产阶级训练恭顺的和能干的奴才……他们从来不想使学校成为培养人格的工具。"② 马克思列宁主义创始人的这些指示，很生动地告诉我们，资产阶级办教育只是为了他们的阶级利益，对于劳动人民的利益是不放在眼里的。

对劳动人民和他们的子女实施综合技术教育，在资本家看来是极不合算的事。在资本主义社会里，资本家为了便于剥削和压榨劳动者，不得不教会工人使用机器，但只限于教会他们在机器旁边从事某一种极其简单的操作，而不乐

① 转引自凯洛夫主编：《教育学》，人民教育出版社 1957 年版，第 7 页。"他们"指"劳动人民和他们的子女"。

② 《列宁全集》，第 28 卷，人民出版社 1956 年版，第 386—387 页。

意教会他们理解整个生产过程。这样，工人只有一技之长，才能够长期被束缚在机器旁边，为资本家创造利润。如果工人一旦理解了整个生产过程，他们受残酷剥削的真相就要被揭穿了，这样就会影响到资本家的安宁和闲逸了。何况要实施综合技术教育，必须结合着系统的文化科学知识的教学，可是使劳动人民掌握系统的文化科学知识，又是剥削阶级极端畏惧的事。因为一旦劳动者有了这些知识，谁也不会再驯顺地忍受残酷的剥削了。所以在资本主义社会里尽管发生了实施综合技术教育的需要，可是因为资产阶级掌握着政权，也掌握着教育权，依然没有实现这种教育的可能。

根据以上所述，就可以知道实施综合技术教育的前提不是别的，正是工人阶级掌握的政权。必须把那种认为人民愚昧和片面发展反而对自己有利的资产阶级政权推翻，必须建立起那种以培养社会主义社会和共产主义社会的全面发展的成员为教育目的的工人阶级政权，综合技术教育才有实现的可能。所以马克思说："……工人阶级在不可避免地夺得政权以后，才能在理论方面和实践方面使综合技术教育在工人学校内占得位置。"①

有人认为要实施综合技术教育，单有工人阶级的政权还不够，还要有现代的工业。这本来是不言而喻的事。因为既然有了工人阶级，而且工人阶级强大到足以夺得政权，当然也就意味着有了现代工业。有了现代工业才便于进行综合技术教育，使学生掌握现代各个主要生产部门的理论和实践。但是不应当把这一点机械地来理解，不应当认为等全国所有地区都工业化了才有实施综合技术教育的条件。强调只有工业地区才有实施综合技术教育的条件也是不妥当的。要知道，教育固然要由经济基础来决定，但是教育也能促进经济基础的发展。中华人民共和国建立以后，本已具有实施综合技术教育的前提，现在在社会主义工业化和农业、手工业、资本主义工商业的社会主义改造已取得决定性胜利的情况下，应当承认已完全具备实施综合技术教育的条件。不过师资、设备等方面的困难还要不断努力解决。只要教育工作者能充满信心，认识到实施综合技术教育是全国中小学教师的重要而光荣的任务之一，一面学习苏联的先进经验，一面结合具体情况努力实践，综合技术教育一定可以逐步实施的。

载《教育问题漫谈》，北京出版社 1957 年版。

① 马克思：《资本论》第一卷，人民出版社 1957 年版，第 597 页。

学习列宁关于综合技术教育的指示

列宁对综合技术教育的指示，集中发表在他对克鲁普斯卡雅关于综合技术教育的提纲的评注中。克鲁普斯卡雅的这个提纲是为了在党讨论国民教育问题的会议上做报告写的。克鲁普斯卡雅写的提纲我们没有看到，列宁对这个提纲的评注编在《列宁全集》第三版第三十卷里，标题是《论综合技术教育》。现在我把自己学习这个文件的体会简单地谈谈。

第一，从这个文件里可以看到列宁很重视综合技术教育。他指出要根据马克思的指示和俄共（布）党纲来说明它的重要性。马克思在写给出席国际工人协会日内瓦会议的临时中央委员会代表的指示里，把综合技术教育看作教育的组成部分，并且把综合技术教育理解为使儿童或少年熟悉所有生产过程的基本原理和获得使用各种简单的生产工具的技能。① 1919 年 3 月俄国共产党第八次代表大会通过的党纲，把综合技术教育理解为使学生“从理论上和实践上了解一切主要的生产部门”，并规定这种教育应当跟普通教育一样，对所有十七岁以下的男女儿童免费实施。②

列宁跟马克思一样，把综合技术教育看作共产主义教育的组成部分。他在 1919 年发表的《无产阶级专政时代的经济与政治》一文中说：“社会主义就是消灭阶级。为了消灭阶级，第一就要推翻地主和资本家。这一部分任务我们已经完成了，但这只是一部分的任务，而且不是最困难的一部分任务。为了消灭阶级，第二就要消灭工农间的区别，把全体的人都变成工作者。”③ 列宁在 1920 年发表的《共产主义运动中的“左派”幼稚病》中又说：“资本主义所必然遗留给社会主义的，一方面是工人中间旧有的、历来形成的职业上和手工艺

① 参看《教育译报》1957 年第 1 期，第 1 页。

② 参看《苏联普通教育法令选译》，人民教育出版社 1955 年版，第 9 页。

③ 《列宁文选》两卷集，第二卷，第 640 页。

上的分立；另一方面是职工会，它们只是很缓慢地、经过许许多多年才可以而且定会发展成为规模较大、行会气味较少的生产工会……然后经过这种生产工会，进而消灭人与人中间的分工，以及教育、训练和培养出具有全面知识的、受有全面训练的人，即能够做一切事情的人。共产主义正是向这个方向走去，它必须向这个方向走去，并且定能达到这个目的，不过需要经过许多年份。”①从这两段话里可以看出，列宁认为要彻底消灭阶级，消灭城乡间、工农间、脑力劳动和体力劳动间的本质差别，消灭由于劳动分工而片面发展的现象，培养出能建成社会主义、共产主义的全面发展的人，要靠共产主义教育的力量，特别要靠综合技术教育的力量。因为列宁在对克鲁普斯卡雅提纲的评注中强调指出：“我们决不能放弃原则，我们一定要立刻尽可能地实施综合技术教育。”

第二，从这个文件中可以体会到只要工人阶级掌握了政权，掌握了教育权，就应当立即着手实施综合技术教育。列宁提出立刻尽可能实施综合技术教育是在1920年底。那时苏维埃国家的国内战争刚结束，经济恢复时期方才开始，比我们今天的条件还要差些。我们今天已经进入大规模有计划的经济建设的第五年，第一个五年计划已经超额完成了，开始实施综合技术教育完全是有条件的。

第三，从这个文件里我们可以体会到综合技术教育绝不是单一技术教育，它不是培养某一方面技术人员的，而是培养全面发展的人的。综合技术教育是以普通教育为基础的，它是普通教育的扩大和加深，是普通科学知识的实践和应用。

当时苏维埃国家的学制，普通学校分为两级，第一级学校修业五年，第二级学校修业四年，两级学校合计九年。在这个文件中提到“把第二级学校跟专业技术学校合并”（应当是“把第二级学校后两年跟专业技术学校合并”，见文件注①）的问题，可能是克鲁普斯卡雅在提纲中提出这种意见。后来党讨论国民教育问题的会议决议将普通学校改为七年，第一级学校四年，第二级学校三年。列宁认为这是跟党纲的精神不符合的，只准许这是由于国家在恢复时期经济困难而采取的临时措施。

列宁在这个文件中特别强调避免过早的专业化，指示在所有专业技术学校里扩大普通教育科目的范围，而采取马上就能做到的综合技术教育措施。列宁

① 《列宁文选》两卷集，第二卷，第715—716页。

认为尽管把第二级学校的高年级变为专业班，但坚决主张除了把这些班级的学生培养成各行各业的专门人员以外，必须使他们具有广博的普通教育知识，具有综合技术眼界和综合技术教育的基本知识，并且要使他们成为共产主义者。要成为共产主义者，就必须有多方面的广博的文化科学知识，用列宁的话说，“只有用人类创造出来的全部知识宝藏丰富自己的头脑时，才能成为共产主义者”。

列宁在1921年初发表的《论教育人民委员部的工作》一文中还曾指出，综合技术教育问题在党纲里已经大体上解决了。他在审查党讨论国民教育问题的决议（关于改九年制的普通学校为七年制的普通学校）及其对综合技术教育的意见时说，议论“综合技术教育或是单一技术教育”是根本错误的，对于共产党人来说简直是不能允许的，这种议论证明对党纲的无知。列宁反对过早的专业化，主张实施综合技术教育，正是为了防止人的片面发展，促进人的全面发展。①

第四，列宁在这个文件中也给我们指出实施综合技术教育的内容和方法。综合技术教育的内容包括研究俄罗斯联邦电力化计划，掌握电力及其在机械工业和化学工业上的应用的基本概念，掌握农学知识等。实施综合技术教育的方法有参观电力站，并在电力站举行实验和讲演，参观工厂和国营农场，从事用电力的实习等。

总之，列宁在这个篇幅简短的文件中，对于综合技术教育的理论和实际都有明确的指示，具体表现出伟大革命导师的高瞻远瞩。我们今天的任务就是根据这些宝贵的指示，结合我国具体情况，来实施综合技术教育，为祖国培养社会主义社会全面发展的成员。

（附）列宁：论综合技术教育

——对娜·康·克鲁普斯卡雅提纲的评注②

不能这样来谈综合技术教育：从抽象的观念出发，针对着遥远的未来，不考虑当前的、迫切的，困难的现实情况。

① 参看《列宁教育文选》，人民教育出版社1957年版，第144页。

② 娜·康·克鲁普斯卡雅关于综合技术教育的提纲（列宁对这个提纲写了这篇评注）是她为了在党内讨论国民教育问题的会议上做报告写的。这次会议是俄共（布）中央在第八次苏维埃代表大会闭幕后，立刻于1920年12月31日召集的。——《列宁全集》编者注

应当

(1) 补充一两个论点，说明综合技术教育的原则性意义

{根据马克思
根据我们俄国共产党的党纲}

(2) 说明白，我们决不能放弃原则，我们一定要立刻尽可能地实施综合技术教育。

第十七点删去。

关于第二级学校（12—17）说：

共和国极其困难的经济情况要求在现时立即无条件地

把第二级学校跟专业技术学校合并①，

把第二级学校改为专业技术学校，但是同时为了不致变成培养手艺匠的学校，应当明确规定：

(1) 避免过早的专业化，制定关于这一点的指示；

(2) 在所有的专业技术学校里，扩大普通教育科目的范围。

按年编制教学大纲：

（如果这样的大纲还没有的话，卢那查尔斯基应受处分）{共产主义　地理
通　史　文学
革命史　其他
一九一七年革命史}

(3) 把立即过渡到综合技术教育，或者确切些说立即实现许多马上就能做到的进行综合技术教育的步骤，规定为必须绝对执行的任务，如：

[跟俄国电力化委员会合作]

(甲) 参观附近的电力站，并在电力站举行一些有实验的讲演；进行只有用电力才能做的一些实习作业；立刻制定详细的大纲（供一次参观用的，供五次、十次讲演用的，供一两个月内进行实习作业用的，等等）；

(乙) 用上述的办法参观每个办得不错的国营农场；

(丙) 用上述的办法来参观每个办得不错的工厂；

---

① 修正：根据教育家的规定和决议，并不是第二级学校全部合并，而是从13岁、14岁起合并。——作者注

（丁）动员全体工程师、农学家、全体大学数理系的毕业生，来做关于电力和综合技术教育的讲演、指导实习作业的讲演、巡回讲演及其他；

（戊）设立关于综合技术教育的小型博物馆、展览车、展览船等。

第二级学校（确切些说，第二级学校高年级）（12—17）的任务：培养完全精通本行业务的专家，培养本领十足的行家和受过实际训练的细木工、木工、钳工，等等，但是同时要使这些“手艺匠”具有广博的普通知识（懂得某些科学的最基本的原理，明确指出哪些科学）；

成为共产主义者（明确指出应当知道些什么）；

具有综合技术眼界和综合技术教育的基本（初步）知识，

这就是：

(1) 关于电力的基本概念（明确规定哪些概念）；

(2) 关于机械工业中应用电力的基本概念；

(3) 关于化学工业中应用电力的基本概念；

(4) 关于俄罗斯联邦电力化计划的基本概念；

(5) 参观电力站、工厂、国营农场不得少于一次至三次；

(6) 知道农学的某些原理等。

详细规定最基本的知识是哪些。

这是最重要的。我们有很大困难。我们立刻需要细木工、钳工。绝对需要。大家都必须成为细木工、钳工等，但是同时必须具有最低限度的普通知识和综合技术知识。

（写于1920年底，首次发表在《到新学校之路》杂志，1929年第2期，照手稿印。）

（译自《列宁全集》俄文第三版，第30卷，第118—119页）

载《教育问题漫谈》，北京出版社1957年版。

略谈教育跟生产劳动相结合

教育起源于劳动

马克思列宁主义告诉我们，人是在劳动过程中形成起来的，而劳动是从制造工具开始的。人能够制造工具，就有了改造世界的能力。在改造世界的过程中，人类积累了各种知识，特别是生产斗争的知识。但是人老了是会死的，人类要使下一代不再重复前人已经走过的错误的道路，而能生活得好些，就要把生产斗争中积累起来的知识传授给下一代。这些知识，成年人是在劳动中获得的，也在儿童参加劳动的过程中传给他们，这种传授生产斗争知识的过程，就是最早的教育。由此可见，教育是在生产劳动中产生的，教育本来就是为生产劳动服务的。中国古代的传说中说到“后稷教民稼穑”，那就是原始公社制社会里的教育，那时的教育不但跟劳动密切结合，简直是二者融合在一起，相互分不开的。

教育跟生产劳动脱离是阶级社会的产物

到了人类的生产力发展到个人的劳动不仅能满足自己的消费，而且有相当剩余可以养活别人以后，人类就有了阶级的划分。这时大多数人从事生产劳动以满足自己和别人的需要，这就是“劳力者”、受人剥削的奴隶；另外一小部分人便脱离了生产劳动而成了“劳心者”、统治别人的人。孟子说：“有劳心者，有劳力者；劳心者治人，劳力者治于人；治于人者食人，治人者食于人。”说的就是这种情况。这种劳心者不劳而获，劳力者劳而不获的现象，从奴隶占有制社会开始，经过封建社会一直继续到资本主义社会。在这些阶级社会里，教育成了统治阶级的工具。这时教育不仅传授生产斗争知识，还要传授统治劳动者的经验，并且后一任务反而占了主要的地位。所以说，教育脱离生产劳动的现象，只是在阶级社会里才形成起来的。由于剥削阶级掌握了教育权，教育成了培养统治者的工具，劳动人民只能在生产实践中受到教育，而阶级社会的统治者所掌握的教育，即所谓正统的教育，就跟生产劳动脱离开。结果形成了劳心和劳力的对立，造成了人的片面发展：有的人垄断文化，“知书识礼”，但是四体不勤、五谷不分，有的人胼手胝足，终岁勤劳，但是处于跟文化隔绝的愚昧境地。

机器生产的发展需要教育跟生产劳动结合

到了最末一个阶级社会——资本主义社会，由于机器生产的发展，从事生产劳动和管理大规模的生产所需要的知识比较多了。这些生产知识不是仅靠劳动实践所能学会的，于是教育不能再像奴隶社会、封建社会那样脱离生产只培养少数统治者了，它不得不重新跟生产劳动做一定程度的结合，好培养资产阶级所需要的职工，来为资本家创造利润。这样就在资本主义国家形成了双轨的学制：一条轨道的学校是为贵族、资产阶级的子女设立的，另一条轨道的学校是为工农劳动人民的子女设立的。前者是培养统治者的，实施的是治术教育；后者是培养忠顺的被剥削者的，最多给一点技术教育。

资本主义制度限制了教育跟生产劳动的结合

但是，这样的教育是不能满足社会发展的需要的。由于机器生产的发展，劳动分工日益细密，资本主义社会所给予劳动者的一点教育，只能使他们成为机器的附属品，成为机器的奴隶，终身只能从事一件狭隘的劳动。同时，由于科学的进步，经常有新的生产工具发明出来，新的生产工具要求劳动者从一种劳动转而从事另一种劳动，来适应生产工具的日新月异的变化。这就需要培养一种懂得生产基本原理的人，而不仅使人学会一点点生产技能。这就是要培养一种既能用脑又能用手的人。但是这种人在资本主义的社会里、在资本主义教育制度下是培养不出来的，因为资产阶级不敢用真正的科学知识来武装人民的头脑，唯恐这样会动摇自己的统治。另一方面，资产阶级还大量雇用童工，剥夺了劳动人民的儿童受完全的普通教育的机会。

，教育跟生产劳动的结合是社会主义国家的教育方针

马克思和恩格斯深刻地揭露了资本主义社会罪恶的实质，他们在《共产党宣言》里就号召“对一切儿童实行公共免费教育。取消现今形态的厂内童工劳动，将教育同物质生产结合起来”①。为了实现这一理想，当然必须推翻资本主义制度，建立社会主义制度。那么在社会主义制度下，教育跟物质生产相结合具有怎样的意义呢？马克思在《资本论》里说：“把生产劳动和智育、体育结合起来，这不仅是增加社会生产的方法，并且是唯一的生产一个全面发展的人的方法。”② 恩格斯也在《反杜林论》里说：“生产劳动供给每人以全面发展并运用自己一切体力智力的可能。”③ 这就是说，教育和生产劳动相结合，一方面是为了提高劳动生产率，增加社会生产；另一方面是为了培养一个全面发展的完整的人，而不再只培养片面发展的、只能劳力或只能劳心的人。因此培养全面发展的人，就成为我们社会主义国家坚定不移的教育方针。而为了达到这个目的，我们的教育必须跟生产劳动结合起来。这难道不是很自然的吗？

为了建设社会主义，人人要立志做一个劳动者

在我们社会主义社会里，实现教育跟生产劳动相结合，最大的阻碍不是物质条件，而是人们轻视劳动的资产阶级思想，所谓“万般皆下品，唯有读书高”。在这种思想支配之下，有的同志不重视劳动教育，片面鼓励学生升学；有的学生也看不起劳动者，毕业后不愿参加劳动生产。所以，要贯彻教育和生产劳动相结合的原则，我们必须反对轻视劳动的资产阶级思想。恩格斯在《反杜林论》一书里曾指示我们：生产劳动是人类生存的自然条件，在社会主义社会里，消灭了阶级，消灭了剥削，人人皆应参加生产劳动，不能把它推在别人身上。④

---

① 《马克思恩格斯文选》两卷集，第一卷，第 29 页。

② 马克思：《资本论》第一卷，第 591 页。

③ 恩格斯：《反杜林论》，第 310 页。

④ 参见恩格斯：《反杜林论》，第 310 页。

最近，毛泽东同志强调指出："我们的教育方针，应该使受教育者在德育、智育、体育几方面都得到发展，成为有社会主义觉悟的有文化的劳动者。"①这项指示是值得我们深刻体会的。我们每一个教师应该以热爱劳动的精神教育学生，使他们立志做一个劳动者。

载《教育问题漫谈》，北京出版社 1957 年版。

① 毛泽东：《关于正确处理人民内部矛盾的问题》，人民出版社 1957 年版，第 27 页。

纠正对“基本的生产技术教育”的几种误解

在普通学校里对学生进行基本的生产技术教育（即综合技术教育），是我国教师的一项新任务。为了实现培养社会主义社会全面发展的成员这个总的教育目的，这也是一项不可缺少的任务。要完成这项任务，首先必须对“基本的生产技术教育”这个概念有明确的认识，并且要防止对它发生种种程度不同的误解。

我们所使用的“基本的生产技术教育”一词就是苏维埃教育学里所用的“综合技术教育”一词的同义语。因为“综合技术教育”一词译得不易理解，所以改用了“基本的生产技术教育”一词。中华人民共和国教育部 1955 年 9 月公布的《小学教学计划》的说明里就是这样用的。因此，我们应当根据苏维埃教育学里所阐释的关于“综合技术教育”的概念来理解“基本的生产技术教育”，才不致发生错误。

苏维埃教育学告诉我们，“综合技术教育”是共产主义教育的主要组成部分之一，是培养全面发展的人所必需的。它的任务是要使儿童和少年了解现代生产的基本原理，并学会使用各种简单的生产工具。也就是要使学生“从理论上和实践上了解一切主要的生产部门”（苏联共产党党纲）。它的最终目的是要消灭脑力劳动和体力劳动的本质差别，使人能够自由选择职业。——我们对基本的生产技术教育就应该做这样的理解。

有人认为基本的生产技术教育是综合技术教育的低级形式，认为它不如综合技术教育完整。例如，有人说：“在当前小学阶段实施基本的生产技术教育只是为实施更完整的综合技术教育准备条件。”（1955 年 12 月 7 日《文汇报》第二版）这种提法是不太妥当的。这是把“基本的生产技术教育”跟“综合技术教育”理解为两个概念了。把它们理解为两个概念，或者认为它们有程度的不同，就不能正确了解基本的生产技术教育在全面发展教育当中的地位。离开全面发展的教育总方针来理解基本的生产技术教育，必将引起许多其他的误解。

有人认为基本的生产技术教育就是普通教育，因为它是在普通学校里实施的，是普及义务教育，是人人必受的教育；有人认为它跟普通教育不是一回事，因为它的内容不是传统的普通教育的范围所能完全包括的。这两种看法都对，但如果只承认其一而否定其他，就会犯片面性的错误了。因为基本的生产技术教育属于普通教育的范畴，但是跟普通教育又有一定程度的差别。

为什么说它属于普通教育的范畴呢？因为基本的生产技术教育所要教给学生的现代生产的基本原理，极大部分都包括在普通教育的内容里，特别是中学的数学、物理学、化学、生物学、地理学和制图学这些科目的教材里。这是因为普通教育本来是要把关于自然和社会的一般规律教给学生的，学生懂得这些一般规律，就能够打下进一步了解现实世界的基础，并且也获得了从事实际活动的准备。所以在普通教育当中包含着基本的生产技术教育的内容，基本的生产技术教育跟系统的科学知识的教学是分不开的。为什么说基本的生产技术教育跟普通教育有一定程度的差别呢？这有两个原因：第一，因为普通教育里有一些重要的教学科目，像语文、历史、音乐等跟基本的生产技术教育没有直接的关系；第二，因为基本的生产技术教育当中有一些工程、技术、农艺、生产组织上的具有专门性的知识，也不属于普通教育的范围。

由此可见，不能把基本的生产技术教育跟普通教育完全看作一回事；同样，也不能忽略在普通教育当中贯彻基本的生产技术教育的必要性和可能性。

有人认为基本的生产技术教育既然属于普通教育范畴，就跟专业教育毫无关系了。这种看法也是不对的。

在剥削者居统治地位的社会里，职业教育所要培养的只是眼光狭窄的机器附属品，只是仅有一技之长的供人剥削的奴隶。在那种教育里不需要使学生了解各种生产部门的基本原理。所以旧社会里的职业教育跟基本的生产技术教育的确毫无关系。

在我们社会主义社会里，专业教育要培养的是掌握整个生产过程的、自觉的、积极的社会主义建设者，因此就必须扩展学生的眼界，使他们能从自己准备掌握的专业中看到跟其他各种生产部门的联系。有人认为专业教育既然是培养专门人才的教育，其中没有基本的生产技术教育的成分，因而把两者对立起来。这是拿旧社会的职业教育来衡量今天的专业教育了。旧社会的职业教育是单一技术教育，它跟基本的生产技术教育的确是对立的。我们今天的专业教育所培养的专家，不仅要求他成为所学的那一行的能手，还要求他成为一个全面发展的人。所以说，我们的高等专业教育要以基本的生产技术教育为基础，我们的中等专业教育也应当在实施专业教育的同时，实施基本的生产技术教育。事实上，在我们专业教育的内容里也有许多基本的生产技术教育的成分。因此，把专业教育跟基本的生产技术教育对立起来是不对的。

有人把基本的生产技术教育理解为一种劳动教育，并且用进行劳动教育的方法来实施基本的生产技术教育。这种看法和做法也是不正确的。

基本的生产技术教育跟劳动教育有一致的地方，也有不同的地方。它们一致的地方是两者都要培养全面发展的人，都要消灭脑力劳动和体力劳动间的对立和本质的差别，并且都要养成学生一些劳动的技能和技巧。但是绝不能把两者混为一谈。

劳动教育的主要任务是培养学生爱劳动、爱劳动人民、爱护劳动成果（公共财物），养成学生社会主义的劳动态度，养成一定的劳动技能和习惯。这些任务大部分属于道德教育的范畴，也就是政治思想教育的范畴。

基本的生产技术教育的任务是教给学生有关现代生产主要部门的原理，使学生参加生产主要部门的实习和学会使用简单的生产工具。它要使学生对于基本科学知识的学习能够真正做到理论和实际结合的地步，避免犯教条主义和形式主义的毛病；使学生为从事实际活动获得应有的准备。因此它的任务主要属于智育的范畴。

此外，在劳动教育的内容里，有许多是不属于基本的生产技术教育的东西，如洗衣、做饭、扫除等，所以并不是每一种具有劳动教育意义的劳动活动都能列为基本的生产技术教育的内容。基本的生产技术教育所要培养的劳动习惯偏于使用生产工具的技能方面，劳动教育所培养的劳动习惯，有许多属于日常生活方面的。此外，基本的生产技术教育内容里的许多生产原理知识的学习，当然也不能纳入劳动教育的范围。因此，两者虽有密切的联系，而区别仍然是很显著的。

有人以为基本的生产技术教育就是资产阶级提倡的生产教育，这是完全错误的。基本的生产技术教育是工人阶级掌握了政权以后，为了消灭人的片面发展的状态，为了消灭贫困和剥削，为了结束体力劳动和脑力劳动脱节的现象，为了彻底解放生产力以提高劳动生产率而实施的。可是资产阶级特别是小资产阶级提倡的生产教育是用来巩固剥削阶级统治的手段。他们说什么“生产教育可以救贫”，好像人民的贫困是由于自己不善于从事生产劳动而造成的，企图借此隐瞒反动统治者剥削人民的真相。他们要使劳动者获得一些从事生产工作的能力，好为剥削者创造利润，并使他们安于贫困，忍受剥削，而不致动摇剥削阶级社会的基础。因此，这是本质上不同的两回事，绝不能混为一谈。

有人看到基本的生产技术教育既然注重实习、实验，要学生动手去做，以为这就是资产阶级实用主义教育学所主张的“从做中学”的一种形式，好像它们是一致的。这种看法大错而特错！前面已经说过，基本的生产技术教育属于马克思列宁主义思想体系，也就是工人阶级的思想体系；这种教育是要在丰富的文化科学知识的基础上进行的。没有系统的文化科学知识教育，也就没有基本的生产技术教育了。资产阶级实用主义教育思想正相反，它主张“从做中学”，就是不要系统的文化科学知识教育，教人只能在“做”的当中获得零碎片段的知识。两者有本质上的不同，并无半点相似。

最后还有人以为实施基本的生产技术教育只是在教学计划中添设一两门教学科目的事，如，小学添设了手工劳动，就认为只有手工劳动科是实施基本的生产技术教育的科目，中学添设了生产实习，也认为别的科目就不必负起实施基本的生产教育的任务了。这些想法都是不对的。固然，小学的手工劳动、中学的生产实习的确是实施基本的生产技术教育的主要因素，但仅靠这两门科目是不能负起这个任务来的。凡是有关的科目（是哪些科目，前已述及，当然也绝非所有的科目）都要贯彻基本的生产技术教育。添设劳动、实习等科，是因为普通教学科目各有它本身的系统性，在贯彻基本的生产技术教育方面有一定的限制，因此必须另设一定的科目。这也就表明基本的生产技术教育要通过普通科目来实施，但还要做一定程度的补充，因为它有普通教育所不能完全概括的内容。所以认为基本的生产技术教育只靠劳动、实习等课来进行固然不对，但是如果认为只靠普通科目来贯彻就足够了，那也是不合实际的。

载《教育问题漫谈》，北京出版社 1957 年版。

论“智育第一”

一、林彪、江青反革命集团为什么反对“智育第一”

“智育第一”曾经是林彪、江青反革命集团破坏我国社会主义教育事业和打击革命师生的一根大棒。照人们的常识来理解，他们反对“智育第一”，应该是主张“德育第一”。因为在他们看来，谁提倡“智育”仿佛就违背了“把坚定正确的政治方向放在第一位”的原则。所以这是一个不小的罪名，也是一根非常厉害的大棒。

其实，林彪、江青一伙反对的不是“智育第一”，而是“智育”本身。他们不是主张“德育第一”，更不是要求把社会主义的政治方向放在第一位。

请看，在他们横行的时候，高等学校要抓基础理论的教学，中小学要抓科学基本知识和基本技能的训练，教师认真备课，要求学生做好作业，认真检查学生的学习成绩，统统被说成是搞“智育第一”，甚至无限上纲，说这些都是复辟资本主义的罪证。他们把三好学生说成“五分加绵羊”，却把交白卷的张铁生捧为“英雄”；他们伪造什么“小学生的日记”来煽动学生反对教师，使学校里的正常秩序破坏殆尽，教学工作无法进行。他们打着精简教材、联系实际的旗号，把高等学校物理系的课程“精简”成“三机一泵”，把生物系的课程“精简”为“三大作物一头猪”。这些，都直接影响到我国科学技术人才的培养，拖了社会主义现代化建设的后腿。——这一切都是为了他们篡党夺权的需要。因为他们需要的是“文盲加流氓”，只有那些不学无术、惹是生非、头上长角、身上长刺的人物，才能为他们反革命的政治目的卖命。他们根本不需要或者说非常害怕有社会主义觉悟的有文化的劳动者，因为这样的人是他们篡党夺权的障碍。

二、历史上的剥削阶级统治者并不实行“智育第一”

林彪、江青一伙认为学校教育工作中强调智育，就是资产阶级政治第一，就是复辟资本主义。其实，剥削阶级的统治者从来没有实行过“智育第一”。

奴隶社会的教育是“智育第一”吗？不是。中国奴隶社会的教育无非是要人区别尊卑、贵贱，维持奴隶主贵族的残暴统治，当然谈不到“智育第一”。古希腊奴隶社会的教育，在斯巴达是军事第一，也可以说是体育第一；在雅典是体育和美育并重，也不是“智育第一”。

封建社会的教育是“智育第一”吗？不是。封建统治者所关心的是用封建主义的伦理道德来麻醉人民，他们绝不会主张“智育第一”。如，中国封建社会的教育，就是要向人民灌输三纲五常的封建道德，谁违反了就是大逆不道。欧洲封建社会的教育就是要向人民灌输宗教教义，谁要不信仰上帝就有杀身之祸。

资本主义社会的教育虽然“智育”的比重加大了，但也绝不是“智育第一”。资产阶级统治者所关心的是用资产阶级个人主义来麻醉人民，他们也不会提倡“智育第一”。相反，他们正如列宁形容沙皇俄国统治者所说的那样，把工人看作火药，而把知识看作火星，生怕工人有了知识就像火星落到火药上，首先被炸的就是沙皇政府。① 不过由于近代工业生产的需要，资产阶级在继续用宗教迷信和唯利是图的资产阶级思想来腐蚀人民的同时，也不得不把一些科学技术知识教给劳动人民，而觉悟了的工人阶级都千方百计要争取学习的机会，既要学习现代科学技术知识，更要学习社会主义的革命理论，以求得自身的解放。

三、历史上主张泛智说（pansophism）的学者虽然重视智育，但没有主张“智育第一”

中国儒家主张格物、致知，其目的是要人诚意、正心、修身、齐家、治国、平天下。他们把致知看作诚意和正心的前提。认为致知的手段在于格物，

① 参看《我们的大臣们在想些什么?》，《列宁全集》第 2 卷，第 56 页。

而致知也只是修身的一种手段罢了。

古希腊哲人苏格拉底主张“知识就是德性”，他的教育目的是要造就有道德的人。他认为有道德的人必先对善的概念有明确的认识，就是所谓“知之真然后行之笃”。这是把知识和道德两者合一或等同的观点，也不是说“智育第一”。

西欧在17世纪兴起的泛智运动，是反对中世纪黑暗时代愚昧无知的运动。这个运动的先驱是英国唯物主义哲学家弗兰西斯·培根（1561—1626）。他提出“知识就是力量”的口号来反对中世纪的神学和经院哲学，为新兴资产阶级发展科学技术和发展社会生产力开辟了前进的道路。培根不是教育家，但是他的这个口号对教育产生了深远的影响。这个影响虽然是间接的，而且要经过斗争的，但是发展生产的需要终于逐步把教育从封建主义的宗教迷信中解放出来，使实验科学知识在教学内容中占有越来越多的位置。列宁在争取工人阶级解放的斗争中，从另一方面肯定了培根的这个口号。他说：“没有知识，工人就无法自卫；有了知识，他们就有了力量!”①

泛智主义的真正代表人物是捷克教育家夸美纽斯。他主张把一切知识教给一切人，他把自己著的《大教学论》说成“把一切事物教给一切人类的全部艺术”②。他认为人生的终极目标是超脱现世，求得永生，现实的人生只是求得永生的一种准备。准备的阶段有三个：（1）了解自己（包括万事万物）；（2）控制自己；（3）皈依上帝。第一阶段就是求得知识，第二阶段就是涵养道德，第三阶段就是坚定信仰。他虽然把智育放在第一个阶段，但他认为教育的最终目的是要人皈依上帝。说到底，他也是把智育（求得知识）看作手段，不过是达到他心目中德育（控制自己和皈依上帝）这个最终目的的途径。

四、“智育第一”之说，来自马克思对教育的理解

那么“智育第一”之说，究竟从何而来呢？我看是来自马克思对教育的理解。

1866年8月，马克思曾经给国际工人协会临时中央委员会出席日内瓦第

① 参看《我们的大臣们在想些什么?》，《列宁全集》第2卷，第68页。

② ［捷］夸美纽斯著，傅任敢译：《大教学论》扉页，人民教育出版社1957年版。

一次代表大会的代表以若干指示。在关于《男女儿童和少年的劳动》这一指示中，马克思表明了他对工人阶级少年儿童的关怀，指出工人阶级的未来和人类的未来，“完全取决于正在成长的工人一代的教育”，并且说：“我们把教育理解为以下三件事：第一，智育；第二，体育……；第三，技术教育……”①

这样看来，林彪、江青反革命集团一伙反对“智育第一”，不是反对别人，正是反对无产阶级的革命导师。他们这伙马克思主义的叛徒，从来就不是马克思主义者。他们那样仇恨马克思的学说倒是不足为奇的。

马克思在19世纪60年代，深深感到资本家剥削童工，造成童工失学，使正当入学年龄的工人阶级子女不能受到应有的教育。而工人阶级子女由于家庭贫困，又不得不当童工来维持自己的生活。马克思以伟大的无产阶级革命家的阶级感情，提出“目前我们的任务只是关怀工人阶级的儿童和少年”②。为了保护他们的权利，马克思一面提出要对儿童的劳动时间加以限制，以免损害他们的健康；一面号召工人阶级争取资产阶级政府用立法的手段把儿童和少年的劳动同教育结合起来。马克思是在为工人阶级争取受教育权的背景下来谈论他对教育的理解的。

为什么马克思要把智育放在第一位呢？在资产阶级统治的社会里，工人阶级和劳动人民被剥夺了受教育的权利。他们自己是文盲，他们的子女也将成为文盲。他们被迫处在愚昧无知的状态，终日辛勤劳动，还是饥寒交迫。他们没有文化，不但学不了技术，而且难以提高觉悟和接受革命道理。这样，马克思就自然首先要求对他们进行智育了。

五、“智育第一”和“健康第一”的提法一样，并不排斥把坚定正确的政治方向放在第一位

批判“智育第一”的人往往说，“智育第一”就是资产阶级政治第一，仿佛把智育放在学校工作的第一位，就忽视了无产阶级的思想政治教育，就贬低了德育，就不是把坚定正确的政治方向放在第一位了。这种说法是毫无根据的。

在马克思时代的欧洲，德育几乎是宗教教育的同义语。资产阶级除了向儿

①② 《马克思恩格斯全集》第16卷，第217—218、217页。

童灌输宗教教义，就是用私有财产神圣不可侵犯的说教来麻醉人民。一贯主张无神论、宣传辩证唯物论和历史唯物论、坚决要求消灭生产资料私有制的马克思，当然是反对当时流行的那种资产阶级道德教育的。但是只有工人阶级有了一定的文化科学知识，才能接受他的革命道理。因此，马克思理所当然地要把智育放在第一位。

在我们新中国成立之初，毛泽东同志鉴于当时中国在长期战争之后，人民生活贫困，学生体质较弱，曾经提出“健康第一，学习第二”的口号，要求教育行政部门的负责同志注意学生的体育。1953 年 6 月，他在接见共青团第二次全国代表大会主席团的谈话中，首先祝青年们身体好，其次才是学习好，工作好。① 这里毛泽东同志都没有提出思想政治教育或道德教育的要求，我们能不能因此说他贬低了德育，不要求青年把坚定正确的政治方向放在第一位呢?当然是不能的。

教育工作包括德育、智育、体育等几方面，在一定时期，针对具体情况，侧重某一方面，但并不排斥其他方面，是完全合理的。马克思根据当时欧洲工人阶级子女缺乏文化教育的情况，把智育放在第一位；毛泽东同志根据当时我国青少年儿童身体孱弱的情况，要求健康第一，即把体育放在第一位，都是完全正确的。

六、在某种意义上说，“智育第一”本来就是学校教育工作的规律

既然“智育第一”同“健康第一”的提法一样，都不排斥把坚定正确的政治方向放在第一位，那么，当前，在我国本来不很发达的教育事业遭到林彪、江青反革命集团十多年的疯狂破坏和严重摧残以后，在我国教育、科学、文化水平同国际先进水平的差距被他们拉大了以后，在实现我国工业、农业、科学技术和国防现代化的新长征已经开始的时候，在提高全国各族人民的科学文化水平的任务已经光荣地落在教育工作者肩上的时候，在举国上下逐步认识到教育工作是社会主义现代化建设的基础，决不能再让它拖住现代化建设的后腿的时候，我们强调一下学校教育工作应将“智育”放在第一位，是不是应该呢?

① 参看《毛泽东选集》第 5 卷，第 84 页。

我想是完全应该的。而且，如果从以下几方面来理解，我们可以说，“智育第一”本来就是学校教育工作的规律之一。

首先，我们从学校教育的职能来看，学校本来就是传授知识的场所。人类最基本的实践活动是生产活动，学校也应该以传授生产斗争的知识为主。不过在剥削阶级统治的社会里，他们所关心的是给子女传授统治人民的知识，即阶级斗争知识，并且用剥削阶级的思想来麻醉人民。随着科学技术的进步，人类从事生产活动的知识积累得越来越丰富、复杂和高深，学校传授生产斗争知识的任务也越来越重要。过去资产阶级为了自身的利益，只让劳动人民受一点点教育，就可以养成一批伶俐的工人，为他们创造剩余价值。现代生产技术日益进步，从事生产劳动已经不仅依靠体力，而且更多地依靠脑力，加上现代资本主义生产必须采用先进技术才具有竞争能力，因此，资产阶级仍然是为了自身的利益，在用资产阶级世界观塑造学生的同时，却也不得不把先进的自然科学技术知识教给人民。我国为了实现社会主义现代化建设，学校教育在以马克思列宁主义、毛泽东思想的科学理论武装学生的同时，必须以传授生产斗争知识即最先进的科学技术知识为主课，否则社会生产力就不能发展，我国就难以摆脱落后的被动挨打的局面。因此，我们现在可以理直气壮地提出，不仅在医治十年浩劫造成的创伤、恢复正常教学秩序的时候，而且在建设高度的社会主义物质文明和精神文明的时候，学校教育中把智育放在第一位，都是不以人的意志为转移的规律。

其次，从学校教育工作的次序来说，智育也要放在第一位，也就是说要通过智育来进行德育。反对“智育第一”的人们忘记了我们的德育是共产主义道德教育，不是宗教迷信。共产主义是建立在科学基础上的，它是人类最先进的科学。要培养学生共产主义道德，养成学生共产主义的信念，没有科学知识是不行的。如，共产主义的世界观，包含着辩证唯物主义和历史唯物主义。没有一定的自然科学知识和社会科学知识，就不能牢固地掌握马克思主义哲学，就不能树立共产主义世界观。又如，我们要对学生进行爱国主义教育，如果不给学生以祖国历史、地理等方面的知识，他们就不可能牢固地树立起热爱祖国的思想。又如，我们要教育学生爱好科学，如果不使学生知道自然科学是人类控制自然、改造自然、利用自然不可缺少的知识，马克思主义的社会科学是劳动人民求得解放所不可缺少的知识，他们就不可能树立起热爱科学的思想。我们应当牢记：列宁在反对旧学校用“数不胜数的、九分无用一分歪曲了的知识来充塞青年的头脑”的同时，特别强调青年必须“能具备现代有学识的人所必备的一切实际知识”，强调“只有用人类创造的全部知识财富来丰富自己的头脑，才能成为共产主义者”。① 因此，我们可以说，否定智育的重要性，也就排除了进行德育的可能性。

再次，从学校教育工作的分量来说，智育占的比例很大。学校不是教堂，不能搞道德说教；学校也不是生产单位，不能让学生过多地从事生产劳动；学校要用百分之八十以上的时间来从事各科教学。学校应以教学为主，这是教育工作的规律。否则，我们还要办学校干什么？林彪、陈伯达搞什么停课闹革命，让学生去打砸抢；江青、张春桥搞什么“开门办学”，让学生到工厂、农村和商业部门去劳动。他们一伙借口反对“智育第一”，实际上是取消了智育，妄想消灭学校，彻底破坏我们的教育事业，推行万恶的愚民政策。这当然是全国亿万人民所不能容许的。

因此，我认为在学校教育中把智育放在第一的位置，是符合教育工作规律的。

七、不能把“智育第一”看作“智育唯一”

从以上的分析，我们看到，学校教育的主要任务是智育。而且相对地说，只有智育的任务是学校可以单独承担的；德育、体育的任务往往不是学校单方面所能承担得了的。尽管如此，我们绝不能把智育看作学校的唯一任务，绝不能把“智育第一”变成“智育唯一”，否则我们就要犯极大的错误。

从德育方面看，儿童道德品质的形成，受家庭和社会的影响很大。初入学的儿童，早已不是一张白纸，他们从家庭、幼儿园、社会上必然带来许多行为习惯，其中好的要保持和发扬，不好的要纠正和代替。这是学校教育的一项重要任务。学校除了通过自己良好的校风，树立正常的生活制度和教学秩序，还要通过各科教学来培养学生的道德信念、情感和意志，为学生养成良好的行为习惯创造适当的条件。学校还要同家长，同校外教育机关合作来教育儿童。对短期参加工农业生产劳动的学生，学校还要同工厂车间或生产队合作进行工农业生产知识的教育和遵守操作规程、热爱义务劳动的教育。学校还要同少年先

① 《青年团的任务》，《列宁选集》第四卷，第 348 页。

锋队和共产主义青年团一起组织各项活动来促进学生德、智、体诸方面的发展。

至于体育方面，虽然儿童体质的强弱要受遗传因素和生活条件的影响，学校仍然必须积极组织学生的体育锻炼。因为健康的身体是优良的品德和丰富的知识的物质基础，没有强健的身体，学的知识再多也不能为人民服务；如果身体不好，虽有心要学雷锋，做好事，也会力不从心，更谈不上承担艰苦的生产劳动和光荣的保卫祖国的任务了。所以学校对学生的体育丝毫也不能忽视。学校除了用各项体育活动锻炼学生身体外，还要通过这些体育活动培养学生诚实、正直、守纪律、爱集体、团结合作、坚韧不拔等优良的道德品质。学校生理卫生知识的教学，也有助于学生养成合理的卫生习惯，保持身体的健康。

总之，我们必须善于利用德育、智育、体育等这种互相促进、互相补充的作用，来提高教育质量。当前要注意的是在重点学校重点班，出现了学生学习负担过重的现象。一方面应当用研究教材、改进教法等办法来克服；另一方面还要对学校教育的任务有全面的理解，即在强调智育的同时，绝不可以放松学生道德品质的培养和强健体魄的锻炼。

1979 年 3 月 5 日写成

载《论教育规律及其他》，
湖南教育出版社 1983 年版。

中华人民共和国中小学思想品德教育概况*

今天我们有机会欢迎来自友好邻邦日本的同行们，并且交流教育经验，感到非常高兴。

听说朋友们希望了解我国学校对学生进行辅导工作的情况。我国学校的辅导工作范围很广：有思想品德方面的辅导；有课内课外作业方面的辅导；有体育卫生方面的辅导；对于高中毕业班，还有升学就业方面的辅导。我想简单地介绍一下我国中小学关于思想品德方面的辅导情况。

一、关于思想品德教育的内容

从1949年中华人民共和国成立，我国学校就对学生进行爱祖国、爱人民、爱劳动、爱科学、爱护公共财物的“五爱”教育。这“五爱”也是我国全体国民的公德。

50年代（1955年）和60年代（1963年）中央人民政府教育部两次颁布过《小学生守则》和《中学生守则》，守则规定的都是学生们必须养成的一些道德品质和文明行为。

50年代末，中共中央和国务院指示要培养教师和学生的阶级观点、群众观点和集体观点、劳动观点及辩证唯物主义观点。当时结合这些还进行革命理想教育、革命传统教育，学习革命领袖和革命先烈及英雄模范人物的先进事迹。60年代初还开展了学雷锋运动。所有这些，对于培养学生坚定正确的政治方向，艰苦朴素的工作作风，对于提高学生的社会主义觉悟，养成他们勤奋学习、遵守纪律、尊敬师长、团结友爱、言行一致、关心集体、艰苦奋斗、助人为乐的思想和行为，都起了很好的作用。

* 这是1981年8月作者在欢迎日中教育交流恳谈会第四次访华团座谈会上的发言。

受过这些教育的青少年中，极大多数人的思想品德状况是很好的。这具体表现在他们大学毕业以后，能自觉地服从国家的分配，到艰苦的地方去，到祖国最需要的地方去，愿意用自己的辛勤劳动，来建设我们的社会主义国家。近两三年，我到过内蒙古、新疆等地，见到很多50年代和60年代前期的大学毕业生。他们远离家乡，远离大城市，到边疆少数民族地区去工作，坚持了十多年、二十多年，工作也有成绩。我看这是当年教育效果的最好证明。大多数没有升学的青年，在各行各业也都能踏实、勤恳地工作。

很不幸，由于在所谓“文化大革命”期间（1966—1976），林彪、江青反革命集团对教育事业的大破坏，在这个期间成长起来的有些青年人堕落了，有些甚至误入歧途。

最近几年，为了拨乱反正，恢复了“五爱”教育，强调要培养“三好”（德、智、体）学生。1979年教育部重新公布了中小学的学生守则。今年，一些群众团体又在包括学校在内的全社会，提倡“五讲”、“四美”。“五讲”是讲文明、讲礼貌、讲卫生、讲秩序、讲道德，“四美”有心灵美、语言美、行为美、环境美。这从积极方面来看是为了建设社会主义的精神文明，从消极方面来看是对被耽误了的青年一代进行再教育。大家知道，再教育总要比教育困难得多。

二、关于思想品德教育的组织

我国中小学校每班都设有班主任教师，负责这一班学生的全面教育，当然主要是思想品德教育。每班学生选举三人到五人成立班委会，协助班主任教师工作。他们有的管学习，有的管生活，有的管文娱体育活动等。

从小学三年级起到初中三年级（9—15岁），在学生中有少年先锋队的组织，红领巾是少先队员的标志。少先队现在吸收全体适龄的少年儿童参加，这样可以鼓励全体学生积极向上，努力求进步。在小学里，班主任兼本班少先队辅导员；在初中，少先队辅导员往往由本校高、中年级学生中优秀的共青团员来担任。

经验证明，从儿童时期起就把他们组织起来，让他们在教师辅导下自己教育自己，是进行思想品德教育的好办法。

从高中起就有共产主义青年团的组织，团员应当是品学兼优的学生，或者说德、智、体几方面都发展得比较好的学生。吸收团员要比发展少先队员的要求高一些。但是，青年团也是教育青少年的组织，应当吸收要求进步的学生入团，让他们在团组织中接受教育。团的活动一般都吸收非团员参加，以扩大教育影响。团员在品德修养、课业学习、体格锻炼几方面都起模范带头作用；要学会严格要求自己，虚心接受批评，认真自我批评；还要学会耐心、诚恳地帮助后进同学。班主任教师也要辅导本班团支部的工作。

有些小学，如上海市虹口区第三中心小学，在儿童初入学起就有红星儿童团的组织，但不普遍。

顺便说说，共青团和少先队组织，在所谓“文化大革命”期间已被破坏了。当时改用“红卫兵”、“红小兵”这些名称，却没有起到什么教育作用。团、队组织也是在近几年才恢复活动的。

三、关于思想品德教育的途径

我国中小学的思想品德教育，大致通过下列途径来进行。

（一）中学的思想政治课和小学的思想品德课。

（二）中小学的各科教学。

（三）各种班集体的活动（如小学的晨会、夕会和周会，中学的班会）。

（四）少先队的队日活动、共青团的组织生活。

（五）参加力所能及的自我服务劳动、公益劳动和生产劳动。

（六）其他课外活动和校外活动。

我们知道人的道德品质包括道德知识、道德感情、道德信念、道德意志和道德习惯几个方面。

通过思想政治课和思想品德课，可以灌输比较系统的道德知识。

通过各科教学除了增长道德知识外，还可以培养道德情感，树立道德信念。

通过集体活动可以养成道德行为习惯。

通过团队活动可以培养道德情感，锻炼道德意志。

通过各种劳动和课外校外活动，特别有助于锻炼道德意志，养成道德行为习惯。

班主任教师固然是一班道德教育的负责人，但各科教师也不能只教书而不教人，放弃道德教育的责任。

经验证明，各种劳动实践是克服道德知识和道德行为脱节现象的最有效的途径。学生在各项劳动中的表现是考核他们道德品质的重要手段之一。因此，我们认为绝不能单单根据政治课的学习成绩，来判断学生道德品质的高低。

四、关于思想品德教育的方法

大家都知道，要教育学生，必先了解学生。要了解学生，就要对学生进行观察，与他们谈话，并访问他们的家庭，等等。一般常用的说服、示范、批评、奖惩等办法我也不去说它。现在，我只向朋友们介绍几句口诀。这是近年来我国教师总结转化后进学生的成功经验而提出来的。

（一）动之以情——这就是说要真心诚意地爱学生，使学生感到老师是爱护他们的，关心他们的，是为他们好的；然后他们受了感动，才会接受教育。

（二）晓之以理——这就是说要进行说服教育，要正面讲道理，而不是一味批评、指责。

（三）导之以行——这就是说教师要以身作则，引导学生把已经知道的行为准则付诸行动；不是只说不做，而是知了就行，力求做到言行一致。

（四）持之以恒——这就是说，不要怕反复，要不断地进行教育，坚持不懈地进行帮助，直到学生养成良好的行为习惯为止。

1981 年 8 月 5 日

据作者手稿排印。

加强爱国主义教育　提高普通教育质量*

一、爱国主义的概念及它同民族主义、世界主义、国际主义的关系

（一）什么叫爱国主义

爱国主义是由一定的社会经济条件产生的。它是一种在不同的时代具有不同内容的历史现象。它是社会意识的极其重要的因素。首先要有国家的建立然后才会有爱国思想。最早建立的国家是奴隶主的国家，那个国家只有奴隶主去爱它，广大的奴隶是不爱的。所以在奴隶社会无所谓爱国主义。封建社会地主阶级统治的国家已经有了爱国主义的萌芽。在中国古代，爱国和忠君是联系在一起的，历史上出现过不少爱国主义的英雄人物。欧洲在民族和民族国家形成时期，在资本主义上升时期，在资产阶级破坏封建制度和封建割据而把民族联成一体，并以全民族的代表身份出现的时候，爱国主义有特别重要的意义。

在殖民主义、帝国主义、霸权主义猖獗的时候，被压迫民族的爱国主义更加具有特别重要的意义，它是争取民族独立和民族主权的思想武器。没有爱国主义，不去为祖国的独立和民族的解放而斗争，是不能把侵略者赶跑的。

已经取得民族独立的国家，爱国主义仍然具有特别重要的意义。它是巩固祖国独立、建设祖国和保卫祖国的思想动力。

中国共产党人、老一辈无产阶级革命家，是真正的爱国主义者。他们是有觉悟的劳动人民（包括工人、农民和知识分子）的代表。他们始终是捍卫本民族独立、反对外来侵略的战士，也是反对本民族的卖国、独裁和内战的反动统治者的战士。正是在他们的先锋模范作用下，中国人民取得了一个又一个的

---

* 这是作者于 1983 年 9 月先后在西宁和兰州，由青海和甘肃两省教育学会、甘肃省教育学研究会等单位主办的报告会上的讲演纲要。

胜利。

当前要完成社会主义现代化建设、统一祖国和反对霸权主义三大任务，爱国主义教育特别重要。必须使我们的子孙后代都了解祖国的历史，都认识祖国的现状，都珍视社会主义祖国来之不易，都树立远大的共产主义理想。为此就要首先以爱国主义教育来提高他们的觉悟，使他们能自觉地参加到建设祖国和保卫祖国的斗争中来，做一名忠于祖国的劳动者和战士。要能把个人利益服从于祖国利益，为维护祖国的尊严、争取祖国的富强而贡献自己的力量。

（二）什么叫民族主义及它同爱国主义的联系和区别

对民族主义也要做具体分析。民族主义在被压迫民族手中是争取民族独立和国家主权的思想武器。我国资产阶级革命民主主义者孙中山先生所倡导的民族主义，经过中国共产党人的帮助，成为新民主主义革命的纲领之一：对外反对帝国主义的侵略，对内国内各民族一律平等。这种民族主义是同爱国主义一致的。

民族主义在资产阶级特别是帝国主义者的手中是挑起民族仇恨、制造民族纠纷，以便巩固一个民族对其他民族的统治或者从中渔利的工具。一切狭隘的民族主义之所以应当反对，因为它违背争取民族独立和主权的原则，违背了爱国主义的前提。

恩格斯说："奴役别的民族的民族，本身也是不得自由的。"许多民族纠纷往往都是各民族中统治阶级挑起来的，劳动人民在民族斗争中不能得到自由解放。即使是压迫者民族中的劳动人民，他们也受着本民族的剥削阶级的压迫。所以马克思主义者一方面强调反对帝国主义、霸权主义的侵略，同时要强调各民族（包括帝国主义、霸权主义国家的）劳动人民的联合斗争，即阶级斗争。这是帝国主义时代民族主义口号的新含义。

帝国主义时代的资产阶级还用世界主义的口号来麻痹各民族人民，是爱国主义者应该反对的。

（三）什么叫世界主义及为什么爱国主义者要反对世界主义

世界主义是一种宣传漠视自己祖国利益、漠视民族传统、漠视民族文化、放弃民族主权的反动的资产阶级思想体系。这种宣传是在承认"整个世界是每一个人的祖国"的幌子下进行的。实际上现代帝国主义思想家所传播的世界主义，是垄断组织反对各国人民的民族独立的工具，是在政治上经济上奴役自由人民的思想武器。帝国主义者力图宣传什么世界主义、"世界政府"等思想来麻痹人民，并在他们中间培植背叛祖国、出卖民族利益的思潮。

世界主义也是现代资产阶级的思想体系。他们把自己的狭隘的阶级私利看得高于一切，为此，他们不惜出卖民族利益。因此，斯大林在苏共第十九次代表大会上说过："从前，资产阶级被当作民族的首领，它维护民族的权利和独立，把民族的权利和独立看得'高于一切'。现在连'民族原则'的影子也一点没有了。现在资产阶级出卖民族的权利和独立来换取美元。民族独立和民族主权这面旗帜已经被抛在一边了。"世界主义成了他们出卖民族利益的掩蔽物、遮羞布。所以斯大林号召那些尚未取得政权的共产主义政党的代表们应当高举民族独立和民族主权的旗帜前进，"如果你们愿意做自己国家的爱国者的话"。

一切崇洋媚外的思想，不是爱国主义思想。当然，我们并不反对吸收外国进步的文化，而且要把外国先进的科学技术拿来为我所用。我们尊重各国人民创造的民族文化及其成就，但是反对盲目轻信，生搬硬套。

（四）什么叫国际主义及它同爱国主义的关系

国际主义是各国无产阶级和劳动人民国际团结的思想。无产阶级国际主义同资产阶级世界主义是完全对立的。它表现着各国工人阶级和全体劳动人民的民族利益是一致的，它表现着真正人民的爱国主义同全世界无产阶级反对资本主义而斗争的团结精神也是协调的。当前无产阶级国际主义要求把为争取社会主义、反对霸权主义而斗争的各民族劳动人民团结起来。

《共产党宣言》首次宣布了无产阶级国际主义思想。每个国家、每个民族的工人阶级都在为自己的社会解放、为推翻资产阶级政权、建立无产阶级专政而斗争。各民族工人阶级的斗争都是息息相关的。反动的资产阶级是各民族劳动人民的共同敌人。所以马克思、恩格斯提出了"全世界无产者，联合起来"的口号。

在无产阶级国际主义中，无产阶级对自己祖国真正的热爱，要使祖国摆脱民族压迫和阶级压迫的愿望，是同对其他国家劳动人民争取独立、自由和社会主义及反对殖民主义、帝国主义和霸权主义的斗争，和谐地结合在一起的。

无产阶级国际主义主张大小民族都对发展世界文化有所贡献，应当一律平等。

无产阶级国际主义是反对帝国主义战争的思想武器。第一次世界大战时期，帝国主义资产阶级提出"保卫祖国"的口号来动员本国劳动人民去为他们当炮灰。无产阶级应当是帝国主义战争的失败主义者，不去保卫那个资产阶级的国家机器。第二国际修正主义者在第一次世界大战时期就犯了机会主义的错误。

毛泽东在1938年中国共产党的六届六中全会的报告中，对爱国主义做了具体分析，并特别讲到爱国主义和国际主义的关系。他说："爱国主义就是国际主义在民族解放战争中的实施。"并号召每一个共产党员"英勇坚决地走上民族解放战争的战场"。他把被侵略民族的爱国主义同无产阶级国际主义很好地结合起来了。

二、爱国主义思想是共产主义思想的起点，爱国主义教育是共产主义教育的起点

当前，我们正在建设社会主义精神文明。社会主义精神文明是以共产主义思想为核心的。

有些同志常把共产主义挂在口头，要求学生具有共产主义理想。但是，共产主义是科学，没有自然科学知识和社会科学知识，就不可能有共产主义理想，所以光喊共产主义的口号并不能培养共产主义理想。

社会主义觉悟可以说是共产主义理想的初步。真正的社会主义觉悟也不是凭空产生的，它也必须有科学知识做基础。现在有些人在挖社会主义的墙脚，反映出他们连起码的社会主义觉悟也没有。这种人如果是个共产党员的话，继续留在党内是非常不合适的。不仅玷污了党的纯洁，而且歪曲了党的形象，降低了党的威信。

爱国主义应当是社会主义觉悟的重要组成部分。那些挖社会主义墙脚的人，往往不顾人格、国格，唯利是图，贪赃枉法，连一点爱国主义的影子也没有。所以不可能设想，一个连自己祖国都不爱的人会具有社会主义觉悟。

无数事实证明，许多爱国主义者为了寻求救国救民的真理才走上社会主义道路的。老一辈无产阶级革命家都是这样走过来的。

因此，爱国主义思想应当说是共产主义思想的起点。在帝国主义和无产阶级革命时代，一切爱国主义者只有走社会革命的道路——当然要分阶段，先进行民族民主革命，再进行社会主义革命，都要纳入无产阶级世界革命的轨道，即要走社会主义、共产主义革命的道路，才能保卫祖国的独立和自由，才能求得民族的解放和振兴。

在现在世界上，只有爱国主义者才能成为真正的共产主义者。那些不顾自己祖国、自己民族的利益，去推行超级大国的霸权主义政策的人，或者武装侵略自己的邻国，给自己祖国人民带来无谓牺牲的人，都不是爱国主义者，更不是共产主义者，尽管他挂着共产党人的招牌。

我们对中小学生进行理想教育，不能成人化，不能好高骛远，要从他们所能理解和体会的事实开始。爱国主义教育，比较具体实际，符合从感性认识到理性认识的规律，所以说它是共产主义教育的起点。

我们首先要培养学生争取祖国富强的愿望，然后才能进一步培养他们具有共产主义理想。为什么我们中国富强了而不称霸？国外许多人用资产阶级世界观来观察问题，他们是不可能理解的。

我们的爱国主义是同国际主义联系着的。只有树立无产阶级世界观，才能树立共产主义的理想。这也不是口头说教所能奏效的，要付诸行动。如，绿化祖国是当前一项重要的爱国主义行动，应当让学生积极参加，发扬“前人栽树，后人乘凉”这种不计个人得失的精神。所以说，爱国主义教育是共产主义教育的起点，因为爱国主义教育中包含着共产主义教育的幼芽。

三、爱国主义教育的效果是衡量普通教育质量的重要依据

普通教育要求学生在品德、智力、体质以及审美观念、劳动技术等方面全面发展。爱国主义教育在全面发展的教育中具有重要的地位。

（一）爱国主义教育是德育的任务和内容

培养爱国主义者是共产主义道德教育的任务，也是整个教育的任务。“五爱”（爱祖国、爱人民、爱劳动、爱科学、爱社会主义）教育是道德教育的重要内容。爱国主义教育在“五爱”教育中居于首位。

（二）各科教学是实施爱国主义教育的重要途径

在1983年7月2日中共中央宣传部和中共中央书记处研究室发布的《关于加强爱国主义宣传教育的意见》中，列举了十个宣传项目：

1. 祖国新貌和建设成就；
2. 英雄人物、先进集体的模范事迹；
3. 成功的建设经验；
4. 祖国的壮丽河山；

5. 重大的历史事件和著名的历史人物；

6. 历代杰出的文艺家及其作品；

7. 历代杰出的科学家及其贡献；

8. 历代文物；

9. 各族人民对祖国的历史贡献；

10. 侨居国外的爱国者和世界各国的著名爱国者。

这十个宣传项目，都是可以通过各科教学来讲授的。

各科教材中本来就有丰富的爱国主义教育内容，在教学各科知识、技能的同时，都可以结合着进行爱国主义教育。

（三）爱国主义教育是体育固有的目的之一

体育和军事训练有密切关系，而军事训练同巩固国防又是分不开的一件事。

体育教学的口号或动员学生锻炼身体的口号是“锻炼身体，保卫祖国；锻炼身体，建设祖国”。

（四）美育是爱国主义教育的重要手段

1. 有爱国主义教育内容的文学作品的阅读、欣赏和创作；

2. 有爱国主义教育内容的音乐作品的歌唱、演奏、欣赏和创作；

3. 有爱国主义教育内容的美术作品的欣赏和习作。

（五）劳动技术教育与爱国主义教育

为建设社会主义现代化强国而从事劳动，学习技术。

总之，培养爱国主义者应是我们普通教育的目的之一。我们要普及义务教育就是要使我国人民，人人都爱祖国，人人都能团结奋斗，振兴中华。不可能设想，一个受过全面发展教育的人却不爱自己的祖国。因此，我们可以说，爱国主义教育的效果是衡量普通教育质量的重要依据。

四、爱国主义教育与德育过程的心理结构

（一）道德认识（知）的培养

要晓之以理，知是起点。前述中央关于爱国主义教育的意见中要注重宣传的各项，都离不开知识。无知也可能是缺乏爱国主义精神的原因之一。

知识的来源不仅靠各科教学，还要开展课外活动和校外活动，来扩大学生

的知识面，帮助学生打好道德认识的基础。

（二）道德情感（情）的陶冶

要动之以情，情是动力。要把爱国主义的知识，化为爱国主义的行动，没有爱国主义情感的支持是不行的。

要爱憎分明，就要有新旧对比。要使学生憎恨帝国主义侵略者，憎恨昏庸腐朽的封建统治者，憎恨反动、卖国的官僚资产阶级，然后才能热爱新中国，热爱新中国的缔造者中国共产党，热爱新中国的社会主义制度。

美育在陶冶学生爱国主义情感中有重要作用，一首歌曲，一幅图画，一篇文学作品，都能起陶冶情感的作用。陶冶感情重在潜移默化，而不在口头说教。

（三）道德行为（行）的实践

要导之以行，行是表现。光有知识和情感，没有实际的爱国主义行动，还是不够的。必须引导学生从小养成爱祖国的行为习惯。

凡学生力所能及的事情（如绿化祖国、美化环境等）都要让学生有机会去做。当前重要的是要端正学习目的，要帮助学生树立为保卫和建设祖国而学习的志愿。学成以后要服从祖国的需要，到祖国最需要的地方去工作。

（四）道德意志（意）的锻炼

要持之以恒，意是毅力。在旧社会，革命是有罪的，爱国也是有罪的。许多志士仁人曾经为爱国、救国，为革命牺牲了生命。因此，做一个革命的爱国者，必须有坚强的毅力。坚强的毅力来源于崇高的目的。过去为了中华民族的解放，现在为了建设高度文明、高度民主的社会主义强国，振兴中华，都是崇高的目的。必须教育学生养成不达目的绝不罢休的精神。

这种意志的锻炼除了依靠平日刻苦的学习以外，还要在公益劳动和社会活动中考验。

五、爱国主义教育与学校课程和教学

第一，课程设置要按照人类认识规律和学生身心发展，循序渐进地妥善安排。

要纠正课程设置中的重理轻文倾向，充分发挥历史、地理学科教学在爱国主义教育中的作用。

第二，一切学科的教学都有必要和可能进行爱国主义教育。教师要善于结合原有教材，渗透爱国主义教育的内容，不需要也不应该脱离教材另搞一套。

第三，教师在备课时要研究教材中的思想教育因素，有计划、有目的地安排和引导，使学生能根据学习的内容，经过深思熟虑，自己得出爱国主义的结论。

第四，爱祖国是从爱家乡开始的。怀乡之情就是爱国之情。各地方要编辑乡土教材，向学生介绍乡土人物、山川、名胜、古迹、特产、交通、革命传统、新旧对比等等，为培养学生爱乡观念创造条件，为爱国主义教育打好基础。

第五，要带领学生走出教室和学校，参观、访问、调查研究。远足、旅游是增加学生对家乡和祖国感性认识的好办法。运用各种电化教育手段（电影、电视、幻灯）可补感性认识之不足。

第六，要组织各种课外活动、公益活动和公益劳动，使学生有行为实践的机会，也是考核学生思想品德的方式之一。

六、爱国主义教育与教师自身的修养

第一，教师决定着课程的思想政治方向。教师自身的思想意识如何，决定着教育的质量，特别是思想教育的质量。

第二，教师的一言一行都对学生起着教育作用、示范作用、感染作用。如果教师没有爱国主义感情，就不可能感动学生。不同的教师教同一篇语文教材，往往效果不一样。有的只完成了语文教学的任务，有的在完成语文教学任务的同时还完成了爱国主义教育的任务。

第三，教师要经常阅读报纸杂志，搜集可以用来丰富爱国主义教育内容的各种资料，结合教材的具体内容来补充一些新的事实、新的数字，增强爱国主义教育的说服力。

第四，教师要通过参观访问、调查研究、阅读文献，编辑乡土教材，进行爱国主义教育。乡土教育是爱国主义教育的起点。学生耳闻目睹的感性知识，是最好的爱国主义教材。教师要熟悉当地的史实、掌故，了解过去和现在。祖国任何一个地方都是新中国的一个缩影。三十多年新中国建设的成就，在每一个城市都可以看到它的影子。要让学生从亲身的见闻中去了解旧社会、认识新社会，从而增强热爱社会主义新中国的感情。当然，教师自已先要有这种感情。

第五，教师要熟悉中国近代史（从鸦片战争到新中国成立）。这是殖民主义、帝国主义变中国为殖民地、半殖民地、半封建社会的历史，也是中国人民觉醒、团结、奋斗，探寻民族解放道路，推翻“三座大山”的历史。要认真学习《毛泽东选集》第一至四卷，了解斗争历程的艰辛。这是所有教师的共同任务，不仅是文科教师的任务。任何一位教师首先要成为爱国主义者，才能进一步成为共产主义者。

1983 年 8 月

载《师范教育和教育科学》，
人民教育出版社 1985 年版。

进一步认识注入式的危害

1982年我参观过两市一县十四位中小学老师的十四节课，除了三四节课外，其他十节课都是“满堂灌”。就是说注入式教法在我们社会主义中国的学校中还在广泛流行。这不能不使我感到不安。

反对注入式，提倡启发式，在我国教育界至少已经有半个世纪之久了。但是反对尽管反对，注入式依然流行，远未废止。这是值得深思的。

教学是有目的有计划的活动。一定的教学内容和一定的教学方法总是为一定的教育目的服务的。封建社会的教育目的是要培养盲目服从、迷信“权威”、听天由命、照章办事的官吏。它的教学内容有许多并非客观真理，经不起实践检验，因此只能靠注入式、填鸭式的方法强加于人。这样的方法让学生接受的是规定好了的死知识，不要求他们动脑筋思考。其中有些知识（如宗教教义）来自绝对权威，不容许有丝毫怀疑。久而久之，学生就自然养成盲目服从的习惯，以为凡是出自权威人士之口的话都是正确的，凡是写入书本的话都是可靠的。值得特别注意的是小学教师在儿童心目中也是权威人士，教师的一言一行都对儿童发生深刻的影响。

即使教师传授的是现代科学文化知识，如果采用注入式的方法来传授，不仅不能发展学生的智力，培养学生的能力，而且危害更大的是无形中养成学生依赖的思想和盲从的习惯，不可能把他们培养成善于独立思考、富于创造才能的人。同注入式教法相联系的是死记硬背的学法。凭死记硬背获得最高考分的所谓“高考状元”，入学后不适应高等学校的学习生活因而退学的事，不已经给我们敲响了警钟吗？

这就是我看到注入式教法在80年代的学校中还很流行而不免感到忧虑的缘故。

注入式为什么会有这样强大而持久的生命力呢？要分析起来，原因很多。目前社会上片面追求升学率的歪风，对于注入式的流行起了推波助澜的作用。

但是，根本说来是我们目前的教师队伍，缺乏教育科学修养，极大多数没有受过师范教育；受过师范教育的也大都因为师范教育有名无实，师范生在学期间，没有得到足够的教育专业训练。再加上许多教师学识水平不高，只能照本宣科，现学现教。今后，唯有认真办好师范教育，提倡教师在职进修，加强师资队伍的建设，不断严格教师任用制度，提高师资水平和他们的物质生活待遇，吸收优秀青年来从事教学工作，才能够逐步废止这种用起来阻力最少而实际上危害最大的注入式教法。对于小学教师的培养和任用，尤其要十分注意，不能轻视小学教师的地位和作用。

其次，对注入式危害性的批评，往往只停留在方法本身的缺点上，如，不把学生当作学习的主体，不能提高学生学习的积极性和自觉性之类。近来重视培养能力、发展智力，也只是说它对此不利。这些虽然都是对的，但是没有抓住要害，没有提到意识形态和社会制度的高度来认识。我想，今后我们要进一步认识注入式的危害，实事求是地指出：它是封建社会传授宗教教条所需要的方式，同我们社会主义社会传授科学真理的要求是不相适应的；它只能培养出封建社会所需要的盲目服从的、照章办事的官吏，同我们社会主义社会培养有社会主义觉悟的、善于独立思考、富于创造精神的、积极自觉的劳动者的要求更是背道而驰的。我希望教师同志们大家都来这样认识注入式教法的危害，而坚决摒弃它，永远废止它。

1983 年 3 月

载《师范教育和教育科学》，
人民教育出版社 1985 年版。

关于学校德育的几个问题*

一、关于德育的概念

在全国教育学研究会兰州会议以后，曾经把会员提交的有关论文编成一本《加强青少年的思想品德教育》；在福州会议以后又曾经编过一本《新时期的道德教育》。这证明我们研究会的会员同志，一贯重视德育，并有研究的成果。在上述第二本书的《编者的话》里，我们曾经对道德教育的概念予以扩大，使它包括思想教育、政治教育、思想政治教育、思想品德教育、政治思想教育及道德教育、道德品质教育、品德教育等等。

人民教育出版社现在正委托北京师范大学的李意如等同志编写一本《学校德育》作为师范教育丛书之一，主要供教师在职进修用。编写以前，我们曾讨论过德育的概念，也认为它是道德教育或者品德教育的简称，可以包括上列种种不同的称呼。

在小组会上，我听到有的同志认为德育不能同道德教育画等号，也就是说，不同意德育是道德教育的简称。我对这种看法有不同的意见。就好像“教育”一词有广义和狭义一样，“道德教育”一词也可以有它的广义和狭义，我们不必对它只进行狭义的理解，而否认“德育”就是“道德教育”的简称。现在的《宪法》里有一条（第四十六条）说“国家培养青年、少年、儿童在品德、智力、体质方面全面发展”。我们把“德育”看作“品德教育”的简称也未尝不可。

顺便说说，“德育教育”一词，同“美育教育”、“体育教育”等一样，都是叠床架屋，语义重复，不宜采用。

---

* 这是作者 1985 年 6 月 28 日在南京师范大学举行的、全国教育学研究会德育专业委员会主办的德育学术讨论会上的发言要点。

二、探寻教育规律，遵循教育规律

我们国家，封建主义的积习太深，往往习惯于按“长官意志”办事，不习惯于按科学规律办事。教育界也不例外。

我们研究教育学，就是要探寻教育规律，以便自觉地遵循教育规律来办学，提高教育质量和效率。

教育学作为一门科学，它的规律有共性，这个共性的部分，古今中外都适用。

教育学作为一门社会科学，它的规律又有个性，这个个性的部分，在不同的社会发展阶段，在不同的阶级领导的国家，各自发挥其作用。

我们中国是无产阶级领导的社会主义国家，我们要建立有中国特色的社会主义教育学，在强调个性的同时，不拒绝继承祖国优秀的教育遗产，不排斥外国对我们有益的教育理论和经验。当然，我们的继承是批判地继承，我们的借鉴是批判地借鉴。

我讲这一段话的意思是希望不要过分强调时代的特点而忽略了首先应当遵循的共同规律。如果我们能按照共同的规律办事，适应新时期的特点是并不困难的。

我认为办教育既然有规律可循，就要按照规律去做，而不要看风向、随风倒，这样容易忽左忽右、无所适从。如果按规律办事就能胸有成竹，稳步前进。

下面举例说明不能把久已总结出来的教育规律（如禁于未发、循序渐进和因材施教等）看作陈腐的传统教育思想。传统教育思想有陈腐的，也有应当批判继承的。

（一）“禁于未发之谓豫”是两千多年前我国古人总结出来的一条教育规律。现在的说法是“预防胜于治疗”。教育者要做到禁于未发，必须有预见，预见来源于对教育规律的认识，来自对教育对象的了解，也来自本身的教育经验。

我们许多优秀教育工作者的经验，也证明了这条规律的重要。照它做了就成功，不照它做就失败。“发然后禁，则扞格而不胜”嘛。

“禁于未发”既体现了教师的主导作用，又容易保持学生的主体地位。

“发然后禁”往往使学生丧失了主体感，甚至造成师生对立。

（二）“当其可之谓时，不陵节而施之谓孙。”这也是《学记》说的。现在说“循序渐进”，序就是“时”和“节”。

我这里想强调教育必须“循序渐进”，打好基础，一步一个脚印地前进，不能大跃进，一口吃不出一个胖子来。

德育就是要从家庭教育、幼儿教育、小学教育抓起。父母是子女的第一任老师，父母的一言一行都要能给子女做表率。现在各地办家长大学、父母大学的办法是很好的。

幼儿教育现在尚未受到应有的重视，所以儿童入学以前，很可能已经养成一些不好的习惯了。

小学是学校教育的开始，是我们学校教育学研究的开始。对小学儿童的德育应当研究，如果小学教育的基础打得好，到少年、青年时期进行教育就顺利得多。我们如果不重视小学教育，不重视培养小学教师，是错误的，必须根本改变。

德育要“循序渐进”必须避免成人化的积弊。儿童教育成人化，是资产阶级教育家就反对的。因为它违背了受教育者身心发展的规律。我们现在对初中学生上政治课、讲青少年修养、讲社会发展简史，都是一种成人化的做法。高中学生的政治课讲“辩证唯物主义常识”和“政治经济学常识”也是一种成人化的做法，收效是很少的，是得不偿失的。辩证唯物主义观点的形成要靠各科教学一点一滴的积累，历史唯物主义的观点形成也是如此。要用人类千百年来积累的知识丰富学生的头脑，还要使他们对知识融会贯通，而不是死记硬背，这样才能化为自己的血肉，形成自己的思想、观点和信念。不能误解“共产主义思想要靠灌输”的说法。灌输不是注入，不是说教，用科学知识来武装学生的头脑也是一种灌输，但要由学生自己从学习的知识中得出结论。

（三）因材施教。教学需要因材，德育更需要适应个别差异。所谓“一把钥匙开一把锁”，就是因材施教的形象化的说法。习惯于做大报告、集体训话的方式来进行德育是徒劳无功的无效劳动。

培养人就像园丁栽培果木一样，要一课一课地侍弄，一个人一个人地施教，这是非常辛勤的艰苦的劳动。

如果能形成一个集体，可以用集体的力量来教育个人，而不是由教师学生一对一地施教，教师的主导作用是施于集体的，那样的效果会更好。

三、关键在于教师要能以身作则，为人师表

这是一条颠扑不破的真理，也是一条千古不易的教育规律。我把它特别提出来是希望能够引起全社会的重视。

目前教师队伍不巩固，骨干教师纷纷外流或他调。师范大学向综合大学看齐，不重视专业训练。教师问题可以说是目前中小学教育中的一个关键问题，要提高教育质量，首先要提高师资质量。

陈云同志去年说希望教师能够成为最受人尊敬、最让人羡慕的职业。现状距离这个要求太远！然而，要想教育工作见成效，收到“提高民族素养，多出人才，出好人才”的目的，非实现这个希望不可。

据陈侠亲属手抄稿排印。

要从小培养儿童爱科学

从中华人民共和国成立的时候起，“爱科学”就同“爱祖国、爱人民、爱劳动、爱护公共财物”一起，被规定为全国人民应当具备的公德。现行的《中华人民共和国宪法》（1982）也把“爱科学”同“爱祖国、爱人民、爱劳动、爱社会主义”一起，定为全国人民应当具备的公德。这些公德都不可能自发地形成，而是要靠教育来培养的。特别是“爱科学”的公德需要从儿童幼小的时候起就注意培养。

儿童从会走路、会说话的时候起，就开始了认识周围世界的活动。起初，他们知道万物皆有名称，就会问：“这是什么?”“那是什么?”后来，他们知道许多事物都有用途，就会问：“这有什么用? 那有什么用?”“这能不能吃?”“那能不能吃?”到了五六岁，就要探究事物存在的原因，他们就会问：“这是为什么?”“那是为什么?”因此，科学启蒙教育从儿童在父母的怀抱里，在幼儿园里就应当开始了。成人应当认真对待孩子提出的各种各样的问题，并且要给以正确的引导。不要以为孩子提出的问题，我们一定都能解答得出，答得正确。许多成人自己没有受到良好的科学教育，往往是“科盲”，这就要虚心同孩子一起学习。孔夫子说过：知之为知之，不知为不知，是知也。不要强不知以为知，用不科学的话来回答儿童的提问。俗话说：“先入为主。”儿童的第一个印象是深刻的，因此应当特别重视启蒙教育。如果给儿童的第一个印象就是错误的，以后改正起来往往要费很大的力气。比如，黑暗本是自然现象，有些家长往往用黑暗来吓唬儿童，无形中造成儿童一种对黑暗的恐惧心理，不敢独自一人到黑暗的屋子里去开灯取东西。这种带有情感体验的错误印象，往往能持续很长时间，甚至长大成人了仍改不过来。由此可见，科学启蒙教育是非常重要的。

儿童接触到的自然界的事物是无限的，大至宏观世界的日月星辰、风雨雷电，小至微观世界的花草树木、鸟兽虫鱼。所有这些，我们都要帮助儿童形成科学的观念。特别要防止形成一种迷信的、错误的观念。一定要使他们知道自然界的万事万物都是客观存在的，不是由一种超自然的力量（如上帝）造成的。还要用具体的事实使他们知道，人类认识了自然界事物的规律以后，就能利用自然、控制自然、改造自然，为人类服务。这样来培养儿童学科学、用科学的兴趣，为培养未来的社会主义现代化建设人才打好基础。

没有科学知识的人不可能用科学，不会用科学就不能爱科学。所以我们要培养儿童爱科学的情感，首先要发展他们学科学的理智，还要训练他们用科学的技能。例如，在儿童幼年就应当让他们观察并参加植物的栽培活动（如种豆）、动物的饲养活动（如养蚕）等等。又如，我们要养成儿童不喝生水、不随地吐痰的习惯。倘若能将一滴河水、一滴痰液放在显微镜下，让儿童观察河水里有若干微生物在活动，痰液里也有病菌在活动，他们就会一辈子不敢喝生水，并且不随地吐痰了。

现在我们幼儿园里有让儿童认识自然环境的教学活动，小学到三年级才开始有自然常识课，因此有些地方错误地认为小学一、二年级没有科学教育的任务。

现在小学一、二年级没有单设自然课和社会课，这并非不要在低年级进行这两方面的教育。而是要通过语文课和数学课来进行这两方面的教育的。就是说，小学语文、数学都应当是综合课程或广域课程，它们除了教读、写、算以外，应当还要教儿童自然常识和社会常识。如果能够做到这一点，不另设自然课和社会课是可以的。为了集中力量让儿童在低年级掌握阅读的基本工具，认识1 500～2 000个字，减少设置的学科是可以理解的，但必须有计划地在语文、数学教材中，包含自然常识和社会常识的内容。

关键问题在教师。教师要能够承担科学启蒙教育的任务，自己就必须具有丰富的、正确的科学知识，而且善于结合当地情况，对儿童进行乡土教育，使儿童认识乡土自然环境和社会环境。我这里把社会和自然并举，是因为儿童生活的环境是一个整体，其中有自然的因素也有社会的因素。我们要让儿童认识自然现象，必然会联系到社会生活，教育者不孤立地进行某一方面的教育，而忽视它同其他事物的联系。这样说来，科学启蒙教育应当以启自然科学的启蒙教育为主，但也不能忽视社会环境的作用。同时，爱科学的教育也不应孤立地进行，而应当同爱祖国、爱人民、爱劳动、爱社会主义的教育联系起来、协调起来，才能收到更好的效果。因此，越是小学教师，越是低年级的教师，越要具有更高的教育科学修养和科学文化水平，他们比担任分科教学的教师要懂得更广，更加对各科知识融会贯通，然后，才能得心应手地教育儿童。整个教育应当重视培养师资，科学启蒙教育更应当重视培养师资。

1985 年 9 月 1 日于北京

载《科学启蒙教育》1985 年第 4 期。

为罗明基、刘舒生、彭永渭合编的《教学论》写序

罗明基、刘舒生、彭永渭三位同志合编的《教学论》一书，修改后即将正式出版，在我国教育学园地里又将有一朵鲜花开放。这是值得高兴的事。

罗明基、刘舒生两位同志都已年过花甲，他们在教育学园地里辛勤耕耘了大半生，即使在乌云压顶、暴雨倾盆之际，依然坚守育苗的岗位，做出不懈的努力。因此在雨过天晴、阳光灿烂的今天，他们的辛勤耕耘终于能得到丰收。彭永渭同志我虽不认识，想来也有类似的经历。他们都是忠于教师职守、忠于教育科学事业的知识分子的优秀代表，应当受到全社会的尊重。

以"教学论"命名的书籍，几年来国内已经出版几本，我因琐事羁身都未能仔细研读。罗明基等同志写的这本《教学论》，因为作者在初稿印出后就亲自送来命我审读，因此不得不先睹为快。但也未能全部读完。就我的印象来谈，这本书具有以下几个优点。

第一，这本书的篇章结构有所创新。如，把当前我国教学改革需要特别注意的几个问题：提倡启发式教学、重视发展智能、要求培养自学能力、强调培养创造能力等，都列有专章分别论述，因而比较结合中国实际。

第二，这本书的内容既介绍了本国教学改革实验的情况，也介绍了国外有关教学论的新思想，可以扩大读者的眼界。

第三，这本书在介绍教学论中的新事物的同时，也注意把教学的基本原理或规律介绍给读者。这一点我认为很重要。因为教育学是科学，科学是反映规律的。规律是不以人的意志为转移的。如果仅仅把一些令人眼花缭乱的新东西呈现在读者面前，而不去让读者掌握事物的规律，那么读者就无所适从，不知如何取舍。所以，一本科学著作讲清楚基本原理或规律是十分必要的。这一点，本书是基本上做到了的。

对本书感到不足的一点是对我国教育家的教学论思想，没有重点介绍。古代的且不去说，近代的如陶行知先生的教学论思想，就很值得研究探讨、批判

和发扬光大。陶行知先生是伟大的人民教育家，他对教育学做出过重大贡献，理应在我们的教育史、教育学和教学论书籍中重点论述他的思想、言行和业绩。这个意见以前没有提出，足见我以前也还缺乏足够的认识。现在趁应命写这篇序的时候，补充提出，以就教于作者和读者。

此外，这本书是自学教材，有些地方似乎过于注意言简意赅，而言简意赅往往并不便于自学。自学教材需要注意读者原有的知识基础和他们搜集到的参考资料的可能性。所以，凡提出的问题必须讲清楚，不能过于简略，以免造成自学的困难。这个意见不知是否正确，欢迎指教。

1986 年 9 月 14 日

据作者手稿排印。

略谈陶行知先生对我国教学论的重大贡献

——纪念陶行知先生逝世四十周年

伟大的人民教育家、卓越的爱国主义者、杰出的民主革命战士陶行知先生已经逝世四十周年了。四十年来，由于风云多变，我们对陶先生的道德、事业和文章研究得很不够。我国教育学界历来有重外轻中的倾向，虽然，对国外教育家的学说，我们也应当介绍，应当研究，但是如果对自己祖国教育家的学说，抱着虚无主义的态度，那就大错特错了。

党的十一届三中全会以来，先后出版了《陶行知文集》（1981年版）和《陶行知全集》（1984—1985年版），对于系统地研究这位伟大教育家的学术思想，提供了极大的方便。各地陶行知教育思想研究会的成立和学术活动的展开，对于研究、吸收、继承陶先生教育思想中有益于人民教育事业的学说，必将取得富有意义的成果。

作者虽然对这位伟大的人民教育家十分景仰，但是对他的学说思想缺乏深入的研究。只是由于早在30年代初期起就陆续读过他的一些著作，现在凭着一知半解，略谈他对我国教学论的划时代的不朽的贡献，以期引起我国教学论研究者的注意。倘能起一种抛砖引玉的作用，使陶行知先生的教学思想在我国教学实践中大放光芒，这正是作者的衷心愿望。

我想从认识论、心理学及教学内容和方法三方面，略谈陶先生对我国教学论的贡献。

第一，先从认识论的角度来谈。认识论是教学论的哲学基础。我国的教学论应当以马克思主义认识论为依据，自不待言。马克思主义认识论是辩证唯物主义认识论，就是毛泽东同志说的实践论。陶先生的教学论是否符合辩证唯物主义认识论或实践论的要求呢?

徐特立同志在《陶行知的学说》① 一文里，早就肯定了陶先生“在哲学上是一元论”者，“是一个唯物主义者”。这是毫无疑义的。陶先生是一位质朴的科学普及大师，他在文字上从不堆砌深奥的哲学名词术语，而总是用浅明易懂的语言，来说明深刻隽永的道理。

例如，陶先生在说明他的“教学做合一”理论的时候说：“教学做是一件事，不是三件事。我们要在做上教，在做上学。在做上教的是先生；在做上学的是学生。从先生对学生的关系说，做便是教；从学生对先生的关系说，做便是学。先生拿做来教，乃是真教；学生拿做来学，乃是实学。不在做上用功夫，教固不成教，学也不成学。”②

如果我们把陶先生强调的“做”字，理解为“实践”，那么“教学做合一”的思想是符合实践论精神的。因为“一切真知都是从实践发源的”，所以要在实践中教，在实践中学。因为“实践是检验真理的唯一标准”，所以，不在实践上用功夫，教固不成教，学也不成学了。

陶先生是否只强调学习直接经验而不主张学习间接经验呢？并非如此。陶先生举例说：“为种稻而讲解，讲解也是做，为种稻而看书，看书也是做。这是种稻的教学做合一。”③ 由此可见，陶先生强调的是有意义、有目的、有计划的学习，而反对机械的、盲目的、随机的学习。他用做来统率教和学，也就是用实践来统率教和学。过去有人把陶先生的“做”，简单地理解为杜威提倡的“由做而学”（learning by doing）的做，应当说是一种误解。因为陶先生的“做”指的是人的社会实践，而杜威的“做”指的是学习者的个人实践。

当然，陶先生的思想也是逐步发展的。例如，他本名文濬，初改名知行，后改名行知。因为知行有“知先行后”的色彩，改名行知符合他主张的“行是知之始，知是行之成”的主张。他曾在《行是知之始》④ 一文中直截了当地反对王守仁的主观唯心主义哲学思想。王守仁说的是“知是行之始，行是知之成”，企图用“知”来代替“行”，吞没“行”。陶先生针锋相对，强调“行是知之始，知是行之成”，即主张实践是认识的开始，认识是实践的产物。陶先

① 载《陶行知文集》（以下简称《文集》），江苏人民出版社 1981 年版。

② 《文集》第 185 页或《陶行知全集》（以下简称《全集》）第 2 卷第 42 页，湖南教育出版社 1985 年版。

③ 《文集》第 186 页或《全集》第 2 卷第 43 页。

④ 《文集》第 182 页或《全集》第 2 卷第 152 页。

生还引用了我国古代唯物主义思想家墨子关于亲知、闻知、说知的理论，来论证“行是知之始，知是行之成”的道理，都是用非常生动、通俗的语言，论说鲜明的观点，讲解深刻的哲理的。

陶行知先生一贯反对“读死书，死读书，读书死”的学风，他提倡“教学做合一”在当时是起了振聋发聩的作用的。目前我国学校还有“教学方法死板，实践环节不被重视”① 等弊病，陶先生提倡的“教学做合一”的思想至今还有现实意义，可供我们改革教学和教育工作时认真学习和研究。

第二，从心理学的角度来谈陶行知先生对我国教学论的贡献。

过去的教学活动是以教材为中心，以教师为主体的。教师只知道把教材（主要是书本知识）传授给学生，学生只知道按照教师的要求去学习书本知识。学生在教学活动中始终处在被动的地位。虽然欧洲从文艺复兴以后，人文主义教育家开始重视受教育者在教学过程中的位置，后来又有一些伟大教育家如夸美纽斯、卢梭、裴斯泰洛齐等人提倡按照受教育者身心发展的规律来施教，但是直到19世纪末20世纪初，心理学的研究，特别是儿童心理学的研究取得成果以前，受教育者在教学过程中的被动地位并没有根本改变。

中国是在半殖民地半封建社会里开始采用近代资本主义国家的教育制度的。中国封建主义的包袱非常沉重。教育上的“中学为体，西学为用”的方针使得封建主义的传统合法化了。所以即使在辛亥革命以后，教育界在教学思想上仍以教材为中心，以教师为主体，从不考虑受教育者是怎样学习的。因此当时把教师教书所用的方法称为“教授法”。

陶行知先生早在1918年就提出要把“教授法”改称“教学法”。看起来虽只改了一个字，却反映出两种不同的教学思想。因为“教授法”只限于教师一方的活动，而“教学法”却包括了师生双方的活动；“教授法”只强调了教知识的一面，而“教学法”却包含了教学生学习什么和怎样学习的意思。这是一种划时代的改变。一字之改表明了承认受教育者在教学过程中的地位。陶先生在《教学合一》② 一文里，提出教学要合一有三个理由：“第一，先生的责任不在教，而在教学，而在教学生学。”“第二，教的法子必须根据于学的法子。”“第三，先生不但要拿他教的法子和学生学的法子联络，并须和他自己的学问

① 《中共中央关于教育体制改革的决定》。

② 《文集》第13—14页，《全集》第1卷第87—89页。

联络起来。”——这里的三个理由都离不开心理学的研究：既然教师的责任是在教学生学，那么教师就必须了解学生，了解学生已有的知识基础，了解学生的兴趣和爱好，了解学生身心发展的状况，了解学生的优点和缺点，了解学生家庭生活环境，等等。所以西方有一位教育家曾对教师说：“首先要了解你的学生。”既然“教的法子必须根据于学的法子”，那么，教师就必须了解学生是怎样学习的。如果学生的感性认识不足，教师就要设法补充他们的感性认识；如果学生的逻辑思维能力不强，教师就要利用形象思维逐步帮助他们过渡到抽象的逻辑思维。要了解学生，就要研究儿童心理学；要了解学生是怎样学习的，就要研究学习心理学或教育心理学。教师只有了解学生的身心发展状况和学习新事物的凭借，然后才能做到因材施教。陶先生虽然没有明白要求教师去研究心理学，实际上却提出了研究心理学的任务。这是完全符合教学论要求的。只有建立在科学的心理学基础上的教学论，才是科学的教学论，才能指导教学实践。陶先生倡议改“教授法”为“教学法”，倡导“教学合一”和“教学做合一”，可以说是我国教学思想上的一次革命。陶先生就是这项教学思想革命的伟大旗手。他在我国教学理论发展史上的贡献，无论如何是不应当低估的。

第三，从教学内容和方法的角度来谈陶行知先生对我国教学论的贡献。

陶先生提倡生活教育和教学做合一，他对教学内容和教学方法也有许多精辟的见解。

在《教学做合一下之教科书》① 一文里，陶先生提出“过什么生活用什么书”、“做什么事用什么书”的主张。他认为书是工具，读了书是要用来解决生活中的问题的，不能为读书而读书。他反对教科书只是教人识字的书，只是论文式的书，而不是教人去行动的书。他讽刺当时国民党政府的“党义”教材：“教您识民权的字，不教您拿民权；教您读民主的书，不教您干民主的事”，“他们不教小朋友在家里、校里、村里、市里去干一点小建设、小生产以立建国之基础，却教小孩子去治国平天下”。总之，那种以文字为中心的书，“使人坐而言，不使人起而行”，最多只能“产生一些小小书呆子，小小蛀书虫”。陶先生提出对教科书的总要求是：“我们要活的书，不要死的书；要真的书，不要假的书；要动的书，不要静的书；要用的书，不要读的书。……我们要以生

① 《文集》第294—305页，《全集》第2卷第288—303页。以下引自此篇的不另注。

活为中心的教学做指导（书），不要以文字为中心的教科书。”陶先生提出的衡量教学做指导书编得好的三个标准，应当说，至今还具有非常重要的现实意义。

这三个标准是：

“看它有没有引导人动作的力量，看它有没有引导人干了一个动作又要干一个动作的力量。……

“看它有没有引导人思想的力量，看它有没有引导人想了又想的力量。……

“看它有没有引导人产生新价值的力量，看它有没有引导人产生新益求新的新价值的力量。……”

如果我们把这三条标准正确地理解为我们的教材要能引导学生去实践，引导学生去思考，引导学生去创造，我们就更加不能不佩服陶先生的远见卓识了。因为这三者正是我们教学改革的要求，而陶先生早在半个多世纪以前就已经提出来了。

在教学方法方面，陶先生的主张可用他的话概括为“在劳力上劳心”。当然，这不仅是教学方法，而且是陶先生的世界观和方法论。他反对劳心和劳力分家的二元论，主张在劳力上劳心的一元论。他要求体力劳动和脑力劳动的结合，要求消灭二者的界限和差别。他主张的“做”，是“在劳力上劳心，用心以制力。这样的人要用心思去指挥力量，使能轻重得宜，以明对象变化的道理。这种人能以人力胜天工。世界上一切发明都是从他那里来的。他能改造世界，叫世界变色”。在同一篇文章（《在劳力上劳心》①）里，他还说：“事事在劳力上劳心，便可得事物之真理。人人在劳力上劳心，便可无废人，便可无阶级。征服天然势力，创造大同社会，是立在同一的哲学基础上的。”——这里，陶先生没有考虑到争取人人在劳力上劳心要有一个前提，即列宁所说的消灭地主和资本家阶级。不用革命手段消灭剥削阶级，“人人在劳力上劳心”即劳动者的受教育权利是没有保证的。但是，一旦剥削阶级被消灭了，就应当保证人人有在劳力上劳心的机会了，就应当保证人人有享受教育的权利了。

同“在劳力上劳心”相适应，陶先生非常强调手脑并用。他有一首《手脑相长歌》说：“人生两个宝，双手与大脑。用脑不用手，快要被打倒。用手不

① 《文集》第188页，《全集》第2卷第45页。

用脑，饭也吃不饱。手脑都会用，才算是开天辟地的大好老。”① 因为过去的教学，教人用脑不用手，所以他特别强调要用手，强调学以致用。如，他在《诗的学校》组诗里，有一首是“用书如用刀，不快自须磨。呆磨不切菜，何以见婆婆?”② 就是强调学了书本知识，必须到实践中去运用的。

陶先生很重视教人探寻科学真理。他在《诗的学校》组诗里，还有一首是“劳力上劳心，教学做人工。探深而钩玄，要将真理穷。”③ 所以他历来提倡“问到底”④ 的精神。这种探深、钩玄、问到底的方法正是求学和治学的必由之路。

陶行知先生的教育思想是一个整体，博大精深，相互联系。我单独提出他在教学论方面的贡献来论述，是自己给自己出了一个难题。因此，我没有谈好，没有把陶先生对我国教学论的杰出贡献谈深谈透，自己也不满意。但若果真能起到抛砖引玉的作用，能有更多的同行们来研究陶先生的教育思想，并把其中适合我们社会主义建设需要的付诸实践，那么，我的目的就可以达到了。

载《课程·教材·教法》1986 年第 7 期。

① 《文集》第 478 页，《全集》第 4 卷第 173 页。

②③ 《文集》第 483 页，《全集》第 4 卷第 115—116 页。

④ 《文集》第 157 页，《全集》第 4 卷第 22 页。

第四编

师范教育研究

校长与教师

最近我替甘肃省教育厅主编的地方教育辅导丛刊写了《怎样做小学校长》和《怎样做小学教师》两篇稿子，深深地感觉到目前一般做校长和做教师的人，和我们最低限度的理想还相差很远。记得过去自己从事实际教育工作的时候，常常觉得做了校长，要找合乎理想的教师很困难；做了教师，要想遇一位合乎理想的校长更不容易，总觉得校长与教师之间，似乎难免不了有一条鸿沟隔着，很少能打成一片的。

今年教师节，在“尊师重道”的气氛里，更有慰劳教师奖励教师之举；我们深信教师能够兴国，国家既已走上建国复兴的途径，这本是应有的措施。但由此却又引起我的感想：政府所以规定教师节，提倡尊师重道，目的在转移社会的风气，提高教师的地位。然而要社会尊重教师，首先教师自己先要自尊自重、互尊互重才行，如果教师自己根本不重视教师的地位，社会上还有谁来重视教师、尊敬教师呢！

事实告诉我们，教师不重视自己的地位，因而便不忠于自己职守的，多半是由于社会不能给予教师以物质生活的满足，不能予教师以服务位置的保障。尤其在市侩气味浓厚的都市里，小学教师的收入远不如洋车夫，更比不上汽车夫了，在报酬如此菲薄的情况下，社会不重视教师是很自然的现象。况且教师本不是圣人，更不是仙人，他要吃、要穿、要住、要养活父母妻子，自不能叫他尽尝那清高的粉笔滋味而不把教师的职业弃如敝屣了。因此，一方面师范学校在培养教师，一方面做了教师的纷纷改业，教育界便发生了严重的“留师”问题。

然而，即使在这种情况之下，也还有教育信念坚强，服务志趣坚定的教师，愿意献身教育，以教育为终身的事业。这一种教师颇能自尊自重，并且自信教育的力量可以救国建国，可是每因不能得到互尊互重的待遇之故，有时不觉也要心灰气短，动摇了服务教育的志愿与信念。这种事实虽不很显著，但很普遍。这又使我联想到“做教师难遇好校长，做校长难觅好教师”的现象，而“留师”问题也更加严重了。

只要我们冷眼观察，便可以发现一般做校长的人，多少总免不了有些官僚味（其实提倡行政学术化、机关学校化的官员反倒毫无官僚气）。校长对教师每以上司自居，视教师如属员雇工，影响所及：学生只服从校长而不免轻视教师；工友也只知奉承校长而忽略教师；学校行政的处理，更唯校长之好恶而转移。试问这样的人做了校长，真正学行兼优的教师，避之唯恐不及，帮他办学校的还会有什么出色的师资呢？况且这些教师，对校长虽敢怒不敢言，当面奉命唯谨背后怨声四起，也是极寻常的事。同一学校当中，校长与教师的感情如此，非但对于教育的效能发生不良的影响，对于教师服务的精神更是一种最严重的打击。须知教师的职务既繁重，而待遇又薄，若在学校生活当中，尚不能获得一些精神的安慰与互尊互重的待遇，那么尽管社会在提倡尊敬教师，要想教师安其位，恐怕还是做不到的！

因此，我们希望做校长的人能够认清自己的地位和责任。校长应是一校的行政首领，却不是一个行政长官。他是教师的朋友，不是教师的上司；他是教育工作的领导者，不是教育工作的指挥者。他应该绝对尊重教师的地位，尊重教师的人格，更要能同情教师的困难，帮助教师去解决。

对于教师应得的报酬，不能任意支配或克扣。对于教师工作的成绩，要公正地批评或考核。绝不能因私人的关系，而对教师的态度有亲疏，待遇有厚薄。校长自己更要有献身教育服务教育的志趣与热忱，对于有同样志趣的教师固须引为同志，惟诚相与；对于没有这种志趣的教师，也要用辅导的方法，逐渐引导他们走向同一道路上来。假使每位校长都能有这样的认识，这样的态度，这样的本领，虽不能解决教师物质生活的苦闷，至少可以予教师精神上的安慰。不但志愿服务教育的教师可以继续在本位上努力，并且可以把教师改业的风气，逐渐转移过来。

同时，做教师的人也应该认清自己的地位和责任。教师是为国家教化国民、作育人才的，并不是为校长私人工作的，所以教师应该有自尊的心理，不必自卑身价而居于校长属下的地位。同时也不应该有骄傲自大的态度，一切应以事业为重，要及时发表自己的意见，同时也要接受他人合理的主张。对于校长要始终保持合作的态度，对于同事也要发挥互助的精神，绝不为私人的便利却牺牲学生或学校的利益；绝不因待遇的菲薄而抱万事敷衍的态度；绝不浪费学生的时间，耽误学生的课业。更要时时反省自己的行为和生活，是否足为学生的表率。这样，才配做一位自尊自重的教师，才配受社会人士的尊敬，然后社会人士对于提高教师待遇，改善教师生活的呼声，自可表示真挚的同情，而努力促其实现。所以在政府已感觉到教育事业与救国建国关系密切，而设法保障教师地位，提高教师待遇，并订定优待奖励办法的时候，教师自己更应该为国家久远的前途多多打算，而能献身教育事业，发挥服务的精神。

假如每位校长与教师，都能自尊自重，互尊互重，并且自信教育事业的崇高，教育力量的宏伟，那么“做教师难遇好校长，做校长难觅好教师”的现象，自然可以无形消灭，今后教育界的“留师”问题，也不致如目前的严重了。

1940年8月

载《甘肃教育》第2卷第15—16期。

从教育专业的特质说到优良教师的修养

【作者生前按语】1947年7月，我在兰州西北师范学院任教育研究所助教兼研究生的最后一个月，曾经写了一篇《从教育专业的特质说到优良教师的修养》，发表在同年10月出版的《中华教育界》复刊第一卷第十期上。现在把它照录在此。

这篇文稿跟我写的其他文稿有些不同，就是介绍他人研究成果占了主要的篇幅，介绍的研究成果，不仅有中国的，也有外国的。但无论中外，凡引用别人的研究成果，都必须注明出处。这一点，我的文稿是做到了。我觉得这是一种科学的态度和正派的学风，不仅是个写作的方法和技术问题，应当提高到写作道德的高度来认识。

照录的这篇文稿基本上没有改动，只在必要的地方加了两个脚注。

过去谈教师的修养，都不谈教师要有坚定正确的政治方向，当然更不谈要有马克思主义的立场、观点和方法，这是资产阶级教育学者讳言政治，把教育看作超然于政治之外的惯例。我照录这些旧作，绝非坚持过去的错误，而是记录自己走过的道路，并向读者提供分析研究和批判借鉴的材料。

一、专业的意义

教育是一种专业，教师是专业分子；因此社会有识之士，常常勉励教师要具有专业精神，而进步的教师，也常常以充实自身的专业修养自勉。不过“专业”一词究竟包含什么意义，它与一般职业有什么不同，也许尚有待深究。

查“专业”一词，英文名为profession，与“行业”（trade or calling）及“职业”（vocation or occupation）两词意义有别。大凡凭个人一技之长来谋生的，都可以称行业或职业；不过通常在我国，对于劳力的或用手的成分较多的工作（如瓦匠、木匠、鞋匠、理发匠等）称为行业，而对于劳心的或用手的成分较少的工作（如商店店员、银行行员、机关职员等）称为职业。其实这种分别并不重要，因为所有的行业，只要是正当的都可称为职业，而各种职业乃是一律平等的。至于专业，在西洋过去本指学者的职业而言，称法学、医学及神学为三大专业（the three professions or the learned professions），现在则已泛指各种专门的职业了。所谓专门的职业，系指从事专业的人，须先经过一种较长时期的训练，而这种训练又非有相当的准备或资格是不能受的。这种训练就称为专业训练。受过专业训练而从事这种专门职业的人，就是专业分子。专业分子之间是互相联系而自成团体的。例如，银行行员、商店店员可以由练习生或学徒逐渐升充，泥水匠、理发匠也只要经过学徒的阶段即可胜任，自然都不能称为专业分子。反之，教师、医师、律师、工程师、会计师等，均须先受普通教育，再受专业训练，然后可以胜任，才配称为专业分子。

为进一步明了专业的意义起见，容再略论专业应具的条件。美国学者佛拉斯纳（Abraham Flexner）在所著《英美德三国之大学》（*Universities*：*American*，*English*，*German*，Part I，pp. 29-30）一书中讨论专业与职业的区别时，曾述及专业的条件，可归纳为三点。兹列举并评论如次。

第一，专业要有广博的文化根基——佛拉斯纳对此条件的解释有二：一为专业的学科须有广博的科学基础，二为专业的学科须在历史上有悠久的渊源。第一种解释实即专业与行业的区别，自属无可非议。唯第二种解释似欠妥当，因社会不断的变动，学术不断的发展，学术与实际需要的结合日益密切，于是专业的门类愈来愈多。故不应只限于有悠久历史的方能称为专业。凡具有广博的科学基础的即可称为专业。

第二，专业要有高尚的、智慧的创获——佛拉斯纳对此一条件的解释，没有可以批评的地方。此一条件的意义，即凡属专业，在受专业训练时要用到相当高的智慧，而专业的内容及其研究的结果，均须有创造性，而为高等的智慧的表现。这当然不是一般职业或行业所可企及的。

第三，专业要有充分的利他精神——此一条件的意义至为明了，毋庸解释。本来任何职业均应有利他的精神，不过一般职业乃以谋生与利己为主，而服务与利他只为其附带的作用而已。专业则不然，专业乃以服务与利他为主，而间接取得谋生与利己的报酬。所以充分的利他精神，自可视为专业的条件之一。

总之，专业的学科一定要建立在广博的科学基础之上，专业学科的内容必为高等智慧作用的成果，而专业的目标更要有充分的服务的与利他的精神。合于此种条件的专门职业，方能称为专业。

二、教育专业的特质

教育是一门科学①，它有生物学、心理学、社会学等科学的基础；它需要高度智慧的成果（哲学）为指引，它可用历史的、调查的、实验的、溯因的等方法（historical，normative survey，experimental and causal investigation method）从事客观的研究，在研究时并用到观察、测验、统计、问卷及文献分析科学化的工具。而最重要的一点是立志从事教育工作的人（教师），乃完全以服务社会献身国家为职责，在今日中国社会，非仅利他而已，且简直是一种牺牲。所以教育是一种专业，自属不易之论。

专业的门类甚多，各种专业均各有其特质。若欲说明教育专业的特质，最好将各种专业分子服务的对象、业务的要项及其主要的效果加以比较，便可明了。兹为简省篇幅起见，仅将教师、医师、律师、工程师、会计师等五种专业分子工作的特质，列表比较如次：

专业分子	服务对象	业务要项	主要效果
教师	健康的人	改变人性使成健全国民与专门人才	奠定国基　为国储才
医师	病人	治疗疾病	恢复个人健康
律师	受委屈的人	依法保障人权	保障人权
工程师	木石机械及一切物质	筑路建厂炼钢等	发展工业
会计师	数字账册	核算账册	整理财政

从上表看来，我们可知教育专业是以人为对象而非以物为对象，且其对象为健康的人而非生理上或心理上有病的人。其业务在改变人性，在横的方面谋教育之普及，以养成健全国民，在纵的方面谋文化之提高，而培育专门人才。

① 准确的说法应当是“教育学是一门科学”。

古今中外大哲学家、大政治家无不承认教育的重要，而发表其教育的主张或努力于教育的倡办，盖教育的效果不仅可以化育全民奠定国基与造就专才储为国用，且负有传递民族文化与延续民族生命的使命，对于国家的存亡和民族的安危，均有密切的关系哩！

三、教师的专业修养

专业的意义及教育专业的特质既经说明，可知教育专业并非人人可以滥竽充数的。然反观我国目前因力谋教育普及，对师资的需要剧增，而同时社会风气不良，社会道德低落，再加上种种不可理解的原因，而形成对教师过分薄待的现象，以致优良教师不安于位，师资水准日益降低，因之士气消沉学风败坏，大有无法整顿之势。这实在是国家当前的一大危机！我们爱护国家希望国家长治久安的人，除去希望政府能痛下反省的工夫①，以最有效的方法来澄清吏治、整肃风纪、安定民生、转移社会风气、重建社会道德外，更愿意本反求诸己的精神，希望从事教育专业的人，认识教育专业的特质与自身使命的重大，而能立志充实自身的专业修养。

查学者讨论教师专业修养的论著很多，兹摘要介绍师范教育专家、教育行政人员及中小学校学生对优良教师专业修养的意见各一种如次，供读者参考。

（一）师范教育专家的意见

国立西北师范学院教育研究所兼教育系系主任教授李建勋博士所著《师道论》（载《教育通讯》三卷七期，民国二十九年二月二十四日出版）一文中，主张优良教师应具有下列之条件，兹节录如后。

1. 健全人格。优良教师之健全人格，须包括以下三点。

（1）要有儒家气节，此种气节，存乎心则为浩然之气，发于事则为富贵不能淫，贫贱不能移，威武不能屈。教师为社会之先知先觉，必具此气节，始能养成社会成仁取义之习尚。

（2）要有国家思想民族意识。

① 我写这篇文稿的时候，解放战争已经进入第二年。我当时没有学习到马克思主义，没有正确的政治立场，不懂得国家的阶级性，不了解国民党政府的反动性，抽象地这样说，不啻与虎谋皮，是完全错误的！——作者生前注

(3) 要有强健体格。

2. 职业道德。社会职业种类虽多，凡能自力存在而日趋发展者，除知识技能外，必有其共同遵守之道德以维护于其间，教师亦何独不然。惜乎吾国对此尚少注意，遂致师道凌夷，为世所诟病。兹择要介绍美国全国教育联合会教师服务道德规程，以资参考。

(1) 教师与学生及社会之关系。第一，学校不应作为宗教的或私人的宣传处所。教师固应享受其公民一分子之一切权利，但对于各种足以减低其地位之争端，应当避免。第二，教师不应利用其教育业务以参加政治的活动，借以图谋个人之利益，或作其他各种自利之宣传。

(2) 教师与业务之关系。第一，教师之私人生活，应表示教育之尊严。第二，教师不应利用报纸的宣传及其他不合正当职业行为之方法，以图谋学校或个人之利益，并须避免对于继任或前任者之讥讽与批评。

(3) 教师与同事之关系。第一，除为学校福利计，向学校当局正式陈述意见外，教师须避免对于其他教师之不良批评。但若有关学校福利之事件，如不向有关之负责当局报告，亦为一种违背职业道德之行为。第二，教育行政当局与教师应保持合作之态度，此种合作，应建设于彼此同情之基础上。教师应遵守行政当局之领导权，而行政当局亦承认教师之自我发展权。教师及教育行政人员与其部属处理公务时，亦应保持一种职业上之谦和。第三，一种契约既经签订，在双方未能同意解约前，双方应忠诚地遵守不渝，如遇意外事件发生，双方对于此种契约，应加详细考虑。

3. 专业精神。欲发挥此种精神，须具备以下三事。

(1) 敬业　对于教育要有崇高之信仰。

(2) 勤业　对于所学要始终不懈，努力以求进步。

(3) 乐业　教育事业虽云清苦，如能深入，自有真乐。

4. 科学头脑。所谓科学头脑，即对于一切事物，以科学的态度及方法处理之意。亦即所谓重事实、重根据、慎思明辨、祛除偏见、寻求真理之谓也。

5. 丰富学识。小学师资须有各科之常识基础；中学师资须具有专科学力，即专一两门学科，增益于其广博的基础之上；高等教育之师资，则更须博大精深。此外，教师必须具有教育知识，盖教育原理不明，教学方法不精，亦不能为优良教师也。

6. 领导能力。就职责上言，教师不能教育少数学生而遗弃社会；就地位上论，教育界尽属知识分子，为社会所推崇，故领导社会之责任，教师似不能辞。故领导能力，当为优良教师条件之一。

（二）教育行政人员的意见

美国卡特斯与魏普斯（见 W. W. Charters and W. Waples）两氏研究师资训练问题，曾请二十五位教育行政人员判断优良教师所必具备的品质，其结果如下。

品质对于各级学校教师重要性之等次

	高中	初中	小学中高年级	小学低年级及幼稚园	乡村小学
1. 适应能力	8	10	8	6	1
2. 端庄仪表	17	14	9	10	15
3. 多方兴趣	1	10	11	15	2
4. 精细准确	11	13	9	14	12
5. 和蔼同情	17	3	1	1	3
6. 合作互助	11	9	14	16	3
7. 切实可靠	14	19	16	17	15
8. 治事热心	9	4	5	2	11
9. 语言流利	23	24	25	23	25
10. 坚决果敢	5	4	18	19	13
11. 适当判断	2	1	3	14	3
12. 健康身心	16	16	12	10	9
13. 诚实正直	7	12	7	9	6
14. 勤劳耐苦	19	8	14	13	17
15. 领袖资格	4	7	19	21	8
16. □□□□	11	4	5	3	9
17. □□□□	20	18	13	4	18
18. 公开坦白	9	20	23	24	22
19. 创造思想	22	22	16	12	19
20. 进取精神	23	23	22	20	22
21. 敏捷守时	21	14	20	18	21

续表

品质对于各级学校教师重要性之等次	高中	初中	小学中高年级	小学低年级及幼稚园	乡村小学
22. 文雅风度	14	20	2	8	13
23. 学者态度	5	16	21	21	20
24. 自制能力	2	2	3	6	8
25. 俭约简朴	25	25	24	25	24

（三）中等学校学生的意见

国立西北师范学院教育研究所曾调查659所中等学校学生对优良教师的意见，其次数最多的二十五项特质如下表（原始材料取自鲁世英教授著《中等学校教师之人格特质》，尚未出版）：

优良教师人格特质	现次数	次数占总人数百分比	备注
1. 学识丰富	378	57.36	人数659人中，
2. 负责	341	51.74	有中学生424人，
3. 健康	307	46.58	师范学校学生200人，
4. 热心	156	23.67	职业学校学生35人。
5. 语言清晰	146	22.15	
6. 有计划	116	17.60	
7. 和蔼	109	16.54	
8. 公正	104	15.78	
9. 有训管能力	98	14.87	
10. 高尚纯洁	89	13.50	
11. 坦白	85	12.90	
12. 进步不息	76	11.53	
13. 有创造力	68	10.32	
14. 诚恳	66	10.01	
15. 判断正确	66	10.01	

续表

优良教师人格特质	现次数	次数占总人数百分比	备注
16. 认真	66	10.01	
17. 宽容大量	65	9.86	
18. 勤勉	64	9.71	
19. 振作	59	8.95	
20. 仪容可亲	56	8.50	
21. 感召力强	54	8.19	
22. 忍耐	53	8.04	
23. 庄重	48	7.28	
24. 有领袖才能	45	6.82	
25. 细心	44	6.68	

（四）小学生的意见

美国曾调查 19 000 个小学生对优良教师的意见，其结果如下表（见 Character Education，Tenth Yearbook of National Education Association，pp. 284—286）。

优良教师的特性	填答人数
（一）能力方面	
1. 帮助学生工作	4 736
2. 严格	1 950
3. 能训练学生的品行	1 291
4. 指定作业完善而确定	791
5. 宽严适中	682
6. 活的教学使学生感觉兴趣	552
7. 记分公允	301
8. 使学生忙于工作	285
9. 能读给学生听	128
10. 语言清楚	96
（二）人格方面	
1. 忍耐	1 656

续表

优良教师的特性	填答人数
2. 温和	1 629
3. 活泼愉快	871
4. 诙谐	598
5. 知礼	377
6. 实事求是	359
7. 整洁	358
8. 经验丰富	118
9. 有系统	86
10. 健康	78
11. 聪明	41
（三）与学生的关系	
1. 能感动学生使之前进	1 223
2. 对学生一视同仁无所偏袒	967
3. 能鼓励学生进步	626
4. 对学生及其活动发生兴趣	341
5. 对学生持友谊态度	191
6. 信任学生	83
7. 认识学生	29
8. 使学生感觉愉快	21
9. 与学生合作	18
10. 许学生自治	17

以上所列各方面的意见，均可供教师自我教育的参考。作者不惮烦琐介绍出来，愿与全国教师同志共勉之。

1947 年 7 月 7 日于兰州

载《中华教育界》复刊第 1 卷第 10 期。

如何选择良师

【作者生前按语】这是我任西北师范学院教育系讲师时为纪念教师节写的一篇文稿，曾发表在1948年8月上海出版的《教育通讯》复刊五卷十二期。此文受到该刊编者的重视，放在显著的位置，作为重点文章刊出。

当时解放战争已进入第三个年头，国民党政府已经面临崩溃的前景。大学教授，越教越瘦，中小学教师在饥饿线上挣扎，我却点缀升平，侈谈什么如何选择良师，简直不合时宜。但若在正常情况下，在教育领域内，教师的选择问题当然是一个值得研究的重要问题。如果我们能够做到：使教师的职业成为最受人尊敬的、最令人羡慕的职业，那么选择良师的问题一定会成为一个现实的问题。这篇文稿里所列的选择标准，在我们社会主义的中国并不完全适用，例如，在"选择良师应考虑的条件"中应当增列"立场与观点"一条，规定教师应坚持四项基本原则，站在工人阶级、人民大众的立场，具备辩证唯物主义和历史唯物主义观点。至于选择的方法大部分可供参考。

教学是一种科学化的艺术工作，要使教学成功，教师须有复杂而多面的知能与品行。所以选择教师并非易事。教育行政人员或学校校长在选择教师的时候，必须对优良教师应具备的条件确切明了，且熟知用何种方法来研究某位教师是否具备这些条件。同时对各项条件重要性的等次，也应该有一个大概的认识。兹值学年更始之际，各级学校当局想正在考虑选聘教师的问题，同时三十七年的教师节转瞬即到，特撰述本文，说明选择教师时应考虑的各项特性，以及获知教师是否具备该项特性的方法，以供有关当局及一般教师参考。

不过，这个问题并不简单。若要使选择教师的方法科学化，则须用到许多的材料与技术，且须认识这些材料与技术的功用与缺点。最好要尽可能地来观察教师的行为。同时在考量这些行为时不能单独注意行为的本身，而要判断这些行为所包含的条件，对于教师行将担任的工作，学校所采取的教育观点以及地方社会的标准等有何关系，才能使选择教师的工作有美满的成效。

一、选择良师应考虑的条件

我们如检阅教育学者的著述，可发现良师应具备的条件极多。其中有些条件的价值是普遍承认的，有些是尚待证明的。兹将选择教师应考虑的条件，择要述之于下。

（1）个性与群性——如年龄、性别、仪容、处事待人接物的态度（即适应的能力），以及人格的组成等。

（2）知能与技艺——包括一般才能、理解力和发表力、普通文化修养、教育专业修养和对专攻学科的特殊造诣等。

（3）教学的效率——包括对教学工作的计划与组织、培养学生“学以致用”之能力的技术与保持良好教学环境的能力等。

（4）服务的经验——包括经验的范围、性质和年数，以及是否曾受教育视导人员的嘉奖等。

（5）曾受的训练——如训练的种类、程度、年数、学位、训练机关的声誉与在受训时期的成绩等。

（6）专业的精神——包括教学的热忱、研究的兴趣、专业团体的会籍（即曾否参加教育学术团体）及是否注意进修等。

（7）健康的情况——包括视觉、听觉等的正常，生理和心理的健康及适当的精力等。

二、选择良师应采取的方法

以上所述条件，固为选择教师所应特加考虑者。但如何方知教师具备某些条件，哪些条件是良师所必备的，哪些条件是不合良师标准的，仍须采用适当的方法来获知。否则，教师之良否，依然不易判断。兹将选择教师应采取的方法，择其客观可靠者，先行列举如次，容再分别说明。

（1）检阅有关文献及记录；

（2）施行测验或考试；

（3）会谈或口试；

(4) 参观教学。

这四种方法并非对于选择教师所应考虑的各种条件均可应用，反之，他们是各有其适用之范围的。例如，在有关的文献或记录中可以取得可靠材料的，自不必于会谈特提出询问。进一步言，用各种方法所得的材料，其可靠与正确的程度亦未必全然相等，所以我们为获得最正确、最可靠的材料计，应衡量何为最适用的方法。故在测知教师知识的广度时，可用笔试的方法；而在测知教师对于现实问题的认识与见解时，则当用口试的方法。以下将分述如何利用适当的方法，获得确实的资料，以为选择教师的依据。

三、如何检阅文献以择良师

为选择良师而须检阅的有关文献，包括健康检查记录、在校肄业成绩单、检定证书、介绍函件、荣誉奖状及著作等。从此类文献中所得的材料，包括健康及生理情况、曾受专业之训练、曾参加之检定、专精的学科、品格的特质、年龄、教学经验的年数及性质和特殊的成就等。兹分述检阅各项文献的注意点如下。

(一) 成绩单及检定证书

这是选择良师应检阅的首要文献。由此项文献获得的材料，最为真确可靠。不过，各校的标准不一，在A校所得甲等的成绩，往往未必优于在B校所得的乙等成绩；或在A地的学校所得的丙等成绩，甚至不如在B地的学校所得的丁等成绩。所以在检阅成绩单时，对于学校的声誉、学术地位和所在地区，应加考量，不能视同一律。又检定证书的价值亦因检定机关所在地区的文化水准的高低而异，如K省以简易师范毕业为小学教师无试验检定合格的最低条件，而S省则以师范学校毕业为小学教师无试验检定合格的最低条件。又检定证书所表示的只是教师曾受的训练，难以代表其他。凡此种种在检阅文献时统应加以考虑。

(二) 介绍函件

从介绍函件中固可获知教师曾受的训练、服务的经历与其个人的特长，但主观的成分至为浓厚。凡事耳闻不如目见，对于教师的选择尤然。例如，某大学曾根据介绍函件聘请了一位教授，这位教授曾在国外留学十年之久，得有哲学博士最高学位，回国后也曾在国立大学任教多年，这些资历虽未必证明其为权威学者，至少讲授其专攻学程应能胜任。谁知事实竟不如此。同一科系，在不同的学校并不一定受同样的重视，因而其学术地位也就大相悬殊：某教授能在甲校任教多年，并不能保证到乙校任教即可成功。纵使介绍函件所列事实完全确凿，此点依然有考虑的余地。又在目前中国讲究派系与情面的情况下，往往以派系的异同与情面的大小为选择教师的依据，吾人就教育立场言，对于此种作风殊难同意。例如，对于权威学者与行政长官的介函，吾人宁取前者，以其较为真实可靠故也。

（三）著作和奖状

这是代表教师特殊成就的文献，也是选择教师应考虑的重要方面。专门而有创造性的著作，应该为专科以上学校教师的首要条件，因为专科以上学校是研究高深学术的场所，为教师者必须本身具有研究的能力，方能指导学生研究。而教师所发表的著作，自然是他具有研究能力的证明。至于中等以下学校对此条件的要求自应依次放宽。又服务或在学时期所得的奖状，尤其是教学成绩优良的奖状，对于中小学教师的选择，当然也有参考的必要。

四、如何施行测验以择良师

此处所谓测验，并非指试验检定性质的考试。试验检定是对现任不合格教师施行的，此处所谓测验则系任用前所举行的一种竞争式的考试。记得抗战以前，南京市社会局和上海租界华人教育处，都曾以考试的方式来录用小学教师。用这种方法来选择教师，自然是最客观的。不过考试所能发现的，只是教师的知识，其教学的技术和服务的道德仍难从其中显示出来。所以在选择教师的时候，测验或考试的方法，必须和其他的方法并用。

用测验来选择教师可助吾人获得下列正确而可靠的材料：

（1）教师对教育趋势及其发展的知识；

（2）教师对儿童与青年身心发展的了解；

（3）教师对学习历程的理解；

（4）教师对调查个性方法的知识；

（5）教师对施行升学与职业指导的知识；

（6）教师对实用的教学原则和过程的知识；

（7）教师对任教学科现况的认识；

(8) 教师对一般文化的修养；

(9) 教师对时事的认识；

(10) 教师对社会问题的理解；

(11) 教师之推理与解决问题的能力；

(12) 教师对有关教学的、行政的与文化的读物之理解力；

(13) 教师对国语的了解和应用；

(14) 教师之文字发表能力等。

上列各项，均可由考试测知，且系判断教师良否的重要依据。故今后应编造客观的新式测验量表，以供中小学校选择教师之用。

五、如何举行会谈以择良师

会谈犹如口试，是采取个别谈话的方式来选择教师的一种方法。不过，这与我国一般学校在决定聘请某位教师以后约谈的性质不同，这是在决定聘请与否以前的一种选择的步骤。通常应备会谈记录用表，表中列出应采用会谈的方式获知的材料，以便逐项发问、观察或评量。需要用会谈方式获知的材料，大概应包括下列各项：

(1) 对教育专业的态度；

(2) 与人合作的可能性；

(3) 领导的能力；

(4) 随机应变的能力；

(5) 高尚、文雅、有礼貌的态度；

(6) 任事的精力与进取的精神；

(7) 仪容和姿势；

(8) 对学校工作的热忱；

(9) 语言与声调；

(10) 服装整饰而修雅；

(11) 对事抉择的远见与判断力；

(12) 自知之明——对自己优点缺点的鉴别力；

(13) 口头发表的能力；

(14) 有适当的幽默感；

（15）无强烈的偏见；

（16）控制自己情绪与脾气的能力；

（17）对专攻学科的兴趣；

（18）对学生与他人的同情的态度等。

不过会谈的方式最易受主观偏见的影响，主持会谈工作者必须明了自己的偏见所在，而后力求克服，使不致影响到对教师行为的解释。他要明了人类行为的倾向而后依据有限的观察来下判断。他还要认识当前所见的事实而加以适当的解释。如果可能的话，由三到五人分别会谈后再做最后决定，似乎较易避免主观的成分，但各人皆须对所欲观察、询问及考量的事项持一致的解释，才能做相等的判断。又会谈时还要不受从其他方式所获材料的影响，以免减低会谈方式的独特性能。

六、如何参观教学以择良师

参观教学本来是一种客观易行的方法，可以获得重要而有价值的材料，作为选择教师的参考。如果能由有训练的专家对于每一位拟任教师的教学都参观一节或一个单元，则选择教师的效果必可大大地增进。可惜这种方法，施行也有困难。拟任教师往往与学校不在一地，势难令教师来校试教，学校当局也无法往教师所在地去布置一个教学演示的环境。在我国对于业已任职的教师，除非有组织的参观团体或政府的视导人员才能参观其教学。私人如欲参观，往往会遭谢绝。但对于将毕业的师范生，则可利用教学实习的机会，参观其试教的情形。

倘若我们应用此法来选择教师，则为求客观起见，应当采用教学评量表与教学检校表一类的工具，来记载参观的结果，而不应根据一两件事例遂下判断。前节所述会谈时应注意事项，教学参观时亦应注意。

如果参观教学的方法不易采用，则可搜集师范院校担任教学实习教师的记录、教育辅导人员的记录和教育观察人员的报告等，以明了拟任教师的教学能力如何。

在应用参观教学选择教师时，可助吾人获得下列各项有关教师特性的材料：

（1）对教室中行将发生的问题有先见之明，并预做圆满解决的计划；

(2) 有培养学生兴趣的技术；

(3) 对各种帮助教学的例证能有效地应用；

(4) 对学生有忍耐的能力；

(5) 能培养学生应用已有知识于实际情境并观察其含义的能力；

(6) 有求正确的习惯；

(7) 有集中学生注意的技术；

(8) 领导学生讨论问题时有“左右逢源，如数家珍”之乐；

(9) 解释教材清楚而明晰；

(10) 能诊断学生的需要并能适应需要进行教学；

(11) 能维持教室秩序使成一良好的工作环境；

(12) 在计划与进行教学时能得到学生的参与等。

综上所述各节，可知各种方法对于选择良师应考虑的条件，各有其一部分的贡献。任何一种方法都不是完全的。倘单独采用一种，则能否选到良师，全要碰机会了。

值此教师待遇菲薄，合格教师纷纷改业，师范院校招生困难，各级学校皆感师荒的今日，作者来奢谈“如何选择良师”，似觉不合时宜。然而，我们深信“教育为国家命脉，师资为教育源泉”（吾师李建勋教授语）的人，认为这是一时的现象。中国如欲建设为现代化的民主国家，必定离不了教育的力量，则舍良师其谁求？本此观点，故作此文以就教于贤达！

本文参考：David G. Ryans, Notes on Teacher Selection: Sources of Information about the Qualifications of the Candidate. *Educational Administration and Supervision*, Vol. XXXII, No. 6, Sept. 1946.

载《教育通讯》（上海）复刊第5卷第12期。

教师对于学习问题应有的基本认识*

一、导　言

指导学生学习，是教师的重要任务之一。通俗的见解以为指导学生学习，并不是一件难事，因为做教师的人，皆具有求学的经验。凭着自己求学的经验，便足以负担指导学生学习的责任。这种见解，表面上虽然有一点理由，但若以科学的眼光看来，则完全是一种不合理的预测。其实，学习问题并不如想象的那么简单。而指导学习也并不像通俗见解所说的那般容易。因此，我们认为一个现代的教师，必须对于学习问题，做一番博学、审问、慎思、明辨的功夫，然后对于学生学习的指导，方能胜任愉快。例如：学习究竟是怎样的一种活动？学习要在何种情况之下方能发生？学习要经历何种步骤？学习将产生何种结果？——这些问题，教师都应该能够按照习得心理学的理论，予以正确的解答。

心理学在现在虽然还是一门幼稚的科学，然而我们绝不能忽视它时刻不断的进步。因为心理学的进步，对于学习问题也就有了不同的解释产生。所以教师对于学习问题的认识不应该同执成见而不求改进。同时，又因为心理学派的分歧，各派学者对于学习的解释也不一样，博学的教师，也不应该有门户之见，而当运用思辨的能力，认识各家的短长。本文的目的，就在综合说明现代三派重要的心理学家对于学习的解释，以助教师对于学习问题的认识。

二、学习究竟是怎样的一种活动？

我们首先讨论的问题，是“学习究竟是怎样的一种活动？”关于这个问题

* 原文有副标题“现代心理学对于学习的解释”。——编者

可以分三点来说明。

（一）学习的活动与非学习的活动的区别

所谓学习的活动与非学习的活动，好像是两个对立的词语，然而严格说来，二者实无法加以区别。出生幼儿的呼吸器官业已成熟，所以呼吸乃系非学习的活动，然而儿童要改变呼吸的方式，如，随意志而调节其快慢，或吹熄火柴等，一方面因赖原始的非学习的动作为基础，同时也要靠练习。所以一个成人的活动，几乎完全没有未经学习的。同时，也没有一种活动是完全学习的，必须有成熟的生理机制才行。因此，我们应该知道，学习的活动与非学习的活动，乃系相对的名词。只有程度的不同，并无严格的区别。

（二）广义的学习活动

学习的活动和非学习的活动，虽难严格地加以区别，然而为了明了学习活动的性质，还应该给它一个可能的解释。广义地说，学习并不是一种特殊的活动，我们借听歌曲以学歌咏，借读故事以学故事中的情节，借游泳以学游泳，借溜冰以学溜冰，任何活动都可以称之为学习。只要这种活动能与个体以发展，且使他后来的行为和经验与以前不同。

（三）学习的性质

要彻底了解“学习究竟是怎样一种活动”，必须明白学习的性质（nature of characteristic of learning）如何。关于学习性质的解释，各派心理学家的意见殊不一致。兹将主要而流行的三派学说，对于学习性质的解释，撮要分述如次。

1. 试误说（theory of learning by trial and error）。桑代克（Thorndike）根据他小鸡迷津实验及猫的迷箱实验之结果，提出了试误说的学习理论。所谓试误的学习，即当一个动物具有确定的目的，但不明白达到目的的方式时，它便用种种方式来尝试，直到成功为止。人类在镜画实验及猜谜或走复杂的迷津时，也有此种试误学习的现象。根据此种事实来解释学习的性质，则学习并无观念的利用（absence of use ideas）而系偶然的成功（success by accidence）。学习者所用的方法是盲目的、冲动的、机械的，而非观察的、熟虑的、智慧的，所以是试误的学习。其时间极不经济，且试误的学习，乃系一种机械的积和作用（summation），故桑代克谓一切的学习是分析。

2. 交替说（theory of learning by meditating）

行为主义心理学派，根据巴甫洛夫（Pavlov）交替反射的试验，提出了交替说的学习理论，认为一切学习均亦由交替作用而成立，一切习惯的养成或解除，亦不出交替作用的范围。在此观点之下，则学习的性质更加机械化了：交替学说可以是一种固定的历程，而非创造的历程，其盲目的、冲动的、机械的诸特性，则较试误说更加彻底，因行为主义者视人为机械，反对意识作用之存在也。

3. 领悟说（theory of learning by insight）

完形心理学者苛勒（Kolher）等根据高等动物（人猿）的试验结果，及其对心理学的基本概念界定，提出领悟学习的理论，反对桑代克的试误说。认为一切学习成功，必须依赖领悟作用。运用智慧以求问题之解决，或发现某一情景中事物情景之关系。按照此种观点，则学习的性质，乃与前两说完全相反，即学习为有目的的、智慧的、适应的、熟虑的活动与综合的组织，而非盲目的、机械的、冲动的、积和的活动，其历程则为创造的而非固定的。至于领悟学习的基本特性，可概括为二：一为实然性（suddenness），即有一旦豁然贯通的现象，而非逐渐的成功；一为继续性（continuity），即领悟学习是有目的的，自始至终在时间上与方向上是一贯的，且成功以后，同样的活动便能继续发生。

三、学习要在何种情境之下方能发生？

第二个问题，我们讨论学习要在何种情境之下方能发生。这里我们要综合说明发生学习的情景所必须具备的条件；不过这里所说的情景，非仅指机体外界的动静，实兼指机体本身的情况而言。现分述如下。

（一）成熟的生理机构

生理构造的成熟，乃学习活动的生理基础，所以要使学习活动能够发生，则必赖机体神经系统及各部器官的成熟。倘桑代克迷箱中的猫非生后六月者而系出生不久的，必不能供实验开栓出箱之用，因为它尚无以爪抓栓、以鼻推栓的能力。幼小的婴孩如系出生不久，尚未能正常地运用视觉、听觉器官，也必不能在华生（Watson）的情绪交替反应实验中，养成害怕白鼠的习惯。猩猩的身体倘尚未发育至可以举竹竿、搬石箱攀木棒的阶段，则在苛勒的实验中自亦无学习成功之表现。故生理机构的成熟，乃学习发生的主要条件，其理由至为明显。

（二）适当的环境刺激

环境中适宜的刺激，乃引起学习活动的条件之一。按照“借接近以联合”（association by contiguity）的学说，或桑代克的“学习是联结”（learning is connecting）说，刺激除非在反应发生之时，或稍前呈现，是不能与该反应联结起来的，我们如想使学习发生，则必须有适当刺激，此乃属无疑的事。又反应是直接与刺激有关联的（the response is to relation of stimuli），而学习乃是反应（learning is reaction），故欲产生适当的反应，须有适当的刺激，同样，欲产生适当的学习，亦须有适当的刺激。

（三）强烈的驱动作用

驱动作用即有机体内部的刺激，要学习发生，则此种驱动作用至为重要。在无论何种学习的实验中，被试者的动机必须被引起，而且还要在主要的动机之前予以困难。这样才能唤起机体的过渡的活动，使学习能在其内部刺激的驱使之下进行，并且有一种不满足动机不止的作用。如，猫必须饥饿，而后能急图出箱食鱼，狗必须饥饿而后闻铃声乃流唾液，猩猩必爱吃香蕉，欲吃香蕉，才能设法取食。因为“求食”乃动物最强烈的动机，故为激发学习活动的良好条件。

四、学习要经历何种步骤？

第三个问题，我们要讨论学习要经历何种步骤。前面说明学习性质时，虽略提及交替说以为学习是固定的历程，而领悟说则以为学习是创造的历程，可见各派心理学家对于“学习要经过何种步骤”的见解各不相同。现在分别说明如下。

（一）试误说的见解

按照试误说的观念，学习乃是一种固定正确反应而淘汰错误反应的历程，换言之，学习就是正确反应的固定与错误反应的淘汰。此种学说以为在学习之初，先有许多盲目的反应；继此纷乱的盲目的反应之后，逐渐选择最适合当前情境的活动，而淘汰那些错误的活动；最后有一种适当而正确的活动被选择与固定，所有其他错误的反应悉被淘汰无疑。再积和许多成功的正确的活动，而成整个的行为。选择的历程，有赖神经通路最低的抵抗，换言之，即学习的成功，要造成刺激反应联结，学习的过程，也是减低神经通路中所发生抵抗力的过程。

（二）交替说的见解

按照交替说的观念，交替反射乃系一切学习的模式，除了交替作用以外，任何学习都无其他解释。所谓交替作用，其公式为："甲种刺激，可引起甲种反应，乙种刺激，可引起乙种反应，今使甲乙两种刺激同时呈现，或先后紧接呈现，经过多次以后，则原来不能引起乙种反应的甲种刺激，可以引起乙种反应，或原来不能引起甲种反应之乙种刺激，可以引起甲种反应，视紧接呈现的先后而定。其呈现在先者，可产生交替作用的结果，即为交替刺激。"交替作用的主要历程为反复练习，借反复练习而减低神经通路中所发生的抵抗的力，形成若干的交替反射而积和为其体力的行为，此与试误说颇多相近之处。

（三）领悟说的见解

按照领悟说的观点，学习乃发现新完形的历程，或发现新关系的历程（the process of discovering new configuration or new relationship）。完形心理学者有时亦谓学习为成熟的历程，刺激与反应的新完形就在此历程中发生，此种新完形并非盲目的行为中正确反应之积和，而系学习者对情境成立的一种新的反应。故领悟的学习常常要发展一些新的事物，其历程初为感觉疑难，即所谓紧张均衡之破坏；其次为运用思考作用与观察情境事物；再次乃豁然贯通，顿时领悟；最后疑难解决，新反应创造成功。在运用思想观察情境的过程中，学习者有试误的倾向，倘使学习者有时在此过程中即达到正确的目的，然仍须经过最后的过程，新反应才能成立，故惠勒（Wheeler）谓领悟的学习要等待"成熟"作用的发生。

五、学习将产生何种结果？

第四个问题，我们还要根据三家学说来讨论学习将产生何种结果。我们对于学习活动的性质、学习发生的条件、学习所经的历程既已明了，现在来说明学习所得的结果，也就很容易了解了。下面是三家学说对于学习结果的解释。

（一）试误说的解释

桑代克对于学习的结果，有两大基本观念。第一他认为：学习是造成联结（learning as connection functioning），即物境与反应呈机械的反复联结，而在其间建立了自动的联结或感应结，乃系学习。第二，他认为学习是习惯的养成

(learning as habit formation)，即经过机械的反复或练习，而养成固定的特殊习惯，乃系学习。此种以学习结果为养成联结或养成习惯的主张，其生理的基础，在适当的神经通路之建立或反射弧（relaxer）的形成；根本上还有赖抵抗力的减弱。按照桑代克学习律的解释，则抵抗力的减弱乃运用的结果，如失用则将使抵抗力增强；且运用而满足则联结之造成也易，运用而烦恼，则联结即不能造成。

（二）交替说的解释

行为主义者对于学习结果的解释，有许多地方与试误说相近，因为行为主义者认为一切学习，无论是知识的、技能的或情绪的，均为交替反射的构成。简单的学习是如此，复杂的学习也是如此。因此交替说即认为学习的结果，系交替反射的建立或解除。用通俗的话来说，即新习惯的养成或旧习惯的打破。其假设的生理基础与试误相同。不过最重要的差异：第一，试误说认为反复练习时，其后来的动作，未必系先前动作的衔续（sequence of action），而交替说则认为反复练习，完全系同样动作的衔续；第二，试误说认为单纯的练习不足使学习成功，所以用效果律及相属原则（principles of belonging）来帮助解释交替说，反对效果律，而以近因律、多因律与强因律（law of regency，frequency and intensity）来解释。

（三）领悟说的解释

完形派对于学习结果的解释与前二者大相径庭。根据领悟的学说，学习的结果，是新完形的发现或新关系的理解或新事物的创造；不是习惯的养成，而是智慧的增加；不是联结的造成，而是经验的改组。现代心理学的趋势，采取刺激反应其变的观点，环境在有机体的知觉中，伴随着机体而变化，二者的变化是平行的。学习的结果是此种具有适应性的变化，演进到一个相当的阶段，解决了一个困难问题，改造了一个旧的事物，而赋予一种新的意义。智慧即有改造情境而赋予新的意义的功用，因为智慧是有机体与环境的一种特异的交互作用。所以领悟说认为学习的结果是智慧的增加，适应性行为的组成，其间刺激与反应，却随着行为而变化。

六、结　论

以上用最简单的方法，摘要说明了现代重要的心理学家对于学习问题的解释，其他各派心理学家对于学习问题还有其他的解释，因不占重要势力，故不述及。我们虽然只说明了三派学习理论，但已有莫衷一是之感。学习究竟是试误呢？是交替呢？抑是领悟呢？此三种不同的理论究竟怎样产生的呢？在这里，我们还要补充说明一下。

（一）试误说

这一理论产生于对猫、狗、小鸡等动物行为的观察试验，其中值得注意的是：在这些实验中所有的被试者，是视为整个的有机体，并且要他们解决的困难情境，是他们从未遇过的，其中的刺激绝不能使被试者有利用过去经验的机会，因此在这些实验当中，被试者不得不表现出若干盲目的、纷乱的动作。而且情境太困难太复杂，超出被试者领悟的能力以上，故直至学习成功，其表现的反应，多属试误的历程；至于领悟的历程，并非没有，不过要到学习接近成功的时候，才有表现的机会，且不甚明显。桑代克只注意到较多反应的模式，即注意到学习历程的前半，乃有试误说的主张。

（二）交替说

这一理论产生于心理学实验室中的实验，并且只注意到胃液与唾液的分泌。在此实验中所研究的狗，只注意到特殊的液腺与特殊的运动单元，而未注意其全体，无怪桑代克要说，此种交替反射的学习方法，并非普通的学习，而系特殊的学习，不能用以解释学习的全部，况且行为主义者根本否认意识之存在，所以特别加强学习作用的机械化，除去学习过程中一切目的性、效果性的因子，而以极单纯、极固定、极呆板、极机械的交替作用以说明学习。

（三）领悟说

这一理论产生于对高等动物整体行为的观察，问题的解决并不因必须发展一种新的感觉运动的合作（sensorimotor co-ordination）而延宕，只要被试者能立刻看出全部环境中事物彼此重要关系时，问题便能解决，问题的性质属于知觉者多，属于运动者少。于此我们可以知道领悟说的提出，以其实验中被试者具有领悟能力，而且问题也比较简单，为被试者领悟能力所可及。故由领悟以学习成功，在此类实验中表现得最为明显。不过应该注意的是在领悟以前，也有试误的历程，但因问题的解决对于此种被试者并不太困难，故所表现的试误历程不很明显。苛勒等只注意到明显的这一半，所以说学习是领悟的历程。总之，三种学习理论，都有其根据的事实，因为事实的特殊而不普遍，所以此三种学习理论，也只能各代表一方面，而不能概括学习的全部。我们认为学习当中兼有试误，交替于领悟的作用，承认一种而否认其他，都是不合适的。

本文参考

（1）Woodworth，*Psychology*，3rd edition，Chap. Ⅹ.

（2）Ragsdale，*Modern Psychologies and Education*，Chap. Ⅻ.

载《甘肃教育》第 4 卷第 9—10 期。

从师道尊严说到尊师爱生

一、师道尊严的由来和师生关系的演变

“师道尊严”一词由来已久，在汉儒戴圣编辑的《礼记·学记》里有这样一段话：“凡学之道，严师为难。师严然后道尊，道尊然后民知敬学。”译成现代语，大意是：学习的方法最难的是尊敬教师。教师受到尊敬然后他讲的道理才会受到重视，道理受到重视然后人们才知道崇尚学习。

在中国长期的封建社会里，帝王想要学会统治人民、驾驭群臣的法术，也要尊敬他的教师，不要求教师处在臣（即奴仆）的地位。《学记》里还有一句话：“大学之礼，虽诏于天子，无北面，所以尊师也。”大意是：大学的礼节，即使是皇帝召见他的教师，教师也不朝北跪拜，这是为了尊敬教师。帝王如此尊师，民间当然更甚。那时，老百姓几乎家家户户供奉一个长生禄位牌，上面写着“天地君亲师”五个大字，把教师同“天地君亲”列在一起叩头礼拜。看起来，教师的地位确实被捧得很高。

有一则《程门立雪》的故事，可以为师道尊严写照。北宋理学家程颐在家讲学，游酢、杨时二人拜他为师。有一次程颐闭目静坐，二人站在他身边不敢离开。过了很长时间，程颐才张开眼睛说：“你们两位还在这儿吗？天快黑了，回去吧！”二人退出门外一看，已经积雪一尺多深了。由此可见，在中国封建士大夫中间，确实形成了师道尊严的传统。

这种尊师的传统，在教学组织形式上有一点可取之处，就是师生关系比较亲密。特别在唐、宋以来兴起的书院中，有不少著名学者讲学。学生慕教师之名而来，对教师当然很尊敬。教师与学生精神交往，教学相长，同学生也建立了友谊。不过这种情况并不普遍。

另一方面，当时大多数教师的社会地位并不高，经济地位低下，在社会上不都受人尊重。地主、官僚、富商、大贾聘请的家庭教师，并不比这些人

家的奴仆地位高多少。俗话说："家有三斗粮，不当孩儿王。"这反映了当时贫苦教师的可悲境遇。相反，劳动人民虽然受教育的机会很少，却很尊敬教师。只要这些做教师的贫苦知识分子不欺负他们，他们总会给教师以种种帮助。

封建社会的师生关系，在大多数情况下是不正常的。教师仿佛是个统治者，学生仿佛是个被统治者。《学记》里说："夏楚二物，收其威也。"意思是在学生犯规时，教师可以用夏、楚两种木料制成的戒尺打他们，以树立自己的威严。《三字经》里还有"教不严，师之惰"一句话。教师为了表示勤于教诲，总是对学生非常严厉，动辄呵斥甚至体罚学生。在这种棍棒纪律的统治下，无数儿童身体受摧残，精神受戕贼，许多青少年的聪明才智被埋没。

欧洲没有中国古代师道尊严的传统，相反，在奴隶社会里，教师往往是有学识的奴隶，其地位可想而知。但是，在中世纪的学校里，教师多半是牧师，他们也有权体罚学生。到了资本主义社会，师生关系有了很大的改变。在资本主义制度下，人与人的关系无非是"赤裸裸的利害关系"和"冷酷无情的'现金交易'"。教师被看作资产阶级"出钱招雇的雇佣劳动者"。① 教师为薪水而教，学生为文凭而学，师生关系成了买卖关系，学校成了学店。我国进入半殖民地半封建社会以后，废书院，兴学校，师生关系中好的因素消失了，资本主义社会中的买卖关系占了上风。

在国民党统治下，师生关系搞得很紧张。有个别教师名义上是教师，实际上是国民党特务。他们除了散布反共反人民反革命的思想，还迫害革命的进步的学生和教师；也有极少数学生当了国民党特务，迫害革命的进步的教师和同学。在那封建法西斯主义思想影响下，一般师生关系也不正常，教师公然体罚学生，学生暗中怀恨教师，几乎是常有的现象。因此，我们在全国解放之初，曾经提出过反对师道尊严的口号。

二、反对师道尊严，不是反对尊师

了解师道尊严的由来和师生关系的演变，就可以知道以下几点。

第一，我们反对师道尊严，首先是站在无产阶级立场，反对教师在学生中

① 马克思、恩格斯：《共产党宣言》，《马克思恩格斯选集》第1卷，第253页。

散布非无产阶级思想。坚持反动立场，散布反动思想的教师我们就反对；认真学习马克思主义，努力改造思想的教师我们就团结。到70年代初期，新中国已经成立二十多年，我国教师队伍有了很大的变化：从旧社会过来的教师比例越来越小，百分之八十以上的教师都是新中国培养的。老教师经过长期的政治学习和历次的政治运动，极大多数都站在无产阶级立场上，思想有了很大的进步，已经没有必要大张旗鼓地来反对什么师道尊严了。

第二，我们反对师道尊严，其次是反对师生关系中的专制主义残余，树立民主平等的师生关系。早在新民主主义革命时期，革命根据地的学校里就禁止教师辱骂和体罚学生，提倡学生尊敬老师，老师爱护学生。可是，直到“无产阶级文化大革命”前，师生关系中的专制主义残余还没有完全肃清。如，有的教师在学生面前道貌岸然，只许教师批评学生，不许学生批评教师；有的教师以学生为敌人，用考试整学生，搞突然袭击；有的教师时刻想“镇住学生”，威胁学生，以为这样才能树立自己的威信；有的教师不对学生进行善意的批评，而只知讥笑讽刺；有的教师对犯错误的学生不去耐心说服，一味加以惩罚；等等。这些都是应该反对的。必须注意，我们反对的只是教师采取的那些不合教育原理的态度、方式和方法，而不是一般的反对教师。况且上面那些现象并不是普遍存在的，没有大张旗鼓地反对师道尊严的必要。

第三，我们反对师道尊严，同时又要提倡尊敬教师。我们反对的只是地主官僚资产阶级的、封建法西斯主义的师道尊严；我们甚至可以说拥护无产阶级的、马列主义毛泽东思想的师道尊严。既然按“师道尊严”这个词的本来意义，尊敬教师是为了重视教师所讲的道理，那么，为什么传授马列主义毛泽东思想之道、社会主义科学文化之道的教师不应当受到尊敬呢？无疑是应当受到尊敬的。不过为了同这个词中包含的专制主义的东西划清界限，我们只说提倡尊师。不言而喻，这是尊重人民的教师，尊重站在无产阶级立场全心全意为人民服务的教师。

三、江青反革命集团为何挥舞“反对师道尊严”的大棒

江青反革命集团70年代初期在教育战线上曾经挥舞“反对师道尊严”的大棒，教唆和蛊惑青年学生，打击和迫害广大教师，制造师生对立。不仅破坏了学校的教学秩序，而且毒化了全国的社会风气，恶果异常严重。

他们所谓“反对师道尊严”是什么意思呢?

本来，学习是学生起码的义务，是学生的主要劳动。可是在他们一伙看来，教师教学生学习，学生却可以不学。如果教师要求学生学习，考查学习成绩，是“臭老九”在搞“智育第一”，便是“师道尊严”，学生应当反对。

本来，学校是一个集体活动的场所，学生应当遵守集体的纪律，维护集体的纪律是教师的责任。可是在他们一伙看来，学生不守纪律却是什么“造反精神”，教师管不得。如果管了便是“师道尊严”，学生应当反对。

本来，学校应当培养学生共产主义道德品质，这就要首先培养学生爱祖国、爱人民、爱劳动、爱科学、爱护公共财物等国民公德，要求学生遵守学生守则。可是在他们一伙看来，这是要学生当“绵羊”，要不得。如果教师抓了学生的思想政治工作，又是“师道尊严”，学生应当反对。

总之，江青反革命集团“反对师道尊严”，要求教师围着学生转，一切听命于学生；教师处处低人一等，学生却有无上的权威。说穿了就是反对教师从事正常的教育工作，就是教唆学生反对执行正常教育任务的教师，就是破坏和取消教育事业。其罪恶目的无非是要利用无知的青少年，搞乱教育战线，败坏社会风气，以便乱中篡党夺权。当时，真是乌云翻滚，恶浪滔天，弄得广大教师欲教不得，欲罢不忍。有些学生受了他们一伙的教唆，不当“绵羊”当恶狼，他们打教师，砸玻璃，毁门窗，拆桌椅，有的甚至成了流氓、窃贼和杀人凶手，受到法律的制裁。江青反革命集团的罪恶，真是罄竹难书!

现在，江青反革命集团已经被粉碎了，学校的教学秩序正在恢复，师生关系逐渐正常。但是，有的教师怕犯“师道尊严”的错误，不敢合理地严格地要求学生；有些学生还以为不好好学习，不遵守纪律是“造反精神”。这些现象表明，林彪、江青反革命集团在人们思想上的流毒还有待肃清。

四、恢复和发扬无产阶级尊师爱生的优良传统

无产阶级革命导师总是非常尊重教师的。早在俄国十月革命以前，列宁在写给喀普里党校学员的信里，就十分重视教师的作用。他说:“在任何学校里，最重要的是课程的思想政治方向。这个方向由什么来决定呢?完全只能由教学

人员来决定。”① 十月革命以后，尽管有一些死心塌地为沙皇效忠的反革命教师对新生的苏维埃政权进行捣乱和破坏，但是，列宁还是耐心地把广大教师群众争取到无产阶级方面来。他在逝世前一年的《日记摘录》里说：“不提高人民教师的地位，就谈不上任何文化”，“应当把我国人民教师提高到从未有过的，在资产阶级社会里没有也不可能有的崇高的地位”。他并且说：“这是用不着证明的真理。”②

目前，我国进入社会主义现代化建设的新时期，党中央号召提高全国各族人民的科学文化水平。人民教师负有提高人民科学文化水平的崇高使命。因此，不但在校学习的青少年要尊敬教师，整个社会都应当形成尊重教师的风气。同时，我们做教师的也应当认识到重任在肩，必须谦虚谨慎，认真学习马克思列宁主义、毛泽东思想，“忠诚党的教育事业”，以期不负党和人民的委托。

师生关系是相互起作用的。学生尊敬教师，教师爱护学生，这种尊师爱生的优良传统应当恢复和发扬。教师要全心全意为人民服务，首先就是要全心全意为学生服务。只有真正爱护学生的教师才能做到这一点。不爱学生、对教育工作不负责任的教师，是不值得学生尊敬的。

教师爱护学生还必须合理地严格要求学生，在德、智、体诸方面对学生都要有严格的要求。但是，教师严格要求学生，首先要严格要求自己。如，教师要求学生做到言行一致，自己先要做到言行一致；教师要求学生认真学习，自己先要做到认真学习。教师对自己要求不严，对学生的要求必难贯彻到底。迁就学生不合理的要求，降低对学生要求的标准，不算真正爱护学生。

让尊师爱生这个民主平等的社会主义的师生关系，在我们伟大祖国的教育园地开花结果吧！

1978年6月10日写成

载《论教育规律及其他》，

湖南教育出版社1983年版。

① 《列宁全集》第15卷，第438页。

② 《列宁选集》第4卷，第667—678页。

师范教育随想录

山西师范学院决定创办《师范教育》研究丛刊，这对我们全国教育工作者来说，确是一大喜讯。因为到现在为止，我们还没有这样一种专门的教育刊物来研究师范教育问题。而师范教育确实是关系到我国教育事业成败、教育质量高低、教育效益大小的不可忽视的部门。现在有了专门研究师范教育问题的刊物出版，必将对改善和加强我国师范教育发挥积极作用，所以值得庆贺。

*　　*　　*

胡耀邦同志在党的十二次代表大会的报告中，把教育列为发展社会主义经济建设的战略重点之一。这是按科学规律来建设社会主义现代化强国必不可少的措施。因为我国教育事业落后于经济建设的发展，已经拖了现代化建设的后腿，再不重视发展教育事业，现代化建设的宏伟目标就有落空的危险。但是，怎样才能保证教育这个战略重点适应现代化建设的需要，仍然是一个亟待研究解决的问题。过去，我国在教育事业方面欠账太多，目前教育工作还处于百废待兴的局面。如，小学教育还没有普及，巩固率和合格率还很低，大量青壮年文盲有待扫除，大量的普通学校教育质量低，既不能为上一级学校输送合格的新生，又未能为各行各业培养合格的后备劳动力，所以教育工作还面临着一项调整的任务。胡耀邦同志提出要“大力普及初等教育，加强中等职业教育和高等教育，发展包括干部教育、职工教育、农民教育、扫除文盲在内的城乡各级各类教育事业，培养各种专业人才，提高全民族的科学文化水平”①。这些具体任务，其中没有一件不是艰巨的、繁重的，而且又是紧迫的。这许多工作都要有人来做，更要有内行的人来做，才能事半功倍，不走或少走弯路。内行的人哪里来呢？这就要靠师范教育来培养。所以有人说，师范教育是教育事业的“工作母机”，这个比喻是不错的。

① 《中国共产党第十二次全国代表大会文件汇编》，第20页。

* * *

发展教育事业是按科学规律建设国民经济的必要途径，发展师范教育是按科学规律发展教育事业的必要途径。新中国成立之初是很重视发展师范教育的：中央人民政府教育部里设有中等师范教育司和高等师范教育司，分别掌管培养小学和幼儿园师资的中等师范学校、幼儿师范学校及培养中等学校师资的高等师范学校。当时建立了三级师范学校来培养学校师资：中等（幼儿）师范学校培养小学（幼儿园）师资，师范专科学校培养初中师资，师范大学和师范学院培养中等学校师资。可惜好景不长，没有能坚持下去，原因是多方面的。主要是有些人对师范教育的重要性和必要性认识不足，仿佛只要是识字的人就可以当教师，这对培养小学教师的中等师范教育的发展影响极坏。加上当时师范教育发展的规模和速度远远落后于中小学教育发展的规模和速度，于是许多中等师范学校毕业生没有去教小学，而被分配去教初中。中学毕业生留下来教中学的也不少。至于十年浩劫当中，师范教育，特别是中等（幼儿）师范教育已经名存实亡或名实俱亡，那就更不用说了。对师资没有按比例有计划地培养，对教师的任用没有标准，或者说虽有标准而不执行，以致造成现在这样只有三分之一的中小学教师可以胜任教学工作和教育工作的局面。

* * *

为什么对师范教育的重要性和必要性认识不足呢？这是不承认教育科学存在的表现，是不承认办教育有规律可以遵循的表现，也是不承认必须按教育规律来办教育的表现。

本来，教育科学还很年轻。在我们社会主义国家应当大力提倡用马克思主义观点来研究教育科学，以便能按教育规律来办教育。有些人对教育有无规律可循抱怀疑态度。他们往往拿没有受过师范教育的人也能办好学校、当好教师来反证教育科学的无用。且不谈影响教育质量的因素很多，单拿教育科学来说，它本不像自然科学那样谨严，那样毫厘不爽，对教育科学规律提出过高的要求是不现实的。但是，只要我们努力探索，总结自己的教育经验，批判地继承和借鉴古今中外的教育理论和实践，教育科学会逐渐完善起来的，教育规律会逐步更多地被认识的。如果一方面不扶持教育科学的研究，一方面又对教育科学提出不切实际的要求，那就只好走盲目办学或只按“长官意志”办学的道路。当前教育上的重重困难，多数是这样造成的。盲目办学或按“长官意志”办学的结果，我们吃的苦头已经够多的了。今后希望能改变过去的状况，承认教育科学的存在，承认当教师、办教育都要学习教育科学。师范教育的重要任务之一就是传授教育科学知识。教育工作者要成为内行，都要接受师范教育，学习教育科学，掌握教育规律。

* * *

有一些负责办师范教育的人，竟然也对师范教育的重要性和必要性缺乏认识，甚至提出“师范大学要向综合大学看齐”的口号。他们瞧不起师范教育，自己觉得办师范教育仿佛低人一等，所以要把自己所在的学校按综合大学来办，否认师范院校独特的培养目标，即通常所说的师范性。有的甚至千方百计要求把自己所在的学校改名为综合大学。这种人如不改变这种观点，还是越早离开师范教育工作岗位越好。表面上他们说是要提高培养人才的质量，实际上他们是否认教育科学，否认要按教育规律来办教育。他们自己本来就不懂得教育，不过把办学当作达到其他目的的阶梯。他们提出的这种口号十分有害。因此，我们应反其道而行之，提出“综合大学要向师范大学看齐”的口号来，以资抵制。为什么？因为由综合大学文理科系培养部分师资，古今中外皆有先例，而我国综合大学毕业生至少有百分之六十以上要分配去当教师。这些学生在大学应当学点教育科学，做点职业准备。由综合大学还是由师范大学培养师资，问题不在于名称。问题在于综合大学是否能够给学生学习教育科学，做好职业准备，使他们走上工作岗位多一点自觉性，少一点盲目性。

* * *

长期以来，我国中小学教师的物质生活待遇偏低，不符合按劳分配的原则。因为教师肩负着教育下一代的重任，每天的工作不是八小时就能毕事的。他们的待遇应当比从事其他行业的相同资历的人员的待遇高些，才能吸收优秀的有志青年献身教育事业。现在高等师范学校招生同重点高等学校同时录取，是提高了师范教育的地位。今后还要在合格教师的待遇上切实注意提高，才能转移轻视教师职业的社会风气。

我们希望逐步取消现行的民办教师制度，使所有的教师都由国家按一定的标准来培养、训练、任用、待遇、考核、奖惩。鼓励年轻的不合格、不称职的教师限期进修，经过认真的严格考试，及格后照合格的、称职的教师同样待遇。为了使教师长期安心教育工作，还应当实行教龄津贴。今后，希望逐步做到高等师范学校毕业生，不管教中学、小学还是幼儿园，都按高等学校毕业生同样待遇，以逐步缩小我国教师学历同发达国家教师学历的差距。

* * *

要全面开创社会主义现代化建设的新局面，我们认为必须首先开创我国教育事业的新局面。要使我国工农业总产值到本世纪末能够翻两番，我们认为必须早日把我国的教育经费翻两番。许多发达国家的实践证明，在要求经济高速度增长的同时，它们的教育经费都是成倍增加的。何况我国教育经费历来过少，无论按人口平均或按在校学生数来平均，在第三世界国家中也是倒数第几名。教育经费的投资跟国民经济其他部门的投资不成比例，更应该开创一个新局面，把教育经费成倍增加，而不是每年增加百分之几。其实，这每年增加的百分之几全用在人头费上了，中小学校的事业费、设备费少得可怜。这样想要培养出合格的人才，岂非缘木求鱼！因此，我在呼吁重视教育科学、重视师范教育的同时，还要特别呼吁重视教育这个多年来受到忽视、遭到破坏的战略重点，它需要“医治创伤，精心补养”。这就要求成倍增长教育经费，大力培养合格师资，来开创教育事业的新局面。这是全面开创社会主义现代化建设新局面的必要保证，万万怠慢不得的！

1982年9月24日凌晨

载《师范教育和教育科学》，
人民教育出版社1985年版。

从学制看师范教育的地位

我国兴办新式教育至今只有八十多年历史。从清末建立近代学校制度开始，师范教育就占有重要地位。当时主事者张之洞在所拟《学务纲要》里说："宜首先急办师范学堂"，"查开通国民知识，普施教育，以小学堂为最要；则是初级师范学堂，造就教小学之师范生，尤为办学堂者入手第一义"。又因各省已设中等学校，"则优级师范学堂在中国情形亦为最要"。① 当时设初级师范学堂培养小学教师，设优级师范学堂培养中等学校师资，并制定了这两种师范学堂章程。辛亥革命后，1912 年，民国政府教育部就公布了《师范教育令》和《师范学校规程》，翌年又公布了《高等师范学校规程》，依然很重视师范教育。当时全国曾在北京、南京、沈阳、武昌、广州、成都设有六所高等师范。1922 年《改革学校系统令》公布后，高等师范升格为师范大学。全国仅有北京一所高师仍称师范大学，其他五所均改为综合大学。高等师范教育一度被削弱。1927 年以后，有少数省市曾将师范学校并入普通中学，但不久又独立设置。1938 年国民党政府在抗日战争时期重建高等师范教育制度，设立若干师范学院，培养中等学校师资。到 1949 年，全国设有师范学院 12 所。

新中国成立后，很重视师范教育，建立了三级师范教育制度：中等师范学校或幼儿师范学校培养小学或幼儿园教师，师范专科学校培养初中教师，师范大学或师范学院培养普通中学及师范学校教师。但四十年来，并非一帆风顺。至今还有中师毕业生被分配去教初中的现象存在；"文化大革命"中许多师范学校同中等专业学校一样，或停办或改为普通中学；高等师范学校的教育系也一度撤销或停止招生。凡此种种都说明师范教育的地位还不大巩固，我们有些教育领导人对师范教育重要性的认识，还不如清朝末年的张之洞。

四十年来，我国教育事业发展迅速，为社会主义建设培养了大量人才。初

① 见《中国近代教育史资料》上册，人民教育出版社 1961 年版，第 200—201 页。

等教育特别是中等教育发展尤为迅猛。由于在发展普通教育的同时，没有有计划按比例地发展师范教育，以致各级学校师资不足，教育质量难有保证。

现在根据我的体会，谈谈巩固师范教育制度和发展师范教育的问题。

1930年暑假，我初中毕业就升入高中师范科学习。那时江苏省的学制是只有中学设有师范学校。如，扬州中学高中部设有普通科、师范科和工科，普通科即普通高中。师范科除高中师范科外，还有乡村师范科。后者又名简易师范科，招收高小毕业生学习四年，或招收初中毕业生学习一年，专为乡村小学培养师资。1932年起，决定将中学和师范分校设立。扬州中学的高中师范科不再招生。但如镇江中学就改称镇江师范学校，它同时不再招高中普通科的学生。

1927年以前，扬州本来设有江苏省立第五师范学校和江苏省立第八中学。1927年两校合并为江苏省立扬州中学。1934年暑假，扬州中学高中师范科最后一届毕业，镇江师范高中普通科最后一届毕业。中学、师范分立的过渡就完成了。江苏各地还有许多中学由合而分，我这里仅举扬州、镇江两校为例。

究竟把中学办成多科中学、综合中学好，还是中学、师范分校设立好？为什么由分而合，合了又分？这些问题是值得研究的。我当师范生的时候当然并不明白，研究师范教育以后，才算弄清楚一点。

先说当时为什么要合。那是对单轨学制的片面理解造成的。合的理由是：在一个“自由平等”的国家里，学制应当是单轨，由小学而中学而大学，凡中等程度的学校，无论是师范学校还是职业学校，都称中学，但在其中可以分科。——这种理由是站不住脚的：且不谈在半殖民地半封建的旧中国，有哪些人能享受多大程度的“自由平等”，对单轨学制的理解也是机械的、片面的。单轨学制是反封建等级制度的产物。它使所有已达学龄的儿童能入同一类型的学校学习，接受义务教育。俄国十月革命以后发表《统一劳动学校宣言》，实行统一的学制也就是单轨的学制，把沙皇俄国时期的双轨学制彻底破除了。在义务教育以上的阶段，教育仍应适应社会的需要而适当分流。这种分流是办学的多样性，同双轨制完全是两回事。如，苏联现在虽然推行十一年制的义务教育，但最后两年，可以分流：一部分学生继续在完全中学学习，一部分学生升入中等专业学校，一部分学生升入职业技术学校。

办多科中学还有一个理由就是学生可以按自己的兴趣、爱好和才能转学他科。如，普通科的学生可以转入师范科，师范科的学生可以转入普通科，这两科的学生可以转入工科，工科的学生可以转入这两科。事实上，由于课程的设置从一开始各科就不相同，还有其他许多条件的限制，能够转科的情况很少。总之，我国在1927年抄袭美国办多科中学，其实是没有必要的，所以要改回来。普通中学同师范学校培养的目标不同。前者主要是为学生升学做准备的，后者是为小学培养师资的。在一所学校里培养两种学生，虽然课程设置可以不同，但是整个学校的气氛、对学生思想品德的要求、学生的课外活动等都很难协调一致。师范和中学分设是比较有利的。新中国继续实行师范学校单独设置的办法是合理的。

由于初级中学发展快，为初中培养师资的师范专科学校没有相应的发展，造成把小学优秀教师调任初中教师的情况，或者把为小学培养的师资（中师毕业生）直接分配去初中任教。这是一种两败俱伤的办法：初中不能得到合格而称职的教师，小学也失去了称职而合格的教师。我以为宁可减缓初中发展的速度，不要从形式上追求普及初中教育，切不可牺牲小学教育的质量。要知道，小学是教育的基础。同建筑房屋一样，基础如不打好，高楼大厦是建不成的。

据许多在师范院校任教的同志说，许多办师范教育的人自己就不重视师范教育，有些人（如某师大教务长）甚至提出“师范大学要向综合大学看齐”的口号。这是极其错误的。师范教育之所以重要，不仅因为它的任务重要，而且因为师范生必须学习教育科学，接受教育专业训练，养成教师职业道德，成为不仅能教书，尤其善育人的教育工作者。而提出上述口号的人却要减少甚至取消教育科学的教学，不实行教育专业训练，等等，一句话，就是不承认师范院校的课程应有师范性。如果这种意见是对的，那么国家为什么还要办师范教育呢?

我主张针锋相对，提出“综合大学应向师范大学看齐”的口号，理由是现在许多综合大学文理科的毕业生，大部分要被分配到中等学校去任教。据前几年的估计，大约有60%～70%的综合大学毕业生要当教师。他们没有一点就业前的准备，到学校去当教师是很困难的。所以应在学习期间开设教育科学的选修课，参加教育实习，使他们能成为合格而称职的教师。所以我提出“综合大学要向师范大学看齐”的口号。

国外有些国家如英国，它的师资训练机关早年低于大学水平，曾经提过向大学看齐的口号。现在已高于大学水平。即大学本科毕业后，必须读一年师范系，接受教育专业训练，才能取得教师资格。我国高等师范院校，在入学程度和修业年限上，从20世纪20年代起，都同综合大学一样，提出看齐的口号是无的放矢。倒是将来条件成熟时，可以延长师范教育的年限，使各级师范院校的学生在文化科学知识水平上达到同级学校水平，多出一年的时间好接受充分的教育专业训练。

可喜的是我国有些地方如江苏省、上海市和北京市已设有五年制的师范学校，培养高质量的小学教师。在已有小学教师都具有现行中等师范学校程度以后，的确应将师范学校的修业年限延长至四年、五年。目前发达国家的小学教师也要受到大学教育，如苏联高等师范学校设有小学教育系，培养小学教师。日本的小学教师也要求师范大学本科毕业或短期大学师资科毕业。这应当是我们今后努力的方向。

1989年9月6日

据作者手稿排印。

师范教育的地位问题

教育总是在一定社会的经济、政治、文化条件下进行的，师范教育也不例外。据我所知，师范教育的地位历来是不高的。在旧社会，师范生被人看作“师范花子”，“花子”就是乞丐、要饭的。因为那时师范生不仅免学费，而且免收膳费、宿费。条件是毕业后要当教师两年以上才能去干别的。为什么要这样优待师范生呢？因为教师的工作辛苦，责任重大而待遇很低。青年人愿意以教师为终身职业的是不多的。在旧社会，师范学校倒也吸收了一批家境清寒，有志升学，而且学习成绩较好的学生入学。师范学校还成了许多无产阶级革命家的摇篮。这往往是一些师范教育工作者乐于称道的。尽管如此，由于旧社会教师的地位不高，师范教育的地位也是不高的。

新中国成立以后，很重视师范教育。教育部设有中等师范教育司和高等师范教育司，分管培养小学和幼儿园师资的中等师范学校及培养初中和高中师资的师范专科学校和师范学院或师范大学。同时对反映师范教育特点的教育科学也比较重视。请来苏联专家，培养了一批教育科学人才。可惜的是好景不长。1958年以后，教育科学遭到不合理的批判，许多新创办的师范专科学校纷纷下马，师范教育的地位也一落千丈。“文化大革命”期间，教育科学被取消，师范教育也有名无实，许多师范学校也同其他中等专业学校一样，被改成普通中学。

这样做的后果是很明显的：一是教育质量低，有名无实；二是不按教育规律办学，也违反党的教育方针。结果是加重了学生的负担，损害了学生的健康，不能培养出合格的人才。

由此可见，师范教育的地位一方面决定于教师的地位，另一方面决定于教育科学的地位。这是就现代的情况说的，在古代还没有师范教育的时候，教师的地位高低，当然同师范教育不发生关系。现在简单说说古今中外教师的地位。

教师是随着学校的产生而出现的以教授生徒为专业的人员，我国古代称为“师”。如孔子说：“温故而知新，可以为师矣。”（《论语·为政》）两千多年前的我国教育专著《学记》载：“记问之学，不足以为人师。”“师”就是现在说的“教师”。我国古代有尊师的传统。《学记》又载：“大学之道，严师为难。师严然后道尊，道尊然后民知敬学。”这是说，尊师是为了重视他传的道。战国时期的荀况（约公元前313—前238）在他的《礼论》① 篇中，把“师”纳入“天、地、君、亲”的序列，师的地位被提得很高。因为教师可以巩固新兴地主阶级的统治。中国历代在太学或书院讲学的，往往是硕学鸿儒，被尊为一代宗师。他们的道德文章有些受到后人的尊崇，甚至历久不衰。但是，另一方面，在极大多数民间学塾任教的，多是穷愁潦倒的书生，社会经济地位低下。

西方古代的教师或者是受雇于学校的自由民（如古希腊），或者是国家委任的官吏（如古罗马）。欧洲中世纪教会统治一切，教师都由神职人员（牧师、僧侣、教士）担任。在贵族宫廷中，教师是封建领主的雇员。资本主义社会的教师，名义上是自由职业者，实际上必须为资产阶级服务。广大国民学校教师的社会经济地位普遍不高。

在社会主义社会，教师的地位起了根本的变化，被授予“人民教师”的光荣称号。俄国十月革命以后，列宁团结、教育、改造了大批教师，争取他们为人民教育事业服务。他非常重视提高人民教师的地位。为此，他要求提高人民教师的思想意识，并且特别重视提高人民教师的物质生活待遇。②

新中国成立以后，广大教师在党的知识分子政策的感召下，自觉地团结在党的周围，一面继续任教，一面进行自我教育和自我改造，使我国的教育事业迅速恢复和发展。党和政府还增设了各级师范学校，培养了大量新的师资。现在全国有人民教师约900万人，是工人阶级队伍中一支庞大的方面军。十年动乱过后，特别是党的十一届三中全会以后，广大的人民教师日益受到党中央领导同志的关怀。如，1978年4月22日邓小平同志在全国教育工作会议的讲话中，要求“整个社会都应该尊重教师”③。我们当场听了不禁感动得热泪盈眶。

① 章诗同注：《荀子简注》，上海人民出版社1974年版，第205页。

② 列宁：《日记摘录》，载《列宁选集》第4卷，第676—680页。

③ 《邓小平文选》，第106页。

这并不是因为我们当过教师或者正在当教师，而是因为尊重不尊重教师，是关系到祖国前途和命运的大事。我们常说，青年是祖国的未来，是祖国的希望。老一辈无产阶级革命家所开创的共产主义事业，需要后继有人，需要有一代又一代共产主义事业接班人。这些人不可能生来就能继承革命事业的，而是需要精心培育的。教师之所以应当受到尊重，就是因为他们肩负着为祖国培养下一代的重任，他们的工作影响着祖国的安危和革命事业的兴衰。凡是有远见的政治家，无论古今中外，没有不尊重教师的，尽管他们的阶级地位不同，对教师的要求不同。

为了培养合格的、称职的教师，就必须重视师范教育，因为教师不是天生的，更加需要精心培养。重视师范教育的同志，把师范教育看作教育事业的工作母机，不是没有道理的。

有的同志认为当教师只需要有一定的知识，不需要受专业训练。这是一种由来已久的误解，现在还有市场。这种人否认办教育要遵循科学规律，否认教育科学的存在，认为只要凭个人经验就可以把教育办好，认为只要有学问就能当教师。这种思想从现代的观点看来固然是极其陈旧、落后的；即使拿两千多年以前我国的《学记》里的话来衡量，这种观点也是站不住脚的。前面已经引过，在这部由思孟学派的乐正克总结古代教育经验写成的世界上最早的教育专著之一里有一句话：“记问之学，不足以为人师。”就是说，光有知识，光有学问，还不够做教师的条件。《学记》又说：“君子既知教之所由兴，又知教之所由废，然后可以为人师也。”这里对教师提出了正面的要求，即要知道教之兴废，也就是教学的成功和失败的道理。教学的成功要求做到：预防、适时、循序、观摩，即：“禁于未发之谓豫，当其可之谓时，不陵节而施之谓孙，相观而善之谓摩。”教学的失败都是由于反其道而行之：“发然后禁，则扞格而不胜；时过然后学，则勤苦而难成；杂施而不孙，则坏乱而不修；独学而无友，则孤陋而寡闻。燕朋逆其师，燕辟废其学。”这里还多了两条，即安于交不好的朋友，安于干坏事。《学记》要求教师“善喻”，即善于启发诱导：“君子之教，喻也：道而弗牵，强而弗抑，开而弗达。”还要求教师能够“长善救失”：“学者有四失，教者必知之。人之学也，或失则多，或失则寡，或失则易，或失则止。”救失就是要纠正“多”、“寡”、“易”、“止”这四失。

由此可见，即使在中国古代，也不是认为没有一点教育知识就可以当教师的。在教育科学尚未发达的古代尚且如此，在教育科学已经发达了的现代，难道还有理由对此持否定的态度吗？

随着教育科学的发展，师范教育越来越受到人们的重视。师范教育的地位当然应该提到应有的高度。因为教师除了要具有渊博的知识，还要懂得教育科学，才能遵循教育规律进行教育工作；教师还要有高尚的道德情操，能以身作则，为人师表。所以当教师不是一件容易的事情。必须受过专业训练，才能自觉地当一名称职的教师。

列宁说过："学校的真正的性质和方向并不由地方组织的良好愿望决定，不由学生'委员会'的决议决定，也不由'教学大纲'等决定，而是由教学人员决定的。"① 又说："在任何学校里，最重要的是课程的思想政治方向。这个方向由什么来决定呢？完全只能由教学人员来决定。"②

毛泽东也说过："政治路线确定之后，干部就是决定的因素。"③ 这句话也可以引申为教育方针确定之后，教师就是决定的因素。因为教育方针最终要靠教师来落实的。所以教师是决定教育质量的关键。师范教育是培养教师的，所以师范教育实质上也是决定教育质量的关键。

1977 年 9 月 19 日邓小平同志在《教育战线的拨乱反正问题》的谈话里，就强调了师范教育的重要。他说："师范大学要办好，省、市管的师范院校，教育部也要经常派人去检查。不办好师范教育，教师就没有来源。" 1983 年，万里同志和邓力群同志在全国普通教育会议上讲话，都特别强调了师范教育的重要。邓力群同志在西北几省区调查研究，也特别强调各地要大力发展师范教育，培养合格的教师。这都是抓住了提高教育质量的关键。今后我们如果要办好幼儿教育，必须发展幼儿师范学校；要保质保量地普及初等义务教育，必须有计划按比例地培养合格的、称职的小学教师，办好中等师范学校；如果要改变初中教育质量低，合格率只有 30％的状况，必须有计划按比例地办好师范专科学校和师范学院；如果要办好高级中等教育，也要有计划按比例地办好师范学院和师范大学。还要有计划地培养体育、美育、劳动技术教育和职业学科的教师。总之，重视师范教育，办好各级各类师范教育，是百年大计，是关系到培养共产主义事业接班人的大事，万万松懈不得的。今后，我们在发展教育

① 《列宁全集》第 15 卷，第 440—441 页。
② 《列宁全集》第 15 卷，第 438 页。
③ 《毛泽东选集》第 2 卷，1952 年精装本，第 514 页。

事业的同时，必须优先发展师范教育；为了提高各级各类教育的质量，我们必须把提高师范教育的质量放在第一位。这是应当遵循的教育规律，万万违反不得的。

1983 年 11 月

载《师范教育和教育科学》，
人民教育出版社 1985 年版。

师范教育的目标问题

师范教育的目标决定于我们需要培养出什么样的教师。

我国古代有所谓“经师易得，人师难求”的说法。什么叫“经师”呢？就是能教人读经书的教师。在我国长期的封建社会里，以儒家经典为教材，从汉朝的五经（《易》、《书》、《诗》、《礼》、《春秋》）发展到宋朝的十三经（《易》、《书》、《诗》、《周礼》、《礼记》、《仪礼》、《春秋公羊传》、《春秋穀梁传》、《春秋左氏传》、《孝经》、《论语》、《尔雅》、《孟子》）。这些经书虽然卷帙浩繁，文字深奥，注疏纷陈，解释歧异，但是找人来教，还不算难。所以说“经师易得”。什么叫“人师”呢？照我国古代的说法，就是能教人“明人伦”的教师。人伦就是人与人之间的关系和彼此应遵守的行为准则。在我国封建社会说的是“父子有亲，君臣有义，夫妇有别，长幼有序，朋友有信”之类。《荀子·儒效》认为：“四海之内若一家，通达之属莫不从服，夫是之谓人师。”他说的人师有人君的意思。古代政教合一，君师不分。《学记》说的“能为师然后能为君”就是这个道理。西汉韩婴撰的《韩诗外传》认为：“智如泉源，行可以为表仪者，人师也。”用现代的话说就是道德、学识、才能都好，可以做人们学习的榜样的人。

古代没有专门培养教师的机构，师范教育是近代才有的。所以在古代说“经师易得，人师难求”是可以理解的。近代办了师范教育，可以按照教育的需要，培养合格的教师。人们说教师是“人类灵魂的工程师”。假如说，教育事业是精神文明建设事业，教师就是精神文明建设者，也就是人类灵魂工程师了。

我们需要什么样的教师，这是确定师范教育目标的依据。从教师的任务来看，可以说，教师是教学工作的承担者，新生一代的培养者，人类文化的传播者，精神文明的建设者。我认为，师范教育的目标就要根据教师的这些任务来确定。

教师首先要能承担教学任务。这不是有了知识就一定能承担的。为了做好教学工作，教师除了需要精通他所教的这门学科以外，还要懂得怎样才能帮助学生掌握这门学科的知识和技能，以及形成学生什么观点和信念，养成学生什么行为和习惯，等等。这样的教师才不会被人讥讽为“教书匠”。所以仅从教师需要承担教学工作来说，也不是仅有他所教的那门科学知识就够了，而必须懂得教育的理论和方法，懂得我们需要把学生培养成什么样的人。如果光是传授知识，不管其他，那么，教师就成了贩卖知识的商人，而绝不是人民的教师，更不可能成为人民的教育家。

教师是新生一代的培育者。每一位教师要知道自己肩头担负的重任。大家都知道，新生一代是祖国的前途和希望之所在。老一辈无产阶级革命家开创的共产主义事业，需要有一代又一代的新人来完成。所以新生一代是祖国命运之所系。接班人是不能自然成长的，需要由教育机构来培养。国家把新一代人托付给教师来培养，教师责任之重大可想而知。为什么党中央一再强调全社会都要尊师，就是因为教师负有特殊的使命。当然，培养教育新一代，家长有责任，整个社会也有责任，但教师要负主要责任。社会要把新一代培养成什么样的人，教师自己就要首先成为这样的人。

教师是人类文化的传递者。从历史唯物主义的观点来看，人类文化首先就是生产工具的创造和发展。人类从旧石器时代过渡到新石器时代经过了几十万年；从新石器时代过渡到青铜器时代、铁器时代经过了几千年；从蒸汽机时代、内燃机时代、核能时代到电子时代，不过几百年、几十年。生产工具的发展使人类从野蛮过渡到文明，从在地球上活动发展到宇宙空间去活动。这当然要靠科学技术。但科学技术不是从天而降的，而是人类在生产斗争中、在科学实验中逐步总结、创造出来的。知识和科技如果没有继承和传递，后一辈人事事处处都要从零开始，那么人类至今大约还会处在野蛮状态。人类之所以能够从野蛮发展到文明，而且越来越能够创造出征服自然界的奇迹，就是因为前一辈人所掌握的科学技术能够通过教育一代一代往下传递，而且每一代人还把自己新的发明创造传递下去。这样人类就越来越聪明，越来越文明。在科学技术不发达的古代，是靠父传子或师授徒的办法传递的。到了科学技术发达的近代、现代，教育在传递人类文化中的作用就特别重要、特别明显了。教育工作是靠人做的。教师在传递人类文化中的责任是重大的、崇高的。因为文化的传递关系到社会生产力的发展，关系到社会的进步。我们培养的教师就要能够胜任传递人类文化的任务。

教师又是精神文明的建设者。建设社会主义不仅要求具有高度的物质文明，还要求具有高度的精神文明。现在许多发达国家的科学技术发展、物质文明建设比我们先进，但是在资本主义制度下，人们精神上极度空虚，感到没有前途，没有出路。资本主义社会的基本矛盾是不可克服的矛盾。只有改变社会制度，废除私有制，才能克服那些矛盾。我们是在建立了社会主义的基础上建设物质文明的，在建设物质文明的同时还要重视精神文明的建设，才不会迷失方向，误入歧途。精神文明的建设以共产主义思想为核心，也就是要以马克思列宁主义、毛泽东思想为指导。精神文明的建设要不断提高人们的文化水平和思想觉悟。没有文化科学知识的人不可能掌握马克思主义理论，也就不可能具有社会主义觉悟和共产主义理想。所以精神文明建设离不开教育，离不开教师。教师在精神文明建设中是主力军，是奠基人。教师要担负精神文明建设者的任务，自己必须具有高度的社会主义精神文明的修养，这是不言而喻的事。

根据上述教师的任务，我个人认为我国师范教育培养目标可以这样拟订：要树立无产阶级世界观，坚持四项基本原则，遵守“五爱”社会公德；要具有雷锋精神，有高尚的道德品质和崇高的精神境界，能够以身作则，为人师表；要有比较渊博的知识，不仅要精通自己所教的这门学科的内容，而且对学生学习的其他学科的内容也有较全面的了解；要懂得教育科学，正确理解全面发展的教育方针，学校的培养目标以至每门学科的教学目的，能够按照教育规律来进行教育教学工作；要有健康的体质、高尚的情操和一定的劳动技术本领；还要热爱教育事业，热爱教育对象，热爱人民教师的工作，愿意为培养共产主义事业的接班人贡献毕生的精力。

我们的师范教育，如能按照这样的目标来培养未来的教师，必将为我们的学校培养出一批又一批合格而又称职的教师来。

1983 年 12 月

载《师范教育和教育科学》，

人民教育出版社 1985 年版。

师范教育的课程问题

学校课程是实现学校教育目标的手段。师范院校是以培养师资为目标的，师范院校的课程必须能够实现这个目标。目前我国师范院校课程中存在的主要问题是在多数全日制的师范院校，追求课程的高、尖、精，忽视培养教师的需要。因此有些师范毕业生或者不愿意当教师，或者当了教师也不称职；多数教师进修院校也单纯帮助在职教师学会中小学教材，没有从培养合格的教师来全面考虑。双方的共同缺点是只把教师看作“教书匠”，而没有把教师看作全面发展教育方针的忠实执行者和社会主义一代新人的精心培育者，来加意培养。

根据上述情况，我想就全日制师范院校的课程问题，谈几点不成熟的意见。

一、端正办学思想

要解决师范院校的课程问题，首先要端正办学思想。目前在主管师范教育的同志中，特别是高等师范学校的领导干部中，往往有人认为师范教育可有可无，只要大学毕业生教高中，大专毕业生教初中，高中毕业生教小学，仿佛就算是合格教师了。他们认为师范生只要学好他专攻的那门学科就行了，以为有了知识的人就不愁当不好教师。——这种思想不用说在现代教育学、心理学、生理学、卫生学、管理学已经成为教育工作者不可缺少的学问的时候是错误的，即使在我国古代也早已被否定了。

在两千多年前写成的我国最早的教育专著《学记》里，就明确提出了对教师的要求。例如说：“君子既知教之所由兴，又知教之所由废，然后可以为师也。”“能博喻然后能为师。”又说：“记问之学，不足以为人师。”两千多年以前的我国教育思想家，就总结了教师的经验，认为当教师必须懂得教育成功和失败的道理，要善于启发诱导，难道在科学发达的现代，当教师倒反而不需要懂得教育的成败之道了？这显然是不对的。

端正办学思想不仅是师范院校领导同志的事，而且是各系各科每一位专家、学者、教师的事。我们希望在师范院校执教的每一位老师，既是他掌握的那门科学的专家，又是一位教育家。他既能精通自己的专业学科，了解这门学科最新的科学成就，又能针对未来教师的需要，使师范生掌握好这门学科的渊博的知识技能，并且学会如何把这门学科的基础知识和基本技能传授给中小学的学生，还要能培养少年儿童对这门学科的兴趣，使更多的人能爱好这门科学，立志献身于这门科学，以促进这门科学的繁荣和发展。千万不要只把眼光放在自己专精的那一门学问上，片面要求学生向高、尖、精发展。在师范生中有少数在某一方面有特殊才能的人，当然也可以引导他们从事专门的研究，但是这并非师范教育的办学方向。师范教育培养出来的师资，需要有渊博的知识，不仅要深，而且要广，要做到这一点并不容易。一味追求高深并不符合未来教师的需要。

我们应当想到，社会主义现代化建设不是一代两代人的事情，共产主义建设那就更是个长远的目标了，我们不能只考虑为目前的某一门科学培养几位专家，而不考虑今后还要培养一代又一代社会主义、共产主义建设者。这些人都需要教师来培养。党的十二大把教育定为发展国民经济的战略重点，因为教育是现代化建设的基础。我们办的师范教育可以说是基础的基础，职责重要，任务崇高。所有师范教育战线上的同志，都要想到社会主义建设不仅是长期的事业，而且是群众性的事业。我们如果仅仅培养几位科学专家，固然可以为社会做出贡献；如果培养出大批合格而又称职的教师，他们每个人又可以为培养出许许多多人才打好基础，这许多人才对社会的贡献当然就更大了。

总之，无论从历史的、现实的、长远的、群众的观点来看，师范教育不仅是必要的，而且是重要的。我们要按照师范教育的特点来办好师范教育。

二、突出师范特点

怎样才能按照师范教育的特点来办好师范教育呢？这是一个值得研究的课题。师范教育的特点是培养合格的教师。为了突出师范教育的这个特点，师范院校的课程设置和教材选择必须针对师范教育的培养目标。现在从政治要求和业务要求两方面来看看这些目标。

我们社会主义国家对合格教师的政治要求：第一是教师必须能坚持四项基本原则，第二是教师必须能遵守“五爱”社会公德，第三是教师必须具有雷锋精神（即周恩来同志要求我们向雷锋同志学习的四个方面：“憎爱分明的阶级立场，言行一致的革命精神，公而忘私的共产主义风格，奋不顾身的无产阶级斗志。”）。简单地说就是教师要有高尚的道德修养和精神境界，能够以身作则，为人师表。我们要把新生一代培养成为有理想、有道德、有文化、有纪律的人，教师自己首先就要成为这样的人。

我们对合格教师有下列业务要求。第一是要有渊博的知识，他不仅要精通自己所教的这门学科的内容，而且对中小学学生学习的所有学科的内容都能有正确的了解。第二是要懂得教育科学，正确理解党的培养全面发展的人的教育方针，任教学校的培养目标以及每门学科甚至每一节课的教学目的；了解受教育者的身心发展和个别差异，能够按照教育规律来进行教育和教学工作。第三要有健康的体质，高尚的审美情操，一定的劳动技术本领。第四还要热爱教育事业，热爱教育对象，热爱人民教师工作，愿意为培养共产主义事业的接班人贡献出毕生精力。

这业务上的第四个要求不仅是业务的要求，也可以说是政治的要求，或者说是对教师的道德要求。现在我们提倡各行各业都要讲职业道德，我看这一条可以算作教师的职业道德。我们分析任何一位优秀教师所以受到学生的爱戴和人们的尊敬，主要就是因为他们具有这样的职业道德。

为了突出师范教育的特点，各级各类师范教育的课程应当包括下面三类。

第一类是政治道德修养课。各级师范学校政治理论课的水平应当不低于同级学校的水平，而且还要尽可能结合师范教育的实际。高等师范学校一般要讲中共党史、政治经济学、辩证唯物主义和历史唯物主义、科学社会主义四门课。这四门课要分散在四个学年里，每年学一门。全部上课时数约占总上课时数15%左右。这类学科的教学要使学生认识马克思列宁主义是放之四海而皆准的普遍真理，毛泽东思想是马克思列宁主义普遍真理同中国革命和建设实践相结合的产物，是指引我们从胜利走向胜利的指导思想，随着实践的进程，它还要不断发展；要帮助学生养成理论联系实际、一切从实际出发的实事求是的学风；要联系到教育在社会主义革命和社会主义建设中的地位和作用，使他们懂得教育是物质文明建设的基础和精神文明建设的重要组成部分，没有教育的普及和提高，社会主义现代化建设就是一句空话；要使他们知道教育是需要毕生为之奋斗的艰苦的事业，有志于振兴中华的青年应当立志献身教育事业，为祖国培养社会主义新人。

第二类是文化科学技术课。中师的这类课程应当不低于六年制重点中学高中的水平。师范学院和师范大学的这类课程，在理论基础课、专业基础课方面，应不低于综合大学文理科的水平，以便为未来教师打好他所专攻的这门科学的基础，能学好专业课，而且在毕业以后便于在职进修，学习他所专攻的这门科学的新成就。所以基础课一定不能削弱。但是专业课就要考虑到未来教师的实际需要，适当安排。特别是师范专科学校的专业课，应当同师范学院和师范大学本科的专业课有所区别，不能好高骛远，强求一律。这类课程包括理论基础课、专业基础课和专业课，应占上课总时数的60%左右。师范大学、师范学院和师范专科学校还要考虑到毕业生将来到小规模的中学任教，每位教师不仅教一门课，可能要教两门课，在重视基础课的同时不能不为他们教两门课做准备，为他们设置教两门学科的专业课（和教材教法课）。两门课的搭配要适当，最好是基础课大部分是共同的，如政治和历史、语文和历史，数学和物理、化学和生物、体育和生理卫生等。有些学科也可以互相搭配，如体育和音乐、音乐和美术、历史和地理、物理和劳动技术、化学和劳动技术、生物和劳动技术等。为了提高劳动技术教育的质量，希望高等工业、农业、林业、牧业、渔业、医药等学校能有计划地为普通中学和中等专业学校培养各种劳动技术课和职业学科的教师。

第三类是教育知识技能课。这是体现师范教育特点必不可少的课程，每个师范生必须认真学习，才能懂得教育科学，掌握教育艺术。师范教育之所以必要，正是因为有教育科学存在。如果不存在教育科学，也就没有必要办师范教育了。办师范教育而不重视教育学科的教学，那么师范教育就会有名无实，不能培养出合格教师来。目前我国各级师范学校只开设了教育学、心理学和分科教材教法三门课，而且教学时数不多，仅占总上课时数的5%左右；外加时间不长的教育实习，很容易“走过场”。对于培养一个合格的教师来说，这一点教育课是远远不足的。想要在有限的时间内把师范生培养成某一门科学专家的人，往往千方百计削减教育课的教学时数，结果师范教育有名无实，师范毕业生仍然缺乏教育科学知识，不能胜任教师工作。这种现象不是个别的，甚至某些著名的师范大学也是如此。在此同时，许多综合大学毕业生被分配到学校担任教师工作。他们在学校里几乎没有接触到任何教育科学知识，只能学着自己老师的样子去教少年儿童，对于要把学生培养成什么样的人，怎样来培养，完全茫然无知。这些都是我国教育质量不高的根本原因。师范教育要突出自己的特点，绝不能学综合大学的样子；相反，综合大学毕业生既然要当教师，他们就必须在校学习教育科学，预先从事教育实习。无论是师范院校还是有培养师资任务的综合大学，必须在教学计划中列入教育学、心理学、分科教材和教学法等学科，上课时数应占总上课时数的15%左右，此外还要用将近一个学期的时间，指导学生从事教育实习。总之，教育知识技能课在修业四年的师范院校应占总上课时数的25%左右，在修业五年的师范院校应占总上课时数的20%左右，即师范生至少要有四分之一或五分之一的时间直接从事做教师的职业准备，接受教育专业训练。

三、培养合格师资

为了培养合格师资，课程设置要全面而不能片面，已如上述。但是课程问题同学制、教材有密切的关系，孤立地谈课程，还不能解决问题。要培养合格教师，首先要考虑适当延长师范院校的学年。不过为了照顾目前条件（主要是合格教师缺乏，教育经费不足），不要求一律。凡条件许可的应当力争做到，以提高未来教师的水平。

（一）中等师范学校的学制和课程

许多中师现在还只招收初中毕业生修业两年，这是不能达到重点高中毕业生应有的文化科学知识水平的。为了提高小学教育的质量，中等师范学校最好招收合格的初中毕业生修业四年。这样可以保证师范生既学好高级中学的文化科学知识，又能学好教育课，并有足够的时间从事教育实习。目前有些师范学校招收两年制高中毕业生，可以把修业年限定为两年，用一年时间提高文化科学知识水平，用一年时间学习教育科学并从事教育实习。如果招收三年制高中毕业生，可以把修业年限定为一年，专为当小学教师（或幼儿园教师）接受教育专业训练。中等师范学校毕业生必须都分配到小学（幼儿园）任教，不得分配到初中任教，以免两败俱伤。等到小学教师极大多数都达到中师毕业水平，再逐步由师范专科学校来培养小学、幼儿园教师。这恐怕是下一个世纪的事了！

（二）师范专科学校的学制和课程

除了培养初中体育、音乐、美术、劳动等科教师的师专，可以招收六年制重点中学高中毕业生，修业两年外，培养其他各科初中教师的师专，都要招收六年制重点中学高中毕业生，修业三年。如果要培养兼教两门学科的教师，最好能修业四年。这个学制越早实现越好。目前初中教师不合格不称职的比例最大，师范专科学校的任务艰巨。将来条件许可，极大多数初中教师都达到师专毕业以上的水平了，再逐步改由师范学院、师范大学来培养初中教师。

（三）师范学院和师范大学的学制和课程

现在除个别师大外，本科生一律招收高中毕业生，修业四年。今后最好招收六年制重点中学高中毕业生，修业年限逐渐延长为五年。这样可以使师范生的文化科学技术知识不低于文理科大学的本科毕业生，又可以受到足够的教育专业训练。将来可以由四年制的师范学院培养初中教师，五年制的师范大学培养高中教师。到高中教师极大多数达到高等师范本科毕业水平了，再由师范大学设研究生班，招收大学本科毕业生专门研究教育理论和实践，来培养高级中等学校的教师。

（四）教育实习

综合大学既然负担一部分培养教师的任务，学生在修业期间，必须选修教育学科和从事教育实习。不仅文理科各系要培养师资，工、农、林、牧、渔、医等各科系也要为中学和中等专业学校培养师资。凡是兼负培养师资任务的高等学校，都要开设教育课并进行教育实习。

以上是从学制来谈师范院校课程如何能保证培养合格师资，下面再说师范院校的教材如何保证培养合格的师资。这个问题很复杂，不可能讲得具体，只能讲一点精神或原则。这就是师范院校课程和教材的专业化问题。

课程和教材专业化的第一个要求，就是要合理安排教育学科的课内教学和课外活动。目前教育学科上课时数过少的情况必须改变。现在我们没有开设教育史这门课，要在教育学教材中补充教育史的教材，因为未来的教师对教育史的知识一无所知是不行的。我们也没有开设教育心理学这门课，要在心理学教材中多讲点教育心理学，这也是教师起码应有的知识。师范院校应当有师范院校的学术气氛，这种气氛要表现在教育学术的研究讨论上。师范院校应经常举行有关教育专题的学术报告会、座谈会、讨论会、辩论会等；要有计划地安排师范生参加附属中小学幼儿园的各项活动；要组织师范生参观工读学校、盲聋哑学校等，使他们学习这些学校教师的献身精神，增强对教育的信心；要组织师范生同特级教师、优秀教师会见，观摩他们的教学和班主任工作；等等。又如，师范院校的学报要把教育科研的成果发表在显著的位置，以体现师范教育的特点。

课程和教材专业化的第二个要求是要教好分科教材教法课，在这门课里指导师范生研究教学大纲和教科书；研究如何在知识教学的同时培养学生的智力，发展学生的能力；如何结合本科的教材向学生进行思想品德教育；等等。同时还要在各系科的基础课和专业课里有意识地为师范生将来任教做好准备。如，中文系的中国文学史要针对中学语文教材中选入的历代文学名著名篇，让师范生多了解这些作家的生平，多阅读他们的著作；又如，历史系的中国思想史，要多讲一点教育思想史；自然科学各系，不仅要让学生学会动手做实验、写实验报告，还要教他们学会准备实验仪器，指导学生实验，注意实验的安全；等等。在目前学校教学设备简陋的情况下，还要教会师范生自制教具、模型，绘制图表，采制标本等。当然也要教会师范生使用幻灯机、投影机、录音机、电视机、电影机等现代化的教学手段。中等师范学校语文课要讲点文字学的知识，帮助师范生辨析汉字的形、音、义；讲点儿童文学知识，让他们学会写儿歌，自编乡土语文教材，或把适合儿童阅读的古代故事、寓言等译成可供儿童阅读的现代语；等等。

课程专业化的第三个要求是要让师范生有计划有目的地经常到附中、附小、附属幼儿园去参观、见习。目前教育学科的教育质量不高，主要原因是脱离实际。如果结合教育学、心理学、教学法等科的教学，让师范生到附属学校去印证所讲的理论和方法在实践中的应用，效果一定会好得多。师范院校必须有附属学校。附属学校要随时接待师范院校的师生来参观、见习、调查、研究、实验和实习。附属学校必须按照教育规律办学，按照教学规律教学，以便成为师范生学习的模范。

1983 年 12 月 26 日

载《师范教育和教育科学》，

人民教育出版社 1985 年版。

师范院校《教育学》教材建设的几个问题

1980年3月，由开封师院（今河南师大）、华中师院、武汉师院、湖南师院和甘肃师大五所院校合编的公共课《教育学》教材的审稿会在北京举行。我有机会参加了这次会议，向战斗在教育学教学第一线的同志们学习了不少东西。我也在会上和个别交谈时发表了一些不成熟的意见。现在把它写出来，就教于全国教育学界的同志们。

一、改进课程设置，研究学科体系

师范院校的教育学，究竟设一门课好还是分成几门课好？这是决定教育学这门学科教学目的和内容的前提。新中国成立以后，在师范院校，无论教育系还是其他各系，都设一门教育学，原来规定要教两学年。后来逐渐减少，直至形同虚设。现在且不谈这门学科三十年来的曲折遭遇，更不去谈按教育规律办教育，未来的教师必须学习教育学这个问题。现在是假设这个问题已经得到解决，我们要研究在师范院校的课程里，教育学是只设一门课好，还是分设几门课好？我的意见是在教育系，可以把教育学分成几门课，如教育概论、中等教育、普通教学法、德育原理、教育行政、学校卫生等科。这些课，有的可以讲一学年，有的可以讲一学期。总的时数不一定增加许多，而学生可以学得比较深透。现在一门教育学往往分别由几位教师讲授，不如把它分成几门课，每门课由一位教师讲授好。

至于在教育系以外的各系，不妨暂时还设一门课，但是要有足够的学时，教学内容可以比教育系的精简些，更加结合实际些。今后也应当考虑分开。因为在一门课里包罗万象，讲授的时间又长，非教育专业的学生不容易产生学习兴趣。但可以只讲三门，即教育概论、中等教育和普通教学法，而把德育原理、学校管理和学校卫生的内容，放在教育概论和中等教育两门课中去讲。

现在有些师范院校已经在试行把教育系的教育学分成几门课来教，取得经验以后，当可逐步推广。

教育学这门学科，无论是只设一门课，还是分设几门课，都应当研究它的体系。究竟是理论体系好，还是工作体系好，历来有不同的看法。主张前者的同志认为，教育学既然称为学，应当采取理论体系，不应当采取工作体系。如果采取后者，就不应当称为教育学，而应当称为教育术了。

我看这个问题现在也不难解决了。教育系现在将要开设教育哲学这门课。这门课完全可以采取理论体系，讲教育的本体论、目的论、课程论、方法论等。当然，我们开设教育哲学，一定要讲马克思主义的教育哲学，用辩证唯物主义和历史唯物主义的观点来统率所讲的内容，而不能只是对西方资产阶级各哲学流派教育理论不加批判地介绍。

至于教育学无论分成几门还是合为一门，仍然免不了按工作体系来讲。因为我们的师范生是未来的教师，应当使他们知道怎样按教育规律去办学校，去当教师，去进行教育工作和教学工作。光有理论的武装，没有实际的指导，他们毕业后在实际工作中一定会遇到困难。即使按工作体系来讲，无论他们学不学教育哲学，在教育学教材里，当然应该使他们了解一些马克思主义有关教育的基本原理，以免在实际工作中迷失方向。

二、联系“四化”建设，观察教育本质

我国教育学界展开教育本质问题的讨论，是 1978 年 10 月在开封师院举行的教育学教材讨论会上开始的。那时，真理标准问题的讨论在全国已经进行了半年，人们长期被“左”倾路线禁锢的思想逐渐解放了，认识到教育与生产有联系，教育也是生产斗争的工具。当然还有一部分同志继续主张教育是上层建筑，是阶级斗争的工具。1979 年 4 月在全国教育科学规划会上，同年 6 月在武汉举行的教育学教材讨论会上，8 月在兰州举行的全国教育学研究会第一届年会上继续展开讨论。虽然论点还有分歧，却也逐步接近。

教育本质问题，本来是教育学上已经讨论过的问题。50 年代初期，苏联教育学界在斯大林发表了《马克思主义与语言学问题》以后，曾经展开讨论，

并且做了总结。① 我们现在所以重复讨论这个问题，主要是因为1958年以后过分强调教育是阶级斗争的工具，忽视教育是发展国民经济不可缺少的力量。最突出的是林彪、江青一伙反革命集团的喉舌，当时的“上海革命大批判写作小组”在《谁改造谁》那篇黑文里②，竟然歪曲历史，说人们是为了阶级斗争的需要才办教育的。这样，他们就一口否定了人类为了传授生产劳动的经验，早就有了教育活动的事实。而生产劳动乃是人类最基本的实践活动，远在阶级社会出现以前，就随着人类的存在而存在了。教育作为阶级斗争的工具，自然只能是在出现了社会阶级以后的事。

我在开封的一次会上，曾经表示在教育学教材里，只要把教育同政治经济的关系讲清楚了，教育的本质也就明白了，不必争论它是不是上层建筑或者是不是生产力。我现在仍然认为，教育作为一种社会现象，它同上层建筑和经济基础、同生产力和生产关系，都有直接、间接、千丝万缕的联系，不能只片面地说它属于哪一方面；否则，谁都不能自圆其说。因为他固执一端的论点必然会有漏洞，经不起实践检验的。

建设社会主义现代化的强国，是我们当前头等重要的政治任务，如果我们再不重视教育在促进国民经济发展中的作用，将要犯极大的错误。因为教育是培养人的，人是社会生产力中最重要的因素，没有掌握现代科学技术的人才，社会生产力就不能发展，劳动生产率就不能提高。人才的培养离不开教育。这本来是普通常识，又为当代发达的资本主义国家的实践所一再证明的。他们所谓“开发智力资源”，就是说要大力发展教育事业，毫不吝惜教育投资。这是资产阶级政治家也明白的道理。我们无产阶级为了培养建设社会主义的人才，就更加应当重视教育事业，大量投资来发展教育事业。

我国目前社会生产力所以落后，原因正是教育事业不发达。特别是经过十年浩劫，至今小学教育没有普及。多年来不重视教育科学研究，不认真培养师资。教师水平低，待遇更低，教育质量难以提高，合格教师的数量非常不足。普遍缺乏各级各类科学技术人才，缺乏熟练工人和懂得科学种田的农民。我们讲教育本质，怎能再忽视它在发展社会生产力方面的重要职能呢?

---

① 《关于作为社会现象的教育的专门特点的争论总结》，译文载《人民教育》1952年7、8月号。

② 载《红旗》杂志1970年第2期。

同时，我们要建设的是社会主义现代化强国，而不是光有现代化就行了，必须是社会主义的。建设社会主义当然必须有具备社会主义觉悟的劳动者。培养有社会主义觉悟的劳动者，培养有共产主义道德品质的新一代，培养全国人民都成为能坚持四项基本原则的公民，当然也是教育在意识形态领域里义不容辞的责任。但是，这样的劳动者、新一代是不能光凭政治说教就能培养出来的，必须大力提高他们的科学文化水平，并且适当进行思想政治教育，才有希望培养出这样的人来。实践证明，不讲教育在意识形态方面的职能固然不对，倘若把教育在意识形态方面的职能强调到不适当的程度，往往会得到相反的结果。我们是应当吸取这个教训的。

因此，在我们教育学教材里，要彻底改变过去那种片面强调教育是阶级斗争工具的说法，要批判那种把教育的起源歪曲成产生于阶级斗争需要的谎言。特别要阐述教育同国民经济发展的关系，阐述教育同实现四个现代化的关系。这样可以使师范生认识教育在祖国建设中的重大作用，认识到献身教育事业、为祖国培养人才，就是为实现“四化”而献身。

目前，由于我国社会上还没有形成重视教育工作、重视教师地位的风气，这样讲述尤其重要。如果教师自己也随俗浮沉，不重视教育工作，不重视教师专业，那就不可能把我们的教育工作做好。所以，在教育学教材里，讲清楚教育关系到“四化”建设的成败，首先使未来的教师重视教育工作，重视教师的地位，是很有必要的。

三、尊重教育规律，必须破除迷信

林彪、“四人帮”一伙搞现代迷信，造成教条主义的不良学风，我们教育学教材受的影响尤为突出。有一个时期，教育学成了语录学，仿佛一切教育规律都包含在语录当中。结果使得教育工作多年不按科学规律办事，只知按“长官意志”办事，甚至是按被歪曲篡改了的“长官意志”办事，给教育事业带来了极大的危害。现在举例说明，必须破除迷信，才能按照教育规律来办教育。

办学校本来是为了传授人类千百年来积累的知识和经验，所以把智育放在学校教育工作的第一位，并没有什么错，学校教育工作以教学为主，也是合乎规律的。林彪、“四人帮”一伙却大批“智育第一”，大反教学为主，仿佛我们社会主义社会的普通学校或专业学校，仍然应当像三四十年前抗日战争时期以知识分子为对象、以培养抗日军政干部为目标的抗日军政大学一样，“一切工作都是为了转变学生的思想”，而不需要传授系统的现代文化科学理论知识，岂非笑话！况且，学校教育正是排除了时间和空间的限制，可以使学生不需要事事直接经验，而能学得古代的和外域的知识，即间接经验。如果人类的新生一代一切都要从实践开始，凡事都必须直接经验，那么人类至今仍然会处在野蛮状态，不可能建成今天的文明社会。其实，教育学里讲“智育第一”，并没有说是“智育唯一”。“智育唯一”当然是错误的，“智育第一”不过是反映了学校教育工作的特点，并未否认德育、体育还有美育等的重要性。但是，在思想不解放、迷信未破除的情况下，在大批“智育第一”、大反教学为主的风暴中，我国学校教育被搞得不成样子，教育质量一落千丈，至今我们还不得不吞食着这一祸害造成的恶果。因此，我们在教育学教材中，不仅要讲教学为主是学校教育的规律，而且要为“智育第一”恢复名誉。

教师本来是人类灵魂的工程师，他们肩负着培养祖国下一代的重任。教师本身水平的高低，教育工作质量的好坏，都关系到祖国的前途和人类的命运。历史上任何社会任何阶级的统治者，都要至少在口头上尊重教师的地位，就是因为看到教师的这种作用。我国古代就有“师道尊严”的传统，或者说“尊师重道”的传统，就是说尊敬教师是为了重视他所传授的道理。在我们社会主义国家里，只要教师传的是马克思主义之道，授的是现代文化科学之业，我们无产阶级当然应该尊重他们。所以老解放区历来有尊师爱生的传统。但是林彪、“四人帮”横行时期，他们阴谋搞乱全国，首先搞乱学校，借口大批所谓“师道尊严”，教唆学生破坏学校秩序，甚至辱骂、殴打教师，把学校弄得不成个学校，使教师“欲教不能，欲罢不忍”，眼看着祖国的鲜花长成了野草，不少青少年受到毒害。应当指出，我们的人民教师不是资产阶级知识分子，而是工人阶级的一部分。我们在教育学里应该强调教师的地位和作用，不提高人民教师的地位，的确不可能有无产阶级的文化。我们必须把人民教师的地位提高到资本主义社会没有也不可能有的高度！

以上只举了两个例子，说明破除迷信、解放思想是按教育规律来办教育的前提。当然，我们说解放思想还是要以马克思主义为指导思想，还是要坚持四项基本原则的。凡是符合马克思主义基本原理的，我们仍然要坚持，不应该动摇。如，培养德、智、体诸方面都发展的有社会主义觉悟的、有文化科学技术的、身体健康的劳动者的教育方针，在社会主义阶段应当继续执行。我们不应当把无产阶级政治做形而上学的理解，建设社会主义现代化的强国正是无产阶级最大的政治任务，教育理所当然地要为它服务。社会主义社会里所有有劳动能力的公民都应当是劳动者，不能以为只有以体力劳动为主的工农大众才是劳动者，以脑力劳动为主的知识分子就不是劳动者。这是我们在教育学教材中应当阐明的。

四、加强专业训练，坚决肃清流毒

教育学是对师范生进行教育专业训练的主要学科，应当使他们通过教育学的学习，养成热爱儿童（这里“儿童”一词泛指教育对象）、热爱教育工作的思想情感。为此，除了前面说过的要使他们了解教育在实现四个现代化当中的重要作用，从事教育工作就是为祖国的现代化贡献力量，并重视教育工作，重视教师的地位以外，教育学教材的编写还要注意便于对师范生进行教育专业训练。

过去教育学往往被学生说成是教条学，因为它光讲理论，不结合实际。这既有教材方面的原因，也有教学方面的原因。今后在教育学教材里应当指定学生教育见习和教育实习的作业，使学生在学习教育学的过程中，就开始接触儿童，接触教师，接触教育工作实际。

例如，在讲儿童生理和心理特点的时候，就可以让学生到幼儿园、小学、中学去观察儿童的活动，同儿童谈话，测量儿童的身高、体重、肺活量，协助医务工作者检查儿童体格，对儿童进行心理测验，等等。这样就把枯燥的教材变成活生生的有血有肉的东西了。了解儿童是教育儿童的前提，只有了解儿童才会热爱儿童。许多先进教师的经验表明，他们所以能在教育工作中做出卓越的成绩，一方面是由于忠诚党的教育事业，一方面也是由于热爱儿童。

又如讲到教学论部分，不仅要让学生到学校去参观教师的教学，还要让学生了解教师如何备课，如何准备教具，如何丰富学生的感性认识，如何启发学生学习的自觉性和积极性，如何通过知识的教学发展学生的能力和进行思想政治教育，等等。讲到道德教育的部分，不仅要让学生了解教师如何培养班集体，怎样举行主题班会、队日活动和团日活动，还要让学生了解教师怎样对儿童进行个别教育，怎样进行家庭访问，等等。

为了便于对学生进行专业训练，师范院校必须办好附属学校。师范院校的附属学校就像科学研究机构的实验室或者医学院的附属医院一样，是必不可少的。十年浩劫以后，现在有些师范院校的附属学校还没有恢复，这对培养师资是很不利的。师范院校一定要有附属学校，一定要按教育规律把它办好。它应当是师范院校的组成部分，要适应师范生教育实习的需要，不应当加入片面追求升学率的行列，更不应当怕师范生的实习会影响教育质量而拒绝他们来实习。

我们的教育学教材，在重视教育专业训练的同时，还要注意肃清林彪、“四人帮”的流毒。在通常情况下，教育学教材本来应当只讲正面的道理，阐述教育的理论问题和实际问题，使未来教师对教育的基本理论有正确的理解，并且养成实际工作的能力。但是，在林彪、“四人帮”一伙破坏教育事业的十年浩劫之后，有许多教育理论上的是非给搞乱了，有些本来是常识性的问题给颠倒了，违反了教育的规律，受到了严酷的惩罚。因此，不能不在讲授教育学的过程中，批判他们一伙散布的种种谬论。

但是，这种批判实在是玷污了我们的笔墨，所以不能占教材的过多篇幅。在教材中只能把对教育事业影响最恶劣、破坏最惨重的几个问题，彻底搞清楚，如教育本质问题、培养目标问题、智育第一问题、教学为主问题、师道尊严问题、小德大德问题等。在教材正文中主要还是正面阐述道理，许多应当批判的谬论可以留给教师去讲。为了让学生能用教育理论的武器去批判那些谬论，教材中可以把要批判的问题，放在有关的章节讲过以后的作业题中去。

五、遵守教材要求，力求适合教学

教育学教材应当既便于教，又便于学。要努力使它适合于教学的要求。

编写教材不同于写论文。教材是写给学生读的，首先要把概念讲清楚。这就要求在编写教育学教学大纲时就预先考虑好，哪些概念在哪些地方出现，在概念出现时怎样首先把它的含义讲明白。

例如，“德育”、“智育”、“体育”、“美育”等概念，应当在讲教育的目的和任务的时候，就把它们的意思讲清楚。这些词在教育学里是要经常出现的，不讲清楚就要闹笑话的。应当向学生讲清楚，“德育”是“道德教育”的简称，不能使用“德育教育”这样的提法，同样，“智育”是“智力教育”的简称，不能使用“智育教育”的提法，“体育”是“体力教育”的简称，也不能使用“体育教育”的提法，“美育”是“美感教育（或审美教育）”的简称，也不能使用“美育教育”的提法，否则就叠床架屋、意义重复了。我们的教育学教材里虽然没有出现这类叠床架屋的提法，但报刊上有时会出现这样的提法，叫人看了很不舒服，因为它表明目前连极其普通的教育术语也不标准化，反映出我国教育科学的落后状况。

还有一些概念应当讲清楚。如“全面发展”这个词是指人的全面发展①，即人的智力和体力的全面发展，或者说人的才能的多方面的发展。马克思是从大工业生产所造成的劳动的变换、职能的更动和工人的全面流动性来论述这个问题的。虽然当时资本主义的生产造成分工过细、专业固定的状况，他要求工人能够适应这种变动，即能从一个工种转换到另一个工种，从一种职业转换到另一种职业，而不致终身被束缚在一种职业上。所以“全面发展”这个词，从马克思主义政治经济学的角度来说，跟我国目前教育界说的德、智、体的全面发展，它的含义是有所不同的。我们说的全面发展是要求受教育者成为又红又专又健康的人。这同马克思当年的设想并不完全是一回事。

教育学教材要考虑到教学的便利，一定要符合我们教育学本身讲的对教科书的要求。举思想性和科学性必须统一这一点为例。我们的教材要有坚定的马克思主义的思想性，要用辩证唯物主义和历史唯物主义的观点来说明问题，在政治上必须坚持四项基本原则，在科学上必须经得起实践的检验。凡是经不起实践检验的种种说法，我们必须一概摒弃。例如，三十年来，我国教育事业在党的领导下的确取得了不小的成绩，这是不容否认的，但是这种成绩的取得是全国人民和广大师生在党的领导下努力奋斗的结果。我们应当按照历史唯物主义的观点，实事求是地论述问题，才能既具有思想性，又具有科学性。

教育学教材中讲了许多教学原则和教学方法，我们也要考虑到教师使用教材时，怎样便于贯彻这些原则，使用这些方法。例如，除了文字的叙述以外，我们可以在教材中增加一些插图。又如，为了便于理论结合实际，可以在每章的作业中指定一些见习和实习的作业。

六、努力编出我国自己的教育学

学习外国的东西要结合本国的实际，这是我们党的优良传统，也是毛泽东

① 全面发展只能是说人的全面发展，如果说成个性全面发展是无法理解的。因为人的个性，对于社会来说，有积极的方面，也有消极的方面，我们只能发展它有利于社会的方面，而不能也发展它不利于社会的方面。所以“个性全面发展”的提法是错误的。

同志历来强调的。50年代初期，我们就提出了学习外国教育学必须中国化的问题。

但是要真正编出一部中国自己的教育学来，还需要做许多科学研究工作。首先要总结我国教师的先进经验。我国中小学教师有好几百万人，在这样众多的教育实践家当中，必然有许多行之有效的先进经验。这些经验应当说是我们教育学取之不尽、用之不竭的源泉。因为理论来源于实践。把实践当中的成功经验加以总结，上升为理论，再到实践中去检验。如果确属行之有效，就应当加以推广，使少数先进教师的经验成为广大教师的共同财富。这样，我们的教育科学水平就能不断提高。近来看到有些总结先进教师经验的材料，其中某些行之有效的经验往往是四五十年以前早就有人做过的。这一方面证明这些经验的确符合教育科学规律，过去行之有效，现在仍然行之有效；另一方面说明有好的经验未能及时推广，没有使它成为广大教师的共同财富。今后我们不仅要提倡总结经验，而且要重视推广先进经验。这是使教育学中国化的重要途径之一。各地教育学会和教育学研究会的会员，都可以把总结先进教师经验作为开展教育科学研究的一项重要课题。

其次，要整理我国教育学遗产，批判地继承我国教育历史遗产中有用的东西，做到“古为今用”。现在人们常常提到我国汉代儒家戴圣编辑的《礼记·学记》篇，是一部最早的教育学著作。我们如果剔除其中封建性的糟粕，就可以发现其中有不少符合教育规律的东西。此外，从孔子以来的历代教育家的著述中，也可以吸取到不少有用的东西。我们不能因为他们是奴隶主阶级或者地主阶级的思想家、教育家，就一概否定他们的教育经验；否则，就要犯民族虚无主义的错误。至于老解放区的教育经验特别是建国三十年来的教育经验教训，更应当好好整理总结，以便发扬优良传统，避免重犯错误。

再次，我们还要在教育领域大兴调查研究之风。例如，讲儿童的身心特点，往往缺乏我国自己的材料，这就要向我们的教育对象做周密的观察、调查和研究，以便了解各年龄阶段儿童生理方面和心理方面的特点和发育情况，取得一定的数据。又如，某一地区某一学校有了良好的办学经验，我们也要去调查研究，找出有普遍意义的东西即教育规律，来充实我们教育学的内容。

最后，我们还要开展教育实验活动。教育学现在还未能成为一门比较精密的科学，还没有完全脱离思辨哲学的窠臼。例如中小学教材的排列，采用直进式好，还是采用圆周（螺旋）式好，人们往往各执一词，谁也说服不了谁。如果我们设计两套课程，编两套教材，进行长期的实验，就可以得出可靠的数据来证明孰优孰劣。这就是要让事实来说话，尽量避免主观的因素。这样不仅有助于教育学的中国化，而且有助于提高教育学的科学水平。

载《课程·教材·教法》1981 年第 1 期。

对编写中师教育学教材的几点建议*

新中国成立伊始，就很重视师范教育，重视教育学科的教材建设。1949年出版了华北人民政府教育部教科书编审委员会编辑的四本中师教育学科代用教材，其中有一本叫《教育学参考资料》，就是供中师开设的“教育概论”一科采用的。当时条件非常困难：旧中国的教育理论，大部分是从资本主义国家引进的，哪些是正确的，可以继续给学生讲，哪些是错误的，应当坚决摈弃，谁也说不清楚，只好选讲一些革命领袖的有关讲话和老解放区报纸的有关社论，作为代用教材。

1950年12月，苏联《教育学》的译本出版了，教育学界的同志从此感到有了依据。1952年秋季开始编辑的中师教育学、心理学课本，都是在学习苏联的基础上编成的。从1953年起用了五年，解决了从无到有的问题。

1958年以后，这套课本停止使用。差不多有二十多年没有再编通用的教育学教材，直到80年代才算恢复。

现在为了试行《三年制中等师范学校教学方案》，将重编中师教育学教材，由人民教育出版社教育编辑室主持编务。预祝编辑工作顺利、成功！

下面对编写中师教育学教材提几点建议。

一、坚持指导思想

我们编写教材，一定要用马克思主义的立场、观点和方法来观察问题、分析问题、论述问题。这一点很重要，也是坚持四项基本原则的基础。但是说起来容易，做起来很难。

---

* 本文是根据1989年10月24日作者在中师教育学教材编辑座谈会上的部分发言整理而成的。

例如，十年前“人才学”的鼓吹者提倡“钻冷门”、“走捷径”，要人“自我设计”，追求成为“名人”，等等，就是教育学领域出现的一股资产阶级自由化思潮。因为出现在教育部的机关刊物上，影响很大，对青年人的毒害很深。当时甚至也有教育学者发表文章表示支持。近年资产阶级自由化的思潮在教育理论研究上也有表现，如，有人从人本主义的立场出发，强调“人是教育的出发点和归宿”，只强调教育与个人发展的关系，忽视教育为社会服务的功能。又如，有人大谈人的价值、教育的价值，认为教育的价值在于“提高和扩展人的价值”，使人“意识到自我存在的意义”，“使人生活得更有价值、更文明、更幸福、更有意义”，等等。这样的教育很容易培养出只知道追求个人利益的极端个人主义者。——对于这些论调，我们坚持马克思列宁主义、毛泽东思想的教育工作者应当能够有所识别。

此外，对教育的起源问题、教育的本质和职能问题、教育有无阶级性问题等，这几年也出现过一些背离马克思主义的论点。这些问题在我们中师教育学教材里都将涉及，所以编者对此必须先有明确的认识，然后才能把止确的观点介绍给师范生。最近，我曾写过《略谈教育理论研究中的资产阶级自由化倾向》一文，在《中国高等教育》1989年12月号发表，这里不再赘述。

二、认定学科性质

教育学是一门社会科学，同时是一门应用科学。

有人说，教育学既然是一门科学，科学是没有国界的，所以教育学也没有国界。

这种说法，我不敢苟同。教育学是社会科学。社会科学是阶级斗争的知识，是研究人与人、人与社会之间的相互关系的，它要受一定社会的政治、经济和文化的制约，所以不能把教育学看成同自然科学一样，认为自然科学没有国界，教育学也没有国界。

1948年出版的苏联凯洛夫主编的《教育学》曾经说教育学是有党性的，是党性很强的一门科学①，强调了教育学的阶级性。这是另一个极端。

我的看法，最好具体情况具体分析，因为教育学是研究培养人的规律的科

① 见此书译本1953年版第29页。

学，而人既有生物性，即人是个自然实体，人的身心发展有他的共同规律，在古代，在外域，凡是遵循人的身心发展的自然规律总结的教育经验，提出的教育规律，我们仍然可以借鉴，可以批判地继承。同时，人又有社会性，即人“是一切社会关系的总和”①，教育本身也是由它所处的社会关系决定的，我们社会主义社会的教育所要塑造的人，同资本主义社会的教育所要塑造的人是不同的。我们的教育学所讲的理论和实际，必然同资产阶级教育学有本质的区别。因此，一概排斥固然不对，完全等同也是错误的。

顺便说说，我们引进国外教育理论，必须非常慎重，不能被西方作者的美丽辞藻所迷惑。如，他们讲的“自由世界”、“民主世界”，实际上讲的是资本主义世界。

我一向认为，教育学不是纯理论的科学，而是应用科学。既然是科学，当然也讲理论，但这种理论不是脱离实际的空洞理论，而是从实际中产生、提炼、升华又能反转过来指导实践的理论。所以我们编写中师教育学教材，要更加重视理论与实践的结合。

三、结合本国实际

1952年，我们编写中师教育学课本，就想在学习苏联教育学的基础上结合中国实际。当时有的得到领导同志的支持，做到了；也有未能做到的。现在各举一例。

苏联教育学有三个基本概念，即 воспитание，образование 和 обучение。但前两个词译成汉语都是“教育”，译成英语都是 education。当时教育学界在学习苏联教育学的时候，对这两个词的含义，很难划分清楚，有人写文章做解释，越说越令人糊涂。因为没法用现成的汉语来分别翻译，既不能把 воспитание 译成“教养”，也不能不把 образование 译成“教育”。后来查看了工具书，发现在《汉俄词典》中，“教育”一词后面注了 воспитание，образование 两个词，在《英俄词典》中 education 一词后面，也注了这两个词。可见三个概念只是俄语的习惯用语，并不涉及学术上的问题。在一次讨论中等师范学校教育学教学大纲的会上，我提出按照汉语的习惯，我们只用“教

① 马克思：《关于费尔巴哈的提纲》，《马克思恩格斯选集》第1卷，第18页。

育”和“教学”两个基本概念就可以了，不必照抄苏联，用三个概念。这个意见，经主持这次座谈会的教育部党组书记、副部长钱俊瑞同志当场查阅工具书证实后，予以认可。因此，解释不清的三个概念问题，只要结合本国实际就可迎刃而解了。我至今还对钱俊瑞同志的科学态度和民主作风深感敬佩。

顺便说说，现在翻译的苏联教育著作里，还大量出现“教养”一词，这是仍将俄文 образование 译成“教养”。其实译文是给中国人读的，可以按照汉语的习惯，把这个词分别情况，译为“教育”或“教学”，并不致歪曲原意，而更便于国人理解的。

另有一个是学习苏联未能结合中国实际的例子。1952 年编写中师教育学，我承担了其中教学论部分的几章。我在写到小学复式教案的时候，采用中国自己的经验，把教案中的教学步骤，按照教师在各年级先后进行直接教学或间接教学的顺序，写上序码。如，三、四年级复式班，教师开始上课先到四年级指定学生自动作业，这个步骤在教案上标明一，次到三年级直接教学，这个步骤在教案上标明二，以后第三步先在三年级指定作业，这个步骤在教案上标明三，然后第四步教师到四年级直接教学，这个步骤在教案上标明四，等等。这样在教案上的三年级部分，教学步骤出现的是二、三……在四年级部分，出现的是一、四……这正体现了复式教案的特色。可是当时翻译出版的一本苏联叶希波夫、冈查洛夫合写的《教育学》，是把两个单式教案拼在一起的，三、四年级的教学步骤自成起讫，互不相关，这就不如中国已有的经验适用。审稿者为了慎重，不相信中国人自己的经验，却按照苏联的式样改了。所以要结合实际必先了解实际，否则就不容易办到。

还有，目前由于初等教育尚未普及，中国还有大量文盲。1982 年人口普查发现 12 周岁以上人口中，还有文盲半文盲 235 820 000 人之多。每年还要产生新文盲 400 万。扫除文盲在我国还是一项繁重的任务。这个任务如果能动员全国小学教师来做，当可收到切实的效果。因此在我们的教育学教材中还要介绍一点办一揽子学校的经验。这种学校既办儿童班普及小学义务教育，又办成人班扫除文盲。过去战争时期老解放区办过，抗日战争以前有许多实验乡村教育的单位也办过，应当向未来的教师介绍。

我们还要引导师范生眼睛向下，重视介绍我国小学教师中优秀的、典型的、先进的经验。

总之，结合本国实际需要注意的方面很多，这里仅举数例。

四、重视祖国遗产

中国是文明古国，不但历史悠久，而且绵延不绝。这应当是全国各族人民引以为自豪的。

中国历代产生过许多伟大的思想家、教育家，他们发表过许多教育言论，做出过许多教育范例，总结过许多教育经验，其中有些思想和行动至今尚未失去光辉。所以我主张要编写一本有中国特色的教育学，尽量采用中国历代教育家的理论和实践。从每一门学科都有思想教育的任务来说，教育学也有进行爱国主义教育的任务。在教育学中引用中国教育家的理论和实践，还可以起到爱国主义教育的作用。

例如，中国历来重视伦理教育、道德教育，重视品德的修养，虽然我们今天对儿童、少年、青年思想品德的要求与内容跟过去不同，但教育的原则和方法仍然有许多相通之处。在教学方面，相通之处就更多了。讲教学原则，完全可以用中国的语言说中国人自己总结出来的原则，学生听起来更容易接受和记忆。为什么非要用翻译语言，讲这个性、那个性，就是没有一点中国人的民族性呢？

总之，我希望在新编的教育学中，尽量批判地继承祖国的教育遗产，编成一本具有中国特色的社会主义的教育学教科书。

五、培养专业志趣

现在师范学校设有教育学、心理学、教育实习和各科教材教法四门教育专业课。这四门课以及其他各科教学和课外活动，应当都负有培养师范生专业志趣的任务，但教育学负的责任更大。因此，我们编写教育学教材，不仅传授教育科学知识，还要通过知识的教学，培养学生愿意献身小学教育的志趣。

目前我国小学教师的地位和待遇都比较低，即使改善了，由于教师工作的繁重，责任的重大，没有献身教育事业的精神，还是难以做好的。所以我常鼓励教师们要向我国老一辈无产阶级革命家学习，学习他们当年不怕牺牲生命来献身革命。现在从事教育工作虽然生活条件艰苦，但至少没有牺牲生命的危险。只要我们能把教育是社会主义现代化建设的基础，教育是“提高民族素质”的必要条件，教育是全国人民摆脱贫穷落后状态的必由之路……这些思想，植根在师范生心中，大多数人总会养成从事教育专业的志趣的。

榜样的力量是无穷的。在目前师范学校不开教育史课的时候，教育学中应把中外古今教育家的模范事迹择要向未来教师介绍。如，从孔子的“有教无类”，到夸美纽斯的“把一切知识教给一切人”；从裴斯泰洛齐的毁家兴学，到武训的行乞兴学；从陶行知“捧着一颗心来，不带半根草去”的伟大献身精神，到马卡连柯殚精竭虑把少年违法者培育成国家有用的人才。这些都应当旗帜鲜明地写在教材里。还有许多勤勤恳恳、兢兢业业、默默无闻，数十年如一日在教育第一线艰苦奋斗的优秀教师的光辉业绩，应当让学生自己去搜集材料，互相交流，写入日记，编入墙报，作为一项有目的的专题活动。

六、扩大学生眼界

我们培养的未来教师，不仅是个教书匠，还要是个教育家。要成为教育家，就要眼界宽广，心胸阔达，识见宏远，志虑纯正。虽然要求小学教师“学贯中西，术通今古”很不现实，但是在教材中适当介绍一点古今中外的教育理论和实际、形成原因及其利弊得失还是有必要的。

例如，学制的双轨和单轨，许多人不了解双轨制是阶级社会教育机会不平等的产物，竟把我们中等学校办学形式多样化，说成双轨制。如果我们教育学教材中讲明白双轨制的由来，未来的小学教师就不会闹这样的笑话了。又如，现在报刊上常常出现一些“德育教育”、“美育教育”这些不伦不类的名词术语，有时甚至出现在教育行政领导干部之口。如果我们教育学教材中讲明白德育、美育的含义，未来的小学教师当然不会人云亦云了。

现在不少同志注意研究学校课程，这是很好的事情。但是，就我评阅的硕士论文来说，已经不止一次见到有的研究生把“活动课程”误解为课外活动。固然，课外活动现在已经纳入课程的范围，但“活动课程”另有含义，并非指课外活动。作为一名小学教师应当知道两者的不同含义。

师范学校现在不设小学行政这门课，教育学中要讲学校管理。在这一部分要把校长、教师在学校中的地位和作用讲清楚。要使未来教师知道，在学校里，所有的人员（包括校长、教师、职工和学生）都应有民主平等的关系。校长虽然代表国家来办学，要执行党和政府的教育政策法令，但他不是“官”，不能摆“官僚”架子。校长应当是教师的一员，他必须兼课。他对教师的态度应当像个家长，恭恭敬敬请教师来教自己的孩子。教师应当自觉遵守学校一切规章制度，为学生的表率。全校教职员工都应当团结一致，形成一个教育集体。现在有些校长以领导者自居、高高在上，只知发号施令，是不能调动教师的积极性的，也是不可能把学校办好的。我主张校长最好由教师民主选举产生，经上级教育行政部门审核任命。实行校长责任制必须慎重遴选校长，才有利于事业的发展。在学校党支部起保证监督作用的前提下，非党员只要条件合格且素孚众望，也可以选任为校长。

扩大教师的眼界还包括对教育趋势的认识。如，为什么我们现在要提倡智能教育，而不限于知识教育？这是因为目前知识量的增加很快，学生不可能在校期间学会一切知识，所以要求学生（包括小学生）学会求知的方法，养成求知的习惯，才能适合社会的需要。为什么我们现在提倡通才教育，而不强调专才教育？这是因为科学发展综合化的趋势，不仅要求有专精一艺的人才，而且要求有兼通数艺的人才。特别是基础教育，若是给学生在文化科学、思想品德等方面打下的基础越宽广、越扎实，他以后发展的可能性就越大。为什么我们现在提倡终身教育？这也是因为科学技术不断发展，知识更新的速度加快，人在就业以后还要继续学习，否则就难以适应工作的需要。如此等等。这些对于做一名优秀教师也是不可缺少的，不仅要认识，而且要力行。

七、建立科际联系

教育学应是师范生的一门主课，它是对未来教师进行专业训练的基础学科。教育学的教学应同其他各科建立联系。

首先要同其他教育专业训练学科如心理学、小学各科教材教法建立联系。倘若心理学里讲了小学儿童的身心发展及其教育，教育学里就不必重复。如果心理学里只讲了小学儿童的身心发展，没有讲如何针对身心发展的特点来施教，教育学就要在心理学讲过的基础上再讲如何施教。教育学中讲了教学论，各科教材教法就不必重复，只讲个性的东西，不讲共性的东西。

其次要同教育实践联系。《三年制中等师范学校教学方案》把教育实践分配在三个学年，第一、二学年各两周，第三学年六周。不仅增加了实践的总时数，而且分配在各学年，比集中在最后一年好得多。因为这有利于在教育学教学过程中让学生去参观、见习，有机会在实践中印证新学的理论，比空讲道理易于深入理解。

再次是同其他各学科的联系。如，讲到德育、智育、体育、美育、劳动技术教育各章时，就应同师范学校有关学科联系。尽管师范学校的这些学科是以师范生为对象的，是培养未来的小学教师的，教育学里讲的是以小学生为对象的，但双方仍有内在的联系，应该力求紧密配合。师范学校的师范性或叫专业化，应在所有各科教学和课外活动中体现出来。教育学教材同它们建立联系，有利于促进专业化，有利于培养出更加合格而称职的小学教师。

以上所述，未必妥当，如有错误，还请指教。

载《课程·教材·教法》1990年第1期。

新中国第一部教育学课本出版的前后

新中国成立以前，党和政府就很重视师范学校教育学科的教材建设。1949年，华北人民政府教科书编审委员会编辑了师范学校适用的《教育学参考资料》、《小学教育的理论和实际参考资料》、《小学各科教材和教学法参考资料》和《小学教育典型经验介绍》四本书，分别作为师范学校“教育概论”、“小学行政”、“小学各科教材和教学法”和“教育实习”等科的代用教材。“教育心理学”一科选用上海世界书局出版、林汉达编的《教育心理学讲话》作为暂用教材。

1950年12月，翻译的苏联И. A. 凯洛夫主编的《教育学》（1948年版）开始由新华书店出版。翌年3月新华书店又出版了苏联H. K. 冈察（查）洛夫著的《教育学原理》（初译稿）。同时，东北新华书店翻译出版了苏联师范学校教材、叶希波夫和冈查洛夫合编的《教育学》。1951—1953年，凯洛夫主编的《教育学》译文经修订后由人民教育出版社出版。这些书对当时中国各级师范学校教育学的教学帮助很大。特别是教育部还邀请苏联专家来华讲学，培养了我国高等师范学校的教育学、心理学教师和教育行政干部，造成了全国各级学校教师学习教育科学的热潮。在这样的背景下，教育部师范教育司于1952年秋，向人民教育出版社提出了编辑师范学校教育学和心理学课本的要求。

当时人民教育出版社编审部刚刚从出版总署迁入教育部办公，主管师范学校教育学科课本编辑工作的教育编辑室也刚刚组建，人力薄弱，光依靠内部的力量是不容易承担这项任务的。但师范学校教育学科长期使用代用教材确实不能满足教学的需要。教育编辑室衡量了需要与可能，经出版社领导的同意，决定采用内外结合的办法，承担这项任务，即由教育部师范教育司和人民教育出版社教育编辑室邀请一部分外单位的教育学者、心理学者合作编写。本文只讲教育学课本的编写情况。

编写课本首先要草拟教学大纲。师范教育司在1952年8月印发了一份

《师范学校教育学教学大纲（未定稿）》。这份大纲规定的教育学教材计分十七章，各章题目、教学时数及课本撰稿人姓名如下。

第一章　总论　六小时　张凌光

第二章　教育的性质、目的和任务（大纲原题有“新民主主义”字样）　十小时　丁浩川

第三章　学校教育制度（大纲原题有“新民主主义”字样）　六小时　张凌光

第四章　幼儿教育　四小时　朱智贤

第五章　学龄儿童身心发展的特征　六小时　陈选善

第六章　教学原理　十小时　陈　侠

第七章　小学教学的内容　六小时　陈　侠

第八章　课堂教学　十四小时　陈　侠

第九章　教学方法　十六小时　胡　毅　许椿生

第十章　德育（大纲列为第十一章，课本改为第十章）　十二小时　许忆痴

第十一章　体育（大纲列为第十二章，课本改为第十一章）　四小时　苏竞存

第十二章　美育（大纲列为第十三章，课本改为第十二章）　四小时　蔡　仪

第十三章　小学生的集体组织（大纲原题“学校中的学生组织”，列为第十四章，课本改为第十三章）　四小时　陈　琏

第十四章　课外活动（大纲列为第十章，课本改为第十四章）　六小时　滕大春

第十五章　人民教师　四小时　丁浩川

第十六章　学校与家庭　四小时　杨　铭

第十七章　小学组织和领导　八小时　王　静

这个大纲的体系基本上是学习苏联教育学的体系，特别是叶希波夫、冈查洛夫合著的苏联师范学校教育学教材的体系，如，大体上按总论、教学论、教育论和学校管理四大块来安排教材，讲教学论而不另讲智育等。但也有所调整，如，第一章总论（应称“绪论”）讲教育的本质、作用和教育学的基本概念、研究对象、目的和方法；另设专章讲教育的性质、目的和任务；将叶、冈

教育学中备课和复式教学两章并入课堂教学章；将该书爱国主义教育、集体主义教育、自觉纪律教育、性格意志教育和劳动教育等五章，均并入德育章等。这样更富于逻辑性，教材也可以编得简练些。

问题是当时对中国社会的性质还没有从理论上搞清楚，大纲多处提的是新民主主义教育，而没有提社会主义教育。因此 1953 年 7 月出版的课本第一册第一版中还缺第二章，甚至连 1954 年 7 月出版的初级师范学校教育学教学大纲中也缺“新中国过渡时期的教育”一章的细目。现在看来，理论上没有定论的东西，教材中固然以不涉及为好，但缺着一章，不如讲些共性的、已有定论的和有法令依据的东西，如，教育的历史性和阶级性，教育应为一定社会的经济、政治服务，以及我国《共同纲领》里对教育的规定等。

当时教育学讲两学年，大纲规定二年级上学期讲第一至五章，二年级下学期讲第六至八章，三年级上学期讲第九至十四章，三年级下学期讲第十五至十七章。课本也分四册出版，每学期一册。1953 年度第一学期供应一、三两册，第二学期供应二、四两册。

为了把好课本的质量关，尤其是政治关，教育部师范教育司还请潘开沛和王铁两位同志负责全书的校订工作，再由人民教育出版社教育编辑室负责编辑加工发稿。

值得一提的是当时学习的苏联教育学中有三个基本概念，即 воспитание，образование，обучение，我国翻译工作者将前两个概念先分别译为“教养”、“教育”，后又分别改译为“教育”、“教养”，在我国教育工作者的认识上造成混乱。有的同志还写文章加以解释，但是越解释越难以令人理解。因为没有办法用汉语来区分这两个概念。原来俄语的这两个词，在汉语中习惯上都用“教育”一个词来表达，在英语中习惯上都用 education 一个词来表达。我根据《汉俄词典》中“教育”一词后面注了 воспитание 和 образование 两个词，《英俄词典》中 education 一词后面也一样，所以在一次讨论师范学校教育学教学大纲的会上提出建议：我们的教育学不必提三个基本概念，有两个（教育、教学）基本概念就行了。那时的教育部党组书记、副部长钱俊瑞同志参加了这次讨论会，当场让人取来工具书，查阅后就确定下来。俊瑞同志的民主作风、科学态度和果断精神，至今还令人敬佩。因为当时学习苏联，不敢越雷池一步，往往产生许多教条主义现象，他能做出实事求是的决定是难能可贵的。

新中国第一部教育学课本的撰稿人和校订人中，有党的教育理论工作者和实际工作者，有教育部师范教育司的司长和专员（他们也是教育学者），有美学学者、体育学者、教育学者和少年儿童工作者，阵容相当整齐。可见这项工作得到多方面的支持。

我是人民教育出版社的编辑干部，参加课本的撰稿是义不容辞的责任。所以我承担了教学论三章一个学期教材的撰写。当时我已认真学习过《毛泽东选集》第一、二、三卷，特别是初步用《实践论》、《矛盾论》等论著武装了自己的头脑，所以有勇气来从事这项把苏联教育学中国化、通俗化的工作。我还有从事小学教育的实际经验，编过几本有关小学教育问题的书，这也增加了我撰写教学论这几章稿子的勇气。当然，有苏联教育学为取材和立论的依据，恐怕是当时参与撰稿和校订者的共同后盾。就我撰写的部分来说，还有教条主义地学习苏联的地方。如，关于复式教学，我国从俞子夷先生开始就有独到的研究成果，却未大胆采用。

在给新中国第一部教育学课本一、三两册写的《出版者的话》中，我还犯了一个错误，即说“本书的编写是我国用马克思列宁主义和毛泽东思想的基本观点来论述教育科学问题的初次尝试”。事实上，早在30年代，就有杨贤江等同志这样做了。李浩吾（即杨贤江）写的《新教育大纲》，我在抗日战争前就读过，但当时并未认识到那是用新观点编写的教育学著作。这个错误是金灿然同志指出来的，我很感谢他。在课本第二、四册的《出版者的话》中就把这句话删去了。

新中国第一部师范学校教育学课本从1953学年起连续用了五年，解决了教材从无到有的问题。新生事物总是不完备的，这部课本有疏漏、缺点和错误当然是不可避免的。在使用过程中，1955年春，教育部师范教育司和人民教育出版社还曾联合组成调查组到江苏、上海等地的师范学校去调查，以便发现课本的缺点，作为修改的依据。这是一项很有意义的对教材的评价工作。当时参加调查的有人民教育出版社的干部曹孚、王铁等同志。近阅《曹孚教育论稿》中附录的调查报告，只对这部课本做了肯定，说课本“替这两门（包括心理学——笔者）学科的教育指出了方向，确定了范围”，“学生从这两科中所获得的是马克思列宁主义的教育学、心理学知识，这是应该肯定的”。（见该书第708、709页）报告并未具体指出课本的缺点，当然并非没有错误和缺点。

以后这部课本就由王铁、曹孚等同志负责修改，修改后将一、二两册合为上册，三、四两册合为下册出版。1958年“教育大革命”后停止使用。

最后，我以教育学界一个退伍老兵的身份，谨向教育学课本的编辑和教育学教师同志们提几点希望。

第一，要认真学习马列主义和毛泽东思想，因为它们反映了自然界和人类社会的客观真理，论述了不依人的意志为转移的科学规律。同时要注重学习马克思主义教育基本原理，学会运用马克思主义的立场、观点和方法，来研究和探讨教育理论问题和实际问题，这样才能不受形形色色的资产阶级教育思想的迷惑。

第二，要批判地继承祖国的教育学遗产，使学生知道中国是历史悠久的文明古国。几千年来有许多教育家发表过很多很好的教育见解，至今仍没有失去它们的光辉。这也要求我们学好教育史，善于选择反映教育规律的东西介绍给学生，树立他们的民族自尊心和自豪感，培养他们爱国主义的情操。

第三，要善于总结本国教师的教育经验，使学生知道教育理论来源于教育实践，实践又是检验理论的唯一标准。所以教育学课本的编辑和教育学教师要具有教育实际经验，并不断深入学校，向实践在教育工作第一线的教师学习，使自己掌握的教育学理论不是教条，而是有血有肉的活生生的道理。这样才能提高课本的质量和教学的效果。

第四，要眼界开阔，了解国外教育的情况，适当借鉴于我们有益的经验。目前有些课本往往引用外国一般教育学者的话过多，这种现象应当改变。至于对未来的小学教师介绍一些中外教育家献身教育、毁家兴学的事迹，以及中外政治家重视教育的言论，可以培养他们的专业思想和职业道德，应当说是有必要的。

载《课程·教材·教法》1991 年第 3 期。

关于教育学教材改革问题的思考

一

教育学是师范院校的一门主课，是所有师范院校学生的必修课。我们为什么要办师范院校来培养教师？就是因为有教育科学存在。教育学就是综合教育科学基本规律的学问，它在培养合格教师上有极重要的作用。

若干年来，由于我们有些同志对师范教育和教育科学的功能和作用认识不足，加上教育学教材本身也存在一些缺点，有些师范院校毕业生虽从学历上看是合格教师，但在教师岗位上并不称职。造成这种现象的原因虽然不止一端，如果只谈改革教育学教材恐怕未必能解决问题。因此，我认为首先必须端正对师范教育和教育科学的认识，还要造成全社会尊师重教的风尚。

第一要清除歧视师范教育的错误。一位很有声望的师范大学校长曾经对我说，教育部计划财务司对高等学校经费的分配不合理，存在着歧视师范教育的现象。如，师范大学和综合大学都有理科和文科，但是经费的分配标准上，综合大学的理科最高，综合大学的文科次之，师范大学又次之。这种不成文法姑不论谁是始作俑者，但其影响所及对师范教育很不利。物质上的不利是显而易见的，精神上的不利是一言难尽的。

举例来说，有些对办理师范教育本无正确认识的师范院校负责人，千方百计要把自己办的师范院校改为综合大学。如，某省一所师范学院，先改称某省师范大学，后又将“师范”二字去掉，改称某省大学。另有某省一所师范学院，原来以省名命名，却改为以市名命名的大学。经费分配标准的不合理，造成一些人轻视师范教育的心理，以办综合大学为荣，以办师范大学为耻。尽管这种思想是错误的，但要清除它，还要首先从教育行政领导部门做起，改变经费分配不合理、不公平的做法。

第二要纠正轻视教育科学的错误。教育学是不是一门科学，至今还有人抱怀疑态度。所谓科学，并没有什么神秘，也并非高不可攀。它无非是研究事物和现象发生、发展规律的学问。教育学研究培养人的规律，为什么不能算作科学？问题在于某些办师范教育的人轻视教育科学，认为可学可不学，多学不如少学。结果制订的教学计划，分给教育科学的学时少得可怜。尤有甚者，有个别师范大学负责人，公然提出什么“师范大学要向综合大学看齐”的口号，一味强调教高、精、尖的学科，而不是面向中小学。所以“看齐”的结果是把教育学科的教学挤掉。据了解，综合大学毕业生中有60％～70％要担任教师，因此应当把这个口号颠倒过来，说“综合大学要向师范大学看齐”才对。这里所谓“看齐”，就是在综合大学各系开设教育学选修课，以免学生毕业后出任教师毫无准备。有些省的综合大学就是这样做的，这是做得对的。要纠正轻视教育科学的错误，也需要由教育行政部门负责修改师范院校教学计划，增加教育学科的教学时数。师范院校系科负责人也要重视教育学科的教学，不得削减教育学科及其教学时数。至于师范院校教育学科安排多少教学时数才比较合适，我早在1984年《课程·教材·教法》第2期上发表的《浅谈我国师范院校的课程问题》一稿中谈过，这里不再赘述（此文已收入拙著《师范教育和教育科学》第16—24页，人民教育出版社1986年版）。

第三要造成尊师重教的社会风尚。我国素有尊师重教的优良传统。教师担负着为祖国培养下一代的责任，本来应当都是国家工作人员。“文革”时期受极左路线的干扰，农村中小学教师中出现了一批民办教师，即不领工资靠评工分的教师。民办教师要种责任田，否则口粮也无着落。加上提出过“贫下中农管理学校”的口号，许多地方实际上是由文盲半文盲来管理学校。曾有公社负责人要求民办教师好好工作，将来调他去供销社当售货员；曾有地区负责人对师专教师说，你们大学毕业有什么了不起，还不是要受我这个小学毕业生来管。党的十一届三中全会以来，这种现象虽然日益减少，但并未完全绝迹。由于民办教师制度至今仍然存在，有些省还占教师总数一半以上，民办教师生活没有保障，工作不能胜任的不在少数。特别是那种“贱师轻教”的恶果，短时间难以肃清。难怪中学毕业的优秀青年不愿意报考师范院校，师范院校每年入学新生的质量尚无切实有效的保证，这就必然影响未来教师的素养。我们研究改革教育学教材的目的，无非是为了提高未来教师素养。在这种先天不足的情况下，这个目的不易达到。所以必须从根本上采取切实有效的措施，提高教师的地位，改善教师的待遇，在全社会尤其是各级领导干部中造成尊师重教的风尚。

上述三个问题解决了，就为教育学教材的改革创造了前提。

二

师范院校设置的公共必修教育学科不止教育学一门，还有心理学、本系（科）教材、教学法和教育实习。这些教育学科同教育学一样也面临着提高重视程度、增加教学时数和改革教学内容的任务。本文只谈教育学教材的改革。

各科教材是为实现教学目的服务的，谈教育学的教材改革，首先要把师范院校教育学这门学科的教学目的弄清楚。

目的之一是要培养师范生的教育专业思想，使他们乐于献身教育事业；同时要培养教师的职业道德，了解教师的心理，即善于解剖自己、了解自己。

目的之二是要使师范生了解受教育者身心发展的规律，了解各年龄阶段学生的生理心理特征；善于引导学生好好学习、天天向上，懂得如何预防学生在德、智、体各方面走下坡路；养成爱护学生尤其是爱护差生的情感。

目的之三是要使师范生了解教育的基本原理或规律，了解党和政府的教育方针政策；了解教育与社会主义建设的关系，了解教育与个人发展和国家盛衰的关系，了解教育与生产劳动相结合的必要性；了解国家教育行政管理制度和各级各类学校系统，了解未来服务学校的培养目标。

目的之四是要使师范生了解学校各项工作的目的、任务、实施原则、途径和方法，包括与学生家庭的联系及与周围社会的联系等。

还可以举出一些，主要的大致就是这些。

如果上述目的在教育学的教学中能够圆满实现，那么我们培养出来的教师就可能成为知己、知彼、懂原理、懂业务的合格教师。

“知己知彼，百战不殆。”这句话不仅适用于军事，也适用于教育。教师要知己，就是要了解自己的兴趣、爱好和特长，培养自己从事教育工作的兴趣和爱好，发展自己为从事教师职业所需要的特长。由于教育至今还是一件毕生清苦的事业，既需要我们毕生从事而且生活清苦的事业，又是责任重大、工作繁重的事业，要求从事这项工作的人能够做到“知之者不如好之者，好之者不如乐之者”（《论语·雍也》）。教师对自己的事业能够“乐此不疲”，然后才能做到全心全意为祖国培养一代社会主义新人。现在提倡无私奉献，我们每一位安心本职工作的教师都是在默默无闻地无私奉献自己的聪明才智和毕生精力，所以值得全社会的尊敬。

知己还包括了解自己的缺点和不足，并且针对当教师的需要来克服自己的缺点，弥补自己的不足。教师需要以身作则，为人师表。凡要求学生做到的，自己首先要做到；凡要求学生不做的，自己一定也不做。这句话说起来容易，做起来并不简单。许多师范院校从新生入学开始，就要求他们一切言行符合中小学学生的行为规范和学生守则，并把它作为师范生行为规范和学生守则的一部分，这是完全做得对的。

所谓知彼就是教师要了解学生，既了解所教年龄阶段学生身心发展的一般规律，也了解每个学生的特殊情况，包括德、智、体各方面的情况以及家庭环境、父母职业和文化水平等。这不仅是教育学教学的目的，也是心理学教学的目的。心理学应包括普通心理学、发展心理学和教育心理学的知识，教育学中有关了解学生的教学内容，应当同心理学的教学内容既有联系，又有区别，应当避免重复，应当互相补充。

我们常说，教师不能只是一个教书匠，不能只以擅长教自己本专业的学科为满足；教师要能是一位自觉的工作者，要以教育家的标准来要求自己。为此，他必须了解一些教育的基本原理和规律，这些原理或规律都要是马克思主义的，而不是非马克思主义的或反马克思主义的。例如，在阶级社会中教育具有阶级性的原理，并不因为我们是消灭了阶级的社会主义国家、我国的教育已经具有全民性而过时。只要国际上还存在着敌对势力，而且这些势力一天也没有放弃他们使社会主义国家和平演变为资本主义国家的图谋，我们就一天也不能忘记教育具有阶级性这条基本原理，不能放松马克思列宁主义、毛泽东思想的教育。又如，教育具有工具性，任何时代任何国家的教育都是为那个时代那个国家的政治、经济服务的。教育是以培养个人、发展个人为出发点，而以每个人都能成为对社会有用的人才为国家服务为归宿。发展个人不是教育最终的目的，最终的目的是使个人能成长为国家需要的劳动者、建设者。这些都是最平凡的真理，不是任何故弄玄虚、耍笔杆子的人可以否定得了的。教育学的教学就是要用这些马克思主义的教育基本原理来武装师范生的头脑。

关于懂业务的问题，因为教育学本是一门应用科学，而非纯理论的科学。传授教育业务知识技能，历来为大家所重视，我不想多说。但想谈一点个人的看法，就是教育学的教学目的，不能只限于传授业务知识，而要如前所述，首先为师范生从事教育专业做好思想准备，树立他们对教育事业的信仰，培养他们敬业乐群的精神，善于并乐于团结志同道合的同志，奉献毕生的精力为祖国培养下一代，为社会主义、共产主义事业培养接班人。因此，我不赞成以学科教育学来代替普通教育学的教学。普通教育学有它的目的和任务，不是学科教育学可以代替的。相反，学科教育学的内容很容易同学科教材和教学法一科的内容互相重复。只要我们不是以培养教书匠为目的，而是要培养知己、知彼、懂理论、懂业务、眼界开阔的富于自觉性的教育工作者，那么，我们就应当用马克思主义有关教育的一些基本原理来武装师范生的头脑，而不能把教育学的教学限制在某一学科的范围之内。

三

教学内容（教材）是根据教学目的来选择和组织的。如果我们承认上述的教育学的教学目的，教材的选择并不困难。困难的是教材内容丰富和教学时间短缺的矛盾必须解决。

现在高等师范学校公共必修教育学课，实际上包括教育概论、中等教育、普通教学法（或称“教学论”）和学校管理四门课的内容。把四门课的内容压缩在一门课里讲，而又不给予足够的教学时间，要想达到教学目的是不可能的。所以要想提高教育学的教学质量，首先要给它安排足够的教学时间。

公共必修教育学课又不同于教育系的教育学课。教育系设有教育史课，讲中国教育史和外国教育史，这些历史知识可以使学生“察往知来”，从纵的方面来拓宽他们的视野；教育系还设有比较教育课，讲世界主要国家教育的现状，了解教育同现代国家国民经济和社会发展的关系，从横的方面来扩展他们的眼界。其实这些也是各学科教师应当受到的教育，现在要把它们简明扼要地在教育学里讲，所以公共课的教育学教材要比教育系的更丰富。

教育系还开设教育管理或学校管理课，教育系的学生在学习教育学（或教育概论）时，这些内容可以从略。公共课的教育学却不能没有这部分的内容，尤其现在好多校长、教导主任都不是由教育系的毕业生担任，而是由其他各系的毕业生担任，让这些系的师范生学一点学校管理的知识很有必要。所以公共必修教育学的教学时数可以比教育系的更多。

具体设想，公共必修教育学应从现在每周三学时教一学期，增加到每周两学时教两学年。即从三学分增加到八学分。即使如此，由于教学内容的丰富，还得千方百计采用现代化的教学手段，如教育电影、教育电视系列片、教育录像带等，才能增进教学的效率。

教材的内容，大体上要包括以下各部分。

（1）使师范生认识教育和教育的对象。这里主要要用马克思主义的观点讲教育的起源和发展、教育的本质和职能、教育的地位和作用、教育的目的和任务，以及未来服务学校学生的身心发育的特征等。

（2）使师范生认识实施德育（包括美育）应遵循的一般规律。这里主要讲学校德育的目的和任务，实施德育的原则、途径、手段和方法，如何利用美育来培养学生高尚的道德，德育效果的评价等。

（3）使师范生认识实施智育（包括劳动技术教育）应遵循的一般规律。这里主要讲学校智育的目的和任务，实施智育的原则、途径、手段和方法，课堂教学的准备、实施和评价，现代科学原理在生产劳动中的运用等。最后一点主要在数学和自然科学各系讲，这是为了使未来教师毕业后能正确执行教育和生产劳动相结合的方针。

（4）使师范生认识实施体育应遵循的一般规律。这里主要讲学校体育的目的和任务，实施体育的原则、途径、手段和方法，课内外体育教学的准备、实施和评价，国家体育锻炼标准的实施和考查等。

（5）使师范生认识指导各项课外活动（包括自我服务和公益劳动）应遵循的一般规律。课外活动是培养全面发展的人不可缺少的手段，它可以发展学生的兴趣、爱好和特长，已经是学校课程的组成部分了。为了克服片面追求升学率的不良学风造成的恶劣影响，学校中让学生自由选择、自由组合成若干课外活动小组，使他们从事有目的、有组织的具有政治性、文艺性、科学性、技术性的各项活动，是发展学生个性的有效措施。这里主要讲开展课外活动的必要性、课外活动的种类、课外活动应有的设备、指导课外活动的原则和方法、课外活动效果的评价等。

（6）使师范生认识学校集体、班集体、团（队）集体的形成规律及集体在教育中的作用。社会主义教育要培养集体主义者，集体主义者只有通过集体来培养，因此我们学校中要形成团（队）的、班级的和全校的集体，在集体中对学生进行教育。集体主义教育并不否认个性的发展，凡有利于个人健康成长和集体进步的个性，我们都鼓励它发展。集体主义教育所反对的是个人主义特别是极端个人主义的膨胀，而不反对个人有益于自己身心和社会需要的个性发展。这一点需要讲清楚。

(7) 使师范生认识学科教研组长、班主任、年级组长、教导主任、总务主任和校长的工作性质、范围、目的、任务、原则和方法。这些都属于学校管理的知识。也可以讲一点我们国家教育行政的组织和制度，以及它们对各级各类学校的领导、管理、监督、视导和检查等。

(8) 使师范生认识教师在思想意识、道德品质、文化科学、专业知识等方面应有的修养，并不断提高水平。在上述各项内容讲过以后，师范生必然要感到教师的职责崇高、任务繁重，不是一般没有认识的人可以胜任的。这里再强调未来教师应有的修养，就是有的放矢，并能引起共鸣了。

上述教育学的教学内容，难免挂一漏万。但从中可以看出，教育学是师范生必修的一门主课，它在培养合格教师中负有重要使命。不仅不宜由学科教育学来代替，而且必须成倍增加教学时数，才能收到应有的效果。

总之，我们研究教育学教材的改革，不能孤立地进行，而要考虑到对师范教育的地位和作用是否真的提高和重视了，对教育学科（不止教育学一门）的教学是否认真对待了，对形成全社会尊师重教的风气是否做出有目共睹的实事了。只有这些先决问题真的妥善解决了，然后教育学教材的改革才可能顺利进行。

愚者之虑，或有一得。敬献刍荛，聊供采摘。

载《华东师范大学学报（教育科学版）》1991 年第 4 期。

再读叶圣陶先生的《如果我当教师》

《师范教育》杂志准备把叶圣陶先生四十多年前发表的《如果我当教师》一文重新发表，要我这个当年就读过这篇文章的人谈点体会。我感到义不容辞，因此欣然命笔。

我是一个双料师范生，1933 年在中等师范学校毕业以后，当了六年小学教师，1939 年又考入高等师范学校学习。叶老这篇文章发表的时候，我正是一个有过当教师经验的师范生，是准备再当教师的，所以曾经认真读过。我当时的感想是当一个称职的教师很不容易，当一个像叶老文章中所说的那样优秀的教师就更加难了。

四十多年过去了。今天再读叶老的这篇文章，由于自己的阅历加深了，我对叶老这篇文章的理解也加深了。我觉得这篇文章是从怎样当一名称职的教师的角度，以“现身说法”的方式，阐述了教育学的一些最基本的原理。而且深入浅出，字字珠玑。不仅值得重新发表，而且值得向正在当教师的和准备当教师的同志们推荐。

我觉得这篇文章至少说明了当教师必须做到的以下几点。

第一要以身作则，为人师表。叶老的文章通篇都贯彻着这个精神。“以身作则”这句话，说说容易，能够认真做到是并不简单的。譬如说，我们培养学生具有“五爱”公德，教师自己首先就要时时处处实践“五爱”公德，给学生做出榜样。教师的一举一动是在几十双、几百双眼睛的监督之下的。教师是言行一致还是言行脱节，学生是看得很清楚的。教师要求学生做到的，自己必先做到。教师要求学生不做的，自己必定不做。这种行为示范的力量比千百句语言说教的力量大得多，也有效得多。我们要从学生幼年起就培养他们“言行一致的革命精神”，只有教师以身作则才能办到。叶老把这个精神运用到写这篇文章里来，用“现身说法”的方式来写，就是要以身作则为教师的表率，而不是板着面孔教训人，这也是值得我们学习的。

第二要全心全意为学生服务，做学生的忠诚的朋友。叶老指出，小学教师不仅口头上称呼学生是小朋友，而且内心里要把学生当作朋友看待。这就是说，教师必须以平等的态度对待学生，绝对不允许体罚学生。教师要关心学生的健康成长，以学生在品德、智力、体质等方面的进步为自己的欢乐，以学生在某一方面的落后为自己的忧愁。能在感情上做到这一点，然后才能去帮助学生进步，消除自己的忧愁。叶老认为，教师必须是学生忠诚的朋友，所以教师必须全心全意为学生服务。这种服务是要把学生培养成国家所需要的合格的公民，用今天的话来说就是要把学生培养成有理想、有道德、有文化、有体力、有纪律的新一代，能为保卫和建设社会主义祖国而献身，而不能仅以把学生输送到上一级学校为满足。

第三不做教书匠，要当引路人。叶老不赞成把教师的职业说成“教书”，这是很有道理的。教师绝不只是教书匠，他的任务是培育人，所以不能用“教书”两字来概括教师的工作。要培育人必须注意的方面就多了，首先要关心学生身体的健康，养成学生讲卫生的习惯，教给学生锻炼身体的本领；还要关心学生怎样做人，怎样处事待人接物，教给学生集体生活的行为准则，养成学生有礼貌的文明行为习惯；在知识技能的传授上，要引导学生产生学习的动机和渴求掌握知识技能的愿望，教给学生自己学习的方法，而不要把知识原封不动地灌输给学生。总之，教师要引导学生成长，而不是代替学生成长，更不能揠苗助长。

我看，以身作则，为人师表；全心全意为学生服务；不仅教书，重在育人，这些都是“放之四海而皆准”的真理，都是教育科学的基本规律，都是每一位教师应当身体力行的。当然，叶老文章里阐述的道理还有许多，读者可以自己体会，我这里就不一一举述了。

最后不能不提的是叶老文章的最后一段话。叶老希望有一个能使教师安于其业的精神的和物质的环境，要求“社会国家”能为教师安排这样的环境。这在当时是不可能实现的。今天，我们如果再不能为教师安排一个能使他们安于其业的物质的和精神的环境，恐怕就既不符合广大人民的意愿，也违反了建设社会主义现代化强国的要求了。这是一个需要我们党和政府的领导同志多多考虑及时解决的问题，实在已到刻不容缓的时候了！

1984 年 11 月

载《师范教育和教育科学》，
人民教育出版社 1985 年版。

改革我国师范教育的几点建议

我国现有在校学生两亿零七百万人，教师九百万人。这样庞大的教师队伍，在世界各国中是罕见的。但据估计，在九百万教师中，称职的不过三分之一，勉强胜任的有三分之一，其余三分之一是不称职的。如果我们想到教师的质量如何关系到我国下一代的健康成长，而我们的下一代能否健康成长又直接关系到我们祖国的未来，对此未免不寒而栗！《人到中年》里写的秦波，对一位大学医学院毕业又有丰富临床经验的眼科医师陆文婷给她当部长的丈夫动手术还那样不放心，而我们如果对于把祖国的未来——年轻一代放在一些不称职的教师手里，却安之若素、无动于衷，岂非怪事！因此，我建议，我们举国上下要像秦波关心她丈夫的眼睛那样（当然比她的眼光深远而宽宏），来关心我们祖国整个下一代的健康成长，关心我国教师队伍的建设。

为了建设合格而又称职的教师队伍，我国当前的师范教育还有改革的必要。下面提几点建议。

一、恢复和发扬我国尊师重道的优良传统，重视发展和提高我国的师范教育

两千多年前，我国总结古代教育经验写成的《学记》里，有这样几句话："凡学之道，严师为难。师严然后道尊，道尊然后民知敬学。"后来人们说的"师道尊严"，或者确切点说"尊师重道"，就是从这里来的。什么叫作"尊师重道"呢？就是说尊敬教师，是因为重视他所传授的道理。我国古代封建社会的教师，传授的是儒家经典和封建伦理道德；近代外国资本主义社会的教师，传授的是资产阶级个人主义思想和私人占有生产资料神圣不可侵犯的道德。过去，我们为了反对教师传授封建主义和资本主义之道，曾经反对过"尊师重道"或"师道尊严"，其实是因噎废食。现在，我们社会主义国家的教师传的

是马列主义、毛泽东思想之道，授的是现代文化科学知识之业，为什么不应该受到全社会、全民族的尊重呢？因此，我国尊师重道的优良传统，应当恢复和发扬。我们不是为尊师而尊师，而是因为重视教师传授的这些道理而尊师的。凡是马克思主义者都应当这样看问题。

现在的实际情况同我们的希望还有很大的差距。据《人民日报》1983 年 7 月 19 日报道，教育部部长何东昌在全国普通教育工作会议上指出："教师队伍至今还没有恢复到历史最高水平，不合格的教师占相当的比重。教师的社会地位和经济待遇仍然较低，工作和生活条件差。歧视、辱骂，甚至殴打、伤害教师的事件时有发生。"这样对待教师确实是难以容忍的，是没文化、不文明、野蛮、落后的表现。即使对不合格、不称职的教师也不应该如此。我们应当下大决心、用大力气来转变这种不良的社会风气，才能恢复和发扬我国尊师重道的优良传统。

为了培养出合格而又称职的人民教师，我们应当重视、发展和提高我国的师范教育。

我们党中央的领导同志，对师范教育是很重视的。如说："要加强师资培训工作。"①"师范大学要办好。……不办好师范教育，教师就没有来源。"②又如说："各地在发展普通教育时，要把师范教育放在第一位。"③ 但是有些同志，包括有些教育界的领导干部和主办师范教育的某些干部，往往不重视师范教育，仿佛一个人只要有足够的知识就可以当教师。衡量教师是否合格，并不把曾否受过师范教育作为必要条件，仿佛只要高中毕业教小学，大专毕业（甚至肄业）教初中，大学毕业教高中，就算是合格了。这是不重视当教师必须受师范教育的表现。1903 年公布的《奏定初级师范学堂章程》，尚且懂得"初级师范学堂为小学教育普及之基"④，我们现在有些同志却连八十年前的这种认识似乎也没有。任何国家要普及义务教育，都首先培养合格的教师。如，明治维新以后的日本，1875 年规定要普及教育，1872 年就先开办师范学校，来为普及教育培养师资。"十月革命"后的苏联，从第一个五年计划时期起就发展师范教育，到第二个五年计划实现（1934 年）就在农村普及了四年教育，城

①② 《邓小平文选》，人民出版社 1983 年版，第 52、66 页。

③ 《人民日报》1983 年 7 月 24 日第三版报道邓力群同志讲话。

④ 《中国近代教育史资料》中册，人民教育出版社 1961 年版，第 673 页。

市普及了七年教育。现在我国已经把普及初等义务教育写入宪法，各级教育行政部门就要调查研究我国现有小学教师的状况和普及教育所需增加的教师数量，制订发展师范学校的规划，才能保质保量地完成宪法规定的任务。1980年中共中央和国务院曾经发布过有关普及教育的文件，希望1990年在全国普及小学教育。现在时间已经过去三年，进展并不很大。主要原因是未能像列宁在《日记摘录》中说的："使整个国家预算首先去满足初级国民教育的需要"①；其次的原因是未能有计划、按比例地发展师范教育，培养合格而又称职的教师，来满足普及教育的需要。

宪法还规定要发展包括学前教育在内的各级教育，为包括学前教育在内的各级各类教育培养师资应当是不言而喻的事。这就有一系列的工作要做。例如为了培养学前教育师资，就必须发展幼儿师范教育，兴办幼儿师范学校；为了培养幼儿师范学校的师资，又必须加强高等师范学校中的学前教育系（专业）。目前我们好多地方把幼儿园办成了小学，失去了学前教育的特点，就是因为缺乏合格的幼儿教育师资。更多的幼儿园只是看管孩子的机构，不能给幼儿以适当的教育。这对于下一代的健康成长也是很不利的。又如宪法还提到要发展职业教育，这是非常重要的。教育的一个主要任务是要培养劳动力，发展社会生产力。我国教育也明确规定以培养有社会主义觉悟的有文化的劳动者为目的。我们过去片面重视培养各种文化课教师，而忽视培养各门职业学科的教师是不对的。为了培养职业教育的师资，有关的工学院、农学院、医学院，当然也包括师范学院，都要有计划地设置有关教育专业课，为中等专业学校和各种职业学校输送合格而又称职的教师。

现在许多发达国家，小学教师、幼儿园教师也是由高等师范学校培养的。如，日本的小学教师，大学本科毕业受过教育专业训练的方能领到一级教师证书；短期大学毕业受过教育专业训练的，只能领到二级教师证书。高中毕业如果当小学教师是不合格的，每三年要考试一次，及格的发给临时教师证书。我国如果要赶上现代化的国家，师范教育不仅要发展，还有一个提高的任务。这虽然不是马上在全国就能办到的，但是在一定时期内，可以在一部分经济、文化发达地区先行一步。目前我们希望严格执行三级师范教育制度，以中等师范学校培养小学和幼儿园教师，以师范专科学校培养初中教师，以师范大学或师

① 《列宁选集》第4卷，第677页。

范学院培养中学师资。为了提高师资质量，可以酌量延长这三类学校的修业年限。如，把中等师范学校延长为四年制（招收初中毕业生），师范专科学校延长为三年制（招收高中毕业生），师范学院和师范大学延长为五年制（招收高中毕业生）。若干年以后，等到我们的小学教师基本上都是中等师范学校毕业生了，再逐步过渡到由师范专科学校来培养小学教师，或像苏联那样，在师范学院设小学教育系和幼儿教育系来培养教师和幼儿园教师。为了建设高度的社会主义物质文明和高度的社会主义精神文明，这恐怕也是一条必由之路吧！

二、制定师范教育法，严格执行师资培养、检定、任用和待遇标准

现在还有一个怪现象，一方面不合格、不称职的教师滥竽充数，另一方面师范学校毕业生分配有困难；一方面教师超编，另一方面有许多教师不合格、不称职。在一部分合格而又称职的教师年老退休以后，不合格、不称职的教师比例还有上升的趋势。新毕业的师范生也有不称职的。因此何东昌部长才说："教师队伍至今还没有恢复到历史最高水平。"所谓历史最高水平就是合格教师占70%，现在正相反，合格教师只占30%。① 造成这种现象的原因很多，其中原因之一是盲目发展教育事业而不相应地培养师资。如，在"文化大革命"中，许多城市盲目普及高中，高中没有教师从初中调，初中没有教师从小学调。这样教师层层上调的结果造成教育质量层层下降。另一原因是教师社会地位和物质生活待遇偏低，住房困难，合格教师纷纷转业。为了稳定和逐步提高现有合格教师队伍，必须制定师范教育法，严格规定师资培养、检定、任用、待遇等项办法，并认真执行。

关于教师的培养，要求有计划、按比例地培养幼儿园、小学、初中和高中教师。目前实行中师（包括幼师）、师专和师院或师大三级师范教育制度。对现有教师中基本上能胜任的要给予进修的机会，举办教师进修学校和教师进修学院，除补习任教学科的知识技能外，必须给以教育学科的专业训练。其中年轻的可鼓励升学深造。对现有教师中不称职又无培养前途的，要调任其他工

① 蒋南翔：《中小学教育要面向全体学生》，见全国教育学研究会编：《培养全面发展的人——兼论教学为主》，第11页。

作，以新毕业的师范生逐年补充。

关于教师的检定，要求对所有在职教师（包括民办教师）进行一次普遍的考核。对于其中合格而又称职的，一律发给某级学校正式教师证书。所谓合格，目前是以三级师范学校毕业教小学、初中、高中三级学校为标准，将来再逐步提高。对于不合格但是称职的或虽合格但不大称职的，可发给某级学校临时教师证书，限期进修，俟达到称职而又合格的标准，再发给正式教师证书。对于既不合格又不称职的，视具体情况让他们报考师范院校、入进修院校进修二至三年或调任其他工作。

关于教师的任用，要限期取消民办教师制度，所有各级各类学校教师，必须一律是国家工作人员，由各级教育行政部门任用和免职。农村、工矿企业所办的学校，开办费如校舍建筑、校具设备、图书、仪器、体育器材等可以由农民集体或工矿企业负担，但农村教师的工资仍以由国家支付为宜（国营企业应负担教师工资）。这是为了把教师任用的权力收归国家掌握，以免农村随意任用不合格、不称职的教师。

关于教师的待遇，要有切实的保障。因为教师的工作不是八小时的工作，是全时间的工作，根据按劳取酬的原则，凡经检定合格而又称职的正式教师，工资要比同资历的其他干部高一级，并应指拨专款解决教师住房建筑问题。这样才能提高教师的社会地位。列宁非常关心提高人民教师的地位，为了提高人民教师的地位，他说："必须进行有步骤的、坚持不懈的工作，来提高他们的思想意识，使他们具有真正符合他们的崇高称号的各方面的修养，而最最重要的是提高他们的物质生活条件。"① 朝鲜民主主义人民共和国在提高教师社会地位和物质生活条件方面所做的有成效的努力，是值得我们学习的。

三、严格师范院校招生标准，加强教育专业训练课程，重视教育科学研究

如果我们真正认识到教师的工作好坏，关系到祖国的前途和命运，我们就不能不认真遴选优秀的有志青年，来从事崇高的人民教师工作。过去由于教师待遇低，工作忙，生活苦，很少有人愿意报考师范院校。所以师范院校招到的

① 《列宁选集》第4卷，第678页。

学生，从入学的时候起就不如其他学校的学生。现在高等师范学校招生同重点高等学校采用同一录取标准，已经初步有所改进。但对未来教师的选择，不能只凭笔试，还要增加口试。要选择品学兼优、仪容端庄、口齿清晰、身体健康的学生入学。只要教师的社会地位和物质生活待遇提高了，这样来遴选师范生是不难做到的。

为什么我们强调当教师必须受师范教育？这是因为我们承认办教育是有规律可循的，遵循教育规律办学，必能事半功倍；违反教育规律办学，必将后患无穷。教育科学就是反映教育规律的学问，当教师，当校长，当教育行政干部，都要学习教育科学，懂得教育规律。各级师范学校的任务之一就是要传授教育科学，研究教育规律。

目前我国师范学校，特别是高等师范学校，对传授教育科学的教育专业训练课程，重视不够，学时过少，形同虚设。有些师范学院负责人，公然宣称师范生学不学教育科学无关紧要，只要把本门专业学科学好就行了。有些师范院校负责人对教育系（教研室）的教师编制、课程设置视为可有可无，对自己主办的师范院校没有附属中小学和幼儿园，无动于衷。有一位师范大学负责人向参观的外宾介绍学校系科设置时，把教育系放在末了，一笔带过，使参观的外宾非常惊讶，说要在他们国家里，教育系应是师范大学的首系，师范教育的特色要由教育系表现出来；师资培养的质量，教育系要负主要责任云云。在这种不重视教育学科的风气影响下，有的师范大学教育系的学生，甚至不听本系的理论基础课。这样就造成了师范教育有名无实，师范生毕业不愿当教师，当了教师的也不称职。他们既缺乏服务教育的专业思想，又没有胜任教师工作的能力。这同工厂生产出废品没有两样。

上述这些师范院校的负责人，自己不懂教育科学，不了解国家为什么要办师范教育，不认识当教师必须同当医师、律师、工程师一样，都要有就业的职业准备。他们的口号是“师范大学要向综合大学看齐”，仿佛只有如此才能提高师范教育的质量。他们不愿国家设立师范教育是为了要培养合格而又称职的教师，却只追求学生能在各门科学上有所成就。我们并不反对师范生应当熟练地掌握本门学科的专业知识，但师范院校同综合大学确有分工，不能把师范大学办成综合大学。何况当教师不仅是教一两门课，还要对学生进行思想品德教育，要同学生家长联系；要以身作则，为人师表。没有教育专业思想，不受教育专业训练，这些工作是做不好的。其实，目前我国综合大学毕业生分配当教师的至少在半数以上，因此我主张综合大学应设置教育学科，供准备毕业后当教师或者不得不当教师的学生学习。

我国高等师范学校向综合大学看齐的（即将高等师范提高到大学程度）历史任务，在蔡元培先生当教育总长的时期就已经实现了。那是20世纪10年代的事情。可惜的是当时没有重视师范教育专业训练，所以全国六所高等师范只剩下一所保留师范大学的名称，其余都成了综合大学了。第二次世界大战以前，有些国家的高等师范学校，在入学条件、修业年限和教育程度等方面都低于大学的水平。战后，这些国家提出高等师范向综合大学看齐，是为了提高师范专业训练的水平，而不是像我国某些人所想象的那样取消教育科学的学习。如英国战前由教育学院培养教师，教育学院同大学修业年限相同，但要学习教育科学和从事教育实习，各种专业学习的水平必然要比大学低些。战后改由大学教育系培养师资，即大学本科毕业后，准备当教师的要在教育系专门读一年教育科学并从事教育实习。原来教育学院的毕业生也要到大学读一年本门专业课。所以"师范大学向综合大学看齐"的口号，只有理解为师范大学除了授予教育专业训练外，在各门科学训练上要不低于大学的水平，才是正确的。如果借口提高科学训练水平而忽视或取消教育专业训练，那么国家为什么要办师范教育呢?

刚才说的英国大学教育系，招收大学本科毕业生，授以一年教育专业训练，这一年除了学习教育科学理论，研究中学教材教法，还要从事教育实习。英国大学是三年制，当教师的要受四年教育。教育专业训练占了25%的时间。①

美国大学生准备当小学教师的一般要学习心理科学和教育科学（包括实习）24学分，准备当中学教师的一般要学习心理科学和教育科学（包括实习）18学分，大致占全部必修学分的20%～25%。美国还设有教学技艺硕士学位，大学本科毕业生再学习一年，可得这个学位，取得教师资格。②

苏联高等师范学校重视教育科学训练，光是普通心理学、发展心理学和教育心理学，一般要讲100学时；小学教育系最多讲心理学180学时；学前教育系最多讲心理学240学时。其他教育专业课有教育概论36学时，儿童生理学

① 郑仪：《英国师范教育的现状和趋势》，载《外国教育丛书·师范教育的现状和趋势》，第46—50页。

② 滕大春：《今日美国教育》，第136页。

和学校卫生学 50 学时，教育学和教育史 150 学时，教学法 110～260 学时，现代化教学手段 50 学时。① 此外还有 15～17 周的教育实习。

师范院校课程的专业化，不仅是设置教育学科问题，而且要把专业化的精神渗透到每一门学科中去。如，中等师范学校的语文课，除了提高师范生对本国语文的修养外，还要针对他们将来教小学语文的需要，讲点儿童文学知识，讲点文字学常识（注重辨别字形、字音、字义），讲点应用文作法，讲汉语拼音，讲标点符号使用法，加强普通话训练，等等。在小学语文教材和教法课中，还要研究小学语文教学大纲、教材和教法。现在有些师范院校不重视开设专科教材教法课，如，师范大学历史系不重视中学历史教材教法的教学，有的不开这门课，有的开了课也不认真教学，所以师大历史系毕业生有的到中学教不了历史。这种忽视课程专业化的倾向显然是错误的，应当及早改变。

最后谈谈重视教育科学研究的问题。因为师范教育的质量，决定于教育科学研究的水平。我国多年来没有重视教育科学研究，只知道介绍外国的理论和经验，不重视整理祖国教育遗产，不重视总结和推广本国教师的先进经验，更不容易搞教育科学实验，因此教育科学水平难以提高。有些师范教育取消派就是钻我们教育科学水平不高的空子，借口教育科学水平低，不能解决实际问题，因此反对师范生多学习一点教育科学知识。为了解决这个问题，我们教育科学工作者应当力求面向实际，多研究解决教育实际问题，在教育理论和实际的结合上多下功夫。教育科学本来是一门应用科学，教育科学的研究应当有助于改善和推进我国的教育事业，提高我国的教育质量。师范院校应当既是教育科学研究的中心，又是教育科学推广应用的基地。师范教育质量的提高，有赖于教育科学研究水平的提高；教育科学研究水平的提高，又有赖于师范教育科学的普及和应用。二者是互相促进的。

总之，为了建设具有高度社会主义文明和高度社会主义民主的现代化强国，我们对于影响下一代健康成长的师范教育应当认真改革，以便为培养各条战线上的建设人才打好坚实的基础。

1983 年 7 月 28 日于北京

载《教育研究与实验》1984 年第 2 期。

① 《心理学问题》（俄文版）1983 年第 3 期，第 53 页。

师范教育和教育科学

师范教育是随着普及教育的需要而发展起来的。在普及教育只限于小学阶段的时候，师范教育的任务首先是培养小学教师。随着普及义务教育的年限延长到中学阶段，师范教育的任务还要培养中学教师。随着幼儿教育事业的发展，师范教育的任务还要培养幼儿园教师。——这是就总的发展情况来说的。由于教育科学的发展，许多国家的中学教育还没有成为普及教育的时候，师范教育也负起了培养中学教师的任务了。同时，随着职业技术教育的发展，还要为职业技术教育培养师资。随着师范教育的发展，当然也要为师范教育培养师资。

教育科学的发展大体上也是按照如下顺序。由于小学教育的发展，小学教育的经验积累多了，逐渐总结出小学教育的规律，加上儿童生理学、儿童心理学研究的兴起，于是“小学教育学”就逐渐形成体系而建立起来。到了中学教育发展了，中学教育的经验增多了，对青少年生理、心理的研究也发展起来，“中等教育学”的研究也取得了成果。因为中小学教育都是普通教育，除了分别研究小学教育学和中学教育学以外，也有合并研究中小学教育的，这门学问就称为“普通教育学”。到幼儿教育发展起来，对幼儿教育的经验积累多了，研究幼儿生理、心理的科学兴起了，又形成了“幼儿教育学”或称“学前教育学”。现在苏联三岁前儿童的教育也比较发达，所以又产生了“先学前教育学”。此外，第二次世界大战以后，研究高等学校教育一般问题的“高等教育学”也逐渐形成起来。

在教育科学没有发展以前，或者已经发展而没有受到人们重视的时候，师范教育是采用艺徒制的方式进行的，也就是由老教师用带徒弟的办法来培养新教师。这样，新教师只能获得一些经验的知识，即感性的知识，而不能获得理性的知识。经验的知识必须上升到理论，成为理性的知识，才具有普遍性，才能不限于特殊情境而能指导一般。用艺徒制的方式培养教师是做不到这一点的。

随着教育经验的积累日益丰富，研究这些经验并总结出理性的知识，进一步形成了科学体系，受到人们的重视，师范教育就不能再停留在艺徒制的阶段，而要给未来的教师进行职业训练了。这时，师范教育也可以说是一种职业教育，师范生要受就业前的职业训练，包括掌握自己任教学科的教材和懂得如何用有效的方法把这些教材教给学生。这就如同我国古代教育专著《学记》所说："君子既知教之所由兴，又知教之所由废，然后可以为人师也。"其中说的"教之所由兴"的条件有四个，就是预防不良行为习惯的产生，在最适当的时候施教，循序渐进，示范观摩。反其道而行之，就是"教之所由废"的条件了。——我这里提起《学记》里的这段话，是要说明我国在两千多年前就已经要求教师懂得如何施教，而且总结出了教学的兴废成败之道，实在是难能可贵的。

随着社会生产力的发展，哲学、社会科学、自然科学和技术的不断进步，对各级学校教师的要求也越来越高。师范教育已经从比较单纯的职业教育而成为一项专业教育。譬如说，职业教育只能培养出教书匠，那么专业教育就要求培养教育家了。——顺便说说，"教书匠"一词通常含有贬义，但"匠"字的本意是指有专门技艺的或有专门成就的人，如说"能工巧匠"、"艺术巨匠"等。能做到这一点也并非易事。我这里不是做贬义词用的。——我们现在对不合格教师进行的职业补习教育，恐怕只能算作职业教育，不能算作专业教育。专业教育要求培养出来的教师，不仅有渊博而又完备的普通教育理论做基础，而且要精通他所专攻的那门学科，了解他将要施教的对象的一般发展，了解受教育者的个别差异，了解教育方针和培养目标，善于把儿童、少年和青年培养成品德、智力和体质等方面全面发展的人，善于培养出有理想、有道德、有文化、有体力、有纪律的新一代。因此，师范学校毕业生光会教书是远远不够的了；他们必须具有教育科学知识，并且能够按照教育规律办学。

由此可见，师范教育和教育科学是相互依存、相得益彰的：师范教育质量的提高有赖于教育科学的繁荣和发展，教育科学的推广和应用也有赖于师范教育的教学和研究。这是不容置疑的。

当代的教师至少要具备政治道德修养，精通文化科学技术，掌握教育知识技能。当代的师范教育对这三方面就不应有所偏废。目前许多师范院校不重视教育科学的教学是十分错误的。高等师范学校教学计划（草案）中规定的教育学科教学时数过少、教育实习时间不足的缺点也是亟待纠正的。

为了提高师范教育的质量，使它成为名副其实的专业教育，能够为培养出未来的教育家打好基础，首先要把好招生这一关。一定要招收德、智、体、美、技等方面全面发展的，有志献身于教育事业的青年入学。要在全社会造成尊师的风气，认识到教师肩负着培养祖国下一代的使命。教师工作的好坏不仅直接影响到千家万户子女的前程，而且关系到祖国的前途和命运。——师范生的来源对师范教育的质量影响很大，必须认真挑选。

其次要按照培养师资的要求来办理师范教育。在我国高等师范教育界有一种错误的口号："师范大学要向综合大学看齐。"这句话的意思如果说的是师范大学学生的入学条件和修业年限都要不低于综合大学，这个要求在我国 20 世纪 20 年代就已经实现了；如果说的是师范大学课程要向综合大学看齐，轻视课程中的教育科学，认为可有可无，教育实习只是走走过场等，那就大错特错了！现在有些师范院校毕业生不愿意当教师，当了教师以后名义上虽然合格，实际上并不称职，不能说同这种错误的办学方针没有关系。奉劝办师范教育的同志们一定要按照培养师资的要求来办好师范教育，为祖国培养合格而又称职的教师。在师范院校课程中要给教育科学以应有的地位，使师范生在教育理论和实践上都获得应有的准备，毕业后才能承担教师的重担。

再次，不仅师范院校应当重视教育科学，而且凡负有培养教师任务的学校(特别是综合大学)，都要给学生以学习教育科学的机会。据统计，各地方的综合大学毕业生，60%～70%要到中学去任教。因此，他们在校时就应选修教育学科，以便能对出任教师有所准备。天津南开大学过去就是这样做的。现在河北大学、山西大学、杭州大学等也是这样做的。这样做得很对。我为了抵制某些师范大学提出的向综合大学看齐的口号，主张提出"综合大学要向师范大学看齐"的口号。我的意思是既然综合大学毕业生大部分要到中学去当教师，综合大学就应当像师范大学一样，给学生开设教育学科，使他们懂得一些教学、教育工作的规律，走上工作岗位以后可以多一点自觉性，少一点盲目性。

最后，要把师范院校毕业生分配到相应的学校去任教。多年来，不少地方把中等师范学校毕业生分配去当初中教师，这种做法使得小学和初中都得不到合格的教师，两败俱伤，亟应停止。现在许多发达国家小学和幼儿园教师都要大学或大专毕业生才能担任。这是因为小学和幼儿园教师也需要有渊博的科学知识，更加需要接受教育专业训练，更加需要德才兼备，能够以身作则，为人师表。可是，我们有些同志看不起小学教师的工作，仿佛只要识几个字就能当小学教师。幼儿园不教识字，所以文盲也可以当幼儿园教师。这种看法、做法简直太荒唐了！须知小学教育、幼儿教育是基础教育，办得好坏决定着每个人一生的发展。为什么现在有些大学生、研究生文章写不通，错别字连篇呢？为什么他们当中有些人不文明、不礼貌、五不讲、四不美呢？归根到底就是因为他们没有受到良好的小学教育，没有打好基础。至于他们不懂得学习的方法，没有探求真理的兴趣和热情，都不得不归咎于他们没有受到良好的中小学教育。中小学教育办得不好，正是因为缺少合格而又称职的中小学教师。今后，师范院校要给中小学输送好教师，除了重视文化科学教育外，必须重视教育专业训练。在教育专业训练中，既要培养教师的职业道德，又要传授教育科学知识和技能。

总之，要把师范教育办成名副其实的师范教育，必须重视教育科学的教学和研究。这应当是办好师范教育的一条规律。

1985 年 1 月 25 日

载《师范教育和教育科学》，
人民教育出版社 1985 年版。

《师范教育丛书》编者的话*

1985年5月27日公布的《中共中央关于教育体制改革的决定》中说："建立一支有足够数量的、合格而稳定的师资队伍，是实行义务教育、提高基础教育水平的根本大计。为此，要采取特定的措施提高中小学教师和幼儿教师的社会地位和生活待遇，鼓励他们终生从事教育事业。与此同时，必须对现有的教师进行认真的培训和考核，把发展师范教育和培训在职教师作为发展教育事业的战略措施。"

由此可见，发展师范教育、建设师资队伍，是当前教育体制改革中的一项根本大计和战略措施，必须认真抓好。

教师不仅要承担学校的教学任务，而且要为祖国培育新生一代；他们负有传递人类文化遗产和建设社会主义精神文明的重任，教师的工作是繁重的，任务是艰巨的，职责是崇高的，不是任何人都能够胜任的，更不是只要有某一级学校的毕业文凭就算合格的。我们对合格教师的理解是：小学教师至少要有高级中等学校程度的文化科学知识，还要掌握教育科学理论，懂得教育工作规律，能够自觉地运用这些规律来对学生施教和办学；中等学校教师除了要有高等学校程度的文化科学素养，并对自己任教的这门学科有比较完全的系统的知识外，倘若要自觉地做好教育和教学工作，同样离不开教育科学理论的指导；所有教师都要了解学生，热爱学生，并且能做到以身作则，为人师表。若不认真进行教育专业训练，这样的合格教师是很难培养出来的。

目前，各级师范学校对教育专业课程的设置，不仅门数很少，教学时数也很不足，实难保证师范生受到足够的教育专业训练。在职教师培训机构大多只注意围绕教师任教学科的教材，给予科学知识的补习和提高，重视教育专业训练的也不多见。针对这种情况，我们为了满足建立合格师资队伍的需要，特别

* 这是《师范教育丛书》主编陈侠以人民教育出版社的名义为该丛书写的编者的话。

是为了满足对教师进行教育专业训练的需要，特编辑这套《师范教育丛书》，主要是为在职的中小学和师范学校教师以及教育行政干部提供比较系统的教育学科进修用书，并为各级师范学校学生提供教育学科课外读物，也为各种师资培训机构的教师和学员提供教育学科的教学资料。因此，这套丛书兼有教育学科自学教材和教育科学普及读物的性质。

这套丛书第一批计有十种十一册，各册书名及作者如下：

(1)《教育概论》，徐国棨著；

(2)《中国教育史纲》(上册，古代之部)，高时良著；

(下册，近代之部)，董宝良著；

(3)《外国教育史略》，马骥雄著；

(4)《教育心理学》，章泽渊、陈科美、钱颖著；

(5)《教学原理和方法》，董远骞著；

(6)《学校德育》，李意如著；

(7)《学校体育》，苏竞存著；

(8)《学校管理》，刘文修、王恩民著；

(9)《中小学的劳动技术教育》，刘世峰著；

(10)《人民教师的道德修养》，王正平著。

对这套丛书的编写，我们曾经要求作者做到以下几点。

第一，书稿应遵守《中华人民共和国宪法》的精神，坚持四项基本原则。阐明理论，提出建议，都要以马克思列宁主义、毛泽东思想为指导思想，以“教育要面向现代化，面向世界，面向未来”为努力方向。要结合各书主题，宣传“教育必须为社会主义建设服务，社会主义建设必须依靠教育”的思想，帮助读者认识教育事业的重要，立志献身教育事业。

第二，书稿要具有理论结合实际的特点。要针对读者对象的需要，既讲清楚教育科学的概念和理论，又明白指出这些理论在实际中的运用。要使读者从教育史中吸取一定的经验教训，认识教育工作是有规律可循的，从事教育工作必须掌握教育科学知识。

第三，书稿要具有中国特色。要结合我国教育实际，尊重祖国教育遗产，总结本国教师经验，尽量采用本国教育科学研究成果。必要时适当介绍外国的教育理论和实际，以便借鉴对我国有益的经验，并开阔读者的眼界。

第四，书稿的编写既要主题突出，资料翔实，论证谨严，令人信服，又要深入浅出，条理清晰，通俗易懂，便于自学。

现在这套丛书经过作者的辛勤劳动，陆续交稿了。我们觉得交来的书稿大体上实现了预期的要求，因此，乐于向读者推荐。

我们希望这套丛书能够成为我国教育工作者爱读的书，必读的书！

我们希望这套丛书能够在我国建立合格而稳定的师资队伍的过程中发挥它应有的积极的作用！

读者对这套丛书或其中的某一种书有什么意见和建议，有什么希望和要求，请写信告诉我们。

1985 年 7 月 20 日

《师范教育和教育科学》序

这本书是我近几年（1982—1985）写作的汇编：其中一部分是讲稿，一部分是论文，还有一小部分是杂感，现在把它们编成一集，贡献给读者。

这本书名为《师范教育和教育科学》，不仅因为其中的文章可以大别为这两类，而且因为师范教育和教育科学有密切的关系。这种关系，我在编入本书的第一篇文章里已经说明，这里就不再重复了。

新中国成立以后，很重视发展师范教育和研究教育科学。可惜后来受到极左思潮的干扰，没有能够坚持下来。党的十一届三中全会以来，我国教育科学的研究已经恢复和发展。党的十二大以来，师范教育也越来越受到重视。应当看到，师范教育质量的提高，离不开教育科学的发展和繁荣；教育科学的普及，也有赖于师范教育的教学和研究。因此，师范教育和教育科学两者是相互依存、相得益彰的。

但是，由于若干年来形成的偏见不是很快就能克服，积弊也不是短期内就能革除的，我时常不揣谫陋，要想为师范教育的发展和教育科学的繁荣，做一些呐喊和呼吁。日积月累，便写成了这样一本书。

这本书得以写成，要感谢一些教育报刊的编者和教育科研单位、师资培训单位以及教育学术团体的负责同志。没有他们的信任和鞭策，我是不可能写出这些东西来的。当然，更应当感谢的是党的十一届三中全会以来的大好形势，如果没有落实知识分子政策，如果没有提倡教育科学研究和发扬社会主义学术民主的气氛，我也不可能写出这些东西来的。

师范教育的问题很多，这本书不可能都讲到；教育科学的范围很广，这本书涉及的主要是教育科学的一些基本原理。但是，我相信，这本书中讨论的问题不仅可供师范教育工作者参考，而且对普通教育工作者也是有用的。

收入本书的论文多数曾经发表过，在编入本书时略有修改；讲稿大部分没有发表过，删改的幅度较大。

书中所论无非愚者之一得，管中窥豹，难免片面和错误，欢迎读者批评指正！

1985 年 3 月 20 日

载《师范教育和教育科学》，
人民教育出版社 1985 年版。

发展师范教育　充实教师队伍

我国教育工作的失误之一，是强调发展教育事业而没有同时有计划按比例地培养合格而又称职的教师。我国师范教育工作的失误之一，是有些师范院校不重视教育专业训练，错误地提出“师范大学要向综合大学看齐”的口号，以致这些师范院校毕业生既不愿也不能做好教师工作。我国高等学校经费的分配，明显地存在着歧视师范教育的倾向：理工科经费最多，文科次之，师范（既有理科，也有文科）又次之。这种不合理的不成文法，挫伤了许多师范教育工作者办学的积极性。今后要认真抓好教育工作，应当端正对师范教育的认识，补救过去工作上的失误，整理和发展师范教育来充实教师队伍。

师范教育是教育事业的工作母机。这种形象化的说法是有道理的。因为教育事业是要人来做的。教育工作是培养人的工作，教育工作者不仅任务艰巨，责任重大，而且他们所从事的是一种极其细致、复杂而又繁重的劳动，没有受过教育专业训练的人是很难胜任的。必须开动师范教育这部机器，培养出合格而又称职的教师来，才能使教育事业保质保量地得到发展。所以《中共中央关于教育体制改革的决定》里说，要“把发展师范教育和培训在职教师作为发展教育事业的战略措施”。我们要认真抓好教育工作就必须切实采取这项战略措施。

第一，要端正对师范教育的认识，首先要端正对教师工作的认识。至今还有人认为只要有了知识，就能当好教师。没有看到教师的任务不仅是“教书”，更重要的是“育人”。两千多年前，我国总结的教育经验就有一条是：“记问之学，不足以为人师。”古人尚且懂得光有知识当不好教师，我们岂能倒退?！今天，我们的教师必须既理解党和政府的教育总方针和教育的总目标，又深刻领会自己任教学校和任教学科的具体培养目标和教学目的，还要了解各年龄阶段和各个受教育者生理和心理发展的特点，从而能够循序渐进地、以身作则地因材施教。这样的教师必须接受过师范专业训练，掌握教育科学知识，否则是不可能培养出来的。因此，师范教育是不可缺少的。没有受过师范教育的教师，一般不能看作合格的教师。培训在职教师应当包括教育科学知识的学习和教育专业思想的训练。

第二，要整顿现有的师范院校，首先要端正师范教育工作者的办学思想。那些坚持“师范大学要向综合大学看齐”，企图取消教育学科的教学，取消师范教育专业训练，不肯面向中小学培养合格师资的师范教育工作者，是不合格、不称职的，必须坚决调离。所有师范院校必须以培养合格的、称职的教师为唯一的目标。要重视教育学科的教学和教育实习工作，凡教育学科不及格和教育实习不及格的学生，一律不得毕业。

第三，所有师范院校都要恢复和增设附属中小学和幼儿园，供师范生参观、见习和实习之用。这些附属学校（园）还应当成为教育科学的实验室，成为未来园丁的实验园地。附属学校（园）必须按照教育规律办学，必须接受教育科学研究任务，成为名副其实的实验园地。附属学校（园）的一切措施都要能对师范生起示范作用，因此附属学校（园）的骨干教师都必须是优秀教师，他们兼负有指导师范生教育实习的责任，他们的各项待遇应比一般学校的教师优厚一些。顺便说说，师范院校的学校管理课，可以由附属学校校长或教导主任兼任；师范院校的各科教材和教学法课，可以由附属学校经验丰富、教学效果优良并有一定教育理论水平的教师兼任。应当根据这些兼任教学人员的条件，给予他们兼任讲师直至兼任教授的称号。

第四，每一所师范院校都要兼负培养新教师和培训在职教师的任务，充分发挥它的师资培训中心的任务。中等师范学校（包括幼儿师范学校）除了办全日制的班级以外，应当办理小学（幼儿园）教师讲习班，培训在职的不合格教师，脱产学习一年到两年。讲习课程除文化科学外，必须包括教育科学和教育实习。讲习期满成绩及格的，可以发给小学（幼儿园）教师合格证书；成绩不合格没有培养前途的，应调离教师工作岗位。高等师范学校除了办全日制的班级外，也应当办理中学教师讲习班，培训在职的不合格教师，脱产学习二年到四年。讲习课程也应包括文化科学、教育科学和教育实习。讲习期满成绩合格的，分别发给初中教师合格证书和高中教师合格证书。讲习成绩不及格的可以视情况调任小学教师或调离教师岗位。调任小学教师的必须在教育科学和教育实习上表现出优良成绩，只是文化科学程度较差。高等师范学校还应办理函授部，招收在职的中小学教师学习函授课程。函授部除印发必修和选修学科讲义外，还应解答教师提出的问题，把有普遍性的问题的答案，印发全体有关学员参考。函授学员除应参加笔试外，要在函授部派出人员当面考查下试教。试教和笔试都合格的，才能发给合格证书。关于培养职业技术学校的师资，《中共中央关于教育体制改革的决定》中有明确的规定，必须坚决执行。

第五，对于在职的合格教师也要给以进修的机会。《中共中央关于教育体制改革的决定》规定高等学校“教学任务较重的副教授以上的教师今后每五年中应有一年时间供他们专门用来进修、从事科学研究和进行学术交流”。对于中小学教师的进修没有做具体的规定。为了提高合格教师的业务水平，应当按照工作需要和个人志愿，举办各种进修班、暑期学校等，开办各种专题讲座，给以系统的进修提高。如电子计算机进修班、分子生物学进修班、原子核物理学进修班、激光技术进修班、古典文学进修班、第二外国语进修班、中国古代文化史进修班、中国科学技术史进修班、中国近代现代革命史进修班、乐队指挥进修班、表演艺术进修班、体育裁判进修班等等。各种进修班的举办，不但要考虑到提高各科教学质量的需要，而且要考虑到辅导各项课外活动的需要。这是使“教育面向现代化，面向世界，面向未来”的重要措施，不应忽视。教师参加进修所需的各项费用，应当一律由公费负担。教师进修期间还应适当给予生活补贴。

第六，进修班和讲习班还可以采用夜校的方式进行。考虑到教师工作繁重，夜间还要备课，批改作业，对进夜校接受培训的教师，应酌量减轻他们的工作量，或按照半脱产的方式给以进修或学习的机会。这种夜校方式宜用于合格的、能够胜任工作的教师。对不合格、不称职的教师还以采用脱产培训的方式为宜。

第七，建议县以上的图书馆举办巡回图书借阅业务，为中小学教师服务。每县应视地区大小组织若干个巡回图书借阅队，以送书上门的方式，每月分别到全县所有学校巡回一两次，办理图书出纳业务。这样，县图书馆应当购买大量教师进修需要的图书，供学校教师借阅。学校条件较好，图书设备比较齐全的，图书馆就不必去开展巡回借阅业务。必须到那些学校条件差、图书设备少的地方去。要雪中送炭，而不必锦上添花。

第八，建议广播台、电视台举办教育讲座，请学有专长的教育工作者向教师讲授系统的教育科学知识和各科教材教法知识。讲授内容最好事先广泛征求各校教师意见，便能有的放矢，结合实际需要。如，请优秀教育工作者介绍各科教学经验，班主任工作经验，开展体育运动增强学生体质的经验，实施美育培养学生审美情操的经验，纪念抗日战争胜利进行爱国主义教育的经验，实施劳动教育培养学生劳动观点、劳动技能和劳动习惯的经验，开设职业选科完成普通教育双重任务的经验，以及师范院校对师范生进行专业思想教育的经验，等等。这些讲座一定会受到广大教师的欢迎。

第九，所有各级教育学院、教育行政学院和教师进修院校都要制订本地区教师和教育行政干部的培训规划。现在多数院校已经把短期的培训制改为长期的培训制，或者长短结合，有长有短。长期培训和短期培训各有利弊，不可偏废。在教师编制有富裕的条件下，采取长期培训的办法当然是可取的。问题是教育学院的师资一般比较欠缺。补救的办法可以请兼职教师。不少高等学校和高等师范学校有些教师工作量不足，有余力可以到教育学院兼课。为了充分发挥知识分子的作用，应当鼓励他们在完成本职工作的前提下到其他学校兼课。

第十，所有师范院校毕业生原则上必须分配到中小学、幼儿园任教。中等师范学校毕业生必须一律分配到小学任教，师范专科学校毕业生可以分配到初中或小学任教，师范大学和师范学院本科毕业生可以分配到中学和中等专业学校任教。幼儿师范学校毕业生一律分配到幼儿园任教。过去把中师毕业生分配到初中任教的做法是错误的，必须立即改正。现在有些一百万人口的城市连一所师范学校也没有的情况是极不正常的。必须重视基础教育特别是小学教育，要为小学配备合格的教师。今后小学教师要逐步提高到由高等师范学校来培养，才能赶上发达国家的教育水平，才有利于社会主义现代化建设大业的胜利实现！

1985年7月1日初稿，5日改定。

载《群言》1985年第8期。

人类灵魂工程师的摇篮

教育是培养人的事业。教师是以培养人为职业的劳动者。用文学语言来说，培养人的事业就是塑造人类灵魂的事业，那么，教师就是当之无愧的人类灵魂的工程师了。为了提倡尊师重教，这样说既不夸大，也没有歪曲，我认为是恰当的。

工程师并非可以不学而能，是要经过精心培养的。记得有位工科大学校长说过，他办的学校是红色工程师的摇篮。我想人类灵魂的工程师是同样要经过精心培养的。所以，以培养教师为任务的各级师范学校，就是人类灵魂工程师的摇篮了。如果每位师范教育工作者都能这样想的话，他必定会感到肩上担子的沉重！

我是1930年在江苏省立扬州中学（以下简称省扬中）初中部毕业，升入该校高中师范科学习的。省扬中是1927年由江苏省立第五师范学校和江苏省立第八中学合并而成的。八中的校址在扬州府前街，合并后改为初中部。五师的校址在大汪边，合并后改为高中部。当时江苏省的中学实行多科制，同省扬中初中部平行的有简易师范科，设在高邮、宝应两县之间的界首镇，后来独立为省立界首乡村师范学校；高中部分设普通科、师范科和工科。所以我每次写我的学历时，都得写明高中师范科毕业，因为高中还有普通科和工科；也不能只写师范科，因为还有简易师范科。江苏省实行这样的学制大约只有六七年，到1934年高中师范科最后一届毕业，省扬中就没有高中师范科了。推算起来江苏省决定将师范学校单独设置约在1931年以后，从1932年起，准备只办普通中学的就不再招收师范生，准备只办师范的就不再招收普通高中的学生了。省扬中属于前者，省立镇江中学属于后者。其他如上海、苏州、南京、南通、徐州等地的省立中学都不再招收师范科；无锡、镇江、淮阴、东海等地的省立中学都不再招收高中普通科，并改称师范学校。

这种把师范学校同普通中学合办的制度，在我国师范教育史上虽然只是一个插曲，但是反映了一种思想，就是把培养教师同培养其他各行各业的人员看作一样的事情。尽管教师也是社会上的一种职业，但是这种职业有它的特殊性：教师是以未成年的人（包括幼儿、儿童、少年和青年）为对象的，从事的是塑造人的事业，责任重大，任务艰巨，工作繁重，不是八小时的工作，而是全时间的工作。教师是精神文明的建设者，也是物质文明建设的奠基人。所以，培养一位合格的教师比培养一位合格的工程师要求更高，难度更大，应当有单独设立的专门机构来从事。

就我的亲身体验来说，当时省扬中的师资、设备条件都好，不仅在全省知名，而且在全国知名。每年高中普通科毕业生考取北京大学、清华大学、交通大学等著名大学的不少。学校办学的方向，自然把重点放在高中普通科上，以向著名大学输送合格新生为目标，师范科就不是办学的重点了。例如，学校集会都是普通科、师范科、工科合在一起，校长、教导主任没有单独招集师范科的学生，针对师范生的特点谈过话。似乎一切都由师范科主任负责。整个学校的气氛也是重视升学，而不重视就业。虽然当时规定师范生毕业后要服务小学教育几年才能升学，但不少教师却鼓励师范生毕业后立即投考大学。这对于师范生的专业训练也很不利。

省扬中当时有一批学有专长、师德高尚的老师，他们以身作则，为人师表，倒是为师范生树立了榜样，至今还值得怀念。这也说明，师范学校在聘请教师时应当特别慎重，严格要求，使他们能以实际行动做出优秀教师的楷模，来对未来教师潜移默化。

省扬中设有实验小学（附属小学），当时小学六年制，有春秋季始业的十二个班，还有两个幼儿园（当时称幼稚园），一个六年复式班。这些设施的师资，设备条件也很好，不仅可供师范生实习，而且能起示范作用。

理科的实验设备是当时中学较好的，记得化学实验，我们可以两人一组做实验；生物实验，每人一架显微镜。师范生要练钢琴有琴房，至少有两架钢琴；要练绘画也有美术专用教室；还有劳作专用教室，可以做竹工、木工和金工。体育设施有 400 米跑道和足球场、篮球场等。在我读师范科的三年间，学校还建筑了一座大礼堂，名为“树人堂”，供全校师生集会用。

我就是在这样的条件下（包括物的条件和人的条件），在这样的“摇篮里”，成长为一名小学教师的。

1939 年夏，我在做了六年教育工作以后，又投考国立西北联合大学教育系。那是抗日战争时期，我流亡到了大西北，在甘肃兰州参加考试，入学却要到陕西城固去。到秋季报到时联合大学已不存在，原国立北平大学改称国立西北大学，原国立北洋工学院改称国立西北工学院，原国立北平师范大学改称国立西北师范学院。我读的教育系就是西北师范学院的一个系。学校的名称改了，学校的负责人和大部分教授，还是原班人马。如，原北平师大校长李蒸先生，这时就成为西北师院的院长；原北平师大的教育学院院长兼教育系主任李建勋先生，这时院长的职务没有了，专任教育系主任、教授。西北师院的教务主任黎锦熙先生、训导主任袁敦礼先生、总务主任汪为川先生，听说也都是原北平师大的教务长、训导长和总务长。在抗日战争时期，这些老教育家们流亡大西北，由于师大改称师院，他们的职务也相应地降了级，但是仍旧辛辛苦苦、兢兢业业地为培养师资而努力，可以为学生树立能上能下、不记名位的榜样，应当受到人们的尊敬。

抗日战争时期设在陕南城固的这所师范学院，院本部、图书馆、女生宿舍和一部分教室，设在城固县城的孔庙里。男生宿舍和大部分教室设在距城约500米的校场坝新建的草房里，四周都是农田。学生宿舍前面是操场，有400米的跑道和足球场，另有篮球场。大约1 000米外就是汉江，夏季上游泳课就在汉江边那个天然游泳池里。

抗日战争时期，我既没有投笔从戎，去击退日本帝国主义的侵略武装，也没有投身革命，去争取人民民主和民族解放，依然抱着教育救国的梦想，为个人的发展而奋斗。在城固校场坝的操场上，我曾跟同学们多次散步谈心，仍然坚持我以教育开发民智，唤起民众，从根本上制止国民党政府的贪污腐化，来挽救民族危亡的幻想。以为只要老百姓有了知识，保甲长征兵征粮就会依法办事，而不敢敲诈勒索了。这种想法真是幼稚到了极点。直到抗日战争胜利，国民党政府恢复了在沦陷区的统治以后，我扬州的家中受到保甲长的骚扰，我的幻想才逐渐破灭。（当时我在兰州西北师院任教，我父亲是退休教师，我弟弟是新四军的干部，总算是一个知识分子的家庭了，但保甲长威胁要向国民党县党部告发我父亲是共产党干部的家属，从而敲诈勒索。）

话又说远了，还是回到城固吧。设在城固的西北师范学院的物质条件，不仅比不上今天我们任何一所师范学院，而且也比原来北平的师范大学校舍设备差得很远。但是爱国的师生仍能秩序井然地从事教学。那时城固没有照明设备，晚间自习每人一支土蜡烛，在那一灯如豆的烛光下，我养成了阅读英文教育书刊的能力，不仅完成了学习任务，还写了不少文稿以换取稿费，补助生活，因为我当时已经结婚并有了子女。

但是要说物质生活条件，恐怕陕南比陕北还要好得多。到陕北去参加革命的同志住窑洞（甚至要自己挖窑洞）、吃小米的生活恐怕要比陕南更加艰苦的。人是要有一点精神的，只要有理想的支持，任何艰苦困难都是可以克服的。

我第二次受师范教育就是在这样的条件下。这四年受的教育，为我以后五十年学问和事业打下了牢固的基础。

西北师范学院从 1941 年起就在兰州招收一年级新生，所以我们这一届 1943 年毕业离校后，下面也只有一届同学在城固学习了。等他们毕业后，学校就完全迁到兰州。这里要说明一下，当时曾将师院修业年限定为五年制，我们这一届 1939 年入学，被称为 1944 届。但在 1942 年左右，经过各所师范学院同学的要求，国民党教育部同意提前一年离校，工作的第一年算作实习，实习一年后才发毕业证书。但一般仍以离校工作算作毕业。现在看来，高等师范学校实行五年制，有利于师范生掌握的各门专业达到综合大学文理科各系的水平，有利于加强教育专业训练，但在教师缺额亟待补充、不合格教师比例很大的时候，这样做还为时过早。目前从全国情况来说，也还没有普遍实行五年制的条件。

西北师院在兰州十里店新建的校舍，可以称作土屋子，比城固的茅草房虽然要牢固一点，但依然是很简陋的。我从 1944 年起，又在兰州西北师院的教育研究所当研究生，从 1945 年 2 月起当助教兼研究生，研究的问题是师范教育问题。因为抗日战争胜利后，我很早就在教育系开课了，所以在师范教育的研究方面没出多少成果。教育研究所是李建勋先生主办的，他为教育系培养和储备了师资。直到现在，西北师院现改称西北师范大学，教育系有好几位教授、副教授，都是当时教育研究所培养出来的。

1989 年 9 月 3 日

据作者手稿排印。

扬州中学师范科学生生活的回忆

我于1928年2月到1933年6月，在扬州中学度过五年多学生生活。时隔半个多世纪，有些往事还保留在记忆中。现在应江苏省教育志编纂委员会之约，把记得的一鳞半爪写出来，请教育志编委们指教。

扬州中学成立于1927年10月17日，由原江苏省立第八中学和江苏省立第五师范合并而成。合并后原八中的校舍（校址在府前街）作为初中部，原五师的校舍（校址在大汪边）作为高中部。

国民党政府定都南京后，采纳中国近代著名教育家蔡元培的意见，将教育部改名大学院，将各省教育厅改名大学区（先在江苏、浙江两省试行），兼管学术和教育行政事项，理由是去除腐败官僚之作风，重视学术和教育事业。当时江苏省设第四中山大学（由原东南大学等校合并而成），江苏省属第四中山大学区，所以扬州中学的校名是“第四中山大学区立扬州中学”。大学区制试行两年（1927—1929）又恢复教育厅制，所以校名便改为“江苏省立扬州中学”。

我入扬州中学初中以前，原在江都县立初级中学学习。扬中的校舍、师资、设备等条件比县立初中好得多，不仅教学质量高，而且环境（包括人的环境和物的环境）对学生的陶冶作用，也是县立初中难以比拟的。

第八中学的校址原是扬州知府衙门，驻有北洋军阀的部队。经前任校长李更生多方奔走交涉，才得成为校址。我在小学学习时曾住在八中隔壁。有一次全城（或全省）运动会在八中操场举行，我家后院同八中操场仅一墙之隔，而且墙不甚高，我们站在凳子上就可以对运动会作壁上观。

我到扬中初中部读书以后，一入校门就看到一个至少有四百米跑道的大操场，中间是足球场，两边还有篮球场和网球场。我虽不善运动，上体育课时也曾在足球场来回奔跑，场上滴有我少年时期的汗水。唯一的几次打网球的经历，也是在那个网球场上获得的。由此可见，学校有完备的体育设施，对于普及学生体育是很必要的。

当时初中部主任是相菊潭老师，我们转学生入学时，他曾同我们谈过一次话。以后不记得曾否听过他的课。给我上过课的老师有博物老师吴遐伯、数学老师黄应韶、地理老师法审仲、英文老师姚尔玉和李宜甫、历史老师金崇如、国文老师纪子迁、音乐老师王宗虞，还有童子军教练员叶浩然。次序是按记忆的准确性排列的。有些学科如物理、化学、体育、图画、劳作、党义等科的老师姓名已经记不起来了。

吴遐伯老师学识渊博，国学根底很深。他讲课从不带书本，只带一些挂图、标本、实物或模型，讲起来语言生动活泼，口若悬河，滔滔不绝，令人听起来津津有味，结合观察教具，学生学得轻松，记得牢固。如，讲矿物学的硬度表，他教我们记住十个字就可以记住十个代表硬度的矿物名称。这十个字是"滑（石）、石（膏）、方（解石）、萤（石）、磷（灰石）、正（长石）、石（英）、黄（玉）、刚（玉）、金（刚石）"，至今我还没有遗忘。可见要减轻学生学习负担，不必全在教材上打主意，更要在教法上下功夫。提高师资水平，实乃当务之急。

黄应韶老师教我们代数，他搜集了千余条代数因子分解的习题，供我们有兴趣的学生演习。当时我参加了数学课外小组，曾跟小组同学们一起，把这千余题都一一做了解答，经老师过目后，还曾油印出来装订成册，题名《代数因子分解一千题》，发给小组每人一册。剩余的还交给会文堂书店代售，以所得归还小组同学的垫款。可见，要发展学生的个性和特长，需要开展各种有目的有计划的课外活动。这就需要给学生一定的课余时间，不要让学生陷在"题海战术"的包围之中。

地理老师法审仲对教材掌握得很透彻。他上课只带各色粉笔，讲区域地理时，总是在黑板上当堂边讲边画，不仅画出一个省的轮廓，而且把它的地理位置、名山、大川、铁路、公路、城市、特产、人口、民族、文化、教育、名胜、古迹等情况，标在图上或写在图旁。这些项目不是同时出现的，而是随着讲解逐一呈现的，学生听起来很有层次，不觉枯燥。这比光让学生看绘制好的地图，更有利于知识的掌握。他还注意新旧知识的联系和比较，以免学生张冠李戴——把这省的事误记到那省去。

以上，我仅就记忆所及，举几位老师的教法为例，说明扬州中学所以成为著名学府，不仅是优生加名师，名师出高徒，而且靠每一年级、每位教师、每门学科都有踏踏实实的教学成绩。

我曾参加童子军的队伍到在南京举行的第一届江苏全省运动会服务过。扬州中学童子军被编为中国童子军第六十团，而江都县中的童子军被编为第五十九团。因为县中的童子军教练员捷足先登登记在前，扬中晚了一步，番号排在县中后边了。此事县中的教练员很得意，而扬中的教练员抱无所谓的态度。我也觉得在番号先后上较量没有多少意思。那次服务我们白天在运动场维持秩序，晚上轮流站岗。记得运动会结束那天，轮到我站岗，春寒料峭，风雨交加，我还穿着白天的短裤单衣，冻得够呛。幸好第二天就乘小轮船返扬州了，路上我就感到全身不适，到家就病了一场。这一方面说明我少年时期经不起风雨寒冷的考验，身体不算强壮；另一方面也说明教练员对队员的关心照顾似觉不够。

中国童子军曾改称“中国国民党童子军”。但国际童子军联合会只允许代表国家的童子军组织参加，不允许代表政党的童子军参加，于是只好恢复中国童子军原名。国民党曾想利用童子军作为实施“党化教育”的工具，事实上未能如愿。童子军训练对于培养少年良好的行为习惯、独立生活的本领、服务社会的知能有一定的帮助。

我在初中时期读了不少课外书，中国著名的古典小说《水浒》、《三国演义》、《红楼梦》等差不多都是在那时阅读的。此外，还读过鲁迅、郭沫若、叶圣陶、郁达夫、丁玲等当代作家的一些作品。先父爱好诗词，我也从他的藏书中选读过《全唐诗》、《宋六十名家词选》等书中的一些片段。我再重复一句，办学校要多给学生一点课外学习的时间，扩大学生的知识面，不要因为追求升学率，而用不必要的课外作业把学生禁锢得喘不过气来！

我在初中很喜欢解几何题。无论作图题还是证明题，我都认真去做。一题在手，不解答完毕决不罢休。当时家里还没装电灯，往往从下午演算习题到黄昏，结果眼睛近视了。我一入高中就戴上了近视眼镜。

我们初中毕业那年，同学要求不经考试直升高中，学校答应了。高中我是读的师范科。这是扬州中学从初一算起的第一届师范科，若从高中算起是第四届师范科。前三届的学生主要是从第五师范合并来的。这里顺便说一说普通中学同师范学校为什么要合并，合并几年以后为什么要分开。国民党定都南京后，效法美国的多科制中学，把一个城市的省办中等学校合并起来成为一所学校，如将八中、五师合并为扬州中学。初中不分科，高中分普通科和师范科

（扬中后来还办了工科、家政科）。这次合并打破了北洋军阀统治时期的教育管理体制，为国民党实施“党化教育”创造了条件。但是高中普通科的任务当时主要是为了给高等学校输送新生，也为社会上（如邮局、银行、铁路等）培养一些需要中等文化程度的职员。而高中师范科的任务是培养小学教师，尽管课程设置可以不同，但整个学校的气氛不可能与培养目标协调一致。所以从1932年起，扬州中学的师范科奉命停止招生了。同时，镇江中学的师范科却继续招生，而普通科却停止招生了，镇江中学就改名镇江师范学校。这样普通中学和师范学校又从合并而分立。分立对于未来小学教师的专业训练比较有利，对于学校专心致志办普通高中也比较有利。

扬州中学出名是由于普通科教学质量高，考取名牌大学的毕业生多，并非出名在师范科上。又当初合并的时候，不仅有高中师范科，还有设在苏北高邮、宝应两县之间界首镇的乡村师范科。随中学、师范分立，扬中的乡村师范科也独立为江苏省立界首乡村师范学校。

我在扬州中学高中师范科学习的三年里，有些事难以忘怀。

第一年的课余时间几乎全用于练钢琴。初入师范科还不安心当小学教师，准备练好钢琴到初中或乡师去当音乐教师。因为我们高几班的师范科毕业生中有钢琴弹得好的，受聘当了乡村师范的音乐教师。扬中设有音乐教室，有两架钢琴，不上音乐课时，学生都可以在得到音乐教师同意后去练琴。音乐老师对愿意练琴的学生也热心指导。经常练琴的同学可以借到一把钢琴钥匙、一把琴房钥匙，早操前、晚自习后往往琴声不断。练琴要从基本功练起，而且要每天不间断。我基本上能够坚持，但自觉进步不快。

第二年开学不久，“九一八”事变发生，练琴的兴致没有了，就跟同学们一起，参加罢课、游行、宣传、请愿、义勇军训练等救国活动。学校里增加了贴报栏，同学们可以及时看到报纸，了解时局。当时大家最爱读邹韬奋主编的《生活周刊》。我开始思考雪耻救国的问题是从这时开始的。我积极参加了义勇军训练，参加训练的人不少，男女同学都有。由学校请来驻扬州国民党部队的一位军官来当教官，从秋至冬，每天早晨天不亮就开始训练。教官要求很严格，把我们当作部队的士兵一样来训练，以致有些同学身体吃不消便退伍了。我一直坚持到学校提前放寒假，军训停止才罢休。后来我听信了一些“读书救国”论和“教育救国”论的宣传，特别是“教育救国”论的宣传，结合师范生的前途是当教师、办教育，便死心塌地决心走“教育救国”的道路。这对我一生的影响很大。

当时师范科设置的教育课程有好几门，如教育概论、教育心理、小学各科教材教法、小学行政、教育测验及统计，以及教育实习等。哪门课是哪位老师教的，已经记不准了。记得我们毕业时，师范部主任是金书樵老师，他曾率领我们到南京、镇江、苏州、上海、杭州等地去参观学习。还有一位陈鹤琴教授的高足葛承训（鲤庭）老师，大概给我们讲过小学各科教学法，只在校一年就离开了。最早教我们教育概论的是另一位老师，他用廖世承教授编的《教育学》做课本，只记得他对书中讲师生关系的两句话发挥得淋漓尽致。这两句话是“威而不失之猛，亲而不流于狎”。“小学行政”课照例是由附小（当时称“扬州中学实验小学”）校长兼任。我们这届师范科有两班，我们这班由实小教导主任刘百川兼任。另一班由实小校长谢鸣九兼任。刘老师讲课不仅条理清楚，内容生动，而且热情洋溢，表现出对教育事业的无限信仰与忠诚。我听了他的课，提高了对小学教育的兴趣，立志终身服务教育。受他情绪感召的不止我一人，还有同班同学李长河、刘大卫、王为俊等。记得当时师范科还开过两门教育选修课，一门教育史，一门复式教学法。后者是由实验小学实验“六年单级实施法”的阴景曙老师讲的，我因为当时受到陶行知（那时他还名“知行”）发表的文章的影响，准备去农村办学，所以也选修了“复式教学法”这门课。

扬州中学生物、化学、物理三门课都有学生实验。生物老师朱白吾是一位学者型的教师。他给我们讲生物学，针对师范生的特点，跟教育心理学联系，注重讲动物神经系统的形成、发育和功能。比后来我在大学听一位生物老师对我们师范生宣传遗传决定论（即“教育无用论”）不知要高明许多倍。生物实验每人一架显微镜，每次实验都要求交实验报告。化学实验每两人一组，亲自制取氧、氢，还做氧化与还原等实验。书本知识经过实践以后，就掌握得牢固了。由此可见，我们谈教育改革，首先要为提高教学质量创造物质条件。没有实验设备，光凭教师口讲，学生看书，教学质量是很难提高的。

著名语文教育家穆济波老师曾给我们教过一年国文，他不仅鼓励我们课外阅读，课外写作，还针对师范生的特点，教我们培养口头表达能力。他还帮助我们分析当时文坛形势。他虽然没有明白表态，我回忆起来，他似乎更多地同情左翼作家。可惜他只教我们一年就离开了。还有一位范耕研老师也教过我们国文。他是研究《墨子》的，也是一位学者型的教师。我后来看到他发表过有关《墨子》的专著。他针对师范生的特点，选教过《礼记·学记》和韩愈的《师说》等文。当时国文课印发讲义，未用课本。

扬州中学高中普通科数学（也许还有物理、化学）采用美国高等学校的原文课本（college textbook），这曾经是扬中部分师生引以为自豪的事。后来我学习比较教育，知道美国因为中学实行自由选科制，许多升入高等学校的学生，并没有受到完全的普通教育，所以美国一些高等学校的一、二年级还要补习许多其他国家高中学生学过的课程。扬中（恐怕还不止扬中）采用原文课本，除去文字的因素外，教材内容并不一定高深。再从一个主权国家来说，自己的学校不用本国语文编写的课本，未免有丧权辱国之嫌，并不值得夸耀。在半殖民地半封建社会里，人们容易有一种崇洋媚外的心理，这种现象是不足为怪的。倘若在社会主义的新中国，还有人从拜金主义的思想出发，表现出种种崇洋媚外的心理，就不仅可悲，而且可耻了！

我们师范科仍设英语选修课，我三年都选修了。教我们英语的老师是一位基督教徒，同扬州的外籍传教士和教会学校的外籍教师有来往。我初中毕业时英文成绩较好，但师范毕业时比普通科同学的成绩就差得多了。因为我已立志当小学教师，不准备升学；同时师范科英文不注意培养我们听、说、写的能力，只要求我们能阅读浅近的英文文学作品，养成欣赏的能力。至今我还记得这位老师在指导我们阅读到艺术性强的段落或文句时，他就做出加重语气的手势说："Literature！Literature！"（文学！文学！）

万彝香老师教我们世界地理，他对教材的熟悉程度令人叹为观止。他上课也是从不带课本，讲课也是滔滔不绝，口若悬河，同吴遐伯老师有类似之处。在师范科，吴遐伯老师还给我们讲过一门"健康教育"，这门课把生理学、营养学、个人卫生学、学校卫生学融为一体，对我们任教后注意学生的保健很有帮助。

我爱好舞文弄墨可谓由来已久。《江苏教育》杂志曾经在"九一八"事变前后两次命题征文，一题"如何振作士气"，另一题"如何整顿学风"，记得我都利用假期，搜索枯肠，写文应征。这两篇文章都曾在该刊发表。当时我听说国民党县党部选举时打架摔墨水瓶，便在文中称那些争权夺利者为"政客"。不料"文化大革命"中"革命群众"对我审查时看到这些旧作硬说我把共产党人说成"政客"，给我加上污蔑党的罪名。直到1977年以后复查时才把这不实之词取消。我记得师范毕业时，只根据平日学习心得和教育实习的经验，就写过一篇《怎样做小学级任教师》，在《江苏教育》1933 年 7、8 合期的小学教育专号发表。1989 年夏，我的老伴在北京图书馆查资料，发现我在师范科读书时写的一篇《师范学生的修养问题》，是在《江苏学生》杂志 1932 年第 3 期发表的。这篇东西我早已忘得一干二净了。——我说这些是想表明，扬州中学这所学术空气浓厚的学府，虽然它的重点工作是放在办好普通科上，但师范科的学生如果有志钻研的话，并不是不能出成果的。因此办学校应当提倡学术研究，中学也不例外。

在我读师范科的三年里，学校在高中部盖起了一座大礼堂，题名“树人堂”，其中除礼堂外还有专科教室。落成时我们已经临近毕业了。兴建校舍必须注意安全，旧房屋更要经常检查修缮。这应当作为学校总务负责人的首要任务。扬中高中部的平房学生宿舍，有两间的屋顶在一天晚自习后突然塌落，所幸学生床铺都挂着蚊帐，躺在床上的同学虽然被砸伤十余人，但伤势不算太重。记得我曾写过《不眠之夜》一篇短文记述此事，在镇江一家报纸发表。还有一次初中部一栋楼房夜间失火，等我们从大江边赶到准备救火时，这两层楼房已经化为灰烬了。这次火灾据说是电线走火造成的。烧的是一栋教室楼，晚间无人居住。因此我想到，在条件许可时，学校校舍的建筑不必连成一片，楼与楼之间要有间隔，以免万一失火时一烧一大片。扬中初中部的校舍就符合我说的条件。

最后，我想就以上所述，归纳出几点办好一所重点中学应当注意的几件事。

(1) 现在实行校长负责制，校长有了用人权，必须把遴选和聘请优秀教师放在首位。优秀教师要德才兼备，拥护四项基本原则，认真执行宪法规定的教育方针，热爱教育事业，热爱学生，学识渊博，专业修养功底深厚。

(2) 不要把学校办成升学预备班，而要办成树人、育人的园地。要尽量使学生学得主动、轻松、愉快。当然也要让学生有一定的责任感、义务感，把完成学业看成自己的义务。要留给学生较多的自学时间，鼓励学生自学，从事各项课外活动。

(3) 学校对学生的合理要求应当允许照办。如，初中毕业直升高中，理论上是无可非议的，实际上也是办得到的，学校同意是对的。日本帝国主义侵略中国，凡是中国人无不同仇敌忾，对学生的爱国救国行动只能因势利导，而不应加以阻止。记得 1928 年 5 月 3 日，日寇在山东制造济南惨案后，姚尔玉老师还率领我们到街头宣传日寇的暴行，唤起民众的爱国心。

（4）要尽量增拨教育经费，充实学校各项设备（包括图书、仪器、体育器材等），最好能有专科教室，以便购置电化教具。没有现代化的教学手段，要求真正提高教学质量，实现“三个面向”是办不到的。

（5）中学是教育机关，也是传播人类学术文化成果的场所，因此一定要提倡学术研究。现在有些高等学校办成了官僚机构，学校衙门化了，实在应当纠正。我看中学提倡师生从事学术研究，对于培养具有创造精神的人才，也是很必要的。

1990 年 9 月于北京

据作者手稿排印。

我国教育工作者应有的思想修养*

本文所说的教育工作者包括教育理论工作者和教育实际工作者。前者含教育科学研究人员、教育书刊的编者和高等学校教育学科的教师等，后者含各级各类学校的校长、教师和各级教育行政干部等。本文所说的思想修养仅指最基本的思想意识修养，虽然同业务修养、道德修养有联系，但对这些不多涉及。

关于这个题目，我只想提出三点建议。

一、要坚持马克思主义的立场、观点和方法

这一点看起来平淡无奇，甚至可能被认为老生常谈，但是要做到并不容易。因为要能坚持马克思主义，首先要认真学习马克思主义。我很惭愧，直到34岁才开始学习毛泽东著作和马列主义的原著，目的是为了改造34岁以前学过的资产阶级教育思想和已经形成的资产阶级世界观、人生观。通过四十多年一边工作一边学习，过去被资产阶级唯心主义搞得糊里糊涂的观念，渐渐澄清了。我的体会是学习马克思主义不是学习教条和死的知识，而是通过学习马克思主义的基本原理，来改变自己的态度、情感和思想方法。如果能结合自己的业务和专业来学习，采用对比的方法来学习，收效可以更加显著。

例如，资产阶级教育学只讲教育的全民性，从来不提教育的阶级性。从历史事实来看，这种理论是站不住脚的。在世界范围内存在着阶级和阶级斗争的情况下，教育的阶级性是不能不讲的。又如，资产阶级人本主义教育学只讲教育要发展个性，把人看作生物的人、抽象的人、没有社会性更没有阶级性的人，强调“人的地位至上，人的价值至上，人是世界的支配力量”等，这种论

* 这是作者1990年4月在南京、南通、杭州、上海等地同教育工作者谈话内容的一部分，因当时意犹未尽，后特写此文进一步阐述。

调是经不起实践检验的。因为人不仅是个自然实体，更是社会的产物。教育这种社会现象正是把一个生物人、自然人塑造成社会人的手段。我们的教育固然要发展个性，但所发展的是对个人健康成长和社会共同生活有益的个性，凡不利于个人健康成长、不利于社会共同生活的个性，只能抑制、转化和改造，而不能任其发展。再如，有的作者在强调发展教育科学要有学术自由的时候，竟然认为只有资本主义国家才有学术自由，而不考虑这种学术自由是以不动摇资产阶级统治为限度的。他又主张只要学术自由，不要学术纪律，而不考虑自由和纪律是矛盾的统一体，从来就没有不受纪律约束的自由。所有这些显然都违背了马克思主义的立场、观点和方法。

我认为，马列主义、毛泽东思想是四项基本原则的灵魂。对于我们教育工作者，特别是在意识形态领域的教育工作者来说，学好马克思主义，坚持马克思主义的立场、观点和方法，是做好工作、少犯错误的先决条件。为此，我们在考虑问题时必须以辩证唯物主义和历史唯物主义为指导，强调理论与实际结合，坚持实事求是、一切从实际出发的原则，并以实践为检验真理的唯一标准。当然，这些并不容易做到。例如，有人喜欢某一种教学方法，便把它说得天花乱坠，仿佛对一切学科、一切教材、一切学生来说，这种方法都是最佳的，这显然是经不起实践检验的。又如，有人喜欢介绍外国人的教育理论，尽管这种理论在中国古代、近代或现代早已有人提出过，甚至实践过，但因缺乏中国教育史的知识，仍把它过分推崇，仿佛是外国人的创造发明。还有人批评我们在社会主义建设中有“重物不重人”的倾向，也就是有重视物质文明建设、忽视精神文明建设的缺点。这个批评本来不错，但他从人本主义的立场出发，把个人的发展放在社会的利益之上，把教育变成培养极端个人主义者的温床。凡此种种，都背离了马克思主义的真理。

为了不犯上述类似的错误，我们教育工作者应当善于识别那些似是而非的、思想片面的、认识绝对化的论调。识别的方法就是诉诸实践的检验。凡经得起实践检验的就是真理，否则就不是真理。凡是真理就有价值，反之就没有价值。因此我们的真理观也是我们的价值观。当然，所谓实践并不是要全靠直接经验，也包括间接经验在内。这里说的间接经验就是马克思主义教育的基本原理。

二、要坚持马克思主义教育的基本原理，警惕教育理论研究中的资产阶级自由化倾向

这里首先要解决的问题是马克思主义关于教育的基本原理究竟有哪些？这个问题不好解答。因为马克思、恩格斯、列宁等马列主义创始人都没有关于教育学的专著。但是，他们在论述哲学、政治经济学和科学社会主义的同时，不少地方都涉及教育理论问题。这些有关教育理论问题的论述，我们可以看作马克思主义关于教育的基本原理。既然叫作基本原理，它就具有规律性和真理性。

下面根据平日学习的体会，把这些基本原理举例如下，为了节省篇幅，不直接引用原文，也不注明出处，因为教育界的同行对此都是比较熟悉的。

(1) 教育是人类特有的社会现象。

(2) 教育起源于传递生产劳动经验的需要。

(3) 教育是个人智力和体力发展的重要因素。

(4) 教育是培养发达的和专门的劳动力的手段。

(5) 在阶级社会中，教育具有阶级性。

(6) 在社会主义社会，教育必须为无产阶级政治服务。

(7) 在过渡时期，学校教育是无产阶级专政的工具。

(8) 教育受社会生活条件（包括社会生产力状况、劳动分工、各阶级利益和相互关系、文化科学水平等）的制约。

(9) 教育必须培养全面发展的人，并逐步消除人片面发展的现象。

(10) 教育必须同现代化的生产劳动相结合。

(11) 教育必须同宗教分离。

(12) 国家应保证所有儿童受教育的权利。

(13) 国家财政要保证普及义务教育的需要。

(14) 人民教师的地位和待遇必须大大提高。

(15) 全部教育和教学工作都应当是实施德育的途径。

(16) 要尽量用人类创造的全部知识财富作为实施智育的内容。

(17) 要重视实施体育和军事训练。

(18) 要重视实施培养高尚情操的美育。

(19) 要重视实施综合技术教育即多种工艺教育。

(20) 要重视实施尊重权威的自觉纪律教育。

(21) 人只有在集体中，个性才能充分发展。

(22) 先革命，后教育（先实现无产阶级革命，后发展社会主义教育）。

假如我们承认这些是教育学的普遍真理，我们遇到一些似是而非的“教育理论”就比较容易识别了。如，有人强调教育本体论，反对教育工具论；提倡“人”的教育，反对“人力”教育。这种理论并不新鲜，实际是资产阶级教育理论的老调重弹。我们四十多年前开始学习马列主义、毛泽东思想的时候，就曾批判过的“为教育而教育”的资产阶级教育思想，想不到在四十多年后又以改头换面的形式出现了。

又如，有人硬把马克思、恩格斯关于培养全面发展的人这个教育理想，改换成“全面发展人的个性”或者说“人的个性全面发展”。马克思、恩格斯是针对阶级社会里由于劳动分工造成人的片面发展而提出人的全面发展这个理想的。马克思在《资本论》里一再说过，“用那种把不同社会职能当作互相交替的活动方式的全面发展的个人，来代替只是承担一种社会局部职能的局部个人”是大工业生产生死攸关的问题之一。① 又说：“未来教育对所有已满一定年龄的儿童来说就是生产劳动同智育和体育相结合，它不仅是提高社会生产的一种方法，而且是造就全面发展的人的唯一方法。”② 所以全面发展的只能是人，而不是个性。关于这一点，我在1956年12月发表在《人民教育》上的一篇文章《全面发展是指“人”的全面发展》里早已说明过。可惜人微言轻，没有得到某些教育理论家和翻译家的重视。1986年，我又曾在《教育学中有些模糊观念需要澄清》一文里③，谈到不能说个性全面发展的问题，无非是希望教育界的同行们能够正确理解马克思、恩格斯的原意。

近几年，教育理论研究中也有一些资产阶级自由化的倾向。我在《中国高等教育》1989年第12期和1990年第4期，曾经发表过两篇短文谈这个问题，目的是希望教育界的同行们能够以马克思主义教育基本原理为圭臬，不被一些似是而非的言论所左右。在这里，我还想强调一点，教育是有规律可循的，教育理论要能反映教育规律，要能结合实际，要经得起实践的检验，不能看风使

①② 《马克思恩格斯全集》第23卷，人民出版社1972年版，第535、530页。

③ 此文发表在《北京教育》1987年第1—2期。

舵，更不能左右摇摆；也不能借口适应新情况，解决新问题，而置教育规律于不顾。

三、要热爱教育事业，忠于教育科学，准备为祖国的社会主义教育建设和教育科学的繁荣贡献毕生的精力

目前我国教育工作者有 1 000 万人，在全国各行各业中，除了农民和工人，没有比教育工作者队伍再大的了。有人把教育工作者特别是中小学和幼儿园的教师比作园丁，从祖国的花朵（少年儿童）需要辛勤培育这一点来说，这个比喻是恰当的。有人把教育工作者称作人类灵魂的工程师，从教师所担负的神圣使命（塑造新生一代）来说，并不过分。陈云同志希望我国人民教师能成为最受人尊敬、最令人羡慕的职业，道理也就在此。

我在参加革命工作以前，曾经是一个“教育救国”论者。但是十多年的经验告诉我，教育既无力赶走帝国主义侵略者，又无能改变封建主义和官僚资本主义的统治和压迫。我是在“教育救国”梦破灭的同时学习到马列主义、毛泽东思想的，因此，我对“先革命，后教育”这条马克思主义教育的基本原理很容易接受。我理解，所谓先革命，就是先推翻反动的统治者，建立人民的政权；人民政权建立以后，在建设社会主义现代化国家的过程中，教育是一项基础工程，不能再放在后面。相反，教育应当放在经济建设的首位，予以优先考虑。因为教育不仅要为国家建设培养各级各类的人才，更重要的是要提高人民的文化水平，从事精神文明的建设，实现四十多年前毛泽东的预言：“中国人被人认为不文明的时代已经过去了，我们将以一个具有高度文化的民族出现于世界。”①

由于中国人口众多，也由于我们工作的失误，这个预言的实现还有待于加倍努力。我们教育工作者对此要有责任感和紧迫感，因为“具有高度文化的民族”不会从天上掉下来，也不能从地下钻出来，而要靠我们教育工作者培养出来的。

目前由于教师待遇不高，许多青年人视当教师为畏途，许多青年学生也不愿意报考师范院校。要改变这种状况，需要多方面的努力。但从教育工作者本

① 见毛泽东在中国人民政治协商会议第一次全体会议上的开幕词。

身来说，需要认识到教育工作关系着祖国的前途和命运，从而热爱自己的职业。对做好教育工作不但要有责任感和紧迫感，而且要有荣誉感，用自己出色的工作来赢得社会的同情和尊重。

要成为一个合格而称职的教育工作者是很不容易的。这是因为教育工作者要能很好地行使教育者的职能，自己必先受过很好的教育，才能做到以身作则，为人师表；同时，受教育者是活生生的人，都是正在成长中的千变万化的儿童、少年和青年。他倘要能按照国家的教育方针，针对受教育者的年龄特征和个别差异，把他们培养成社会主义建设者和保卫者，有无穷无尽的工作要做，自己必须下定决心献身教育事业，准备终身从事教育工作。应当想到，在民主革命胜利以前，曾经有无数革命先烈和革命前辈，为中华民族的解放事业抛头颅、洒热血，才缔造了今天的人民共和国。现在，为了把我们的祖国建设成繁荣昌盛的社会主义强国，需要我们教育工作者来培养人才，提高全民族的文化教育水平，即使暂时生活条件、工作条件艰苦些，至少没有流血牺牲的危险了。有志为祖国建设事业奠定牢固基础的同志们，在教育战线上是大有用武之地的。教育工作又是一项极细致、极繁重的工作，需要认真负责、精益求精，需要持之以恒、积累经验，需要研究进修、吸收新知，需要深情厚爱、乐此不疲。所有这些，只有立志为教育贡献毕生精力的人才能够做到。

为什么要忠于教育科学？因为教育科学是反映教育工作规律的，忠于教育科学就是要按照教育规律来办学，不随波逐流，也不“迎合上意”。片面追求升学率、随意加重学生负担的做法显然是反科学的。

教育工作者是传播真理的，我们自己首先要服膺真理，修正错误。自己错了，只要认识到，或者经人指出，就要勇于改正，这才是科学态度。如果害怕丧失威信，知错不改，恐怕更加容易失去人们的信任。

有人在刊物上发表了文章，另有人写文章提出不同的意见同他商榷，这本来是好事。第一位作者应当虚心听取不同的意见，对的要表示接受并加以改正，不同意的也可以保留己见，从容探讨，完全没有必要火冒三丈。自己果真掌握了真理，可以心平气和地说理，讽刺挖苦都无必要；自己错了，即使再用多少尖刻的词句来反驳，也无济于事的。只要大家的出发点都是为了繁荣教育科学，就不会做无原则的争论了。

最后还想说一说，我们写文章发表，无非为了总结学习和工作的经验，供别人参考，当然也有为教育事业和教育科学添砖加瓦的作用。千万不要把写文章发表当作追求个人名利的手段。作为唯物主义者，就应该看到名利是身外之物，生不带来，死不带去。杜甫《梦李白二首》所谓“千秋万岁名，寂寞身后事”是也；也应看到“功夫不负有心人”，名利也是辛勤耕耘的报酬，但应俟其水到渠成，不能存心追求，更不能立意强求。因为学术问题是来不得半点虚假的，即便名利追求到手，强求得逞，也不过昙花一现而已。写到这里，想起陶行知先生有一副对联：“捧着一颗心来，不带半根草去。”这副对联可做我们教育工作者提高思想修养的座右铭，愿与读者共勉。

1990 年 5 月

据作者手稿排印。

怎样当个名副其实的校长

我应邀到某市讲演教育问题。会后，市教育局长让我同该市中学校长座谈，主要谈怎样当好校长，抓好教学、教育工作。我按照他的要求谈过以后，校长们表示，他们同意我讲的意见，并且也想这样去做，但是现实情况不允许他们按照应该做的去做，他们要设法“创收”、抓钱，否则学校就办不下去了。这等于说我是纸上谈兵，讲的是空话。

我虽然同情校长们的处境，但始终认为，学校是教育机关，是培养人的场所，校长的职责主要应当抓教育工作、教学工作，而不应当是抓“创收”、抓钱。“创收”、抓钱是生产单位的事，是厂长、经理的职责，而不应当是校长的职责。我衷心希望我们的校长们能从目前不务正业的困境中走出来，做个名副其实的校长。

第一，校长应当是个马克思主义者，善于用马克思主义的立场、观点和方法来观察问题、研究问题、解决问题。为此，他们必须坚持学习马克思列宁主义、毛泽东思想，并在全校教师中造成学习政治、学习理论、学习党和政府方针政策的空气。这应当是我们社会主义国家的校长的首要任务。

第二，校长不是“官”，千万不能摆官僚架子。有的国家称校长为教头（headmaster），说明他是教师的头儿，或者说首席教师。因此，校长应以教师中的一员自居，要善于以自己为核心，形成一个教育集体。在这个教育集体中，每个成员之间都是团结、合作、互助的，彼此都表现出民主、平等的关系。

第三，校长要严格要求自己，然后才能严格要求教师。校长自己要以身作则，为教师的表率，然后才能要求教师以身作则，为人师表。

第四，校长、教导主任都要教课，绝不能“脱离生产”、脱离教师队伍。既然教课，就要认真教好，足以为青年教师效法。当然，校长、教导主任有行政工作要做，可以少教一点课，但一定要兼课。这要作为一条原则坚持下来。

第五，校长不宜陷入事务圈子，可以授权一位副校长和总务主任一起抓学校的后勤工作，为教学第一线服务。必须树立总务工作、后勤工作为教学、教育工作服务的思想，树立总务人员、后勤人员为教师服务的思想，彻底改变目前有些总务人员做官不干事的不良作风。

第六，校长既有权聘请教职员工，就应当从事业出发，为学生考虑，代表学生家长，也代表党和政府，慎重遴选称职的合格教师。不能因为有的教师爱提意见就不发聘书。校长有了用人权，一定要大公无私，真正做到优化组合。教师也有权双向选择，到他能充分发挥积极性的学校去任教。

第七，为了能有计划地处理校务，校长每学年或每学期要编制学校行事历，预先安排每月、每周的重要活动及主持人，凡全校的活动（如召开教师节庆祝会）由校长主持，各部门的活动分别由各部门负责人主持。这样可使学校各项工作能按部就班，循序前进，运转灵活，忙而不乱。

第八，为了民主办校，学校应有会议制度，但不宜过多。（1）校务会议，每学期始末各开一次，校长、各部主任、教师代表参加，由校长召集；（2）教导会议，每月一次，校长、各部主任、班主任、教研组长参加，由教导主任召集；（3）总务会议，每月一次，校长、各部主任、总务工作人员及教师代表参加，由总务主任召集；（4）全校教职员工大会，全体工作人员参加，不定期，每学期1～2次。

第九，不开无准备的会。会议前要有准备，并事先把要讨论的问题通知参加者。会议做出的决定，必须遵照执行。不仅会议参加者要执行，全体教职员工都要执行。所以应由教师代表（或教研组长）把会议的决定传达到每一位教师。既然名为教师代表，会前就应征求教师的意见，传达决议时要做必要的解释和说明，使教师知道他的意见在会上讨论的情况。因为教师的工作很忙，我主张尽量少让教师开会，以免耽误教师备课和批改作业或准备实验的时间。开会要讲求效率，既要充分交换意见，又要节约时间。切忌会而不议，议而不决，决而不行。

第十，校长要关心每一位教师，对老教师要尊重，对新教师要培养，对所有的教师都要团结。对教师有意见不要背后议论，应该当面以亲切友好的态度提出来，使对方易于接受，乐于改正缺点。校长要关心教师的疾苦，尽量设法帮助教师解决困难，解除教师的后顾之忧。有的地方教育当局，只给校长分配住房，教师则分不到住房，这往往是教师流失的原因之一。同一届的大学毕业生，分配到教育局工作的马上就解决了住房问题，分配到学校任教的，三年五载也分不到住房。这种情况，校长应当关心，要提出意见，力争解决。

第十一，校长应做转变社会不良风气的带头人，应做抵制不正之风的模范，应做树立良好社会风气的先锋。校长应有“富贵不能淫，贫贱不能移，威武不能屈”的修养，这是中国传统的美德，也是中华民族文化遗产的精华。一位名副其实的校长应当继承这一优良传统，更赋以时代精神，发扬而光大之。近代中国伟大的人民教育家陶行知有一副对联：“捧着一颗心来，不带半根草去”，他的一生是实践这两句话的光辉典范，一位名副其实的校长也应以这两句话做座右铭。校长应当以教育家的标准来要求自己，教育家时时、事事、处处都能以身作则，为人师表。果能做到这一点，全校师生必然都会尊敬他、效法他，心悦而诚服地接受他的领导。校长如果以教育官自居，只知发号施令，指挥别人应如何如何，自己却不实行，那就很难说他是名副其实的一校之长了。

第十二，现在实行校长责任制，校长有了人权、财权，应当妥善用好。在人事和财务方面，要有公开性，增加透明度。不但要接受党支部的监督，而且要接受全校师生员工的监督。有民主党派基层组织的学校，也要接受民主党派的监督。例如，在发聘书以前，多听听各方面的意见，不能把公认的好教师辞退。要善于用人之长，谅人之短。校长应当度量大些，不计较一些个人的恩怨。要同对自己有意见的教师交朋友，逐步做到对所有教师都能推心置腹。当然，对那些不合格、不称职，又不求进取，还故意滋生事端的教师，也不妨请他另谋高就。又如，关于学校经费的来源和使用情况，都要实行经济公开，使全校教职员工都知道。有些学校在全校教职员工大会上选出代表，组成经费审查委员会，审查学校经费的预算、决算和来源是否合法，使用是否得当等。这种人事和财务方面的公开要形成制度，然后民主办校才不是一句空话。

以上讲的这些只限于学校范围以内，很不全面。做一位名副其实的校长，还要处理好同教育行政领导部门的关系，同社会有关各界的关系，同学生家长的关系，等等。关系虽然复杂，要处理好并不难。凡有法令依据的，就依法办事，绝不因人事关系而破坏法制。凡有规章制度可循的，就按照规章制度办事，不允许有例外。倘有例外，事情就难办了。对家长要一视同仁，不管他们的社会地位如何，文化程度如何，都同样诚恳地接待他们，都同样按照教育原则处理他们提出的要求。有些家长能给学校以某种帮助或便利，凡合理合法的，学校可以接受，但不能因此而给他们的子女以特殊照顾。这种原则性的态度不妨在接受帮助以前就说清楚，使家长心中有数。为纪念教师节，我写了这点见解和建议。

载《群言》1990 年第 9 期。

中国当代教育学家文库

课程论重建与教育科学研究

（下册）

陈　侠　著
吕　达　刘立德　主编

人民教育出版社
·北京·

目　录

第五编　教育学理论研究

第六编　教育改革研究

第七编　教育史与比较教育研究

第五编

教育学理论研究

对凯洛夫《教育学》第一章译文的几点意见

苏联凯洛夫教授的《教育学》译本上册自1950年12月出版以来，销行很广。初版印了五千册，二版印了一万册，三版又印了二万册，从这个数字可以说明这本书正被许多教育工作者学习着。因为学习苏联先进的教育理论，积极方面固然可以指导我们今后的教育工作，消极方面还可以帮助我们批判旧日错误的教育思想。而这本书正是介绍苏联教育理论的第一本有系统的著作，无怪乎要受到读者的欢迎了。

笔者在学习了这本书以后，觉得译者已用了很大的力量，把原著的基本理论正确地表达出来。但还有许多名词译得不够妥当，文字方面也有一些欠斟酌的地方，因此增加了领会全书内容的困难。尤其对于初学教育科学的人，恐不免还有许多地方会成为正确理解原意的障碍。现在拟先将第一章里值得商榷的地方提出来，请译者和读者批评指正。

先谈名词翻译上的几个问题。按页码先后列举如下。

(1) 第6页第13行“即在特殊的国立儿童公共宿舍里”，这样译法容易使人误认为“国立儿童公共宿舍”是个专有的名词。查原文这几个字是：b своеобразных детских государственных общежитиях，可直译为“即在国家特设的儿童公共宿舍里”，如译为“即住入国家特设的儿童教育场所”，虽与原文有些出入，却更可表达原意。

(2) 第7页第3行“军事预备教育‘见习年度’”，这样译似嫌累赘也欠准确。可否译为“军事演习年度”？因为 военная подготовка 就有“演习”和“操练”的意思，而实际上斯巴达统治阶级的青年这时的确在亲手杀戮奴隶，称为“见习”也不如称为“演习”妥切。

(3) 第8页第2行“帕列司特拉”和第3行“体育学校”。这两个名词如果采用音译应当一起音译，如果意译也应当一律意译，为便于读者了解起见，似以完全意译较为妥当。“帕列司特拉”（палестра）英文拼作 palaestra，一向译为古希腊雅典的角力学校或体操学校，这里可选译“体操学校”，雅典儿童满13岁就入这种学校学习角力、竞走、跳高、掷铁饼、投枪和游泳。大奴隶主的子弟在修完了体操学校的课程以后，还要升入“体育学校”（гимназия）继续学习体操并接受政治、文学和哲学的教育。

（4）第8页第7行《“吉发拉”乐师养成学校》和第9行的“文学家养成学校”。这是雅典的两种初等学校，通常译为“音乐（或弦琴）学校”和“文法学校”，入学的是7—14岁的儿童。此外还有较高级的学校。原译不甚适合。

（5）第11页第7行“职业学校”完全译错了。在资本主义国家里，职业学校是为劳动者的子女设立的。原文在这里所述的是资产阶级为培植自己的子女而设的学校，征收高额的学费，授以普通中等教育，以备升入高等学府，故应译为“实科中学”（реальное училище）。这种学校的起源是因为18世纪初德意志的“古典中学”（或称“文科中学”）过分偏重了封建贵族的教育，不能满足新兴资产阶级的愿望，资产阶级需要一种半普通教育、半职业教育性质的新学校，“实科中学”就应运而生。今译为“职业学校”易与资本主义国家招收劳动者的子弟培养熟练技工的学校相混，亟应更正。

（6）第12页第2行“学校制度的二重性”，通常称为“双轨学制”，译得与教育上的习用语不同。同页第9行“二重的”也可改为“双轨的”。

（7）第15页第9行“马克思主义的古典派”，“古典派”三字费解。查原文 классик 本有“模范的著作”、“经典”等含义，这里可译为“马克思主义的经典著作”，意义就明确了。读者一看便知是指马克思、恩格斯、列宁、斯大林等人类伟大革命导师的著作了。而“古典派”三字极易误会还另有现代派，是很欠妥的。

（8）第45页第3、4行“讨论会”与第48页第一小标题“谈话”，原文皆是 беседа。照第48页的说明来看，第45页的“讨论会”三字应该为“谈话”。

再把文字方面容易妨碍读者正确理解内容的地方择要举出几处来。

（1）第6页第1行“钓鱼”应改为“捕鱼”，因“钓”即指“钓鱼”，而捕鱼的方法也不限于钓。

（2）第6页第11行“斯巴达派和雅典派”这两个“派”字都可删去。因为古希腊雅典和斯巴达教育制度的不同，是由于雅典的社会经济、政治和文化都较斯巴达发达而形成的，并不是学术上的什么派别。

（3）第12页第13行“教学年数”通常称为“修业年限”。

(4) 第12页第14、15行“三年级制”、“四年级制”，第13页第2行“七年级制”、“八年级制”，第20页第7、8行“四年级制”、“七年级制”，所有的“级”字都应删去。

(5) 第14页第1行“详细编定的教学方法”可改为“详细研究过的”并删去“教学方法”四字。

(6) 第30页第4行“熟练和习惯”，“熟练”一词此书他处都译为“熟练技巧”，应求一律。

(7) 第35页第17行“以统计的计算和数字的公式”，可改为“以统计数字和数学公式”。

(8) 第45页第5行“经验领悟”费解，原文是 восприятие опыта 相当于英文的 experimental perception，译为“实验的知觉”较为相宜。

以上的意见不一定正确。不过为了希望学习苏联先进教育理论的同志们能够正确地领会它的内容，所以把这些不成熟的意见提请译者和读者批评指正。如果这些意见没有太大的错误，当再把对以后各章译文的意见陆续写出来。

1951年8月于北京

载《人民教育》1952年第1期。

凯洛夫《教育学》中译本第二次修订述要

苏联凯洛夫教授主编的《教育学》中译本，分上下两册于 1950 年 12 月和 1951 年 10 月先后在北京出版。这部书是集体翻译的，翻译的态度比较认真严肃，但译者当中虽然有的俄文水平相当高，但很少熟悉教育业务，因此在初版和第一次修订版（上册 1951 年 3 月，下册 1951 年 12 月，都只改正了个别词句）里，有些章节因为教育名词译错，令人难以正确了解。全书译文也因为采取“直译”的笔调，对于没有外国语文素养的人，不免造成阅读的障碍。这是很遗憾的！

这部译本的第二次修订版（上册 1951 年 12 月，下册 1952 年 12 月，并将出合订本），对译文做了若干原则性的修订，兹将各项最重要的修订做如下的说明。

第一，关于教育学上的三个基本概念——苏维埃教育学上有三个基本概念，即 воспитание，образование，обучение。обучение 含义明确，译为“教学”没有问题。成问题的是：воспитание 与 образование 两个概念。原来这部书把 воспитание 译作“教养”，把 образование 译作“教育”。从俄语的字义来说，不能算错，甚至从中文一般语汇的含义来说，也不能算错。但这样译法，实在困难重重。

首先，凯洛夫在第一章第三节区别这三个概念时，并没有把 воспитание 一词单独使用，而在它前面加了一个形容词 коммунистическое。如果在这里把 коммунистическое воспитание 译作“共产主义教养”，实在不合我们的习惯。我们平常只说“共产主义教育”、“新民主主义教育”，不说“共产主义教养”、“新民主主义教养”。而且在本书其他地方，这个概念都译作“共产主义教育”，唯独在区别三个概念时译作“共产主义教养”，尤其容易使人困惑。其次，воспитание 这个词，从在本书开始出现起，一直都译作“教育”，如教育的阶级性、原始公社制度下的教育、封建社会中的教育、资本主义社会中的教育、苏维埃国家中的教育等。这些地方必须译作“教育”。第三节来解释概念，正是要解释以上所用的“教育”一词。到这儿忽然译作“教养”，不仅很突然，而且也不适当。第三，“教育”一词，在我们习惯上是“包罗万象的概念”，正好与 воспитание 的广义用法相当。若说“教养”是“包罗万象的概念”，显然是外加的而不是原有的含义。因此，我们再三考虑，把 воспитание 这个概念改译作“教育”，而把 образование 这个概念暂时改译作“教养”。

воспитание 还有狭义的用法。那就是指学校教育中所进行的思想政治教育或道德品质教育。在做狭义的解释时，为了符合我们本国的语法，有时也译作“培养”。原书在许多地方是把它和 образование（教养）并用，如，说在教学过程中不仅可以完成“教养”任务，也能完成“教育”任务。这就是说教学不仅具有“智育”的功能，也具有“德育”、“美育”的功能。这里的“教育”就应做狭义的解释。

当然，把 образование 译作“教养”也是不太合适的。按这个词在俄语里有时是和 умственное воспитание（智育）用作同义语的。如，在本书第二章第三节有这样一句话：“马克思认为在全面发展的人的教育中，智育，即教养（умственное воспитание，т. е. образование），应占第一位。”（新华原版上册第 59 页，第二次修订版第 44 页）就是很好的证明。又如在斯米尔诺夫（М. Т. Смирнов）著的《教育学初级读本》里，讲到教育学上的基本概念时，是把 образование 放在广义的“教育”之下，用智育或教养（умственное воспитание или образование）这样的标题来加以解释的。他的解释是：“使学生精通基本的科学知识，并在这个基础上形成科学的世界观和获得智力的发展，这个过程叫作教养。”（见《Начальный курс педагогики》，стр. 7）

虽然如此，在翻译时并不能把它译作“智育”，因为它还有比“智育”更广的用途。如人民教育、普通教育、中等教育、高等教育、综合技术教育等术语里的“教育”，在俄语里是不用 воспитание 而用 образование 的。所以还必须常常把它译作“教育”。再拿“智育”一词来说，固然多数著作里是用 умственное воспитание，但在杜豪夫奈伊著的《教育学概论》（И. М. Духовный，《Очерки по педагогике》）里，却用 образование。可见 воспитание 和 образование 两词，在俄语里有时也能通用。

根据以上所述，若不是翻译的文字，根据中国的文字习惯，是可以用“教育”一个概念，来包括“教育”和“教养”两个概念的。将来我国的教育学著作，是否可以只用“教育”和“教学”两个概念，而不用“教育”、“教养”、“教学”三个概念，这是一个值得全国教育学者讨论的问题。

第二，关于共产主义教育的组成部分——第二章第三节讲共产主义教育的五个组成部分除智、德、体、美四育外，还有“综合技术教育”（политехническое образование）。这个词原译“工艺教育”，有使人误解为片面的职业教育的可能，所以是译得不正确的。综合技术教育是普通教育的一部分，它是和智育分不开的，绝非单纯注意技艺学习，不需要熟悉“一切”生产部门基本原理的工艺教育。

和综合技术教育相对的概念是 монотехническое образование，原译“专科技术教育”，现改译“单一技术教育”似较贴切。

第三，关于学习过程和认识过程——第三章第二节讲学习过程和认识过程的一致与区别。原来把认识过程中的“知觉”（восприятие）译成“领悟”。这和心理学上惯用的术语大有出入，均已逐一改正。

又在第十五章“美育”里，原来把“知觉”一词译作“感受”，而把“感受”（чувствование）一词译作“感觉”，也有同样的毛病，第二次修订本均已改正。

第四，关于课堂教学——第五章讲课堂教学的一般原则与方法。中译本里的这一章是译得最晦涩难懂的。这由于原译本把“上课”或“功课”（урок）一词，在许多地方译成了“课程”；把“每一堂课”或“每一节课”，译成“每一门功课”。尤其是第三节至第七节这五节标题译文中的“编定课程”“课程的构成”等语和原意大有出入，更易使人误解为苏维埃学校到上课的时候才临时编选教材。因为“课程”一词本是用来指教学的内容的。这几个标题很难照字面直译，修订时改用了“课堂教学”、“课堂教学过程”字样。我们觉得这样比较能够正确地表达原意，不致引起误解。是否妥当，还请读者讨论。

在本章第六节里，著者提出指导学生独立作业的三种类型：第一种是由教师领导儿童共同进行作业，第二种是由集体的作业过渡到个人的作业，第三种是完全由儿童各自进行的独立作业。著者在开始讲到第三种类型的作业时，说：“以训练学生按照教科书和参考书去进行独立作业的课堂教学过程，大致是这样”，而译文末句却说：“……大致就是如此。”这样一来，原来是冒起下文的句子，却译成了总结上文的句子。在第八章里还有“上课过程”或“授课的进程”（ход урока）一语，也被译成了“课程的进度”。——这些修正也要请读者注意。

第五，关于学龄儿童的分期——按苏联所谓学龄（школьный возраст）是指七至十七岁应受十年普通教育的年龄。这十年分为三期：学龄初期（младший школьный возраст）是指七岁至十岁的低年级（младший класс）儿童，即初等学校的儿童，或七年制学校的及中学的一至四年级儿童；学龄中期（средний школьный возраст）指十一岁至十三、十四岁的中年级（средний класс）儿童，即七年制学校的及中学的五至七年级儿童；学龄晚期（старший школьный возраст）指十四岁至十六、十七岁的高年级（старший класс）儿童，即中学八至十年级儿童。

此外，幼儿（дошкольник）系指学前年龄（дошкольный возраст）即幼儿园年龄的儿童（三岁至七岁），婴儿（младший ребёнок）系指三岁前的儿童。

这些，在各章里常常出现，原来译得也不甚一致。

第六，关于共产主义道德教育的原则与方法——第九章讲共产主义道德教育的原则与方法。第二个原则原文是 действенность，原译“积极性”（активность），不妥；改译“实效性”，较合原意。共产主义道德教育的第一个方法是“说服”（убеждение），这个词本来也有“信念”的意思，但这里不应译作“信念”。译本下册第 31 页行端应加“说服”字样做标题。说明文字里有几处“信念”字样，应改为“说服”。

第七，关于苏维埃学校应用的惩罚方法——第十三章讲自觉纪律的教育，最后说到惩罚的方法。著者先说对一般的而不是重大的违反纪律的行为可以用“责备”的方法来惩罚。这些方法是“不赞成”（неодобрение）、“批评”（замечание）和“警告”（выговор）。但译本把“批评”译作“申斥”，“警告”译作“记过”。这样无形中加重了处分，不合苏维埃学校惩罚的原则了。教师在纠正学生过失时，倘若把积极的批评，改为消极的申斥，显然是不妥当的。

第八，关于体育和生理学的名称术语——在第十六章里，有许多体育和生理学的名称和术语，原译也欠正确。如“性的成熟期”或“青春期”（половое созревание）译作“青春发动期”，“副性象征”（вторичный полопой признак）译作“第二次生理现象的特征”，“营养性神经系统”（вегетативная нервная система）译作“有生长力的神经系”，“艺术性体操”（художественная гимнастика）译作“技巧运动”，“田径运动”（лёгкая атлетика）译作“轻级运动”，“行进间队形变换”（смешенное передвижение）译作“混合的移动”等，都是很不妥当的。又第十五章里还把“大脑皮质感觉作用的中枢”译作“大脑外壳感受作用的中心”，也欠正确。

第九，关于国民教育制度——第二十一章讲美国“公立学校”仍然讲授宗教。原来把“公立学校”（общественная школа）译成“一般学校”或“普通的学校”，都欠准确。法国为资产阶级子弟设立的两种八年制中学是“国立中学和市立中学”（лицей и колледж），不应译作“高级中学和专科学校”。又美国为补救中等教育水平的低劣和减轻一部分失业危机而设的“初级学院”（младший колледж），是普通教育的延长，不能译作“初级专科学校”。

革命前俄国学校系统中的“师范专修科”应译为“师范学校”，“师范学校”应译为“师范专科学校”。

苏联幼儿园分大班（五岁至六岁）、中班（四岁至五岁）和小班（三岁至四岁），不应译作第一组类、第二组类、第三组类。

苏联的学位，只有硕士、博士两级，没有学士学位。Кандитат наук 应译作“科学硕士”，不应译为“学士”。

第十六章里还把“儿童保育院”（детский дом）误译为“托儿所”。

此外，本书第十七章第二节讲“友爱与同志情谊”（дружба и товарищество），原译作“友谊与互助关系”；这就减弱了原著的党性和思想政治教育的意义，而使它庸俗化了。第三节讲到少先队员的修养标准时，其中有一条是“少先队员珍视少年列宁主义者的称号，像保护自己的眼珠一样”，原译作“少先队员珍视青年列宁信徒的使命”，非但语气软弱无力，而且把“列宁主义者”译作“列宁信徒”也是没有立场、不够严肃的。

以上只举述了几点重要的改动。由于种种条件的限制，修订工作还是做得很粗疏的，尤其是第五章里还有许多问题。希望读者发现有不妥当的地方随时写信指示我们，以便可能时再做第三次的修订。

1952 年 12 月 1 日于北京

载《人民教育》1953 年第 3 期。

全面发展是指“人”的全面发展

一

无论是讨论全面发展的教育方针，还是贯彻这个方针，我们都必须先把“全面发展”的意思弄清楚。对于全面发展，有的同志理解为“人”的全面发展，即人的智力和体力的全面发展。有的同志理解为“个性”的全面发展，即个人兴趣、爱好、性格、气质、特长的发展（其实既然说发展个性，就很难说全面发展，虽然全面发展的教育方针并不忽视发展人的个性中的积极因素）。由于对这个概念理解得不同，大家就很难从同一个角度来观察和讨论问题，至于要贯彻这个方针，就更难有正确的标准了。

按“全面发展”一语在马克思的《资本论》里是用来形容人的，是指人的全面发展。马克思曾经说，生产劳动跟教学和体操的结合是培养全面发展的人（всесторонние развитые люди，见《资本论》第一卷，俄文版第 489 页）的手段（人民出版社版第一卷第 591 页把“人”译作“人类”，欠妥）。在另一个地方，马克思还说要用全面发展的个人（всесторонние развитые индивидуумы，见《资本论》第一卷俄文版第 493 页）来代替片面发展的个人。这里因为跟“社会”并称，所以用了“个人”一词。实质上还是指的人。恩格斯在《共产主义原理》里虽然用全面发展来形容人的才能，如，说大工业需要具有全面发展才能的人（люди со всесторонне развитыми способностями，人民出版社版第 16 页译作“各方面都有能力的人”），但是他的意见跟马克思是一致的，认为教育可以使人摆脱发展的片面性，也就是可以培养全面发展的人。恩格斯在《反杜林论》一书里转述空想社会主义者欧文与傅立叶的意见时，也说过“人应该通过全面的实际活动，来全面地发展自己的能力” （Man should gain universal development through universal activity；人民出版社版第 309 页，莫斯科英文版第 407 页）。

苏维埃教育学使用的“全面发展”一语，当然是以马克思主义创始人的经典著作为根据的。在我国首先译出的凯洛夫《教育学》中文本里，同时出现了“个性全面发展”和“人的全面发展”两个术语。原来在这本书的原著里，有的地方用 всестороннее развитие личности，有的地方用 всестороннее развитие человека。译者遇到 личность 就译为“个性”，遇到 человек 就译为“人”。再加上这一节的标题是用的前者，因此更容易使大家注意到“个性全面发展”这个术语，而忽略“人的全面发展”这个术语。但是在叶希波夫和冈查洛夫合著的《教育学》里，都用的 всестороннее развитие человека 一语，申比廖夫和奥哥洛德尼柯夫合著的《教育学》（1950 年师范专科学校课本和 1954 年师范学院课本）基本上也是一样。最近我们看到凯洛夫主持审订的、由 25 位教育学家参加编写的苏联师范学院 1956 年版《教育学》新课本，其中几乎都是用“人的全面发展”、“青年一代的全面发展”、“儿童的全面发展”、“新生一代的全面发展”和“未来共产主义社会积极建设者的全面发展”等语。由此可见，全面发展是指“人”的全面发展，不是指“个性”的全面发展。过去在凯洛夫《教育学》中译本里采用“个性全面发展”一语是不确切的。

查俄语 личность 一词，本来有“人”、“个人”、“人格”、“个性”等几种解释。这里既然与 человек（人）一词互用，就应当译作“人”，不应当译作“个性”。不然就会使读者从心理学方面来理解马克思主义创始人关于人的全面发展的理想，而不能从政治、哲学方面去理解。真所谓“失之毫厘，差之千里”了。

我在这里说明“全面发展”是指“人”的全面发展，目的是要使这个问题的讨论能够从同一概念出发，并使我们在贯彻这个方针的时候，能够进一步体会到下面两点。（1）培养智力和体力全面发展的人、消灭脑力劳动和体力劳动的本质差别是人类过渡到共产主义社会的前提，也是一个长期的、一直到共产主义社会都要执行的任务。因此不应当简单地、片面地理解它，更不能用急躁的、粗暴的态度对待它。（2）培养全面发展的人这个理想，只有在消灭了人剥削人的社会主义社会才能实现。在这样的社会里，束缚个性发展的种种条件（如阶级地位、民族出身、财产状况、性别差异等等）都已不复存在，个性完全有发展的机会。所以全面发展的教育方针本身就包含着发展个性的成分，包含着为了集体的利益而发展个人特性的成分。

二

我们学习苏联固然必须结合实际，但是也不应当放弃马克思列宁主义教育学先进的理论和经验而另起炉灶，否则就要走弯路。

近来为了纠正对全面发展方针的误解和错误的做法，有人提出了“全面发展、因材施教”的方针。这样做虽然在某种程度上有一定的实际意义，但是必然也会产生许多流弊。

马克思列宁主义教育学，从来就认为人的个性是多种多样的，要求教师不仅要了解儿童的年龄特征，还要研究具体的儿童，了解儿童的个别特征；从来就强调在教学和教育工作中必须采取多样化的手段；从来就主张在集体教学、教育中，给儿童以个别的指导，以适应儿童的个别特征。这是翻开任何一本马克思列宁主义教育学课本都可以看到的。如果我们对“因材施教”做这样的理解，那就不是一个方针问题，而是正确地体现方针的手段问题。没有必要跟方针相提并论，更不必用它来做方针的补充，因为要正确地执行全面发展的教育方针本来就是应当这样做的。

如果把“因材施教”作为方针提出来，尽管只是对全面发展方针的一种补充，也容易使人误以为全面发展的方针是不完备的；更会产生另一种曲解，认为既然要“因材施教”，就不必要求全面发展，于是主张大大缩减普通教育的课程内容，在普通中学实行文理分科，甚至认为有些儿童不堪造就而放弃教师应负的责任等。我愿就这方面再申述几点意见。

（1）在提出“因材施教”这个口号以后，有的同志主张要大大缩减普通学校的课程内容，认为学生必修课程的负担过重，个人特长不能发展；并且认为许多教材是终身用不到的东西，大可不学。——这种说法是有些片面的。学生负担过重，固然跟教学内容有密切的关系，但是跟师资的水平也有直接的关系。我觉得目前学校里师资水平不高，也是造成学生负担过重的原因之一。例如，同样一篇教材，教师教得好，学生就理解得透彻、记得牢，并不觉得负担重；如果教师水平差，教不好，那就是另外一种情形了。因此怎样采取具体有效的措施来提高师资的水平，实在是一个根本性的问题。至于说到教材必须有用，这也不能理解得过于狭隘。许多教材的确没有实际用途，却是一个现代有文化的劳动者所不可缺少的知识，或者是学习其他科学的基础，或者有助于发展认识能力、扩展眼界，或者正是学生树立辩证唯物主义世界观和共产主义人生观的基础。所以不能拿有没有直接的用途来做选择教材的标准。我认为普通中学（中等专业学校也应当向这个方向努力）必须给学生以完全的普通教育，使学生掌握广博的文化科学知识，以便他们确能成为现代有社会主义觉悟的、有文化的劳动者，并且为他们将来成为一个红色专家打下坚实的基础。当然，究竟哪些教材应当在普通中学里教，哪些可以不教，必须根据普通中学的培养目标、现代科学发展的水平和学生年龄特征进行科学研究，才能最后决定。

(2) 在提出“因材施教”这个口号以后，有的同志主张要实行高中文理分科。我也反对这样做。学生的兴趣、爱好和志愿都不是天生的，而是受环境和教育的影响形成的。我们如不给学生接受完全的现代普通教育的机会，将不能发现学生的特长在哪里，学生自己也不能发现真正的兴趣所在。初中毕业生还没有受到完备的现代文化科学教育，他们的志趣还不稳定，让他们怎样选择自己学习的科目呢？而且如果实行文理分科，势必造成一种过早专门化的倾向，限制学生的全面发展。至于现行的中等专业学校建立在初级中学的基础上应当看作一种过渡现象，将来总要建立在完全中学的基础上的。如果再从具体问题来考虑，问题也是不少的。学生应该学文科还是应该学理科，是由教师决定还是由学生自己来决定呢？如果由教师决定应当按照什么标准呢？更严重的是在强调“因材施教”以后，特别是实行文理分科以后，将使国家的教育建设不能走上计划化的轨道。例如，目前高等学校招生人数，工科占第一位。假如在中学里许多学生都选文科不选理科，试问怎样能满足高等学校招生的需要呢？又怎样能满足国家对建设人才的需要呢？

(3) 在“因材施教”的口号下，还不能不防止资产阶级教育思想趁机抬头。《小学教师》月刊在讨论“学生学业品德不好教师应负什么责任”问题的时候，许多教师就曾暴露出他们的宿命论的观点，认为有些学生生来就是难教的，有些学生缺乏学习能力是不堪造就的。这样就掩盖了自己在教学和教育工作中的错误和缺点，卸脱了自己对培养国家新生一代的严肃责任。这种思想虽然经过批判，并不能就认为它已经肃清，遇到适当的机会它还会抬头的。如果把“因材施教”作为方针之一，那么抱着这种观点的人又将强调学生为“材”所限，不能获得全面发展。这样一来，全面发展的方针势必落空了。

载《人民教育》1956 年第 12 期。

我对全面发展教育方针的理解

第一，我觉得要正确理解全面发展的教育方针和正确贯彻这个方针，首先必须从马克思列宁主义创始人关于全面发展的教育理想出发，否则就要误入歧途，因为“指导我们思想的理论基础是马克思列宁主义”（毛泽东同志语）。近几年来，在贯彻全面发展的教育方针上之所以发生许多偏差，恐怕大部分还是因为对这个方针有所误解，也就是没有对它做马克思列宁主义的理解。

人的片面发展不是从资本主义社会才开始的，自从社会上有了阶级、有了劳动者和剥削者的分化就开始了，但是到了资本主义社会，这种片面发展的弊害才突出地表现出来，而劳动者和剥削者的对立也就更加尖锐了。在资本主义社会里，劳动者不能得到发展智力的机会，科学不但跟劳动者无缘，而且成了奴役劳动者的力量；广大劳动者阶层被剥夺了身心自由活动的所有机会，因而埋没和摧残了无数的天才。这时，剥削者也由于自身所受教育的狭隘性而不能获得全面发展。马克思主义创始人为了要消灭人剥削人的制度，并且肃清这种由人剥削人的制度所造成的恶果，就产生了要培养全面发展的人这个理想。

另一方面，由于大机器工业的发展，使人的全面发展有了必要和可能。为什么必要？因为自动化的机器使劳动失去了专门化的性质，而技术装备的不断革新，更需要有了解主要生产部门基本原理的工人，能够从一个生产部门转到另一个生产部门。这样的工人必须是体力和智力都发展的人，也就是全面发展的人。为什么可能？因为机器提高了劳动生产率，减轻了人们的劳动，工人也就有时间来学习文化科学技术了。恩格斯在《共产主义原理》一书里说：“由整个社会共同地和有计划地来经营的工业，就更加需要全面发展的人，即能了解整个生产系统的人。”又说，教育可以使青年“根据社会的需要或他们自己的爱好，轮流从一个生产部门转到另一个生产部门。因此，教育就会使他们摆脱现代这种分工所造成的片面性”①。这就是对培养全面发展的人的必要性和可能性的最好的说明。可是资本主义的生产关系阻碍了这种可能性的实现。只有建立了工人阶级政权的国家，只有消灭了或消灭着剥削制度的国家，才有条件使人的全面发展的可能变为现实。我国《宪法》第九十四条中规定“国家特别关怀青年的体力和智力的发展”，就是一个很好的证明。

由此可见，培养全面发展的人这个教育理想，是以消灭智力劳动和体力劳动本质的差别为最终目的的，也是以消灭城市劳动和乡村劳动的本质差别为最终目的的。所以它是共产主义教育的最高目的，是共产主义教育思想体系中关于教育目的论的基础。固然，所有摆脱了剥削制度的国家，由于消灭了智力劳动和体力劳动的对立，都有了培养全面发展的人的可能，但是，这还是一个长久的任务，一直到共产主义社会都要继续执行的任务。我们绝不能用粗暴的、急躁的、简单的态度来对待它。把全面发展误解为“平均发展”，误认为各科都考 5 分，误认为要求整齐划一，误认为集体行动就是一切，就是这种粗暴的、急躁的、简单的态度的表现。这种态度的产生，恐怕就是没有对全面发展的教育方针做马克思主义的理解的结果。

第二，我觉得无论从我国的社会性质来分析，还是从全面发展的教育方针来分析，都可以得出一个结论：只有在我们这种社会主义的国家，只有在给人以全面发展的教育的这种国家，个人才能得到真正的解放，个性才能得到真正的发展。全面发展的教育方针里包含着发展儿童个性的成分，这是丝毫不必怀疑的事。

资产阶级的奴仆们一向说共产主义者强调集体，忽视个人，说共产主义教育是摧残天才、埋没个性的教育。这完全是胡说。帝国主义时代的资产阶级正是为了追求最高利润而驱使人民当炮灰，甚至不惜出卖国家民族的利益。帝国主义国家的教育正是法西斯化的教育，不惜把青年培养成嗜血的野兽。在资产阶级那里，既没有什么集体，也没有什么个人，更不用说什么天才和个性了。资产阶级所关心的只不过是利润和金钱罢了。

只有我们这样的国家，才不仅关心集体，而且同样关怀个人。关心集体是为了保证个人的权利，关怀个人也是为了保障集体的利益。在我们这里，个人和集体是一致的。全面发展的教育方针是要培养“社会主义社会全面发展的成

① 恩格斯：《共产主义原理》，人民出版社 1956 年版，第 16 页。

员”。我们所要培养的是一种特定的社会即社会主义社会的成员，这足以说明我们注重集体；我们所要培养的又是全面发展的成员，这足以说明我们注重个人。

为什么以全面发展为方针的教育就是重视个人的教育呢？因为全面发展的教育方针要使人的智力和体力都能获得充分的发展。这就是说要使人具有强健的身体，有现代文化科学知识，认识自然和社会的发展规律，具有辩证唯物主义世界观，善于独立思考，有进一步自学的能力，有共产主义道德修养，有高尚的审美观念，能够承担或准备承担社会主义的建设者和保卫者的重任。恩格斯早就描述过，全面发展的人不仅熟悉整个生产系统，而且能够按照社会的需要或他们自己的志愿，从一个生产部门转到另一个生产部门去。这里既然说到要按照自己的志愿，足见绝不埋没个性或摧残个性，而是要发展个性；这里又说到从一个生产部门转到另一个生产部门，足见不是要铸成一个模子的人，而是要有通晓各种主要生产基本原理的人，需要有多才多艺的人。

由此可见，在全面发展的教育方针里本来就包含着发展个性的成分，包含着为了集体利益而发展个人特性的成分。那些诬蔑共产主义教育埋没个性的说法当然是不攻自破的。

第三，我觉得无论是讨论全面发展的教育方针，还是贯彻这个方针，都不能对这个方针理解得过于狭隘。不要只把全面发展的方针限制在课程、教材上（固然课程、教材对于培养全面发展的人无疑地要起极其重要的作用）。应当把全面发展的方针扩展到一切教育措施上去。这样或者也有助于纠正我们对这个方针的误解。

我们开国以来，首先制定了“学校向工农开门”、“教育为生产服务”的方针。这些方针打破了智力劳动和体力劳动的对立，为培养全面发展的人准备了条件，为克服人的发展的片面性打下了基础。也未尝不可以说是全面发展的方针。为什么呢？（1）“学校向工农开门”，工农劳动人民就可以进入各级学校，就有了发展智力的机会，就不致继续陷在跟文化科学隔绝的境地，有助于改变由于劳动分工而造成的发展片面性的现象。所以说，“学校向工农开门”的教育方针，为贯彻全面发展的教育方针准备了条件。（2）“教育为生产服务”可以克服旧社会学校里的理论与实际脱节的现象，也就是克服那种崇尚书本和呆读死记的只能使人片面发展的恶劣现象。列宁说过：“如果不把青年一代的教学和生产劳动结合起来，未来社会的理想是不能想象的。”① 这里所说的未来的社会，就是共产主义社会；这里所要培养的人，就是全面发展的人。我们贯彻“教育为生产服务”的方针，就可以使教学和生产劳动结合起来，培养出理论与实际结合、言论与行动一致的人，这种人才能算是全面发展的人。

由此可见，我们既然提出了培养全面发展的人这个教育方针，就应当注意教学与生产劳动的结合。也就是说，我们不能忽视基本生产技术教育（即综合技术教育）。现在还有人把全面发展的教育跟执行基本生产技术教育这个任务割裂开来看，一方面说要培养全面发展的人，另一方面又忽视马上实施基本生产技术教育的必要和可能，而没有看清二者的关系，这是完全不对的。我们本不要求任何条件下的学校在目前就能给学生以同样的教育，因此不必认为所有学校实施的基本生产技术教育是完全一样的，它可能而且应当随着当地生产的发展而有不同的内容、方式和方法。但所有的学校必须马上贯彻基本生产技术教育是完全应当肯定的。否则就不能达到教育为生产服务的目的，更谈不上贯彻全面发展的教育方针。

只有贯彻基本生产技术教育，才能使教学和生产劳动相结合，才能培养全面发展的人。至于贯彻基本生产技术教育的途径很多，不要以为只有有了设备完善的教学实习工场和教学实验园地才能进行基本生产技术教育，在没有这种设备的条件下，也可以进行这种教育的。更不是只有添设一些实习课才能实行基本生产技术教育。总之，实施基本生产技术教育是贯彻全面发展方针的必要途径。我们在执行全面发展的教育方针的时候不应当忽略它。

*　　　　*　　　　*

最近，毛泽东同志明确指出：“我们的教育方针，应该使受教育者在德育、智育、体育几方面都得到发展，成为有社会主义觉悟的有文化的劳动者。”② 周恩来同志也说：“我们今后的教育方针，应该是培养有社会主义觉悟的、有文化的、身体健康的劳动者。”③ 这是对我国今后贯彻全面发展教育方针的具体指示。过去我国的教育从来没有明确提出培养劳动者的目标，结果受过教育的人就脱离了生产劳动。社会主义社会是劳动者的社会。社会主义社会的成员

---

① 列宁：《民粹派空洞计划的典型》，《列宁教育文选》，人民教育出版社 1957 年版，第 20 页。

② 毛泽东：《关于正确处理人民内部矛盾的问题》，人民出版社 1957 年版，第 27 页。

③ 周恩来：《政府工作报告》，《人民日报》1957 年 6 月 27 日第三版。

必须是既能从事体力劳动又能从事脑力劳动的人，这才是一个全面发展的人。我们全国教育工作者应当正确认识这个方针，正确贯彻这个方针，使教育工作在社会主义建设当中发挥出应有的作用。

载《教育问题漫谈》，
北京出版社 1957 年版。

教育学的研究任务和研究方法

一、教育和教育学

教育学是研究怎样教育新生一代的科学。

对新生一代进行教育是人类特有的、有目的的社会行为之一。这种行为是跟人类的劳动分不开的。劳动过程在人类制造工具和使用工具的时候就开始了。原始社会中的成年人要把这种制造工具和使用工具的方法传授给新生的一代，使他们能够参加捕鱼、打猎等生产劳动，这时就有了教育的萌芽。

如果说劳动是区别人类和动物的唯一标志，而教育又是在劳动过程中产生的，那么，不妨说教育活动是跟人类社会同时发生的——有了人类社会就有了教育活动。因此，教育的起源是很早的。

教育的起源虽然很早，教育学的发生和发展却很迟。在资本主义社会以前，受教育只是统治阶级的特权，教育活动的范围是非常狭隘的。到了资本主义社会，由于资产阶级的需要和工人大众的要求，资本主义国家的初等教育就不得不面向广大的群众，于是教育事业逐渐发达，教育经验的积累也丰富起来。到19世纪初年，才有人把教育学当作一门科学来研究。可是资产阶级的教育学者们不可能用辩证唯物主义的观点和方法来观察、认识、研究、解决和说明教育问题，所以他们并没有能建立起真正科学的教育学来。

马克思和恩格斯彻底研究了人类的历史，揭示了社会发展的规律，创造了辩证唯物主义和历史唯物主义，建立了无产阶级革命的理论。从此才产生了真正符合于客观真理的社会科学，同时也给教育学奠定了科学的基础。他们指出了教育发展的真相，揭露了教育的阶级性，批评了资产阶级教育的狭隘性和片面性，提出了培养全面发展的人的教育理想；并指出只有在用革命的方法推翻了资产阶级统治的时候，这种理想才能实现。

在伟大的十月社会主义革命胜利和巩固的基础上建立起来的苏维埃教育

学，是人类有史以来真正科学的教育学。因为它是建立在马克思列宁主义的基础上，阐释社会最先进的阶级（工人阶级）及其政党（共产党）的政策，凭借着唯一的科学的认识方法（唯物辩证法），而正确地反映教育规律的。

中国人民在工人阶级及其政党（中国共产党）的领导下，经过长期的革命斗争建立了人民民主专政的中华人民共和国。新中国的教育学应当建立在马克思列宁主义普遍真理的基础上，并且跟中国教育实践相结合。它还要继承中国固有的教育遗产，体现党和政府制定的文化教育政策，研究和总结先进教师的经验，为培养社会主义社会的全面发展的新人而服务。总之，现在我们已经有完全的可能建立起真正科学的教育学来，并用它来指导我们教育的实践了。

二、研究教育学的任务

教育学是一门新兴的科学。它的内容还不如数学、物理学和化学等科学完整而精密，因此有些人就对它抱轻视的态度。他们认为教育是实践的事情，是每个人都充分了解的事情。他们说，人人都有做父母的机会，人人都在教育自己的子女，在这些做了父母的人里，有几个人曾经研究过教育学呢？还有些人要想证明教育学的无用，竟然片面地说，某人没有学过教育学，却能把孩子教育得很好；某人教育学学得很好，却连自己的子女也教育不好。我们也常常听见这样的论调：某一位教师是普通中学毕业，但是他担任教育工作很成功，某一位教师是师范学校毕业，可是他担任教育工作却完全失败了，可见学不学教育学对于担任教育工作的成败没有关系。——以上这些说法如果是正确的，不仅教育学没有研究的必要，师范学校也大可不办了。

我们确信，教育学这门科学的历史虽然很短，但在马克思列宁主义的指导之下，一定可以逐渐完整而精密起来。苏维埃教育学就是我们的模范。教育固然是实践的事情，但实践是不能没有理论指导的。斯大林说过："理论若不和革命实践联系起来，就会变成无对象的理论，同样，实践若不以革命理论为指南，就会变成盲目的实践。"① 所以，我们一方面要反对离开实践的、非科学的、资产阶级教育学的空洞的理论，从教育的实践当中总结出优良的经验，来充实我们教育学的理论；另一方面我们要强调教育的实践必须有教育理论的指

① 转引自毛泽东：《实践论》，《毛泽东选集》第一卷第二版，第282页。

导。任何善于教养孩子的父母和擅长教导工作的教师，如果他们学过教育学，那么一定可以把孩子教育得更好，教育上的成功必然更大。那些学过教育学而在教育工作上失败的人，若不是他学的教育学理论有问题，一定是他没有把理论应用于实践。正因为人人都有做父母的机会，人人都要教育自己的子女，因此杰出的教育思想家便主张教育学是人人必须学习的一门科学。至于以教育为专业的教育工作者必须研究教育学，自然更是必要的了。总之，任何轻视教育学、认为教育学无用或认为教育学是尽人皆知的常识的观念都是错误的。

现在让我们再来具体地分析一下，究竟为什么要研究教育学，或者说，研究教育学的任务是什么。

研究教育学的第一个任务是指导教育的实践，提高教育工作的质量。教育是培养人的事业，教育的好坏和成败，对祖国、对人民的影响极为深远；同时教育又是一件细致而繁重的工作，丝毫不能疏忽和懈怠。如果我们全凭灵感来盲目地教育儿童，会把儿童教育成什么样的人呢？他们会不会成为人民所欢迎、国家所需要的人呢？如果我们没有理论知识的指导，会不会损伤了儿童的身心，摧残了儿童的发展，造成许多难以矫正的错误呢？

教育学指导我们认清教育的目的，了解教育建设的方针，使我们的工作有明确一致的方向，把我们的儿童教育成准备全心全意为人民服务的人，教育成能为建设祖国的事业、为实现共产主义的伟大理想而奋斗的人！

教育学指导我们根据儿童发展的阶段来进行教育，它告诉我们对于不同年龄的儿童应该分别教给他们什么，应当怎样来教导他们，怎样组织全体儿童，并帮助他们学习成功。

教育学指导我们怎样把一所学校管理得秩序井然，有条有理，怎样加强自己的学习，提高自己的工作，怎样联系家长一同来对儿童进行教育。

由此可见，我们要实现教育的目的，掌握教育的规律，提高教育工作的质量，使教育工作能够很好地完成祖国交给的任务，就必须学好教育学这门科学。

研究教育学的另一个任务是总结教育实践的经验，来发展教育科学。教育学的理论如果不是空洞的理论，它必定是从实践产生而又经过实践检验证明为可靠的。这样的理论就一定能反转来指导实践。但是我们不能以此为满足。每个教育工作者在教育实践当中，都要及时总结经验。这样，一方面可以从工作中取得经验，提高自己的业务能力；同时还可以把这些经验公开发表，让别人去检验，如果证明有价值，再来加以推广。这样就能使教育理论越来越丰富，教育科学越来越发展。

我们不要以为研究教育学只是专家学者的事，好像跟实际教育工作者没有关系。事实上，真正科学的教育学的研究，必须使理论跟实践密切结合起来。毛泽东同志说："通过实践而发现真理，又通过实践而证实真理和发展真理。"① 我们在教育实践当中总结出来的优良经验，就是我们通过认识而发现的真理。把我们优良的经验让大家来检验（检验时必须通过实践），如果证实了它的确合乎事物发展的规律，这不就发展了真理，使教育科学前进一步了吗？发现真理和检验真理都要靠实际教育工作者来做的。当然，领导、研究和推广的任务还必须由教育行政领导者和教育科学工作者来负担。如，发现优良的教育经验，帮助教育工作者总结经验，分析研究这些经验，看它有没有推广的价值，并且设法推广等，就是这些人的事了。

由此可见，研究教育科学不仅要掌握教育实际的发展规律，来指导教育的实践，还必须时时从实践中进一步发现新的规律，来提高教育科学的精密的程度。这样，就可以使教育工作的质量不断提高，而教育工作者便能够更好地完成祖国交给的任务了。

三、研究教育学的方法

既然教育学的研究是为了提高教育工作的质量，使教育工作者能够很好地完成祖国交给的任务，因此，在研究教育学的时候就不能抱着"为研究而研究"的态度，不能孤立地、盲目地进行，而应当跟祖国当前的政治任务、建设需要和教育实际密切地结合起来。

毛泽东同志曾经指示我们，学习要有马克思列宁主义的态度。他说："这种态度，就是有的放矢的态度。'的'就是中国革命，'矢'就是马克思列宁主义。我们中国共产党人所以要找这根'矢'，就是为了要射中国革命和东方革命这个'的'的。"又说："这种态度，就是实事求是的态度。'实事'就是客观存在着的一切事物，'是'就是客观事物的内部联系，即规律性，'求'就是我们去研究。我们要从……实际情况出发，从其中引出其固有的而不是臆造的

① 毛泽东：《实践论》，《毛泽东选集》第一卷第二版，第285页。

规律性……作为我们行动的向导。而要这样做，就须……凭客观存在的事实，详细地占有材料，在马克思列宁主义一般原理的指导下，从这些材料中引出正确的结论。”①

“有的放矢”和“实事求是”实在是研究一切科学的根本态度，教育科学的研究当然不能例外。研究的态度正确了，然后运用各种研究方法，才能得出科学的结论来，研究的结果才能有利于教育的实践，才能满足祖国的需要。

现在把研究教育学的几种基本方法分别加以说明。

（1）观察法——观察是对教育过程的各方面做有意识的和有目的的考察。这种研究方法是在教育实践中应用最广的，教育行政领导人、视导员、校长、教导主任和教师自己都要进行观察。教育科学工作者在研究学校工作经验的时候，也要从事观察。进行观察时可以搜集实际材料，来帮助我们确定所研究的各种现象的性质。采用这种方法应该注意下列几点。

第一，观察以前，应该订详细的计划，在计划中明确规定观察的对象（如，参观某教师教三年级的语文课）、目的（如，考察语文课结合政治思想教育的情况以便研究改进）和进行步骤（如，通知某教师提前准备教案，把教案给全校语文教师传阅提意见，帮助某教师准备教具，准备参观记录表册，参观后举行教学评议会等）。

第二，观察主要是在上课和课外活动的时候进行，但不应以此为限。还应当在儿童和教师的日常生活环境里进行观察。

第三，每位教师对于全班儿童学习和纪律进步情形的观察，应该跟对于个别儿童学习和纪律情形的观察兼顾并重，并对观察的结果（如，儿童学习时有些什么困难、表现出什么特殊才能等），随时加以记载。

第四，对于从观察搜集所得的材料，应当加以分析、比较，并做出总结，提出改进教育内容和方法的具体建议。

（2）实验法——实验是一种精确而有组织的观察。它跟观察不同的地方在于观察时观察者要等待所要观察的现象发生，而实验时观察者可以根据自己的目的，适当地引起这些现象和造成这些现象。实验的目的主要在比较各种教育内容和各种教育方法的效果，有时也用以检验教育科学工作者和实际教育工作者对教育方面的新建议。采用这种方法应该注意下列几点。

---

① 毛泽东：《改造我们的学习》，《毛泽东选集》第三卷，第801页。

第一，实验的问题和进行的方法一定要符合教育学的基本原理，不能凭唯心主义或机械唯物主义的空想来做实验。

第二，凡是需要用实验来检验它的效果的教材、教学法或教具，教师可以在上课时做实验。比较用了这些教材、教学法或教具所得的结果跟不用它们所得的结果哪一个好。

第三，实验要在跟一般学校日常工作比较近似的条件下进行，否则就不容易获得普遍性的结论，因而虽经实验证明良好的教育工作方法，也就不能供一般学校普遍采用。

第四，为求实验的结果精确可靠，在进行实验的时候要注意控制跟所要观察的现象无关的因素，使这些因素尽量保持不变的状态，不让它发生不同的影响。

（3）文件分析法——观察和实验只能限于研究当前一部分教育过程中的现象，不能掌握全部材料，更不能从发展的观点来解释现象和说明问题，因此还要用到文件分析的方法。这些文件包括儿童的各项作业（如语文习作、算题演草、图画及其他）、教师工作资料（如各种讲义、各科教案、教学小组的报告、班主任的工作报告及其他）、学校工作资料（如各项计划、表册、总结报告、会议记录、规则办法及其他）和教育行政领导机关的档案等。研究儿童作业可以发现教育过程的规律性和学生发展的特征；研究教师工作资料可以发现教导工作中的典型事例，总结优良的经验，防止不良的倾向；研究学校工作资料可以发现学校行政组织及领导上的典型，得出改进学校行政管理、提高学校工作效率的建议。至于教育行政领导机关档案的分析是在研究教育史的时候进行的。教师为提高教学工作的质量，应当经常注意研究儿童的作业。这里特别把研究儿童作业应注意的事加以说明。

第一，研究儿童作业要当作一件经常而持久的工作，有计划、有目的、有系统地来做。如，语文教师应当在每学期开始就定下研究儿童作文练习的简明计划，在每次订正儿童作文的时候，就按照计划来分析和记载，以发现儿童在思想和感情上、用词和造句上有哪些错误，应当怎样矫正。

第二，研究儿童作业不应限于发现和矫正错误，更重要的是帮助教师了解儿童的思想特征和判断能力，了解儿童对科学、文学、艺术等各方面的兴趣，还可以了解儿童作业的正确、精细和整洁的程度，然后分别依据这些情况，给儿童以适当的指导。例如，错误的行为往往发生于错误的思想和判断，如果我们能够发现儿童思想和判断有错误的地方而及早予以纠正，便可以预防不良行为的发生。

第三，研究儿童作业的时候，对全班或个别儿童进步的情形要加以分析，找出进步快或慢、多或少的原因，以做改进教学工作的依据。对于个别落后儿童的进步，更应该做缜密的研究。

第四，研究儿童作业要跟研究教师工作资料联系进行，以便互相参证。

以上所述的三种研究教育学的方法，并不是彼此孤立的，而是相互配合的。我们在研究一个问题（如怎样消灭学生不及格现象）的时候，往往既要观察（如观察不及格学生的学习情况）和实验（如比较对不及格学生做个别指导或对他们做集体指导，哪一种办法效率大），又要跟分析文件（如分析不及格学生的作业）结合起来。这样从多方面搜集事实，“详细地占有材料”，然后进一步做分析、比较、归纳、综合的工夫，把同类的现象放在一起，找出其中的特点，发现前后的联系和相互的关系，就可以得出比较准确的结论来。

载《教育问题漫谈》，
北京出版社 1957 年版。

略谈教育学遗产的批判和继承

马克思主义教导我们，人类文化不是从天上掉下来的，也不是什么天才人物头脑里固有的，而是一定时代社会历史发展的必然产物。资本主义社会的文化是从封建社会的文化脱胎发展而来的，社会主义社会的文化又是从资本主义社会的文化脱胎发展而来的。这里所谓脱胎发展包含着批判和继承两方面。正因为善于批判和继承，人类文化才能不断积累、发展、繁荣和昌盛。大家知道，马克思主义就是批判和继承了德国古典哲学、英国政治经济学和法国空想社会主义而创立的。马克思为我们树立了批判和继承人类文化遗产的光辉典范。

教育学是人类文化的一部分，它是研究怎样来培养人的科学。我国的教育要培养社会主义的建设人才，我们的教育学就要研究怎样来培养能够参加建设高度的社会主义物质文明和精神文明的人才。在这一点上，它同资本主义教育学有本质的区别。因此，我们当然不能照搬资产阶级教育学来指导我们社会主义的教育实践。但是社会主义教育学又不可能割断同资产阶级教育学的一切联系。这是因为教育学理论来源于教育实践，古代的和外国的教育家的教育学理论，如果是从总结他们的教育实践经验得来的，又经受过长期教育实践的检验，其中必定有一些符合教育工作规律的东西。这些东西并不随着社会经济基础的改变而失效。我们应当运用马克思主义的立场、观点和方法，对教育学遗产进行研究，加以分析、批判、改造和利用。

拿我们建立社会主义教育学来说，除了认真总结我国社会主义教育的经验以外，应当把历代教育遗产中不适合社会主义经济基础的东西抛弃掉，而把真正符合教育工作规律的东西继承下来。这样做的时候，必须避免不加批判地盲目照搬，当然也不能毫无分析地一概排斥。要在批判当中包含着继承，在继承中包含着批判。批判和继承二者必须兼顾。

旧中国盲目照搬资产阶级教育学是有惨痛教训的。那时的教育往往培养出一些“言必称希腊”、“月亮也是外国的圆”的所谓高等华人，这种人只能为帝国主义、封建主义和官僚资本主义服务。那种教育带有殖民地教育的特征。当时还有封建社会特征的封建主义教育，如国民党反动派在20世纪30年代还盲目搬用封建社会的教育方针和教材，要青少年去读儒家的经书，妄图用它来扑灭人民革命的烈火，培养俯首帖耳的奴才。这些，在半殖民地半封建社会的旧中国是不足为奇的。

奇怪的是在20世纪60年代后期到70年代前期，在新中国已经巍然屹立在世界东方的时候，林彪、江青反革命集团，竟然把教育学诬蔑为封、资、修的大杂烩，全盘否定，一概排斥。而他们打着“教育革命”的旗号推行的一套，才真是封建社会的愚昧教育、资产阶级实用主义的唯利是图损人利己教育和法西斯主义奴化教育的大杂烩，他们继承了教育史上极其反动腐朽的东西，他们批判的正是教育工作的规律。这也是这帮恶棍用极左的外衣掩盖着极右实质的一大罪证。

总之，对于教育学遗产既不能盲目照搬，也不能一概排斥，而应当批判地继承。我们应当遵照毛泽东同志的教导，以古为今用、洋为中用，取其精华、弃其糟粕为指导方针，整理教育学遗产，做好批判和继承工作。下面举两个例子。

我国封建社会最早的一篇教育专著是《礼记·学记》。《礼记》一书是距今两千多年西汉时期的戴圣编辑的。其中《学记》一篇文章虽然不长，但是说的一些道理，有些是符合教育工作规律的。当然，应当批判的错误论点也是不少的，这是不能苛求于古人的。现在我们对这篇《学记》应当采取既批判又继承的态度，批判它错误的东西，继承它合乎规律的东西。例如，其中说：“建国君民，教学为先”，意思是建立国家，统治人民，要把教育工作放在首位。——这句话虽然指出了教育的重要作用，说明古代封建统治阶级已经懂得用教育做统治的工具。但是从马克思主义的观点来看，它把教育的位置摆得不对，也不符合客观实际。“建国君民”不是“教学为先”，而是首先要发展生产，繁荣经济。要做到这一点，又必须改变所有制，解放生产力。只有这样，教育才能发挥作用。否则，岂不要犯“教育救国论”的错误？又如其中说：“夏楚二物，收其威也。”意思是要用木制的棍棒或戒尺体罚学生，以整饬纪律，树立威仪。——这种封建社会用棍棒来维持的纪律，早就被资产阶级教育家否定了，显然是应当抛弃的糟粕。再如，其中说：“故师也者，所以学为君也。”意思是教师是教人当统治者的。——这是奴隶社会、封建社会的教师，只限于培养统治者，我们的教师却要培养劳动者。以上这些都是《学记》中必须批判的糟粕的例子。

但是，《学记》中也确有一些值得继承的、对我们今天的教育工作者很有启发的思想。如，其中“教学相长”的论述就有辩证法的因素，是符合教育规律的。它说：“学然后知不足，教然后知困。知不足然后能自反也，知困然后能自强也。故曰：教学相长也。”意思是学习了才知道自己有不够的地方，教过人才知道自己还有不明白的地方。知道自己不够才能继续去学习，知道自己不明白才能不断求进步。所以说教和学是互相促进的，是互相推动着得到长进的。——尽管不同的社会，教育的目的和内容不同，但是，这种“教学相长”的说法是完全正确的。又如，它说：“大学之法，禁于未发之谓豫，当其可之谓时，不陵节而施之谓逊，相观而善之谓摩。”意思是大学的教学方法，要在学生发生错误之前就能禁止，这叫“豫”；在学生可以接受教育的时候来施教，这叫“时”；不打乱施教的次序，这叫“逊”（同“顺”）；让学生互相观察，取长补短，这叫“摩”。——这些道理，今天看来还是对的。《学记》的作者还进一步提出“导而弗牵，强而弗抑，开而弗达”三条教育原则，意思是要引导学生前进而不强迫他，要激励学生做好事而不要压抑他，给学生指明道路而不要求他马上到达目的地。——这些说法即使用现代心理学的研究成果来衡量，基本上是合乎教育规律的。再如，作者把教育的作用归结为“长善救失”。意思是发展学生的优点，补救学生的缺点。虽然不同的社会对什么是优点、什么是缺点可能有不同的标准，但这种说法却是不错的。

所以，我们绝不应当对自己民族文化中的优秀遗产抱虚无主义的态度，在教育学的研究中也是如此。

再来看看欧洲最早的教育学著作之一、捷克教育家夸美纽斯（Johann Amos Comenius，1592—1670）三百多年前写的《大教学论》，可以说是资产阶级教育学的鼻祖。对这本书，我们也应当采取批判继承的态度。夸美纽斯生于欧洲中世纪末期，是个基督教徒，他的书里有许多宗教迷信的东西是毫不奇怪的。但是我们能否因此就把他的教育思想一笔抹煞呢？当然不能。我们对于他主张教人超脱尘世、追求永生、排斥异教、虔信上帝等思想，当然要看作糟粕，一概抛弃。同时对于他比他的前人进步的教育思想，特别是至今仍然能给人以启发的教育思想，就应当继承而发展。这里限于篇幅，只能略举几例。

夸美纽斯在他这部书的扉页上说："大教学论，它阐明把一切事物教给一切人类的全部艺术。"——"把一切事物教给一切人类"，这种思想在欧洲中世纪末期，像是漫漫长夜里的一线曙光，预示着黑暗世纪的专制暴政和愚昧无知即将结束。尽管接踵而来的资本主义社会并未能做到这一点，但是这种思想至今仍是非常可贵的。夸美纽斯想要这样做，他的出发点和所要达到的目标当然跟我们不同，然而，以解放全人类为职志的我们仍然可以从他的这种思想中吸取到有益的因素。

又如，夸美纽斯主张"青年人应该受到共同的教育，所以学校是必需的"，"一切男女青年都应该进学校"。——这种思想的进步性是不言自明的。试看三百年后的今天，在世界各国中，有几个能真正实现这一点呢？普及教育，扫除文盲，在许多国家还是一项紧迫而繁重的任务。教育机会均等的原则，资产阶级叫嚷了近百年，看来不到消灭了阶级、消灭了剥削、消灭了贫困的社会是实现不了的。

再如夸美纽斯首先提出教育要遵循自然、适应自然的原则，不仅在反对封建主义的宗教教育当中起过积极的进步的作用，而且为把教学工作建立在科学的基础上开辟了前进的道路。他认为教育要从儿童早期就开始，主张按儿童年龄分期进行适当的教育，把儿童的感觉经验作为教学的根据，让儿童通过实践来学习，等等。这些都给教学工作打下唯物主义的基础，做出了卓越的贡献。尽管由于时代和阶级的局限，他的思想中不可避免地还有许多糟粕，然而，剔除了那些糟粕，他的教育思想的精华就焕发出光彩来了。

总之，用马克思主义的观点，批判地继承教育学遗产，是发展无产阶级教育学的需要，也是繁荣我国教育科学的需要。在这方面有大量深入细致的工作要做，有待于全国教育科学工作者的共同努力。

1979 年 1 月 8 日写成

载《论教育规律及其他》，
湖南教育出版社 1983 年版。

筹备组织教育学研究会倡议书（摘要）

1978年10月15日至30日，我们来自全国25个省、自治区、直辖市68所师范院校的教育学教师和应邀出席的教育学工作者共141人，在河南省开封市讨论了开封师院、华中师院、武汉师院、湖南师院和甘肃师大五所兄弟院校合编的公共必修教育学教材初稿。在讨论过程中，我们深深感到近三十年来，我国积累了不少教育经验，但在教育科学上有许多理论问题和实际问题，因为没有发动群众深入研究，至今尚未能很好解决。要提高教育学教材的质量，必须进行大量的科学研究工作。

教育学是一门党性很强的科学。研究教育学首先要高举马列主义、毛泽东思想的伟大旗帜，完整地、准确地理解马列和毛泽东教育思想。教育学又是一门综合性的科学，科学的教育学必须有马克思主义哲学、政治经济学、历史学、逻辑学、心理学、伦理学、统计学等学科的知识做基础。教育理论来源于教育实践，研究教育学要总结中小学先进教师的实践经验，使之上升为理论；要进行大量的调查研究和教育实验；要整理和批判地继承历代教育遗产和吸取外国教育实践中对我们有益的经验；还要批判林彪、“四人帮”在教育上散布的种种谬论。凡此种种，都必须勤勤恳恳，踏踏实实，长期从事深入细致的科学研究，不是说大话、说空话所能解决问题的。

为了促进我国教育学的科学化和现代化，一方面要有热心教育科学的各级党委和教育行政部门的领导和鼓励，一方面要靠我们全国教育学教师、中小学教师和教育学工作者自己坚持不懈的努力。为了使我们的这种努力有正确的方向、一致的目标，加快速度，早出成果，早出人才，我们必须组织起来，群策群力，分工合作，取长补短，不断研究教育实践，不断探讨教育理论，用以充实教育学教材内容，提高教育学教学质量，提高师资训练水平，从根本上提高中小学教育质量。

现在全国人民都在华国锋同志为首的党中央领导下，为实现中国式的四个现代化而努力奋斗。实现四个现代化，科学技术是关键，教育是基础。由于林彪、“四人帮”的干扰破坏，我国教育已经很不适应四个现代化的需要。要使教育工作迅速提高质量，赶上加快实现四个现代化的步伐，教育科学研究工作实在刻不容缓。因此，我们向全国人民教师，特别是教育学教师和教育学工作者提出倡议，组织教育学研究会，来推动和发展我国的教育学研究工作。

凡愿意参加教育学研究的同志，都可以个人身份申请入会。入会不收会费，但会员每年须交最近写作的论文一篇，以后每年轮流在各地高等师范院校举行一次年会，进行学术报告和讨论，交流研究成果，互通科学情报。希望关心我国教育科学事业发展的教育学教师、中小学教师、教育学工作者和教育行政工作者踊跃参加研究，以便为我国教育学的科学化和现代化做出贡献。

载《教育学研究会通讯》1979年第1期。

《关于教育本质问题的论争》编者的话 *

关于教育本质问题的论争，从 1978 年 10 月在开封举行的由开封师院、华中师院、武汉师院、湖南师院和甘肃师大五院校合编的教育学教材初稿讨论会上，就已经开始了。1979 年 4 月在北京举行的全国教育科学规划会议上、同年 6 月在武汉举行的上述教育学教材二稿讨论会上和同年 8 月在兰州举行的本会第一届年会上，又陆续有所讨论。经过多次讨论，现在观点虽然还有分歧，但已逐步接近。

全国教育科学规划会议以后，本会已经编辑出版了一本书名为《论教育的本质和职能》的论文集。当时编者的指导思想倾向于不用哲学范畴来硬套，认为只要把教育同经济、政治的关系讲清楚了，教育的本质也就明白了。本会第一届年会期间，不少与会者认为这样不能反映讨论的全貌。于是我们现在又编辑了这本书。编入本书的几乎都是第一届年会的论文。这些论文在会后都由作者修改过。

当前，为了建设社会主义现代化的强国，让广大读者了解教育同发展国民经济的关系更为重要。在讨论教育本质问题的年会论文中，凡有助于宣传教育是实现四个现代化的基础的文章，我们已经编入《论教育和国民经济的发展》一书。这是要附带说明的。

读者对我们编辑这类书籍有什么意见和要求，请写信给北京沙滩后街 55 号本会编辑组。

全国教育学研究会

1980 年 5 月

载全国教育学研究会编：《关于教育本质问题的论争》，
人民教育出版社 1980 年版。

* 这是陈侠以全国教育学研究会的名义为《关于教育本质问题的论争》一书写的编者的话。

全国教育学研究会第二届年会开幕词*

同志们：

全国教育学研究会第二届年会和福建省教育学会第一届年会现在开幕了。

首先，请全体起立为中国教育学会副会长、全国教育学研究会理事长戴伯韬同志逝世默哀。（请坐）

戴伯韬同志是中国共产党的优秀党员、忠诚的无产阶级战士、著名的教育家。他的不幸逝世，是我国教育界的一大损失。

伯韬同志毕生从事教育工作，刻苦钻研马克思列宁主义、毛泽东思想，认真探讨教育规律，长期领导教材建设，积极提倡教育科学研究，对发展我国教育事业和教育科学，做出了重大的贡献。直到他逝世前不久还在搜集资料，准备编写《教育学》专著。他忠诚于党的教育事业和教育科学研究工作的精神，他的鞠躬尽瘁、死而后已的精神，值得我们认真学习。现在伯韬同志永远离开了我们，我们应当化悲痛为力量，继承伯韬同志的遗志，努力把教育学研究工作搞好，把教育质量不断提高，好为实现祖国社会主义现代化建设培养出越来越多的合格人才。关于伯韬同志的生平事迹，我们将在《教育学研究会通讯》第6期上介绍，这里就不多说了。

这届年会由于得到福建省党政领导和福州军区的热情关怀和赞助，由于福建省教育厅、福建省教育学院、福建师范大学和福州市领导同志的积极鼓励和支持，特别是做具体工作的同志的辛勤劳动，终于能够按计划举行了。请允许我代表全体会员向他们表示衷心的感谢！

这届年会在福建省召开，福建省有两大特点：一是有新民主主义革命时期的革命根据地，有光荣的革命传统，当年红色区域的人民对党有深厚的感情。这个特点对进行革命传统教育和坚持四项基本原则教育是个有利的条件。我们

* 陈侠时任全国教育学研究会秘书长。——编者

在这里同福建省教育界的同志们一起开会，可以向他们学习对青少年一代进行革命传统教育和坚持四项基本原则教育的经验。另一个特点是福建省到海外谋生艰苦创业的爱国侨胞多，这对进行爱国主义教育和艰苦奋斗精神的教育也是一个有利条件。我们也可以学习福建省教育界的同志们对青少年一代进行爱国主义教育和勤俭建国教育的经验。

出席今天大会的有中共福建省委常务书记项南同志、中共福建省委书记伍洪祥同志、福建省人民政府副省长张格心同志、省委宣传部副部长纪克良同志等。还有在福州学习的福建省各地、县的局长、院长、校长同志和参加省师范教育会议的同志，以及福州市的广大教育工作者和各界来宾。请允许我代表全体会员向他们表示热烈的欢迎。

全国教育学研究会成立整整两周年了。我们的会员已经由当初的 555 人，增加到现在的 1 120 人，增加了整整一倍。如果把各省级教育学研究会的会员做一统计，我们的队伍更加壮大。在二十个月以前举行全国教育学研究会第一届年会的时候，各省、自治区、直辖市成立教育学研究会的还仅有山东、湖南两省。现在已经有了北京、天津、河北、辽宁、吉林、黑龙江、上海、江苏、安徽、浙江、福建、江西、山东、河南、湖北、湖南、广东、四川、甘肃、青海等二十个省、直辖市。形势发展很好、很快。我们的会章规定："实际研究工作的组织和进行，重点在省（自治区、直辖市）的教育学研究会。"现在有了这么多的省、市成立了研究会，这项规定就能落实了。当然，有的省、自治区、直辖市搞教育学工作的人不多，已经成立了教育学会，不另成立教育学研究会，也不是不可以的。

这届全国年会预定出席代表 160 人，已报到参加今天开幕式的有 121 人。截至 14 日晚，已收到论文共 91 篇。福建省教育学会第一届年会出席代表 83 人，已报到参加开幕式的 55 人，已收到论文 37 篇。两个年会合并举行，出席者近 250 人，规模之大，又创造了教育学界的空前纪录。

据论文组的同志说，论文的质量比上届年会的论文质量有所提高。年会开得好不好，关键在于论文的质量，每届年会能够提出几篇水平较高的学术论文来，才能对教育科学做出有益的贡献。

这届全国年会的代表是由各省、自治区、直辖市教育学会或教育学研究会推荐的。由于名额有限，并不是每一位写出论文的同志都有机会出席年会。但是要求出席年会的同志很多，筹备处虽然尽了最大的努力，也无法一一满足。

今后，我们希望会员同志更加重视开好各省、自治区、直辖市的教育学会和教育学研究会的年会，使教育学的科研活动开展得更加普遍，凡要求参加年会交流论文的同志都能够有机会参加。全国性的年会将把重点放在提高上，即会议的规模要小些，论文的水平要高些，研究的问题要专些，对一些有争议的问题，要能有所突破。我们还希望有条件的同志能从写论文逐步定下计划写出专著来。这样，无论对教育学科的教材建设来说，还是对提高教育学理论水平来说，都会有更大的帮助。

年会是学术交流会，主要不是学习会。凡参加年会的同志都应当对学术交流有或多或少的贡献。如果把年会单纯看作学习会是不正确的，至少是不完全正确的。只有平日勤勤恳恳、兢兢业业地从事教育实际活动，从事科学理论研究，并能根据实践提出有创见的理论来，才能对教育学的研究做出应有的贡献。

今天在座的有教育学界的老前辈、老专家。年龄最大的 81 岁，最小的 36 岁。绝大多数都在 50 岁以上。同各行各业一样，教育学界也存在着一个青黄不接的问题。教育学和教育学工作者受到极左思潮的干扰和摧残，时间比较长，程度比较深，现在短短二三年，教育学的科学研究不仅恢复了，而且发展了，这不仅可以说明研究这一门关系到培养祖国亿万下一代的教育科学有迫切的需要，而且可以证明党的十一届三中全会以来的路线、方针、政策是极其正确的。我们要按照三中全会的精神，实事求是，解放思想，老一辈教育学者认真做好传、帮、带，新一代教育学者努力当好接班人，并且要求青出于蓝，一代胜过一代，使我国教育学的研究活动越来越普及，越来越提高，使我国的教育科学越来越繁荣，使我国的教育事业能够按照教育科学规律办事，增强教育工作中的自觉性，克服教育工作中的盲目性，把我国的教育质量不断提高到新的水平。这才是我们研究教育科学的最终目的。

祝大会圆满成功，祝代表同志们身体健康！

1981 年 4 月 5 日

载《教育学研究会通讯》1981 年第 6 期。

《论教育和人的全面发展》编者的话*

本会第二届年会把培养全面发展的人作为学术讨论的主要问题之一。许多会员写了这方面的论文。这本书就是有关这个问题的论文选集。由于有些已在全国性报刊上发表的论文没有编入，这本书还不能反映会员科研成果的全貌。

为什么要把培养全面发展的人作为本会第二届年会的主要议题之一呢？这是因为以下几点：

(1) 我们有些学校把片面追求升学率当作办学的指导思想，忽视了培养全面发展的人这个教育目标；

(2) 有些同志认为，既然社会全体成员的全面发展要到共产主义社会才能实现，还是遥远的未来的事情，那么现在就不必以培养全面发展的人为行动纲领了；

(3) 有些学校把培养全面发展的人限制在德育、智育和体育三方面，忽视美育在人的全面发展中的地位和作用，对于建设社会主义精神文明非常不利；

(4) 有些同志不了解教育同生产劳动相结合的正确含义，没有看到它是培养全面发展的人的唯一方法。

总之，许多事实证明，不少教育工作者对马克思主义关于人的全面发展的学说没有认真研究，有些同志对“人的全面发展”和“全面发展的教育”这两个概念没有搞清楚，因此在执行党的全面发展的教育方针时，常常左右摇摆，给教育工作带来一些不应有的损失。所以，把有关培养全面发展的人的一些问题搞清楚，对于正确执行党的教育方针，实现我国教育目标，是非常必要的。

从选入本书的文章里，读者可以了解到以下方面。

(1) 马克思主义提出人的全面发展学说的历史背景和实现人的全面发展所需要的社会条件，从而认识到培养全面发展的人，不是可望而不可即的遥远的

* 这是陈侠以教育学研究会的名义为《论教育和人的全面发展》一书写的编者的话。

目标，应当是我国社会主义教育的行动纲领。

（2）人的全面发展的本质特征，不仅是脑力劳动和体力劳动相结合，虽然这是基本的方面，它还应当包括社会主义觉悟和共产主义道德品质以及高度的现代科学文化知识。也就是说，一个全面发展的新人，不仅是创造物质文明的能手，而且是建设精神文明的模范。

（3）培养全面发展的人需要进行全面发展的教育。全面发展的教育，按主要的方面说，有德育、智育和体育，这三者是不可或缺的。现在有些片面追求升学率的学校，不仅放松德育，忽视体育，甚至连智育的任务也未能完成。这当然是必须纠正的。除了德、智、体三育以外，美育能提高人的觉悟，鼓舞人的斗志，陶冶人的情操，开阔人的胸襟，激发人的善行，调剂人的身心，应当是全面发展教育的组成部分之一。它对于当前防止和克服青少年中的无政府主义思潮和极端个人主义的表现，也是不可缺少的。

（4）教育同生产劳动相结合是马克思主义教育的基本原理，是培养全面发展新人的唯一方法。我们必须坚持。不能因为过去执行上有偏差就企图否定它。党的十一届六中全会通过的《关于建国以来党的若干历史问题的决议》中提出要坚持脑力劳动和体力劳动相结合、知识分子同工人农民相结合的教育方针。如果不实行教育同生产劳动相结合，这个方针是不能实现的。况且教育同生产劳动相结合还是实现社会主义现代化建设的必由之路。目前有些地区、有些学校教育同生产劳动相脱离的现象必须迅速改变。

探讨理论问题既要结合实际，又要观点鲜明。读者从这本书里还可以弄清楚以下一些问题。

（1）要求培养全面发展的人是“古已有之”的思想，还是马克思主义创始人的思想？能不能把无产阶级革命导师的教育学说，同历史上剥削阶级教育家的言论混为一谈？

（2）能不能说教育始终是同生产劳动相结合的？或者相反，说教育同生产劳动相结合是社会主义教育同资本主义教育的分水岭？

（3）能不能把现代资本主义国家教育同生产劳动相结合的现实，跟马克思主义关于教育同生产劳动相结合的理想等同起来？

（4）社会全体成员的全面发展需要有高度发达的社会生产力。能不能期望在现代最发达的资本主义国家就可以实现社会全体成员全面发展的理想？换言之，在没有废除私有制的社会里，能不能实现社会全体成员的全面发展？

弄清楚上面这些问题是很重要的。不仅因为某些报刊上发表的论文里有些错误的观点已经在读者中造成一些思想上的混乱，而且因为这些错误观点，贬低了马克思主义的教育学说，混淆了两种社会制度的界限，对于我们的教育实践也是极其有害的。

当然，这本书选入的论文也并不是完美无缺的，甚至有的观点也并不是完全一致的。我们希望读者用分析的眼光来读它，如有不同的意见可以展开讨论，因为真理愈辩愈明。马克思主义的教育理论也应当随着时代的前进而不断发展。

中国教育学会教育学研究会

1982 年 1 月 8 日

载中国教育学会教育学研究会编：《论教育和人的全面发展》，人民教育出版社 1982 年版。

教育学研究要为开创社会主义建设新局面服务*

同志们：

我们的小型学术讨论会经过五天的工作，现在快要结束了。这五天里，同志们围绕着“教育学研究要为开创社会主义现代化建设新局面服务”这个中心问题，各抒己见，畅所欲言。大会小会结合，会内会外结合，彼此互通情报，交流看法和经验，基本上完成了召开会议所希望达到的目的，取得了一定的成果。这是跟同志们几天来的辛勤劳动分不开的，也是跟同志们平日尽心竭力为繁荣和发展我国教育科学而做的艰苦奋斗分不开的。

同志们回顾了近几年来教育学研究所取得的成绩，也指出了缺点和大量的不足之处。这是很必要的。因为不肯定已有的成绩，就会使我们失去前进的勇气和信心；不承认缺点和不足，就不能“更上一层楼”，站得不高，看得不远，满足于已有的一点点成就，便会失去提高和发展教育学研究的动力。这个道理，同志们讲得很多很好。我觉得这几年教育学研究的最大成绩，是在拨乱反正方面。党的十一届三中全会以前的若干年，或者说是1958年到1978年这二十年，事实上没有把教育学当作一门科学来对待。科学是反映不以人的意志为转移的客观存在的规律的，教育学的研究就是要探索教育工作的规律，发现这些规律，并使我们的教育工作能遵循这些规律来进行。办经济要遵循经济规律，办教育也要遵循教育规律，这本是不成问题的事情。可是若干年来，有些人否认教育工作是有规律可循的，爱用“长官意志”代替科学规律。教育学成了方针政策学、语录学。只是在1978年讨论了“实践是检验真理的唯一标准”以后，特别是十一届三中全会以后，人们才敢于解放思想、突破禁区，辨明理论上的是非和思想上的是非。全国教育科学规划会议的召开，最大的成绩是肯

---

* 这是陈侠为教育学研究会1982年12月在杭州举行的为期5天的小型专题学术讨论会所做的小结。——编者

定了教育科学的地位，恢复了教育科学研究工作和研究机构。我们教育学研究会只是在这样的形势下，才得以展开工作和取得成绩的。

归纳同志们提到的教育学领域的缺点和不足，大致有以下几点。

（1）教材建设还存在空白，还没有一本公认的大家比较满意的具有中国特色的社会主义的教育学课本。中师没有全国通用的教育学教材已经四分之一个世纪了；幼师教育学教材也还没有出版；高师教育学用 60 年代初期所编的教材做代用课本，公共课有了一本五院校的本子；现在又迫切需要的高等教育学也还没有眉目。看来教材建设还是一项繁重的、迫切的任务。

这里我想就“中国特色”讲一点个人意见。所谓“中国特色”是指用马克思主义的基本观点、辩证唯物主义和历史唯物主义来统率全书，这是我们的指导思想，任何时候都不应当忽略；其次要包含中国教育学说的历史遗产和我国优秀教师的先进经验。有人认为必须破了苏联教育学的体系，才算具有中国特色，我看不尽然。苏联教育学体系是工作体系，学校教育有哪些工作，教育学就讲哪些问题。这是应用科学，为学生毕业后当教师做准备的。只要我们学校里同样有那些工作，我们的教育学里就应该讲那些问题。这些年（不止这几年，可能有二十多年了），我们总是说要破苏联教育学的体系，可是总是破不了，有些同志未免有些灰心。我看大可不必，只要它是我们学校工作中做的，教育学里就应该讲。这有什么不可呢？主要在于内容，不能照搬苏联 30 年代、50 年代的东西。

（2）教育基础理论的研究还不够深入，不够严密，不够精确。我看，不仅基础理论如此，而且有些基本概念也非常混乱。例如，报刊上有时出现“体育教育”、“美育教育”这样的词组，不知同志们看了做何感想。昨天听田本娜同志说有人说教育学是常识，我看即使是常识，现在有些人连这点常识也还没有。犯这种常识性的错误，证明文章的作者、报刊的编者，连教育学的这点常识也没有。至于基础理论的研究，按照现在分久必合的趋势，各门学科互相渗透是必然的。昨天周应培同志提出教育学要同心理学结合，这是很必要的。除此以外，教育学的研究也离不开马克思主义哲学、政治经济学、科学社会主义理论的指导。教育学同社会学、经济学、政治学、法学、伦理学、生理卫生学、遗传学、生物学等各门科学，也都有结合的必要和可能。这不仅是我们教育学工作者的任务，也是各门科学工作者的任务。如，教育经济学，国外是经济学家写的，我们希望我国的经济学家也来研究这门科学。其他也都需要有双边的协作。

（3）教育经验的总结和推广，教育的调查研究和实验，这些都还做得很不够。特别是教育实验需要的周期较长，在目前条件下做起来困难很多，还需要打开局面，创造条件。要解决当前教育上的迫切问题，不进行调查研究便会成为纸上谈兵。如，在农村普及小学教育，是当前一项紧迫任务，必须认真调查研究，找出教育不能普及的根本原因，才能对症下药，取得实效。所有的教育法规也只有在调查研究的基础上才能制定出来。

（4）对祖国教育遗产的整理研究工作做得很少。听说已故中国科学院院长郭沫若看到英国学者李约瑟在写大部头的《中国科学技术史》，很感慨地说："为什么我们中国人自己不研究祖国的科学史呢？要外国人来写我国的历史，在某种意义上说，这是一种耻辱。"我们希望教育学界的同志们能对祖国教育遗产用马克思主义观点多做些整理研究工作。如，《学记》中有许多精辟的论述之所以具有生命力，是因为其中有朴素的辩证法，符合客观存在的规律。我们应当以我国古代两千年前就能写出这样的论著而自豪。这项工作做好了，对于培养教师爱国主义思想和民族自尊心、自信心、自豪感都有帮助，对师范生巩固教育专业思想也有帮助。

（5）对教育立法关心不够，没有提出教育法规草稿供领导参考。

（6）对马克思主义奠基人的教育思想的研究有所削弱。

（7）对积累和传递教育资料、教育情报工作，做得很少。

针对上述的不足之处，我们应当动员全体会员，努力攻关。主攻方向大致如下。

（1）努力填补教材的空白。发扬互助协作精神，争取在1985年前后出齐各级各类师范学校的教育学科教材。

（2）对基础理论的研究，有条件的可以先搞，也希望1985年左右能出现一批成果。

（3）争取在调查研究的基础上，为政府制定教育法规提供具体的草案。

（4）有系统、有计划地配合教育史研究会的同志来整理祖国教育遗产。

（5）做好教育经验的总结和推广工作和教育科学知识的普及工作。

（6）做好教育资料和教育情报的积累和传递工作。

（7）为纪念马克思逝世100周年，把研究马克思的教育思想的成果，汇编成《学习马克思的教育思想》一书。1983年毛泽东同志诞生90周年，应准备出版《学习毛泽东同志的教育思想》一书。1984 年是列宁逝世 60 周年，应准备出版《学习列宁的教育思想》一书。

关于具体研究规划，希望各位回去落实，然后汇总起来积极执行。

1982 年 12 月 15 日

载《教育学研究会通讯》1982 年第 9 期。

《论教育规律及其他》自序

我是一个教育工作者，多年来从事教育科学书籍的编辑工作。在史无前例的十年浩劫中，看到我国教育事业遭到空前破坏，教育理论弄得是非颠倒，感到非常痛心。在浩劫过后“拨乱反正”、“正本清源”的活动中，我觉得自己有责任尽一点微薄的力量。于是从1978年春季起，就陆续写了一些文章，力图用马克思主义的观点，来探讨学校教育规律，辨明教育理论上的是非。从1979年起，我参加了全国教育学研究会的工作，有机会应邀同各地教育工作者见面，仍然本着上述宗旨，谈了一些我认为是重要的教育问题。1980年冬，我到日本考察中小学教育，回来整理笔记，介绍了自己的观感。这本书就是把这些讲稿、论文和随笔汇集而成的，并分别按写作时间的先后排列。

在这些讲稿、论文和随笔里，我反复强调的有这样几点意思：

（1）教育工作是有规律可循的，应当按教育规律来办教育，这样才能事半功倍；否则必将事倍功半，甚至受到自然的惩罚。

（2）凡是规律性的东西，在教育工作中过去行之有效，今后仍然行之有效，并不因情况变更而失去作用，不能借口适应新情况而弃置不顾。

（3）要坚持真理，坚持原则，反对赶风头，随风倒；不要从一个极端走向另一个极端，以免教育工作经常处在左右摇摆之中。

（4）发展我国教育事业要狠抓根本，大力扫除文盲，培养师资，普及教育，举办多种多样的职业技术教育；改变目前部分学校片面追求升学率，大多数学生学习成绩低劣的状况。

（5）教育工作者要重视自己的专业，坚信做好教育工作就是献身祖国的社会主义现代化建设，就是在为振兴中华奠定牢固不拔的基础；并且严格要求自己，以身作则，为人师表。

（6）党和政府要进一步采取行动，调整教育经费过少的状况，并切实提高教师的地位，改善教师的物质生活待遇。

（7）其他。

大家知道，教育科学是一门年轻的社会科学。在我国，用马克思主义的立场、观点和方法来研究教育科学，时间还不很长，而且中间还有曲折。我们如果希望现在教育科学能说明和解决我国社会主义教育的所有问题是不现实的，希望它能说明和解决得完全正确更是不可能的。这还需要教育理论工作者和教育实际工作者继续不断地努力探索。我之所以敢把这些不成熟的东西汇集起来献给读者，是因为目前我国有许多教育工作者没有受过系统的教育专业训练，对于如何按照教育科学规律办学还不熟悉，对于如何判断教育理论上的是非也不甚了然。为了做一点教育科学的普及工作，我不顾敝帚自珍之讥，希望这本书的出版，能对教育工作的改进和教育质量的提高，起一些促进的作用。其中谬误之处，也希望借此能得到读者的批评和指正。有些论文和随笔曾经发表过，编入本书时做了修改。

我素来尊敬的著名教育家叶圣陶同志和辛安亭同志，不顾年高体弱、任重事繁，给我这本书写了序，对我探索教育规律和辨明教育理论上的是非所做的努力给予肯定和鼓励，谨致衷心的感谢！

书中有些文稿曾得到已故著名教育家戴伯韬同志的审阅，谨志深切的怀念！

本书在编写出版过程中，得到老教育家刘寿祺同志的多方指教，得到许多同志的大力支持，还得到多年来对我关怀备至的亲友的热情帮助，在此一并表示诚挚的谢意。

这本书写作的三四年间，我的老伴蔡爱璧同志因患癌症，医治无效，永远离开了我。四十多年来，她对我学业上和事业上的支持，是我毕生难忘的。区区小书，只能留个纪念罢了。

1982 年 9 月 2 日

载《论教育规律及其他》，

湖南教育出版社 1983 年版。

《学习马克思的教育思想》编者的话*

为了纪念全世界无产阶级革命导师、伟大的革命家和科学家卡尔·马克思逝世一百周年，为了开展马克思主义教育思想的学习和研究，并运用马克思主义的普遍真理来研究我国的教育工作，我会曾在去年向部分理事和会员征集学习马克思教育思想的文稿。这本书就是从我们收到的文章中选编而成的。

编入本书的文章，大体上可以分为这样几类。

第一类是阐述马克思关于人的发展学说特别是人的全面发展学说的。教育是培养人的，是促进人的发展的；不了解人的发展的规律，不明白社会主义社会新人应当具备的条件，不懂得人的全面发展的含义，不弄清全面发展的教育同人的全面发展的理想这两个概念之间的联系和区别，教育工作就不能沿着马克思主义的轨道前进。这类文章选了四篇。

第二类是阐述马克思关于普及教育思想的。普及初等义务教育是已经载入我国宪法的当前一项艰巨而紧迫的任务。为了保质保量地完成这项任务，我们应当从马克思的有关论述中吸取营养和力量。这类文章选了三篇。

第三类是研究马克思有关共产主义教育各个组成部分的思想不可缺少的工作。这类文章选了九篇。其中有些是学习马克思同一篇著作的体会，题目虽同，但各有侧重点，可以互相补充，所以一并编入。

第四类是综述建立马克思主义教育哲学问题和介绍马克思和恩格斯对机会主义教育思想的批判。马克思主义本来就是在批判形形色色机会主义的斗争中发展起来的，这样来研究他们的教育思想很有必要。这类文章共选两篇。

学习马克思主义理论，要从中学习立场、观点和方法，要理论联系实际，要在理论的指导下解决实际问题。我们学习马克思主义教育学说，也应当本着这个方针。我们认为，运用马克思主义的教育思想来建立我国的教育科学，来

* 这是陈侠以教育学研究会的名义为《学习马克思的教育思想》一书写的编者的话。

解决我国当前社会主义现代化建设中的教育建设问题，才是对马克思最好的纪念。

马克思主义的普遍真理是我们行动的指南。学习和研究马克思主义教育思想应当是我们会员和我国所有教育工作者的经常任务之一。我们希望大家今后能写出这方面的研究专著来。

这本书因限于篇幅，有些文章未能编入，请作者多多谅解。

这本书的副标题已经标明是纪念马克思逝世一百周年文集，每篇文章中这样的副标题从略。

限于水平、时间和精力，编选不当之处难免，尚希读者和作者予以指正。

中国教育学会教育学研究会

1983 年 3 月 14 日

载中国教育学会教育学研究会编：《学习马克思的教育思想》，
人民教育出版社 1983 年版。

教育学研究的回顾和展望*

这个题目要做狭义的理解，因为这篇文章所回顾的，只是全国教育学研究会从筹备到现在的一些情况；这个题目也可以做广义的理解，因为这篇文章所展望的，不仅是教育学这门学科的前途，而且涉及整个社会主义教育事业，希望教育学的研究能有助于我国教育事业真正成为经济发展的战略重点，为全面开创社会主义现代化建设的新局面服务。

一、形势空前好，问题还不少

（一）教育事业受到空前未有的重视，但是还有困难和问题亟待解决

我国的社会主义现代化建设，包括物质文明的建设和精神文明的建设。教育是物质文明建设的基础，是精神文明建设的前提，同时，教育也就是精神文明建设本身的一个方面。党的“十二大”文件中把教育列为经济发展的战略重点，这是符合经济建设规律的，是理所当然的，早已应当如此。建国 33 年，教育终于受到应有的重视，所以说形势空前好。现在，为了补偿过去忽视教育在国民经济建设中的作用所造成的失误，应当下大决心，用大力气来把教育搞上去。1978 年，邓小平同志在全国科学大会上说过，四个现代化，关键是科学技术的现代化；科学技术的现代化，基础在教育。过去若干年，我们只把教育看作阶级斗争的工具，没有把它看作发展生产的工具；只把教育看作纯粹的消费事业，没有看到教育在生产建设中的重要作用；认为只有在发展生产的基础上才能发展教育，没有看到只有发展教育事业才能从根本上保证生产的发展。邓小平同志关于教育是现代化建设的基础这个思想，纠正了这些错误的、

* 这是作者 1982 年 12 月向全国教育学研究会在杭州召开的小型学术讨论会提交的论文，发表时作者曾略加修改。

片面的看法。按照这个思想，应当把教育投资看作生产投资，放在各项经济建设投资的优先地位。这就是要把教育看作社会主义现代化建设的先行官，因为没有教育来培养大批熟练的技术工人和各行各业的各级专业人才，经济建设是搞不好的！

我们搞现代化建设，就是要发展社会生产力，提高劳动生产率。列宁说："劳动生产率，归根到底是保证新社会制度胜利的最重要最主要的东西。资本主义造成了在农奴制度下所没有过的劳动生产率。资本主义可以被彻底战胜，而且一定会被彻底战胜，因为社会主义能造成新的高得多的劳动生产率。这是很困难很长期的事业，但这个事业已经开始，关键就在这里。"又说："共产主义就是利用先进技术的、自愿自觉的、联合起来的工人所创造出来的较资本主义更高的劳动生产率。"① 请问，先进的技术从哪里来？自愿自觉的集体主义精神从哪里来？我看没有教育是不可能有的。所以列宁还说："提高劳动生产率是一个根本的任务，因为不这样就不能最终地过渡到共产主义。要达到这一目的"，必须"进行长期的工作来教育群众和提高他们的文化水平"。② 列宁是这样说的，斯大林是这样做的，苏联到 1934 年第二个五年计划完成的时候（十月革命后 17 年），就已经在城市普及了七年教育，在农村普及了四年教育。苏联教育事业的发展，为苏联培养了大量科技人才，使苏联的科学技术处在世界领先的地位，把第一颗人造地球卫星发射上天。这同苏联遵照列宁的遗训，抓住了"进行长期的工作来教育群众和提高他们的文化水平"这个具有战略意义的大事，不能说没有关系吧！

建国 33 年，我们在尖端科学方面已经有了很可观的成绩。但是从总的方面来看，全国人口中还有五分之一到四分之一的文盲，初等教育还没有普及，国民的文化水平不高，社会生产力和劳动生产率都还很低。唯有狠抓基础，狠抓教育这个真正的富有战略意义的重点，才能根本改变落后的面貌。

只有把教育看作社会主义现代化建设的先行官，我们才能全面开创社会主义现代化建设的新局面，才能比较顺利地解决教育上当前存在的困难和问题。这些问题如下。

1. 经费——我国教育经费之少，在世界各国中是罕见的。据统计，全世

---

① 《伟大的创举》，《列宁选集》第 4 卷，第 16 页。

② 《俄共（布）党纲草案》，《列宁选集》第 3 卷，第 748 页。

界151个国家中，按人口平均所占的教育费，依数字大小排列，我国占第149位，在第三世界国家中也是落后的。这虽然是前几年的统计，但现在这个状况没有根本改变。现在教育部提出的办学的最低限度的要求是“校校无危房，班班有教室，人人有桌凳”，许多农村学校尚难做到。据估计，要把全国学校的危险房屋重新修建一下，就需用全国两年的全部教育经费。可见我们在教育费的投资方面欠账之多。虽然，校舍的修建可以依靠集体的力量，在农村富裕起来以后可以动员社员集体来办，但是目前教育经费除了发工资、医疗费、津贴费等人头费外，就所剩无几了。在北京有的中学里，连粉笔也得节制使用，更谈不上图书仪器等设备费了。这种状况，在普通教育方面非常严重，在农村中小学尤其严重。农村小学本来是普及义务教育的学校，至今还实行“谁上学谁出钱”的原则，要“以生养师”，教师的工资要家长负担，所以教育难以普及。世界各国的普遍经验是：没有免费教育就没有义务教育，没有义务教育就没有普及教育。我们如果想在1990年普及小学教育，不实行免费教育（即在经济不发达的地区，由国家承担兴建校舍、培训师资、购置设备、免收学杂费、供应课本文具等费用），恐怕很难实现。

2. 师资——我国教育上的困难问题之二是师资质量太差。过去若干年，由于我们不重视教育科学，甚至否定办教育要依靠教育科学，根本不考虑按教育规律办学，因而也不重视师范教育，不认为当教师（包括教育行政干部和学校领导干部）必须懂得教育科学，否定当教师要受教育专业训练，以致至今称职的教师一般仅占三分之一，不称职的却占了三分之二。教师不称职带来的后果是无法补偿的。如果工程师不称职，他带来的后果是物质上的有形损失；医师不称职，他可能把病人治死，范围也还只限于病人；而教师（包括学校领导干部和教育行政干部）如果不称职，他带来的后果是整个一代人没有理想，没有道德，没有文化，不守纪律，即使只有百分之一、千分之一如此，后果已经不堪设想了。因为教师的职责，不仅要教书，更重在育人。教育者本身的水平如何，决定着他的教育质量。若干年来，我国教师的地位和待遇偏低，不能吸引优秀青年报考师范院校，师范生无意当教师，办师范教育的总觉得低人一等，要向综合大学看齐，所以即使师范院校的毕业生，也有许多不称职的。这种现象亟应改变。

3. 教材——我国幅员广，人口众，民族多，各地方经济发展极不平衡，生产的种类繁杂，对教育的需要理应各有不同。所以我们的课程和教材，在保持政治思想方向统一的前提下，应当多种多样，才能适应各地的需要。但是若干年来，政治局面安定的时候，往往只搞一套教材，全国普遍使用。这样虽然保证了教育目标的统一性，却未能适应教育需要的多样性。加上由于师资水平、办学条件等原因造成的学生程度的差异，一套课程，一套教材再也不能适应全国的需要，所以普通教育怎样办，职业教育怎样办，都要认真研究。特别是要重新制定中小学课程标准，要使它既能保证给上一级学校输送合格的新生，又能保证给各行各业培养合格的后备劳动力。要编辑适应不同需要的教材，既有学术水平高的，也有宜于普及的，不再搞“一刀切”。为了进行爱国主义教育，各地方还应当编辑乡土教材。

（二）从教育学研究来看，形势也是空前好的

回顾四年以前刚刚筹备教育学研究会的时候，有的同志不敢在倡议书上签名，有的领导同志也不敢点头，怕犯错误。现在正式成立还不到四年，教育学研究会几乎已经遍设全国，连宁夏回族自治区也成立了。少数没有成立的省、区也在积极筹备中。教育学研究的形势好，表现在以下几方面。

1. 破除了迷信，解放了思想——如对教育本质和职能的讨论，对教育方针和目标的讨论，都打破了过去的框框，大家敢于各抒已见，畅所欲言。对于正确认识教育在国民经济建设中的地位和作用，对于正确执行培养全面发展的人的教育方针，都起了理论上的指导作用。

2. 打破了封锁，开阔了眼界——过去有很长一段时间闭关自守，对国外教育科学的动态缺乏了解。这几年对国外教育科学研究的动态逐步有所了解。如，高等教育学的发展，学校课程的研究，设置跨学科的课程，强调基础理论的教学，注重文理渗透，重视师范教育和师资水平的提高，等等，扩大了我们的视野。

3. 致力于教育学教材的建设，和努力提高教育学教学质量——在教学时数规定甚少的情况下，大家钻研教材教法，取得了很好的成绩。

4. 教育科学的地位初步得到巩固，教育研究机构正在恢复和发展。

教育学研究的形势虽然很好，但也有些问题需要解决。如存在着几多几少的现象。

1. 理论研究多，联系实际少——教育学的研究必须能解决实际问题，才能更加富有生命力。但过去的研究有一些只在经典著作的引文上下功夫，成了空洞的理论，这种做法不宜提倡。

2. 空洞议论多，总结经验少——理论来源于实践。教育理论要从总结教育实践经验中来，才有反转来指导实践的价值。教育理论还要经得起实践的检验，不宜讲空话。

3. 引进外论多，整理遗产少——外国教育理论应当引进，但不宜过分推崇。有些人编教材、写文章，喜欢引用外国人的言论，仿佛非如此不足以表示自己渊博。其实有些话，在中国古已有之，为什么不用我国自己教育家的话。因此感到在教育学的研究中，整理祖国教育遗产是一件重要工作，这与提高民族自尊心和自信心，为进行爱国主义教育打基础是密切关系。

4. 主观臆测多，科学实验少——目前发表的论文，大都是思辨的成果，很少有实验的依据。教育科学如果要加强科学性，就必须有实验，有数据，今后要向这个方向努力，多从事教育实验和调查研究，以便能立论有据。

（三）今后教育学的研究要采取新的方针，才能体现为开创新局面服务的精神

1. 研究的目的——要从教材建设，扩大到整个教育事业和教育工作的改进，要能对社会主义精神文明建设做出贡献。

2. 研究的任务——要从提高师范院校教育学教学质量，扩大到对国家整个教育事业提出建议，要注重解决社会主义精神文明建设的任务。

3. 研究的内容——要从完善教育学理论，扩大到教育实际工作的改进，要注重研究社会主义文化建设和思想建设中的有关问题。

4. 研究的方法——要从书斋走向社会，要从书本面向实际，要调查研究，了解情况，总结和推广经验，发现问题，提出建议。

二、解决实际问题，促进文明建设

教育学的研究必须能够解决我国教育上当前存在的迫切问题，促进社会主义物质文明和社会主义精神文明的建设，才能富有生命力。1918 年 6 月，列宁在全俄国际主义教师代表大会上说过："教师不能把自己限制在狭隘的教学的活动的圈子里。教师应该和一切战斗着的劳动群众打成一片。新教育学的任务是要把教师的活动同建立社会主义社会的任务联系起来。"① 我认为，这句

① 《列宁全集》第 27 卷，第 418 页。

话虽然是在十月革命以后不久、苏维埃政权尚未巩固的时候讲的，但是具有普遍意义。今天我们要全面开创社会主义现代化建设的新局面，全国的工人、农民、知识分子都需要用战斗的精神来工作、来劳动、来学习、来研究，因为我们要用短短几十年的时间赶上资本主义国家搞了二三百年的成就，才能永远摆脱落后挨打的状态。应当说，当前我国工农业生产战线上、教育科学文化战线上的广大劳动群众是在战斗着的，他们为提高经济效益、提高科学技术水平、提高人民文化程度、培养国家建设人才而努力奋斗，这是主流。我们教育学工作者当然应该参加到这个战斗着的行列里来，跳出狭隘的教学活动的圈子，扩大眼界，关心祖国建设的全局。从建设全局中看教育这个战略重点如何才能发挥作用，把教育学的研究同社会主义现代化建设的任务联系起来。

（一）要研究解决教育经费问题

1. 国外经济学家研究教育经济学，他们根据无可争辩的事实材料，证明教育投资是生产投资。如，苏联在 1960—1975 年的 15 年内，教育经费增加 2 倍，而靠教育提高工人的熟练程度所取得的国民收入增加了 3 倍；日本在 1905—1960 年的 55 年间，物的资本增长了近 6 倍，劳动力只增长了 0.7 倍，国民收入却增长了近 11 倍。在此期间教育经费增加了 22 倍。这是因为工人和技术人员的教育程度提高了，劳动力的质量提高了，劳动生产率必然随着提高。马克思在《资本论》里早就说过："要改变一般的人的本性，使它获得一定劳动部门的技能和技巧，成为发达的和专门的劳动力，就要有一定的教育或训练，而这就得花费或多或少的商品等价物。劳动力的教育费随着劳动力性质的复杂程度而不同。"① 现代资本主义国家教育普及，人民的教育程度普遍提高，如果不是资本家本身利益的需要，他们是不会大量投资来办教育的。越是现代化的生产，劳动力的性质就越复杂，需要的教育费用就越多。要解决我国教育经费过少的问题，首先要宣传教育投资是生产投资的观点，使现代化建设离不开发展教育事业的思想深入人心。其实，列宁在谈到修改国家财政预算的时候就曾说过："首先应当缩减的，不是教育人民委员部的开支，而是其他部门的开支，以便把缩减出来的款项，转作教育人民委员部的经费。"又说："使整个国家预算首先去满足初级国民教育的需要，这个工作我们还做得太少，少

① 《马克思恩格斯全集》第 23 卷，第 195 页。

得简直不像话。”① 伟大的革命导师是多么关心增加教育经费啊！他甚至主张“使整个国家预算首先去满足初级国民教育的需要”，也就是普及教育的需要。他是多么有远见啊！我们希望有远见的无产阶级政治家都来学习和实践列宁的这些话。

2. 由于我国教育经费过去欠账太多，现在少得不成比例，应当成倍增加。前面说过，将全国学校的危险房屋重新修建一番，所需费用相当于全国两年的全部教育经费。虽然校舍不能完全由国家包办，但是仅此一端，就可以看到，我们的教育经费如不在短时期内成倍增加，是不能满足现代化建设需要的。有的省比较重视教育，提出每年教育经费增加6%以上，这样要12年才能翻一番，实际上不能解决问题。现在每年增加的教育经费都是人头费，都是用在工资、补贴、劳保、福利方面的，教育事业费少得可怜，不但买不起图书仪器，连粉笔都快买不起了。正如列宁所说：“少得简直不像话”了！只有成倍增加，才能改变现状。许多教育工作者要求教育经费恢复到50年代生岁占费水平，这个不高的要求，教育经费不翻番也是难以满足的。

3. 我国教育经费不仅过少，而内部的分配比例也失调。据湖北省的一位教育工作者说，湖北省全年的普通教育费仅相当于华中工学院一所高等学校一年的经费；又据青海省教育厅的一位同志说，青海省全年的普通教育费还不如清华大学校办工厂一年的投资多。这些话是否确实，我没有核对。但总是反映了我国在普通教育特别是初等教育方面的投资太少，以致至今初等教育未能普及。据统计，苏联1933年在农村普及四年义务教育、城市普及七年义务教育的时候，全国教育经费中有51.7%强是用在普及义务教育上的②；日本1977年全国教育经费中有55%是用在义务教育上的，用在高等教育上的经费只占20%强③。我们应当研究我国教育经费的分配比例怎样才适当。我并没有削减高等教育费来转作普通教育费的意思，我是主张普通教育费特别是初等教育费必须大量增加，改变现在普及小学教育而小学生还要交学费的不合理状况，像列宁所说的那样，“使整个国家预算首先去满足初级国民教育的需要”。这样，1990年基本上普及小学教育的设想才有保质保量实现的可能。

① 《日记摘录》，《列宁选集》第4卷，第677页。

② 《世界教育史纲》第二册，人民教育出版社1954年版，第236页

③ 陈侠：《日本普及教育的必要措施》，载《课程·教材·教法》1981年第2辑。

（二）要研究解决学校师资问题

1. 列宁说过："在任何学校里，最重要的是课程的思想政治方向。这个方向由什么来决定呢？完全只能由教学人员来决定。"① 所以他在苏维埃政权初步巩固以后就很重视提高人民教师的地位，认为"不提高人民教师的地位，就谈不上任何文化，既谈不上无产阶级文化，甚至也谈不上资产阶级文化"。为了提高人民教师的地位，"必须进行有步骤的、坚持不懈的工作，来提高他们的思想意识，使他们具有真正符合他们的崇高称号的各方面的素养，而最最重要的是提高他们的物质生活条件"。② 我们研究解决学校师资问题，应当从列宁的这些话里得到启示。（1）教师是决定课程的思想政治方向的关键人物，我们教育出来的下一代，思想政治方向如何，教师起着决定的作用。因此，我们必须精心培养合格的教师，慎重选择和任用教师。（2）要认真提高教师的地位和待遇，提高他们的物质生活条件，才能吸引优秀青年来从事教育工作。（3）对在职教师的进修必须抓紧，使他们具有符合人民教师崇高称号的各方面的素养。

2. 解决师资问题的长远措施是办好各级各类师范教育。建国 33 年来，除了 50 年代前期以外，我们都不重视师范教育，不依靠师范教育来培养合格的教师。这是因为有人不承认教育学是一门科学，不承认办教育要遵循科学规律。仿佛人人皆受过教育，人人皆可以当教师，办教育。各行各业都需要有就业前的准备和训练，仿佛唯独当教师不需要受职业训练。这些极其错误的观点虽然是不值一驳的，却仍然是大有市场的。有些人以综合大学毕业生教中学比师范大学毕业生教中学成绩好、有后劲为例，来证明师范教育是可有可无的，无关重要的，而不考虑到综合大学学生的入学条件、师资水平以及多年来师范教育有名无实的状态，这样的比较当然是不公正的、不科学的。况且教师的任务不仅在"教书"，更要去"育人"，这是一项极其繁重而艰巨的事业，岂能让那些毫无职业准备的人滥竽充数呢！我们应当做切实的调查研究工作，在同等的条件下，来证明师范教育的必要性和重要性。

3. 有的同志片面引用国外学者一种不科学的说法，客观上起了给师范教育取消派制造舆论的作用。这种说法是各国的师范教育可分两类，一类是定向

---

① 《给喀普里党校学员的信》，《列宁全集》第 15 卷，第 438 页。

② 《日记摘录》，《列宁选集》第 4 卷，第 677、678 页。

性的师范教育，一类是非定向性的师范教育。① 这是既不符合实际情况，又在理论上站不住脚的。从实际情况来说，所有发达国家都重视师范教育，都要给未来的教师以教育专业训练。有的是专门设立师范院校来培养师资，有的是在综合大学或其他高等学校里予以教育专业训练，没有不受过教育专业训练就让毕业生去当教师的。有的国家的教师，除了受过教育专业训练（包括教育实习）以外，还要经过试用期，胜任教师工作的才发给教师合格证书。既然叫作师范教育，它就是定向的，以培养师资为目标的，怎么能说有不定向的师范教育呢？这是根本不合逻辑的。我们的同志在引用外国人的论著时，要看他讲的是否合乎实际，是否真有道理，不能人云亦云，以免铸成错误。

（三）要研究解决课程教材问题

1. 学校课程是实现教育目标的重要手段。现在许多发达国家都把课程的研究当作教育科学研究的核心。我们本来对教育科学研究缺乏足够的重视，更把制定课程当作一项普通的行政事务工作。因此课程的制定，没有科学根据，设置的学科，时分时合；教材的内容，时增时减。特别在极左思潮影响下，把进行德育、美育和技术教育极关重要的学科如历史、地理、音乐、美术、劳动技术课等大量削减，造成不良的后果已是有目共睹的了。至于中等教育结构单一，课程教材单一，不能适应社会生活和人民生活的需要，前面已经说过。因此，开展课程教材的研究工作，实属刻不容缓。

2. 学制和课程是有密切关系的。学制的长短往往决定着课程的繁简，1958 年以后，我国学制变动频繁，致使课程的设置不能稳定，教材的编写不断翻新，教育的效果未见提高。实在是一大憾事！学制的长短不仅决定于一个国家生产发展的水平，也受各科最低限度课程标准的制约，还要按照儿童少年身心发展的状况，来适当分段，并非可以随意决定的。按照我国目前的经济条件，小学一律五年，初中三年，高中（包括中专、职校、技校）四年，是比较合理的。现在农村五年小学尚未普及，城市小学改为六年，是不必要的不合理的。五年小学普及以后，逐步普及八年教育，初中三年是适当的。高级中等教育阶段，学校应当开始分化，普通高中要为升入高等学校学习打好坚实的基础；职业高中一面学习各行职业技术知识，为就业做好准备，同时要受到比较完全的普通教育，为今后进一步学习开辟道路。所以高中修业四年比较合适。

---

① 内部稿件，未曾出版。

只有学制确定以后，课程才好安排，教材才好编订。课程标准（教学大纲）应由中央统一制定，教材可以由中央和地方分别编写。这些都应当是教育学研究的课题。

3. 小学是普及教育，课程可以是统一的，但教材也应当既有全国通用教材，又有地方乡土教材。怎样编辑乡土教材应是各地教育科学研究的课题之一。初中在没有普及以前，不妨也设立职业选修科目，按照各地需要，学习农、工、商、林、牧、渔及其他服务性行业的知识技能。职业选修科的教材要由地方负责编辑，审查使用。高级中等教育结构应当多种多样，不仅职业学科教材需要由各地分别研究编写，而且普通学科的教材也不能全国一律，需要有的偏重普及，有的偏重提高，有的偏重文史，有的偏重数理，每一学科还要多编两套教材，以适合不同学校不同班级采用。全国通用教材可以由中央编，而且不止编一套；乡土教材、职业科目的教材可以由地方编。但是都要把它当作一项科学研究工作，才能编好。

（四）要研究制定教育法规问题

1. 胡耀邦同志在十二大的报告中强调要努力建设高度的社会主义民主，并说“社会主义民主的建设要同社会主义法制的建设紧密结合起来”。这就说明在社会主义民主国家里，还是要依靠法治。要在党中央的领导下，制定教育法规。不管你重视与否、支持与否，都得一律依法办事。

2. 要在宪法中规定我国的教育方针和全国各级各类教育共同的培养目标，以保证我国教育的统一性。从 1957 年以来，据有人统计，我国关于教育方针的表述已有十几种之多，尽管精神上是一致的，但文字不同容易使一般教育工作者议论纷纷，莫衷一是。所以最好能在宪法中规定好，避免分歧。

3. 需要研究制定的教育法规很多，例如：（1）要用教育立法来规定教育经费在国家预算中所占的比例，一般中央财政预算中教育费应占 10%；省、自治区、直辖市财政预算中，教育费应占 20%；市、县一级财政预算中，教育费应占 30%。教育经费不得挪用，否则判以破坏社会主义精神文明建设罪，处以刑罚。（2）要用教育立法来规定师资的培养、训练、检定、任用、待遇和奖惩。要保证师范教育有计划、按比例地发展；保证师范院校皆有附属学校和幼儿园，供学生实习和师生进行教学科学实验之用。（3）要用教育立法来规定普及义务教育的学制、经费、师资、校舍、设备以及实行免费等。（4）用教育立法来保证少数民族地区和边远贫瘠山区普及义务教育由国家予以特殊的照顾。(5) 要用教育立法来规定中等教育结构类型的多样化，规定各地初中可开设职业课；除办少数普通高中外，大量举办职业高中。普通高中也得设职业选修科。(6) 要用教育立法规定改变重理轻文的现象，必须文理并重；高等学校招生要全面考核德、智、体、美、劳等方面的状况，不能单凭笔试几门学科决定取舍；毕业生也必须思想、业务、健康都合格，才能录用；取消一律包分配的制度。(7) 要用教育立法来规定学校党政干部必须具备的条件，废止将转业军人分配到学校当领导干部的现状；必须从优秀教师中选拔学校各级干部，从学校领导干部中选拔地方教育行政干部，必须懂得教育科学的内行才能担负领导教育工作的责任。

(五) 要研究提高教育质量问题

1. 教育学研究的最终目的要落实到提高教育质量上。这里说的是要研究解决目前教育质量低，制造废品，毕业生“有文凭，没水平”的现象，即要求大面积提高教育质量。

2. 办重点学校是为了带动一般学校共同前进，但必须条件相等才行。目前集中好教师、好学生、好设备到重点学校的做法，挫伤了非重点学校师生的积极性，降低了一般学校教育质量，亟应改变。现在分重点学校与非重点学校，往往给学生造成盲目的优越感或自卑感，对学生心理上也有不良影响，建议取消这种人为的不公平现象。

3. 要端正办学思想，反对片面追求升学率，从小学一年级起就一年年狠抓教育质量，不能只抓高年级和毕业班。越是低年级越是学习差的班越要配备好教师。要对每一个学生负责，不能采取放弃的态度。对于有名无实的学生(如招入高中的初中毕业无水平的学生)，要按照实际程度补课，或改办职业班。总要使学生能够学有所得。

总之，当前教育上亟待解决的问题很多。但我认为，教育学的研究应在解决实际问题方面多用点功夫。当然，是要在理论的指导下来探讨解决实际问题的途径。

载《黄石师院学报》1983 年第 2 期。

打好精神文明建设的基础*

党的十二大把教育列为发展国民经济的战略重点，这是非常正确的，很有远见的。教育不仅是物质文明建设的基础，而且本身就是精神文明建设的重要组成部分。教育工作做好了，精神文明建设的基础就牢固了。精神文明建设包括文化建设和思想建设，文化建设首先要靠教育，不可能设想在一个教育落后、文盲众多的国家里，能具有高度的精神文明，更谈不上高度的社会主义精神文明了。社会主义、共产主义是科学，没有科学知识、没有历史知识的人，不可能了解什么是社会主义，不可能懂得什么是共产主义。我们建设精神文明是以共产主义思想为核心的。一个没有文化科学知识的人很难具有共产主义理想、社会主义觉悟。所以从培养科学技术人才来说，教育是物质文明建设的基础；若从培养具有社会主义觉悟、共产主义理想的有道德、有知识、守纪律的劳动者来说，教育也是精神文明建设的基础。这个基础主要是在文化建设方面。至于思想建设，它本身就是一种精神文明建设。我们学校教育中的思想教育工作，就属于思想建设，也就是精神文明的建设。不过学校的思想教育也还带有为精神文明建设打基础的性质。因为精神文明，特别是高度的社会主义精神文明，包括上层建筑、意识形态各个领域，可以说是没有止境的。学校教育只能为这项建设打基础。有这个基础和没有这个基础大不一样，基础打得好或者不好也大不一样。现在搞的文明礼貌月活动，提倡的“五讲四美”，就属于精神文明建设基础的范围，因为它们仅仅是最起码的现代人类社会必须具备的行为准则。当然，加了“三热爱”，有了一点社会主义精神文明的性质。

文明礼貌月活动由党中央、国务院发出号召，证明中央对这项工作的重视。这是很必要的。因为十年动乱期间成长起来的一代人，现在都已进入社会。他们中间的多数不但没有受到良好的教育，反而受到许多恶劣的影响：打

* 本文系作者于1983年3月7日在北京市教育学研究会首届年会上的讲话。

砸抢抄抓，甚至杀人不偿命。在那无法无天、胡作非为的反革命煽动下，不少青年不自觉地走上犯罪的道路。拨乱反正以来，党中央做了许多艰巨的工作，才有现在安定团结的局面。但要使社会风气进一步好转，发展为根本好转，还需要改变人们的精神面貌。这就有必要开展文明礼貌月活动，提倡“五讲四美”、“三热爱”，等等。

但是从另一方面看，社会风气不好，人们不文明，没礼貌，五不讲，四不美，这也是由于教育不普及、教育质量低造成的后果。倘若我们从现在起，狠抓教育的普及、狠抓基础教育质量的提高，使我们小学毕业的学生就讲文明、懂礼貌，就能做到“五讲四美”，岂不更好。所以我认为现在大搞文明礼貌月活动，虽然是非常必要的，但总是属于补课的性质。同教育不普及，产生了文盲，然后来扫除文盲一样，由于教育既不普及，质量又低，产生了许多人不讲文明、不懂礼貌的现象，然后再来扫文明盲、扫礼貌盲。为了杜绝新文盲的产生，必须普及教育；同样，为了制止不文明不礼貌的现象继续存在，也必须狠抓基础教育的普及与提高。我们都是搞普通教育的，也是搞基础教育的。我们对于培养讲文明有礼貌的青年一代负有义不容辞的责任。讲文明，有礼貌，这是最起码的；说得完全一点，要培养有理想、有道德、有文化、有纪律的身体健康的劳动者。这里我想顺便说说为什么我们的教育总目标是培养有社会主义觉悟的有文化的劳动者的问题。这里说的劳动者是包括脑力劳动者和体力劳动者的。不能认为劳动者只是体力劳动者。所以我是不赞成在劳动者后面再加一句“又红又专的建设人才”。因为“劳动者”一词已经包括建设人才在内了。列宁在谈到社会主义就是消灭阶级的时候说过，要消灭阶级，一要推翻地主资本家，二要使所有的人成为劳动者。可见以培养劳动者为我国教育的总目标，正是社会主义教育的特色。

我们常常听到教育界的同志要求建立具有中国特色的社会主义教育学。问题不在于体系，而在于内容。教育学的体系是由学校工作决定的。因为教育学是应用科学，它是供从事教育工作主要是准备做教师的人学习的。学校里有哪些工作，教育学就要讲哪些问题。所以不必追求章节安排上即体系上的中国化，而要求得内容的真正中国化。例如，这次我们的年会讨论的思想教育问题，本来是我国教育最具有特色的问题，不仅老解放区的教育有进行思想教育的优良传统，而且我国古代的教育就有偏重伦理教育的倾向。虽然社会性质不同，社会发展阶段不同，但讲人与人之间的关系这个问题是共同的。人总是社会的人，马克思说人是社会关系的总和。在消灭了阶级、消灭了剥削的社会主义社会里，人与人之间新型的关系应当怎样建立起来，这是精神文明建设的一个课题，也是教育工作中的一大任务。

下面我想就选择适当的教育方法、培养社会主义新人，以及继承祖国的教育遗产、普遍树立良好的校风这几个问题，谈一些粗浅的意见。

先谈什么才是适当的教育方法

第一，适当的教育方法要同教育目标相适应。这一点很重要，我想多说几句。我们知道，教育目标同社会制度和意识形态是密切相关的。封建社会有封建社会的教育目标，在封建社会制度下，要树立统治者的绝对权威，要维护等级森严的社会结构。如在我国古代要求维护君君臣臣、父父子子的关系，或者说“父子有亲，君臣有义，夫妇有别，长幼有序，朋友有信”的礼教。欧洲中世纪要求维护教皇和宗教教会的绝对权威，维护封建领主的世袭特权。这就是当时的教育目标。要维护这样的制度，维护这样的纪律，必须采取高压政策，列宁称之为棍棒的纪律，即靠镇压才能维持的纪律。反映到教育上，当时流行的是体罚，轻则打手心，重则打屁股。《红楼梦》里贾政痛打贾宝玉的那场戏，就代表了封建社会的教育方法——打向前去。虽然这是家庭教育，是家长打子女。那时的教师一般都实行体罚的，当然不能像贾政打得那样重。《书经》上有“扑作教刑”之句，《学记》上有“夏楚二物，收其威也”的说法，都是指教育中的体罚。当时塾师桌上都放有一方戒尺即夏楚，就是体罚学生用的。学生不守“规矩”了，背诵背乱了，塾师往往把戒尺在桌上一拍，以示警告，就像旧式法官桌上的惊堂木一样。惊堂木一拍，法庭上就停止了喧哗。我们现在还有没有教师采用体罚呢？恐怕不能说没有。废止体罚，禁止体罚，在解放前的旧中国教育界就已经提倡了，那是欧风美雨来华，受了资产阶级教育思想影响的结果，这比起封建主义教育应当说是一种进步。但是要真正肃清体罚，必须使教师在思想上同这种封建社会的棍棒纪律划清界限。英国现在部分学校还允许实行体罚，那是英国社会封建传统很深、宗教教会在教育界势力很大的缘故，也是英国当初资产阶级革命不深入、不彻底的一种表现。我们是社会主义国家，我们当然不允许实行体罚。教师采用体罚应当看作违法的行为，要受法律制裁。教师体罚学生也反映了教师的无知和无能。总之，体罚不是办法，强迫命令也不是办法，连注入式的教法也都不是办法，即都不是我们社会主义教育所应采用的办法。体罚会使儿童在肉体和精神两方面受到摧残，注入式的教法也会使儿童在精神上受到摧残，造成盲目服从，迷信权威，缺乏主动自觉的精神，没有创造能力等不良后果。这些教育方法都应当归入封建社会教育方法一类，越早送入历史博物馆越好。因为这样的教育方法不可能培养出有社会主义觉悟的有文化的劳动者，不能培养出有理想、有道德、有文化、有纪律的新一代。

封建主义的教育方法不行，资本主义的教育方法也是不行的。资本主义社会强调个人自由竞争，资本主义的教育也渗透了自由竞争的精神。它的教育目标要使学生获得自由发展，往往鼓励学生压倒别人来抬高自己。封建社会是用等级的界限来剥夺劳动人民子女的受教育权。资本主义社会是采用竞争式的考试，智力测验、选拔测验、定向测验等来把一部分学生（大都是劳动人民子女）排除在高等教育的大门之外。我们现在无论在校内还是校际，班内还是班际，也往往用按考试分数排名次的办法来突出个人或一个班、一所学校，从中选拔尖子，重点培养。老实说，这不符合社会主义的精神，相反，它是资本主义教育的办法。这种办法只能培养个人主义者，不能培养集体主义者。因此我们不赞成采用。列宁说资本主义的纪律是饥饿的纪律，工人不好好为资本家劳动就会被解雇，没饭吃。这就是靠饥饿来维持的纪律。这种方法当然也不是我们社会主义教育所能采用的。社会主义要培养集体主义者，培养自觉的劳动者，我们的教育方法既不能强迫命令，采用“扑作教刑”，用夏楚二物来树立权威，也不能让学生自由竞争，你争我夺，你死我活，压倒别人来抬高自己。前者只能培养俯首帖耳、盲目服从的奴隶，后者也只能培养只知有己、不知有人的极端个人主义者。因此，我们的教育方法必须按照我们的教育目标来选择。要采用集体主义的教育方法。苏联教育家马卡连柯的重要贡献，就在于他创造了这种集体主义的教育方法，即“在集体中，为了集体，通过集体进行教育”的方法。师生都是教育集体中的平等的成员，大家关心的不是个人的得失，而是集体的荣辱。集体中的每一个成员都按照集体的目标共同行动，而又可各尽所能为集体做贡献。这个集体要能像《共产党宣言》说的那样，是“这样一个联合体，在那里，每个人的自由发展是一切人的自由发展的条件”①。

① 《共产党宣言》，《马克思恩格斯选集》第1卷，第273页。

马卡连柯的集体主义教育方法，正是在他领导组织的高尔基工学团和捷尔任斯基公社这样的集体里，让每个人得到自由发展，从而集体里的一切人也都得到了自由发展。这样的教育方法才是符合我们教育目标的方法。

第二，适当的教育方法要同教育内容相适应。教育内容是由教育目标决定的。只要我们重视采用适应教育目标的教育方法，那么，适应教育内容就不是什么困难的事了。这里我想说的是，关于教育内容还是一个应当很好研究的课题。现在小学生有了思想品德教育大纲，中学以上还没有。因此教育内容往往没有按年龄阶段适当分配。对一年级小学生就讲要爱祖国，对高中三年级学生还是讲要爱祖国，甚至对高等学校学生还要讲爱祖国。怎样避免儿童教育成人化？怎样避免教育内容的形式主义而确能收到身体力行的效果？这些都是需要研究的。如，爱祖国对于小学低年级儿童是比较抽象的，是不是可以从乡土教育入手，使他们认识自己的家乡，了解自己家乡的历史、地理、自然资源、物产交通、经济政治、文化教育等方面的情况，逐步由爱家乡，扩大到爱本县、本市、本省而后扩大到爱祖国。我们的爱国主义同国际主义是结合的，到中学高年级，爱祖国就要同爱各国劳动者的情感结合起来，同情被压迫被剥削的别国人民。由此可见，教育同教学一样，也要循序渐进。现在就是要我们从实践中去找出这个序来。华东师大教育系的道德教育研究小组，曾经起草了从幼儿园到高中的思想品德教育大纲，对各年级儿童提出不同的教育要求。这是一项很有意义的工作，我们也要下功夫仔细研究，使教育内容循序渐进，教育效果扎实可靠，教育方法形式多样，切不能只限于口头说教，而要按内容的要求，采取参观、游览、团队组织生活会、班会、读书报告会、故事会、讲演会、调查研究等多种方法。

第三，适当的教育方法要同教育对象相适应。刚才谈方法同内容相适应的时候，已经谈到内容同对象相适应的问题。内容必须适应对象，不能不问教育对象如何一律同样要求。只要内容能够做到适应对象，方法适应对象就比较容易了。现在小学设了思想品德教育课，如果以为单凭这每周一节课，就能把思想品德教育工作做好，是不切合实际的。还需要各科教学和课外活动、校外活动的配合。中学的政治课也不足以完成思想品德教育的任务，也需要有其他各科教学和课外活动、校外活动的配合。政治课的教学往往是传授政治理论知识多，结合思想实际少。这里涉及知与行的问题。知与行的关系历来是哲学家和教育家关心的问题。从马克思主义认识论的观点亦即实践论的观点来看，只有通过实践获得的知识，才是真知；有了真知才能进一步指导行动。特别是思想品德教育，贵在实践，贵在躬行，千万不能搞“假、大、空”的东西，不能说得头头是道，行动对不上号。就是说要强调言行一致，强调即知即行，强调行以求知，强调理论是行动的指南。前面已经说过学校思想教育内容切忌成人化的问题，在思想教育的方法上就更加要注意学生年龄的特点，采用儿童能理解的、感兴趣的方法。特别要注意的是思想品德教育重在教育者以身作则，重在让学生潜移默化，重在熏陶——使受教育者在同教育者的接触中，对思想行为、生活习惯、品德学问等逐渐受到好的影响，而不要灌输——由教育者把上述各方面的知识直接传授给受教育者。我们现在在这方面重视不够，把教育工作简单化，急于求成，以为只要教师一讲，学生就懂，懂了就会去做。其实并非如此。这里对我们教育工作者提出一项任务、一项要求，就是要能以身作则，才能为人师表。只有能以身作则给学生做出榜样的教师，才能对学生起熏陶作用，才能使学生潜移默化。东汉时期就有人讲：“以身教者从，以言教者讼。”我们应当身教重于言教，特别对低年级学生应当如此。说身教重于言教，并非不要言教。言教在说服教育方面还是需要的。

再谈谈什么是社会主义新人

这有几种说法。

第一，德、智、体、美、劳全面发展。

1. 德——共产主义道德。要有共产主义理想，或者说社会主义觉悟。周恩来同志总结的雷锋精神“憎爱分明的阶级立场，言行一致的革命精神，公而忘私的共产主义风格，奋不顾身的无产阶级斗志”，是具有共产主义道德的最高表现。最近被授予全国劳动模范光荣称号的赵春娥、罗健夫、蒋筑英，是具有共产主义道德的人。被誉为“活着的雷锋”——朱伯儒，也是这样的人。我们要求学生应有爱国主义思想，全心全意为人民服务的精神；爱劳动、劳动人民和劳动果实（公共财物）；尊重科学，热爱学习；自觉遵守纪律；集体主义思想等。这些都属于德的范围。

2. 智——要有全面的现代文化科学知识。重理轻文是不对的，把课程分为主科、副科的说法也是不对的。不能把智育歪曲为仅仅学习死知识，要学得活，会运用。这就是要在知识教学的同时发展智力，培养能力。

3. 体——身体健康。不要制造近视眼。要求达标（达到体育锻炼标准）。要安排每天至少一小时的体育活动时间。学校体育不能以培养运动员为目的，要全面增强学生的体质。现在有些城市学校连运动场地也没有，农村的学校，有运动场地也没有运动器材，对学生健康成长很不利。应当充实体育设备，重视学生体育的实施。

4. 美——要有审美观点，高尚情操，学校要布置得环境整洁、优美、绿化、美化、香化。养成学生爱美的习惯。心灵美要靠德育，语言美要靠智育，行为美与德育有关，环境美与劳动教育有关。

5. 劳——包括劳动教育和技术教育，劳动教育主要培养劳动观点和劳动习惯，属德育范畴，技术教育应是综合技术教育，在于“了解生产各个过程的基本原理”和“获得运用各种生产的最简单的工具的技能”①。

第二，有理想、有道德、有文化、有纪律的一代新人。强调了理想教育和纪律教育。

第三，有社会主义觉悟的有文化的身体健康的劳动者。强调了社会主义觉悟，即对剥削阶级和剥削行为的憎恨，对劳动的自觉、自愿、各尽所能，有集体主义和主人翁感，爱护社会主义财产。

所有这些，都是社会主义新人的标志。我们学校教育要抓德、智、体、美、劳的全面发展，培养有社会主义觉悟的有文化的身体健康的劳动者。这是一项艰巨的任务。学校领导人和教师都要胸怀全面发展的大目标，从细微的经常的一件件的小事做起。教育当中无小事，任何一点小事也不要放松。人类灵魂的工程师也要像建筑师一样，一砖一木不马虎，才能把高楼大厦建起来。

现在谈谈继承祖国教育遗产问题

为什么要提继承祖国教育遗产（当然是批判地继承，有选择地继承）？因为近年来教育学术界有些不正之风，可以叫作崇洋媚外之风。我们应当学习外国对我们有益的经验，绝不应当闭关自守，但是介绍外国的理论和经验不能过分推崇，要有分寸。更不能认为“教育科学无国界”，外国的教育学说，中国也可以照样搬用。这是不行的。自然科学可以说无国界，社会科学就不能这样

① 《马克思恩格斯全集》第16卷，第218页。

说了。记得 50 年代初期，苏联专家崔可夫对教育部的干部讲教育学，他就说过：“我介绍的只是苏联的教育学。你们中国有毛泽东思想，你们应当有你们中国自己的教育学。”这位专家的话是很对的，一点没有某些专家的大国沙文主义的盛气凌人的态度。

其实，我们中国不仅有毛泽东思想，而且有悠久的文化。中国在历史上是文明大国，礼义之邦，一向是世界上先进的（从当时的条件说）国家。我们春秋战国时期“百家争鸣”的时候，欧洲一些地方还处于茹毛饮血的原始社会。我国落后也只是近两百年的事，不能丧失民族自尊心和自信心。我国古代也早有关于教育经验的理论总结，我们应当批判继承，发扬光大。下面举几个例子谈谈。

第一，“禁于未发之谓豫，当其可之谓时，不陵节而施之谓孙，相观而善之谓摩”。《学记》说这是“大学之法”，是“教之所由兴”的四条经验。

1.“豫”——在医学上讲预防胜于治疗，教育上也是如此。“发然后禁，则扞格而不胜。”我们现在提倡“五讲四美”，是在社会上五不讲、四不美的情况下提出的，讲文明礼貌，也是在社会上不文明不礼貌的情况下提出的，是属于“发然后禁”的一类。所以做起来很费力，而且收效慢，收效微。这是因为十年动乱造成社会风气不正。特别是教育不普及，教育质量低，未能把不文明不礼貌的现象“禁于未发”之先，没有做到这个“豫”字。

学校教育如果真正普及了，而且质量高，完全可以培养出讲文明有礼貌的新一代，为精神文明建设打好基础的。

2.“时”——“好雨知时节，当春乃发生，随风潜入夜，润物细无声”。教育工作要如及时雨，掌握火候，不早不晚，恰到好处。“时过而后学，则勤苦而难成。”这好像是说的学习知识技能，其实学做人也是如此。当学生已经养成了不良习惯以后，再来矫正，即所谓“再教育”，就会使教师感到“勤苦而难成”，有事倍功半之叹。不了解学生心理状态、家庭环境、结交的朋友和他们的兴趣、爱好、性格特点，就不容易及时予以引导。所以了解学生是很重要的。

3.“孙”（即“顺”）——顺就是循序渐进。不仅学习知识技能要讲究“循序渐进”，思想品德行为习惯的形成也要“循序渐进”。现在我们一下子提出许多要求，从小学生到大学生，往往讲的是文明礼貌，“五讲四美”、“三热爱”，未免有“杂施而不孙（顺），则坏乱而不修”之弊。应当适合学生的年龄特点，有计划有步骤地进行思想品德教育。不能把儿童教育成人化。思想品德教育的内容，怎样才能“循序渐进”，这个“序”是个应当研究的课题。

4.“摩”——即观摩。同学之间要“相观而善”，即互相观摩并学习对方的优点。教师更要以身作则，为人师表，给学生树立观摩的榜样。榜样的力量是无穷的。要使学生对是非、真伪、善恶、美丑有正确的观念。要使学生看到善有善报，恶有恶报。即好人好事有人表扬奖励，坏人坏事得到舆论或纪律的制裁。十年动乱不仅善恶不分，而且人妖颠倒，是非混淆，因为一切都搞乱了。现在拨乱反正就是要把这个乱拨过来。

第二，《学记》又说：“故君子之教，喻也：道而弗牵，强而弗抑，开而弗达。道而弗牵则和，强而弗抑则易，开而弗达则思。和、易、以思，可谓善喻矣。”这个经验不仅教学适用，思想教育工作也适用。它的主要精神就是把学生看作自觉学习的主体，而不是被动的接受器。

1.“喻”就是开导、引导的意思，路是要学生自己走的，教师只不过在前面做个引路人。

2.“道而弗牵则和”，就是只引导而不强迫，这样学生就会同教师亲近(和)。

3.“强而弗抑则易”，就是提出要求，激励上进，但不压抑他们，这样学生就会觉得轻松愉快（易)。

4.“开而弗达则思”，就是指示道路不一定马上要他达到，这样学生就会开动脑筋去思考。

5.学生能亲近教师，觉得轻松愉快，肯动脑筋，这样的教师就是善于开导的教师了。但是，我们现在不少教师说教多于引导，强迫命令多于启发诱导，消极限制多于积极鼓励，包办代替多于放手让学生思考。这样在知识教学上固然不成，在思想教育上也是无效的。

第三，《学记》还说：“教也者，长善而救其失者也。”“长善救失”，用现在的话说，就是“发扬优点，克服缺点”。两千多年前，我国教育工作者就发现了这条教育工作规律，是多么值得我们自豪啊！再好的学生也是既有优点又有缺点的，再差的学生也是既有缺点又有优点的。我们看学生不能一点论，要两点论。要看到好学生身上的缺点，帮助他克服，才能使他不断前进，而不盲目骄傲自满。更要看到差学生身上的优点，发扬他的优点，树立他克服缺点的信心，而不至于因自卑而自暴自弃。目前有许多学生不学习，混时光，等毕业，实在需要我们来“长善救失”，使他们学有所得。

第四，再举《孟子》上的一个例子。“君子深造之以道，欲其自得之也。自得之，则居之安；居之安，则资之深；资之深，则取之左右逢其源。故君子欲其自得之也。”——这里反复说“欲其自得”，就是说强调学生自觉学习，自我修养。两千三百年前的人认识到学习修养是学习者自己的事，不能不令人佩服。我们现在往往不顾儿童接受能力，一遍一遍地大道理讲个不停，直接灌输，孩子们左耳进，右耳出，没有发生任何作用，净做些无效的劳动，就是因为没有懂得学习、修养是学习者自己的事，别人代替不得，也不能靠外力灌输。只有自己懂得的道理，才能化为自己的血肉，才能不断积累，为我所用；用起来如数家珍，左右逢源，得心应手。《学记》也批评那些徒劳无功的说教：“今之教者，呻其占毕，多其讯言，及于数进，而不顾其安。”照本宣科地教，题海战术地问，迫切而频繁地求进展，而不顾学生是否心安意得。在思想品德教育上也是如此。都是没有把教育的作用看作引导，也没有把教师的职责看作引路人，所以急于求成而不能有成。这样学的书本知识，考后便忘记；这样学的思想观点也不能化为自己的行动，不能成为立身处世之道，不能成为行动的指南。所以教育成了无效劳动。因此，强调引导学生自觉学习、自我修养是很重要的。

值得批判地继承的祖国教育遗产很多，以上只是举例。

最后谈谈普遍树立良好校风的问题

近年有些同志往往埋怨社会风气不正，影响了学校教育的效果。从学校不能离开社会而独立这一点说，这说的也是事实。但是，学校究竟是比较简单、纯洁的教育环境，它可以净化社会环境中的不良影响。学校教育工作做好了，还能增强学生对不良社会影响的免疫力。所以从这一点来说，学校又可以相对地独立于社会。

年纪稍大一点的同志应当记得，旧社会特务横行，贪污遍地，民不聊生，乌烟瘴气。但是旧社会不少学校树立了良好的校风，抵御了不良社会风气的影响，为社会革命和国家建设培养了许许多多有用的人才。现在，经过十年动乱，我们的社会上虽然有不正之风，但并非主流，比旧社会的风气总要好得多，简直不可同日而语。因此，如果我们办学的同志，都立志做一位教育家，而不要做教育官；每一位教师，也以教育家来严格要求自己，不做教书匠，那么，大家齐心协力来树立良好的校风，是可以各自发挥自己学校的优势，形成一个个强有力的教育集体，不但不再受社会不良影响的侵蚀，而且可以转变社会上的不正之风的。我认为，“事在人为”，这并不是办不到的事！

怎样才能普遍树立良好的校风呢？

第一，慎重遴选和任用学校的领导班子，要把立志献身教育事业的、热爱教育事业的、懂得教育规律的同志安排到学校领导岗位上来。

第二，学校里的每一个工作人员，包括校长、书记、教员、职员和工友，都是民主平等的成员。书记、校长不能以领导者自居，把教职员工看作自己的下级。这样才能充分调动全校工作人员的积极性，投入民主办校的热潮。

第三，学校里党的领导，要体现为教育行政部门党组织对学校进行的党的方针政策的领导，学校党支部只起保证监督的作用。在学校里不能以党代政，或党政不分。书记、校长都必须懂得教育科学，遵循教育规律来办学。

第四，学校里一切重大的事情，都必须由校务会议、教导会议、总务会议协商通过以后来办，不能由学校领导人说了算，更不能关起门来瞎指挥。这样民主办校才有利于形成一个坚强有力的教育集体，才能团结全体教职员工协同工作，发挥所有工作人员的优点，克服各种困难的条件。

第五，学校实行民主办校以后，全体教职员工的目标一致，步调一致，态度一致，方法一致，这样就会对学生产生统一的教育影响，增强教育的力量，而不致互相抵消。

第六，不仅学校工作人员要形成一个坚强的教育集体，学校所有师生员工也应当形成一个统一的教育集体。师生之间也应当树立新型的社会主义学校的民主平等的关系，形成尊师爱生的良好风气。

第七，每一所学校都要给学生指出远大的理想和奋斗目标，如“全心全意为人民服务”、“当好共产主义事业的接班人”等等，不要以升入高一级学校为奋斗目标。为什么要升学，不还是为了更好地为人民服务吗？不还是为了学得建设祖国、保卫祖国的本领吗？升学只是手段，不应该是目的。

第八，在中小学的每一个班级都可以用孩子们热爱的英雄、烈士、模范、标兵的名字命名，如吴运铎班、董存瑞班、刘胡兰班、黄继光班、罗盛教班、雷锋班、赵春娥班、罗健夫班、蒋筑英班等等。教师同学生们一起，向英雄、模范学习。每一个班都能形成良好的班风，全校的校风就能好起来。

第九，除了学生守则和思想品德教育大纲以外，学校里还可以由师生适当订出一些常规、公约等，大家共同遵守。培养自觉遵守纪律的习惯。

第十，教师要了解每一个学生，了解每一个学生的家庭生活，优点和缺点，以便“长善救失”，联系家长共同教育好每一个学生。

1983 年 3 月 5 日写完

载《师范教育和教育科学》，
人民教育出版社 1985 年版。

谈谈教育学的中国特色问题*

一、为什么教育学要具有中国特色

教育学是研究教育规律、指导教育实践的科学。这门科学还比较年轻，还不很严密，不很精确，需要我们教育学界的同行们努力钻研。我们所以主张设立教育科学研究所，提倡成立教育学研究会，就是为了促进教育科学的研究。

既然教育学是研究教育规律的，规律是客观存在，不依人的意志为转移的，那么它就具有普遍性。有人根据这一点，就说教育学既然是一门科学，科学是没有国界的，那么教育学也没有国界。——这种意见不知道同志们是否同意？是全部同意，还是只同意一部分？我只同意一部分，或者说基本上不同意。

为什么说只同意一部分？因为教育是培养人的工作。人首先是个自然实体，不同国家不同社会的人，在生理发展、心理发展方面有一些共同的规律。这些共同的规律，如果用作进行教育的依据，这样产生的教育规律，可能适用于中国，也适用于外国；可能适用于社会主义社会，也适用于资本主义社会。教育学中只有这样一些东西才可以说是无国界的（如教育分段和年龄分期，又如认识的过程和按照这种过程确定的教学规律）。尽管如此，在我们运用这些共同规律的时候，也不能生搬硬套，也要从实际出发。否则也会犯教条主义的错误。

为什么说基本上不同意或者完全不同意？因为说科学没有国界，是指自然科学说的。教育学是社会科学，社会科学要受一定社会的经济、政治、文化等各方面的影响。各国的社会经济制度不同，政治制度不同，文化程度不同，各

---

* 这是作者 1983 年先后在上海市、苏州市、西宁市和天津市举行的教育学研究会或教育学术讨论会上的讲演稿，发表时略有修改。

国的社会科学应当具有各自的特色。否则，这门社会科学就成了为科学而科学的纸上谈兵，不能指导社会实践。教育学要能指导教育实践，所以必须具有本国特色。

提出教育学的中国特色问题，固然是我们建设自己的教育学这一任务的需要，也是因为要驳斥那种认为教育学没有国界的论调。这种论调我在80年代的一次讨论外国教育问题的会上还听到过。它的根源很深，起码有八十年的历史。因为我国正式废科举，兴学校，采用近代学制，已经有八十年了。八十年来，我们的教育学就是从外国搬来的。首先是从日本搬来的，而日本又是从德国搬过去的。所以我们直接学日本，间接学德国。如，赫尔巴特及其弟子的五段教学法：预备、提示、联想、总括和应用，就是从那时起就流行到我国来的。五四运动以后，特别是杜威来我国讲学以后，留学美国回来的学生多了，又转而搬来美国实用主义教育学。这一段时间比较长，影响比较大。其间虽有人搬来德、意法西斯教育谬论，未成气候。新中国成立后，先是照搬了苏联教育学，后来又全盘否定了，但是破而未立。十年动乱，教育学实际上是被取消了。党的十一届三中全会以后，拨乱反正，才有可能谈到建立具有中国特色的教育学问题。

二、教育学应具有哪些中国特色

（一）坚持四项基本原则是中国首要的也是最鲜明的特色

要谈教育学的中国特色，首先要看中国有哪些特色。中国的第一个也是最主要的特色，中国是一个坚持四项基本原则的国家。这已在宪法里写得很清楚。四项基本原则中关键的是指导思想。即中国是以马克思列宁主义为“指导我们思想的理论基础”的国家。先知先觉的中国共产党人，运用马克思列宁主义的普遍真理，结合半殖民地半封建中国社会的实际，领导中国人民起来，推翻了压在中国人民身上的“三座大山”，建立了独立的、自由的、民主的、团结的新中国。进一步又消灭了人剥削人的制度，在中国这样一个伟大的国家，建立起社会主义制度，实现了马克思恩格斯在《共产党宣言》里提出的理想：消灭私有制。即消灭了生产资料的私有制。这就是说，马克思列宁主义的科学真理已经在我国开了花，结了果。我国已经由一个半殖民地半封建的社会，跃进到社会主义社会。这是一项极其伟大的成就。总之，谈中国的特色，首先就要认识到中国是一个坚持四项基本原则的国家：坚持马克思列宁主义、毛泽东思想，坚持社会主义道路，坚持人民民主专政，坚持共产党的领导。在这四点上不能有丝毫动摇，这是中国最主要最鲜明的特色。那么，我国教育学怎样反映这个特色呢？

第一，我国教育学应以马克思列宁主义、毛泽东思想为指导思想，或者说，应以马克思主义的精髓辩证唯物主义和历史唯物主义为指导思想。这就是说我们的教育学的研究要以这样的思想方法来挂帅。为此，我们应当不唯上，不唯书，而唯实。唯实就是实事求是，理论联系实际，一切从实际出发。唯实就要坚持实践是检验真理的唯一标准。举例来说，我们在教育学里，讲教育的起源和发展，讲教育的本质和职能，应当实事求是地还历史以本来面目，如实反映情况。本来，教育起源于人类传递生产劳动经验的需要。物质生产活动是人类最基本的实践活动，没有物质生产，人类的衣、食、住、行的需要都难以满足，人类就难以生存。这个道理是很明显的。教育就是人类的长辈把生产劳动经验传递给晚辈的活动。这是经得起实践检验的真理。即使在人类分成阶级以后，教育被统治阶级抓在手中，作为阶级压迫的工具，在此同时，教育传递生产劳动经验的作用也要继续发挥。所以教育作为生产斗争的工具是绝对的，教育作为阶级斗争的工具是相对的。可是，十年动乱中，上海大批判写作组在《红旗》杂志发表的一篇批判凯洛夫主编的《教育学》的文章《谁改造谁》中，却歪曲事实，说人类是为了阶级斗争的需要才办教育的。这种态度是违反实事求是精神的，是违反马克思主义的，因而是错误的。从1978年10月起，我国教育学界争论教育的本质问题历时甚久。有的说教育是上层建筑，有的说教育是生产力。介乎二者之间的还有一些说法，回避二者之争的也有一些说法。如果我们回顾一下教育发生和发展的历史，看到教育起源于人类生产劳动的需要，即传递生产斗争经验的需要，就可以承认教育是促进社会生产力发展不可缺少的力量。既然物质生产活动是人类最基本的实践活动，任何时代、任何社会都离不开物质生产，都需要传授从事物质生产活动的经验，所以教育最基本的职能，就是传递人类生产斗争的经验。说教育本身就是生产力虽然有些勉强，若说教育是促进社会生产力发展的一种不可缺少的力量，却是符合马克思主义的，即符合历史唯物主义的。作为教育起源于生产劳动需要的证明，我国古代见诸文字记载的有《周礼·地官司徒》中的传说："大司徒以土宜之法，辨十有二土之名物，以相民宅而知其利害，以阜人民，以蕃鸟兽，以毓草木，以任土事。辨十有二壤之物，而知其种，以教稼穑树艺。”我国古代传说在尧舜时有位名叫后稷的人教民稼穑，树艺五谷。周族认为他是开始教人种稷和麦的人。这同传说中燧人氏教民取火，有巢氏教民巢居，神农氏教民耕种的说法一样，不可能是某一个杰出人物，而是集体的经验经过千百万年积累传递下来的。这也好像我国古代传说仓颉造字一样。不可能是一个杰出的人物创造出许多字来，而是人类长期积累传递下来的。总之，在人类出现了阶级的划分以前，教育早已存在。只是到了阶级社会，教育才成为阶级斗争的工具，同时它作为传递生产斗争经验的职能继续、持久，永远发生作用。这是我们观察、分析、研究教育本质时必须注意到的。说明教育是促进社会生产力发展必不可少的工具，还有极大的现实意义。因为直到现在，我们还有些同志把教育看作消费事业，把教育投资看作消费投资，而没有看到教育是培养人的。人是生产力中最重要的因素。要发展社会生产力，首先要靠教育来培养人，培养掌握现代科学技术的人。有了这样的人才能使各项建设事业现代化。所以教育投资实际上是生产投资。关于这个问题，同行们都已明了，就不必多说了。总之，我们的教育学要以马克思主义为指导思想，以辩证唯物主义和历史唯物主义为指导思想，就应当用这个尺子来量量我们的教育学理论是否切合实际，能否经得起实践的检验。我们的教学工作，倘若少慢差费当然不好；缩短学制、精简课程固然有必要，但并非学制缩得越短越好。课程的繁简也要看教育目标能否达到，并非越简越好。这是我们已有的教训，应当吸取。又如，外国的教育理论可以借鉴，而如果生搬硬套就很不好。赞科夫的高难度、高速度等原则，虽然有他的实验根据，但他的实验对象是苏联社会的苏联儿童，我们中国的农村小学拿来应用，就大错特错了。我们千万不要做一些违反实事求是精神的蠢事。

第二，我国教育学应体现党对教育事业的领导。党对教育事业的领导，是我国教育事业的一大特色。三十多年来，在这方面既有丰富的成功的经验，也有值得研究改进的问题。我们教育学的理论，对这个问题不应回避，应当本着有利于加强和改善党的领导，总结实践经验，从理论上加以阐述。我想从学术研究的角度，提出一点意见，供同志们批评讨论。首先是怎样理解党的领导问题。我觉得在中国共产党是执政党的条件下，全国一切事业都在党中央的领导之下，教育事业也不例外。所以党的领导应体现为党中央的方针政策的领导。党制定了教育方针政策，要在学校中贯彻执行，党就要直接参加或监督保证党的教育方针政策在学校里贯彻执行。究竟是直接参加好，还是监督保证好，或者在基层是模范带头好，恐怕要具体分析。只要有利于党的方针政策能在一所学校里具体落实，采用什么形式是可以考虑的。现在一般学校都是党、政双重领导，如果书记和校长是一个人兼任，效率就比较高；如果不是一个人，工作效率反而不高。如果彼此不团结，当然更要分散力量。我们初步设想，在普通中小学里，可否实行校长负责制，废除以党代政或党政不分的现象，学校党支部主要起保证监督作用和率领党员教职工起模范带头作用。校长要召开包括党支部书记在内的校务会议决定重大问题，不能独断独行。这样，学校的领导就简化了。另外，在教育行政部门，要挑选有业务专长的、熟悉教育科学的党员干部任督学或视导员，轮流到分工负责的学校去视察、检查工作，看党的教育方针是否在学校中真正落实了，纠正那些违背党的教育方针的错误做法。这是针对目前一般学校里领导多头，不抓主要的教学任务，不仅工作效率不高，而且工作上彼此掣肘，而设想出来的办法。特别是许多学校的支部书记往往是转业军人，这些同志大多数没有办教育的理论和实践，如果尊重懂业务的校长，事情还好办些；如果他要想独揽大权，指挥一切，事情就难办了。我主张照马克思的意见，学校可设军事训练课；并且照恩格斯的意见，请转业军人到学校担任军事训练的教员。现在许多中学里的转业军人一到学校就发号施令当领导的做法，是不利于贯彻执行党的教育方针的。必须强调，办教育必须有懂得教育科学和教育业务的内行来领导。现在的教育工作者中，这样的党员逐渐多起来了。今后任用对教育是内行的党员当校长，是不是就由他和以他为核心组成的党支部来体现党的组织领导呢？这比派一个不懂教育又不虚心学习教育科学和教育业务的转业军人来领导学校要好得多。我们的教育学要讲教育管理或者叫学校管理和领导，这个问题是无法回避的，也是不应该回避的。

第三，我国教育学要体现坚持社会主义道路的原则。社会主义社会是消灭了剥削的社会，是消灭了生产资料私有制的社会，是消灭了阶级的社会，因此人与人之间的关系应当是真正平等的。资产阶级尽管一再说他们的教育机会是平等的，但是在存在着阶级、存在着剥削、存在着种族歧视的资本主义国家，教育机会不可能做到真正的平等，这是毋庸置疑的。社会主义社会是共产主义社会的初级阶段，社会主义要过渡到共产主义去，就要不断提高人们的共产主义觉悟，不断发展社会生产力，使人们的觉悟极大地提高，社会的物资极大地丰富，在此同时还要消灭城乡差别、工农差别、体力劳动同脑力劳动的差别。这是我们社会主义社会发展的方向，前进的道路。我们的教育学就要体现出这种方向和道路。从教育机会平等来说，我们目前还没有做到，大城市条件好一些，可以普及初中了，但广大农村，小学教育还没有普及。现在教育部还准备办简易小学，就是识字班，只教语文、算术两门课。这实在是不得已的办法。我们的教育学在指出我国社会主义教育的光明的前景的同时，也不必回避当前的现实，要让学生知道我国人口多，底子薄，社会主义建设时期又走过弯路，目前的条件还比较差，激励青年人奋发有为的志气，为促进经济文化落后地区的教育事业发展而立志献身奋斗。这正是振兴中华必不可少的一项踏踏实实的迫切任务。当前教育机会的不平等，不仅有地区上的不平等，还有性别上的不平等。农村中女孩子失学的比较多，这也是个值得注意的问题。妇女能顶半边天，在我国本不应存在重男轻女的现象。但因传统习惯势力和封建腐朽思想的影响以及经济文化的落后，这种现象在农村还不是个别的。我们的教育学就应提醒人们在普及教育的工作中，特别注意女生的入学问题，同时在扫盲工作中，也要注意女文盲占多数，要把吸收女生入学当作普及农村教育和扫除农村文盲的重点。此外，还有少数民族地区教育的普及问题。经验证明，在牧区，办好寄宿学校是在少数民族中普及教育的有效措施。要注意培养民族师资，办好民族师范。少数民族地区的教育往往是同宗教势力争夺青少年的重要手段。边疆地区少数民族教育办好了，还有巩固国防的伟大作用。人民是铜墙铁壁。但没有受到教育的人民还不能成为铜墙铁壁。必须进行爱国主义教育，人民才能成为铜墙铁壁。其实，这个问题不仅在少数民族教育中存在，在全国青少年儿童教育中都存在。由于十年动乱，教育荒废，不少在此期间成长起来的一代人对社会主义祖国缺乏深厚的情感，所以要补课。这就涉及社会主义教育内容的问题了。我们社会主义教育首先要培养爱国主义者，要培养集体主义者，没有爱国主义和集体主义思想，也就不可能有社会主义觉悟和共产主义理想。社会主义教育就是要培养集体主义者。集体主义同个人主义是相对立的，是互为消长的。集体主义思想多了，个人主义思想就少了；不注意培养集体主义者，势必会产生个人主义者。这是我们的教育学必须强调的问题。还有，我们社会主义教育要培养全面发展的人，这种全面发展的人不是光靠德、智、体诸育就能培养出来的，一定要进行劳动教育和综合技术教育。况且，社会主义社会应当实行按劳分配、不劳动者不得食的原则，我们社会主义教育的目的是要培养劳动者。列宁说过，社会主义就是消灭阶级，为此，第一要推翻地主和资本家，第二要使所有的人成为劳动者。这种劳动者包括从事物质生产的劳动者和从事精神生产的劳动者。我们的教育学在这方面要有充分的阐述。总之，在各级各类学校课程的编订即教育内容的选择上，要体现出我国社会主义教育的特色来。

第四，我国教育学要为巩固人民民主专政，发扬社会主义民主，健全社会主义法制服务。我国提倡科学与民主，从1919年五四运动算起，至今已经六十多年了。但是由于种种原因，赛先生和德先生至今还没有真正在我国安家落户。新中国成立以来情况虽然好些，但是由于封建社会的传统势力十分顽固，在名义上实行的民主集中制中，集中多而民主少。口头上说是要有群言堂，实际上还是一言堂。加上过去在极左思潮影响下，不重视知识，不尊重科学，所以说五四运动的任务还没有彻底实现。党的十一届三中全会以来，特别是十二大以来，情况越来越好，但是还要继续努力。单从发扬民主来说，我们教育学在论述学校管理问题的时候，在谈到学校教职员工之间关系的时候，谈到师生关系的时候，都应当强调民主平等的问题。据我服务教育五十年的经验，学校（机关也一样）领导人的水平越高，越容易发扬民主；领导人的水平越低，就越不相信群众。西方有句话说，“As is the teacher，so is the school”。就是说有什么样的教师，就有什么样的学校。学校办得好不好，教师是个决定因素。校长是headmaster，是教头，是教师的一员。他不可能一个人办好一所学校，必须群策群力。所以在学校里，校长（包括党支部书记）同教师应当是一个教育集体里的平等的成员。校长不能摆领导人的架子，教师不是校长的属员，校长教师之间没有上下级关系。教师应自觉遵守集体的决议，校长也不例外。这应当是学校中实行民主集中制的实质。这样，教师的积极性才能充分发挥。我们认为民主不是目的，而是一种手段，它是为了充分调动人的积极性才受到重视的。而没有人的积极性，任何事情都办不好的。至于师生关系也应当体现民主平等的原则。这是因为学生是学习的主体，无论德、智、体、美、劳，没有学生自觉地积极地参加，都不可能收到预期的效果。教育学里应当充分论述这些问题，因为这些都是教育的规律。

再谈健全社会主义法制。我这里不多谈在学校教育中要加强法制教育问题。但要提醒一句，教育总比再教育容易。法制教育的基础要靠小学甚至幼儿园。要在儿童幼年起就逐步培养他们遵守纪律、实践公约、贯彻守则等良好的行为习惯，教师、家长和一切成人都要以身作则。等到孩子长大成人，养成了不文明、不礼貌、不卫生的习惯，甚至目无法纪，成了极端个人主义者，再来进行“五讲四美”教育、文明礼貌教育，以及法制教育，为时已晚，费力必多。我们现在常常做些头痛医头、脚痛医脚的事。教育重在预防，二千多年前，孔子就说“凡事预则立”，《学记》的作者也强调“禁于未发之谓豫”，都是符合规律的。请同志们不要误解，我这里并不是说不要进行补课的活动，而是说应当重视办好基础教育（幼儿教育、小学教育），努力为办好这些教育培养合格的师资，提高这些师资的物质生活待遇，以期吸收优秀青年来从事至关重要的基础教育工作。提高了基础教育的质量，就可以防患于未然。为此，应当有教育法，制定教育法规，使各级政府和教育行政干部及广大教育实际工作者有所遵循。我们的教育研究要为此做些准备。从教育理论上阐明早期教育的重要，阐明预防教育比治疗教育好，还要论述制定教育法规的必要。

（二）中国历史的几大特色

中国历史有几大特色，如，有悠久而且绵延不绝的四千年文明史，长期具有最先进的科学技术因而具有古代最发达的社会生产力，还有世界上最早的教育专著和丰富的教育遗产。这些特色都必须反映在我国教育学里。

中国是世界文明古国之一，并不是唯一的文明古国，也不是最古的文明古国。但是无论印度还是埃及，更不用说巴比伦，它们的文明社会传统都没有中国这样绵延不绝。我国有文字记载的历史，假如从夏代算起的话，从公元前21世纪就开始了。所以说中国有四千年文明史一点也不夸张。夏代是我国原始公社制社会解体、奴隶制国家诞生的时期。马克思、恩格斯在《共产党宣言》里说的一切有文字记载的历史都是阶级斗争史的论断，同我国的情况也是符合的。虽然我国有文字记载的历史中，也讲了一些远古时代原始社会历史的传说。中国有悠久的特别是绵延不绝的文明社会传统，在世界上是唯一的，这是中华民族的骄傲。中国也曾有过外族入侵的时期，甚至有过外族入主中华的时期。但是，一则由于中华民族富于反抗外敌的光荣传统，二则由于中华民族有先进的社会制度和先进的文化科学技术，三则由于中华民族提倡“富贵不能淫，贫贱不能移，威武不能屈”的气节，鄙视、蔑视那些卖身投靠敌人的汉奸卖国贼，所以汉民族往往把入侵的少数民族同化了，最后形成了中华民族的大融合。不仅如此，汉族的文化还传播到左右邻邦，促进了这些国家文明的发展。这些无可争辩的历史，友好邻邦的友好人士，都是公开承认的。我们自己有悠久的文明史而许多人看不到，失去民族自信心，成了民族虚无主义者，这个事实不能不引起我们的重视。

中国在历史上长期具有最先进的科学技术，因而具有最先进的社会生产力，以及与这些先进生产力相适应的社会制度，还有正直不阿、坚强不屈的社会风气。中国在历史上靠这些来同化入侵的少数民族。但若从历史唯物主义观点来说，归根到底还是靠先进的社会生产力。处于游牧状态的奴隶社会时期的少数民族，尽管靠兵强马壮侵入中原，但是同已经进入发达的封建社会的中原民族一经长期较量，自然就败下阵来。因为封建社会的生产力高于奴隶社会，封建社会的典章文物，必然要把奴隶社会的各种制度击败。这是说的古代历史情况。但是近二百年来，西方科学技术的发展，已经跑到中国前面去了。西方资本主义社会创造了比封建社会高得多的生产力。所以从近代开始，中国的封建社会一遇到西方殖民主义的入侵，就节节败退。这是因为资本主义国家的社会生产力高了，科学技术水平高了，而我们原先处于高度发达的封建社会的生产力水平和科学技术水平，这时却远远落后了。落后就要挨打，所以我们挨了西方殖民主义、帝国主义的打有一百多年。俄国十月革命以后，先进的中国人好不容易找到了马克思列宁主义这个指路明灯，好不容易有了中国共产党的领导，才能推翻“三座大山”，我们这个文明古国的历史，才能继续绵延不绝。否则真是不堪设想的！所以我国古代有先进的科技，而近代、现代落后，急待迎头赶上，是当前中国的实际。

在历史上，中国有世界最早的教育专著和大量的教育遗产。中国在两千多年以前，就能写出《学记》那样的教育专著，应当说是中国古代教育经验的总结。当时能写出具有朴素辩证法思想的教育专著，也应当是中华民族的骄傲。至于历代教育家、思想家的教育遗产也是大量的，有待于发掘和整理，作为建立有中国特色的教育学的原料。由于我国曾经受过帝国主义、殖民主义一百多年的政治压迫、军事占领、经济掠夺和文化侵略，有些人不免形成一种崇洋媚外的思想。抗美援朝以后，这种思想受到批判，但未肃清。近年来实行对外开放政策，具有这种思想的人又有所抬头。毛泽东同志曾经批判过的“言必称希腊”，而“对于自己的祖宗却忘记了”的不良风气，又容易见到了。在我们教育学界，最明显的是不管有无必要，写起文章来都要引几句外国人的话，作者以此表示自己渊博，编者也以为作者能介绍新知识、新观点、新理论，而让它广为流传。其实，内行人看了，那些话并无什么新意，不但外国曾有别人讲过，中国也早已有人讲过。如果把这些话编入教材，写入讲义，就更加贻害无穷，最大的危害就是不能培养下一代民族自信心、自尊心和自豪感，反而无形中使他们感染了崇洋媚外的病菌，岂不可怕！由此可见，有丰富教育遗产而未发掘、利用，也是当前中国的实际之一。

针对以上所述的中国实际，我们教育学研究有许多工作要做。例如，中国古代有很宝贵很丰富的教学论遗产。如，孔子讲的“学而不思则罔，思而不学则殆”，说到学与思的辩证关系；他还讲“学而时习之”，“温故而知新”，等等。又如，孟子强调自学，“君子深造之以道，欲其自得之也。自得之，则居之安；居之安，则资之深；资之深，则取之左右逢其源”（《孟子·离娄下》）。张载、朱熹，虽然哲学观点不同，但都强调学则须疑。要求学习者发生疑难，正是调动学习者积极性所不可少的。我这里只是随便举例，说明整理祖国教育遗产的必要。除了整理祖国教育遗产来充实我国教育科学以外，还要研究在长期封建统治下，中国劳动人民如何传递科学技术知识，使中国的科学技术长期在世界上处于领先的地位这个问题。过去的教育史，研究的只是官方教育史；官方教育史中，虽然也有一些培养少数科技人才的设施，但大都属于培养统治帮手的历史。现在我们是否可以多发掘民间的教育史、劳动者的教育史。如果这方面的问题研究出成果来，我想是可以授予博士学位的，因为对中国教育学一定会有新的贡献。由于中国是文明古国，中国历史悠久，我们在学校课程的安排上可以给中国历史和中国地理以较多的分量。这对培养民族自尊心、自信心和自豪感，对培养振兴中华的壮志豪情，都是必不可少的。教育学在论述教学内容的时候，似应注意及此。这里附带说明一下，我强调教育学应吸收我国教育遗产来充实教育理论的内容，并不排除借鉴国外教育科学的老传统和新成就。这一点是不应该误解的。我反对的是人云亦云，把外国人讲的话奉若经典的那种不正常的做法。不能说强调教育学的中国特色，就一概排斥外国的东西。不能从一个极端走到另一个极端，不能左右摇摆。我们教育上左右摇摆的教训应当记取。当然，发掘祖国教育遗产也并非轻易可以做好的，要以马克思主义为指导，认真清理，非有许多人共同努力不可。尤其因为古典文字的障碍，最好趁年老的熟悉古文的同志健在的时候大力抢救，并培养中青年来继承这项事业。

（三）中国地大、物博、人众

中国人口虽多，但智力开发不足；物质资源虽然丰富，但缺乏开发的技术。

我国现在有10亿人口和56个民族。人口分布很不平衡，大抵是沿江沿海人口密度大，内地有些地方人口密度稀。56个民族中，汉民族人口占绝大多数（93.3%），其他55个少数民族约占6.7%，而少数民族居住地区却分布在占全国总面积50%～60%的土地上。这些地方又多是边疆、国防前线。人口多是好事，但开发智力资源需要大量投资。为巩固边防，必须提高边民物质、文化生活水平，更不能吝惜教育投资。在我国960万平方公里的土地上有多种多样极其丰富的资源，简言之，地大物博。解放前，外国人（主要是美国人）说我国是贫油国，说我们没有石油，要依靠洋油过日子。希望我们永远依赖外国，投入帝国主义怀抱。事实证明是欺骗。经过近年的勘探，我国石油资源丰富，其他能源也丰富。但光有物质资源并不能富强起来，没有人力，不开发智力资源，落后的帽子还是摘不掉的。美国人过去骗我们，说我们地虽大而物不博，我国也有些崇洋媚外者随声附和，主要是因为我们无知，没有知识，科学不发达，旧社会又没有搞建设，去勘探，去开发。二十多年社会主义建设的成就早已驳斥了帝国主义的谎言和欺骗。但是物质资源丰富，智力资源开发不足，仍然是当前中国的一个实际问题。

我们的教育学要针对我国人口多，智力投资少的问题，强调增加智力投资的必要，强调重视少数民族地区教育投资的重要性。强调要开发丰富的物质资源，必先开发人力资源，增加智力投资的问题。为了清除不重视知识，因而也不重视教育，吝惜智力投资的错误思想，我们要从理论和实际等方面，提出有说服力的论证，使整个社会都能重视知识，重视教育，舍得花钱来办教育。列宁很重视教育投资。他在苏维埃政权成立初年，国家财政困难的条件下，就提出要把各部门节约下来的经费用作教育经费，并且主张要用国家财政来满足初级国民教育的需要（详见《日记摘录》），批评了不重视增加教育经费的现象。

据统计，苏联在1928—1934年教育经费成倍增加，其中用于普及义务教育的经费，也从占48%提高到占52%。日本1977年全国教育经费用在普及义务教育上的占55%。

由此可见，普及教育需要国家大量投资，否则就难以保质保量地实现。这本来是教育经济学的任务，现在我们不必分工分得那样细，教育学里也要多论述，多宣传。

（四）中国教师队伍庞大，经验有待总结，先进经验有待推广

我国有九百万人的教师队伍，其中一定有许多教育专门家。他们的实践经验，就是教育学“取之不竭，用之不尽”的泉源。因为实践出真知，一切真知

都是从实践发源的。这是马克思主义认识论真理，是毛泽东同志在《实践论》中阐明的。我们教育学研究人员要帮助广大教师来总结经验，使之上升为理论，并经过实践的检验，就可以丰富我们的教育学。遗憾的是这九百万教育工作者中有多数没有受过教育专业训练，缺乏教育科学修养，他们的实践有些不免是盲目的实践，还缺乏自觉性。我们教育学工作者必须帮助他们，用教育科学理论武装他们，并帮助他们来总结经验，用以充实教育学的内容。

总结和推广我国先进教师的经验，是一项经常的工作。我们的教育学研究会，今后也可以组织教育经验交流会。各县、区每学期举行一次，全省、自治区、直辖市每年举行一次，把各校优秀教师的经验，变成全省、自治区、直辖市教师的共同财富。有些地方出版社出版了不少优秀教师经验选编，这是非常有益的工作。不仅给教育学的研究提供了丰富的资料，而且有利于推广好经验。有了好经验要推广，要鼓励教师同志互相学习，取长补短，共同提高。但是总结经验也不能只描述经验，要把它提高到理论上来说明，使它具有更加普遍的意义。进一步还要从实践中产生新理论或发展原有的理论，这样的教育学就会富有强大的生命力。

（五）目前中国教育不普及，教育质量低，令人忧虑

中国现有各级各类学校的学生约两亿人。其中小学生约一亿四千万（不足），中等学校学生约五千多万，高等学校学生二百多万（包括全日制和非全日制）。据估计，每年约有七百万小学毕业生不能升入初中，每年约有七百万初中毕业生不能升入高级中等学校，每年约有二百万弱高中毕业生不能升入高等学校。——这些不仅是教育行政领导人关心的问题，全社会关心的问题，也是我们教育学研究者应当关心的问题。此外，还存在一个教育质量不高的问题，即“有文凭，没水平”的现象。小学合格率只占毕业生的50%，初中合格率在一些大城市也只占30%，高中毕业生有些不具有初中文化水平。这样的数量与质量上的问题，我们教育学工作者不能熟视无睹。

我国宪法虽已规定要普及初等义务教育，但是目前尚未普及，因此新文盲不断产生。1982年人口普查，我国还有十二足岁以上的文盲半文盲两亿三千五百八十万人。这是我们社会主义现代化建设的隐忧、隐患。这个问题，至今似乎还没有引起全社会的高度重视。现在虽然重视教育，主要还是重视高等教育，而且在大力发展高等教育，对于基础教育、普通教育，决定高等教育质量的初等教育、中等教育，似乎刚开始着手抓。如果再不抓真是不得了。迟抓一

年就多产生一批文盲，而“在文盲的国家里是不能建成共产主义社会的”（列宁语）。

中小学本来都是普通教育，但是既然存在着小学教育不普及，小学、初中、高中毕业生都大量不能升学的现状，我们的教育学对此不能漠不关心。一方面应当强调教育有促进社会生产力发展的作用，不能培养“四体不勤，五谷不分”的废物；一方面要在学校课程设置上下功夫。既然小学毕业生当中每年有大量不能升入初中，我们给小学生的教育也要为他们参加生产劳动做一些最初步的准备。学生家长看到孩子受过教育同没有受教育不一样，不仅能写会算，而且能劳动生产，一定更乐于送孩子入学，有利于教育的普及。初中毕业生既然也有大量不能升学的，初中课程的设置也应有职业选科。日本在第二次世界大战以后，普及了初中教育，但50年代初中学生毕业后不升学的多，还在初中开设职业选修科。所以我们只要想到办教育不是让孩子层层逐级升学，而是为了发展社会生产力，就应当考虑适应这种需要，培养他们一技之长。至于高级中等教育阶段，除学校类型应当多样化，普通高中也要注意完成双重任务，加强职业选科。不能把各级学校都办成升学预备班，那是违反党的教育方针的，也是违反教育规律的，要吃苦头的。要改变目前许多学校教育质量低造成的浪费现象，首先要端正办学思想，不要把学校办成升学预备班，要把受教育者都培养成社会主义建设者和保卫者，都培养成有科学文化知识的新工人、新农民。学校要对每个学生负责，使他们都能学有所得；要开设职业训练学科，使他们离校后都能有一技之长。总之，教育学要面对实际问题，提出理论上的指导。

为了认真普及教育，首先要培养合格的教师。报载河北省每县都办一所师范学校，这当然是很好的。但是师范学校的师资是未来教师的教师，一定要挑选水平高的才好。各县师范学校要招收农村初中毕业生，培养3～4年，回到农村去办学。再不要把中等师范学校毕业生分配到初中去任教了。初中教师应由招收高中毕业生的师范院校来培养。目前在农村普及小学教育，一定要大量举办单班小学、复式小学。我们的教育学里就要向师范生介绍这类学校的教育特点和方法。江苏昆山县有一位周火生老师，长期坚持农村复式教学；河北省阳原县也有一位李彩老师，长期在山区里搞复式教学。他们的工作是很有意义很有成绩的。在农村山区居住条件分散的情况下，复式教学对普及教育有很大的作用，它可以保质保量地促进教育的普及。我们应当重视研究、总结和推广这方面的经验。“文化大革命”前夕，人民教育出版社印成了一本《复式教学的经验》，作者就有周火生和李彩两位同志。书印好了在新华书店仓库里放了几年，最后我们提出可以发行，却被当时掌握科教组大权的“四人帮”爪牙下令销毁了。现在好像还没有见到这样的书，应当出版这样的书。教育学里过去不讲扫盲工作，现在我建议要讲，特别是中师教育学，应当把扫盲工作列为专章讲授。我认为，要加快扫盲速度，可以推广老解放区一揽子学校的经验，一所小学，既办儿童班，又办成人班，既办全日制的小学，又办业余制的扫盲夜校。过去在战争条件下能够办到的，为什么建设时期反而办不到呢？恐怕还是事在人为，只要去干，就会做出成绩来的。扫盲还需要动员所有识字的青年人包教包学，个别教学。

（六）发扬中国老解放区民办公助、依靠群众办学的传统

1958 年以后我们也强调实行“两条腿走路办学”。新宪法规定鼓励集体经济组织、国营企事业组织和其他社会力量办学。

十年动乱中，把农村中小学下放到大队去办，是对我国基础教育的极大的破坏和摧残。原来教师多数是由国家发给工资的，下放以后成了“赤脚教师”，如何能把教育办好？现在鼓励群众集资兴学，可补初等教育、中等教育投资过少的不足。目前农村经济形势好转，希望农村的集体经济组织能多多集资兴学，普及教育，扫除文盲。这也是中国这样的社会主义国家的一个实际。

有的农村富裕起来以后，花了钱办学校，办幼儿园，这是很好的现象。教育部门应当予以指导，使钱花在刀刃上。不要盖起来的校舍、制出来的桌椅不符合学校卫生学的要求。这是一方面。另一方面，物质的东西容易有，师资难求。教育部门要帮助这些地方培训合格师资，才能收到教育的效益。教师应是国家工作人员，取消民办教师制度。所有教师都必须由国家培养、任用、付酬和考核。

我们的教育学要反映这个实际，不能照搬外国，外国（如苏联）强调教育是国家的事业，不允许私人办学。但关于师资必须由国家培养、任用、付酬和考核，这一点教育学里应当强调。总之，教育学不能只反映实际，更要从理论上纠正那些实际中应当改进的措施，发挥理论指导实践的作用。

三、中国教育学的体系和形式问题

（一）先谈体系问题

以上是根据中国实际，谈了我国教育学应具有的特色。可见要有特色，重在内容，重在实质，不在体系。有的同志认为必须破掉苏联教育学的体系，才算具有中国特色，我看不一定这样要求。因为教育学既然要指导教育实践，它主要是一门应用科学，所以，学校里有哪些工作，教育学里就讲哪些问题。体系问题是次要的。只要内容是结合中国实际来讲教育问题，讲教育规律，篇章结构的安排有一定的逻辑性就可以了。同其他国家的教育学比较，苏联教育学的体系比较稳定，也比较具有科学水平，因为它还是有马克思列宁主义做指导的。俗话说："不怕不识货，就怕货比货。"资本主义国家的教育学体系五花八门，科学性很差。作者长于教育史的，书中教育史就讲得多；作者长于心理学的，书中心理学就讲得多，没有一定的章法。比较之下，还是苏联教育学按照学校工作的需要来讲述，科学性强些。当然，我并非提倡照搬苏联教育学体系，我们完全可以根据我国学校工作的特点来创新。但是不要为破苏联体系而破苏联体系，不能为此而牺牲了科学性。我们要创新必须要超过它，而不能不如它。这是值得认真考虑的。

（二）再谈形式问题

语言文字是表达思想内容的。我们教育学的语言文字，过去受翻译文字的影响较多，一直沿用下来，就显得缺乏中国语言文字的特色，所以也有的同志写文章，提出了在语言文字上力求中国化的问题，这也是很有道理的。如"课程"一词本来是我国所固有的，"课程标准"的提法意思是很明显的，从一级一类学校来说，"课程标准"就是这级这类学校或某一门学科应当达到的标准。后来学习苏联，全盘苏化，改称"教学计划"和"教学大纲"，从文字来看，反而看不出标准的含义了。这样只从名词术语上来学习的做法，不能不说是形式主义的。当苏联教育学初次介绍到中国来的时候，其中讲了三个基本概念：воспитание，образование，обучение。有的同志琢磨来琢磨去，老是弄不清楚。后来一查，原来汉语（英语也一样）"教育"一词，就包括俄语的前两个词在内。汉语只讲两个概念就行了。这个问题解决得比较早，现在已经不存在问题了。近来有的同志提出教学原则中的这个性、那个性，也不合汉语习惯，也带有译文色彩，主张用我国固有的教育成语来代替，这也是个好意见，值得重视。我国古代教育著述中的确有许多言简意赅的教育术语，我们应当很好地继承下来，如教学相长、因材施教、循序渐进、举一反三、触类旁通、启发诱导、以身作则、言传身教、尊师重道等等。近年有些班主任教师总结转化后进生的经验，提出交之以心、动之以情、晓之以理、导之以行、持之以恒等做法，是符合教育规律的，应当用来充实我国教育学的内容。这些在我国教育园地里土生土长行之有效的经验，是很珍贵的，应当有足够的重视。不要把眼睛紧盯着什么赞科夫、布鲁纳、苏霍姆林斯基。我国也有我国的赞科夫、布鲁纳和苏霍姆林斯基。摘下崇洋媚外的有色眼镜，我国教师中大量的教育家就出现在我们面前了！

1983 年 5—6 月

载《教育研究和实验》1983 年第 5—6 期。

人才学还是教育学？*

——评“人才学”论文中的某些观点

我是一个有五十多年工龄的教育工作者，用“人才学”论文中的话说，将要“平平庸庸地度过此生”① 了。由于马齿徒增，我对新鲜事物很不敏感。当1979年全国性教育刊物上开辟了“人才学论坛”专栏的时候，我的感想是当前教育学的研究刚刚恢复，教育学中有待研究的问题很多，分清教育理论是非的拨乱反正工作任务很重，对于不提倡研究教育学而提倡人才学很不理解。我的态度是你搞你的人才学，我搞我的教育学。后来偶然听到广播的“人才学讲座”，大谈“自我设计”，追求成名之道，提倡“钻冷门”、“走捷径”，等等。每逢听到这些话，我往往愤然将收音机关掉。因为我感到这些话同党的教育方针唱反调，是违反马克思列宁主义和毛泽东思想的。后来听说这些论调在一部分青年中很有市场。我想到在思想战线上，的确是无产阶级思想不占领阵地，资产阶级思想必然要占领阵地。我认为“人才学论坛”和“人才学讲座”中所宣扬的，显然不是无产阶级思想，而是资产阶级思想。

这里我想从教育学和人才学的异同加以比较，谈几点粗浅的看法，希望能有助于发挥教育学的威力，批判人才学的错误观点。

人才学，假如它成为一门学问的话，它应该是研究人才的培养和使用的学问。我不是人才学的拥护者。我一向认为，研究人才的培养，那是教育学的任务；研究人才的使用，那是管理学的任务，其中还涉及干部政策和人事制度。如果人才学是老老实实研究人才培养问题的，就没有必要独树一帜，加强研究教育学就是了。何况现在高等教育学已成为教育学的一门分支学科，认真研究高等教育学，就会了解如何按照教育规律来培养社会主义现代化建设所需要的

---

* 写于1983年12月至1984年1月。

① 见《人民教育》1979年第7期第22页左栏倒八行。

人才，本来是不需要标新立异制造一门人才学的。

我的这种想法太天真了。原来人才学的提倡，“醉翁之意不在酒”，有它特有的蹊径。它是同教育学迥然不同的一门“学问”哩！

第一，教育学的对象是整个新生一代的教育。它要研究如何把所有的新生一代人，都培养成对社会有用的人。在我们社会主义国家，需要工人、农民和知识分子，需要社会主义建设者和保卫者。我们就要把所有的国民，从儿童时期起就逐步培养成社会所需要的人。各行各业只有分工的不同，并无高低贵贱之分，任何人只要忠于职守，把自己的一份工作做好了，都是对社会做出了贡献。对于学习特别优秀的尖子，当然要注意培养，发挥他们的特长，使他们能对社会做出比一般人更多的贡献。对于学习落后的学生，也要帮助他学好一技之长，使他能有为人民服务的本领；对于身心有缺陷的儿童，还要举办盲、聋、哑和智力落后等特殊教育，使他们残而不废。为了适应现代科学技术的发展，终身教育的概念已经进入教育学的领域，教育学的对象已经从儿童、少年、青年扩展到成人了。现在不仅有研究幼儿教育的学前教育学，研究中小学教育的普通教育学，研究专业教育的中等专业教育学和高等教育学，还有研究业余教育的成人教育学。教育学随着社会对人才的需要和教育事业的发展，而日益扩大它的研究领域，发挥着它在培养社会需要的各类人才中的作用。

但是，人才学的对象就不是这样，它只研究名人。据“人才学论坛”里的文章说，“教育学仅仅研究了人才发展的一个阶段，而不出名的时期，还是一段近于空白的地带”①，“对名家也应进行完整的科学研究”②，等等。这不难看出，人才学只提倡研究名人、名家。他们把名人的发展过程分为三个时期：“求学时期”，“不出名时期”，“有名时期”。大概他们认为教育学只研究了求学时期，“毕业以后到出名以前的不出名时期”，教育学没有研究。他们注重研究的就是这一段“不出名时期”。③ 我们不禁要问：是否只有出了名的人方算人才？不出名的人算不算人才呢？——诚然，对名人、名家是可以研究的，如对革命导师、革命领袖、革命烈士、战斗英雄、劳动模范以及著名的科学家、发明家、教育家、文学家、艺术家等等，我们研究他们是为了学习他们毫不利

① 《人民教育》1979年第7期第21页左栏末行到右栏第3行。

② 《人民教育》1979年第7期第22页左栏第1—2行。

③ 《人民教育》1979年第7期第21页右栏。

己、专门利人的高尚品质，公而忘私、英勇献身的革命精神，孜孜不倦、勤劳刻苦的美德，但是绝不能从如何出名、如何成名这一点来研究他们。况且，如果人们在求学时期没有打好基础，毕业以后如何能有突出的成就呢？没有突出的成就也就不能“出名”。尽管不出名，同样能为社会做贡献，所以才有“无名英雄”的称号。倘若我们不研究给人的发展打基础的教育学，光研究人是怎样出名的，不是舍本逐末吗？况且，“出名”的人总是极少数，无名英雄总是极大多数。人才学把眼睛只盯着极少数“出名”的人，那么“人才学”岂不成了“求名学”了？在我们社会主义国家里，需要众多的无名英雄。我们提倡研究那广大众多的无名英雄，是在怎样的教育影响下，能够不求名、不求利，安心做好本职工作的，不是要有意义得多吗？

第二，教育学的目的，从我国当前来说，就是研究怎样为社会主义现代化建设培养人。党的十二大提出，教育是国民经济建设的战略重点之一。教育是科学技术现代化的基础，也是整个物质文明建设的基础；教育又是精神文明建设的重要组成部分，甚至可以说，教育工作本身就是精神文明建设。我们要用教育来提高全国各族人民的科学文化水平，要对他们进行爱国主义、集体主义、社会主义和共产主义的思想教育。我们要用教育把人类特别是我们中华民族在历史上创造的文化的精华，把现代科学技术的发明创造，一代一代传递下去，使我们这个历史悠久的文明古国，不断以崭新的面貌出现，永远站在世界各民族的前列，为人类做贡献。

人才学的目的就不同了。它的目的是研究名人怎样成名的，说穿了就是为个人成名铺路。“人才学论坛”里的文章认为，一班同学毕业后“造就有天壤之别”，人才学就要研究“他们到底是如何成功的？如何失败的？到底是哪些因素成全了他们或者摧残了他们？”① ——末了这句话很重要，结合他们宣扬的“自我设计”或“自己设计自己”来看，他们认为：一个人的成功不必靠自己主观的努力，勤奋学习、刻苦攻读仿佛都是蠢事；在社会主义制度下，要求青年一代服从祖国需要，服从组织分配，都是对人才的摧残。难怪受了这种思潮影响的某些大学毕业生，不愿意到祖国最需要的地方去，更不愿意到艰苦的地方去，而要求分配在大城市了。我们在毕业生分配工作中虽然有缺点需要改进，但是他们这种只考虑自己暂时利益，不考虑国家长远利益的态度，完全是

① 《人民教育》1979年第7期第21页右栏第17—21行。

错误的。近几年我曾到过内蒙古、新疆、广西和青海等地，那里有许多50年代到60年代前期从大城市分配去的大学毕业生，已经扎根边疆十多年、二十多年，为祖国边疆的教育事业（我接触到的只是教育界的同志们）建立了功勋。他们大都没有成名，难道他们就不是人才？这些同志都是当时觉悟比较高、学习比较好的青年。他们都是自愿响应党的号召，服从祖国需要，不远千里，背井离乡去支援边疆建设的。在十年浩劫过后，人们当中流传着“天（津）、南（京）、（上）海、北（京）皆可去，就是不去新（疆）、西（藏）、兰（州）”怪论的时候，我们更应当研究一番为什么50年代到60年代初培养的大学生能自觉地服从组织分配，为什么十年动乱中成长起来的有些大学生不能做到？为了改变这种状况，今后我们的教育工作应有哪些改进？这样不是更有意义、更适应社会主义建设的需要吗？胡乔木同志最近指出：“离开人民的、社会的需要去宣传‘人是目的’，去追求什么‘自我设计’、‘自我表现’、‘自我满足’，等等，势必导致同社会主义格格不入的极端个人主义。”① 真是一针见血，值得深思！

第三，教育学的任务是要研究如何培养儿童、少年和青年，使他们在品德、智力和体质等方面都得到全面发展。我们需要的人才，首先是德才兼备的、又红又专的。如果我们辛辛苦苦培养出来的大学生、研究生，由于一心只想个人成名，羡慕资本主义的物质生活，贪图个人享受，纵然学业上有所成就，却不愿意贡献自己的力量来改变祖国暂时还贫穷落后的面貌，这种人我们是不看作人才的，因为他没有起码的爱国心，没有一点民族自尊心，不能为社会主义祖国服务。所以，我们要把德放在第一位。当然，我们历来反对空头政治家，这种人没有真才实学，对于社会主义建设也是无用的。

但是，按照“人才学”某些文章的说法，仿佛人才学的任务是教人追求个人出头，它鼓吹青年人“必须立志，不甘心平平庸庸地度过此生，有足够成功的自信心”，“善于在情况变化时调整措施”，“善于站到巨人的肩膀上去”，并说这就是“德、识、才、学”。② 结合他们其他的言论来看，他们立的志就是要成名；为了成名，可以不顾国家的需要去“钻冷门”。为了“不甘心平平庸庸地度过此生”，他们提倡“走捷径”。他们忘记了或者根本不听马克思的教

① 胡乔木：《关于人道主义和异化问题》，第33页。

② 《人民教育》1979年第7期第22页左栏倒9至倒3行。

导："在科学上没有平坦的大道，只有不畏劳苦沿着陡峭山路攀登的人，才有希望达到光辉的顶点。"① 他们不鼓励青年人勤奋学习，刻苦攻读，却公然鼓吹弄虚作假、投机取巧。这才是摧残人才而绝不是"成全"人才。特别是他们鼓吹的"善于在情况变化时调整措施"，活脱脱刻画出风派人物的嘴脸。风派人物是危险分子，"四人帮"当权，他们可以竭尽全力迎合"四人帮"的旨意，加码行事；"四人帮"垮台，他们马上摇身一变，做出正颜厉色的姿态来批判"四人帮"，却从来不做认真的自我批评。这样，他们就企图以一贯正确的面貌出现，永远立于不败之地，而且可以飞黄腾达，"站到巨人的肩膀上去"。什么马克思主义的真理、正义，毛泽东思想的精髓、权威，对于这种人来说都是不值一顾的。这种人几乎不知人间有羞耻事。我们的确不需要这种"人才"。

第四，教育学的方法之一是因材施教。人与人之间是存在着个别差异的。我们要求人全面发展，并不是要用一个模子来塑造人，而是要求按照每个人的具体条件，发展他的特长。我们认为每个人都各有所长，也各有所短，我们要"长善救失"就是要发展人的长处，补救人的短处。因材施教是我国教育上两千多年的优良传统。在社会主义制度下，也必须实行因材施教，才能够使每个人各得其所，各尽所能。但是，必须指出，社会主义教育的因材施教，是要在全面发展教育的前提下进行的，不能离开人的全面发展去谈什么因材施教。我们培养的一代新人，必须具备这样的品质，如，有共产主义理想，有社会主义道德，有科学文化知识，有强壮健康的体魄，有遵纪守法的习惯，等等。这些是全面发展的要求。只有实现这一要求，才能更好地因材施教，也才能培养出社会主义现代化需要的各种专门人才。

人才学却完全不考虑上述共同的品质，它不要人们在这些品质上下功夫，但求个人能够像《史记·平原君列传》里毛遂说的"颖脱而出"那样，教人"学竹笋破土而出"②。他们鼓吹成才要得法，说"任何一个领域的成功者，都有一套成功方法"③，"成功者自有妙法，各类人才当自留意之"④，认为"得

① 《资本论》法文版序言，《马克思恩格斯全集》第 23 卷，第 26 页。

② 《人民教育》1979 年第 9 期第 20 页小标题。

③ 《人民教育》1979 年第 9 期第 22 页左栏倒 15 行至倒 14 行。

④ 《人民教育》1979 年第 9 期第 22 页左栏倒 11 行至倒 10 行。

法者事半功倍”①。他们要求人“在知识不多时直接进入创造”②，而不强调在基本功上用力。难怪有些青年热衷于文艺创作，却连起码的语文修养还没有具备，更不用说自然科学和社会科学知识的储备了。这都是成名心切的缘故。现在看来，人才学所以一度受到一些青年学生的赏识，主要是这些青年没有受到良好的普通教育、基础教育，特别是没有受到革命理想和革命传统教育，没有打好科学世界观和革命人生观的基础，容易受到错误观点的影响。一旦他们觉悟到钻那种不符合国家需要的冷门没有前途，向科学进军的道路并无捷径，他们就不会再上当受骗了。

第五，从根本上说，马克思主义教育学是以历史唯物主义为基础的，它时时处处想到的是人民群众，因为群众是真正的英雄，人民是历史的创造者。毛泽东同志曾经说过：“为什么人的问题，是一个根本的问题，原则的问题。”③文艺创作如此，一切科学研究也是如此。我们研究教育学是为了提高人民群众的科学文化水平，是为了社会主义现代化建设。只有这样，才能对社会、对人类做出贡献。做出贡献的人并不一定都要出名，而且绝大多数做出贡献的人都不出名。我们的天安门广场上立有人民英雄纪念碑，那就是纪念无数为革命献身的人民英雄的。请问，如果没有成千上万的人民英雄前赴后继、流血牺牲、英勇奋斗，我们的革命能取得胜利吗？这些人民英雄绝大多数没有留下姓名，我们能说他们没有做出贡献或者贡献微不足道吗？这些人民英雄、革命先烈，都是无名英雄。在人才学者看来，大约这些人都是“平平庸庸地度过此生”，不甘心向他们学习的吧？但在教育学者看来，正是要教育我们的子孙后代向这些人民英雄、无名英雄学习的。

人才学，从它的“论坛”和“讲座”里发表的言论来看，根本上是违反马克思主义的，它的出发点是唯心史观。它认为只有出了名的人，才是成功的人，才是对社会做出贡献的人。这是英雄人物创造历史的观点，不是人民群众创造历史的观点。这显然就是历史唯心主义的谬论！他们甚至认为“知识渊博”，“终身没有自己的发明、创造”，“只能编书、讲书”的人都不是人才④，

---

① 《人民教育》1979年第9期第22页小标题。

② 《人民教育》1979年第9期第22页第7—8行。

③ 《毛泽东选集》第3卷，1952年精装本，第859页。

④ 《人民教育》1979年第10期第11页左栏正文第5—6行。

不值得效法。他们追求的是什么，不是昭然若揭了吗？人才学的宣传，用他们的话来说，近年来已经做了“自我调节”①，连《人才》杂志也改了名称。但是我们决不能低估他们散布的追求个人成名，甚至不择手段地去追求名位的那种极端个人主义思想对青年一代的毒害。在社会主义的新中国，在中央一级的全国性教育刊物上，散布这些追求个人成名的极端个人主义思想，的确是很不寻常的。为了清除这些谬论的不良影响，我们不能不从理论和实际的结合上，把是非真伪搞清楚。

*　　　*　　　*

以上只是从教育学的角度，评论了“人才学”某些文章中的有关言论，希望能有更多的同志重视这个问题，清理清理这个问题，以便能树立马克思主义的学风，按照党的教育方针，根据新宪法的精神，来培养一代又一代社会主义新人。

载《师范教育和教育科学》，
人民教育出版社1985年版。

① 《人民教育》1979年第9期第22页左栏倒15行。

论教育的起源和发展*

一、原始社会的教育

——教育的起源

（一）从人类生存的需要看教育的起源

教育是人类特有的社会现象，或者说，只有人类才有教育活动。在人类形成以前的动物，即使是最高等的动物，也只有本能的活动，就是不学而能的、与生俱来的活动。通常我们说，老猫教小猫捕鼠，老鸡教小鸡寻食。这里说的"教"，是一种拟人化的说法，是没有科学根据的。高等动物如猿猴，有时甚至能模仿人类的行为，但是它们仍然是靠本能行事的，不能说它们之中有教育活动。

这是因为一切动物只能享受大自然的恩赐，不能向大自然索取所需；只能顺应自然，听从自然的支配，不能控制自然，改造自然。只有人类，由于能够制造工具从事劳动，才能够不仅适应自然，而且控制自然和改造自然。能否制造工具，即使是最简单的旧石器时代的石器，是能否从事劳动的标志；能否从事劳动，正是人类和其他高等动物的最根本的区别。我们都知道恩格斯的著名论断："我们在某种意义上不得不说：劳动创造了人本身。"① 这就是说，人类起源于劳动。

"劳动是从制造工具开始的。"② 人类在几十万年以前，学会了制造粗笨的石器，作为打猎和捕鱼的工具。打猎的工具同时也是一种武器，原始人在打猎的时候被凶猛的野兽伤害致死的事情是经常发生的。为了战胜猛兽，原始人懂

* 这是作者于 1984 年 3 月在西南师范学院高等学校干部进修班的讲演稿，写于 1984 年 1—3 月。

①② 《马克思恩格斯选集》第 3 卷，第 508、513 页。

得群居，用群体的力量来捕杀猛兽，才比较能够保卫自己免受猛兽的伤害。为了在打猎或者其他劳动中共同协作，人类彼此之间就产生了说话的需要。“语言是从劳动中并和劳动一起产生出来的”①，这是恩格斯做出的又一个唯一正确的判断。人类有了语言就可以在劳动中协调彼此的行动，年长的有经验的人就不仅可以把自己制造工具的方法，用行动示范教给年轻的没有经验的人，而且可以用语言传授自己的劳动经验。遇有猛兽到来，人类可以用语言传递信息，发出警报。在同猛兽格斗的时候，语言可以起指挥、调度的作用，使彼此动作更加协调，战胜猛兽更有把握。

这种用语言传授自己生产劳动的经验和用行动做生产劳动示范的活动，就是最早教育的萌芽。所以我们可以说教育起源于人类劳动的需要，起源于人类从事生产劳动的需要。有人认为这样说仿佛狭隘了，主张说教育起源于人类生活的需要。我看没有必要。马克思、恩格斯早在《德意志意识形态》中就说过：“我们首先应当确定一切人类生存的第一个前提也就是一切历史的第一个前提，这个前提就是：人们为了能够‘创造历史’，必须能够生活。但是为了生活，首先就需要衣、食、住以及其他东西。因此第一个历史活动就是生产满足这些需要的资料，即生产物质生活本身。同时这也是人们仅仅为了能够生活就必须每日每时都要进行的（现在也和几千年前一样）一种历史活动，即一切历史的一种基本条件。”②马克思还在《临时中央委员会就若干问题给代表的指示》中，把人类“为了吃饭，他必须劳动”③ 看作普遍的自然规律。恩格斯《在马克思墓前的讲话》里，认为这“正像达尔文发现有机界的发展规律一样，马克思发现了人类历史的发展规律”，即“人们首先必须吃、喝、住、穿，然后才能从事政治、科学、艺术、宗教等等”④活动。毛泽东在《实践论》里也说：“马克思主义者认为人类的生产活动是最基本的实践活动，是决定其他一切活动的东西。”⑤ 可见，生产物质资料的劳动是一切人类生存的第一个前提。教育正是适应人类生存的这种需要而产生的。这是历史唯物主义的观点。我们坚持马克思主义就要坚持这种历史唯物主义的观点。为什么要讳言劳动呢？为什么认为劳动狭隘呢？如果我们承认“劳动创造了人本身”这个真理，承认教

① ② ④ 《马克思恩格斯选集》第3卷，第511、31—32、574页。

③ 《马克思恩格斯全集》第16卷，第217页。

⑤ 《毛泽东选集》1952年精装本第1卷，第271页。

育是人类特有的活动，那么，我们就应当承认，教育起源于人类生产劳动的需要。

（二）从人类社会的产生看教育的起源

教育是一种社会现象，它的发生同人类社会的存在是分不开的。

人类最早的社会，我们称为原始社会。原始社会的历史漫长而悠久，根据考古学家的研究，在我国土地上，早在一两千万年以前就有古猿在活动。约在一百多万年以前古猿就进化到猿人，这种猿人就是人类的祖先。他们已经开始过群居的生活。他们几十个人结成一群，叫作原始人群，这就是最早的最原始的社会形态。猿人经过几十万年进化到“古人”（距今二十万年前），再进化到“新人”（距今四五万年前）。大约在距今五万年前，开始形成了母系氏族公社。到距今五千多年前，我国黄河流域、长江流域先后进入了父系氏族公社。

我们通常说的原始社会，就包括原始人群、母系氏族公社和父系氏族公社这三个阶段。假如从北京人即在北京周口店发掘出来的四五十万年前的原始人群算起，一共经历了几十万年的历史。下面简单说说原始社会这三个阶段的情况。

原始人群制造的工具是粗笨的石器。他们生活的时代被称为旧石器时代。有了石器他们还能砍伐树木，使用木棒做工具。他们还学会了使用火，火可以烧熟食物，驱逐野兽，御寒和照明，熟食又促进了人类体质的进化。原始人群学会制造和使用工具，学会保存火种和用火，特别是群居的生活，使他们能够战胜各种自然力而生存下来。这种群居的生活就是人的社会性，就是人的本质。从原始人群时代起，人类就不是作为个体而生存和繁衍的，不是仅仅作为一个自然实体即生物意义上的人而存在的，人的本质“是一切社会关系的总和”①，这个马克思主义的论断，是从原始人群就可以找到证明的。因为人类的身体并不比许多凶猛的野兽更强壮。人类所以能够战胜它们、征服自然，一方面是因为人类能通过教育活动把制造工具、从事生产、保存火种、共同劳动的经验传授给年轻一代；另一方面就是因为人能结成社会，依靠了群体的力量。在原始人群时代，人类还处在原始的乱婚状态。这种状态延续了几十万年。直到距今约二十万年以前，猿人进化为“古人”，这种状态才逐渐有了改

---

① 马克思：《关于费尔巴哈的提纲》，《马克思恩格斯选集》第1卷，第18页。

变。“古人”时期是人类社会从原始人群向母系氏族公社过渡的时期。

母系氏族公社的产生是同婚姻关系的改变有关的。“古人”已经由于体质、智慧和劳动技能的发展，逐渐摆脱猿人的乱婚状态，进入了按照辈数区分的“血缘婚姻”阶段，就是只许辈分相同的男女建立群婚关系，形成“血缘家庭”。“血缘家庭”的产生标志着母系氏族公社的萌芽。考古家发现的山西丁村人遗址，就是距今约十万年前“古人”的文化遗存。“古人”的生产工具比猿人有很大的进步，不仅种类和数量增加了，而且质量也有改善，所以“古人”的生产力水平比猿人有了一定的提高。如没有生产劳动经验的积累和传授，是办不到的。当然，他们依然靠狩猎、采集和捕捞来获得食物。

到距今四五万年前，“古人”又进化为“新人”。“新人”已经完全过着母系氏族公社的生活了。考古家发现的北京山顶洞人，就是距今一万七八千年的“新人”。“新人”在体质上更加接近现代人了。山顶洞人已经学会了人工取火，这是一个划时代的进步。山顶洞人的生产工具又有进一步的改善。他们甚至已经学会把兽皮缝制成衣服，不再过赤身裸体的生活了。山顶洞人的婚姻关系已经进一步禁止同辈之间的群内乱婚，实行了族外群婚。即一个血缘亲族集团的兄弟，同另一个血缘亲族集团的姐妹之间的互相群婚。氏族就是从族外群婚产生的。一个血缘亲族集团组成一个氏族公社，它同保持通婚关系的另一个血缘亲族集团组成的氏族相联合；氏族成员扩大以后又分出新的氏族。若干氏族联合成部落。这样，社会组织的规模扩大了。

一方面，由于性别的劳动分工，妇女在氏族中占有重要的位置，她们为全体氏族成员缝衣服，做食物，还要抚育后代；另一方面，由于实行群婚，人们只知有母，不知有父。所以氏族的血缘要按母系来计算。这样的社会组织就是母系氏族公社。

母系氏族公社延续了若干万年，到距今六七千年的时候，在我国黄河流域和长江流域进入了繁荣阶段。在我国河南发现的仰韶文化，代表了人类进入新石器时代的文化。特别重要的是这个时期产生了原始农业，人们从只知采集而进入人工栽培。据说这是女性的发明。神农氏应当是若干时代女性的集体的代表。另一个工具的进步是弓箭的发明和使用。猎获的野兽多了，逐渐产生了原始畜牧业。

原始农业和原始畜牧业的产生是人类社会生产力的又一划时代的进步。随着生产力的提高，生产经验复杂多了，传授生产经验的教育活动当然更加不可缺少了。这时人类能摆脱狩猎和采集所受的自然条件的限制，而靠自己的生产劳动增加物质财富，把天然产物变成人工产物。人类的这种发明、创造就使自己永远比任何动物都高明、都强大了。因为动物只能在自然条件的限制下生存，人类越过了自然条件的限制了。

氏族既然是一个社会组织，它就有公共事务需要有人管理。这样就产生了氏族的首领。当时的氏族首领是选举产生的，她的地位同氏族成员是平等的。大家过着共同劳动、共同消费的平等生活。氏族的首领没有任何特权。

从距今五千多年以前起，我国黄河流域和长江流域先后进入父系氏族公社时期。

父系氏族公社的产生标志着男性在生产劳动中的地位和作用逐渐超过了女性，而成了社会生产的主力；也是婚姻制度从族外群婚过渡到一男一女暂时结合的对偶婚制，从而产生了对偶家庭，男子可以确认自己的子女了。在母系氏族公社时期，这样的对偶家庭是男子嫁到女方去，子女也属于女方的氏族，不能继承父亲的财产，因为当时财产不允许流出氏族。这同男子在生产中地位的提高有矛盾，所以就要求女方嫁到男方去。这样，母权制就逐渐崩溃，而且确定了对偶婚制的父系家庭，就要按父系计算血统和按父系继承财产了。起初的个体家庭包括在父系大家族中，大家族的全体成员在男性家长的支配下过着集体劳动、集体共有和集体分享的原始共产制的生活。到了父系氏族公社的晚期，个体家庭间的财产分化，私有制逐渐产生，原始社会也逐渐瓦解。

父系氏族公社时期，不仅农业和畜牧业继续发展，而且手工业有了重大的变革，其中以轮制陶业和冶铜业的出现为重要标志。丝织业也有所发展。这些生产都需要有复杂的技术，都需要认识劳动对象的性能。特别是冶铜业和丝织业的发展，是我们的祖先对世界物质文明的重大贡献。这样一些复杂的劳动知识和技能，只有一代一代传递下来，才能不断地进步和发展。因此，教育在社会生产力发展中的作用，更加不可忽视了。当时，除了传授生产劳动的经验以外，社会生活中的政治文化活动和各种道德规范、风俗习惯（如选举制度、财产制度以及占卜、祭祀等等）也都要靠教育来传授的。

（三）原始社会教育的性质

以下是关于原始社会教育和教育起源问题的几点结论。

第一，教育是在人类劳动中和劳动一起产生的。在原始社会里，教育活动和人类生活浑然一体，还没有分化出来。既没有从生产劳动中分化出来，也没有从原始的宗教、艺术、政治等活动中分化出来。

第二，教育传递人类生产劳动和社会生活的经验，使人类千百万年积累下来的生产斗争知识不致随老一辈的死亡而泯灭，不致使新一代人一切都从头开始。这样，人类的文明就愈来愈发达，人类社会的生产力就愈来愈提高。当时的教育不存在同生产劳动脱节的问题。

第三，原始社会还没有文字、没有书本，教育的手段主要依靠语言和行动：用语言口耳相传，用行动示范模仿。原始社会的教育不存在理论与实践脱节的问题。

第四，原始社会还没有专门的教育场所和专门的教育人员。长辈就是晚辈的教育者，劳动现场和集会的现场就是教育的场所。

第五，原始社会没有私有财产，没有阶级，人人平等。受教育的机会也是人人平等的。这时的教育没有阶级性，是生产斗争的工具而不是阶级斗争的工具。因此，说教育起源于人类阶级斗争的需要，是不符合历史实际的，是错误的。

二、奴隶社会的教育

——学校的起源

（一）学校产生的条件

学校，即专门的教育机关，不是跟教育这种活动一起同时产生的，而是在人类的社会生产力进一步发展，从原始社会进入第一个阶级社会即奴隶社会以后才产生的。

从原始社会过渡到奴隶制社会，在人类社会发展史上是一个很大的进步。因为在原始社会，生产水平很低，人人都需要参加劳动，才能免于冻馁而死。后来生产能力逐渐提高，劳动生产的物品有了剩余，而且社会组织日益复杂，有许多公共的事务需要有人管理，才逐渐有少数人可以脱离“为糊口而劳动”的生活。生产的物品有了剩余，起初还是归公社所有，后来有人就据为己有了。于是产生了私有制。私有制一出现，人类就开始有了贫富的差别。富有者有了闲暇的时间，参加管理公共事务。这些人逐渐脱离了体力劳动，而成为脑力劳动者。体力劳动和脑力劳动的分离，标志着生产资料的私有制已经巩固，社会开始划分成阶级。脑力劳动者成了统治者阶级，体力劳动者成了被统治阶级。这就是我国古代孟轲所说的："或劳心，或劳力；劳心者治人，劳力者治于人；治于人者食人，治人者食于人。"（《孟子·滕文公上》）私有制的出现，社会阶级的划分，劳心劳力的分离，这是专门教育机关产生的必要条件。

中国的奴隶制社会，经历夏（公元前21世纪到前16世纪）、商（公元前16世纪到前11世纪）、西周（公元前11世纪到前771年）三个朝代。夏朝是奴隶制国家建立的开始，也是学校这种专门的教育机关出现的开始。

专门的教育机关产生的另一个重要条件是文字的产生、文化的发展和国家的形成。人类创造文字最早是由于记事的需要，起初结绳记事，刻木记事，画图记事，最后才逐步形成了文字。中国过去说文字是黄帝命仓颉造的。这只是一种传说。就如同说神农氏教人稼穑，燧人氏教人取火，有巢氏教人巢居等传说一样，是不足信的。文字不可能由一个人创造出来，而是若干世代的先民经过实践积累下来的。最早的文字是不统一的。出土文物证明，在公元前13—14世纪的商朝，我们的祖先就在青铜铸器上刻字了。但是直到公元前3世纪，秦始皇统一中国，才统一了文字，即我们汉族的文字。文字的产生为文化教育的发展提供了极为有利的条件。

相传天文历法在夏朝就有了。现在的农历也称"夏历"，就是纪念我国最早的历法是根据四千年前开始的夏朝积累下来的天文、物候知识制定的。我国古代文化在商朝奠定了基础。商朝已经积累了许多医学知识、天文知识、数学知识和雕塑艺术。到了周朝又继续发展。西周是我国奴隶制社会繁荣时期。

奴隶制国家虽然在夏朝就已经产生了，但是一切制度还是不完备的。到商朝制造礼器、辨尊卑、别上下、明贵贱，还制定了授时、建国、祭祀、设官等礼制。周取代商以后，在商朝礼制的基础上，有损有益，有增有减，制成了周礼。孔子说："殷因于夏礼，所损益，可知也；周因于殷礼，所损益，可知也。"（《论语·为政》）又说："夏礼，吾能言之，杞不足征也；殷礼，吾能言之，宋不足征也。文献不足故也。足，则吾能征之矣。"（《论语·八佾》）这里说的殷就是商。孔子时代能知道夏礼，但我们现在似乎还未发现可征夏礼的出土文物。礼是等级制和宗法制的结合。夏朝是奴隶制国家的开始，实行家天下，是宗法制的开始。殷商继承了家天下的衣钵。周朝除了用大宗、小宗来巩固王室的统治，还在奴隶主阶级内部，规定了一套严格的等级制度，所谓"王臣公，公臣大夫，大夫臣士"，等级森严，层层节制。这些都是礼治的简单的内容。中国的奴隶制国家的建立，始于夏朝，经历商朝，到西周而极盛。专门的教育机关的建立，无论从古代传说来看，或从文字的记载来看，也是从夏朝就有的。

（二）中国最早的学校

《孟子》说："设为庠、序、学、校以教之。庠者，养也；校者，教也；序者，射也。夏曰校，殷曰序，周曰庠；学则三代共之，皆所以明人伦也。"（《滕文公上》）

《学记》说："古之教者，家有塾，党有庠，术（遂）有序，国有学。"（25户为闾，500户为党，12 500户为遂）

这里的名称虽然不同，但可以说明从夏代起已经开始有了专门的教育机关。

庠、序、校的名称不同，可能同一时代同时并存，只是有规模大小之别。《学记》说的"塾"是设在闾里的，每25家为一闾，这种学塾，直到新中国成立以前，还没有绝迹。40年代末，我国虽然兴办新学已有半世纪之久了，当时那种私塾是与学校并存的。由此可见，《孟子》那样截然按朝代划分学校的名称不一定准确。夏代不仅有"校"，也有"庠"、"序"。"庠"是养老的地方，老人经验丰富，让老人教育孩子是顺理成章的事。"序"是习射的地方，除了习射以外再施其他教育，也是很自然的。这里值得注意的是庠、序、校都指的是地方学校，是初级的学校。至于国家的学校，高级的学校，名称又不同了。《孟子》和《学记》都说叫"学"，但又有不同的名称，如商代称"瞽宗"、"明堂"、"辟雍"，又称"西学"、"右学"。这是当时的大学。

西周的学校有国学和乡学之分。国学有大学、小学之分。小学是西周为贵族子弟设立的宫廷学校。天子设立的大学仍然叫作辟雍，是天子率领群臣和学生学礼、奏乐、练舞、习射的场所，也是施行礼教的场所。诸侯设立的大学不叫辟雍，而叫泮宫。这种泮宫的称呼辛亥革命以后还存在。在我的记忆中，童年还在扬州府学的孔庙旧址，参观过一次祭孔的典礼。当时已是20年代初了，五四运动以后了，还有些清朝的遗老遗少们发起祭孔。他们就把孔庙叫泮宫，把庙前的水池叫泮池。在西周的时候，无论辟雍还是泮宫都是奴隶主阶级的大学。

乡学是设在地方的，仍然是贵胄子弟学礼、奏乐、练舞、习射的场所，虽然名称有庠、序、校、塾等的不同，性质是一样的，都是教人"明人伦"的地方。什么叫"人伦"？就是人与人之间的关系。什么叫"明人伦"？就是遵守当时的道德规范，所谓“父子有亲，君臣有义，夫妇有别，长幼有序，朋友有信”，这当然只限于奴隶主阶级内部。至于奴隶只是会说话的工具，最多只给予一点宗教麻醉教育。在那“刑不上大夫，礼不下庶人”的社会里，根本不可能对奴隶施行“礼”教的。

有了专设的教育机关，也就要有专设的教育人员。当时“学在官府”，所以教育人员也是官员。传说中的周代兼管教育的官员有大司乐、大司徒、师氏、保氏、太师、太胥、乡师、州正、党政、族师等。当时政教不分，行政官也是教育官。不当官不能任教。所以有官师不分的现象。这也反映了政教合一的制度。

（三）西洋最早的学校

西方的学校据说最早产生于古埃及的“古王国”的宫廷学校，那是公元前二千五百年前的事了。“新王国”有一种科学教育机关名叫 Ramesseum，培养牧师、医师、建筑师等，是一种专科学校。

古希腊的学校也有种种不同的名称：如雅典，7—14 岁的儿童可入文法学校（grammar school）或弦琴学校（kifarist）；13 岁以后的儿童可入体操学校（palestra），再升入高级体操学校（gymnasium）；18—20 岁的青年可入高等学校（ephebeia）。“学校”一词，英文是 school，来源于希腊文，原意是“闲暇”。可见当时只有有闲暇的人，才能入学校受教育。

古希腊的哲学家柏拉图（Plato，约公元前 427—前 347）办的学校称为学园（academy），后来欧美把学术机关统称为 academy，把带有学术性的都称为 academic。俄语中也把科学院称为 академия，并兼指中高等教育机关。

古希腊的哲学家亚里士多德（Aristotle，公元前 384—前 322）称他讲学之处为 lyceum。法国国立中学称为 lycée，就是从这个名称沿袭来的。lyceum 现在也指亚里士多德学派。

古罗马的初等学校称为 ludus，中等学校称为文法学校，高等学校称为修辞学校（rhetorical school）。奴隶社会办的这些学校，都是为奴隶主设立的。

（四）阶级社会教育的性质

以下是关于学校的起源和阶级社会（奴隶制社会）教育的几点结论。

第一，生产力的发展，私有制的出现，社会阶级的划分，劳心劳力的分离，构成了学校这种专门的教育机关产生的必要前提；文字的创造，文化的积累，国家的形成，是学校产生的重要条件。

第二，学校产生于阶级社会，是在国家形成的同时出现的。国家是阶级矛盾不可调和的产物，学校便是阶级斗争有力的工具，是巩固统治阶级政权的不可缺少的力量。所以在阶级社会，教育必然具有阶级性。这是阶级社会的共同规律，古今中外都是如此，没有例外。

第三，中国奴隶社会学校教育的总目的是“明人伦”，注重伦理教育、道德教育，强调礼治、德治。其实还是礼与刑并用，德与威兼施的。礼和德是在奴隶主阶级内部讲的，“礼不下庶人”就是说的这种界限；刑与威是对付奴隶使用的，“刑不上大夫”也是说的这种界限。古希腊斯巴达城邦的教育就是对奴隶主阶级实行的军事教育，为了少数奴隶主统治多数奴隶的需要，斯巴达奴隶主实行恐怖统治，用镇压与杀戮奴隶的野蛮暴力行动来教育后代。

第四，学校教育的内容，中国古代有“六艺”：礼、乐、射、御、书、数，包含了德育、美育、体育和智育几方面。西洋古代先有“三艺”：文法、修辞、逻辑（辩证法），后又增加“四艺”：算术、几何、天文学、音乐，合称“七艺”。“七艺”在古希腊雅典城邦学校中已开始传授了。当时为了镇压奴隶的需要，对体育特别重视。

第五，我国古代大学是随着学校的产生同时出现的。这是为了培养统治人才的需要。按照宋儒朱熹的说法，大学教人以“穷理、正心、修已、治人之道”，足以证明。欧洲最早的古代大学是公元前 200 年的雅典大学，比我国早在商朝就有的古代大学至少要晚一千年。当然，无论我国还是欧洲，古代的大学同我们现在所理解的从欧洲中世纪后期兴起的大学都是不同的。

第六，从奴隶制社会产生了专门的教育机关开始，学校教育便同生产劳动脱节了。但是，生产劳动还要继续进行，否则生活资料就没有来源。这时，生产劳动经验的传授仍然要靠父子相传和师徒授受。在阶级社会里，教育传递生产劳动经验的职能，或者说作为生产斗争工具的职能仍然是存在的。

三、封建社会的教育

——近代大学的起源

前面讲教育的起源必须讲清楚人类社会的起源，讲原始社会的教育；讲学校的起源又必须讲清楚阶级社会的起源，讲奴隶社会的教育。因此很可能把教育学讲成了古代史和教育史。

但是，论和史是很难严格分开的。史是论的依据，论是史的总结。依据史实来立论是符合马克思主义从实际出发的精神的。

现在继续讲封建社会的教育和近代大学的起源。

（一）中国封建社会的教育

我国春秋时期（公元前770—前476年）是由奴隶社会向封建社会过渡时期。奴隶社会的土地是公有的，即国王所有的，中国实行的井田制度，就是役使奴隶从事劳动的组织。所谓“普天之下，莫非王土；率土之滨，莫非王臣”，就是说的那时的情况。由于铁制工具的使用，生产力的提高，周朝的诸侯和自由民开垦荒地的越来越多，开始了土地的私人占有。到公元前594年，鲁国“初税亩”，就是承认了土地私人所有制，所以历史学家把这一年看作封建社会开始的标志。当然，社会形态的演变要经历缓慢的长期的过程，不可能“一刀切”的。春秋时期经历的294年，是指《春秋》这部史书记载的历史，包括这294年间的事，从周平王东迁算起，以周王朝衰落、诸侯国争霸为特点。当时先后称霸的有齐桓公、晋文公、秦穆公、宋襄公、楚庄王。紧接着春秋时期的是战国时期（公元前475年—前221年），也是因为西汉末年刘向编纂了《战国策》这部史书而得名的。中国封建社会经过这254年便建立起来了。战国时期的特点是七雄征战不已，最后由秦统一了中国。战国七雄是齐、楚、燕、韩、赵、魏、秦。秦于公元前230—前221年的十年间先后把韩、赵、魏、楚、燕、齐灭掉，建立了中央集权制统一的封建国家。这是因秦国是先进社会生产力的代表，那些封建主义改革不彻底的国家，不是它的对手。

春秋战国时期是中国文化空前繁荣的时期。生产的发展、科学的进步、医学的成就、文学的成熟、思想的解放、学派的争鸣，一方面丰富了教育的内容，促进了教育的发展；另一方面，这些文化、科学知识和技术也更加依靠教育的力量来传播和推广。这时官学废弛，私学兴盛，是因为原有的奴隶制国家的官府之学，已不足以满足社会发展的需要。私学兴盛以后，形成了士阶层（知识分子）。他们学成以后，可以到诸侯国做官，卿相世袭的制度也逐渐被打破了。

从秦始皇统一中国，建立了封建主义的中央集权的统一国家，中国的封建社会经历了两千年之久。在这两千多年中，虽然有多次的农民起义和农民推翻地主政权的阶级斗争，虽然有多次落后民族的入侵和民族的融合，虽然有多次的国家分裂和国家的统一，封建社会的经济基础基本上没有大的变化。我国的封建社会延续时间很长。一方面，我国有文字记载的历史绵延不绝，历代劳动人民、知识分子创造了光辉灿烂的文化，直到近代以前，长期居于世界各国的前列；另一方面，我们也不得不为我国社会封建传统的遗毒之深，付出沉重的代价。下面概括地说说这两千年间我国教育的特色。

1. 以统一思想、网罗人才为教育目标。从秦始皇的焚书坑儒，到汉武帝的独尊儒术、罢黜百家，都反映了春秋战国以后诸子百家争鸣的局面，不适合于大一统的封建帝国。为了统一思想，秦始皇尊法，汉初诸帝尊道，汉武帝尊儒，目的都是为了巩固政权。从公元前206年刘邦称帝到公元前136年刘彻尊儒，汉初七十年间也曾兼容并包，兼收并蓄，中央政府也曾设过诸子学官，而且道家无为而治的思想适合于汉初政治上与民休养生息的需要，一度受到重视。但政权巩固以后，儒家思想极合于农业社会经济的需要，极合于尊君驭民政治的需要，而且儒术本身范围甚广，利于应用（如诗书礼乐、典章制度），易于依附（如训诂、校勘、心性理气）。因此，儒家思想在两千年间成了统治思想。不仅统治阶级以它为统治人民的工具，而且民间也以它为行为的准则。甚至起义农民要想夺取政权，也不得不借助于它。可见它深入人心。即使在社会主义的新中国，还有重男轻女的思想，甚至在革命分子当中，还有信奉“不孝有三，无后为大”的。若不从儒家思想根深蒂固来解释，真是令人难以相信的。

封建社会的另一个教育目的是网罗人才。汉初的陆贾说服了大老粗刘邦，使他知道马上得天下不能在马上治天下的道理。陆贾向刘邦指出了教育的重要，但汉初七十年间，并没有兴办教育。只是到了汉武帝时，才接受了董仲舒、公孙弘的建议：“兴太学，置明师，以养天下士。”到公元前124年，在公孙弘当丞相时实现了博士弟子制。博士就是当时的大学教授，博士弟子就是当时的大学生。所以在封建社会，官办教育是培养治术人才的，官办的太学属于大学教育性质。

封建政府网罗人才的办法，从汉初选举“贤良方正”、“孝廉”、“秀才”起，中经魏晋南北朝时保证贵族特权的“九品中正制”，到隋唐以后的设科考试选拔官吏的科举制，都是为了网罗人才，“使天下英雄尽入彀中”，以巩固封建王朝的统治。科举制是隋文帝杨坚废除世族垄断的“九品中正制”后而创立的。隋炀帝杨广开始设进士科。唐代增设秀才、明经、俊士、明法、明书、明算等科。明代开始以八股取士。地主阶级子弟可通过童子试、乡试、会试、殿试被选拔为官吏。科举考试以儒家经典为主要内容，南宋以后以“四书”为主，直到1905年始废，实行了1 300年。设科取士，网罗人才，这是中国封建社会教育的一大特色。

2. 以儒家经典、“五经”、“四书”为教育内容。儒家经典从汉代的五经：《易》、《诗》、《书》、《礼》、《春秋》，发展到唐代的九经：除《易》、《诗》、《书》外，《礼》分为《周礼》、《仪礼》、《礼记》，《春秋》分为《公羊传》、《穀梁传》、《左传》。唐文宗李昂（828—840年在位）刻石经，增加《孝经》、《论语》、《尔雅》成为十二经。宋代又增《孟子》成为十三经。十三经又各有注和疏，到南宋以后便有《十三经注疏》这部大书，计四百六十卷，成为研究儒家经典的烦琐的教育内容。“四书”是《论语》、《孟子》和从《礼记》中抽出的《大学》、《中庸》的合称。南宋朱熹撰《四书章句集注》，从此以它为初级标准教科书，科举考试就考这四书。儒家经典被称为圣人之言，读书人不能越雷池一步，对人们的思想起了极大的禁锢作用。

3. 以私人讲学、官方考核为教育手段。以延续1 300年的科举制度为例，凡要应科举考试的家庭，都要送子弟入私塾读“四书”，习八股文，当时称为制艺，意即制度所规定的文体，童生（凡未进学的人，即未取得府、州、县学生员资格的人，都称童生，并非年龄幼小。如，有人三四十岁才进学，甚至有祖孙同应童子试的，进学前皆称童生）考取秀才，取得应乡试的资格。乡试在省会举行，乡试录取（中式）的称举人。举人取得进京会试的资格。会试（包括殿试）合格的称进士，进士第一、二、三名称状元、榜眼、探花，要经皇帝亲自批准。考中进士以后，就可以等候分配官职。国家靠这种办法来笼络知识分子，使读书人人人皆有成为统治阶级阵营一员的可能，所以唐太宗李世民见新进士依次出门，高兴地说：“天下英雄入吾彀中矣！”这种私人讲学、官方考录的制度是中国封建社会教育的一大特色。

中国封建社会的教育完全是为封建统治阶级的政治服务的，即使有些朝代设过算学、医学、律学等专科学校，也要授予功名，才能吸引人入学。所谓“学而优则仕”，读书都是为了做官。做官都是为了吸食民脂民膏，以求荣宗耀祖。历代虽有一些要为人民兴利除害的“清官”，但他们往往是不得志的。因为封建统治者给你官做是要你为他统治人民的，不是要你去为民兴利除害的。但是，人民是需要“清官”、欢迎“清官”的。前年我到广西去，在柳州参观了柳侯祠，是当地人民纪念唐代柳州刺史柳宗元的。因为他为民兴利除害，废除奴婢制，兴修水利，提倡种柑，发展生产，兴办学校。距今近一千二百年了，人们还在纪念他。曾有一股极左思潮，否认“清官”的作用，认为他们反而会麻痹人民革命意志，仍然对统治者有利。但是这种论调是对民间疾苦漠不关心的高调。在人民处于水深火热之中，而革命形势尚未到来的时候，人民是需要为他们兴利除害的“清官”的。真正站在人民的立场上是不能附和那哗众取宠的高调的。

中国封建社会的高等教育，汉有太学，唐有国学、太学、四门学和律学、书学、算学、医学等专科学校，宋有太学和专科学校（律学、算学、书学、画学、医学、武学），元、明、清有损有益，都是为了培养治术人才。值得特别一提的是书院制度。

书院最早是唐代设立的，初称丽正修书院（公元 718 年），后改称集贤殿书院（725 年），是名副其实的藏书之院，相当于今日的图书馆。最早又最著名的以讲学为主要任务的书院有湖南的石鼓书院、江西的白鹿洞书院、湖南的岳麓书院、河南的睢阳书院，俗称四大书院。主持书院讲学的都是硕学鸿儒，一代宗师。学生不远千里，慕名而来。这些书院可以说是中国古代的高等学校，具有自由讲学的特点，受官府的控制较少。它们仍然以儒家经典为教材，但研究学问比较切实，对于品德修养也比较重视。这是因为书院的师生们以钻研学术为宗旨，不以猎取功名富贵为目的。因此值得一提。毛泽东同志在《湖南自修大学成立宣言》中曾经称赞我国古代书院的自由研究的学风，的确是值得继承的教育遗产。现在不仅中小学盛行注入式教学，连许多大学生也只知听讲，记笔记，读死书，不善于自由研究、自主学习。这对于培养现代化建设人才是十分不利的。

（二）欧洲封建社会的教育

1. 僧侣垄断教育，神学禁锢思想。欧洲封建社会从 5 世纪（公元 476 年西罗马帝国灭亡）到 17 世纪（1640 年英国资产阶级革命），延续了一千多年。欧洲中世纪，特别是 14—16 世纪文艺复兴以前，被称为黑暗世纪。因为野蛮的日耳曼民族入侵，毁灭了古希腊、古罗马的文化。正如恩格斯在《德国农民战争》一书中所说，欧洲“中世纪是从粗野的原始状态发展而来的。它把古代文明、古代哲学、政治和法律一扫而光，以便一切都从头做起。它从没落了的古代世界承受下来的唯一事物就是基督教和一些残破不全而且失掉文明的城市。其结果正如一切原始发展阶段中的情形一样，僧侣们获得了知识教育的垄断地位，因而教育本身也渗透了神学的性质”①。当时经济上封建割据，教会封建主（僧侣）和世俗封建主（领主）占有大量土地，剥削农民和农奴的劳动；政治上君权神授，国王要由教皇加冕，得到教皇的认可；一切科学都只能从属于神学，成了神学的奴婢，宗教教义就是法律，就是真理。任何学术如果违反了宗教教义就要受到异端裁判所的残酷制裁。

欧洲中世纪前期的教育有两类，一类是教会教育，一类是世俗教育。教会学校主要培养僧侣，教学内容是背诵祈祷文和学唱赞美歌，诵读祈祷书和《圣经》，学习写字和计算。对一部分能力强的准备培养为牧师的学生教以文法、修辞学和辩证法（所谓“三艺”）。后来又增教算术、几何、天文学和音乐（所谓“四艺”）。“七艺”加上神学就成了中世纪中高等教育的内容。

世俗教育又称“骑士教育”。它的主要内容是“骑士七技”：骑马、游泳、投枪、击剑、打猎、下棋、诵诗。骑士教育是11世纪末叶十字军东征时期形成的。当时的骑士很多是文盲。

在中世纪，保存了欧洲古代文化的是东罗马帝国或拜占庭帝国（395—1453）。在野蛮的日耳曼民族入侵后，西欧各地教育衰败了几个世纪。但拜占庭仍保存着古代的文化和教育，特别是高等教育。在9—10世纪，西欧各国青年到拜占庭来入高等学校学习“三艺”、“四艺”和法学等。到东罗马帝国被奥斯曼土耳其人灭亡，拜占庭学术传至西欧，对西欧文化产生了很大的影响。

在中世纪，阿拉伯文化对西欧的影响也很大。公元8世纪，阿拉伯人征服了西班牙半岛，在柯尔多夫设立了高等学校，讲授哲学、数学、天文学和医学。西欧当时没有大学，许多学生来此学习。柯尔多夫的大学对西欧高等教育的发展也起了推动作用。

2. 近代大学的起源

我所以要在讲教育的发展过程中，特别谈谈欧洲中世纪的教育，就是为了追溯一下近代高等学校的起源。

拜占庭人的高等学校，阿拉伯人的高等学校，都是文艺复兴以前欧洲的高等学校的前驱。

欧洲中世纪的大学，最早的是意大利的萨拉尔诺（Salerno，1137）大学和博洛尼亚（Bologna，1158）大学，都创办于12世纪。前者以医学著名，后

① 《马克思恩格斯全集》第7卷，第400页。

者以法学著名。

法国的巴黎（Paris，1150）大学、英国的牛津（Oxford，1168）大学也创办于12世纪，前者以神学著名，以后增设医学与法学。牛津大学和以后的剑桥（Cambridge，1209）大学都仿巴黎大学的样子。

在12—13世纪，意大利已设大学18所，法国16所，西班牙和葡萄牙15所。

在14世纪，布拉格设立了斯拉夫人的大学（1348年），德国的大学直到14世纪末才建立（Plag，Wein，Heidelburg，Koln，Erfurt）。这时，瑞典、挪威、丹麦也设立了大学。

在15世纪，英国增设大学3所，德国也增设了大学。

欧洲中世纪的大学是一种自治组织，是由热心学术的著名学者创办的，不是教会设立的。拉丁语universitas有团体之意，指学生与教授的集团，是一种私人的结合，是自由研究学术的团体，后来才受教会和政府的认可与保护。教会加强了对自治制大学的控制，自己也设立了教会大学。

当时大学只有四科：文科、神学科、医学科、法学科。文科以教授“七艺”为主，有预科性质。一所大学往往只有一科著名，如萨拉尔诺大学的医学、博洛尼亚大学的法学、巴黎大学的神学等。每一科由公选的学长主持。学生先在文科学习“三艺”，可得文学士学位，再修毕“四艺”和哲学课程，可得硕士学位，这时才能投考神、医、法三科中的一科。

修业期限并无规定，学生年龄也无限定。一般文科要修业5～7年，其他各科也类似。学生修毕高级学科后可得神学士、医学士、法学士学位，最后可得博士学位。

由于中世纪经济、政治生活的发展和城市的兴起而产生的大学，又促进了城市的发展，并为后来的文艺复兴准备了条件。

应当说明，随着12—13世纪工商业的发展，促成了城市的繁荣。欧洲中世纪还产生了行会学校和基尔特学校，前者是由手工业者联合会创办的，后者是由商人联合会创办的。这样就打破了教会对学校事业的独占，为工商业的发展培养了人才。后来这两种学校合并成为城市学校。到15世纪所有大城市都有这类学校了。

3. 文艺复兴对教育的影响

欧洲在14—16世纪，由于工商业的发展和资本主义生产最初在意大利北部城市的萌芽，新兴的资产阶级反对封建制度、禁欲主义和出世思想的斗争，产生了人文主义即人道主义思潮，带来了科学、文学和艺术的繁荣。这时古代希腊、古代罗马的文化重又兴盛起来，所以称为文艺复兴。恩格斯认为，“现代自然科学……是和封建主义被市民阶级所粉碎的那个伟大时代一起开始的”，“那个时代，在欧洲建立起了大君主国，摧毁了教皇的精神独裁，恢复了希腊的古代，同时又引起了新时代的最高度的艺术发展，彻底打破旧的世界的界限，并且第一次真正发现了地球”。他说，“这是地球从来没有经历过的最伟大的一次革命”。① 文艺复兴在教育上的影响是深远的：

（1）打破了教会对学校的统治，世俗学校发展了；

（2）打破了宗教在教学内容中的独占地位，增设了新的学科；

（3）破除了禁欲主义思想，重视身体的锻炼和发展；

（4）破除了严酷的纪律，反对体罚，重视发展儿童的个性；

（5）重视发展儿童的积极性和主动性，重视智慧的发展；

（6）重视学生兴趣，采用直观、谈话、参观、旅行等新教法。

关于欧洲文艺复兴前后学校课程设置的情况见下表：

14 世纪以前	文艺复兴时代（14—16 世纪）	17—18 世纪
文法	文法 文学 历史	文法 文学 历史
修辞学	修辞学	修辞学
辩证法	辩证法	论理学 伦理学
算术	算术	算术 代数学
		三角法 几何学
几何学	几何学 地理学	地理学 植物学 动物学

① 恩格斯：《自然辩证法》，《马克思恩格斯全集》第 20 卷，第 533 页。

续表

14世纪以前	文艺复兴时代（14—16世纪）	17—18世纪
天文学	天文学 力学	天文学 力学 物理学 化学
音乐	音乐	音乐

本表引自［苏］米定斯基著、叶文雄译《世界教育史》一书。

（三）封建社会教育的特色

总结以上所述，可以得出有关封建社会教育的几点结论。

第一，从封建社会的教育中，我们进一步看到教育为政治服务、为阶级斗争服务的事例。中国封建社会以儒家思想为统治思想，欧洲封建社会以基督教思想为统治思想，都证明这一点。正如马克思、恩格斯在《共产党宣言》里说的："任何一个时代的统治思想始终都不过是统治阶级的思想。"因为人类思想的历史，证明了"精神生产随着物质生产的改造而改造"①。掌握着物质生产资料的统治阶级，也掌握着精神生产的手段，并且要用这种生产的成果来巩固自己的统治。这是无数历史事实所证明的。

第二，中国封建社会的选举制度、考试制度、学校制度都是为了替政府网罗治术人才，都是为了养士。养士的风气早在战国时期就形成了。当时的孟尝君田文（齐）、春申君黄歇（楚）、平原君赵胜（赵）和信陵君魏无忌（魏）都养士数千人，在政治上发挥了很大的作用。中国历代的开明君主都知道"礼贤下士"，为的是要网罗人才，巩固自己的统治。讲中国封建社会的教育不能光讲学校，要同选举、考试一齐讲，才能得其全貌。

第三，中国封建社会官办的教育总是着眼于罗致人才，所以性质多属于高等教育，特别中央政府一级的教育是如此。民间的教育也是着眼于向国家输送候补的官吏。为了生产和生活而办的学校除了算学、医学以外几乎没有。欧洲中世纪城市兴起后，为工商业培养人才的学校就兴办起来。这一点是我国所不及的。尽管中国在世界上最早发明了造纸术、印刷术，对于书籍的印刷、学术文化的传播和保存起了极大的作用，但是到了近代仍然不能免于落后。因为儒

① 《马克思恩格斯选集》第1卷，第270页。

家思想脱离生产劳动，把科学技术贬为奇技淫巧，因循守旧，不鼓励发明创造。这是近代中国落后的原因之一。

第四，中国的书院、西欧的大学，有些类似之处。可惜书院没有适应社会生产的需要和人民生活的需要而分科。自由讲学，自主学习，这是挣脱思想束缚、打破思想禁锢所不可少的。我国明代的东林书院学长顾宪成、高攀龙等抨击阉党，议论朝政，体现了知识分子对国家政治的关心。教育总是同政治密切相关的。教育权掌握在统治阶级手中，教育便总是为统治阶级服务的。同时，教育权如果掌握在进步力量手中，教育也能成为反对反动势力的工具。所以说在阶级社会里，教育是阶级斗争的工具。斯大林说："要知道教育是一种武器，其效果决定于谁把它掌握在手中，用这个武器去打击谁。"① 就是说的这种情况。

第五，欧洲从文艺复兴以后，学校课程就不再限于"七艺"，而且随着生产的发展（包括工商业和航海业等），设置的科目越来越多，这是符合发展社会生产的需要，也是适应科学技术发展的形势的。中国却连古代的"六艺"也没有保持，以书本为唯一学习对象，造成了近代的落后。现在开展现代化建设必须迎头赶上，而不能跟随在后面追赶。迎头赶上的思想最早是中国革命的先行者孙中山先生提出来的。毛泽东同志和周恩来同志进一步发展了他的思想。要迎头赶上，必须靠教育，把人家最先进的东西拿来为我所用，就可少走许多弯路。

（四）早期大学教育的性质

前面谈近代大学起源的时候，已经说过早期大学教育的性质。现在再概括起来讲一讲。

1. 早期的大学是自治团体，既不受教会的控制，也不受政府的管理，甚至它所辖的地区，可以不受司法机关的干扰。如，牛津大学所在地是牛津镇，有一次发生了杀人案，司法机关认为有必要到牛津大学搜捕凶手，但大学当局予以拒绝，认为这是对大学尊严的侮辱，也是对学者威望的损害。但司法机关坚持要入校搜捕。有一部分教授和学生便愤而离校，另外到剑桥镇去办起剑桥大学来。剑桥大学是从牛津大学分出来的，原因为抗议司法机关执行任务。——这在我们今天似乎很难理解，但在当时确实有过这样一段故事。在欧洲中世纪，

① 斯大林：《与英国作家威尔斯的谈话》，1952年版，第19页。

教会统治一切，封建领主大多数愚昧无知，要突破他们的禁锢，推动学术的进步，不这样是不行的。直到现在，英国的大学仍然是自治团体，大学教师也不是政府工作人员。教师的教学自由包括他在大学的全部活动，不限于教学和著书。

2. 早期的大学是学术团体。当时的大学都是一些学者的自由结合，抱着为学术而学术的态度。表面上他们是不过问政治的，实际上对于政治的进步和文化的繁荣还是起了推动作用的。当时有一种口号叫作“学术独立，研究自由”。这也是反对封建统治的一种方式。资产阶级继续标榜这样的口号，掩盖它的学术研究是为资产阶级政治服务的实质。事实上，即使自然科学，本身没有阶级性，但由谁来研究和使用，为什么目的来研究，研究的成果为谁服务，仍然是有阶级性的。所谓“学术独立，研究自由”，在资产阶级学者来说也是自欺欺人而已。瑞典化学家诺贝尔（Alfred Bernhard Nobel，1833—1896）研究化学，发明爆炸力很强的炸药，可以用于开矿，也可以用于制造杀人武器。开矿可以造福于人类，武器却帮助帝国主义者侵略扩张。至于社会科学更是明显地具有阶级性的。为学术而学术的自由研究是不可能有的。

3. 早期的大学实施通才教育而非专业训练。什么是通才教育？就是广博的文化教养。这种教育培养的是实干家而不是思想家，是政治家而不是哲学家，是主教而不是神学家，是律师、医师而不是法学家、医学家，是大学校长而不是学者。这一方面因为当时的生产水平还不很高，科学还没有脱离神学奴婢的地位；另一方面也反映当时社会对人才的需求，大学还是培养统治人才的场所，而不是培养各行各业专门人才的场所。至今还有许多国家的政务官员，今天可以当财政部长，明天可以当卫生部长；今天可以当教育部长，明天可以当农业部长。他们的任务是做官，而不是理财、保健、兴学、司农。所以通才教育只适宜于培养政务官，不适宜于培养专门家。当然，今天的政务官必有一批专门家做助手，否则，他的官是做不好的。

四、资本主义社会的教育

——近代学制的形成

讲资本主义社会的教育，只有先讲欧洲，因为它是最早进入资本主义社会的。中国虽然也在17世纪即明朝晚期就有过资本主义生产方式的萌芽，却由于种种原因，资本主义没有能得到发展。19世纪由于西方殖民主义的入侵，中国沦为半殖民地半封建社会，直到中华人民共和国成立，才越过资本主义阶段而直接进入社会主义社会。

17世纪40年代的英国资产阶级革命，是人类历史从封建社会进入资本主义社会的标志。经过近半个世纪（1640—1688）的革命与反革命的斗争，复辟与反复辟的较量，英国资产阶级终于站稳了脚跟，掌握了政权。18世纪美国的独立战争（1775—1783），历史学家也称之为资产阶级革命运动。同时发生的法国资产阶级革命（1789—1794）是比较彻底的资产阶级革命，不像英国那样是贵族和资产者妥协的产物。

资本主义的生产方式早在英国资产阶级革命以前的一百年就已经发展起来了。这种生产方式同时产生了资产阶级和无产阶级。这两个阶级都有反封建制度的要求。资产阶级革命是有无产阶级和小资产阶级及农民参加的，但是当资产阶级夺得政权以后，就立即把无产阶级和小资产阶级置于自己的统治之下。资产阶级关于人道主义的宣传，关于自由、平等、博爱的口号，资产阶级启蒙思想家关于天赋人权的论述，在反对封建主义的斗争中都曾起过动员人民的作用。资产阶级革命之所以发生，不仅有经济基础的原因，即封建主义的生产关系束缚了生产力的发展，必须打破封建主义的经济基础才能解放生产力，而且有上层建筑的原因，即资产阶级启蒙思想家在反对封建主义的意识形态中做了充分的舆论准备。

18世纪法国的启蒙思想家代表着整个第三等级，第三等级包括了除去僧侣和贵族以外几乎所有阶级——资产阶级、城市劳动人民和农民。因此，这些资产阶级启蒙思想家只有在反封建这一方面意见是一致的，他们的立场、观点和世界观却并不相同。如，孟德斯鸠（1689—1755）是带有同贵族妥协倾向的资产阶级温和派的代表；伏尔泰（1694—1778）也是上层资产阶级的代表；拉美特利（1709—1751）、狄德罗（1713—1784）、爱尔维修（1715—1771）和霍尔巴赫（1723—1789）是资产阶级革命派的代表；卢梭（1712—1778）是小资产阶级思想的代表，是启蒙运动中的民主派；摩莱里（1700—1780）和马布利（1709—1785）是最受压迫的劳动人民的代表。——尽管如此，我们应当给予恰当的历史的评价。如，恩格斯就说过："在法国为行将到来的革命启发过人们头脑的那些伟大人物，本身都是非常革命的。"① 列宁也说过："资产阶级的

① 恩格斯著：《反杜林论》，人民出版社1970年版，第14页。

思想家在当时并没有表现出任何自私的观念；相反地，不论在西欧或俄国，他们完全真诚地相信共同的繁荣昌盛，而且真诚地期望共同的繁荣昌盛。”① 因此，我们不能像那些无知而又极左的人们一样，听到是资产阶级人物，就予以全盘否定。其实，这些资产阶级启蒙思想家虽然受了时代的局限，但他们的确是企图代表“全人类”的利益说话的。他们在反封建主义斗争中的功绩是不可抹煞的，也是抹煞不了的。至于他们的良好愿望落空了，那是历史的悲剧。

当然，我们今天有了真正代表“全人类”利益的马克思主义。马克思主义者当然要比资产阶级启蒙思想家高出万倍。我们肯定资产阶级启蒙思想家的历史作用，并不是要重新举起他们的旗帜。否则，又是无知和极右的表现了。

从法国资产阶级革命（1789 年）到法国无产阶级巴黎公社革命（1871 年），在法国不到一百年，资产阶级的上升时期就宣告结束了，资产阶级的丑恶面目完全暴露出来了。到 19 世纪末 20 世纪初，资本主义进入了帝国主义阶段。有人认为列宁早在六十多年前就说帝国主义已经进入了腐朽、没落、垂死阶段，但是至今还没有灭亡，还没有成为死老虎。为什么呢？原因是多方面的。六十多年在历史上不过只是一瞬。资产阶级登上政治舞台，曾经进行几百年反复的斗争，才取得政权。无产阶级要想在全世界实现共产主义，岂能在短短几十年就实现。值得研究的是为什么帝国主义资产阶级至今还能维持着自己的统治。

从根本上说，只有生产关系束缚着生产力的发展，不打破现有的生产关系，生产力就不能发展，才会引起阶级斗争，引起革命。现在的问题是垄断资产阶级的统治，并没有完全阻碍他们国家生产力的发展。随着生产力的发展，垄断资产阶级采取了一系列缓和阶级矛盾的措施，加上国际共产主义运动受到挫折，所以至今还没有形成国际共产主义运动的新高潮。

我个人认为，教育在资本主义社会生产力持续发展中起了很大的作用。资产阶级变得聪明起来，利用教育来挽救它的灭亡。这样说是否过分了？望同志们讨论、批评。我下面要归纳几项资本主义社会教育的特征，来说明我的这种看法，同时也可以看到近代学制形成的过程。

（一）资本主义社会教育的特征

1. 从等级的学校到阶级的学校——封建社会的学校是等级的学校，中外

① 列宁：《我们究竟拒绝什么遗产?》，《列宁选集》第 1 卷，第 128 页。

皆然。如，规定哪些学校是贵族子弟的学校，其中有皇室的学校、皇族的学校、几品官以上子弟的学校；欧洲僧侣有僧侣的学校，世俗领主有世俗领主的学校，第三等级（包括资产阶级、工人和农民）兴起后，有第三等级的学校，这些都是等级性的学校。封建社会的学校类型复杂，种类繁多。资产阶级取得政权以后，剥夺了僧侣和贵族的特权，学校类型简化了，但在许多国家仍保留了双轨制的学校，如，英、法、德、俄等国，直到第一次世界大战以前，学校仍是双轨制的。

这里要对双轨学制做一解释，因为许多人对它有误解，常常把它同我们办学的“两条腿走路”的方针或者多种形式办学混淆起来，闹出许多不应有的笑话。因为苏联教育学批评过双轨制，我们在批判苏联教育学时，就说这是修正主义的，竟然说我们要提倡双轨制云云。这是缺乏教育科学上起码的常识，因为在例如省市委书记这样的领导同志的报告里，本意是说我们的中等教育结构要多样化，竟说成我们要实行双轨制。这就是对这个教育术语的含义不了解的缘故。

所谓双轨学制，说得简单些，就是儿童从入学一开始就走的是两条道路。一条道路是为工农劳动人民的，从初等小学、高等小学到职业学校和师范学校，叫作初等教育系统。这里的师范学校也叫初级师范学校甚至初级高等师范学校（如过去的法国），总之，是为初等教育系统的学校培养师资的，所以名称上既有“初级”又有“高等”。另一条道路是为地主资产阶级的，从中学预备学校（中国在窃国大盗袁世凯称帝时，也搞过预备学校，真是逆潮流而动的反动派），到中学，再到大学，称作中等教育系统。因为这条轨道的特点是没有为大众子女设的小学或初等学校，相当于小学的称作中学预备学校。可想而知，为这条轨道的学校培养师资的师范学校、高等师范学校就不冠以“初级”字样了。这种双轨的学制是从封建社会的学校演变而来的，同资产阶级宣称的教育机会平等的原则不相容，所以在工人运动的压力下，这种同资产阶级虚伪的民主假面具也不相符的双轨学制已逐渐消失了。

第一次世界大战以后，在俄国十月革命的影响下，在各国工人运动的压力下，资产阶级逐渐取消了具有明显不平等特点的预备学校，而统称为小学。如，德国称为基础学校，有四年共同的统一的教育；英国称为初级小学，有五年统一的教育；法国也有五年的小学是统一的。当然这只是形式上统一了，为了缓和阶级矛盾。至于教育内容仍然具有资产阶级的阶级性，是不言而喻的。

第二次世界大战以后，这种情况又有所发展。以英国为例，英国1944年通过了一个《教育法》，把原来为劳动人民设的高等小学改名现代中学，以完成普及义务教育为期限。另有文法学校和技术中学都是按智力择优录取学生、准备升大学的中学。后来在工党政府执政时，发展了综合中学，逐渐打破了名为按智力高低择优录取、实则施行阶级淘汰的教育政策。现代的资产阶级已经认识到教育的重要。教育程度高的工人可以给他们创造更多的剩余价值。把工人阶级中的一部分人培养成资产阶级知识分子，对资产阶级是更有利的。所以也乐得顺应工人阶级要求教育机会平等的民主运动，打开学校的大门，不再像沙皇俄国的资产阶级大臣们那样，“把工人看成火药，把知识和教育看成火星”，害怕“火星一旦落到火药上，首先被炸的就是政府”①，而采取愚民政策了。

2. 从教育同生产劳动脱节到同生产劳动结合——由于科学技术的进步，生产工具的革新，生产劳动者所需要的教育程度越来越高。不用说手工劳动时代依靠父子相传、师徒授受的职业技能已经远远不能适应新的机器大工业生产的需要，即使具备读、写、算的初步文化程度的人也不能适应需要了。早在19世纪中叶，马克思就已经看到这一点。他说：“要改变一般的人的本性，使它获得一定劳动部门的技能和技巧，成为发达的和专门的劳动力，就要有一定的教育或训练，而这就得花费或多或少的商品等价物。劳动力的教育费随着劳动力性质复杂的程度而不同。”② 在资本主义初期，资产阶级还看不到这一点，即看不到教育有助于提高劳动生产率，所以不愿办教育，既怕花钱，又怕工人有了知识不利于他们的统治。但是随着科学技术的发达，随着工人运动的高涨，生产劳动需要的知识技能越来越高，愚民政策不但行不通也对他们自己不利，所以已经逐步延长了普及义务教育的年限，逐步提高了劳动人民的教育程度。过去（1844年）恩格斯批判资产阶级不给工人受教育，说过：“既然资产阶级所关心的只是工人的最起码的生活，那我们也就不必奇怪它给工人受的教育只有合乎它本身利益的那一点点。而这一点实在并不怎么多。”③ 当时英国政府在5 500万英镑的庞大预算中，用于国民教育的经费只有4万英镑。当时资产阶级认为给工人教育多了不符合本身的利益。现在，资产阶级给工人的教

① 列宁：《我们的大臣们在想些什么?》，《列宁全集》第2卷，第66页。

② 马克思：《资本论》，《马克思恩格斯全集》第23卷，第195页。

③ 恩格斯：《英国工人阶级状况》，《马克思恩格斯全集》第2卷，第395页。

育多了，因为资产阶级认识到这是符合它本身利益的。

以日本为例来说明。日本文部省在1962年纪念新学制实施90周年时发表了一部调查报告，在这份名为《日本的成长和教育——经济发展和教育发展的关系》的调查报告的前言中，作者声称："在激烈的国际竞争中，科学的创见、技术的熟练、生产者的才能等重要因素，对于经济发展所起的作用，不亚于增加物的资本和劳动力的数量。这些新引起人们注视的各种重要因素，被称为'人的能力'。大力开发人的能力，是促进将来的经济发展的重要条件；而人的能力的开发，则依赖教育的普及和提高。"① 类似这样的论调，在日本的统治阶级中是很常见的。日本的确尝到了发展教育以发展经济的甜头。

教育和生产劳动的结合，有两种含义：一是指教育同生产劳动者相结合，即从事生产劳动的人要受教育，受着教育的人也要学会从事生产劳动；二是指教育的内容要同生产劳动的需要结合。资本主义社会近半个世纪的教育，在这两方面做得都有成绩。

3. 普及了义务教育，延长了义务教育的年限——普及义务教育是资产阶级政治经济要求的产物，也是现代化国家的基础。

从政治要求来说，资产阶级登上历史舞台，同封建割据的局面是不相容的。在欧洲，它促成了民族国家的形成和发展。教育是使民族国家政权巩固必不可少的力量。教育不但统一语言文字，还要形成统一的民族意识、国家观念。早在16世纪宗教改革时期，马丁·路德（1483—1540）曾经提倡普及教育，那是为了普及新教教义，也有助于民族国家的形成。因为不同的教派办不同的学校，把不同教义教给学生，形成宗教思想的对立，妨碍民族的团结和国家的统一。19世纪初，德国费希特（1762—1814）提倡国家主义的教育。从1819年起，普鲁士实行义务教育。美国独立后也需要在不同国家、不同民族的移民中，推行美国化的教育。所有这些都是从政治的需要来促进教育的普及的，但更重要的还是经济的要求。

从经济的要求来看，自18世纪工业革命以后，没有读、写、算的能力已经不能成为工业生产中的合格劳动力。所以在许多国家《工厂法》中规定了教育条款，规定工厂主要给童工受教育的机会。当时愚蠢的资本家还看不到工人

---

① 日本文部省调查局编、吉林师范大学外研所日本教育研究室译：《日本的经济发展和教育》，吉林人民出版社1978年版，第1页。

受教育会给他带来更多的利润，千方百计逃避办教育的责任，或者敷衍塞责。所以恩格斯才说过我们前面所引的那段话，说资产阶级给工人受的教育只有合乎它本身利益的那一点点。随着生产的发展，科学技术在生产中的应用，日益需要有文化科学知识的劳动者了，所以义务教育的年限逐渐延长了。原来只限于小学阶段的普及义务教育，现在已经进入中等教育阶段了。延长义务教育年限还有防止失业人口过多的作用。如，美国有的州把初级学院（junior college）或社区学院（community college）即短期大学列为普及教育范围，就有这种用意。

所谓义务教育，含义有三：一是儿童本人在学龄期内有受规定年限教育的义务；二是儿童的父母（或其保护人）有送子女受规定年限教育的义务，如不履行义务，要受法律制裁；三是国家（或企业）有办教育来满足国民受教育的权利与义务。

在资产阶级没有认识到教育对发展生产有重要意义的时候，需要立法来强制他们。当劳动者也迫于生计没有认识到受教育有助于改善他们的生活的时候，也要用立法来保证、来强迫他们受教育。所以有“义务教育”、“强迫教育”等一类名称。既然受教育是国民的义务，那就要实行免费教育，不免费就不能强迫，不强迫就难以普及。所以“普及教育”、“义务教育”、“强迫教育”、“免费教育”这几个词是互相关联、无法分开的。根据国际经验，没有免费教育就没有义务教育，没有义务教育也就没有普及教育。因此，要使教育能够普及，必须实行免费教育。至于强迫教育，在少数民族地区，应当有立法来推行普及义务教育，应当带有强制性。

现在发达国家的义务教育修业年限一般都已达到十年左右。如，日本虽然规定九年义务教育，那是指免费教育说的。事实上已普及了十二年的教育。苏联最近公布了改革普通教育和职业教育的方针，要把义务教育延长为十一年了。现在美国、联邦德国、加拿大、科威特都是十二年，英国、朝鲜、卢森堡、苏联是十一年，法国、匈牙利是十年，日本、瑞典、瑞士、丹麦、芬兰是九年，泰国是六年，印度、缅甸五年。

4. 中等教育类型的多样化——从教育发展史来看，中等教育的发展是在高等教育和初等教育之后。无论中外莫不如此。中等教育在资本主义国家的学制中占有地位是由于两种原因：一是要选拔入大学的合格新生，二是要满足为各行各业培养熟练职工的需要。所以中等教育的类型总是多样化的，而不是单一的。

为升学而设的中学，在西欧多数国家都称为文法学校（grammar school），以教古典语文为主要学科。其中英国还有一种传统的私立中学，称为公学（public school），是特权阶级的寄宿学校，至今仍未绝迹。这与美国的公立学校（也叫 public school，是为平民大众设立的）迥然不同。不能因为名称一样就不加区别，混为一谈。文法学校也有称为古典中学或文科中学的，如，德国叫 gymnasium（现在译为“完全中学”）。随着科学技术的进步，文科中学的课程不能满足为培养科学技术人才做准备的需要，因此实科中学应运而生。也有在古典中学加设实科课程而称为文实中学的（realgymnasium）。实科学校在英国，现在称为技术中学（secondary technical school）。这些都是为了升学的中等学校。

为就业而设的中等学校，包括各种职业学校。职业学校包括农、工、商、医、药、林、牧、渔、师范和家事等等。这些学校的毕业生原来都是不能升学的，现在已逐渐可以升入对口的高等学校。在发达的资本主义国家，这类学校是大量的。德国是以职业教育发达著称的国家，它现在有两年的义务教育是在职业学校里完成的。

美国从来标榜它的教育机会是平等的，学制是单轨的。不错，它没有保留殖民地时期从各自的宗主国移植过来的双轨学制，确实实行了单轨学制。但是双轨学制的精神，即教育机会不平等的精神，仍然体现在它存在着公立学校和私立学校两条轨道中。公立学校是为大众的，私立学校是为资产阶级的。私立学校校舍、设备、师资、课程设置都是为升学的，公立学校则相反。1951 年，我曾写过一篇《法西斯化的美国教育》一文在《人民日报》发表，揭露过这个问题。

美国的公立中学在形式上是单一的，但也分学术型的（academic）、普通型的（general）和职业型的（vocational）几科。苏联批评美国中学设置的选科多达 500 种，就是因为美国在中学里实施各种职业教育之故。

日本现在搬用的是美国学制，它的“高等学校”（相应的英译文为 high school，即美国的中学）相当于我国的高中，分普通高中、职业高中和综合高中。职业高中分工、农、林、牧、渔、商、医药、家事等科，按各地需要设置。综合高中是兼设普通科、职业科的高中。

总之，任何国家的中等教育阶段，都是多样化的。单一的中等教育结构是没有的。这同双轨制完全是两回事。

5. 高等教育从实施通才教育走向专业训练——大学在资本主义国家起初仍是特权阶级的专利品。传统的大学实施通才教育而不实施专业训练。随着生产的发展、科学的进步，传统的大学已经不能适应时代的需要。文、神、法、医四个学院逐渐为新型的综合大学和专科学院所补充。现在的综合大学可以包括文、理、法、商、工、农、林、牧、渔、医、师范、美术、戏剧、音乐、体育等类专业。当然，每所大学不必全设这样多的系科。这许多系科都可以单独设学院来办的。但综合大学必须设有文、理学院的各科系，再加其他一个以上的专业科系。各国的规定不一样。许多国家的大学下面设学院，学院下面设系。一所大学至少要有三个学院。独立学院下面直接设系。也有在大学下边直接设系的，这样可以减少层次。

大学不应"文理分家"，应包含文理科各系。有些工科院校，也应设理科各系，即不应"理工分家"，因为工科必须打好理科的基础。现代科学一方面继续分化，一方面互相渗透。文科学生应选习理科课程，理科学生也应选习文科课程。如，美国麻省理工学院，本科生要选修文科课程，约占全部应修学分的四分之一。

高等学校实施专业训练以后，类型也复杂多了。除了综合大学、独立学院以外，还有专科学校。专科学校在日本称为短期大学，修业二至三年，进行职业训练，比大学本科毕业生还受雇用单位欢迎。现在有许多中等专业学校也招收高中毕业生，这样的中专在学历上看来，同大专就没有什么两样了。这可能是科技发展的必然现象。因为过去的中专（招收初中毕业生修业三至四年），本来是培养技术员的，现在许多成了培养熟练工人的学校，同中等职业技术学校没有什么区别了。而初级技术人员所需的训练已经不是过去的中专所能担任的了，因此提高规格是科学技术进步的需要。日本还有一种技艺专科学校是招收初中毕业生修业五年的。这种学校为数不多，但培养的学生比招收高中毕业生修业两年的专业水平要高。

有些同志见到欧洲有些国家中学毕业生可以直接升高等学校学习，如，联邦德国完全中学毕业生即取得入大学的资格，法国中学毕业生会考及格的学生也可以直接升入大学，英国文法学校毕业生也是如此。是不是这些国家大学的门很容易进入呢？有的同志甚至听说这些国家普及了中学教育，又听说只要中学毕业生就能升入大学，以为他们连大学教育也快要普及了。其实这是一种误解。这些国家在学生入中学以前就已经经过选择了，或者说是经过淘汰了。如，英国在学生十一岁时就要进行考试，除了考学业，还要考智力，把那些他们认为最有培养前途的小学毕业生取入文法学校，其次入技术中学，大量的只能入现代中学。在中学读五年或六年，又要考试，叫作普通教育证书考试，挑选好的再入第六学级（the sixth form）至少读两年（等于大学预科），通过高级普通教育证书考试，成绩优秀的发给证书，这样的才能升入大学。至于法国的中学毕业会考，一般只有50％的学生可以及格。这些国家是在中等教育阶段就做了大量的淘汰工作，被淘汰的大多数都是劳动人民的子女，他们如果也叫择优录取的话，是早在中学阶段就一层一层挑选上来了，而不是集中表现在一次性的高等学校招生考试上。

现代高等教育的特色是它要成为专业教学中心、科学研究中心、生产顾问中心。关起门来搞教学不行了，关起门来搞科研也不行，要面向社会，面向国家建设的需要，要充当生产的参谋、顾问。高等教育最大的特点之一就是它要成为新知识的发源地。新知识从哪里来？不是从天上掉下来，也不可能从人脑里分泌出来，而是要从科学实验中来，从生产实践中来，从调查研究中来。

同时，现代的生产如果墨守成规，不求革新，很快就要落后了，所以企业也不断要求采用科研新成果。有些企业自己设了研究所、实验室，而大多数企业还是要同高等学校协作。高等学校的科学研究如果同企业协作，解决企业中、生产中需要解决的问题，就搞活了。同时企业也不能因循守旧，要随时采用科研新成果，来改进设备，革新工艺，降低消耗，降低成本，提高效率，提高质量。高等学校要培养科学研究人才，并不必到本科毕业后，在大学高年级学生中就应当吸收一部分学生参加到教师的科研队伍里来。教师都有搞科研的义务，要既搞教学，又搞科研，双肩挑。资本主义国家的高等学校现在很讲教育和生产劳动的结合来增加社会生产，提高竞争能力。

6. 教育科学的繁荣与师范教育的发展——许多资本主义国家都是在普及义务教育法颁布前后，大量举办师范教育的。如，1854年普鲁士颁布师范学校令，培养小学教师；1879年，法国建立师范学校，培养小学教师；日本1872年就设立师范学校，1875年开始推行义务教育；我国在1904年公布的《奏定学堂章程》里也强调“初级师范学堂为普及小学教育之基”。总之，师范教育是随着普及义务教育而兴起的。为什么普及义务教育要办师范教育呢？这是因为：第一，需要任用大量的以教育为专业的教师，这些人必须能推行国家的教育宗旨，执行国家的办学方针；第二，小学教师数量大，任务重，待遇低，必须进行专业训练，使他们能安心从事普及义务教育工作；第三，由于教育科学的形成，了解儿童，顺应儿童身心发展规律来进行教育的思想已经深入人心。——为了第一个原因，许多国家不许私人（主要是教派）办理师范教育，以免培养的师范生不能为政府服务，而为宗教教派去效劳。

随着普及义务教育年限的延长，对中学师资的需要量也越来越大了。培养中学师资的高等师范学校也逐渐发展起来。随着教育科学的繁荣，在所有发达国家，师范教育的程度也越来越高。原来培养小学教师的师范学校是中等教育程度，现在逐步提高到高等教育程度了。如，美国在20世纪初期就逐步取消了中等师范学校，所有中小学教师，都要由高等师范学校来培养。第二次世界大战以前，有些国家的高等师范学校水平比大学低，现在也要求同大学一样，甚至更高。如，英国的师资训练学院（training college）原来水平低于大学，现已取消。现在培养中小学教师的大学教育系，是招收大学本科毕业生修业一年的系。这一年专门学习教育科学理论并从事教育实习，毕业后取得中小学教师的资格。

师范教育之所以必要是同教育科学的发展分不开的。教育科学是研究人自身培养问题的学问，反而发展较晚，比动物饲养学、植物栽培学发展得都晚。倘若有人认为只要有了知识就不怕当不了教师，这实在是一种糊涂观念。在教育科学不发达的时代这样说也未必妥当，在教育科学已经发达了的时代更不能这样想了。总之，师范教育之所以必要，就是因为有了教育科学，探讨了教育规律，明白了教育兴废之由来。应当使未来的教师懂得教育科学，掌握教育规律，既知教之所由兴，又知教之所由废（参看《学记》），然后才能当个合格的、称职的教师。

（二）资本主义国家对教育事业的贡献

看了资本主义社会的教育的特征，我们应当实事求是地肯定，资本主义国家对教育事业做出了重大的贡献。列宁曾经肯定资本主义比封建主义创造了无比强大的生产力、高得多的劳动生产率，要求苏维埃国家超过它，认为提高劳动生产率是保证新社会制度胜利不可缺少的条件，这就要靠振兴教育事业。资本主义国家发达的社会生产力和高度的劳动生产率，都是靠发展教育事业取得的。它的贡献是应当肯定的。

1. 建立了完备的学校制度，发展了各级各类教育事业。——从幼儿园、小学、中等学校、高等学校直到研究生院。规模之大，入学人数之众多，都是空前的。这些学校制度，一般大致适应儿童、少年、青年的身心发展阶段。如，3—6岁入幼儿园，6—12岁入小学，12—18岁入中学，18岁以上入高等学校。除了全日制的学校，还设了函授、广播、电视学校、夜校、业余学校等等。如，英国的“开放大学”就是以函授为主，兼用广播、电视等教学形式的业余大学。

2. 建立了学校网，普及了教育，提高了人民文化水平。——列宁称普及义务教育是一项极其繁重而艰巨的任务。在发达的资本主义国家，这个问题大体上是解决了。其中日本虽然只普及九年义务教育，但100%做到了普及。因为他们对身心有缺陷的儿童都办了养护学校。日本在1912年（即我国辛亥革命后一年，中华民国元年）就普及了六年小学教育。尽管它是在甲午、日俄两次掠夺战争之后，又是为了训练军国主义的炮灰，充当侵略的工具，但我们不能不看到普及教育在增强国力上的作用。1947年，日本在战败投降极端困难的条件下把义务教育年限延长为九年，不能不说是很有远见的。它为60年代的经济的迅速发展，准备了条件。

3. 实行教育和生产劳动相结合，培养了大量生产建设的人才。——办教育是为了培养和训练“发达的和专门的劳动力”，受教育也是为了求得一技之长从事生产劳动。这些国家没有“学而优则仕”的传统，读书不是为了做官。同时社会上也重视学历，鼓励学习。由于生产和科技的发展，从事生产劳动所需要的教育程度越来越高，白领工人所占的比例越来越大。教育同生产劳动的结合越来越紧密。当然，这里说的生产劳动不是粗笨的体力劳动，而是需要科学技术知识技能的现代化的生产劳动。资产阶级不信仰马克思主义，但是他们也不得不照马克思讲的去做，从而增加了社会生产。他们在中等教育结构的多样化，高等教育的专业化，教学和科研、生产相结合等方面都做出许多成绩。

4. 繁荣了教育科学，逐渐能按教育规律办学。——如普及教育、发展教育事业必先培养师资；培养师资就要发展师范教育，传授教育科学知识，进行专业思想教育和专业知识训练。这要算是普通常识，也是一条教育规律。规律是客观存在，不随人的意志为转移的。按规律办事可以事半功倍，违反规律就会事倍功半。教育科学是在资本主义社会发展起来的，有些是研究了儿童身心发展的规律，有些是总结了行之有效的教育经验。凡是从实践中来经得起实践检验的理论，应当说是教育科学宝库中的共同财富。我们不宜一概排斥，而应拿来为我所用。当然，教育学是社会科学，社会科学有很强的阶级性，我们只能批判地择取其中对我们有益的东西，绝不能盲目照搬。

五、社会主义社会的教育

——未来教育的展望*

社会主义社会是人类发展史上最文明、最进步、最公正、最平等的社会，它是人类最高的理想社会即共产主义社会的初级阶段。因此，它是从资本主义向共产主义过渡的时期，它必然带有资本主义社会的若干痕迹。况且社会主义建立的历史在苏联这样第一个社会主义国家还只有六十多年，在我国只有三十多年。建设社会主义是人类历史上空前伟大的事业，我们的祖先从来没有做过，没有成规可循，需要按照科学社会主义的基本原理，按照马克思主义哲学即辩证唯物主义和历史唯物主义的世界观来从事实践和创造，试验和革新，工作上的失误可以说是难免的。只要有坚定正确的政治方向，有大公无私的精神和自我批评的勇气，不断揭露矛盾，解决矛盾，便能不断胜利前进的。

现在结合苏联和我国的情况，谈谈社会主义社会教育应有的重要措施，谈谈我国教育如何迎接新技术革命的挑战，最后概括地说一点对未来教育的展望。

（一）社会主义教育应有的重要措施

1. 实现教育机会平等，发展少数民族教育。

“教育机会平等”本来是资产阶级提出的骗人口号。当社会存在着阶级、私有制和人剥削人现象的时候，人与人之间的关系是不平等的，因此这个口号在资本主义社会是不可能实现的。在沙皇俄国，教育的等级制壁垒森严。十月革命以后，1918 年 10 月，苏维埃政府公布了《统一劳动学校规程》和《统一劳动学校基本原则》，把沙皇俄国的学校，从资产阶级统治的工具，开始改变为消灭社会阶级划分的工具。所谓统一劳动学校，是针对革命前不统一不劳动的学校说的。革命前贵族资产阶级同城乡劳动人民只能分别进不同的学校，宗

* 本部分原有“（二）新技术革命和我国教育”和“（三）未来教育的展望”两节，因与本书《我国教育要迎接新技术革命的挑战》和《试论我国教育的未来》两文重复，故此处删去。——编者

教信仰不同，男女性别不同，也要分别进不同的学校。革命后便把这些带有等级性和阶级性的学校一律废除，而代之以统一的、人人都有平等的机会入学的学校。革命前的学校只读书不劳动，地主资产阶级的学校是培养不劳而获的寄生虫的。革命后的学校不仅要教人读书，还要教人劳动，所以称作统一劳动学校。这样的学校真正体现了教育机会平等的原则。以后虽然不用这个名称了，实质上还体现着这个原则。

十月革命以后，苏维埃政府在 1918 年 1 月就发布了“教会跟国家分离，学校跟教会分离”的命令。这是因为沙皇俄国因袭欧洲中世纪的传统，不少学校由教会举办，成了传教的场所。无产阶级政权虽然实行宗教信仰自由的政策，但是人们也有不信仰宗教的自由，绝不允许强迫别人信教，更不允许把学校作为传教的场所。苏联 1984 年 1 月公布的《改革普通学校和职业学校基本方针（草案）》① 还提到要培养学生辩证唯物主义观点、树立无神论的信念。另一方面，苏联还大力发展少数民族地区的教育，提高少数民族人民的文化水平，用少数民族语文进行教学，给没有文字的民族制定了文字，用少数民族语文编辑教科书，发展社会主义内容的民族形式的文化，普及了少数民族地区的教育。

我国 1951 年公布的《关于改革学制的决定》，是符合教育机会平等的原则的。可惜三十多年来，学制经常变动，至今还在探索中。但是无论怎样探索都不应离开教育机会平等的原则。因为我国是已经消灭了阶级的社会主义社会，是人人平等的社会，每个人都应有平等的机会受教育。不能存在人为的不平等现象。现在有两点值得注意。一是重点学校集中好教师、好设备和学习成绩暂时优秀的学生，来培养尖子，忽视一般学校的教学质量，造成教育机会人为的不平等现象。我们办重点学校只应具有示范性质，是培养典型来带动一般，而不能孤立重点，脱离一般。另一个不合理的现象是城市小学修业六年，农村小学修业五年。前者师资设备条件较好，反而修业年限长；后者师资设备条件较差，反而修业年限短。这也扩大了城乡教育的差别，不符合教育机会平等的原则。小学是普及的义务教育，必须统一。除非少数民族地区的学校，少数民族儿童要兼学本民族语和全国通用的普通话，修业年限可以延长，以适应学习两种语言的需要。

---

① 这个草案修改后在同年 4 月已经作为正式文件公布。

旧中国虽然在汉民族地区设有少数教会学校，新中国成立后早已接管，经过改造，不成问题了。现在值得注意的是少数民族地区一些宗教势力跟人民政府争夺下一代的情况比较严重。因此，我们必须加强民族地区教育事业的领导和管理，认真在民族地区培养民族师资，认真发展民族教育事业，尽快普及民族地区的初等义务教育，然后再逐步提高。希望能在开拓大西北的过程中，首先抓民族教育事业的发展。另外，我们在一切学校中也要加强辩证唯物主义观点的思想教育，破除封建迷信思想。

2. 认真普及义务教育，发展成人教育设施。

苏联在十月革命以后十七年即1934年，完成了第二个五年计划，也在农村普及了四年义务教育，在城市和工矿区普及了七年义务教育。由于革命前的俄国也是一个文化比较落后的国家，做到这一点是很不容易的，是投入了大量财力、人力和物力的。请参看我写的《苏联扫除文盲和普及教育的历史经验》一文，载中国民主同盟中央出版的《群言》杂志1983年试刊号。

苏联普及教育是完全由国家包下来的。朝鲜现在已经普及了十一年的义务教育，也是由国家包下来的。南斯拉夫实行工人自治制度，联合劳动基层组织（即企业单位）要从净收益中提供学前教育经费（包括幼儿保健和福利）和初等教育经费。现在南斯拉夫学前教育很发达，已普及了八年制的初等义务教育。

关于成人教育事业的发展，在资本主义社会已开其端，但它的地位并未受到重视，并未正式列入学制。我国1951年公布的改革学制的决定，便将成人教育事业正式列入学制。但过去的成人教育总是补习教育性质的，即对没有受过义务教育的使他们补足义务教育，没有受过职业教育或被迫改行的补习职业教育，等等。现在由于科学技术的进步，即使受过高等教育的人也必须不断进行在职进修，否则就难以胜任工作。我们现在提倡干部知识化、专业化，也是为了适应现代科技发展的需要。

苏联对于没有受过完全中学教育的职工，采用函授、夜校、业余学校等办法，让他们补习完全中学教育。同时规定在中等专业学校（招收不完全中学毕业生的）和职业技术学校里，也要进行完全的中学教育。总之，他们要使所有公民都受到完全中学教育。据统计，受到完全中学教育的职工，他们的劳动生产率要比没有受过完全中学教育的职工高25%，而他们学习新技术所需要的时间也可以缩短10%。①

苏联的高等教育，在1977年全日制学生只占55%，函授生占32%，夜校生占13%，参加函授和夜校学习的都是在职职工。全日制学习和业余学习取得的资格是一样的。苏联几乎每所高等学校都设有函授部，供在职职工学习。同时企业、机关也对职工在职学习予以鼓励和保证。

我国也应当在普及教育和成人教育方面，借鉴有益的经验。如，分地区分阶段提出普及教育的要求，在普及的基础上提高；采取切实有效的措施鼓励儿童入学；培养合格而又称职的教师，分配到国家办的和集体办的学校任教；集体办学可以筹建校舍、购置设备；等等。但任用教师的权力一定要掌握在国家手里，以免滥竽充数。要增拨普及义务教育经费，大力补助困难地区和少数民族地区，要立法严格禁止挪用教育经费（否则处以破坏社会主义精神文明建设罪）；要大力发展成人教育事业，所有高等学校应普遍办理函授学校和夜校，所有中等学校也要办理业余补习教育，农村小学要办扫盲班。

"教育要面向现代化"。一个现代化的国家不能存在众多的文盲，我们每个人都有责任为扫除文盲出力。一个现代化的国家不能连小学教育都未能普及，我们每个人都有责任为普及教育出力。因为扫除文盲和普及教育应是群众性的事业，在党中央、国务院的关怀下，要成为上下结合的有领导的有群众积极参加的事业。现在说计划生育是基本国策，这是对的。我看扫除文盲和普及教育（不仅普及小学，还有普及初中，逐步提高），应当也是基本国策。

建议在党中央书记处和国务院设立领导小组来抓普及教育和扫除文盲的工作，以求限期完成。

3. 发展各种专业教育，满足经济建设需要。

社会主义教育应当以促进生产的发展为主要任务。

苏联为了适应发展生产的需要，曾经举办过三级专业教育。

初级的专业教育是由工厂举办的，主要是培养已经就业的工人。1920年7月，列宁曾经签署了《实行义务职业技术教育制度》的法令。为了扫除文盲，培养熟练劳动力，法令规定18—40岁的工人都要通过短期训练班来完成义务职业技术教育。这种短期训练班后来逐渐发展为工厂艺徒学校。1929年9月，

① 参看［苏］达依诺夫斯基著，徐长瑞译：《高等教育经济学》，人民教育出版社1983年版。

工厂艺徒学校也分为三种程度：初级工厂艺徒学校，培养群众性职业的工人；中级工厂艺徒学校，培养中等业务水平的一般工人；高级工厂艺徒学校，培养熟练工人（工作队长、装备员、调度员、副工长等）。随着普及教育的实施，工厂艺徒学校逐步改为招收七年制学校毕业生，修业期限六个月至一年。1940年，有的工厂学校仍然修业六个月，有的（如铁路学校）修业两年。随着农业机械化的实现，国家劳动后备力管理总局又为农业培养机械师。50年代又建立了技术职业学校，培养熟练工人和初级技术人员，招收受过普通教育的学生。总之，初级专业教育的程度是随着生产的发展和普及教育的水平而不断提高的。按前面提到的改革教育的基本方针，今后将要把这种初级专业教育统一由职业技术学校来实施。这种学校将建立在九年制学校的基础上，修业三年；或建立在十一年制学校的基础上，修业一年。

中级专业教育由中等专业学校实施。这类学校一部分归高等教育和中等专业教育部领导，一部分归各专业部领导。1958年苏联改革学制以前，中等专业学校招收七年制学校毕业生修业四年；改制以后招收八年制学校毕业生修业四年。但十年制学校毕业生进中专的人数越来越多，他们的修业年限为一年半到两年半。这样的班级称为特别班。今后的中等专业学校规定招收九年制学校毕业生修业三年，也可以招收十一年制学校（即完全中学）毕业生修业一至三年。看来，中等专业学校既招收不完全中学毕业生，又招收完全中学毕业生，这是形势发展的要求：一是各行各业所需要的中级技术人员，要具有完全普通中等教育的水平，再加以技术专业教育；二是普通中学毕业生既不能升入高等学校又不能就业的人也越来越多，需要接受中等专业教育为就业做准备；三是各行各业需要的中等专业人员数量较多。随着中等专业学校的发展，各部门都为培养中专教师举办了相应的高等师范班。如，在农学院附设农业师范班或农业师范系，招收本科毕业生修业一年。在其他高等学校设高等师范班，招收本科毕业生修业一年，学习教育学科及专业学科教材教法，并从事教学实习。苏联除有全日制的中专外，还有函授的和夜间上课的中专，招收不脱产学习的青年。

下面谈谈苏联的高等专业教育，也就是高等教育的情况。

社会主义的高等教育应当怎样办？我们过去曾照搬过苏联的经验，当然不合适，但今后还可以借鉴苏联的经验，因为苏联的高等教育培养了大量高级专业人才，把一个原先比较落后的国家变成了现代化国家，足以同资本主义列强相抗衡。我们不能抹煞它在建设（包括教育建设）上的重大成就。下面联系我国的实际来说明几点。

（1）学生来源。资本主义社会的高等学校总是为资产阶级办的，穷人是上不起的。沙皇俄国更加如此。十月革命以后，1918 年 8 月 2 日人民委员会通过了列宁起草的《关于苏俄高等学校招生问题》的决议，无条件地招收无产阶级和贫苦农民出身的人，并普遍发给他们助学金。1919 年 1 月 1 日，教育人民委员部决议开办工农高等学校预备班。1920 年 9 月，人民委员会决议开办工农速成中学，全国所有高等学校都要附设，为工农入高等学校创造条件。至今苏联还为工农兵升入高等学校办有预备班。目前，我国高等学校实行择优录取和定向招生。二者有些矛盾，即定向招生的对象，考试成绩不如一般考生，却可以录取。根本的解决办法是缩小落后地区（特别是少数民族地区和农村地区）同经济文化发达地区的差距。同时尽量实行分校培养，减少教学的困难。此外，择优录取，要录取德、智、体几方面都发展的，不能光凭一日之短长。

（2）学校分布。沙俄的高等学校分布不均，许多少数民族地区连一所高等学校也没有。这就如同我国解放前许多省没有一所高等学校一样。十月革命以后注意到高等学校的分布，在全国遍设高等学校，培养各民族的高级建设人才。我国这一点也做得很出色。但问题是大城市的重点高等学校师资过剩，而边远地区的学校师资缺乏，影响了教学质量。为了人尽其才，应当把目前重点高等学校多余的师资调到师资缺乏的地区去任教。今后各省、自治区、直辖市都应当设有农学院、医学院和师范学院，培养本省、区、市所需的农业（包括林、牧、渔等）技术干部和合格的医师和教师。这类人才需要量大，最好尽量由本地方的人来担任。当然在本地方培养的人未能满足需要时，也应该从他处吸收。

（3）培养目标。社会主义社会的高等学校必须培养有社会主义觉悟的、有共产主义理想的、愿意为人民服务、为现代化建设服务的高级建设人才。要热爱社会主义祖国，并且愿意用自己勤劳的双手来改变祖国贫穷落后的面貌。要培养有创造才能、善于理论联系实际、解决实际问题的专家。要培养基础理论牢固，并能不断求知、自强不息、更新知识、创新知识而不是安于现状、墨守成规的人。要培养能有所创造、有所发明、能赶上技术革命新时代的人。——在社会主义制度下，应该能做到这些，也一定能够做到这些的。

（4）专业设置。社会主义社会高等学校的专业设置或系科设置，一定要预测到今后若干年内对各方面建设人才的需要，以免学生毕业以后用非所学。专业的设置不宜过窄，否则不容易对口分配。如，师范学院要培养能教两门以上学科的教师，以适应到小规模的学校任教的需要。

(5) 课程设置。社会主义社会的高等学校设置的课程必须针对培养目标，大致可分为四类：一类是政治思想品德课，包括中国革命史、政治经济学、辩证唯物主义和历史唯物主义、科学社会主义等；一类是文化科学基础课，包括语文、外语、数学、科学史、文化史、思想史、自然科学概论（文科学生选修)、社会科学概论（理工农医科学生选修）等；一类是专业理论基础课，根据各系科性质的不同，开设相应的课程；一类是专业技术实践课，要使学生有运用基础理论于实践的能力，如，师范院校的分科教材教法和教育见习实习，等等。对此要有足够的重视。——基础理论要深厚，要牢固；专业课要培养学生解决实际问题的能力和动手操作的技能。教材要力求理论和实践相结合。

(6) 教学组织。不宜只用讲授法一种形式，要多种形式结合使用。应当课堂教学和课堂讨论相结合，学生自学和教师辅导相结合，阅读书本和实践操作相结合，教学、科研和生产相结合。要吸取高年级学生参加专题研究，及早培养科研人才。苏联形成的高等学校教学制度如下：

①理论学习，采用各种教学方法，并按照学校具体条件、性质、对象、任务和专业范围、实验室、直观教材、教科书、教师业务水平等做各种不同的配合；

②教学实习和生产实习；

③检查作业，由教师亲自检查；

④按教学计划规定的日课表上课；

⑤学生独立作业，在教师指导下于理论学习和生产实习时进行；

⑥通过考查、考试总结所学知识（包括毕业设计、毕业论文)。

(7) 在职学习。苏联把在职学习高等学校课程，同全日制学习同样看待，培养了大量人才。除所有高等学校都设有函授部或夜校外，还设有独立的函授学院。修业年限比全日制延长半年至一年。

函授也有面授和实验作业，每年给30天不扣工资的假期让学生参加面授和作业。在考试期间还有20天不扣工资的假期。另外为了完成毕业设计和答辩，有4个月的假期，在此期间享受助学金。这样就保证了函授教育的质量。夜校每周上课16学时。

函授生和夜校生不受年龄限制，只要具有完全中等教育水平，并在生产部门工作的，都可报名经考试合格后入学。为了参加入学考试，还有10天带工资的假期。

所有这些规定都充分体现了在社会主义社会里，只要有志学习，政府部门和企业单位是大力支持的。这也是苏联社会重知识、重科学的表现。

(8) 科学研究。在一些发达的资本主义国家，高等学校就是科研的主要基地。如，美国的麻省理工学院就是国防工业、航天工业的科研中心。苏联因为设有科学院，科研工作的重点在科学院，尤其在专业科学院，从科研和研制新产品占用的经费来看，科学院（包括专业科学院）占88%，高等学校只占9%，其他占3%。从60年代以来，苏联对高等学校的科学研究越来越重视了。如，1964年2月《关于进一步改进高等学校科研工作》的决议，强调"必须大大提高高等学校科学教育工作者在解决重要科学问题中的作用"。1972年《关于进一步改进高等教育的措施》中承认高等学校在加速科学技术进步的事业中占有重要地位，综合大学要成为教学和科研的中心。1978年《关于提高高等学校科研工作的效率》的决议，决定在高等学校设科研部，由副校长领导；成立校际科研服务中心；增加主要高等学校科研设备费；在高等教育部成立科研工作局等。

苏联高等学校科研有几个任务：研究理论课题，研究解决国民经济方面的迫切课题，研究和总结共产主义建设的经验，编写教科书和其他教材，研究科学的教学法。通过这些研究，培养科研干部。

高等学校科研的特点是教学与科研相结合，二者互相促进，这是专门的科研机关不具备的特点。高等学校师生从事科学研究，可以保证教学的高水平，高水平的教学又有助于科研出成果。高等学校从事科研，自然要添置新设备，这些设备用于教学也提高了教学质量。高等学校从事科研，使理论教学结合实际，更加可以做到学以致用。高等学校是培养人才的基地，也是人才荟萃之地，教学和研究双肩挑，更加有利于人才的成长。——总之，高等学校凡有条件的都要重视科学研究任务。因为教学和科研是互相促进的，而不是互相矛盾的。

(9) 学术交流。学术交流的渠道应当畅通，不仅在国内要交流，而且在国际也要交流，但不能泄密。苏联对外国留学生也是保密的，这同资本主义国家没有两样。中国留学生过去到西方国家留学受封锁，50年代到苏联留学也受到封锁。所以不自力更生是不行的。中国人不比任何人差，加上勤奋好学，现在美国有许多科研部门都离不开中国血统的人。美国人甚至说，现在他们已无法对中国人保密了。听说我们国内还有些学术单位互相封锁，造成重复劳动，这就缺乏社会主义精神了。总之，我们高等学校应当重视学术交流，在国内应当互通情报，在国际的学术交流活动中，要注意适当保密。

4. 开展教育科学研究，按照教育规律办学。

教育科学研究是在资本主义社会发展起来的，并不是社会主义社会才开始的。但是社会主义社会的教育科学研究有一个指导思想问题，还有一个为谁服务的问题，都是同资本主义的教育科学研究不可同日而语的。

所谓指导思想就是用唯物主义还是用唯心主义来指导研究工作？是用辩证唯物主义还是用机械唯物主义来指导研究工作？是用历史唯物主义还是用历史唯心主义来指导研究工作？——这个问题很重要。例如，几年前我国学术界、文艺界出现了一股人道主义和异化问题的热潮，也波及教育科学研究。有的同志用人道主义来解释马克思提出的人的全面发展的要求，有的同志把人的片面发展用异化论来解释，认为社会主义社会人未能全面发展也是人性异化的表现。所有这些都陷入了历史唯心主义的泥潭。外国有的心理学家研究儿童思维发展的规律，经过多年的观察、实验，虽然取得了一定的成果，但是做了唯心主义的解释，就使他的研究成果大为逊色。因此，他提出发展儿童思维的措施也就不足为法了。指导思想非常重要，这是一切学术研究工作的灵魂，当然也是教育科学研究工作的灵魂。

为谁服务的问题也是社会主义教育科研不同于资本主义教育科研的一个原则问题。如，研究儿童智力的发展，通过智力测验，求得智力商数，用数量来表示儿童智力的高低。按照资产阶级学者的解释，儿童智力的高低是与生俱来的，不可改变的，这当然是一种形而上学。他们因此就把一些后天环境较差的儿童（主要是劳动人民和受歧视的少数民族的子女）智力商数较低，说成是生来智力就低，剥夺这些儿童升入某些学校学习的权利。这实际上是为资产阶级排斥劳动人民和少数民族子女进入白领阶层、从事白领职业服务的。

苏联在 1943 年成立了苏俄教育科学院（现改名苏联教育科学院）。它的任务是：

（1）促进国民教育的发展，并向人民普及教育知识；

（2）对教育学、教育史、心理学、教学法、学校卫生等问题做科学上的探讨；

（3）制定教育科研规划并开展教育科研工作；

（4）培养（2）项所有各方面的科学干部。

教育科学研究的发展是随着教育事业的发展而发展起来的，如，普及教育停留在初等教育阶段的时候，对小学教育方面问题的研究首先发展起来，以后逐渐延长义务教育年限到中学阶段，于是中小学教育即普通教育问题的研究就开始发展了。现在的教育学其实是普通学校教育学，研究中小学教育问题的。后来幼儿教育事业发展了，研究幼儿教育的学前教育学就发展起来。据我所知，高等教育学的研究直到第二次世界大战以后的50年代才逐渐在一些国家里形成一门科学。一般来说，教育学至今还比较年轻、幼稚，有待研究的问题还很多，但在西方从夸美纽斯（1592—1670）算起总算有了三百多年历史（1632年《大教学论》出版）；如果从赫尔巴特（1776—1841）的《普通教育学》（1806年出版）算起只有一百七十多年历史。而高等教育学，现在不过才有二三十年的历史。但办理高等教育的时间已经不短了，可以总结经验教训。

研究教育科学是为了探寻教育规律。所谓规律是不依人的意志为转移的，之所以要探寻规律，当然是为了遵循规律来办学。倘若研究归研究，办学并不按照规律去做，必然得不到预期的结果的。

办好高等学校必须有党的领导，这种领导必须是内行，不能由外行来领导内行。所以现在要办中央教育行政学院，要办高等学校干部进修班，就是承认办高等学校必须由懂得高等教育学的内行来领导。这是一件大好事，因为要按照事物规律而不是按主观意志行事了。

办好高等学校必须依靠专家学者，要重视知识。“知识就是力量。”列宁也承认弗兰西斯·培根讲的这句话。要重视科学，科学技术是潜在的生产力。干革命无非就是为了解放生产力、发展生产力。不尊重科学，如何能发展生产力呢？科学掌握在专家手里，所以要依靠专家。如果把专家看作高等学校里的群众，那么依靠专家和走群众路线是并不矛盾的。

办好高等学校必须为社会主义建设服务，高等学校更要面向现代化，面向世界，面向未来。这三个面向是克服保守落后、因循守旧、眼光短浅、思想狭隘的良药。我们有些产品三十年一贯制，很少革新，赶不上时代。要革新就要靠科学，靠技术。要迎头赶上，更需要搞新的技术革命。要采用新技术就立即感到劳动者的文化科学技术水平低，也就越感到教育事业的重要了。教育拖了现代化的后腿，今后恐怕会越来越深刻地感到。现在虽然把教育定为战略重点之一，还没有认真抓起来，没有抓基础。不抓基础教育，高等教育质量难以提高。当务之急要狠抓基础教育，为此一是培养师资，二是增拨经费，三是充实设备。培养师资不是一朝一夕之功，不早日抓好是会后悔莫及的。要讲教育规律，这恐怕要算一条规律罢。

5. 发展各级师范教育，提高教师地位待遇。

无产阶级革命导师很重视教师的地位和作用。早在十月革命以前，列宁在给喀普里党校学员的信里就说过："在任何学校里，最重要的是课程的思想政治方向。这个方向由什么来决定呢？完全只能由教学人员来决定。同志们，你们明明知道，任何'监督'，任何'领导'，任何'教学大纲'、'章程'，等等，对教学人员来说都是空谈。任何监督，任何教学大纲，等等，绝对不能改变由教学人员所决定的课程的方向。"① 在同一封信里，他又说："学校的真正性质和方向并不由地方组织的良好愿望决定，不由学生'委员会'的决议决定，也不由'教学大纲'等决定，而是由教学人员决定的。"②

十月革命以后，列宁亲自出席许多教育会议，并发表演说，其中有 1918 年 6 月和 1919 年 1 月两次参加全俄国际主义者教师代表大会，对争取、团结、教育和改造教师队伍做了大量工作。同志们可能知道，沙皇俄国是一个帝国主义国家，是侵略成性的国家，沙皇俄国的知识分子（包括教师）多数是资产阶级知识分子，在十月革命以后，他们在相当长的一段时间里是反对苏维埃政权，企图保留旧制度的，这些人当中多数又是把自己关在教学活动的圈子里，自欺欺人地不问政治。当时，只有参加国际主义者教师队伍的人是拥护苏维埃政权的。列宁要求这些教师把广大教师团结到统一的教师工会中来，为人民教育事业服务，为苏维埃政权服务。随着革命形势的发展，这个目的是达到了。

列宁在逝世前一年写的《日记摘录》里非常关心提高人民教师的地位和待遇。他说："目前在国民教育方面所做的工作，一般说来，范围并不算太窄。为了推动旧的教师们前进，吸引他们来执行新的任务，使他们关心教学法上的新问题，关心宗教之类的问题，我们做了很不少的工作。"这一段话是肯定教育工作成绩的。接着他指出了不足之处："但是我们没有做主要的事情。我们没有注意到或很少注意到提高人民教师地位的问题，而不提高人民教师的地

①② 《列宁论国民教育》，人民教育出版社 1959 年版，第 109—110、111—112 页。

位，就谈不上任何文化，既谈不上无产阶级文化，甚至也谈不上资产阶级文化。”① 因为教师是负有传递人类文化的任务的，或者明白点说，教师是教人识字的，教给人以各种知识的，因为当时苏联还有许多人是文盲，不识字，没有知识。对此，列宁很关心，很着急。他曾经在《新经济政策和政治教育局的任务》的讲话里说：“只要在我国存在文盲现象，那就很难谈得上政治教育。”“文盲是站在政治之外的，必须先教他们识字。不识字就不能有政治，不识字只能有流言蜚语、传闻偏见，而没有政治。”②列宁在《青年团的任务》中说过：“在一个文盲的国家内是不能建成共产主义社会的。”③这是大家都知道的。为了扫除文盲，需要人民教师，为了杜绝文盲的产生，必须普及教育，更加需要人民教师。而教师又是决定着课程的思想政治方向的人物，职责重大，任务崇高。所以列宁坚决主张：“应当把我国人民教师提高到从未有过的，在资产阶级社会里没有也不可能有的崇高的地位。这是用不着证明的真理。为此，就必须进行有步骤的、坚持不懈的工作，来提高他们的思想意识，使他们具有真正符合他们的崇高称号的各方面的修养，而最最重要的是提高他们的物质生活条件。”④

提高人民教师的地位是用不着证明的真理，真理是有普遍性的。对我们这个社会主义国家当然也是适用的。为了提高教师的地位，最重要的是要提高他们的物质生活待遇，这一点我们还要加倍努力。

为了培养各级各类学校的合格而又称职的教师，必须发展各级各类的师范教育。

有一种很奇怪的偏见，仿佛当教师只要有点知识就行，和尚、尼姑如果识字的话，也可以当小学教师。其实，越是低年级的教师越难当，幼儿园的教师最难当。因为要懂得儿童生理和心理发展的规律，懂得教育和教学工作的规律，否则是事倍功半的，甚至会误人子弟的。试问，种花的工人，园林工人还要懂得园艺学、果树栽培学，为什么被人称为园丁的教师就不需要懂得教育学、心理学、教学方法呢？这是不可理解的。

师范教育之所以重要，就是因为存在着教育科学。否定师范教育必要性的人是不承认有教育科学存在的。从 1958 年“教育大革命”以后，我国的教育

①②③④ 《列宁论国民教育》，人民教育出版社 1959 年版，第 473、454、393、474 页。

科学处在争生存的境地，达二十年之久。十一届三中全会以后，才站稳了脚跟。但是许多人的思想问题并没有解决。要不是邓小平同志、万里同志、邓力群同志大讲要办好师范教育，教师就没有来源；要不是大讲办好师范教育应当放在普通教育的首位，师范教育的地位还是受不到应有的重视的。办师范教育而不重视教育科学的教学和教育专业的训练，也是屡见不鲜的。

目前的三级师范教育制度要坚持，中师毕业生一定要分配到小学任教，不能分配到初中去，以免两败俱伤。师范院校招生必须严格录取标准。必须为职业技术教育培养师资。

现在发达的资本主义国家，小学教师已经是大学毕业生担任了；苏联的中等师范学校已逐渐升格为师范专科学校，师范学院已设有小学教育系，培养小学教师了。所以随着社会主义建设事业的发展，随着科学技术的发展，对师资质量的要求越来越高了。

我们提出了建设高度的社会主义物质文明和高度的社会主义精神文明的目标，还提出了建设高度的社会主义民主和法制的目标，首先必须提高全民的文化水平，要从根本抓起，从幼儿园、从小学抓起。因为教育是基础，初等教育是基础的基础。不打好基础，要求高水平高质量是办不到的。只抓高、尖、精，不抓立足点，不是社会主义教育应有的措施。

（二）新技术革命和我国教育（略）

（三）未来教育的展望（略）

载《师范教育和教育科学》，
人民教育出版社 1985 年版。

关于我国教育立法问题的管见*

一、教育立法要遵循教育科学规律

法律是人制定的。科学规律是不依人的意志为转移的。要使法律能够顺利推行，取得良好的效果，它必须反映科学规律。因此，教育立法第一要重视的事情，就是它必须遵循教育科学规律。

中华人民共和国成立三十五年了。三十五年来在中国共产党的领导下，在全国各族人民的共同努力下，各条战线上都取得了前所未有的成绩。教育战线也不例外。这是有目共睹的。但是，我们不能只同贫穷落后的半殖民地半封建社会的旧中国比，我们还应当同世界上的先进国家比，也应当同第三世界的一些国家比。这样一比就会找到我们同他们的差距，就会感到我们过去三十五年的成绩虽大，还有很多不足之处。而且在教育战线上差距更大，不足之处也更多。

最大的差距应当说是我们曾经在极左思潮影响下，不尊重教育科学，甚至不承认教育科学的存在，因此也不按教育规律办教育。现在教育上问题很多，往往都是不按教育规律办事造成的。例如，要提高教育质量，必须重视基础教育，只有普通教育办好了，专业教育才能培养出优秀的、合格的人才。但是我们现在重视教育的同志，也往往只重视高等教育，不重视初等教育，结果有些大学生的质量不能得到保证，造成恶性循环。又如，要提高教育的质量，关键是提高教师的质量。教师不是天生的，是需要培养的。正如马克思所说："教育者本人一定是受教育的。"① 我们却没有在发展普通教育的同时有计划按比

* 这是作者 1984 年 10 月在全国人大教育科学文化卫生委员会召开的教育立法座谈会上的书面发言，完成于 1984 年 10 月 19 日。

① 马克思：《关于费尔巴哈的提纲》，《马克思恩格斯选集》第 1 卷，第 17 页。

例地发展师范教育。许多地方把培养小学教师的中等师范学校毕业生，分配去当初中教师，造成两败俱伤的局面。十年动乱期间，北京市盲目普及高中，没有师资，只好层层上调，因此，教育质量急遽下降。再如，办教育也要在普及的基础上提高，无论物质文明建设还是精神文明建设，都要求以普及教育为必要的前提。新宪法虽然已经有“普及初等义务教育”的规定，但是还缺少有力的有效的实际措施，1990 年基本上普及初等教育的要求很难保质保量地实现。

不按教育规律办教育的同时往往按“长官意志”办事。例如，小学教育修业五年完全可以完成小学教育的任务，这是经过三十多年的试验普遍得出的结论。但是，现在不知为什么要改为六年。据说是听了领导同志的意见。改变学制不是一件小事，是影响到千家万户、也影响到国计民生的大事，许多国家要经过最高立法机关才能决定的事情，怎么能由一位领导同志就做决定呢？那些国家的议会在做出决定以前，还都要根据科学研究的结果，经过长期的试验，使教育立法符合教育科学规律。这样的立法就具有真正的权威性。因此，教育立法既不代表个人意志，也不代表立法机关的集体意志，而应当反映教育科学规律。这样说来，要搞教育立法必先尊重教育科学，提倡教育科学研究，探寻教育工作规律。如果我们的教育立法真正反映了不依人的意志为转移的教育科学规律，那么，我们依法办事也就是按规律办事，必将收到事半功倍之效。

二、我国教育立法刻不容缓

当前，在我国实现教育立法确实刻不容缓。试举数例说明教育立法的紧迫性。

第一，三十五年来，我们还没有以法律的形式，正式公布过国家的教育宗旨即教育的总方针和总目标，以致师范院校教教育学的老师们、教育学课本的编辑们，在讲到“教育目的”一章的时候，感到无法可依，无法可据。至于实际教育工作者感到的困惑就更不用说了。有人统计，三十五年来，党和国家领导人和中央一级文件中提到过的教育方针有十多种不同的说法，令人莫衷一是。1982 年《宪法》草案公布后全民讨论时，我曾建议在新《宪法》中明确规定我国的教育宗旨。现在正式公布的《宪法》里，第四十六条的规定类似教育宗旨，但比较笼统，缺乏我们社会主义国家的特色。因此，迫切需要用立法的形式正式规定我国教育的总方针和总目标。

第二，我国初等教育至今没有普及，因此文盲半文盲还占人口的23%以上。这是我们全面开创社会主义现代化建设新局面的最大障碍，最大的隐忧，最大的隐患，实在不能掉以轻心。初等教育不普及，教育质量不高（毕业生合格率低），新的文盲半文盲还将不断产生。而“在一个文盲的国家内是不能建成共产主义社会的”。列宁的这句话，毛泽东同志也曾引用过。① 现在实行的“民办公助”、“民不办公不助”的办法是很难促进义务教育普及的。特别在经济上处于贫困状态的地区和少数民族地区普及义务教育，更加需要国家加强领导，增拨经费，培养师资，创造条件，动员群众，限期入学。因此，普及初等义务教育是当务之急，必须用教育立法来保证它的实现。

第三，没有合格的教师，就不能保证教育的质量。我国教师目前不仅政治待遇、物质生活待遇和社会地位很低，甚至人身安全还受到侵犯，很难吸收优秀的有志青年来献身教育事业。而教师的责任异常重大，关系到祖国下一代的健康成长，关系到祖国的前途和命运。武汉华中师院有位同志说，“三埋怨”的教师是培养不出“三热爱”的学生来的。这句话可以发人深省。教师要以身作则，为人师表，他的任务不仅是教书，而且要育人。所以必须像列宁在《日记摘录》中说的：“应当把我国人民教师提高到从未有过的，在资产阶级社会里没有也不可能有的崇高的地位。这是用不着证明的真理。为此，就必须进行有步骤的、坚持不懈的工作，来提高他们的思想意识，使他们具有真正符合他们的崇高称号的各方面的修养，而最最重要的是提高他们的物质生活条件。”② 党的十一届三中全会以来，中央虽然提倡全社会都要尊重教师，但是“有步骤的、坚持不懈的工作”做得还不够，“最最重要”的事也还没有认真去做。因此，为了祖国的未来，必须用教育立法来保证教师的培养、训练、任用、待遇、考核、奖惩有一定的准绳。由于新宪法没有提到师范教育，更应当早日制定《师范教育法》来保证各级师范教育应有的地位。

第四，教育经费是保证教育事业顺利进行的物质基础。我国的教育经费不仅数量少，而且地方教育经费常被挪做他用。因此亟待用立法的形式保证教育经费在国家各级政府的财政支出中要有适当的比例，并且专款专用。现在世界

① 《青年团的任务》，《列宁选集》第4卷，第357页。《中国农村的社会主义高潮》（选集），第362页。

② 《列宁选集》第4卷，第678页。

上的发达国家不管是社会主义国家还是资本主义国家，都把教育经费看作生产投资。这是经济学家研究教育经济学得出的结论。我们有些同志至今仿佛还是只看到教育投资的消费性的一面，没有看到教育投资的生产性的一面。这还是过去不重视知识、不重视科学的余毒未消的缘故。当前迫切需要用教育立法保证教育经费的成倍增长。首先要从思想上肃清极左的流毒，认识教育投资是保证生产发展的根本条件，认识到吝惜教育投资以致生产力水平低下而造成的人力、财力、物力的浪费和损失，往往比教育经费还要大若干倍。

第五，我国从1951年政务院颁布《关于改革学制的决定》以后，三十多年来既未公布过第二个学制方案，也未完全照着这个决定执行。前面说过，学制问题关系重要，因为它要根据受教育者身心发展的特征、各级各类学校的培养目标、国民经济文化发展的水平以及社会主义物质文明和精神文明建设的需要来审慎制定。学制确定以后不能轻易更改，因为学制的变动影响到各级各类学校课程的设置、师资的培养、教材的编辑、成绩的考核等一系列的问题。当前已经可以总结三十多年的教育实践，吸取正反两方面的经验教训，制定出新的适合我国现代化建设需要的学制来。由于我国幅员辽阔，各地经济文化发展不平衡，在制定全国统一的学制时，可以适当规定灵活性，并且要继承第一个学制的优点，把成人业余教育纳入正式的学制之中。这也是同当前世界推行终身教育的思潮一致的。

三、教育立法和教育改革

关于教育立法和教育改革的关系，我想分三点来简单说明。

第一，教育改革要遵循教育规律。

改革教育是现在各国的共同趋势。当前我国正处在改革的洪流中，教育改革也需要稳步前进。1950年6月，毛泽东同志在党的七届三中全会上说过："有步骤地谨慎地进行旧有学校教育事业和旧有文化事业的改革工作，争取一切爱国的知识分子为人民服务。在这个问题上，拖延时间不愿改革的思想是不对的，过于性急，企图用粗暴的方法进行改革的思想也是不对的。"① 由于按照这个政策办事，新中国成立初期的教育改革是既积极又稳妥的。如，1952

① 《毛泽东选集》第5卷，第23页。

年高等学校院系调整工作，尽管牵涉的面很广，进行得却很顺利，没有造成混乱，也没有影响人才的培养。在新旧政权交替时期能够做到这一点是极不容易的，这足以证明马克思主义的实事求是的领导是英明的，有步骤的谨慎的改革是按照教育规律办事的。

可惜的是1958年的“教育大革命”，特别是十年动乱中，对教育来了一次又一次急风暴雨式的冲击，既造成了极大的混乱，又中断了人才的培养，整个教育的质量一落千丈。这是既违反了实事求是的马克思主义原则，又处处违反教育科学规律的结果。

有了正反两方面的经验教训，我们今后的教育改革要能稳步前进，取得积极的成果，必须本着实事求是的精神，按照教育规律办事。

例如，过去进行教学改革的试验，要缩短学制。有人就认为缩得越短越好，仿佛越短越先进，越短越革命。把十二年的中小学教育缩短成九年，甚至缩短成七年，而不去考虑这样做是否能适合儿童、少年的身心发展，能否完成普通中小学的教育任务。结果当然以失败告终。

又如，过去改革教学要求精简课程。有人就认为课程越少越好，把进行爱国主义教育的重要学科历史、地理一减再减，把进行审美教育的音乐、美术索性在高年级取消了。后果如何是有目共睹的。现在大力推行的“五讲四美三热爱”活动实际上就是对过去教育上的错误做法进行补救，这同教育不普及产生了文盲再来扫除是一样的。

所以，教育改革必须如毛泽东同志所说“有步骤地谨慎地进行”，必须遵循教育规律。在态度上要积极，在方法上要稳妥。因为教育上的失误，弥补起来是比较困难的。

第二，教育改革可以促进教育立法。

教育立法本身应当是教育改革的一项重要内容。为了使办教育有法可依，有法必依，应当有教育立法；为了使办教育遵循教育规律，而不是遵循“长官意志”，应当有教育立法。所以实行教育立法本身是教育改革的一大任务。

例如，我们改革教育无非是为了提高教育的质量，提高教育的效率。要提高教育的质量和效率，关键在师资。我们改革教育就不得不考虑加强师范教育，健全师资队伍的问题。但是，我们目前还缺乏一整套有关师资培养、训练、任用、待遇、考核、奖惩的制度，这就需要立法来解决。在这方面，不少发达国家有许多经验可供我们借鉴。社会主义的朝鲜也有一套提高教师地位和待遇的办法可供我们参考。如果我们的教育改革能从加强师范教育健全师资队伍入手，就是抓到了教育改革的主要矛盾。为了保证这项改革的顺利进行，必须有这方面的教育立法。

第三，立法可以推动教育改革。

我们常常听说现在国家还很穷，不能花很多钱来办教育。这句话现在早已失去说服力了。我国教育经费不仅在按人口平均的绝对数字上低于大多数第三世界国家（更不用说远远低于发达国家了），而且在各项财政支出中所占的比例也低于许多国家。所以借口国家穷，拿不出钱来办教育的话，只不过反映了对教育在发展国民经济中的重要作用，还没有足够的认识。应当是越穷越要舍得花钱办教育。日本在第二次世界大战后的 1947 年，当时非常穷，但是他们决心把普及义务教育的年限从六年延长到九年，因而增加了大量教育投资，给 60 年代经济迅速发展准备了条件。我们现在谈教育改革，就要改革教育投资不成比例的状况，特别要改变贫困地区和少数民族地区教育经费过少的状况。要把普及教育看作政府的事业，而不能听任群众去办。群众集资只能自愿，只能是辅助手段，而不能主要依靠群众集资。否则，教育就不能限期普及。此外，在教育经费本身的分配上也是不成比例的：用于高等教育的经费多，用于普通教育的经费过少。大学生不收学费还有助学金，小学生却要收学费而且越收越多。这些都不利于教育的普及和教育质量的提高，因此应是教育改革的重要项目。但是这项改革必先从教育立法做起。要用教育立法来推动教育改革。我们如果想在 2000 年国民生产总值翻两番，就要在 80 年代和 90 年代先把教育经费翻两番。教育经费在五年、十年、十五年之内翻两番的事，国外是有先例可援的。如，苏联俄罗斯联邦国家和地方的教育经费，1928—1929 年度为 63 160 万卢布，到 1933 年增加到 214 240 万卢布，五年中增加了近两倍半。到 1938 年又增加到 844 390 万卢布，五年中增加了近三倍。① 其中用于普及义务教育的经费，都占教育经费总数的 50%以上。

四、教育立法的几点设想

当前我国迫切需要制定的教育法，前面在谈我国教育立法的紧迫性的时候

① 见［苏］康斯坦丁诺夫主编：《世界教育史纲》第二册，人民教育出版社 1954 年版，第 236、260 页。

已经提到。现在把几个主要的教育法及其内容的粗略设想，陈述如下。

（一）教育基本法

这是在宪法规定范围内，教育方面的根本法。其内容似应包括以下各项。

1. 中华人民共和国的教育宗旨——过去我们是以党的教育方针的名义做出规定，今后要在全国包括特别行政区执行，用国家教育宗旨的名义为好。根据《宪法》第四十六条，拟为："中华人民共和国的教育须培养青年、少年、儿童在品德、智力、体质等方面全面发展，使成为有理想、有道德、有文化、有体力、有纪律的一代新人，能够全心全意为保卫祖国和建设祖国服务。"

2. 中华人民共和国的学校系统（简称"学制"）——规定各级各类学校的入学资格和修学年限，规定各级学校之间的衔接和各类学校之间的沟通。规定的学制既要有统一性，又要有灵活性。要把成人教育包括在学校系统之内。

3. 中华人民共和国的教育工作者（包括教育行政干部、学校教职工等）——教育基本法应规定所有教育工作者（首先是校长、教师）必须具有相应的学历和专业知识，有人民教师所必须具备的思想意识修养，热爱教育事业和热爱受教育者，能以身作则，为人师表。规定所有教育工作者都是国家工作人员，应经各级有关政府审核后任用，取消民办教师制度。

4. 中华人民共和国的教育经费——教育基本法应规定教育经费在国民生产总值中应占的比例（由于过去欠账太多，可规定占 5%以上），在国家中央一级财政预算中的比例（10%以上），在省、自治区、直辖市一级财政预算中的比例（20%以上），在县、市一级财政预算中的比例（30%以上）。教育经费应当独立为一个科目，不宜同科学、文化、卫生费合在一起。挪用或贪污教育经费的应判处破坏精神文明建设罪，服三年以上有期徒刑。

5. 中华人民共和国的校舍设备——教育基本法应规定各级学校尤其是农村小学必须有专用校舍，鼓励群众集资兴建。在贫困地区和少数民族地区，国家必须投资兴建标准校舍。严禁使用危房当教室，避免再次发生山西霍县今年雨季的惨案！中等学校校舍应向专科教室的方向发展，所有学校都必须有足够的体育运动场地。保证所有教师都有宿舍。

总之，针对我国教育方面人、财、物的贫困状况，在教育基本法中，除首先规定教育宗旨和学校系统外，要把人、财、物方面做一些明确规定，以改变我国教育的落后面貌。

（二）普及义务教育法

按照宪法规定，目前我们只普及初等义务教育。现在到1990年还剩六年时间，恐怕要保质保量地完成普及初等教育的任务还有困难。从国际经验来说，没有免费教育就没有义务教育，没有义务教育就没有普及教育。现在有些地方把普及初等义务教育的责任放在乡一级的政府身上，恐怕对贫困地区和少数民族地区是不合适的。乡、镇企业办得好的地方总还是少数，农民富起来的地方也还不是多数。办教育没有专业人员是不行的，放手让群众去办，质量如何保证？再说目前贫困地区人口六千多万，虽然只占全国人口的16%，但地区恐怕要占全国领土面积的60%。普及义务教育的难点正是在这些贫困地区和少数民族地区。建议政府花大力气抓普及教育和扫除文盲的工作，如像抓计划生育一样，在中央成立领导机构，限期保质保量地完成。这些都可在这项法律里明确规定。从现代化建设的要求来看，普及初等教育已经远远不够了，凡有条件的地区，已经普及了初等教育的地方要延长普及教育年限，普及初中教育。

（三）师范教育法

普及教育首先要培养师资，没有合格的、称职的师资，教育质量没有保证，普及教育成为空谈。根据我国实际情况，在近两个五年计划内，继续实行三级师范教育制度，使幼儿园和小学教师至少达到中等师范学校毕业水平，初中教师至少达到师范专科学校毕业水平，高中教师至少达到师范大学（学院）本科毕业水平。同时轮训在职教师，限期达到上述标准。不合格、不称职又无培养前途的，必须坚决调离教师岗位。还要规定中师毕业生必须分到小学、幼儿园任教。师范院校招生要挑选优秀青年入学，在校期间公费待遇，毕业以后必须到学校任教，服务年限不得少于在校修业年限。对合格和称职的教师要比担任其他工作的职工待遇优厚一些。这是因为教师的工作是全时间的工作，不是八小时所能毕事的。这样做是符合按劳分配的原则的。为了改变吃“大锅饭”的局面，校长有权聘任教师，报教育行政部门备案。师范院校还要有一定名额实行定向招生，以便为农村和边远地区培养师资。随着国民经济的发展和人民文化水平的提高，师范教育的水平也要逐步提高。

（四）职业教育法

我国现在的普通教育从课程设置来看，还是一种文雅教育（liberal education），仅仅注意为高一级学校输送新生，没有注意为社会培养后备劳动力。

即使普通中学的比例缩小到只占所有中等学校的二分之一甚至三分之一，这个问题依然存在。这样越来越难适应现代化建设的需要。现在工矿企业招来中学毕业生给他们在职培训（所谓“双补”，即补习文化，补习技术），在人力、财力上是个很大浪费。为了发展职业教育，现在苏联实行普通教育和职业教育互相渗透的办法，这样做的好处是职业学校毕业生可以受到完全的普通教育，而普通中学毕业生也可以获得一技之长，便于就业。我国目前还只普及小学教育，在小学课程中就要列入手工劳动一类的学科，培养学生从事力所能及的劳动知识和技能；初中学生不升学的更多，也应适当根据当地需要，教给他们一些实用技艺。高中阶段应当以举办职业教育为主，培养各行各业具有中等专业知识技能的劳动者。普通高中也应开设职业选科。应当说，我们社会上“万般皆下品，唯有读书高”的腐朽的封建思想还没有肃清，这是发展职业教育的思想障碍。我这里只讲了普通学校实施职业教育的问题，职业教育的学校设置、师资培养、课程教材、实习场所、成绩考核、毕业分配等一系列问题，在职业教育法中都要有原则规定。

（五）高等教育法

我国高等教育三十多年来是受到特殊照顾的，事业发展很快，成绩很大。但是存在的问题也不少，主要是用现在这样“学校办社会”的方式来办高等教育，限制了事业的发展，投资大而效率低。建议现行高等学校都要办三个部，一是日校部，二是夜校部（不一定完全夜间上课，可以是半日制的），三是函授部。还要办暑期学校，尽量发挥现有高等学校人、财、物的优势来扩大招生名额。记得建国初期苏联教育专家来我国讲学就介绍苏联高等学校教室、实验室一天到晚都在使用，不像我国只用几小时。现在还有一种限制高等学校发展的外部因素，即高等学校毕业生由国家包分配的制度。这个制度当然有它的优越性，避免了资本主义国家学生毕业即失业的现象。但也有很多流弊，其中之一就是不易扩大招生名额。所以有人建议取消包分配的制度，大量培养人才，择优录用。此外，高等学校统一招生每年花费人力、财力很多，需要适当改进。高等学校也应实行教师聘任制，教师有权应聘也有权不应聘，便于人才流动。

（六）成人教育法

成人教育的范围很广，包括扫除文盲班、业余初等学校、业余中等学校、业余高等学校。程度悬殊，对象复杂。上述成人教育机关凡是补习教育性质的，应当鼓励在职职工踊跃参加业余学习，不应加以年龄的限制，也不应过于考虑工种对口的问题。成人教育中将来还要有一种进修性质的学校，供已有专业资格的人如工程师、医师、教师进修新的科学技术知识。广义地说，这也是一种成人教育，属于终身教育范畴的成人教育。要规定科学研究单位和高等学校定期举办这种进修性质的成人教育，不断提高在职人员的科学知识水平。

以上意见病中断续写成，重复啰唆，必多谬误，欢迎批评指正！

载《师范教育与教育科学》，

人民教育出版社 1985 年版。

我国教育要迎接新技术革命的挑战*

我国古代是当时世界上的发达国家，即那时的“现代化”国家，当时我国有许多创造发明处于世界上的领先地位。只要了解一点中国古代科学技术发展史，就可以知道的。只是近代由于国内封建统治者的昏庸腐朽和外国资本殖民主义的入侵，我国才落后到不发达国家的地位。中国人民是勤劳、智慧、勇敢的人民，在中国共产党的正确领导下，一定可以全面开创社会主义现代化建设的新局面，把我国从发展中国家建设成发达国家。建设需要人才，需要懂得科学技术新成就并能应用于实践的人才。人才的培养靠教育。教育怎样办才能满足社会主义现代化建设的需要呢?

“教育要面向现代化，面向世界，面向未来。”——这是邓小平同志 1983 年国庆节给北京景山学校的题词。这个题词解答了我国教育应当怎样办的问题。这个题词对那些因循守旧、闭关自守、目光短浅的教育工作者是一贴清凉剂。

教育本身就是一件面向未来的事情。因为教育就是为未来的各项事业培养人的。现在的大学生到 80 年代末 90 年代初就要承担起建设祖国、保卫祖国的重任，现在的中学生到 90 年代中期也将开始承担这样的重任，至于现在的小学生至迟到 21 世纪初也将参加祖国的建设事业和保卫事业。他们都应当在全面开创社会主义现代化建设新局面中各显其能，大显身手，做出积极的贡献。他们都应当把老一辈无产阶级革命家开创的共产主义事业推向前进。教育要面向未来，就要培养出这样能适应祖国未来需要的人。

现代是一个科学技术突飞猛进的时代。我们搞现代化建设，就是要迎接这个时代，跟上这个时代，而避免落后于这个时代。科学技术的学习、传播离不开教育，科学技术的创造、发明更加需要有良好的教育做基础。我们如果真想

* 完成于 1984 年 4 月。

在本世纪末建成现代化的社会主义强国，必须依靠教育来培养一代新人，使他们不仅能理解和运用已有的先进科学技术，而且能有所发现、有所发明、有所创造、有所前进。教育要面向现代化，就要培养出能适应现代科学技术发展所要求的人。

现代世界正面临着一场新的技术革命。对这场新的技术革命和它所产生的影响，国外有种种不同的说法。如，1973 年，美国哈佛大学的丹尼尔·贝尔认为“后工业社会”即将到来，并且描绘了他所说的“后工业社会”的景象。1980 年，美国未来学家阿尔温·托夫勒认为人类正面临着“第三次浪潮”的冲击，他以这个名称写了一本书，说人类从渔猎、采集进到畜牧、耕种的农业社会是第一次浪潮；18 世纪中叶英国采用蒸汽机而产生的工业革命使人类进入工业社会是第二次浪潮；目前以电子计算机的发明和应用为标志产生了信息革命，使人类将进入信息社会是第三次浪潮。1982 年，美国经济学家约翰·奈斯比特写了《大趋势——改变我们生活的十个新方向》一书，认为美国正从工业社会进入信息社会。他认为工业社会的资源是有形的物质（燃料、原料），信息社会的资源是信息即知识。信息社会中物质生产并不停止，但直接从事的人减少了。信息社会经济的增长主要靠知识，不靠体力，信息社会的主要行业是微电子技术、光导纤维、遗传工程等知识密集型行业，因此知识在信息社会中是生产力、竞争力的关键因素。同年，日本经济学家松田米津在他写的《信息社会》一书中说，工业社会以制造业为主，第一产业是农业，第二产业是工业，第三产业是劳务业。信息社会以“智力工业”为主，将出现第四产业即信息业。他认为从电子计算机发明以来的四十年中，已经和正在经历着大型科技电脑化（1945—1970）、管理电脑化（1955—1980）、社会电脑化（1970—1990）和个人电脑化（1975—2000）的过程，即信息化的过程。1983 年，美国罗纳德·科图拉克写的《科学界和工业界期待第四次工业革命》中认为 18 世纪蒸汽机的发明和使用是第一次工业革命，19 世纪中期电力的应用和铁路、钢铁工业的发展是第二次工业革命，20 世纪上半期原子能、半导体、化学工业的发展是第三次工业革命，当前以微型电子计算机、遗传工程、新建筑材料、新能源利用、海洋开发为中心是第四次工业革命。同年，美国罗斯托在《世界经济的长期波动和环太平洋时代》一文中也说 20 世纪 80 年代、90 年代是“第四次产业革命”时代。他认为这次产业革命的特点是：（1）新的技术革新同基础科学领域密切结合起来；（2）新技术的应用非常普遍，影响所有经济部门；（3）新技术不但可以推动发达国家经济发展，也促使发展中国家经济起飞。——对以上种种说法，我们姑不论其目的何在，也不去推敲它们的异同，但是值得我们注意的是当今世界确实面临着一场新的技术革命，这场新技术革命就是指电子计算机的使用，特别是微型电脑的使用。过去的技术都是人的体力的扩大和延伸，现在的新技术是人的脑力的扩大和延伸。这确实是一次划时代的革命。我们面临的世界就是处在这样的形势中。

我国对电子计算机的研制，起步并不算晚，可惜正当世界发达国家甚至某些发展中国家处于前引日本松田米津所说信息化过程中的时候，我国动乱频仍，耽误了时间。党的十一届三中全会以来，恢复和发展的速度还是比较快的。我们应当有信心来迎接这场新技术革命的挑战。现在是我们迎头赶上世界发达国家的大好时机。我们的教育要面向世界，就是要面向这场信息革命的世界。

"信息"这个词，英文是 information，可以释为知识、消息、新闻。总之，信息就是知识，没有知识就搞不了信息革命；知识的学习和传播离不开教育。教育要面向现代化，面向世界，面向未来，必须做到以下几点。

第一，加速劳动人民知识化的过程，首先要普及教育，扫除文盲，这是一项极其繁重而艰巨的任务（列宁语），又是必须抓紧做好的任务。

第二，加强师范教育，培养合格的、称职的教师，保证各级各类学校教育的质量。对现有的师资要审查检定，凡合格、称职的发给证书，提高待遇，继续任职；凡不合格、不称职的限期进修提高，经考核及格，继续任职；不及格又没有培养前途的，调离教师工作岗位，另行安置。整顿提高师资队伍是当前保证教育质量的最重要、最主要的任务。不仅要加强培养普通文化学科的师资，而且要培养能够教学新科学、新技术的师资。

第三，加强新兴科技人才的培养，如微电子技术、遗传工程、光导纤维、激光技术、新型结构材料、新能源开发利用、海洋开发等等。过去，我们在人才的培养和使用上有脱节现象，有些人用非所学，这是对人才的极大浪费，今后要力求避免。

第四，加强基础理论的教学。理论基础课在许多国家的大学里都是第一流的教授、系主任担任的。因为只有学好理论基础课，才能学好专业课。现在有些国家的大学，为了适应科学技术迅猛发展的需要，有减少专业课、加重理论基础课的趋势。因为基础理论知识不易老化，打好基础可以适应新技术的变化。

第五，加强在职干部教育，帮助知识分子更新知识。重视干部教育是党的优良传统，过去偏重政治理论学习，今后要偏重业务学习。要规定知识分子干部休假进修制度，每五年或七年让知识分子有半年到一年的休假进修，以便更新知识。

第六，加强职工教育，充分开展函授、广播、电视、业余、夜校等多种形式的教育，鼓励在职职工学习，不限年龄，不限学历，努力提高职工文化科学技术水平。全日制高等学校要发挥潜力，利用现有人力、物力，举办函授部、夜校部。企业要给职工学习以方便，要鼓励学习而不要阻挠学习。

第七，彻底改革教学方法，要把传统的注入式的教学方法，改变为启发诱导学生自学的方法；要把传统的死记硬背的学习方法，改变为生动活泼积极主动的学习方法。要培养学生自觉学习的兴趣、能力和习惯，要像两百多年前卢梭就曾说过的那样，不要把科学教给学生，而要让学生自己去发现科学。

总之，为了迎头赶上时代，早日把我国建成社会主义现代化强国，我国教育工作者要做新技术革命的促进派，努力使我国教育适应当前的新形势，千万不要因循守旧，使教育拖住现代化建设的后腿！我们的教育战线上需要改革家，更需要实干家。作为教育工作母机的师范教育，还要先走一步，努力改革、充实和加强！

载《师范教育和教育科学》，
人民教育出版社 1985 年版。

试论我国教育的未来*

1983 年国庆节，邓小平同志给北京景山学校题词："教育要面向现代化，面向世界，面向未来。"这个题词指出了我国教育改革的方向。本文想谈谈我对这个题词的粗浅的理解，谈谈按照这个题词的精神改革我国教育亟待采取的措施，即对我国未来的教育应当怎样办提几点直率的意见。

当前我国正在全面开创社会主义现代化建设的新局面。现代化建设包括物质文明建设和精神文明建设。教育是物质文明建设的基础，又是精神文明建设的重要组成部分。教育要面向现代化，就是既要为工业现代化、农业现代化、国防现代化和科学技术现代化打好基础，又要促进全国人民思想道德面貌和文化科学水平的发展与提高。说得具体一点，教育要面向现代化就是要为我国的现代化建设事业培养所需的各种人才。这些人才不仅要像马克思所说，是"发达的和专门的劳动力"①，能为社会主义祖国创造物质财富，而且要具有社会主义觉悟和共产主义理想，能把自己的聪明才智贡献给这个伟大的事业，为实现伟大的理想而奋斗终生。当前我国教育还不能适应这种要求，所以需要改革。不但是学制、课程、教材、教法需要改革，而且办学的指导思想和重大决策也需要改革。

教育要面向世界就是说我们不能关起门来办教育。为什么？这是因为人类社会进入资本主义时代后，国际关系日益密切，闭关自守无法生存，国家落后就要挨打，这种情况愈演愈烈。我们搞现代化建设赶上世界上的发达国家，这就不能不了解当前世界的情况和趋势。当前世界正面临着一场新技术革命。这场革命将使人类从工业社会进入信息社会。工业社会的资源是有形的物质（如

* 这是 1984 年 7 月向中国教育学会第一次全国学术讨论会提出的论文，完成于 1984 年 6—7 月。

① 《资本论》第一卷，《马克思恩格斯全集》第 23 卷，第 195 页。

原料、燃料等），信息社会的主要资源是信息即知识。工业社会的经济增长主要靠增加物的资本即基本建设和增加劳动力，信息社会的经济增长主要靠知识，靠智力。因此知识在信息社会中是生产力的关键因素，也是竞争力的源泉。① 教育要面向的就是这样一种世界。为了实现教育要面向世界的要求，我们办教育应当看到世界的这个趋势，不仅要为我国的新技术革命培养诸如电子工业、遗传工程、光导纤维工业、激光工业、新材料工业、新能源开发、海洋开发等各方面的科学技术人才，而且要改善整个劳动力的质量，提高所有劳动者的文化、科学、技术水平和他们的社会主义觉悟。这也是全面开创社会主义现代化建设所必需的条件。

教育要面向未来。这可以理解为教育要适应我国社会主义现代化建设的进程，看到今后几个五年计划期间的需要来培养合格的劳动者；也可以理解为教育要为实现伟大的共产主义理想创造条件，培养能够保卫和建设共产主义的一代又一代新人。未来的含义有广有狭，有远有近。我们要从近处做起，为实现伟大的理想打好基础。我认为，教育面向未来同面向现代化、面向世界是分不开的。下面我想对我国未来的教育怎样办理提几点意见。由于没有系统的经常的研究，掌握的资料不多，立论错误和偏激之处难免，欢迎读者批评指正！

教育事业本来就是一项面向未来的事业。我们“六五”计划期间的大学生，到“七五”计划期间就要走向工作岗位，到“八五”计划、“九五”计划期间应当能够成为各行各业的骨干力量。我们今日的教育能不能为他们那时承担重任做好准备，是个很现实的问题，不是遥远的事情。我们“六五”计划期间的中学生、小学生，走向工作岗位的时间要迟些，我们的教育能不能为他们将来承担保卫和建设社会主义祖国的任务打好基础，也是一个迫切需要解决的问题。所以无论从教育事业的性质来说或者从一般人的常识来讲，教育都必须面向未来。

教育必须面向未来，不仅因为当今世界科学技术迅猛发展，日新月异，而且因为我们是马克思主义者，是以历史唯物主义为指导思想的。我们要遵循社会发展规律，改造旧世界，创造新世界，实现人类最崇高最美好的共产主义理想。我们对未来的看法，同资产阶级是尖锐地对立的。他们从主观愿望出发，

---

① 参看［美］约翰·奈斯比特著，梅艳译：《大趋势——改变我们生活的十个新方向》，中国社会科学出版社 1984 年版。

希望新的科学技术的发展能使资本主义制度永世长存。我们从科学社会主义的观点出发，是要使科学技术的发展为消灭私有制、消灭人剥削人的制度服务的。

未来是过去的延伸，是现在的继续。面向未来不能割断同过去的联系，不能脱离现实的基础。我们的教育要面向未来，需要总结过去的经验教训，立足于现实，放眼展望未来。这样才能避免对未来抱空想、幻想，而不切合实际。以这样的认识为基础，我认为我国教育的未来应当是这样的。

第一，我国教育要面向现代化，面向世界，面向未来，首先必须把教育普及于全国各族人民，使我国教育真正成为全民的事业。

资产阶级早就说他们的教育是全民的事业。但是在存在着阶级压迫和种族歧视的资本主义社会里，教育的机会不可能是真正平等的。蓝领工人同白领职工、有色人种同白色人种受的教育无论在数量上还是质量上都是不一样的。据美国人自己对江城（River City）社会的调查，学生总数中35.5%没有读完中学就退学，而其中近90%是下层社会家庭的子女（31.5%）。① 又美国全国人口中半文盲约占10%，而在它的少数民族人口中，半文盲数高达40%。② 这是阶级社会的必然现象，是不足为奇的。

我国是社会主义国家，我国教育应当成为全民的事业。不仅全国人民在受教育的机会上要力求平等，而且全国人民要人人关心教育事业，要各尽所能来改善办教育的条件，发展教育事业。从目前的情况来说，我国教育在实现这个要求上还存在着数量上和质量上的问题。

目前我国初等教育还没有普及；小学毕业生合格的，全国平均约只占50%；城市初中毕业生合格的只约有30%。③ 高中毕业生合格率也不高，这也限制了高等教育的发展。据统计，每十万人口中的在校大学生人数，1981年我国只有128人，而同年美国是5 492人，日本是2 070人（1980年），南朝鲜是2 007人，苏联是1 975人，泰国是1 891人，南斯拉夫是1 845人（1980年），埃及和墨西哥都是1 334人（1980年），印度是664人（1979年），摩洛

① ［美］A.C.奥恩斯坦著：《教育原理引论》英文版，第298页。

② 《美国教育改革考察记》，载《外国教育》1984年第3期。

③ 全国小学教育的合格率、巩固率、普及率，1983年还处在所谓“三、六、九”状态。这是以学龄儿童为基数来计算的，所以合格率只有30%；若以小学毕业生为基数计算，应占50%。初中毕业生合格率是笔者1981—1982年在武汉、南京等地了解的情况。

哥是581人。三十年来（1950—1981年），我国大学生增长的速度不如摩洛哥、泰国、墨西哥、南朝鲜、埃及和印度这些不发达国家。①

普及初等义务教育，这不仅在发达国家是早已完成的任务，在发展中国家许多也早已完成了。我们的友好邻邦朝鲜民主主义人民共和国已经普及了十一年义务教育，这是已经普及了高中程度的义务教育了；罗马尼亚已普及了十年的义务教育；南斯拉夫也已普及了八年义务教育。这三个国家都是发展中的社会主义国家，原来经济文化都比较落后，由于发挥了社会主义制度的优越性，三十多年来，不仅发展了经济，而且提高了文化。我国初等教育不普及，主要是在农村和少数民族地区。十年动乱中把农村中小学下放到大队去办，那是在农业生产处于停滞状态，多数农民还为温饱发愁的时候，这样做是对教育的摧残和破坏。农村教育不普及因而产生新文盲，同这个时期的摧残破坏有直接的关系。在拨乱反正恢复和发展农村教育的时候，教育行政部门提出过“一无两有”的最低要求。现在看来，农民只要富裕起来，又关心重视下一代的教育，做到“一无两有”并不太困难。因为这只是“物”的条件，校舍设备问题依靠富裕起来的农民的集体的力量是可以解决的。但“人”的条件，即师资的培养却不是很快就能见效的，需要有计划按比例地培养。没有合格而称职的教师，普及教育必然是一句空话。即使有了坚固的校舍、足够的设备，没有教师还是不能发挥作用的。我们办教育不能“见物不见人”。“人”应当说比“物”还重要的。今后，我们要保质保量地普及教育，离不开合格的教师。切实提高教师的地位和待遇应当成为上自党中央和国务院，下至千家万户都关心实现的事情，这是因为师资的质量关系到教育的效果，教育效果的好坏关系到祖国的未来。

普及义务教育，归根到底是国家的义务。我们在发挥群众办学积极性的同时，各级政府必须大力帮助还未富裕起来的农村特别是少数民族地区兴办学校，给他们培养和派遣教师。如果我们要实现党中央和国务院1980年12月发布的《关于普及小学教育若干问题的决定》中规定的在1990年基本上普及小学教育的要求，没有各级政府的有计划有步骤的努力支援是办不到的。苏联是在第二个五年计划完成时（1934年）就在农村普及了小学教育（4年），在城市和工矿区普及了不完全中学教育（7年），那时是十月革命以后17年。由于

① 《联合国教科文组织1983年统计年鉴》，第三部分，第240—246页。

教育普及，没有新文盲产生，扫盲工作在1939年也就完成了，那时是十月革命以后22年。① 我们革命胜利已经35年了，普及初等教育和扫除文盲这两件事还没有做到，怎么能体现社会主义制度的优越性呢？又怎么去开创社会主义现代化建设的新局面呢？

为了使教育普及于全国各族人民，达到劳动人民知识化的要求，建议全国人民代表大会早日制定普及义务教育法（江苏人大已制定了该省的普及教育和扫除文盲条例，值得各地参考）；建议中央像抓计划生育一样，由中央书记处和国务院联合成立普及教育和扫除文盲委员会（或领导小组），建议省、地、县三级也成立相应的组织。在从现在起到“七五”计划期间（1984—1990）的六年多的时间里把初等教育普及到全民，然后才有希望在“八五”计划期内（1991—1995）把青壮年（16—45岁）中的文盲扫除。正如列宁所说，这是一件艰巨而繁重的任务；正如周恩来同志所说，这是国家的一项大政。各级政府要有坚强的决心来完成这项具有战略意义的政治任务。要在人、财、物上大力支持，特别是培养教师的工作要先行一步。要动员人民群众起来自觉地和不文明没文化的状态做斗争。我们相信，在党中央的领导下，群策群力，万众一心，这件事是一定可以在不远的将来实现的。

第二，我国教育要面向现代化，面向世界，面向未来，还应当使教育贯彻到人的一生，使我国教育成为终身教育。

由于科学技术知识的迅猛发展，人生所受的教育已不能“毕其功于一役”，即不能把人生截然划分为求学时期和就业时期。未成年时期就业前的准备教育当然还是必要的，但一个人即使受完高等教育，因为科学技术知识更新的速度加快了，如果就业以后就停止学习，他将难以适应工作的需要。所以他在就业以后，还要不断学习，更新知识，或者劳动几年学习半年到一年。这是从社会的需要或者生产劳动的需要来说，教育不仅应当普及于全民，而且应当贯彻到每个人的终身。再从个人生活的需要来说，随着新技术革命的发展，即使不是为了参加生产劳动，而是为了个人日常生活，他也不得不从事学习。因为新技术可以给人带来的闲暇时间越来越多。发达国家早已实行了五日工作周制（每周工作40小时），将来劳动时间还可能缩短。闲暇时间最好是用于学习文化、

① 陈侠：《苏联扫除文盲和普及教育的历史经验》，载《群言》杂志试刊号，1983年11月。

科学、艺术，以满足个人的兴趣和爱好，使生活丰富多彩。

终身教育（lifelong education）这个概念，虽然包括从出生到老死的全过程，但是我们着重来看的还是它的成人教育阶段。有了终身教育可以使教育的全民性更加普及，更加彻底。因为通常我们考虑教育问题，总是限于学校教育，连学前教育也涉及不多。而在终身教育这个概念里，包含着入学前阶段的教育。根据现代心理学和生理学的研究，早期教育对人生的影响很重要，因此我们即使不谈终身教育，也应当重视学前教育的发展，培养从事学前教育的师资。列宁曾经把幼儿园看作共产主义的幼芽，我们应当注意让这个幼芽茁壮成长。现在各国重视终身教育，已经把教育事业的下限往下延伸。苏联把 3 岁前儿童的教育称为先学前教育，把 3 岁至 7 岁的幼儿教育称为学前教育。今后我们也要大力发展先学前教育和学前教育，这是除了党和政府的积极提倡外，还要由各企事业单位、各政府机关、各民主党派以及工会、共青团、妇联等组织协同配合来积极从事的。

终身教育的概念，虽然包含着各级各类学校教育，但是学校教育是受到人们较多关心的，这里且不去讲。这里要讲的是成人教育。早在 1951 年，中央人民政府政务院公布《关于改革学制的决定》的时候，已经把成人业余教育正式列入学制。今后我国的成人教育在完成扫盲任务的同时和以后，要发展各行各业的职业补习教育、文化补习教育、政治补习教育等等，来不断提高人民的政治、文化和科学技术水平。现在有些企业给青年职工办短期脱产近现代史讲习班，效果很好。这可以说既是文化补习教育，又是政治补习教育。

为了开展微型电子计算机的教学活动，各级各类学校教师都有进修微电子技术课的必要。这不仅像我国这样的国家需要如此，即使发达国家也需要如此。教师需要不断进修，学习科学（包括社会科学）研究的新成果，技术上的新创造、新发明。这本来是大家都知道的。现在，除了教师以外，其他各行各业的职工包括已经当了工程师、医师的人也需要不断学习新知识，才能适应工作的需要。所以成人教育的范围早已扩大了。我们目前还习惯于给成人学校的招生加上年龄的限制。如，35 岁以上的职工往往就被拒于成人学校的大门之外，这是不合理的。35 岁的人至少还要工作 25 年才能达到退休年龄，为什么不让他们有接受成人教育的机会以便为以后 25 年的工作创造较好的条件呢？由于生活的改善、医学的进步，人类寿命延长了。现在还出现了老年人的教育问题。退休职工自动组织起来学习，发展自己的爱好和特长。这也是值得提倡的事。老年人的生活丰富多彩也可以影响到整个社会的精神面貌。

总之，我国未来的教育从横的方面看，应当是全民教育，从纵的方面看，应当是终身教育。我们的教育工作者要为这两个目标而奋斗，我们的各级政府和全国人民也要创造条件，使教育普及于全民，贯彻于终身，使我们的社会成为人人受教育，人人爱学习，人人善于学习，人人学习有成效的社会。

第三，我国教育要面向现代化，面向世界，面向未来，应当坚持教育为生产服务，教育同生产劳动相结合。

由于受极左思潮的影响，曾经有很长一段时间，我们只把教育看作阶级斗争的工具，而没有看到它首先和永远是发展生产的工具。即使在阶级社会里，教育被用作阶级斗争工具的时候，它仍然具有发展生产的工具这个职能。在科学技术日益发展、劳动日趋复杂的时候，教育的发展生产的职能就更加显著了。在大机器工业发展以后，工人有简单的读、写、算的知识就能操纵机器从事生产劳动。但在现代化的生产中，一般工人没有中等教育的文化程度就难以胜任了。这恐怕是现在许多国家把普及义务教育的年限延长到中等教育阶段的一大原因。140 年前，当恩格斯调查英国工人阶级状况的时候，资产阶级还看不到工人文化水平的提高可以给它创造更多的利润，所以给工人受的教育只有符合它本身利益的一点点。① 现代的资产阶级大不一样了，它早已懂得给工人的教育越多，工人替它创造的剩余价值也越大，所以不吝惜教育的投资，因为教育投资对它来说也是一本万利的事情。如果无利可图，资产阶级即使受到工人阶级再大的压力，恐怕也不会像现在发达的资本主义国家那样，大规模地兴办教育事业的。

我们为了开创社会主义现代化建设新局面，首先要开创教育事业的新局面，要把教育投资看作生产投资。虽然教育见效的周期长，但是从长远来看，教育投资的效益许多教育经济学家已经讲得很清楚，是最有保证的。据统计，日本从 1930 年到 1955 年这 25 年中，国民收入增长的总额中有 25%是由于增加教育资本而取得的。② 在苏联，1960 年依靠教育开支获得了国民收入的

---

① 《马克思恩格斯全集》第 2 卷，第 395 页。

② 日本文部省调查局编，吉林师范大学外研所日本教育研究室译：《日本的经济发展和教育》，吉林人民出版社 1978 年版，第 16—17 页。

23%，发展国民教育投资的每1卢布可以得到4个卢布的收入。① 在美国，有一项研究表明，1948—1973年的25年间，经济增长的三分之二是由于劳动者教育水平的提高而获得的；在教育上每花费1美元，就会使国民生产总值增加6美元。② 特别在新技术革命时期，在信息社会继工业社会到来的时候，知识就是资源，就是财富。所谓开发人力资源，无非就是发展教育，传授知识，提高人的思想觉悟和生产能力。资产阶级虽然反对马克思主义，但是他们在利用教育来培养“发达的和专门的劳动力”这方面，做得是很认真的。我们既然要做马克思主义者，就应当相信教育是培养“发达的和专门的劳动力”的手段，及早努力扩大教育投资。

今后，我们要使教育为生产服务，除了端正办学思想以外，各级各类学校的课程设置应当注意培养学生的生产劳动知识和技能，培养学生准备用勤劳的双手来建设我们伟大祖国的志趣。从幼儿园起就要培养孩子自我服务的能力，在幼儿力所能及的范围内让他们学会自理生活。从小学起就要发展儿童动手操作的兴趣、能力和习惯。纸工、泥工、木工、金工、编织、建筑、采集、种植、饲养、烹饪、缝纫、测量、绘制、打字、复印、簿记、文书等等，都应纳入中小学课程，包括在课内教学和课外活动之中。应当使每个学生，包括小学生在内，在毕业离校的时候，都能有一技之长，都能掌握一点起码的为人民服务的本领，也就是生产劳动的本领。尽管年龄幼小，劳动的本领不大，但是都必须养成爱劳动的公德，否则就是我们教育的失败。

新中国成立之初就曾提出过教育为生产服务的方针，不久又提出培养劳动者的教育目的，接着又提出教育必须同生产劳动相结合的工作方针。这些方针、目的应当说都是正确的，符合教育规律的。但是我们并没有认真执行，或者理解错误，执行偏了，纠偏的时候，一种倾向掩盖着另一种倾向，于是或“左”或右。当前我们的教育有严重脱离生产劳动的倾向。我曾亲自听到北京郊区一位生产大队的负责同志说，高中毕业的回乡青年，参加生产劳动的开始，简直像个木头人。他并没有批评我们教育的意思，实际上是个尖锐的批评。

---

① ［苏］达依诺夫斯基著，徐长瑞译：《高等教育经济学》，人民教育出版社1983年版，第40页。

② 《外国教育动态》1983年第4期，第2页。

谈到教育要为生产服务，并不是要把普通教育也办成专业技术教育，而是要在普通教育中贯彻综合技术教育的精神。按照马克思和列宁的说法，综合技术教育是要“使儿童和少年了解生产各个过程的基本原理，同时使他们获得运用各种生产的最简单的工具的技能”①，或者是“从理论上和实践上熟悉一切主要生产部门”②。意思都是一样的。我们在50年代曾经用“基本生产技术教育”的名称，在普通学校里推行过综合技术教育，却遭到一些人的反对和阻挠。成效虽有，但是不大。何况后来十年动乱，又受到不应有的干扰。现在我们中小学的教学计划里虽然有劳动技术教育一项，但因许多学校片面追求升学率，并没有落实，实在是应当迅速纠正的。建议各地方教育行政部门根据当地情况制定各种劳动技术课的实施方案，组织人力编写适合当地使用的劳动技术课教材，交给学校去实施。高等学校招生也要考核学生的劳动态度和能力。

教育为生产服务没有做好，还表现在高等学校专业设置和招生带有一定的盲目性，毕业生分配很难对口，造成一部分人学非所用、用非所学的现象。一方面有人没工作做，另一方面有工作没人做。这也是一个亟待研究解决的问题。

第四，我国教育要面向现代化，面向世界，面向未来，应当繁荣和发展教育科学，按教育规律办学。

办经济要懂得经济规律，办教育也要懂得教育规律。这应当是普通常识。但是，至今还有不少同志怀疑教育是有规律可循的，怀疑甚至无视反映教育规律的教育科学的存在。这反映在对待师范教育的态度上，也反映在师范院校教育学科课程的设置上。“只要有知识就能当教师”的思想，至今还盘踞在一些人的头脑里不肯退走。三十五年来大约有二十年的时间，我国教育科学处在风雨飘摇之中，处在求生存的境地。除了新中国成立初期的七八年，教育科学受到重视以外，只是在党的十一届三中全会以后，它才得到恢复和发展。因此，我国教育科学至今还是一棵嫩弱的幼苗，还需要加意培土、施肥、浇水并防治病虫害。

教育科学的发展是随教育事业的发展而前进的。在各国普及初等教育以后，小学教育大量发展起来，研究小学教育的科学也发展起来，所以教育学最

① 《马克思恩格斯全集》第16卷，第218页。
② 《列宁全集》第24卷，第439页。

早是小学教育学，主要研究小学教育问题。后来中学教育发展了，中学也成为普及教育了，教育学的研究范围扩展到中学，因为中小学都实施普通教育，所以小学教育学发展为普通教育学。当然，也有专门研究小学教育的小学教育学和专门研究中学教育的中学教育学。后来幼儿教育事业发展起来，幼儿教育学的研究也就兴起了。直到第二次世界大战以后，随着高等教育事业的发展，高等学校教育学的研究才提到议事日程上来。

我们的教育要面向现代化，面向世界，面向未来，必须重视教育科学研究，把教育的改革都放在科学研究的基础上，一切改革的措施都要有科学的依据。办经济要讲究经济效益，办教育也要讲究经济效益。如，我国高等学校学生数同教职工数之比很低，有的低至 1∶1，有的不过 2∶1。如果提高到 5∶1，那么前者可以增加学生四倍，后者可以增加学生一倍半。从这个数字就可以看到，在人力上，我们高等学校扩大招生名额是很有潜力的。但是要扩大高等学校招生名额必须提高普通教育质量，否则就难以招到合格的新生。由于我国教育经费很少，在各项财政支出中占的份额不成比例，加上教育经费内部的分配也不合理，用在普通教育上的少得可怜，因此中小学大多数设备很差，教师待遇菲薄，普通教育质量没有保证，毕业生合格率低，已如前述。这样投资虽少，出了大量废品，效益成了负数，仍然造成浪费。教育出废品不同于工业出废品，它对国家对人民带来的危害不是用数字可以计算的。如果我们的教育科学能在教育投资的比例上做一些分析研究，对各级学校学生的合格率做一些调查，并提出提高教育经济效益的一些对策，对于开创教育改革的新局面是有一定好处的。

当然，教育科学研究更重要的是在提高教育质量上。怎样按照我国的教育方针制定学校培养目标？怎样根据各级各类学校的培养目标编订学校课程？怎样根据各科课程标准来选择适当的教材？怎样适应科技发展的新形势和生产部门的新要求来改革课程和教材？怎样按照各教育阶段学生的心理生理特点来选择教材和教学方法？怎样在传授知识技能的同时发展学生的智力，培养学生的能力？怎样通过各科教学进行思想品德教育？怎样使学生在品德、智力和体质等方面得到全面发展？怎样实施体育？怎样实施美育和劳动技术教育？怎样通过家庭和社会同学校的协作来巩固和扩大学校教育的效果？怎样排除一切消极的干扰教育的因素？怎样培养合格而又称职的教师？怎样在学校中实行民主的科学的高效率的管理？怎样评价学校办学的成绩？怎样评价教师的工作成绩？

怎样全面考核学生的成绩？……总之，教育科学有待研究的问题很多。我们教育工作者大有用武之地。

这里要特别提出总结先进教师经验的问题。我们要建立有中国特色的教育学，离不开总结我国教师的经验。理论来源于实践。教师的实践经验是教育科学取之不尽用之不竭的泉源。我们应当总结，应当推广，使少数教师的行之有效的先进经验成为广大教师的共同财富。教育科学研究的结果也应当得到采用和推广。这是使我国未来的教育按照教育科学规律办事的必由之路。

为了建立有中国特色的教育科学，整理祖国教育遗产的工作应当提上议事日程。我国在历史上曾经是先进的国家，科学技术的先进必然有先进的教育（都是在当时意义上说的“先进”）理论和措施。这是一个有待发掘的领域。过去教育史的研究偏重于官方教育史，由于在中国长期的封建社会里不曾一贯地重视科学技术教育，我们今后还有研究我国民间教育史的必要。

现在我国教育方面的论文中还有“言必称希腊”的现象。这里的“希腊”二字不是指古希腊，而是泛指外国。外国的对我们有益的理论和经验应当虚心学习，但要看看这些东西是否阐发了前人所未发现的真理，更不要犯“数典忘祖”的错误。

要使我国教育按照科学规律办事还要强调教育科学实验。我们今后的教育改革一定要先经过典型试验，再大面积推广。学制、课程和教材，一定要经过试验以后再变动，不能朝令夕改，变动频繁。我们尊重权威是应当的，但更要尊重科学。因为教育上真正的权威必须是符合教育科学规律的。

总之，教育是培养祖国下一代的事业，教育的成败得失关系到祖国的前途和命运。所以教育工作者的责任非常重大。既然办教育要遵循教育规律，教育工作者必须掌握反映教育规律的教育科学，是不言而喻的。我们希望，从教育行政干部到每一位校长教师，都能尊重教育科学，都要精通业务，掌握专业，全心全意，献身教育。那么，我国教育的未来一定大有希望，祖国的前途必将灿烂辉煌。

载《师范教育和教育科学》，
人民教育出版社 1985 年版。

《中共中央关于教育体制改革的决定》对教育学研究提出的课题*

同志们：

《中共中央关于教育体制改革的决定》（以下简称《决定》）在今年5月27日公布了。这是新中国教育史上的一件大事。因为它关系到我国今后教育事业的发展，实际上也关系到我国社会主义现代化建设的前途。

对于社会主义建设，不能只追求工农业生产总值到2000年比1980年翻两番，而要看到它既包括物质文明建设，又包括精神文明建设；既有社会主义文明的建设，又有社会主义民主和法制的建设。教育在现代化建设中起着极其重要的作用，也可以说起着决定性的作用。作为教育学工作者，我们不能只关心在师范院校怎样把教育学这门课教好——这当然是很必要的，做不到这一点就难以完成师范生在教育专业训练的任务——我们还应当关心我国教育事业的前途，也就是我国社会主义建设事业的前途。

1982年，全国教育学研究会在杭州召开了一次小型学术讨论会，讨论教育学研究如何为全国开创社会主义现代化建设新局面服务，当时我曾引用列宁1918年6月5日《在全俄国际主义教师代表大会演说》中的一句话来跟与会的同志共勉，这句话是“新教育学的任务是要把教师的活动同建设社会主义社会的任务联系起来”。现在我仍然认为必须这样做，而且更加相信必须这样做。否则，教育就不能很好地为社会主义建设服务。

《决定》的基本精神就是文件中第一部分第二段开头的两句话：“教育必须为社会主义建设服务，社会主义建设必须依靠教育。”我想，我们教育学研究的课题，就从这两句话开始，然后再及其他。课题目次如下（不谈高等教育）。

一、怎样理解、阐释和执行这个基本精神？

* 1985年8月16日作者在山东师范大学对华北华东七院校教育同人的讲话。

二、什么是合格的人才，怎样培养合格的人才？

三、怎样普及义务教育？

四、怎样改革中等教育结构？

五、怎样更新课程内容？

六、怎样发展师范教育，充实教师队伍？

我只是提出课题和研究的方向，也有一点闭门造车的初步设想。

一、如何理解阐释和执行“教育必须为社会主义建设服务，社会主义建设必须依靠教育”这个基本方针

（一）要研究普通教育和师范教育怎样为社会主义建设服务

为社会主义建设服务就是为无产阶级政治服务。

1. 办教育首先是为发展生产服务的。新中国成立初期的教育建设方针是正确的：“教育为生产服务，教育向工农开门。”后来把教育当成阶级斗争的工具，不仅破坏了教育也迟缓了生产的发展。

2. 教育为生产服务，就是要培养劳动者。人才也是劳动者，知识分子也是劳动者。在社会主义社会，凡有劳动能力的人，人人都是劳动者。列宁说过，什么是社会主义？社会主义就是消灭阶级。怎样消灭阶级？第一要推翻地主资本家，第二要使所有的人成为劳动者。

3. 普通教育不能光为上一级学校输送合格的新生，同时要着眼于为社会各行各业培养后备劳动力。

4. 要踏踏实实地普及教育，首先是普及小学教育，提高全民族的文化水平、文明程度，从根本上改善劳动力的素养。不能把学校办成升学预备班，即以升学为目标，而忘了培养全面发展的人。

5. 要为普及教育培养合格的教师，也要为各级各类学校培养合格的教师。

6. 当然，教育为生产服务是为物质文明建设服务，教育还要为社会主义精神文明建设服务，这是不可偏废的。

（二）要着重探讨“社会主义建设必须依靠教育”的命题

这是一个极其正确、极其重要的命题。可惜的是这个精神并没有贯彻到决定的全文里面，特别是一涉及经费问题的时候，这个精神就看不见了。如说：“必须使教育事业在经济发展的基础上有一个大的发展。”又如说：“国家对教

育的投资毕竟要受经济发展水平的制约。”这还是受了“富而后教”思想的影响。

“富而后教”的思想是农业社会、手工业社会的思想，在机器大工业生产中，这种思想已经落后了，所以在工业社会不仅要在经济发展的基础上发展教育，而且要在发展教育的基础上来发展生产了。所以“富而后教”应当改为“教之使富”或“教而后富”了。到了信息社会，科学技术知识在生产中作用就更大了，不仅文盲难以应付生产的需要，科盲也不能从事生产建设了。所以现在是“经济要发展，教育要先行”。不先发展教育事业，经济建设就发展不了。这就是“社会主义建设必须依靠教育”的意义。何况我们的社会主义建设是现代化建设，既包括物质文明的建设，又包括精神文明的建设，不依靠教育是寸步难行的。

当前，党的富民政策使不少人富了，但是还得有个“教民政策”走在前头，不然的话社会出现“富而骄奢”、“为富不仁”的不文明现象。那是比贫穷落后叫人看了更难受的。

二、要研究什么是合格的人才，怎样培养合格人才

如何培养现代化建设所需要的人才，这是教育学研究者应当十分关心的问题。

（一）《决定》对人才的规格提出了明确的要求

这一要求概括起来说，不外是全面发展的、又红又专的人才。从文件修改的情况来说，中央讨论定稿时还增加“红”的分量，显示出我们社会主义国家对人才规格要求的特点。这是中央领导同志的高瞻远瞩。增加有下面三句话，文字虽然不多，分量却是很重的，值得我们注意。

1. 第一处是在第一部分第二段，对“大规模地准备各级各类合格人才”，加了一个定语，即“能够坚持社会主义方向的”。这一点当然很重要。因为我们现代化建设是社会主义的现代化建设，而不是资本主义的现代化建设。在当前对外开放，提出可以一国两制的设想的时期，提出这个要求非常必要。

2. 第二处还是在第一部分谈到我国教育“现在的主要问题”（三）里面增加了一句“生动活泼地用马克思主义思想教育学生很不够”。在我国的教育思想、教育内容、教育方针上，如果说完全不注意用马克思主义思想教育学生，

是不符合实际的，这里说的是“生动活泼地”用马克思主义思想教育学生“很不够”，却完全符合实际。特别是我们的政治课的设置，收效甚微，就是因为把它教死了，形式主义地、教条主义地讲那些学生还没有可能理解的社会发展规律、政治经济学常识、辩证唯物主义常识等等。马克思主义理论本来是行动的指南，是生动活泼的东西，可是我们教育学生的方法，却是死板呆滞的、脱离实际的、死记硬背的、口头说教的。今后必须强调在各科教育和课外活动中贯彻马克思主义思想的教育，而不必设专门的政治课教条式地来灌输。

3. 第三处是在高等教育部分即第四部分谈到高等学校教学改革时，增加了“辩证唯物主义和历史唯物主义的思想指导下”这句话。教学改革要坚持社会主义方向，要把马克思主义思想生动活泼地教给学生，就一刻也离不开辩证唯物主义和历史唯物主义思想指导。

由此可见，《决定》对合格人才的标准强调的还是又红又专。我们教育学研究就要认真考虑怎样才能真正培养出这样的合格人才。

（二）从专的方面看，也对如何迎接新技术革命的挑战，提出了种种要求

对工业、农业、商业等各行各业的劳动者提出“有文化、懂技术、业务熟练”的要求；

对经济技术管理人员，提出具有现代化科学技术和经营管理知识，具有开拓能力的要求；

对各行各业的专业工作者也提出了能够适应现代化科学文化发展和新技术革命要求的条件。

（三）总的要求是全面发展、又红又专

特别提到的是：“所有这些人才，都应该有理想、有道德、有文化、有纪律，热爱社会主义祖国和社会主义事业，具有为国家富强和人民富裕而艰苦奋斗的献身精神，都应该不断追求新知，具有实事求是、独立思考、勇于创造的科学精神。”

以上这些要求的提出都具有现实意义，都具有时代精神，都是有针对性的。

（四）现在社会风气不良，有些人一切向钱看，甚至到了唯利是图的地步

如，造假药卖假酒谋财害命，崇洋媚外有奶便是娘，贪官、污吏、奸商狼狈为奸，进口劣质商品不向外商索赔而将损失转嫁给国内人民，有些奸商同卖淫的妓女一样，不仅不要人格，连国格也给丢尽了！

这些人的理想和道德是什么呢？就是个人发财，就是贪图吃喝玩乐的个人享受。为此就不惜损人利己，损公肥私，不仅挖社会主义墙脚，简直是在拆社会主义。什么国家兴亡、民族盛衰都不在他们考虑的范围之内，哪里还谈到什么共产主义理想和道德呢？

（五）我们教育学工作者就要在这样的社会风气条件下，研究怎样“树天地正气，法古今完人”

我们要用革命导师、革命先烈、革命前辈的光辉形象、光辉榜样教育下一代。历代的民族英雄、仁人志士、能工巧匠的事迹，可以作为教育下一代的教材。

我们固然不要做教育万能论者，认为教育可以独立改造社会，这是唯心主义的。但是我们也不要做教育无效论者，认为教育的效能经不起社会风气的冲击。我们应当承认教育的效能，同时也要看到社会的影响。教育好比打预防针，打了预防针，90％的人可以对某种疾病产生免疫力，还有10％的人也许还会发病。我们不能因此就认为打预防针是不必要的，而应当致力于提高预防针的效果。这就要研究在当前形势下教育的有效方法。不是脱离现实，回避现实，而要面对现实，针对现实，为树立学生的理想、道德而奋斗。

（六）教师的因素是起决定作用的，要培养什么样的人先要有什么样的教师

列宁说过：“在任何学校里，最重要的是课程的思想政治方向。这个方向由什么来决定呢？完全只能由教学人员来决定。”“学校的真正的性质和方向，并不由地方组织的良好愿望决定，不由学生‘委员会’的决议决定，也不由‘教学大纲’等决定，而是由教学人员决定的。”因此师资问题是个决定教育质量的关键问题，是决定培养人才质量的决定因素。

三、要研究普及义务教育问题

（一）要研究地方如何承担普及义务教育的重任

我国小学教育并未普及，1982年的人口普查全国12岁以上人口中还有两亿三千五百八十万文盲半文盲就是一个证明。

周恩来同志说普及教育是大政，这不仅关系经济的发展，也关系到国防的巩固。

现在“把发展基础教育的责任交给地方”，在经济文化发展比较好的地方，困难不是很大，但在经济文化发展较差的老、少、边、穷地区，困难很多。需要认真研究，如何承担起这个重任。

1. 所谓困难，无非是没有足够的经费，没有合格的教师。各地经验证明，经费问题比师资问题还容易解决。因为经费问题中包含着一个认识问题，认识到教育重要了，舍得花钱办教育了，钱并不是没有。问题在于把教育放在什么位置上。例如，某省某市的教育经费今年全年只有420万元，而对一个淀粉厂的投资就是1 000万元。正如《决定》所说：“现在，各级都有一些领导干部，宁肯把钱花在并非必要的方面，对于各种严重的浪费也不感到痛心，唯独不肯为发展教育而花一点钱，这种状况必须改变。”

蒋南翔同志当部长的时候，想把小学生的学费免收，这样国家要增加教育经费5个亿，财政部也不答应。但全国因包装不善而造成的浪费就到近100个亿，比当时全年全国教育经费还多。现在说的教育经费增加是一种假象，是教师调整工资和教师退休金增加了，因为教师有近1 000万人的队伍，所以这些人头费一增加，教育经费显得增加了，其实事业费有减无增。《决定》说要“使按在校学生人数平均的教育费用逐步增长”，这是非常必要的。目前我们许多学校不仅没有图书、仪器等设备，甚至连粉笔也买不起。就是说教育经费欠账太多了。究竟最低限度应有多少经费才能维持正常的教学活动，是我们教育学工作者应当研究的问题。

2. 师资如何有计划按比例地培养，也是一个应当研究的问题。已有合格教师有多少？应受教育的学龄儿童有多少？每个教师应负担几个学生？在职的不合格不称职需要培训的教师有多少？完全不胜任教师工作应当调离的有多少？培养新教师和培训在职教师各需多少年？怎样按普及教育的要求来培养？过去认为这些都是教育行政部门的事，同经费问题一样，我们教育学工作者是不闻不问的。我不这样看。我觉得研究教育学的同志们要关心社会主义建设必须依靠教育事业的繁荣和发展。这就不能不关心影响到教育事业的经费问题和师资问题，而提出解决的方案。

（二）由于多年极左思潮的影响，假大空盛行

听说过去有的省曾经谎报过四次，说已经普及了小学教育。这种自欺欺人的做法今后不敢保证没有。因此，对普及教育成果的检查验收应是一项重要任务。我们教育学工作者应当考虑设计一种检查验收的工具，或者叫作义务教育

成绩测验。只有测验及格的才能算作受完了义务教育。小学毕业一次检查验收，初中毕业再次检查验收。

（三）应当在普及了小学教育的基础上再普及初中教育

小学教育没有普及的先不要提普及初中教育的要求。必须小学教育的普及率和合格率都达到95%以上，才能提出普及初中教育的要求。“首先抓紧按质按量普及小学教育”，“普及初中阶段的普通教育或职业技术教育”。

（四）在经济文化后进地区，普及教育不限于普通文化科学教育，也可以兼施职业技术教育

这当然是一种初步的最好的职业技术教育。这样，学生毕业以后可以获得一技之长，自谋生计，为人民服务。这样也有利于义务教育的普及。

四、要研究如何改革中等教育结构

（一）要研究如何把普及教育和职业技术教育结合起来，使二者相互渗透，而不是各自独立

1. 普及教育和职业教育分立是中世纪末期、资本主义萌芽时期的老传统。当时的普及教育是文雅教育，是培养脱离生产劳动的统治者的。西方最早的职业学校是财会学校和商业学校，是培养工商业劳动者的。最早的典型的双轨学制就是这样两条轨道：一轨是由预备学校（或中学预备班）到中学再到大学，一轨是由小学到高级小学（都是普及义务教育的学校）再到职业学校。学生进了职业学校就进了死胡同，再不能转入中学，也不能升入中学，也不能升入高等学校了。

2. 经过若干实际的演变，现在这种典型的双轨学制已经不复存在，但是总可以看到一点痕迹。如，英国1944年教育法规定在共同的小学教育基础上，建立三种类型的中学：一是文化学校，二是技术中学，三是现代中学。现代中学是高级小学的升格或变型，只是为满足学生受满规定年限的义务教育而设。四十年来经过工人阶级提出教育机会平等的要求，这三类中学已经逐步由综合中学所取代。但中学仍有七年一贯制的、三四分段的和五二分段的种种不同。而且公办的中学建立在四年基础学校之上的有九年制的完全中学（建立在六年基层学校之上的有七年制的完全中学），还有六年制的中间学校和五年制的初级中学（或译“主要学校”，随着义务教育年限的延长现已改为六年制）。初级

中学是大量的，是为满足义务教育年限而设。中间学校和初级中学毕业以后都可以入全日制职业学校，如就业也必须入部分时间的职业学校，这种职业教育是义务的，修业两年。

3. 日本在九年义务教育以后，高级中等学校开始分化，有普通高中，有职业高中，也有混合高中。职业高中包括各行各业，有工业、农业、商业、渔业、医药等等。此外，还有“各种学校”，招收高中或初中毕业生施以从几个月到三年的职业训练。日本还有招收初中毕业生的高等职业学校，修业五年，相当于招收高中毕业生的短期大学。短期大学也是一种高等职业学校。

4. 美国没有双轨学制的传统，有的中学是综合型的。在这样的中学里学生有大量选择，必修科的数目很少，一般只有英语、公民、美国史和体育是必修科，其余数、理、化、生、地都可以选修。此外还设有许多职业选修科。当然美国也有学术型的为准备升学而设的中学，这样的中学私立居多，对基础知识和基本技能的训练就很重视，甚至有把大学一年级课程下放到高中学习的。美国至今还有两种课程理论支配着不同类型的学校，一种是同儿童中心主义一脉相承的平等主义思潮，主张课程以学生需要为中心，重视社会科学，重视情感的发展，不太重视严格的学习；另一种是同传统的学科课程论或要素主义、结构主义相一致的拔尖主义思潮，主张以学科为中心，重视学习基础知识的基本技能，强调让学生掌握各学科的基本原理，要求严格的学业标准。因此事实上也有两类中学并存，当然前者是大量的。

5. 苏联普及十年义务教育，并非完全在普通中学完成，它也是在八年制学校（今后是九年制学校）基础上有三条道路：一条是普通中学的高年级，一条是中等专业学校，一条是职业技术学校。它的特点是普通中学高年级也要兼施生产教学，学生毕业经过考核，可同时取得二级工的资格。不升学的不经过职业训练就可以就业。同时中专和职校也重视普通文化科学的教学，这些学校的毕业生如不就业也可以升学。这样把普通教育和职业教育结合起来的做法是解决多少年来普通高中无法完成双重任务的一个突破。而且体现了社会主义社会教育机会人人平等的精神。这种办法值得我们借鉴。

（二）现在我国普通中学片面追求升学率的状况确实令人担忧

这些学生学了十几年无一技之长，如考不取大学就无能力就业。因此解决我国职业技术教育薄弱的问题，不光要从改革中等学校结构、增强职业技术学校入手，更重要的是改变普通高中脱离生活实际的办学方针，采取结合生活实际、结合生产劳动的办学方针。

这样办学，普通高中可以说是双保险。进可以攻，攻读高等学校的课程；退可以守，守住一技之长好就业。这样又可以免得企业办什么“双补”学习班。让学生在就业后接受训练，从经济上考虑浪费很大。工厂企业与其招了工来“双补”，不如投资办学，并协助普通高中进行生产教学。

要改变一种错误观念，仿佛兼施生产教学就会削弱“双基”的教学，这是一种误解。现代化的生产教学只会促进学生“双基”教学程度的提高，有助于学生更好地掌握“双基”，而不是相反。手的活动、体力劳动能促进脑的活动、脑力劳动。许多教育家都提倡要让学生手脑并用。我们为什么要提倡手脑分离呢?

教育和生产劳动相结合，仍然是我们办学应当实行的一个方针。现在许多资本主义国家都在实行，我们反而不实行了，这是非常错误的。要搞现代化建设，必须实行这个方针，我不认为是毫无意义的。我们应当研究怎样结合得更好。

五、要研究怎样更新课程内容问题

这应当是我们教育学工作者着重研究的问题。

首先要看现行课程存在什么缺陷：

(1) 德育课程的形式主义；

(2) 智育课程的重理轻文，重书本轻实践，重死记硬背轻启发思考；

(3) 综合技术教育或劳动技术教育课程被取消；

(4) 体育课程的重提高轻普及，重竞技轻增强体质；

(5) 美育课程的有名无实。

因此，更新课程内容就要先针对这些缺陷，改革课程的设置。

(一) 改革德育课程设置

建议取消中学的“政治课”，初中改设“思想品德课”同小学衔接起来。“法制常识”的部分内容可放到高中“公民课”里进行，初中“社会发展简史”课改为“历史课”。高中设“公民课”，使学生了解宪法规定的公民权利和义务等。

（二）加强文科教育

主要加强历史课，初中增设外国史，高中增设本国史。小学要增加社会常识课（包括现有史、地课）。低年级语文课中要增加自然常识和社会常识的内容，使之成为一门综合课。

（三）加强乡土教育

它既是爱国主义教育的基础，又是增加学生感性认识的需要。各科课程标准中要增加乡土教材的项目，统编课本中要给乡土教育留有余地。地方编教材，必须首先编好乡土教材。

（四）增加修学旅行课

从远足开始，使学生有直接接触自然界和社会生活的机会，丰富他们的感性认识。“读万卷书”、“行万里路”历来是相提并论的，都是增进学识修养的重要手段。忽视后者是不对的。

（五）增加自然科学课程的观察实验和社会科学课程的调查研究

减少笔头作业，反对题海战术等无效劳动。

（六）增加心理学常识课

以帮助学生正确认识自己，了解自己思维活动的生理机制（物质基础）和一般规律。

（七）增设职业技术课

小学初中设手工劳动必修课。农村小学要教农副业生产知识，城乡初中都要设职业技术选科，高中必设职业技术选科。高中生不取得二级工合格证书者不得毕业。高中毕业生不升学的可以就业。职业技术学校和中等专业学校也要设高中程度的文化课。毕业生不就业的可以升学——将普通教育和职业教育结合起来。

（八）体育要管得宽一点

学校校舍建筑、教学设备不符合学校卫生学要求的应加干涉，重视预防近视、脊椎弯曲及传染病；重视体育锻炼的普及，加强课外体育活动的指导。

（九）改革音乐课程设置

音乐课要在初中阶段将乐理知识教给学生，使能自学。到高中设音乐选科。另外，要组织乐队、歌咏队等，学生必须学会一种乐器或参加歌咏队。要重视音乐在陶冶爱国主义情感、激发积极进取精神、激励奋发上进勇气中的作用。要培养学生欣赏能力，区别音乐中的美与丑。

（十）改革美术课程设置

美术课要在初中阶段将一般绘画技术教给学生。到高中设美术选修科。提倡实用美术的学习，练习设计墙报刊头画、书刊封面，绘制插图、商标图案、各种装饰画等。除绘画外还可练习雕塑、刻图章、制模型等。

至于课程内容的更新，需要分科研究，教育学工作者只能提出一般原则。

第一，基础知识、基本技能应当保留，其中有过时无用的可以淘汰。

第二，要求更新教学设备，中学应设专科教室；用现代化的教育手段充实中小学、师范学校的教学设备。

第三，教学设备要配套。如，有 16 毫米电影放映机，但无 16 毫米科教片等，这种现象应当改变。

第四，要开放重点中学和实验室，各地设几个实验中心供所有学校分别轮流使用。

第五，中小学教材中主要还是教给学生在科学上有定论的东西，新的学说、新的理论、新的创造发明、新的科学技术等应适当有选择地结合“双基”进行介绍，以启发学生思考。

第六，各门学科都要把自学的方法、自学的工具及早教给学生掌握，同时要注意培养学生的求知欲和好奇心，激发他们求知的兴趣。

第七，假如开设心理学常识课，其中可以讲一点学习心理的知识，提高学生学习的效率。即使不设这样的课，各科教师应当把学习的成功经验介绍给学生。

第八，必须按照教育目标培养学生，按照教育规律来教育学生，培养学生严谨的学习态度，反对为片面追求升学率而猜题、压题等歪风。

第九，要激励学生善于怀疑，古今中外教育家主张学习要从疑难开始的很多，疑难是思考的动力，学与思必须结合。孔子说：“学而不思则罔，思而不学则殆。”王夫之说：“学非有碍于思，而学愈博则思愈远；思正有功于学，而思之困则学必勤。”

这已经涉及教育方法问题了。本来教材教法是难以截然分开的。

第十，课程教材要培养学生敢想、敢说、敢干的进取精神，用最新的科学研究成果来武装学生的头脑，激励学生自觉地探寻真理的创造志向。创造是一种比较高级的思维活动，需要有广博的基础知识，也需要有专精的知识技能。要使学生知道创造是辛勤劳动的成果，而非一时灵感的出现。课程教材中要强调理论结合实际，开展各种课外活动，加强教学过程中的实践环节。

六、发展师范教育，充实教师队伍 *

据作者手稿排印。

* 本部分内容已另发表，见本书。

教育学中有些模糊观念需要澄清*

教育学是不是一门科学？这个问题在一些同志的思想里还是存在的。从教育学本身来说，还存在着一些模糊观念。这就难怪人们怀疑它是不是一门科学了。因为科学起码应有明确的概念，这些概念要用准确的语言来表述，并且要做一致的解释。这一点最基本的要求在目前我国教育界还未必能够做到。这一方面是由于教育学的研究刚恢复不久，本身还有不健康的因素；另一方面是能够影响教育界的权威人士，对有关教育学的用语不大考究，这也造成了一些观念上的模糊。

多年来，我就感到教育学中有些模糊的观念需要澄清，但因自知学识谫陋，除了在同行中讲讲以外，很少专门提出来讨论。现在学术民主空气正浓，“双百”方针正在贯彻，我想把我对教育学中一些模糊观念的看法提出来，加以澄清，与同行们商榷，并希望得到权威人士的指教。当然，这只能是举例性质，不可能毕其功于一役的。

一、“凯洛夫教育学”

“凯洛夫教育学”难道是个模糊观念？我说是。理由是把人名和学科名连起来称呼，习惯上是代表一个学派的。只有学派创始人的名字才能用来命名这门学科，如牛顿力学、孟德尔遗传学、米丘林生物学等等。凯洛夫是不是教育学一个学派的创始人呢？显然不是。

我国翻译出版的苏联教育学有好几本，其中最早的是叶希波夫、凯洛夫、里魏斯和舒里曼合编的1948年俄文版。这是一本集体编写的教科书，参加编写的还有斯卡特金、阿兹布金、革里孟特和梅定斯基等。凯洛夫教授以教育科

* 本文完成于1986年1月25日。

学院正式院士的名义署名主编。这本书的中译本在50年代初出版时，有一个明显的错误，就是在封面、扉页和版权页上都写了"凯洛夫著"或"著者凯洛夫"字样，这也许是造成这个模糊观念的根源。当然，细心的读者看了这本书的原序便可以知道凯洛夫只是此书主编者之一，而不是著者。这本书是当时苏联教育学者集体智慧的产物，而不是凯洛夫个人的著作，所以不能称为"凯洛夫教育学"。我国还翻译出版了这本书的1956年俄文版，主编人有凯洛夫、冈查洛夫、叶希波夫和赞科夫，凯洛夫是总主编。参加该书编写的有25人之多，但凯洛夫和赞科夫都未执笔。凯洛夫曾任俄罗斯联邦教育部部长和教育科学院院长，这两版教育学教科书虽由他署名主编，但不是他个人一家之言，所以我不赞成用"凯洛夫教育学"这个模糊的、容易引起误解的概念。

我认为，如果我们指凯洛夫主编的那两本书，最好说"凯洛夫主编的《教育学》"。书面语言如果省掉"主编的"字样，"教育学"三个字必须加上书名号。如果我们指那两本书里的思想、观点和主张，应当称为40年代或50年代的"苏联教育学"。都不宜称为"凯洛夫教育学"。

现在来澄清这个观念有没有现实意义呢？有。不但有，而且很有必要。理由如次。

第一，有的同志曾经把孔子、杜威和凯洛夫并列起来，认为他们分别是封建主义教育思想、资本主义教育思想和修正主义教育思想（在极左思潮流行时那样认为）的代表人物。姑不论斯大林时期由苏联教育学者集体编写的《教育学》是不是修正主义的，也不论这些《教育学》著作是否凯洛夫一家之言，这样并列都是不对的。因为凯洛夫无论在他本国和国际上，都没有孔子和杜威的影响深远。因此，这种说法不是实事求是的，而是主观臆断的。

第二，凯洛夫主编的《教育学》，只是苏联高等师范学校的教材，当时苏联还为师范专科学校、中等师范学校编写过教育学教材。我们都曾翻译出版过。这些书的编者不同，从内容的篇章结构、思想观点来说，却是大同小异的。甚至70年代、80年代苏联出版的《教育学》，内容虽有所更新，体系却变动不大。这可以证明苏联教育学已经形成了比较稳定的科学体系。这是苏联教育学者集体智慧的表现。不能因为凯洛夫当过教育部部长和教育科学院院长，就把集体的功劳归在他一人身上。

第三，有的同志见到赞科夫在70年代提出"实验教学新体系"，特别是提出了几条新的教学原则，就说"赞科夫向凯洛夫挑战了"。这样说容易造成一种假象，仿佛赞科夫否定了凯洛夫。其实，1956 年以凯洛夫为总主编的《教育学》，赞科夫也是主编人之一。赞科夫并非向凯洛夫（包括他自己）提出什么挑战，只是从 50 年代到 70 年代，他经过 20 年的实验研究，对苏联的教育学有所发展罢了。况且新理论的发展并不等于全盘否定原有的理论啊！

“凯洛夫教育学”这个模糊的观念容易引起误解，因此我主张用上述比较明确的语言来代替。

二、“传统教育学”和“现代教育学”

19 世纪末 20 世纪初，美国实用主义者杜威在宣传他的教育学时，把以前流行的以赫尔巴特为代表的教育学称为传统教育学，而把自己的教育学称为现代教育学（进步的教育）。杜威对他所称的传统教育学采取全盘否定的态度。这种态度是唯心主义的、形而上学的。

近几年来，有些文章的作者也步杜威的后尘，把苏联 40 年代、50 年代的教育学称为传统教育学，而把苏联 70 年代赞科夫发表的“实验教学新体系”和巴班斯基强调的“教学过程最优化”，还有苏联早期心理学家维果茨基的“探寻儿童最近发展区”的主张，以及美国布鲁纳 60 年代发表的结构主义课程论和发现法的教学论，称作现代教育学。许多文章的作者以为以凯洛夫为代表的苏联教育学仿佛只重视传授知识而不谈发展智力、培养能力，仿佛只重视课堂教学而不谈课外活动和校外教育，仿佛只强调教师的主导作用而不重视学生是学习的主人，仿佛只重视课程和教材的统一而不重视因材施教，因此便轻率地称它为传统教育学，好像它已经过时了。这种看法，我是不敢苟同的。

第一，说苏联 40 年代、50 年代的教育学是传统教育学的人有没有想到，当时的苏联教育学所强调的共产主义的思想方向，所提出的培养全面发展的人的教育目标，都是社会主义国家当前和今后应当坚持的，难道说已经过时了吗？

第二，苏联从 30 年代起，强调学校要教给学生系统的文化科学知识，同时发展学生的认识能力。我国 50 年代翻译出版的苏联教育学，没有一本不是既强调传授知识，又要求发展学生认识能力的；也都是在强调以课堂教学为主的同时重视组织学生的课外活动的；它的教学原则之一就是要求在教学中调动学生的自觉性积极性，并没有把教师的主导作用强调到包办代替学生学习的程度；它的另一条教学原则即可接受性或量力性原则也考虑到教学要适应个别差异即因材施教。这些，只要打开书本来仔细看看就可以证明的。

第三，实践是检验真理的唯一标准。苏联学校在苏联教育学的指引下培养出来的人才，把世界上第一颗人造地球卫星发射上天，震动了美国朝野，促使美国国会通过《国防教育法》，重新研制课程，编辑教材，改革普通教育。这些事实，难道不值得我们深思吗？

当然，我并非认为苏联教育学是完美无缺的。它在反映了某些不以人的意志为转移的教育规律的同时，不可避免地会存在着一些缺点。我们学习外国教育理论，不能盲目照搬，也不能因为它有缺点就一概排斥。事物都是发展的，教育学的缺点要在实践的检验中不断克服。我们应当采取客观的、公正的、郑重的态度来分清是非，不能主观臆断，更不能似是而非地轻率下结论。要用马克思主义的立场、观点和方法，实事求是地具体分析。

例如，有人因为维果茨基主张教学要走在儿童发展的前头，就把他算作现代派，不明真相的读者也许以为他是当代的学者。其实他早在1934年就去世了。这一年比苏联第一本教育学的出版（1939年）还早5年，比我们翻译过的两本凯洛夫主编的《教育学》在苏联问世分别早14年和22年。把在他身后出现的东西称作传统的，而把他生前的东西称作现代的。这样是不是恰当呢？

又如，布鲁纳就不是一位唯物主义者，否则他不会提出那个大胆的假设：“任何学科都能够用在智育上是正确的方式，有效地教给任何发展阶段的任何儿童。”① 事实证明，这是空想。布鲁纳自己后来也做了检讨。“大胆假设，小心求证”正是实用主义者奉行的准则。把一个具有实用主义思想的人称作现代派，恐怕是不合适的吧。至于他提倡的发现法，早在二百多年前卢梭著的《爱弥儿》里就提出过“不该要学生学习科学，应该让他去发现科学”② 的思想。那么，发现法究竟是现代的思想呢，还是传统的思想呢？

“现代”是个时间概念，不能用时间概念来判断一门学问的是非曲直。这

① ［美］布鲁纳著，邵瑞珍译，王承绪校：《教育过程》，文化教育出版社1982年版，第49页。

② 转引自滕大春著：《卢梭教育思想述评》，人民教育出版社1984年版，第11页。

就好像我们对“传统”的理解也应当具体分析一样，我们反对的传统只是陈腐的、不适应社会主义建设需要的东西，我们还应当继承和发扬代表人类文化精华的优良传统。对教育学也应采取这样的态度。

总之，我认为用传统的和现代的这些说法来给教育学分类或划界是不科学的。我们是坚持四项基本原则的社会主义国家，我们需要的是马克思主义的教育学。这种教育学必须建立在辩证唯物主义和历史唯物主义的基础上。这才是具有现代意义的教育学。

三、“教育学没有国界”

几年前，我曾听到一位同志在外国教育讨论会上说：“教育学是科学，科学是没有国界的，所以教育学没有国界。”

这句话，我是不同意的。

为此，我在上海市、苏州市、西宁市和天津市的几次教育学术报告会上，曾以《谈谈教育学的中国特色问题》① 为题，发表过我的意见。

我国从实行近代学制以来，教育学在相当长的时间里都是从国外引进的。起初直接从日本引进，间接从德国引进，因为日本也是引进的德国教育学。五四运动以后，引进了美国教育学，即以杜威为代表的实用主义教育学。大约持续了三十年之久。这中间在国民党统治时期虽然有少数人引进了德、意法西斯主义教育学，但是未成气候。新中国成立以后引进了苏联教育学。起初是盲目照搬，全盘苏化。后来又全盘否定，用方针政策和领袖语录来代替了教育学的科学研究。党的十一届三中全会以后，教育科学研究恢复了，又出现了无国界论。现在虽然提倡建立有中国特色的社会主义教育学，无国界论不是主流，但在实际上它还是有市场的。这就是八十多年来我国教育学走过的道路。

记得50年代初，有一位苏联教育学者在我国系统地讲授苏联教育学。我曾亲耳听他说：“我介绍的是苏联教育学。你们中国有毛泽东思想，你们应当建立自己的教育学。”这位苏联同志没有大国沙文主义思想，他并不认为苏联教育学可以完全适用于中国，而希望中国人建立自己的教育学。我觉得他的这种态度是很正确的。

---

① 见本书。

说科学没有国界是指自然科学说的。自然科学是研究物的。同样的物在不同国家不会有两种性质、两种成分。如，任何国家的水都是氢氧化合物，是两个氢原子和一个氧原子化合而成的。从这个意义上说，自然科学是无国界的。

教育学不是自然科学，是社会科学，说它没有国界是不对的。教育学是研究如何培养人的科学，不同的国家对人的培养有不同的目标。不同目标的实现需要采用不同的内容、形式和方法。因此，教育学不可能是无国界的。

说教育学有国界是不是就可以对外国的东西一概排斥呢？当然不是！因为教育学的研究对象是人和人的教育。人，一方面是社会关系的总和，在不同的阶级建立的不同的国家里，在不同时代的社会里，对培养人有不同的要求；另一方面，人又是个自然实体，它在生理、心理发展方面，在不同的国家也有相同的规律。因此，有一些共同的东西可以适用于不同国家的教育。如，儿童发展阶段的分期，与此相适应的学校教育的分段，学校的科学管理，教育和教学的途径、手段和技术等，各国教育学之间是可以互相借鉴的。但是不能因此就说教育学没有国界。因为各国经济、政治、文化不同，各国的教育学都应反映这些方面不同的要求而具有本国的特色。

为了建立具有中国特色的社会主义教育学，我们的教育科学研究要强调总结本国教师的教育经验。因为理论来源于实践，把实践中成功的经验加以总结，使它上升为理论，再经过实践的检验，如果行之有效，就成了具有规律性的东西。这样土生土长的理论，应当是具有中国特色的教育学的重要组成部分。此外还要重视整理祖国教育遗产。如，我国最早的教育专著《学记》就包含着很多好的教育思想，至今仍未失去它的光辉。我国历代教育思想家也有许多精辟的教育论述，许多比外国的要早千百年。我们把祖国教育遗产整理出来，丰富我国教育学的宝库，不仅可以充实教育学这门学科的教学内容，而且有助于进行爱国主义教育。

但是，在教育学无国界论的影响下，有些教育学文章的作者甚至教育学课本的编者，喜欢引用外国人只言片语的还不乏其人。因此，我建议要把这种论调澄清，才能为建立具有中国特色的社会主义教育学扫除障碍。

四、“个性全面发展”或“全面发展个性”

马克思、恩格斯关于人的全面发展和培养全面发展的人这个思想，在50

年代初翻译出版苏联教育学的时候，译者、校者都还没有学到手，因此在凯洛夫主编的1948年版《教育学》中译本中，出现了“个性全面发展”和“全面发展个性”这样的说法。我在《人民教育》1953年3月号发表的《凯洛夫〈教育学〉中译本第二次修订述要》一文里，并没有提到这个问题，因此在1953年6月出版的此书第二次修订版中，仍然保留着这个错误。我在学习的时候，感到这样的说法很难理解。经过学习和查阅了有关文献和资料，我在1956年写了一篇题为《全面发展是指“人”的全面发展》的文章，在《人民教育》，当年12月号发表，企图纠正上述译文的错误，澄清一下模糊的观念。

30年过去了！近来看到翻译苏联教育学的书籍和文字，仍然采用“个性全面发展”、“全面发展个性”字样，甚至有的读者把这样译出来的《教育学》称作个性教育学。这实在是极大的误解。

1956年我写的那篇文章，主要从马克思、恩格斯关于人的全面发展的理想的原文，来说明这个词组应当译作“人的全面发展”，不应当译作“个性全面发展”。对于不应当译作“个性全面发展”的道理说得不多。

个性是什么？按心理学的说法就是个人的心理特性，是造成人与人差别的因素。这些因素包括兴趣、爱好、性格和特长等等。一些人对于文学有兴趣，另一些人对地质学有兴趣；一些人爱好音乐，另一些人爱好绘画；一些人性格沉静，寡言少语，另一些人性格活泼，善于交际；一些人长于形象思维，擅长写文艺作品，另一些人长于逻辑思维，善于做数学运算；如此等等。所有这些个人心理特性，都是在后天生活环境里形成的，都应当促进它发展，这就是我们经常说的要因材施教，发展学生的个性。当然，我们要发展的是那些既有益于儿童健康成长，又有利于社会集体进步的个性。

但是，儿童在生活环境中也可以形成一些既无益于个人健康成长，也不利于社会正常需要的个性。例如，他的兴趣在于捕杀益鸟，他的爱好在于赌博、斗殴，他的性格孤僻、傲慢、脱离集体，他长于恶作剧破坏公共秩序和纪律等。这些个性是我们要通过教育来预防和禁止的，是要抑制而绝不能任其自由发展的。

总之，个性有积极的方面和消极的方面，我们要发展的是积极方面的个性，而要抑制那些消极方面的个性。因此说要求“全面发展个性”是难以理解的，是不合逻辑的。所以，“个性全面发展”的译法是错误的。要求全面发展的只能是人或个人，而不是个性。马克思、恩格斯在《共产党宣言》里说过：

“每个人的自由发展是一切人的自由发展的条件”，把全面发展理解为个人自由发展是可以的。当然，个人总是在集体中生活的，个人的自由发展不可能不受到集体纪律的制约。这是不言而喻的。

五、“德育教育”、“美育教育”

报刊上有时出现这样的名称，也有的电台广播员口头上这样讲。我不免感到连教育学上的一些最基本的概念，也未能用适当的汉语来表达。可见我国教育科学不仅有待于提高，而且它的普及工作也是刻不容缓的。

1957年，毛泽东同志在《关于正确处理人民内部矛盾的问题》里，提出了“使受教育者在德育、智育、体育几方面都得到发展……”的教育方针。这个方针的思想是好的，但表述的文字是欠妥的。因为德育、智育、体育是学校教育工作的组成部分。我们只可以说，学校要做好德育、智育、体育几方面的工作，使受教育者在品德、智力、体质几方面都得到发展，而不能说“使受教育者在德育、智育、体育几方面都得到发展”。在过去把领袖神化的时期，对于这句经不起推敲的文字，没有人敢提出怀疑。如果仔细推敲，这句话也犯了观念模糊、概念不清的毛病。1982年的《中华人民共和国宪法》第四十六条的提法，已经纠正了这个文字上的缺点。

德育就是道德教育的简称，不应说“德育教育”，否则就叠床架屋、语义重复了。美育就是审美教育或美感教育（蔡元培先生用语）的简称，不能称作“美育教育”。同样，体育就是体质教育的简称，智育就是智力教育的简称，都不能说成“体育教育”和“智育教育”。我们不仅希望讲话、题词、写文章的同志注意及此，也希望报刊和电台的编者能把好关，不要再出现令人看了啼笑皆非的文字，以免引起观念的模糊。

为了加深读者的印象，我想借助于文字的翻译来说明。如“德育”一词，译成英文是 moral education，译成俄文是 нравственное воспитание。“德育教育”怎么译呢？能不能译成 moral education education 呢？或者译成 нравственное воспитание воспитание 呢？显然是不行的。

有的同志说，“体育教育”是区别于“体育竞赛”一词的，它包括学校体育课的教学和学校教育中的体育工作。既然如此，我建议用“学校体育”一词来概括它，而不要再用那个语义重叠的词组。

啰唆得很了，有些同志也许以为这些都是微不足道的小事，不值得重视。但是，要是我们重视教育学这门科学，希望它的概念日益精确，不易引起误解，从而避免一些似是而非的议论。我看“正名”的工作还是很有必要的。

以上所述是否恰当，欢迎读者批评指正！

据作者手稿排印。

同师范生谈教育科学*

一、未来教师为什么要学好教育科学

我当过师范生，也做过教师，曾经学习过教育科学，又有把教育科学理论同实际教育工作相结合的经验和教训，因此我想以过来人的身份，同未来教师谈谈教育科学问题。

首先谈谈未来教师为什么要学好教育科学这个问题。

我国培养小学、初中、高中教师的学校分别有师范学校、师范专科学校、师范学院或师范大学。这就是所谓三级师范教育制度。这个制度同发达国家相比，程度是低了。因为当前许多发达国家的小学教师也要由大专程度的师范毕业生担任了。随着我国社会主义现代化建设的发展，合格教师百分比的提高，必然要分期分批来提高各级学校师资培养的程度。

目前有的统计数字把高中毕业教小学、大学毕业教中学就算是合格教师了。我看这只能是最低标准的“合格”，就是只考虑了文化程度，而没有考虑到教师职业的特点。如果只要求文化程度比任教的学校高一个层次，那么何必要办师范学校呢？以人为对象的职业如医师、律师等需要学习医药学、法律学等专业科学，为什么当教师（这是个培养人、塑造人、改造人的事业）却可以不学而能呢？中国古代就已经强调“记问之学，不足以为人师”①，还慨叹“经师易得，人师难求”。虽然当时还没有近代的教育科学，但古人从教育实践中已经懂得：光有文化程度不算合格教师，光能传授知识不算合格教师的道理了。

---

* 作者曾建议《师范教育》杂志开辟“同师范生谈教育科学”专栏，并为它陆续写了一些短稿，都用笔名发表。现以栏目名称做标题，把已、未发表的文稿共10篇编在一起。(作者陆续写于1988年10月至1989年10月)

① 参看高时良著：《学记评注》，人民教育出版社1982年版，第96页。

我们所以主张要办师范教育来培养合格教师，就是因为当教师不仅要有一定的文化程度，还要具备教育专业修养。当前我国的各级师范学校就是既要提高未来教师的文化程度，又要帮助他们学好教育科学，充实教育专业修养，做好就业前的准备。1904 年 1 月，我国开始实行近代学制的时候，当时主持其事的张之洞就懂得要办理各级师范学堂来培养各级学堂的教师了。因为近代教育要在教育科学理论的指导下实施，才能收事半功倍之效。师范学校正是以教育科学理论来武装未来教师的场所。师范学校不仅要提高师范生的文化科学水平，还要重视提高师范生的教育专业修养，要十分重视教育科学的教学。在教育专业修养当中包含着思想品德水平的提高，包含着师德的陶冶和锻炼。

师范学生刚从普通学校来，应当首先目标明确，认识到自己未来的职责，是当一名合格而称职的教师。有这个认识和没有这个认识是大不一样的。我了解到，许多师范生怀着为改变家乡落后面貌和振兴祖国的志向而自觉自愿地考入师范学校，准备将来投身到培养人的教师队伍中来，这是非常好的。要当一名合格的教师，不仅要努力学习文化科学知识，而且要积极学习从未接触过的教育科学知识。说得具体一点，未来教师学好教育科学的必要性有以下几点。

第一，有助于认识教育在社会主义建设中的地位和作用，从而下定决心，献身教育事业。虽然有些师范生在入学前就有了这样的认识，那究竟是少数，而且认识还比较肤浅。只有学习了教育科学，知道了教育的起源和发展，懂得了教育的本质和职能，才能比较深刻地认识教育的地位和作用，才能立志从事教育事业，不计较个人的名利得失，不害怕任务的艰巨繁重，像当年献身革命的前辈一样，来献身教育事业。

第二，有助于认识国家的教育方针和各级各类学校的培养目标，从而加强自我修养，提高思想道德水平，准备以身作则，为人师表。教育是人类特有的有目的、有计划、有组织的社会活动，教师是这项活动的具体执行者，他不能像古代学者在书院讲学一样，可以随自己的意志发挥，而要按照国家的教育方针和自己任教学校的培养目标来培养学生，塑造学生，改造学生。

在 1982 年公布的《中华人民共和国宪法》第四十六条里有一句话："国家培养青年、少年、儿童在品德、智力、体质等方面全面发展。"这可以看作我国教育方针的最高法律依据。为了培养品德、智力、体质等方面全面发展的人，教师自己首先要成为这样的人。如果教师自己在这些方面有缺陷，就很难使教育方针完满实现。其中最重要的是品德。如果教师不具备"五爱"国民公德，就很难培养出具有“五爱”公德的学生来。这是极其明显的道理，也是不以人的意志为转移的教育规律。教师的职业道德也要以国民公德为基础，再针对教师职业的特点来加以补充。只有学习了教育科学，未来教师才能有针对性地从事自我修养。马克思说过，教育者本人一定是受教育的。① 未来教师应以此为座右铭，加强自我教育。

第三，有助于了解教育的对象，从而有的放矢地来施教。古代的教育总把儿童当作成人看待，不了解儿童身心的发展状况。17 世纪以来，虽然先进的教育家们强调教育要适应儿童身心发展，但直到 20 世纪才终于开始落实。现在教育成人化的现象在生活中还常常可以见到。未来教师学习了教育科学，懂得了儿童身心发展的情况，才便于适应这种情况来施教。

未来教师必须学习教育科学的理由还可以举出很多。这里只谈这三点。第一点是根本的，有了它才能“敬业”、“乐业”。第二点是从社会方面来看教育，懂得教育必须为社会主义建设服务和社会主义建设必须依靠教育的道理。第三点是从受教育者方面来看教育，懂得如何针对受教育者的特点来施教，来实现社会的目的。因为教育的作用就在于把一个生物的人、自然实体的人变成社会的人，能为社会创造物质财富和精神财富的人。这正是教育工作的伟大之处，也是我国做教师的不平凡的贡献。

二、未来教师必须学习的教育学科

上一次我们谈了未来教师为什么要学好教育科学的问题。那么，同学们必须学习教育科学中的哪些内容呢？今天就来谈这个问题。

什么是教育科学呢？简单地说，教育科学是研究教育规律的学问。教育是人类特有的社会现象，是按照社会需要培养人的工作。它是同人类社会同时产生的，原始人要把获取生活资料、维持自身生存的经验传授给下一代，就是教育最早的萌芽。以后随着生产的发展，文明的进步，生活的改善，文化的提高，人类的教育事业越来越发达，教育经验的积累也日益增多。历代有许多教育家把这些经验归纳整理，得出一些规律性的东西来，于是逐渐形成了教育科

① 《关于费尔巴哈的提纲》，《马克思恩格斯选集》第 1 卷，人民出版社 1972 年版，第 17 页。

学。教育规律具有不同的范畴，教育科学也有不同的分支。关于这方面的知识，可以查阅《中国大百科全书》的教育卷，或《教育大辞典》一类的工具书。

目前师范学校开设的教育学科有教育学、心理学、各科教学法和教育实习。这些都是教育科学的分支学科。“教育科学”和“教育学科”两个词既有区别，又有联系，前者是总称，它包括同教育有关的所有学问，当然是形成体系的、逻辑谨严的、反映规律的学问。后者是前者的一部分，是经过教学法加工的教育科学知识，便于教给未来教师和所有教育工作者学习。

教育学。目前师范学校开设的教育学是一门综合课程，它包括教育史、教育论、教学论、管理学等方面。要学好教育学，一要了解教育的起源和发展，这就需要懂得教育与人类生存发展和民族生命延续的关系，掌握教育史的基础知识；二要了解教育的本质和职能，这就需要懂得教育同社会经济发展、政治变革和文化兴衰的关系，掌握社会发展史和政治经济学的基本知识；三要了解教育的目的和任务，这就需要懂得各个时代、各个国家的教育方针政策，主要是了解当前本国的教育方针政策；四要了解儿童身心发展，这就需要懂得影响儿童身心发展的三大因素（遗传、环境和教育），并树立教育是其中主要因素的信念；五要了解教师职业是培养人的事业，懂得它的艰巨性、复杂性、重要性、紧迫性，任重而道远，从而树立责任感、光荣感，乐于献身教育事业，认真遵守师德；六要学会教学和教育工作的一般理论和方法，其中包括实施德育、智育、体育、美育和劳动技术教育的理论和方法，不仅要了解课内教育活动的实施方法，还要了解课外教育活动实施的方法；七要了解我国教育行政管理制度、学校教育制度及学校管理的原则和方法，等等。

再谈心理学。目前师范学校开设的心理学也可以说是一门综合课程，它包括普通心理学、儿童心理学和教育心理学的知识，但以普通心理学为主。学习心理学，一要懂得人是怎样认识世界的；二要了解人的感情是怎样产生的；三要知道意志的作用与意志磨炼的必要；四要了解人的个别差异是怎样形成的，如何针对个别差异施教；五要了解小学儿童心理过程和个性心理品质发展情况，掌握儿童年龄特征，把握不同年龄阶段儿童的差异；六要了解儿童是怎样学习的，学习的动力是什么，影响学习成败的因素，等等；七要了解儿童思想品德是怎样形成的，怎样巩固优点、改正缺点，等等。学好心理学，是学习教育学的基础。

现在谈谈各科教学法。在教育学里学过一些有关教学的基本原理，如教学过程和原则、教学内容和方法、教学组织和手段等，那是从事各科教学都应当了解和遵守的一般规律。各科教学法是根据各门学科的教学目的、任务和教材特点讲各自的教学规律。所以小学设几门学科，师范学校就要开设几门教学法。如，小学语文教学法由师范学校语文老师讲，小学数学教学法由师范学校数学老师讲等。所以师范学校各科教师都要懂得本科在小学教什么、如何教、要达到什么目的，要指导师范生研究小学各科教学大纲和课本，为未来教师毕业后到小学任教做好准备。

最后说教育实习。教育实习包括见习、试教和实习。见习主要帮助师范生获得感性认识，深入了解所学的教育学科知识。试教是让师范生在师范学校教师和小学教师的帮助和辅导下，从事小学各科的教学。实习是让师范生小组包一个班，去实际从事班主任、各科教师的全部工作。如果到单班小学实习，就包了从校长到教师的全部工作了。在事前见习、试教的基础上，这种全面的实习可以给未来教师以全面的锻炼，培养施教的能力。

三、从“百年树人”谈起

中国有句成语：“十年树木，百年树人。”这句话出自《管子·权修》篇：“一年之计，莫如树谷；十年之计，莫如树木；终身之计，莫如树人。”树谷、树木都是比喻，真义所在是说培养人、教育人是为长远打算的艰巨工程。我们学习教育学，首先应当形成的观念就是教育乃国家兴盛、民族生存的命脉。“百年树人”这句话有助于了解教育的重要性和艰巨性。

这句话译成现代汉语，相当于“百年大计，教育为本”。这个论断有什么根据呢？有。可以用历史事实来证明。我们学习教育学不能不学一点教育史。如果我们懂得教育的起源和发展，就会从中得到这样的认识。

教育起源于原始社会人类传授生产劳动经验的需要。人类必须从生产劳动中获得生活资料，否则就不能生存。直到现在，仍然如此。尽管劳动手段不同，产品也不一样，但是生产劳动的经验总要一代一代传递下去，不能中断。教育作为传递人类生产劳动经验的手段也不能中断。换言之，教育作为生产斗争的工具是永恒的。

不过，在奴隶社会和封建社会，由于生产力水平低下，生产劳动经验的传授仍然只在劳动者当中、在劳动实践当中进行。那时正式的教育成了统治阶级的专利品，成为统治劳动人民的工具。这样的教育才是阶级斗争的工具。

到了资本主义社会，随着科学技术的进步，社会生产力的提高，人们从事生产劳动所积累的经验日益丰富，因此对教育的需求也日益迫切。从事机器大工业的生产，没有一定的文化科学技术不行。这时就有了普及义务教育的需要。在西方，“义务教育”这个词称作“强迫教育”，为了强迫，必须免费，所以又称“免费教育”。它是每一个国民必须接受的。教育在资本主义社会有很大的发展，是同生产力水平的提高分不开的，互相促进的。现代资产阶级政治家都懂得，经济的竞争是科技的竞争，科技的竞争实际上是教育的竞争。因此，他们对发展教育事业极为重视。日本 1945 年战败投降。1947 年，在经济极端困难的条件下，日本把普及义务教育的年限从六年延长为九年，而且认真实施，结果提高了国民的文化科学技术水平，亦即提高了生产力中最活跃最积极的因素——人，于是经过三十年的发展，成为世界经济上的头等强国，这是在资本主义世界教育对国家兴盛所起作用的明显例证。

在社会主义的苏联，十月革命后只十七年时间（即 1934 年）就在农村普及了小学教育，在城市普及了初中教育，1939 年又扫除了文盲，从而奠定了抗击法西斯德国侵略的精神基础。由于教育的普及和提高，科学技术的先进，它在 1957 年发射成功第一颗人造地球卫星，使资本主义世界头号强国美国朝野震惊。美国的对策不是别的，而是通过了《国防教育法》，用大量拨款来改善中小学的科学教育。这充分证明，教育确实在国家兴亡和盛衰中起着关键的作用。

我们也是社会主义国家，越是说尚处于初级阶段就越要竭尽全力来振兴教育事业。说“百年大计，教育为本”绝不能误解为教育既是百年大计，可以从容不迫慢慢来！相反，振兴教育已经刻不容缓。因为教育产生效果的周期长，培养出一个初级、中级、高级的技术人员各需要十年、十五年、二十年左右的时间。如果晚一年开始，就晚一年见效。我们的教育现在要为 21 世纪的社会主义建设准备人才，的确已经刻不容缓。

特别是当前我国初等义务教育尚未普及，还有近四分之一的人口是文盲或半文盲，在校学生大量流失，合格教师改行，许多青年不愿报考师范院校，教师队伍可能后继乏人。所以不少人认为教育存在着危机。当前的教育危机意味着 21 世纪的民族危机。这种危机在目前精神文明贫乏、社会风气不良等方面已经反映出来。我们教育工作者要“先天下之忧而忧”，对此岂能熟视无睹？我们既已决心献身教育，就要从宏观上关心教育事业，立志改革现状。这就需要正确理解“百年树人”的含义，为振兴中华而首先振兴教育，使中华民族能永远自立于世界文明民族之林！

四、为什么“冰心哭了”

最近读到《群言》杂志1989年3月号叶稚珊写的《旧话重提——谈谈尊重女权》这篇“记者见闻”。文章写得很生动，很吸引人。末了一个小标题却是“冰心哭了”。冰心是我国著名的老作家，我在少年时代就读过她的《寄小读者》。近年报刊上还不时见到她写的文章和报道她的一些消息，为什么记者叶稚珊去访问她，她会哭呢？我连忙先把这个最后一段文章看了，才知道她是“为教育哭”的。文中记载了她的一段话说：“要有健康美满的婚姻和安定的社会环境，就要人人都受到良好的教育。教育，教育，多少人说了多久的话题，就像我们七十年前就呼唤民主、科学一样，千呼万唤不出来。我们的当家人什么时候肯把钱多花一点在教育上呢？我老了，等不到这一天了。”这时，老人哭了，她是在为我国教育的落后状况而哭的！看到这里，我的泪水也夺眶而出了。

为什么冰心说教育是“多少人说了多久的话题”，“千呼万唤不出来”呢？将要走上教育工作岗位的青年朋友们应当把这个问题弄清楚。未来的教师对我国教育状况要有一个全面的、准确的、清楚的了解，既不要把它看得完美无缺，也不要把它看得漆黑一团。要准备为它艰苦奋斗，贡献青春年华，贡献毕生精力，齐心合力把教育工作做好。因为教育关系到每一个人的成长，也关系到民族的盛衰、国家的兴亡！

我们在学习教育学的时候，已经了解到，一个人的发展要受到遗传、环境和教育的制约，其中起主要作用的是教育。遗传条件差的，受到良好的教育，可以弥补起一部分先天的缺陷，使他得到适当的发展；受了不良环境影响的，可以发挥教育的力量，利用感化的功能，纠正他沾染的坏思想坏习惯，养成他良好的新思想新习惯。冰心老人说的“人人都受到良好教育”，就是指这种能使人人走向真、善、美境界的教育，使人人在品德、智力、体质等方面全面发展的教育。

关键的问题在“人人”和“良好”四个字。这就涉及义务教育的普及问题和教育质量的提高问题了。

我们国家现在有11亿人口，其中2亿多是文盲半文盲。这些人多半在农村，70％是妇女，大部分处在贫困境地。在农村，文盲不会科学种田；在乡镇企业，文盲不会做技术工人。因此致富无门。但又不安心种田，而大量盲目外流，造成社会问题。我们看到这种情况，怎能不忧虑呢？

要解除这种忧患，我们教育工作者只有从我做起，“一身而二任焉”，既当小学教师，又当扫盲教师，加紧扫除文盲。对于脱盲的人还要教一些科学种田的知识，包括农副产品加工的知识等。我看，未来的教师要准备肩负起这样的重担，多学一点这样的知识技能是有好处的。

为了根除文盲的产生，必须普及义务教育。现在正是因为初等教育还没有普及，新文盲才不断产生。普及义务教育是花钱的事情，首先培养合格师资就是一件花钱的事情，使老、少、边、穷地区的学龄儿童能够入学更是花钱的事情。新中国成立四十年了，初等教育尚未普及，难怪冰心老人希望我们的当家人肯把钱多花一点在教育上了。

我们学习教育科学不能只学书本知识，只关心教育上的微观现象，不关心教育上的宏观问题。虽然作为一名教师，无力改变大局，但是尽己所能，发挥教育的作用，还是可以大有作为的。如，现在学生流失的部分原因是教育质量不高，学生学不到有用的知识。我们做教师的针对这一点，就可以发挥教育的优势，把当地人民需要的、适合当地情况的科学种田的知识、植树造林的知识、畜牧饲养的知识，以及其他利用当地自然资源、加工产品的知识技术，等等，在完成文化科学基础知识、基本技能教学的同时教给学生，一定会受到学生和家长的欢迎。至少可以使一部分因感到学不到有用知识的学生家长，继续把学生送到学校里来。

当然，这里讲的是我们教师从我做起，为国分忧的一点意见，至于教育上根本问题的解决，还要寄希望于“我们的当家人”。祝愿冰心老人健康长寿，能够看到这一天！

五、儿童节谈了解儿童

每年6月1日我们都要庆祝国际儿童节，就像每年3月8日要纪念国际妇女节，每年5月1日要纪念国际劳动节一样。劳动节的历史有了100年（1889—1989），妇女节的历史有了80年（1909—1989），儿童节的历史有了40年（1949—1989）。它们的历史长短不同，但有一个共同点，都是为了争取保障劳动者、妇女和儿童应有的权利，免受非人的剥削、压迫和虐待。劳动者、妇女都是成人，他们有了争取获得自身权利的觉悟，自己团结起来进行斗争。儿童还未成年，争取保障儿童权利的责任，就落在成人身上，特别是落在我们儿童教育工作者身上了。

现在50岁以上的中国人，极大多数都有一个苦难的童年。因为旧中国在帝国主义、封建主义和官僚资本主义“三座大山”的压迫下，当时的人民都程度不等地受着直接间接的奴役和剥削。50岁以下的人大多数是戴着红领巾长大的，才可以说有了幸福的童年。这是从政治上全国人民得到解放来说的，但是，我们今天的儿童是不是都很幸福呢？我看还不一定。现在的父母特别是独生子女的父母，对子女的要求，不管合理与否，往往有求必应，真是“予取予求”。这对儿童来说，算不算真正的幸福呢？现在的学校受到社会上片面追求升学率的影响，不顾儿童能否接受，拼命加重他们的学习负担，这对儿童来说，算不算真正的幸福呢？还有的父母望子成龙心切，希望子女是神童，过早地强迫他们背古诗，弹钢琴，炫耀子女的才能，这对儿童来说，算不算真正的幸福呢？

我国现在还有12足岁以上的文盲半文盲2.3亿多人，数量很大。这些人在儿童时期因为种种原因，主要是贫困，失学了，没有享受到公民应享受的教育权。这些人的童年当然是多灾多难的。现在又有一种全民皆商的现象，许多父母让子女辍学经商。还有一些乡镇企业违法雇用童工。这些童商、童工也失去了受教育的权利。当然他们的童年也不会是幸福的。

瑞典女作家爱伦·凯（1849—1926）说过，20世纪是儿童的世纪。现在20世纪将要过去了，全世界儿童的状况还是不令人乐观，中国儿童的状况也不令人乐观。这就给我们的未来教师增添了义务和责任：要为保证儿童都有受教育的权利而努力奋斗。不仅如此，还要为保证儿童都能受到尊重儿童应有权利的教育而努力奋斗。怎样才能在教育工作中尊重儿童应有的权利呢？我们应当到《教育学》里去找答案，虽然不一定有直接的答案。

《教育学》里都有“学生”或“儿童年龄特征”或“学龄儿童的身心发展”这样一类章节。这是很重要的部分，我们学习时不能轻易放过。记得有一位教育家对准备做教师的人说过“首先要了解你的儿童”。《教育学》里的这些章节就是帮助我们了解儿童的。只有了解儿童，才能正确地教育儿童；只有了解儿童，才能懂得什么叫作尊重儿童的权利，怎样做才算是尊重了儿童的权利。

学了《教育学》，并不是就能真正了解儿童了。儿童是活生生的人，他们的心理活动是人各不同的，他们的行为表现也是千变万化的。我们应当结合这一章节的学习到小学生当中去，跟他们一同上课，一同唱歌，一同游戏，一同参加各项课外活动，同他们谈话，看他们的作业，等等。总之，要从多方面观察他们，研究他们，才能真正了解他们。对儿童了解得越多、越深、越细，就越能够同情他们，想他们之所想，急他们之所急，好他们之所好，恶他们之所恶。然后在教育儿童的时候，才能够针对儿童的兴趣和需要，帮助他们获得各方面的发展。

关键的问题是要爱儿童。只有对儿童充满爱心的教师才能是一位好的教师。教师如果不爱学生，就不可能同情学生、尊重学生。中国过去要求教师对学生要严，说“教不严，师之惰”。严格要求是对的，但是必须同尊重学生人格相结合，要在尊重学生的基础上严格要求他们，这样才能使他们逐步学会自己严格要求自己。当然，要求学生严以律己，教师必先以身作则。凡是要求学生做到的，教师自己必先做到。这是一条教育规律，千万违反不得的。

既然教师要爱学生，要尊重学生，那么，废除体罚和一切变相的体罚，就是应有之义了。保护儿童，尊重儿童是规定儿童节的目的之一，也是一种国际潮流，我们绝不能逆潮流而动！

六、教师节谈教师

一年一度的教师节在新学年开始之际到来了。

我在旧社会做过教师，那时的教师节定在每年 6 月 6 日。新中国成立以后，把教师也看作劳动者，把教师节合并到劳动节里去了，所以有好多年没有这个节日。现在定每年 9 月 10 日为教师节，是 1985 年由我国最高权力机关全国人民代表大会常务委员会决议通过的。目的是为了号召全国人民和整个社会尊师重教，提高教师的地位，改善教师的待遇；同时也要促使教师提高自身的素养，加强师德的修养，做好育人的工作。

无论在职教师还是未来教师，如果学过《教育学》里有关教师的专章，对于教师劳动的重要、职责的崇高，以及对教师要求的严格当会有所了解。这一章应当是《教育学》里的重点之一。有的教育学者主张，为了使未来教师"知己知彼"，应该把教师这一章放在最前面讲，接着就讲儿童那一章。不过也有的教育学者主张，讲过学校教育和教学工作以后，再讲承担这项工作的人需要具备什么条件，加强什么修养，学习者就更容易领会了。这两种主张都有一定的道理。现在中等师范学校《教育学》课本倾向于前者，《师范教育丛书·教育概论》一书倾向于后者。我觉得体系问题不是最重要的，教师一章可以先讲，也可以后讲，重要的是讲什么内容。

我国是世界文明古国之一，有尊师重教的优良传统。讲教师这一章，不应该只向师范生介绍外国人的言论，而忽视介绍中国人的言论。"言必称希腊"固然不好，言必称苏联也未必佳。现行中师《教育学》课本教师这一章引用俄国人的话有六次之多，而引用中国人的话不过两三次。我并非反对引用外国人的话，特别是必要时应当引用马克思列宁主义经典作家的话，但对中国人的话引用太少，不利于培养青年教师的民族自尊心、自信心和自豪感，不能不说是美中不足吧。

中国有一篇在世界教育史上最早的教育专著:《学记》。这篇专著虽然产生于两千年前，只有一千五六百字，却是总结我国古代教育经验的一篇极有价值的文献，至今仍没有失去它的光辉。我觉得要讲尊师重教问题，至少要引用其中这样两句话："凡学之道，严师为难。师严然后道尊，道尊然后民知敬学。"这两句话，高时良在《学记评注》一书①中意译为现代汉语是："当作教育的一种传统，不是所有的人都懂得尊师的深远意义。只有尊师，才能重道；只有重道，才能在全国造成重视教育的风尚。"尽管在不同的时代和不同的社会里，教师传授的道是不同的，但对巩固当时当地统治阶级的政权，稳定社会秩序，发展社会生产，都具有极其重要的作用。难怪我国古代思想家荀子（约公元前313—前238年）说："国将兴，必贵师而重傅；贵师而重傅，则法度存。国将衰，必贱师而轻傅；贱师而轻傅，则人有快（快即放纵而不守纪律），人有快则法度坏。"② 他把尊师与否同国之兴衰联系在一起了，的确值得我们深思。

在讲到教师职责的时候，可以引用我国唐代大文学家韩愈在《师说》一文

① 高时良著:《学记评注》，人民教育出版社1982年版，第89—90页。

② 荀子:《大略》，见《荀子简注》，上海人民出版社1974年版，第311页。

里的话："古之学者必有师。师者，所以传道受业解惑也。"① 意思是说："从来求学的人都必定有老师。老师，是靠他来传授道理，教给学业，解释疑难问题的。"人类的文化遗产是要靠教师一代一代传递下去的。在当代我国，无论社会主义物质文明建设还是精神文明建设，无论社会主义民主建设还是法制建设，都要靠教育来培养建设人才，而建设人才的培养又是永远离不开教师的。

在讲到教师必须懂得教育科学原理，学习教育科学知识的时候，也可以引用《学记》里的话："记问之学，不足以为人师。"② 意思是说，只有一些知识的人还不够条件当教师。怎样才够条件呢？《学记》里又说："君子既知教之所由兴，又知教之所由废，然后可以为人师也。"③意思是说，只有既懂得教育成功的规律，又了解教育失败规律的人，才具备当教师的条件。《学记》所举的教育成功规律有四④，用现在的话说是预防（"禁于未发"）、适时（"当其可"）、循序（"不陵节而施"）、观摩（"相观而善"）；它所举的教育失败规律，是反其道而行之，并且又交了坏朋友，干了坏事⑤。两千多年前，我国学者就知道当教师要懂得教育规律。现在办师范教育的人和受师范教育的人，如果不重视教育科学的教和学，难道不应该觉得惭愧吗？

值此教师节之际，我们还是以"自尊自重，自强不息，敬业乐群，任重道远"来互勉吧！

七、谈谈教育目的

新中国已经诞生四十周年了。在欢度国庆之际，我们应当回顾过去革命和建设的成就，坚定继续前进的信心；也有必要反思一下过去工作中的失误，以便早日纠正，把社会主义祖国建设得更好。

未来教师是准备从事祖国教育建设的生力军，首先要关心的是四十年来我国教育工作的成败得失。新中国教育工作的成绩是有目共睹的，只要看一看今天我国从中央到地方，各级政府的领导干部，各门科学的研究人员，各行各业的中坚力量，包括各级学校的校长教师，几乎都是这四十年间培养出来的，就

① 见《古代散文选》中册，人民教育出版社 1963 年版，第 61 页。

②③④⑤ 高时良著：《学记评注》，人民教育出版社 1982 年版，第 96、74、66、69 页。

足以证明。旧中国教育不普及，全国人口中有80%是文盲，新中国虽然已经把文盲百分比降低到25%以下，却还未能完全扫除，这是教育不普及的结果，应当说是一项失误。普及教育、扫除文盲正是我们未来教师的责任，我们要以坚忍不拔的毅力和勇于献身的精神，立志把这项工作做好。

做好一项工作应当有明确的目的。教育工作当然不能例外。教育学课本里有“教育目的”这一章，就是指引未来教师按照我们国家的需要来培养新生一代的。这是很重要的一章，应当认真学好。

现在我想针对目前我国学校教育特别是小学教育中不按教育目的办事的情况，围绕着“我们国家需要培养什么样的人”这个问题，谈几点意见。

第一，《中华人民共和国宪法》第四十六条规定：“国家培养青年、少年、儿童在品德、智力、体质等方面全面发展。”这是谈我国教育目的的最高法律依据，它明确要求我们要培养在品德、智力、体质等方面全面发展的人。因此，这句话我们每位教师都应当铭记在心、身体力行。可惜目前有些学校，光重视教书，不重视育人；光灌输书本知识，不教导学生怎样做人；只求学生能应付升学考试，不考察学生的身体素质和思想品德。这样办学，是不能培养出国家所需要的全面发展的人的。我们必须德、智、体等育一齐抓，千万不能顾此失彼。学校里传授科学文化知识的时间用得多些，这是必然的，也是应该的。但是在传授科学文化知识的同时，不仅要注意发展儿童智力，还要同时考虑到通过各科教学进行思想品德教育，在安排各科作业时注意到健康教育，不使学生负担过重。我们必须牢牢记住，培养全面发展的人，需要有全面发展的教育。单打一不行，偏轻偏重也不行。

第二，什么是全面发展的教育呢？简单说是包括德育、智育、体育、美育和劳动技术教育在内的，同时实施的，齐头并进的，缺一不可的教育。宪法里只提了德、智、体，但有一个“等”字，这就是说除了德、智、体以外，还有应注意发展的方面。现在一般都讲到美育和劳动技术教育。美育同德育有密不可分的关系。一个人若要道德高尚，必须有高尚的审美情趣。审美观念的培养，不仅是美术一科的任务，语文、数学、社会、自然、体育、音乐、劳动等科也都有美育的任务，同各科教学都要注意思想品德教育一样。劳动技术教育包含劳动教育和综合技术教育两重任务。一方面它要养成学生爱劳动、爱劳动人民、爱护劳动成果的思想，学会自我服务劳动、公益劳动的技能，养成劳动习惯，属于道德教育的范畴；另一方面，它要使学生了解现代生产的基本原理和学会使用现代生产的简单工具，并认识社会各行各业的职业特点，含有综合技术教育的因素。在小学阶段主要是强调前者，为进一步培养共产主义的劳动态度打下初步的基础。

第三，我们国家需要培养有社会主义觉悟的、有共产主义道德和理想的、有现代文化科学知识的、有健康体魄的、有高尚情操的、有生产劳动或各门专业一技之长的劳动者。社会主义社会，人人都是劳动者，只是分工不同，有的从事以体力劳动为主的劳动，有的从事以脑力劳动为主的劳动。如，建筑工人是以体力劳动为主的劳动者，医生是以脑力劳动为主的劳动者。小学虽然是基础教育，不强调培养具体的劳动者，但是要为培养各行各业的劳动者打好思想基础和知识基础。目前有些学校不是按教育目的在办学，而是但求学生能升学。升学不考的学科就轻视，甚至不教，忽视劳动教育的现象尤其突出，实在是很大的错误。我们的师范毕业生到学校任教以后，千万不要随波逐流。一定要按国家的需要，认真培养祖国的新一代。

八、漫谈德育

德育是品德教育或道德教育的简称，现在报刊上有时出现“德育教育”这样的词，语义重叠，很欠妥当。

德育虽然是整个教育工作的一部分，但它决定培养人的方向。它的重要性是不言而喻的。中国古代甚至把它看作办教育的唯一目的，如孟子说过：“夏曰校，殷曰序，周曰庠，学则三代共之，皆所以明人伦也。”①“明人伦”就是明白人与人之间的关系。中国古代讲的是：“父子有亲，君臣有义，夫妇有别，长幼有序，朋友有信。”这些都是维系封建社会秩序的道理，是为巩固封建王朝的统治服务的。

正因为德育决定培养人的方向，所以教育的阶级性主要是由德育表现出来的。资本主义社会的教育要培养拥护资本主义制度的人，它的德育就强调私有财产神圣不可侵犯，教人敬畏上帝，教人歧视少数民族，等等。在世界上出现了社会主义国家以后，资本主义国家的教育往往把社会主义制度说得一无是处，千方百计要消灭它。在社会主义国家政权巩固，建设取得成就以后，仍把

① 《孟子·滕文公上》。

和平演变的希望寄托在这些国家的第三代、第四代身上，妄想社会主义国家出现走资本主义道路的当权派。总之，资本帝国主义亡我之心不死。我们必须提高警惕！

我们的教育要为社会主义建设服务，德育在其中起着重要作用。德育包含灌输道德知识、陶冶道德感情、锻炼道德意志、养成道德行为习惯等。不要以为设了一门思想品德课，就可以完成德育的任务。要完成德育的任务，还必须有各科教学和课外活动的共同努力。

德育的实施，要知、情、意、行一起抓。倘若只抓道德知识的灌输，而忽视道德行为习惯的培养，往往会造就一些言行不一的人。这种人知而不能行，比完全无知还要危险。毛泽东 1937 年在《反对自由主义》一文中批评过的那种“对人是马克思主义，对己是自由主义”① 的人，就是这种言行不一的人。

教师要在学生中树立威信，也不能只靠口头说教，而要靠行为实践。孔子说的：“其身正，不令而行；其身不正，虽令不从。”② 东汉名臣第五伦说的“以身教者从，以言教者讼”③，虽然说的都是政治领导人的事，对教育工作者是同样适用的。因此，凡是要求学生做到的，教师都要做到。这就叫作“以身作则”、“为人师表”。这是德育的最重要的一条原则。

德育的许多要求是与陶冶道德情感分不开的。如，“五爱”国民公德的培养，这五个爱都是情感。没有对祖国的热爱，就不会有对祖国敌人的憎恨；没有对人民的热爱，就不会有全心全意为人民服务的热情；没有对劳动的热爱，就不会有不计报酬的共产主义劳动态度；没有对科学的热爱，就不会有勤奋努力孜孜不倦对学问的探求；没有对社会主义的热爱，就不会有生活在社会主义制度下的自豪感以及为保卫和建设社会主义祖国而献身的勇气和决心。这些爱都是要从小培养的，要用一件件具体的、生动的、儿童所能理解的事物和现象来培养。

完成各项道德行为还常常需要做出意志的努力。如在儿童日常生活中，按时做好家庭作业的要求经常同游戏或看电视节目发生矛盾，这时就要有意志的努力，先做好家庭作业再出去游戏，或不看电视节目而认真完成家庭作业。这

① 《毛泽东选集》一卷本，人民出版社 1966 年横排版，第 332 页。

② 《论语·子路》。

③ 《后汉书》卷四十一，中华书局标点本，第 1400 页。

种意志的锻炼只有从小做起，长大了做事才能有毅力，不致半途而废。

同道德行为的实践一样，情感的陶冶、意志的锻炼，都需要教师以身作则，使儿童能潜移默化。

在同一班中，儿童的情况各不相同，德育的实施不能千篇一律，要注意因材施教。为了做到这一点，首先要了解儿童的优点和缺点、兴趣和爱好，特别注意观察他们的行为表现，然后才能有针对性地帮助他们发扬优点，克服缺点，发展特长。

德育成绩的评定，教师不能只凭个人印象，要征求其他教师和全班儿童的意见，有时还要听听家长的意见，尽量做出客观公正的评定。评定也是一种教育手段，要有助于促进儿童“天天向上”。

德育的实施不仅是班主任的事，每位教师都应该负责。所以每位未来教师都要为将来承担德育工作，认真做好思想准备和实际准备。

九、漫谈智育

跟德育是道德教育或品德教育的简称不能说成“德育教育”一样，智育是智力教育或智能教育的简称，也不能说成“智育教育”。

能不能把智育说成“知识教育”呢？不能，因为不全面。虽然知识教育是智育的基础，要发展学生的智力，培养学生的能力，都要通过知识教育，但是仅仅传授知识还不等于智育，还不能完成智育的任务。所以有人批评那些片面追求升学率的学校犯了只重智育忽视德育和体育的错误，并不准确，因为它们只重视灌输升学要考的知识，远远未能完成智育的任务，怎么能说它们重视智育呢？

关键在于教师。如果教师在传授知识的同时，注意让学生用眼观察，用手操作，用脑思考……他还是有可能在自己任教的这门课内实施智育的。

过去有些受极左思潮影响的人批评过“智育第一”的思想，其实批判者也没有弄清楚智育在学校教育中的地位。他们以为那种让学生死记硬背书本知识的教育，就是“智育”。这样的“智育”当然要反对，更何况又放在第一位呢？至于把德育或思想政治教育放在第一位，从德育的统帅地位来说，是可取的。

批判了极左以后，又出现了极右，即真正忽视思想政治教育、道德品质教育的偏向。我们许多同志总是忽左忽右，摇来摆去。根本原因就是不学习教育科学，不掌握教育规律。

从学校教育的实际来看，小学生学习的语文、数学、社会、自然等智育课程或中学生学习的语文、数学、外语、历史、地理、物理、化学、生物等智育课程，各约占总学习时数的65%或70%左右，而德育、体育、美育等课程不过共占35%或30%左右。从学习时间来说，智育占的比例最大。况且其他各育课程中都有智育的因素。如，德育课程中道德知识的教学，体育课程中卫生保健知识的教学，美育课程中有关自然美和社会美的知识教学，劳动技术课程中有关生产原理知识和工具使用方法的教学，都离不开智育。当然，在智育课程中，也含有德育、美育等方面的因素。从智育同其他各育的关系来说，智育在学校教育中处于核心的地位，就好像德育在学校教育中处于统帅的地位一样。智育跟其他各育关系密切，在实施智育即各科教学的同时，都可以而且应该联系着进行其他各育。所以在学校中可以把这样的智育放在第一的位置。

未来教师为了毕业后承担学校智育的任务，首先必须学好师范学校开设的所有课程，并且在学习的同时要联系小学各门课的教学大纲、教科书及其他教材、教具，考虑怎样使小学生学会那些知识。可以回忆自己当小学生的时候是怎样学习的，还应观察现在的小学生是怎样学习的。学习必须先有疑难，先有问题需要解决。教师的任务首先要引起儿童的疑问，增强他们的好奇心，发展他们的求知欲，调动他们的积极性，这样学习的效果才会好。

人的认识规律是从感性到理性。教师还要考虑设法增加儿童感性知识，使他们学习的理性知识都有感性认识做基础。这样有助于理解和巩固知识。

“学以致用”这句话教师也不能忘记。我们教给儿童的知识、技能，虽不一定要他们马上应用到生活中去，但至少要使他们知道在什么时机去用，怎样去用。即使只教识字，也要使儿童学会用字造句。只要学了能用，死知识就会变成活知识，儿童的学习兴趣就会提高。

根据同时学习原理，人在学习知识的同时，都会形成一定的思想情感。所以在各科教学当中，除让学生掌握这门学科的知识以外，还必须帮助他们形成我们所希望的思想情感。这种思想情感在儿童是无意中产生的，但在教师却是有意识地施教的。

智育问题很复杂，不但对它要有正确的认识，还要有正确的措施。有心的教师是大有用武之地的。

十、漫谈体育

体育是学校教育工作的重要组成部分，也是各级各类学校一门必修课的名称。如果说，德育是学校教育工作的统帅，智育是学校教育工作的核心，那么体育可以说是学校教育工作的基础。因为学校体育工作的目的要保证增强全校师生员工的体质，使一切教育教学活动能够按部就班地进行。倘若学校有许多师生员工在传染病流行时都受到感染，势必影响到学校的正常教育秩序。所以学校体育固然以学生为主要对象，但是不能忽视全体教职员工的卫生保健。

体育在学校中受到重视，由来已久。中国古代有“六艺”：礼、乐、射、御、书、数，其中射、御就属于体育，而且是军事体育。因为古代射箭、驾车都是军事上必要的技艺。希腊古代的学校有以体操学校（palestra）和体育学校（gymnasium，或译“体育馆”）命名的。学生在其中受到跑、跳、投掷和角力等项竞技的训练，还练习游泳和舞蹈，学习骑马和驾车。随着封建社会的到来，无论中外，学校中都有过忽视体育的错误现象。

马克思在谈到对教育的理解时，认为教育当中包括“体育，即体育学校和军事训练所教授的那种东西”①。我们办教育如果忽视体育显然是不对的。中国过去一千多年的教育忽视体育，造成外国人称我们为“东亚病夫”的奇耻大辱。现在虽然经过四十年的努力拼搏，洗雪了这项耻辱，但过去的教训是千万不能忘记的。

学校体育应当普及于每个学生，不能只限于运动尖子。这同国家体育应增强全民体质，而不能只限于争取国际比赛的胜利一样。因为体育和整个教育一样，关系到民族的强盛和国防的巩固。普及义务教育，同时就要普及义务的体育。凡是受教育的学生，人人都要进行体育锻炼。目的是为将来建设祖国和保卫祖国奠定身体的基础。

小学一、二年级的体育课可以同音乐课综合为一门唱游课，既学唱歌，又做游戏，同幼儿园的韵律活动衔接起来，培养儿童的节奏感和旋律感。附带说说，现在有些幼儿园和小学让儿童跳迪斯科舞，我认为是不适合的。因为它的节奏单调而强烈，对儿童的身心发展似乎没有多大好处。唱游课可以每天安排

① 《马克思恩格斯论教育》上卷，人民教育出版社 1985 年版，第 328 页。

一节课。

早操或课间操是全校师生员工必须参加的体育活动。每天早晨师生员工到校后，全体集合在操场上举行升国旗的仪式并做早操，有助于树立团结、紧张、严肃、活泼的校风。升国旗的时候要奏国歌，做早操的时候也要有音乐伴奏。现在有录音机、扩音器，做到这一点是不困难的。

《国家体育锻炼标准》规定的锻炼项目，应当是9岁以上学生每天经常在课外体育活动中锻炼的内容。不能等到测验的时候才抓这些项目的锻炼，要经常抓。在体育课中要有计划地用一定的时间指导学生掌握锻炼的要领，使他们在课外锻炼时可以增进效果。测验也不要等到每学期末才进行，更不要到每学段末才进行，应当在每学期内测验两三次，及时发现学生的不足之处，并予以辅导。应当要求人人达标，不达标的不得毕业，患有残疾的可以例外。

学校体育虽然以普及为目的，但也要发现某一体育项目的优秀者，即体育尖子，并推荐给当地的业余体育学校。只有在普及体育的基础上，才能真正提高我国体育水平。

目前我国学校体育的问题，一是缺乏合格的体育教师，一是受片面追求升学率的影响，不少学校忽视体育。为了解决前一个问题，除了办好体育师范学校和师范院校的体育系科以外，在师范学校里要培养学生能多才多艺，学会胜任小学体育课、音乐课、美术课、劳动课。当然不必要求每个师范毕业生都能教这四门课，但至少每人能教两门这样的课，以缓解小学缺乏体育等科师资的困难。师范院校体育系、科的毕业生一定要分配到学校任教，不能任其流失。为了解决后一个问题，除了对校长、教师进行端正教育思想的教育外，要严格考核学校体育成绩，凡体育成绩不合格的学生，不得升级和毕业，还要把体育成绩并入高等学校招生考试的成绩中计算。

据作者手稿排印。

简论现代中小学教育的本质特征

在谈现代中小学教育的本质特征以前，先说明一下我对“现代的”这个词的理解。“现代的”这个词是个时间定语，它是同“古代的”、“中世纪的”（欧洲）这些词相区别的。英语中的 modern 一词，兼有我们习惯上用的“近代的”和“现代的”两重含义，兼有俄语中 современный（现代的）和 новый（新的）两重含义。从历史学的观点来看，它所指的仅仅区别于封建社会的社会政治制度和生产方式，却包括了资本主义社会和社会主义社会的政治制度和生产方式。有人把“现代化”理解为“西化”即西方化或者说资本主义化，这是不对的。固然我国是从半殖民地半封建社会直接进入社会主义社会的，但是在社会主义制度下仍然可以从事现代化的建设，苏联可以说是一个榜样。说“现代化”可以在社会主义制度下进行，而且可以顺利地进行，我国也已经取得了足以自豪的成就，这是有目共睹的。当然，我们在现代化的过程中，并不排斥学习西方先进的东西。我们应当在发扬本民族优良文化传统的基础上，既向社会主义国家学习，也向资本主义国家学习，只要有利于我国社会主义现代化建设的，我们都应当兼容并包，虚心学习。特别是要学习他们促使社会生产力迅猛地、持续地发展的共同的、根本的因素。一切现代化国家，不管是资本主义的还是社会主义的，他们所以能够成为发达国家，有一个共同的根本的因素，就是竭尽全力发展教育事业，首先是普及义务教育，扫除文盲，提高整个民族的文化素养。没有这一点，即使我们攻克一些现代科学技术上的尖端，也不可能做到真正的现代化。

如果读者同意我上述的观点，但是还有一些怀疑或者感到论据不足，请看我对现代中小学教育本质特征的分析。

第一个特征是现代中小学教育的基础性

中小学教育是基础教育，这是大家都知道的。但对教育是基础的重要性的认识，远不如建筑学上对基础工程重要性的认识高。如，教育经费的分配重高教轻普教的情况，是只看到高等教育可以培养出直接参加国家建设的各种人才，而没有看到中小学教育的奠基功能。没有良好的中小学教育，不可能培养出高质量的建设人才，许多高等教育界的有识之士，对此早已有了清醒的认识。我们看到许多国家介绍他们的教育情况，都从基础教育谈起，总是先基础教育后高等教育，唯有我们向国外介绍教育情况时，把次序颠倒过来，而且往往头重脚轻，越到基础的阶段，越是没有什么可说的。这种情况正好反映了我们重高教轻普教的现象。这种现实再也不能继续下去了。

由于历史的原因，我国教育落后，人才奇缺，在新中国成立之初，大力发展高等教育培养各方面急需的建设人才是完全必要的。但是忽视了对中小学教育的发展和提高，这就造成了一系列的难题。首先是不能向高等学校输送合格的新生，特别是在品德、智力、体质等方面全面发展的新生；其次也未能向社会输送合格的劳动力，中小学毕业生学业成绩很差，就业挑肥拣瘦，劳动拈轻怕重，暴露出基础教育确实没有完成打基础的任务；再次是教育没有普及，致使全国人口中文盲半文盲几乎占了四分之一。

我们不仅要从学校系统上来认识中小学教育的基础性，而且要推而广之，认识中小学教育是社会主义两个文明建设的基础，特别是精神文明建设的基础。当前社会上不讲国民公德的现象普遍存在，不能说与我们忽视基础教育没有关系。在中小学内部，重中学轻小学的现象也普遍存在，这实在是一种愚昧的现象。抗日战争以前，我曾在家乡江苏扬州的一所省立小学任教，那所学校有两栋两层的教学楼，还有面积不小的操场和礼堂，两栋教学楼中间有长长的走廊相连。当时有12班小学生和一个幼儿园，幼儿园的园舍也在一个小花园的平房里。小学能有这样的校舍，在当时虽然不多，却也不是个别的。但是令人懊丧的是1982年我回乡去一看，校门前挂上了中学的牌子，而小学被迫迁到由庙宇祠堂改建的校舍里去了。为什么旧中国小学生能够使用那样的校舍，新中国的儿童却没福消受呢？这不是轻视小学教育的表现吗？

忽视基础教育的现象特别不能容忍的是对教师的待遇过低。待遇（包括物质的和精神的）反映了对人的劳动价值的评价。在我们国家里，中小学校长教师的待遇，也要向行政干部看齐。把中学校长定为科长级，于是中学教员就只能是科员级，这真是天大的笑话。难怪上海有些干了大半辈子的中学教育专家要辞职不干了。这种工资制度，不仅反映在中小学教育上，也反映在高等教育上，大学副教授只相当于行政干部的副处级，正教授只相当于正处级，这样做的后果十分严重，不必详述。必须指出的是要在忽视基础的条件下搞现代化建设，就好比在沙滩上建筑高楼大厦，是永远不会成功的。

第二个特征是现代中小学教育的平等性

在阶级社会里，人民受教育的机会很难说是真正平等的。这种不平等首先表现在中小学教育上。所谓双轨学制，就是指的这种不平等的现象说的，是教育阶级性的外部表现。如，在第一次世界大战以前，欧洲英、法、德、俄诸国的学制是双轨。举英国为例，它的公学（public school）和文法学校（grammar school）都是为贵族资产阶级子弟设立的，小学阶段称为预备学校（preparatory school），属于中等教育系统。初等小学和高等小学属于初等教育系统，是为平民大众的。其他几国学校名称不同，都有类似的情况。在第一次世界大战的影响下，特别是在俄国十月革命的推动下，各国工人阶级争取教育机会平等的斗争风起云涌，于是这些国家的小学阶段基本上成为共同的了。除了十月革命后的苏维埃俄国发表了《统一劳动学校宣言》，彻底废除了沙皇俄国的双轨学制外，德国的小学前四年称为基础学校，法国的小学也改称统一学校，英国也设立了共同的初级小学，即对各阶级各阶层的子女至少在形式上可以有平等的受教育的机会了。

美国号称是单轨学制的国家，自称它的教育机会是平等的。但是由于阶级的存在和种族歧视的结果，并未真正做到完全的平等。它的收费高的私立学校，仍然是劳动人民难以入学的，黑人和印第安人的教育机会显然不可能同白人一样。这是大家都知道的。

第二次世界大战以后，教育机会平等化的进展速度加快了。中小学教育的平等性，随着义务教育年限的延长，越来越看得清楚了。但是在现代资本主义国家，由于阶级社会的传统依然存在，要做到彻底平等还不可能。

我们已进入社会主义社会，从理论上说，我国已经消灭了剥削阶级，实行教育机会平等的原则应当是没有障碍的。但是由于幅员辽阔，各地经济、文化发展极不平衡，还存在事实上的不平等。老、少、边、穷地区教育不普及，教育质量低，使这些地区的人民受的教育同经济文化发达地区人民受的教育相比，有相当大的差距。这些地区必须由中央政府大力扶持，增拨教育经费，培养合格师资，发展教育事业，才能从根本上改变贫穷落后的面貌。其次是近十年来有意识地办了一些重点学校，造成这些学校在师资、设备上优于一般学校，使得入这些学校学习的学生产生了优越感；同时一般学校没有受到应有的重视。本应当是“办好重点，带动一般”，尽快缩小它们之间的差距，而绝对不可以扩大它们之间的差距，更不允许使差距长期化、永久化，造成人为的不平等，否则就同现代化的趋势背道而驰了。至于某些名牌学校收取高额“赞助费”，或者优先招收高级干部子女等不合法现象所造成的不平等，就更不用多说了。

第三个特征是现代中小学教育的民主性

现代中小学教育的平等性的特征，是教育民主化的外部表现形式。仅有这种外部表现即教育机会均等或者说入学机会均等还是不够的。现代中小学还要发挥它的教育力量来推动整个社会民主化的进程。

民主即人民当家做主，是现代国家的主要标志。当一个国家的人民中文盲众多的时候，是不可能实现民主的。正如列宁所说：“文盲是站在政治之外的，必须先教他们识字。不识字就不能有政治。”① 民主是政治口号，它既是建设现代国家的手段，又是建设现代国家的目的。不能仅仅把它看作手段，而且要把它看作目的。因为人民当家做主的权利，不能只靠少数先知先觉者的恩赐，而要让人民能够自觉自愿地起来掌握。就如同当年我们在农村推行改革土地制度的运动，必须发动雇农、佃农、贫农同地主做斗争一样，不能只靠共产党人和红军战士发号施令。现在要建设社会主义民主的、法制的国家，首先必须依靠广大的人民群众。如果有大量的人民群众“站在政治之外”，就很难谈得上民主建设、法制建设。

新中国已经成立四十周年了，我们还背着四分之一人口是文盲的沉重包袱。现在掀起的新的“读书无用论”的浪潮，又使大量已入学的学龄儿童流失，新的文盲还有不断增加的趋势。这是同现代化建设背道而驰的现象，不能不令人十分忧虑。

现代中小学的任务之一就是推动国家民主化的进程。“专制主义者利于人

① 《列宁论国民教育》，人民教育出版社 1959 年版，第 454 页。

民愚昧，民主主义者利于人民聪明。”人民越聪明，他们就越善于行使当家做主的权利；他们就越能监督和考核当权者，看他们是不是一个合格的公仆，是真正在为人民办事，还是以权谋私。对现在的贪污腐败现象，我们教育工作者是极感忧虑的。当然光靠教育是无力挽此狂澜的，但教育又是根治这些弊病的处方，这一点我们又深信不疑。因此，培养合格而称职的教师，增拨足够的教育经费，大力普及教育，限期扫除文盲，提高中小学教育的质量，是当前我国教育上的根本要务。因为这是一项政治任务，没有教育的普及，就没有人民民主之可言；没有民主建设，法制也将是一句空话。现代中小学教育工作者应当认识到自己肩负的这项重任。

为了实现现代中小学推进国家民主化的任务，学校本身必须具有很强的民主特征。师生之间、教师之间、学校负责人和教师之间都应当建立民主平等的关系；学校一切重大决策，不能由任何个人说了算，而要通过平等协商、民主讨论，按教育规律办事。这些，我在十年前写的《谈谈社会主义学校教育的几个规律》① 一文中均有论述，这里不再详谈。

第四个特征是现代中小学教育的科学性

现代中小学教育的科学性，首先表现在它的世俗性或者说非宗教性上。俄国十月革命以后，教育上的重大建树不仅表现在前述的废除双轨学制上，而且表现在教育的非宗教性上。当时曾提出过“教会同国家分离”、“教育同宗教分离”的口号。这些口号在革命风暴中雷厉风行地实现了。这本来是民主革命的要求，但是在一些资产阶级民主革命不彻底的国家里，至今并未实现。如英国、联邦德国，至今还把宗教列为中小学的教学科目。英国 1988 年教育改革法甚至还加重了宗教教育的课程。如果我们多了解一点西方各国的教育史，对这种现象就不会奇怪了。现代中小学里开设宗教课，总难免被认为带有中世纪的色彩。

近年来各地置学校危房于不顾而投资修建庙宇的事时有所闻。我国虽然实行宗教信仰自由政策，但《中华人民共和国义务教育法》规定，全国“凡年满六周岁的儿童，不分性别、民族、种族，应当入学校受规定年限的义务教育”，

① 载作者文集《论教育规律及其他》，湖南教育出版社 1983 年版，第 32—35 页。

"国家、社会、学校和家庭依法保障适龄儿童少年接受义务教育的权利"(《中华人民共和国义务教育法》第五、第四条)。所以各民族的人民,都应当送孩子入学校受教育。这既是儿童应享的权利,又是国民应尽的义务。在实施义务教育的学校中,我们有义务、有责任进行科学的无神论教育,使儿童从小就具有科学的头脑。在我们社会主义国家的学校里,绝不允许讲任何宗教教义,也不允许进行任何宗教活动,即不允许把学校当作"传教"、"布道"的场所。

现代中小学教育科学性的特征,还要表现在所有的教育内容上。举凡课程的设置、教材的选择、课本的编辑,都要以辩证唯物主义和历史唯物主义为指导思想。应当使儿童从小就知道(当然是从具体事物和现象来认识)世界是物质的,物质是运动的,无论自然界还是社会的发展变化都是有规律可循的,而规律又是不以人的意志为转移的。人类只有认识世界,才能改造世界。人民群众是创造世界历史的动力,从来就没有什么救世主,不能把人民领袖神化。……总之,要使儿童从无数事实的知识中,通过潜移默化,触类旁通,为逐步形成科学的世界观打下牢固的基础。

第五个特征是现代中小学教育的先进性

教育是面向未来的事业,当前的中小学学生,是21世纪的公民和劳动者。鉴于科学技术知识不断发展和更新,现代中小学教育不可能把一切未来需要的东西都教给他们,因为未来的实际需要我们还难以预测。但是,有一点却是很明确的,我们必须把符合自然发展规律和社会发展规律的基础知识和基本技能教给他们,同时还要使他们了解今后科学技术发展的动向,为他们进一步学习新鲜事物打下坚实的基础。

为了做到这一点,我们首先需要有用现代科学技术知识武装起来的教师。他们不仅基础知识广博而丰富,而且对当前科学技术的动态有正确而清晰的了解。这样才能保证教育内容的先进性。因此,不仅要培养未来的合格教师,对在职合格教师的进修提高也要抓紧。同时,还要提高教师的政治待遇和物质待遇。教师待遇改善了,许多被生活所迫而改行的教师还会归队的。

为了做到教育内容的先进性,还必须有先进的教育手段。例如,语言实验室的设备,不仅教学外国语用得着,民族地区、方言地区教学全国通用的普通话也是用得着的。其他如录音、录像、电影、电视、幻灯等各种电化直观教具，各种实验实习用的教具、仪器，以及体育器械、用品、设备（如游泳池、风雨操场等），音乐、美术的专用教室及乐器、写生用具，等等。凡是现代中小学所需要的一切（包括微型电子计算机），都应该具备。60 年代苏联为了给中小学增设专用教室及设备，十年间教育经费翻了两番。有的读者也许会说，我们现在中小学连“一无两有”问题还没完全解决，谈论这些似乎过早。我说不然。如果把过去十年进口豪华轿车的钱、兴建豪华宾馆的钱等用来改善中小学教学手段，改善中小学办学条件，恐怕这些现代化的要求早已实现了。

现代中小学教育的先进性，除了人与物的条件外，还有一个教育思想、教育方法问题要解决。简单地说，要改变“升学”教育的思想为“育人”教育的思想。绝不能再把中小学办成升学预备班，而要明确认识各级各类教育的职能。现代中小学教育是培养合格公民的，是提高全民族文化科学水平和思想道德水平的，是为两个文明建设打基础的，绝不能只着眼于让学生升学。还要树立终身教育的思想，不要认为学生离开学校就不再学习了，要努力培养学生学习的兴趣、学习的方法和学习的习惯，使他们毕业后仍旧能够自己学习，不断求知。有了这种自学的能力和习惯，他们将终身受用。因此，在方法上一味灌注是违背现代潮流的，必须坚决废止。要启迪学生的好奇心，鼓励学生提问题，并指导学生学会自己去求得问题的解答。

现代中小学教育的特征当然不止这些，但上述这些都是本质特征。我们要为我国中小学教育的现代化而努力，就应当认识它功能的基础性、对象的平等性、任务的民主性、内容的科学性和手段的先进性。这些特征是从不同角度谈的，它们都属于一个整体，是互相渗透，彼此关联，不可分割的。具备这些本质特征的中小学教育，一定可以为我国社会主义现代化建设打好坚实的基础。

载《现代中小学教育》1989 年第 3 期。

评价教育实验要考虑的几个问题*

教育实验是教育科学研究中的客观方法。评价教育实验的结果是否可靠，本来可以用数据来表示。现在因为我们搞的教育实验，实际上不是严格意义上的科学实验，而是一种教育实践，即用实践来检验某一种改革的设想，特别是整体改革设想，包括的范围很大很广。因此，评价这种教育实践的结果，已经不是一般讲教育实验法的论文或专著中有现成答案可以照办的了。我想，除了按照一般评价教育实验的方法去做以外，还应当认真考虑几个问题。

第一，要考虑教育实验的目的是否明确。如，学制改革实验，就是一个范围广大的实验：小学实行五年制是否可以完成六年的教育任务，而且不加重儿童的负担？中小学实行“五四三制”是否优于“六三三制”？这些问题不仅实验的周期长，而且涉及的范围广。所以实验时一定要把目的限制在修业年限长短或搭配的比较上，其他因素如课程设置、教科用书、师资设备等尽量求其大体一致，以便突出解决学制问题。

第二，要考虑教育实验的问题是否具体。如，初中理科采用综合课程是否优于分科课程的实验，这个问题看起来具体，实际上不然。因为综合课程有种种不同程度的综合，从相关课程、融合课程到广域课程，综合的程度越来越深，究竟采用的是哪一种综合课程？实验者应当说清楚。同时，分科课程和综合课程各有利弊，兴利除弊要适应我们办学的目的和方向。

第三，要考虑教育实验需证明的假设是否合理。实验需要证明的假设虽然具有独创性，但不能违背教育的基本原理和规律。如，“让没有学过教育史的学生编写教育史教材，可能比教育史教授编的教育史教材更好”。这个假设就是不合理的，不需证明就该否定的。又如，“推广普通话不用汉语拼音字母的

* 这是作者应邀出席 1990 年 4 月在江苏南通市举行的全国第二届教育实验学术讨论会提交的小论文，写于 1990 年 3 月 20 日。

效果好”，同样是不合理的假设。

第四，要考虑教育实验是否订有周密的计划。为了提高教育实验的科学性，实验开始以前必须订有周密详明的计划，包括研究课题的确切表述、主试者和被试者的挑选、实验材料的准备、实验因子的控制、实验方法的采用、实验时间的确定、实验结果的计算和实验报告的编写等。计划订好以后，没有特殊原因，必须按照执行。

第五，要考虑有无适当的比较对象。教育实验所要解决的问题，大都属于学制、课程、教材、教法等方面。我们要判断一种新的改革设想是否优胜，必须有比较的对象。在实验具体的小问题的时候，比较的对象容易选择，虽然除实验因子以外的其他条件，并不容易完全相等。在整体改革实验的情况下，选择适当的比较对象相当困难，要做到其他条件相等远非易事。但没有比较就无从鉴别优劣，所以仍应选择适当的比较对象，并设法使其他条件尽量相等。

第六，要考虑能否把整体改革实验的课题，尽量划分为若干具体的实验因子，以便同改革以前的控制因子相比。例如，先化整为零，逐项取得了实验的结果，然后再化零为整，归纳出整个实验的结果。这样做的目的是为了使实验比较容易数量化，更加具有科学性。

第七，要考虑评价实验结果的测量工具是否可靠。为了使评价是科学的、客观的评价，需要有测量的工具。测量工具应当在实验开始以前就编好，使它能够测出被试者在实验前和实验后在知识、技能、态度、言行等方面的变化。如果有比较的对象，实验前的测量结果应当同被试者的尽量一样。这样才能测出实验后两组的差异。测量工具的选用和编制，是实验中的关键问题，应当慎重从事。

第八，要考虑评价实验的成败是否有准确的数据。实验法在所有教育科学研究方法中被认为科学性最强，就因为它能用准确的数据来说明实验的结果。虽然数据的取得有赖于可靠的测量工具，但在有了测量工具的条件下，它的评价就可以尽量避免主观因素。因此，为了增强教育实验的科学性、客观性，凡有可能取得数据的，都要设法取得准确的数据。这就需要把教育实验法和教育统计法结合起来运用。

第九，要考虑实验的结果是否符合教育原理和规律。对教育实验的评价，除了考虑实验的过程，还要考虑实验的结果。对实验结果的评价主要是从教育原理和规律来衡量，倘若我们实验的结果认为实行教育同生产劳动相结合，无助于我们实现培养有社会主义觉悟的有文化的身体健康的劳动者的教育目标，这个结论显然是错误的，这个实验就是失败的。要从实验的过程去寻求失败的原因，原因找到了应当在消除了造成错误的原因以后，重新组织实验。

第十，要考虑实验报告是否简明扼要。写实验报告不是写文章，必须简明扼要，使人看了一目了然，千万不要拖泥带水、拉拉杂杂，令人看了不得要领。写长文章的风气本来就应转变，写实验报告尤忌冗长，要力求言简意赅、文字精练。

载《中国教育报》1990年5月29日。

第六编

教育改革研究

我对“学校一切工作都是为了转变学生的思想”的理解*

林彪、江青反革命集团破坏党的教育事业，必然反对党的教育方针。他们的鬼蜮伎俩之一是经常盗用毛泽东同志讲过的“学校一切工作都是为了转变学生的思想”这句话，来篡改党的教育方针，破坏学校教育工作，弄得教师不敢抓教学，学生不敢学文化。一抓教学，一学文化，“智育第一”的帽子、“白专道路”的帽子就从天外飞来。

为了完整地、准确地领会和掌握毛泽东思想的体系，澄清被林彪、江青一伙搞乱了的思想，我们首先应当弄清楚，毛泽东同志的这句话是在什么时间、什么环境、什么条件下、针对什么问题讲的。这是严肃认真地对待毛泽东思想应有的态度。原来这句话是 1939 年 7 月，毛泽东同志在延安为中共中央军事委员会写的《关于整理抗大问题的指示》中讲的，是针对抗大（即中国抗日军政大学）这样的学校讲的。抗大是“党领导下的八路军干部学校”，而不是一般的以青少年儿童为对象的学校。

这个文件的开始说得很清楚，它是“抗大以及一切由知识分子所组成的军政学校及教导队之办理方针”。因此，这里所说的学校是培养革命干部的学校，是以知识分子为对象的学校，是帮助知识分子在短期内改造思想的学校。在这样的学校里，当然一切工作都是为了转变学生的思想，而不是教给他们文化科学知识或专业技术技能。因为这些学校的学员是知识分子，他们已经有了一定程度的文化。他们抱着参加革命的愿望来到延安，但是当时大多数人还不免有形形色色的资产阶级小资产阶级思想，还有自由主义甚至无政府主义的作风，还有不想深入下层、轻视实际工作经验和看不起工农等错误思想。这些思想如不转变，就不符合一个革命干部的最低要求。当时抗日战争正在紧张地进行，共产党、八路军要深入敌后，发动群众，打击敌人，

* 1978 年 3 月 5 日写成。

收复失地，急需大量的军政干部。因此，党举办了各种军政干部学校，吸收来自各地投身革命的知识分子，经过短期训练以后，派到工作岗位上去，在斗争中锻炼提高。这种以转变学生思想为任务的干部学校，对于争取抗日战争和以后解放战争的胜利，起了极其重大的作用。这是我们党的一项具有国际意义的重要教育经验，可供正在为争取民族独立和社会解放而斗争的各国人民借鉴。

但是，正如列宁指出的："任何真理，如果……把它运用到实际所能应用的范围以外去，便可以弄到荒谬绝伦的地步。"① 这个在战时适用于以知识分子为对象的干部学校的办理方针，如果搬用到以青少年儿童为对象的普通学校或专业学校去，就完全错了。林彪、江青一伙存心破坏教育事业，才干出这样荒谬绝伦的事来。

有些好心的同志也许会这样想：毛泽东同志不是历来重视思想政治教育吗？他不是还说过"青年应该把坚定正确的政治方向放在第一位"吗？为什么抗大的这个办学方针不适用于普通学校或专业学校呢？——不错，一切学校都应当重视对学生进行思想政治教育，都要以马克思列宁主义、毛泽东思想武装学生的头脑；都要帮助学生树立辩证唯物主义和历史唯物主义的世界观，树立群众观点、劳动观点，养成集体主义、爱国主义、国际主义的精神；都要教育学生学习雷锋同志的"憎爱分明的阶级立场，言行一致的革命精神，公而忘私的共产主义风格，奋不顾身的无产阶级斗志"。这的确是各级各类学校共同的第一位的任务，但绝不是学校的唯一任务。学校还要以文化科学知识武装学生的头脑，增强学生的体质，培养审美情操，传授生产技能……这些也是学校的基本任务。如果学生没有学好文化科学知识，没有锻炼好强健的体格，就不可能去学习革命理论，更谈不上树立科学的世界观、提高社会主义觉悟和养成共产主义道德品质了。所以，在普通学校或专业学校强调一切工作都是为了转变学生思想，把思想政治教育看成学校的唯一任务，不仅降低了教学工作的重要性，取消了学校工作的特殊性，而且排除了进行思想政治教育的可能性，实质上就是取消了一切教育。所以我们绝不能把抗大一类学校的办理方针照搬到其他不同类型的学校去。况且他们一伙盗用这句话，并不是真的重视进行无产阶级的思想政治教育，而是为了破坏教育事业，阴谋整个毁掉我们的新生一代。

① 《共产主义运动中的"左派"幼稚病》，《列宁选集》第4卷，第217页。

事实证明，在他们捣乱最严重的时期，许多学生不仅知识程度低劣，体质下降，而且社会主义觉悟也不见了，有些青少年甚至走上犯罪的道路，真是触目惊心！

有些好心的同志也许会这样想：毛泽东同志不是历来强调政治挂帅吗？他不是说过“没有正确的政治观点就等于没有灵魂”吗？因此，学校的思想政治教育工作是统帅，学校一切工作都要受统帅指挥。这同说学校一切工作都是为了转变学生思想有什么不同呢？——当然是不同的。前者认为学校除了思想政治教育还有其他工作，因为既有统帅就不能没有干部和战士，否则统帅成了光杆司令，就无从发挥作用。就在毛泽东同志强调“没有正确的政治观点就等于没有灵魂”的时候，要求知识分子和青年学生“除了学习专业之外”，还要学习马克思主义和时事政治，可见毛泽东同志所反对的是光学专业不学政治，而不是要人光学政治不学专业。后者经过他们的夸大，排除了学校其他工作，如上所述，实质上是取消了一切教育。倘若照他们说的去办，结果只能为他们篡党夺权豢养“头上长角，身上长刺”的反革命小丑，而不能培养出既有真才实学又能忠心耿耿为社会主义事业服务的无产阶级革命接班人。

早在1957年，毛泽东同志就曾指出：“我们的教育方针，应该使受教育者在德育、智育、体育几方面都得到发展，成为有社会主义觉悟的有文化的劳动者。”这是适用于各级各类学校的教育方针。从这个方针来看，很明显，转变学生思想只是德育方面的任务，绝不是学校教育的全部任务。又根据教育心理学的学习迁移的原则，在进行智育、体育的同时也可以进行德育，从而潜移默化，收到转变学生思想的效果。但智育、体育各有自己的任务，不能主次不分，喧宾夺主，不能把智育、体育的任务也归结为转变学生思想。林彪、江青反革命集团对这个有普遍指导意义的教育方针从来不宣传贯彻，却断章取义地宣传仅有特殊指导意义的抗大的办学方针，把它“运用到实际所能应用的范围以外去”，这完全是出于破坏我国社会主义教育事业的罪恶目的，完全是为了搞乱教育战线，妄图实现其篡党夺权的狼子野心。

顺便说说，即使抗大那样的学校，如果教育的对象不同，也不是不要进行文化教育。1936年4月，毛泽东同志曾指示当时抗大的负责人加强对学员进行文化工具的教育，培养学员识字、读书、作文的能力，而且要求在定期检查时，“文化应是重要的检查标准之一”。这是因为当时抗大的学员多数是工农干部，毛泽东同志从实际出发，特别强调文化教育。由此可见，林彪、江青反革命集团硬要把我们的一切学校的一切工作归结为转变学生思想，从而破坏教育事业，取消一切教育，其用心是多么恶毒，多么阴险，多么狡猾啊！

载《论教育规律及其他》，
湖南教育出版社1983年版。

谈谈社会主义学校教育的几个规律*

前　言

教育工作有没有规律可循呢？我们的回答是肯定的。教育工作是有规律可循的。在全党工作的着重点转移到社会主义现代化建设上来的时候，在彻底肃清林彪、江青反革命集团推行的唯意志论流毒的时候，更加应当强调按教育规律办教育。因为规律是客观法则，是不以人的意志为转移的。

任何事物和现象都不是孤立存在的。特别是教育，它反映一定社会的经济和政治的要求，并跟文化、科学等各方面有密切的联系；它跟教育者、受教育者、社会团体、校外教育机关、家庭等各方面都有直接的相互影响。所以它是一种极其复杂的社会现象，制约着教育效果的因素异常繁多，要发现、认识和确定它的规律也比较困难。

人类办理专门的教育场所（学校）来传递知识和经验，是从奴隶社会开始的，到现在已经有了几千年的历史。在这样漫长的教育实践过程中，人类必然要总结出一些行之有效的教育经验。随着科学的发展，文化的进步，教育内容日趋丰富，教育的功能在社会发展中越来越显得重要。于是专门研究教育规律的学问也就应运而生了。这种学问就是教育学。

教育学还是一门年轻的科学，它从哲学中分离出来还不很久，过去的哲学家几乎没有不发表他们对教育的主张的。有些哲学家自己也是教育家。在人们的印象中，仿佛人人都可以发表自己的教育见解，人人都可以按照自己的意志去进行教育工作。所以有些人就认为“教育原理并无秘诀，教育工作可以不学

---

* 这是作者从1979年3月8日起，先后在北京师范学院和芜湖、合肥、天津、兰州、呼和浩特、锡林浩特、西乌珠穆沁旗、保定、乌鲁木齐等地举行的教育学会或教育学研究会上的讲演稿。

而能”。这种否认教育学是一门科学的思想，也就是否认教育工作有规律可循的思想，至今并没有绝迹，有时还在起作用。如果抱有这种想法，将给教育事业带来极大的危害。

为什么养猪、养鸡、养蜂都有专门的研究，有养猪学、养鸡学、养蜂学，就是说承认这些工作必须按规律办事，而对人本身的教育，却不承认它有规律可循呢？这种不重视教育科学研究和不按照教育规律办学的情况，在一个现代的国家里是不能容忍的。

实践是检验真理的唯一标准。人类既然有了长期的教育实践，当然就可以从实践中总结出一些行之有效的经验来。这些教育经验经过反复检验，不断提高，上升为理论，就成了教育工作的规律。我们所以说教育工作有规律可循，承认教育学是一门科学，就是因为教育学中包含着经实践检验过的真理。特别是我们的社会主义教育学，有马克思列宁主义、毛泽东思想科学体系的指导，用辩证唯物主义和历史唯物主义的观点来观察和分析教育问题，就更加具有科学性。它尽管还不像精密科学那样毫厘不爽，但是如果违背了这些规律，就会受到惩罚，尝到恶果。

三十年来，我国教育有了正反两方面的经验。总结这两方面的经验，可以为今后按照教育规律办好社会主义教育树立坚强的信念。

一、社会主义教育必须促进社会生产力的发展

社会主义社会是从资本主义社会向共产主义社会过渡的时期。要过渡到共产主义去，必须物资极大地丰富和人民觉悟极大地提高。从唯物主义的观点看来，首先要求物资极大丰富，人民的物质生活极大提高，然后人民的觉悟才能普遍地极大提高。“衣食足而后知荣辱”这句话不是没有道理的。

从教育发生和发展的历史来看，教育工作的第一条基本规律，就是教育必须为人们的生产活动服务，必须促进社会生产力的发展。但是，在剥削阶级统治的社会里，这一条规律往往受到很大的限制，并不能按照生产活动的正常需要，给广大劳动者以适当的教育，这就限制了社会生产力的发展。只有社会主义社会，推翻了剥削阶级的统治，消灭了生产资料私有制，社会主义教育才有可能真正起到发展社会生产力的作用。当然，可能并不等于现实。要认识这条规律并按照它办事，还要经过斗争。现在我们简单地回顾一下历史。

人类最基本的实践活动是生产活动，因为生产活动是人类生存不可缺少的。人人都需要食、衣、住、行，而食物、衣服、房屋和交通工具等生活资料，都要靠生产活动才能得到。在科学技术不发达的时代，人们可以用父传子、子传孙和师傅带徒弟的办法传授生产活动的知识。这就是一种教育活动。这种教育活动是通过生产劳动进行的，是跟生产劳动密切结合的。但是剥削阶级往往不予承认。

随着科学技术的发展，人类的生产活动从手工劳动进步到使用机器。这时，生产知识的传授才逐渐成了学校教育的职能。但是，传统的教育，脱离生产劳动的教育，势力仍然很大，剥削阶级对教育权的垄断，阻碍了学校教育这项职能的发挥。只是由于使用机器的大工业生产，越来越需要有技术、有知识的劳动者，这时教育的普及才有了必要和可能。各级各类的职业技术教育，也是在这样的条件下发展起来的。

现代科学技术的发展突飞猛进，把人类的生产活动提高到电子时代，过去利于劳动人民愚昧的资产阶级，现在也不得不给劳动人民以越来越多的教育了；过去高等教育尤其是传统的大学，都是为贵族、资产阶级举办的，现在也不得不多少向劳动人民开门了。当然，在资本主义社会，“学校大门八字开，有志无钱莫进来”的现象，仍然到处存在。

我国正面临着建设社会主义现代化强国的迫切任务。我国教育要为现代化建设服务，就必须认识教育为生产活动服务是教育的基本规律。实现社会主义现代化就是要发展社会生产力。教育为现代化建设服务，必须把文化科学技术知识的教学，放在学校教育应有的重要位置，必须担负起提高全国各族人民科学文化水平的任务。因为人是生产力中最基本、最活跃的因素，只有把人的科学文化水平提高了，社会主义觉悟提高了，才能发展社会生产力，提高劳动生产率。这是非常明显的道理。但是在林彪、江青反革命集团横行的时期，这一切都被他们否定了。他们一方面挥舞批判“唯生产力论”的大棒来破坏生产，一方面挥舞批判“智育第一”的大棒来破坏教育。

尤其恶劣的是他们把教育必须为无产阶级政治服务的方针，歪曲为搞无休无止的政治运动和阶级斗争，妄图把一切学校办成政治学校，把所有专业都办成所谓“斗走资派的专业”。这样闹的结果是严重地破坏了社会生产力，至今各条战线上还感到熟练工人、技术人员、合格教师、合格医师青黄不接。同样，他们还把教育必须同生产劳动相结合的方针，歪曲为只要师生参加体力劳动，甚至认为只有使用最落后的生产工具，从事最笨重的体力劳动，才算作生产劳动。这样，他们就把一个符合社会主义教育基本规律的、促进社会生产力发展的教育方针，变成了阻碍社会生产力发展的“长官意志”。

这里要说说方针同规律的区别和联系。方针是人制定的，规律是客观存在的，两者是有区别的。但是正确的方针政策是符合科学规律的，是能发挥积极作用的。1958年9月19日，中共中央和国务院联合发布的《关于教育工作的指示》中，提出的“教育为无产阶级的政治服务，教育与生产劳动结合”这个教育工作方针，是符合科学规律的。但是我们必须正确理解它，才能正确地执行它。

我们不能再把教育为无产阶级政治服务理解为无休无止地搞政治运动和阶级斗争。什么是无产阶级政治呢？它是随革命形势的改变而不同的。从我国革命的历史来说，无产阶级夺得政权以前，争取国内革命战争的胜利，就是当时最大的政治；抗日战争时期，争取国内的团结与民主，争取抗日战争的胜利，就是当时的最大的政治；无产阶级夺取政权以后，社会主义革命时期，实现对农业、手工业和资本主义工商业的社会主义改造，就是当时最大的政治；现阶段，建设社会主义现代化强国，就是最大的政治。所以在目前，我们对教育必须为无产阶级政治服务，应当正确理解为教育必须为建设高度的社会主义物质文明和精神文明服务。至于教育必须同生产劳动相结合，也不能理解为同笨重的体力劳动相结合。列宁曾经说过：“没有年轻一代的教育和生产劳动的结合，未来社会的理想是不能想象的：无论是脱离生产劳动的教学和教育，或是没有同时进行教学和教育的生产劳动，都不能达到现代技术水平和科学知识现状所要求的高度。”① 由此可见，教育同生产劳动相结合，一方面是为了使教育的内容达到现代科学技术水平，一方面是为了应用现代科学技术知识来发展生产，这样才能促进国民经济现代化的实现。安于落后状态是完全不符合教育规律的，也是不符合经济规律的，所以是极其错误的。当然，从目前条件出发，让学生适当参加短期的支援工农业生产劳动，接受劳动教育，是完全应该的。但绝不能以此为满足。

这里再谈一点反面教训，即林彪、江青反革命集团破坏了教育事业，也阻碍了社会生产力的发展。他们破坏教育事业的手法很多，层出不穷，如，大搞

① 列宁：《民粹主义空想计划的典型》，《列宁全集》第2卷，第413页。

“开门办学”，提倡用“典型产品”、“战斗任务”代教学，反对学习科学基础理论，挑动学生反对老师，把交白卷的反革命小丑捧为“反潮流的英雄”……这样，就把教育战线弄得乌烟瘴气，混乱一团。结果，不但学生的学业成绩普遍下降，而且有些人的道德品质也受到严重的腐蚀。在这个时期成长起来的一代人都是受害者。其中有些人既缺少科学知识，又缺乏技术训练，这样的人在生产岗位上要成为熟练工人还得重新训练。这些人文化水平低，思想觉悟大都不高，为建设社会主义艰苦奋斗的劲头也不足。这种由于教育遭受破坏而影响了社会生产力发展的严重后果，现在已经日益明显地看出来。要完全克服这一恶果，还得经过一段时间的努力。

教育同生产劳动相结合本来是少数资产阶级思想家提出的要求，不能认为只有社会主义教育才能做到。过去有人说教育同生产劳动相结合是无产阶级教育同资产阶级教育的分水岭，这种说法并不符合实际情况。我们应当承认，现代资本主义社会的教育是同现代化的工农业生产有一定程度的结合的，所以它能促进社会生产力的发展，促进科学技术水平的提高。我们有优越的社会主义制度，我国的教育更应当自觉地、有计划地、切实地同现代化的生产劳动相结合。这就要大力发展业余教育，为巩固社会主义经济基础服务。我们要教育青年向科学进军，向自然界开战，大搞技术革新，用极高的速度但又是切实可行的步骤来发展社会生产力。在现代化的生产劳动中，劳动人民不可避免地要知识化。

按照教育必须促进社会生产力发展这一规律办事，我们还必须使教育事业发展的规模和速度适应社会生产发展的水平。如果规模大了，速度快了，超过了生产发展的水平，就会发生比例失调的现象。如，我国许多城市过早地提出普及高中教育的口号，而不考虑师资、设备条件是否具备。结果不仅有名无实（即不少高中毕业生并没有达到应有的程度，甚至连初中毕业应有的程度也没有），而且后患无穷（即大量所谓高中毕业生不能升学，他们又没有受过职业训练，就业也有困难，反而造成了社会上待业人员众多的现象）。

另一方面，教育事业发展的规模小了，速度慢了，又会妨碍社会生产的发展。在这方面，最值得注意的是普及教育和扫除文盲的问题。新中国成立之初，我们大力普及初等义务教育，大力扫除文盲，收到很好的效果。那时的文盲是国民党反动派的黑暗统治遗留下来的。可是，由于林彪、江青反革命集团整整十年的倒行逆施，使得我国国民经济濒于崩溃的边缘，加上他们对教育事业的大砍大杀（如，把农村小学下放到大队去办，把城市小学下放到街道去办，把城市中学下放农村，等等），造成初等教育既不普及，新文盲又不断产生的恶果。列宁说过："在一个文盲的国家内是不能建成共产主义社会的。"①这跟我们实现社会主义现代化的总任务也是极不适应的。因此，我们教育工作者在普及教育和扫除文盲方面，还要花大力气。顺便说说，我们计算教育普及率，不能只看七岁儿童报名入学的有多少，而要看真正读满五年达到小学毕业标准的人有多少；如果说普及七年或八年义务教育，就要看读满七年、八年，达到初中毕业标准的人有多少。切不可自欺欺人，谎报浮夸。因此，应呼吁各级教育行政部门认真抓好普及教育和扫除文盲的工作。要认识到这是跟提高全国各族人民的科学文化水平有直接关系的大事情，也是跟促进社会生产、发展社会生产力有直接关系的大事情。当然，这也是实现社会主义现代化的一项基本建设工程，跟培养高级建设人才具有同等重要（如果不说更加重要的话）的意义，万万不能忽视。

二、社会主义教育必须极大地提高人民觉悟，为最终消灭阶级创造条件

列宁在 1919 年 10 月写的《无产阶级专政时代的经济和政治》一文中说："社会主义就是消灭阶级。"②他说的消灭阶级，一是要推翻地主和资本家，二是要使所有的人都成为劳动者。列宁说的这项任务，我们现在已经基本完成了。

三十多年来，我国国内阶级状况已经有了很大的变化。作为阶级的地主阶级、富农阶级已经消灭了，作为阶级的资本家阶级已经不复存在了。但是还有阶级敌人，还有阶级斗争，特别是国际上的阶级斗争一天不消灭，我们就不能高枕无忧。不过国内阶级斗争大部分表现为人民内部矛盾，应当用教育的方式来处理，即用人民内部的自我教育方式、团结—批评—团结的方式来处理。对于极少数妄图推翻社会主义制度，推翻无产阶级专政的敌对阶级分子，还要实行无产阶级专政。对于胆敢来侵略我国的外部敌人，当然要予以坚决的反击。所以目前的情况是既要承认国内已经消灭了地主、富农和资本家阶级，又要承

①②　列宁：《青年团的任务》，《列宁选集》第 4 卷，第 357、89 页。

认还有少数阶级敌人存在。就是说，我们既要反对搞阶级斗争扩大化，又要反对“阶级斗争熄灭论”。

现在谈谈我国消灭阶级的斗争。

消灭阶级当然是一场严重的阶级斗争，是无产阶级同资产阶级和一切剥削阶级的一场你死我活的斗争，但是我国消灭阶级的斗争是在无产阶级专政的条件下进行的，是在剥夺或赎买了地主或资本家生产资料的条件下进行的，是在对民族资产阶级采取利用、限制、改造的方针，在人民民主统一战线的内部有计划、有步骤地进行的，又是在对农业、手工业实行了社会主义改造，防止产生资本主义自发势力的条件下进行的。只要我们路线正确，政策落实，生产发展，教育普及，在社会主义社会里，阶级斗争必然是越来越缓和，而不会是越来越激烈的，更不可能是始终都存在的，否则就不能过渡到共产主义去。说阶级和阶级斗争“始终”存在是不符合实际情况的，这是为搞阶级斗争扩大化制造的理论根据。

所谓消灭阶级，不光是消灭剥削阶级，也包括无产阶级自身的消亡。无产阶级的消亡要靠极大地提高觉悟，不仅是社会主义觉悟，而且是共产主义觉悟。这个觉悟就是要认识到无产阶级只有解放了全人类，无产阶级自己才能最后得到解放。我的理解，这个最后解放就是说彻底消灭了阶级，最终消灭了阶级，包括消灭了无产阶级自己。

怎样最终消灭阶级呢？教育在彻底消灭阶级这项历史任务中应当承担什么使命呢？

我们是历史唯物主义者。我们认为只有生产的发展，社会生产力的发展才能真正推动历史前进，才可能从社会主义过渡到共产主义。至于阶级斗争，那是在生产关系束缚着生产力发展的条件下，必须采取的革命的形式。在生产资料私有制没有消灭的国家，革命是必需的。没有革命就不能推翻剥削者。但是，在我国，50年代中期就已经实现了社会主义改造。我国的社会主义制度已经为生产的发展开辟了无限广阔的道路。我们的任务就是要大力发展生产，使物资极大地丰富起来。教育工作就要为发展生产服务，为实现社会主义现代化服务。这一点，前面已经说过了。这是一方面。另一方面，我们要努力排除那些阻碍社会生产力发展的东西，就是上层建筑中某些同社会主义经济基础不相适应的东西，例如，官僚主义、滥用职权、缺乏社会主义民主和社会主义法制、好用“长官意志”去代替科学规律等等。

要克服这种种现象，当然需要运用行政的、法律的、经济的、教育的种种手段。我们是教育工作者，就应当利用一切教育手段，对学生进行群众观点教育以反对官僚主义；对学生进行为人民服务的思想教育以反对滥用职权，尤其是反对各种特权；对学生进行民主集中制的教育以发扬社会主义民主；教导学生遵守法纪，并反对任何人破坏法制；教导学生热爱科学，尊重实际，反对任何形式的精神万能论和唯意志论……总之，要用无产阶级思想来克服形形色色的剥削阶级思想，包括封建特权思想和资产阶级唯利是图的思想。

有人认为“远水不救近火”，光凭教育工作不能解决问题。这种意见是对的，我们并不相信“教育万能论”。但是，我们也反对“教育无效论”。应当知道，现在我们全国上下正在整顿被林彪、江青反革命集团破坏了的社会风气，这就需要教育工作者的配合。我们应当使下一代从小就知道什么是对的，什么是错的，什么是好的，什么是坏的，把社会主义的是非善恶标准牢记在心，并能见诸行动，力求实践。我们还要用老一辈无产阶级革命家的光辉形象和英雄业绩来教育他们，使他们以继承优良的革命传统为光荣，以违背革命利益为耻辱。这样才能从根本上解决上层建筑不适应社会主义经济基础的情况，只要生产高度发展了，物资极大丰富了，人民觉悟极大地提高了，就可以为最终消灭阶级创造条件。

为了极大地提高人民的觉悟，必须用无产阶级思想占领一切阵地，防止封建主义思想和资产阶级思想对青年一代的腐蚀，杜绝反社会主义分子产生的根源。因此，经常性的思想政治教育必须加强。

说起思想政治教育，这本来是我们党历来具有的优良传统，历来做得卓有成效的工作。不论在干部教育中还是在青少年儿童教育中，做得都很出色。从50年代到60年代，学生毕业以后，往往争着要到最艰苦的地方去，到祖国最需要的地方去。当时国家最缺乏地质人才，记得有一幅宣传画，题为《把青春献给祖国》，画着三位男女青年，肩扛勘测仪器，在崇山峻岭中跋涉，就是鼓励青年去搞地质工作的。当时有不少青年，响应祖国的号召，去学习地质专业，毕业后不辞辛苦跑遍祖国的万水千山，为开发祖国的宝藏贡献了力量。可是到了70年代，经过十年动乱，社会风气就变坏了。“天（津）、南（京）、（上）海、北（京）皆可去，就是不去新（疆）、西（藏）、兰（州）”的说法颇为流行。高等学校招生，报考农林院校的就比较少；原来报考师范院校的人不多，但因有的市属师范院校的毕业生只在市区分配，于是报名人数相对来说大为增加。这说明有些青年人考虑个人的利益多了，考虑革命的利益少了，他们的思想觉悟大大降低了。毛泽东同志 1957 年曾经说过："在一些人的眼中，好像什么政治，什么祖国的前途，人类的理想，都没有关心的必要。好像马克思主义行时了一阵，现在就不那么行时了。"① 当时读了感受不深，现在确实感觉到了。因此，加强思想政治教育是当前一项极其艰巨而又迫切的任务。否则，旧的剥削阶级消灭了，新的反社会主义分子可能又产生出来，那么，最终消灭阶级的任务就难以完成了。

三、社会主义教育必须培养全面发展的人

培养全面发展的人这个理想，是无产阶级革命导师马克思、恩格斯首先提出来的。

马克思研究了机器和大工业生产的特点，发现在大工业生产的条件下，工人必须能够适应多种多样的劳动职能，即能够从事不同工种的劳动。例如，既会当铸工，又会当车工；既会当装配工，也会当检修工；既会驾驶拖拉机，又会驾驶起重机；等等。但是在资本主义社会里，尽管大工业生产客观上需要工人从事不同工种的劳动，而资本家为了攫取高额利润，却宁愿使工人成为机器的附属品，终身只会从事一种极其简单的工作。这是资本主义社会不可克服的矛盾：一方面，大工业需要有多方面发展的人，能适应工种的变换；另一方面，资本主义制度又限制了工人的多方面的发展。所以，马克思从关怀工人阶级的利益出发，主张培养能承担不同社会职能的全面发展的人。这也是使用机器的大工业生产的客观要求。

怎样实现培养全面发展的人这个要求呢？马克思研究了空想社会主义者罗伯特·欧文在纽兰纳克工厂办学的实验，肯定了他把生产劳动同教育结合起来的做法，认为这是未来社会即社会主义社会教育的萌芽。他说："未来教育对所有已满一定年龄的儿童来说，就是生产劳动同智育和体育相结合，它不仅是提高社会生产的一种方法，而且是造就全面发展的人的唯一方法。"② 由此可见，马克思不仅提出了培养全面发展的人这个理想，而且还指出了实现这个理

① 毛泽东：《关于正确处理人民内部矛盾的问题》，《毛泽东选集》第 5 卷，第 385 页。
② 马克思：《资本论》，《马克思恩格斯全集》第 23 卷，第 530 页。

想的途径。

马克思早就为争取工人阶级及其子女的受教育权而斗争。1866年，他在《临时中央委员会就若干问题给代表的指示》中，谈到儿童和少年的劳动问题时，就提出要限制少年儿童劳动的时间，给他们以必要的教育。当时，他说明对教育的理解包括三件事：一是智育，二是体育，三是技术教育。① 其中技术教育要求教给少年儿童现代生产各个过程的基本原理和运用现代生产的最简单的工具的技能。这就是要培养一种能承担不同社会职能的全面发展的人。这种技术教育是综合技术教育，而不是单一技术教育。这样，马克思不仅提出了培养全面发展的人这个理想，而且设计了培养这种人的教育内容。

恩格斯曾经把人的才能的全面发展看作废除私有制的重要结果之一。他在《共产主义原理》一文中说："由社会全体成员组成的共同联合体来共同而有计划地尽量利用生产力；把生产发展到能够满足全体成员需要的规模；消灭牺牲一些人的利益来满足另一些人的需要的情况；彻底消灭阶级和阶级对立；通过消除旧的分工，进行生产教育，变换工种，共同享受大家创造出来的福利，以及城乡的融合，使社会全体成员的才能能得到全面的发展；——这一切都将是废除私有制的最主要的结果。"② 就像大工业尽管为培养全面发展的人创造了可能性一样，废除私有制也只是为培养全面发展的人创造了可能性，要把可能变为现实，还要有更多的条件。不能以为仅仅废除了私有制，社会全体成员的全面发展就能自然实现。我个人体会，虽然使社会成员的才能得到全面发展是废除私有制的重要结果之一，但这项结果的取得要以取得恩格斯在前面列举的各项结果为前提。

因此，从政治经济学的观点来理解，培养全面发展的人这个理想，是跟实现共产主义的伟大理想密切相关的。它不单纯是个教育目标，而且要求有正确的政治路线、经济政策、法律制度、民主权利等各方面的配合。否则，它是不可能实现的。至于"全面发展的人"这个概念，简单说，就是既能从事工业生产，又能从事农业生产，既能从事脑力劳动，又能从事体力劳动的人。按照恩格斯的说法，就是指的"体力和智力获得充分的自由的发展和运用"③ 的人。

---

① 参看《马克思恩格斯全集》第16卷，第218页。

② 《马克思恩格斯全集》第4卷，第371页。

③ 恩格斯：《反杜林论》，《马克思恩格斯选集》第3卷，第322页。

现在从教育实践方面来谈谈培养全面发展的人的要求。

1949 年，我国人民在中国共产党的领导下，取得了人民革命的伟大胜利，为在我国废除私有制创造了条件。1954 年 9 月，第一届全国人民代表大会通过的《宪法》第九十四条就曾规定："国家特别关怀青年的体力和智力的发展。"这就是说，我国已经开始有了培养全面发展的人的初步条件了。

1957 年，在我国社会主义革命取得基本胜利，即初步废除了生产资料私有制以后，毛泽东同志提出："我们的教育方针，应该使受教育者在德育、智育、体育几方面都得到发展，成为有社会主义觉悟的有文化的劳动者。"① 这就是在社会主义阶段我国教育的培养目标。所以，我们目前要求培养的全面发展的人，也可以理解为道德、智力、体力等几方面都得到发展的人，也就是既有社会主义觉悟又有文化的身体健康的劳动者。社会主义教育应当培养这样又红又专的人。

现在分德育、智育、体育几方面来谈谈。

（一）德育

不同的阶级有不同的道德标准。我国奴隶社会奴隶主阶级的道德标准——"礼"，就是区别尊卑贵贱的什么"君君臣臣、父父子子"的各安本分的规矩。到封建社会，地主阶级又用什么"三纲"（君为臣纲、父为子纲、夫为妻纲）"五常"（仁、义、礼、智、信）作为道德标准。我国古代儒家强调自我修养，标榜什么"树天地正气，法古今完人"。他们把"完人"的标准悬得很高，简直可望而不可即，所谓"仰之弥高，钻之弥坚"；在他们看来，只有圣贤才是完人。我们不能把全面发展的人看作可望而不可即的人，应当逐步要求极大多数人都能成为这样的人。前面说，实现培养全面发展的人这个理想要有许多条件，那是指社会全体成员的才能都得到全面发展说的。我们不能因为目前条件还不完全具备而放松在教育实践上的努力。

新中国成立之初，曾经把爱祖国、爱人民、爱科学、爱劳动、爱护公共财物作为国民公德。学校进行"五爱"教育，收到很好的效果。1958 年提出进行工人阶级的阶级观点、体力劳动和脑力劳动结合的劳动观点，集体主义的群众观点，以及辩证唯物主义和历史唯物主义观点这四大观点的教育，应当是对"五爱"教育的补充和提高，而不应当代替和削弱"五爱"教育。

① 毛泽东：《关于正确处理人民内部矛盾的问题》，《毛泽东选集》第五卷，第 385 页。

毛泽东同志曾经提出过无产阶级革命事业接班人的五条标准，有些学校也把它当作教育学生的依据。其实那是对干部特别是领导干部的要求，用作教育学生的标准似乎并不恰当。即使对干部来说，那也不是全面的要求。因为毛泽东同志历来是主张“才德兼备”的。五条标准里并没有提到才的标准。

毛泽东同志曾经号召“向雷锋同志学习”。周恩来同志进一步提出学习雷锋同志的四个方面：“憎爱分明的阶级立场，言行一致的革命精神，公而忘私的共产主义风格，奋不顾身的无产阶级斗志。”这是道德教育的要求。向雷锋同志学习，就是要学习这些高尚的共产主义道德品质。

十年动乱时期，什么“五爱”教育、“四大观点”教育统统被破坏了，学生守则废除了，文明行为不要了，学雷锋由打砸抢代替了。结果，造成了一批“文盲加流氓”，影响到整个社会风气。言之令人痛心！

这里我想谈谈道德教育的榜样问题。道德教育要有榜样，榜样的力量是无穷的。这是因为青少年儿童的思想行为还没有定型，具有可塑性，少年儿童更喜欢模仿，应当为他们学习好人好事树立榜样。我建议我们教育工作者要以老一辈无产阶级革命家，特别是周恩来同志作为进行共产主义道德教育的榜样。

周恩来同志革命的一生，之所以为全中国人民无限敬仰、永远怀念，就是因为他为我们树立了最纯洁、最崇高、最光辉、最伟大的共产主义者的榜样。邓小平同志代表党中央在周恩来同志追悼大会上所做的悼词中说他是我们全党、全军、全国人民学习的榜样，当然也是青少年儿童学习的榜样。

周恩来同志是中国共产党的骄傲，中国工人阶级的骄傲，整个中华民族的骄傲。现在已经有上百万字的文章保存下来他的光辉形象，应当是我们子孙后代培养共产主义道德的学习榜样。我们的教师对学生进行道德教育，应当讲述周恩来同志的模范行为。

我国古代总结的道德教育规律有所谓“以身作则”、“身教胜于言教”、“以身教者从，以言教者讼”。从这一点来说，周恩来同志也是一位伟大的无产阶级教育家。我们教育工作者应当怀着崇敬的心情，永远向他学习。

（二）智育

共产主义道德不是凭空形成的，必须有文化科学知识做基础；社会主义觉悟也不是凭空形成的，也必须有文化科学知识做基础。列宁说过：“只有用人类创造的全部知识财富来丰富自己的头脑，才能成为共产主义者。”① 因为共产主义世界观是辩证唯物主义和历史唯物主义，这是需要有一定的自然科学知识和社会科学知识才能彻底弄明白的。共产主义不是宗教信仰，而是科学真理，所以列宁在反对青年用旧学校数不胜数的、九分无用、一分被歪曲了的知识充塞自己头脑的同时，要求青年用批判的态度来领会现代有学识的人所必备的一切实际知识。这样看来，智育在学校教育中，毫无疑问，应占有重要的地位。进行智育的主要手段是教学，所以在学校工作中应以教学为主。这是学校工作的规律。

林彪、江青反革命集团不仅破坏了德育，而且破坏了智育。他们挥舞批判“智育第一”的大棒，实际上是反对智育本身。他们执行的是极反动、极野蛮的愚民政策。他们是一伙封建法西斯匪帮，是极残暴的专制主义者。“专制主义者利于人民愚昧。”他们破坏智育、破坏教学的罪行，证明这是一条真理。

学校本来就是传授知识的场所。既要传授阶级斗争知识，也要传授生产斗争知识。我们社会主义学校，在用马克思列宁主义、毛泽东思想的科学理论武装学生头脑的同时，必须以传授生产斗争知识、传授最先进的科学技术知识为主课。否则，建设社会主义现代化强国的目标就难以达到。随着科学技术的进步，学校传授生产斗争知识的职能越来越重要。因此，学校工作应以教学为主，也就是说应当把智育放在中心的位置。

为什么要把智育放在中心的位置呢？这是因为无论德育还是体育，没有文化科学知识做基础是不可能顺利进行的。社会主义觉悟从哪里来？爱国主义思想从哪里来？答案是：没有对社会发展史的历史唯物主义的认识，就不可能有真正的社会主义觉悟，就不可能始终不渝地坚持社会主义道路；没有对祖国历史、地理、文化的知识，就很难有坚定不移的爱国主义思想，就不懂得为什么要热爱在中国共产党领导下建立起来的无产阶级专政的社会主义祖国。同样，如果没有人体生理卫生学的知识，就不可能从理论上懂得为什么要讲究公共卫生，如何保持身体健康。可以说，智育是全面发展教育的基础。因此，我认为谁如果否定了智育的重要性，谁也就排除了进行德育的可能性。十年动乱时期的教育实践证明，反对智育的结果，不正是制造出一批“文盲加流氓”来了吗？从理论上来说，教学具有教育性。教师在把一定的科学文化知识教给学生

① 列宁：《青年团的任务》，《列宁选集》第4卷，第348页。

的同时，也在形成他们一定的信念、感情、意志和行为。所以说，轻视智育，说什么“知识越多越反动”，根本谈不上重视德育。相反，这就破坏了进行德育的基础。这跟培养全面发展的人的要求是背道而驰的。

粉碎江青反革命集团以后，特别是高等学校恢复了统一考试择优录取的招生制度以后，目前学校中出现了另一种不健康的倾向。这就是公开违反教育规律，片面地追求升学率。许多错误的做法是违背教育规律的，是十分有害的。例如，为了照顾同年级学生学业程度的差异，按学生程度高低实行分班教学是可行的。但是，有些学校对学业程度高的班级“重点培养”，配备好教师，学生光读书不劳动，造成学生轻视劳动和盲目的优越感；对学业程度低的班级几乎采取放弃的态度，配备的教师水平低，经验少，遇有劳动任务总让程度低的学生去做，造成学生的自卑感，甚至受到歧视。更加不合理的是让慢班的学生提前毕业，推出校门了事，造成社会问题。

普通中学为国家培养高级建设人才输送合格新生是应该的，但是必须在普及的基础上提高，必须使所有学生都达到高中毕业的水平，要求取得“大面积的丰收”，不能只求“试验田的丰产”。因为每个青少年都是祖国的下一代，都是共产主义事业的接班人，无论是当前建设社会主义现代化的强国，还是将来为实现共产主义的伟大理想而奋斗，都不能只靠少数人，而要发挥全体人民的力量。所以我们教育工作者要有教育家的伟大胸怀，要立志“普度众生”（即把所有的学生都教育好），不能只抓少数所谓“尖子”，放弃大量学业成绩暂时落后的学生。其实后者当中也大有人才，不能放弃。越是对落后的学生，就越需要我们多做工作，花大力气去转化，弃而不教是对祖国对人民不负责任的表现。

（三）体育

体育在全面发展的教育中也占有重要的位置。因为一个人如果没有健康的身体，虽然有爱国主义的精神，也难以承担保卫祖国的重任；虽然有高深的科学技术知识，也难以参加社会主义建设大业。这个道理是很明显的。

早在奴隶社会，体育就受到重视。如，我国古代的教育内容包括礼、乐、射、御、书、数六艺，其中射、御都属体育的范围。古希腊斯巴达奴隶主阶级的军事教育，是片面重视体育的例子。欧洲中世纪骑士教育的七技：击剑、投矛、骑马、游泳、打猎、下棋、诵诗，七分之五（如下棋也算体育，就是七分之六）是体育。我国封建社会的官方教育，很不重视体育；实行科举制度以后，文武分途，体育仿佛成了习武者的专科，修文的便很少问津了。加上一百多年殖民主义帝国主义的侵略、掠夺，在半殖民地半封建社会的旧中国，由于国贫民弱，中国人曾经被人称为“东亚病夫”。这个耻辱直到全国解放以后才得以洗雪。西方资本主义国家大都重视体育。英国更有重视体育的传统。英国资产阶级教育家洛克（John Locke，1632—1704）曾经说过：“有健康的身体，才有健全的精神。”① 英国统治阶级的绅士教育，要用体育竞赛来培养公平竞胜（即鲁迅说的“费厄泼赖”fair play）的精神。

无产阶级革命导师马克思在争取劳动人民子女教育权的斗争中，除了首先提出智育的要求，接着就提出了体育的要求；他还认为生产劳动同智育和体育的结合，是培养全面发展的人的唯一方法。前面已经说过。

毛泽东同志早在青年时期就注意体育锻炼。他1917年在《新青年》杂志发表的《体育之研究》一文，把身体比作船，把道德、知识比作船上载的人或物；认为身体如果不好，道德、知识就无所寄托。因此必须重视体育。这是一种唯物主义思想。在新中国成立初期，鉴于长期战争之后，人民生活困难，儿童体质较弱，他曾经亲自写信给教育部的负责人，提出“健康第一，学习第二”的要求；他还关怀青年的身体，在接见青年团代表大会主席团的时候，首先祝青年们身体好。又曾号召“发展体育运动，增强人民体质”。这些都证明，伟大的无产阶级革命家都是重视体育的。

我们教育工作者必须关心学生的健康，重视学生的体育锻炼。这往往要从细小的事情做起。教育中无小事。我们不能因为它是小事就忽略过去。如，学生坐的姿势是否端正，写字时眼睛和纸是否保持一定的距离，学生的课桌椅是否和学生的身长相称，教室的光线是否充足，冬季课间休息时是否注意开窗换气，学生有没有养成卫生习惯，学生每天的睡眠时间是否足够，每天的运动量是否合适，万一发现传染病，采取了哪些预防和治疗的措施。凡此种种，教师应当随时关心，提醒学生注意；需要请学校行政解决的要及时办好，需要请家长协助督促的要随时同家长联系。如果教师对学生的健康漠不关心，认为体育仅仅是体育教师的事，那是错误的。

最后谈谈体育的普及问题。学校体育必须普及，就是每个学生都要参加体育活动。如，体育锻炼标准，应当要求每个学生都要争取及格，争取优秀。此

---

① ［英］约翰·洛克著，傅任敢译：《教育漫话》，人民教育出版社1985版，第4页。

外，课外体育活动，各人可以根据自己的爱好，选择一两种。我主张普及的体育活动要有实用价值，即对将来从事劳动和保卫祖国有用，又要不多花钱购置设备，如游泳、武术、划船、骑自行车、滑冰、滑雪、长跑、登山等。学校不应只把注意力放在培养少数运动成绩好的选手身上，而要注意增强全体学生的体质。必须坚决反对锦标主义。要特别注意通过体育运动培养学生勤奋、刻苦、诚实、正直等道德品质，严格禁止在运动比赛中投机取巧、野蛮粗暴和弄虚作假。

德育、智育、体育的全面发展在实际教育工作中应当强调。这三方面必须同样重视，缺一不可。尽管根据学校教育的特点，用在智育方面的时间应该占绝大多数，但必须同时进行德育和体育，绝不能像现在某些学校拼命追求升学率，把普通中学办成升学预备班，不关心学生的健康，不注意提高学生的社会主义觉悟，不注意共产主义道德品质的培养。在一定的条件下，像全国解放初期，广大青少年儿童营养不良、体质孱弱，就应当把体育放在优先的地位，以保护下一代的健康成长。目前，学校教学秩序虽然已经恢复正常状态，但是由于十年浩劫的影响，青少年中不关心祖国前途、人类理想的现象仍然急需改变。因此，把德育强调到优先的地位，也是应当的。所谓体育优先，并不是说用大部分时间来搞体育锻炼；所谓德育优先，也不是说用大部分时间来搞道德说教。而是说，在我们教育工作者的心目中，要把它放在注意的中心。应当知道，学校教育对于受教育者来说，应当是一个整体，把它分为德育、智育、体育几方面，是为了施教者的方便，使施教者易于掌握全面，而不致有所偏废。

更进一步说，我们培养全面发展的人，需要实施全面发展的教育。这种教育不只限于德、智、体三方面，这三者当然是主要的方面，但是还有美育。美育是培养人的审美情操的，同这三者有密切的联系，不要忽视。还有，我们培养的劳动者应当是能把脑力劳动和体力劳动结合起来的劳动者，我们培养的知识分子应当是能同工人农民相结合的知识分子，因此必须对学生进行劳动教育，使他们参加力所能及的公益劳动和生产劳动，养成学生爱劳动的习惯，尊重体力劳动和体力劳动者的思想情感，并使学生爱护一切劳动成果特别是社会主义公共财产。为了坚持教育同生产劳动相结合的方针，必须把现代科学技术知识的教学同现代化的生产劳动联系起来，使学生既懂得现代生产的基本原理，又学会使用现代生产的基本工具。因此，综合技术教育或者叫基本生产技术教育、劳动技术教育，也应当是全面发展的教育的组成部分，都是不应当忽视的。

四、教育必须适合受教育者的身心发展

工人做工要了解材料的性质，才能安全、正确而妥善地施工。农民种地也要了解土壤、肥料、作物的性质，才能因地制宜，取得良好收成。我们教育的对象是活的人，特别是未成年的人，教育者如果不了解儿童的生理和心理发展情况，就不可能正确有效地教育儿童。但是这个很明显的道理，不是所有的人都同意的。那些反对教育学是一门科学的人，反对照教育规律办事的人就是这样。

我国早在奴隶社会时期，或者在封建社会早期，就已经注意到教育要适应儿童身心的发展。如，汉朝的儒生戴圣编辑的《礼记》里有一篇《内则》规定：儿童到六岁可以教他识数和方位的名称，七岁可以教他知道男女有别，八岁可教他礼让长者，九岁可教他用天干地支数日期（当时数日期的方法），十岁可以出去拜师傅，十三岁就可以学音乐，如此等等。这些虽然没有什么科学根据，但是说明古人已经知道教育要适合儿童成长的程度来进行。在《礼记·学记》里边还提出“学不躐等”、“不陵节而施”等原则，即学习不能超越儿童身心发展阶段。这些都证明当时的人在教育实践中，已经明白了教育要适合儿童身心发展的道理。西方的教育思想家也是这样，例如，古代奴隶主思想家柏拉图就曾经在他的《理想国》里，把人的教育分成五个时期，各个时期进行不同的教育。后来到了近代资产阶级启蒙思想家卢梭，根据他的经验提出按年龄阶段来教育儿童。从出生到五岁，这个时候以身体养护为主；五岁到十二岁，教育和养护并重，进行初步的智育；十三岁到十五岁以智育为主；十五岁到二十岁或到二十五岁以德育为主。这是他的经验，不一定有什么科学根据。

现代儿童心理学的研究，给我们按照儿童身心发展的阶段进行教育提供了科学的依据。但是我国教育十多年来受到林彪、江青反革命集团的摧残，教育违反规律的事情层出不穷。例如，幼儿园的孩子，他们的声带还没有发育完全，一般只能唱旋律在五度以内的歌曲。但是我们往往听到幼儿园教幼儿学适合成年人唱的歌曲。其中有一首歌曲，就是《大海航行靠舵手》。这首歌曲的音域特别宽广，成人唱都困难，却教幼儿去唱。幼儿园的韵律活动本来可以培养幼儿的节奏感和从事集体活动的秩序与习惯，但是被取消了。至于叫小学低

年级学生背语录，喊政治口号，这样的事就更不恰当。我有一个外孙，在上小学一年级的时候，老师叫他们背语录，说阶级斗争是纲，其余都是目。他回来就问我阶级斗争是不是很硬，像钢铁那样硬，而其余的都像木头那样软呢？这是小学一年级的孩子的理解。这样教小孩子念语录有什么用呢！游戏本来是体育课里应该有的内容，幼儿园、小学的学生，体育课里都应该有游戏的内容，现在也不多见了。至于在反对少慢差费的口号下，在教学中干的“揠苗助长”的事就更多了。听说要缩短学制，就不管可能不可能，仿佛越短越好，越短越革命。听说课程要砍一半，连历史、地理也不教了。结果降低了教育质量，损伤了儿童的身心。我希望我们做教育工作的同志，千万不要赶风头，不要做那种赶风头的人物。我们作为教育工作者，要全心全意为祖国培养下一代，不图名，不图利，甘当一辈子孺子牛。希望同志们有这个决心，俯首甘为孺子牛，不去赶风头，多考虑一些青少年儿童的利益。因为祖国的前途和希望都寄托在我们身上。

我们做什么事都要根据实事求是的原则，一切要经过试验。在目前的师资、设备条件下，究竟中小学应该几年，才能打好普通教育的基础，才能不降低教育质量，才不致加重学生的负担？这是一个应该研究的问题。我们不能轻易改变。现在有人提出来要恢复中小学十二年制。这个问题不在于学制的长短。影响教学效果的因素很多，首先师资是一个重大的问题。有的地方为了普及高中，师资没有，就让初中毕业生去教高中，这是笑话。我不是说初中毕业生永远不能教高中，是说他只有初中毕业生的程度，去教高中是不行的。所以我们的问题不光是学制的长短，还是要看师资、设备等的条件。比如苏联，把小学四年缩短为三年，这是经过了长期试验的。苏联教育家赞科夫是苏联教育科学院的院士。他从 1957 年就开始做试验，起初只有一个班试验，最后搞到一千二百个班试验，经过二十年的试验，确实能够做到四年的小学课程在三年里完成，最后苏联政府才批准实行了。苏联是七周岁入学，中小学是一贯制，共十年。苏联的一个有利条件是幼儿教育比较普及，学生入学前，多半是上过幼儿园的，所以苏联小学缩短成三年有许多条件。小学缩短为三年，是否把十年制学校缩短成九年呢？不，还是十年制学校。用七年的时间来安排中学的课程。原来只有六年时间安排中学课程，现在可以安排七年。英国、法国、西德的中学就是七年制或者九年制。普通教育的基础比较好，所以高等学校的质量就比较有保证。我们过去只讲缩短学制，不考虑教育的质量，不按照儿童身心发展的阶段来教育儿童，这是我们今后应该注意改进的。

这里顺便说一下，我们办教育不仅应当适合儿童身心发展的阶段，还要适应儿童的个别差异。因为同一个年龄阶段的儿童，他的身心发展有快有慢。我们现在实行的班级教学制度，是假设一个班的儿童年岁相同学习的进度也一样，但是实际上各个儿童学习的速度是不同的。为了使学习速度比较快的能学到较多的东西，学习速度慢的也能掌握必要的知识技能，教师必须付出更多的劳动来适应儿童身心发展的个别差异，所以自有了班级教学就提出了要适应个别差异这个问题。分了快班、慢班以后，有的同志问我，这是权宜之计，还是永远要这样做下去？我说要看怎么说，如果说是为了在班级教学中适应个别差异的话，那是永远要这样做的。在班级教学中，就是在一个班里面，对学得快的孩子可以多指定一些作业，对学习慢的多给一些个别指导，这样照顾个别差异，学习效果就能提高。这是一种适应个别差异的办法。我们现在实行快慢班，我看是权宜之计。因为十年动乱造成了不良后果，使好多学生名义上是高中生，实际上还是小学生，也没有办法再让他到小学去学习，那么大岁数了，只好采取权宜之计，尽量使他们多学一些，特别要把里边一些有才能的孩子发现出来，加强教育，不要埋没了。

五、学校教育在人的发展中应起主导作用

影响人的发展因素很多，归纳起来有遗传、环境和教育。学校教育在遗传、环境、教育这三者之中，是起主导作用的。遗传是先天的因素，我们不去讲它。现在注重谈环境的因素，即家庭、社会和学校这些因素。家庭、社会和学校都影响人的发展，如果家庭、社会的影响和学校的教育方向是一致的话，学校教育的效果就好，反之就不好。因此学校不能关起门来只管校内的学习，不管学生校外的学习。我们学校教育要能够起主导作用，教师必须付出更多的劳动，对学生必须从课内管到课外，从校内管到校外，从学习管到生活，从行动管到思想。一个教育家应当是这样的。

教师要同家长密切联系，使家庭教育能同学校教育协同一致，而不要互相矛盾，这样就能使学校教育的作用发挥得更大，教师的劳动就会事半功倍。但是我也听到一些家长反映，教师动不动就向家长告状，今天来个条子，说学生在学校怎么怎么，明天又给家长一个条子，说学生在学校怎么怎么，老告状。

我觉得不是什么大的原则问题，就不一定都通知家长。不是非家长协助不可的事，不一定都去向家长讲。不能把同家长联系变成告状。

在我们社会主义国家，党和政府是代表全体人民利益的，我们学校的教育目标是同全体人民的根本利益一致的。学校教育同家庭、社会取得一致是可能的，是有充分有利条件的。但是我们不能低估旧社会不良习惯势力的影响，特别是不能低估林彪、江青反革命集团破坏党的优良传统和作风所造成的社会上不正之风的影响，应当加倍努力发挥学校教育的主导作用。学校除了同家庭取得联系以外，还应当充分通过少先队、共青团组织举行各种活动，利用各种校外教育机关，如少年宫、科技宫、影剧院、图书馆、展览馆、美术馆等等，来合理安排儿童的校外生活。大城市有不少的学校实行二部制，这就要更加重视同校外教育机关的联系，发挥校外教育机关的作用。另外学校可以经常组织校外阅读活动，表演儿童剧，举行音乐演唱会，举行各项运动比赛，组织收听收看广播电视。在我们国家里，这一切都是有利于实现社会主义教育目的的。不像资本主义国家，那里的文化艺术，有好多诲淫诲盗的东西。我们要善于利用我国的有利条件，使文化艺术发挥更大的教育效果。

我们说学校教育起主导作用，并不是说学校教育能在人的一生中起决定作用。十年动乱虽然对学校教育破坏得很厉害，但是还是有大量的青少年健康地成长起来了。因为还有其他方面在起作用。但是另外一方面，社会上的青少年犯罪的人也大量增加。这说明学校没有力量起决定作用，特别是在学校没有力量控制影响儿童发展的其他因素的时候。所以，我们不可能要求学校对青少年犯罪完全负责，否则是不公平的。但是从学校本身来讲，从教师本身来讲，在正确路线指引下，应当教育学生抵制社会上不良倾向的腐蚀。许多优秀教师在这方面做出了很大的成绩，是非常值得我们尊敬的。在一些文学作品里可以看到，有些教师对学生的影响是很深的。比如，鲁迅先生写过一篇文章叫《藤野先生》，就是描述鲁迅在日本留学的时候，有一位老师对他的影响，一直影响很长时间，可以说影响了他终身。我们是忠诚党的教育事业的教师，我们应该做好学生的表率，尽量使我们的教育工作发挥更大的作用。

六、教师在学校教育中应当起主导作用

西方有句话说："有什么样的教师，就有什么样的学校。"这是说教师在学

校中要起决定作用。我看不必讲得这样绝对。但是应当承认，教师在教学中的确起主导作用，这应当是一条规律。因此，否定教师的主导作用，打击教师的威信，放任学生反对教师，甚至让学生来管学校，改造教师，都是违反教育规律的。这样做，正常的教学秩序就会遭到破坏，教学工作就无法进行，最后吃亏的还是学生。

我现在讲一讲对教师队伍的看法。苏联在十月革命以后，教师队伍出现了分裂的现象。一部分教师成为国际主义者，拥护苏维埃政权；另一部分死心塌地要为沙皇政府效劳，他们反对新生的苏维埃政权，甚至举行罢教、怠工。当时的苏俄政府就团结国际主义者教师，争取那些留恋沙皇政府的教师，只对极少数最顽固的分子给予制裁。沙皇俄国是帝国主义国家。俄国的高级知识分子向来是高踞在人民头上的，而我们中国就不一样了。中国在解放前是一个半殖民地半封建的国家，是受帝国主义欺侮压迫的。所以，我国极大多数知识分子是爱国的。他们在旧社会受“三座大山”的压迫。在新社会，几乎所有的教师都是爱国的，反对共产党和人民政府的只是极少极少数。当然，我国教师在新中国成立的初期，对新的制度、新的生活还有一个适应的过程。但是在当时的正确路线指引下，他们都愿意改造自己，为新中国服务。因此，当时党的知识分子政策能够取得伟大胜利。奇怪的是新中国成立了十七年之后，林彪、江青反革命集团硬说知识分子是“资产阶级知识分子”，说那些在红旗下成长的、由新中国培养的、正在各条战线上充当骨干的知识分子，都是“挖社会主义墙脚”的“臭老九”。广大教师受到严重的迫害。请问，在新中国成立之初，我们对于在旧社会成长起来的、由旧社会培养的、为旧社会服务过的那些知识分子，尚且能够团结他们一道为社会主义服务，为什么到了无产阶级政权已经巩固，社会主义建设日益发展的时候，对于所有的知识分子，反而当成专政的对象呢？1957 年，当时全国有五百万知识分子在各条战线上工作，毛泽东同志曾经正确地估计这些知识分子绝大多数是爱我们社会主义祖国的，愿意为人民服务的，其中有一部分已经成为共产主义者；对新中国抱敌对情绪的只是极少数①。这种估计是完全正确的。1962 年周恩来同志代表党中央对知识分子的估计也是完全正确的，它反映了客观实际。现在，我们的党中央，明确地把知识分子看成工人阶级的一部分，当作依靠力量。我们教师一定要提高政治觉

① 见《在中国共产党全国宣传工作会议上的讲话》，《毛泽东选集》第 5 卷，第 405 页。

悟，在教育工作中发挥主导作用，尽心竭力地把学生教好，才能不辜负党和人民的委托。

我们说教师在教学中起主导作用，并不排除要发挥学生学习的主动性。教师的主导作用和学生的主动学习是相辅相成的，互不抵触的。学生的学习主动性，往往是在教师起主导作用的启发诱导下才能正确而充分地发挥出来。没有教师的引导，也就没有学生学习的积极性。所以，怎样把两者的关系处理好，是科学，也是艺术。许多优秀教师在这方面做得非常出色，说明这两者是完全能够结合得很好的。

为了办好社会主义教育事业，我们必须培养合格的各级各类教师。一定要拟订严格的标准，规定任用的制度，提倡和帮助教师在职进修。这里，我提一下搞好在职进修的问题。英国有一种开放大学，实际上就是业余大学。学生在家里学习，没有校舍。开放大学的教师，主要是编教材，给学生发讲义，同时让学生看电视、听广播，也有少量的面授。英国的大学过去都是面向贵族的，有严格的条件限制，普通人进不去。现在它用“开放大学”这个词，表示大学的门打开了，让所有的人都能进去。在英国开放大学第一期招生的时候，就有七十岁退休老工人也去报名入学，在职教师报名入学的占第一期学员的百分之七十。因为上了开放大学可以取得学位，可以得到合格的教师证书。我们今后也要大量提倡业余教育。全日制大学招生总是少数，所以业余大学要大力发展。我们的教师目前有好多不合格的，怎么办呢？一个是让他在职进修，一个是到师范院校培训；实在不能胜任教师工作的，也只能另行安排工作。对合格的教师，必须保证他们的政治地位和经济地位，授权他们为祖国培养下一代，为革命培养接班人，为社会主义现代化建设培养后备军。我们千万不能在教师的培养上不下功夫，在教师的任用上马马虎虎，又不给教师以应有的社会地位，包括政治待遇和物质待遇，这样是不可能办好教育的。我们新中国成立初期，曾经很重视师范教育。教育部里有两个师范教育司，一个中等师范教育司，一个高等师范教育司。后来，把两个司合并了，剩下了个师资培训司。再后来，就取消了，把中等师范归到普通教育司，把高等师范归到高等教育司去了。1979 年举行全国教育科学规划会议的时候，有好多教育工作者提出要恢复师范教育司。我觉得这个建议很好。

任何一个国家和任何一个时代的统治阶级，都知道培养师资，来为自己的统治服务。如，我国北洋军阀的教育部，就知道师范学校不许私立，因为师范学校是为国家培养教师的学校，培养出来的教师要为实现国家的教育宗旨服务，假如让教会学校培养教师，培养出来的人就会为帝国主义服务。所以，当时不许教会办师范学校，师范学校只许国家公立，不许私立。当时唯一的私立师范学校是江苏南通张季直①办的，他是个民族资产阶级，在北洋军阀政府做过实业总长，他办师范学校北洋军阀放心，所以让他办。我们无产阶级是最有远见的、大公无私的阶级，我们如果对培养自己的师资不重视，就是个大问题。现在，我们很多的教师，小学毕业的教小学，初中毕业的教初中，还有初中毕业教高中的，这样的程度同现代化的要求相差太远了。现在工业发达的国家，都是在高等学校里培养小学教师。50 年代时，苏联的小学教师，还是中等师范培养的占多数，现在也都到高等学校培养去了。苏联的师范学院有小学教育系，是培养小学教师的。西德最近也定了一个统一的师范教育制度，小学教师也是高等学校培养的。法国的高等师范是全国最高学府，教学的质量很高，能考上高等师范是很光荣的。所以法国青年人，穿上高等师范的制服，在街上走路觉得很光荣。这是法国的传统，高等师范要收优秀的青年。我们呢，往往师范学校的招生标准比较低，考的人也很少。现在师范教育的制度也不健全，好多师范学校名义上是培养小学教师，实际上是培养中学教师，把初中毕业生招了去，培养一下，就教初中了，这个距离现代化的要求太远了。所以我觉得，我们对教师的培养应该狠狠地抓一抓。英国过去是对培养教师最不重视的国家，现在英国的教师也是大学毕业的，不光大学毕业，毕业以后还要上一年大学教育系，学教育科学，再加上教学实习，得到教育学士学位，才能成为合格的教师。我们的师资培养要赶上现代化的国家，还要做很大的努力。

七、提倡尊师爱生，建立民主平等的师生关系

教师同学生的关系，应当是民主平等的关系。学生应当尊敬教师，教师应当爱护学生，这应当是我们社会主义学校中师生关系的一项准则，也可以说是必须遵循的一条规律。林彪、江青反革命集团横行的时候，打着反对“师道尊严”的幌子，破坏了我党几十年来在老解放区就形成的尊师爱生的优良传统，给教育战线造成了深重的灾难。这里先说说什么叫师道尊严？应当不应当反对

① 即张謇，字季直。

师道尊严？“师道尊严”这个名词早就有了。《礼记·学记》里有这么一段话①，拿现在的话来说叫作学习过程中最难的是尊敬老师，老师受到尊敬，他讲的道理才会受到重视，道理受到重视，人们才知道崇尚学习。所以，从“师道尊严”这个词的本来意义来说，就是尊师重道，尊敬教师是为了重视他所传授的道理。唐代的文学家韩愈写过一篇《师说》，开头就说教师的任务是传道、授业②、解惑。如果我们把道解释为马克思主义之道，把业解释为现代科学文化之业，那么我们完全可以继承和发扬尊师重道的传统。只要我们的教师传的是马克思主义之道，授的是现代科学文化之业，我们就应当尊敬他们，而不应当反对他们。林彪、江青反革命集团大反师道尊严，其实是反对马克思主义，反对现代科学文化，这是完全违反无产阶级的根本利益的。

师生关系是相互起作用的。教师爱护学生，必须合理地、严格地要求学生。教师要求学生，也要严格地要求自己。要求学生做到的，自己先要做到，这就是以身作则。教师如果对自己要求不严，对学生的要求也就难以贯彻到底。学生会问一句：老师，你要我们这样，你自己为什么不这样？他一句话就把我们问住了。所以我们一定要以身作则。另外，如果我们迁就学生不合理的要求，降低对学生的要求的标准，那也不算是爱护学生。真正爱护学生就要严格要求学生。同时也要让学生了解，教师不是完人，学生不要对老师求全责备，特别是高等学校。高等学校的学生可以给教师提出一些善意的批评，教师应当正确地对待这些批评。可是不能够求全责备，不能够存在“你是资产阶级知识分子，我是来改造你的”这种思想。有的学生听教师讲课，不是听讲什么内容，而是专听讲错了什么。结果自己没有学到什么东西，反而干扰了教学秩序。对于中小学，还要提一提必须严格废止体罚，建立一种民主平等的师生关系。我们不能搞棍棒纪律，棍棒纪律是封建主义的东西。

八、校长（包括党委书记等）、
教师应当是一个教育集体里平等的成员

旧社会的学校有些校长以长官自居，把教师看成自己的属员。有些学校，

---

① 《学记》里的原文是：“凡学之道，严师为难。师严然后道尊，道尊然后民知敬学。”

② 《师说》原文为“受业”。

特别是私立学校的校长，就像是商店老板一样，把教师看成店员。这种看法是违背教育工作规律的。我们认为校长和教师之间，应该建立起民主平等的关系，肃清官僚习气和市侩作风。这主要应从校长做起，因为他是矛盾的主要方面。

过去为了强调党对学校的领导，曾经反对教授治校，主张外行可以领导内行。在当时改造旧学校的条件下，这样做是必要的。但是，外行一定要变成内行，才能真正领导学校。对工业生产一窍不通的人去领导工厂，对教育工作一窍不通的人去领导学校，谁都知道是要坏事的。为了体现党的领导，应当在知识分子当中发展党员，逐步让党员教授、党员教师来担任学校的领导工作。在高等学校里面，校长这个工作，必须由具有较高学术水平的同志来担任，教务长、系主任也是这样。我们的中小学校也应该提倡从优秀教师中选拔教导主任，从优秀教导主任当中选拔校长。校长、教导主任应当有很强的业务能力，是学术上、业务上的权威，不能单凭自己的职位来领导学校。可否由全体教师来选举校长、教导主任，几年一任，连选可以连任，不称职的应该罢免。校长和教导主任都应该任一门课，不能教课或者课教得不好，就不能继续担任校长或教导主任。

学校校长和教师要形成一个学术研究的集体。校长应该带头并且鼓励教师从事教育科学研究和自己专业学科的研究，要造成浓厚的学术空气。教育科学研究可以从总结自己的教学、教育经验入手，从研究自己担任学科的教材教法入手，并且经常互相观摩，交流教学经验。在一所中学里，校长、教导主任最好各有所长，比如说，校长擅长于文科，教导主任擅长于理科，或者相反。这样，在领导研究教材或者改进教法上，可以有所分工。另外，如果文科教学有老师请假了，校长可以代课；理科教学老师请假了，教导主任可以去代课。要想形成一个教育集体，首先校长和教师之间，教师彼此之间，一定要团结一致，不能搞派性分裂活动。学校的人事安排要相对稳定，不要经常调动，大家都要同心同德，亲密无间，为献身党的教育事业，为一个共同的目标而努力奋斗。我们有了这样一个教育集体，学校就一定能越办越好。

九、学校教育要重视基础理论和基本知识的教学，为学生进一步学习打好基础

自有人类以来，已经经历了漫长的石器时代、铜器时代、铁器时代。近代

科学技术的发展越来越快，从使用蒸汽机、电动机，到使用自动控制的电子计算机。学校教学的内容应该随着社会生产的发展，人类知识的进步而不断更新。但学校教学的内容又必须具有一定程度的稳定性，不可能随时改变。据国外有人说，由于科学技术的发展突飞猛进，高等学校培养出来的技术人员，毕业后五年，在学校学习的东西就已经有一半落后而陈旧了。如果他们不注意在职进修，就不能适应工作的需要。但是在职进修必须在学校时打好科学理论的基础，这种理论基础甚至在中小学时期就必须开始奠定。所以中小学要重视基本知识的教学，基本技能的训练，这样才能为学生进一步学习打好基础。实践证明，中小学生对科学基本知识掌握得越牢固，到高等学校学习基础理论和专业理论就越顺利。基本知识掌握得牢，学习新知识就能够触类旁通，举一反三。这就好像打地基一样，地基打得越牢靠，那么在上面建筑个高楼也行，甚至砌个宝塔也行。所以只有加强基础理论的教学，才能适应科学技术发展的需要。

林彪、江青反革命集团否认自然科学有自己的理论，胡说可以用马克思主义哲学理论来代替一切自然科学的理论。他们这样说，并不是抬高了马克思主义的地位，而是贬低了马克思主义。马克思主义哲学只能是一种指导思想，是一种研究方法的理论，而不能代替各门科学理论本身。各门科学都有它自己的理论，各门科学的基本理论不是哲学所能代替得了的。所以他们的这种胡说实际上反映了他们复古倒退的行为。因为在中世纪的欧洲，神学或者说经院哲学就是一门唯一的学问。只是由于生产的发展，实验科学的兴起，各种各样的科学才逐步从哲学中分化出来。在欧洲中世纪逐渐兴起的大学，当时只有四个学院或者学系，就是神学系、法学系、文学系、医学系。那时候没有各门科学自己的理论，科学只是神学的奴仆。林彪、江青反革命集团把马克思主义当作宗教，他们自封为教主。马克思主义成了他们装腔作势、借以吓人的词句，他们无耻地摆出理论权威的架势，在学术领域里来大搞封建专制主义、法西斯主义，给我们科学、教育事业造成了不可弥补的损失。这个反面的教训必须记取。

我们强调基础理论教学并不是说专业知识的教学不重要。专业知识的教学不能只学一些狭隘、零碎的东西，像十年动乱时搞什么用“典型产品”、“战斗任务”代教学而不学习理论。他们把大学物理系的教材只限于“三机一泵”，把大学生物系的教材只限于“三大作物一头猪”，就是初级职业学校也不能这样胡搞。专业技术知识也要包括专业基础理论，也要为学生毕业后学习新知识适应新的需要做好准备。专业技术知识是随着生产的发展而更新的，它变化比较快。但是科学基础理论是比较稳定的，变化比较慢。而且，科学基础理论掌握得越好，越能适应专业技术知识的变化，因为它还是在这种理论基础上发展的。科学技术往往是在基础理论的指导和推动下取得进步的。反过来，科学技术上有重大突破的时候，也使基础理论向前推进一步，所以这两方面是互相促进不断提高的。

现在我们正处在科学、技术迅猛发展的时代，如何适应这个时代来研究我们中学的教学内容，使它既能具有稳定性又能具有适应性，是一项亟待研究的课题。关于教学内容，还有一个问题，就是学科的分合问题。从上个世纪以来，科学的划分越来越细，现在就有分久必合的趋势。所以跨学科的研究不断兴盛起来。这是符合事物本质的，事物本来都是互相联系的，而不是彼此孤立的。这也是辩证唯物主义的胜利。当马克思创立辩证唯物主义的学说的时候，科学家的指导思想还是机械唯物主义。经过一个多世纪的实践证明，机械唯物主义行不通了，不管科学家在哲学上信不信辩证唯物主义，事实迫使他们按照辩证唯物主义理论办事了。所以现在有了多种多样跨学科的研究。比如航天技术，没有多种多样跨学科的共同协作和共同努力，是办不到的。我们的教学内容也要反映出科学上这种分久必合的趋势。

十、教学必须理论与实践统一

怎样做到这一点呢？我想有这么两句话。一句是：教的方法要根据学的方法；第二句是：学的方法要适合用的方法。这是我国人民教育家陶行知先生的两句话，但有改动。他的原话是：教的方法要根据学的方法，学的方法要根据做的方法。他主张在做中学，这是受了实用主义思想的影响。他这句话的重点是“做”。但是我们认为他的前半句话是可取的，后半句话是不可取的，所以，改成“教的方法要根据学的方法，学的方法要适合用的方法”。这样一改，我们的着重点就是在“用”。意思就是理论要联系实际，理论要和实际统一起来。强调“做”就不是系统理论学习的意思，就只是注意当前，忽视长远；结果学生往往只知其然，而不知其所以然。这样知识就有片面性，就零碎而不完全。我们强调用是兼顾了理论和实践，所以避免了片面性。

所谓教的方法要根据学的方法，就是说教学方法必须以心理学特别是教育心理学为根据。过去有一段时间不少师范院校只讲普通心理学，不讲教育心理学，这是一个缺陷。我看在心理学教学中应该有三分之二的时间或者四分之三的篇幅来讲教育心理学。教育心理学要以学习心理为主。我这么设想，高等师范学校各系如果能按照本系的专业讲语文学习心理、数学学习心理等等，一定会受到学生的欢迎。这将大有助于提高中小学各科的教学质量。困难的是目前我国自己的试验材料不多，研究的成果还少，需要搞教育专业和心理专业的同志，和有关专业的同志一起努力来填补我们的空白。如果能够按照教育心理学的要求进行教学，教师和学生就能避免许多无效的劳动。假使教师能够懂得学生记忆和遗忘的规律，在教过一节新课以后，就可以适当地组织练习和复习，既不要求学生做过多的机械的练习，也不至于因为练习不足而使学生不能巩固地掌握基础知识。现在出现的学生负担过重的现象，有许多原因，其中之一就是因为教师要求学生做过多的机械练习引起的。我们应当要求学生做理解的记忆，不要要求学生做不必要的机械的记忆。当然，对某些学科，机械的记忆也是必要的。如，外语记生词，历史记年代，体育运动中掌握某些技巧，需要下苦功夫。

我们说学的方法要根据用的方法，也可以举外语学习的例子。我们认为学习外国语要是当作死的文字来学习，不是当作活的语言来学习，那么学来学去还是个聋子和哑巴。语言本来是交流思想的工具，文字是思想的定型，我们学习本民族语言，总是先学会说话，然后再学习记录语言的工具——文字。学外国语能先学会说话，再学文字，这样就不难了。这就是采取用的方法来学习。这是指从儿童幼年起就开始教他学习外语而采取的办法，希望他真正地“四会”：会说、会听、会读、会写。但是对于幼年没有能够这样学的人，现在又必须吸取外国的知识，如大学生和成人，就不一定要这样来学了，只要求看懂外文资料，就不一定做到“四会”了。只要首先掌握基本语法和词汇，能够看懂外文资料就行了。不过这是一种应急的办法，要真正掌握一门外语，还是应该严格要求“四会”。

*　　　　*　　　　*

学校教育工作的规律，当然不只是上面说的这些。以上只不过举几个例子来说明，教育工作是有规律可循的，教育工作不应该随着“长官意志”而左右摇摆。我们教育工作者必须养成按教育规律办事的习惯，并且在实际工作中发现和运用教育工作的规律，来提高教育质量。

附带说明一点，在这里，不能把上级指示同“长官意志”混为一谈。上级指示要是从群众中来的，是集中了广大群众意见的，我们必须坚决执行。倘若上级指示不符合教育规律，我们可以通过组织提出意见，不应当轻易把它说成“长官意志”。对于上级领导机关来说，要坚持从群众中来又到群众中去的原则，坚持党的群众路线的优良传统是必要的。同时，还要学习一些教育科学理论。

研究教育规律的教育学，还是一门很年轻的科学，许多领域还是未开垦的处女地，有待我们做实际教育工作的同志和研究教育科学理论的同志共同来开发和研究。

载《论教育规律及其他》，
湖南教育出版社 1983 年版。

普及教育是国家的义务*

为了建设社会主义现代化的强国，我们全党全民正在国民经济各个领域贯彻调整、改革、整顿、提高的方针，教育战线也不例外。

经过林彪、江青反革命集团的疯狂破坏，我国教育战线问题成堆，百废待举。在改革教育的过程中，应当首先考虑普及教育问题。因为教育不普及，是全国各族人民提高科学文化水平的障碍，因而也是实现社会主义现代化建设的障碍，我们非进行“顽强繁重的工作”① 来普及教育不可！

在封建社会，生产力水平很低，农业和手工业的生产技能可以在生产劳动的实践中父子相传或师徒授受。劳动者受封建等级的限制，无权享受文化科学知识教育。当时上学多半是为了做官，或者为了脱离农业和手工业劳动，受教育权主要为地主阶级子女所垄断。劳动人民极大多数被迫处于愚昧无知的状态，也就是文盲状态。

劳动人民的愚昧无知，对于剥削阶级是有利的。在资本主义社会初期，资产阶级还是害怕工人阶级有知识。列宁曾在1895年指摘过沙皇政府，说沙皇政府的“大臣把工人看成火药，把知识和教育看成火星；大臣确信，火星一旦落到火药上，首先被炸的就是政府”，说“大臣们多么害怕知识和工人的结合”。因此，他号召工人“应当向所有的人表明：任何力量都不能阻止工人的觉醒！没有知识，工人就无法自卫；有了知识，他们就有了力量！”② 这也是因为沙皇俄国从封建农奴制的国家转为资产阶级国家还不很久。当时，在19世纪后半期，许多比较先进的资本主义国家，都已经通过了普及教育法令，如，美国最早的州在1852年，英国在1880年，法国在1882年，都先后通过

* 1980年2月6日写成。

① 列宁：《日记摘录》，《列宁选集》第4卷，第676页。

② 列宁：《我们的大臣们在想些什么》，《列宁全集》第2卷，第66、68页。

了普及教育法。普及教育法规定由国家、企业或私人团体出钱办学，受教育者是不出钱的。这是因为资产阶级看到机器大工业的生产，需要有一定文化知识的工人，否则工人就不会使用那些机器，也就不能为他们创造利润。同时，这也是工人阶级为争取受教育权而斗争的结果。

推行普及义务教育，除了经济的原因（这是主要的），还有政治的原因。最早号召推行义务教育的是德国，早在宗教改革时期，德国新教领袖马丁·路德（Martin Luther，1483—1546）就曾经主张普及教育，那是为了争取人们信仰新教。在德意志民族国家形成的过程中，17 世纪初年，萨克森政府和普鲁士政府就先后通过了义务教育法令，企图用教育来促进德意志民族的统一。因为在欧洲中世纪，教育事业为宗教教会所垄断，不同的教派向教徒及其子女传授不同的教派思想，对于形成统一的民族国家非常不利。所以民族国家形成以后，就要把教育权从教会手中收到政府手中，而且用国家政权的力量来推行义务教育。美国各州政府因为欧洲各国的移民多，要把从不同国家来的移民的子女变成忠于美国的人，使他们美国化，就必须通过教育的手段，教他们讲美国的国语即英语，懂得美国的历史、地理和美国社会的行为准则，使他成为一个忠于美国的人。

义务教育又称强迫教育，是要用强制的手段来普及的教育。它要求在一定年龄范围内的儿童，即学龄儿童，要进入学校受一定年限和一定程度的教育。如果家长不送儿童入学，要受到法律的处分。这好像义务兵役制一样，青年服兵役是对国家应尽的义务；儿童受教育也是对国家应尽的义务，只是因为儿童尚未成年，所以要求家长来尽义务送子女入学。

但是，在剥削阶级统治的社会里，广大劳动人民处于贫困的地位，孩子上学交不起学费，买不起书籍文具，甚至食不果腹，衣不蔽体，如何能人人上学呢？经过劳动人民的斗争，资产阶级政府便不得不采取免收学杂费，免收书籍文具费，甚至免收制服费及供给早餐或午餐的办法，来推行义务教育。所以除了儿童有受教育的义务，家长有送子女受教育的义务以外，国家也有开办学校、任用教师、供应教材等让儿童能够入学的义务。所以普及教育、义务教育总是同免费教育相关联的。

清末从 1904 年 1 月颁行《奏定学堂章程》起，就提到外国实行强迫教育，主张清政府实行劝学。① 后来民国历届政府都提出了普及教育的要求，甚至还

① 见《中国近代教育史资料》中册，第 416 页。

制定了计划，规定了年限。但是，这些都是纸面上的东西，从来没有实行过。当时也有一些有志之士呼吁普及教育，但是在反动政府统治下，是办不到的。正如毛泽东同志1927年批评过的那样，“知识阶级和所谓‘教育家’者流，空唤‘普及教育’，唤来唤去还是一句废话。”① 这就是说，在半殖民地半封建社会，只有用革命的办法推翻反动统治，普及教育才有实现的可能。这是对“教育救国论”的有力批判，也是对列宁在《论我国革命——评苏汉诺夫的札记》一文中提出的“先革命后教育”的思想的继承和发展。

十月革命以前的沙皇俄国，教育是很不普及的，文盲是很多的。十月革命以后，苏维埃政府的教育人民委员立即宣布“（一）用免费的普及义务教育的办法，争取在最短期间，做到人人识字；（二）为普及教育培养师资；……（四）提高国民教育经费预算”② 等有关改造教育的原则。但是，由于帝国主义的武装干涉和白匪的叛乱，加上国民经济没有恢复，上述普及教育的措施并未能马上落实。直到完成了第一个五年计划，实现了社会主义工业化，才为普及义务教育准备了条件。以斯大林为首的联共（布）中央才在1930年7月做出了《普及义务教育的决定》，规定到1933年普及初等义务教育和十一岁到十五岁超龄儿童的教育。到1934年1月第二个五年计划完成时，联共（布）第十七次代表大会关于第二个五年计划的决定中说：“第二个五年计划的成就，不仅扫除了苏联居民中的文盲，扫除了有劳动能力的居民中的半文盲，并且普及了初等义务教育，而且首先在农村里也开始实行了七年制的普及义务教育，而在城市里，这个任务在第一个五年计划期间基本上已经完成了。”③

在农村人口众多的国家里，普及教育的问题，实际上是农民子女的入学问题。苏联农村中学（五到十年级）的学生数从1928—1929学年度的447 587人，增加到1932—1933学年度的2 208 534人，四年间增加了近4倍（100∶493）④。这样的速度，只有在社会主义制度下，在正确的路线、方针、政策的指引下，才可能实现。很明显，苏联教育的普及，苏维埃国家正如同列宁在《日记摘录》中所说，是进行了“顽强繁重的工作”的；而且也是按照列宁在同一文章中所说，在修改财政预算的时候，“首先应当缩减的，不是教

① 《湖南农民运动考察报告》，《毛泽东选集》第1卷，第42页。

②③④ 参见《世界教育史纲》第2册，人民教育出版社1954年版，第155、233—234、235页。

育人民委员部的开支，而是其他部门的开支，以便把缩减出来的款项，转作教育人民委员部的经费。”① 如，俄罗斯联邦国家和地方教育经费的预算，1928—1929 学年度是 631 600 000 卢布，其中用于普及教育的学校经费是 292 300 000 卢布；义务教育费占教育经费总数的 46.28%；1933 年教育经费总数是 2 142 400 000 卢布，其中用于普及教育的学校经费达 1 107 900 000 卢布，占教育经费总数的 51.71%。② 总之，没有国家的大力投资，教育是普及不了的。

新中国成立后，普及教育工作曾经取得可观的成果，到 50 年代末学龄儿童入学的达到 80%以上。可是，经过林彪、江青反革命集团的破坏和摧残，教育普及率、巩固率和合格率急遽下降。陈伯达等把持的《人民日报》曾在当时编发了一百多次《关于农村中小学下放到大队去办的讨论》，为他们破坏普及教育事业制造舆论。他们把原来由国家出钱办的小学，下放到大队；把原来由国家发给工资的教师改为“赤脚”教师，由生产队记工分。由于极大多数农村生产水平低，工分值低，教师的待遇没有保障，合格教师纷纷转业，教育质量一落千丈。直至目前，据说七岁儿童入学率是 90%，能读完五年的不过 60%，真正能达到小学毕业程度的只有 30%。这种状况怎能不令人担忧！因为“在一个文盲的国家内是不能建成共产主义社会的”（列宁语）。尽管我们引进若干新技术新设备，没有人能开动，还是不起作用。所以我们如果再不改变这种状况，实现现代化就将是一句空话。

现在，朝鲜民主主义人民共和国已经普及了十一年的义务教育，比好多工业发达的国家年限还长；朝鲜的小学教师要具有师范大学毕业的程度。从这两点来看，朝鲜普及教育已达到世界先进的水平。

过去我们借口国家大，人口多，生产发展水平不高，仿佛普及教育做不到是无可非议的。诚然，我们同工业发达的国家相比社会生产力发展的水平确有差距，我们应当根据自己现实的条件来确定普及教育的年限，并且根据生产力水平的提高来逐步提高普及教育的年限。但是，过去政府不大力拨款兴办小学，不认真培养合格的师资，在普及教育阶段收取学费，而高等教育阶段反而不收学费。甚至每到缩减财政预算的时候，首先缩减教育经费，而不是按照列

① 《列宁选集》第 4 卷，第 676、677 页。

② 参见《世界教育史纲》第 2 册，第 236 页。

宁的教导，缩减其他部门的开支转用作教育经费。这种种做法都是不利于教育普及的。况且，我们统计教育普及率，不能只看每年达到学龄的儿童入学的有多少，而要看读满规定的普及教育年限，能真正达到规定标准程度的人有多少。必须讲究实际效果。目前，我们在广大农村还只能普及五年小学教育，就要踏踏实实把这五年小学教育办好。国家既然向农民征收了农业税，就有义务给农民办学校，让所有农民的子女都能受到规定年限的义务教育。过去在战争时期实行过的“民办公助”的办学方针，实践证明不能适应社会主义现代化建设的需要，应当改为以公办为主，民办为辅，逐步做到全部公办。越是生产落后、条件差的地方，如山区、牧区，特别是少数民族地区，国家越是要大力拨款来兴办学校，培养师资，免收学费，千方百计普及教育，堵住新文盲产生的缺口。

我国正在制定国民经济发展的远景规划，还要制定适应国民经济发展的教育规划。在制定教育规划的时候，首先应当想到的不光是为国民经济建设培养高级建设人才，而且必须想到提高全国各族人民的科学文化水平。如果人民的文化水平不提高，现代化是实现不了的。当前必须补好普及教育和扫除文盲这一课。党和政府要把普及教育看作国家的义务，看作重大的政治任务。一方面要大力为小学培养合格的师资，并由国家发给工资；一方面要兴建校舍，充实设备。在重视教育的国家，每到一个城镇，一眼就可以看到那里的学校所在，因为学校是那里最好的建筑。我们也希望今后到我国每个城镇看到的最好的建筑，不是机关或供销社，而是学校。

我强调国家出钱办学，当然不排斥有条件的企业投资办学。相反，我主张在有条件的企业，教育经费可以完全由企业自己负担；从哺乳室、托儿所、幼儿园、小学、中等学校直到高等学校，企业能够自己办的完全可以自己办，国家可以把用在城市和工业区的教育经费，挪到农村去用。农村人民公社经营农工商联合企业收益好的，也可以自己去办学。农村人民公社生产好的，农民办学积极性高的，当然欢迎他们用集体的力量来办学。但是所有的学校都要遵照党的教育方针来办，要由政府任用合格的教师，以保证教育的质量。

随着社会主义现代化建设的不断发展，我国越来越需要具有科学技术知识的熟练工人，普及教育的年限也将逐步延长到初中阶段和高中阶段。为了适应这种需要，可以举办同初中平行的各种类型的初级职业技术学校和同高中平行的中等专业学校。不要把普及教育局限在普通教育范围，这是在目前条件下应当考虑的。

敬爱的周恩来同志曾经说过，普及教育是大政。笔者衷心期望党和政府能把这个大政认真抓紧做好，为社会主义现代化建设打下坚实的基础！

载《论教育规律及其他》，
湖南教育出版社 1983 年版。

正确处理学生思想品德教育的种种关系*

林彪、江青反革命集团在我国横行十年，教育战线同其他各条战线一样，遭到空前浩劫。由无数革命先烈的鲜血和老一辈无产阶级革命家的血汗培养起来的党的优良传统和作风被他们抛弃了，我们党历来做得卓有成效的思想政治教育工作也名存实亡了。这十年中，打砸抢代替了学雷锋，学马列变成了假大空，封建主义思想泛滥，法西斯主义思想猖獗。直到今天，他们倒行逆施所造成的流毒，还要继续下大力气来肃清。

在当前提倡破除迷信、解放思想，强调关心人民生活、重视科学技术的条件下，青年人的思想不可能不受到一定的影响。因为他们缺乏历史知识和马克思主义的理论修养。如何针对这些特点来做好学生的思想品德教育工作，是我们教育工作者的一项光荣而艰巨的任务。

我们应当有信心做好青少年的思想品德教育工作。第一，只要我们自己当坚持派，坚持四项基本原则，不当怀疑派，不怀疑党的优良传统和作风一定会恢复和发扬，在党的十一届三中全会以来的路线、方针、政策的指引下，把教育好青少年看作为“四化”增添力量，尽心竭力，努力去做，是可以做出成绩来的。第二，只要我们自己当实践派，不当“凡是派”，运用教育实践中行之有效的经验，根据为教育实践检验过的理论，我们一定会把工作做好的。第三，要看到青少年中主流是好的，本质是向上的，甘心堕落的是极少数，而且其中多数是能够挽救过来的。“只要功夫深，铁杵磨成针”，只要我们有锲而不舍的精神，就可以做出成绩。第四，全国中小学生有两亿多人，如果我们能把他们都教育好了，对整个社会风气必将发生深远的影响。总之，我们教育工作

* 这是作者从1980年3月起，先后在北京师范学院和在苏州、杭州、长沙、石家庄、大连、北京等地举行的教育学会或教育学研究会会议上的讲演稿。1980年3月20日第一次讲。

者要做教育家，要有“普度众生”的伟大胸怀。

下面我想谈谈，要做好青少年的思想品德教育工作，有哪些经教育实践检验过的理论可以做根据，有哪些在教育实践中行之有效的经验可以利用。为了便于说明，我想把它归结为思想品德教育中的种种关系。现在就来看看怎样正确认识和处理这些关系。

一、学校教育和社会影响的关系

关于教育同社会的关系，历来是一个难以解决的问题。马克思 1869 年在一次讨论关于现代社会中的普及教育问题时，曾经说：“这个问题有一种特殊的困难之处。一方面，为了建立正确的教育制度，需要改变社会条件；另一方面，为了改变社会条件，又需要相应的教育制度。因此，我们应该从实际情况出发。”① 现在，我们就从实际出发来谈谈当前学校教育同社会影响的关系。这个关系，有人比作胳膊和大腿的关系，说胳膊扭不过大腿，认为学校教育受不了社会影响的冲击。并且举例说，如果社会上无论招生、招工、招兵，都能采用择优录取的原则，学校教育就好办得多。但是，现在招生虽然实行了择优录取，而招工、招兵往往不经过学校的推荐，如，有的学习好的学生被分配去卖菜，而学习不好的学生却被分配到无线电厂当工人；有些德智体都好的学生想参军去不了，而有些品学都差甚至身体也不合格的反倒参了军。这些固然是事实，但我们不能因此就认为学校教育对于改变这种不良的社会现象无能为力。因为在粉碎了江青反革命集团以后，这些现象已经不是主流而是支流了。

这里要涉及教育工作者的指导思想问题，也就是世界观问题。总的说来，我们教育工作者的指导思想，当然是马克思列宁主义、毛泽东思想，是辩证唯物主义和历史唯物主义。具体运用到教育工作上，我们应当怎样来观察和认识学校教育和社会影响的关系呢?

我们既然是唯物主义者，当然要承认不良的社会影响的确会抵消部分教育的效果。但是，我们又是辩证唯物主义者，不能把这种社会影响看作一成不变的，也不能看作普遍存在的。试想，在旧中国蒋家王朝实行封建法西斯统治，

① 《马克思恩格斯全集》第 16 卷，第 654 页。

那时整个社会是黑暗的，恶劣的影响可谓大矣，当时真是民不聊生，天怒人怨。但是由于有中国共产党的艰苦奋斗和坚强领导，人民群众觉悟提高了，终于团结起来推翻了他们。林彪、江青反革命集团横行十年，不过是封建法西斯主义的死灰复燃，回光返照。伟大的四五运动，参加者主要是青年。这就证明，今天人民的觉悟是更高了。现在党中央正在加强党的领导的同时，改善党的领导，正在加强社会主义民主和法制，必然要清除掉一切封建法西斯的残余，这才是当前社会的主流。谁要逆潮流而动，是不会有好结果的。对此，我们要有坚定的信心。马克思主义正是要求我们看问题要看主流，看本质，而不要把支流当主流，把现象当本质。

我们不仅要承认不良的社会影响是会变的，不会长期存在的，同时还要尽力促进它的改变和转化。马克思主义者不是“教育万能论”者，我们不能像空想社会主义者或者改良主义者那样主张教育可以改造社会。如果以为光靠教育的力量就能把社会改造过来，那不成了“教育救国论”了吗？当然不能那样设想。在旧社会，那是一种不革命而搞阶级调和的改良主义思想，是应当反对的。我们今天是在共产党的领导下，在社会主义国家里，我们的学校教育应当能起到树正气、立新风、恢复和发扬党的优良传统的作用。党的十一届三中全会以来，已经给学校教育起这样的作用创造了更加有利的条件。

抵制不正之风，遵守党纪国法，要从我做起，从现在做起。当然，这样做，并不是没有斗争的。首先，我们教育工作者自己无论在思想上、生活上、行动上都要检查一番。我们要做到严以律己，才能为人师表，为社会的楷模。其次，我们要始终如一地坚持跟社会上的不良风气做斗争，对一切邪恶的势力决不屈服。要对不良现象展开批评，更要抵制一切不良思想和作风的侵蚀。再次，要严格要求学生，要求学生家长，特别是领导干部，不能破坏党纪国法，不能破坏社会主义民主和法制，对于做得好的要及时表扬和鼓励。

过去，在资本主义社会里，人们称新闻记者是“无冕之王”。说新闻记者能制造舆论，在那些资产阶级民主国家里能起一定的作用。我看，在我们社会主义国家，应当提高人民教师的地位，像列宁说的那样，提到资本主义社会从来没有也不可能有的高度。让人民教师成为党领导下的“无冕之王”，也就是说让学校教育在学生、家长和整个社会中受到尊重。这样做是要使社会风气随着学校教育而转移，这就能给青少年的思想品德教育创造极为有利的条件。

二、德育和智育的关系

阶级社会的教育总是把符合统治阶级利益的思想政治教育放在绝对重要的地位，不然就不可能造成“任何一个时代的统治思想始终都不过是统治阶级的思想”① 那种局面。

中国封建社会的教育几乎就是德育的同义语。当时所谓教育就是伦理教育，讲究人与人之间的关系，所谓“父子有亲，君臣有义，长幼有序，夫妇有别，朋友有信”这一套，讲的都是维持封建统治秩序的礼教。即使如此，也不能一点没有文化教育。如《论语》说：“子以四教：文，行，忠，信。”② 尽管四教当中，德育占其三，但智育居其首。可见德育和智育从来是不可偏废的。

欧洲中世纪要以宗教教育麻醉人民，但要教会儿童读《圣经》，背《教义问答》，也不得不教儿童识字，虽然这种教育很不普遍。

19 世纪中叶，欧洲处在资本主义社会发展时期，伟大的无产阶级革命导师马克思为争取工人阶级及其子女的教育权而斗争。他要求把生产劳动（当时童工很多）同教育结合起来。他所谓教育指三件事：一是智育，二是体育，三是技术教育。我们当初学习马克思这些论述的时候曾经怀疑过为什么他不提德育的问题。这个问题提得幼稚了，还是把教育同当时社会条件割裂开来了。原来马克思鉴于当时资本主义社会的所谓德育，就是宗教教育的同义语，他怎么能让资产阶级用宗教这个麻醉劳动人民的鸦片烟来毒害工人阶级和他们的子女呢？马克思 1869 年在前面提到过的那次关于普及教育问题的谈话里，曾经明确表示过，不能让资产阶级的学校来对工人阶级子女进行德育。③ 这是马克思在资本主义社会为争取工人阶级受教育权而斗争的时候极为明智的地方。现代资本主义社会里，工人阶级已经争得了受教育权。如，美国高中毕业生有百分之四五十可以升入大学，适龄儿童入高中的达到 99%。每万人口中的大学生数达到四百五十六十人之多。资产阶级给工人子女以智育、体育、技术教育的同

① 《马克思恩格斯选集》第 1 卷，第 270 页。

② 《论语·述而》。

③ 参看《马克思恩格斯全集》第 16 卷，第 656 页。

时，也给他们以资产阶级的道德教育。如，在理工科高等学校里，必修学分的四分之一是社会科学。显然，这是要用资产阶级世界观来塑造工人阶级子女，把他们培养成能为资产阶级服务的知识分子。所以，光争取受教育的权利还不行，工人阶级必须用无产阶级世界观来教育自己的下一代，要使他们为工人阶级的利益服务，才能取得社会主义的胜利。

对于受教育者来说，教育是一个整体。受教育者不可能明确区分出什么时候只受智育，什么时候只受德育，因为它们本来是互相联系、不可分割的。但是教育者的心目中，必须全面考虑，不可偏废。林彪、江青一伙把智育同德育对立起来，他们一方面把“智育第一”当作修正主义教育思想来批，反对师生学习系统的文化科学知识和科学基础理论；一方面歪曲引用抗日战争时期以知识分子为对象，以培养抗日军政干部为目标的抗日军政大学的办学方针“学校一切工作都是为了转变学生的思想”，来篡改培养德智体全面发展的有社会主义觉悟的有文化的劳动者这个社会主义的教育方针，以致把我国社会主义教育事业破坏得不成样子。

我们必须正确认识和处理好德育和智育的关系。德育是指示学习目的和学习方向的。我们教学生学习，是为了让他们学好本领建设社会主义现代化的强国，立志为人民服务，不是追求个人的名利地位、升官发财。因此，我们可以把德育看作灵魂和统帅，它的重要性是不言而喻的。但是，我们办学校是干什么的呢？学校是在人类积累了大量间接经验以后产生的，它的任务就是要给下一代传授前人积累的间接经验（书本知识），免得下一代事事都去直接经验。如果事事都要直接经验，那么人类就永远处在野蛮状态，不可能建立文明的社会了。所以学校进行智育，传授系统的科学基础理论和文化科学知识是它的中心任务，否则就没有办学校的必要了。

没有德育，智育就没有正确的方向和目的；没有智育，德育也就失去了依据和基础。这应当是教育工作的一条规律。大家都读过列宁的《青年团的任务》，其中有一句话说：“只有用人类创造的全部知识财富来丰富自己的头脑，才能成为共产主义者。”① 共产主义者当然要有共产主义世界观，就是要有辩证唯物主义和历史唯物主义的观点。在把神创论和进化论同样作为教材，即把宗教迷信同实证科学同样教给学生的社会里，学生是不可能形成辩证唯物主义

① 《列宁选集》第4卷，第348页。

观点的；同样，在把天才人物即英雄看作创造历史的动力，把无产阶级革命导师看作神一般的社会里，也是不可能培养学生历史唯物主义观点的。所以我们说智育是德育的基础，没有智育，也就没有德育。举个浅近的例子，我们的德育要培养“五爱”公德，第一爱就是爱祖国。怎样才能培养爱祖国的思想情感呢？首先就要使儿童知道祖国历史悠久，幅员广大，有丰富的物质资源和文化遗产；其次更要使学生知道近百年来旧中国受“三座大山”的压迫、剥削以致贫穷落后，无数革命先烈和革命前辈抛头颅、洒热血才推翻了“三座大山”，才建立了社会主义新中国；再次还要使学生知道消灭了剥削和压迫的社会主义制度的无比优越和光明灿烂的前景。所有这些，离开了智育都是无从谈起的。所以，把德育和智育两者对立起来是极其荒谬的。当然，只教书不教人，只抓智育（或者正确点说只抓书本知识的传授）不抓德育也是完全错误的。现在有些片面追求升学率的学校就犯了这种错误，应当及早纠正。

三、知和行或理论和实践的关系

刚才我们说，德育要有智育做基础，但并不等于说知识丰富的人，就一定道德高尚。把知识和道德等同起来，认为知识即道德，这是历史上唯心主义思想家一贯的主张。事实证明它是错误的。在革命队伍中，不是有些马列主义词句背得很熟的人，自命为百分之百的布尔什维克的人当了叛徒吗？日本帝国主义侵略中国的时候，不是有一些把必须爱国的道理讲得头头是道的人当了汉奸吗？所以认为有了知就能行是错误的。那些唯心主义思想家往往认为知是天赋的，与生俱来的，所谓“生而知之”，所谓“先验论”，都是把“知”看得超越于“行”的。宋儒朱熹主张知先行重，他说：“知行常相须，如目无足不行，足无目不见。论先后，知为先；论轻重，行为重。”① 他主张“致知、力行、用功不可偏废”②。不过知也好，行也好，在他看来，无非都是为了“明天理，灭人欲”。他说的“行”，同我们讲的实践完全是风马牛不相及的。明儒王守仁虽然反对把知和行分裂开来、知脱离行的做法，而主张“知行合一”，但是因为他认为知是先天的，把知和行等同起来，说“知是行之始，行是知之成”，认为“未有知而不能行者，知而不行，只是未知”，这样就用知把行吞并了，

①② 《朱子语类辑略》。

把行统一于知了，认为人“一念发动处，便即是行了”。① 这种唯心主义的知行统一观当然是经不起实践检验的。我们常常说，“学雷锋，见行动”。能不能说一个学生只有一个学雷锋的念头，在口头上说说，在作文中写写，就说他已经在学雷锋了呢？当然是不能的。

历史上的唯物主义思想家对知行关系的认识，当然比那些唯心主义者要进步些，因为唯物主义思想家都是当时的先进社会生产力的代表。如，荀子就讲过“知之不若行之”② 的话，王夫之也认为“君子之学，未尝离行以为知”③，魏源认为“乌有不行而能知者乎”④。他们都主张知离不开行，反对知先行后的说法，主张行而后知。我国人民教育家陶行知先生，本名文濬，后改名知行，后来又改名行知，说明他世界观的一次转变，从主张知而后行，转为主张行以求知，从重知改为重行。这当然是一种进步。但所有这些思想都有一个大缺点，就是他们把行看作个人的行动，没有看作社会的实践。

马克思主义关于知和行的关系、理论和实践的关系，毛泽东同志在《实践论》一文里阐述得很清楚。我们把《实践论》的精神，运用到道德教育方面来，应当学会用马克思主义的知行统一观来指导我们的教育活动。一方面，我们要让学生从社会实践当中来形成正确的思想、观点、信念、情感和意志。如，指导学生从事生产劳动来形成劳动创造世界的思想、观点和信念，养成爱劳动、尊重劳动人民的情感，锻炼为完成劳动任务而坚持努力的坚强意志；又如，指导学生从事社会调查来对比旧中国和新中国的社会制度、社会生产、人民生活、文化教育、科学技术、市政建设、交通运输等情况，使学生形成“只有社会主义能够救中国”的思想、观点和信念，形成只有共产党的领导才能坚持社会主义道路的思想、观点和信念，从而形成对共产党和社会主义祖国热爱的情感，并有献身党的社会主义现代化建设的意志。这是从实践到理论、从感性认识上升到理性认识的过程。另一方面，我们又要帮助学生用在学习、劳动和活动中形成的思想、观点和信念这些“知”来指导自己的“行”，即用理论来指导实践。这是把理性认识再回到实践中去的另一个飞跃。如学生已经形成

① 《阳明全书》卷一《传习录》上。

② 《荀子·儒效篇》。

③ 《船山遗书》第十一册《尚书引义》卷三。

④ 《默觚上·学篇二》，载《魏源集》上册，第7页。

了社会主义优越性的认识，就要有为献身“四化”而勤奋学习的行动；如学生已经有了热爱社会主义祖国的思想、情感，就要有为了保卫祖国、建设祖国而英勇献身的行动。

我们应当坚决反对那种说假话、说大话、说空话的空头政治家的恶劣作风，坚决反对那种只知教训别人、改造别人、自命正确的高人一等的作风，坚决反对实际行动同口头说教对不上号的言行不一的歪风。

我们应当遵循周恩来同志的教导，养成“言行一致的革命精神”。只有我们教育工作者言行一致了，我们才能教导学生言行一致，知行统一。

四、革命传统教育和现实生活的关系

从50年代到60年代前期，我们对青少儿童进行革命传统教育，收到很好的效果。广大教育工作者在进行自我教育的同时，用党的优良作风和优良传统武装了自己，也武装了新的一代。

首先就是把列宁称为旧社会的最大祸害之一理论脱离实际的恶劣作风破除了，代之以理论和实际紧密结合的优良作风。董存瑞、黄继光、邱少云、罗盛教、刘胡兰，以及保尔·柯察金、卓娅和舒拉、马特洛索夫、古丽娅等英雄人物的形象，不仅为广大学生所衷心爱戴，而且树为学习的榜样。大家都以言行一致、实事求是为光荣，以夸夸其谈、哗众取宠为耻辱。

其次，教育学生养成了密切联系群众的优良传统和作风，树立了全心全意为人民服务的思想，多数知识分子真心诚意要与工农结合，为工农服务。许多学生毕业后自愿到祖国最需要的地方去，到最艰苦的地方去，至今还有许多50年代60年代的毕业生是建设祖国边疆的骨干力量。大家都以艰苦奋斗为光荣，以贪图安逸为耻辱。

再次，教育学生树立了批评和自我批评的革命传统和作风。批评和自我批评是革命事业前进的动力，它使我们每个革命同志既严格要求自己，也严格要求同志；它既可增强革命队伍的团结，又足以增强革命队伍的战斗力。通过批评和自我批评，大家都能把革命利益放在第一位，使个人利益服从革命利益，并且以克服自己的错误缺点为理所当然的事，以袒护甚至隐瞒自己的错误缺点为见不得人的事。

还有艰苦朴素、勤俭节约的革命传统和作风。许多学生养成以艰苦朴素为荣，以铺张浪费为耻的思想作风。如此等等。

所有这些党的优良传统和作风，在林彪、江青反革命集团横行时期，统统被彻底破坏了。当时，革命和反革命的关系颠倒了，一切是非、真伪、善恶、美丑的标准都颠倒了。由无数革命先烈和革命前辈培育起来的优良传统和作风，自然也就一扫而光了。这种内伤至今还很难完全治愈。

现在对学生进行革命传统教育的最大困难是学生的现实生活同革命传统之间的矛盾。大家都知道，过去行之有效的诉苦运动后来发展为忆苦思甜教育，对现在的青少年儿童往往引不起共鸣。他们把那些在四十岁以上的人们记忆犹新的痛苦遭遇看作历史故事，仿佛与他们毫无切身的关系。他们不懂得，如果没有中国共产党人前赴后继的英勇牺牲，如果没有中国各族人民团结一致的英勇奋斗，就没有今天的新中国。他们也不懂得，如果不承认我国至今还处在落后挨打的被动局面，如果不继承和发扬党的优良传统和作风，我们就很难渡过前进途中的暗礁和险滩，建成社会主义现代化的强国。

为了有效地进行革命传统教育，恢复和发扬党的优良传统和作风，我们教育工作者应当针对学生的年龄特点，以他们能够理解和感受的方式方法，对他们进行本国近代史和现代史的教育。本国近代史和现代史就是帝国主义同中国的封建主义和官僚资本主义勾结起来，对中国人民进行残酷的剥削和压迫的历史，也是中国人民逐渐觉醒，团结奋斗，终于在中国共产党的领导下推翻他们的历史。现在有不少反映中国近代史和中国现代史的影片可以利用，应当有计划、有目的、有组织地让学生看，看前要介绍时代的背景，看后要讨论观后的体会。如果只组织学生看电影而不结合着进行教育是不好的。1979 年解放军总政治部选择了二十部电影作为对战士进行革命传统教育的教材，我们普通学校也是可以利用的。例如，反映帝国主义侵略中国和中国封建王朝昏庸腐朽的影片《林则徐》、《甲午风云》等，都可以用来对学生进行本国近代史的教育。又如，近年放映的描写抗日战争时期东北抗日联军战斗故事影片《归心似箭》，表现了一位普通的共产党员为了寻找自己的队伍继续坚持抗日而突破伤病关、金钱关和爱情关的英雄形象。为民族解放而坚持抗日斗争，就是这位共产党员的最高理想，不达目的不止。这是多么崇高的思想境界啊！正因为我们有无数具有这样崇高思想境界的人，团结战斗，才取得了革命的胜利。今后还需要有大批这样具有崇高思想境界的人，才能改变祖国贫穷落后的面貌，建成社会主义现代化的强国。还有影片《啊，摇篮》，从幼儿园的孩子到成人都可以看，看了可以各自受到革命传统教育。对于孩子们来说，他们应当知道无数革命前辈为了中国人民的解放事业献出了鲜血和生命，自己应当继承先烈的遗志，好好学习，天天向上，为保卫和建设祖国贡献力量。对于我们成人来说，我们应当知道革命阵营的一切工作都是光荣的，要把日常琐碎的平凡的工作同整个革命事业联系起来，服从祖国分配，做好一切工作，直到生命的最后一息。

总之，我们要用一切可以利用的手段，来对学生进行革命传统教育，要让他们结合自己的思想情况来学先进，找差距，订措施，勤于实践，严格检查。

为了解决学生现实生活和革命传统教育之间的矛盾，我们还要对学生进行“居安思危”的教育。帝国主义、霸权主义是战争的根源。既然世界上存在着帝国主义和霸权主义，战争就是不可避免的。我们要时刻提高警惕，准备为保卫祖国而献身。这样就不能安于现在的和平环境，满足于舒适的生活，并且只知道为个人的安乐生活而奋斗。我们并不否认应当逐步改善和提高人民的生活水平，但是不能以此为个人生活追求的目的。人总是要有一点精神的，也是要有一点理想的。那种满足于“人生在世，吃穿二字”的市侩哲学，是一切革命青年应当唾弃的。所以革命传统教育又跟革命理想教育有不可分割的联系。

五、革命理想教育和个人奋斗的关系

对青少年进行革命理想教育，是要求他们关心祖国的前途和人类的命运，认识到人类社会发展的前途只能是没有剥削、没有压迫的社会主义和共产主义社会，而不可能倒退到资本主义、封建社会去。为此，人人都要树立起为实现这个理想的社会而献身的决心。今天的学习是为了实现共产主义的伟大理想，明天的工作也是为了实现这个理想。

社会主义和共产主义是建立在高度发达的劳动生产力之上的。历史唯物主义告诉我们，正是因为社会化的大生产和私人资本主义占有制之间的矛盾不可调和，社会才必然要发展到砸碎资本主义制度而建立社会主义社会制度、共产主义社会制度的。社会主义和共产主义社会制度的建立是以高度发达的社会生产力为前提的。社会主义革命虽然可以突破资本主义世界链条中的薄弱环节而取得胜利，但要巩固这个胜利，必须加速发展社会生产力，努力提高劳动生产率。只有这样，才能做到社会产品极大丰富，人民觉悟极大提高，才能从社会主义过渡到共产主义去。

社会主义可以在一国首先建成，这是已有先例的了。共产主义却未必能在一国首先建成，必须世界大多数主要国家同时进入。因此我们不能关起门来独自建设，还必须看到整个世界。革命是不能输出的，解放全人类的任务不是可以由某一个强大的国家来强制完成的，要人民自己起来解放自己。所以苏联统治集团借口什么应捷克斯洛伐克党的邀请就进军占领捷克，借口应阿富汗政府的邀请就进军镇压，完全是帝国主义者的逻辑。日本军国主义者不也是制造了一系列借口而占领我东北的吗？这些事情我们是记忆犹新的。我们理所当然地要斥之为侵略行动，因为它违反了公认的国际法准则。真正的无产阶级国际主义是要用马克思列宁主义来武装各国的工人阶级，向他们介绍中国革命的经验和教训，让他们把马列主义的普遍真理同各自的实际结合起来，去争取社会主义革命的胜利。无产阶级社会主义革命不是可以越俎代庖的事。

由于林彪、江青一伙搞了十年封建法西斯专政，大搞精神万能论和唯意志论，他们把发展社会生产说成是“唯生产力论”，大批特批，要求人们“穷过渡”。这完全违反了马克思主义基本常识。结果使我国国民经济濒于崩溃的边缘，使我国教育事业达到破产的境地。因此人民生活水平不断下降，有些人的觉悟程度日益降低。觉悟程度低，在有些青年人身上表现得特别明显。他们没有革命理想，成为极端个人主义者，极端唯我主义者，自私自利达于极点，甚至行凶杀人，毫无顾忌。所以有人说这是林彪、江青反革命集团提倡打砸抢，破坏起码的民主法制和人类社会生活准则的结果，是从人到猿的大倒退，是从文明到野蛮的大倒退。

缺乏革命理想教育的后果是十分严重的。今后我们必须抓紧补这一课。要补课，必须把林彪、江青一伙所反对的什么知识私有思想、成名成家思想、个人奋斗思想等等，给予恰如其分的、一分为二的评价。

建设社会主义现代化的强国，没有高度文化科学技术知识是不行的。求得这些知识，本身就是一种艰苦的劳动，没有孜孜不倦的好学精神，就不能掌握那些科学技术知识。科学家在实验室探求新知识，往往连续工作十几个小时不休息，远远不是上班来下班走就能做出成绩来的。为探求这些知识，攀登科学高峰，的确需要苦战，需要奋斗。马克思说过：“在科学上没有平坦的大道，只有不畏劳苦沿着陡峭山路攀登的人，才有希望达到光辉的顶点。”① 叶剑英

① 马克思：《资本论·法文版序言》，《马克思恩格斯全集》第23卷，第26页。

同志写诗勉励科学工作者说："攻城不怕坚，攻书莫畏难，科学有险阻，苦战能过关。"科学研究不是大轰大嗡搞群众运动所能取得成就的，特别是基础理论的研究的确需要个人奋斗。技术上的革新创造可能需要走群众路线、群策群力，但理论上的钻研往往需要有人付出更加辛勤的劳动。

光有革命理想，没有革命行动，理想还是空的，实现不了的。只有树立了革命理想，再加上切切实实的努力奋斗，理想才有实现的可能。过去有人批判教师不应让学生要想当科学家、工程师，仿佛什么家、什么师都不是劳动者。这是完全错误的。建设社会主义现代化强国，我们现在不但需要有大批熟练的技术工人，而且更需要有高级的、中级的科学技术人才。这些各级各类的科学技术人才，都不是容易培养的。如果他们没有刻苦钻研的毅力，没有一丝不苟的认真负责的精神，他们就不可能学会新理论、新技术、新工艺，更谈不到创造发明和革新了。因此，我们应当让青少年在学生时代，就立志去钻研他们喜爱的科学技术知识，这就要求我们教师培养他们的学习兴趣，把他们的个人兴趣和革命理想联系起来。所以，我们一方面要培养学生革命理想，这在当前首先就是要为祖国社会主义现代化建设贡献力量；另一方面，要培养学生知道怎样去实现这个理想，为实现这个理想而刻苦学习，努力钻研。这叫不叫个人奋斗呢？从形式上看，是个人在奋斗，但只要他是为了祖国的建设而攀登科学高峰，就不能叫作个人奋斗。况且，抱着个人成名成家的目的而奋斗的人，是不可能有持久不懈的、孜孜不倦的学习的动力的；只有具有革命理想的人，由于目标的伟大，才能有永远奋斗不息的坚强毅力。因此，不能把革命理想和个人奋斗对立起来；相反，我们应当鼓励为了实现革命理想而在钻研科学上奋斗不息的人。

六、大节和小节的关系

林彪、江青一伙为了搞反革命的阴谋诡计，曾经鼓吹什么"小节无害论"。他们的目的无非是要纠集一批行为卑鄙、生活糜烂、腐化堕落、目无法纪的地痞流氓、蜕化变质分子、阶级异己分子，欺骗并唆使年幼无知的青少年，来造所谓"走资派"的反，来革老一辈无产阶级革命家的命，来为他们篡党夺权效劳。他们要的"大节"是什么呢？就是所谓搞阶级斗争，就是什么反对资本主义复辟。他们搞的阶级斗争，实际上是同革命人民做斗争。为人民革命事业流血流汗、鞠躬尽瘁的革命家都是他们要打倒的对象，甚至为社会主义现代化建设培养下一代而辛勤劳动的广大人民教师也是他们的眼中钉；至于努力钻研业务的干部，按照操作规程认真搞生产的工人，不误农时认真耕种的农民，他们也要给戴上“唯生产力论”的大帽子；而品学兼优的学生，他们也要讽刺地称作“五分加绵羊”。他们是站在封建主义的立场上来反对他们所谓的资本主义的，他们搞的是封建法西斯专政。

从教育观点来看，根本就不存在什么“大节”和“小节”的区分。“教育中无小事。”大节是由小节构成的，从来没有大节上肝胆照人的人是不拘小节的，只有在小节上也是光明磊落的人才能具有浩然正气。这种浩然正气用现代的话来说，就是指“憎爱分明的阶级立场，言行一致的革命精神，公而忘私的共产主义风格，奋不顾身的无产阶级斗志”。这四句话是敬爱的周恩来同志号召我们向雷锋同志学习的。其实，周总理就是这样的一位完人。我们从周总理一生的革命实践中，从几百万字悼念他的文章里，都可以看到他不仅是一位伟大的无产阶级革命家，而且是一位高尚的时时事事处处以身作则的伟大的共产主义战士。我们看到的是他具有水晶一样纯洁的思想、言论、行动和生活，他那样顾全革命的大局，那样不顾个人的安危，那样不屈不挠坚持原则地同敌人斗争，那样无微不至地关怀体贴着人民疾苦，那样昼夜不息地任劳任怨地为祖国、为人民呕心沥血。他是真善美的化身。他留给我们最宝贵的财富就是他的极其崇高的共产主义道德的光辉榜样。他是我们全国人民包括我们人民教师的楷模。我们不妨这样说，正是通过周总理伟大一生中一桩桩、一件件令人难忘的“小事”，才更足以体现出他内心世界的美，才更足以增添他崇高形象的光辉。

反过来再看看那些高喊“小节无害”的林彪、江青一伙，他们的思想反动透顶，他们的道德堕落不堪。现在社会上的歪风邪气，不正是由他们一伙传播扩散开来的吗？党的优良传统和作风不正是由他们一伙破坏了的吗？因此，我们千万不能相信他们那些胡言乱语了。我们应当善于抓住日常生活琐事，一点一滴地培养学生的共产主义道德品质。

现在，教育部公布了中小学校学生守则。这是我们对学生进行文明行为教育和纪律教育最起码的要求。人类社会是从野蛮进入文明境界的。过去林彪、江青一伙反对对学生进行文明行为的教育，结果大家看得很清楚，现在有些青年人，不仅毫无礼貌，而且到处不遵守公共秩序，你排队，他加塞，电影院里他抽烟。有些人动辄骂人、打架，甚至行凶、杀人。从那些青年犯罪分子身上表现出来的，真是从人到猿，恢复到野蛮的洪荒世界了。“实践是检验真理的唯一标准。”我看，文明行为是人类社会生活的准则，不是什么资产阶级的东西。过去在极左思想影响下，许多人，包括我在内，都相信道德没有继承性。这是只看到道德有阶级性的一面，没有看到道德还有维持社会生活准则的作用，那就应该说还有可以继承的地方。例如，在资本主义社会奉行着“私有财产神圣不可侵犯”的道德准则。他们说的“私有财产”主要指用以剥削别人劳动的生产资料。这个道德准则，当然是我们无产阶级所反对的。但是我们也有一条道德准则，叫作“社会主义公有财产神圣不可侵犯”。因此，我们把“爱护公共财物”定为国民公德；我们把侵吞公共财产的人当作罪犯，要予以刑事处分。这当中实际上是批判地继承了这条道德准则。而且我们仍然要保护私人生活资料的所有权。这样，就从这一条来说，还是继承了不少嘛。——这不过是举例说明两个阶级有根本分歧的这一条道德标准，尚且要批判继承，其他就更不用说了。林彪还曾大言不惭地要求老一辈无产阶级革命家保持晚节，仿佛他高明得很，革命得很。实践证明他是个言行不一的反革命两面派。我们认为一个人的节操是一贯的，无所谓大小，也无所谓早晚。当然历史上也不乏晚节不终的人。晚节不终也证明他以前的节操未必就好。不过，这一点还应作历史的分析。至于不讲小节的人大节是否不好，也要具体分析。我们要从日常生活入手，培养学生遵守社会主义社会的生活准则，这同培养学生树立以共产主义世界观为核心的革命理想，并在当前为实现祖国的社会主义现代化而努力学习、贡献才智，是并行不悖、相辅相成的事情，是同样不可忽视的。

七、集体教育和个别教育的关系

社会主义教育要培养的是集体主义者，不是个人主义者。按照苏联教育家安·谢·马卡连柯（1888—1939）的教育实践，集体主义者的培养是要在集体中，为了集体，通过集体来进行的。

我们现在实行的是班级教学制，是不是每一个班都能形成班集体呢？这是有待于我们做教师的（不光是班主任）努力工作的。并不是把学生编成一个班，就能成为一个班集体的。同年级的班要形成年级集体就更不容易了，一所学校要形成校集体当然更难了。

我们还是先从一个班说起。要想形成一个班集体，全班的师生要有共同的目标，这个目标要很鲜明、很具体，不是可望不可即的，而是经过大家努力可以达到的。如，争取班上得到纪律模范红旗、清洁卫生红旗、学习竞赛优胜红旗等等。这些都是一种目标。第二，要有共同遵守的行为守则，除学生守则外，还可以共同商订一些公约，如学习公约、卫生公约、服务公约等等。这样就可以形成一致的舆论，谁违反了这些就要受到舆论的制裁。第三，要有一个具有威信的领导核心，班主任应是这个核心的成员，而不是这个核心的操纵者，就是说要使教师和学生在班集体中成为平等的成员，不要由班主任独断独行，要发挥整个班集体的力量。第四，要善于发挥整个集体的教育力量。这就是要充分发扬民主，凡事都要经过讨论以后大家商量决定，既经决定，必须严格执行，不许无故例外。集体中每个成员都要互相鼓励，互相监督，互相检查，互相批评。第五，一切纪律的执行、功过的奖惩，都要通过集体来进行，既不是教师和班主任自上而下地发号施令，也不是师生一对一地进行，而是要在整个集体的参加下进行。第六，要树立集体的荣辱感，集体中有一个人得奖，整个班集体都要看作自己的荣誉；若有一个人受惩，整个班集体都要看作自己的耻辱。能做到这样，班集体才算形成了。

有了班集体的良好基础，才有可能形成年级集体和全校集体。形成大的集体的要求也同形成班集体一样的，不过在更加众多的师生中要形成统一的意志、统一的言语和统一的行动更难一些。首先要求教师之间必须团结一致，形成一个坚强的集体，然后对学生才能提出一致的要求；在学生之间也要有互相学习、共同提高的愿望，形成比、学、赶、帮、超的气氛。所谓校风，就是要培养学校里这种良好的学习、劳动和生活的作风。

中学应当利用每周至少一次的班会或周会来规划和检查一周来的学习、劳动和生活，表扬先进，督促后进，批评落后。班会前要很好地准备，不能走过场。通过班会活动要形成每个学生的主人翁感，要使他们感到自己都是集体的主人，关心集体，热爱集体，能跟集体同呼吸，共命运。

小学应当利用每天一次的晨会或夕会和每周一次的班会来进行集体教育。晨会（或夕会）时间不宜过长，有十分钟或十五分钟就足够了。小学生中偶发事件多，每天有机会处理一下比较好。晨会还要检查个人整洁，学习用品是否带齐，家庭作业是否完成等。

集体教育是主要的，个别教育也是不可缺少的。我们常听说“一把钥匙开一把锁”，这就是强调个别教育的。现在，我们的先进教师对个别教育特别是在转化后进生的工作中取得了很多行之有效的经验，并且总结成“交之以心，动之以情，晓之以理，导之以行，持之以恒”这样几句话，这是应当推广的。不能因为强调集体教育就忽视了个别教育，也不能认为只有转化后进生才需要个别教育，对优等生就不需要个别教育。后进生有后进生的问题，优等生也有优等生的问题。每个学生都有各不相同的问题。教师的责任在于了解每个学生的问题所在，抓住主要矛盾，突破一点，推动他们前进。例如，有的后进生的问题是由学习落后引起的，如果能启发他学习的自觉性，帮助他克服学习的困难，增进他学习的兴趣和信心，就可以逐步转化过来。有的后进生是受了坏人的引诱，就要帮助他割断同坏人的联系，并且让他检举揭发坏人，依靠治安保卫人员和公安司法机关的力量，使坏人受到应有的法律制裁，这才能把他挽救过来。在所谓优等生中往往也有学习目的不正确的，如，为个人找个拿钱多的好职业之类，或想摆脱艰苦的劳动，留在大城市里，等等。教师应当教育他们树立为献身祖国的社会主义现代化而学习的理想，要准备承担艰苦的劳动任务，到祖国需要的地方去，到艰苦的地方去。还有的所谓优等生骄傲自满，瞧不起别人，受不得批评，这些性格发展下去，也不利于形成集体主义者。所以个别教育是不可缺少的。当前介绍的优秀班主任工作经验中，进行个别教育的讲得多，有不少行之有效的成功的经验，其中最重要的一条经验是教师要爱学生，要有父母对子女那种“恨铁不成钢”的精神，然后才能投入更多的劳动，花费更多的时间、精力，来了解每个学生，教育好每个学生。当然，从理智方面来说，我们做教师的，首先要有“忠诚党的教育事业”的责任感，要有为社会主义现代化建设培养合格人才的紧迫感。但是要把这些责任感、紧迫感化为废寝忘食地教育学生的实际行动，还要有对学生、对自己阶级子弟的深厚的爱。过去有的人违反教育规律，胡批母爱教育，片面强调所谓阶级教育，是完全错误的。即使强调阶级教育，也要有憎爱分明的阶级立场，难道学生是阶级敌人，只能憎不能爱吗？难道亲子之爱不是阶级友爱的基础吗？一个连亲子之爱都不讲的人，能指望他爱阶级、爱同志吗？实践证明是不可能的。

八、身教和言教的关系

我国古代教育家孔子，就讲究以身作则，即要求教育者（广义的教育者包括政治上的领袖人物）能用自己的实际行动给他人做榜样。孔子说过："其身正，不令而行；其身不正，虽令不从。"① 意思是说掌握政教大权的人自己的行为端正，即使不发号施令，人们也会照着去做；掌握政教大权的人自己的行为不端正，虽然发号施令，人们也不会照着去做的。所以我国教育学中一向强调身教重于言教，强调教育者要以身作则。

"以身作则"是思想品德教育工作中的一条规律。教师能做到这一点，就会收到事半功倍之效。所谓"以身教者从，以言教者讼"②，确是经验之谈。凡是要求学生做到的，教师首先做到了，那么，学生就会模仿老师的样子，在潜移默化之中，无形中就做到了。小至个人服装的整洁、对人的礼节，大至学习雷锋的那四条，如果教师都能以身作则，就是说能以"身教"，学生中的极大多数是会跟着做到的。反之，教师要求学生做到的，自己并不能做到，学生就会很敏感地发觉，并且会问教师"为什么您不这样做，光让我们这样做呢？"这就叫"以言教者讼"。你光说不做，学生就不听你的，还要同你争论争论。

我们常听人说"上行下效"。在学校里，不仅教师、校长是教育者，学校所有的工作人员都在起着教育的作用。因为在学校里，教职员工是成人，是居于上位的；学生是未成年的，是居于下位的。越是年龄幼小的学生，越富于模仿性，因此，学校的教职员工，就越应当为学生做出良好的榜样。同样，在家庭里，父母兄姐要能为子女弟妹做良好的榜样。在社会上，越是高级的干部越要做人民群众的榜样，职位越高，影响越大。新中国成立之初，包括所谓三年自然灾害的困难时期，社会风气很好，就是因为共产党的革命干部的榜样在起作用。林彪、江青反革命集团横行时期，颠倒了是非、真伪、善恶、美丑的标准，对祖国、对人民、对阶级造成了空前浩劫。他们造成的歪风邪气，至今还

① 《论语·子路》。

② 《后汉书》卷四十一，《第五钟离宋寒列传》第三十一，中华书局标点本，第1400页。

有待肃清。我们教育工作者要为祖国、为人民、为党分忧，就要抓紧同一切歪风邪气做斗争，以身作则，转移社会风气，恢复和发扬党的优良传统和作风，希望能及早让下一代人树立起无产阶级的、马克思主义的是非、真伪、善恶、美丑的标准来，实事求是，去伪存真，除恶扬善，弃丑取美。

重视身教，并非说言教可以不要了。我们要善于把言教同身教结合起来。光靠教师示范学生模仿是不够的，一定要使学生的行为不只是模仿的，而是有理智、信念、情感、意志来做后盾的。这样的行为才具有自觉性。这样学生才不会见异思迁，才不会看见不良的榜样也去模仿，才能具有抵制不良风气影响的能力。这就要求我们必须对学生进行言教，用言教来辅身教之不足。况且，身教是形于外的，是看得见的东西，有一定的局限性；一定要有言教来辅助，用现在的话说，就是说服教育。这是使学生不仅知道应当怎样做，而且知道为什么要这样做所必不可少的。

例如，要使学生养成遵守纪律的习惯，我们当然不能采用封建社会的棍棒纪律，也不能采用资本主义社会的饥饿纪律，而要培养自觉的纪律。有了自觉的纪律，学生在课内课外、校内校外便都可以遵守社会公共生活的秩序了。自觉性的形成就要靠言教了。我们要说服学生，使他们知道维持公共生活秩序的必要性；使他们知道纪律是完成任何任务的保证；使他们树立保持良好的集体生活，必须人人从自己做起，遵守集体纪律的信念；使他们形成遵守纪律光荣，破坏纪律可耻的情感；使他们锻炼克服个人一切困难，遵守集体公共秩序的意志。这样才能养成自觉遵守纪律的习惯，才能形成铁的纪律。这是单靠身教不能做到的，必须言教与身教结合起来。所有共产主义道德品质教育的进行，都是如此。越到高年级，越要多进行说服教育。当然，榜样的力量是无穷的，身教是我们自始至终都要重视的。

九、教师和家长的关系

教师和家长的关系也就是学校教育和家庭教育的关系。在我们社会主义国家里，学校教育同家庭教育的目标和步调应当是一致的。果能如此，二者就可以相辅相成，相得益彰，从而使教育工作收到事半功倍之效。可是，由于受旧的习惯势力的影响，家长对子女的教育目标同学校的、也是同党和政府的教育目标往往并不一致，或者即使一致了，而家长采取的步调和方法也往往脱离实际，同学校也不一致。因此，教师的责任，不仅要教育学生，还要帮助家长端正教育目标，改进教育方法，或者说，要承担普及教育科学知识的责任。

有的同志也许会问，现在我们的教师，懂得教育科学的并不多，要他们担负普及教育科学知识的责任，办得到吗？这确是事实。

因此，我们首先要帮助教师，采取多种多样的形式，认真结合实际，来学点教育科学知识。其中包括了解儿童身心发展规律，了解教育各年龄阶段儿童、少年和青年的方法。目前教师进修，抓教学业务知识的学习多（这当然是必要的），抓教育科学知识的学习少，最好能兼顾起来。当然，为了改变这种被动的局面，从根本上抓好师范教育是很重要的。

在任何情况下，教师都应当同家长建立密切的联系。现在许多学校教师，不会做家庭访问工作，不了解学生家庭生活情况，这样就不能全面了解学生。对学生了解不全面，教育学生也就没有依据了。例如，学生经常迟到，可以有种种原因，如果不进行家庭访问，往往不能了解到真实情况，不能采取适当措施来帮助学生，有时甚至冤屈了学生，收到相反的效果。又如，学生有不良习惯甚至违法行为，教师如不进行家访，也不可能帮助学生改正。对于瞒着家长做坏事的学生和干坏事得到家长支持的（这样的情况虽不多，但并非没有）学生，教育的方法当然不一样。教师进行家访也是一种调查研究，只有经过调查研究了，知道症结所在，才能采取对症下药的措施。

教师应当普遍访问每个学生的家庭。在普遍了解的基础上，对于不同的学生，才能适应不同的需要进行教育。这种普遍的访问应在学期开始的时候进行。对低年级的新生，教师在开学前就应当到他们家里去访问一遍。以后按照需要家长帮助的情况，同家庭联系。可以用书面联系，也可以约家长来校谈话或开家长会。教师对于家长主动来访，更应当热情接待。

教师找家长谈话，不能只是告状，不能只讲孩子的缺点，不讲孩子的优点，应当一分为二。有些不是什么原则问题，不是经常出现的，无关紧要的问题，不是非请家长解决不可的问题，就不一定要让家长知道，不一定告诉家长。但是原则性的问题，重要的问题，就一定要使家长知道，并且要求家长采取同学校一致的步调来解决。

为了发挥家长的力量，每个班要在家长中推选五至七人组成家长委员会，协助教师做好全班学生的校外教育工作。家长委员会的任期一年，连选可以连任。家长委员会应在学年开始就组成，最好按学生住址分片选举，以便每位委员分工照顾哪几个学生。现在有些学校有课外学习小组，尤其是实行二部制的学校，学生有半天时间不到校，最好每个课外学习小组有一位家长委员会负责辅导。所谓辅导并不一定指辅导学生学习，主要是辅导学生的学习纪律和文娱活动。教师工作忙，不可能经常走访每个学生的家长，有了家长委员会的组织，教师只要访问几位委员，全班学生的情况就可以了解了。或者小学每两周开一次家长委员会，中学每月开一次。有些事情需要向家长普遍传达的，也可以请家长委员会的委员分头转告。家长委员会的选举最好先同当地居民委员会或街道办事处商量一下，请他们按照教师提出的要求，推荐一些比较合适的家长做候选人。家长委员们是教师的助手，也是学生父母（尤其是双职工）的助手，要选热爱孩子，热心公益劳动，勇于承担任务，又有时间可能照顾孩子的家长担任。

十、塑造和改造的关系

最后谈谈学生思想品德教育应是塑造还是改造（或叫转化）的问题。思想品德教育是社会上年长的一代对新生的一代，按照当时社会的要求，进行有目的、有计划、有系统的影响或感化的作用，以便在新生一代的身上形成年长一代所希望的道德品质。从这个意义上来说，思想品德教育就是一种塑造的功夫。要把一个个未成年的学生，按照教育目的的要求，塑造成为社会所希望的那种人才。从我国来说，就是要把他们一个个都塑造成道德、智力、体力几方面都得到发展的有社会主义觉悟的有文化的身体健康的劳动者。这是我们各级各类学校共同的教育目的，或者说是个总的培养目标。这个培养目标，我看在整个社会主义阶段都是适用的。

现在有些同志对这个培养目标提出疑问是没有必要的。他们的疑问认为只说培养劳动者，仿佛狭隘了。我们的教育还要培养科学家、理论家，仿佛被忽视了。其实这种看法是不对的。在社会主义社会实行的是不劳动者不得食的原则，凡有劳动能力的人都应当劳动。科学家、理论家是不是劳动者呢？当然也是劳动者。并非只有体力劳动者才是劳动者，脑力劳动者也是劳动者。林彪、江青一伙把知识分子这种以脑力劳动为主的劳动者，同以体力劳动为主的工农对立起来，那并非出于无知，而是为了打击迫害不能听任他们搞阴谋诡计的、善于思考问题的知识分子，即脑力劳动者。今后，在现代化生产中，工农业劳动中使用脑力劳动的比例越来越大，工农需要掌握的科学文化知识越来越增加，脑力劳动与体力劳动的差别越来越缩小。不能说培养劳动者就忽视培养科学家了，这是我们理解得狭隘了。列宁说过社会主义社会就是消灭阶级。消灭阶级第一要推翻地主资本家，第二要使所有的人成为劳动者。消灭剥削和压迫，使所有人都成为劳动者，不劳动者不得食。这是社会主义社会的一个基本原则，怎么能说培养劳动者的提法有问题呢？我看，解放思想，敢于提出问题是好的，但是，我们还要多学习马克思主义，特别要用马克思主义的立场、观点和方法来观察问题、分析问题、解决问题。

这些仿佛都是题外话了，但同塑造有关，还不算是题外。因为我们搞思想品德教育，就是要按照教育目标来培养人。心目中必须有一个模子，才好塑造嘛。当然，人的塑造，同物的塑造是不同的。人不可能塑造成一模一样的，而是千差万别的。过去说人所从事的职业有三百六十行，现在看也许还不止，当然不是一个模子所能塑造的。但是，在这个千差万别当中，我们要求有一个共同的东西，就是社会主义觉悟，“五爱”公德也好，“四大观点”也好，自觉纪律也好，国际主义也好，都同这个社会主义觉悟有密切的联系。有的是为社会主义觉悟打基础的，有的为提高社会主义觉悟创造条件。当然，社会主义觉悟的提高还有赖于文化科学知识的丰富。所以，塑造工作是一个整体，它就是培养人的全过程。

教师也像文学艺术家塑造小说、剧本中的人物一样，不能只讲共性，不讲个性。如果小说里、舞台上的人物都是一个面孔，说话都是一个腔调，谁还愿意看呢？文学艺术中人物的个性，正是生活中人物个性的反映。教师培养学生除了要求学生具有共性，当然还要求发展学生个性。学生中各有特长，教师要善于发展学生的特长。这虽然多半属于智育的任务，但教育是一个整体，在德育中也不能只注意培养共性忽视发展个性。因材施教，不仅适用于智育，也适用于德育。

思想品德教育，究竟以塑造为主，还是以改造为主？对于中小学的学生来说，当然是以塑造为主。虽然中小学的学生，入学前已经养成了许多行为习惯，但是总还没有定型，可塑性是很大的。所以教师的工作，还是应以塑造为主，在培养我们所希望的思想品德上下功夫，这就是说进行正面教育来克服学生身上存在的多少不等的不符合培养目标要求的思想品德或行为习惯。只有对受林彪、江青反革命集团毒害较深已经形成了违法乱纪、行凶作恶、打架斗殴种种犯罪活动习惯的人，才能以改造为主。这种改造的工作，如果条件可能的话，如班风、校风均较好，班集体坚强有力，这类学生又很少，可以放在正常的学校里进行。如条件不具备，再放到工读学校去进行。我们要感谢苏联教育家安·谢·马卡连柯，他为我们用教育手段改造犯罪青少年树立了榜样，做出了成绩。在这方面，我们教师特别是工读学校教师要很好地结合我国实际，向他学习。

塑造和改造之间并没有绝对的界限。在以塑造为主的同时，要克服学生身上的缺点，这也可以叫作改造。在改造的同时，要形成学生优良的道德品质，这不也是塑造吗？所以我们不能把二者对立起来。现在我们常说对后进生要进行转化的工作，这个“转化”是个哲学上的词汇，我看比用改造后进生的说法更好些。因为“转化”一词可以包括塑造和改造的双重作用。塑造当中也有转化，不过不明显，比较少；改造则以转化为主，比较明显罢了。总之，塑造和改造不是对立的东西，而是相辅相成的。

以上谈了学生的思想品德教育的几个问题，希望能帮助教师同志们正确认识和处理学生思想品德教育中的种种关系，在了解当前学生特点、增强信心的基础上，端正认识，遵循规律，采取合理措施，做好学生的思想品德教育工作。我多年脱离教育工作实际，又缺乏周密的调查研究，讲的东西未必切合实际。错误的地方，请同志们批评指正。

载《论教育规律及其他》，
湖南教育出版社 1983 年版。

要狠抓根本*

我国是社会主义国家，又是世界著名的少数文明古国之一。我们有历史悠久、光辉灿烂的民族文化传统。因此，我们的现代化建设，不能只限于物质文明方面，还要同时注重精神文明的建设。

不管是物质文明的建设还是精神文明的建设，都有它的根本或基础。我认为，教育是两个文明建设的共同基础。关于教育是物质文明建设的基础，邓小平同志在1978年就指出来了。他说过，四个现代化，科学技术的现代化是关键。科学技术的现代化，基础在教育。这就是说，科学技术要人来掌握，培养掌握科技的人才要靠教育，因此，教育是实现四个现代化的基础，也就是建设物质文明的基础。至于精神文明的建设，当然也离不开教育。社会主义觉悟、共产主义理想和共产主义道德以及文明行为、习惯等这些属于精神文明领域的培养目标，根本上要依赖教育才能实现。

三十多年来，我国教育事业虽然取得了空前伟大的成绩，为各行各业培养了数以百万计的专门人才。现在，这些人大多数已经成为各条战线上的骨干力量。这是不容否认的。但是我国教育事业还有令人担心的弱点，也是十分重要的弱点，就是教育没有普及，教育质量不高，教育经费太少，而且由于培养出来的人不完全合格，实际上等于工厂生产废品或残缺产品，造成可悲的浪费。原因固然是多方面的，但主要的是教育事业的建设同国民经济其他部门的建设不成比例。教育事业发展的规模和速度，远远落后于国民经济其他部门发展的规模和速度。在教育事业内部，师范教育同普通教育、专业教育发展的比例也不相适应。由于师资水平低，教育的质量上不去。且举几个数字来看，不免令人触目惊心！

第一，小学教育尚未普及。从全国来说，前两年是个“三、六、九”的状态，即达到入学年龄就入学的有90%，而读满五年的只有60%，真正达到小

* 1982年2月写成。

学毕业程度的，不过30%。这就意味着，全国学龄儿童只有30%可以不致成为文盲或半文盲，其余70%还有成为文盲或半文盲的可能。最近，我到广西去，听广西教育界的同志说，他们自治区普及教育的情况还要差，只是二、五、八。这样，就有80%的学龄儿童将来可能成为文盲或半文盲。

第二，初中的教育质量低得惊人。最近我在武汉，听到湖北省教育界的同志们说，武汉市1981年暑假高中招生考试，考6门课，总分达120分就录取了。这样的学生入了高中，怎么能学得了高中的课程呢？况且，我们的学校现在没有留级制度，入了学的不管成绩如何到时总能升级毕业。这样既不能为上一级学校输送合格的新生，又不能为社会各行各业培养出合格的后备劳动力。这种制造出许多废品的状况，对个人、对社会都是十分不利的。

第三，近年，我还去过内蒙古和新疆，听到当地教育界的同志谈到少数民族教育比汉族地区的教育更加落后。少数民族聚居的地方往往都是边疆，教育不抓好了，即使没有外敌入侵，也不能巩固国防。

因此，我建议要狠抓根本，利用调整国民经济的时机，把教育事业在整个国民经济建设中的分量，重新衡量衡量，对教育事业投资过少的状况来个彻底的改变。对普通学校师资的培养和整顿应当及早有计划按比例地进行。

建议一，调整教育经费在各级政府预算中所占的百分比。在中央财政预算中逐步增加到10%，在地方财政预算中逐步增加到30%。在农村经济形势好转后，鼓励农民兴建校舍，添置最低限度的设备，政府予以补助。同时要指导农民在建筑校舍和制作教具时必须适合学校卫生学的要求，如，注意校舍的采光、通气，注意桌椅的高低适宜等。

建议二，整顿提高现有师资，首先提高教师的物质生活待遇，要比同年资的其他行业的职工略高，才能吸收有志青年投考师范学校，献身责任重大而工作繁难的教育事业。所有民办教师一律经过严格考试，合格后改由政府发给工资，接受政府的调遣。今后必须立法，规定所有教师必须受政府检定，合格者方得任用。对现有不合格的教师加紧培训提高。培训后仍不合格的，回乡从事工农业生产。对教师要实行教龄补贴，使教师能安心长期工作。

建议三，改进师范教育制度，大力发展各级各类师范教育。其中幼儿教育师资尤其要注意培养。在师范教育中除了加强各门学科的专业教育外，对于教育科学知识和技能的训练，必须认真重视起来。要承认教育规律不能违反，要按教育规律办教育，按教学规律进行教学。要充分发挥现有师范院校的潜力，一所学校要发挥几所学校的作用。如，师范学院既要办全日制的本科班，又要办业余（晚间和假日上课的）进修班，还要办短期轮训班，也要办函授班，这样才能多方面迅速提高在职师资和教育行政干部的业务水平。对教师的考核，不仅要考核各门学科的专业知识和技能，而且要考核教育科学的知识和技能。还要注意培养生产劳动技术课的教师，加强普通学校的劳动技术教育。

建议四，严格执行学生成绩考查和升级、留级、毕业制度。从小学起，就应重视文化科学知识的考查。要踏踏实实让学生一步一个脚印前进。对成绩落后的学生要采取有效的措施，使他达到最低限度的标准。达不到标准的只有补习或留级。提高了教师的待遇，也加重了教师的责任。教师要对祖国的下一代负责，不能不管学生学得好坏，推出校门了事。彻底克服和纠正片面追求升学率的不正之风，要按教育规律办教育，要全面贯彻培养德、智、体、美、劳等方面全面发展的新人的教育方针，不能误人子弟。改革高等学校招生考试制度，录取新生不能只凭一日之短长，而要兼及平时各方面的表现。

建议五，狠抓农村学校学生的入学率和巩固率。农村中小学的教学内容要密切联系实际，使农民感到孩子学的东西有用。特别是农村中学，要为农村培养新式农民，培养农业现代化的新生力量。随着农业生产的发展，农民生活日渐富裕，农民对教育的要求也一定会越来越高，必须满足农民对教育的需要。各省要办好一所农学院，各地区应办好一所农业专科学校，各县应办农业中专，为国营农场和县、乡各级农业技术推广站等培养各级农业科技人才。

建议六，狠抓少数民族地区的教育，首先要培养少数民族的师资，发展民族中小学，过去宣传的马背学校、帐篷学校，并不受牧民欢迎。他们希望办寄宿制的学校。这样教育经费的投资要多些，但教育的效果要好些。民族教育关系到各民族团结和国防的巩固，万万不能忽视。

以上几点建议是我们建设社会主义物质文明和精神文明的根本措施。没有这些根本措施，说提高整个中华民族的科学文化水平只是一句空话。我们必须利用教育这个工具，来促进两个文明的建设。如果说建设两个文明是一项战斗任务，那么教育就好比是武器。没有这个武器，战斗是不可能取得胜利的。

载《师范教育和教育科学》，
人民教育出版社 1985 年版。

要抓住主要矛盾*

党的十二大把教育定为发展国民经济的战略重点之一，这是令人鼓舞的。为什么？因为它体现了国民经济建设的规律。其实这个规律，邓小平同志早在1978年的全国科学大会上就说过了：四个现代化，关键是科学技术现代化；科学技术现代化，基础在教育。——既然教育是实现社会主义现代化建设的基础，把它定为发展经济的战略重点，自然是完全正确的，也是完全必要的。如果全党全民对此都有足够的认识，那么，也可以说我们就抓住了我国现代化建设的主要矛盾。

新《宪法》已经把“普及初等义务教育”写入第十九条中，这比《宪法》草案只提“普及初级教育”大大前进了，关键是要把初等教育当作“义务教育”来普及了。什么叫义务教育？它的意思有三个：一是人民在国家规定的学龄期内，有受教育的义务，如，我国现在规定小学是义务教育，就是说七岁到十二岁的儿童有受教育的义务；二是父母有送学龄期内的子女受教育的义务，将来制定普及义务教育法，应当规定父母没有正当理由不送子女受义务教育要受法律制裁；三是国家各级政府有拨发经费、建筑校舍、培养师资、供应课本等来为学龄儿童受教育创造条件的义务。至于《宪法》第四十六条规定“公民有受教育的权利和义务”，那里说的义务，含义还要广些，且不去说它。现在我们只谈“普及初等义务教育”的义务。

既然初等教育是普及教育，又是义务教育，那就必然是免费教育。这是世界各国的共同经验。因为没有免费教育，就不可能有义务教育；没有义务教育，也就没有普及教育。所以说《宪法》条文中多写了“义务”两个字，国家各级政府预算中就要把小学生缴纳的学费从收入中减去（按小学生1.4亿人计，这项收入每年约有7亿元；实际只有5亿元）。不仅如此，还要考虑为学

* 1982年3月写成。

龄儿童提供校舍、师资、教材等一系列的条件。这样势必要大量增拨教育经费，但是，目前我们还没有这样做。

我偶然看到一份材料，美国公立小学每个学生每年占用的教育经费达2 048美元。我们当然不要同美国比。但是我们假设我国的小学生每人每年只占用教育经费100元人民币（相当于美国的2%～3%）。那么1.4亿小学生每年就应当有140亿元人民币的义务教育经费。现在100元人民币大约只相当于50年代60元人民币的购买力。这个要求不算高吧。可是同现状的差距大得惊人。据说华北某省有个县小学生每人每年占用的教育经费只有0.48元！而这个省曾经四次宣布过该省已经普及了小学教育。这完全是虚报浮夸！今后再不该出现这种情况了。

普及教育不仅有个数量问题，而且有个质量问题。农民并非不想让子女读书识字，无奈现在许多农村小学教师水平低，不称职。不少教师自已尚且读书不多，哪里还能教人识字！如果我们还不彻底改变民办教师制度，由国家各级政府培养、任用合格的称职的教师，并给以适当的物质生活待遇，纵使从数字上看学龄儿童已经入学了，实际上还不可能保证普及教育的质量。我们再也不能自欺欺人了！

教育行政部门提出普及小学教育的最低限度的物质保证是“校校无危房，班班有教室，学生人人有桌凳”。光是修缮危房一项，如果要把全国所有危险校舍通通修缮一番，把现在全国全年的教育经费全都用上还远远不够。可见我们教育战线上欠账之多。当然，在农村，修建校舍可以动员集体的力量来做，教育行政部门也要予以技术上的指导，使修建的校舍符合学校卫生学的要求，适合学生学习之用。但是，在少数民族地区和经济上比较贫困的地区，修建校舍还是需要国家各级政府投资的。现在有些地方连上述三句话还未能办到。而且，我们要建设具有高度文明的和高度民主的社会主义强国，对办学的要求也不能只满足于这起码的三句话。而且这三句话还只是物的条件，我们不能见物不见人，不能不考虑师资的条件。

从国民经济建设来说，教育落后是经济落后的根本原因，抓教育建设才是抓住了主要矛盾。从教育建设本身来说，抓初等教育、抓基础教育才是抓住了主要矛盾。过去谈到教育，总是强调培养人才，要培养人才就想到高等教育。不错，国家建设人才是要依靠高等教育来培养的，但是高等学校学生的来源如何，决定着高等教育也决定着培养人才的质量。所以光重视高等教育而忽视初等教育，是本末倒置，头重脚轻，基础不牢的。教育建设也必须在普及的基础上提高。现在高等学校学生每人每年占用的教育费用从 1 200 元到 2 000 元不等，当然也不算多，平均还不到美国小学生每生岁占费的一半。但是同我国小学生的每生岁占费相比那就有天壤之别了。我们应当想到，教育的任务不仅是培养国家建设人才，它还要提高人民文化水平。教育建设本身也就是社会主义精神文明建设的重要组成部分。过去教育没有普及，产生了新的文盲，他们无文化，不识字，所以现在不得不扫除文盲；过去教育质量低，没有把学生都培养成有理想、有道德、有文化、有纪律的合格公民，所以现在还得搞“文明礼貌月”活动，“五讲四美”活动。道理是一样的。总之，我们再也不能忽视抓基础、抓根本、抓主要矛盾了。

要抓好教育上的主要矛盾，一要解决经费问题，必须下大决心来增加普通教育经费（不是每年增加百分之几，而是要成倍增加，百分之百、百分之二百地增加，这在国外不是没有先例的），这样教育才能有起色，才能出现新局面。二要解决师资问题，首先对现有的称职的合格教师要提高物质生活待遇，不仅要提高工资，还要解决住房等一系列问题，以免现有的称职的教师改行，并可吸引有志青年献身教育事业；同时要大力办好各级各类师范学校，为各级各类学校培养合格的称职的教师。如果我们光谈普及义务教育，发展教育事业，而不有计划按比例地培养师资，教育的普及和发展，只能是一句空话。我们过去吃这种空话的亏太多了！现在要想普及义务教育，发展教育事业，不首先考虑由什么样的人来办学，那是会落空的。因此，我们一定要办好师范教育。师范教育又可以说是决定教育质量高低的主要矛盾所在。忽视师范教育，认为教育工作者无须受教育专业训练的想法，事实证明是错误的、有害的。必须办好师范教育，才能保证有一批一批懂得按教育规律办教育的明白人出现，才能保证我们的教育事业出现新的局面。

载《师范教育和教育科学》，
人民教育出版社 1985 年版。

当前我国教育的几个迫切问题*

新中国成立以后，教育发生了本质的变化：废除了封建、买办、法西斯主义的教育，开始进行社会主义、共产主义的教育；受教育权也从由地主资产阶级垄断，夺回到人民的手中。这种空前的、翻天覆地的变化，使我国教育取得了重大的成就。它的具体表现就是教育事业有了迅速的发展。据教育部统计，1980 年同 1949 年相比，小学生数增加了约 5 倍，中等学校学生数增加了约 43 倍，高等学校学生数增加了近 10 倍。特别值得称道的是到 1980 年为止，已经为国家培养了中级建设人才约 580 万人，高级建设人才约 320 万人。这 900 万建设大军，已经成了各条战线的骨干力量。尽管有些人用非所学，存在着人才浪费的现象，但是这个成绩是很显著的。今天我不想谈这方面的问题。

人们喜欢报喜不报忧，我却感到喜固然应当报，忧也应当报。从我们实现社会主义现代化、建设高度物质文明和高度精神文明的前景来看，存在着一种隐患，一种隐忧。这就是教育落后，基础不牢。因此，我今天要报的就是这个忧。希望诸位委员同志们能大声疾呼，促进政府来解除这个隐忧。

一忧教育经费不成比例

四年前，邓小平同志在全国科学大会的报告中就明确指出：“四个现代化，关键是科学技术的现代化。”“科学技术人才的培养，基础在教育。”我们建房屋，都要打好基础；基础不牢，房屋会倒，这是常识。如果把现代化建设比作建筑高楼大厦，教育就是基础工程。不注意发展教育事业，培养不出合格的建设人才和熟练的技术工人，就好比是基础工程质量差，房屋盖高了就会塌。现在的情况是许多工人看不懂图纸，生产常出废品；农民不会科学种田，单位面

* 这是作者 1982 年 3 月 17 日在中国人民政治协商会议全国委员会教育组的讲演稿。

积产量不能增加；当兵的不会使用新式武器，国防实力就难以增强。不仅如此，整个国民的思想面貌也将越来越差。现在我们提倡“五讲四美”，搞“文明礼貌月”活动，我说，其实，这些都同扫除文盲一样，是一种补课，补小学教育的课，甚至是补幼儿教育的课。如果我们的幼儿教育和小学教育办得好，所有的国民又都受到质量合格的小学教育，从小养成了文明礼貌的习惯，又何必要大张旗鼓地开展这样的运动来转移社会风气呢？——我不是说现在不需要提倡“五讲四美”，更不是说不要搞讲文明礼貌的群众运动。为了医治十年动乱造成的内伤，这些都是非常必要的。我是说，假如我们今后认真把教育办好了，不吝惜教育投资，就可以从根本上杜绝不文明不礼貌的坏风气、坏习惯的产生了。

邓小平同志前年1月在《目前的形势和任务》的报告中，讲过经济发展和教育、科学、文化、卫生发展的比例失调问题。他说：“教科文卫的费用太少，不成比例。甚至有些第三世界的国家，在这方面也比我们重视得多。印度在教育方面花的钱就比我们多。像埃及这样的国家，人口只有四千万，按人口平均计算，他们在教育方面花的钱，也比我们多几倍。总之，我们非要大力增加教科文卫的费用不可。”并说，“从明年，至迟从后年开始，无论如何要加重这方面，否则现代化就化不了。”小平同志讲的后年，就是今年。今年我们并未看到大量增加教育经费，增加的还只是提高工资部分的人头费，并未能开始扭转比例失调的现象。

有一部分负责同志，长期以来把教育看作福利事业、消费事业，认为只有生产发展了，才能发展教育事业。每逢经济上遇到困难，总是首先削减教育经费。他们看不到教育对发展生产的促进作用。这恐怕是吝惜教育投资的原因之一。他们大概没有读过列宁在《日记摘录》中说的话，或者读了不以为然。列宁在谈到修改财政预算的时候，说：“首先应当缩减的，不是教育人民委员部的开支，而是其他部门的开支，以便把缩减出来的款项，转作教育人民委员部的经费。”① 这不是同我们过去的做法针锋相对吗？特别是1958年以后，片面强调教育是阶级斗争的工具，完全不提或很少提到教育是生产建设的工具。在十年动乱中，上海大批判组写的一篇登载于《红旗》杂志上的文章，甚至违背

① 《列宁选集》第4卷，第677页。

历史事实，胡说什么“教育是从来出于阶级斗争的需要”①。这就否定了阶级社会出现以前原始公社时期教育的存在，否定了教育起源于生产劳动的需要这个教育史上早就做出了的马克思主义的结论。这也等于说，到共产主义社会消灭了阶级和阶级斗争，教育就不再需要了。这当然完全是无稽之谈。

为了从理论上弄清楚教育同生产发展的关系，我们可以看看马克思是怎样讲的。马克思在《资本论》里说：“要改变一般的人的本性，使它获得一定劳动部门的技能和技巧，成为发达的和专门的劳动力，就要有一定的教育或训练。”② 这就是说，劳动力是要靠教育来培养的。马克思还对劳动力下了个定义。他说：“我们把劳动力或劳动能力，理解为人的身体即活的人体中存在的、每当人生产某种使用价值时就运用的体力和智力的总和。”③这还是马克思在一百多年前讲的。当时的生产工具比现在要落后得多，但使用当时的生产工具来劳动，已经要靠教育或训练。现在科学技术比当年进步了很多，已经从蒸汽机时代进步到电子时代，生产劳动中运用智力的比例越来越大，劳动者需要的教育或训练程度也越来越高。因此，目前我国教育的状况是同现代化建设的要求不相适应的。

当恩格斯在19世纪40年代（1844年）调查了英国工人阶级状况的时候，曾经说过：“既然资产阶级所关心的只是工人的最起码的生活，那我们也就不必奇怪它给工人受的教育只有合乎它本身利益的那一点点。而这一点实在并不怎么多。”④ 一百年以后，情况不同了。在20世纪40年代（1944年）英国公布的《教育法》里，已经规定要对5—15岁的儿童实行义务教育，现在已经延长到16岁，即普及11年的义务教育了。义务教育年限修满以后，还有各种形式的继续教育设施，给青年以部分时间的教育，即业余教育。所以这里引的恩格斯说的最后一句话，即资产阶级给工人阶级受的教育“实在并不怎么多”，已经不适用了。但是前面那句话，即资产阶级给工人受教育要“合乎它本身利益”，还是普遍真理。为什么？因为资本家要靠竞争才能生存，他们不但在一国之内彼此竞争，而且要在国际上彼此竞争。用日本资产阶级的话来说，“国

① 《红旗》杂志1970年第2期。

②③ 《马克思恩格斯全集》第23卷，第195、190页。

④ 《马克思恩格斯全集》第2卷，第395页。

际上的经济竞争就是技术竞争，而技术竞争又成为教育竞争”①。日本战后经济恢复和发展得如此之快，它成了国际上经济竞争的胜利者，甚至威胁到美国这个资本主义世界的霸主，不能说跟日本资产阶级代表人物的这种认识没有关系。

1980年冬季，我曾有机会到日本做了短期的考察。根据日本文部省的统计，1979年度日本国家财政预算中，文部省的经费占10.5%；1980年地方财政预算中，大阪府的教育经费占33.1%，京都府的教育经费占31.4%，都在30%以上。这是政府支出的教育经费，还有各工商企业和私人团体办学的经费没有计算在内。我国是把教育科学文化卫生的经费合在一起计算的，究竟用在教育上的占多少，我手边没有具体数字。至于地方教育经费，1981年见报载，说江苏省规定各县、市财政预算中教育经费所占比例不得低于5%到10%。既然公诸报端，想必是个比较高的标准了。这个标准实在不怎么高。县、市财政预算中的教育经费要占到30%以上，才是比较合理的。

我们出国考察本来是为了学习人家的长处来改进自己的工作。可是有些同志因为我国是社会主义国家，满足于社会主义制度的先进性，不愿意听到资本主义国家的某些长处，特别是不乐意听到用人家的某些长处来对比我们的某些短处。甚至有的同志出国考察教育以后，回来净讲资本主义国家教育的病态。难道我们花了钱出去是替人家诊病的吗？这些病态不讲也会知道的，马、恩、列、斯、毛、周都讲过。服膺真理的知识分子是不会对社会主义制度的优越性有丝毫动摇的。爱国的知识分子是不会崇洋媚外的。只有实事求是地承认落后，爱国者是会振作精神、奋起直追去赶上先进的。如果只知道引进人家的技术，而不去研究人家的技术为什么会比我们先进，就是不去看技术的先进是同教育的发达分不开的，那么我们只能永远落在人家后面。落后是要挨打的。斯大林这句话不应当忘记。不在政治上、军事上挨打，也要在经济上、技术上挨打的。这几年我们受外国资本家的骗，上外国资本家的当，难道还少吗？

① 引自全国教育学研究会编：《论教育和国民经济的发展》，人民教育出版社1980年版，第151页。

二忧初等教育尚未普及

我国教育经费少，用在初等教育上的就更少。1949年的《共同纲领》提出教育的两大任务：一是提高人民文化水平，二是培养国家建设人才。三十多年来，在后一任务上用的力量大，在前一任务上用的力量小。教育内部的投资也是不成比例的。单就培养建设人才来说，重理轻文的现象也很严重，对政法、师资和管理人才的培养过去也有所忽视。这里就不谈它。这里专谈普及教育问题。

教育是现代化建设的基础，初等教育又是整个教育的基础。初等教育没有办好，会带来一系列的后遗症。如，中等教育直至高等教育的质量上不去，影响了培养的人才的质量；新文盲不断产生，不仅给扫盲带来严重的困难，而且造成了整个民族的文化水平低、道德风尚差的不良后果。我们现在已经尝到了这个苦果。

普及教育在许多国家称作强迫教育和义务教育。国家用立法规定普及教育的年限，儿童从几岁到几岁，凡在这个年龄期内的都有受教育的义务；这个义务像服兵役和纳税一样，是不可避免的。因为儿童尚未成年，又规定家长有让子女受教育的义务，如不履行这个义务便要受法律的制裁。因此叫作强迫教育和义务教育。但这是历史的情况，现在发达国家不送子女受教育的人少了，工人阶级早已提出了教育机会平等的要求。于是，教育成了人民应享受的权利，而普及教育却成了国家的义务。国家要培养师资、兴建校舍、购置设备、供给课本文具、免收学杂费用，来满足人民的受教育权。

日本1868年明治维新以后，1872年实行近代学制，1875年开始推行义务教育，年限由三年、四年增加到六年。1912年，六年小学教育的普及率已经达到98%强。到现在已经70年了。当然，日本在1895年的中日战争、1900年的八国联军侵华战争和1905年的日俄战争中攫取了大量赔款，这也许是它有钱普及教育的一个原因，但是政府的重视恐怕是更重要的原因。日本过去的统治阶级为了侵略扩张，推行军国主义教育和法西斯主义教育，把国民造就成为天皇效忠送死的炮灰。如日本朋友所说，这种教育几乎使日本亡国。但是，第二次世界大战以后，日本在经济极端困难的条件下，1947年把义务教育年限延长为九年，确实是一项很有远见的措施。这时日本通过了《教育基本法》、

《学校教育法》，废除了军国主义教育和法西斯主义教育，使教育为恢复和发展垄断资本主义的经济服务，的确发生了很大的作用。因此1962年日本文部大臣荒木万寿夫把战后经济迅速发展的原因，归结为教育的普及和发展。① 1977年，前首相福田赳夫也说："我国是资源小国，能在短期内建成今日经济繁荣的日本，原因在于国民教育的水平和教育的高度普及。"②

再说十月革命以前的沙皇俄国，教育不普及，文盲很多。十月革命以后，苏维埃政府的教育人民委员部立即宣布要用免费的义务教育的办法争取在短期内做到人人识字。但因帝国主义的武装干涉和白匪叛乱，没有立即实现。到完成了第一个五年计划以后，联共（布）中央在1930年做出了《普及义务教育的决定》，到1934年第二个五年计划完成就在农村基本上普及了四年义务教育，城市里基本上普及了七年义务教育。农村中学（5—10年级）的学生数，从1928—1929学年的448 000人，增加到1932—1933学年的2 209 000人，四年间增加了4倍。③ 这样的速度，只有在社会主义制度下，在正确的路线、方针政策的指引下，才可能达到。苏联教育的普及，为巩固苏维埃政权、赢得卫国战争的胜利奠定了坚实的基础，创造了良好的条件。它普及初等教育用的时间，从十月革命算起，只有17年。

我国人口多、底子薄，幅员辽阔。普及教育如列宁所说，确实是一项"顽强繁重的工作"。经过十年破坏，特别是把农村中小学下放到大队去办，彻底动摇了教育的基础，致使教育质量普遍下降，教育普及成为空话。1969年我们教育部的干部到安徽凤阳农村去劳动，看到许多小孩都在牧牛、放猪、割草，不曾见他们上学，也没见村子里办有小学。可是当时的科教组报告起教育的成绩来，却说普及了小学教育，甚至大城市连高中都普及了。真实情况是农村小学教育根本没有普及，所以新文盲不断产生。盲目普及高中更是浪费国家有限的教育经费，带来的后遗症至今尚未治愈。目前我国小学教育普及的状况是"三、六、九"，即达到学龄期入学的儿童全国平均约有90%，但读满五年的却只有60%，而真正达到小学毕业程度的只有30%。有些地区情况还要差，如，1981年冬天我在广西，听说他们自治区普及小学教育的状况是"二、五、

① 吉林师大外研所译：《日本的经济发展和教育》序，吉林人民出版社1978年版。

② 参见《论教育和国民经济的发展》，第151页。

③ ［苏］康斯坦丁诺夫著：《世界教育史纲》第2册，第223—236页。

八”。一个人受的教育如果达不到小学毕业程度，将来还有成为文盲半文盲的危险。从全国来说，有70%的儿童没有达到小学毕业程度，这些人岂不是都有可能成为文盲半文盲吗？列宁说：“在一个文盲的国家内是不能建成共产主义社会的。”① 毛泽东同志也引用过这句话。我们没有想到新中国成立已经三十多年，至今还要为小学教育没有普及发愁，还要为数以亿计的青壮年处于文盲状态担忧。

三忧教师地位待遇俱低

新中国成立之初，很重视师范教育，教育部设有中等师范教育司和高等师范教育司，分管培养小学教师的中等师范学校和培养中等学校师资的高等师范学校，很重视教育的基本建设——培养师资。可惜好景不长，到1957年就把这两个主管师范教育的司合并为师资培训司，后来索性就取消了。师范教育处于可有可无、自生自灭的状态。十年动乱中已经名存实亡甚至名实俱亡了。

这是因为有些人认为只要识字就可当教师，当教师可以不学而能。他们根本不承认教育学是一门科学，否定教育是有规律可循的。按照教育规律办教育，才能事半功倍，否则就会劳而无功。师范学校的存在，主要就是承认教育是科学，要使师范生掌握教育科学，学会按教育规律去办教育。现在既然否定教育是科学，那么师范教育当然也就失去存在的必要了。

奇怪的是养羊、养猪、养鱼、养蜂都各有其学，如，养羊学、养蜂学，都知道要按科学规律办事，唯独教育人仿佛就没有科学规律可循，不需要专门的学问。这种人不是愚昧无知，就是存心不良。

党的十一届三中全会以后，师范教育和教育科学的处境大有好转，但至今师范院校在数量上和质量上都还不能满足培养合格教师的需要。如，广东省每年需要增加中小学教师约20 000人，但每年师范院校（包括高师和中师）招生数只有11 000人，仅占需要数的58%。而且报考师范院校的学生少，以师范为第一志愿的更少。录取的新生程度一般不高。

我这里说的合格教师，是指受过教育专业训练的教师。有一个统计，说1979年全国小学教师中达到高中和中师毕业生程度的占47%。这个数字我就

① 《列宁选集》第4卷，第357页。

很怀疑，姑不论那些高中毕业生是否真正达到高中毕业应有的程度，即使达到了，他们没有受过教育专业训练，怎么能算合格教师呢？倒是广东省有一个数字比较可信，据该省1980年统计，全省小学教师中，中师毕业生只占17%。把高中毕业教小学认为合格，还是没有把受师范专业训练看作当教师的必要条件。又如，说全国初中教师中达到高等专科毕业生或肄业生程度的只有10%，全国高中教师中达到高等学校本科毕业生程度的有50%，都没有考虑到师范专业训练这个条件。这容易给人一种印象，仿佛只要大学毕业教高中，高等专科毕业教初中，高中毕业教小学，就可以算作合格教师。那么，为什么还要办师范教育呢？

认识问题不一致，思想问题不解决，师范教育质量俱差的问题也就不能解决，中小学师资水平低、不合格的问题也就难以解决。

影响师资质量的首先是教师的地位和待遇问题。据国家统计局1980年统计，我国小学教师工资在各行各业中最低，中学教师工资倒数第二。这样，合格教师就很难安心工作。1981年春天，我听北京市教育局负责同志说，近几年中学教师被各行各业拉走的达2 000人之多，留也留不住。如，有一位教师五口之家住8平米的宿舍，有个单位要拉他去工作，先把一套住房的门钥匙交给他，动员他辞去学校的工作，马上就可以迁入新居。据说北京市中小学教师占全市干部总数的60%，但分配住房的面积比例却只占3%。教师不仅工资低，一切物质待遇都低，这样也很难吸引有志青年来投考师范院校。师范生入学时的水平就比较低，入学后也不准备毕业后当教师，不认真学习教育专业知识。这样的学生毕业后担任了教师，也很难把学生教育好。

人们都关心下一代的健康成长，都知道青年人是祖国的未来和希望。老一辈无产阶级革命家开创的社会主义、共产主义这个宏伟壮丽的事业能否后继有人，能否进行到底，都要看一代一代的新人具有什么样的理想、道德、知识和体格。可是，新一代人的理想、道德、知识和体格是要靠教师来培养的，教育工作是要靠教师来做的。教师的质量高，才能培养出质量好的学生。现在，我们把培养下一代的重任交给什么样的教师，可以说是决定着祖国的前途和命运的大事。怎能不慎之又慎呢？况且不给教师以恰如其分的较为合理的报酬，也是不符合按劳分配原则的。教师的工作不是八小时工作制所能完成的，而是全时间的工作。没有献身的精神，是当不好人民教师的。总之，应当给教师以较为合理的物质待遇，才能吸引优秀青年来献身教育事业。

列宁在逝世前不久写的日记里，曾经肯定苏维埃政府在国民教育方面“做了很不少的工作”。他说：“但是我们没有做主要的事情。我们没有注意到或很少注意到提高人民教师地位的问题，而不提高人民教师的地位，就谈不上任何文化，既谈不上无产阶级文化，甚至也谈不上资产阶级文化。”① 因此，他提出：“应当把我国人民教师提高到从未有过的，在资产阶级社会里没有也不可能有的崇高的地位。这是用不着证明的真理。为此，就必须进行有步骤的、坚持不懈的工作，来提高他们的思想意识，使他们具有真正符合他们的崇高称号的各方面的素养，而最最重要的是提高他们的物质生活条件。”②既然提高人民教师的地位是用不着证明的真理，我看我们也得照列宁的话办。现在党中央虽已重视提高教师的地位和待遇，但是在提高教师物质生活条件方面还有重重阻力，并不是一帆风顺的。

何以解忧?

最后，简单谈谈怎样解除隐忧的问题。这里提几条建议。

第一，为了全面开创社会主义现代化建设的新局面，对教育在发展国民经济中的地位，教育在建设社会主义现代化强国中的作用，教育是建设高度社会主义物质文明和精神文明的必要条件，应当摆事实，讲道理，大张旗鼓地进行宣传，使全国上下都能眼睛向下，狠抓基础。——这有三层意思，一是整个的教育事业是社会主义现代化建设的基础，要在国民经济调整、改革、整顿、提高的过程中，重新安排教育在国民经济发展计划中的投资比例。二是在教育事业内部，要改变重高等教育轻初等教育的状况，要首先踏踏实实地办好初等教育这个基础的基础，大力扫除文盲半文盲，特别要大力培养合格的教师，彻底整顿师资队伍。三是根据心理学家的研究，认为幼儿教育和小学教育阶段（即儿童 4 岁到 13 岁）是发展儿童智力的最好的时期，也是为培养人才打基础的最好时期。要为幼儿园和小学配备合格的教师，进行高质量的教育。轻视幼儿教育和小学教育的思想是错误的。这就要求全党、全国各族人民，都要一致重视教育的地位和作用，不要像一位地委书记那样，公开对该地师范专科学校的教师所说的，“教育有什么了不起？我小学都没毕业，现在还不是照样管你们

---

①② 《列宁选集》第 4 卷，第 677、678 页。

这些大知识分子”。现在有一门新兴的科学，名叫“教育经济学”。说新也不新了，四五十年的历史是有了，无论美、苏还是德、日，都是经济学家在研究这门学问!《教育经济学》的专著或教材，都是经济学家写的。我国却大都是教育界对它感兴趣，这几年开始介绍过来。希望管计划管财政的同志们看看，就可以知道，为什么资本家舍得大量投资办教育，办了教育对经济的发展有什么好处。我这里只举日本和苏联的例子来说说。日本从1905年到1960年这55年间，物的资本增长了近6倍，劳动力只增长了7/10，而国民收入却增长了近11倍，教育投资增加了约22倍。这几个数字说明，日本在这55年间国民收入的增加，主要是靠提高劳动力的质量，而不是靠增加劳动力的数量，即靠提高劳动生产率取得的，其次才是靠增加物的资本。劳动力质量的提高，照马克思的说法，要靠教育或训练。日本这55年期间教育投资增加了近22倍，特别在1955年提出经济“高速增长”的要求以后，教育投资成倍增加。日本的资产阶级当然是反对马克思主义的，但是他们大量投资办教育来培养劳动力的做法，却无意中符合了马克思主义的这一条原理，尝到了甜头。苏联的经济学家的研究，说1975年比1960年，苏联教育经费总共增加2倍，而靠教育和工作人员的熟练程度所取得的国民收入增加了近3倍，占1975年国民收入总数的30%。有人也许以为我国人口多，劳动力充足，不必靠提高劳动生产率来增加国民收入，还认为这是社会主义制度的优越性，说这样可以避免产生失业现象。其实这是错误的。社会主义的优越性要靠高度发达的劳动生产率才能充分发挥出来。只有劳动生产率提高了，人民的物质生活和文化生活的水平才能提高。而提高劳动生产率就离不开对劳动者给予越来越多的教育或训练，就必须提高全国各族人民的科学文化水平。

第二，只有真正认识到教育的重要，才能谈到具体的措施。首先要制定教育法规，用立法来保证教育的普及和提高。我们看到许多总结经验的文章，经验的第一条往往写的是“党委重视，领导支持”。这当然说的是事实。在我们国家，没有这一条什么事情都是寸步难行的。但是，这有一个危险，即往往成了“人治”而不是“法治”。因为党委是由人组成的，有人重视教育，有人不重视教育。办教育不能受领导个人的意见所左右。因此必须立法。用立法来规定教育经费的来源；必要时征收教育税，专款专用；规定教育经费在各级财政支出中应占的比例；规定人民受教育既是权利又是义务，规定国家的各级政府有义务保证人民享受教育的权利；规定普及教育应是免费的（没有免费教育就没有义务教育，没有义务教育也就没有普及教育）；规定农村人民公社在农民富裕起来以后要引导他们聚集人力、物力来兴建适用的校舍，减轻国家的负担，改善办学的条件；规定各级学校合格教师的标准和教师培养、检定、任用、待遇、在职进修、脱产培训的办法；规定教师是国家工作人员，取消民办教师制度；规定各企业、各部门都有办学的义务，办学不仅是为职工谋福利，也是为了提高本企业、本部门的职工熟练程度和业务水平。

第三，今年我国进行人口普查，要在人口普查当中切实查清我国教育普及的程度、居民实际文化水平、各年龄人口中文盲半文盲的人数及百分比，为全国和各地区制订普及教育、扫除文盲的规划创造有利的条件，打下可靠的基础。普及教育一定要抓紧，要培养一大批合格的有志献身教育事业的青年，充实小学教师队伍，给予适当的物质的和精神的奖励，保质保量地办好小学教育，堵死新文盲产生的缺口。

第四，积极准备条件，扩大各级师范学校招生名额，培训合格教师。每所师范院校要充分发挥潜力，既要办全日制的本科班，又要办短期脱产轮训班，还要办业余、夜校、函授班，用多种多样的形式来加速教师的培养。同时要排除各方面的阻力，决心提高教师待遇，凡合格教师要比同年资的其他工作人员待遇略高，并对教师住房等做公平合理的分配。实行教龄津贴制度，鼓励教师长期安心教育事业。

第五，目前有人瞧不起师范教育，甚至办师范教育的人也自觉低人一等。所以有人提出师范大学要向综合大学看齐。这种意见我们是不能同意的。相反，因为综合大学文理科毕业生中，百分之七八十都是分配当教师的，所以我们建议，明确规定综合大学负有培养中学教师的任务，在招生时就说明白，要让综合大学向师范大学看齐，即开设教育专业学科，以免学生毕业后出而任教，毫无职业准备。现在不少国家，如英国，培养师资的途径之一就是设大学教育系。这个系招收大学本科毕业生，专门学习一年教育专业学科，经成绩考查和教学实习合格，才能有资格去当教师。“为人师表”本来是一件不容易的事。现在我国因为教师待遇和地位低下，当教师却变成了一行无足轻重的职业。有的公社书记甚至对民办中学教师说：“你好好干，我将来提拔你当售货员。”有的民办教师看到自己的同事被调去当售货员，便向公社书记说：“你为什么提拔他去当售货员，而不提拔我？”可见，无论是干部还是教师自己，都瞧不起教师这一行了。试想，怎么能指望不爱自己专业的教师培养出社会主义一代新人来呢？我看，这还是“存在决定意识”这个唯物主义的命题在起作用。不切实提高教师的物质生活待遇，提高教师的社会地位就只能是一句空话。

第六，强调一下基础教育的质量问题。现在因为教师的水平低，教育质量普遍下降。如1981年武汉市高中招生，考6门课，总分120分就录取了。平均每门课才20分的学生入高中，他怎么能学会高中的功课呢？初中学生程度低，我们从前面的师资情况统计中可以找到原因。初中教师中具有高等专科毕业生或肄业生程度的只占10%，极大多数都低于这个水平，他们自己恐怕也没有掌握好初中的教材，怎么能希望他们教出合格的学生呢？据说用高中招生考试的题目测验初中教师，考零分、几分、十几分的大有人在。把我们的下一代交给这样的教师来教，不但文化科学知识水平毫无保证，更令人担心的是思想品德教育的要求也将落空。所以我说，我们的教育经费很少，但这很少的经费在使用上也有浪费。毕业生没有达到应有程度，就好像工厂制造出废品来，这不是浪费吗？怎么办？用合格的教师代替不合格的教师是一项根木的办法，从小学一年级起就抓好教育质量是一项办法，严格升级、留级、毕业制度也是一项办法，制止盲目发展高中、多办职业学校也是一项办法。总之，多种病因要用多种药来医治，而且恐怕很难迅速见效。

总之，上述这些办法，能否解除隐忧，还要靠实践检验。我们看到不利于现代化建设的隐患，本着为党和政府分忧的精神，提出解除隐忧的建议，无非是希望在有生之年，能看到现代化的实现。但由于自己才疏学浅，调查不周，见闻不广，错误难免，请委员同志批评指正。

载《论教育规律及其他》，
湖南教育出版社1983年版。

学制改革问题的探讨*

前 言

我国现行学制是历史地形成的。它吸收了老解放区办学的优良传统，学习过外国主要是苏联的经验，也继承了旧中国的学制而做了一些变更。

全国解放前，国民党统治区的学制是“六三三四制”，即小学六年（分初、高两段，初小四年，高小二年），初中三年，高中三年，大学四年。跟初中平行的有初级职业学校和简易师范学校，跟高中平行的有高级职业学校和师范学校，还有建立在初中基础上的五年制专科学校和建立在高中基础上的二年制专科学校。当时儿童六岁入学，如果一直读到大学毕业，年龄是二十二岁。

新中国成立后，1951 年公布的《关于改革学制的决定》，把工农干部教育和业余补习教育正式列入学制，把小学改为五年一贯制并取消初高级分段，缩短了一年。同时正式规定儿童入学的标准年龄为七足岁。这样把三级学校的修业年限从十六年缩短为十五年，晚一岁入学，所以大学毕业的年龄还是二十二岁。但小学五年一贯制没有立即推行，只在少数城市学校试验。

1958 年以后提出了克服教育战线上少慢差费的口号，要求改革学制，缩短学年。各地进行了教学改革的试验。有的地方提出把中小学十二年缩短为九年，有的地方甚至提出缩短为七年，仿佛学年缩得越短就越革命、越先进。但大多数主张把学制缩短为十年，小学五年，中学五年。仍旧作为试验，没有普遍推广。

1966 年以后，我国教育事业受到林彪、江青反革命集团的严重破坏和摧残。高中和大学停止招生达四五年之久。整个学制都被搞乱了。教育质量从此

* 这是作者向 1979 年 8 月在兰州举行的全国教育学研究会第一届年会提交的论文，写成于 1979 年 8 月 8 日。

一落千丈，至今还严重地拖着社会主义现代化建设的后腿。

粉碎江青反革命集团以前，不少地方名义上大城市普及高中，农村普及七年教育，实际上徒有虚名。高等学校名为修业三年，实则在“开门办学”的幌子下，什么系统的科学知识也不教。由于招生制度不健全，学生程度参差不齐，要教也没法教。

粉碎江青反革命集团以后，学校秩序逐步恢复正常，学制还有待改革。目前一般城市中小学修业十年，小学五年，初中三年，高中二年；高等学校一般修业四年。这个学制在普及教育和提高教育质量，更好地促进我国国民经济发展等方面，还存在一些问题。因此不少同志又提出了改革学制的建议。

我们认为研究学制改革不能只着眼于修业年限的长短和课程教材的繁简，首先要看它是否有利于贯彻执行我国教育的根本方针，要看它是否适合我国社会生产力的现实水平和促进我国社会生产力发展即现代化建设的需要，是否适合培养国家高级建设人才和培养后备生产劳动大军的需要，还要考虑到提高全国各族人民科学文化水平的需要。否则，社会主义现代化建设的宏伟目标是很难实现的。下面探讨几个与我国学制改革有关的问题。

一、入学年龄问题

儿童从几岁起可以学习读、写、算的基础知识，这是确定入学年龄的重要根据。旧中国从“废科举、兴学校”以后，在将近半个世纪里，法令规定的入学年龄都是六周岁。从1902年清朝政府的《钦定学堂章程》起，到1945年国民党政府的《国民学校及中心国民学校规则》止，学制屡有变更，儿童入学年龄的规定未改。1904年清朝政府的《奏定学堂章程》虽然规定七岁入学，但那是按中国历来的习惯，指的虚岁，不是足岁。①

这个六周岁入学的规定，同整个学校制度一样，是从外国学来的。当时，世界上几个资本主义强国规定的儿童入学年龄，美、日、德、法都是六周岁，只有英国是五周岁，俄国是八周岁（苏联1944年才改为七周岁）。

我国新民主主义革命时期革命根据地的学制，适应当时战争环境，比较机

---

① 参看舒新城编：《中国近代教育史资料》中册第五章第四节及《第二次中国教育年鉴》第二、三编第一章。

动灵活，但儿童入学年龄，大体上也是六岁。①

旧中国教育并未普及。法令虽然规定儿童六周岁入学，但一般家庭往往让五周岁的孩子就入学了。这种提前入学的情况，在农村尤为常见。当时农村人民生活困难，儿童长到八九岁就要参加家务劳动甚至生产劳动，所以中农的孩子不得不早点上学。至于贫农的孩子衣食不周，入学的非常之少。

正式把儿童入学的标准年龄定为七周岁，这是我国举办新式学校以来学制上的一项重大改革。当时为了消除小学教育的分段制给城乡儿童受完全的小学教育带来的差别，把小学改为五年一贯制，同时推迟入学年龄一年。小学五年一贯制没有能立即推广，可是七周岁入学倒是普遍实行了。因此中小学仍然是十二年，高中毕业的年龄却延迟到十九岁了；同时大学实行五年制，以致大学毕业生已经二十四岁。这对青年继续深造进行科学研究非常不利，而且同我国国民经济发展的水平不相适应。

单就入学年龄来说，把实行了半个世纪的六周岁入学改为七周岁入学，是不是有必要呢？我们认为没有必要。理由如下。

第一，儿童心理学的研究和教育的实践证明，六周岁的正常儿童，无论在生理方面（如脑的发展）还是心理方面（如语言和思维的发展），都具备了学习读、写、算的能力，让他们推迟一年入学，实际上浪费了一年时间。

第二，我国幼儿教育并不普及，推迟一年入学，并不能提高小学课程的广度和深度；即使幼儿教育普及了，在幼儿园开始教学读、写、算，不如在小学正式教学好。这样使学前教育和学校教育有明确的分工，在师资训练和教材编写方面都有许多便利。

第三，我国群众的习惯是在六周岁甚至更早送孩子上学，尤其考虑到目前农村的经济发展水平和儿童需要早些参加劳动的情况，儿童早一年入学还可以多学点东西。

第四，我国历来是中小学分别设立的，考虑到儿童身心发展的特点（如，久坐容易疲劳，注意力难以持久），可以在小学实行30分钟一节课的办法，不必像中小学合设的学校也让小学生上45分钟的一节课，因而不得不把入学年龄后延。

第五，我国极大多数地区处于温带，冬季不是太冷，儿童入学没有太大的

① 见《老解放区教育资料选编》，人民教育出版社1959年版，第19页。

困难。不像地处寒带的国家，为了照顾入学儿童的方便，把入学年龄推迟。

我国执行七周岁入学的规定，有些地方过于机械。如，1979 年秋招收小学一年级新生，规定必须在 1972 年 9 月 1 日前出生的孩子才能入学。这样，那些 1972 年 9 月 2 日出生的孩子，到 1980 年 9 月 1 日入学已满八周岁了。有些地方执行得比较灵活，即在 1979 年招收的是 1972 年 3 月 1 日到 1973 年 2 月 28 日出生的孩子，即六岁半到七岁半的孩子。今后恢复六周岁入学，也应当招收从五岁半到六岁半的孩子。但这不可能在一两年内办到，否则会给校舍、设备、师资和教材供应等方面造成很大的困难。必须做周密的调查研究，做出适当的安排。最好在计划生育见效的基础上逐步过渡。

清末官僚张之洞在 1904 年的《奏定学堂章程》中，为自己没有采用我国古代儿童八岁入学的成规辩解说："近世新理新学较多，不得不早为牖迪。"①他这句话说得不错，我们不能以人废言。当代科学技术发展的速度，比七八十年以前要快许多倍，让儿童及时入学更有必要了。况且目前世界上把儿童入学年龄酌量提前仿佛是一种趋势。例如，西德政府已经决定要求全国各州到 1985 年完成把儿童入学年龄从六周岁改为五周岁的过渡。② 苏联也在进行六岁入学的试验。

二、普及教育年限问题

旧中国在 1915 年的《国民学校令》里规定普及义务教育年限为四年。③直到 1949 年国民党政府垮台，这个四年的义务教育并没有普及。抗日战争期间，国民党政府为了加强法西斯统治，实行"政教合一"，一度把国民学校（即初级小学）交给保长去办，把中心国民学校（即完全小学）交给乡、镇长去办。这些乡、镇、保长都是鱼肉人民的家伙，他们只会抓壮丁，派捐款，哪里能办教育呢！

新中国成立后，要求全国城乡普及五年小学教育。当时由于抗美援朝的战争还在进行，国内还有肃清残匪的任务，大规模的土地改革运动还未结束，在农村推行还有困难。到 1956 年农业合作化实现以后，农民生活有了显著的改

①③ 舒新城编：《中国近代教育史资料》中册，第 416、464、466 页。

② 见［英］亚瑟·海恩顿著：《西德的教育、文化和政治》，1976 年英文版。

善，教育事业就蓬勃发展起来了。

我国1955—1956学年度，有小学生53 126 000人①，相当于全国学龄儿童数的52%强②。到1958—1959学年度，全国小学生数达到8 600多万人，比解放前最高数字（1946年）增加2.6倍，学龄儿童85%都已入学。③ 不到三年时间，小学生数增加3 300万人。这显然是社会主义三大改造胜利带来的成果。1951年全国第一次初等教育和师范教育会议提出的学龄儿童入学率在五年之内达到80%的要求，这时已经实现。这是50年代的情况，距现在已经二十年了。

1956年，教育部还提出要从当年开始，按照各地情况，分别在七年或者十二年内在一般城镇和乡村普及小学教育，在直辖市、省辖市、工业城市逐步过渡到普及初中教育。④这个计划的完成情况不明，因为没有统计数字可查。

据作者亲身观察到的情况来看，普及教育完成的情况不好。1962年秋季，我曾到浙江农村去调查。发现女孩子入学的相当少，普及率没有达到前面说的1958—1959学年度的指标。1964年秋到1965年夏，我在宁夏农村搞社会主义教育运动，那儿的社员生活较苦，学龄儿童入学的不多。我们在运动结束时帮助社员办起耕读小学，但不知能否巩固下去。1969—1972年，我们又到安徽农村的教育部干校去，那儿社员的生活比宁夏好，但是仍然看到许多学龄儿童整天在割草、放牛、牧猪，走过好几个村庄，见不到一所学校。看来，在农业生产落后的地方，农民生活比较困难，普及教育的情况就很不理想。因此，我们现在要确定普及教育的年限，必须从实际出发，不能好高骛远。

苏联在30年代初完成农业集体化以后，提出在农村普及四年义务教育，在城市普及七年义务教育。经过两个五年计划，这个目标基本上实现了。所以到30年代末制定第三个五年计划时，就提出要在农村普及七年义务教育，在城市普及十年义务教育。后来希特勒德国入侵，受到挫折。所以1952年制定第五个五年计划，重新提出这个要求。⑤ 到1956年的第六个五年计划，才提

---

① 见国家统计局《关于1955年度国民经济计划执行结果的公报》。

②④ 见张奚若在全国人民代表大会第一届第三次会议上的发言，载《人民教育》1956年7月号。

③ 见杨秀峰：《教育事业的大革命和大发展》，载《人民教育》1959年11月号。

⑤ 见［苏］米定斯基著：《苏联的人民教育》，人民教育出版社1953年版。

出完全普及十年教育的要求。①

英国在1944年反法西斯战争胜利前夕规定五岁到十五岁为强迫入学年龄，儿童在此期内必须入学。② 法国规定六至十六岁为学龄期，同英国一样，普及教育十年。日本、西德为六岁到十五岁，普及义务教育九年。③ 美国各州不一样，免费公共教育有多至十二年的（六岁到十八岁），大多数州规定义务教育十年（六岁到十六岁），也有九年（六岁到十五岁）和八年（六岁到十四岁）的。④

我们同这些国家生产力发展的水平还有差距。我们应当根据自己现实的条件来确定普及教育的年限。况且我们统计教育普及率，不能只看每年达到学龄的儿童入学的有多少，而要看能读完五年、八年或者十一年，能真正达到小学毕业、初中毕业或者高中毕业程度的人有多少。必须讲究实际效果。

我们是否可以这样设想，到1985年，一般城镇和乡村，必须认真普及五年小学教育，并将青壮年中的文盲扫除；同时，直辖市、省辖市和工业城市在普及五年小学教育的基础上，逐步过渡到普及初中教育。然后再以三个五年计划的时间，把一般城镇和农村普及教育的年限从五年延长到八年，有条件的可以延长到十一年；把大中城市普及教育的年限延长到十一年（即相当于高中毕业）。由于我国人口增加太快，生产发展又不平衡，国民经济还有困难，这个设想也许偏高。⑤ 不过，扫除文盲、普及教育首先必须制定教育法规，加强组织领导，增加教育经费，培养合格师资；其次，必须有一批忠诚党的教育事业的好干部、好教师坚持不懈，努力去做；再加上国民经济不断发展，我们的设想经过努力是能够争取实现的。

随着社会主义现代化建设的不断发展，我国越来越需要具有科学技术知识的熟练工人。为了适应这种需要，可以举办同初中平行的各种类型的初级职业

① 见［苏］凯洛夫等主编：《苏联的国民教育》，人民教育出版社1959年版。

② 见［英］H.C. 邓特著：《英格兰和威尔士的教育》，1976年英文版。

③ 见北京师范大学编：《外国教育动态》1978年第13、14期。

④ 参看［美］《华声日报》所载《美国中等教育的趋势》及［美］C.A. 德扬著：《美国教育》英文版。

⑤ 按中共中央、国务院1980年发布的《关于普及小学教育若干问题的决定》，要求“在80年代，全国应基本实现普及小学教育的历史任务，有条件的地区还可以进而普及初中教育”，当然比作者1979年的这个设想更加切合实际。

技术学校和同高中平行的中等专业学校。不要把普及教育完全限制在普通教育范围，这是在目前条件下应当考虑的。

三、小学学制和师资问题

我国现行的小学五年一贯制是70年代才普遍推行的。以前没有实行，是因为国民党政府遗留下来的小学，极大多数是四年制的初级小学，要把它们统统改为五年制，在校舍、设备、师资、教材等方面都感到准备不足。70年代普遍推行，是为了满足缩短学制的要求，因为这时各地的小学多数是六年制的完全小学了。这是由于国民经济的发展，人民生活的改善。但是如前所述，六年制的小学尚未普及。

经验证明，培养儿童读、写、算的基本知识技能，在五年的时间里是可以完成的。主要问题，在于师资。有称职的教师，小学毕业生就能掌握读、写、算的基本工具，可以读报、写信、记账，了解一个公民应具备的基本常识，有起码的社会主义觉悟。这是普及教育最低限度的要求。在我国目前只能普及小学教育的条件下，小学修业年限不宜再缩短，因为如再缩短，势必不能给儿童以一个公民最低限度必须具备的知识和技能。也不必再延长，因为延长一年需要的校舍、设备、师资、教材等不是马上能够解决的，会给国民经济建设带来困难。有这些费用，不如用来提高教师。

如果向前看，随着国民经济的发展，我们还将逐步延长普及教育的年限，把普及五年教育，逐步改为普及八年教育，甚至更长。到那时，小学是几年制，关系就不大了，反正人人都得读八年或八年以上了。

现在世界上小学年限最短的是苏联，它把实行了多年的四年制，缩短为三年制。因为它规定要普及八年制、十年制教育，小学缩短一年就可以腾出时间来教中学课程。这样总的修业年限不变，中学就等于延长了一年。西德的基础学校修业四年（有的地方是六年）；英国、法国的小学都是修业五年；日本的小学修业六年；美国大部分小学修业六年，也有些州的小学是八年。

在十年动乱时期，把许多农村小学都下放到生产大队去办，把向来由国家发给工资的小学教师，改为民办教师，大部分记工分，国家只发给很少的补贴。由于极大部分农村的生产水平还低，这样既降低了教师的待遇，又增加了农民的负担。结果造成大量小学教师转业，学校形同虚设。

我们要普及教育，提高全国各族人民的科学文化水平，就应当着手提高教师的地位，既要从政治上关心他们的进步，从业务上提高他们的能力，更要从物质上保障他们的生活。教师自己也要努力提高业务能力和教学水平，巩固专业思想，在工作上做出成绩来。

不仅提高小学教育质量决定于教师水平，提高各级的教育质量都决定于教师的水平。这是研究改革学制不能不认真考虑的一个极其重要的因素。学制订得再完备，课程教材编得再完善，没有称职的教师来教，都不能发挥作用。有了称职的教师，学生的觉悟提高快，学习负担轻而质量高；否则，一切就相反。所以，不能脱离教师的培养、训练和提高，即不能不考虑发展和办好师范教育，孤立地去考虑学制问题。

前些年由于中学教育发展过快，没有首先考虑培养师资，于是抽调小学教师去教中学。原来培养小学教师的师范学校，有的关闭，有的改为普通中学，即使残存的也改为培养初中教师。结果造成小学教师没有学校培养的现象，小学教师水平之低恐怕是建国以来所未有的。近年高等学校扩大招生，又从中学抽调教师去教大学。现在中学教师合格的比例也从十几年前的70％下降到30％。① 这种剜肉补疮的办法，违背了在普及的基础上提高的原则，应当迅速纠正过来。

四、中等教育结构问题

目前议论最多的是所谓中等教育结构问题。这是因为林彪、江青一伙疯狂破坏我国教育事业，盲目举办普通高中，大量关闭了中等专业学校，造成的后果异常严重：一是教育质量低，这是前些年在学校里大搞无政府主义，反对教学为主，散布读书无用论，否定教师在教学过程中的主导作用，加上教师水平低造成的；二是中学毕业生没有一技之长，不能成为后备劳动力，就业有困难；三是大量普通中学毕业生不能升学②，造成比例过分失调的现象。总之，中学教育的两大任务：为高等学校输送合格的新生和为国民经济各部门培养后备劳动力，都完成得不好。

---

① 见蒋南翔：《中小学教育要面向全体学生》，载《光明日报》1979年7月18日。

② 据蒋南翔同志估计，1979年占应届高中毕业生的96％，见同上。

现在苏联完全中学的修业年限是十年，除去小学三年，中学阶段是七年。美国中学有四年制（建立在八年制小学的基础上）和六年制（建立在六年制小学的基础上）的两种；日本初中、高中各三年；英、法两国完全中学名义上是七年制，实际上英国的“第六学级”和法国的“结业班”都不止修业一年，往往要两三年，所以至少是九年了；西德七年（建立在六年制小学的基础上）或九年（建立在四年制小学的基础上）。为了给高等学校输送合格的新生，英、法、西德对完全中学学生的要求非常严格，学生在进入完全中学前要经过多次竞争式的考试。在学习期间要经过多次选拔和淘汰，所以最后凡毕业考试及格的学生都取得了升入大学学习的资格。这完全不意味着这些国家普及了高等教育。

我国目前中学缩短为五年制。为了保证教育质量，减轻学生负担，我主张中学恢复为六年制。目前还应分段。即初高中各三年。这样，教学任务可以较好地完成，学生学习的负担也可减轻。

同时要缩小普通中学招生名额，特别在高级中学阶段要多办各类职业技术学校。这里要消除一种误解。有人以为我们无产阶级国家，必须实行教育机会平等的原则，要平等仿佛只能办一种类型的学校，让大家都进同样的学校，受同等的教育。这是一种不切实际的幻想。

我们反对封建社会等级制的教育和资产阶级双轨制的教育，是指那种从初等教育起就界限分明的学制：贵族资产阶级的子女从幼儿园到预备学校（相当于小学），到文法学校或公学（相当于中学），再到大学是一条轨道，叫中等教育系统；工人阶级和其他劳动人民的子女从教区学校（或初级小学）到高级小学再到职业学校是另一条轨道，叫初等教育系统。这两条轨道的学校既不衔接，又不沟通，是互相隔绝的。这种典型的双轨学制，现在已经仅存残迹（如英国的公学及其预备学校）。因为现在各国的初等学校基本上已经成为统一的了。过去贵族资产阶级子女不进初等学校（小学），而进预备学校或中学预备班。20世纪以来，特别自第一次世界大战以来，在工人阶级要求教育民主化的压力下，资本主义各国初等教育（小学或基础学校）基本上已经是共同的了。

目前世界上还没有任何一个国家普及高等教育。这不是为生产力发展水平所限，而是为生产关系的性质所限。就是说，存在着私有制的国家，即使生产发展水平很高，由于扩军备战、通货膨胀、失业者多、学费昂贵，劳动人民急于谋生，连普及完全中等教育也办不到。我国在1958年曾经过早地提出十五年内普及高等教育的设想，即使后来不遇到三年自然灾害和十年动乱，也只是难以实现的良好愿望。这是因为我国社会生产力发展的水平还比较低，还没有具备必要的条件。

现在，我国广大农村普及五年小学教育的任务还没有完成。在有条件的大中城市里可以提出普及初中教育的要求，但是一定要注意质量。没有质量，光有数量，是不顶用的。

为了实现农业现代化，农村里需要具有农业科学知识的各级技术人员。目前在农村，一面要大力普及五年小学教育并扫除青壮年中的文盲；一面除举办少量的普通初中外，要多办初级农业技术学校。这些学校在给学生以初中程度的普通教育的同时，要着重给以农业（包括林、牧、副、渔）基础知识的教育，使他们成为科学种田的骨干。有条件的农村，除办少量的普通高中外，主要应举办农业技术学校。这些学校在适当地给学生以高中程度的普通教育的同时，要培养农田水利、作物栽培、农田管理、农业动力、农业机械、农业化学、畜牧兽医、水产养殖、农副产品加工等各种当地需要的具有农业技术的人才。

为了适应工业现代化的需要，教育部门除举办普通中学外，应当有计划地举办中等专业学校和技工学校。有条件的工矿企业和交通运输部门应当举办本行业需要的技工学校、技术学校和中等专业学校。这些学校除实施普通中等教育外，可以分别按照各行各业的需要，培养技术工人和初、中级技术人员。

现在大中城市服务行业的业务普遍紧张，供不应求，应当举办缝纫、烹调、理发、会计、统计、打字、交通等各种技工学校，招收初中毕业生或高中毕业生，培养成衣工、炊事员、理发员、会计员、统计员、打字员、驾驶员等等。这样不仅可以解决普通中学毕业生的就业问题，也可以满足社会上广大群众的需要。总之，十年动乱后期举办单一的普通高中的现象必须扭转过来。

我国是社会主义国家，我国办的各种职业技术学校，在给学生以各行各业知识技能的同时，必须以精简的内容和形式适当地教给学生以同级普通中学的文化科学知识。这样就区别于资本主义国家过去的职业学校，使这些学校的毕业生仍可继续深造。高等学校招生，不限于招收普通中学毕业生，可兼收中等专业学校毕业有一定实践经验的学生。

关于中等教育制度还有一个普通高中文理分科问题。有的同志主张高中实行文理分科，以便分别为毕业后准备学习文科或理科的学生打好基础，我是不同意这样做的。从理论上说，高中课程应当是接受完备的普通教育的人都必须学习的，它不仅要为学生升入高一级学校学习打基础，而且是一个现代有社会主义觉悟的有文化的劳动者必须具备的修养。前面说过，即使在各类中等专业学校里，也必须同时以精简的内容和形式适当地教给学生以普通中学的文化科学知识。准备受高等教育的人当然更需要有广阔的眼界，有比较全面的文化科学修养。从实践来说，对高中学生实行文理分科，是由教师指定呢，还是由学生选择呢？这样怎么能同高等学校招生计划配合起来呢？倘若国家需要招收理工科的人多，而学生志愿学习理工科的人少，这个矛盾怎样解决呢？再从目前科学和教育发展的趋势来看，不仅跨学科的研究越来越多，高等学校中文理科的界限也不如以前那样泾渭分明了。具体说就是现在学习自然科学的大学生必须选修一定数量的社会科学课程，学习社会科学的大学生也必须选修一定数量的自然科学课程。如，美国著名的麻省理工学院，名为理工学院，实际上每个学生必修的文科课程达八个科目、七十二学分，占大学本科生必修学分的五分之一。又，如英国著名的牛津大学，有把文科课程和理科课程结合起来的做法。如，学哲学的兼学数学，学经济学的兼学冶金学，学管理的兼学工程学，等等。因此，现在提出高中文理分科问题，是同现代科学和教育发展的趋势背道而驰的。

但是，这并非主张高中课程单一化、一刀切。为了适应学生的个别差异，高中课程在保证达到最低限度的标准的情况下，可以增设选修科，来满足学生的需要和兴趣，发展他们的爱好和特长。所谓最低限度的课程标准，就是既包括文科课程，又包括理科课程。只有在学好这些共同课程的前提下，学习的方向才能有所侧重。而且由于普通高中的发展大大超过了高等学校招生的要求，今后除了多办中等专业学校、技工学校和职业学校外，普通高中一定要开设职业选修科。农村高中更要必修农业生产方面的科学知识，以便真正能为农业战线输送合格的后备劳动力。城市高中也要必修工商企业生产和管理的科学知识。

五、师范教育制度问题

前面谈到小学学制的时候，已经谈到师资问题。这里再就建立我国完整的师范教育制度谈一点意见。

历史上任何社会的统治阶级，都重视为自己培养教师，来巩固自己的统治。我国反动的北洋军阀政府和国民党政府也懂得不许外国人在中国办师范学校，不允许办私立的师范学校，想要由他们自己培养一批忠于反动统治的教师。

新中国成立后，对师范教育非常重视。教育部设了中等师范教育司和高等师范教育司，分别管理全国的师资培养工作。后来由于精简机构，先是把两个司合二为一，改称师资培训司，后来就完全取消了，至今没有恢复。① 首先要建议教育部恢复师范教育司，负责全面规划各级学校师资的培养。

新中国成立后，曾建立了完整的师范教育制度：同高中平行的师范学校和幼儿师范学校，培养小学和幼儿园教师；同专科学校平行的师范专科学校，培养初中教师；同大学平行的师范学院和师范大学，培养高中教师。

十年动乱时期，师范教育体制被搞乱了。党的十一届三中全会以后，师范教育在恢复中。为了提高我国中小学师资质量，建议各级师范院校都要办三个部，即师范部（全日制正规班）、函授部（在职教师业余进修班）和轮训部（在职教师脱产训练班）。目前师范学校还可举办师资训练班，招收有志从事小学教育或幼儿教育的高中毕业生，给以一年的教育专业训练，经考试成绩合格的，派任小学教师或幼儿园教师。

对于现任中小学教师中不合格的，可以让他们分别入各级师范院校的轮训部，脱产学习一年。经考核成绩及格的，可重返原工作岗位；成绩不及格的，延长培训期一年或另调工作。同时实行在职进修制度，由各级师范院校举办函授部，开设文化科学课程和教育专业课程，帮助在职中小学教师不脱产进行学习。也可辅以电视、广播等现代化的教学手段，提高函授师范教育的效率。经考试及格后作为合格教师任用；考试不及格的高中教师可酌情调任初中教师，初中教师可酌情调任小学教师。

现在世界上工业发达的国家，幼儿园和小学的师资都要由大专学校培养了。过去苏联的中等师范学校是招收七年制学校毕业生修业四年，相当于中等专业学校。现在这类学校已不复存在，或者升格为师范专科学校，招收十年制学校毕业生修业二年。一般中小学教师都由师范学院来培养了。

英国的中小学教师也要由教育学院或大学教育系来培养。他们的大学教育

---

① 20世纪80年代初教育部已设立师范教育司，但只管中等师范教育，后来业务逐渐拓展到高等师范教育。2012年更名为教师工作司。——编者

系实际是招收大学本科毕业生修业一年的师资训练班。英国的小学教师过去没有得过学士学位的，现在很多人进开放大学（即业余学习的函授、电视大学）学习，争取补习一些课程，取得学士学位。英国中学教师过去没有得过硕士学位的，现在有许多人也在读硕士学位。

美国的小学教师一般要有学士学位，中学教师一般要有硕士学位。

日本的中小学教师都要得到教员许可证，才能成为正式教师。取得教员许可证的条件，小学教师至少要在短期大学（相当于专科学校或美国的初级学院）教育学部毕业，中学教师至少要在大学教育学部毕业。

法国的小学教师必须曾在国立中学（或相当于国立中学的市立中学）毕业后，进师范学校学习两年专业，并在小学试教两年，经考试及格后得到学士学位，才能成为正式教师；师范学校也招收市立普通中学毕业生，给以三年普通教育和一至两年专业教育；他们在小学试教两年，经考试及格后得到学士学位，才能成为正式教师。中学教师必须在高等师范学校或其他大学毕业。法国的高等师范学校是法国的最高学府，必须是品学兼优的国立中学毕业生读两年预备班后才能考入。即使在高等师范学校毕业，还要通过“中学教师会考”，才能成为国立中学高级教师；没有通过“会考”的只能是一般中学教师。大学毕业生通过“会考”，也可以担任国立中学高级教师；若要任一般中学教师，只要通过“中等教育职业证书”考试。

西德的中小学教师都在高等学校培养，招收完全中学毕业生，修业三到四年，教育专业训练在课程中占四分之一到三分之一。①

我国目前只能从实际出发，采用新中国成立初期建立起来的三级师范教育制度，培养小学、初中和高中的教师。建议各级师范学校招生，都应选择品学兼优的青年入学。建议社会上要形成像朝鲜民主主义人民共和国那样尊重教师的风气。② 因为教师的工作是全时间的工作（the whole time work），不是每日八小时；教师担负着为社会主义祖国培养下一代的重任，应当从制度上保证对教师既要有严格的要求，又要有适当的政治待遇和物质待遇。这样才能吸收优秀的有志青年来从事教育工作。

至于高等学校师资也应当有培养的制度。现在综合大学和师范大学的研究

---

① 以上参看《外国教育丛书·师范教育的现状和趋势》，人民教育出版社 1979 年版。

② 见《人民日报》1979 年 7 月 31 日第 5 版。

生，应当有一部分是为高等学校培养师资的。各有条件的高等学校应当在每届毕业生中挑选优秀的留校当助教兼研究生。满一定年限（如四年左右），有研究成果，经学术委员会审查通过的，就可提升为讲师。讲师满一定年限（如三至五年），教学效果好，并提出新的研究成果，经学术委员会审查通过的，就可提升为副教授。副教授提升教授也是如此。像目前这样许多学校里有五十多岁甚至六十多岁的老助教、老讲师的现象是不正常的。对于长期没有研究成果、教学效果差的可以下放到中学去任教。对于肯钻研、出成果，教学效果也好的要及时提升。有特殊创造发明和造诣深湛的更应当破格提升。这也应当定为制度。

此外，对于各类职业技术学校、中等专业学校里职业技术科目的教师，也应在有关的高等学校里培养，除熟悉任教的科目外，还要给以一定的教育专业训练。

六、业余教育制度问题

1951 年《关于改革学制的决定》把工农干部教育和业余补习教育列为正式学制的组成部分，体现了我国教育为工农劳动人民服务的特色。现在工农速成学校虽然不必再办，但业余补习教育应是一个长期性的措施。这不仅因为我国农村还有文盲急需补习义务教育，不仅因为我国有许多职工和教师就业前未能受到适当的职业技术教育或师范教育，而且也因为现代科学技术的发展突飞猛进，各行各业的在职人员都必须不断学习新知识、新技术，才能适应工作的需要。

这里想简单地谈一点教育同生产力的关系问题。教育是培养人的事业，人是生产力中最重要的因素。在现代生产中，脑力劳动占的比例越来越大。劳动者的科学技术水平，决定着生产力的发展水平。因此，要发展社会生产力，提高劳动生产率，就必须给劳动者以更多的教育。不仅在他们就业以前应当如此，就业以后也应如此。劳动者的教育水平决定着社会生产力的水平。对教育的投资应当看作一种生产投资，而不是单纯的消费。因此，不仅在政府预算中要增加教育经费，各企业单位都应增加教育经费，大力发展教育事业。业余教育正是需要大力发展的教育事业之一。

在我国学制中现在同小学平行的应当有业余小学，是为扫除文盲和补习小学教育而设的；同初中平行的应当有业余初中，是为具有小学毕业程度的工人、农民补习初中课程而设的。这两级业余学校都应当根据学生的需要，教一些职业技术学科。同高中平行的应当有业余高中和各种业余职业补习学校，同高等学校平行的应有各种业余专科学校和夜大学、函授大学、电视大学、广播大学等。

这些业余学校，入学程度可以高低不一，修业年限可以长短不等，并且可以单科独进，在不过于分散精力的条件下也可多科并进。业余学校必须有严密的考核制度，凡修完规定的学科，经考试成绩及格的，都应发给证书，承认他的学历，并作为升学或晋级的依据。

鉴于我国工业系统的职工超过编制定额的不少，今后改用现代化技术装备，一定会有更多的职工有机会参加学习。因此这类学校名为业余学校，实际上可以是脱产或半脱产的学校，也可以是工读交替制的学校。这类学校可以更好地贯彻教育同生产劳动相结合的方针，培养的技术人员也可以更好地跟自己从事的专业对口，应当大力提倡。

七、高等教育制度问题

最后，谈几点关于高等教育制度的意见。

第一，高等学校的修业年限，本科以四年为宜，专修科以两年为宜，还可试办招收初中毕业生修业五年的专修科。专修科毕业生工作一定年限愿意继续学习的，可以允许入本科再读两年，取得本科毕业资格。

第二，高等学校课程可以采用学分制。学生已经掌握了的学科，如外国语和数学等，经考试及格可以免修，另行选修第二外国语和高等数学。这样可以把基础课学得更加深广。学生还可以在教师指导下除了选习学校开设的本系本专业的学科，也可适当选习外系外专业的某些学科，以利于学习某些边缘科学，从事跨学科的研究。实行学分制可以规定本科生必修科和选修科的适当比例，如前者占70%到75%，后者占25%到30%。这样既可保证学好基础课，又有利于发展学生的爱好和特长。

第三，高等学校必须加强基础理论课的教学，尽可能增加它的深度和广度。现代科学技术的发展虽然日新月异，但是它所依据的基础理论大多是共同的。如果学生对基础理论牢固掌握，融会贯通，他吸收新知识，接受新事物就容易举一反三，触类旁通，就比较能够适应科学技术的新发展。

第四，高等学校的专业不宜分得过细。专业分得细虽然容易对口培养，对口分配工作，但如由于科学技术的发展，专业的性质有了改变，所需的专业技术知识技能有了变更，学生适应起来就比较困难。所以除多学基础理论课外，还要学一些专业基础课，不能只学专业技术课。

第五，高等学校不仅是教学中心，还要成为科学研究的基地。高等学校教师的任务，不仅是教学，还必须搞科研。有人认为教师搞科研会妨碍完成教学任务，这种看法是片面的；其实兼搞科研的教师，更能提高教学质量。因为他可以利用科研的成果，来充实教学内容。教学中出现的问题，尤其是学生提出的问题，往往给教师以某种启发，成为科研的动力。学校还可同企业单位协作，承担它们提出的科研项目，并由它们供给科研经费。教师还可以吸收高年级学生参加科研工作。

第六，高等学校要有奖励毕业生业余搞科学研究的制度，高等学校本科毕业生，能脱产当研究生的比较少，要鼓励他们在业余从事科学研究，因为他们有自学能力，有从事专题研究的能力。只要他们把自己的岗位工作做好，又能有研究成果提出来，并经学术委员会审查通过，应当同脱产研究生一样授予学位。

结 束 语

学制问题是教育领域的一个重要问题，它关系到培养人才的质量、速度和数量，影响到国民经济各部门建设事业的发展。我们要执行“教育必须为无产阶级政治服务，必须同生产劳动相结合”的根本方针，应当认识到建设社会主义现代化强国就是当前最大的无产阶级政治。我们研究学制问题，就是要解决怎样用最经济最有效的手段，适应新生一代身心发展水平，来为社会主义现代化建设培养各级各类又红又专的有社会主义觉悟的有文化的身体健康的劳动者。在各级各类学校中，都应当注意教育同现代化的生产劳动相结合的问题。既要应用现代科学技术来提高生产劳动的效率，又要应用生产劳动中的现代化知识来提高教学水平。这些都是需要有计划、有步骤地动员广大教育工作者进行科学研究的课题。苏联赞科夫院士研究把小学修业年限缩短一年，经过二十年实验，动员了 1 200 多个班的教师和学生，做到了详细占有材料，最后为苏联政府采纳。这种把改革学制建立在科学研究基础上的态度和作风，很值得我们学习。

本文没有把幼儿教育制度单独提出研究，并非幼儿教育不重要。列宁把幼儿教育事业称作共产主义的幼芽，看作解放妇女劳动力的重要手段。我国中年青年妇女就业的相当普遍，应当发展幼儿教育事业，办好幼儿教育机关。农村中妇女劳动力占的比重很大，办理幼儿教育也是非常需要的。但是在十年动乱时期，幼儿教育也遭到严重的破坏。今后必须随着国民经济的发展逐步恢复和发展。当前世界的趋势是认为教育在人的一生中开始得越早越好，甚至认为幼儿教育是决定个人一生发展的关键。因此，某些人把幼儿园看作看娃娃的机构而不看作教育机关的错误观点必须彻底改变。为了办好幼儿教育，还要培养幼儿师资，这在前面已经谈到了。

本文仅仅提供一些有关情况，提出一些个人意见。事实和数字的根据既不充分，对情况的了解也很片面。谬误之处，请批评指正。

载《论教育规律及其他》，

湖南教育出版社 1983 年版。

苏联历次教育改革给我们的一些启示*

1984年1月5日，苏联《教师报》刊载了苏联共产党中央委员会发布的《改革普通学校和职业学校的基本方针》草案（以下简称《草案》）。

十月革命以来，苏联教育有过多次的改革。这些改革，有些属于政治斗争的需要，有些是为了适应国民经济的发展，有些是由于科学技术的进步，有些是为了解决中学毕业生的就业问题。总之，都是政治、经济、科学、文化等方面形势发展的必然要求。教育改革是涉及国计民生的大事，既关系到政权的巩固、社会的安定、经济的发展和生产力的提高，也关系到千家万户的利益和亿万人民的生活。所以不能不慎重行事。

邓小平同志指出："教育要面向现代化，面向世界，面向未来。"显然，我国教育也面临着改革的前景。"它山之石，可以攻玉。"因此，我准备从苏联历次（包括最近这次）教育改革的措施中，找出一些对我们有益的经验，使我国教育改革的步伐可以加快，效果可以更好。

一、认真普及义务教育

十月革命以后十七年，即1934年，苏联第二个五年计划完成的时候，就在农村普及了四年小学教育，在城市和工矿区普及了七年不完全中学教育。当时苏联的普通学校有三种类型，即修业四年（8—11岁）的小学，修业七年（8—14岁）的不完全中学和修业十年（8—17岁）的中学。这个学制即中小学十年一贯制，一直实行到现在。当然，苏联学制五十年来在基本上稳定的同时，中途曾有过一些变动。如，从1943年起把入学年龄提前到七岁。70年代中期把小学修业年限缩短为三年，从四年级起安排七年的中学课程。又如，

* 1984年1月写成。

1958年12月，苏联最高苏维埃通过了《关于加强学校同生活的联系和进一步发展苏联国民教育制度的法律》，把不完全中学改为修业八年（7—14岁），称为八年制学校，作为普通教育的第一阶段；把完全中学改为十一年（7—17岁），其中九、十、十一这三个年级作为普通教育的第二阶段，称为兼施生产教学的劳动综合技术普通中学。但这种学制到60年代中期又改变了：八年制学校保留下来，十一年制学校仍改为十年制学校。原因之一是由于当时十年制学校尚未普及。原来1956年苏共第二十次代表大会要求到1960年在全国城乡基本上普及十年制义务教育，但未能实现。1966年的苏共第二十三次代表大会把普及十年义务教育的期限延至1970年，到1976年才基本上实现了。这一年八年制学校毕业生已经有97%升入各种类型的学校学习，其中包括十年制学校高年级、中等专业学校和职业技术学校。在十年制义务教育没有实现的条件下，延长修业年限虽然对兼施生产教学有利，但给普及义务教育增加了困难。现在《草案》规定，自1986年起，儿童从六岁开始入学，小学修业年限恢复为四年，把八年制学校改为九年制，称为不完全中学，完全中学的高年级仍然修业两年（十、十一年级）。这样，把十年制学校改为十一年制学校，虽然延长了一年修业期限，但不推迟毕业年龄，而是提前入学年龄。儿童六岁入学，在苏联已经经过长期的试验。

苏联普及义务教育的经验有许多值得我们借鉴的地方。它早年就采取过许多有效的措施，如：把学校设在儿童住所附近；开办寄宿学校或配备交通工具；培养合格教师，并分配到学校任教；用学生的本族语教学；免收学费；供应廉价的教科书和学习用品，给学生必需的物质帮助，如御寒的衣帽鞋袜等。把不完全中学即普及义务教育的共同的基础的部分，从七年延长为八年，现在将延长到九年。对于不升入中学高年级的学生，采用在中等专业学校和中等职业技术学校完成完全中学教育的办法。还有，对未受满完全中学教育的在业青年，采取函授、业余、夜校等形式，使他们完成中学的学业。这些措施都收到较好的效果。

二、力求教育为生产服务

十月革命以后，苏维埃政府把读书的学校改为劳动的学校，就是为了使教育同生产劳动相结合，使教育为生产服务。可是在20年代，苏联的教育改革走过一段弯路，使普通教育的质量降低了。所以30年代初，联共（布）中央做出了改革中小学的决定，恢复了学科课程，改进了教材教法，结果提高了教育质量，但是为生产服务的要求有所削弱。二十年后的苏共十九大做出了加强综合技术教育的决定。1958年，苏联最高苏维埃又通过了加强教育同生活联系的法律，规定在普通中学高年级（九至十一年级）兼施生产教学，每周有三分之一的课时从事普通技术学科的教学、生产理论的教学和生产实习、生产劳动，使毕业生不升学的可以减少就业的困难。

现在这次改革也加强了教育同生产劳动的结合。在《草案》中有劳动教育和职业定向一章，强调从小学起就应当让学生参加生活必需的、简单的手工劳动，包括种植、修理教具和玩具，了解可以理解的职业等。不完全中学的学生要学习木工、金工、电工，制作简单的零件，关心环境保护；并且从八年级起参加“学习—生产劳动队”，从事学习和劳动。完全中学高年级每周有一天劳动，要求掌握一定的劳动技能，达到一定的水平，得到相应的评定。还要让学生从参加劳动中，经过亲身体验，进一步了解一些政治经济学的概念，如社会经济制度、劳动生产率、产品成本、产品质量和经济核算等。学生应当从事的劳动性质和应当掌握的专业知识，由地方苏维埃执委会确定。至于学生的职业定向工作，不仅由学校来做，而且有政府部门和企业单位参加。学校都应有生产劳动的基地，企业应在学校建立车间或设立校际工厂，给这些车间和工厂配置设备，派遣技术人员担任教育和组织管理工作。总之，要使学生在校期间接受完全的普通教育的同时，受到职业准备训练，毕业后可以迅速走向生活。《草案》还强调要逐步在青年中过渡到普及职业教育。这一点值得特别注意。

我们都知道，在科学技术迅猛发展的现代，劳动者所需要的教育准备越来越高了。今后工人的体力劳动因素越来越小，脑力劳动的因素越来越大，没有一定的文化科学技术知识，就当不了工人了。据苏联教育经济学家的推算，受过完全中等教育的工人，他的劳动生产率要比没受过这种教育的工人高出25%，他学习新技术所花费的时间也要比没有受过完全中等教育的人节省10%。教育在发展社会生产力、提高劳动生产率中的作用，越来越显著了。

新中国成立之初就曾把“教育为生产服务”当作教育建设的方针提出来，1958年起，又把“教育必须同生产劳动结合”作为教育工作方针之一。但是执行起来或左或右，至今还没有摸索出一条妥善的道路。目前普通学校课程里虽有劳动技术教育课，不少学校由于片面追求升学率，有忽视的倾向。现在是我们端正办学思想，采取切实有效的措施，来使教育为社会主义现代化建设服务的时候了。我们的教育改革应当以此为努力的主要方向。

三、重视提高教育质量

教育科学研究的最终目的是提高教育质量。教育改革要运用教育科研的成果，也是为了提高教育质量。从苏联历次教育改革来看，都有这样的目的。如，30 年代初期的改革就是为了克服这种根本的缺点："中小学的教学没有给学生充分的普通教育知识，并对培养有足够读写能力的、能很好掌握科学基础知识……的学生以升入中等技术学校和高等学校这个任务，执行得不能令人满意。"（现在，我们不是也有这样的缺点需要认真克服吗?）又如 50 年代末，苏联关于加强教育同生活联系的法律，也要求普通学校"培养学生走向生活和参加公益劳动，进一步提高普通教育和综合技术教育的质量，培养通晓科学基础知识的有学识的人，以深深尊重社会主义社会原则的精神、以共产主义思想的精神，教育青年"。这也是为了提高教育质量。

由于科学技术的迅猛发展，从 60 年代中期开始，苏联的教育科学研究，集中在改革中小学课程问题上。经过十年的研究，重新编订了课程。从 70 年代中期开始，把小学修业年限缩短为三年，学生可以从四年级起学习系统的科学基础知识，中学课程安排七年，教材内容按年级下放，以便到高年级增加新教材。强调教材要充分反映现代文化、科学、技术的成就，提高科学理论水平，加强各门学科的思想性和教育性，还从七年级起（《草案》规定从八年级起）增设选修科。选修科包括三类：一是增广加深已学教材的，二是课程表中没有设置的学科，三是职业性质的学科。这样做当然也是为了提高教育质量。

现在的这次改革，不仅是课程的改革，对教育的各项任务也都提出了改革的要求。如，《草案》除指出要修改教学计划、教学大纲、教科书和教学参考书，保证每门学科都有较高的科学水平，使学生牢固地掌握科学基础知识以外，还要求改善思想政治教育、道德品质教育、美育和体育。又特别强调根本改善普通学校中的劳动教育和职业定向，加强各科教学中的综合技术教育因素等。值得注意的是强调实施军事爱国主义教育，要求学校使学生做好到军队中服役的准备，提高中等学校初级军事训练的水平。

在提高教育质量方面，我们应当解决的问题很多。我们必须抓好基础教育，要认真重视小学教育，提高小学教师的水平，力求从小学一年级起就注意教育质量。要重视师范教育，培养合格的、称职的师资，提高中小学教师的社会政治地位和物质生活待遇，吸收优秀青年投考师范院校，整顿现有教师队伍。要保证我们的教学内容符合现代文化、科学、技术发展的要求，普通学校教给学生的应当是从现代化的观点来看是实际有用的科学基础知识。教材要反映最新的科研成果，要能为迎头赶上新技术革命的需要准备条件。同时，教材也要结合当前实际，针对师生现有条件，对一部分学业水平较低的学生，适当降低要求，使他们能学有所得，避免好高骛远，一无所得。我们还要看到普通教育的双重任务，教育质量的提高，不但要表现在少数升学的学生身上，而且要体现在大多数就业的学生身上。此外，为了保卫祖国、保卫世界和平的需要，我们也应当考虑对中学高年级的学生适当进行初步的军事训练。加强爱国主义、集体主义、国际主义和共产主义的思想教育，是提高教育质量的根本保证。这是在任何时候都不能忽视的。

载《师范教育和教育科学》，
人民教育出版社 1985 年版。

怎样改进我国中小学教育*

一、办学方向问题

这几年中小学教育中有一个值得注意的情况，可以说是我们把学校办成了“升学预备班”。学生读小学是为了升初中，读初中是为了升高中，读高中是为了升大学，读的目的就是升学。这个问题很严重，需要改变。而首先要改变教育思想。中学教育的目的是什么？不是光为了让学生升学，还要培养走向生活的青年人。教育的双重职能，决定了学校的双重任务。我国教育的目的应该是培养有社会主义觉悟的有文化的劳动者。这一点，在最近不大提了。但我认为培养有社会主义觉悟的有文化的劳动者这一提法，在社会主义阶段仍然是适用的。社会主义国家，每个人都应是劳动者；从事体力劳动的是劳动者，从事脑力劳动的也是劳动者。在一个国家里有不同的工作者，但大量的是一般的劳动者。我想我们中小学校的教育计划应面向大多数，面向培养一般的劳动者。关于培养目标，我觉得我们现在的教育立法很不完备，只有根据《宪法》第四十六条来办才行，这在中学里还应具体化。说品德、智力、体质等方面全面发展，那也应在这个“等”字上做文章，比如美育就不可少；光讲德、智、体是不够全面的。现在因为升学考试只是考书面知识，不考虑实际能力，于是学生学习也只是用死记硬背的方法。这样不能真正掌握知识，也不能学到运用知识的能力，这实在是不合适的，因为不能培养出全面发展的人来。

我希望国家教育委员会早些修订公布全日制中学和全日制小学两个暂行工作条例。不要长期“暂行”。这样才能使办学的人有法可依。

---

* 这是作者在国家教育委员会和民盟中央联合举行的“如何改进中小学教育”座谈会上的发言，写成于1985年12月11日。

二、学校管理问题

关于学校里的民主管理问题。我觉得在学校里，校长和教师如果不是民主平等的关系，而是上下级的关系，那么学校是很难办好的。教师不去关心学校，由你校长发号施令，教师的积极性不能发挥，学校是办不好的。如果校长与教师是民主平等的关系，甚至教师与学生也是民主平等的关系，那么，就会树立良好的校风，学校就会办好。这个问题能在有关条例中定下来就好了。

现在学校的教师快从“文革”中的“臭老九”变成“店小二”了，不能不使我们感到难过。这主要由于学校的经费太少，校长被逼得只好自己去抓钱，怎么抓钱呢？他只好在学校里开旅馆，让老师当“店小二”。不增加教育经费是解决不了这个问题的。

三、课程教材问题

关于课程教材问题。中学教育的性质是基础教育，所以要保证学生学好“双基”，即基础知识和基本技能。这二者不容易老化，不容易陈旧。在这个基础上再吸取新的知识。既要保证学生升学，又要让更多的学生准备就业。过去普及教育阶段只是实施普通教育，现在普及教育里可以有职业技术教育。苏联普及了十年义务教育，并不是所有学生都入普通中学，有些学生是从中等专业学校和职业技术学校完成十年学业的。今后它普及十一年义务教育，也是这样的。

现在中学生犯罪的多了，令人痛心。因此，就有不少同志强调法制教育了，有的同志甚至主张在小学就上法制课。我觉得这样做是不适合学校教育特点的。学校教育不能说需要什么就增加什么课，而应该在有关的学科中增加这方面的教学内容。

关于活动总量的问题。有的学科动手多，有的学科动脑多，各科可以互相调剂。对活动总量的看法不能绝对化。学科的设置不宜太多。国外有采取综合课程的方法，如，把物理、化学、生物、自然、地理合并成一门理科；也有的编写核心课程，把知识变成专题来学。但这对我们来说，不能轻易地跟着办。因为这关系到师资能力问题。今后培养初中教师，不能只让他会教一门课，而应该使他的知识面宽些，可以教两三门课，才好适应小规模的学校的需要。

在过去的教学计划里规定中小学也停课考试。我认为这样做没有必要。考试本身是教学活动的一部分，专门停课考试，实质是教学活动的中断，也搞得教师、学生都很紧张。这从培养人的观点来看是不合适的。

劳动课问题。我建议从小学一年级起搞手工劳动。在低年级可以把美术与手工结合起来，成为美工课。还应注意执行劳动技术教育课的计划。办教育的目的既然是培养劳动者，那就要为学生将来从事各行各业的劳动打好坚实的基础。

最后，就是要认真抓好课外活动。学校应当办成学生的乐园，现在学校却成为“苦海”了。学生从早上七点到晚上九点，每天十四个小时（去掉两个小时午、晚餐时间还有十二个小时）埋头学习书本，都是围绕着老师教的课业而忙碌，怎么受得了？中学生都是青少年，爱活动。必须让学生有多种多样的课外活动。也不要把课外活动说成“第二课堂”，就叫“课外活动”好了，何必再给它起个“课堂”的名字呢？

载《群言》1986 年第 4 期。

改革教育思想与提高对教育工作的认识

《中共中央关于教育体制改革的决定》（以下简称《决定》）提出了“改革同社会主义现代化不相适应的教育思想”的任务。这项任务的实现不仅是教育体制改革成功的重要因素，而且有助于从根本上改变我国教育的面貌，包括宏观的面貌和微观的面貌。《决定》还指出：“必须极大地提高全党对教育工作的认识。”这是非常迫切的要求。我理解，提高对教育工作的认识，同改革不适应社会主义现代化的教育思想是分不开的。倘若不改革教育思想，对教育工作的认识就很难提高；反过来说，不提高对教育的认识，教育思想的改革也很难彻底。下面从提高对教育的认识来谈谈教育思想的改革问题。

首先要认识教育是促进社会生产力发展的主要手段。我国搞现代化建设，就是要发展社会生产力，使国家富强，人民富裕。马克思主义的一个基本原理是：人是生产力中最积极最活跃的因素。我们要发展生产力，就应把培养人放在第一位。人的思想、文化、科学、技术水平提高了，就可以创造出无穷无尽的物质财富和精神财富。现代许多国家认识到这一点，所以他们不惜大量投资办教育，来提高人的素养。在资本主义国家，劳动者的素养提高了，资本家就可以获得更多的利润；在社会主义国家，劳动者的素养提高了，就可以使国家富强，人民富裕、文明、幸福。国外教育经济学家的研究证明：（1）教育可以提高劳动生产率。按列宁的说法，“劳动生产率，归根到底是保证新社会制度胜利的最重要最主要的东西”①。苏联的资料令人信服地证明，受过完全中等教育的，比只受过不完全中等教育的劳动生产率高 25%，而且他们学习新技术所需要的时间比后者节省 10%。（2）教育可以增加国民收入。越是生产现代化的国家，教育投资在增加国民收入中所起的作用就越大。如，日本官方统计，从 1930 年到 1955 年的 25 年里，在国民生产总值的增长总额中，有 25%

① 《伟大的创举》，《列宁选集》第 4 卷，第 16 页。

是由于增加教育经费而取得的。苏联在1962年依靠教育经费的投资和劳动者熟练程度的提高，创造了近27%的国民收入。美国在1957年，教育经费的投资在增加国民收入中所做的贡献，占国民收入增长数的33%。（3）教育投资是生产投资。以上两项就已经可以使我们改变教育投资是消费投资的看法，也可以改变那种认为只有在经济发展的基础上才能发展教育的看法。教育投资虽然见效缓慢，但也是可以统计出来的。如，日本官方统计，1955年日本教育投资的效益是1∶49；苏联经济学家计算，苏联国民教育投资的每1个卢布可以使国家得到4个卢布的收入；美国前副总统蒙代尔说，教育投资每花费1美元，可以收回6美元。由此可见，教育投资的确是一种生产投资。在我国社会主义现代化建设过程中，国民经济的发展有赖于教育培养出大批有社会主义觉悟的、有文化的、懂技术的、业务熟练的各行各业的劳动者，其中包括各个层次的具有现代科学技术知识和经营管理知识的、能适应现代科学技术发展和新技术革命要求的国家各部门的建设人才。所以《决定》说“教育必须为社会主义建设服务，社会主义建设必须依靠教育”，就是这个道理。对教育的认识不够正确的同志们，对于这后一句话，更加要多多体会，才能把教育放在发展国民经济的战略重点的位置上来。还有，重视教育而只重视高等教育的同志们也应当想到，只关心培养高级建设人才，不重视基础教育的普及和提高，不可能从根本上改变我国贫穷落后的面貌。应当看到，教育工作也应当在普及的基础上提高，在提高的指导下普及。目前不文明、不卫生、无礼貌、无纪律等野蛮行为的存在，都是基础教育薄弱的后果。要建设有高度社会主义精神文明和高度社会主义物质文明的现代化强国，必须首先重视普通教育的普及和提高。况且，普通教育的质量如何，关系到高等教育的发展和巩固。目前有些同志重高教轻普教的思想是头脚倒立的思想，仿佛是在沙滩上建筑宝塔，是违背教育规律的，因而也是必须改革的。

其次，要认识办教育首先是为了培养各行各业的生产劳动者，受教育也是为了成为生产劳动的积极参加者。这是需要整个社会从上到下都改变的一种思想。因为从奴隶社会以来的几千年里，正式的、有形的教育总是被统治阶级掌握在手里，为他们培养技术人才服务的。换言之，教育历来是培养大大小小各级官吏的。我国封建社会持续很久，科举制度延续了一千三百年。这个制度就是封建统治阶级为了网罗人才为他们效劳的。因此读书就是为了做官的思想深入人心。我国废科举，兴学校，实行近代学制才不过八十多年，要改变这种根深蒂固的思想很不容易。尽管近三十多年我国社会有了翻天覆地的变化，轻视生产劳动和生产劳动者的思想，仍旧以各种不同的形式存在于人们的头脑里，并且不时或明或暗地表现出来。现在人们送孩子上小学，就希望他能升入好的中学，上了中学都希望能考上大学。追求的目标就是脱离生产劳动当干部。这同科举时代进学当秀才，中举人，再考进士，然后可能得到一官半职，不能说在思想上没有类似之处。要彻底改变这种思想，需要了解教育的起源和发展，认识教育的本质和职能。简言之，就是要认识教育起源于人类传递生产劳动经验的需要，这是教育永恒的职能，到将来共产主义社会，教育仍然首先具有这项职能。随着生产的发展和科学的进步，教育的这个职能将更加重要，教育更加为人类生活所不可缺少。过去农民的孩子参加农业的体力劳动，不需要受教育也能胜任，现在要实行科学种田，已经开始懂得不受教育就掌握不了科学，逐步认识到受教育的必要了。这当然是一种进步。但是那种认为受教育就是为了“跳出龙（农）门”的思想也还是大量存在的。问题并非农民的孩子不能“跳出龙（农）门”，问题在于社会上还存在着轻视生产劳动，因而鄙薄职业技术教育的陈腐观念。我们应当知道马克思主义的一条基本原理，物质生产活动是人类最基本的实践活动。人类为了生存就离不开吃、喝、住、穿、行。吃、喝、住、穿、行的物质产品，只有依靠生产劳动才能创造出来。如果在一个社会里，人人都脱离生产劳动，那么这个社会就一天也不能存在下去了。这是一个极其浅近的道理，但也是一条颠扑不破的马克思主义的普遍真理。我们办的是社会主义教育，社会主义社会是人人都劳动的社会，没有剥削者的社会。所以我们的教育必须培养劳动者，主要是物质生产的劳动者，当然也要培养精神生产的劳动者。从数量来说，前者要比后者大几十倍，上百倍。毛泽东同志1957年提出的培养劳动者的教育方针，是非常正确的。这个劳动者当然包括物质生产的劳动者和精神生产的劳动者两者在内。我们办教育仍然要以培养劳动者为目标。家长送子女受教育，也要希望子女能成为有益于社会的劳动者，受教育者自身也要以能成为一个有益于社会的劳动者为光荣使命。如果办教育的、受教育的都能树立这样的思想，那才能适应社会主义现代化的需要。

再次，要认识到学校不是升学预备班，不是单纯传授知识的场所，而要教学生做一个有益于社会的全面发展的公民。我国古代学校以教人“明人伦”为目的。可见学校的任务并不限于传授知识，重要的是教人做人。尽管时代不同、做人的标准不一样，但认识学校任务是教人怎样做人，认识教师的任务是育人，不仅在当前，而且在今后仍然是很有必要的。从欧洲兴起的近代学校的百科全书式的课程，大大加重了学校传授知识的任务。我国采用近代学制以来的八十多年，也采用了近代学校的百科全书式的课程，过分重视学校传授知识的任务，削弱了教学生怎样做人这个更重要的任务。新中国成立以来，虽然公布了全面发展的培养目标，但是学校设置的依旧是百科全书式的课程，评价学校、教师和学生的标准，仍然偏重于依据知识的传授和掌握的程度，加上社会上读书就是为了升学，升学就是为了脱离生产劳动的思想仍然普遍存在，于是片面追求升学率的现象就很难制止。但是国家建设所需要的人才是有层次的，高等教育即使大量发展，也不可能把所有受完中学教育的人吸收入学。即使到了共产主义社会，全日制的高等教育也不可能普及于全民。恐怕大部分人仍将是在职学习，以终身教育的方式来满足他接受高等教育的愿望。现在苏联高等学校的在校生有 40%是在职学习的。美国高等学校的学生，好多是边学习、边劳动，自食其力的。虽然我国的高等教育还需要扩大招生，继续发展，但是无论如何不可能满足所有志愿入学者的需要。为此必须认识到，各级学校都是培养人走向生活的场所，为高一级学校输送合格的新生，应是附带完成的任务，而不是主要任务。学校应当培养学生成为有社会主义觉悟的有文化的自食其力的劳动者。每个学生都要自觉地要求自己学会做这样的人。在小学教育尚未普及的地方，要努力普及小学教育，对于小学毕业后不升学的学生，也要予以走向生活的初步知识和简单技能。我国现在开始逐步普及初中教育了，初中教育的内容不必完全是普通教育。在那些初中毕业生多数不可能升学的地方，初中也可以具有初级职业技术学校的性质，培养能够走向生活的当地需要的各行各业的劳动者。在高级中等教育阶段，要大力发展培养中级职业技术人才的学校，使高级中等学校毕业生皆有一技之长。当然，这时的学校的类型就可以分化，中等专业学校和职业技术学校应是这一阶段的主要学校，普通高中要占少数。即使在少数的普通高中里，也要实行教育同生产劳动相结合，使学生在接受普通教育的同时获得走向生活的一技之长。普通教育和职业教育互相渗透是当前各国的共同趋势，苏联 1984 年的教育改革就非常强调这一点。我看这是一个改变“千军万马争过独木桥”的极好办法。

最后，要认识到学生是一个个有理想、有感情、有不同兴趣和爱好、有不同优点和缺点、处于不同发展阶段的活生生的人，教育他们必须因材施教，必须启发诱导，必须长善救失，必须循序渐进。现在实行的班级教学制度，容易把一个班的学生看作大家都是一样的，教师也用同一教材，把他们用同一个模子来塑造。其实大谬不然。学生是千差万别的，各有各的个性。教师的主要任务不在于把知识传授给学生，而在于引起他们学习的兴趣，教会他们学习的方法，养成他们良好的学习习惯，使他们学会自己求知，这将使他们终身受用不尽。因为学生在校学习的时间是有限的，而知识的海洋是无边无际的。只有通过教材的教学，发展学生求知欲，教会学生自学，使他们在离开学校、离开教师以后仍然会继续求知，才能适应现代科学技术迅猛发展的时代要求。我想，为了达到这个目的，我们的教师和教育工作者，必须善于继承我国教育历史遗产中的精华，结合近代教育科学研究的成果，真正做到因材施教、启发诱导、长善救失和循序渐进，坚决反对一锅煮、满堂灌、片面性和成人化等错误的、懒惰的、独断的、主观的教育和教学方法。

总之，教育思想的改变要落实到教育实践上来。教育思想的改变，不只是教育工作者的事，而且是整个社会的事，可以说还是全党、全民的事。如果全党对教育工作的认识真如《决定》所说，极大地提高了，那么在党的领导下，必将有助于改变不适应社会主义现代化的教育思想。只有不适应社会主义现代化的教育思想根本改变了，我国教育体制的改革才能取得积极的成果，我国的教育才能以崭新的现代化的面貌呈现于未来的世界。

载《教育理论与实践》1986 年第 4 期。

关于施行《义务教育法》的断想

一

《中华人民共和国义务教育法》开始施行了，这是值得全国人民欢呼的一件壮举。俗话说："不怕慢，只怕站。"我们虽然起步晚了（大约晚了三十年。这是同世界上第一个社会主义国家比较而言，他们是在苏维埃政权成立后的第一个五年计划期间就开始施行义务教育了，我们是在新中国成立三十七周年的前夕才开始施行义务教育），然而起步晚总比站着不动好。

但是，普及义务教育，正如列宁所说，是"顽强繁重的工作"①，绝非轻而易举。我们千万不要以为立了法就会很容易实现了。"徒法不足以自行。"我们必须决心准备做"多少顽强繁重的工作"，才能使纸面上的法律，成为现实中的事情。

二

"教育必须为社会主义建设服务，社会主义建设必须依靠教育。"这是《中共中央关于教育体制改革的决定》（以下简称《决定》）的基本精神。《义务教育法》的制定是"为了发展基础教育，促进社会主义物质文明和精神文明建设"，同《决定》的精神是一致的。承认发展教育可以促进建设，这就体现了建设必须依靠教育的思想，这是非常正确的。因为我们的建设是现代化建设，离开先进的科学技术是寸步难行的。能掌握先进科技的劳动者（包括体力的和脑力的），只有依靠教育才能培养出来。举农业现代化为例，文盲可以赶着牛耕田，但拖拉机驾驶员没有一定的文化就不行了。文盲可以用脚踏水车来灌

① 《列宁选集》第4卷，第676页。

溉，若用电力排灌机械，没有文化也不行。更不说选育优良动植物的品种要应用遗传工程的原理，施用农药、化肥也要学会一套科学技术了。至于工业现代化要使用电子计算机来自动控制生产，等等，需要的文化程度就更高了。因此，现代化建设必须依靠教育的思想，应当在上上下下所有干部中牢固地树立起来。

但是，每谈到教育经费问题的时候，这个思想就不见了。强调的仍然是要在经济发展的基础上才能发展教育，即教育要依靠建设，而不是建设要依靠教育。这个思想在农业社会或工业化初期的社会是符合实际的，但到了现代就落后于实际了。现在应当强调的是必须发展教育才能进一步发展经济。也就是说："经济要发展，教育要先行。"这已经成为教育经济学的一条规律了。何况，光有经济的发展，不重视教育投资，教育还是发展不了的。江苏的工农业生产总值在全国是数一数二的。但是据 1982 年人口普查的资料，江苏的文盲百分比竟超过了全国平均数，江苏的教育并没有走在全国的前列。

我国工农业生产总值，1984 年起已突破万亿大关，但是教育经费占工农业生产总值的百分比，依然低得可怜。据统计，美国和日本都占 7%强，一般国家占 5%左右，我们大约只占 1%多一点。吝惜教育投资的结果，将阻碍《义务教育法》的认真贯彻，从而延缓社会主义现代化建设的进程。

三

"把发展基础教育的责任交给地方"，"义务教育事业，在国务院领导下，实行地方负责，分级管理"。前一句话见中央的《决定》，后一句话见《义务教育法》第八条，二者的精神也是一致的。

在实行地方分权制的国家，如美国，它们联邦宪法里从来没有教育条款，因为教育是各州政府的职责。美国联邦政府原来也不设教育部，从 1979 年卡特任总统时起，已设了联邦政府教育部。据说这个部有干部 1 400 人，每年分配给全国的教育补助费有 1 400 亿美元。至于实行中央集权制的国家，更是把教育紧紧抓在手里的。有权就有责，中央既要过问教育事业，就有责任拨给教育经费。这在资本主义国家是如此，在社会主义国家也是如此。

在普及义务教育中，中央不过问、不督促、不检查当然是不行的。要过问、要督促、要检查就必然会发现有些地方，首先是老、少、边、穷地区，推行义务教育有很大的困难。除非我们采取消极等待的、听其自然的态度，可以不闻不问；如果我们采取积极推行的、限期普及的态度，中央不大力予以帮助是不行的。许多地方经济上的“穷”和文化上的“白”是恶性循环的。越是穷困的地方，越是文盲众多，文盲越多，生产搞不好，也就越穷。对于这样的地方等待它富起来是很难的，征收教育税也没有多少税源。国家如果不负起责任来大力扶持，义务教育再过几个五年计划恐怕也普及不了，这正是工作“顽强繁重”之所在。我们需要有顽强的精神，进行繁重的工作。在有些少数民族地区，宗教势力还在同我们争夺下一代。这就不仅要强调少数民族儿童有受教育的权利，而且更要强调他们有受教育的义务。因此，要用一点强制的力量。这种力量只有国家才有，依靠地方政府恐怕难以办到。从国际经验来看，国家必须大力投资来为推行义务教育创造条件，除了开办学校，聘请教师以外，对受教育者实行免费入学（包括免学费、书籍费、文具费甚至宿费、膳费、服装费等）是不可少的。所以在国外，“强迫教育”（compulsory education）和“免费教育”（free education）是同义语，而“义务教育”同“强迫教育”是一个词。少数民族地区多半是边疆地区，普及义务教育不仅是为了发展生产，繁荣经济，而且有团结各族人民、巩固国防的意义。

总之，这项“顽强繁重的工作”不能光交给地方政府，虽然地方政府应当尽力尽职负责积极推行。有一种意见认为，中央主管高等教育，国家的教育经费应当重点用在高等教育上。我国高等教育至少在数量上落后于第三世界的许多国家（如印度、埃及、墨西哥），应当发展是没有疑问的。但是教育事业也得在普及的基础上提高。义务教育是普及教育，是基础教育，不先把义务教育办好，高等教育的基础不牢，质量也难有保证。许多国家（如日本、苏联等）教育经费的分配，义务教育费占50%以上。这是值得我们深思的。因为义务教育一天不普及，就意味着新文盲会不断产生，而新文盲的产生又意味着阻碍社会主义现代化建设的进程。

四

现在中央领导同志常常下基层视察工作或访贫问苦，这种精神很值得敬佩和拥护！

敬爱的周恩来总理曾经说过，普及教育是国家的大政。中央领导同志到地方视察，一定会视察教育事业，并代表中央做指示。但是我们从新闻报道中往往得不到这方面的信息。有些新闻报道写得比较详细，但是从头到尾，只字不谈教育。其实，教育不发达恐怕是那些地区贫困的根源，要根本改变那些地区的面貌，不发展教育事业是不行的。我们希望宣传部门今后在报道中央领导同志到基层视察活动的时候，不要忘了报道他们视察教育的情况。特别是《义务教育法》开始施行了，这是关系到我们国家前途和命运的一件大事。中央领导同志到基层视察，一定会在百忙中视察《义务教育法》实施情况的。多报道他们视察教育的情况和对教育工作的指示，这也将有助于全国各地对《义务教育法》的贯彻执行。

五

教育事业是脚踏实地的事业，只能一步一个脚印地前进。办好教育事业，除了物质条件以外，师资是最重要的条件。《义务教育法》第十三条规定了师资应具备的水平，非常必要。首先要保证小学有合格的教师，以保证小学教育的质量。在师资条件不具备的时候，千万不要好高骛远，急急忙忙去普及初中，更不能把小学教师和为小学培养的师资（中师毕业生）抽调去教初中。因此，如果小学教育还没有普及，特别是小学教师的合格率还不高、小学毕业生的合格率也不高的时候，要大力巩固和加强小学教育，先不要忙着普及初中。千万不要再搞那些假、大、空的勾当，不能自欺欺人。一定要等小学教育真正普及了，再提出普及初中的要求。否则，浪费了教育经费，收不到应有的效果。

现在不仅农村，即使大城市，初中教师也很缺，在职初中教师中合格的百分比也不高。在这种情况下，必先准备师资条件，充实、提高现有的师资队伍。只有师资的数量和质量具备了，再普及初中不迟。物质产品要讲究质量，我们培养出来的人是精神产品，更加要重视质量，否则贻害无穷。

我这里说的是小学教育没有普及，师资条件不具备，不要忙于普及初中，不是说不办初中。现有的初中必须办好，要大面积提高教育质量。

六

我国古代著名教育家荀子说过：“国将兴，必贵师而重傅；贵师而重傅，则法度存。国将衰，必贱师而轻傅；贱师而轻傅，则人有快（按指“放纵之心”），人有快则法度坏。”① 这两句话仍有现实意义，很值得我们深思。

为什么要“贵师而重傅”，怎么来“贵师而重傅”，这几年我们说得不少。《义务教育法》又有了明文规定。但是至今中小学教师还感到“口惠而实不至”。这是一个重要问题，我们不能等闲视之。因为“三埋怨的教师是培养不出三热爱的学生来的”（引用一次调查会上的教师发言）。我们一方面要求教师兢兢业业，勤勤恳恳，以身作则，为人师表；另一方面更加迫切希望有关部门能采取切实有效的紧急措施，使教师感到我们亲爱的祖国是真正在“贵师而重傅”才好。

由于我们过去教育战线上欠账太多，《义务教育法》的施行更增加了“繁重”的程度。我们只有用“顽强”的精神，迎着困难前进，使义务教育早日普及，为祖国的社会主义大业奠定万世不拔的基础。

载《教育评论》1987 年第 1 期。

① 《荀子·大略》，见《荀子简注》，上海人民出版社 1974 年版，第 311 页。

深化教育改革从何着手?

在社会主义初级阶段，我国教育应当怎样办，才能有利于发展社会生产力，是我们深化教育改革应当解决的课题。

党的十三大提出把发展科学技术和教育事业放在首要位置，的确抓住了根本，但任务十分艰巨。从现在到2000年，要求“城镇和绝大部分农村普及初中教育，大城市基本普及高中和相当于高中的职业技术教育”。这个要求就未必能够达到，特别是要保质保量，而不是弄虚作假地普及教育。报告还指出:“从根本上说，科技的发展，经济的振兴，乃至整个社会的进步，都取决于劳动者素质的提高和大量合格人才的培养。百年大计，教育为本。必须把发展教育事业放在突出的战略位置。”我认为，深化教育改革必须首先解决以下问题。

第一，切实解决教育经费不够用的问题。1986年8月，我在民盟28省、自治区、直辖市普教改革研讨会上，曾经建议按照各级各类学校办学的实际需要，根据最低标准，编制学校经费预算，然后汇总起来，作为各级政府财政支出中的教育经费预算。这个要求绝不算高，即使我们不“把发展教育事业放在突出的战略地位”，也是应当做到的。现在教育经费不够用，就是因为我们没有实事求是地按照办学的实际需要来拨发教育经费，而是不管够用不够用，只给一定的份额。由于“文化大革命”对教育事业的彻底破坏，把农村中小学下放到大队去办，把许多由政府财政支付工资的教师变成了记工分的“赤脚教师”，教育经费压缩到最低限度。所以拿1978年“文化大革命”刚结束时的教育经费做基数，看近年教育经费增长，并不能够解决实际问题。何况教育事业的发展，师生人数的增加，还要比教育经费增长的速度快得多呢。现在每个学生每年占用的教育经费数，还不如50年代多，而物价比50年代高，所以必须切实按照办学实际需要拨发教育经费，使教育经费能够“量出为入”，以免经常处于匮乏状态。

为了提倡和鼓励社会集资办学，各级政府（或人大、政协）要成立一个教育基金董事会，聘请当地热心教育的公正廉洁之士为董事，统一管理教育资金的筹集和使用分配。不要把集资的责任交给学校。学校除校办工厂、农场的收入可以按规定制度自行分配外，凡社会资助办学的经费都要由董事会统一管理分配使用，并优先分配给办学条件困难的学校。

社会集资主要用于校舍建筑费、设备费。学校事业费和教职员工的工资，应一律列入政府预算。取消民办教师制度，所有教师应当都是国家工作人员。

第二，切实改善教师的政治待遇和物质待遇，改变按行政人员的级别来定校长、教师工资级别的做法。充分认识教师劳动的重要性、复杂性和艰巨性，根据按劳分配的原则，合理规定教师的工资。

整顿现有的教师队伍，淘汰不合格不称职的滥竽充数的教师，另行分配工作；在教师地位提高、待遇改善后，应当能够吸收改行的合格而又称职的教师归队。并切实办好各级师范学校，有计划按比例地培养教师。规定师范生在毕业后必须任教若干年以上始得转业。

第三，切实认真推行义务教育。现在义务教育首先遇到的问题也是经费和师资问题。我想介绍一下列宁是怎样解决这个问题的。

1923年1月，列宁看到中央统计局出版的《俄国识字状况》一书中的统计数字：1920年，俄国居民中还有67%到78%的文盲。因此提出必须“进行多少顽强繁重的工作”来普及教育，以赶上西欧一个普通文明国家的水平。他主要提出两大要求。第一是有关教育经费的。他说：“在最近修改我国季度预算的时候……首先应当缩减的，不是教育人民委员部的开支，而是其他部门的开支，以便把缩减出来的款项，转作教育人民委员部的经费。在今年这个粮食已经够吃的年份，不要再舍不得增加教员的面包配给额了。”他又说：“使整个国家预算首先去满足初级国民教育的需要，这个工作我们还做得太少，少得简直不像话。”第二是有关师资的。列宁在肯定国民教育方面所做工作的同时，说：“但是我们没有做主要的事情。我们没有注意到或很少注意到提高人民教师地位的问题，而不提高人民教师的地位，就谈不上任何文化，既谈不上无产阶级文化，甚至也谈不上资产阶级文化。”他又说：“应当把我国人民教师提高到从未有过的，在资产阶级社会里没有也不可能有的崇高的地位。这是用不着证明的真理。为此，就必须进行有步骤的、坚持不懈的工作，来提高他们的思想意识，使他们具有真正符合他们的崇高称号的各方面的素养，而最最重要的是提高他们的物质生活条件。”

我国现在不识字的人口虽然比当年的俄国少，但还将近占居民的四分之一。这是建设现代化的社会主义国家的极大障碍。因此，我们还应当学习列宁的精神，下大决心花大力气来解决普及义务教育所需的经费和师资问题；否则，教育不普及，新文盲还会不断产生。

普及义务教育最困难的还是老、少、边、穷地区，这些地方没有国家的大力扶持，教育是很难普及的。我们要充分认识普及教育必须“进行多少顽强繁重的工作”，不可急功近利，更不可谎报浮夸。为此必须建立严格的督导制度和验收制度，防止走过场。

第四，要认真做到使教育为当地社会主义建设服务，为发展和提高当地的生产服务。首先要改变人们对教育的看法，要把单纯以升学为目标的教育改为以培养、提高生产者素质为主要目标的教育。为此，各级学校都要考虑到为当地社会主义建设服务。如，农村小学也要结合文化知识的学习，教给他们一些当地农副业生产的知识技能，农村初中可以办成职业初中，在教初中文化课的同时，结合当地需要，教给他们农、林、牧、副、渔的生产知识和乡镇企业所需的知识技能。城镇初中也都应设职业选科，使他们获得一技之长。中等教育不仅应当分设普通高中、职业高中和中等专业学校，即使普通高中也要设置职业选科，加强劳动技术教育，使毕业生不升学的都有一技之长。高等学校（不仅是高师）都要考虑为中等学校的职业技术教育培养各行各业的师资。

第五，中小学课程、教材也要从单纯准备升学的轨道转向培养各行各业有社会主义觉悟的、有文化科学知识的、身体健康的生产劳动者的轨道，或者说要以培养社会主义公民为总的目标。现行的课程设置从准备学生升学考虑得多，从培养学生就业考虑得少。既然我们学校的培养目标主要是为当地社会主义建设服务，我们的课程、教材就要有相应的改革，才能适应这种需要。

深化教育改革的总要求是要为社会主义建设培养出既能从事物质文明建设，又具有精神文明的各行各业多层次的劳动者，要在提高全民族的思想道德水平和科学文化水平上下功夫。同时，应在努力缩小各地区教育差距上下功夫。虽然不平衡的状态是永远存在的，但是我们的任务是要促进落后向先进转化，何况在所谓先进地区也存在着大面积提高教育质量问题。

载《群言》1988 年第 3 期。

借鉴马卡连柯学说 深化我国教育改革

——纪念安·谢·马卡连柯诞生100周年

今年3月1日是苏联杰出的马克思主义教育家安·谢·马卡连柯诞生100周年纪念日，明年4月1日就是他逝世50周年纪念日。他仅活了短短51年，可是他的教育实践和教育理论，不仅丰富了苏联教育学，而且对世界人民的教育科学做出了卓越的贡献。

马卡连柯是最早被介绍到中国来的苏联教育家。早在新中国建立前后，就有他的部分著作及介绍他生平和教育学说的书被翻译出版过。从1955年起，人民教育出版社就系统地翻译出版了他的全集七卷，到1959年出齐。同时还出版了苏联教育史学家E. H. 米定斯基教授写的《马卡连柯的生平和教育学说》的译本。1986年又出版了我国教育学者选编的《马卡连柯教育文集》两卷集。

我国研究和介绍马卡连柯教育学说的专著和文章，据何国华等在所著《马卡连柯教育思想研究》（1986年湖南教育出版社出版）一书中统计，前后合计已有近百篇，其中专著约十种，大部分是翻译的，文章却大部分是我国教育工作者自己写的。从时间来看，“文革”前发表的（约占一半）多数是翻译作品，“文革”后几乎都是自己写的了。这表明我国教育学者对研究马卡连柯学说的重视。华南师范大学教育系还开设了“马卡连柯教育思想研究”选修课。

我对马卡连柯教育思想并未深入研究，仅在50年代编辑出版他的全集的过程中审读译稿时留下了一些深刻的印象。感到在深化我国教育改革的今天纪念马卡连柯诞生100周年，我们有必要借鉴他的教育理论和经验。

第一是马卡连柯实行教育和生产劳动相结合的成功经验。

马克思非常重视教育同生产劳动相结合，他从空想社会主义者罗伯特·欧文的实验那里看到未来教育的幼芽。他说：“未来教育对所有已满一定年龄的儿童来说，就是生产劳动同智育和体育相结合，它不仅是提高社会生产的一种方法，而且是造就全面发展的人的唯一方法。”① 马卡连柯在他办的工读学校中，成功地运用马克思的这个教育基本原理，采用了半工半读制度，学生每天劳动四小时，上课四小时。劳动并没有影响学生的学习。仅在1920—1935年，他就培养了弟子三千之众，向高等学校输送了许多合格的新生。这些人不但顺利通过高等学校的入学考试，出色地完成了高等学校的学习任务，而且不升学的都已具有中等专业学校文化程度并有一技之长，能到工厂做工，为社会主义建设服务。在苏联卫国战争期间，许多人成为反法西斯侵略的英勇战士，获得“苏联英雄”的称号。

近年来，我国教育界一直苦于没有办法克服片面追求升学率的不良倾向。这种不良倾向的后果极其严重，它忽视了学生的思想品德教育，培养出不少极端自私的个人主义者，而且摧残了学生的身心健康，对于两个文明的建设极为不利。为了纠正这种不良倾向，我们应当重申教育必须同生产劳动相结合的方针，要使所有已满一定年龄的儿童每天参加一定时间的生产劳动。高级中等学校，都可以争取逐步创造条件，办成半工半读的学校，学生半天上课，半天做工。一百二十多年以前，英国工厂视察员的报告，就证明孩子们整天学习效率不高，不如实行半工半读制度，使两种活动互为休息和调剂为好。②为什么我们还看不到让学生整天、整月、整年捧着书本做笔头作业的危害呢?

当然，英国当时实行半工半读的是14岁以前的童工，马卡连柯的学生又是一些少年违法者。但是实行教育同生产劳动相结合、采用半工半读教育制度的必要和可能，在我们处于社会主义初级阶段的中国普通学校里是存在着的。问题在于我们是否有这样做的认识和决心。

我们的教育既然要为社会主义建设服务，我国农村的教育既然更要为本地的经济建设和社会发展培养人才，那么，现在这种实际上以升学为唯一目标的办学方针就很值得考虑了。是否可以设想，我们把农村的中小学，不仅办成当地的文化中心，而且办成当地的科学技术中心。特别是在生产比较落后的农村，我们的学校如果能因地制宜，在有科学技术知识的教师、农艺师或学生家长的共同努力下，办起小种植园、小饲养场、小手工作坊，采用科学方法，植树、造林、种瓜、种豆、养兔、养鸡、养鱼、养鸭、养鹌鹑、缝纫、编织、刺绣、修理家具等等；学生一面学习，一面劳动。三年级以上的小学生，每天劳

①② 《马克思恩格斯全集》第23卷，第530页。

动不超过 2 小时，初中学生每天劳动不超过 3 小时，高中学生每天劳动不超过 4 小时。每天学习时间都不要超过 4 小时。多给学生一些自由活动的时间，只要组织得好，安排妥当，他们学习和劳动的积极性都可以提高。学生参加生产劳动不仅有经济效益，更重要的是教育效益：它可以培养学生热爱劳动、尊重科学、艰苦奋斗、勤俭节约、自力更生、克服困难等优良的情感、态度和意志品质。这些品质对于学习文化科学知识都有促进作用。

有条件的城镇学校当然可以从事现代化的生产劳动（马卡连柯在 20—30 年代办的工读学校就生产照相机和电钻了），现代化的生产劳动是更容易也更需要同教育相结合的。我们必须认识教育是发展社会生产力的重要手段，从而树立起教育是培养劳动者的办学思想。这个劳动者既包括以体力劳动为主的劳动者，也包括以脑力劳动为主的劳动者。在现代化生产的条件下，脑力劳动的因素正在不断加大；学生如能懂得这一点，对于他们学习文化科学知识也具有促进的作用。

可以断言，只有正确实行同生产劳动相结合，教育才能成为促进社会生产力发展的力量；只有这样的教育才能成为社会主义建设必须依靠的力量。

第二是马卡连柯关于集体主义教育的理论和实践。

过去有人曾经说，教育是否同生产劳动相结合是社会主义教育同资本主义教育的分水岭。这种说法不能成立，因为在资本主义社会里，由于生产的需要，教育已经从脱离生产劳动逐步走向同生产劳动相结合了。如果我们说，是否对学生进行集体主义教育是社会主义教育同资本主义教育的分水岭，这种说法大致是不错的。从总的来说，资本主义社会所要培养的是个人主义者，强调个人竞争，用“物竞天择，优胜劣汰”的生物学原则来看待个人的发展。

我们是社会主义国家，我国的教育必须培养集体主义者。无论是“五爱”（爱祖国、爱人民、爱劳动、爱科学、爱社会主义），还是“四有”（有理想、有道德、有文化、有纪律），这些社会主义公民所必须具备的思想品德和文化知识，都要通过集体主义教育才能牢固地培养起来。

马卡连柯集体主义教育的根本要求是“在集体中，通过集体，为了集体进行教育”。这种要求贯彻到他实施教育的一切方面，包括劳动教育、纪律教育、智育、体育和美育。所以他首先要把一群学生形成一个集体。集体不是乌合之众，而是有共同行动目的、共同行为准则、共同努力方向、共同承担责任、共同利害关系的一个有组织的团体。形成集体先要建立基层核心，教师应当是这个核心的成员之一。例如，一个班集体，班主任和班干部就是这个集体的基层核心，核心的功能不是发号施令，而是在各方面对集体成员起模范带头作用。在集体中，班主任和班干部的权威是靠以自己的行动为表率树立起来的。当然，在集体形成以后，这个集体的最高权威就是全体大会。核心是执行大会意志的机构。集体教育的目的是要使个人同集体息息相关。从把个人利益自觉地服从集体利益达到个人利益同集体利益的完全一致。个人与个人间，个人与集体间，真正做到休戚相关，荣辱与共。所以一个班集体里，如果有一个学生学习成绩不良，大家都要来帮助他，使他跟上集体前进的步伐；如果有一个学生犯了错误，大家都要来帮助他改正。这样彼此互相关心，互相影响，再加上个人服从集体，严格遵守在集体中分担的责任，就能形成一个良好班风；许多班都形成了集体，就能树立起良好的校风。

由于片面追求升学率的不良影响，我们许多学校以个人竞争代替了互相合作。用考试分数来排名次，分高低，就是一种鼓励个人竞争的老办法。有些学校抓所谓重点班的教学，而对大量所谓非重点班采取放弃的态度；有些班抓尖子生的教学，而对大量一般的学生放任自流……总之，既不注意形成班集体，也不去培养集体主义精神，只能培养出个人主义者。这就违反了社会主义教育的根本原则。

当然，我们强调培养集体主义者，并非不注意发展学生的特殊才能。集体中有特殊才能的人是集体的宝贵财富。我们建立起来的集体，应当是“这样一个联合体，在那里，每个人的自由发展是一切人的自由发展的条件”①。

在纪念马卡连柯诞生100周年的时候，我们希望用他创造性地实践过的，并且总结成理论的集体主义教育原理，来纠正我们由于片面追求升学率而带来的不良后果。

第三是马卡连柯关于要求和尊重统一的教育原则。

马卡连柯主张尽量多地要求一个人，也要尽可能地尊重一个人，他把对人的严格要求和尽量尊重结合起来。他的这个原则的出发点是社会主义人道主义，是人人平等的社会主义原则。在社会主义初级阶段，我国已经消灭了阶级和剥削，人与人之间的关系应当是平等的，就是说人人的立足点都是平等的。但是人人平等并不等于平均主义，应当承认人们之间的差别。在一个班集体

① 《共产党宣言》，《马克思恩格斯选集》第1卷，第273页。

里，同学之间也存在着个别差异。我们应当不管学生品德的良窳、学习的优劣、体质的强弱，都平等地看待他们，同样尊重他们，针对各人的特点同样要求他们。不能对一部分表现好的学生特别“优待”，放松要求；更不能对一部分暂时差的学生抱歧视的态度，挖苦讽刺。绝不应当仅以考试分数定高低。

可是在片面追求升学率的风气笼罩下，衡量学生的唯一标准却是考试分数，考分高的不管品德如何，从家庭到学校，到处都受到表扬和奖励；考分低的，尽管他有不少优点，也都得不到公平的对待。不仅学生的遭遇如此，教师也因学生考试分数的好坏而分高低，学生考试成绩好，教师也受到重视和优待；学生考试成绩差，教师也会受到轻视和批评。这自然是极不公平的。

当然，我们对学生的学习（广义的，不限于学业）应当严格要求，对教师的教导也应当要求严格。这种要求都应当是实事求是的，是师生双方经过努力都能达到的。这种要求又要是全面的，不能只看考试成绩，我们看学生从来都讲品学兼优，看人从来都讲德才兼备，为什么现在只看考分不看其他呢？这种要求还应当是严格的，不能虎头蛇尾，更不能半途而废，必须认真实践。但严格不等于苛求，要有适当的分寸。我们教育的艺术在于能使被要求者感到严格要求是对他的尊重和信任，以树立他自觉自愿去实践要求的决心和信心。

马卡连柯严格要求和尽量尊重相结合的原则，不仅在学校教育中，而且在家庭教育中，在整个社会中都要实行。学会尊重人，在我们的社会里还是一项精神文明建设的繁重任务。在我们建设社会主义民主和社会主义法制的过程中，要教育人们学会平等待人，懂得在法律面前人人平等。特别是先进分子不能以先进自居而盛气凌人，而后进分子也不要因后进而自惭形秽。彼此都要互相尊重，既严格要求别人，也严格要求自己。我们的学校是向社会输送合格的社会主义公民的地方，学校应成为一个教育集体。在这个集体里，校长教师之间、教师彼此之间、师生之间、同学之间、教职员工之间，人人都应当是互相尊重的，也是彼此严格要求的。形成了这样的校风，大家都会自觉地把各自负责的工作做好，出色地完成教育和受教育的任务。

最后，还要借纪念马卡连柯诞生 100 周年的机会，谈谈我对 50 年代我国学习苏联教育学的一点看法。从当时的历史情况看，我们学习苏联教育学是应当肯定的，因为从总的方面来说，苏联教育学是以马克思列宁主义为指导的，是要培养社会主义建设者和保卫者的。今天我们教育学界的骨干力量，都是那时培养起来的。限于当时的历史条件，我们只学苏联而不去了解其他国家教育科学的发展情况是一个不足；学习时完全照搬，而不能做到引进、消化、吸收、改造也是一大缺点，但是这些缺点并不足以否定成绩是主要方面。后来由于受极左思潮的影响，把苏联教育学当修正主义教育学来批判，事实证明是完全错误的。对外开放以来，有些人又用资产阶级教育观点来批判50年代的苏联教育学，仿佛资产阶级教育学是现代的，而苏联教育学是传统的，言外之意是传统的就应当抛弃。这种论调是站不住脚的。三十年来，苏联教育学也在发展，我们自己却在这方面建树无多。在80年代却还大言不惭地来批判50年代的苏联教育学，徒然造成思想上的混乱，实无必要。况且我们即使有所建树，也不能离开辩证唯物主义和历史唯物主义而另搞一套，也不能脱离为社会主义建设服务的总方针。所以对过去学习苏联教育学应当抱着饮水思源的态度，而不能抱着过河拆桥的态度。这恐怕是我们马克思主义教育学者应有的品德和作风。

祝愿中国的教育学者能效法马卡连柯在马克思主义指导下，以艰苦卓绝的精神，从事教育实验的伟大工程，并做出卓越的理论概括和总结，为深化我国教育改革做出贡献！

祝愿具有中国特色的马克思主义教育学，如百花齐放，万紫千红！

载《课程·教材·教法》1988年第3期。

义务教育是谁的义务?

《中华人民共和国义务教育法》由第六届全国人民代表大会第四次会议通过，从1986年7月1日起施行，到现在已经三年多了。

记得在这项法律公布的时候，《人民日报》发表了题为《中国教育史上的一件大事》的社论，《光明日报》发表了题为《提高全民族素质的根本大法》的社论，《中国法制报》发表了题为《普及义务教育的法律保障》的社论，都对这项法律的制定热烈欢呼，并且做了乐观的估计。《中国教育报》当然知道这项工作的艰巨和繁重，连续发表三篇社论，鼓励大家"做执行《义务教育法》的模范"，提出"师资队伍的建设是关键"，还强调要实事求是，因地制宜，防止出现形式主义。

三年多来，《义务教育法》的执行情况如何呢?

笔者孤陋寡闻，掌握的资料很少，但是总的说来，情况难以令人乐观。仅从报刊上披露的许多地方出现童工、童商等情况来看，义务教育距离真正普及的要求还远，因为已有数以百万计的已入学儿童从学校中流失。何况还有许多学龄儿童未能入学呢?

看来，《义务教育法》同《森林法》等一样，也存在着有法不依的现象。为了促使我国教育普及，使中国人民早日普遍进入文明幸福的佳境，我想专门谈谈"义务教育究竟是谁的义务"这个问题。

人们首先想到的是受教育者本人的义务。《中华人民共和国宪法》规定："中华人民共和国公民有受教育的权利和义务。"可见，在我们国家，受教育既是公民的权利，又是公民的义务。这种义务同纳税、服兵役一样，都是必须履行的。

最近有个歌唱家，因"走穴"获得巨款而未依法纳税，被司法机关传讯，限期补交税款和罚金，几乎弄得身败名裂。这件事使我们知道公民必须履行的义务是不该逃避的，逃避义务是应该受处罚的。学龄儿童受规定年限的义务教育也是义务，不可逃避，否则也要受罚。但是，学龄儿童尚未成人，我国现在普及九年义务教育，学龄儿童是六七岁到十五六岁的儿童和少年，他们还没有履行公民义务的能力，如罚款，他们当然无款可交。因此法律规定他们的父母或其他监护人必须保证自己的子女或受监护人接受规定年限的义务教育。如不履行义务，也应受罚。但《义务教育法》对此规定得极其软弱无力，只“批评教育”是无济于事的。这大概是目前大量学龄儿童流失而无法遏止的原因之一。

应履行义务的主要是国家政府。为什么对不履行义务送子女入学的家长只批评教育而不予处罚？立法者是有苦衷的。原因在于我们的国家政府还没有下决心为学龄儿童入学接受义务教育创造必要的条件。因此难以严格规定家长不履行义务时应受处罚。许多地方现有的学校还有危房，新建学校要靠人民自己筹款，而一些暴发户有钱宁可修庙宇、造坟墓而不建学校，如果不给儿童入学创造条件，要实行强迫教育是非常困难的。

我这里用了“强迫教育”一词，它是“义务教育”的同义语。国外一些发达国家推行强迫教育已有一百多年的历史。为了强迫学龄儿童入学，除了免收学杂费外，还给儿童入学提供许多便利条件，如，免费供应教科书和学习用品，免费供给早餐或午餐，免费供给衣帽鞋袜，免费提供交通车辆，等等。——国家创造了这样的条件，以及不言而喻的师资、校舍、设备等办学不可缺少的人的条件和物的条件，如果家长再不履行送儿童入学的义务，定要予以处罚，直到儿童入学为止。

谁有权这样做呢？只有国家政府。所以归根结底说来，在推行义务教育上，国家政府负有不可推卸的义务。

不少当权者往往借口我们国家穷，没有财力创造上述强迫儿童入学的条件。这种说法是不能令人信服的。为什么我们有钱进口那么多的豪华轿车，有钱建筑那么多的豪华宾馆，有钱开辟那么多的旅游景观，却没有钱办教育呢？其实，只要我们“取之于民，用之于民”，把纳税人的钱用在纳税人身上，办教育的钱就有了。问题在于决策者要重视教育，把普及义务教育看作自己应尽的义务，放在优先的位置上。在我国广大农村，特别在老、少、边、穷地区，没有国家的大力扶持，义务教育很难普及。与其制造新文盲，为将来扫除文盲留下极大的任务，何不釜底抽薪，杜绝新文盲的产生呢！

我呼吁！人民的共和国，人民的政府，赶快为创造普及义务教育的必要条件而履行应当承担的义务吧！

载《群言》1989 年第 11 期。

浅谈教育的民主化和科学化*

——纪念五四运动 70 周年

一

五四运动作为中国人民反对帝国主义和封建主义的群众革命运动，它的任务在 1949 年新中国诞生的时候已经胜利完成了。

五四运动作为新文化运动，在中小学改用白话文教材，停用文言文教材方面，在 1920 年至迟 1923 年已经实现了。

五四运动作为意识形态领域的思想解放运动，特别在提倡民主和科学这个具有深远意义的目标上，至今虽已过去了 70 年，却还不能说已经达到了。所以我曾说，五四运动请来的德先生和赛先生，至今还没有在我们祖国 960 万平方公里土地上安家落户。

为什么这样说呢?

中国的封建主义传统太深了，辛亥革命虽然把封建制度的象征专制帝王推翻了，但人们头脑里的忠君思想、等级观念等并没有随之退走。况且 70 年来，曾有过蒋家王朝的封建法西斯统治，还有过林彪、江青反革命集团的封建法西斯统治。他们散布的一个政党、一个主义、一个领袖的教条和把革命领袖神化的"句句是真理，一句顶一万句"、"理解的要执行，不理解的也要执行"等叫嚣，不都同民主和科学水火不相容吗?

以我为例：五四运动发生的那一年，我还不满 5 岁，后来在北洋军阀政府统治下受的初等教育，在国民党政府统治下受的中等教育和高等教育，因此，我们这一代人头脑里民主和科学的观念也是不多的，相反，很容易被封建思想所俘虏。例如，我们一方面高唱"从来就没有什么救世主"的《国际歌》，另

---

* 1989 年 3 月 18 日写成。

一方面又高唱“中国出了个大救星”的《东方红》，并不曾觉得有什么矛盾。在许多受过高等教育的人群当中尚且如此，在教育程度较低，甚至文盲半文盲当中，要谈民主和科学真如风马牛不相及了。

要在全国树立讲民主、爱科学的精神并非易事，必须有文化教育的条件。文盲半文盲没有行使民主权利的能力，也没有运用科学的能力，这是大家都明白的。在相当多的人口是文盲半文盲的我国，还不具备实行健全的民主制度和真正按科学办事的条件。因此，要想真正实现70年前五四运动时期先知先觉的中国人提出的民主和科学的目标，首先要求政府最高决策者实行民主化和科学化，并为此创造前提——把发展教育事业放在名副其实的社会主义建设的基础的位置、重点的位置。因为教育不仅是物质文明建设的基础，而且是精神文明建设的重要组成部分。

任何一级政府的负责人，如果他们不关心教育，不重视教育，一方面大盖楼堂馆所，另一方面学校危房比比皆是；一方面把国家发放的扶贫款用来买豪华轿车，大吃大喝，另一方面听任学校师生流失而不去改善教师待遇，提高教育质量。这样的人是不称职的，是违反民主和科学要求的，是应该罢免、撤职的。

二

没有教育不可能有民主和科学；有了教育，但不是具有民主和科学精神的教育，也不可能实现民主和科学的目标。因此，教育的民主化和科学化应当是深化教育改革的一项任务。

先谈教育的民主化。为此，必须抓紧做好下列工作。

第一，要普及教育，扫除文盲。专制主义者欲使人民愚昧，人民越愚昧，他就越好统治；民主主义者要求人民聪明，人民越聪明，就越懂得如何行使当家做主的权利。在我们社会主义国家，人民是国家的主人，所有的人一律平等，都应当有受教育的机会，以发展天赋才能。现在我国教育落后的地区也是经济上贫困的地区，即所谓老、少、边、穷地区，我们不能听任他们落后下去，要在大力帮助他们脱贫的同时，帮助他们脱盲，摘掉文盲帽子。为了防止新文盲的产生，更要帮助这些地方认真普及义务教育。为了保证教育质量，还要在这些地区有计划按比例地发展师范教育，培养本地区的合格师资。这不仅是老、少、边、穷地区的事，在全国农村都要全力以赴，认真去做。

第二，要抓紧教育立法，依法治教。民主同法制是相通的，没有法制就没有民主。近来有人提倡什么“新权威主义”，恐怕是对五四运动追求的民主和科学开倒车，同30年代胡适主张的“贤人政府”、“贤人政治”没有两样。我国现在教育立法极不完备，不仅没有全国统一的教育宗旨（总方针），也没有各级各类学校的法规，全凭经验办学，而非依法办学。如，学校应具备什么样的物质条件，师资应具备什么样的学历和修养，教师应有哪些权利和义务，各级政府对教育应负担什么职责，各级政府财政部门应按什么比例拨付教育经费，群众集资办学应如何管理和分配等问题，都应当有法律明文规定，违反法律的应受处分。不能光是空喊“尊师重教”，听任师生大量流失。要采取切实措施，拯救教育危机。

第三，要实行教育干部选举制度，首先从各级学校实行校长民选做起。现在有些地方赋予校长聘任教师的职权，这是对的。校长应当有用人权。但校长本身是否一切为教育事业考虑，为学校师生考虑，还是个问题。所以校长的任用也要慎重。最好的办法是校长由本校教师民主选举产生，并经上级教育行政部门审批。我们应当相信群众，由教师推选出来的校长恐怕要比由上级任命的校长更得人心，更容易调动全校教师的积极性。这种办法逐渐推广，以后教育局长、教育厅长乃至教育部长，都可逐步采用民主选举的办法产生。这也是教育民主化的重要措施之一。

三

再谈教育的科学化。为此，必须认真做好这几件事。

第一，要实事求是，改变办学方向。多少年来，我们教育上的一个矛盾现象就是学非所用，用非所学。原因在于无形中继承了科举制度的遗风，把学校办成了升学预备班。各级学校都为学生升学做准备，而不是为学生就业做准备。今后必须实事求是，按照社会对合格公民的要求，培养道德高尚的、身体健康的、知识丰富的、有一技之长的、能自食其力的各行各业需要的劳动者。学生具备了这些条件，再进一步学习和深造并非难事。几年前我曾提出，在初级中学培养学生升学的任务要在培养学生就业的任务当中去完成。① 现在我仍

① 参看本书《怎样大面积提高初中教育质量》一文。

然这样主张。因为学生就业所需要的准备比升学所需要的准备，切实得多，深广得多。初中能办到，高中更应当能办到。

第二，要慎重选择教学内容和教学方法，培养民主精神和科学态度。各级学校尤其是普通学校的课程和教材，必须慎重选择，要使学生从中受到民主和科学的教育。民主不仅是手段，也是目的。我们最远大的理想是要解放全人类，使全人类都能摆脱物质上的贫困和精神上的枷锁，首先要使本国人民在物质上和精神上都得到自由和解放。这个目标恐怕全世界还没有任何一个国家可以说已经达到了。没有民主，这样的目标是不可能达到的。所以争取民主与实现理想有密切的关系。我们的教育要用民主精神和科学态度武装学生，任何学科的教材都要对此做出贡献。讲民主和讲自由一样，自己要求自由，也要尊重别人的自由；自己要求有民主权利，也要尊重他人的民主权利。讲民主又要尊重科学，具有科学态度。科学是以事实为依据的，提出自己的主张，不能主观臆断，要有事实根据。凡此种种都应渗透在教材当中，使学生潜移默化，受到民主思想和科学思想的熏陶。在教学方法方面，注入式的教法只能培养出封建社会盲目服从、照章办事的庸人，而不能培养出有民主精神和科学态度的人。因此资产阶级教育家早就主张废弃了，我们更不应该再用它。

第三，要重视教育科学研究，按照教育规律办学。教育科学主要是从教育实践中产生的，它的理论是反映教育工作规律的，应当用它来指导我们的教育实践。没有脱离教育实践的教育理论。教育理论应当来自实践又反转来指导实践。因此，教育学本来就是一门应用科学，没有必要另搞一门“实用教育学”。现在的问题是我们在教育实践当中，对教育科学研究重视不够，对已有的科研成果推广应用的工作做得很少。实践同科研脱节，以致有些事情几十年原地踏步，停滞不前。这也与民主精神不够有关。有些已有研究成果证明是有效的经验，往往不经讨论，只要长官一句话就被否定掉。这样也妨碍了教育的科学化。教育的科学化同教育的民主化是分不开的，二者必须齐头并进。

载《群言》1989年第6期。

怎样大面积提高初中教育质量*

要办好一所学校，必须有一定的物质基础，这就是我们通常说的人、财、物的条件。对于学校来说，“人”即师资的条件是最重要的，“财”即经费也是必不可少的，“物”即校舍、图书、仪器、设备当然也缺少不得。这些，我今天都不去讲。今天我只讲在条件基本上具备的情况下，怎样办好初中，大面积来提高教育质量。

第一，要转变教育思想，端正对教育的认识，认清培养目标

这是整个社会都要做到的，我们教育工作者当然首先要做到。中国有两千多年封建社会的传统，有一千三百多年科举考试制度的遗毒。废科举、兴学校不过才八十多年。新中国成立后直接由半殖民地半封建社会过渡到社会主义社会，没有经受过真正的资产阶级民主革命洗礼，封建主义的许多沉重的包袱还潜伏在人们的思想意识里。“学而优则仕”的思想就是其中之一。有了这种思想，就要一心向往读书、脱产、当干部，以受教育为脱离生产劳动的阶梯。这种思想几乎是根深蒂固的。要改变这种思想，必须对教育有个正确的认识。

正如列宁在谈到国家问题时说过的那样，我们也要用科学眼光观察教育问题，才能对教育有正确的认识。为此，“最可靠、最必需、最重要的就是不要忘记基本的历史联系，要看某种现象在历史上怎样产生，在发展中经过了哪些主要阶段，并根据它的运动发展去考察它现在是怎样的”①。教育是怎样产生的，怎样发展的呢？这个问题不仅我们教育工作者要弄清楚，全社会都要弄清楚。简单地说，教育产生于人类传递生产劳动经验的需要，在原始社会就有了

---

* 1986年6月25日写成。

① 《列宁全集》第20卷，人民出版社1956年版，第430页。

教育，这种教育是同生产劳动结合的，是同生活分不开的，是人类生产斗争的工具。这种教育在奴隶社会和封建社会的劳动人民中仍然是存在的。只是在这两种社会形态里，官办的教育都为剥削阶级所垄断，成了巩固阶级统治的手段，成了阶级斗争的工具。这种教育脱离了生产劳动，是专为剥削阶级服务的。到了资本主义社会，大工业生产使用机器，劳动者不受教育就不能参加劳动，于是教育又同生产劳动逐渐结合起来。随着科学技术的进步，生产劳动中科学技术的因素比例日益增加，劳动者需要掌握的科学文化知识的水平越来越高，发达国家普及义务教育的年限也越来越长。在社会主义社会，人人都应该是劳动者，人人都有受教育的权利和义务。如果人们受了教育都脱离了生产劳动，那么人们的食、衣、住、行等生活资料从哪里来呢？难怪马克思要说："任何一个民族，如果停止劳动，不用说一年，就是几个星期，也要灭亡。"①这是颠扑不破的真理。——由此可见，我们应当树立这样一种教育思想：办教育是为了培养劳动者，受教育是为了准备参加生产劳动。我们衡量教育质量，就要以此为标准。

当前，我们正在搞社会主义现代化建设，建设的目的就是提高社会生产力，就是要把落后的"拼体力"的劳动改为依靠现代科学技术的"比智力"的劳动。我们办教育就是要为各行各业培养数以亿计的能坚持社会主义方向的、有文化、懂技术、业务熟练的劳动者。没有这样的劳动者，我们的现代化建设就会落空。我们办初中，首要的任务就是要培养出这样的劳动者，至少为培养这样的劳动者做好准备，打好基础，而不能仅仅满足于为高一级学校输送新生。如果不能培养出具备上述条件的劳动者，也就不能为高一级学校培养出合格的新生。要能做到准备学生升学的任务是在培养学生就业的任务当中完成的，决不能只顾准备学生升学而忘了培养学生就业。当然，从现代化建设的需要来看，初中毕业生直接就业还是准备不足的，还需要再受中等专业教育或中等职业技术教育。但是，目前全国初中毕业生能升学的不过一半。如果在初中阶段就在教学普通文化课的同时，结合当地需要教一些初级职业技术课，培养学生一技之长，是完全必要的。

① 《马克思恩格斯全集》第 32 卷，人民出版社 1975 年版，第 541 页。

第二，要了解教育对象，认识少年期的特点，注意因材施教

初中学生正值少年期。国外有些心理学家说少年期是人生危险期。虽不免危言耸听，却也有一定道理。因为少年期的学生，生理上发展迅速，特别是性的发育过程开始了，需要进行有关性的生理卫生知识的教育；心理上要求独立，不愿像儿童那样依赖成人，但是他们实际上并未成熟，需要在尊重他们要求独立的同时，给予适当的教育。由于少年在生理心理上的这些特点，如果教育跟不上去，就容易发生问题。

少年学生身体长大了，但心脏的发育跟不上血管的增长，所以血压高。不宜让他们长时间从事过重的体力劳动，否则会影响心脏的健康，他们的神经系统的结构和机能日渐完善，可以进行比较复杂的脑力劳动，学习比较系统的科学知识。

少年学生求知欲旺盛，同时表现出理智的批判能力。他们不满足于现成的结论或答案，要寻求结论和答案的根据。他们对教科书上讲的、成人说的已经不盲目地相信，常常要提出不同的看法或疑问。少年学生爱好争辩。教师要善于引导他们这种理智的兴趣，组织各种课外活动来满足他们的需要。

少年学生有“想交朋友”的愿望，需要注意引导。没有适当的引导，男女少年之间会发生过早的初恋，同性恋爱的表现也可能产生，“哥儿们义气”也会控制着少年的行为。所以这时的教育任务很重，除了吸引他们学好课内的各门功课以外，还要把少年学生的兴趣和注意引导到班集体、少先队集体和课外小组活动中去。要使每个学生都能分担集体中的一项工作，把他们剩余的精力吸引到为集体服务上来。

少年学生有独立自主的要求，但是又没有足够的区分是非善恶的能力，往往容易受社会上恶势力的引诱去做坏事。社会上少年犯罪案例的出现，正是坏人利用少年的好奇心理，利用少年的无知，教唆他们去犯罪的结果。教师和家长必须随时随地关心他们，爱护他们，使他们感到家庭生活、学校生活的温暖，不让他们有受到邪恶势力腐蚀的机会。特别是对那些在学习上暂时落后的学生，更要提高警惕，要帮助他们树立战胜学习困难的信心，鼓励他们学习上和行为上的微小进步。

以上说的只是少年学生的一般特点，但每个学生又有不同的具体情况，我

们不能满足于了解一般，而忽视特殊。所以还必须对每个学生的德、智、体、美、劳等各方面进行认真的观察、调查和分析、研究，然后分别情况进行教育，才能有的放矢，对症下药。

我们的教师一定要肩负起教书、育人两副重担，不能只顾教书，不顾育人。做家长的更要注意子女的身心的全面发展，决不能只问考试成绩，要关心子女全部的生活。无论教师或家长，都要了解少年学生的特点，对整个社会负责，教育好自己的学生或子女。千万不能用高压的手段强迫他们学习无穷无尽的、枯燥无味的死知识。相反，必须千方百计发现少年学生的兴趣、爱好和特长，帮助他们去满足正当的兴趣和爱好，发挥他们的特长，以便为培养有社会主义觉悟的、有文化的、身体健康的劳动者，打好坚实的基础。

第三，要做好中小学教育之间的衔接工作

目前我国中小学一贯制的学校很少。儿童从小学进入初中，到了一个新的环境，要有一个适应的过程。我们要帮助学生适应新的环境，喜欢新的环境，就必须做好中小学之间的衔接工作。

初中教师特别是初一年级的教师，必须了解小学教育的情况，了解他这班学生在小学时的各种表现。最好在招生编班以后、开学上课以前，初一年级的班主任和教师就要到这班未来学生毕业的小学去访问他们的老师，必要时还要访问他们的家长。只有了解学生，才能教育好学生。做好衔接工作，也要从了解学生入手。

重要的还是直接观察。从原校教师或家长处了解到的情况可以帮助我们认识学生的过去，但学生的现实情况如何，还要靠我们直接观察，取得第一手的材料。教师不能受学生过去情况的束缚，对他们抱有成见，要根据学生当前的表现，精心施教，过去的情况只能供参考。

学校的中心工作是教学，学生的主要任务是学习。因此，做好中小学的衔接，当然先要在教学上做好衔接。我国古人就知道“学不躐等”、“不陵节而施”的道理。当学生进入初中的时候，他们原有的知识基础是否已为接受初中的课程做好准备，还要加以检验。所以初中一年级的教师要好好摸底，看他们对小学时期学习的功课是否都能很好地掌握了。这主要有两门课，一门是数学，一门是语文。小学的数学如果没学好，初中的数学就很难学好，所以初中

数学教师要首先测验学生对小学数学的“双基”掌握得如何，然后采取措施拾遗补缺。大多数学生没掌握的在课上补，少数没掌握的可在课后补。一开始就要把基础打好了，然后再前进，困难就少了。小学语文如果没学好，影响到各科的学习，因为许多学科都需要学生有一定的阅读能力以及一定的口头和书面表达能力。初中语文教师首先也要测验学生的阅读能力和表达能力，然后采取措施帮助学生提高到应有的水平。为了提高阅读能力，要让他们阅读基本上能够理解的有趣味的课外读物，养成他们爱读书的习惯。培养表达能力的最好办法是让他们写日记，每天写一件印象最深刻的事，只要坚持半年，表达能力就会有显著的进步。这样做当然教师辛苦些，因为每天要批改学生的日记，但是只要看到学生写作能力进步了，表达能力增强了，教师的辛劳就有了至高无上的价值了。

学习是学习者自己的事，别人代替不得。现在盛行的注入式、满堂灌的教法，不能教会学生自己学习，非改革不可。做好中小学的衔接工作，还要注意教会学生自学的方法，养成学生自学的习惯，培养学生自学的兴趣。孟子说：“君子深造之以道，欲其自得之也。自得之则居之安，居之安则资之深，资之深则取之左右逢其源，故君子欲其自得之也。”① 两千多年前的中国教育家就强调学习要自得。我们如果不如古人，岂不太惭愧了吗？

学习的过程要由感性认识提高到理性认识。学校里虽然以教间接经验为主，不能要求学生事事都去直接经验，但是在小学阶段应当多多注意丰富学生的感性认识，这样到中学学习时有个良好的基础，学习较多的理性知识就容易进步。但是，这件事往往不能如愿，就是学生在小学时代也是被灌以书本知识，没有打好感性认识的基础。遇到这种情况，初中教师就不得不在补充学生的感性认识上下功夫。因为没有感性认识做基础，理论知识的学习就如同无源之水，无本之木，不能生根、开花、结果，不能化为学生自身的血肉。况且儿童思维的发展总要经过具体的形象思维阶段，才能进入抽象的逻辑思维阶段。这是儿童心理发展的规律，我们是不能违反的。这也是做好中小学衔接工作应当注意的。

---

① 《孟子·离娄下》

第四，师生都要树立教好、学好全部学校课程的自信心和责任感

现在重点学校和非重点学校并行的制度，严重地挫伤了非重点学校师生教学的积极性。他们往往有一种自卑感，缺少教好学好学校全部课程的自信心。教师埋怨学生程度差，以为好学生都被重点学校挑选去了；学生也以为没考上重点学校，将来就不能升入重点高中、重点大学，于是就自暴自弃。这实在是一种错误的糊涂观念，但又相当流行，影响着初中教育质量的大面积提高。

取消重点学校制度，虽然可以从根本上杜绝这些错误的糊涂观念的产生，但是并不能保证所有学校都能大面积提高教育质量。只有所有师生都树立起教好、学好学校全部课程的自信心和责任感，不跟重点学校比考试分数的高低，而要在贯彻执行《宪法》第四十六条规定的“国家培养青年、少年、儿童在品德、智力、体质等方面全面发展”的教育方针上下功夫，努力使教育为社会主义建设服务。

首先，学校全体教师和党政干部都要以一个教育家的标准来要求自己。不做教书匠，不当教育官，立志为社会主义建设培养劳动者，为培养各级各类的合格人才打好基础，而不是把眼睛紧盯着培养学生升学，更不可以片面追求升学率。现在我国已经开始推行九年义务教育，初中将成为全体国民必受的教育，必须使大多数受过初中教育而不再升学的人学好基础知识和基本技能，学得一技之长，出校以后经过短期培训或者直接就能参加劳动。这样做会不会妨碍培养学生升学任务的完成呢？不会的。因为对初中毕业生提出就业的要求比对他们提出升学的要求，更加需要学好“双基”，更加需要在理解的基础上学会运用“双基”。而目前的升学考试所要求的不过只是一些死记硬背的知识而已。一个要求在理解的基础上运用，一个不过要求死记硬背，显然前者的要求高，后者的要求低。所以前面我说过，“要能做到准备学生升学的任务是在培养学生就业的任务当中完成的”，就是这个意思。我们决不能以为培养学生升学难而培养学生就业易，恰恰相反，一个升学的学生知识上有什么缺陷，还可以在进一步学习的过程中弥补，但是一个就业的学生如果知识、技能上有什么缺陷，弥补起来就比较困难，所以为社会输送后备劳动力的任务是绝不轻松的，我们要有高度的责任感来完成它。

其次，在学校教育集体有了上面共同认识以后，就可以进一步教育学生树立参加社会主义建设的理想和志向。初中阶段还是基础教育，必须打好基础，才能继续学习为人民服务的本领。在现代社会里，无论升学还是就业，都要继续学习。要向学生介绍“终身教育”的概念，使他们知道学习是一辈子的事，但如不把基础打好，继续学习就会遇到困难。总之，要千方百计提高学生学习的自觉性和积极性，使他们知道只要自己努力，没有克服不了的困难，没有攀登不上的高峰。

再次，在教学工作中要采取具体措施，树立学生学习好全部课程的信心。除了注意抓好中小学的衔接以外，必须按部就班，循序渐进，从入学开始起就让他们一步一个脚印地前进，千万不能等出现了部分学生学习落后的现象再抓，而是要随时防止学生掉队，掉队的马上帮助他们跟上。务必使学生看到自己的成绩，感到自己的进步，培养他们爱好学习的情感，养成他们刻苦钻研的习惯。

复次，要知道一个班里的学生存在着个别差异，必须区别对待，因材施教。不能只有一般的号召而没有个别的检查。一定要使学习成绩好的多学点东西，多做点练习，或者让他们帮助学习差的同学补习（不是代替差生学习，只是指点差生前进），不使他们有空闲。也一定要对学习成绩差的学生及时伸出援助之手，使他们能跟上全班一同前进。

只要做到这些，我们就可以防止在初中阶段的学生中产生成绩分化的现象。

第五，要采用综合课程，设置选修学科，开展课外活动

我们现行的初中教学计划采用的是学科课程或叫分科课程，如，自然学科分为生物、化学、物理等，社会学科分为政治、历史、地理等。如果采用综合课程，这六门课就可以分别合为两门课了。把性质相近的几门学科合并为一门学科，就叫综合课程。如，初中可把生物、化学、物理合并为一门自然，把政治、历史、地理合并为一门社会。这种合并不是混合，而是化合。合并以后的内容，可以分别以认识自然界和认识社会生活为中心来组织教材。例如，自然学科可以用“人类怎样享受自然界的恩赐，怎样向自然界索取所需”为中心题目围绕着食、衣、住、行等生活需要的满足，来讲有关生物、化学和物理等方

面的知识。社会学科可以用“人们应当怎样过好家庭生活、处好邻里关系”、“人们应当怎样利用社会公共设施”、“公民应当怎样享受宪法规定的权利和尽宪法规定的义务”、“中华民族是怎样在亚洲大陆上繁荣滋长的”、“为什么说中国是世界文明古国之一，对人类文化做出过重大贡献”等为专题，打破原有学科的界限。这样来组织教材，学习的目的比较明确，同实际生活比较接近，学生容易接受，也感兴趣。缺点是科学的系统性较差。从初中是普及的义务的基础的教育来看，与其追求科学知识的系统性，不如满足学生渴望了解社会生活和认识自然界的心情。从实际效果来看，只要综合课程组织得好，对初中学生了解自然、认识社会来说，可以同分科课程一样好，甚至更好些。而且可以减少并开学科，减轻学生负担。可以腾出时间来开选修科目。

初中开设的选修科目一般有两类：一类是提高文化科学知识的学习，如文言文选修科、外国语选修科、数学选修科等；一类是职业性质的选修科，如打字、簿记、会计、计算机语言、烹饪、缝纫、刺绣、编织、理发、珠算、护理等。农村初中要根据农业生产和乡镇企业的需要，适当开设种植、饲养、农产品加工等选修科目。许多初中都可以在完成初中程度的文化科学知识的教学任务的同时，开设一些具有初级职业技术性质的课程，使受了九年义务教育的初中毕业生学会为人民服务的一技之长。

不应把课外活动仅仅看作课内教学的补充，它是发挥学生个人才能、满足学生兴趣爱好、丰富学校生活的重要手段。我们不赞成什么“第二课堂”、“第二渠道”等提法。放着“课外活动”这个现成的词不用，另造新词没有必要。要把学校办成学生的乐园，开展课外活动是最好的办法。鉴于目前初中学生课业负担较重，最好多开展文娱、体育方面的课外活动。当然，各种科学小组活动和服务性的公益劳动也是不可少的。

第六，要加强乡土教育，培养学生热爱家乡的情感、建设家乡的决心和向家乡优良革命传统学习的意志

爱乡观念是爱国主义思想的基础，不可能设想一个连自己家乡都不爱的人会成为真正的爱国主义者。

多年以来，我国采用全国通用教材，忽视了乡土教育。现在中央教育行政部门允许各地自编教材，我觉得首先应当要求各地自编乡土教材。小学生应当

认识和了解本乡镇、本县区的乡土地理、历史、经济、文化等方面的知识，初中学生认识和了解的范围应当扩大到全省、全自治区、全直辖市。当然，并不是说小学和初中的学生不需要了解全国、全世界的大事。不是的，他们应当了解。但是从认识乡土、了解乡土来说，应当由近及远，由小到大。

乡土教材虽然不是教材的全部，却是正式教材的一部分。在新编的各学科教学大纲中要规定好讲到教材的某一部分时应讲乡土教材。全国通用的教材中应当在编到这一部分时以某一个地方的乡土教材为例，给各地自编乡土教材起一个示范作用。重要的是要给乡土教材的教学留有足够的时间。

乡土教材可以是文字教材，但主要应当用生动活泼的参观、游览、调查、访问等形式进行教学。采用这样的形式，学生获得的感性认识是深刻的。让他们自己把参观、游览、调查、访问的结果用文字记录下来，就成了活的乡土教材，可以选择写得好的供下一年级学生学习之用。

培养学生的爱乡观念要从认识家乡、了解家乡入手，使他们知道家乡的一草一木一山一水都包含着祖祖辈辈劳动人民的血汗，使他们知道为保卫和解放家乡而斗争的烈士和前辈的英雄业绩和革命传统，使他们知道家乡农、工、商、林、牧、渔、矿、交通、运输、文教、科学、卫生等各行各业建设的历史和现状。学习家乡各条战线上英雄模范人物的先进事迹，树立建设家乡和保卫家乡的志向。

进行乡土教育也不能只讲好的一面，不讲坏的一面，不能报喜不报忧。要使学生认识和了解家乡还有哪些困难，有哪些缺陷，应当如何克服，如何弥补，并寄希望于他们，使他们立志克服困难，弥补不足。我们不能只教他们学会锦上添花，更要教会他们雪中送炭。

我们所要培养的爱乡观念，是爱国主义的基础，不是狭隘的封建性的乡土观念。就像我们的爱国主义是同国际主义相联系的一样，我们的乡土教育是同爱国主义教育分不开的。没有整个国家的独立、民主、统一和富强，没有全国各族人民的团结和奋斗，一句话，没有中国共产党领导下的新中国，就不会有家乡的繁荣和幸福。这应当是乡土教育必须让学生树立起来的坚定信念。

第七，要做好学生升学或就业的指导工作

目前我国初中毕业生每年约有 900 万人，升学和不升学的大约各占一半。

过去办学从课程设置到教材编写，从各科教学到成绩考查，总是为学生升学做准备，不是为学生不升学做准备的。这就造成一个不良的后果：学生毕业后升不了学就彷徨无主，丧魂落魄，好像走投无路了。

今后普及初中教育，初中毕业生人数将越来越多，初中毕业不升学的人数的比例恐怕也将越来越大，因此在初中阶段必须设置职业选科，使毕业生人人获得一技之长，毕业后不能升学也可以从容就业。这里说的就业不仅指到国营、集体企业当职工，而且包括个体从事的各种社会需要的生产劳动和服务性劳动。

首先要在学生中破除“万般皆下品，唯有读书高”的思想，树立劳动光荣的思想，培养学生热爱劳动，热爱劳动者（尤其是以体力劳动为主的劳动者），热爱劳动成果的情感。同时还要反对“读书无用论”，制止辍学去挣钱的现象。目前流生现象比较严重，这部分学生和家长，认为读书并不能多赚钱，大学毕业当干部还不如小商小贩赚钱多。这就给我们的学校提出了一项任务，怎样使学生爱学习，感到学习有用，使学生树立起比较远大的理想，不愿意急功近利忙着去挣钱。

上述两种思想都是存在的，都对教育产生着影响。我们教育工作者不能视而不见。所以必须双管齐下，对学生做好升学和就业的指导工作，主要是做好思想工作。

对于准备升入普通高中的学生（这在城市中学可能是大多数，而在农村中学可能是少数），要让他们端正升学的目的和动机，使他们知道升学仍然是为了进一步学好为人民服务的本领，将来学好了文化科学技术知识，可以从事比较复杂的而且也是艰苦的劳动。指导他们也要准备两手，鼓励他们除学好升学需要的功课以外，也要选学职业科目。

对于准备升入中等专业学校和职业技术学校的学生（这本来应当占多数，可是目前还只占少数），要帮助他们了解各行各业的情况，按照自己的志愿，选入适当的专业。对于品学兼优的学生要鼓励他们升入中等师范学校和幼儿师范学校，以便充实小学和幼儿园师资队伍。

对于那部分不准备升学的学生（这在普及九年义务教育后将是大量的），要帮助他们选好就业或接受短期职业培训的门路。如果他们在学习期间已经学过职业选科，而且成绩较好，还可以向有关的用人部门推荐。对于他们要加强自学指导，树立他们自学成才的信心，就业以后还要不断学习。

第八，做好毕业生的追踪调查研究，供改进学校工作参考

学校毕业生犹如工厂的产品。产品投入市场以后质量如何，工厂应当收集一些反馈信息。学校也不能把毕业生送走就算完事，还要设法了解毕业生离校后的状况，为改进今后教育工作参考。

学校可以委托毕业班的班主任跟毕业生保持联系，做好追踪调查研究。

如，对升学的学生要了解他们在学习上遇到什么困难，这些困难哪些是由于初中阶段教育的欠缺而造成的。例如，他们是否缺少自学能力？是否缺少实际操作的技能？他们的逻辑思维能力是否比较薄弱？考虑问题是否还比较主观片面？此外还要了解他们在健康方面有无缺陷，在思想品德方面表现如何，如此等等。班主任了解以后，及时向全校教师汇报，以便巩固已有的成绩，克服存在的不足。

又如，对已经就业的学生更要进行追踪调查，了解他们在校学习的职业选科是否同当前的工作对口，其中有哪些缺陷，能力上有哪些不足，是否需要母校的帮助。如果他们有需要，学校也有可能，最好让他们在业余时间返校补习。重要的还是要对他们进行职业道德教育，防止他们沾染上唯利是图的腐朽思想。这才能体现我们社会主义学校对学生负责到底的精神。

以上讲了八个方面的问题，虽然从思想认识说到具体工作，从学生入学以前讲到毕业以后，总还感到意犹未尽。因为教育工作是要人来做的，要求大面积提高初中教育质量，首先要大面积提高初中师资的水平。前几年据教育部统计，初中教师大专毕业或肄业的只不过10%左右，这还没有考虑到师范教育的条件。不少地方按初中教材出题考试初中教师，发现有大量不及格现象。这样的教师连自己所教的学科尚且未能掌握，怎样能责成他们负起全部教育的重担呢？因此，不大面积提高初中师资水平，要想大面积提高初中教育质量是很难办到的。

还有，脱离小学教育质量来谈初中教育质量也是不行的。我的意见是首先要抓大面积提高小学教育质量。只有小学教育保质保量地真正普及了，再谈普及初中。教育是按部就班、脚踏实地的事情。现在小学生合格率好多地方还只有一半，在这种情况下，要首先抓小学毕业生的合格率，即抓小学教育质量的提高。这也涉及师资问题、经费问题、校舍设备问题等等。这些是教育工作者

自己无法解决的，需要各级党委和政府的关心和帮助。从根本上说，小学教育的质量大面积提高，就为初中教育质量的大面积提高打好了牢固的基础。当然，我们不能等待。大面积提高初中教育质量，还是我们中学教育工作者义不容辞的责任。

载《教育研究与实验》1989 年第 7 期。

教育的失误在哪里?*

加强思想政治教育，需要全社会的共同努力

教育的失误在哪里？是个复杂的问题，不能简单地回答。因为教育是一个复杂的社会现象，它同社会的政治、经济、文化等都有联系，又同一定社会的每个人的成长、发展有密切的关系。所以谈教育的失误，首先要把教育做广义的理解，不仅限于正规的、有形的教育，而且包括非正规的、无形的教育。过去常说文化教育战线，无产阶级思想不去占领阵地，资产阶级思想必然会去占领阵地，其实不仅文化教育战线如此，各条战线都是这样。何况近十年承接“文革”时期遗留的歪风，诸如极端个人主义思想、唯利是图思想、封建迷信思想等都还有一定市场。自改革开放以来，提出富民政策是好的，但必须依靠劳动致富，靠守法致富，而不能允许投机倒把、损公肥私致富。提出让一部分人先富起来未尝不可，但要考虑让谁先富。按常理应当让从事复杂艰苦劳动的、对社会贡献大的人先富，而不能让倒买倒卖、以权谋私的人先富，这样才能鼓励和教育青年人去从事复杂的、艰苦的、对社会贡献大的劳动。现在流行“一切向钱看”，实在害死人。考核政绩只看这地区人均收入多少，而不是看文化、教育等建设的成就，结果形成了孟子见梁惠王说的“上下交征利”的局面。这当然不仅是教育的失误，但由于“上下交征利”而造成了“言不及社会主义”的现象，一切思想政治教育的堤防都被这一洪流冲垮了。

价格的双轨制，进口物资的审批以及其他一些漏洞，造成了权与利的结合，出现了一批“官倒”。党风因此而不正，社会风气因此而不良。东汉有位名臣第五伦说过：“以身教者从，以言教者讼”，他建议为人君上者要做人的榜

* 这是作者 1989 年 6 月 28 日在《群言》杂志编辑部召开的“教育的失误在哪里?”专题座谈会上的发言。

样。榜样的力量是无穷的，所以身居高位者必须谨言慎行，为民表率，这能发挥巨大的、无形的教育力量。

广义的教育上的失误，也可以说是由于十年来我们只抓了物质文明建设，极少抓精神文明建设造成的。1986 年中共中央通过的《关于社会主义精神文明建设指导方针的决议》，从根本任务到具体措施，没有一件是离得开教育的。但《决议》公布以后，既未大张旗鼓地宣传，更没有认真严肃地贯彻落实。相反，要求各级学校自己“创收”，要求知识分子“自我改善”，使素以清水衙门著称的学校也不得不步入“上下交征利”的行列。难怪民间流传：“十亿人民九亿商，还有一亿跑单帮”，种下了这种“全民皆商”的因，结出了教育失误的果。这种失误是严重的，不是短时间，也不是教育本身所能挽救过来的。

补救这种教育失误的办法，首先要严肃党纪国法，整顿党风，惩治官倒，清除腐败现象，重新树立党在群众中的威信。其次各级领导应以身作则，不能一面口头上提倡艰苦朴素，一面行动上鼓励高消费，如，争购进口轿车、大盖豪华宾馆，甚至有一些贫困县用扶贫款买豪华车。再次，要造成整个社会勤俭节约的风气，根治骄奢淫逸的铺张浪费现象。为此，必须做到“为政清廉”。“俭以养廉”，古有明训。虽然“由奢入俭难”，但只要前两条做到了，这一条也是可以做到的。

教育的隐患是忽视基础教育，没有抓紧扫盲

我决无意否定四十年来我们教育事业的成就，今天座谈的题目是“教育的失误在哪里?”所以我只好实事求是地集中谈失误。我认为，由于没有抓紧普及义务教育，没有杜绝新文盲的产生，至今整个民族的文化科学水平、思想道德水平都很低。《义务教育法》公布执行已经三年了，但近年又出现新的“读书无用论”，在校学生大量流失，童工、童商大量涌现，新的文盲半文盲仍在不断增加，这是教育的危机和建设现代化国家的隐患。列宁说过：“在一个文盲的国家内是不能建成共产主义社会的。”① 他还说：“只要在我国存在文盲现象，那就很难谈得上政治教育。这并不是一个政治任务，这是一个条件，没有这个条件就谈不到政治。文盲是站在政治之外的，必须先教他们识字。不识字

① 《青年团的任务》，《列宁选集》第 4 卷，人民出版社 1972 年，第 357 页。

就不能有政治。"① 苏联在1934年就在农村普及了小学教育（四年制），在城镇和工矿区普及了初中教育（七年制）。这样，它才有可能在五年之后的1939年扫除文盲。那是在十月革命十七年和二十二年之后。

我国革命胜利已经四十年了，连小学教育还没有普及，全国人口中还有近四分之一的文盲半文盲。今后应当把普及义务教育和扫除文盲作为基本国策，像抓计划生育一样认真抓好，从中央到地方组织专门的领导机构，分期分批地落实经费、师资、校舍、设备等问题。早一年抓，我们可以早一年进入现代化；迟一年抓，必将迟一年进入现代化。

教育经费、师资、教学设施这些问题提了几年了，我认为经费问题比师资问题容易解决，只要下决心重视教育这个立国之本不难办到。师资的培养却不是立竿见影的事。由于知识分子待遇低，教师的待遇更低，现在青年人不愿入师范学校准备当教师。所以，解决师资问题又同改善教师待遇有密切的关系。改善合格而又称职的教师待遇，已经刻不容缓。现在一个大学生每月生活费、学习用品费至少要上百元，但他们毕业后开始工作，每月工资只有几十元，这种不合理的现象难道还能继续下去吗？

中小学的校舍、设施问题也不能满足于"一无两有"（校校无危房，班班有教室，人人有课桌凳），何况至今连"一无两有"还没有做到。共产主义事业是要靠接班人一代一代连续不断努力奋斗方能取得成功的，如果我们的各级党政领导人不关怀子孙后代的教育培养，而热衷于开辟旅游点、游乐场，是令人不可思议的。中小学如果没有现代化教学手段，我们的教学工作也会事倍而功半，这在国际竞争中也是不利的。

对教育的失误各级领导都有责任，由来已久

从教育工作本身来谈失误，说得严重一点，四十年来我国教育工作尚未步入正轨，这并非危言耸听，更不敢哗众取"祸"。试看下列事实：（1）除了《中华人民共和国宪法》（1982年）第四十六条有一句话"国家培养青年、少年、儿童在品德、智力、体质等方面全面发展"可以算作全国教育的总方针

① 《新经济政策和政治教育委员会的任务》，《列宁全集》第33卷，人民出版社1957年版，第59页。

外，没有明文规定的教育宗旨或教育方针。(2) 除了《义务教育法》以外，没有各级各类教育法。(3) 除了 60 年代制定过各级学校工作条例外，至今没有各级各类学校的办学规程。(4) 除了无法律效用的政策性规定外，没有制定“教育经费法”，对教育经费的来源、分配、使用、稽核均无法可依。(5) 除了规定一个“教师节”，没有制定“教师法”，对各级各类学校和幼儿园师资的地位、培养、任用、待遇、考核、奖惩以及职业保障等无法可依。(6) 除了 1951 年公布过《关于改革学制的决定》，三十多年来，学制已变更多次，而再未正式公布有关学制的法令。……

教育立法工作基本上没有做。教育总要按教育规律立法。虽然法律是人制定的，但规律是不依人的意志为转移的。所以，在制定教育法规时，必定要考虑符合规律方能行得通，才能见效益。目前我国各级教育领导人，重视教育科学研究的不多，懂得按教育规律办事的更少，在这种无法可依的情况下，怎能不造成教育的失误呢?

载《群言》1989 年第 9 期。

小题大做和大题小做*

“小题大做”和“大题小做”这两个词是成语，古已有之。原意是指明清两代科举考试时，按“四书”文命题的叫小题，按“五经”文命题的叫大题，如考生按照做“五经”文命题的文章的法则来做“四书”文命题的文章，就叫“小题大做”，反之就叫“大题小做”。后来用前者比喻把小事当大事来处理；用后者比喻把大事当小事来处理。

十年来的改革开放，虽然取得很大成绩，但是也有很大的失误。其中之一就是我们犯了小题大做和大题小做的毛病。

先说小题大做。发展旅游业在我们这个正在从事社会主义现代化建设的国家来说，只能是一件小事。但是十年来，我们投入的人力、物力、财力恐怕不能算小。全国各地盖的宾馆饭店，一个比一个豪华；各地为开辟旅游点而修缮的名胜古迹、古寺古庙，不计其数；游乐场、跳舞厅、桑拿浴室、高尔夫球场等这些迎合国外旅游者需要的设施也一应俱全。据说旅游业是无烟工业，可以赚大钱。但是听说许多高级宾馆饭店都营业清淡，入不敷出，赔钱的不少。所有旅游设施收费之高，都是国内人民（除暴发户外）承受不了的，因此这些设施根本不是为人民服务的。如果我们老老实实算一笔经济账，恐怕这样小题大做的结果是得不偿失的。假如再算一算政治账，它助长了奢侈浪费的不良风气，一意在吃喝玩乐上花样翻新，同我们对人民艰苦朴素、勤俭建国的要求是风马牛不相及的。

再说大题小做。教育是社会主义现代化建设的基础，是国民经济建设的战略重点，是百年大计的立国之本，总该算是一件大事情吧？但是我们却是小手小脚地做。对教育的投资到了吝啬的地步，至今全国学校还有危房几千万平方米，每年都有师生死伤在学校危房的倒塌之中。只拿教育经费增加的百分比来

---

* 本文发表时署名“古希年”。

衡量，不顾基数是在什么条件下的数字，不考虑教育事业的发展和物价的高涨等因素，不顾实际需要，就断然认为教育经费不可能增加了。这种态度同发展旅游业的大手大脚、积极热情适成鲜明的对照。对教育事业的大题小做是造成今日教育危机的主要原因之一。教育不普及，教育质量低，师生流失，文盲众多，中华民族中有一大部分人文化科学水平和思想道德水平不高，甚至日益下降（如，有些女青年自愿卖身当“红蜻蜓”），都是大题小做的严重后果。

这种颠倒了的现象应当赶快颠倒过来了！

载《群言》1989 年第 9 期。

普及初等教育和扫除文盲

报载联合国教科文组织已把1990年定为国际扫除文盲年，以推动各会员国的扫盲工作。

据统计，全世界目前还有成人文盲约10亿人。我国12周岁以上的文盲半文盲，据1982年人口普查统计，尚有2.358亿人，由于初等教育尚未普及，每年还产生新文盲约400万人。我国现有文盲数几乎占了世界文盲数的四分之一。我国是人口大国，也是文盲大国。这同我们共和国四十年来在各条战线上取得的成就很不相称，同我国的国际地位也很不相称。

1921年10月，列宁在全俄政治教育局第二次代表大会上做的报告中说："只要在我国存在文盲现象，那就很难谈得上政治教育。这并不是一个政治任务，这是一个条件，没有这个条件就谈不到政治。文盲是站在政治之外的，必须先教他们识字。不识字就不能有政治，不识字只能有流言蜚语、传闻偏见，而没有政治。"列宁这番话的中心思想就是必先扫除文盲，然后才有可能进行政治教育。

1945年4月，毛泽东在中国共产党第七次代表大会的报告《论联合政府》中说过，"从百分之八十的人口中扫除文盲，是新中国的一项重要工作。"当时说文盲人口占80%是一种估计。新中国成立四十年来，人口增加了一倍多，文盲百分比却下降了55个百分点。教育成绩是显著的，但同建设一个社会主义现代化的国家来说，已取得的成就还是远远不够的。因为还有近四分之一的人口站在政治之外，无论从社会主义物质文明建设来说，还是从社会主义精神文明建设来说，都是十分不利的。

邓小平同志曾经指出我国最大的失误在教育，尤其是思想政治教育。对这句话要做全面的理解，然后才能挽救损失，改正错误。我个人的理解是教育的失误首先在于初等义务教育尚未普及，文盲大量存在，无从对他们进行思想政治教育。所以要补救教育的失误，必须从根本上杜绝新文盲的产生，要限期普及初等义务教育。否则，一面扫除文盲，一面产生新文盲，将令扫盲工作者有“斗争未有穷期”之感而失去信心。——这只是理解之一，还有其他的理解不在本文讨论范围，暂不去讲。

为了迎接国际扫盲年，我们不能头痛医头、脚痛医脚，只抓扫盲工作。扫盲工作当然要坚持不懈地抓下去，直到文盲肃清为止。但更重要的是普及初等义务教育的工作要限期认真实现。一要有责任感，从中央到地方，各级政府对限期保质保量地普及初等义务教育都有责任，不能把责任交给他方，放任自流。二要有紧迫感，普及教育、扫除文盲不仅仅是教人识字，而且是培养具有共产主义理想、社会主义觉悟、国民公德、文明行为习惯、文化科学知识、身体健康、勤劳俭朴的社会主义公民的奠基工程。没有这项工程，两个文明建设都无从谈起。三要有具体措施，各级政府要为普及教育和扫除文盲创造人、财、物的条件。应当在文盲众多的乡村地区，办一揽子学校，使中小学兼负扫盲任务。还要动员共青团、妇联、工会等组织一齐参加，来做修建校舍、购置设备、编辑课本、动员入学以及担任教学等项工作。妇女文盲占文盲中的大多数，各地妇联应当把扫除妇女中的文盲列为中心工作，还要关心女学龄儿童的入学问题，并排除思想障碍，为女孩子入学创造条件。各级共青团组织也要动员识字的青年积极参加扫盲工作。

为了保证上述措施落实，建议成立中央和地方各级普及义务教育和扫除文盲运动委员会。中央的委员会要由党中央主管文教工作的政治局常委和国务院国家教委主任挂帅，吸收全国总工会、共青团中央、全国妇联、各民主党派和其他有关单位（如教育科学研究单位、教材编辑机构等）参加，从事制定策略、全面规划、确定标准（包括文盲标准、脱盲标准、修毕初等义务教育标准等）、督促检查等项工作。省、自治区、直辖市一级的委员会也由上述相应的单位组成，除按本地区情况落实中央政策外，应协助和督促政府筹措经费、调配师资、添置设备、编辑教材，还要认真做好调查研究工作，根据中央确定的文盲标准，实行强制入学。县、市、区一级的委员会组成同上，并可吸收热心普及教育和扫除文盲的离退休干部参加，要认真帮助和监督同级政府解决经费、师资、校舍、设备和教材问题。当前要特别注意保证小学教师的质量，不得将优秀小学教师调到中学任教，不得将中师毕业生分配去教初中。要切实提高兼负普及义务教育和扫除文盲双重任务的教师的物质生活待遇，并适当奖励志愿参加此项工作的人员。

我国从 20 年代起就有许多教育家从事扫盲工作的研究和实施，他们为此而编了许多识字课本，有《市民千字课》、《农民千字课》、《士兵千字课》等等。还有的教育家为确定文盲标准，确定基本字汇，做了大量艰苦细致的工作。这些，在今天的扫盲工作中还有值得参考借鉴的地方。

总之，对于扫除文盲我们全国上下一定要有紧迫感和责任感，把它看作计划生育一样的基本国策，要像最近扫除黄色书刊一样地雷厉风行，才能见效。同时，为了杜绝新文盲的产生，还要把扫除文盲同普及义务教育一起抓，首先实现普及初等义务教育，才能取得扫盲工作的彻底胜利。

希望能借国际扫盲年的东风，使我国多年没有解决的扫盲问题能够认真地、较快地解决，早日实现四十年前毛泽东的预言："我们将以一个具有高度文化的民族出现于世界。"

载《群言》1990 年第 3 期。

关于民主党派办学的几个问题*

一、民主党派办学有无必要？

有的同志认为，民主党派有自己的任务，办学是不务正业，主张民主党派没有办学的必要。

我认为，民主党派无论从加强自身建设来说，还是从为社会服务来说，都有必要办学。

民主党派近年吸收了不少新的成员。这些同志对民主党派的性质、任务、历史，特别是跟中国共产党的关系往往不甚了解，需要进行适当的教育。所以各民主党派为了加强自身建设，应当办好新成员的学习班，帮助他们端正加入民主党派的动机。学好马克思列宁主义、毛泽东思想，学好中国共产党的重要方针政策，提高自己的理论水平，做好本职工作。当然，这种学习班只能是短期的。民主党派的基层组织生活，应当长期坚持以百分之九十的时间用于学习，以提高成员的社会主义觉悟。所以，民主党派从加强自身的建设来说，办学是很有必要的。这是一种面向自己成员的办学。过去各民主党派的各级组织都有学习委员会，各级人民政治协商会议也组织了学习委员会。这些学习委员会的工作都应当加强而不能削弱。

从面向社会来说，民主党派也有必要办学。民主党派成员都是知识分子，即使农工民主党的成员，也不是农民和工人，而是知识分子。这是历史形成的。不少民主党派的成员都是科学工作者、教育工作者、文艺工作者、医务工作者等等，其中很多都是专家、学者、教授。这些人往往达到或超过了离退休的年龄，可是还有工作能力，而且多数愿意继续贡献自己的才能为社会主义建设服务。民主党派可以发挥这方面的优势，以这些同志为办学的师资队伍，一

* 1990年9月19日写成。

定可以组织成一支实力雄厚的教师大军。这是民主党派办学的有利条件。

再从社会需要来看，我国各行各业都有人才缺乏的问题，知识分子不是多了，而是不足。仅拿各级学校教师来说，合格而又称职的教师还很缺乏。从大面积来说，教育质量不高，各类学校毕业生都很难完全适应工作的需要。许多在职职工需要进修、补习的也很多，还有失学失业的青年需要教育。为了协助政府解决这样一些问题，民主党派面向社会办学是英雄大有用武之地的。

二、民主党派办学应遵循什么原则？

以下专谈民主党派面向社会办学的问题。先谈办学原则。

（一）遵照国家的宪法和法律

教育是培养人的事业，主要是培养下一代的事业。国家对于把下一代培养成什么样的人总是十分关切的。所以许多国家的宪法里都有教育专章，至少也有关于教育的条款。只有一些联邦制的国家把教育权交给各邦，在联邦宪法里不谈教育，但各邦的宪法还是要有教育条款的。

我国是统一的多民族的社会主义国家，我们要把各民族人民和各民族的下一代，都培养成社会主义社会的公民和社会主义建设的接班人。我国的宪法对于教育虽无专章，但有关教育的条文不少，如关于“国家培养青年、少年、儿童在品德、智力、体质等方面全面发展”的规定，关于“国家提倡爱祖国、爱人民、爱劳动、爱科学、爱社会主义的公德，在人民中进行爱国主义、集体主义和国际主义、共产主义的教育，进行辩证唯物主义和历史唯物主义的教育，反对资本主义的、封建主义的和其他的腐朽思想”的规定等，都是指明教育大方向的，任何人在我国 960 万平方公里的土地上办学都应当遵守的。

此外，国家制定的各项法律，如《义务教育法》，共产党通过的有关决定，如《中共中央关于教育体制改革的决定》等都代表共产党和政府的教育方针政策，自应遵照执行。

（二）争取当地教育行政部门的领导和监督

民主党派办学的最高法律依据是现行《宪法》第十九条：“国家鼓励集体经济组织、国家企事业组织和其他社会力量依照法律规定举办各种教育事业。”这条说的其他社会力量，当然包括各民主党派在内。只要民主党派依照法律规定来办学，国家都应该鼓励。

当地教育行政部门是政府专管教育事业的机关。民主党派办学，要尊重它的职权，争取它的领导和帮助，接受它的监督和指导。这样办学的工作一定可以顺利前进。据我所知，南京市有民主党派办的中华职工业余进修学校和中华业余财会中等专业学校。这两所学校办得很出色，深得当地教育行政部门的关怀和重视，这同该校争取领导和接受监督是分不开的。

（三）适应社会需要多做拾遗补缺的工作

民主党派办学，既要考虑到自身条件（主要是师资条件）的可能，又要考虑到适应社会的需要。社会的需要是多层次的，办学也应当有许多层次。

今年是国际扫盲年，我国尚有文盲 2.2 亿之多亟待扫除；又因我国初等教育尚未普及，每年还有新文盲产生，所以扫盲工作任务艰巨。除了工会、共青团、妇联等组织都应动员起来参加扫盲以外，各民主党派办学，也可以办扫盲的识字班。不要以为这是一种最低层次的办学，其中大有学问。如，教文盲识哪些字？识多少字？要编什么样的教材？要用多少时间？这些问题都应进行科学研究，才能用最经济有效的手段来扫除文盲。

办普及义务教育的学校，也是国家需要的。目前文盲众多和普及教育困难的地区多半是老、少、边、穷地区。这些地区可能民主党派的组织没有建立，所以办这类学校的可能性不大。但是，若从适应社会需要来说，这是雪中送炭的工作，所以提出来，引起大家重视。

办各级学校师资培训班，也是当务之急。苏步青教授在上海办中学数学教师进修班，亲自为学员讲课，深得各方赞誉。民主党派中的各学科专家都可效法他。不如苏步青教授德高望重的同志，可以借民主党派之力组织起来办这类师资进修学校。办以上这些学校，不但没有收入，而且还要适当投入，所以是纯粹的服务。

现在办得多的大概是学历教育。为了取得中专、大专、大学本科毕业的资格，许多已经就业的青年人甚至中年人，需要补习。这就是现在职工业余学校、职工业余大学办得比较多的原因。办这种学校也是适应社会的需要，而且可以靠收费来养校。民主党派办学是以为社会服务为宗旨，多从事拾遗补缺，绝不同公办学校去争生源，各党派之间也不互争生源，而要分工合作。

（四）促进社会主义精神文明建设，发挥社会效益

我国《宪法》第二十四条：“国家通过普及理想教育、道德教育、文化教育、纪律和法制教育……加强社会主义精神文明建设。”前些年对此不够重视，

近年来开始抓了。但这些教育非一朝一夕之功所能见效，必须持久、广泛、深入地抓下去，才能渐见成效。民主党派办学，要能在这些方面助国家一臂之力，使精神文明建设之花，早日结出硕果。因此，民主党派办学必须以发挥社会效益为主要目的，只能根据按劳分配的原则，适当获得一点经济收益。决不可将主次颠倒过来！

三、民主党派办学要解决哪些实际问题？

一般办学要有三大基本建设：校舍设备、师资队伍、课程教材。民主党派办学也要解决这些问题，与此有关的还有经费来源。

第一，地方教育当局能给民主党派办学指定专用校舍最好，否则校舍能借用的最好借用，不能借用的就租用。借用校舍也要付水电费。校址最好能选择交通方便、不太偏僻的地区，以利学生走读。记得50年代初期，苏联教育专家就对我国校舍（包括教室和实验室）利用率过低的情况提出意见。他说苏联学校的教室和实验室利用率很高，每天从早到晚十多个小时都有人在轮流利用。这个意见很值得我们思考。如果能够提高校舍的利用率，民主党派办学的校舍问题是不难解决的。

第二，师资本是办学最难解决的问题，但民主党派办学，却不用为师资缺乏发愁，因为民主党派是知识分子集中的地方，有些民主党派成员本身就是教师。所以党派办学时只要把他们适当组织起来，就能成为一支多学科的师资队伍。动员党派成员出来任教要采取自愿原则，不能勉强。有的专家、学者因为从事科研或著述，不能参加教师队伍，仍可以请他们为办学的顾问，特别在聘请专科教师方面，不妨请他们推荐适当的人选。聘请在职人员为兼任教师，先要征得本人所在单位的同意，并要求他在做好本职工作的同时，做好兼职工作。对年老体弱的教师，学校要尽量设法派车接送。除事先申明义务讲课不收报酬的同志以外，办学单位应本着按劳付酬的原则，致送讲课费。讲课费是对教师劳动的评价，现行标准规定过低，可以适当提高。

第三，教材问题关系重大。因为它不仅是个专门的业务问题，而且决定着教学的思想方向。当然，教师同样能决定教学的思想方向，但也要通过选用什么教材，讲授什么内容来决定。教育行政当局的检查监督，主要也是看教育的内容如何。民主党派办学要使当局放心，最好使用国家出版社出版的书籍做教材，在基础教育阶段就要采用国家教委审定出版的教科书。

第四，经费来源是一件比较麻烦的事。民主党派自身没有教育经费，若要办扫除文盲、普及教育、培训师资这样国家急需的事情，是不能向施教对象收取学费的，必须自筹经费。所以现在办的大多数是学历教育，因为受教者需要取得学历，本人或所在单位乐意缴纳学费。因此学费收入是民主党派办学的重要经费来源。前面说的争生源问题实际上争的是经费来源。我们民主党派办学绝不能为了赚钱，所以收费要合理，支出要公开，预算、决算要公布，要接受学员和教师的审核。一般以“收支相抵，略有剩余”为确定收费的标准。因为生源不稳定，所以要略有盈余，以免入不敷出。

关于民主党派办学要解决的实际问题还有许多，如，学校立案问题（取得合法地位）、给毕业生发给学历证书问题、学校职员的任用和待遇问题、专任和兼任教师的聘请和待遇问题、对未就业的毕业生介绍工作问题等等，这里就不赘述了。

据作者手稿排印。

祝贺《中华特教》创刊*

《中华特教》创刊，标志着我国特殊教育事业的发展，已经进入了一个新阶段。

所谓特殊教育是指教育的对象特殊，一般指生理和心理异常的儿童、少年和青年。生理异常的如盲、聋哑、肢残等，心理异常的如弱智、白痴、极端孤僻、拒绝教诲等。现在也把品德有缺陷的问题儿童和少年违法者列为特殊教育的对象，还有人把智力超常发展的天才儿童的教育包括在特殊教育之内。这样看来，特殊教育是一个相当广阔的领域，随着事业的发展，需要为它培养师资，需要总结和交流特殊教育经验，需要从事特殊教育课题的科学研究，并发表研究成果，提高特殊教育质量。因此，为特殊教育专门办一份刊物是很有必要的。

随着《义务教育法》的颁布实行，推广特殊教育也增加了紧迫性。记得80年代初我到日本去考察中小学教育，日本的教育当局声称他们已百分之百地普及了九年义务教育。当时我还抱怀疑态度。因为任何国家都不宜说百分之百地普及了教育，因为总有极少数生理心理有缺陷的儿童不能入学，入学了也难以完成学业。所以说百分之九十九是可信的，说百分之百是难以令人相信的。后来我看到他们赠送的材料，发现他们在普及教育工作中对任何一名身心有缺陷的学龄儿童也不放过，在普通中小学办了特教班，另外单独设立了各种特殊学校，所有盲、聋哑、肢残和弱智以及学习有障碍的儿童都动员入学，还设立了特殊教育师范学校，为特殊学校培养专门师资，连普通学校特教班的教师也是受过特教师资训练的。还有其他一些检查和督导学龄儿童入学的措施。这样，我才相信日本教育当局的话没有浮夸。

我国的残疾少年儿童有八百万人，比一个小国的人口还多。为了彻底普及

* 1990年9月1日写成。

义务教育，除要在经济文化不发达，还有失学儿童的地区加快发展教育事业，使正常儿童皆能入学外，同时要在全国发展特殊学校，使残疾儿童也能受到作为社会主义国家公民应当受到的教育。这是“提高民族素质”的大事，也是社会主义精神文明建设的必要措施。

通常总把残疾儿童的教育看作社会福利事业、社会救济事业，因为它是为了解决社会问题的。现在从某种意义上说，虽然也还可以这样看，但是仅仅这样看是不够的。我们办的特殊教育学校，要使这些人虽残不废，有一技之长，能自食其力，而且要使他们成为有社会主义觉悟的有文化的劳动者。除非真正的白痴，都要把他们培养成社会主义社会的合格公民。这项任务很艰巨。特殊教育工作者比一般教育工作者要有更高的献身精神、更坚强的毅力和耐心，做坚持不懈的努力，才能把工作做好。

过去我们特殊教育战线上的同志埋头苦干、默默无闻，他们的事迹鲜为人知，他们的酸、甜、苦、辣也无法跟同行们共享，现在有了这份特刊，应当成为特教工作同志的园地，成为他们交流教育经验的场所。同时，这份刊物还应为帮助特殊教育工作者开阔眼界，进修提高做出一定的贡献。

为问题儿童和少年违法者办的学校，我们现在称作工读学校。对这些心理上有了缺陷、受到创伤的少年儿童，教育工作者要更加有信心，有同情心，有百折不挠的勇气，用教育爱的威力来感化他们。同时要信任他们，严格要求他们，并发挥集体教育的力量。伟大的苏联教育家马卡连柯的实践给我们做出了榜样。过去我国有些工读学校工作者学习了马卡连柯的教育思想和教育方法，从而取得了成功，今后还值得我们借鉴。

我是研究普通教育的，对特殊教育是外行。但《中华特教》的主编同志告诉我它即将创刊的消息，我非常高兴，并将几点零星的意见写出来，祝贺《中华特教》的诞生！预祝它取得成功！

据作者手稿排印。

中国教育的今天和明天*

中华人民共和国屹立在亚洲大陆已经四十一年了。由于国民经济建设的蓬勃发展，中国的面貌已经发生了根本的变化。同四十年前相比，中国建设的成就超过了以往几倍、十几倍甚至几十倍。就教育来说，四十年前中国的文盲数约占全国人口的80%，到1982年，这个数字已经下降到23.5%①。加上人口增长的因素，中国在普及初等教育和扫除文盲方面，不能说没有成绩。再拿1949年各级学校在校学生数同1987年的这些数字相比，小学从2 439万人增加到12 835万人，增加5倍多；初中从83万人增加到4 948万人，增加约50倍；高中从20万人增加到773万人，增加约37倍；中等师范学校从15万人增加到65万人，增加约4倍；中等技术学校从7万人增加到122万人，增加约16倍；高等学校从11万人，增加到195万人，增加约17倍；研究生从629人，增加到120 191人，增加约191倍。② 从这些数字来看，中国教育事业在发展着，而且发展的速度相当快。

尽管如此，倘若我们冷静地分析一下，对中国教育的现状并不盲目乐观。

第一不能乐观的是教育未普及，文盲待扫除。今年是国际扫盲年，从扫除文盲来说，中国文盲的绝对数字还很大。1982年的全国人口中，12周岁以上的文盲和半文盲还有23 582万人之多。据统计，1987年只有158万人在扫盲班毕业，在扫盲班学习的也只有247万人。③ 照这个速度来扫盲，我们得用100年以上。即使只扫青壮年文盲（估计8 000万人）也得40年左右。何况因为初等教育尚未普及，每年还产生新文盲300～400万人，这个数字比1987年扫除的文盲数还要大一倍多。假若这种情况继续下去，中国的文盲数只会有增

* 1990年10月6日写成。

① 《中国第三次人口普查的主要数字》，中国统计出版社1982年版，第2页。

②③ 《中国教育统计年鉴（1987）》，北京工业大学出版社1988年版第8—9、6页。这里为行文方便，除研究生数外，万以下的数字均省略。

无减。要知道，在一个文盲众多的国家里，要建设成现代化的强国是十分困难的，甚至是不可能的。

新文盲的产生是由于初等教育尚未普及。70年代末，笔者曾听到中国教育部蒋南翔部长说过，当时适龄儿童入小学的可达90%，但能读到小学毕业的只占学龄儿童的60%，而毕业生合格的仅占学龄儿童的30%。这种“三、六、九”的状况是符合实际的。最近的情况，据《中国教育年鉴（1988）》①所载，1987年全国学龄儿童②总数9 750万人，已入学的有9 477万人。入学率已达97.2%，未入学的有273万人。同年初在小学生入学总数13 182万人中，有365万人中途退学。仅以1987年的数字为例，未入学和中途退学的就达638万人，这些人都将加入文盲半文盲的行列。为什么小学毕业生只有半数合格？这与师资、设备有关。不合格的恐怕有可能成为半文盲。这属于教育质量问题，下边再说。

对中国教育现状不能乐观的第二点是教育结构不合理，职业教育不发达。据统计，1987年，小学毕业生有2 043万人，其中升入初中的1 410万人。有633万人未能升学。这些人，大部分在农村，因此农村的小学除学习规定的文化科学知识以外，还应学一点职业技术技能。同年，初中毕业生有1 117万人，升入各类高级中等学校的仅437万人，有680万人未能升学。这些人城乡皆有，所以初中阶段，根据目前中国社会生产力发展水平，还应发展职业技术学校，普通初中也要设各类职业选科。同年，高级中等学校在校生的构成，普通高中为773万人，中等职业技术学校为515万人，二者之比为6∶4。这个比例至少应当倒转过来，最好改为3∶7，以适应各行各业对中等技术人才的需要。同年，普通高中毕业生246万人，高等学校本科专修科合计只招收61万人，还有185万人未能升学。虽然高等学校具有选择性，普通高中毕业生为高等学校招生数的四倍，未免太多，保持两倍就可以保证择优录取。同时普通高中必须开设职业选科，让大多数学生在学好文化科学知识的同时，也能掌握一技之长。同年，高等学校工科有在校生68万人，中等技术学校只有在校生122万人。若按一名工程师需配备五名技术员的比例来看，目前中等技术

① 见该书第32页，人民教育出版社1989年版。

② 《中国教育年鉴（1988年）》未写明年龄，查《中国教育统计年鉴（1987）》第82页，知道是7—12周岁。

学校在校生再加两倍才够数。① 总之，只重升学教育，不重就业教育，结果教育事业虽然发展很快，仍不能满足社会的需要。

对中国教育现状不能乐观的第三点是师资水平不高，教学设备不足，不能保证应有的教育质量。据统计，1987 年中国有小学专任教师 543 万余人，其中中师（相当于高中）、初师（相当于初中）毕业的仅有 189 万多人；受过师范训练的还不到 35%；高中和中师毕业的共占 65%。初中有专任教师 232 万多人，其中高等学校本科和专科毕业的 71 万多人，只占 30%；高中有专任教师 54 万余人，高等学校本科毕业的 21 万余人，只占 40%。② 如果不计曾否受过师范教育这个因素，仅拿文化程度来看，小学合格教师达 65%，初中合格教师仅 30%，高中合格教师仅 40%。由于在发展教育事业的同时，没有有计划按比例地发展师范教育，教师缺额很大，滥竽充数者不乏其人。又由于教师工作辛苦，责重事繁，而待遇菲薄，致使合格教师纷纷改行，青年人不愿投考师范院校。若不采取有力措施，师资水平不高的现状，一时还难以改变。现在发达国家，小学教师也要受过高等教育的才能担任，中国的差距不止一个档次，必须痛下决心，提高教师特别是中小学教师的地位和待遇，吸引优秀青年投考师范院校，巩固在职教师队伍，并对现有不合格不称职的教师加强培训和甄别，然后才有希望提高教育质量。

由于历年教育经费③欠账太多，中国学校校舍设备还很落后。除了大中城市以外，难得看到一所符合现代水平的中小学校舍，教学设备不足也就可想而知了。现在有人批评教材深、难、重，如果充实了现代化设备，提高了教师水平，恐怕师生教学起来就会感到浅、易、轻了。倘若一味迁就教学设备落后和师资水平不高的现状，想从降低教材程度来解决问题，是不能满足未来社会的需要的。

未来社会是信息社会或者说高科学、高技术的社会，中国教育要适应未来社会的需要，从思想到行动都应有彻底的转变。这里谈几点个人的看法，就教于海内外读者。

第一，要改变“富而后教”的观念，树立“教而后富”的思想。中国历来

---

①② 以上所引数字，均见《中国教育统计年鉴（1987）》。

③ 各国教育统计都有教育经费的数字，唯独中国的教育统计没有，因此无法引用。

有“先富后教”的治国主张，如管子主张：“凡治国之道，必先富民。”① 孔子在卫国回答学生的问题“人口众多该怎么办”时，也是主张先富之，后教之。② 在社会生产力落后的情况下，在“乐岁终身苦，凶年不免于死亡”③ 的悲惨世界，提倡富民政策，不愧为一种仁政。正如管子说的：“仓廪实则知礼节，衣食足则知荣辱。”④ 知礼节、知荣辱是教的结果，而仓廪实、衣食足（富）则是教的前提。但是到了20世纪，科学技术的发展亦即社会生产力的发展已经改变了这种“先富后教”的次序。贫困和愚昧往往是一对双生子，要治贫必先治愚或者贫愚兼治的主张，在中国30—40年代就有不少有识之士提出来。⑤ 现在，不仅工业生产使用机器、仪表需要有文化的工人，农业生产使用化肥、农药、电力、机械也离不开文化科学知识。过去，文盲可以用牛耕田，现在农业机械化、电力化、化学化以后，没有文化就当不了农民了。在现代化的工农业生产劳动中，体力劳动的成分已经大大降低，脑力劳动的成分不断提高。不仅为了使人民脱贫致富需要教育，而且为了建设社会主义现代化的强国更需要优先发展教育。不仅培养国家建设人才需要教育，而且提高人民文化水平需要教育，否则民主建设、法制建设就将成为空话。中国已往四十年在培养国家建设人才的高等教育方面，取得了一定的成绩，但在提高人民文化水平方面还需要抓紧努力。为此，首先要改变“富而后教”的观念，树立“教而后富”的思想；大力普及义务教育，杜绝新文盲的产生；同时，认真扫除青壮年中的文盲，使毛泽东1949年9月21日的预言“我们将以一个具有高度文化的民族出现于世界”早日实现！

第二，要改变“升学教育”为“育人教育”。中国基础教育阶段（包括从幼儿园到高中）目前有一个根深蒂固、难以纠正的问题，是片面追求升学率。从管教育的、办教育的到受教育的都把基础教育看作升学教育。一切为了升学。课程表里规定的学科，如果升学不考，学校竟然可以不教；升学考试只要

① 《管子·治国》。

② 《论语·子路》。

③ 《孟子·梁惠王上》。

④ 《管子·牧民》。

⑤ 参看傅葆琛：《对于中国乡村教育建设的一点意见》，载《中华教育界》第19卷第11期，1932年5月；《肃清文盲应当注意的几个问题》，载《教育通讯》第3卷第8—10期，1940年3月重庆版。

求笔答试卷，于是学校里就不注意培养学生口头表达能力；如此等等。前面我们已经看到，每年小学毕业生、初中毕业生中都有600～700万人不能升学，高中毕业生也有近200万人不能升学。光从事升学教育，对于大量不能升学的学生是浪费光阴，对于社会各行各业来说，也未能满足他们对中级、初级劳动者的需要。假若我们把“升学教育”改变为“育人教育”，各级学校都分别针对儿童、少年、青年的特点，完成它这一级教育所应达到的培养目标，那么，学生便可以做到升学、就业两不误。中国目前社会生产力的发展很不平衡，大城市已开始进入高科技领域，而偏僻的农村山区，手工劳动仍占主要地位。各地学校要能为当地社会发展和经济繁荣服务，就应当针对当地需要，在实施文化科学基础教育的同时，适当进行职业技术教育。所谓“育人教育”就是培养劳动者的教育。因为在社会主义社会，凡有劳动能力的人都应当参加劳动，不是参加体力劳动，就是参加脑力劳动。而“升学教育”往往培养出一些“四体不勤、五谷不分”、好逸恶劳的懒汉。这是很危险的。非迅速改弦易辙不可！

第三，要改变“不学教而教”为“学教而后教”。这是就教师说的。中国目前规定高中毕业生教小学，大专毕业生教初中，大学本科毕业生教高中，就算是合格教师，而不考虑他们曾否受过师范教育，学过教育科学。仿佛只要有一定的文化水平，当教师可以不学而能。即使把教师的工作仅仅看作“教书”，这种看法也是不妥当的。这是从中世纪继承下来的观点，同近代现代教育科学、心理科学等发展以来的情况是格格不入的。教师的任务不仅是教书，更重要的任务是育人；不仅要培养当代社会需要的人，更要培养未来社会需要的人；教师工作的对象是活生生的人，是未成年的儿童、少年和青年。他一方面要了解教育对象身心发展的一般规律和他们当中的个别差异，然后才能做到因材施教，取得较好的教育效果；另一方面，教师还要了解社会的发展前景，国家的教育宗旨，学校的培养目标，知道每门课的教学目的，然后才能做到有的放矢，使自己所教的学生毕业后能适应未来社会的需要。教师责重事繁，工作辛苦，每天不是八小时工作，而是全时间的工作，必须具有为教育事业献身的精神，热爱自己的教育对象，重视教育的地位和作用，对教师职业要做到“知之者不如好之者，好之者不如乐之者”①。这种具有牢固专业思想的教师，要靠师资训练机关来培养。师资训练机关的教师，更要以身作则，给未来教师做

① 《论语·雍也》。

出榜样。顺便说说，我们强调教师必须受师范教育，是希望他们走上工作岗位能多一点自觉性，少一点盲目性。我们并不否认未受过师范教育的教师中，也能产生一些优秀的教师，这是他们按照教育科学的要求自己不断努力的结果。我们也要看到受过师范教育的教师中也有不称职的。但这些都不能成为主张教师可以“不学教而教”的理由，更不能作为师范教育可有可无的借口。

第四，要改变“重视高等教育，轻视普通教育”的思想，改为“首先办好普通教育，适当发展高等教育”的做法。中国是发展中国家。新中国成立伊始，百废待兴，人才奇缺，重视发展高等教育是必要的。四十年来，高等学校为国家建设培养了大量人才，现在各行各业的骨干、中坚，都是新中国成立后培养起来的。所以高等教育的成就是显而易见的。但是长期以来，不重视普通教育的思想也很显著，学校级别越低，重视的程度也越低。甚至有人认为高等教育是国家的事业，所以国家要管；普通教育是地方的事业，所以把普及义务教育的责任完全推给地方。这种想法和做法是不正确的。在这种思想指导下，据说一所重点高等学校的全年经费，往往相当于一个省普通教育的全年经费。这就难怪教育不能普及，教育的质量不高了。应当认识，普通教育也是国家的事业，特别是普及义务教育，国家不能放任不管，而要帮助地方早日认真实现，否则新文盲不断产生，对现代化建设非常不利。还要明白一点：高等学校学生来源于普通学校，不重视普通教育的后果就是高等学校招不到合格的新生。近年高等学校教师反映，入学新生质量有逐年下降趋势。这除去现行高等学校招生考试办法不能保证择优录取外，也反映了普通教育质量有下降趋势。因此要下决心首先办好普通教育，并且从小学起，逐年保证师资、校舍、设备、教材达到现代教育所要求的水平。这样，普通学校才能为高等学校输送合格的新生，高等教育的质量才有保证。为了达到首先办好普通教育的目的，在教育经费方面不能没有大幅度的增加，特别是普及义务教育，各级政府，首先是中央政府，如不大力投资，恐怕是难以保质保量地实现的。

第五，要改“经验管理”为“科学管理”。中国教育事业的管理，至今仍实行凭经验来管理的办法，因为教育管理人员，大都没有受过教育专业训练，现在虽然提出对干部要革命化、年轻化、知识化、专业化，但真正做到的不多，特别是专业化这一条，有不同的理解。关键在于承认不承认有教育科学存在。承认有教育科学存在的，要求教育管理干部应当学过教育科学，才算专业化；不承认的则反是。当前主要是后者占上风。如，1987 年中国有高等师范学校（包括师大、师院、师专）260所，其中校院长中受过教育科学训练的真如凤毛麟角。至于教育行政干部就更不用说了。这种经验管理教育的结果往往是在执行教育方针上左右摇摆。一听说要执行教育同生产劳动相结合的方针，就大抓劳动，不抓教育，以劳动代替教育；在纠正这种偏向以后，又让学生只读书不劳动。又如，把学校办成“升学预备班”，只知片面追求升学率，不注意培养在品德、智力、体质等方面全面发展的人，都可以从“经验管理”（或者说“外行领导”）找到它的根源。中国教育要适应现代化建设的需要，一定要实行“科学管理”（或者说“内行领导”）。这就要求摒除教育科学不存在的偏见，树立教育工作是一门专业、教育管理干部都要学习教育科学、掌握教育专业的思想。

最后，要使中国明天的教育不仅为社会主义现代化建设服务好，而且能为社会主义现代化建设所依靠，必须改变教育经费不成比例的状况。发达国家教育经费占国民生产总值的百分比，约在7%左右，发展中国家教育经费占国民生产总值的百分比，约在5%左右。我们大约只有2%左右，远远低于上述数字。所以说增加教育经费是大有潜力的，现在没有增加，“是不为也，非不能也”。这个问题，许多人谈了许多，我不想多说。希望各级政府改变急功近利的短期行为，看到教育见效慢周期长的特点，认识到中华民族必须“以一个具有高度文化的民族出现于世界”而不自甘落后，对发展基础教育抱有紧迫感，在国家财政预算中优先按实际需要的最低标准安排教育经费，改变“一工交、二财贸、三文教”的分配次序，使教育事业得到发展所必需的资金和人才，则中国的教育当有光明的明天，中国的明天也一定是光明的。

据作者手稿排印。

有感于音乐系教授卖钢琴*

最近，听说某大学音乐系教授一家三口，生活困难，要卖掉伴随他大半生的钢琴，以贴补家用。这事被学校党委知道了，开会讨论，决定每月定期发给他生活困难补助费若干，以劝阻他不要这样做。

我听说以后，感想很多。身为大学教授，养不活三口之家，恐怕海内外知识分子听了都不免寒心的。这所大学党委的决定是好的、及时的，可惜不能从根本上解决问题，学校本身是没有力量解决根本问题的。音乐系的教授卖钢琴，同中文系的教授卖《佩文韵府》、历史系的教授卖“二十四史”一样，若非万不得已是不会出此下策的。

记得在 1984 年 10 月《中共中央关于经济体制改革的决定》公布以后，邓小平同志曾经讲过一次话，说这个决定中最重要的是第九条，即“尊重知识，尊重人才”。不久，国务院公布了“工资改革”方案，把专业技术人员（包括教授、医师、工程师、研究员等）的工资，连降三级。——原来，按 1956 年规定的标准，一级教授的工资 350 元左右，相当于行政干部七级即部长级的工资；这时，按“工资改革”方案，一级教授的工资降为 250 左右，只相当于十级行政干部即司、局长级的工资了。这个方案公布在邓小平同志重申“尊重知识，尊重人才”（此语小平同志早在 1977 年就讲过）之后，不免令人感到迷惑不解。否则，只有这样来解释：“所有这些专业技术人员，既无知识，又非人才!”那么，请问，谁是应当受到尊重的有真才实学的人才呢?

在规定一级教授的工资相当于七级行政干部的工资的时候，曾有的教授开玩笑说：“一级教授，七品官耳!”“七品官耳”四字我曾从清代名士郑板桥的一颗图章上见过，当时的知县是七品官，言其官之小。民间也有“七品芝麻官”的说法。这只是开玩笑，现在连降三级，恐怕教授们开玩笑的心情也没

* 本文发表时署名“古希年”。

有了。

我历来对出国留学的知识分子毕业以后不回来为祖国服务很反感，认为他们连起码的爱国心也没有。现在了解的情况比较多些，对那些学成而不回国的人有了一点同情。知识分子要在学术上有所成就，需要有安定的生活条件，假若成天为衣、食、住、行、柴、米、油、盐生活琐事烦恼，是很难出成果的。

十年改革开放，使很多人先富起来了。调查一下先富起来的是些什么人，恐怕很有必要。笔者没有统计资料。国家统计局或者有关的经济研究所大概总有统计资料的，不妨公布出来让国人知道。反正大学教授一类靠工资收入为生的人，不会在先富起来的行列。社会主义的分配原则是“各尽所能，按劳分配”。本来应当让从事复杂劳动的、劳动强度大的、对社会贡献多的劳动者先富起来。工人、农民、知识分子都是我们社会里符合上述条件的劳动者，恐怕他们先富起来的不多。真正靠劳动致富的并不多见。所以才有“分配不公”这种说法。

现在一名大学生每月的学习生活费用不少于百元，但大学毕业生工资只有几十元。这样的工资制度恐怕算不得合理吧？记得“工资改革”以后，人们反映物价涨了，专业技术人员的工资反而降低了，生活有困难。当时一位中央负责人却要大家“自我改善”。这句话同古代一位皇帝听说灾荒年百姓没粮吃说的“何不食肉糜”，真有异曲同工之妙。须知专业技术人员各有自己的专业，每天不是八小时工作所能毕事的。领导者必须鼓励他们投入全部的时间和精力，才可能把工作做出成绩来；如果大家都去“自我改善”，另谋第二职业，本职工作怎能做好呢？

感想往往是随意联想，所以杂乱无章，就写到这里为止。附带说一句，1985 年的“工资改革”恐不符合社会主义分配原则，所以我给它加上引号。希望有名副其实的工资改革方案出台！

载《群言》1990 年第 12 期。

小草精神值得发扬*

没有花香，没有树高，
我是一棵无人知道的小草。
从不寂寞，从不烦恼，
你看我的伙伴遍及天涯海角。
春风啊，春风啊，你把我吹绿；
阳光啊，阳光啊，你把我照耀。
河流山川你抚育了我，
大地啊母亲把我紧紧拥抱。

上面这首题名《小草》的歌词，是在广播中听到匆匆记录下来的，不敢保证完全准确。

我为什么要录下这首歌词呢？因为两年多以前我曾在报纸上看到一篇文章，题目是《教人做小草的歌》。作者对歌词持完全否定的态度，认为我们的教育不应教人“甘当任人踩躏”的“草民”，我们的教师更不应要求学生“争当小草”；他还认为家长都应当“望子成龙”，教育子女树立“雄心高愿”，争取成为国家的栋梁之材，而不甘于当“庸俗”和“卑琐”的普通劳动者。

这个问题的确“事关教育方针大计”，值得讨论。我认真看了歌词，觉得文章作者的态度是不足取的。即使教师要求学生“人人都应当努力争当小草”有一定的片面性，但也不必理解为教人“甘当任人踩躏”的“草民”。至于“望子成龙”的父母曾演出不少悲剧，可见并非教子之方。这首歌词的主要意思，是借小草之口来告诫人们不要追逐名利地位，而要甘心当一个普通劳动者。因为建国犹如建屋，栋梁固不可少，砖瓦也不可缺。当小草做添砖加瓦的工作，同样是社会的需要，怎能说是“庸俗”和“卑琐”呢？

---

* 本文发表时署名“古希年”。

在自然界，在社会生活中，小草有它独有的功能。治理我国大西北黄土高原的水土流失，要大力提倡种草。漫山遍野长了草，然后大树才有生存的条件。绿化荒山，草和树都是需要的。同样，保卫祖国、建设祖国，战斗员和指挥员、工人和工程师，都是需要的。道理人人都懂，这里不必多说。天安门广场上矗立的人民英雄纪念碑，就是纪念为缔造新中国而献身的千百万无名英雄的。它还激励后来者，希望大家都能在保卫祖国、建设祖国中不求名利，英勇献身。应当使青年一代知道，普通劳动者和“栋梁之材”在任何时候都不可少；而且在我们国家，当领导的“栋梁之材”叫作“公仆”，是为人民服务的，也应当以普通劳动者自居。这就是小草精神。现在有些干部能上不能下，能官不能民，正是缺乏小草精神的表现。

甘当普通一兵或普通劳动者的小草精神，在我们今天不是多了而是少了。难怪前几年整党时，有位领导同志引用中国革命先行者孙中山先生的话来勉励共产党员：“要立志做大事，不要立志做大官。”现在立志做大官的人不少，而全心全意为人民服务的人却不多！为了改变这种现象，提倡并发扬甘当普通劳动者的小草精神，不是很有必要吗？

《小草》歌词有一个突出的优点，就是强调了小草的生长离不开水、土、空气和阳光。小草并不忘恩负义，它对抚育它生长的一切都抱有感激之情，这是从歌词中可以感受到的。人的成长需要的条件更多，要有千百万普通劳动者为他提供衣、食、住、行、用，要有广大的教育工作者给他传授文化科学技术知识，塑造他的思想道德品质。倘若人在成长以后，特别是当了领导干部以后就高高在上、脱离群众，忘掉了人民的抚育之恩，比起小草来，不是太惭愧了吗？

小草精神并不“庸俗”，更非“卑琐”，它寓坚韧于平凡之中。唐代白居易诗云：“离离原上草，一岁一枯荣。野火烧不尽，春风吹又生。”就是这种坚韧精神的写照。这种坚韧精神比“头重脚轻根底浅”的“墙上芦苇”，不知要高明多少倍哩！

小草精神值得发扬！

载《群言》1991 年第 7 期。

把我国青壮年文盲消灭在20世纪

我国近代扫盲教育的开端，可以追溯到1902年（清光绪二十八年）湖北省公布的《普及学塾章程》和1909年（宣统元年）清政府学部拟定的《简易认字学塾章程》，距今已有八九十年。当时所谓“普及学塾”和“简易识字学塾”都是实施扫盲教育的机关。尽管那时主持教育者对扫盲教育有了初步的认识，但只是纸上谈兵，没有真正实行。

辛亥革命以后，扫盲教育未见显著的进展。五四运动以后，民主主义思潮流行，不少大中学校学生开办平民学校，教育失学成人，其中也有不少失学儿童。不久又发展为平民教育运动。1924年10月，陶行知先生在《中华教育界》发表的《平民教育概论》一文中说：“中国现在所推行的平民教育是一个平民读书运动。”要读书先要识字，所以它首先是个识字运动，也就是扫盲运动。国民党政府定都南京以后，曾经根据孙中山遗嘱中“唤起民众”的要求，推行过民众教育，开办过民众学校，设立过民众教育馆。民众学校仍然是识字教育或扫盲教育的机关，民众教育馆里也设有民众学校，从事扫盲工作。当时这些设施多半是一种装饰品，因而扫盲收效不大。

新民主主义革命时期的革命根据地很重视扫盲教育。早在第一次国内革命战争时期，毛泽东在《湖南农民运动考察报告》里就曾赞扬过农民学校。第二次国内革命战争时期，曾把“努力扫除文盲”同“厉行全部的义务教育”作为革命根据地文化建设的中心任务。抗日战争时期，毛泽东提出民族的、科学的、大众的新民主主义文化的纲领，认为文化教育“应为全民族中百分之九十以上的工农劳苦民众服务”。他在《文化工作中的统一战线》一文中，希望群众自已起来同文盲现象做斗争，主张“在教育工作方面，不但要有集中的正规的小学、中学，而且要有分散的和不正规的村学、读报组和识字组”。在《论联合政府》中，特别提出“从百分之八十的人口中扫除文盲，是新中国的一项重要工作”。可见中国共产党是一向重视扫盲教育的。

中华人民共和国成立以后，为了适应人民在政治上经济上翻了身也要在文化上翻身的要求，扫盲教育抓得比较紧。部队文化教员祁建华创造的“速成识字法”在全国推行，取得了良好的效果。1955 年毛泽东在《中国农村的社会主义高潮》一书的按语里，不止一次关心扫盲工作。如，对山东莒南县高家柳沟村创办记工学习班的经验予以肯定，并对结合实际分阶段编辑识字课本提出具体意见；提倡推广农民技术夜校，并主张“农民的学习技术应当同消灭文盲相结合”。1958 年大跃进，各地把扫盲教育的识字班称为“红专大学”，轰轰烈烈搞过一阵，后来纠正浮夸风，扫盲运动也销声匿迹了。尽管 1960 年公布的《1956 年到 1967 年全国农业发展纲要》中，要求“按照各地情况，分别在十二年内，基本上扫除青年和壮年中的文盲”。但以后抓阶级斗争，搞四清运动，接着是“文化大革命”，扫盲工作也就停顿了。难怪 1982 年人口普查的结果还发现我国在 12 足岁以上的人口中有文盲半文盲 2.3 亿多人，仍占总人口的 22.81%。

按 1990 年人口普查的结果，我国的文盲半文盲数字为 1.8 亿多，但这个数字是 15 足岁以上的，不是 12 足岁以上的。所以不能认为 8 年间（1982—1990）我国文盲半文盲人数减少了 5 000 万。因为计算的范围不同：1982 年我国只推行初等义务教育，学龄儿童为 7—12 岁；1990 年我国已推行九年义务教育，学龄儿童为 7—15 岁。在义务教育学龄之内的文盲半文盲不计入统计数字内，所以要前后对比的话，至少还要把相差三个年龄的文盲半文盲计算在内，才好比较。由于初等教育尚未普及，我国每年要产生新文盲 400 万人，3 年共 1 200 万人。这样，我们可以想见，全国 12 足岁以上人口中，文盲半文盲还有近 2 亿人。因此上海《新民晚报》1990 年 12 月 10 日题为《文盲减少了五千万》的那篇短文的说法是不切实际的，过于盲目乐观了。如果我们教育行政部门的负责人也以为 8 年中我国文盲半文盲会奇迹般地减少 5 000 万，那就更不应当了。

旧中国四十多年的扫盲教育没有效果是不足为怪的。为什么新中国四十年扫盲教育的成果也不理想？这是值得深思的。我觉得政治的（如领导重视与否）、经济的（如生产力水平低下、温饱问题尚未完全解决、教育经费投入少）、文化的（如重男轻女的恶习、缺乏脱盲的要求）等原因都有，但从教育方面来看有以下原因。

首先因为我们没有认真抓普及初等义务教育。小学教育不普及是新文盲产生的根源。所以要想消灭文盲，必先认真普及小学教育。这是30—40年代我国学者早就阐述过的一条教育规律，如，傅葆琛教授在《肃清文盲应注意的几个问题》一文中早就提出过："如果义务教育不普及，民众教育永久不能普及，文盲也永久不能肃清。""厉行义务教育就是肃清未来的文盲。"再如苏联，十月革命后十七年（1934年）在农村普及了四年义务教育，在城市和工矿区普及了七年义务教育，所以它才能在十月革命后二十二年（1939年）扫除了青壮年中的文盲。这对苏联卫国战争的胜利起了重要作用。因此我们建议在"八五"期间，一定要集中力量帮助小学教育尚未普及的地区普及小学教育，在已号称普及了小学教育的地区认真提高教育质量。现在正在制定"八五"计划，希望中央要求各地方务必在"八五"期间把小学教育普及。这当然要有一定的投入。这就要遵循列宁的遗训：把各方面经费加以节省，把节省的经费用于普及小学教育。这是事关精神文明建设的大计，也是"提高民族素质"的大计，如能在"八五"计划中这样办了，我们把青壮年中的文盲消灭在20世纪之内的设想才能实现。

其次，因为有些分管教育的领导人没有把扫盲和扶贫结合起来，以为只有先脱贫，才能抓扫盲。30年代，我国教育界也讨论过解决贫和愚孰先孰后的问题。有些人主张先治贫，有些人主张先治愚，各有各的理由，争论不休。事实上，贫与愚是互为因果、恶性循环的。治贫与治愚必须同时并进，双管齐下。我们过去没有按这条规律办事，扶贫只限于发救济款、救济粮，年年扶贫，年年不能脱贫。现在提出了科技兴农、教育扶贫的政策，将逐渐走上从根本上治贫与治愚的轨道。但教育周期长，不能马上见效。科技没有教育做基础虽然也难扎根，但用示范的办法传授，可以见效快。学习科技需要读书，可以激起农民学文化的迫切要求。报载江苏省的农民因不会使用农药而中毒、不会用电而触电死亡的累计有数万人之众，江苏省的文盲半文盲占全省人口的百分比，至今还高于全国平均数，有这样惨痛的教训是不奇怪的。我们再不能无动于衷而不为扫盲教育出力了！

中共中央十三届七中全会通过的《关于制定国民经济和社会发展十年规划和"八五"计划的建议》中提出"力争到本世纪末，在全国基本普及初等义务教育"和"争取到2000年全国基本上扫除青壮年文盲"的任务。这两项任务的期限没有先后，从国际经验来看，是不合教育规律的。只有先普及了小学教育，几年以后才可以把青壮年中的文盲扫除。因此，如前所说，我们希望能在

“八五”期间，就力争把小学教育普及，然后把青壮年文盲消灭在20世纪的目标才能实现。《建议》说“全国有71%的县普及了小学教育”，还有29%的县未能普及小学教育，除了已普及的县继续抓紧保质保量地普及小学教育外，希望那29%的县能在“八五”计划期内下定决心普及小学教育。中央、省、地各级政府对这29%的县的普及教育工作必须大力扶助和监督，并予以人力、财力、物力的支援。相信在中国共产党的领导下，只要目标明确，并有决心和毅力动员群众去做，一定可以创造出奇迹来，为在2000年消灭青壮年中的文盲创造条件。

为了在2000年消灭青壮年中的文盲，应当从现在就抓紧扫盲工作。因为既然我们还有15足岁以上的文盲半文盲1.8亿以上，其中16—40岁的青壮年文盲半文盲恐怕不会少于1亿人。这样，我们每年的扫盲任务就是1 000万人。扫除文盲同普及教育一样，都是极其繁重而艰巨的任务，但这项任务比起当年推翻“三座大山”来又不在话下。领导中国人民胜利地推翻了“三座大山”的中国共产党，现在继续领导人民群众来消灭列宁称之为“三大敌人”之一的文盲，应当是完全可以做到的。

为了在20世纪之内把我们从旧中国继承下来的愚昧落后的耻辱洗雪干净，使毛泽东“我们将以一个具有高度文明的民族出现于世界”的愿望早日实现，我们希望《建议》提出的争取到2000年全国基本上扫除青壮年文盲的任务，能够在吸取前人经验，遵循教育规律，动员全国人民，采取有效措施的基础上，圆满彻底地完成。

载《群言》1991年第5期。

对《全国教育事业十年规划和“八五”计划要点（草案）》的几点建议*

一、新中国成立 42 年了，可是教育立法还很不完备。建议在近十年内，制定一系列基本教育法规，特别是保证教育经费来源的立法，保证教师地位和待遇的立法，保证普及义务教育禁止使用童工的立法，以及各级各类学校办学条例，等等，真正做到依法治教。

二、全国还有 24％的县未普及小学教育，即使已普及的质量也有待提高。建议“八五”期间要重点抓普及初等义务教育。从中央到地方，都把普及小学教育当作基本国策来抓，各级党、政、人大、政协、民主党派、工、青、妇组织，都应动员起来，为普及教育而努力。因为小学教育不普及，每年要产生新文盲 400 万人，比 80 年代每年平均扫除的文盲数（380 万人）还多。为了真正能在 2000 年扫除全国青壮年中的文盲，必须在“八五”期末即 1995 年普及小学教育，以杜绝新文盲的产生。对此应有紧迫感，不能慢慢来，以免拖社会主义现代化建设的后腿。

三、1985 年《中共中央关于教育体制改革的决定》中，把建立师资队伍说成是“实行义务教育、提高基础教育水平的根本大计”，把发展师范教育“作为发展教育事业的战略措施”。师范教育既然如此重要，而我国目前真正合格而称职的教师数量不足，所以建议把师范教育列在“八五期间教育发展的基本任务”中，做到按照普及义务教育和发展各级各类教育事业，有计划按比例地发展师范教育，认真培养师资，不能把为小学培养的教师调去当初中教师，以免造成两败俱伤的局面。

四、多年以来，我国培养的高级建设人才，都分配在大中城市工作，能到县镇工作的如凤毛麟角。而建设社会主义新农村需要有千百万名各行各业的专

* 本文系作者 1991 年 10 月病重前文稿。

业人才，如教师、医师、农艺师、工程师、机械师等。建议从“八五”期间开始，规定全国各省自治区直辖市都有一部分高等学校面向农村招生，学生毕业后仍回农村服务，以改变目前城市人浮于事、工作效率不高，农村缺乏人才、有事无人做的现象。当然为农村培养初、中级人才的工作也是迫在眉睫的。

五、转变教育思想，改升学教育为育人教育的办学方针，仍须大力提倡，片面追求升学率的不良风气仍需进一步肃清。建议强调教育必须和生产劳动相结合的方针，并正确执行这一方针，使我国各级各类教育都能更好地为人民服务，为社会主义建设服务。这样的教育也才能为社会主义建设所依靠。

据作者手稿排印。

教师法（草案）浅议*

立法本是对行政工作的约束与规范。看了这个草案，觉得约束力不强，规范性不足。如第四条，规定各级人民政府如何如何，其中大有弹性，办与不办一个样，办多办少一个样。李铁映同志说明中承认："近十年来，全国教育系统的平均工资在国民经济十二类行业中，一直在倒数第一位至第三位之间徘徊。"这个法公布后这种现象恐怕难以扭转过来。因它并未提出任何有效措施来改变这种不合理的现象。又如住房问题，北京市朝阳区前两年分到两名大学毕业生，一名分到区教育局工作，马上就分得一套楼房；一名分到学校任教，恐怕十年、二十年也分不到住房。这个法公布后，能把这种现象改变过来吗？

提高教师的待遇，不限于物质待遇，首先要有政治待遇。所以在教师的权利中应增加"教师有当选为各级人民代表大会代表和政协委员的权利"。在基层的人代会和政协中，应规定教师名额应占的百分比。百分比可按教师占职工总数的比例规定。

在教师的义务中可规定"经常参加政治学习和业务进修"一语在八条（六）款之前。

我们的第二步战略目标要争取到本世纪末达到小康水平。相应地，我们对教师的资格也应逐步提高要求，不能停留在现状上。尽管我们仍因为过去工作失误，师范教育的发展落后于整个教育事业的发展，但到21世纪，既然生活上（物质文明建设）达到小康，那么精神文明建设也要逐步提高档次。

如，规定到21世纪，我们的小学教师资格在有80％以上达到中师毕业水平的地方，应当力求更上一层楼，达到师范大学专科毕业的程度；我们的初中教师资格，在已有80％以上师范大学专科毕业程度的地方，应逐步达到师范大学（学院）本科毕业的程度。

---

* 1991年9月22日病中草拟。

高中教师也应受师范专业训练，不能规定一般大学本科毕业的就算合格。除非在大学本科选修过教育学课程（包括教育学、心理学、教学法、教育实习等）。要逐步把高中教师的资格提高到硕士研究生的水平。可规定到21世纪大学本科毕业生到教育系当教育专业的硕士研究生，取得教育硕士学位的为合格的高中教师。

要规定各类高等学校都要设师范系，培养各类专业的师资。因为随着社会主义建设事业的发展，各类中专和职业技术学校要发展，必须为此培养师资。

教师是全时间的工作，不是八小时工作制。仅此一点，教师的工资就应比八小时工作制的行业高。何况教师责任重大，工作繁重，职责崇高，教师工资高于其他行业是当之无愧的。教师法可以名正言顺地、理直气壮地提出来。

合格教师是需要精心培养的。现在尚未制定师范教育法。在教师法中似可规定各级政府为了普及义务教育和办好各级各类学校，要根据学龄儿童人数，有计划按比例地设立师范学校培养合格教师。像1979年的兰州市、1986年的张家口市那样有100万以上人口的城市，没有一所师范学校的现象是不正确的。

待遇一章要如前所说规定教师的政治待遇。如，听政治时事报告，许多学校教师比居民委员会还晚，这是明显地忽视教师政治地位的表现。

还有，在我们社会主义国家，教师应是国家工作人员。要规定到本世纪末，所有民办教师，一律转为公办教师。

总之，我国教师地位低，待遇差，已经积重难返。如不趁制定教师法的机会扭转过来，以后恐怕更难了。如果我们坚持马列主义，就要把列宁在《日记摘录》中关于提高人民教师地位和待遇的论述，认真温习一下，并力求促其实现。

据作者手稿排印。

第七编

教育史与比较教育研究

学习苏联实施综合技术教育的经验*

《中小学的综合技术教育》这本书总结了三十多年来苏联学校实施综合技术教育的经验。这本书的翻译出版，对于我国学校实施综合技术教育将有很大的帮助。

本书计有六章，分述综合技术教育的任务和内容、综合技术教育跟普通学习科目的关系、实施综合技术教育的途径、共产主义青年团和少年先锋队在学生综合技术教育中的作用、进行综合技术教育用的设备和提高教师的综合技术教育知识水平等。此外还附录教师参考书目、综合技术教育设备一览表、研究和总结综合技术教育经验题目，具有综合技术内容的课堂教学举例、农业参观、电学实习以及少年先锋队中的“能手”小组等。

编者在第一章里，首先根据马克思的指示，把“综合技术教育”这个概念做了解释，说明它的任务是要使儿童或少年了解各种生产过程的基本原理，同时使儿童和少年具有使用各种简单的生产工具的技能。接着又根据恩格斯的指示，说明它在培养全面发展的人这个目的当中的作用；还根据斯大林的指示，说明它在发展生产、消灭脑力劳动和体力劳动的本质差别上的作用。在这里，编者指出实施综合技术教育在于使人能自由选择职业，并同时提出它跟职业教育和普通教育的关系。关于综合技术教育的内容问题，编者根据列宁的指示，发表归纳为电力工程、机械工程、化学工程和农业技术等。编者还把培养儿童的一般劳动习惯列入综合技术教育的范围。

在第二章里编者简单说明了普通学科——物理学、数学、化学、生物学、地理学、制图学中综合技术教育的内容，说明了在这些普通学科的教学过程中，应当使学生了解生产的科学原理，也应当培养学生的劳动技能，即“应该

---

* 这是作者为《中小学的综合技术教育》（苏联麦尔尼科夫、斯卡特金编，1953 年版，于卓等译，人民教育出版社 1955 年出版）撰写的书评。——编者

实现理论知识和实际劳动技能的培养的统一”（14页）。这一章的篇幅虽然不长，但它告诉我们一个重要的思想：实施综合技术教育不能脱离系统的科学基本知识的教学。这一点看起来好像很简单，而在苏联却是曾经过一段摸索的过程才把它肯定下来的。我们学习苏联，应当知道避免当初苏联学校曾经走过的弯路：不要使综合技术教育脱离系统科学知识的教学，而变为手工艺的训练；也不要忽视生产的科学原理的教学，而让学生样样都学一些，样样都学不好。

第三章是全书的重点，它说明了实施综合技术教育的途径。编者根据各校的教学实践，总结出十项基本方法，就是：(1) 在讲解科学基本知识时使学生了解生产的科学原理；(2) 让学生解答具有综合技术内容的习题；(3) 关于综合技术问题的讲授和谈话；(4) 具有综合技术教育内容的实习作业；(5) 在学校教学实习园地的实习作业和实验；(6) 生产参观；(7) 具有综合技术内容的家庭作业；(8) 课外活动和校外活动；(9) 物理实验室的作业室；(10) 学生参加社会生产劳动。此外，这一章还有专节说明小学综合技术教育的因素。

在这一章里编者对每种实施方法，从理论到实践都做了比较详细的说明。这对实际教育工作者来说是帮助很大的。

至于小学里究竟有没有可能进行综合技术教育，这个问题苏联的教育科学界正在讨论着，还没有得出最后的结论。从高度的要求来说，小学教材中还不能充分揭示现代大工业生产的各种基本原理，因而在小学里进行综合技术教育是有一定困难的。但是，培养学生使用简单的生产工具的技能还是可以在小学里进行的。从这方面来看，小学里当然也有进行综合技术教育的条件。本书就曾举了一些在小学进行劳动技能教育的实例，也举了一些儿童容易理解的生产过程。为了从小学阶段起就注意培养社会主义社会全面发展的成员，及早进行这种初步的综合技术教育还是很有必要的。

学校中的共产主义青年团和少年先锋队在提高教育和教学质量方面的作用越来越大了。为了进行综合技术教育，青年团和少先队应当在哪些方面协助学校、协助教师，本书的第四章就谈到这些方面。

第五章讲进行综合技术教育用的设备，其中特别值得注意的是编者指出许多设备可以由教师及在教师指导下的学生小组来制造。这一点对于我国的教育工作者应当有所启发。有些人认为没有完备的设备就不可能进行综合技术教育，因而采取等待的态度，而不开动脑筋积极想办法自制那些可能自制的设备，更没有想到指导儿童自制设备这个过程本身就具有综合技术教育的作用。

当然，这并不是要求学校师生去自制那种力所不及的设备，对那种设备还是要请企业赠送或请教育行政部门购买的。至于一些只要开动脑筋想点办法就可以自制的设备还是应当自制。这不仅有经济上的意义，而且有教育上的意义。

正文的最后一章指出提高教师综合技术知识水平若干具体的切实可行的办法，如阅读、参观旅行、听讲、交流经验等。并强调教师自己从事实习作业和参加教学小组、讲习会、训练班在提高综合技术知识水平方面的作用。

本书的附录，跟正文一样，对于教师或学校领导人，都有参考价值。特别是其中“研究和总结综合技术教育工作经验的题目举例”一项，不但可供实际教育工作者总结自己实施综合技术教育的经验参考，而且可供教育科学研究工作者研究综合技术教育问题参考。

1952年苏共第十九次代表大会指示：“为了进一步提高普通学校的社会主义教育的作用，为了保证中学毕业生能有自由选择职业的条件，着手在中学实行综合技术教育，并采取过渡到普及综合技术教育所需要的措施。”

本书俄文版是在1953年编辑出版的。几年来苏联学校教师和教育科学工作者，在实验综合技术教育方面又有了不少的研究和创造。这些研究和创造的结果大都没有包括在这本书里。例如，为了实施综合技术教育，苏联的学校里增设了手工劳动和实习课。这是因为综合技术教育的内容不能完全包括在普通教育的内容里。如果把那些不属于普通教育内容的东西并在普通学科里教学，将会打乱这些学科的系统。因此，除了在普通学科里根据必要和可能加强综合技术教育的内容以外，还另设专门学科来完成综合技术教育的任务。这一点在本书里就没有反映出来。又如，苏联在普及十年制的义务教育以后，十年制学校毕业生不升学的人数越来越多了，因此普通学校的综合技术教育就增加了准备学生参加生产劳动的实际任务。这一点在本书里也未能足够地反映。

载《人民教育》1956年第3期。

用马克思主义的态度来研究马克思主义教育思想*

我们研究教育科学，是为中国无产阶级服务的，也就是为广大的中国各族人民服务的，是为建立中国社会主义教育学而创造条件的。因此，我们进行研究工作，必须先掌握指导思想。这个指导思想就是马克思列宁主义，就是毛泽东思想，其中包括他们的教育思想。用马克思列宁主义、毛泽东思想指导我国的教育科学研究和教育工作，这是毫无疑义的，必须坚持的，不用讨论的。问题是我们应当怎样来对待这个指导思想。

我们且不谈林彪、江青反革命集团为了篡党夺权而打着马克思列宁主义特别是毛泽东思想的旗号，来破坏我国社会主义建设的罪行，因为那是敌人搞阴谋诡计。当然，中过他们毒的一定要肃清，越早肃清越好。如“凡是派”的主张，违反了实践是检验真理的唯一标准这个马克思主义基本原则，就一定要不得。这里先不去说它。

我想说的是我们30年来，学风确实有些不正，因此很容易被林彪、江青一伙所利用。拿我自己来说，今年已经65岁了，可是接受马克思列宁主义、毛泽东思想的教育还仅仅30年。开始学习马克思主义，大有如饥似渴之感，因为要把前若干年虚度的光阴夺回来。这有好的一面，就是对改造旧思想没有阻力，愿意接受新知识。无论读毛泽东同志的著作，还是读斯大林同志的著作（当时是从读这两位的著作入手的）都觉得很新鲜，都相信它是真理，从来没有怀疑过。但是缺点也很严重，就是把马克思列宁主义理论这个行动的指南当作教条来学习了，多少犯了一些教条主义的错误。

我们学习马克思主义，当然要结合业务来学习。我们50年代初期从苏联的教育著作和论文中学来的，正是这种教条主义的学风。我们学习马克思主义的论著，一般要受到以下这些方法的影响。

* 这是作者1979年5月12日在安徽芜湖举行的马克思主义教育思想研究会上的发言。

第一种方法是罗列法。当时，好多苏联教育学著作或论文，无论讨论什么问题都要从马克思起，依次罗列恩格斯、列宁、斯大林的论述。如，讨论综合技术教育，要从马克思 1866 年在《临时中央委员会就若干问题给代表的指示》中关于教育的理解讲起。马克思把教育理解为三件事，其中之一是："技术教育，这种教育要使儿童和少年了解生产各个过程的基本原理，同时使他们获得运用各种生产的最简单的工具的技能。"① 接着讲恩格斯《共产主义原理》中的论述，即："由整个社会共同地和有计划地来经营的工业，就更加需要各方面都有能力的人，即能通晓整个生产系统的人。"② 再讲列宁对娜捷施达·康斯坦丁诺夫娜关于综合技术教育提纲的评注③，斯大林关于提高工人水平到工程师、技师水平的论述④，等等。又如，讨论教育和生产劳动相结合，总要罗列马克思在《资本论》中对罗伯特·欧文事业的评价⑤和他在《哥达纲领批判》中关于"在按照各种年龄严格调节劳动时间并采取其他保护儿童的预防措施的条件下，生产劳动和教育的早期结合是改造现代社会的最强有力的手段之一"⑥ 的论述；讲恩格斯在《反杜林论》中的有关论述，如"在社会主义社会中，劳动将和教育相结合，从而保证多方面的技术训练和科学教育的实践基础"⑦；讲列宁在反对民粹派教育纲领《民粹主义空想计划的典型》中关于教育和生产劳动相结合的论述⑧；如此等等。

罗列法的缺点就在于罗列。没有分析马克思主义经典作家在什么时间、环境和条件下，针对什么问题讲这些话的。例如，关于马克思在 1866 年的指示中说到儿童和少年的劳动，那是针对资本主义社会的情况来讲的。他在《哥达纲领批判》中反对禁止童工，也是如此。如果我们没有看到马克思是在资本主义社会童工受到残酷剥削、身心受到极大摧残的情况下，为了争取工人阶级及其子女的受教育权，为了保护工人阶级子女的健康，才提出了必须限制童工的

① 《马克思恩格斯全集》第 16 卷，第 218 页。

② 《马克思恩格斯选集》第 1 卷，第 223 页。

③ 《列宁全集》第 36 卷，第 557—560 页。

④ 《在全苏斯达汉诺夫工作者第一次会议上的讲话》，《列宁主义问题》，第 586—587 页。

⑤ 《马克思恩格斯全集》第 23 卷，第 530 页。

⑥ ⑦ 《马克思恩格斯选集》第 3 卷，第 24、360 页。

⑧ 《列宁全集》第 2 卷，第 413 页。

劳动时间、必须使他们有受教育的机会的主张，而把他的指示照搬过来，像林彪、江青反革命集团主要成员张春桥那样胡说八道，仿佛我们社会主义社会的儿童也得去当童工，岂不令人笑掉大牙！如果我们习惯于罗列而不加分析，就不容易识破张春桥的无知和欺骗。所以罗列法是有害的。害处就在于使我们养成盲目照搬的恶习，造成理论脱离实际的恶果。

第二种方法是引证法。这同罗列法表面看来区别不大，罗列法是客观地列举，而引证法却是有选择地引证。这也可以叫作“六经注我”法，即引证马克思主义经典作家的论述，来证明自己的主张是有根据的，是有来头的。这种引证，并非完全不能用，如，讲我国教育方针，引用毛泽东同志的话是完全必要的，因为它是符合教育规律的。当然也要看我们怎样来理解。如，教育为无产阶级政治服务，在无产阶级专政的社会主义国家里当然是天经地义的。但是怎样服务呢？如果把社会主义时期看作阶级斗争很尖锐、很剧烈的时期，那么教育为无产阶级政治服务就要为阶级斗争服务了。可是早在1957年2月，毛泽东同志就曾正确地指出：“革命时期的大规模的急风暴雨式的群众阶级斗争基本结束”① 了，今后主要是正确区分和处理两种不同性质的矛盾。因此，建设社会主义社会，把不发达的社会主义社会建设成发达的社会主义社会，应当是完成三大改造以后首要的政治任务，我们的教育工作就应当为建设发达的社会主义社会，也就是为实现社会主义现代化建设而服务。得到这个认识并不容易，付出了二十多年的代价。引证者如果只顾引证而不对具体情况做具体分析，就会使人对他所引证的同一句话在理解上产生分歧。

我们认为“社会主义就是消灭阶级”，这是列宁的名言。他说的消灭阶级包括两件事，第一是推翻地主和资本家，第二是使所有的人都成为劳动者。②毛泽东同志在我国完成三大改造以后提出的培养有社会主义觉悟有文化的劳动者的教育方针，完全符合社会主义社会的规律。这种劳动者必须是既有社会主义觉悟又有文化的，这样才能为消灭阶级、为过渡到无阶级的共产主义社会创造条件。可是张春桥竟胡说什么“宁要没有文化的劳动者”。要知道，社会主义是科学，没有文化，也就不可能有社会主义觉悟。张春桥那样说，是为了适应他们搞封建法西斯专政、推行愚民政策的需要，不惜扩大和加深阶级差别，

① 《关于正确处理人民内部矛盾的问题》，《毛泽东选集》第5卷，第375页。

② 参看《无产阶级专政时代的经济和政治》，《列宁选集》第4卷，第89页。

真是不打自招！

引证法还容易为实用主义地对待马克思主义经典作家的论著打开缺口。例如，林彪、江青反革命集团为了破坏教育事业，经常引用“学校一切工作都是为了转变学生的思想”这条语录。这是抗日战争时期革命根据地办的以知识分子为对象的干部训练学校的办学方针。这句话在1939年那时的条件下是完全正确的，但林彪、江青一伙把它用到60年代后期和70年代前期社会主义新中国的学校里来，就是荒谬绝伦的了。所以引证只能引证具有普遍真理的论述，而不能引证只有局部真理的论述。林彪、江青一伙不引证培养德智体全面发展的有社会主义觉悟有文化的劳动者的教育方针来指导办学，却引证“抗大以及一切由知识分子所组成的军政学校及教导队”的办学方针来指导社会主义的各级各类学校，而且用这根大棒和枷锁，打击迫害了无数坚持正确办学方针的教师，可见这种引证法为害之大。

第三种方法是注疏法。研究马克思主义经典作家的教育思想，应当先弄清楚他们的理论，所以注疏法是需要的。注疏当然不仅是词句的解释，主要是要弄清楚他们在什么时间、什么环境、什么条件下，针对什么问题讲这些话的。所以要首先把时代背景弄清楚。就是说要懂得历史，要有历史知识。例如，1920年列宁在全俄省、县教育厅政治教育委员会工作会议上曾经说过“教育界的资产阶级偏见特别顽固”① 这句话，林彪、江青一伙就常常用这句话来打击、迫害广大教育工作者。我们许多人被他们的淫威吓住了，只有检讨自己“资产阶级偏见”的份儿，没有申辩的余地。其实只要查一查，列宁是在什么时间、环境和条件下讲这句话的，就可以知道，不仅两国的历史条件不同：沙俄是帝国主义国家，中国是半殖民地半封建国家，两国知识分子对待无产阶级革命政权的态度大不一样；而且列宁说这句话的时候，是十月革命后不久(1920年)，而在60年代后期，我国早已经进入第三个五年计划了，社会主义改造已经完成十年以上了。

我们也许可以说，正是因为注疏法做得不够充分，我们对马克思主义经典作家的语录只限于字面的理解，没有从时代背景方面多做分析，所以才被林彪、江青一伙钻了空子。其实注疏法的局限性还是很大的。如果说引证法是“六经注我”，那么注疏法就是“我注六经”，因此谁来注疏，关系重要。别有

① 《列宁选集》第4卷，第367页。

用心的人可以随心所欲来歪曲、篡改，所以注疏不当，贻害无穷。

既然前面说的几种方法都不好，那么究竟用什么方法好呢？我看要用“实践检验”法。这就是要求我们不要把马克思主义经典作家的话，当作宗教教义一样去盲从，去崇拜，而要采取科学的态度，像毛泽东同志历来提倡的那样，“对任何事情都要问一个为什么，都要经过自已头脑的周密思考，想一想它是否合乎实际，是否真有道理，绝对不应盲从，绝对不应提倡奴隶主义”①。更不能像林彪那样，胡说什么理解的要执行，不理解的也要执行。

这当然不是提倡怀疑一切，而是提倡一切经过试验，即一切经过实践的检验。这正是马克思主义的一个基本原则，也是毛泽东同志早就提倡的学习方法。马克思主义既然是行动的指南，当然要在行动中去检验它是否正确。马克思主义的基本原则是不怕实践检验的普遍真理，因为它是从多年来工人运动的实践中产生的，是经过实践反复检验过的。如果经不起实践的检验，那就不能成为行动的指南了。当然这也要看具体条件，也不是一两次的失败就能轻率下判断的。如，毛泽东同志在《人的正确思想是从哪里来的?》一文中谈到的阶级斗争中阶级力量对比等问题。

下面谈谈我最近几年来力求用马克思主义的态度来学习马克思主义教育思想的一点体会。这就是要从马克思主义经典作家的著作中学习他们对待教育问题的立场、观点和方法。毛泽东同志历来提倡学习马克思主义要学习他们的立场、观点和方法，而不是死抱着他们的词句不放。我们研究马克思主义的教育思想，也应当如此。马克思主义经典作家都是伟大的无产阶级革命家、理论家，不能把他们仅仅看成教育家。我们学习他们有关教育的论著，主要是从中学习他们对待教育问题的立场、观点和方法，而不是把他们的话当作现成的教育理论，原封不动地搬到教育学里来。如，不能把 1929 年毛泽东同志为红军党代会写的决议案的“教授法”照搬到教育学里来，并称为“十大教授法”。

先谈学习立场。我们在马克思主义经典作家有关教育的论述中，可以学习他们对待教育问题的立场。如，马克思在 1866 年的指示中，公开申明“目前我们的任务只是关怀工人阶级的儿童和少年”②，立场多么鲜明。恩格斯在《英国工人阶级状况》中，揭露资产阶级为了自身的利益，只给工人阶级受很

---

① 《整顿党的作风》，《毛泽东选集》第 3 卷，第 829 页。

② 《马克思恩格斯全集》第 16 卷，第 217 页。

少很少的教育。① 列宁在1895年《我们的大臣们在想些什么》一文中说过："没有知识，工人就无法自卫；有了知识，他们就有了力量！"② 他1897年在《民粹主义空想计划的典型》中，主张普及教育应当与普遍从事生产劳动结合起来，不能让富人的孩子只读书不劳动，而把劳动的义务完全放在穷人孩子的身上。③毛泽东同志《在延安文艺座谈会上的讲话》中，提出的在普及的基础上提高、在提高的指导下普及的原则，对于我们发展教育事业也是完全适用的。④ 我们还可以举出许多例子，证明马克思主义经典作家都是坚定地站在工人阶级的立场，代表千百万劳动人民的利益，来讨论教育问题，解决教育问题的。

但是，教育为工农服务，并不意味着它就不为非工农的子女服务。十月革命以后，苏维埃政府理所当然地要优先招收工农子女入高等学校学习，例如1918年列宁在《关于苏俄高等学校的招生问题》中指出："不容许有产阶级享受任何法律上的和实际上的特权。首先应该无条件地招收无产阶级和贫苦农民出身的人，并普遍地发给他们助学金。"⑤ 因为在沙俄时期，工农子女是被剥夺了受教育的权利的。但是苏联在社会主义改造完成以后，特别是两个五年计划完成以后，国民经济面貌和人们的思想面貌已经有了很大的改变，苏维埃政权已经巩固了，这样做当然也就没有必要了。奇怪的是我国在社会主义建设已进入第三个五年计划阶段，林彪、江青一伙却又在教育上刮起"左"倾机会主义的妖风，虚伪地搞起什么阶级淘汰政策，甚至排斥一些老干部和知识分子的子女入高等学校学习，真是荒谬绝伦。

学习立场不能离开实现社会主义现代化建设的总路线、总目标。我们要建设社会主义现代化强国，教育应当怎样为这个无产阶级的政治服务呢？我想首先应当想到列宁说过的、毛泽东同志引用过的那句话："在一个文盲的国家内是不能建成共产主义社会的。"⑥ 通常一想到实现现代化，就感到高级建设人才不足，首先要培养高级建设人才，这当然是必要的。但是我们不能忘记，千百万工农劳动人民子女如果不能成为有社会主义觉悟的有文化的劳动者，光有高级建设人才，必难发挥作用。所以扫除文盲的任务是很重要的，必须努力完

---

① 《马克思恩格斯全集》第2卷，第395页。

②③ 《列宁全集》第2卷，第68、414页。

④ 《毛泽东选集》第3卷，第856—866页。

⑤ 《列宁全集》第28卷，第30页。

⑥ 《列宁选集》第4卷，第357页；《毛泽东选集》第5卷，第255页。

成。三十年前，我们扫除的是国民党反动派给我们遗留下来的文盲；今天，我们亟待扫除的是林彪、江青反革命集团破坏造成的新文盲。据说现在全国有青壮年文盲一亿五千万。上海郊区一个县的青壮年文盲就占青壮年的40%，这个数字多么可怕！扫盲任务是多么艰巨！更为严重的是由于小学教育没有普及，农村里贫下中农子女大多数没有受完五年小学教育，新文盲还在不断产生。文盲问题，在发达的资本主义国家里已经基本上解决了。我们要建设的是比资本主义发展阶段更高的社会主义现代化国家，怎么能不抓紧进行扫盲工作呢？

再谈从马克思主义经典作家的教育论著中学习观点和方法的问题。一般来说，他们的观点和方法就是辩证唯物主义和历史唯物主义。我们研究中国的教育问题，当然要坚持这样的观点。我们学习马克思主义经典作家关于教育的论述，也应当坚持这样的观点。

马克思主义的观点和方法，同马克思主义的立场是分不开的。马克思、恩格斯、列宁的许多教育论著是揭露资产阶级教育的弊端，提出无产阶级的教育要求的。这些要求包括培养全面发展的人，这是针对资本主义社会培养的人具有片面发展的性质而提出来的。他们提出教育要为巩固无产阶级专政服务，要为消灭阶级服务，这也是从教育在阶级社会总是为统治阶级的政治服务，是统治阶级维持统治的工具而提出来的。他们还提出教育必须同生产劳动相结合的要求，认为这既是提高社会生产的一种方法，又是造就全面发展的人的唯一方法。他们要求提高教师的地位，重视教师的作用。他们要求教学必须理论联系实际，反对言行不一的虚伪学风。他们要求先革命，后教育，以革命的胜利创造提高人民教育水平的条件，反对类似教育救国论的论调。如此等等。所有这些都是从无产阶级的根本利益出发的，都是具有普遍真理性的主张。

但是，我们不能把他们在百多年、几十年前讲的，完全照搬过来，当作灵丹妙药，可以包医百病。我们仍然必须用马克思主义的观点和方法来分析那些论点对于我们今天具有什么指导意义。现在举几个例子来谈谈。

例如，恩格斯在《英国工人阶级状况》中说道："既然资产阶级所关心的只是工人的最起码的生活，那我们也就不必奇怪它给工人受的教育只有合乎它本身利益的那一点点。而这一点实在并不怎么多。"① 这是恩格斯在一百多年以前讲的。就当时的情况来说，是完全正确的。但是，到了今天，垄断资产阶

① 《马克思恩格斯全集》第2卷，第395页。

级为了追求高额利润，不得不凭借科学技术来提高劳动生产率，这就必然要求提高劳动人民的科学文化水平。现代资本主义社会的劳动已经更多地智力化了，即脑力劳动的比例越来越大了。让劳动者掌握较多的文化科学知识，关系到资本家的自身利益。所以，现在资本家正是为了它自身的利益，需要给劳动人民更多的教育。我们就不能认为资本主义社会劳动人民所受的教育，还像一百多年前一样少了。当然，如果它们的社会制度变了，劳动人民当家做主了，那么劳动人民必然会受到更多的教育，这也是毋庸置疑的。

又如，列宁 1919 年在全俄国际主义教师代表大会上及其他场合曾经多次强调“资产阶级的虚伪表现之一就是相信学校可以脱离政治”，反对资产阶级关于教育可以“脱离政治”，教育是“超阶级的”① 等说教，这是完全正确的。但是第一次世界大战以后，在法西斯统治的德、意、日等国，垄断资产阶级自己从来不讳言教育要为他们的政治目的服务。特别是第二次世界大战以来，资本主义国家的统治阶级大多公开要让教育为巩固资本主义制度（他们叫作“自由世界”、“民主传统”等）服务了。我们再从这方面来批判资产阶级已经失去了意义。

例如，列宁曾经说过，“资本主义旧社会留给我们的最大祸害之一，就是书本与生活实践完全脱节”，他还说过某些关于共产主义的“书本知识仍然保持了资本主义旧社会中最令人厌恶的特征，即理论与实践脱节”。② 这些话当然是对的，特别关于社会科学方面的书本知识是如此。但是从发展的观点来看，随着科学技术的进步，人民文化水平的提高，资产阶级在自然科学方面的书本知识是不是也是理论与实践脱节呢？恐怕就不能这样看了。即使社会科学方面的书本知识，他们在通过调查研究敌我武装力量对比时，在通过统计研究商品销售成本和利润时，都未必是理论与实践脱节的，因为这些都涉及资产阶级自身的生死存亡问题。因此对上述论断，必须一分为二，肯定正确的一面，认识它不足的一面，这样才能以马克思列宁主义的普遍真理正确地指导行动。

又如，列宁 1918 年《在全俄教育工作第一次代表大会上的讲话》③ 曾经说道，沙俄时期培养的旧知识分子在苏维埃政权初建立时怠工，是因为他们把

① 《列宁全集》第 28 卷，第 386、69 页；《列宁选集》第 4 卷，第 364 页。

② 《青年团的任务》，《列宁选集》第 4 卷，第 345、346 页。

③ 《列宁全集》第 28 卷，第 69—70 页。

知识作为专利品，要用知识来统治劳动人民，破坏社会主义建设事业。这些都是事实。因为沙俄是一个帝国主义国家，沙俄的知识分子是它推行帝国主义政策的工具。但是中国的知识分子，就绝大多数来说，都是爱国的。因为中国是受帝国主义侵略压迫的国家。中国共产党领导中国人民（其中也包括知识分子）推翻了“三座大山”建立起来的新中国，中国的知识分子是热爱祖国的，中国的知识分子是愿意把心交给党，把知识献给人民的，是愿意竭尽全力为社会主义服务的。这一点毛泽东同志和周恩来同志早就有过正确的、实事求是的分析。可是林彪、江青一伙万恶的反革命，却说知识分子是把知识当作私有财产的，是挖社会主义墙脚的，等等。这不但使知识分子有力无处使，有些甚至被迫害致死。这才是真正挖了社会主义的墙脚。

列宁关于先革命、后教育的论说，对于我们批判教育救国论的错误观点是非常有帮助的。列宁评苏汉诺夫的札记的那篇短文《论我国革命》中说得非常好：“你们说，为了建设社会主义就需要文明好极了。那么，我们为什么不能首先在我国创造这种文明的前提如驱逐地主，驱逐俄国资本家，然后开始走向社会主义呢?”又说：“既然建设社会主义需要有一定的文化水平……我们为什么不能首先用革命手段取得达到这个一定水平的前提，然后在工农政权和苏维埃制度的基础上追上别国的人民呢!”① 列宁的这些论述真是好极了。我在三十多年以前还是一个教育救国论者，事实证明，教育无力推翻“三座大山”，教育救不了国。读了列宁的论述，加上自身的体验，觉得这无疑都是真理。可是没想到我国人民政权已经建立了十七年，忽然来了一次“先革命，后教育”大规模的演习（如停课闹革命，高中、大学停止招生达几年之久），结果不但“教育”受到严重的摧残，而且“革命”也造成了国民经济濒于崩溃边缘的恶果。须知列宁说的“先革命，后教育”是指在无产阶级取得政权以前，而林彪、江青一伙搞的却是在无产阶级政权已经巩固地建立以后。这种“革命”当然是要革无产阶级的命了。教训实在惨重得很！因此真理运用到不恰当的地方，就必然弄到荒谬绝伦的地步了。

总之，我们研究教育科学，用马克思主义经典作家有关教育的论著做指导思想，必须学习马克思主义的思想体系，要完整而准确地理解和掌握他们的整个思想体系，而不能满足于摘引他们的片言只语。毛泽东同志曾经批评过的那

① 《列宁选集》第4卷，第692、691页。

种“装腔作势，借以吓人”的不良文风，也是一种不良的学风。林彪、江青一伙的御用文人就是一些专以摘引马克思主义经典作家的语录来为自己颠倒是非、混淆黑白的谬论壮胆的文痞，真是“流毒全党，妨害革命”，“传播出去，祸国殃民”了！

怎样才能完整而准确地理解马克思主义经典作家的教育思想体系呢？

第一，我们研究马克思主义教育思想，必须目的明确，方向对头。——上面说的要学马克思主义经典作家的立场、观点和方法，就是正确的目的，正确的方向；如果以寻章摘句为能事，那就是错误的目的，错误的方向。列宁1918年在全俄国际主义教师代表大会上说过：“新教育学的任务是要把教师的活动同建立社会主义社会的任务联系起来。”他要求“教师不能把自己限制在狭隘的教学活动的圈子里。教师应该和一切战斗着的劳动群众打成一片”。①这也是毛泽东同志对知识分子的要求。当前，全国人民正在为实现社会主义现代化建设而努力奋斗，我们教育工作者就应当研究怎样使我们的研究活动和教学活动跟促进社会主义现代化建设这项任务联系起来，为建设高度的社会主义物质文明和高度的社会主义精神文明贡献一切力量。

第二，必须弄通理论，了解背景。——实事求是，理论与实践结合，一切从实际出发，这是毛泽东同志历来提倡的优良作风。从某种意义上说，这种学风促使党的革命事业取得了空前伟大的胜利，解放了世界上人口最多的中国人民。我们用马克思主义思想为指导思想，要使理论与实践结合，不能不先将理论弄通。毛泽东同志正是针对林彪、江青反革命集团一伙假马克思主义的政治骗子提出了“认真看书学习，弄通马克思主义”的口号的。可见弄通理论是识别真假马克思主义的必要条件。怎样才能弄通理论呢？我想还是要鉴定理论的来龙去脉，即把提出这个理论的时间、环境和条件弄清楚。有些理论属于马克思主义的基本原则，也是放之四海而皆准的普遍真理，我们一定不能违背它，否则就要犯错误。例如，列宁在逝世前不久写的《日记摘录》里曾经提到提高人民教师的地位问题，他认为提高人民教师的地位，是用不着证明的真理。②这个真理，我看应当是个普遍真理。我们必须认真考虑这个关系到百年树人大计的教师地位问题。因为任何阶级的政治家，无不关心到教师这个能决定讲授

① 《列宁全集》第27卷，第418页。

② 《列宁选集》第4卷，第677、678页。

的思想政治方向的人物，因此都要为巩固本阶级的统治而培养为自己服务的教师的。我们无产阶级的国家一定要关心教师的培养与提高，关心教师的地位和生活。这是不言而喻的事。至于某些有时间、环境、条件限制的论述（如前述“教育界的资产阶级偏见特别顽固”之类），就不一定是普遍真理，只在一定的时间、环境、条件下起作用。

再举一个普遍真理的例子。列宁 1921 年在《新经济政策和政治教育局的任务》一文中说：“只要在我国存在文盲现象，那就很难谈得上政治教育。这并不是一个政治任务，这是一个条件，没有这个条件就谈不到政治。文盲是站在政治之外的，必须先教他们识字。不识字就不能有政治，不识字只能有流言蜚语，传闻偏见，而没有政治。”① 毛泽东同志也说过：“专制主义者利于人民愚昧，我们则利于人民聪明。”② 唯有人民普遍受到教育，才能有真正的科学和真正的民主。我国大规模地提倡科学与民主的运动——五四运动，到今年已经整整六十周年了，我们现在所以还要继续提倡科学与民主，就是因为还没有具备充分的条件，还有待进一步努力。至于前面说过的“学校一切工作都是为了转变学生的思想”，就只是局部真理，离开一定的时间、地点和条件，就不应当搬用了。

第三，必须结合实际，分析情况。——恩格斯在《路德维希·费尔巴哈和德国古典哲学的终结》一书中说过：“费尔巴哈的道德论是和它的一切前驱者一样的。它适用于一切时代、一切民族、一切情况；正因为如此，它在任何时候和任何地方都是不适用的。”③ 由此可见，适于一切时代、一切民族、一切情况的理论（费尔巴哈的“人类之爱”）是没有的；或者说，没有阶级分析的“普遍的爱”之类的道德论，是不会适用于任何时候、任何阶级的。从另一方面说，如果做了阶级分析，那就不一样了，可以适用于任何时代、任何民族、任何情况。所以列宁 1919 年在《卡尔·马克思》一文中说马克思主义的阶级斗争理论和阶级分析方法把纷纭复杂的人类历史理出了一条线索，使我们能在看来迷离混沌的状态中发现规律性。④ 我们研究教育问题，也要善于运用阶级分析的方法。

---

① 《列宁全集》第 33 卷，第 59 页。
② 《毛泽东同志论教育工作》，人民教育出版社 1958 年版，第 35 页。
③ 《马克思恩格斯选集》第 4 卷，第 236 页。
④ 参看《列宁全集》第 21 卷，第 39 页。

马克思在《哥达纲领批判》中对资产阶级国家的免费教育做了阶级分析，说美国有几个州对高等教育也免费，“事实上这不过是从总税收中替上层阶级支付了教育费用而已”①。因为能入高等学校读书的不过是上层阶级的子弟。至今美国大学学费昂贵，还不是一般人能负担得起的。这样的分析是符合历史唯物主义的。

除阶级分析法外，我们应当善于运用实践检验法，这也是合乎辩证唯物主义的方法。

如，在60年代后期，农村小学统统下放到大队去办了。当时的《人民日报》编发了一百多次专刊来讨论这个问题，制造舆论，结果不仅加重了农民负担，也大大降低了教育质量。许多地方普及教育有名无实。建议各地方不妨调查一下适龄儿童究竟入学的有多少，读完五年小学的有多少？马克思、恩格斯对英国工人阶级子女的教育非常关心，他们的著作中多次提到过有关工人子女的教育问题。我们现在也有必要关心一下农村教育问题。看农村小学下放到大队去办以后，实践检验的结果究竟怎样。

南斯拉夫的初等教育（包括小学和幼儿园）是由联合劳动基层组织负责举办的。那是在生产发展到一定水平的条件下。我国农村生产水平还比较低，由基层生产组织办学是不相宜的。

最后，我们不是为研究马克思主义教育思想而研究马克思主义的教育思想，而是要用它作为我们发展社会主义教育事业的指导思想来研究它的。就是说要把它当作行动的指南。因此，我们就必须十分慎重地研究，找出哪些是具有普遍真理价值的东西，区别出哪些是只具有局部真理意义的东西，也要敢于放弃那些不具有指导思想价值的东西。要解放思想，突破禁区，根据新情况，研究并解决新问题，使我们的教育科学能为促进社会主义现代化建设贡献力量。

载《论教育规律及其他》，
湖南教育出版社1983年版。

---

① 《马克思恩格斯选集》第3卷，第23页。

马克思主义教育思想的光辉文献*

——纪念列宁《青年团的任务》发表 60 周年

列宁 1920 年 10 月 2 日在俄国共产主义青年团第三次全国代表大会上所做的演说，题目是《青年团的任务》。这篇演说已经发表 60 周年，我学习它也有 30 多年了。在这篇演说发表 40 周年的时候，我曾经写过一篇文章，总结自己的学习心得。经过“史无前例”的十年浩劫之后，现在再来学习它，更加感到它是马克思主义教育思想的光辉文献。虽然说，列宁在 60 年前，不可能预见到最近一二十年科学技术的迅猛发展对教育提出的要求，也不可能预见到教育在当前国民经济发展中所占的重要地位，垄断资产阶级甚至依靠发展教育来延续它的垂死的命运。但是，列宁在这篇光辉文献中阐述的思想，仍然能够指导我国今天的教育实践。

列宁的《青年团的任务》这篇演说，是在反对帝国主义武装干涉和镇压白匪叛乱取得基本胜利，但尚未完全胜利的情况下做的。当时苏俄已经从白匪军和帝国主义武装干涉者手中，解放了大片领土，高尔察克和邓尼金匪帮已被消灭，最后侵入俄国的波兰地主军队已经无力继续作战，又害怕苏俄红军实行反攻，这年 10 月 20 日双方就签订了和约。再过一个月，苏俄红军又消灭了克里木半岛上的弗兰格尔匪军。这时，新生的苏维埃政权反对帝国主义武装干涉和镇压白匪叛乱的斗争已经临近结束。苏维埃政权已经基本上巩固下来了，当时工作的重点要从军事斗争转移到建设上来了。这就是说，动员青年参加红军奔赴前线已经不再是当时的迫切任务了。因此，列宁在这篇演说中着重讲的是青年的学习任务，提出了青年们应当学习什么和怎样学习的问题，提出了如何培养共产主义事业接班人的问题。这些问题也正是我国在认真建设社会主义现代

* 这是作者 1980 年 8 月 14 日在黑龙江哈尔滨举行的马克思主义教育思想研究会上的发言。

化的强国的时候应当正确解决的问题。因此，我们重温列宁的这篇演说是很有必要的。

现在我根据这一光辉文献的内容，谈几点学习体会。

一

第一是学习什么的问题，即“我们应当教给青年什么”的问题。列宁的回答是：“青年团和所有想走向共产主义的一般青年都应该学习共产主义。”(345)① 但是，列宁认为这个任务如何完成是大有讲究的。他警告说，如果任务提得不正确或者对任务理解得太片面，都可能遇到许多危险。首先，我们不能把学习共产主义这个任务，看作只限于了解共产主义著作、书本和小册子，否则就有产生书呆子和吹牛家的危险。即使把这些东西读得烂熟，仍然不可能“把这些知识融会贯通，也不会按共产主义的真正要求去行动”(345)。——列宁讲得多么好啊！我们在生活中不是常常看到有些人马列主义的词句背得不少，但他们自己的行动往往对不上号；有的人对人是马列主义，对自己却是自由主义；在他们那里，马列主义是用来整人的武器，而不是自我教育的工具。列宁提的“融会贯通”很重要。我理解，这不仅是指在理论上要弄通马克思主义的三个来源和三个组成部分，要对马克思主义发展到帝国主义阶段的列宁主义的来龙去脉弄得一清二楚，更重要的是要学会马克思主义的立场、观点和方法，能用马克思主义的立场、观点和方法来观察问题、分析问题和解决问题。所以列宁特别强调：“我们需要用基本事实的知识来发展和增进每个学习者的思考力。”(348) 顺便说说，现在我们教育学界强调的发展学生能力的问题，并不是新问题。例如，关于学习和思考的关系，我国古代教育家孔子早就提出过：“学而不思则罔，思而不学则殆。”② 欧洲近代资产阶级教育家夸美纽斯在批判中世纪的经院主义教学时，也主张要培养学生独立思考、自己探求知识的创造能力。从教学论的观点强调发展学生的能力，是为了适应当前科学技术迅猛发展的要求，培养学生的自学能力。列宁这里强调的“发展和增进每个学习者的

① 在这篇文章里，凡引自《青年团的任务》的语录只在引文后面注明《列宁选集》第 4 卷的页码。

② 《论语·为政》。

思考力”，则是要培养自觉的共产主义战士。

列宁认为：“如果我们只求了解共产主义的口号，那就更危险了。”(346) 危险在于这样的人“自称为共产主义者，这就只会使共产主义事业遭到莫大的损害”(346)。——列宁是多么有预见啊！在我国十年浩劫之初，反革命野心家、阴谋家林彪不就是竭力提倡学习口号、学习语录的吗？学习口号、学习语录的结果，败坏了党的实事求是的学风，使一些大大小小的野心家、阴谋家，摆出一副共产主义者的面孔，来掩盖他们穷凶极恶的反革命面目。那些只会搬弄几条语录的人，甚至连共产主义的口号也不了解，却自称为共产主义者，“响当当的革命左派”，结果使我国社会主义建设事业遭到莫大的损害。过去，我们对列宁这句话没有深切的体会，往往只想到教条主义的危害，以为那些只求了解口号、语录的人，无非是一些教条主义者，他们不问时间、环境和条件，到处搬用马列主义现成的结论和词句，这当然会给革命事业带来损害。但是没有想到教条主义者的出发点还是要革命的，只是他们采取的路线、方针、政策不对头，因此还是人民内部矛盾。而林彪、康生、江青一伙，压根儿就不是要革命的，而是要革革命者的命。他们伪装成革命的左派，仿佛只有他们才是共产主义者，因此就更加具有欺骗性，既蒙蔽了领导，又蒙蔽了群众。这种人的危险性更大。因此，这种学风万万不可滋长，必须坚决反对。

这里要特别提一下列宁对旧学校和旧文化的态度。先说他对旧学校的态度。

列宁对旧学校是不是全盘否定了呢？没有。列宁只是在旧学校的阶级性这一点上，否定了它。如说：“整个旧学校都浸透了阶级精神，只让资产阶级的子女学到知识。这种学校里的每一句话，都是根据资产阶级的利益捏造出来的①。工农的年轻一代在这样的学校里，与其说是受教育，倒不如说是受资产阶级的奴化。教育这些青年的目的，就是训练对资产阶级有用的奴仆，既能替资产阶级创造利润，又不会惊扰资产阶级的安宁和悠闲。”(346)——那些全盘否定旧学校，特别是那些为了要全盘否定旧学校培养出来的知识分子的人，最爱引用的就是末了这句话，说旧学校培养出来的人都是对资产阶级有用的奴仆。当然，在他们看来，这些人就都是对无产阶级无用的废品了。列宁这里指的是沙皇俄国的资产阶级的旧学校，而十年浩劫中我们“左”得出奇的人却连

① 列宁在另一段里说是“九分无用一分歪曲了的”(348)。

共产党领导下办了17年的学校，一概称之为旧学校了。于是连戴着红领巾在新中国成长起来的一代受党教育培养的知识分子，也要去接受劳动改造，甚至一些工人阶级的先进分子、无产阶级的先锋战士，也要倒过来去接受贫下中农的再教育，岂非咄咄怪事？

然而，列宁对旧学校的态度却总是一分为二的。他在指出旧学校的阶级性以后还说了一句话，这句话往往是为竭力否定旧学校和旧学校培养出来的知识分子的人们不去注意的，不乐意引证的。这句话是："因此，我们要否定旧学校，只从这种学校中吸取我们实行真正共产主义教育所必需的东西。"(346)——这就是说，旧学校中也有无产阶级为实行真正的共产主义教育可以吸取的必需的东西。

我们知道，俄国十月革命以后，学校教育曾经经历过一段大规模的变革时期。当时列宁的夫人娜·康·克鲁普斯卡雅（1869—1939）负责教育人民委员部的工作，她曾提出过要把旧社会读书的学校改为劳动的学校。苏俄在20年代还受过美国实用主义教育思想的影响，推行过什么综合课程和设计教学法，很不重视传授系统的文化科学知识。这样，普通学校未能为高等学校输送合格的新生，对于培养社会主义社会的建设人才十分不利。所以30年代初，联共（布）中央就做出决议，按照教育规律办事，强调学校以教学为主，强调智育第一。本来，这一弯路是前车之鉴，我们新中国成立之后未曾蹈其覆辙，却不料在十年浩劫当中，又重复了俄国十月革命后教育上犯的错误。十月革命后俄国人犯错误完全是情有可原的，他们是世界上史无前例的第一个无产阶级专政的国家，一切都还缺乏经验。我们重蹈覆辙就是不可原谅的了。

列宁的英明之处，还在于他在听到人们批判和否定、斥责和非难旧学校的时候，就已经预先警告人们不要从那些斥责和非难中得出不正确的结论。他一方面同意人们斥责旧学校死读书、死记硬背、实行强迫纪律，说这是斥责得对的；另一方面要求人们"要把旧学校中的坏东西同对我们有益的东西区别开来，要善于从旧学校中挑选出共产主义所必需的东西"(347)。什么是旧学校中对我们实行共产主义教育所必须吸取的东西呢？这就是千百年来人类创造和积累的文化科学知识。

现在进一步谈谈列宁对这些旧知识、旧文化的态度。列宁从来没有像我们十年浩劫中那些掌权的自封的"左派"人物那样，说什么"宁要没有文化的劳动者"，"知识越多越反动"。恰好相反，列宁反复强调学习和掌握人类积累起来的知识的重要性，强调“只有用人类创造的全部知识财富来丰富自己的头脑，才能成为共产主义者”(348)。列宁是否说得太过分了呢？难道没有丰富知识的人就不能成为共产主义者吗？我看列宁说得一点也不过分。虽然他是针对那种认为学习共产主义“不必领会产生共产主义学说的全部知识，只要领会共产主义的口号，只要领会共产主义科学的结论就已经够了”(347)的那些人说的。我们知道，要成为一个坚定的共产主义者是很不容易的，必须有消灭私有制的坚强的信念，必须有解放全人类的伟大胸怀，必须牢固地树立辩证唯物主义和历史唯物主义的世界观，必须有“憎爱分明的阶级立场，言行一致的革命精神，公而忘私的共产主义风格，奋不顾身的无产阶级斗志”。因此，不仅必须努力学习，而且更要善于学习。要学习马克思对待人类文化遗产的态度。列宁在回答为什么马克思主义能掌握千百万革命人民心灵这个问题的时候说：“这是因为马克思依靠了人类在资本主义制度下所获得的那些知识的坚固基础。”(347)列宁说：“凡是人类社会所创造的一切，他都用批判的态度加以审查，任何一点也没有忽略过去。凡是人类思想所建树的一切，他都重新探讨过，批判过，在工人运动中检验过，于是就得出了那些被资产阶级狭隘性所限制或被资产阶级偏见束缚住的人所不能得出的结论。”(347)这个结论的获得是由于“马克思研究了人类社会发展的规律，了解到资本主义的发展必然会走向共产主义，更主要的是他完全依据对资本主义社会所做的最确切、最缜密和最深刻的研究，借助于充分领会以往的科学所提供的全部知识而证实了这个结论”(347)。末了这句话说明，如果马克思不曾借助于“以往的科学所提供的全部知识”，他也就不可能得出资本主义制度必然灭亡，共产主义制度必然胜利的结论。

当时俄国有一种无产阶级文化派，他们否定过去一切的文化，排斥过去的一切文化，要另起炉灶创造出无产阶级新文化。列宁认为这是一种“左”倾的幼稚病。他说：“只有确切地了解人类全部发展过程所创造的文化，只有对这种文化加以改造，才能建设无产阶级的文化。”(348)并进一步强调指出：“无产阶级文化并不是从天上掉下来的，也不是那些自命为无产阶级文化专家的人杜撰出来的”，“无产阶级文化应当是人类在资本主义社会、地主社会和官僚社会压迫下创造出来的全部知识合乎规律的发展”。(348)这是对一切“左”倾幼稚病的患者的一剂良药。

十年浩劫期间，强调《共产党宣言》中两个彻底决裂的思想，即“共产主义革命就是同传统的所有制关系实行最彻底的决裂；毫不奇怪，它在自己的发展进程中要同传统的观念实行最彻底的决裂”①，从而也否定对一切文化遗产的批判继承。其实，林彪、康生、江青是站在封建主义的立场上来反对资产阶级思想的。他们鼓吹落后反动的封建主义思想，美化我国历史上的一部分地主阶级思想家，把他们封为法家。甚至忘记了自己是共产党员，而自认为自己是所谓法家，不惜去当地主阶级的代表人物。他们口口声声反对资产阶级思想，口口声声要防止所谓资本主义复辟。其实，在他们权力所及之处，早已复辟了封建主义，连起码的资产阶级民主的影子也没有，没有法制，只有专制；没有科学，只有迷信。他们实际上是同马克思主义彻底决裂了，同共产主义彻底决裂了。《共产党宣言》中所讲的传统的观念，是指的跟传统的所有制关系相联系的私有制观念，并不是指传统的文化科学知识。列宁在《论无产阶级文化》这篇替无产阶级文化协会代表大会起草的决议草案中，又一次论述了对人类文化遗产必须批判继承的观点。他说："马克思主义这一革命无产阶级的思想体系赢得了世界历史性的意义，是因为它并没有抛弃资产阶级时代最宝贵的成就，相反地却吸收和改造了两千多年来人类思想和文化发展中一切有价值的东西。只有在这个基础上，按照这个方向，在无产阶级专政（这是无产阶级反对一切剥削的最后的斗争）的实际经验的鼓舞下继续进行工作，才能认为是发展真正无产阶级的文化。"(362)

现在，马克思已经逝世快一百年了，列宁也逝世半个多世纪了。资本主义发展到垄断资本主义阶段已经八九十年了。有待我们研究的新情况、解决的新问题可以说是层出不穷。世界上第一个社会主义国家成了侵略成性的霸权主义国家。对外政策如此，对内恐怕也不免是实行封建法西斯统治了。在十年浩劫期间，我们的对内政策不也是封建法西斯统治吗？哪儿有资产阶级民主的气氛呢？更不用说无产阶级社会主义民主了。看来，巴黎公社的原则，在无产阶级掌握政权的国家并没有实行。人民的公仆一旦变成了人民的主人，情况就大为不妙了。这是从我们这方面说的，从无产阶级专政的社会主义国家这方面说的。再看看资本主义国家、帝国主义国家，有人说是垂而不死，腐而不朽，垄断资本主义虽然矛盾重重，可是它的生产力还在发展，一百三十年前《共产党宣言》提出的消灭私有制的任务，至今并未能在发达的资本主义国家里实现。

① 《马克思恩格斯选集》第1卷，第271—272页。

今后无产阶级社会主义革命究竟采取什么形式，也还是个有待研究的课题。斯大林曾经在《苏联社会主义经济问题》一书中谈到过渡到共产主义必须逐步缩小以至消灭三大差别，即城乡差别、工农差别、脑力劳动和体力劳动的差别。据近年到国外考察归来的人说，在许多发达的资本主义国家里，从表面上看，这三大差别已经缩小了。然而在他们那里，仍然是私有制统治着。缩小了三大差别的社会并不是社会主义社会，更不用说进入共产主义社会了。所以，许多问题仍然有待于当代的无产阶级革命家、理论家来研究解决。要研究解决这些问题，没有渊博的、深湛的知识当然是办不到的。顺便说说，我们办教育重视理工科是对的，因为现代化建设需要大批掌握先进科学技术的理工科人才。但是，轻视文科是不对的。我们需要培养出当代的马克思，当代的列宁，当代的毛泽东，当代的周恩来。我们需要培养出杰出的马列主义的理论工作者。正确的教育政策应当是文理并重，即自然科学、社会科学并重。

二

上面说的是学习什么的问题，下面再谈谈怎样学习的问题。这里只简单地提一下列宁在这篇演说中反复强调的意见：首先是要理论联系实践。列宁认为旧社会的最大祸害之一，就是“书本与生活实践完全脱节”(345)。因此，他反对单从书本上来学习共产主义的知识。他主张“把学校活动的每一步骤，把教育、训练和学习的每一步骤，同全体劳动者反对剥削者的斗争密切联系起来”(357)。他说：“离开工作，离开斗争，从共产主义小册子和著作中得来的关于共产主义的书本知识，可以说是一文不值。”(346)列宁还举了青年们参加扫除文盲和发展菜园的工作做例子，要求青年们“把自己的工作和能力都贡献给公共事业”，并且指出，“这就是共产主义教育的实质”。(357)我们也应当这样做，要求青年们参加扫除文盲和绿化祖国等工作，参加爱国卫生运动和计划生育宣传等工作。这当然不能代替普通中小学学生的正规学习，虽然对中小学校学生进行教育，也要遵循理论联系实践的原则。但是还不可能要求他们现时就放弃正常的学习去参加工作和斗争。这些只能作为一种课外的活动。即使高等学校，也还是要对参加社会主义建设多做准备，还以学习间接经验为主，学习基础理论为主，也不宜过多地让学生去从事实际工作和斗争。可是在十年浩劫期间，事事强调实践，仿佛现代科学文化知识都可以在日常生活和体力劳动的实践中就能获得，结果放弃了理论的学习，实践也成了盲目的实践。其实，理论联系实践并非不要理论，而是要用理论来指导实践，并且在实践中检验理论。这个原则应用到学校教学，就是要结合系统的科学知识的教学，重视教学当中的参观、调查、实验和实习等项作业，而不是取消系统的科学知识的教学，让学生事事都去直接经验。所谓知识来源于实践，所谓一切真知都是从实践发源的，那是就人类知识的起源来说的。前人经过实践得来的知识，传给后人，就不应当要求后人重复前人走过的弯路。这样，人类文化才能不断积累和提高。如果后人不去学习前人已经得到的知识，不学习间接经验，事事都要再亲自去经历一番，那么人类哪能进步到文明社会呢？只有永远处于野蛮状态了。这些本来都是普通常识，可是十年浩劫期间，林彪、康生、江青一伙却反其道而行之，致使我国教育遭到空前破坏，教学质量一落千丈，这个教训必须永远记取。

其次是要善于批判继承。列宁一方面反对像资产阶级旧学校那样搞烦琐哲学，“用数不胜数的、九分无用一分歪曲了的知识来充塞青年的头脑”(348)；另一方面又主张“必须善于吸取人类的全部知识”(349)，“用人类创造的全部知识财富来丰富自己的头脑”(348)。这就要求我们善于区别什么是有用的知识，什么是无用的知识；什么是正确的知识，什么是错误的知识；必须学会用批判的武器去检查一切知识，分析一切知识，鉴别一切知识，吸取对我们有用的正确的知识。马克思在这方面也树立了光辉的榜样。例如，他批判了黑格尔哲学中的唯心主义，而吸取了黑格尔哲学中的合理的内核，即辩证法，创造了辩证唯物主义哲学。现在我们有了马克思主义的立场、观点和方法，就有了批判的武器，就可以用来检查、分析、鉴别各种学说、各种主张、各种理论。最近教育部高教一司召开了一次教育学科教材的翻译规划会议。我在会上讲到对社会科学（教育学科基本上属于社会科学）教材，不能引进，只能参考，特别是资本主义国家的东西，这同自然科学不一样。自然科学无国界，社会科学至少在现代还不能说是无国界吧，如果我们承认它是阶级斗争知识的话。当然，我们也要反对不加区别一概否定资本主义学术的态度。如，19 世纪英国资产阶级教育家斯宾塞（Herbart Spencer，1820—1903）从立场来说，他是反动的，他反对工人子女受教育，但是他在课程论方面，提出什么知识是最有价值的问题，主张教给学生对生活有用的知识，适应了科学技术的发展对学校课程的要求，还是有一定贡献的。我们不能因为他立场反动而对他全盘否定。又如，我国人民教育家陶行知，他在政治上是进步的、跟党走的，他办的晓庄师范、育才学校、社会大学为革命培养了许多人才，在同国民党反动派和日本侵略者的斗争中产生了许多英勇不屈的战士，其中有的在斗争中献出了自己的生命。但是在教育思想上，陶行知很长时期具有改良主义色彩。起初走的是教育救国的道路，直到晚年才有所转变。对陶行知先生，我们应当一分为二，不能因为他在政治上是进步的，就认为他早年的教育思想也是进步的；也不能因为他在教育思想上有过错误，就否定了他在教育实践上的功绩，否定了他政治上的进步。

再次是要力求融会贯通。列宁反对旧学校死读书、死记硬背，不止一次地强调要力求融会贯通。要达到这个要求，必须学得广博，学得深湛。反之，如果学得狭窄，学得肤浅，就不可能举一反三，不可能触类旁通，也就达不到融会贯通的要求，这样学到的知识就不能化为自己的血肉。前面说过列宁要求建设无产阶级的文化，必须“确切地了解人类全部发展过程所创造的文化”(348)，并对这种文化加以改造。这真是一项艰巨的任务啊！虽然说个人以毕生的精力未必能“了解人类全部发展过程所创造的文化”，但可以了解这种文化的某一方面，如我们研究教育学一个方面。只有依靠集体的力量，做持续不断的努力，才可以逐渐达到全部了解。但是了解了全部文化，不一定就能融会贯通。要融会贯通，还必须“用基本事实的知识来发展和增进每个学习者的思考力”(348)。光了解，不思考，知识还可能只是孤立的片面的东西，不连贯，没系统，这样还是不能融会贯通的；必须使学习者善于动脑筋，运用思维活动，从特殊到一般，从具体到抽象，从个别到全面，经过反复思考，深思熟虑，然后才能真正融会贯通。例如，30 年代苏联的教学论，特别强调传授系统的、连贯的知识，这是因为经过 20 年代的教育革命，忽视了学校的主要职能，削弱了基本知识和基本技能的教学。进入 20 世纪 60 年代、70 年代，世界上形成了所谓“知识爆炸”（即科学技术迅猛发展）的局面，苏联（其他各国也是如此）的教学论强调发展学生的能力。这是因为现代科技发展日新月异，知识更新的周期越来越短，学生在学校里学习的知识，只过几年就变得陈旧了。必须一方面给学生打下牢固的基本知识和基本技能的基础，学好理论基础课，一方面培养学生自学的能力，即观察力、想象力、思考力、创造力以及实际操作的能力等等，才能适应知识迅猛发展的时代要求。不能认为 30 年代苏联强调传授知识是错了，现在也还要传授知识嘛！没有基本知识技能，能力也是不可能发展的。——我这里不过是举个例子，说明对教育上的问题，不能主观臆断，轻下判断，也要深思熟虑，融会贯通。现在有种不良的学风，就是喜欢赶风头。明明教学要重视发展和增进学生的思考力是古已有之的事，至少在六十年前列宁就已经提出过这样的要求，有些人却硬要说成当今某一位领袖人物的创造发明。例如，毛泽东同志提倡把精力集中在培养分析问题和解决问题的能力上，有些人就忽视了必要的知识教学。请问，没有必要的知识，学生如何能分析问题和解决问题呢？又如，毛泽东同志提倡启发式教学，并且明明说过这是20年代资产阶级教育学者就在我国提倡过，有人写文章却说这又是毛泽东同志的创造。这种学风是一种不正之风，是缺乏广博而又深湛的知识的结果，也是一种缺乏实事求是的治学精神的反映。

关于怎样学习的最后一点是要做到言行一致。这也就是要求理论联系实际。这本来可以不必单独列出来。但是列宁说过，理论是行动的指南，而不是教条。我们学习马克思主义教育思想，研究马克思主义教育思想，为的是指导革命的教育实践，为的是为现代化建设培养合格的人才。我们的学习不能无的放矢，不能为学习而学习。因此我们要求“按共产主义的真正要求去行动”(345)。这就是要求我们共产主义者必须有“言行一致的革命精神”。十年浩劫以后更加感到言行一致之可贵，特别是领导者，如果不能做到言行一致，危害很大。林彪、康生、江青之流，他们一方面大谈其限制资产阶级法权，用以整我们的革命老干部；一方面他们却暗地里无限膨胀其封建特权，弄得天怒人怨，终于被永远钉在历史的耻辱柱上。言行一致，不是小事，这是一个共产主义道德问题。做一个无产阶级革命事业接班人，不能没有这种革命精神。

三

下面来谈谈列宁在《青年团的任务》中讲到的培养青年共产主义道德的问题。我体会列宁对这个问题有这样几点主张。

第一是共产主义道德教育是全部教育事业的核心。列宁不止一次地说：“应该使培养、教育和训练现代青年的全部事业，成为培养青年的共产主义道德的事业。”(351)这里的培养、教育和训练是苏联教育学上的三个基本概念。就是指教育和教学的全部工作。由此可见，列宁对道德教育的重视，这是理所当然的。不可能设想，没有共产主义道德的人能够成为共产主义社会的建设者。我们要把青年一代培养成社会主义现代化强国的建设者，必然要求青年人具有高度的社会主义觉悟。没有社会主义觉悟的人，不可能成为社会主义社会的建设者。

第二是共产主义道德的基础就是为巩固和完成共产主义事业而斗争。这篇文章里说的是共产主义，就是我们今天说的社会主义，即共产主义的第一阶段。列宁在阐明了道德的阶级性以后，明确指出："我们的道德是服从于无产阶级阶级斗争的利益的。"(352)在推翻了地主和资本家以后，俄国无产阶级跟富农的斗争、跟小私有者的斗争突出了。当时苏俄实行了军事共产主义，对农民实行了余粮征集制。这在反对外国武装干涉和白匪叛乱的条件下是不得已的。这也使得农民、特别是富农（有剩余粮食的农民）跟工人阶级的矛盾突出了。所以列宁反复说，共产主义"道德是为破坏剥削者的旧社会、把全体劳动者团结到创立共产主义者新社会的无产阶级周围服务的"(353)，"共产主义的道德就是为了把劳动者团结起来反对一切剥削和一切小私有制服务的道德"(353)，"共产主义者的全部道德就在于这种团结一致的纪律和反对剥削者的自觉的群众斗争。"(355)——这些都是根据当时为巩固新生的苏维埃政权和进一步开展共产主义建设事业的需要提出来的。

第三是教育必须同现实的群众斗争任务相结合。列宁说："我们的教育应当同劳动人民反对剥削者的斗争结合起来，帮助劳动人民解决共产主义学说提出的任务。"(358)这一点的确是值得我们注意的。党的十一届三中全会以后，我们的教育虽然逐步走上了正轨，但脱离现实的群众斗争的倾向有所滋长。列宁要求："做一个青年团员，就要把自己的工作和能力都贡献给公共事业"(357)。并且指出："只有在劳动中同工农打成一片，才能成为真正的共产主义者。"(358)从我国50年代和60年代前期培养出来的学生来说，大多数都能服从祖国的需要，服从祖国的分配，愿意为社会主义服务。但是经过十年浩劫，这种情况有所倒退，贪图安逸、留恋城市的人多起来了，愿意同工农打成一片的人少了。这是十年动乱期间教育遭到破坏所造成的恶果，不能责备这些年轻人。现在是恢复共产主义道德教育的时候了。三十年来，我国教育工作常常出现左右摇摆。特别是十年浩劫期间，"左"得出奇，破坏惨重。经过拨乱反正，现在有些方面又出现过右的倾向，如，片面追求升学率，不面向全体学生，不注意学生德智体的全面发展，不注意培养学生为人民服务、把自己的力量贡献给公共事业的精神，等等，都是应当努力纠正的。什么时候才能看到办教育的都是内行，都能按照教育规律办教育，而不单凭“长官意志”来办教育呢？

结 束 语

这是一篇学习心得，因此大量引用列宁讲演中的词句。这是不是又犯了去年我讲过的“六经注我，我注六经”的错误呢？我看不是。讲得不对的，请同志们批评指正。明知内容浅薄、拉杂，仍然占了大家宝贵的时间来讲，还要请同志们原谅。同志们都是研究马克思主义教育思想的专家，我这个小学生不揣谫陋，班门弄斧，实在惭愧。最后还是要谢谢同志们给我汇报学习心得的机会。非常感谢！

载《论教育规律及其他》，
湖南教育出版社1983年版。

坚持毛泽东教育思想的科学体系*

一、对待毛泽东教育思想应有的正确态度

首先，党的十一届六中全会通过的《关于建国以来党的若干历史问题的决议》，对毛泽东思想有极其精辟的论述。《决议》充分肯定了毛泽东思想是我们党的集体智慧的结晶，是我们党的宝贵的精神财富，同时批判了对待毛泽东思想的教条主义的态度和否定毛泽东思想的科学价值和指导作用的错误态度。我们对待毛泽东教育思想，同样应该既反对教条主义的照抄照搬，也反对虚无主义的否定一切、怀疑一切。目前在广大教育工作者中，尤其要防止后一种态度。应当像《决议》指出的那样，确认毛泽东“著作中包含的许多基本原理、原则和科学方法，是有普遍意义的，现在和今后对我们都有重要的指导作用”。有人认为毛泽东没有教育专著，因而否认毛泽东教育思想的存在。我看，这是不对的。毛泽东不仅在代表党中央起草的许多文件和所做的许多讲话中论述过教育问题，而且有不少教育专著。早期的有1921年的《湖南自修大学创立宣言》，晚期的有1961年《给江西共产主义劳动大学的信》、1964年在春节教育座谈会上的谈话和1965年杭州会议上的谈话等。这些虽不一定能够完全列入毛泽东教育思想的科学体系，但是，毛泽东教育思想的存在总是不可否认的事实。

其次，毛泽东思想不仅是我国党和人民的宝贵的精神财富，而且早已越出国界，为世界革命人民所信仰，并用来指导他们的革命实践。毛泽东教育思想在国外也有许多人研究，并给予崇高的评价。如，美国有一位博士后的研究员约翰·郝金士（John H. Hawkins），就曾在美国按《国防教育法》提供的经费帮助下，系统地研究过毛泽东教育思想，并写成了《毛泽东和教育——他的思

* 这是作者1982年4月16日应邀在山西省教育界做的讲演。

想和学说》一书。该书称颂“毛泽东是我们时代的教育理论和方法的一位杰出的设计师”，认为毛泽东的教育措施最终是要培养社会主义的新人。当然，他这本书中也有错误的观点，如，说毛泽东关于教育革命的理想只有在1958年“大跃进”时期和1966年开始的“文化大革命”时期才得以实现，而在其他时期都受到强烈的反对。这是因为作者在研究过程中曾于1971年来中国访问，受了林彪、江青反革命集团反动宣传的影响。

最后，要正确对待毛泽东教育思想，必须学习马克思主义哲学，树立辩证唯物主义和历史唯物主义的世界观，坚持实践是检验真理的唯一标准，坚持实事求是的科学态度。要学会运用对立统一的规律观察问题、分析问题和解决问题，既要懂得矛盾的普遍性，又要研究矛盾的特殊性，对于不同的矛盾要用不同的方法来解决。有了马克思主义哲学思想的指导，我们对待毛泽东教育思想，就能正确地从中学习立场、观点和方法，而不是只搬用其中的个别词句。教条主义者所以犯错误，就是只会照搬个别词句，而不去领会精神实质，自然也不能完整而准确地理解和掌握毛泽东教育思想的科学体系。而有了马克思主义哲学思想的指导，我们就能注意时间、环境和条件。在一定的时间、环境和条件下是正确的论断，在时间、环境和条件改变以后，往往就是不正确的了，如果盲目搬用就会犯错误。如，毛泽东1939年代表中共中央军事委员会写的《关于整理抗大问题的指示》中，说过“学校一切工作都是为了转变学生的思想”。这在抗日战争时期的延安，以知识分子为对象、以培养抗日军政干部为目标的学校，无疑是正确的。但是林彪、江青反革命集团及其爪牙们别有用心地搬到60年代后期和70年代前期的社会主义新中国的普通学校、专业学校来，就是完全错误的了。

二、毛泽东教育思想科学体系的初步探讨

第一，关于教育的本质。

其一，从教育同政治和经济的关系来看，毛泽东在《新民主主义论》中指出的：“一定的文化（作为观念形态的文化）是一定社会的政治和经济的反映，又给予伟大影响和作用于一定社会的政治和经济；而经济是基础，政治则是经济的集中表现。”这句话也完全适用于教育。因为一定的教育也是一定社会的政治和经济的反映，它更能给予伟大的影响和作用于一定社会的政治和经济。

毛泽东为党制定的教育工作方针（或说教育根本方针），即教育必须为无产阶级政治服务，必须同生产劳动相结合，就体现了马克思主义的这个基本观点。对于这两个必须，我们是应当坚持的。当前，我国无产阶级最大的政治任务，就是建设具有高度社会主义物质文明和高度社会主义精神文明的现代化强国，我们的一切教育工作就要为实现这个政治任务服务。我国教育事业的发展规模和速度，一定要同国民经济建设事业发展的规模和速度相适应，要有计划有步骤地发展我们的教育事业，并大力解决好教育结构的比例失调问题。这也是教育必须同生产劳动相结合的重要含义。“两个必须”之所以应当坚持，还因为它反映了教育的规律。对此，我在《谈谈社会主义学校教育的几个规律》（山西省教育科学研究所和山西省教育学研究会主办的《教育学学习辅导讲座》第二讲一文中曾经讲过，这里就不赘述了。）

其二，毛泽东还讲过学校教育是上层建筑。他说：“至少在帝国主义消灭以前，报纸、各种意识形态的东西，都是要反映阶级关系的。学校教育，文学艺术，都是意识形态，都是上层建筑，都是有阶级性的。”① 近几年来，教育学界对教育的本质进行了论争，基本上分为两派，一派说教育是上层建筑，一派说教育是生产力。双方各有理由，但是都未能完全说服对方，也未能完全坚持己见。我看，说教育是上层建筑，虽然强调了教育具有阶级性的一面，但并不排斥教育有促进社会生产力发展的作用。为什么？只要我们想一想，所谓上层建筑是建立在一定社会的经济基础之上的。所谓经济基础是一定社会生产方式的总和。生产方式包括生产力和生产关系两个要素。说上层建筑为经济基础所决定并为它服务，就是说上层建筑是为生产力和生产关系两个因素所决定，它既要为促进生产力的发展服务，也要为巩固生产关系服务。在上层建筑落后于经济基础的条件下，必须改造上层建筑，使它适应新的经济基础。在生产关系束缚着生产力发展的情况下，新的上层建筑能摧毁旧的生产关系，解放生产力，这就是革命。在新的生产关系已经建立，社会生产力有待大发展的情况下，新的上层建筑应当促进社会生产力的大发展，才能巩固新的生产关系。列宁说过：“劳动生产率，归根到底是保证新社会制度胜利的最重要最主要的东西。”② 要提高劳动生产率，就必须发展社会生产力。因此，不能认为说教育

① 《毛泽东选集》第5卷，第444页。

② 《伟大的创举》，《列宁全集》第29卷，第388页。

是上层建筑，教育就只是阶级斗争的工具，以为它只具有巩固生产关系的作用，应当看到它也是生产斗争的工具，也具有发展社会生产力的作用。况且，不发展社会生产力，新的社会制度也不能保证取得最终的胜利。所以，我认为这两派的论争虽有侧重点的不同，并无多大实质性的意义。我个人的浅见是在我们的教育学教科书里，不必用哲学或政治经济上的术语来说明教育的本质。教育不同于其他一切事物的本质特征，在于它是培养人的一种社会实践活动。

第二，关于教育的对象。

其一，毛泽东《在延安文艺座谈会上的讲话》曾经指出："为什么人的问题，是一个根本的问题，原则的问题。"他在民主革命时期总是把教育看作动员劳动群众参加革命斗争的手段，要求教育工作能促使广大中国民众成为享受文明幸福的人。所以教育的对象主要是广大的工农劳动群众及其子女。如，在土地革命时期，他就主张政府要"用一切方法来提高工农的文化水平"，主张"工农及其子女有享受教育的优先权"①。在抗日战争时期，他主张新民主主义的文化教育"应为全民族中百分之九十以上的工农劳苦民众服务"②，认为"从百分之八十的人口中扫除文盲，是新中国的一项重要工作"③。正如马克思1866年在《临时中央委员会就若干问题给代表的指示》中说过的，"目前我们的任务只是关怀工人阶级的儿童和少年"，并为他们争取受教育的权利。毛泽东在工人阶级没有掌握全国政权以前，不仅为本阶级争取受教育的权利，而且为最可靠的同盟军争取受教育的权利。

其二，毛泽东不仅重视儿童教育，而且重视成人教育。他在土地革命时期制定的教育工作的中心任务，就有：（1）厉行全部的义务教育；（2）发展广泛的社会教育；（3）努力扫除文盲；（4）培养大批领导斗争的高级干部。当时就已设立了红军大学、马克思共产主义大学和培养教育干部的许多专门学校。到抗日战争时期，培养革命干部的学校办得就更多了，著名的如抗日军政大学、延安大学、鲁迅艺术学院、鲁迅师范学校等。毛泽东历次发起的整风运动即马克思主义教育运动，更是以党内外的所有干部为教育对象的。在当前和今后，都有大力发展成人教育事业的必要。

其三，新中国成立以后，党和政府制定的教育为工农服务、为生产建设服

①②③《毛泽东同志论教育工作》，人民教育出版社1958年版，第13、29、30—31页。

务的方针是完全正确的。现在看来，这个方针执行得还不够好，特别是为工农服务、向工农开门的方针执行得还不够好。如，农村的小学教育还没有普及，小学教师的水平低，小学毕业生不合格的多，这样就会有新的文盲和半文盲不断产生，成了我们建设现代化国家的隐患。今后，我们应当坚持毛泽东早在土地革命时期和抗日战争时期提出的“厉行全部的义务教育”、“办理义务的小学教育”① 等要求，积极稳妥地、实事求是地认真实现普及教育的任务。而没有免费教育就没有义务教育，没有义务教育就没有普及教育。因此应当在普及教育范围内废止“谁上学谁出钱”的原则。这是一项为实现现代化建设打基础的工作，万万不能忽视。

第三，关于教育的目的。

其一，早在土地革命时期，毛泽东代表当时的工农民主政府提出的教育总方针：“在于以共产主义的精神来教育广大的劳苦民众，在于使文化教育为革命战争与阶级斗争服务，在于使教育与劳动联系起来，在于使广大中国民众都成为享受文明幸福的人。”② 当时虽然在残酷的武装斗争时期，却能提出“使广大中国民众都成为享受文明幸福的人”这个教育的最终目的，实际上也是我们革命的最终目的。“文明幸福”四个字兼有精神生活和物质生活两方面，光享受物质生活的幸福，而没有精神文明的建设是不行的。我们所说的精神文明必须是社会主义的精神文明，而不是资本主义的精神垃圾。建设社会主义的物质文明和社会主义的精神文明，是我国现代化建设的不可偏废的两个方面，都是必须长期努力从事的。

其二，1957 年，毛泽东在《关于正确处理人民内部矛盾的问题》中提出了我们的教育方针，应该使受教育者在德、智、体几方面都得到发展，成为有社会主义觉悟的有文化的劳动者，是各级各类学校共同的培养目标，也是我们应当坚持的教育目的。近几年有人对于培养劳动者的提法表示怀疑，认为我们的教育还要培养无产阶级知识分子的宏大部队，包括各种技术干部、教授、教员、科学家、新闻记者、文学家、艺术家和马克思主义理论家，仿佛这些知识分子都不是劳动者。我看，这是大错特错了。“劳动者”一词并非单指体力劳动者，当然要包括脑力劳动者。所谓知识分子就是以脑力劳动为主的劳动者，而工人、农民目前多数还是以体力劳动为主的劳动者。随着科学技术的发展，

①② 《毛泽东同志论教育工作》，人民教育出版社 1958 年版，第 15、33、15 页。

随着我国社会主义现代化建设事业的前进，工人、农民脑力劳动的成分将逐渐增加，体力劳动和脑力劳动的差别将逐渐缩小。列宁说过，社会主义就是消灭阶级。为了消灭阶级，第一要推翻地主和资本家，第二要使所有的人都成为劳动者。因为社会主义社会实行的是按劳分配、不劳动者不得食的原则，一切有劳动能力的公民都必须参加劳动。由于分工的不同，知识分子参加的是以脑力劳动为主的劳动，当然也是劳动者。

其三，关于坚持这个教育目的还要特别说明几点：一是要认真培养德、智、体几方面都得到发展的人，不能只抓其一，忽视其他。目前突出的问题是有些学校只抓书本知识的教学，忽视学生的德育和体育。这样往往连智育的目的也未能达到。二是不要以为教育只限于德、智、体三方面，这三者当然是主要的方面，但是还有美育是培养人的审美情操的，同这三者有密切的联系，不要忽视。三是我们培养的劳动者应当是能把脑力劳动和体力劳动结合起来的劳动者，我们培养的知识分子应当是能同工人、农民相结合的知识分子，因此必须对学生进行劳动教育，使他们参加力所能及的公益劳动和生产劳动，养成学生爱劳动的习惯，尊重体力劳动和体力劳动者的思想情感，并使学生爱护一切劳动成果，特别是社会主义公共财产。四是为了坚持教育同生产劳动相结合的方针，必须把现代科学技术知识的教学同现代化的生产劳动联系起来，使学生既懂得现代生产的基本原理，又学会使用现代生产的基本工具。

第四，关于学校课程。

其一，早在第一次国内革命战争时期，毛泽东在《湖南农民运动考察报告》中就指出："乡村小学校的教材，完全说些城里的东西，不合农村的需要。"这就是要求学校课程的内容，必须联系实际。抗日战争时期，又提出"废除不急需与不必要的课程，教授战争所必需之课程"，"改变教育的旧制度、旧课程，实行以抗日救国为目标的新制度、新课程"，文化教育"应以提高和普及人民大众的抗日的知识技能和民族自尊心为中心"，等等。① 新中国成立后，毛泽东在1957年对七省（市）教育厅（局）长的谈话中，曾经讲到教材应有地方性，应当增加一些乡土教材。所有这些，都是为了使学校课程和教材能贯彻理论联系实际的原则。

其二，1936年，毛泽东认为在红军大学的工农干部教育计划中，培养识

---

① 《毛泽东同志论教育工作》，人民教育出版社1958年版，第33、34页。

字、作文、读书报的能力是最重要最根本的部分之一。学生掌握了文化工具，才能够理论联系实际，才有发展前途。他在1942年写的《〈文化课本〉序》里，这个意思说得更加具体明白："一个革命干部，必须能看能写，又有丰富的社会常识与自然常识，以为从事工作的基础和学习理论的基础，工作才有做好的希望，理论也才有学好的希望。"① 这个打好文化基础的思想，本来都是针对干部教育、成人教育提出来的。现在我看不少普通学校对于青少年儿童的教育，往往也有忽视打好文化基础的倾向，但只跟着高等学校招生考试的指挥棒转。因此，输送给上一级学校的有些是不合格的新生，走上工作岗位的有些是不合格的后备劳动力。这一点很值得我们注意改进。

其三，毛泽东早在《新民主主义论》中就提出了对待古代文化和外国文化应有的正确态度，要我们"排泄其糟粕，吸收其精华"，"剔除其封建性的糟粕，吸收其民主性的精华"。后来在《论联合政府》中还提出了对待外国文化和古代文化"既不是一概排斥，又不是盲目搬用，而是批判地接收"的方针。1956年，他在《同音乐工作者的谈话》里，既反对"全盘西化"论者的民族虚无主义态度（这在《新民主主义论》里也曾批判过），又反对"中学为体，西学为用"的错误意见；主张外为中用，古为今用。同年在《论十大关系》里也强调了正确地向外国学习的方针。所有这些，对我们编订学校课程和选择各科教材，都有极重要的指导作用。

其四，毛泽东对学校课程有个一贯的思想，就是课程必须精简。早在《湖南自修大学创立宣言》里，他就把"课程过繁"列为学校的一大弊端。直到他晚年发动"文化大革命"，还是主张"课程设置要精简。教材要彻底改革，有的首先删繁就简"。我们应当正确领会课程教材必须精简的精神。因为人类知识浩如烟海，学生在校修业时间有限，我们只能把少量精粹的知识或者说科学基本知识和技能教给他们，使他们掌握了这些知识技能以后，能够取得打开知识宝库的钥匙，自己学会去求知。这些知识技能就是我们通常说的"双基"，是普通学校必须教给学生的。究竟哪些东西属于"双基"是需要研究的。随着科学技术的发展，人类文化的进步，"双基"的内容也在不断发展。教育是实现社会主义现代化建设的基础，我们编订学校课程和教材，也要从现代化的要求出发，既要力求精简，又不降低应有的水平。

① 《毛泽东同志论教育工作》，人民教育出版社1958年版，第200页。

第五，关于教育方法。

其一，德育的方法。毛泽东非常关心学校的思想政治工作，认为校长和教师都应该管。这项工作怎样才能做好？他在论述党的思想工作的时候，提出过许多宝贵的意见。如，提倡说服，反对压服；提倡“惩前毖后，治病救人”，反对“残酷斗争，无情打击”；主张用“团结—批评—团结”的方式，开展批评与自我批评，坚持真理，修正错误。他号召共产党人应当在各方面起先锋模范作用的时候，就启发了我们教育工作者处处应当以身作则，为人师表。他主张对落后的人们应当亲近、团结、说服和鼓励的时候，也等于指出了我们教育工作者对待落后学生时应采取的正确态度。在这方面，还要做进一步的发掘和研究。

其二，办学的方法。毛泽东教育思想中关于办学方法的论述，可以概括为这样几点。一是党的领导，要用党的方针政策和党员的先锋模范作用来指导和带动学校的一切工作。二是群众路线，要依靠群众办学，让群众自己起来教育自己。三是要“两条腿走路”，多种形式办学，“不但要有集中的正规的小学、中学，而且要有不正规的村学、读报组和识字组”①，不但要有全日制学校，而且要有半工半读、半农半读和业余的学校。四是要“在普及的基础上提高，在提高的指导下普及”。《在延安文艺座谈会上的讲话》中的这个文艺思想可以借用到教育上来。要想从根本上提高教育质量，首先要从初等教育抓起，要认真普及小学教育，不仅要使所有的学龄儿童在达到入学年龄时都能入学，而且要使所有已入学的儿童都能读到毕业，达到课程标准规定的要求。同时逐级往上抓。还要努力培养合格师资，提高教师的地位和待遇，才能保证提高教育质量。

其三，教学的方法。毛泽东提倡启发式，主张废止注入式。这至今仍旧是我们应当努力实践的。他主张要集中力量培养学生分析问题和解决问题的能力，使学生学得主动，学得生动活泼。这些要求都是完全符合教学规律的。他还提倡自学，主张学习要依靠自己努力。他自己就是自学成功的典范。宣传自学成才，成为社会主义建设人才，不仅在当前具有现实意义，更不仅是权宜之计，而且历来具有真才实学的人都是依靠自学成功的。在科学知识突飞猛进的现代条件下，不善于自学就不能适应新情况，不会解决新问题。各级各类学校

① 《毛泽东同志论教育工作》，人民教育出版社1958年版，第56页。

都应当把培养学生自学能力放在重要的地位。

第六，关于知识分子（教师）。

其一，毛泽东很重视知识分子在革命中的作用。在《大量吸收知识分子》一文中，他认为“没有知识分子的参加，革命的胜利是不可能的”。他还要求革命队伍的人们要懂得殖民地半殖民地国家的知识分子同资本主义国家的知识分子的区别，要懂得为地主资产阶级服务的知识分子同为工农服务的知识分子的区别，并且在民主革命时期为党制定了正确的知识分子政策，促进了革命的胜利。

其二，毛泽东同时也对知识分子提出了严格的要求。他说：“革命的或不革命的或反革命的知识分子的最后分界，看其是否愿意并且实行同工农民众相结合。”“真正的革命者必定是愿意并且实行和工农民众相结合的。”① 因此，他历来要求知识分子要工农群众化，知识分子要能同工人农民打成一片。1957年，他在《关于正确处理人民内部矛盾的问题》和《在中国共产党全国宣传工作会议的讲话》里，对知识分子的状况做了实事求是的分析，并且对知识分子提出了改造世界观的任务：“我们希望我国的知识分子继续前进，在自己的工作和学习的过程中，逐步地树立共产主义的世界观，逐步地学好马克思列宁主义，逐步地同工人农民打成一片，而不要中途停顿，更不要向后倒退，倒退是没有出路的。”这些话，应当永远是我们知识分子的座右铭。

其三，毛泽东对知识分子和革命干部还提出了“又红又专”的要求。红与专的关系就是政治与业务的关系。埋头业务，不问政治是不对的，那样会迷失方向；空喊政治口号，不会干实际工作也不行，那样就成了空头政治家。一定要把政治和业务统一起来，要做到又红又专。所有这些对知识分子的要求，对于教师都是适用的。

其四，毛泽东历来主张知识分子要向工农群众学习。他在延安文艺座谈会上讲话时说：“只有代表群众才能教育群众，只有做群众的学生才能做群众的先生。”又在中国共产党宣传工作会议上讲话时说，知识分子“是教育者，是当先生的，他们就有一个先受教育的任务”，“我们当然只能一面教，一面学，一面当先生，一面当学生。要做好先生，首先要做好学生”，“在学校则要向学生学习，向自己的教育对象学习”。教师要向学生学习这个意见是正确的。因

① 《毛泽东同志论教育工作》，人民教育出版社1958年版，第188页。

为教师要把学生教好，先要了解学生，否则他的教就可能是无的放矢。这个了解学生的过程，就是向学生学习的过程。

其五，毛泽东晚年犯的错误中，包括了对知识分子估计的错误。如，1966年说“资产阶级知识分子统治学校的现象再也不能继续下去了”。当时学校都已建立了党委或支部，怎么能说党领导的学校是由资产阶级知识分子所统治呢？地主、资本家劳动改造三年表现好的还可以摘掉地主、资本家的帽子，为什么知识分子在党的领导下工作了十七年，仍然是资产阶级知识分子呢？这不仅否定了知识分子自我改造、自我教育的效果，而且抹杀了党对知识分子工作的成绩，何况用世界观为标准来划阶级也是不科学的。

三、怎样坚持毛泽东教育思想的科学体系

首先，要坚持毛泽东教育思想的科学体系，首先对待毛泽东教育思想应有正确的态度。这在前面已经说过了。这里再强调一下“实事求是”的重要性。“实事求是”是毛泽东思想活的灵魂，离开它就会犯错误。毛泽东晚年犯错误，也是因为他离开了自己历来倡导的这个马克思主义的作风。例如，他把党对学校的领导，说成资产阶级知识分子对学校的统治。而当学校失去了党的领导以后，又要用工宣队来代替党的领导，要让贫下中农来管理学校。实践证明，这些意见都是错误的。这样一来，大多数学校的正常教学秩序遭到破坏，教学人员受到打击迫害，教育质量急速下降，不少学生的思想觉悟和文化水平一落千丈。实践是检验真理的唯一标准。强调实事求是就是要用这个马克思主义的基本原则，来衡量毛泽东有关教育的论述。凡经实践检验证明是正确的、有效的，我们都应当坚持。否则，就不属于毛泽东教育思想的科学体系，就不要坚持。

其次，毛泽东教育思想的科学体系中，也可以包含在一定范围内是行之有效的论述。我们可以在一定范围内照办。但不要不管对象和条件，盲目搬用。例如，毛泽东在1964年春节教育座谈会上讲到学校考试问题时说：“我主张题目公开，由学生研究看书去做。”即所谓开卷考试。这个做法对于高等学校的政治、文史等科的考试是适用的；在中等学校，对于启发学生思考，要求学生发挥创见的某些教材的考试，也是可以采用的。但是不能用在“双基”教学的成绩考查中。这个道理是很明显的。因为“双基”教学的目的，不但要求学生

理解，而且要求学生记忆。这样才能为他们进一步学习打好基础。

最后，毛泽东有关教育的论述，我们还应当用是否符合教育规律来衡量，凡符合教育规律的就应当坚持。因为规律是不以人的意志为转移的。如，他反对学校考试“用对付敌人的办法，搞突然袭击，出一些怪题、偏题整学生”。这当然是正确的，符合教育规律的，我们也应当反对这样做。但是他主张“考试可以交头接耳”，不会答可以问别人，可以抄袭别人的答案。这就不仅是知识的考查问题，还涉及道德品质的问题，在学生当中允许弄虚作假，欺骗教师是不合适的，是违背教育规律的。像这一类只是个人随便说说的即席谈话，本来就不应该当作党的指示去传达、去执行，更不应该传播到学生当中去。尽管如此，我们也应当从中领会他反对死记硬背的精神。因为要求学生死记硬背是不符合教学规律的。

载《教育学学习辅导讲座》，

山西省教研所、山西省教育学研究会1982年编印。

关于比较教育的教学内容*

——从一份《比较教育教学大纲》想起的

某地教育科学研究所的同志给我寄来一份《比较教育教学大纲》，准备按照这个大纲编写高等师范学校教育系比较教育一科的教材，希望我对这份大纲提意见。我对比较教育这门学科，并无系统的研究，只是因为工作需要，经常接触到一些外国教育的资料。对这份大纲我是以学习的态度来阅读的。读后感到这份大纲有不少优点，其中最突出的是重在比较。即把美国、苏联、英国、法国、日本五个国家的教育行政制度、学校制度、学前教育、中小学教育、师范教育、高等教育逐一介绍以后，分别进行比较，并准备提出对我国教育的建议。这样讲授比较教育就能联系实际、有的放矢了。同时还觉得有几点意见，应当提出来向大纲和教材的编者以及讲授这门学科的同志们请教。

第一，这门学科，称作“比较教育”好，还是称作“比较教育学”好？这门学科是新兴的学科呢，还是古老的学科？我的意见是从这门学科的性质任务来看，主要是介绍和比较各国教育制度和设施，以扩大学生的眼界，并吸取对我国教育事业有益的经验的，应当叫作“比较教育”，不必叫作“比较教育学”。如果叫作后者，容易使人误认为它是对各个国家或各个学派教育思想或教育学理论的比较，显然名不副实。这份教学大纲没有加上“学”字，我很赞同。我为什么要提出这个问题来呢？因为近年有些文章在讨论比较教育问题的时候，用的是“比较教育学”这个名称，我是不大同意的。还见有的文章说比较教育是一门“古老的学科”①，这也是值得商榷的。因为整个教育科学都是很年轻的科学，说“比较教育学”是古老的学科怎么会有人相信呢？即使把19世纪法国朱立安（Marc-Antoine Jullien）写的《比较教育的构想和刍议》

* 1981年1月25日写成。本文初发表时署名郑仪。

① 见《外国教育》1979年第1期。

看作研究这门学科的开端，也不能称为古老的学科，因为仅有一百多年的历史，何况当时还没有形成为一门学问呢。《不列颠大百科全书》第十四版甚至连 comparative education 这个词条都没有收，这一方面可以说是百科全书编者的保守，另一方面也证明这门学科的历史还不长。美国《教育研究百科全书》第三版有“比较教育”这一条，其中明确指出：“比较教育相对来说是一门新的学科。”① 这是切合实际的。总之，我认为说它是古老的学科是不恰当的。

第二，比较教育是讲各国教育现状的，过去的比较教育教材，今天就成了外国教育史资料。如，30 年代美国坎德尔（Isaac L. Kandel）教授写的《比较教育》，现在只能当外国现代教育史读了。所以现状同历史是有联系的，讲现状不能割断历史。我们目前的外国教育史，一般只讲到第二次世界大战以前，有些甚至只讲到俄国十月革命。因此，比较教育教材最好能同外国教育史衔接起来，至少讲讲第二次世界大战结束以来各国教育的演变，使学生了解各国教育现状的来龙去脉。又，一国的教育不仅同该国的政治、经济形势和科学技术水平有关，而且同全世界的政治、经济形势和科学技术的发展有关。如，1957 年苏联人造地球卫星发射成功，震动了整个资本主义世界，引起了各国的教学改革。又如，物质资源贫乏的日本，由于发展了教育事业，开发了人力资源，不仅克服了战后的困难，而且高速度地发展了社会生产，跃居世界各国的前列。因此，我们介绍教育现状，绝不能就教育论教育，而要联系到各国社会背景和整个世界形势来谈，才能切合实际，反映出教育同有关各方联系的真实情况。

第三，比较教育教材，当然以讲发达国家的教育为主，一般都讲美国、日本、英国、法国、德国、苏联等这些国家。大纲中没有讲到德国，不免是一个缺陷。因为德国不仅早就以教育发达著称于世，而且公认为资产阶级教育学的发祥地。德国的教育理论和实践，对欧洲大陆上的其他国家以及美国、日本都曾有过很深的影响。德国教育在注重基础理论教学、培养师资和职业训练等方面都有它的特色，应当向学生介绍。此外，对发展中国家的教育，也应该酌量讲述。又，现在我国师范院校教育系开设的课程，没有专讲成人教育或业余教育的学科。比较教育中如能介绍一些成人教育或业余教育办得出色的国家如丹麦、挪威等国的教育概况，更有利于扩大学生的眼界。从我国亟须大力发展成

① 《教育研究百科全书》英文第 3 版，第 318 页。

人教育来说，也可供参考。

第四，比较教育教材，不能单纯介绍外国教育情况，最好针对我国教育上的问题，有目的地提出一些对我们有益的经验，以期有助于解决我国的教育问题。如，普及教育是我国当前亟待解决的问题之一，因为它是实现社会主义现代化建设的前提。教育不普及，或者名义上普及了，是有名无实，质量很低，都会拖着现代化建设事业的后腿。我们的比较教育教材，似可注重介绍各国普及教育的经验，看其中有哪些是我们可以效法的，有哪些是我们可以借鉴的。如各国为了普及教育都强调培养合格的教师，以保证教育的质量。绝不能空谈普及教育而不有计划地培养师资，也不能光满足于虚假的数量而不检查教育的质量。其他如经费、校舍、设备等等，也都要有教育立法予以保证，否则普及教育只能是一句空话。还有，解决中等学校毕业生升学和就业双重任务，是我国教育上亟待解决的另一个问题，也是各国教育上遇到的共同问题。我们的比较教育教材，若要能做到外为中用，对各国解决这个问题采取的措施，他们的经验教训，最好也能重点介绍。

第五，工业化国家的职业教育非常发达，门类繁杂，形式多样。有些国家的职业教育，不由教育行政部门主管（如苏联就是由国家职业技术教育委员会主管），过去有些比较教育教材，也就不去讲它。但是，我们在现代化建设的过程中，各行各业需要的各级各类人才，不能只靠全日制学校来培养，必然要发展灵活多样的各种职业学校，以适应国家建设和人民生活的需要，还可以解决众多青年的就业问题。现在这份大纲，对各国职业技术教育完全没有讲到，不能说不是一个缺点。建议增加职业教育专章，介绍各国职业教育的现状和趋势。这里要特别强调职业教育的发展是同工农业生产现代化程度和人民生活水平密切相关的。在工农业生产现代化程度和人民生活水平不高的条件下，职业教育的水平就比较低，如，日本在 50 年代初期，为了恢复和发展生产，甚至在初级中学里还设有职业课程。随着工农业现代化程度和人民生活水平的提高，初中的职业课程早已完全取消，只有高级中等学校才实施职业教育。在 60 年代，这些职业教育分科很细，专业狭窄，培养出来的青年不能适应科学技术迅猛发展的需要。现在职业高中的专业范围放宽了，课程的设置偏重于打好普通教育的基础，职业课程也兼顾基础理论和实际技能。职业教育的这种趋势，使我们更加感到在中等学校（不仅普通中学，而且包括中等专业学校）里实施综合技术教育确有必要。

第六，比较教育教材，同一切科学著作一样，要力求准确。一项法令，一种制度，一件设施，一张课程表，一个统计数字，都要弄清楚它通过或公布的单位，实行或发表的时间，还要注意它的演变。例如，美国联邦政府一向没有内阁级的教育部。1979 年 10 月 17 日，卡特总统签署了成立联邦政府教育部的法案，成立了联邦政府的教育部。我们的比较教育教材应当反映这种情况，不能再说美国中央政府没有教育部，只在教育、卫生、福利部里有一个专管教育的教育总署。不过，据报道，里根总统上台后，可能要把教育部撤销。我们编写比较教育教材，要注意这些新的动向，并且要了解成立教育部以后，它的职权有些什么变化。又如，各国普及义务教育的年限逐步延长，哪个国家，在什么时间，在什么条件下延长的，都要弄准确。这不仅可以看出教育同经济发展的关系，也可以看出资本主义国家工人阶级争取教育权的斗争所产生的影响，亦即教育同政治、同阶级斗争的关系。说起教育同政治的关系，这里顺便说说英国的中等教育。在英国，把实施中等教育的学校办成单一的综合中学（comprehensive secondary school），还是依旧照 1944 年的教育法分为文法中学、技术中学和现代中学，成了工党和保守党争夺选票的手段。这固然可以看到资本主义国家越来越重视教育的作用，但是，我们也不要为他们两党的政治斗争所迷惑。此外，还有一些事实必须搞准确，如日本的“高等学校”，大纲中把它列为高等教育机关，这是望文生义，搞错了。日本的“高等学校”是高级中等学校，属于中等教育阶段。又如，英国的公学（public school）是私立贵族中学，如包含预备班，就是私立贵族中小学，不能同大学、大学学院并列的。

以上意见，如有错误，欢迎批评。

载《课程·教材·教法》1981 年第 2 辑。

访日杂感*

1980年11月25日到12月10日，我作为中国中小学教材考察团的一员，访问了日本。我们的东道主——日中教育交流恳话会，在短短的时间里安排我们先后到过大阪、冈山、新神户、和歌山、奈良、京都和东京等地。在这些地方，我们访问了各级教育行政机关四处、各级学校八所、教科书出版社五家以及其他一些文化教育机构和名胜古迹，直接接触到日本教育界、文化界的友好人士几十人。真是既增长了知识，又增进了友谊。不少同志希望我谈谈访日的观感，除教育方面的考察见闻另作专文汇报外，现在把比较深刻的一般印象写几点出来。不过，我们这次考察，时间短，日程紧，只是走马看花，只能就看到的表面现象立论，错误的地方恐怕是免不了的。

一衣带水

"一衣带水"，本意是指一条江河好像衣带一样狭窄，不能限制人们的交通。最早是隋文帝杨坚在准备渡江灭陈、统一全国的时候比喻长江的用语，后来就泛指任何江河了。但是用来形容中日两国是近邻，把黄海和东海也说成一衣带水，仿佛还是近年两国恢复邦交时候的事。

这次我们去日本，是从北京乘飞机经过上海出境的。从北京到上海飞行时间一小时半，从上海到日本大阪飞行时间只有两个小时。这才体会到中日两国的确是一衣带水的近邻。

飞机是在云层上面飞行的。俯视海面，透过朵朵白云，才能见到碧波万顷。起初，我以为是海上漂浮着无数"冰块"。经过仔细观察，发现"冰块"并非漂浮在一个平面上，才悟到那是朵朵白云。这说明人的感性认识是不完全

* 写于1980年12月至1981年3月。

可靠的。心理学的实验也证明人是会产生错觉的。所以光凭感性认识，我们对事物的理解是不会全面的。记得以前我乘飞机从重庆飞武汉的途中，看到长江在三峡间流过，真像一条曲折的衣带。古人未曾在高空观察江河，而能做出一衣带水的比喻，全靠创造性的想象力。我们越过东海飞行，虽在高空也不能得出大海如衣带的表象。但是我们仍然感到这个比喻很贴切。这是因为除了感性认识以外，还加上理性的指导，想到中日两国文化交流，源远流长，才能理解这个比喻的含义。

我又联想到一千二百多年以前的鉴真和尚。他为了宣扬佛教，普度众生，曾五次东渡失败，第六次才到达日本。他对大海必然也是看作一衣带水，不能阻挡他实现宏愿的。否则，他就不会有那样藐视困难、克服困难的决心和毅力。在今天，虽然现代科学技术的发展已经可以做到“天堑变通途”，但是，为了掌握和运用现代科学技术，我们仍然需要教育青年一代养成藐视困难、克服困难的决心和毅力。

净　与　静

在日本，我们都有一个突出的感觉，就是环境卫生搞得好，到处都很干净。街道没有裸露的土地，马路和人行道都铺满了沥青。垃圾也都用塑料袋装好，放在指定的地点，夜间有车来运走。公园里的土地都植上了草皮。我们在日本半个月，皮鞋几乎不用擦，因为尘土的确很少。

到日本学校或其他地方参观，常常要脱鞋。有些场所的门前、走廊里或楼梯口，往往写着“泥足严禁”字样，就是要求脱了鞋，只穿袜子或换了拖鞋再进去。这些场所的地板和楼梯，大都非常光洁。走时不小心，真会滑倒人。

值得注意的是建筑工地的文明施工。工地都用印有施工单位（建筑公司）名称的帆布围起来了。看不到堆积的建筑材料，也看不见建筑工人在做工。周围清洁如常。曾见修缮房屋的工人正在和水泥，他是在桶里和的，而不是在地面和的。这样既节约了材料，又保持了环境的整洁。

无论在城市，还是在农村（我们没有去农村，但是从火车上可以看到农村的面貌），没有见到冒烟的烟囱，天空也看不到污染的迹象。看到的河流，河水也是清澈的。汽车虽多，排气也有限制，大约每次不得超过 250 毫升，多了要罚款。

说起汽车，当然很多。上下班的时候，同我们城市里的自行车一样多。一辆接一辆，三四排并行，开得也挺快，但就是听不见喇叭声。我们乘的车子只有一次夜间在上山的路上转弯，司机按过一次喇叭。当然，他们行车也有有利的条件，马路上不许行人，不许非机动车走。行人和骑自行车的都走人行道，过马路必须在人行横道听从红绿灯的指挥。汽车不按喇叭，就减少好多噪音。所以闹市不闹，安静得很。

据现在日本的我国留学生说，他们在日本两年，还没有见过日本人有吵嘴打架的，高声说话的也不多。

善于保持洁净，保持安静，这是一种文明行为。日本久已普及了九年义务教育，现在基本上普及了十二年的教育（1979 年，初中毕业生升学的占百分之九十四）。人民的文化教育程度普遍提高了，保持洁净和安静就容易做到了。否则，还免不了要随地吐痰，随地乱扔烟头、果皮和纸屑，动辄骂人打架的。当然，这种教育还不能是林彪、江青反革命集团鼓吹的什么不拘小节的毒害青年的教育，而是要讲究文明行为、培养国民公德的教育。

民族学博物馆

在大阪，我们用很短的时间参观了民族学博物馆。它的馆址是 60 年代在日本举行的世界博览会的会址，环境优美，规模庞大。馆中搜集了世界各大洲各民族的生产资料和生活资料，按地区、按民族分别陈列出来。展品有历史的、有现代的，都具有民族特色。

我的民族学知识是很贫乏的，通过“见学”（日语的“参观”一词用的是“见学”二字，照汉字的本义来说，倒是很贴切的。因为它把“见闻”和“学习”结合起来，强调了学习，我觉得很可取），增长了知识，开阔了眼界。过去读恩格斯著的《家庭、私有制和国家的起源》，知道 19 世纪的美国人刘易斯·亨利·摩尔根是一位了不起的民族学家。他曾长期居住在印第安人的易洛魁部落里，研究他们的生活习俗和社会制度。在他的代表作《古代社会》中，他第一次论证了氏族是原始社会的主要形式，确认父权制氏族是由母权制氏族发展而来的，等等。恩格斯对他的研究评价很高，并在自己的著作中引用了摩尔根著作中的珍贵资料。

据馆方人士介绍，这个馆的展品部分是日本的民族学家到世界各地实地调查、亲自考察的实物记录。如，用闭路电视播送的录像、录音，目录数以千计，用电子计算机控制，可以任凭参观人选看。我们曾经选看了一部非洲游牧民族生活状况的录像，播放时间约十五分钟，可以坐在彩色电视机前特设的座位里观看和笔记。每架电视机前有几个座位，共有二十部左右电视机，分别用板壁隔开，互不干扰。至少可以容纳一班学生同时观看。这里充分发挥了现代化教学手段的优势。

这个展览馆成立的时间虽然不算长，但是展品内容十分丰富。因为大部分展品是由日本各大学的民族学工作者，早在博物馆成立前历年从世界各地搜集的。现在集中陈列在一起。展品多半是实物，而非模型。如，蒙古民族的蒙古包，同我在内蒙古自治区西乌珠穆沁旗见到的大小一样，只是更加漂亮些罢了。

我觉得，参观民族学博物馆，可以印证人类社会发展史的知识，有助于巩固和加深历史唯物主义观点。

“受验产业”

我们在冈山市参观了福武书店。这是一家以经营函授教育为主的出版社。它的函授生不是我们平常了解的在业余学习的职工，而是在校学生，从小学、初中到高中的都有。学生接受这种函授教育的目的，是为了学好功课，能够顺利升入高一级学校。

日本是一个重视学历的社会。家长都希望子女从小就学习好，以后能考取名牌大学。因此，他们不怕加重子女的负担，给他们缴费报名参加函授学习。这种学习是一种课外补习，以巩固学生在校学习的知识和扩大他们的眼界为目的，增加了教材的趣味性，鼓励了学生的创造性，而不是对学校教材的简单复习。

据一位日本友人说，这个书店在日本叫作“受验产业”，就是为学生准备接受测验（考试）而经营的企业，并非纯粹的教育机关，兼有营利的目的。

书店经理告诉我们，在他们这里报名参加函授学习的有中小学学生五十万人之多。除了编辑和印刷函授教材外，平均每月给每人寄发两次函授教材，就是一百万次。再加处理函授生的答卷和来信，以平均每月每人两次计，又是一百万次。工作量这样大，却只有工作人员六百五十人。这就需要依靠现代化的工具——电子计算机了。

假如我没有听错的话，函授生每月缴费小学生四百日元，初中生六百日元，高中生八百日元。平均以六百日元计，共可收入三亿日元。如果每月支出两亿日元，还有盈余一亿日元。

这个书店的工作人员平均年龄仅二十七岁，百分之九十八是大学本科和短期大学毕业生。日本有很多企业喜欢雇用短期大学毕业生，因为他们工资要比大学本科毕业生低，工作能力和效率同本科毕业生差不多。特别是短期大学毕业生中女生占绝大多数，她们工作几年结婚以后就退职了。企业可以再雇新毕业生补充。这样，企业可以始终以较低的工资雇用职工，不必随着职工工龄的增加而提高工资。这是资本主义的生财之道，对于我们是不足为训的。

大拍卖和超级市场

三十年来，不见国内商店搞什么“大拍卖”、“大减价”来招徕顾客了。这次到日本，刚到十二月份，就见许多商店挂出“岁末大拍卖”的广告，不禁令人回忆起三十多年前我国市场的景象来。

资本主义社会的工商业，离不开竞争。竞争胜利才得生存，竞争失败就被淘汰。日本虽然生产发达，物资丰富，又实行扩大国内市场的政策，但是，仍然逃不脱受这条规律约束的命运。

我们出国考察人员既无时间，又没有钱去买东西，对于日本商店的情况可以说是一无所知。只是有一次偶然在一个水果店前候车，看到各种水果的价钱：大苹果每个二百日元，大蜜柑每个一百五十日元，大柿子每个七十日元。按当时人民币一元合一百四十日元计，比我国水果的价钱贵得多。

我们在大阪参观了一次超级市场（京桥店）。副食品中制成品和半制成品很多，为家庭主妇减轻了劳动量。经理引我们参观了蔬菜包装车间，只有三位女工用机械称重量和包装，工作很紧张。机械不停地运转，工人一分一秒也不能闲着，比我们的售货员辛苦多了。

顾客在超级市场入口处拿一个篮子，自己挑要买的东西装在篮里，挑齐了到出口处算账付款，自己包成一包带走。我见到不少妇女买东西的时候也并不是很愉快的。可能是看到物价又涨了（同水果店一样，商品都是明码标价的），不禁要皱起眉头；还要考虑到自己口袋里的钱能够买些什么东西。人们的购买力还是有限的。我们在京都候车顺便参观新落成的地下商店，看见闲逛的人多(那天正是星期天)，买东西的人少。

供求关系和服务态度

过去有人说，排队买东西，排队等汽车，排队等吃饭，排队等缝衣……所有这些都是社会主义优越性的表现，因为这证明人民的生活水平提高了。这种说法，我也曾经相信过。因为旧社会民不聊生，劳动人民衣不蔽体，食不果腹，哪有闲钱和时间去买东西、乘汽车、下馆子、缝新衣呢？

现在，我有了新的看法。这是一个供求关系问题，也是生产和消费的比例问题，还有一些人为的因素。

时间就是生命。生命是最宝贵的。我们每天花在排队等候这、等候那的时间，积少成多，数字可观。为什么不能多设一些服务点来方便群众呢？

现在人们感到服务行业的职工，有许多人服务态度不好。除了官商作风以外，也还是供不应求造成的。如果供求平衡或者供过于求，再加上思想教育，我看，服务态度是会好起来的。

我们社会主义制度的优越性，要体现在方便群众上，体现在为群众谋利益上，体现在满足群众不断增长的物质生活需要和文化生活需要上。这是社会主义基本经济规律所决定的。否则，不珍惜群众的时间，不考虑群众的方便，不千方百计满足群众的需要，优越性如何能体现出来呢？

日本商店也好，饭馆也好，满街都是。群众吃饭、买东西都很方便，虽然其中免不了资本主义的竞争，大鱼吃小鱼，小鱼吃虾米的现象自然是家常便饭。所以它们不得不搞什么“岁末大拍卖”来招徕顾客。但是，消费者的确可以免去排队等候之劳，而且还有自由选择的余地。如果我们能排除资本主义的弊端，而又能便利群众，这才能体现出我们社会主义制度的优越性来。

说到底，还是一个发展生产的问题。生产发展了，物资丰富了，供求平衡甚至略有超过了，就有了满足人民需要的前提。但是，还有一个为谁生产、为谁服务的问题要解决好。所以在发展生产的同时还要考虑到利于消费。此外，服务行业的职工要有群众观点，一切要为群众利益着想，而不要为自己的方便着想。否则，即使货源充足，仍然会造成条条长龙。消费者的宝贵时光就在长蛇阵里消磨掉了，岂不可惜！

高速公路和买路钱

公路英语叫 high way，直译就是“高路”。日本的高速公路是名副其实的高路，因为都是高架在空中的路。这些路多半是单行道，又可避开十字路口的红灯。在这种路上行车，速度本来应当快得多。但是因为汽车太多，在上下班高峰时，速度也并不高，走走停停是免不了的。如果没有这些架高了的路，车辆拥挤的情况必定更甚，车速也必然更低了。

这些高速公路，有些是私人修建的。车子从普通公路爬上高速公路的入口处，都有一个收费的亭子，车子经过那里，就要按规定收费标准交费，才能通过。到另一段公路，可能是另一个资本家修建的，往往又要交一次费。普通中小型轿车，每次大约要交三百日元。

这真是货真价实的买路钱。每使用一次交一次费，不使用就不交费，负担倒是合理的。因为路是私人修的，不能像政府修的路一样一次征收养路费。但在行车途中，随时要准备好买路钱，对司机来说，是够麻烦的。

源远流长

我在日本，没有像五十年前第一次从故乡到上海时感到的那种“异国情调”。五十年前的上海还有外国租界。高鼻子、蓝眼睛的白人，红头巾、黑皮肤的巡捕，还有那高层的楼房，外文的招牌，把祖国的都市变成了洋人的世界。

这次在日本看到日本人的相貌同我国汉族人的相貌几乎没有什么差别。难怪在欧美各国，人们分不清谁是中国人，谁是日本人了。加上满街的招牌大多数都写着汉字。所以过去常说：“中日两国，同文同种。”那时，这句话出自侵略者之口，虚伪地要求两国“亲善”、“共存共荣”，理所当然要引起中国人民的反感。

现在的日本朋友，强调友好，绝不使用“亲善”一词，是很了解中国人民的感情的。事实是中日两国文化的友好交流，确实是源远流长。根据有文字可考的历史，早在两千多年以前，两国就开始了友好往来。东汉班固（32—92）写的《汉书》里就有关于日本情况的记载。从公元 6 世纪末到 9 世纪末，即我国隋、唐两朝，中日友好交流频繁而昌盛。日本留学生阿倍仲麻吕（701—770）在我国生活了五十多年，同我国唐代诗人王维、李白等结下了深厚友谊，还在唐朝政府做过官。日本派来的使团有十多次，每次少则一二百人，多至五六百人。我国鉴真和尚应邀东渡的故事，至今还为日本人民所传诵。

我们在参观新神户甲南女子大学的时候，校长致欢迎词，说他的出生地九州鹿儿岛就是古代日本派遣唐使的出海口岸。“幼年常听祖母说，那里也是中国文化的输入口岸。我们日本的文化是由贵国传来的，在悠久的历史中受到贵国文化的良好影响。现在两国关系越来越友好，我感到非常高兴。”——这样热情友好的话，在我们访问期间听到过多次。

在近代史上，日本的明治维新（1868）比我国向西方学习约早二三十年，而且收到显著的效果。我国在开始学习西方文化的时候，也曾向日本学习。日本曾经帮助过孙中山先生的革命活动。我国著名学者鲁迅、郭沫若等都曾在日本留学。至今，日本在教育、科学、技术方面值得我们学习的东西很多。我们应当遵照周恩来同志的教导，中日两国人民要世世代代友好下去，中日两国的文化交流要不断扩大和加深。

吸收、继承和改造

日本人民对古代文化和外国文化，善于吸收、继承和改造。这确实是一个极大的优点，值得我们学习。例如，日本古代吸收了中国文化，至今看得很明显。日文中保留有汉字，学校课程标准中规定学生必须学会汉字的最低数量；语文教材中还讲授我国古代名著的片段，有《论语》、《孟子》、《荀子》等选读和唐诗选读；把练毛笔字（书法）当作一门艺术必修课；等等。这些都是日本对古代吸收来的文化遗产，至今还注意继承的表现。

中国古代的经、史、子、集，日本翻译出版的不少。中国著名的古典小说，日本都有翻译出版。我们参观的书店里有成套的中国古籍的译本。在学校图书馆里也看到这些译本。值得注意的是中国古典小说《金瓶梅》的译本，不仅书店里公开出售，而且学校图书馆里也开架陈列。不像在这部小说的故乡，至今它还没有摆脱“禁书”的命运。

日本从19世纪60年代明治维新以后，就开始大规模地向西方资本主义各国吸收新文化，至今已经一百多年。但是，它并没有因为有了近代文化就把古代文化抛弃。如果古代文化是封建主义文化，近代文化是资本主义文化，那么，日本继承封建时代的文化遗产，并没有妨碍资本主义经济的发展。这就证明，人类文化中的精华，是不会随着社会制度的改变而失去价值的。我们也要善于吸收和继承人类文化中的精华，来丰富我们的文化宝库。民族虚无主义的态度，无产阶级文化派的观点，都是错误的。

日本人民最大的特点，不仅在善于吸收和继承人类文化，而且更善于把吸收来的文化加以改造，使它成为具有日本民族特色的东西。这在现代科学技术方面是异常明显的。他们能够兼采众家之长，改造成独具一格的技术。如，日本摩托车的质量在世界上首屈一指，就是如此。又如，能源供应紧张，他们就研究制造出节约用油的汽车，提高了产品在国际市场上的竞争能力。这不仅同日本整个民族的文化科学知识水平有关，而且跟他们勤奋努力的学风和尊重科学的态度是分不开的。

载《论教育规律及其他》，
湖南教育出版社 1983 年版。

日本普及教育的有力措施*

——考察日本中小学教育笔记

1980年11月25日到12月10日，我作为中国中小学教材考察团的一员访问日本。这次访问的任务并不是考察日本的义务教育，只因我平日比较关心我国的普及教育问题，而日本正是在这方面有成就的国家，所以我在考察的时候还注意了解日本在普及义务教育工作中所做的努力，以便吸取对我国有益的经验。现在根据考察所得，并参看日方送给我们的有关资料，谈谈日本是怎样在普及义务教育上下功夫的。

为什么说日本在普及义务教育方面是有成就的国家呢？请让我简单介绍一下它普及义务教育的历史和现状。

1868年开始的日本明治维新，历史学家称为不彻底的资产阶级革命。尽管革命不彻底，但接着进行的发展资本主义经济和教育文化的过程却是迅速的。1872年建立了近代学制，首先就设立师范学校培养师资。1875年规定六岁到十四岁为学龄期，所有儿童应入小学受教育。这个理想超出了当时日本的物质生产和人民生活的水平，因而未能实现。1880年按照实际情况规定义务教育年限为三年。1899年普遍延长为四年，1903年四年义务教育的普及率超过百分之九十。1907年就把义务教育年限延长为六年。1912年六年义务教育的普及率就超过了百分之九十八。1941年日本政府虽然做出了延长义务教育年限为八年的决定，但是忙于侵略战争，并未实行。1947年，日本在战后国民经济十分凋敝、人民生活极端困难的条件下，决定把普及义务教育的年限延长为九年。现在，据文部省官员说，九年义务教育已经百分之百地普及了。而且修满九年义务教育的青少年，1979年有百分之九十四升入高级中等学校学习。实际上，现在日本已经基本上普及了十二年的教育了。这里要补说一句，

---

* 1981年1月25日写成。

第二次世界大战以后，日本的学制仿效美国，实行“六三三制”，即小学校六年，中学校（即初级中学）三年，高等学校（即高级中等学校）三年。小学和初中是义务教育阶段。

日本政府是怎样保证做到这一点的呢？我看有以下几项措施是值得我们注意的。

第一是教育立法。战前，日本为了给天皇培养“忠顺的臣民”，法律规定国民有受教育的义务。这种义务同服兵役和纳税一样，是不可逃避的。如果学龄儿童不入学，父母要受到追究。所以义务教育也称强迫教育，是带有强制性的。过去，日本是在这样的立法保证下，普及了义务教育的。同时在经费、师资等方面，都有法律予以保证。如，1916 年公布《教员检定规程》，1918 年公布《市、镇、村义务教育费国库负担法》等。战后，日本教育的指导思想不同了，在 1947 年公布的《教育基本法》中，强调主要依靠教育的力量，按照新宪法的精神，建立一个“民主的有文化的”国家。并且针对战前的法西斯统治，提出要普及“尊重个人尊严”的教育，普及能培养“热爱真理与和平的人”的教育，普及能“创造文化和丰富个性”的教育。在法律规定义务教育延长为九年不久，小学毕业升入初中学习的适龄少年已达百分之九十九。实际上，这正是恢复和发展社会生产的必要前提。

第二是增拨经费。普及教育就得花钱。这个钱不能让上学的人出，即不能让学生家长出，不能实行“谁上学谁出钱”的原则。这个钱要由国家出。这是世界各国的通例。所以义务教育的含义，不仅是指国民有受教育的义务，家长有送子女受教育的义务，而且国家有拨经费、建校舍、置设备、编教材、请教师来供给儿童受教育的义务。在现代国家，普及义务教育都是免收学费的。政府财政收入，其中包括人民缴纳的税款，应当用相当大的一部分来办教育。这也是世界各国的通例，日本当然并不例外。据日本文部省的统计，1979 年度日本国家财政预算中，文部省的经费占百分之十点五。1977 年全国教育经费十一万二千一百九十五亿日元，占国民收入的百分之七点三，其中义务教育经费占百分之五十五。

1977 年在义务教育经费中，由国家财政负担的占百分之三十二点七，由地方财政负担的占百分之六十五点九，由私立学校校董会（主要是宗教团体）负担的占百分之一点四。

在地方财政预算中，教育经费占的比例，1980 年大阪府为百分之三十三点一，京都府为百分之三十一点四。同年大阪府教育经费总额中，用于义务教育的占百分之六十五点六；京都府教育经费总额中，用于义务教育的占百分之六十六点七。这些数字足以说明，日本义务教育的普及，在很大程度上是由于教育经费得到政府的切实保证。

第三是兴建校舍。日本重视义务教育，由来已久。据说1923年东京大地震以后，在重建都市的计划中，把建筑小学校舍和小学教师的住宅放在优先地位。经过多年的经营，现在日本的小学校舍，据1978年统计，共有七千六百八十七万九千平方米。按1979年全国小学生总数一千一百六十二万九千一百二十一人来平均，每人占有校舍六点六平方米。我们参观的和歌山市立本町小学，现有学生五百一十四人，占有校舍面积五千八百四十二点七平方米。平均每生占有校舍十一点三平方米，比全国平均数高得多。这所小学的校舍，也是多年经营分五批兴建起来的，从1948年第一栋校舍落成到1975年第五批校舍落成，经过近三十年之久。

日本初中的校舍，1978年有四千三百五十三万二千平方米，按1979年全国初中学生数四百九十六万六千九百七十六人来平均，每生占有八点七六平方米。我们参观的和歌山市立城东中学，现有学生一千零三十五人，共有校舍五千二百六十八平方米，平均每生占有五点零九平方米，这就比全国平均数低了。

日本在1958年通过《义务教育学校建设费国库负担法》，显示出国家对普及义务教育的重视和关心。

第四是培养师资。普及教育而不培养合格的教师，就会成为一句空话。所以教育发达的国家对师范教育都很重视。前面说过，日本从1872年举办近代教育起，首先就设置师范学校来培养师资。因为把正在成长的一代托付给什么样的人来教育，实在是关系到国家前途的大事，万万马虎不得的。日本现在规定，小学教师和初中教师都要求是大学本科毕业生或短期大学毕业生，前者可得一级教谕普通许可证，后者可得二级教谕普通许可证，普通许可证终身有效。高级中等学校毕业生，在小学和初中只能当临时教员，每三年要考试一次，合格的方能继续任教。这样就保证了义务教育师资的质量。

在日本，教师的待遇也受到政府的保障。日本是个重视学历的社会，同样学历的教师，不论在哪一级学校任教，待遇都一样。如，大学本科毕业生，不论到幼儿园任教还是到小学、初中任教，开始时工资都是每月十一万日元。为了使教师安心长期从事教育工作，日本还实行“年功加俸”制度。任教十年，大约工资可以增加到每月十八万日元；任教二十年，大约工资可以增加到每月二十五万日元；任教到退休前（五十九岁），工资可以增加到每月三十二万日元。如果担任校长，退休前工资可以增加到每月三十六万七千日元。日本一般大学教授的工资每月四十万日元。所以日本大、中、小学教师工资的差别并不很大。中小学教师的工资比相同年资行政干部的工资略高。

在教师的工作负担方面，日本正在争取使每班学生人数不超过四十人。以大阪府为例，1979 年小学平均每班学生三十七点一五人，初中平均每班学生三十九点一五人。小学平均每班有教师一点三二人，初中平均每班有教师一点八二人。平均每位教师负担学生数，小学二十八点二人，初中二十一点五六人。这样的负担比较合理，有助于提高教育质量。

日本还有教师研究进修的制度。大阪府立科学教育中心，就是既研究各科教学（不限于理科），又供教师研究进修的设施。

由于教师在社会上受到尊重，职业有保障，许多没有受到教育专业训练的人也很愿意当教师。这些人可以参加教师检定考试，及格的发给教师证书。据说往往四个人里能有一个人考试合格。

第五是供给教材。日本中小学教科书采用审定制，由教科书出版社（现有六十五家），聘请专家按照文部省颁布的课程标准分别编写，编成初稿由出版社印制若干份送请文部省审查。文部省设有专职教科书审查官四十三人，并组织教科书审议委员会，聘请兼职审议委员九十人。另外还聘请兼职教科书调查员数百人。教科书初稿送到后，就由专职审查官、兼职审议委员和由大学教师、中小学校长及教师组成的教科书调查小组分别审查，提出意见。审议会综合各方意见、做出能否用作教科书的决定。经文部大臣同意后，再将各方面提出的意见，发给出版社转给原编者修改。修改后再印成内阅本，送文部省复审。审查通过后，出版社还要把样本送审，才能完成正式批准手续。日本文部省对教科书的内容控制很严，如果教科书的编者不按文部省的审查意见修改，就不得作为教科书出版。

学校和教师有权选择教科书，但一个学区还以采用同一种教科书为限。教科书的质量是由审查制度和学校自由选择来保证的。不好的教科书没人采用，自然就被淘汰了。当然，教科书的审查还有更重要的一点，就是保证所有的教科书都要宣传日本政府的观点，更不得有不利于现存社会制度的内容。

1962 年，日本政府还公布了义务教育各种教科书免费供应学生的法律。

1979 年，国家为免费供应教科书支出三百七十八亿日元，占全部文教经费的千分之九。

我们访问的时候，正值日本政府编制 1981 年度财政预算。因为预算有赤字，大藏省（财政部）提出要取消教科书免费供应制度。文部省坚决反对。我们问文部省官员，这项制度是否会取消。他们很乐观地说，不会取消，因为这关系到千家万户的利益。

第六是补助就学费用。为了使全国学龄儿童都能受到国家规定的义务教育，国家还支付各种就学补助费，如，学习用品费（小学一年级和初中一年级新生还有额外的补助）、走读用品费、校外活动费、走读生交通费（仅发给住在离校四公里外的小学生和住在离校六公里外的初中生，路上积雪时分别改为二公里和三公里）、修学旅行费、学校午餐费（有供应全部午餐的，有补助一部分餐费的，有只供牛奶的）和医疗费等。1979 年，此项就学补助费约达一百七十八亿六千万日元。

第八是保证缺陷儿童入学。文部省官员说，日本已百分之百地普及了九年义务教育，这句话内行人往往是不会相信的，因为总会有千分之几或万分之几的儿童，由于身心缺陷，不能入学。精确的说法是百分之九十九点几。但是从日本的各项统计材料来看，他们这样说是可以相信的。因为日本已为身心有缺陷的儿童办了盲学校、聋学校和养护学校，使身心有缺陷而不能入正常学校学习的儿童，都能由国家加以养护。国家还要为此特设专门的学校来培养这些学校的师资。据统计，1979 年盲、聋、养护学校共有八百三十七所，收容幼儿、儿童及少年八万八千三百九十七人。

对于身心缺陷比较轻微的，仍在正常学校设特别班由专任教师来教养。据 1979 年统计，小学里计有这样的特别班一万四千零七十五班，学生七万七千一百三十一人；初中有六千七百八十一班，学生三万八千五百八十七人。我们参观的和歌山市立本町小学和城东中学，都有这样的特别班。

以上这些，我看就是日本能够普及义务教育的有力措施。我相信，只要承认普及教育是大政，是建设现代化国家的前提，我们就应该下最大的决心，做坚持不懈的努力，踏踏实实采取有力的措施，保质保量地来促进这项重大政治任务的实现。

载《课程·教材·教法》1981 年第 2 辑。

日本和歌山市立本町小学参观记*

1980年12月2日上午，我们中国中小学教材考察团的全体团员，参观了日本和歌山市立本町小学（日本的小学修业六年，是义务教育的第一阶段）。刚到校门口，就见校长和副校长已经同没有课的教职员、学生代表和家长委员会的负责人在门外迎候了。一到会议室，学生代表就给我们送了一个带着别针的圆形厚纸片，上面写着“欢迎”二字，还绘制有象征日本民族服装的图形。我们都别在胸前，以不负主人的盛意。

校长用幻灯帮助，介绍了本町小学概况。原来这所小学是1947年由历史悠久而毁于战火的两所小学合并而成的。校地面积达九千二百七十六点三平方米，校舍面积有五千八百四十二点七平方米，运动场的面积有二千零七十九点一平方米。现有学生十五个班，共五百一十四人。还附设有幼儿园。小学教职员共二十七人，其中校长、副校长各一人，教员十八人，职员三人，厨师四人。教职员以女性为多，共十九人，约占百分之七十。现有校舍是分期分批建成的，按学生人数平均，每生占有校舍约十一平方米，比日本全国小学平均数六点六平方米高出很多。每生占有运动场面积约四平方米。

校长说，该校的校训是“强、正、明”：“强”就要有强健的身体，“正”就要有正直的精神，“明”就要有丰富的知识。他还说教师要本着爱的精神来教育儿童。

该校还送给我们每人一份材料，包括铅印的《本町之教育》和复印的参观日程。前者就是学校概况的介绍，有的学校称作《学校要览》；后者把我们在该校的活动时间，按几时几分做了准确的分配，还把我们参观时全校十五个班的简明教案列表复印出来。可惜我们的日程安排得很紧，参观教学真是名副其实的“走马看花”。

---

* 1981年2月6日写成。

校长介绍时曾说，现在因为人口出生率降低，学生人数有减少的趋势。我在参观中发现，除了三年级两个班和六年级两个班，每班学生在四十二人左右外，其余各班人数，最多三十九人（一年级两个班），最少三十一人（二年级三个班）。

我在本町小学参观教学的时候，留下深刻印象的有这样几节课。一是五年级（一）班的学生由教师指导，在实验室里，几个人一组，亲自动手制取二氧化碳，可见日本小学理科教学水平比较高。

二是六年级（二）班教师指导学生照课文分角色表情朗读。课桌排成U字形，朗读的几个儿童就在教室中间表演。课堂气氛活跃。

三是五年级（三）班的体育课，学生在体育馆兼礼堂练跳箱，儿童排好队，分三组，分别在三个跳箱前练习跳越。教师轮流到各组指导。学生都能自觉遵守秩序，自动练习。有一个肥胖儿童几次跳不过去，同学们并不讥笑他，而是站在跳箱两侧保护他，鼓励他再跳。足见教师平日指导有方，要求严格，学生才能这样互助友爱。

四是设特别班把各班成绩落后不能随班学习的儿童集中起来教导。本町小学有一位教师专门任特别班的教学工作。这一班就以教师的姓氏命名，共有学生八人，其中三年级和五年级各一人，四年级和六年级各三人。这一班学生人数虽少，但要实行个别教学，教师负担仍然不轻。我们参观的时候，多数学生正在各自做书面作业，少数学生由教师低声进行指导。

这所小学的每个教室都有投影幻灯机的设备。银幕悬在黑板的左上方。教师讲课时，如果用幻灯映出图画，需要写字还可以利用黑板。有的教室还有电视机，未见使用。

参观教学以后进行座谈。在座谈会上，在校长先生的介绍经验中，有几点值得重视。

第一，他说日本学校对学业成绩落后的儿童，不是轻易就编入特别班，而是采取三种办法：(1) 在正常的班级里对他们加强个别指导，如他们上课时不举手，不发言，要鼓励他们举手，鼓励他们发言；(2) 课后留他们在校补习功课；(3) 如果智力确实较差再编入特别班，使用专用教材，由专任教师教学。

第二，我们原来就知道，日本小学从一年级起就设有社会科和理科，一直教六年。前两年每周各两学时，后四年每周各三学时。这样读到小学毕业，儿童对人类社会和自然界的知识就会有一个概略的了解。这次参观时，听校长说，小学社会科里不仅包括历史、地理的知识，还有近自现实社会生活，远至国际形势的教育。社会科的范围扩大了，儿童的眼界也扩大了。

第三，日本学校同家庭有密切的联系。校长说，现在办学不是由校长单独负责了，家长们也在协同负责。如学校接待外宾，家长委员会的负责人也一同出面。平日家长委员会的委员们主动协助学校教育学生，帮助双职工教育他们的子女。学校有重大事件，也同家长委员会协商研究解决。

座谈会限于时间，不得不按时结束。接着就参观儿童午餐。日本小学有完全免费供应儿童在校午餐的，有只免费供应副食或主食的，也有免费供应牛奶的。本町小学只免收一部分午餐费，因为政府拨的经费不够完全免费。我们在室外匆匆转了一趟，看到儿童们都在兴高采烈地进餐。食品每人一份，用食盒盛着。这天的主食是面包，副食有五六种菜肴，每种分量不多，营养比较丰富。在学校发给我们的材料中，有一个月的菜谱，每天不完全相同。

最后，我们应主人之邀，同学校老师们合影留念后，就匆匆告辞了。

参观以后，我有几点感想。

四十多年以前，我也曾是小学教师。这次我到日本小学去参观，感到很亲切。中日两国虽然社会制度不同，国民经济发展的程度不同，人民生活水平不同，两国办学的指导思想和培养目标当然也不同，但是，日本在校舍的建筑设备方面，在学校的行政管理方面，甚至在学科的设置和教学方法方面，可供我们借鉴的地方确实不少。第二次世界大战以前，我国有些国立的或省立的小学，同我们现在参观的这所日本市立小学相比，在这些方面，差距虽有，不算很大。这所小学是战后在废墟上重新建立起来的，从1948年建成第一栋校舍，到1975年第五批校舍落成，前后将近三十年之久，共建成校舍约六千平方米。由此可见，只要我们重视小学教育事业，日积月累，不断经营，我们也可以在我国各县、市看到这样的学校的。据说1923年东京大地震以后，日本在重建都市的计划里，要求把建筑小学校舍和小学教师的住宅放在优先地位。可见日本重视小学教育事业，由来已久。这也许是它今天能在经济发展上跃居世界前列的原因之一吧。

日本的学校职员较少，学校的教导、研究和行政事务，大都由教员分担。本町小学也不例外。值得注意的是教员都要参加校内学科教学研究组织，这样既可不断总结和交流教学经验，又可帮助新教师熟悉业务。对学生课外、校外活动的指导，也都有各种研究组织，教师分别参加，并均有专人主持。行政事务的分工很具体，凡事皆有人负责。本町小学连校长在内共计只有教职员二十七人，可是校内外有关行政事务就列举了五十项，每项皆由全体教职员分担，其中三位专任职员当然分担的项目多些。

本町小学还注意交通安全教育，如，把走廊、楼梯都画了中分线，让儿童在校内养成靠左边走的习惯。社会上也很注意保证儿童走读的安全。在学校附近的路上，常常见有“通学路”的牌子，大约是为了提醒机动车辆行车时注意的。

最后，特别要再提一遍的是日本的小学教学计划，从始至终每年都教理科和社会科。我国对此特别忽视。1978 年公布的暂行教学计划，只在小学四、五年级才设自然常识，而且只教死知识，不善于启发学生思考。整个五年小学教育不教社会常识。① 这样，小学毕业的儿童对祖国历史、地理一无所知，如何能有爱祖国的情感？更如何能有社会主义觉悟？这依然是受课程砍一半的极左思想影响的表现。今后我们必须按教育规律办教育，才能真正提高教育质量。

载《论教育规律及其他》，
湖南教育出版社 1983 年版。

① 1981 年 3 月修订公布的小学教学计划已经提前一个年级开设自然常识，并在四、五年级分别开设历史和地理。新编小学自然课本已经注意启发学生思考。

日本大阪市立都岛工业高中参观记*

1980 年 11 月 27 日，我们参观了日本大阪市立都岛工业高等学校。

在日本现行学制中，“高等学校”是指高级中等学校，就像美国有些州称呼他们设有九至十二年级的中学为 high school 一样，是中等教育机关，而不是高等教育机关。

日本的“高等学校”是建立在六年小学教育和三年中学教育的基础上的，修业年限三年，相当于我国十二年制中小学教育的高级中学。为使读者不致误解，我就称它为高中。

日本的高中有几种类型。一种是普通高中，其中也有加强外国语教学的英语科和加强数理教学的理数科，都以准备学生升学为主要任务。普通高中还有体育保健科，毕业生一半升学，一半就业。另一种是职业高中，有农业高中、工业高中、商业高中、水产高中、医事高中、家事高中等，以准备学生就业为主要任务，相当于我国的中等专业学校。还有一种是综合高中，兼设有普通科和职业科。普通高中毕业生也有就业的，职业高中毕业生也有升学的，不过人数较少。现在我国改革中等教育结构，除了适应各行各业的需要多办中等专业学校外，在普通高中也可以设职业科，以培养初、中级建设人才。

大阪市立都岛工业高中创办于 1907 年，已有七十多年的历史。现在的校舍最早是 1925 年建筑的，已有五十多年，看来还很坚固。校长在领着我们参观时，曾经指着油漆剥落的铁门，告诉我们旧校舍的年龄。

我们到达时，校长和各科主任教师早已在门外迎候了。主人让我们先在校长室稍坐。进入校长室，一眼就看到墙上挂着一面大镜框，里面装有我国唐代张继作、清代俞樾写的《枫桥夜泊》诗碑的拓片，令人想到主人爱好我国古代文化，因而产生亲切之感。校长室里还悬挂着历任校长的照片，共有十幅，第

---

* 1981 年 3 月 20 日写成。

二任校长任期最长，有十四年；第十任校长任期最短，只有二年，平均任期约七年。

现任校长是 1976 年开始就职的。他在致欢迎辞的时候说，1978 年他曾来我国访问，到过北京、西安、太原等地。回国后写了一本访华报告集出版。他把这本文集赠给我们考察团一册。

都岛工业高中现有毕业生两万人在产业界工作。学校信誉很好，每年应届毕业生每人有五六个职位可供选择。如，1978 年各单位来信要毕业生的有一千二百三十二起，共需要一千六百三十三人。这年就业的三百五十六人，只满足了需要量的百分之二十二。一九七九年来信一千六百三十五起，需要二千一百零七人；就业三百八十人，只占需要量的百分之十八。这些数字说明，大阪市的这所工业高中是个名牌学校，教育质量较高。毕业生很受产业部门欢迎，所以供不应求。

都岛工业高中现设机械科、建筑科、电气科、土木科、工业化学科和机械电气科共六个科。前四科每年级各有两个班，每科各有六个班；工业化学科一、二年级各有两个班，三年级有三个班；机械电气科每个年级各有一个班。全校共有三十四个班，每班有学生四十人，共有学生一千三百六十人。

日本中小学各设校长一人，教头（即副校长）一人。都岛工业高中也一样。全校有普通学科（包括国语、社会、数学、理科、体育保健、英语）的教师共三十八人，其中有理科实习助手一人。专业学科教师，机械科有十四人，实习助手一人；建筑科有九人，实习助手二人；电气科有十三人，实习助手二人；土木科有八人，实习助手三人；工业化学科有十五人；机械电气科有八人。专业学科的教师和实习助手共七十五人。另有教养人员一人，作业管理人员四人。全校共有教学人员和教学辅助人员一百二十人，事务员十人，总计有教职员一百三十人。其中教学人员和教学辅助人员约占百分之九十二，非教学人员约占百分之八。

都岛工业高中的课程设置，重视打好普通教育的基础。各专业在三年中必修的普通学科共有五十七学分，约占百分之五十九；必修的专业学科共有四十学分，约占百分之四十一。

现将都岛工业高中的课程设置列表如下页。

各专业共同必修的普通学科课程设置

学科		各年级学分数				学科		各年级学分数			
		一	二	三	总计			一	二	三	总计
国语	现代国语	3	2	2	7	理科	物理ⅠⅡ	3	2		5
	古典Ⅰ甲		1	1	2		化学Ⅰ			3	3
社会	伦理社会			2	2	体育保健	体育	3	2	2	7
	政治经济			2	2		保健	1	1		2
	日本史 世界史		△3		3	艺术	美术Ⅰ	2			2
	地理B	3			3	外语	英语	3	3	2+(2)	8+(2)
数学	数学Ⅰ	6			6	小计		24	17	16+(2)	57+(2)
	应用数学		3	2	5	课外教育活动		2	2	2	6

〔说明〕1. △是学校选设学科学分数。

2. （ ）是学生选修学分数。

机械科的专业课程设置

科目	各年级学分数			总计
	一	二	三	
机构实习	4	6	4	14
机械制图	2	2	3	7
机械设计	2	2	2	6
机械加工	1	4	2	7
原动机			4	4
仪表测量自动控制			(2)	(2)
电工原理		2		2
小计	9	16	15+(2)	40+(2)

（ ）内是学生选修学分数，下同。

建筑科的专业课程设置

科　目	各年级学分数			总　计
	一	二	三	
建筑实习	2	2	4	8
建筑设计制图	3	5	5	13
建筑规划	1	3		4
建筑结构	2	2		4
建筑结构设计	2	2	3	7
建筑施工			3	3
建筑法规		1		1
建筑史			(2)	(2)
小　计	10	15	15＋(2)	40＋(2)

电气科的专业课程设置

科　目	各年级学分数			总　计
	一	二	三	
电气实习	3	4	6	13
电气制图	1	2	2	5
电工学Ⅰ	5	2	2	9
电工学Ⅱ		4	4＋(2)	8＋(2)
电工学Ⅲ		3	2＋(2)	5＋(2)
小　计	9	15	16＋(2)	40＋(2)

土木科的专业课程设置

科　目	各年级学分数			总　计
	一	二	三	
土木实习	4	4	4	12
土木制图	2	2	2	6
测　量	2	2		4

续表

科　目	各年级学分数			总　计
	一	二	三	
土木应用力学	2	2		4
水力学			2	2
土力学			2	2
土木工程规划			3	3
土木设计		2	2	4
土木施工		3	(2)	3+(2)
小　计	10	15	15+(2)	40+(2)

工业化学科的专业课程设置

科　目	各年级学分数			总　计
	一	二	三	
工业化学实习	6	6	8	20
工业化学Ⅰ	3	4		7
工业化学Ⅱ		2	2	4
工业化学Ⅲ		2	3	5
化学工场		2	2	4
化学工业特论			(2)	(2)
小　计	9	16	15+(2)	40+(2)

机械电气科的专业课程设置

科　目	各年级学分数			总　计
	一	二	三	
机械电气实习	3	3	6	12
机械制图	1	2	2	5
机械设计	1	2	1	4
电工学Ⅰ	2	2		4

续表

科　目	各年级学分数			总　计
	一	二	三	
应用力学	3			3
自动控制		2	2	4
电机组装工艺		4		4
原动机			1	1
电气机器			1	1
测量电路			2	2
电子计算机			(2)	(2)
小　计	10	15	15+(2)	40+(2)

由以上各表可见，都岛工业高中各专业三年的必修学分都是九十七个，比普通高中必修八十五学分多十二学分。选修科很少，只有两学分。如果选修了普通学科英语，就不能再选修专业学科了。

由以上各表还可看出，各专业都很重视实习。实习学分最多的是工业化学专业，达二十学分，占专业课学分的一半。最少的是建筑专业，八学分，只占专业课学分的五分之一。其余各专业的实习课大约各占专业课的三分之一左右。所以校长说，他们注重技能的培养。对于中等专业学校来说，这是很必要的。

该校机械电气科科长说，他们既给学生一定的理论知识，又给学生技术训练。如，培养汽车司机，不仅要他学会驾驶，还要使他懂得汽车构造。如果机件发生故障，他能够立即动手排除。该校在技术训练方面，为了适应学生个性，让学生在规定范围内自己选择课题，分小组进行实习作业，通过实习来了解学生。该校对于有可能升学深造的学生，帮助他们准备升学。每届毕业生中，升学的约占百分之十。

该校从 1968 年起，在培养目标方面提出发展学生创造性的要求。过去教学偏重模仿，效果不好。重视创造性的教育以后，学生对理论知识的学习比较灵活了，在实习和设计作业方面也有所创新。1975 年以来，该校多次参加大阪府和全日本的学生创造发明成绩展览会，并且受到奖励。

由于时间限制，我们参观教学只是走马看花。校长领我们看了建筑结构设计课，见一名学生正在黑板上绘图解答教师的问题；看了一个机械车间，学生正在普通的一台虎钳上实习操作；看了一个化工车间，反应罐和管道里正在进行着糖渣发酵制取酒精的生产流程，当时车间里没有学生；看了建筑设计制图课，学生正在专心致志地绘制建筑设计图，墙上挂有学生已经绘成的幼儿园园舍设计图、中小学校舍设计图等。此外，我们还在该校新校舍里参观了电子计算机设备，电传打字机打出了欢迎我们来参观的友好词句。那里是无尘车间，进门要脱鞋，室内很清洁。

参观过程中有两点印象最深：一是这所学校既有现代化的电子控制室，也有比较陈旧的机械车间，并不是一切都追求高尖精。后来我们参观的其他高中，理化实验仪器也比较一般。我体会到学校设备以适用为主，中等学校教的是基础知识，有普通的设备就行了。在我国教学仪器工业还不能满足多数学校需要的目前条件下，还应当提倡教师自制教具，绝不可以坐等现代化的教学手段。另一个深刻的印象是这所学校体育设备非常完善，有体育馆、柔道馆、剑道馆（都要脱鞋进门）、游泳池和有四百米跑道的体育场。日本学校重视体育，已经收到了增强国民体质的实效。

参观以后又进行座谈。我们了解到这所学校因为历史悠久，办学有方，每年招生时投考的人多，只有在初中学习成绩优秀的才可能考取。入学考试要考语文、社会、数学、理科和英语，还要参看初中三学年的学业成绩。

据说这所学校由于注意培养学生的创造能力，兼顾理论知识和实践技能的训练，毕业生的程度已经同短期大学毕业生不相上下，难怪受到各企业的欢迎了。

工业高中毕业生如果要升学，还是不如普通高中毕业生有利。即使投考工业大学，也是普通高中毕业生容易被录取。因为工业高中必修的普通学科比普通高中少二十八学分（85－57）。如，都岛工业高中学习英语八学分，普通高中多学英语 B 七学分。相差一门课七学分。又如，都岛工业高中只学无机化学，普通高中还要学有机化学，如此等等。但是，有的工业大学愿意招收专业对口的工业高中毕业生。

日本高中是收学费的，都岛工业高中 1980 年度收费情况是初入学时要缴纳学费四千日元，家长教师协会入会费三千日元，学生会入会费一千五百日元，共计八千五百日元。以后一、二年级学生每人每月要缴纳实习材料费、修学旅行费、设备扩充费等一万零三百日元，三年级学生每人每月缴纳六千四百日元。每年均按十个月计算。平均每个学生每年要缴费十二万日元，相当于日本具有大学毕业资格的普通职工一个月的工资。

座谈结束后，校长邀我们在校门前摄影留念。

载《论教育规律及其他》，
湖南教育出版社1983年版。

我所了解的傅任敢教授*

商务印书馆在30年代出版《汉译世界教育名著》丛书。傅任敢教授译的洛克著《教育漫话》(1937年出版)、夸美纽斯著《大教学论》(当时书名译为《大教授学》,1939年出版)和裴斯泰洛齐著《林哈德和葛笃德》(当时的节译本书名为《贤伉俪》,1936年出版),还有魏肇基译的卢梭的《爱弥儿》(1923年初版)等,我都是在30年代末、40年代初读过的。读了这些书,我开阔了眼界,认识了一些教育工作的规律,提高了教育业务的修养。我常常想,如果没有译者的辛勤劳动,这些世界著名教育家的教育思想,恐怕是不容易为我国广大教育工作者所熟悉的。但是,我在读这些书的当时,只知道译者的姓名,还没有同译者见过面。

我在同傅任敢教授见面的时候,已经是全国解放以后的50年代。当时我在人民教育出版社工作,参加制定我国十二年教育科学发展规划。为了繁荣我国教育科学,有必要借鉴古今中外教育科学的成果。因此,翻译和出版世界教育名著,是教育科学发展规划的内容之一。当时决定,在世界教育名著中,凡已有译本的,可以根据具体情况,同译者和原出版者联系,进行修订再版。我们联系以后,《大教学论》和《教育漫话》两书经傅任敢教授酌加修订,并得到原出版者的同意,改由人民教育出版社于1957年出版。在同傅任敢教授的接触中,我们感到他的治学谨严,一丝不苟,是一位朴实勤奋的学者。

1957年,适逢夸美纽斯《大教学论》一书发表300周年。当时的世界和平理事会要把夸美纽斯当作世界名人来纪念。纪念会的筹备和组织由当时设在人民教育出版社的中央教育科学研究所筹备处负责主持,从夸美纽斯的故乡请来捷克教育家出席纪念会。人民教育出版社除出版了夸美纽斯《大教学论》的精装本外,还赶着翻译出版了苏联克拉斯诺夫斯基教授著的《夸美纽斯的生平

* 这是作者1983年1月15日为傅任敢教授译《大教学论》和《教育漫话》写的跋。

和教育学说》一书。在这次纪念活动中，傅任敢教授自始至终都参加了。在这次活动中，我们感到他和蔼谦虚，谨言慎行，确有教育家的风度。傅任敢教授还著有《〈学记〉译述》一书，曾打算交人民教育出版社，因为我们已接受出版顾树森教授的《学记今译》在前，所以改由上海教育出版社出版。现在看来，这两本书各有特色，并不雷同，都在同一个出版社出版也未尝不可。

此后，听说傅任敢教授遭到冤屈，我们的联系就中断了。直到党的十一届三中全会以后，人民教育出版社应广大读者的要求，要重版《大教学论》和《教育漫话》，才同傅任敢教授进行联系。我这时虽然仍在人民教育出版社工作，但职务变动，另由其他负责同志联系了。听说傅任敢教授虽然健康状况不佳，但仍坚持不懈，认真修订这两本书的译文。因为他认为这两书的原著既是不朽之作，译文也应该经得起推敲，成为不朽的译作。这种科学态度是非常可贵的，值得学习的。不幸的是，傅任敢教授带病工作，过于劳累，勉强脱稿，就与世长辞了！

收到傅任敢教授的讣告以后，我不禁百感交集，怅然若失！在追悼会上，我仅仅根据自己对他的片面了解，送了一副挽联。上联是："学贯中西，移译教育名篇，几代学人思厚泽"，指的是他译的世界教育名著，从 30 年代到 80 年代，至少已有三代人读到他译的书，从中得到教益。下联是："术通今古，注释论学巨著，千年遗产畅流传"，说的是他注释和译述了中国古代的教育学名著《学记》，在整理祖国教育遗产方面做出了贡献。因为现在能读懂古文的人不多，经过译述，可以使我国古代教育家的光辉思想广为流传，免得像现在写教育文章的人"言必称希腊，对于自己的祖宗，则对不住，忘记了"。——毛泽东同志四十多年前的这种批评，我看现在还是适用的哩！

谁知道我的这副挽联，得到了傅任敢教授家属的赞赏，他们把我当作傅任敢教授的知己，要我给他译的书写序。我固辞不获，只好答应写篇跋放在书的末尾。为了写跋，我就进一步了解傅任敢教授的生平，原来他不仅是一位教育理论工作者，而且是一位桃李满天下的教育实践工作者。我的挽联远不足以概括他的一生所做的贡献。这一点，我在看到追悼会上别人送的挽联时已经觉察到了。

去年 11 月，我应邀到重庆参加四川省教育学研究会年会，在会上偶然遇到重庆第二师范学校校长王幼群同志。他告诉我他是傅任敢教授当校长时重庆清华中学的学生，并且简单告诉我傅任敢教授主持下的清华中学是一所进步的学校。在当年重庆的白色恐怖包围下，傅任敢教授为了向敌人做斗争，提出“关心国事，不问政治”的口号，有效地阻止了国民党、三青团的势力进入学校。清华中学不设公民课和军事训练课；图书馆有马列主义的书，在订阅国民党《中央日报》的同时公开订阅《新华日报》。——凡是有历史知识的人都应该知道，在国民党统治的中心，能做到这些是多么不易啊！如果傅任敢教授没有不怕遭受迫害的大无畏精神，没有坚定的、进步的爱国思想，是很难办到的。他这样做了，对当时清华中学的学生所起的进步的教育作用，更是难以估计的。

最近，党的十二大把教育提到发展国民经济的战略重点之一的位置，要求在建设高度的社会主义物质文明的同时，建设高度的社会主义精神文明，建设高度的社会主义民主和法制。为了实现这些目标，我们需要有大批忠于祖国教育事业的教育工作者，能把毕生的心血贡献给培养祖国下一代的工作。这项工作是默默无闻的，不是轰轰烈烈的；这项工作又是需要持之以恒的，不能朝秦暮楚的。像傅任敢教授这样的老一辈教育家之所以值得我们怀念，就是因为他已经把毕生的心血贡献给培养祖国下一代的工作，做到了持之以恒，也甘心默默无闻，不求闻达。这些都是教育家的高贵品质，是我们活着的教育工作者在读了傅任敢教授所译的书以后，应该向他学习的。

据陈侠亲属手抄稿排印。

长留遗教在人间

——杨贤江《青年修养与青年教育》读后

天津人民出版社最近出版了我国早期的马克思主义教育家、五四运动前后到第一次国内革命战争时期中国青年学生的良师益友杨贤江同志的论文选集《青年修养与青年教育》。我匆匆读了一遍，觉得它是一本好书，对当前我国青年和青年教育工作者，仍具有现实意义。

编入这本书的论文是杨贤江同志在五六十年以前写的，最早的一篇写于1918年3月，距今已经整整六十五年；最晚的一篇写于1926年11月，距今也有五十七年之久了。六十五年以前，我还不到入学年龄；五十七年以前，我小学刚毕业。当时我没有可能读到杨贤江同志的文章，受到他的教诲。因此，我读到这本书的第一个感想就是为自己未能及时受到这位中国青年的良师益友的教导而深感遗憾。

从50年代到60年代，我有幸同贤江同志的夫人姚韵漪同志在同一个单位工作，而且为了编辑出版贤江同志的遗著《新教育大纲》一书，曾经得到她的指教。因此，我对贤江同志的生平、事业和思想，有过一些粗浅的认识。现在读到这本文选，对著者有了进一步的了解。他不愧是我国做青年思想工作的先驱者。

我们不是经常强调要做好青年学生的思想工作吗？贤江同志处在北洋军阀统治下的旧中国，冒着失业、坐牢甚至生命的危险，对青年学生深入细致地进行着革命的思想教育，希望把青年引上革命的道路。他比我们今天做青年的思想工作不知要困难多少倍。他为我们树立了在调查研究的基础上，从实际出发，以青年学生所能接受的方式，有的放矢地做青年思想工作的典范。

从贤江同志谈青年修养的论文中，我深深觉得他是一位具备大智大仁大勇的革命教育家。在那样黑暗的社会里，要把青年引上革命的道路是很不容易的。但是，他往往三言两语，一针见血，剖析了当时青年思想上不健康的东西，指出青年人应当走的光明道路。如，在 1923 年 7 月写的文章《青年的大敌》里，他要求青年："你要有'反抗强暴，歼除恶人'的魄力，你要有'尊重劳动，为平民献身'的精神，你要有'富贵不能淫，贫贱不能移，威武不能屈'的气节。"这些话既能避免空喊革命口号徒遭反动统治者的迫害，又能唤醒青年，收到利用民族文化传统进行革命思想教育的效果。这充分表现出贤江同志的教育机智、他对青年人的热爱和他对革命事业的勇敢献身精神。

贤江同志因为积劳成疾，加上生活条件艰苦，不幸在壮年早逝。现在，他离开我们已经五十多年了，然而，他当时对青年的谆谆教诲，如，指导青年立志为社会谋福利，不要为一己谋私利；指导青年要改造社会先要改造自己；指导青年树立革命的人生观；指导青年学会读书，自学成才；指导青年锻炼身体，保持健康……在现在和将来，仍然具有现实的教育意义。他提出"指导全人生"的教育方针，也就是要求教育工作者重视学生德、智、体、群、美五育并进（当时的提法），在今后仍然应当受到我国教育工作者的高度重视。贤江同志的言论所以能具有长久的生命力，就是因为他是用马克思主义的立场、观点和方法来论述青年修养和青年教育问题的。我们读这本书，正是要以他为榜样，学会用马克思主义的立场、观点和方法来观察、认识、分析和解决当前我国青年的教育问题。

载《读书》1983 年第 10 期。

知识分子的光辉典范*

——介绍《陶行知全集》兼论陶先生毕生奋斗的道路

1949 年 7 月，我经过长途跋涉，到达了解放后的北平城。第一次应邀参加的群众集会，就是陶行知先生逝世三周年纪念大会。我还应邀写了一篇短文，勉励自己并要求教育界的同行学习陶先生为人民服务的精神，在当时一家报纸发表。——往事如烟，转眼三十七年过去了。

今年是陶行知先生逝世四十周年了。值得欣喜的是由华中师范大学教育科学研究所主编、湖南教育出版社出版的《陶行知全集》首次同读者见面了。尽管 1946 年延安各界追悼陶行知筹备会早曾倡议编辑出版陶先生的全集，但是直到今日，这个倡议方才成为现实。作为一个读者，我一方面感谢编者的辛勤劳动，另一方面敬佩出版者的远见卓识。因为陶行知先生是中国近代史上的一位伟大的人民教育家，又是一位从爱国的知识分子进步为革命民主主义者的光辉典范。而且从某种意义上说，他已经具备了共产主义战士的品格。

这部《全集》共分六卷，第一至三卷编入陶行知的论著共约 171 万字，第四卷编入诗歌 58 万字，第五卷编入书信 70 万字，第六卷编入陶先生编写的课本、儿童读物和其他著译 69 万字。总计 368 万多字。这都是他从 1913 年大学生时代起直到逝世以前的 33 年间留给我们的一份珍贵的遗产。

陶先生一生经过了辛亥革命、五四运动、第一次国内革命战争、第二次国内革命战争和抗日战争这些伟大的政治事件，经历了中国由旧民主主义革命到新民主主义革命的阶段，他在历次政治大变动的关头，都是站在进步力量一边，同反动势力较量的。因为他是一位爱国主义者，起初虽然抱着教育救国的改良主义幻想，但是一次次的白色恐怖，一次次事业的失败，终于使他丢掉了幻想，走上了革命的道路。他是中国民主政团同盟发起组织者之一，也是民盟

* 1986 年 2 月 23 日写于北京。

中央最早的领导人之一。他曾准备继李公朴、闻一多先生之后迎接国民党特务的第三枪。他的斗志是坚决的，革命是英勇的。

陶先生作为一个伟大的人民教育家，他放弃了大学教授的比较安闲舒适的职务，多次辞去省教育厅厅长的任命，立志同农民、工人打成一片，力求通过普及教育，帮助他们摆脱穷困的境地。他的出发点是为人民大众的，毫无个人的私心杂念。他先后推行过平民教育运动、乡村教育运动、生活教育运动、国难教育运动、战时教育运动、民主教育运动，都是顺应时代潮流，同争取民族解放和人民民主的形势相合拍的。

陶先生在教育理论上的建树很多，这篇短文难以备述。仅举改“教授法”为“教学法”这件事来说，不仅在当年（1918 年）引起过争论，而且直到现在不还有人采用注入式教学，把教学活动看成教师的片面活动吗？不是还有人把讲授法看得高于一切吗？因此，我们纪念陶行知先生逝世四十周年，不仅要学习他在政治上不断进步，从改良主义者走上革命民主主义者的道路；也要从业务上学习他坚持真理，不断创新的科学精神。

我不是陶行知先生的学生。当他脱下西装革履，穿上布衣草鞋去办晓庄师范的时候，我正是一个师范生，读过他不少的著作。我也办过乡村教育，但抱着恩赐的观点，没有同农民打成一片。因此，仅就这一点来说，陶先生早就是一个先知先觉的革命知识分子了。

50 年代初，有人批评陶先生是个资产阶级知识分子，是个改良主义的教育家。当时我的马克思主义水平很低，也难以辨别真伪。但以陶先生毕生献身教育的事迹来看，总觉得“伟大的人民教育家”的称号似乎是难以否定的。现在看来，评论一个人的功过得失，不能只看一时一事，要从发展的观点来看。如果这样，那些批评就未免偏颇，而不是实事求是的了。

关于陶先生的道德、事业和言论，现在有了这部《全集》，已经充分呈现在读者面前，可以供我们用马克思主义观点来分析、研究、探讨、消化、吸收、借鉴和批判。每当我手捧这部《全集》阅读的时候，对陶先生的景仰之情便油然而生，他的确不愧是我们知识分子的光辉典范，我愿意把这部书介绍给知识界的同志们。

载《群言》1986 年第 5 期。

伟大人民教育家的丰碑*

——介绍《陶行知全集》兼论陶先生的贡献

陶行知先生逝世已经四十年了。在临近他逝世四十周年的时候，湖南教育出版社出版了华中师范大学教育科学研究所主编的《陶行知全集》，这是对陶先生最好的纪念方式之一。

《陶行知全集》的出版可以说是给中国近代史上的这位伟大人民教育家树立了丰碑。——但是，归根结底来说，这座丰碑是陶先生以他毕生献身人民教育事业和人民革命事业的言行自己树立起来的。

我国古代衡量不朽的人物，一向有三大标准：首先是要立德，其次是要立功，再次是要立言。从陶先生的一生（1891—1946）来看，他的确是一位永垂不朽的人物了。

先谈立德。陶先生为我们树立了什么道德规范呢？他建立了哪些道德业绩呢？从《陶行知全集》和它前三卷附录的《陶行知年表》中，可以看到他是一位由爱国知识分子进步为革命知识分子的光辉典范。

1939 年，毛泽东同志提出划分革命的知识分子同不革命的、反革命的知识分子的最后界限，是看他们“是否愿意并且实行和工农民众相结合”。陶行知先生早在 1923 年就辞去东南大学教授的职务，专门去推行平民教育，为工农民众服务了。他曾一再谢绝要他到政府去做官的任命。1927 年创办晓庄师范，他进一步走上同“工农民众相结合”的道路。《陶行知年表》1927 年 2 月 4 日有这样的记载：“下乡安排试验乡村师范学校立础礼。当晚，住小庄农友陆健祥家。稻草地铺，与耕牛同卧一室。”陶先生是一位留学美国回来的大学教授，如果没有同工农民众相结合的高度自觉性和坚定的决心，是不容易做到这一点的。难怪当时国民党政府要把他当作共产党人通缉了。他在一首《自

* 1986 年 5 月 20 日写于北京。

誓》的小诗里，抒发了他的“先天下之忧而忧”的高尚情感：“人人说我是‘共呆’，愿与众生共忧灾；今向青天发一誓，不带债务进棺材。”他虽然不是共产党员，但是他那种“愿与众生共忧灾”的精神和他为工人、农民服务的具体行动，不正是革命知识分子的优良品德吗？

“九一八”事变以后，他始终坚持抗日、争取民主的立场。如果说，他在此以前曾经希望用教育来改造社会的话，“九一八”以后，特别是抗日战争以后，他已在为争取抗日战争的胜利、争取国家政治的民主奔走呼号了。在国民党特务杀害了民主战士李公朴、闻一多以后，他也有过为争民主而不惜献出生命的决心。就在他患脑溢血逝世的前十天，当友人劝他提防“无声手枪”时，他回答说：“我等着第三枪。”

陶行知先生律己谨严、廉洁奉公的品德也影响过许多人。他的一首小诗《一文钱》表达了他的这种思想：“公家一文钱，百姓一身汗。将汗来比钱，化钱容易流汗难。”“俭以养廉”是中国人传统的美德。我曾听到陶先生的弟子兼战友戴伯韬同志说，陶先生经常花几分钱买一碗阳春面充饥，可见他生活的清苦。他自己也有一篇《无量之福》的短文附一首小诗：“三个蟹壳黄（即烧饼），两碗绿豆粥；吃到肚子里，同享无量福。”说的就是这种俭朴生活，体现了他“安贫乐道”的精神。

由此可见，陶先生真是具备了“富贵不能淫，贫贱不能移，威武不能屈”的中国传统的美德和气节。唐朝孔颖达在给《左传》做注疏的时候说：“立德谓创制垂法，博施济众。”陶先生的“创制垂法”就是革命知识分子坚定正确的政治方向，就是伟大人民教育家全心全意为人民服务的实践精神，就是革命教育工作者艰苦朴素的工作作风。这些都是永远值得后人效法的。陶行知先生在物质上可以说是一无所有，在精神上却是亿万富翁。他的“博施济众”是他的精神财富。他推行普及教育，使广大劳动人民摆脱文盲状态；他实行“科学下嫁”，使工农大众掌握科学知识，增加生产，改善生活。这些事情至今仍有现实意义。

次谈立功。众所周知，陶行知先生对中国人民和中国教育立下了不可磨灭的功勋，这里只能简单地提一提。

他为推行平民教育，亲自编写了课本，并且风尘仆仆，几乎走遍了大半个中国，来推行平民教育运动。

他创办实验乡村师范学校，为普及小学教育培养师资，也为新民主主义革命培养了不少人才。

他提倡“小先生制”，主张“即知即传人”，以加速识字教育的普及。

他提倡生活教育，反对读死书、死读书、读书死的“书呆子教育”。

他创办山海工学团，提出“工以养生，学以明生，团以保生”的教育目标。

随着形势的发展，他先后提出国难教育、战时教育和民主教育的口号，使教育为抗日战争和争取民主的斗争服务。

他在抗日战争的艰苦条件下，创办育才学校，收容流浪难童。抗战胜利后，他筹办社会大学，准备为革命培养更多的人才。

在抗日战争前夕和初期（1936—1938），他作为全国各界救国联合会的代表和国民外交使节，出访欧、美、亚、非二十六国，宣传抗日救亡，动员华侨和国际友人支援抗战。

从这些极其简要的提示可以看到：陶行知先生不仅是“立功谓拯厄除难，功济于时”，而且他的所作所为影响深远，岂止“功济于时”而已！——读者看了原著，必将有所体会，我这里就不赘述了。

再次谈立言。《陶行知全集》编入了陶先生从1913年到1946年33年间的著作，包括论著三卷约171万字，诗歌一卷约58万字，书信一卷约70万字，课本、儿童读物和其他著译一卷约69万字。在短短33年间，他写了约368万字，可见陶先生写作之勤奋。更重要的是他表达的思想感情，永远是一份珍贵的教育遗产。这里只就他的教育思想简单举例说几点。

过去，历来把教学看作教师片面的活动，把学生看作被动的接受器，所以把教学法称作“教授法”。陶先生早在1918年就提出要把“教授法”改称“教学法”，提倡教师要教学生学，提倡教的法子要根据学的法子，等等。改易一字体现了教育思想上的突破。

过去，教育总是同学生生活脱节的，陶先生提倡生活教育，主张用活的东西、活的书籍去教活的学生。如果从理论必须同实际结合来看，这当然是正确的。

过去，学校只是教学生读书，不教学生劳动。陶先生主张“教学做合一”，主张“在劳力上劳心”，这同我们现在教育改革提倡的要重视教学过程中的实践环节，不是有相通之处吗？陶先生还经常用通俗易懂的诗歌形式来表达他的教育思想。如，他有一首诗歌：“人生两个宝，双手与大脑。用脑不用手，快要被打倒。用手不用脑，饭都吃不饱。手脑都会用，方是开天辟地的大好老。”就是宣传他手脑并用的教育主张的。

陶先生还提倡创造的教育，培养儿童的创造精神。1933 年他做过一次题为《创造的教育》的讲演，反对“依样画葫芦”的教育。十年以后，他又写了一篇《创造宣言》，主张教育者要创造真善美的活人，鼓励人要有创造的自信。他提倡的是集体创造，他说：“我们以集体力量纠正个人主义，以创造的工作来纠正空话与幻想。在共同努力创造学校上来学习，共同努力创造新中国、新世界。”这同我们今天的教育要培养学生不断追求新知，具有实事求是、独立思考、勇于创造的科学精神，也是一致的。如果拿“立言谓言得其要，理足可传”来衡量，这些不都是远远超过的吗?

陶行知先生的著作，过去我曾读过一些。现在这部完整而有系统的巨著，我还没有读完。但是为了早日公诸同好，希望大家都来珍视这份珍贵的遗产，从中吸取有益的营养，来改革我们的教育事业，特写此文向读者推荐。当然，陶先生这座丰碑是客观存在、有目共睹的。我自知在这篇短文里还未能勾画好它的轮廓，这是我深感歉意的。

载《光明日报》1986 年 8 月 8 日。

怀念吾师李湘宸博士*

湘宸师名建勋，河北省清丰县（今属河南省）人。近年出版的中国教育家传略一类书籍里，有他的传记。这里我只谈个人同他的接触中得到的对师道的一些体验，写出来以表达我对他怀念和崇敬的心情，并与教育工作者共勉。

我见到湘宸师是在1939年秋。那时我在师范学校毕业后已做过六年小学教师，又投考西北联合大学中的北平师范大学（入学后改名西北师范学院）教育系，被录取入学。他原任北平师大教育学院院长兼教育系主任，此时校名改了，教育学院撤销，他仍担任教育系主任兼教育研究所所长。他还担任教育行政、学务调查、教育研究法三门课的教授。虽然工作忙，作为系主任，他照例要同教育系入学的新生谈几句话。记得他问我的是为什么做了六年教师还要升学。看来，我入学前的经历引起了他的注意。

我们这班同学有四十多人，不少人做过小学教师。一、二年级没有湘宸师的课，但他对我们的学习很关心。记得我们在一年级下学期，罢了一位不负责任的心理学教授的课，因为他上课前不认真备课，上课时语无伦次，考试时企图用高分讨好成绩较优的学生，又故意压低成绩较差的同学的分数。这位教授的确不称职，不过课已上了一个半学期，同学们如果为了混学分，本来可以马虎过去。但是对他缺乏教师的职业道德，大家很反感，所以一致罢了他的课。同学们推我写信向系主任陈述理由，要求另请教授讲这门课，全班同学都在信上签了名。湘宸师对这件事的处理是很民主、很客观的，也是很严格的。他经过调查了解，认为同学们提的意见是对的，允许另请教授来讲这门课，但条件是在二年级重新开课，一年级上学期这门课的成绩作废。这件事的处理是公平合理的，既教育了那位教授，帮助他改变了作风；也教育了学生：你们既然要认真学习，那就跟另一位老师从头来学吧。

* 1987年2月6—8日写于南京、杭州。

第一学年过去了。暑假我从陕西城固回甘肃兰州探亲，当时我爱人携女儿在兰州任教师。暑假期间，我应甘肃教育厅之约，给他们写了三本小册子作为“地方教育辅导丛刊”印发。三本书名是《怎样做小学校长》、《怎样做小学教师》和《中心学校的辅导工作》。实际是三篇长文，共计不过四五万字。暑假后返校因为要交暑假作业，我就把《怎样做小学校长》的原稿交了。湘宸师看了以后大为赞许，认为没有学校管理理论知识和学校管理实际经验的人是写不出的。他的赞许促使我更加勤奋地努力学习。

在抗日战争时期国共第二次合作条件下，国民党政府加强了对学生的思想统治。当时西北师院规定一、二年级学生要写日记交国文教师评阅。记得我在国民党发动“皖南事变”时，在日记中谈到“兄弟阋于墙，外御其侮”，希望两党继续团结抗日。这篇日记被汇报到训导处和系办公室。训导处是国民党顽固派把持的，认为我思想“左”倾，要戴“红帽子”。湘宸师却从爱国民主的立场出发，认为这是一个正直的中国人应有的态度，抵制了他们胡来。湘宸师的论断是完全正确的，我当时是一个不知革命为何事的小知识分子，对政治斗争茫然无知，只是从一个主张抗日的爱国青年角度，说了上述的话罢了。

第二学年过去了。我已有了第二个孩子，爱人独自在兰州，远隔千里，抚育不便，所以想到城固来。我只有求助于湘宸师。当他了解我爱人师范学校毕业后已做了七年教师，便介绍给西北师院的代用附属小学任教。这所学校名叫私立自强小学，教师待遇比当地一般公立小学高些，教育质量也好些。师院教职员的子女大都在这所学校学习，对教师的要求较高。湘宸师介绍我爱人去任教，很引人注目。幸好她教学效果尚好，没有辜负湘宸师的信任。

当时西北师院教育系在湘宸师的倡议下办有小学教师函授机构，名曰“小学教育通讯研究处”。除印发教育心理学、普通教学法等科讲义外，还解答学员提出的问题。负责解答问题的除了教育系教授外，还有少数三、四年级学生。当我升入三年级后，就受聘为该处的研究员，负责解答学员的问题，每月发给薪水三十元。这对带着两个孩子读书，主要靠爱人工资维持一家四口生活的穷学生来说，帮助不小。这也是湘宸师主动提名的，但是他并不出面，而是让负责这个处的教授找我。这足以说明湘宸师是一切从事业的需要出发，物色适当的人去做能够胜任的工作，而不含有任何私情。

我在三、四年级课余时间解答学员的问题不下百余起，估计字数约 20 万。后来我曾把自己解答的问题选编成两本小书，一本叫《国民学校教学的实际问题》，于 1947 年在上海大东书局出版；一本叫《国民学校教学之改进》，于 1948 年在上海商务印书馆出版。——这也要感谢湘宸师给我研究解答问题的机会，增进我运用学习到的教育理论来解决实际问题的能力。

湘宸师作为一位著名的老教授，教课非常认真负责，对学生的要求也很严格。我在三年级听了他讲授“教育行政”，四年级听了他讲授“学务调查”，后来当研究生又听他讲授“教育研究法”。他同时讲三门课，虽然已经讲过许多遍，但每次上课前都备课到深夜，而且不断吸收新材料来充实他讲义的内容。他讲义的提纲是用英文写的。有时把纲目在黑板上写出来，他还指名学生读讲，以督促大家阅读英文教育参考书。我阅读英文教育书刊的能力就是在他的督促下得到提高的。这使我终身受益不浅。

他在每届毕业生中留助教、选研究生，完全根据考试成绩，兼顾实际工作能力（如写作或翻译能力、教育实习成绩等）。所以国民党特务想在教育系和研究所取得一席地位很不容易，他们就曾诬告湘宸师主持的研究所是“共产党的大本营”。

大约是 1940 年秋或 1941 年春，国民党政府教育部部长、CC 特务头子陈立夫到西北师院来视察，湘宸师拒绝参加学院领导干部的迎送行列，并说：“部长来视察，我在研究所办公室等他就行了。”他的行动维护了师道的尊严，在正直的师生中传为佳话。

湘宸师是主张“教育救国”的。在我们这一届的毕业纪念册上，他的题词是“教育是国家命脉，师资乃教育源泉。”这句话在人民革命胜利以后取得政权的今天来说是正确的，但在抗日战争时期显然是脱离实际的。新中国成立以后，他认真地批判了自己奉行了大半生的信念——“教育救国论”，的确是很不容易的。这证明湘宸师当时虽已年逾古稀，仍然是随着时代的前进而进步的。

在我毕业那一年的春假，甘肃教育厅就约我再去工作，我已经答应了。因为我在读书期间，除第一年暑假为他们写过“地方教育辅导丛刊”外，以后三年他们还要我每月给《甘肃教育》月刊写一篇稿子，发给我固定数额的稿费，对我读书期间的生活有所帮助，不便推辞。不料两个月后，湘宸师破例在我们毕业考试前又要我留校当助教。我说明了已应教育厅之约的事，并表示愿意以教育厅的工作作为教育行政实习，一年以后返母校工作。他同意了，并说：“你什么时候回来都可以。”这真使我喜出望外。当然也引起人们的一些议论，觉得湘宸师对我过分器重了。也有人认为我到教育厅去做官，不会回来了。但是，一年半以后，我仍然坚决辞去了行政职务回校当研究所助教兼研究生了。

我当研究生期间，因为抗日战争胜利，许多原北平师大的教师回北平师院任教，我就开始在教育系讲课了。由于要备课，我的硕士论文拖延到1948年才完成了答辩手续，那时国民党政府已濒临崩溃，不再审查论文。但最令我引以自慰的是湘宸师在他的讲义中采用了我调查研究所得的硕士论文里的材料。这对我是极大的鼓励和最高的奖赏。

湘宸师不断追求新知的精神也是值得我永远学习的。新中国成立后，50年代初，教育部请苏联专家在教育部逸仙堂讲教育学，每次都有一位白发苍苍、红光满面的学者来听讲，他就是湘宸师。我当时在教育部大院里上班，听讲很方便。年逾古稀的湘宸师在华北政务委员会工作，要从外面赶来听讲，可真不容易。他那样认真学习苏联教育学，不仅给他的学生（在座听讲的副部长里也有他的学生）以鼓舞，而且给所有听讲的人做出了虚心学习先进科学的良好榜样。

1956年，湘宸师在任天津师范学院副院长期间，曾经亲自到我的工作地点来，约我到该院任教授兼教育研究室主任。我服从组织分配，没有能够应聘。至今想到这件事还深感不安，仿佛是对湘宸师欠了一笔感情上的债。三十年过去了，湘宸师也已去世十多年了，我永远也无法报答湘宸师的知遇之恩了。

1948年春天，上海出版的《教育通讯》杂志曾约我写一篇文章介绍湘宸师的为学、治事和做人。我曾在那篇文章里说他具有“富贵不能淫，贫贱不能移，威武不能屈”的气节，有强壮健康的体魄，有实事求是的科学精神。回忆起来，我四十年前对他的概括还是正确的。

湘宸师对我一生影响很大，尽管我们的个别交往并不多。在我已年逾古稀的现在，更加怀念他对我的教育和帮助。近年有许多教育界的中青年同志对我给予他们的微不足道的学术上或事业上的帮助表示感谢。我想，假如我真的对他们有所帮助的话，请他们同我一道来感谢我们的老师李湘宸博士吧！

载《甘肃教育》1988年第4期。

怀念吾师刘百川先生*

1931年秋，我在江苏省立扬州中学高中师范科二年级学习。刘百川先生是担任我们班小学行政这门课的教师。他当时任扬州中学实验小学教导主任，有丰富的办学经验。他讲的课吸引了我们，巩固了我们的专业思想。当时我的课余时间几乎都用在练钢琴上，听了他的课，开始阅读教育书刊，兴趣转移到教育专业方面来。

1933年夏，我根据毕业实习的经验，写了一篇《怎样做小学级任教师》，经百川先生介绍，发表在《江苏教育》小学教育专号上。因此，当他介绍我到江苏省立南通中学实验小学任教的时候，这所小学的校长以为我是一位有经验的教师，见了面才知道我只是一个年方十八岁刚毕业的师范生，生怕我担任不了指导南通中学师范科应届毕业生教育实习的任务。这对我的压力很大。于是我从一开始做教师就认真钻研教材教法，留心阅读教育书刊，总结教育工作经验，并且争取同事们的帮助。省督学来校视察，又给我的教学工作以较好的评价。这样，我便站稳了脚跟，没有辜负百川先生对我的信任——五十多年以后，回想这一段经历，我觉得给青年人担负他们经过努力可以胜任的职务，是培养干部的好办法，有利于人才的成长。百川先生做的是符合这一条用人规律的。

1934年暑假，我应百川先生之约，写了一本五六万字的小册子《小学级务处理法》，由商务印书馆1935年在上海出版。这可能是我国最早谈班主任工作的书，直到抗日战争胜利以后，还曾经再版发行。1935年，百川先生应上海开华书局之约，主编《实际的小学教育丛书》，约我写了一本《实际的小学算术教学法》；接着，他又应上海新亚书店之约，主编《小学教师进修丛书》，约我写了《小学读书教材和教法》和《小学各科成绩考查法》。这三本书先后于1936年、1937年、1938年在上海出版。1935年暑假以后，百川先生担任江苏省

* 1986年11月28日写于北京。

立大港乡村教育实验区主任，约我到实验区去编辑《乡村教育》月刊。当时他还给江苏出版的两份省报编辑教育副刊。他工作忙的时候，这两份副刊的编辑工作，我也帮他做过。这样，百川先生不仅把我引导到教育专业上来，让我认真当好一名教师，而且引导我进修教育理论，总结教育经验，编写教育书刊，为我参加革命以后半生的教育编辑工作打下了基础。这是当初没有想到的。

江苏大港乡村教育实验区同时承担普及小学教育和扫除文盲的任务，办的是一揽子学校。白天儿童班上课，晚上成人班上课，教师的工作很辛苦。实验区按居民点办了十五所左右的学校，每校平均有教师二至三人。百川先生要轮流到这十五所学校去指导工作，白天、黑夜忙个不停。这些学校离实验区办事处近的一二里，远的七八里，夜里在乡间走路不小心会跌到稻田里去，甚至还可能在靠近山的地方遇到狼。他却毫不在意，乐此不疲。他对教育事业认真负责、尽忠职守的精神，他努力帮助当地农民摆脱贫困和愚昧状态的热忱，都给同事们树立了良好的榜样。

百川先生在大港乡村教育实验区，每月要利用星期天举行一次读书心得报告会，还要举行一次教育经验交流会。读书心得报告会多半在实验区办事处所在地举行，规定全体校长、教师都要参加，轮流报告。教育经验交流会多半在各校举行，有时是观摩教学和教学评议会，有时是参观学校举办的生计教育、健康教育、公民教育等设施，相当于现在的现场会。这些活动都有利于大家互相学习，取长补短，共同提高。

当时国内搞乡村教育实验工作的有陶行知先生的山海工学团、晏阳初先生的平民教育促进会、梁漱溟先生的乡村建设研究院和俞庆棠先生的民众教育实验区等。百川先生要我搜集这些机构兴办乡村教育的理论和经验，在实验区的业务骨干会上介绍。这一年（1935—1936 年），我学习了不少东西。十年以后（1947—1949 年），我能在西北师范学院教育系讲社会教育这门课，不能说同当年刘百川先生督促我从事这方面的学习没有关系。

1937 年抗日战争爆发，百川先生仍坚持乡村教育实验区的工作，直到炮声清晰可闻，大港临近沦陷，才率领同事们乘船向江北撤退。撤退时还打着江苏大港乡村教育实验区战时教育工作团的旗号，沿路宣传敌寇侵略的暴行，动员群众奋起抗日。战时教育工作团沿运河北上，经徐州到达西安。他曾经希望陕西省教育厅能指定一个地点拨给经费让我们继续实验乡村教育，未能如愿。后来国民党政府怕知识分子到共产党领导的革命根据地去参加抗日，令教育部办战区中小学教师服务团，西安也设了战区流亡教师登记处。于是大港战时教育工作团自动解散，大家都登记参加这个服务团。百川先生同大家一起步行到甘肃天水驻地去。后来他曾被任命为这个服务团的负责人。不久，因为他同意进步教师（其中就有我的同学吴增祥）返回西安去延安而被撤职。

1939 年 2 月，我经他推荐，以服务团团员的身份，去甘肃教育厅工作。他被撤职后也来甘肃教育厅任视导员。这时我们又一次朝夕相处了。我们曾一同在防空洞里躲避敌机空袭，一同议论抗日战争的前途，一同在小饭店里进餐，一同回忆大港实验区的往事，一同怀念留在沦陷区的亲友。同年夏，他应约到四川省教育厅工作，从兰州去了成都。秋天，我也考取了西北联合大学，从兰州去了城固。从此见面的机会就很少了。

我同他最后一次见面是 1957 年 3 月在江苏无锡。记得我曾对他说过“吾爱吾师，吾更爱真理”这句话。意思是对他 1938 年 1 月率领我们到了西安而没有指引我们去延安有些埋怨情绪。这是我缺乏历史唯物主义观点，又不反省当时自己觉悟不高的表现。今天想来是应该向他检讨的。

令人痛惜的是百川先生已经逝世十多年了。在他一生最后的十多年里，因为受到冤屈，才能未得充分发挥，这是更加不幸的事。现在他的家乡人民要整理他的历史资料，显彰他献身教育事业的功绩，以教育子孙后代。主事者向我征稿。我把感受最深的事情记叙出来，从中可以看到百川先生对教育事业的忠诚和他奖掖后学的热忱。身受其惠的我是终身怀着感激的心情纪念他的。我想，在我工作的岗位上，纪念他的最好办法就是继承他的遗志，繁荣教育科学园地。如，1979—1983 年，我在全国教育学研究会工作期间，总想帮助教育学界的同行们从事教育科学研究，写出研究论文，并择优编辑成书，予以发表，未尝不是受了百川先生当年对我的奖掖的影响。

百川先生大约比我年长十二岁，现在我也早已年逾古稀了。时代在前进，事业要发展，我总希望同行中的中年人、青年人要胜过我们这些老头子，无论在学问上还是在事功上，都应当一代人胜过一代人。这是我的希望，也是我的信念。我的这些希望和信念可以说都是百川先生当年用实际行动培养起来的。

刘百川先生毕生为教育事业奋斗的精神永垂不朽！

载《师范教育》1987 年第 4 期。

《李建勋教育论著选》前言*

李建勋教授（1884—1976），字湘宸，直隶（今河北省）清丰县（今属河南省）人。清末秀才，1905 年入直隶高等学堂，后转入北洋大学师范班。1908 年在北洋大学毕业后，由直隶提学使司派往日本广岛高等师范留学，专攻理化。

1911 年，由日本回国参加辛亥革命。1912 年再赴日本就读，1915 年回国后任直隶省视学。

1917 年，由严修（范孙）推荐公费去美国留学，入哥伦比亚大学师范学院，主攻教育行政、教育统计和学务调查。于 1918 年、1919 年先后获教育学士及硕士学位。

1920 年，由美回国任北京高等师范学校教育学科教授兼教育研究科主任。

1921 年 10 月，任北京高等师范学校校长，同年，又当选为中华教育改进社董事。在任北京高等师范校长期间，他向北京政府教育部召开的学制会议提出《请改全国国立高等师范为师范大学案》，获得顺利通过，从而巩固了高等师范教育在学制系统中的地位。

1923 年，作为中国政府代表，他与中华教育改进社代表郭秉文等一起参加在美国召开的世界教育会议。会后再入美国哥伦比亚大学进修，于 1925 年获哲学博士学位，其长篇论文《美国民治下的省教育行政》是中国留学生以科学方法分析研究教育行政问题的第一部专著。同年教育部又派为考察欧美教育专员。取道欧洲回国后，历任国立东南大学、清华大学及北京大学教授（1925—1929 年）。

1930 年后，担任中国教育学会北平分会（包括天津）的领导工作，并任北京师范大学（抗日战争时期改称西北师范学院）教育系教授、系主任，师范

* 本文署名许椿生、陈侠、蔡春，写于 1992 年 10 月。

研究所（后改称教育研究所）主任，直至1946年。

1931年，在北京师范大学又兼任教育学院院长、研究院院务委员会委员、研究院教育科学门主任。1932年研究院改为研究所，任主任导师。同年5月，行政院会议任命李建勋为北平师范大学校长，固辞不就。

1933年2月，应聘任北平市社会局义务教育委员会委员。

1935年，北平师大教育系成立“小学教育通讯研究处”，李建勋亲自主持，聘请全国小学教育界知名人士多人为导师，负责解答全国小学教育界提出的问题。1937年抗战开始，学校内迁，这项工作中辍。1938年后，在西北联大师范学院、西北师范学院又渐次恢复工作。1941年由李建勋作序的《小学教育实际问题》编成，并于1948年正式出版。《第二次中国教育年鉴》曾有“国立西北师范学院办理小学教育通讯研究有相当成绩”之赞誉。

1936年李建勋应邀担任商务印书馆“大学丛书委员会”委员。

1943年后，西北师院与兰州教育当局合办社会教育实验区、国民教育实验区等，李建勋都参与其事。

1945年抗战胜利后，国民党当局不准北平师范大学复校，不准西北师院师生复员。北平师范大学校友总会及西北师范学院复校委员会推选李建勋、易价为代表赴渝请愿。经过多次谈判斗争，终于复校名为北平师范学院，一年后复名为北平师范大学。

1947年，教育部任命李建勋为国立西北师范学院院长，仍辞不就。

1948年，应邀至四川大学讲学，继又去川东教育学院授课。

在新中国成立后的1950年，李建勋欣然就任平原省文化委员，主管教育工作，并担任平原师范学院教授。1953年平原省撤销，遂改任华北行政委员会文教委员会委员。1954年又任天津师范学院副院长。1958年退休，任中国人民政治协商会议全国委员会文史资料研究委员会专员。1976年，因病逝世，享年92岁。

李建勋教授在美留学主攻“教育行政”，回国后在北京师大为学生讲授这门课，并倡议把这门学科纳入大学教育系教学计划。在一篇序文中他说：“在中国首先讲授教育行政者有两人，一在南京高等师范，为陶行知先生，一在北京师范大学者，为余。”由之，在当时教育界遂有“南陶北李”之称，意思是说陶行知和李建勋是大江南北两位齐名的大教育家。

他给教育行政下的定义是：“系指研究、讨论、计划、指导及处理教育之一切活动而言。”他强调教育行政机关的专业化、学术化，也就是教育行政要科学化。他主张教育民主，各级教育行政机关应设有代表性和具有权威性的民意机关，行政首长必须博采众议、集思广益进行领导，而不能独断专行。

他在《关于教育行政之五大问题》中，首先提出教育法律问题。他是当时最重视教育立法的教育家之一。每有机会，都呼吁在根本大法的宪法中要有教育专章，要求用法律条文对教育的各方面给以明确的规定，以保障教育的顺利发展。

他在教育系讲授的另一门课是“学务调查”。他非常注重教育调查，主张无论从事实验研究或进行教育改革，都必须从调查入手。认为如谋教育的改进，没有可靠的调查结果，就不可能知道教育本身的“症结”所在，就不可能据以谋求医治之方。这本选集有不少的文章，都是先有实况的调查，而后提出对症的方策的。在教学中为了理论联系实际，培养学生的调查能力，他组织并领导学生进行实际调查。1932 年他和燕京大学教育系主任周学章率领教育系师生在天津进行调查，最后写出《天津市小学教育之研究》，成为教育调查报告的典型文献，受到国内外研究教育调查之学者的推崇。那时，被称为河北省教育界三杰的，就是指李建勋、周学章和曾任北京高等师范第一任校长的陈宝泉。

鉴于教师在学校教育中的地位与作用，他特别重视师范教育。他主张提高高等师范的程度、延长修业年限，主张加强师资建设与教学建设，主张师范院校必须单独设置而不能与他校合办。

他关心未来教师的训练与培养，也关心在职教师素质的不断提高。他不断强调作为教师应具备的条件。为此还特意撰写了《师道论》。在他所提出的教师所必备条件中，最重要的是健全的人格，其次是专业精神和职业道德。关于专业精神，一般的解释是从事于斯者，始终如一，不见异思迁。他进一步解释为：必须对教育有崇高的信仰，对于所学有勤奋的努力，对教书育人有不倦的态度。用简洁的几个字概括，就是：敬业、乐业、勤业。

在他的心目中，健全的人格是个内涵丰富的大概念。他把“尚气节”看作是健全人格的首要内容，由此而派生出其他方面的要求。他在《吾国高级师资训练之待决问题》一文中，认为根本问题之一是儒家气节。他把教师等同于海陆空战士，要对国家民族有浓厚的情感（成仁取义的精神），立身处世有大丈夫的气概（富贵不能淫，贫贱不能移，威武不能屈），如此才能把事情办好，对工作胜任而愉快。他在《师道论》中论述健全的人格时也是强调：（1）儒家的气节；（2）国家思想、民族意识；（3）健强体格。他不仅对教师提出这样的要求，更在《中国知识界应有觉悟》一文中，认为知识分子应走的道路第一就是“尚气节”。

他是教育救国论者，经常说“教育为救国之本”，“教育乃国家命脉”。他自己对教育救国坚信不疑，也要求学生养成教育救国的信念，指出：一要爱护国家，二要砥砺气节（见危授命、舍生取义），三要敢于创立一番事业。在实现教育救国理想的进程中要做到：气度浩大，意志坚定，信仰专一，遇难不灰心，成功勿自喜。

李建勋教授一生笃实正直，待人忠厚。每有议论多主持正义，只求事理之是非曲直，不计个人之利害得失，深受人们的尊敬。他是一位“教不厌，诲不倦”的教育家。他在讲课中，力求清晰明了，板书纲举目张、有条不紊。他自律甚严，对工作一丝不苟。同时也严格要求学生，规定不得旷课怠学。学生在校时虽不免感觉先生督责过严，然而毕业后却久久不忘老师的辛勤教诲。

李建勋先生在教育园地辛勤耕耘一生，是海内外公认的卓有影响的教育家，可谓桃李满天下。本书选辑李建勋先生有历史意义和现实意义的代表性论著41篇，起自1918年，迄于1949年，另编《李建勋主要教育论著年表》作为附录，目的是使读者能全面了解和研究李建勋及其教育思想，以促进教育改革和教育科学研究。

载《李建勋教育论著选》，

人民教育出版社1993年版。

《傅葆琛教育论著选》前言*

傅葆琛教授（1893—1984），四川成都人。1916 年毕业于北京清华留美预备学校。因成绩优异被派往美国留学。1918 年毕业于俄勒冈州森林学院。同年秋应聘赴法国，在巴黎、马赛、里昂等地为华工教育服务，编辑过识字课本和《华工周报》。他在欧洲的三年间，曾赴英、德、比、荷、波、捷、奥、意、瑞士等国考察。1921 年返美，初在耶鲁大学森林学院进修半年，旋入康奈尔大学农业研究院研究乡村教育。1924 年得乡村教育博士学位，继续在美考察乡村教育半年。

1924 年冬，应中华平民教育促进总会总干事晏阳初的邀请，回国任该会乡村教育部主任，同时兼任北京师范大学教授。1928—1931 年，先后专任燕京大学教授、齐鲁大学教授兼教育系主任、江苏省教育学院教授兼研究实验部主任。1931—1936 年任北平大学农学院教授，并先后或同时兼任北京大学、清华大学、燕京大学、师范大学、辅仁大学教授。1936—1937 年休假一年到沪、蓉等地省亲。因抗日战争爆发未返北平，遂应四川大学、华西协合大学之聘在成都任教。自 1937 年至 1952 年，先后任四川大学教授、华西大学教育系主任、乡村建设系主任兼文学院院长等职。1949 年谢绝了友人约他去国外工作的邀请，留在成都迎接解放。1950 年新中国第一届国际儿童节，在成都华西大学主办儿童教育玩具展览会。1952 年院系调整后调重庆任西南师范学院教授，翌年自请回成都任西南体育学院教授。1955 年退休。

现在谈谈傅葆琛先生的教育思想。

* 1990 年 11 月至 1991 年 3 月陆续写成。

一、关于对教育特别是乡村教育的信念

傅先生主张办教育的人对教育要有一定的信仰。他说："我们虽然不迷信教育万能，我们也不能信教育是万不能的。我们办教育的人，不能对教育没有一点信仰。"从他自己由研究森林学而改习教育学来看，他确实是相信教育能帮助人民改善生活的。所以他说："现在的教育就是要教人怎样去生活。"

傅先生是研究乡村教育的，他特别强调了乡村教育的重要性，提倡用科学方法专门研究乡村教育问题。

在1934年发表的《乡村运动中的乡村教育》一文中，傅先生还提出过乡村教育的四个使命：(1) 使乡村人民具有人生必需的知识技能，以求改善生活；(2) 使乡村人民各有相当的机会发展其天赋才能，造成地方领袖和专门人才；(3) 使乡村人民知道利用乡村的特殊贡献，并且能保存固有的美俗美德；(4) 使乡村人民了解都市社会的生活情形，且能与都市人民合作，共谋大社会的进步。——这里面不仅指出乡村教育要为改善乡村人民生活培养乡村各项人才、发扬乡村美德服务，而且包含着要通过发展乡村教育逐步缩小城乡差别的思想，虽然仅仅是这一思想的萌芽，确属难能可贵。

二、关于对平民教育特别是乡村平民教育的主张

傅先生最早对平民教育有这样的看法："平民教育是求知识的捷径，是最经济的、最简便的，也是最普通的。换句话说，就是用最短的时间、最少的经费，供给一般失学的青年和成人最要紧最实用的知识。"

在1927年9月发表的《乡村平民教育大意》一文中，他系统地论述了乡村平民教育的性质、目的和内容。他说："乡村平民教育是为全体失学之青年、成人办的教育，不分地域，不论职业，根据受学者之需要，而供给相当的教育。农、渔、樵、牧，各有应得之知识及训练，皆须一一调查研究，分别传授，方不失乡村平民教育之本旨。"——"根据受学者之需要，而供给相当的教育。"这是傅先生一贯的思想，即教育要结合生活实际的思想。

他在谈到乡村平民教育目的的时候，提出了狭义的目的和广义的目的。狭义的目的在"使失学的青年、成人在最短期内受国民必不可少之教育"。这种

教育目的包括三方面："有运用本国文字之能力，有经济独立之能力，有自治及助人之能力。"广义的目的不限于失学者，也包括未失学者。"因能识写及运用文字之人，未必即能生产；能生产之人，未必即能自治及助人；富于知识者，人格未必高尚；人格高尚者，身体未必强健。故乡村平民教育……对于未失学而教育不完备之人，亦须设法补充其教育之缺陷。"

三、关于对民众教育特别是乡村民众教育的论述

傅先生对民众教育的理论，做了系统的研究与剖析。他在1929年写的《民众教育的真义与其他教育的关系》、1930年讲的《乡村民众教育概论》和1931年发表的《民众教育分类的研究与商榷》中，系统地论述了民众教育和乡村民众教育的性质、定义、需要、范围、目的、原则、种类、与其他教育的关系以及乡村民众教育与城市民众教育的区别等。他把民众教育看作全国国民的教育。在《民众教育的真义与其他教育的关系》中，他说："民众教育，不分贫富贵贱，男女老幼，有知识，无知识，一切的人都有受教育的可能。……凡是有国民资格的民众，或不识字，或识字而缺乏公民常识、国家观念、社会观念与不能解决自身生计问题的人们，正式学校无法帮助的，都应在受民众教育之列。"在《乡村民众教育概论》中，他从民众教育与其他各种教育的比较中，明确提出："乡村民众教育是为乡村各种程度、各种职业、各种年龄的人，在正式学校教育之外，办的学校式的和社会式的各种需要的教育。"1933年，他在《明日之教育》上发表一文专门谈民众教育的定义，把民众教育界说为："民众教育是为一切的民众，无论男女老幼，有产阶级或无产阶级，受过教育或未受过教育，有职业或无职业的人，施设的一种最机动、最适合、最实用、最简便、最经济的学校式或社会式的教育。"这三个定义，虽然繁简不一，用语不同，但是可以看出傅先生是把民众教育看作全民教育和终身教育的。

在《乡村民众教育概论》这篇讲演中，傅先生从四个方面提出乡村对民众教育的需要：(1) 解决大多数人民的教育问题；(2) 免除衣、食、住来源缺乏的恐慌；(3) 造就多数有用的乡村领袖人才；(4) 挽救畸形教育之弊病。在这里他一贯强调中国乡村的人口占全国人口的大多数，所以推行乡村民众教育可以解决大多数人民的教育问题，同时也就挽救了只重城市教育、忽略乡村教育的弊端。他一向认为乡村是全国人民衣、食、住生活资料的出产地，推行乡村

民众教育可以有助于发展乡村的经济，提高乡村的劳动生产率，增加生活资料的来源。

傅先生在谈到民众教育与其他教育关系的时候，特别强调了民众教育促进义务教育的关系。我国至今初等义务教育尚未完全普及，乡村中受重男轻女旧思想的影响，许多女孩子失学，成为文盲半文盲。所以家长不重视子女的教育，是义务教育不能普及的原因之一。我们在乡村推行成人教育，可以改变他们的旧思想、旧观念，有利于义务教育的普及。因此他的这一理论并未过时。

他在谈到推行乡村民众教育注意事项的时候，提出要注意五点：(1) 推行的步骤要根据乡村民众的心理与态度；(2) 组织与方法要考虑本地特殊需要；(3) 工作范围的大小要审度经费、人才的能力；(4) 成绩的评价要看本地人民自动、自助的量度；(5) 事业的成功要依靠个人的信仰和努力。——这些都充分体现了他主张教育要结合实际、从实际出发。

四、关于扫除文盲工作的研究与论述

傅先生对扫除文盲的工作做过不少科学研究。在 1930 年发表过《文盲与非文盲的研究》，1940 年又发表过《肃清文盲应当注意的几个问题》。前一篇文章提出“什么人是文盲”、“怎样知道谁是文盲”等问题。文章分析了国内那时对确定文盲标准所用的各种测验，觉得还不大合用，因而提出自己的看法：“为普及识字教育，文盲的标准当然不能定得太高。若为考查一般人最低限度的共和国民必需的本国文字教育程度，则文盲标准似乎不能定得太低。最好我们定出两种文盲标准，以备教育家和政治家用。”他主张前一种标准在于能分别出什么人应受识字教育，什么人可以不必受识字教育。他还主张识字课本若分为四册，还要区别出什么人应从第一册读起，什么人可以从第二或第三或第四册读起。“根据他们的程度施教，既可适应他们的需要，又免得虚掷他们的光阴。”这样，既便于学，也便于教。

后一篇文章系统地论述了有关扫除文盲的问题，至今对于我们从事扫除文盲工作，仍有参考价值。其中特别值得重视的有这样两点说法。第一是强调普及义务教育，杜绝新文盲的产生。“如果义务教育不普及，民众教育永久也不能普及，文盲也永久不能肃清。”“厉行义务教育，就是肃清未来的文盲。”“义务教育实为除文盲斩草除根之计，也就是釜底抽薪的办法也。”第二是主张扫除文盲（治愚）与解决温饱问题（救穷）应当同时并进。“救穷虽是治愚之道，治愚也是救穷之本。穷与愚这两个社会病态是互为因果的。救穷与治愚这两种工作，不容易分出此轻彼重，此先彼后，而是应当同时进行，相提并论，互为声援的。”他的这些主张是从实践中来的，是经得起实践检验的，不仅值得从事扫盲工作的人重视，而且值得从事其他教育工作的人重视。

五、关于乡村建设问题的主张

我国乡村教育运动在20世纪30年代发展为乡村建设运动。一些好心的知识分子是希望不仅用教育的力量，而且结合经济的、政治的、军事的力量，来重新建设中国的新农村。但在消极抗日、积极反共的总方针指导下，它的一切作为当然同那些好心的知识分子的善良愿望无法合拍的。他在《乡建运动总检讨》一文中谈到中国的乡村建设要靠学术的、社会的、政治的三种力量，特别说到“人民尤须具有了解乡建、接受乡建、自动努力乡建之精神”，这种把希望寄托在人民身上的想法，当然是正确的。他在驳斥“乡村都市化”即依赖都市建设乡村的主张时说：“在中国，农业是根本，工业是花果，没有农业，便没有粮食和原料，焉有工业?”因此乡村建设比都市建设尤为重要。至于不能依赖都市来建设乡村，“一来因为都市的繁荣还须靠乡村做后盾，二来因为中国乡村幅员广大，都市寥寥无几，即使全国所有的都市都尽量扩张他们的力量，也只能建设附近的乡村，对于较远的乡区便有鞭长莫及之感，因此许多乡村仍不能不自力更生，寻觅自救、自治，解决自身问题的途径”。因此，“‘乡村都市化’的主张……只是片面的见解，可用之于产业革命后都市发达的欧美工业化国家，而不适用于中国”。后来，他在《乡村建设与都市建设的关系》一文中，提出了乡村建设和都市建设双管齐下、同时并进的主张，认为二者同样重要，不可偏废。但“如就轻重缓急而论，则乡村建设比都市建设尤为迫切需要”。因为“乡村是都市的大后方，是都市的供应处。我们要想繁荣都市，振兴工业，必须首先建设乡村，发展农业。农业发展，工业才有仰给，乡村巩固，都市才有所凭借”。

1930年5月和10月，傅先生两次拟订过培养乡村领袖人才特别是乡村教育人才的计划。他所谓乡村领袖人才，其实就是乡村中受过高等教育的各行各业的工作者，包括乡村教育人才、社会服务人才、体育卫生人才、农业人才等等。因此建议各大学开设乡村教育科目、乡村社会学科目、乡村文学科目、乡村史地科目、乡村政治经济科目、乡村数学科目、乡村理化科目、乡村体育及卫生科目、乡村生物科目、乡村工程科目、乡村家政科目和农业科目等。希望各高等学校能为乡村教育和乡村建设培养各方面的人才。

六、关于识字教育工具的研制

傅先生早在从事华工教育期间，就曾编辑过《通俗六百字韵言》、《通俗新知识课本》，在平教会工作期间曾编辑过《农民千字课》。但是他对所编的这些识字教育的工具并不满意，因此继续对此进行研究。

他主张识字教育应当以教基本字（即各行各业的人共同必须识的最常用的字）和补充字（某一行业的人必须识的常用字）为主要任务，所以识字课本主要应选教基本字和补充字。至于常识教育的内容，不宜作为识字课本的主要部分，以免照顾了内容而不能兼顾识字。

他在1930年发表过《汉字“基本字”研究的初步》、《评〈基本字汇〉》，1931年发表过《改良康熙字典式字典的建议与编辑民众实用字典的商榷》，1932年发表过《民众识字教育与民众基本字》，1933年又发表《民众识字教科书编辑原则的商榷》等文。这些文章都是经过深入调查研究、比较对照、分析综合各种有关的事实材料写成的。

傅先生的教育思想当然不止上述几点，还有关于社会教育的主张、关于国民教育的主张、关于在校学生和小学教师协助推行民众教育的主张，对于乡村小学课程的研究和主张，对于编辑民众报纸的见解，等等，不再一一赘述。

综上所述，在我国近代教育史上，傅葆琛先生以一位爱国的民主的教育家而占有一席地位，应当说是可以肯定的。

载《傅葆琛教育论著选》，
人民教育出版社1994年版。

《徐国棨教育论著选》序*

本书著者徐国棨同志，早年毕业于江苏省立镇江中学高中师范科，旋任该校附属小学教师。三年后考入国立北平师范大学深造。在北师大读书时，他曾参加“一二·九”运动，为民族解放先锋队成员。抗日战争爆发，他随校迁往大西北，1938 年以优异的成绩完成学业。当时教育系主任、教授李建勋博士原已决定留他当助教，但受到学校国民党右派势力的反对，未能实现。抗日战争胜利前后，他在西北、西南等地任教。全国解放时已在四川任乡村建设学院教授。1952 年院系调整后转为西南师范学院教育系教授。他数十年如一日，坚持在教育学教学和研究岗位上，为我国西南地区培养了大批教育专业人才。“文化大革命”结束后，他曾应四川省教育厅之约，主编中等师范学校《教育学》课本。这本书在全国各地编写的教育学教材中，不仅内容丰富，而且思想性、科学性、系统性都较好。其他省、自治区、直辖市和学校（包括师范专科学校）也有采用的。1982 年起，他应聘兼任西南师范学院高等学校干部进修班（现已升格为国家教委西南教育管理干部培训中心）教授，主讲《高等教育学专题讲座》。他结合中国高等教育实际讲述教育基本原理，教学中坚持以马克思列宁主义、毛泽东思想为指导，对当代教育科学研究中有争论的问题，以实事求是的科学精神阐明自己的学术观点，给学员以深刻的启发，取得了良好的教学效果。1984—1985 年，他还应约为人民教育出版社主编的《师范教育丛书》，撰写了《教育概论》，这本书可以看作他毕生从事教育学教学和研究的科学总结，其中倾注了他晚年的心血。遗憾的是这本书还在印刷过程中，他就与世长辞了！

现在西南师范大学和国家教委西南教育管理干部培训中心，为了纪念这位毕生从事教育实践和理论研究的教育家，并使更多的同志了解和学习他从事中

* 1987 年 8 月 5 日写于北京。

国教育学建设所做出的贡献，出版《徐国棨教育论著选》这本书。这本书分两部分：第一部分是高等教育学专题讲座，根据国棨同志在高等学校干部进修班讲课的录音整理而成；第二部分是党的十一届三中全会以后他在教育刊物和学术会议上发表的论文。国棨同志的夫人王秀泉教授和国家教委西南教育管理干部培训中心钟沔琪主任，先后嘱我为这本书写序，以发扬著者的学术观点和治学精神。开始我想：国棨同志是我尊敬的学长，不仅闻道在我先，而且术业较我专，我给这本书写序不足为它增色，因此未敢贸然承担。后来转念：发扬著者的学术观点和治学精神，应当是同学、同志兼同行的责任，又感到义不容辞。这样一想，我就应诺了。现在读完这本书的全稿以后，我忍不住要说几句话了。

新中国成立 38 年了，在这段时间里，教育科学走了一条坎坷曲折的道路。虽然从“实践是检验真理的唯一标准”讨论展开以后，教育科学逐步走向繁荣，但是教育理论和实践方面存在的问题还多，不是短时间能够解决的。这一点，凡是搞教育学专业的同志，尽管工作岗位不同，都有共同的体会。国棨同志具有科学家坚持真理的良心和教育家择善固执的勇气，这是教育学者最宝贵的品质。读了这本书的人都会亲切地感受到这些品质贯穿在字里行间。这里举几个例子。

第一，教育工作是有规律可循的，要按教育规律办教育，这是国棨同志一贯的主张。教育科学是探寻教育规律的学问，过去不重视教育科学研究，反映了我们有些同志不准备按照教育规律来办教育。这种情况至今也还不能说完全绝迹。国棨同志讲教育学却坚持讲教育规律，决不看风使舵。这是难能可贵的。

第二，国棨同志在旧社会学过资产阶级教育学。资产阶级教育学可能在教育的方法和技术上反映一点教育的规律，但是在教育的思想和理论上不可能正确反映教育规律，有时反而要歪曲教育规律。他在学习了马克思列宁主义、毛泽东思想，学会运用马克思主义的立场、观点和方法来观察和分析教育问题以后，对此有极为深刻的认识。几十年来，国棨同志无论在讲授教育学课还是撰写教育学论文当中，始终坚持马克思主义的立场、观点和方法，即使在教育学领域受到极左思潮干扰或极右思潮侵袭时，也决不动摇。

第三，真理愈辩愈明。国棨同志对于他所坚持的真理即教育规律，遇有不同的、错误的意见，能够心平气和地提出辩论，反复阐明自己坚持的正确观点。这在本书中是看得很明显的。他在辩明自己观点的时候，不管对方的观点有无“来头”，“来头”多大，他都毫无顾忌地把自己认为正确的意见陈述出来。尽管因此他曾遭到一些不应有的批判，他也从不退却。如，他自告奋勇为《中国大百科全书·教育》卷写“美育”一条，正是因为他过去讲授教育学时讲美育一章受过不应有的批判。

第四，现在教育学术界也有一股崇拜洋人的风气，仿佛外国人讲的话都是真理。国桨同志却不然，他总是批判地吸收外国对我们有益的理论和经验。如，在讲高等学校教育原则的时候，他把苏联著作中的九条原则，归并为五条，决不照抄照搬。这也为我们树立了一个如何学习外国的好榜样。

总之，国桨同志坚持真理、择善固执的精神，值得我们学习。不仅教育理论工作者要学习，而且教育实践工作者也要学习。我们如果要认真落实“双百”方针，提倡学术民主，首先就应当在学术界培养、扶植这种精神。

国桨同志毕生从事教育学的理论研究和学术传播，他在《建设具有中国特色的教育学》一文中提的见解很深刻，许多建议都是切实可行，应该实行的。现在，他虽然不能继续在教育学这块园地上辛勤耕耘了，但是他那锲而不舍的钻研精神，也是永远值得我们学习的。

本书第一部分是由国家教委西南教育管理干部培训中心根据国桨同志的讲课录音整理的，未经著者过目。为了存真，基本上未做改动。本书第二部分也是由培训中心选辑的，包括国桨同志在党的十一届三中全会以后发表的论文十一篇。这些论文，有些曾在教育刊物上发表，有些曾在学术会议上交流，同讲稿一样，都是著者辛勤劳动的成果，其中闪耀着老一辈学者智慧的光芒。本书对于研究教育学和从事教育工作的同志是有参考价值的。因此乐于向读者推荐。

载《徐国桨教育论著选》，
西南师范大学出版社 1988 年版。

附录：陈侠先生教育学术成果一览

说　明

这份学术成果一览由四个部分组成：论文、文章和译文，著作、译著和选编的图书，主编的丛书，编辑的期刊。

一、论文、文章和译文

1932年

《如何振作士气》，《江苏教育》1932年第1卷第10期。

《师范学生的修养问题》，《江苏学生》1932年第1卷第3期。

1933年

《如何整顿学风》，《江苏教育》1933年第2卷第4期。

《怎样做一个级任教师》，《江苏教育》1933年第2卷第7—8期。

1934年

《级任教师怎样指导儿童课外作业》，《江苏省小学教师半月刊》1934年3月第1卷第12期。

《小学作文订正方法的研究》，《江苏省小学教师半月刊》1934年5月第1卷第17期。

《小学国语教学中的研究指导》，《通中实小国语科教学研究会报告之一》，《江苏教育》1934年6月第3卷第5—6期。

1935年

《阅读用多看与熟读的比较（附表）》，《江苏教育》1935年9月第4卷第

9期。

《儿童惩罚问题的讨论》，《江苏省小学教师半月刊》1935年11月第3卷第4期。

1936年

《乡村私塾改良问题的研究》，《乡村教育》1936年1月第1卷第1期。

《江苏大港乡村教育实验区教学团之组织与实施》，《乡村教育》1936年2月第1卷第2期。

《工作日记选录——十、准备演讲材料》，《乡村教育》1936年2月第1卷第2期。

《乡村小学作文教学问题》，《乡村教育》1936年3月第1卷第3期。

《生活学校如何实施生活教育（上）——本区第四次乡村教育研究会研究报告：儿童生活教育的实施》，《乡村教育》1936年第1卷第4期。

《小学珠算教学的研究》，《江苏教育》1936年3月第5卷第3期。

《乡村儿童兴趣的调查与研究》，《乡村教育》1936年5月第1卷第5期。

《乡村小学如何举行社会宣传》，《乡村教育》1936年6月第1卷第6期。

《乡村教育观感记：八、庙会场中的六多》，《乡村教育》1936年5月第1卷第6期。

《怎样破除民众迷信》，《山东民众教育》1936年6月第7卷第5期。

《乡村小学国语教学实际问题：本区第六次乡村教育研究会研究报告》，《乡村教育》1936年7月第2卷第1期。

《怎样培养乡村民众的团结力》，《乡村教育》1936年8月第2卷第2期。

《怎样铲除乡村社会的恶势力》，《山东民众教育》1936年8月第7卷第7期。

《小学国语教师自省标准》，《进修半月刊》1936年第5卷第10期。

《乡村教育观感记：十二、读“同人工作日记”》，《乡村教育》1936年第1卷第4期。

《小学校的定期作文应否废止》，《乡村教育》1936年第5卷第17期。

《小学算术教师自省标准》，《实验研究月刊》1936年第11卷第1期。

《低年级时事教学的研究》，《实验研究月刊》1936年第11卷第2期。

《“我们的民族领袖”中心单元设计做学教报告（附表）》，《实验研究月刊》

1936 年第 11 卷第 3 期。

《算术科开始教学退位减法时用补法与不用补法的比较实验报告（附表）》，《实验研究月刊》1936 年第 11 卷第 4 期。

《教师应该和孩子生气吗：给一个小学教师的信》，《教师之友（上海）》1936 年第 2 卷第 12 期。

1937 年

《指导儿童参加救亡工作的具体方案》，《乡村教育》1937 年 10 月第 4 卷第 3—4 期。

《注音符号跟国语话的教学》，《实验研究月刊》1937 年第 11 卷第 5 期。

《儿童性行训练概论》，《实验研究月刊》1937 年第 11 卷第 9 期。

《“我们的禁烟运动”中心单元设计做学教报告（附表）》，《实验研究月刊》1937 年第 11 卷第 10 期。

《乡土中心教学实施报告：我们的芦村》，《进修半月刊》1937 年第 6 卷第 23—24 期。

1938 年

《小学算术科小问题实验的检介（上）》，《江西地方教育》1938 年第 121 期。

《救亡工作中的自我教育》，《教育杂志》1938 年第 28 卷第 5 期。

《救亡工作中的自我教育：在大港战时教育工作团纪念周讲》，《抗战与教育》1938 年第 1 卷第 4 期。

1939 年

《战时小学教育的经验》，《教育杂志》1939 年 7 月第 29 卷第 7 期。

《儿童自卫训练之实际》，《甘肃教育》1939 年 9 月第 1 卷第 17 期。

《辅导通讯：怎样上课（一）》，《甘肃教育半月刊》1939 年第 1 卷第 8 期。

1940 年

《辅导通讯：初步的国语教学》，《甘肃教育半月刊》1940 年第 2 卷第 21—22 期。

《辅导通讯：国语生字教学法》，《甘肃教育半月刊》1940 年第 2 卷第 21—22 期。

《国民教育的三大目标——生产、自治与国防》，《甘肃教育》1940 年 4 月第 2 卷第 7—8 期。

《儿童训练的要则》，《甘肃教育》1940 年 5 月第 2 卷第 9 期。

《校长与教师》，《甘肃教育》1940 年 8 月第 2 卷第 15—16 期。

《体育课程之要义（译文）》，《教与学》1940 年 10 月第 5 卷第 10 期。

《中心学校及国民学校对于推行家庭教育应有的认识》，《国民教育》1940 年 12 月第 1 卷第 10 期。

《默读教学的实际及朗读教学的实际》，《甘肃教育》1940 年 12 月第 2 卷第 23—24 期。

1941 年

《国语教学上的略读与精读问题》，《甘肃教育》1941 年 1 月第 3 卷第 1—2 期。

《检查字典的指导》，《甘肃教育》1941 年 2 月第 3 卷第 3—4 期。

《国语教学的成绩考察》，《甘肃教育》1941 年 3 月第 3 卷第 5—2 期。

《中心学校辅导活动十种》，《国民教育指导月刊》1941 年 4 月第 2 卷第 4 期。

《中心学校辅导工作之实施原则及进行步骤》，《教与学》1941 年 4 月第 6 卷第 4 期。

《县各级行政人员及国民教师对新制国民教育应有的认识》，《甘肃教育》1941 年 6 月第 3 卷第 11—12 期。

《怎样指导学生查字典》，《国民教育指导月刊》1941 年 8 月第 1 卷第 1 期。

《小学实际问题的讨论》，《甘肃教育》1941 年 9 月第 3 卷第 17 期。

《国语教学的基本原则》，《甘肃教育》1941 年 9 月第 3 卷第 18 期。

《中心学校及国民学校公民训练实施通则》，《国民教育指导月刊》1941 年 11 月第 1 卷第 4 期。

《怎样教学注音符号》，《国民教育指导月刊》1941 年 12 月第 1 卷第 5 期。

《辅导通讯：小学教学实际问题讨论（一）》，《甘肃教育》1941 年第 3 卷第11—12期。

1942年

《国民学校行政给国民学校校长的信（一）》，《国民教育指导月刊》1942年1月第1卷第6期。

《朗读和默读》，《教育通讯》1942年2月第5卷第4期。

《小学自然科的学习心理》，《国民教育指导月刊》1942年第2卷第4期。

《怎样做小学校长补遗（二）》，《甘肃教育》1942年2月第4卷第3期。

《当前教育行政上的三个问题》，《甘肃教育》1942年2月第4卷第3—4期。

《通讯研究：给国民学校校长的信（附表）》，《国民教育指导月刊》1942年第1卷第6期。

《给国民学校校长的信（六）——怎样编组学级?》，《国民教育指导月刊》1942年3月第1卷第8期。

《教师对于学习问题应有的基本认识——现代心理学对于学习的解释》，《甘肃教育》1942年5月第4卷第9—10期。

《自然教学在训育上的含义》，《国民教育指导月刊》1942年7月第1卷第9期。

《怎样聘请教员？——给国民学校校长的信（七）》，《国民教育指导月刊》1942年7月第1卷第9期。

《法、英、美、德、意、苏诸国中学课程与其中学教育目标之关系》，《甘肃教育》1942年7月第4卷第13—14期。

《怎样主持集会？——给国民学校校长的信（八）》，《国民教育指导月刊》1942年8月第1卷第10期。

《抗战后我国中等教育之设施及其改进》，《甘肃教育》1942年10月第4卷第19—20期。

《怎样教学标点符号：小学教学实际问题之一》，《教学通讯》1942年第5卷第28期。

《通讯研究：给国民学校校长的信（九）——怎样辅导教员?》，《国民教育指导月刊》1942年11月第1卷第12期。

《通讯研究：给国民学校校长的信（十）——怎样联络家庭?》，《国民教育指导月刊》1942 年 11 月第 1 卷第 12 期。

1943 年

《怎样举行示范教学及教学批评会?》，《国民教育指导月刊》1943 年 2 月第 2 卷第 1—2 期。

《通讯研究：给国民学校校长的信（十二）——怎样接洽上级机关?》，《国民教育指导月刊》1943 年 3 月第 2 卷第 3 期。

《通讯研究：给国民学校校长的信（十三）——怎样解决说话教学的困难?》，《国民教育指导月刊》1943 年 3 月第 2 卷第 3 期。

《县（市）政府如何增筹国民教育经费?（附表）》，《国民教育指导月刊》1943 年 3 月第 2 卷第 3 期。

《民众补习教育的质和量》，《国民教育指导月刊》1943 年 5 月第 2 卷第 4—5 期。

《小学史地教学的缺点及其改进》，《国民教育指导月刊》1943 年 7 月第 2 卷第 6—7 期。

《怎样充实读书教学的练习》，《国民教育指导月刊》1943 年 9 月第 3 卷第 7—9 期。

《中小学教师的课外任务》，《教育通讯》1943 年第 6 卷第 27 期。

《教学应重“练习”亦应重“兴趣”》，《教育通讯》1943 年 10 月第 6 卷第 30 期。

《师范学院修业年限问题》，《东方杂志》1943 年第 39 卷第 18 期。

1944 年

《通讯研究：给国民学校校长的信（十四）——怎样充实读书教学的练习?》，《国民教育指导月刊》1944 年 9 月第 7—8—9 期。

1946 年

《师范学校增设“训导实施法”课程之具体建议》，《教育通讯》1946 年 8 月复刊第 1 卷第 11 期。

《国民教育行政应有的改进》，《教育通讯》1946 年 9 月复刊第 2 卷第 2 期。

1947 年

《算术教学的诊断和救治》，《教育通讯》1947 年 3 月复刊第 3 卷第 1 期。

《教学辅导目的之分析》，《教育通讯》1947 年 7 月复刊第 3 卷第 9 期。

《从教育专业的特质说到优良教师的修养》，《中华教育界》1947 年 10 月复刊第 1 卷第 10 期。

《苏联教育新动向》（译文），《教育杂志》1947 年 11 月第 32 卷第 5 期。

《小学自然科的学习心理》（译文），《教育通讯》1947 年 11 月第 4 卷第 5 期。

《教学辅导的意义》，《教育通讯》1947 年 12 月第 4 卷第 7 期。

《怎样编贴壁报（一）》，《国民教育指导月刊》1947 年第 1 卷第 11—12 期。

1948 年

《指导算术练习的科学基础》，《中华教育界》1948 年 4 月复刊第 2 卷第 4 期。

《吾师李湘宸博士之求学治事与为人》，《教育通讯》1948 年 5 月复刊第 5 卷第 6 期。

《如何选择良师：为三十七年教师节作》，《教育通讯》1948 年 8 月复刊第 5 卷第 12 期。

1949 年

《英国教育改革予吾人之启示》，《和平日报》“星期论文”1949 年 4 月 17—18 日。

《全心全意为人民服务》，1949 年 7 月在报刊发表，并被编入陶行知逝世三周年文集。

《二次大战前夕苏联高等教育概况》（译文），《中华教育界》1949 年 11 月（复刊）苏联教育专号。

1951 年

《肃清对美国教育的幻想》，《人民日报》1951 年 1 月 16 日。

《教育学名词浅释》，《人民日报》1951 年 7 月 15 日、8 月 15 日、10 月 15

日、12月15日。

《怎样才能使一年级儿童学习好?》,《教师月报》1951年第12期。

1952年

《对凯洛夫〈教育学〉第一章译文的几点意见》,《人民教育》1952年第1期。

《介绍怎样做母亲》(笔名大众),《人民教育》1952年第3期。

《评高晶斋译〈教育学〉》,《人民教育》1952年第4期。

《史瑞芬是怎样成为模范教师的?》,《新中国妇女》1952年第10期。

《介绍捷普洛夫〈心理学〉第五版》,《人民教育》1952年第11期。

1953年

《凯洛夫〈教育学〉中译本第二次修订述要》,《人民教育》1953年第3期。

《教育学》第二册第六章(教学原理)、第七章(小学教学的内容)、第八章(课堂教学),人民教育出版社1957年版。

《〈教育学〉出版者的话》,《教育学》,人民教育出版社1953年版。

《介绍〈学前教育学〉》,《人民教育》1953年第8期。

1954年

《略谈教学过程的基本环节和课堂教学的结构》,《人民教育》1954年第3期。

《必须教育学生自觉遵守纪律》,《人民教育》1954年第4期。

《谈谈集体主义和集体主义教育》,《人民教育》1954年第5期。

《介绍查包洛塞兹著、朱智贤等译的〈心理学〉》,《人民教育》1954年第7期。

《介绍两部关于学校行政领导的书》(与熊承涤合写),《人民教育》1954年第12期。

1955年

《综合技术教育思想的由来及其实施条件》,《人民教育》1955年第5期。

《为什么说“智力测验”是反科学的东西》，《人民教育》1955 年第 8 期。

1956 年

《马卡连柯的〈论共产主义教育〉》，《人民日报》1956 年 1 月 15 日。

《学习苏联实施综合技术教育的经验》，《人民教育》1956 年第 2 期。

《怎样进行劳动教育》，《读书月报》1956 年 3 月号（总第 9 期）。

《纠正对“基本生产技术教育”的几种误解》，《教师报》1956 年 5 月 8 日。

《学习列宁关于综合教育的指示》，《编辑工作》（内刊），人民教育出版社 1956 年 6 月印行。

《我对全面发展教育方针的理解》，《教育问题漫谈》，北京出版社 1957 年版。

《全面发展是指“人”的全面发展》，《人民教育》1956 年第 12 期。

1957 年

《申、奥“教育学”译者的来信》（与熊承涤合写），《人民教育》1957 年第 1 期。

《介绍〈马卡连柯全集〉第五卷》，《人民教育》1957 年第 2 期。

《怎样划分社会主义教育思想和实用主义教育思想的界限》，《教育问题漫谈》，北京出版社 1957 年版。

《谈我国教育事业发展的速度——学习八大文件笔记》，《教师报》1957 年 2 月 8 日。

《怎样钻研教学大纲》，《文汇报》1957 年 2 月 13 日。

《教育学的研究任务和研究方法》，《教育问题漫谈》，北京出版社 1957 年版。

《略谈教育跟生产劳动相结合》，《教育问题漫谈》，北京出版社 1957 年版。

《童话和寓言在小学语文教材中的作用》，《教育问题漫谈》，北京出版社 1957 年版。

《略谈我国进行爱国主义教育的源泉》，《教育问题漫谈》，北京出版社 1957 年版。

《四十年来苏联普通教育的成就》，《教育问题漫谈》，北京出版社 1957

年版。

1958 年

《马克思、恩格斯论教育》（译文），人民教育出版社 1958 年版。

《纪念马卡连柯，学习马卡连柯——为马卡连柯诞生 70 周年作》，1958 年 3 月，未刊稿。

《谈谈教师的共产主义劳动态度》，1958 年 5 月，未刊稿。

《介绍〈列宁论国民教育〉》，《读书》1958 年第 17 期。

1960 年

《〈教育十年〉编者的话》，《教育十年》，人民教育出版社 1960 年版。

《学习共产主义，力争又红又专——纪念列宁〈青年团的任务〉发表 40 周年》，1960 年 8 月，未刊稿。

1961 年

《远见、无私和彻底革命——庆祝中国共产党成立四十周年作》，1961 年 6 月，未刊稿。

1962 年

《为建立马克思主义的中国教育学而努力》，1962 年 8 月，未刊稿。

《〈苏维埃社会主义共和国联盟的教育制度〉前言——社会主义国家的教育制度》，《苏维埃社会主义共和国联盟的教育制度》，人民教育出版社 1962 年版。

1964 年

《论“有教无类”和“阶级路线”》，1964 年 6 月，未刊稿。

《论“两条腿走路”的办学方针》，1964 年 7 月，未刊稿。

1965 年

《谈谈教育的本质和作用——学习〈矛盾论〉的几点体会》，1965 年 12 月，未刊稿。

1978 年

《从师道尊严说到尊师爱生》，《论教育规律及其他》，湖南教育出版社 1983 年版。

《怎样理解“学校一切工作都是为了转变学生的思想”》，《人民教育》1978 年第 4—5 期。

《卢梭和他的教育思想》，1978 年 9 月，未刊稿。

1979 年

《〈外国教育丛书〉出版说明》，《外国教育丛书》，人民教育出版 1979 年陆续出版。

《筹备组织教育学研究会倡议书》（摘要），《教育学研究会通讯》第 1 期。

《试论社会主义教育的两个基本规律》，《河北大学学报（哲学社会科学版）》1979 年第 4 期。

《论“智育第一”》，《论教育规律及其他》，湖南教育出版社 1983 年版。

《略谈教育学遗产的批判和继承》，《论教育规律及其他》，湖南教育出版社 1983 年版。

《谈谈社会主义学校教育的几个规律》，《论教育规律及其他》，湖南教育出版社 1983 年版。

《用马克思主义的态度来研究马克思主义的教育思想》，《论教育规律及其他》，湖南教育出版社 1983 年版。

《学制改革问题的探讨》，《论教育规律及其他》，湖南教育出版社 1983 年版。

《〈教育学专题文集〉编者的话》，《教育学专题文集》，1979 年 7 月，未刊稿。

1980 年

《〈加强青少年的思想品德教育〉编者的话》，《加强青少年的思想品德教育》，人民教育出版社 1980 年版。

《〈论教育和国民经济的发展〉编者的话》，《论教育和国民经济的发展》，人民教育出版社 1980 年版。

《〈遵循教学规律，提高教学质量〉编者的话》，《遵循教学规律，提高教学质量》，人民教育出版社 1980 年版。

《〈关于教育本质问题的论争〉编者的话》，《关于教育本质问题的论争》，人民教育出版社 1980 年版。

《普及教育是国家的义务》，《论教育规律及其他》，湖南教育出版社 1983 年版。

《正确处理学生思想品德教育的种种关系》，《论教育规律及其他》，湖南教育出版社 1983 年版。

《我国中小学教材建设的回顾和展望》，《论教育规律及其他》，湖南教育出版社 1983 年版。

1981 年

《〈课程·教材·教法〉发刊词》，《课程·教材·教法》1981 年第 1 期。

《师范院校〈教育学〉教材建设的几个问题》，《课程·教材·教法》1981 年第 1 期。

《关于比较教育的教学内容——从一份〈比较教育教学大纲〉想起的》（署名郑仪），《课程·教材·教法》1981 年第 2 期。

《日本普及教育的有力措施——考察日本中小学教育笔记》，《课程·教材·教法》1981 年第 2 期。

《访日杂感》，《课程·教材·教法》1981 年第 2 期。

《课程研究引论》，《课程·教材·教法》1981 年第 3 期。

《中小学教材建设的回顾和建议》，《南京师大学报（社会科学版）》1981 年第 2 期。

《全国教育学研究会第二届年会开幕词》，《教育学研究会通讯》1981 年第 6 期。

《中华人民共和国中小学思想品德教育概况》，1981 年 8 月，未刊稿。

《〈论人民教师〉编者的话》，《论人民教师》，人民教育出版社 1981 年版。

《日本大阪市立都岛工业高中参观记》，《外国教育动态》1981 年第 3 期。

《日本和歌山市立本町小学参观记》，《论教育规律及其他》，湖南教育出版社 1983 年版。

《日本和歌山市立城东中学参观记》，《论教育规律及其他》，湖南教育出版社 1983 年版。

1982 年

《〈新时期的道德教育〉编者的话》，《新时期的道德教育》，人民教育出版社 1982 年版。

《〈论教育和人的全面发展〉编者的话》，《论教育和人的全面发展》，人民教育出版社 1982 年版。

《日本教育情况简介——1981 年 5 月 26 日在第三次全国外国教育学术讨论会上发言摘要》，《全国第三次外国教育学术讨论会会刊》1982 年 2 月。

《教育随想录》，1982 年 2 月，未刊稿。

《美国中小学课程的情况和问题》，《教学与课程》，人民教育出版社 1982 年版。

《〈教学与课程〉编者的话》，《教学与课程》，人民教育出版社 1982 年版。

《坚持毛泽东教育思想的科学体系——学习毛泽东教育思想的体会》，山西教育科学研究所讲座稿，1982 年 4 月 20 日。

《当前我国教育的几个迫切问题》，《论教育规律及其他》，湖南教育出版社 1983 年版。

《研究解决实际问题，促进两个文明建设》，《教育学研究会通讯》1982 年第 9 期。

《教育学研究要为开创社会主义建设新局面服务学术讨论会小结》，《教育学研究会通讯》1982 年第 9 期。

《师范教育随想录》，《师范教育和教育科学》，人民教育出版社 1985 年版。

《教育学研究的回顾与展望》，《湖北师院学报》1982 年第 10—11 期。

1983 年

《毛泽东论课程和教材》，《教育论丛》1983 年第 3 期。

《长留遗教在人间——杨贤江文选〈青年修养与青年教育〉读后》，《读书》1983 年第 10 期。

《我所了解的傅任敢教授》，1983 年 1 月，未刊稿。

《教育学研究的回顾与展望》，《黄石师院学报（哲学社会科学版）》1983 年第 2 期。

《学习马克思、恩格斯的教育思想，改革学校课程和教学》，《学习马克思的教育思想：纪念马克思逝世一百周年文集》（中国教育学会教育学研究会编），人民教育出版社1983年版。

《打好精神文明建设的基础》，《师范教育和教育科学》，人民教育出版社1985年版。

《课程编订：概念和原则》，《课程·教材·教法》1983年第5期。

《谈谈教育学的中国特色问题》，《教育研究与实验》1983年第5—6期。

《改革我国师范教育的几点建议》，《教育研究与实验》1983年第7期。

《苏联扫除文盲和普及教育的历史经验》，《群言》1983年8月试刊号。

《加强爱国主义教育，提高普通教育质量》，《师范教育和教育科学》，人民教育出版社1985年版。

《教材编辑工作中的教育学》，《师范教育和教育科学》，人民教育出版社1985年版。

《师范教育的地位问题》，《师范教育和教育科学》，人民教育出版社1985年版。

《当好精神文明建设的尖兵——给青年教师的信》，《江苏教育》1983年第13期。

1984年

《积极进取、质朴无华的编辑家辛安亭同志》，《编辑家列传》（二），中国展望出版社1988年版。

《师范教育的培养目标问题》，《师范教育》1984年第1期。

《浅谈我国师范院校的课程问题》，《课程·教材·教法》1984年第2期。

《改革我国师范教育的几点建议》，《教育研究与实验》1984年第1期。

《敬业乐群——向〈幼儿教育〉的读者恭贺新春》，《幼儿教育》1984年第1期。

《评“人才学”论文中的某些观点》，《人民教育》1984年第3期。

《苏联历次教育改革给我们的一些启示》，《师范教育和教育科学》，人民教育出版社1985年版。

《我国教育要迎接新技术革命的挑战》，《师范教育》1984年第4期。

《论教育的起源和发展》，《师范教育和教育科学》，人民教育出版社1985年版。

《关于我国教育立法问题的管见》，《师范教育和教育科学》，人民教育出版社1985年版。

《再谈叶圣陶先生的〈如果我当教师〉》，《师范教育和教育科学》，人民教育出版社1985年版。

1985年

《历程·怀念·希望——记我在人民教育出版社的35年》，《继承·开拓·前进》（人民教育出版社建社35周年纪念册），1985年。

《缘起·方针·历程——〈课程·教材·教法〉创刊以来》，《继承·开拓·前进》（人民教育出版社建社35周年纪念册），1985年。

《谈谈我国中小学教科书制度》，1985年2月，未刊稿。

《西方学校课程的源与流》，《课程·教材·教法》1985年第1期。

《西方学校课程的源与流（续）》，《课程·教材·教法》1985年第3期。

《制约学校课程的各种因素》，《课程·教材·教法》1985年第3期。

《制约学校课程的各种因素（续）》，《课程·教材·教法》1985年第4期。

《课程改革的辩证法——正确处理学校课程改革中的各种关系》，《课程·教材·教法》1985第5期。

《课程改革的辩证法——正确处理学校课程改革中的各种关系（续）》，《课程·教材·教法》1984年第6期。

《中华人民共和国普通学校课程概述》，1985年未刊稿。

《学校课程编订的一般问题——原理、步骤、机构和人员》，1985年5月，未刊稿。

《试论我国的教育立法问题》，《教育理论与实践》1985年第3期。

《发展师范教育充实教师队伍》，《群言》1985年第8期。

《学校全部课程都是德育的途径》，《师范教育》1985年第9期。

《试论我国教育的未来》，《西南师范大学学报（人文社会科学版）》1985年第1期。

《关于学校德育的几个问题》，1985年6月28日在南京师大德育学术讨论会上的发言，未刊稿。

《要从小培养儿童爱科学》，《科学启蒙教育》1985年第4期。

《〈中共中央关于教育体制改革的决定〉对教育学研究提出的课题》，1985年8月16日，未刊稿。

1986 年

《教育学中有些模糊观念需要澄清》，1986 年 1 月，未刊稿。

《要教会学生正确认识世界——“课程改革的唯物论”之一》，《课程·教材·教法》1986 第 2 期。

《要引导学生善于改造世界——“课程改革的唯物论”之二》，《课程·教材·教法》1986 第 3 期。

《选择教育方法的依据——教育方法漫谈之一》，《师范教育》1986 年第 2 期。

《批判地继承祖国教育方法的遗产——教育方法漫谈之二》，《师范教育》1986 年第 4 期。

《改革教育思想与提高对教育工作的认识》，《教育理论与实践》1986 第 4 期。

《教学原则小议——教育方法漫谈之三》，《师范教育》1986 年第 5 期。

《选择教学方法的标准——教育方法漫谈之四》，《师范教育》1986 年第 6 期。

《知识分子的光辉典范——介绍〈陶行知全集〉兼论陶先生毕生奋斗的道路》，《群言》1986 年第 5 期。

《怎样改进我国中小学教育》，《群言》1986 年第 6 期。

《树立良好的校风》，《群言》1986 年第 6 期。

《略谈陶行知先生对我国教学论的重大贡献——纪念陶行知先生逝世四十周年》，《课程·教材·教法》1986 年第 7 期。

《伟大人民教育家的丰碑——介绍〈陶行知全集〉兼论陶行知先生的贡献》，《光明日报》1986 年 8 月 8 日。

《〈教育大辞典〉开始编拟词目 教材教法分册提供思考线索》（署名郑仪），《课程·教材·教法》1986 第 8 期。

《国外课程理论的各种流派（上）》，《课程·教材·教法》1986 年第 9 期。

《国外课程理论的各种流派（中）》，《课程·教材·教法》1986 年第 10 期。

《国外课程理论的各种流派（下）》，《课程·教材·教法》1986 第 11 期。

《为罗明基、刘舒生、彭永渭合编的〈教学论〉写序》，1986 年 9 月。

《把课程研究和教材建设同社会主义精神文明建设的任务结合起来——学习〈中共中央关于社会主义精神文明建设指导方针的决定〉的笔记》，未刊稿。

《怀念吾师刘百川先生》，《师范教育》1986 年第 11 期。

1987 年

《关于施行〈义务教育法〉的断想》，《教育评论》1987 年第 1 期。

《课程论的学科位置和它同教学论的关系》，《课程·教材·教法》1987 年第 3 期。

《全面发展的教育和学校课程》，《教育论丛》1987 年第 3 期。

《怀念吾师李湘宸博士》，《甘肃教育》1988 年第 4 期。

《为黄明皖译〈课程理论〉写序》，《课程理论》，人民教育出版社 1989 年版。

《为〈徐国棨教育论著选〉写序》，《徐国棨教育论著选》，西南师范大学出版社 1988 年版。

《早期教育生活的回忆》（1987 年 10 月至 1989 年 4 月在江苏《师范教育》陆续发表，包括：《我为什么选择教育为终身职业》、《半桶水的忧愁》、《建立教室常规》、《开好晨会》、《努力装满一桶水》、《指导未来教师实习》、《重视乡土教育》、《办学要讲究民主和科学》、《把学校办成农村文化中心》、《建立地方教育辅导制度》、《开展教育经验交流活动》、《实验设计教学法》、《复式教学经验谈》、《忆江苏大港战时教育工作团》、《我和战区中小学服务团》、《了解儿童尊重学生》、《老教师给我的帮助》、《我的忏悔录》）

1988 年

《对义务教育课程规划的几点建议》，《课程·教材·教法》1988 年第 1 期。

《学校课程编订的趋势》，《教育论丛》1988 年第 1 期。

《深化教育改革从何着手？》，《群言》1988 年第 3 期。

《借鉴马卡连柯学说　深化我国教育改革——纪念安·谢·马卡连柯诞生 100 周年》，《课程·教材·教法》1988 年第 3 期。

《遵循圣陶先生教诲认真做好编辑工作》，《课程·教材·教法》1988 年第 4 期。

《笔耕琐谈——要做编辑家，不做编辑匠》，1988 年 5 月，未刊稿。

《为〈中国近代课程史论〉写序》，《中国近代课程史论》，人民教育出版社

1994 年版。

1989 年

《学校课程编订的基本原理》,《课程・教材・教法》1989 年第 1 期。

《怎样大面积提高初中教育质量》,《教育研究与实验》1989 年第 2 期。

《简论现代中小学教育的本质特征》,《现代中小学教育》1989 年第 3 期。

《再谈课程原理》,《课程・教材・教法》1989 年第 4 期。

《关于初中理科采用综合课程的设想》, 1989 年 3 月，未刊稿。

《行知诗歌和儿童教材》,《课程・教材・教法》1989 年第 8 期。

《关于小学、初中社会科学课程改革的设想》, 1989 年 9 月，未刊稿。

《略谈教育理论研究中的资产阶级自由化倾向》,《中国电力教育》1989 年第 12 期。

《浅谈教育的民主化和科学化——纪念五四运动 70 周年》,《群言》1989 年第 6 期。

《义务教育是谁的义务》(署名古希年),《群言》1989 年 6 期。

《教育的失误在哪里?》,《群言》1989 年第 6 期。

《小题大做和大题小做》(署名古希年),《群言》1989 年第 7 期。

《同师范生谈教育科学》, 1989 年 10 月，未刊稿。

《从学制看师范教育的地位》, 1989 年，未刊稿。

《人类灵魂工程师的摇篮》, 1989 年 9 月，未刊稿。

1990 年

《对编写中师教育学教材的几点建议》,《课程・教材・教法》1990 年第 1 期。

《同艺术教育家漫谈教育研究中的资产阶级自由化倾向问题》, 1990 年 2 月，未刊稿。

《普及初等教育和扫除文盲》,《群言》1990 年第 3 期。

《再谈教育理论研究中的资产阶级自由化倾向》,《高等教育研究》1990 年第 3 期。

《再谈课程理论的流派》,《课程・教材・教法》1990 年第 5 期。

《评价教育实验要考虑的几个问题》,《中国教育报》1990 年 5 月 29 日。

《我国教育工作者应有的思想修养》，1990 年 5 月，未刊稿。

《坚持教育同生产劳动相结合的方针　改革我国普通高中课程的设想》，《课程·教材·教法》1990 年第 8 期。

《一位值得敬仰的人——深切怀念辛安亭同志》，《人民教育》1990 年第 8 期。

《怎样当个名副其实的校长》，《群言》1990 年第 9 期。

《祝贺〈中华特教〉创刊》，1990 年 9 月，未刊稿。

《扬州中学学生生活的回忆》，《江苏省教育史志资料》，1990 年 9 月编印。

《有感于音乐系教授卖钢琴》（署名古希年），《群言》1990 年第 9 期。

《中小学教材建设的若干问题》，《课程·教材·教法》1990 年第 11 期。

《怀念三位出版工作领导人——教育笔耕四十年（之一）》，1990 年 5 月，未刊稿。

《关于民主党派办学的几个问题》，1990 年 9 月，未刊稿。

《中国教育的今天和明天》，1990 年 10 月，未刊稿。

《边做学生，边做先生——教育笔耕四十年（之二）》，1990 年 10 月，未刊稿。

《当好党和人民的喉舌——教育编辑经验谈》，1990 年 11 月，未刊稿。

1991 年

《小草精神值得发扬》（署名古希年），《群言》1991 年第 1 期。

《傅葆琛先生的生平和他的教育思想》，《浙江教育科学》1991 年第 4 期。

《关于教育学教材改革问题的思考》，《华东师范大学学报（教育科学版）》1991 年第 4 期。

《新中国第一部教育学课本出版的前后》，《课程·教材·教法》1991 年第 3 期。

《把我国青壮年文盲消灭在 20 世纪》，《群言》1991 年第 5 期。

《“德育教育”一词不妥》，《群言》1991 年第 9 期。

《学习·宣传·实践——纪念陶行知先生诞辰 100 周年》，《课程·教材·教法》1991 年第 10 期。

《对〈全国教育事业十年规划和“八五”计划要点（草案）〉的几点建议》，1991 年 10 月，未刊稿。

《教师法（草案）浅议》，1991年10月，未刊稿。

二、著作、译著和选编的图书

《初等教育研究集》（第1集，合著），上海中华书局1934年版。

《小学级务处理法》（编），上海商务印书馆1935年版。

《小学读书教材及教法》（编），上海新亚书店1936年版。

《实际的小学算术教学法》（编），上海开华书局1936年版。

《小学各科成绩考查法》（编），上海新亚书店1938年版。

《建国的儿童训练法》（编著），重庆正中书局1940年2月初版，1946年1月再版。

《近代中国小学课程演变史》（著），重庆商务印书馆1944年版。

《国民学校教学实际问题》（编著），上海大东书局1946年版。

《国民学校教学之改进》（编著），上海商务印书馆1948年版。

《苏联公共教育》（译），新北京出版社1951年版。

《教育学初级读本》（合译），人民教育出版社1953年版。

《师范学校课本教育学》（与熊承涤合译），人民教育出版社1953年版。

《苏联的人民教育》（合译），人民教育出版社1953年版。

《世界教育史纲》第二册第四编（译），人民教育出版社1954年版。

《谈苏联青年的道德面貌》（译），中国青年出版社1955年版。

《教育学》（［苏］波·恩·申比廖夫、伊·特·奥哥洛德尼柯夫著，合译），人民教育出版社1955年版。

《给父母和教师介绍几种教育读物》（与蔡爱璧合著），湖北人民出版社1956年版。

《教育学》（［苏］伊·阿·凯洛夫等主编，合译），人民教育出版社1957年版。

《教育问题漫谈》（著），北京出版社1957年版。

《马克思恩格斯论教育》（合编），人民教育出版社1958年版。

《社会主义国家的教育制度》（主编），人民教育出版社1962年版。

《新华词典》（教育词条主撰），商务印书馆1980年版。

《论教育规律及其他》（著），湖南教育出版社1983年版。

《新编小学生字典》（编委，参编），人民教育出版社1983年版。

《师范教育和教育科学》（著），人民教育出版社1985年版。

《中国大百科全书》（教育卷·教育学分支学科副主编），中国大百科全书出版社1985年版。

《课程论》（著），人民教育出版社1989年版。

《教育大辞典》第一卷（课程和各科教学）（主编），上海教育出版社1990年版。

《李建勋教育论著选》（与许椿生、蔡春合编），人民教育出版社1993年版。

《傅葆琛教育论著选》（与傅启群合编），人民教育出版社1994年版。

三、主编的丛书

（一）《外国教育丛书》（34卷），人民教育出版1979年起陆续出版

1.《外国教育丛书》编辑组编：《六国著名大学：美、英、法、日、西德、苏联》，1979年版。

2.《外国教育丛书》编辑组编：《六国教育概况》，1979年版。

3.《外国教育丛书》编辑组编：《现代化的教学手段》，1979年版。

4.《外国教育丛书》编辑组编：《中小学教学改革的理论与实际》，1979年版。

5.《外国教育丛书》编辑组编：《中小学课程和教学》，1980年版。

6.《外国教育丛书》编辑组编：《高等工程技术教育》，1979年版。

7.《外国教育丛书》编辑组编：《高等教育的现状与趋势》，1979年版。

8.《外国教育丛书》编辑组编：《高等学校的科学研究和研究生教育》，1979年版。

9.《外国教育丛书》编辑组编：《师范教育的现状与趋势》，1979年版。

10.《外国教育丛书》编辑组编：《业余教育的制度和措施》，1979年版。

11.《外国教育丛书》编辑组编：《中等职业技术教育》，1979年版。

12.《外国教育丛书》编辑组编：《高等教育与社会发展》，1980年版。

13.《外国教育丛书》编辑组编：《学前教育》，1980年版。

14.《外国教育丛书》编辑组编：《中等教育结构改革》，1980年版。

15.《外国教育丛书》编辑组编:《师范教育改革问题》,1980年版。

16.《外国教育丛书》编辑组编:《朝鲜、罗马尼亚、南斯拉夫教育概况》,1980年版。

17. 滕大春著:《今日美国教育》,1980年版。

18. [德] 克诺尔著,王德峰译:《西德的教育》,1980年版。

19.《外国教育丛书》编辑组编:《二十国教育概况》,1981年版。

20. [日] 小林哲也著,徐锡龄、黄明皖译:《日本的教育》,1981年版。

21. 梁忠义著:《战后日本教育与经济发展》,1981年版。

22. 李其龙著:《西德教育与经济发展》,1982年版。

23.《外国教育丛书》编辑组编:《教学与课程》,1982年版。

24.《外国教育丛书》编辑组编:《教育行政与学校管理》,1982年版。

25. [美] 桑代克、哈根合著,叶佩华译:《心理与教育的测量和评价》,1982年版。

26. 教育部中等专业教育司编:《技术教育与职业教育》,1982年版。

27. [英] 阿什比著,滕大春、滕大生译:《科技发达时代的大学教育》,1983年版。

28. [苏] 达依诺夫斯基著,徐长瑞译:《高等教育经济学》,1983年版。

29.《外国教育丛书》编辑组编:《生产劳动教育与职业教育》,1984年版。

30. [美] 奥恩斯坦著,刘付忱译:《美国教育学基础》,1984年版。

31.《外国教育丛书》编辑组编:《高等教育的发展与改革》,1984年版。

32. 陈作彬、石瑞元等编:《拉丁美洲国家的教育》,1985年版。

33. 成有信编:《九国普及义务教育》,1985年版。

34. 许步曾编:《西方思想家论教育》,1985年版。

(二)教育学研究专题论文集(12卷),人民教育出版社1979年起陆续出版

1. 全国教育学研究会编:《论教育的本质和职能》,1979年版。

2. 全国教育学研究会编:《培养全面发展的人:兼论教学为主》,1979年版。

3. 全国教育学研究会编:《教学过程的特点与规律》,1979年版。

4. 全国教育学研究会编:《办好师范教育　发展教育科学》,1979年版。

5. 全国教育学研究会编:《关于教育本质问题的论争》,1980年版。

6. 全国教育学研究会编：《论教育和国民经济的发展》，1980年版。

7. 全国教育学研究会编：《遵循教学规律　提高教学质量》，1980年版。

8. 全国教育学研究会编：《加强青少年的思想品德教育》，1980年版。

9. 全国教育学研究会编：《论人民教师》，1981年版。

10. 全国教育学研究会编：《论知识教学和智力发展》，1982年版。

11. 全国教育学研究会编：《论教育和人的全面发展》，1982年版。

12. 全国教育学研究会编：《新时期的道德教育》，1982年版。

（三）《师范教育丛书》（10卷11册），人民教育出版社1985年起陆续出版

1. 徐国棨著：《教育概论》，1985年版。

2. 高时良著：《中国教育史纲》（古代之部），1991年版。

3. 董宝良著：《中国教育史纲》（近代之部），1990年版。

4. 马骥雄著：《外国教育史略》，1991年版。

5. 章泽渊、陈科美、钱颖著：《教育心理学》，1986年版。

6. 董远骞著：《教学原理和方法》，1985年版。

7. 李意如、胡筠若：《学校德育》，1988年版。

8. 苏竞存著：《学校体育》，1986年版。

9. 刘文修、王恩民著：《学校管理》，1987年版。

10. 刘世峰著：《中小学的劳动技术教育》，1987年版。

11. 王正平著：《人民教师的道德修养》，1986年版。

（四）《课程研究丛书》（部分），人民教育出版社1985年起陆续出版

1. [英] 丹尼斯·劳顿等著，张渭城等译：《课程研究的理论与实践》，1985年版。

2. [美] 比彻姆著，黄明皖译：《课程理论》，1989年版。

3. [日] 伊藤信隆著，邢清泉译：《学校理科课程论》，1988年版。

4. [苏] 克拉耶夫斯基、莱纳等编著，金世柏等译：《普通中等教育内容的理论基础》，1989年版。

注：这几套系列丛书的编辑出版，得到了时任主管社领导戴伯韬、叶立群等同志的大力支持。在陈侠先生主持下，参与工作的有熊承涤、于卓、刘直奉、孟栩、吕达等同志。

四、编辑的期刊

《初等教育通讯周刊》（参与编辑），1933 年。

《乡村教育》（参与编辑），1934 年。

《教育译报》双月刊（副主编），1956—1960 年。

《教育学研究会通讯》（主编），1979 年起。

《课程·教材·教法》（编委会副主任、副主编），1981 年起。

编者后记

（一）陈侠先生曾长期在人民教育出版社工作。在陈先生诞辰100周年之际，作为陈先生生前的同事，我们特选编这部教育文集，以缅怀他对我国教育和出版事业的杰出贡献。本书的编选出版，得到了人民教育出版社领导的大力支持，我们表示特别感谢！

（二）陈先生一生治学勤奋，笔耕不辍，孜孜不倦，著述甚丰。他早年即有不少论文和专著面世。本书限于篇幅，主要收录他在新中国成立后特别是改革开放以来的著述，并以课程论重建及相关内容为重点。对作者其他著述有兴趣的读者，可参考本书附录的“陈侠先生教育学术成果一览”。

（三）作者的有些著述未曾正式发表过，我们根据作者手稿或作者亲属手抄稿编辑排印，并对一些文章加了题解。原文注释形式、数字用法等一般不做改动。

（四）本书由若干专题组成。每个专题的文章原则上按发表时间（或写作时间）编排。为了便于读者研读，我们对有些主题相近的文章做了变通处理，编排时尽可能靠拢。

（五）中国教育学会教育学分会组编的《中国教育科学》2015年第1辑和人民教育出版社（课程教材研究所）主办的《课程·教材·教法》2015年第3期，曾发表了我们纪念陈侠先生百年诞辰的文章。本书的“代序”节录自上述文章。借此机会，谨向这两个学术刊物的主编和责任编辑等有关同志致谢。

（六）在本书选编过程中，陈先生的亲属傅启群、黄莹莹、陈宇廉等给予了多方面的配合与协助。冯卫斌、许洁英等有关编审人员做了许多卓有成效的工作。王存志、徐向东和田旭等同志审阅了部分书稿。特此一并鸣谢！

本书主编

2016年6月